Le Siècle.

OEUVRES
D'ALEXANDRE DUMAS.

PREMIÈRE SÉRIE.

PARIS. — IMPRIMERIE LOUIS GRIMAUX ET COMPAGNIE, 16, RUE DU CROISSANT.

Le Siècle.

OEUVRES

COMPLÈTES

D'ALEXANDRE DUMAS

PREMIÈRE SÉRIE.

LE COMTE DE MONTE-CRISTO.

PARIS.
AU BUREAU DU SIÈCLE, 16, RUE DU CROISSANT.
ANCIEN HOTEL COLBERT.
1854.

Publication du journal **LE SIÈCLE.**

OEUVRES COMPLÈTES

DE MONSIEUR

ALEXANDRE DUMAS.

LE COMTE

DE

MONTE-CRISTO.

CHAP. I⁰ʳ. — MARSEILLE. — L'ARRIVÉE.

Le 24 février 1815, la vigie de Notre-Dame-de-la-Garde signala le trois-mâts le *Pharaon*, venant de Smyrne, Trieste et Naples.

Comme d'habitude, un pilote côtier partit aussitôt du port, rasa le château d'If, et alla aborder le navire entre le cap de Morgion et l'île de Rion.

Aussitôt, comme d'habitude encore, la plate-forme du fort Saint-Jean s'était couverte de curieux; car c'est toujours une grande affaire à Marseille que l'arrivée d'un bâtiment, surtout quand ce bâtiment, comme le *Pharaon*, a été construit, gréé, arrimé sur les chantiers de la vieille Phocée, et appartient à un armateur de la ville.

Cependant ce bâtiment s'avançait; il avait heureuse-ment franchi le détroit que quelque secousse volcanique a creusé entre l'île de Calasareigne et l'île de Jaros; il avait doublé Pomègue, et il s'avançait sous ses trois huniers, son grand foc et sa brigantine, mais si lentement et d'une allure si triste, que les curieux, avec cet instinct qui pressent un malheur, se demandaient quel accident pouvait être arrivé à bord. Néanmoins les experts en navigation reconnaissaient que si un accident était arrivé, ce ne pouvait être au bâtiment lui-même; car il s'avançait dans toutes les conditions d'un navire parfaitement gouverné : son ancre était en mouillage, ses haubans de beaupré décrochés; et près du pilote qui s'apprêtait à diriger le *Pharaon* par l'étroite entrée du port de Marseille était un jeune homme au geste rapide et à l'œil actif, qui surveillait chaque mouvement du navire et répétait chaque ordre du pilote.

La vague inquiétude qui planait sur la foule avait par-

ticulièrement atteint un des spectateurs de l'esplanade de Saint-Jean, de sorte qu'il ne put attendre l'entrée du bâtiment dans le port; il sauta dans une petite barque et ordonna de ramer au-devant du *Pharaon*, qu'il atteignit en face de l'anse de la Réserve.

En voyant venir cet homme, le jeune marin quitta son poste à côté du pilote, et vint, le chapeau à la main, s'appuyer à la muraille du bâtiment.

C'était un jeune homme de dix-huit à vingt ans, grand, svelte, avec de beaux yeux noirs et des cheveux d'ébène; il y avait dans toute sa personne cet air de calme et de résolution particulier aux hommes habitués depuis leur enfance à lutter avec le danger.

— Ah! c'est vous Dantès! cria l'homme à la barque; qu'est-il donc arrivé, et pourquoi cet air de tristesse répandu sur tout votre bord?

— Un grand malheur, monsieur Morrel! répondit le jeune homme, un grand malheur, pour moi surtout : à la hauteur de Civita-Vecchia, nous avons perdu ce brave capitaine Leclère.

— Et le chargement? demanda vivement l'armateur.

— Il est arrivé à bon port, monsieur Morrel, et je crois que vous serez content sous ce rapport; mais ce pauvre capitaine Leclère...

— Que lui est-il donc arrivé, demanda l'armateur d'un air visiblement soulagé, que lui est-il donc arrivé, à ce brave capitaine?

— Il est mort.

— Tombé à la mer?

— Non, monsieur; mort d'une fièvre cérébrale, au milieu d'horribles souffrances.

Puis, se retournant vers ses hommes :

— Holà hé, vous autres, chacun à son poste pour le mouillage!

L'équipage obéit. Au même instant, les huit ou dix matelots qui le composaient s'élancèrent les uns sur les écoutes, les autres sur les bras, les autres aux drisses, les autres aux hallebas des focs, enfin les autres aux cargues des voiles.

Le jeune marin jeta un coup d'œil nonchalant sur ce commencement de manœuvre, et, voyant que ses ordres allaient s'exécuter, il revint à son interlocuteur.

— Et comment ce malheur est-il donc arrivé? continua l'armateur reprenant la conversation où le jeune marin l'avait quittée.

— Mon Dieu! monsieur, de la façon la plus imprévue : après une longue conversation avec le commandant du port, le capitaine Leclère quitta Naples fort agité; au bout de vingt-quatre heures, la fièvre le prit; trois jours après, il était mort... Nous lui avons fait les funérailles ordinaires, et il repose, décemment enveloppé dans un hamac, avec un boulet de trente-six aux pieds et un à la tête, à la hauteur de l'île del Giglio. Nous rapportons à sa veuve sa croix d'honneur et son épée. C'était bien la peine, continua le jeune homme avec un sourire mélancolique, de faire dix ans la guerre aux Anglais pour en arriver à mourir comme tout le monde, dans son lit!

— Dame! que voulez-vous, monsieur Edmond, reprit l'armateur, qui paraissait se consoler de plus en plus, nous sommes tous mortels, et il faut bien que les anciens fassent place aux nouveaux; sans cela, il n'y aurait pas d'avancement; et du moment que vous m'assurez que la cargaison...

— Est en bon état, monsieur Morrel, je vous en réponds. Voici un voyage que je vous donne le conseil de ne point escompter pour 25,000 fr. de bénéfice.

Puis, comme on venait de dépasser la Tour ronde : Range à carguer les voiles de lune, le foc et la brigantine! cria le jeune marin; faites penaud!

L'ordre s'exécuta avec presque autant de promptitude que sur un bâtiment de guerre.

— Amène et cargue partout!

Au dernier commandement, toutes les voiles s'abaissèrent; et le navire s'avança d'une façon presque insensible, ne marchant plus que par l'impulsion donnée.

— Et maintenant, si vous voulez monter, monsieur Morrel, dit Dantès voyant l'impatience de l'armateur, voici votre comptable, M. Danglars, qui sort de sa cabine, et qui vous donnera tous les renseignemens que vous pouvez désirer. Quant à moi, il faut que je veille au mouillage et que je mette le navire en deuil.

L'armateur ne se le fit pas dire deux fois. Il saisit un câble que lui jeta Dantès, et avec une dextérité qui eût fait honneur à un homme de mer, il gravit les échelons cloués sur le flanc du rebondi du bâtiment, tandis que celui-ci, retournant à son poste de second, cédait la conversation à celui qu'il avait annoncé sous le nom de Danglars, et qui, sortant de sa cabine, s'avançait effectivement au-devant de l'armateur.

Le nouveau venu était un homme de vingt-cinq à vingt-six ans, d'une figure assez sombre, obséquieux envers ses supérieurs, insolent envers ses subordonnés : aussi, outre son titre d'agent comptable, qui est toujours un motif de répulsion pour les matelots, était-il généralement aussi mal vu de l'équipage qu'Edmond Dantès au contraire en était aimé.

— Eh bien, monsieur Morrel, dit Danglars, vous savez déjà le malheur, n'est-ce pas?

— Oui, oui. Pauvre capitaine Leclère! c'était un brave et honnête homme!

— Et un excellent marin, surtout, vieilli entre le ciel et l'eau comme il convient à un homme chargé des intérêts d'une maison aussi importante que la maison Morrel et fils, répondit Danglars.

— Mais, dit l'armateur suivant des yeux Dantès qui cherchait son mouillage, mais il me semble qu'il n'y a pas besoin d'être si vieux marin que vous le dites, Danglars, pour connaître son métier, et voici notre ami Edmond qui fait le sien, ce me semble, en homme qui n'a besoin de demander des conseils à personne.

— Oui, dit Danglars en jetant sur Dantès un regard oblique où brilla un éclair de haine, oui, c'est jeune, et cela ne doute de rien. A peine le capitaine a-t-il été mort qu'il a pris le commandement sans consulter personne, et qu'il nous a fait perdre un jour et demi à l'île d'Elbe au lieu de revenir directement à Marseille.

— Quant à prendre le commandement du navire, dit l'armateur, c'était son devoir comme second; quant à perdre un jour et demi à l'île d'Elbe, il a eu tort; à moins que le navire n'ait eu quelque avarie à réparer.

— Le navire se portait comme je me porte, et comme je désire que vous vous portiez, monsieur Morrel; et cette journée et demie a été perdue par pur caprice, pour le plaisir d'aller à terre, voilà tout.

— Dantès, dit l'armateur se retournant vers le jeune homme, venez donc ici.

— Pardon, monsieur, dit Dantès, je suis à vous dans un instant. Puis s'adressant à l'équipage :

— Mouille! dit-il.

Aussitôt l'ancre tomba, et la chaîne fila avec bruit. Dantès resta à son poste, malgré la présence du pilote, jusqu'à ce que cette dernière manœuvre fût terminée; puis alors : — Abaissez la flamme à mi-mât, mettez le pavillon en berne, croisez les vergues!

— Vous voyez, dit Danglars, il se croit déjà capitaine, sur ma parole!

— Et il l'est de fait, dit l'armateur.

— Oui, sauf votre signature et celle de votre associé, monsieur Morrel.

— Dame! pourquoi ne le laisserions-nous pas à ce poste? dit l'armateur. Il est jeune, je le sais bien, mais il me paraît tout à la chose et fort expérimenté dans son état.

Un nuage passa sur le front de Danglars.

— Pardon, monsieur Morrel, dit Dantès en s'approchant ; maintenant que le navire est mouillé, me voilà tout à vous : vous m'avez appelé, je crois ?

Danglars fit un pas en arrière.

— Je voulais vous demander pourquoi vous vous étiez arrêté à l'île d'Elbe ?

— Je l'ignore, monsieur : c'était pour accomplir un dernier ordre du capitaine Leclère, qui, en mourant, m'avait remis un paquet pour le grand-maréchal Bertrand.

— L'avez-vous donc vu, Edmond ?

— Qui.

— Le grand-maréchal.

— Oui.

Morrel regarda autour de lui, et tira Dantès à part.

— Et comment va l'empereur ? demanda-t-il vivement.

— Bien, autant que j'ai pu en juger par mes yeux.

— Vous avez donc vu l'empereur aussi ?

— Il est entré chez le maréchal pendant que j'y étais.

— Et vous lui avez parlé ?

— C'est-à-dire que c'est lui qui m'a parlé, monsieur, dit Dantès en souriant.

— Et que vous a-t-il dit ?

— Il m'a fait des questions sur le bâtiment, sur l'époque de son départ pour Marseille, sur la route qu'il avait suivie et sur la cargaison qu'il portait. Je crois que s'il eût été vide, et que j'en eusse été le maître, son intention eût été de l'acheter ; mais je lui ai dit que je n'étais que simple second, et que le bâtiment appartenait à la maison Morrel et fils. — Ah ! ah ! a-t-il dit, je la connais. Les Morrel sont armateurs de père en fils, et il y avait un Morrel qui servait dans le même régiment que moi lorsque j'étais en garnison à Valence.

— C'est pardieu vrai ! s'écria l'armateur tout joyeux ; c'était Policar Morrel, mon oncle, qui est devenu capitaine. Dantès, vous direz à mon oncle que l'empereur s'est souvenu de lui, et vous le verrez pleurer, le vieux grognard. Allons, allons, continua l'armateur en frappant amicalement sur l'épaule du jeune homme, vous avez bien fait, Dantès, de suivre les instructions du capitaine Leclère et de vous arrêter à l'île d'Elbe, quoique si l'on savait que vous avez remis un paquet au maréchal et causé avec l'empereur, cela pourrait vous compromettre.

— En quoi voulez-vous, monsieur, que cela me compromette ? dit Dantès : je ne sais pas même ce que je portais, et l'empereur ne m'a fait que les questions qu'il eût faites au premier venu. Mais, pardon, reprit Dantès, voici la santé et la douane qui nous arrivent ; vous permettez, n'est-ce pas ?

— Faites, faites, mon cher Dantès.

Le jeune homme s'éloigna, et, comme il s'éloignait, Danglars se rapprocha.

— Eh bien ! demanda-t-il, il paraît qu'il vous a donné de bonnes raisons de son mouillage à Porto-Ferrajo ?

— D'excellentes, mon cher monsieur Danglars.

— Ah ! tant mieux, répondit celui-ci, car c'est toujours pénible de voir un camarade qui ne fait pas son devoir.

— Dantès a fait le sien, répondit l'armateur, et il n'y a rien à dire. C'était le capitaine Leclère qui lui avait ordonné cette relâche.

— A propos du capitaine Leclère, ne vous a-t-il pas remis une lettre de lui ?

— Qui ?

— Dantès.

— A moi, non ! En avait-il donc une ?

— Je croyais que outre le paquet, le capitaine Leclère lui avait confié une lettre.

— De quel paquet voulez-vous parler, Danglars ?

— Mais de celui que Dantès a déposé en passant à Porto-Ferrajo.

— Comment savez-vous qu'il avait un paquet à déposer à Porto-Ferrajo ?

Danglars rougit.

— Je passais devant la porte du capitaine qui était entr'ouverte, et je lui ai vu remettre ce paquet et cette lettre à Dantès.

— Il ne m'en a point parlé, dit l'armateur ; mais s'il a cette lettre, il me la remettra.

Danglars réfléchit un instant.

— Alors, monsieur Morrel, je vous prie, dit-il, ne parlez point de cela à Dantès ; je me serai trompé.

En ce moment le jeune homme revenait ; Danglars s'éloigna.

— Eh bien ! mon cher Dantès, êtes-vous libre ? demanda l'armateur.

— Oui, monsieur.

— La chose n'a pas été longue.

— Non, j'ai donné aux douaniers la liste de nos marchandises ; et quant à la consigne, elle avait envoyé avec le pilote côtier un homme à qui j'ai remis nos papiers.

— Alors, vous n'avez plus rien à faire ici ?

Dantès jeta un regard autour de lui.

— Non, tout est en ordre, dit-il.

— Vous pouvez donc alors venir dîner avec nous ?

— Excusez-moi, monsieur Morrel, excusez-moi, je vous prie, mais je dois ma première visite à mon père. Je n'en suis pas moins reconnaissant de l'honneur que vous me faites.

— C'est juste, Dantès, c'est juste. Je sais que vous êtes bon fils.

— Et, demanda Dantès avec une certaine hésitation, et il se porte bien, que vous sachiez, mon père ?

— Mais je crois que oui, mon cher Edmond, quoique je ne l'aie pas aperçu.

— Oui, il se tient enfermé dans sa petite chambre.

— Cela prouve au moins qu'il n'a manqué de rien pendant votre absence.

Dantès sourit.

— Mon père est fier, monsieur, et eût-il manqué de tout, je doute qu'il eût demandé quelque chose à qui que ce soit au monde, excepté à Dieu.

— Eh bien ! après cette première visite, nous comptons sur vous.

— Excusez-moi encore, monsieur Morrel ; mais, après cette première visite, j'en ai une seconde qui ne me tient pas moins au cœur.

— Ah ! c'est vrai, Dantès, j'oubliais qu'il y a aux Catalans quelqu'un qui doit vous attendre avec non moins d'impatience que votre père : c'est la belle Mercédès.

Dantès sourit.

— Ah ! ah ! dit l'armateur, cela ne m'étonne plus qu'elle soit venue trois fois me demander des nouvelles du *Pharaon*. Peste ! Edmond, vous n'êtes point à plaindre, et vous avez là une jolie maîtresse !

— Ce n'est point ma maîtresse, monsieur, dit gravement le jeune marin, c'est ma fiancée.

— C'est quelquefois tout un, dit l'armateur en riant.

— Pas pour nous, monsieur, répondit Dantès.

— Allons allons, mon cher Edmond, continua l'armateur, que je ne vous retienne pas ; vous avez assez bien fait mes affaires pour que je vous donne tout loisir de faire les vôtres. Avez-vous besoin d'argent ?

— Non, monsieur ; j'ai tous mes appointemens de voyage, c'est-à-dire près de trois mois de solde.

— Vous êtes un garçon rangé, Edmond.

— Ajoutez que j'ai un père pauvre, monsieur Morrel.

— Oui, oui, je sais que vous êtes un bon fils. Allez donc voir votre père : j'ai un fils aussi, et j'en voudrais fort à celui qui, après un voyage de trois mois, le retiendrait loin de moi.

— Alors, vous permettez ?... dit le jeune homme en saluant.

— Oui, si vous n'avez rien de plus à me dire.

— Non.

— Le capitaine Leclère ne vous a pas, en mourant, donné une lettre pour moi ?

— Il lui eût été impossible d'écrire, monsieur ; mais cela me rappelle que j'aurai un congé de quelques jours à vous demander.

— Pour vous marier ?

— D'abord ; puis pour aller à Paris.

— Bon, bon ! vous prendrez le temps que vous voudrez, Dantès ; le temps de décharger le bâtiment nous prendra bien six semaines, et nous ne nous remettrons guère en mer avant trois mois.... Seulement, dans trois mois, il faudra que vous soyez là. Le *Pharaon*, continua l'armateur en frappant sur l'épaule du jeune marin, ne pourrait pas repartir sans son capitaine.

— Sans son capitaine ! s'écria Dantès les yeux brillans de joie ; faites bien attention à ce que vous dites-là, monsieur, car vous venez de répondre aux plus secrètes espérances de mon cœur. Votre intention serait-elle de me nommer capitaine du *Pharaon* ?

— Si j'étais seul, je vous tendrais la main, mon cher Dantès, et je vous dirais : c'est fait ; mais j'ai un associé, et vous savez le proverbe italien : « *Che a compagno a padrone.* » Mais la moitié de la besogne est faite au moins, puisque sur deux voix vous en avez déjà une. Rapportez-vous-en à moi de vous avoir l'autre, et je ferai de mon mieux.

— Oh ! monsieur Morrel, s'écria le jeune marin saisissant, les larmes aux yeux, les mains de l'armateur, monsieur Morrel, je vous remercie au nom de mon père et de Mercédès.

— C'est bien, c'est bien Edmond, il y a un Dieu au ciel pour les braves gens, que diable ! Allez voir votre père, allez voir Mercédès et revenez me voir après.

— Mais vous ne voulez pas que je vous ramène à terre ?

— Non, merci ; je reste à régler mes comptes avec Danglars. Avez-vous été content de lui pendant le voyage ?

— C'est selon le sens que vous attachez à cette question, monsieur. Si c'est comme bon camarade, non ; car je crois qu'il ne m'aime pas depuis le jour où j'ai eu la bêtise, à la suite d'une petite querelle que nous avions eue ensemble, de lui proposer de nous arrêter dix minutes à l'île de Monte-Cristo pour vider cette querelle ; proposition que j'avais eu tort de lui faire, et qu'il avait eu, lui, raison de refuser. Si c'est comme comptable que vous me faites cette question, je crois qu'il n'y a rien à dire et que vous serez content de la façon dont sa besogne est faite.

— Mais, demanda l'armateur, voyons, Dantès, si vous étiez capitaine du *Pharaon*, garderiez-vous Danglars avec plaisir ?

— Capitaine ou second, monsieur Morrel, répondit Dantès, j'aurai toujours les plus grands égards pour ceux qui posséderont la confiance de mes armateurs.

— Allons, allons, Dantès, je vois qu'en tout point vous êtes un brave garçon. Que je ne vous retienne plus ; allez, car je vois que vous êtes sur des charbons.

— J'ai donc mon congé ? demanda Dantès.

— Allez, vous dis-je.

— Vous permettez que je prenne votre canot ?

— Prenez.

— Au revoir, monsieur Morrel, et mille fois merci.

— Au revoir, mon cher Edmond, bonne chance !

Le jeune marin sauta dans le canot, alla s'asseoir à la poupe, et donna l'ordre d'aborder à la Cannebière. Deux matelots se penchèrent aussitôt sur leurs rames, et l'embarcation glissa aussi rapidement qu'il est possible de le faire au milieu des mille barques qui obstruent l'espèce de rue étroite qui conduit, entre deux rangées de navires, de l'entrée du port au quai d'Orléans.

L'armateur le suivit des yeux en souriant jusqu'au bord, le vit sauter sur les dalles du quai et se perdre aussitôt au milieu de la foule bariolée qui de cinq heures du matin à neuf heures du soir encombre cette fameuse rue de la Cannebière, dont les Phocéens modernes sont si fiers qu'ils disent avec le plus grand sérieux du monde, et avec cet accent qui donne tant de caractère à ce qu'ils disent : Si Paris avait la Cannebière, Paris serait un petit Marseille.

En se retournant, l'armateur vit derrière lui Danglars, qui, en apparence, semblait attendre ses ordres, mais qui, en réalité, suivait comme lui le jeune marin du regard.

Seulement, il y avait une grande différence dans l'expression de ce double regard qui suivait le même homme.

CHAP. II. — LE PÈRE ET LE FILS.

Laissons Danglars, aux prises avec le génie de la haine, essayer de souffler contre son camarade quelque maligne supposition à l'oreille de l'armateur, et suivons Dantès, qui, après avoir parcouru la Cannebière dans toute sa longueur, prend la rue de Noailles, entre dans une petite maison située du côté gauche des allées de Meilhan, monte vivement les quatre étages d'un escalier obscur, et, se retenant à la rampe d'une main, comprimant de l'autre les battemens de son cœur, s'arrête devant une porte entrebâillée qui laisse voir jusqu'au fond d'une petite chambre.

Cette chambre était celle qu'habitait le père de Dantès.

La nouvelle de l'arrivée du *Pharaon* n'était pas encore parvenue jusqu'au vieillard, qui s'occupait, monté sur une chaise, à palissader d'une main tremblante quelques capucines, mêlées de clématites, qui montaient en grimpant le long du treillage de sa fenêtre.

Tout à coup il se sentit prendre à bras le corps, et une voix bien connue s'écria derrière lui :

— Mon père ! mon bon père !

Le vieillard jeta un cri et se retourna ; puis, voyant son fils, il se laissa aller dans ses bras, tout tremblant et tout pâle.

— Qu'as-tu donc, père ? s'écria le jeune homme inquiet ; serais-tu malade ?

— Non, non, mon cher Edmond, mon fils, mon enfant, non : mais je ne t'attendais pas, et la joie, le saisissement de te revoir ainsi à l'improviste... Ah ! mon Dieu ! il me semble que je vais mourir.

— Eh bien ! remets-toi donc, père ! c'est moi, c'est bien moi ! on dit toujours que la joie ne fait pas de mal, et voilà pourquoi je suis entré ici sans préparation. Voyons, souris-moi, au lieu de me regarder comme tu le fais, avec des yeux égarés. Je reviens et nous allons être heureux.

— Ah ! tant mieux, garçon ! reprit le vieillard : mais comment allons-nous être heureux ! tu ne me quittes donc plus ? voyons, conte-moi ton bonheur !

— Que le Seigneur me pardonne ! dit le jeune homme, de me réjouir d'un bonheur fait avec le deuil d'une famille, mais Dieu sait que je n'eusse pas désiré ce bonheur ; il arrive, et je n'ai pas la force de m'en affliger : le brave capitaine Leclère est mort, mon père, et il est probable que, par la protection de monsieur Morrel, je vais avoir sa place. Comprenez-vous, mon père ? capitaine à vingt ans, avec cent louis d'appointemens, et une part dans les bénéfices ! n'est-ce pas plus que ne pouvait vraiment l'espérer un pauvre matelot comme moi ?

— Oui, mon fils, oui, en effet, dit le vieillard, c'est bien heureux.

— Aussi je veux que, du premier argent que je toucherai, vous ayez une petite maison avec un jardin pour planter vos clématites, vos capucines et vos chèvre feuilles... Mais qu'as-tu donc, père, on dirait que tu te trouves mal ?

— Patience, patience ! ce ne sera rien.

Et les forces manquant au vieillard, il se renversa en arrière.

— Voyons, voyons ! dit le jeune homme, un verre de vin, mon père, cela vous ranimera ; où mettez-vous votre vin ?

— Non, merci, ne cherche pas : je n'ai pas besoin, dit le vieillard essayant de retenir son fils.

— Si fait, si fait, père, indiquez-moi l'endroit.

Et il ouvrit deux ou trois armoires.

— Inutile... dit le vieillard, il n'y a plus de vin.

— Comment, il n'y a plus de vin ! dit en pâlissant à son tour Dantès, regardant alternativement les joues creuses et blêmes du vieillard et les armoires vides ; comment, il n'y a plus de vin ! auriez-vous manqué d'argent, mon père ?

— Je n'ai manqué de rien, puisque te voilà, dit le vieillard.

— Cependant, balbutia Dantès en essuyant la sueur qui coulait de son front, cependant, je vous avais laissé deux cents francs, il y a trois mois, en partant.

— Oui, oui, Edmond, c'est vrai ; mais tu avais oublié en partant une petite dette chez le voisin Caderousse ; il me l'a rappelée, en me disant que si je ne payais pas pour toi, il irait se faire payer chez monsieur Morrel. Alors, tu comprends, de peur que cela te fît du tort...

— Eh bien ?

— Eh bien ! j'ai payé, moi.

— Mais ! s'écria Dantès, c'était cent quarante francs que je devais à Caderousse !

— Oui, balbutia le vieillard.

— Et vous les avez donnés sur les deux cents francs que je vous avais laissés ?

Le vieillard fit un signe de tête.

— De sorte que vous avez vécu trois mois avec soixante francs ! murmura le jeune homme.

— Tu sais combien il me faut peu de chose, dit le vieillard.

— Oh ! mon Dieu, mon Dieu, pardonnez-moi ! s'écria Edmond en se jetant à genoux devant le bonhomme.

— Que fais-tu donc ?

— Oh ! vous m'avez déchiré le cœur.

— Bah ! te voilà, dit le vieillard en souriant, maintenant tout est oublié, car tout est bien.

— Oui, me voilà, dit le jeune homme, me voilà avec un bel avenir et un peu d'argent. Tenez, père, dit-il, prenez, prenez, et envoyez chercher tout de suite quelque chose.

Et il vida sur la table ses poches, qui contenaient une douzaine de pièces d'or, cinq ou six écus de cinq francs et de la menue monnaie.

Le visage du vieux Dantès s'épanouit.

— A qui cela ? dit-il.

— Mais, à moi !... à toi !... à nous !... Prends, achète des provisions, sois heureux, demain il y en aura d'autres.

— Doucement, doucement, dit le vieillard en souriant ; avec ta permission, j'userai modérément de ta bourse : on croirait, si l'on me voyait acheter trop de choses à la fois, que j'ai été obligé d'attendre ton retour pour les acheter.

— Fais comme tu voudras ; mais, avant toutes choses, prends une servante, père, je ne veux plus que tu restes seul. J'ai du café de contrebande et d'excellent tabac dans un petit coffre de la cale, tu l'auras dès demain. Mais chut ! voici quelqu'un.

— C'est Caderousse qui aura appris ton arrivée, et qui vient sans doute te faire son compliment de bon retour.

— Bon ! encore des lèvres qui disent une chose tandis que le cœur en pense une autre ! murmura Edmond ; mais, n'importe, c'est un voisin qui nous a rendu service autrefois, qu'il soit le bienvenu.

En effet, au moment où Edmond achevait la phrase à voix basse, on vit apparaître, encadrée par la porte du palier, la tête noire et barbue de Caderousse. C'était un homme de vingt-cinq à vingt-six ans ; il tenait à sa main un morceau de drap qu'en sa qualité de tailleur il s'apprêtait à changer en un revers d'habit.

— Eh ! te voilà donc revenu, Edmond ? dit-il avec un accent marseillais des plus prononcés et avec un large sourire qui découvrait ses dents blanches comme de l'ivoire.

— Comme vous voyez, voisin Caderousse, et prêt à vous être agréable en quelque chose que ce soit, répondit Dantès en dissimulant mal sa froideur sous cette offre de service.

— Merci, merci ; heureusement je n'ai besoin de rien, et ce sont même quelquefois les autres qui ont besoin de moi.—Dantès fit un mouvement.—Je ne te dis pas cela pour toi, garçon : je t'ai prêté de l'argent, tu me l'as rendu ; cela se fait entre bons voisins, et nous sommes quittes.

— On n'est jamais quitte envers ceux qui nous ont obligés, dit Dantès, car lorsqu'on ne leur doit plus l'argent, on leur doit la reconnaissance.

— A quoi bon parler de cela ! ce qui est passé est passé. Parlons de ton heureux retour, garçon. J'étais donc allé comme cela sur le port pour rassortir du drap marron, lorsque je rencontre l'ami Danglars :

— Toi, à Marseille ?

— Eh ! oui, tout de même, me répondit-il.

— Je te croyais à Smyrne ?

— J'y pourrais être, car j'en reviens.

— Et Edmond, où est-il donc, le petit ?

— Mais chez son père, sans doute, répondit Danglars. Et alors je suis venu, continua Caderousse, pour avoir le plaisir de serrer la main à un ami !

— Ce bon Caderousse, dit le vieillard, il nous aime tant !

— Certainement que je vous aime, et que je vous estime encore, attendu que les honnêtes gens sont rares ! Mais il paraît que tu reviens riche, garçon ? continua le tailleur en jetant un regard oblique sur la poignée d'or et d'argent que Dantès avait déposée sur la table.

Le jeune homme remarqua l'éclair de convoitise qui illumina les yeux noirs de son voisin.

— Eh ! mon Dieu ! dit-il négligemment, cet argent n'est point à moi ; je manifestais au père la crainte qu'il n'eût manqué de quelque chose en mon absence, et, pour me rassurer, il a vidé sa bourse sur la table. Allons, père, continua Dantès, remettez cet argent dans votre tirelire ; à moins que le voisin Caderousse n'en ait besoin à son tour, auquel cas il est bien à son service.

— Non pas, garçon, dit Caderousse, je n'ai besoin de rien, et, Dieu merci, l'état nourrit son homme. Garde ton argent, garde : on n'en a jamais de trop ; ce qui n'empêche pas que je ne te sois obligé de ton offre comme si j'en profitais.

— C'était de bon cœur, dit Dantès.

— Je n'en doute pas. Eh bien ! te voilà donc au mieux avec monsieur Morrel, câlin que tu es ?

— Monsieur Morrel a toujours eu beaucoup de bonté pour moi, répondit Dantès.

— En ce cas, tu as eu tort de refuser son dîner.

— Comment, refuser son dîner ? reprit le vieux Dantès ; il t'avait donc invité à dîner ?

— Oui, mon père, reprit Edmond en souriant de l'étonnement que causait à son père l'excès d'honneur dont il était l'objet.

— Eh! pourquoi donc as-tu refusé, fils? demanda le vieillard.

— Pour revenir plus tôt près de vous, mon père, répondit le jeune homme; j'avais hâte de vous voir.

— Cela l'aura contrarié, ce bon monsieur Morrel, reprit Caderousse; et quand on vise à être capitaine, c'est un tort que de contrarier son armateur.

— Je lui ai expliqué la cause de mon refus, reprit Dantès, et il l'a comprise, je l'espère.

— Ah! c'est que pour être capitaine il faut un peu flatter ses patrons.

— J'espère être capitaine sans cela, répondit Dantès.

— Tant mieux, tant mieux! cela fera plaisir à tous les anciens amis, et je sais quelqu'un là-bas, derrière la citadelle de Saint-Nicolas, qui n'en sera pas fâché.

— Mercédès? dit le vieillard.

— Oui, mon père, reprit Dantès, et, avec votre permission, maintenant que je vous ai vu, maintenant que je sais que vous vous portez bien et que vous avez tout ce qu'il vous faut, je vous demanderai la permission d'aller faire visite aux Catalans.

— Va, mon enfant, va, dit le vieux Dantès, et que Dieu te bénisse dans ta femme comme il m'a béni dans mon fils!

— Sa femme! dit Caderousse; comme vous y allez, père Dantès! elle ne l'est pas encore, ce me semble!

— Non; mais, selon toute probabilité, répondit Edmond, elle ne tardera point à le devenir.

— N'importe, n'importe, dit Caderousse, tu as bien fait de te dépêcher, garçon.

— Pourquoi cela?

— Parce que la Mercédès est une belle fille, et que les belles filles ne manquent pas d'amoureux; celle-là, surtout, ils la suivent par douzaine.

— Vraiment! dit Edmond avec un sourire sous lequel perçait une légère nuance d'inquiétude.

— Oh! oui, reprit Caderousse, et de beaux partis, même; mais tu comprends, tu vas être capitaine, on n'aura garde de te refuser, toi!

— Ce qui veut dire, reprit Dantès avec un sourire qui dissimulait mal son inquiétude, que si je n'étais pas capitaine...

— Eh! eh! fit Caderousse.

— Allons, allons, dit le jeune homme, j'ai meilleure opinion que vous des femmes en général et de Mercédès en particulier, et, j'en suis convaincu, que je sois capitaine ou non, elle me restera fidèle.

— Tant mieux, tant mieux! dit Caderousse, c'est toujours, quand on va se marier, une bonne chose que d'avoir la foi; mais, n'importe, crois-moi, garçon, ne perds pas de temps à aller lui annoncer ton arrivée et à lui faire part de tes espérances.

— J'y vais, dit Edmond.

Il embrassa son père, salua Caderousse d'un signe et sortit.

Caderousse resta un instant encore; puis, prenant congé du vieux Dantès, il descendit à son tour et alla rejoindre Danglars, qui l'attendait au coin de la rue Senac.

— Eh bien! dit Danglars, l'as-tu vu?

— Je le quitte, dit Caderousse.

— Et t'a-t-il parlé de son espérance d'être capitaine?

— Il en parle comme s'il l'était déjà.

— Patience! dit Danglars, il se presse un peu trop, ce me semble!

— Dame! il paraît que la chose lui est promise par monsieur Morrel.

— De sorte qu'il est bien joyeux?

— C'est-à-dire qu'il en est insolent; il m'a déjà fait ses offres de service comme si c'était un grand personnage; il m'a offert de me prêter de l'argent comme s'il était un banquier.

— Et vous avez refusé?

— Parfaitement; quoique j'eusse bien pu accepter, attendu que c'est moi qui lui ai mis à la main les premières pièces blanches qu'il a maniées. Mais maintenant monsieur Dantès n'aura plus besoin de personne, il va être capitaine.

— Bah! dit Danglars, il ne l'est pas encore.

— Ma foi, ce serait bien fait qu'il ne le fût pas, dit Caderousse, ou sans cela il n'y aura plus moyen de lui parler.

— Que si nous le voulons bien, dit Danglars, il restera ce qu'il est et peut-être même deviendra moins qu'il n'est.

— Que dis-tu?

— Rien, je me parle à moi-même. Et il est toujours amoureux de la belle Catalane?

— Amoureux fou. Il y est allé; mais, ou je me trompe fort, ou il aura du désagrément de ce côté-là.

— Explique-toi.

— A quoi bon?

— C'est plus important que tu ne crois. Tu n'aimes pas Dantès, hein?

— Je n'aime pas les arrogans.

— Eh bien! alors, dis-moi ce que tu sais relativement à la Catalane.

— Je ne sais rien de bien positif; seulement j'ai vu des choses qui me font croire, comme je te l'ai dit, que le futur capitaine aura du désagrément aux environs du chemin des Vieilles-Infirmeries.

— Qu'as-tu vu? allons, dis.

— Eh bien, j'ai vu que toutes les fois que Mercédès vient en ville, elle y vient accompagnée d'un grand gaillard de Catalan à l'œil noir, à la peau rouge, très brun, très ardent, et qu'elle appelle mon cousin.

— Ah! vraiment, et crois-tu que ce cousin lui fasse la cour?

— Je le suppose: que diable peut faire un grand garçon de vingt et un ans à une belle fille de dix-sept?

— Et tu dis que Dantès est allé aux Catalans?

— Il est parti devant moi.

— Si nous allions du même côté, nous nous arrêterions à la Réserve, et tout en buvant un verre de vin de La Malgue, nous attendrions des nouvelles.

— Et qui nous en donnera?

— Nous serons sur la route, et nous verrons sur le visage de Dantès ce qui se sera passé.

— Allons, dit Caderousse; mais c'est toi qui paies?

— Certainement, répondit Danglars.

Et tous deux s'acheminèrent d'un pas rapide vers l'endroit indiqué. Arrivés là, ils se firent apporter une bouteille et deux verres.

Le père Pamphile venait de voir passer Dantès il n'y avait pas dix minutes.

Certains que Dantès était aux Catalans, ils s'assirent sous le feuillage naissant des platanes et des sycomores, dans les branches desquels une bande joyeuse d'oiseaux chantait un des premiers beaux jours de printemps.

CHAP. III. — LES CATALANS.

A cent pas de l'endroit où les deux amis, les regards à l'horizon et l'oreille au guet, sablaient le vin pétillant de La Malgue, s'élevait, derrière une butte nue et rongée par le soleil et le mistral, le village des Catalans.

Un jour, une colonie mystérieuse partit de l'Espagne et vint aborder à la langue de terre où elle est encore aujourd'hui. Elle arrivait on ne savait d'où, et parlait une langue inconnue. Un des chefs, qui entendait le provençal, demanda à la commune de Marseille de leur donner ce promontoire nu et aride sur lequel ils venaient, comme les matelots antiques, de tirer leurs bâtimens. La demande lui fut accordée, et trois mois après, autour des douze ou quinze bâtimens qui avaient amené ces bohémiens de la mer, un petit village s'élevait.

Ce village, construit d'une façon bizarre et pittoresque, moitié maure, moitié espagnol, est celui que l'on voit aujourd'hui habité par les descendans de ces hommes, qui parlent la langue de leurs pères. Depuis trois ou quatre siècles, ils sont encore demeurés fidèles à ce petit promontoire, sur lequel ils s'étaient abattus pareils à une bande d'oiseaux de mer, sans se mêler en rien à la population marseillaise, se mariant entre eux et ayant conservé les mœurs et le costume de leur mère-patrie comme ils en ont conservé le langage.

Il faut que nos lecteurs nous suivent à travers l'unique rue de ce petit village, et entrent avec nous dans une de ces maisons auxquelles le soleil a donné au dehors cette belle couleur feuille morte particulière aux monumens du pays, et au dedans une couche de badigeon, cette teinte blanche qui forme le seul ornement des posadas espagnoles.

Une belle jeune fille aux cheveux noirs comme le jais, aux yeux veloutés comme ceux de la gazelle, se tenait debout et adossée à une cloison, et froissait entre ses doigts effilés et d'un dessin antique une bruyère innocente dont elle arrachait les fleurs, et dont les débris jonchaient déjà le sol; en outre, ses bras nus jusqu'au coude, ses bras brunis, mais qui semblaient modelés sur ceux de la Vénus d'Arles, frémissaient d'une sorte d'impatience fébrile, et elle frappait la terre de son pied souple et cambré, de sorte que l'on entrevoyait la forme pure, fière et hardie de sa jambe emprisonnée dans un bas de coton rouge à coins gris et bleus.

A trois pas d'elle, assis sur une chaise qu'il balançait d'un mouvement saccadé, appuyant son coude à un vieux meuble vermoulu, un grand garçon de vingt à vingt-deux ans la regardait d'un air où se combattaient l'inquiétude et le dépit; ses yeux interrogeaient, mais le regard ferme et fixe de la jeune fille dominait son interlocuteur.

— Voyons, Mercédès, disait le jeune homme, voici Pâques qui va revenir, c'est le moment de faire une noce, répondez-moi !

— Je vous ai répondu cent fois, Fernand, et il faut en vérité que vous soyez bien ennemi de vous-même pour m'interroger encore !

— Eh bien ! répétez-le encore, je vous en supplie, répétez-le encore pour que j'arrive à le croire. Dites-moi pour la centième fois que vous refusez mon amour, qu'approuvait votre mère ; faites-moi bien comprendre que vous vous jouez de mon bonheur, que ma vie et ma mort ne sont rien pour vous. Ah ! mon Dieu, mon Dieu ! avoir rêvé dix ans d'être votre époux, Mercédès, et perdre cet espoir qui était le seul but de ma vie !

— Ce n'est pas moi du moins qui vous ai jamais encouragé dans cet espoir, Fernand, répondit Mercédès ; vous n'avez pas une seule coquetterie à me reprocher à votre égard. Je vous ai toujours dit : Je vous aime comme un frère, mais n'exigez jamais de moi autre chose que cette amitié fraternelle, car mon cœur est à un autre. Vous ai-je toujours dit cela, Fernand ?

— Oui, je le sais bien, Mercédès, répondit le jeune homme; oui, vous vous êtes donné vis-à-vis de moi le cruel mérite de la franchise; mais oubliez-vous que c'est parmi les Catalans une loi sacrée de se marier entre eux ?

— Vous vous trompez, Fernand, ce n'est pas une loi, c'est une habitude, voilà tout ; et, croyez-moi, n'invoquez pas cette habitude en votre faveur. Vous êtes tombé à la conscription, Fernand ; la liberté qu'on vous laisse,

c'est une simple tolérance ; d'un moment à l'autre vous pouvez être appelé sous les drapeaux. Une fois soldat, que ferez-vous de moi, c'est-à-dire d'une pauvre fille orpheline, triste, sans fortune, possédant pour tout bien une cabane presque en ruines, où pendent quelques filets usés, misérable héritage laissé par mon père à ma mère et par ma mère à moi? Depuis un an qu'elle est morte, songez donc, Fernand, que je vis presque de la charité publique ! Quelquefois vous feignez que je vous suis utile, et cela pour avoir le droit de partager votre pêche avec moi ; et j'accepte, Fernand, parce que vous êtes le fils d'un frère de mon père, parce que nous avons été élevés ensemble, et plus encore parce que, par dessus tout, cela vous ferait trop de peine si je vous refusais. Mais je sens bien que ce poisson que je vais vendre et dont je tire l'argent avec lequel j'achète le chanvre que je file, je sens bien, Fernand, que c'est une charité.

— Et qu'importe, Mercédès, si pauvre et isolée que vous êtes, vous me convenez mieux ainsi que la fille du plus fier armateur ou du plus riche banquier de Marseille ! A nous autres, que nous faut-il ? Une honnête femme et une bonne ménagère. Où trouverais-je mieux que vous sous ces deux rapports ?

— Fernand, répondit Mercédès en secouant la tête, on devient mauvaise ménagère et on ne peut répondre de rester honnête femme lorsqu'on aime un autre homme que son mari. Contentez-vous de mon amitié, car, je vous le répète, c'est tout ce que je puis vous promettre, et je ne promets que ce que je suis sûre de pouvoir donner.

— Oui, je comprends, dit Fernand ; vous supportez patiemment votre misère, mais vous avez peur de la mienne. Eh bien, Mercédès, aimé de vous, je tenterais la fortune; vous me porterez bonheur, je puis entrer comme commis dans un comptoir ; je puis moi-même devenir marchand !

— Vous ne pouvez rien tenter de tout cela, Fernand ; vous êtes soldat, et si vous restez aux Catalans, c'est parce qu'il n'y a pas de guerre. Demeurez donc pêcheur ; ne faites point de rêves qui vous feraient paraître la réalité plus terrible encore, et contentez-vous de mon amitié, puisque je ne puis vous donner autre chose.

— Eh bien ! vous avez raison, Mercédès, je serai marin ; j'aurai, au lieu du costume de nos pères, que vous méprisez, un chapeau verni, une chemise rayée et une veste bleue avec des ancres sur les boutons. N'est-ce point ainsi qu'il faut être habillé pour vous plaire ?

— Que voulez-vous dire? demanda Mercédès en lançant un regard impérieux, que voulez-vous dire ? je ne vous comprends pas.

— Je veux dire, Mercédès, que vous n'êtes si dure et si cruelle pour moi que parce que vous attendez quelqu'un qui est ainsi vêtu. Mais celui que vous attendez est inconstant peut-être, et, s'il ne l'est pas, la mer l'est pour lui.

— Fernand ! s'écria Mercédès, je vous croyais bon et je me trompais ! Fernand, vous êtes un mauvais cœur d'appeler à l'aide de votre jalousie les colères de Dieu ! Eh bien, oui, je ne m'en cache pas, j'attends et j'aime celui que vous dites, et s'il ne revient pas, au lieu d'accuser cette inconstance que vous invoquez, vous, je dirai qu'il est mort en m'aimant.

Le jeune Catalan fit un geste de rage.

— Je vous comprends, Fernand : vous vous en prendrez à lui de ce que je ne vous aime pas ; vous croiserez votre couteau catalan contre son poignard ! A quoi cela vous avancera-t-il ? A perdre mon amitié si vous êtes vaincu, à voir mon amitié se changer en haine si vous êtes vainqueur. Croyez-moi, chercher querelle à un homme est un mauvais moyen de plaire à la femme qui aime cet homme. Non, Fernand, vous ne vous laisserez point aller ainsi à vos mauvaises pensées. Ne pouvant m'avoir pour femme, vous vous contenterez de m'avoir pour amie et pour sœur ; et d'ailleurs, ajouta-t-elle les yeux troublés et mouillés de larmes, attendez, attendez, Fernand, vous l'avez dit tout à l'heure, la mer est perfide, et il y a déjà quatre mois qu'il est parti ; depuis quatre mois j'ai compté bien des tempêtes !

Fernand demeura impassible ; il ne chercha pas à essuyer les larmes qui roulaient sur les joues de Mercédès ; et cependant pour chacune de ces larmes il eût donné un verre de son sang ; mais ces larmes coulaient pour un autre.

Il se leva, fit un tour dans la cabane et revint, s'arrêta devant Mercédès, l'œil sombre et les poings crispés.

— Voyons, Mercédès, dit-il, encore une fois, répondez, est-ce bien résolu ?

— J'aime Edmond Dantès, dit froidement la jeune fille, et nul autre que Edmond ne sera mon époux.

— Et vous l'aimerez toujours ?

— Tant que je vivrai.

Fernand baissa la tête comme un homme découragé, poussa un soupir qui ressemblait à un gémissement ; puis tout à coup relevant le front, les dents serrées et les narines entr'ouvertes.

— Mais s'il est mort ? dit-il.

— S'il est mort, je mourrai.

— Mais s'il vous oublie ?

— Mercédès ! cria une voix joyeuse en dehors de la maison, Mercédès !

— Ah ! s'écria la jeune fille en rugissant de joie et en bondissant d'amour, tu vois bien qu'il ne m'a pas oubliée, puisque le voilà !

Et elle s'élança vers la porte qu'elle ouvrit en s'écriant :

— A moi, Edmond ! me voici.

Fernand, pâle et frémissant, recula en arrière, comme fait un voyageur à la vue d'un serpent, et, rencontrant sa chaise, il y retomba assis.

Edmond et Mercédès étaient dans les bras l'un de l'autre. Le soleil ardent de Marseille, qui pénétrait à travers l'ouverture de la porte, les inondait d'un flot de lumière. D'abord ils ne virent rien de ce qui les entourait. Un immense bonheur les isolait du monde, et ils ne parlaient que par mots entrecoupés qui sont les élans d'une joie si vive qu'ils semblent l'expression de la douleur.

Tout à coup Edmond aperçut la figure sombre de Fernand, qui se dessinait dans l'ombre, pâle et menaçante : par un mouvement dont il ne se rendit pas compte lui-même, le jeune Catalan tenait la main sur le couteau passé à sa ceinture.

— Ah ! pardon, dit Dantès en fronçant le sourcil à son tour, je n'avais pas remarqué que nous étions trois.

Puis, se tournant vers Mercédès :

— Qui est monsieur ? demanda-t-il.

— Monsieur sera votre meilleur ami, Dantès, car c'est mon ami à moi, c'est mon cousin, c'est mon frère, c'est Fernand ; c'est-à-dire l'homme qu'après vous, Edmond, j'aime le plus au monde ; ne le reconnaissez-vous pas ?

— Ah ! si fait, dit Edmond, et sans abandonner Mercédès, dont il tenait la main serrée dans une des siennes, il tendit avec un mouvement de cordialité son autre main au Catalan.

Mais Fernand, loin de répondre à ce geste amical, resta muet et immobile comme une statue.

Alors Edmond promena son regard investigateur de Mercédès émue et tremblante à Fernand sombre et menaçant.

Ce seul regard lui apprit tout.

La colère monta à son front.

— Je ne savais pas venir avec tant de hâte chez vous, Mercédès, pour y trouver un ennemi.

— Un ennemi ! s'écria Mercédès avec un regard de courroux à l'adresse de son cousin ; un ennemi chez moi, dis-tu, Edmond ! Si je croyais cela, je te prendrais sous le bras et je m'en irais à Marseille, quittant la maison pour n'y plus jamais rentrer.

L'œil de Fernand lança un éclair.

— Et s'il t'arrivait malheur, mon Edmond, continua-t-elle avec ce même flegme implacable qui prouvait à Fernand que la jeune fille avait lu jusqu'au plus profond de sa sinistre pensée, s'il t'arrivait malheur, je monterais sur le cap de Morgion, et je me jetterais sur les rochers la tête la première.

Fernand devint affreusement pâle.

— Mais tu t'es trompé, Edmond, poursuivit-elle, tu n'a point d'ennemi ici ; il n'y a que Fernand, mon frère, qui va te serrer la main comme à un ami dévoué.

Et à ces mots la jeune fille fixa son visage impérieux sur le Catalan, qui, comme s'il eût été fasciné par ce regard, s'approcha lentement d'Edmond et lui tendit la main.

Sa haine, pareille à une vague impuissante, quoique furieuse, venait se briser contre l'ascendant que cette femme exerçait sur lui.

Mais à peine eut-il touché la main d'Edmond qu'il sentit qu'il avait fait tout ce qu'il pouvait faire, et qu'il s'élança hors de la maison.

— Oh ! s'écriait-il en courant comme un insensé et en noyant ses mains dans ses cheveux, oh ! qui me délivrera donc de cet homme ? Malheur à moi ! Malheur à moi !

— Eh ! le Catalan, eh ! Fernand, où cours-tu, dit une voix.

Le jeune homme s'arrêta tout court, regarda autour de lui, et aperçut Caderousse attablé avec Danglars sous un berceau de feuillage.

— Eh ! dit Caderousse, pourquoi ne viens-tu pas ? Es-tu donc si pressé que tu n'aies pas le temps de dire bonjour aux amis ?

— Surtout quand ils ont encore une bouteille presque pleine devant eux, ajouta Danglars.

Fernand regarda les deux hommes d'un air hébété, et ne répondit rien.

— Il me semble tout penaud, dit Danglars poussant du genou Caderousse : est-ce que nous nous serions trompés, et qu'au contraire de ce que nous avions prévu, Dantès triompherait ?

— Dame ! il faut voir, dit Caderousse ; et se retournant vers le jeune homme : Eh bien, voyons, le Catalan, te décides-tu ? dit-il.

Fernand essuya la sueur qui ruisselait de son front et entra lentement sous la tonnelle, dont l'ombrage sembla rendre un peu de calme à ses sens, et la fraîcheur un peu de bien-être à son corps épuisé.

— Bonjour, dit-il, vous m'avez appelé, n'est-ce pas ?

Et il tomba plutôt qu'il ne s'assit sur un des sièges qui entouraient la table.

— Je t'ai appelé parce que tu courais comme un fou et que j'ai eu peur que tu n'allasses te jeter à la mer, dit en riant Caderousse. Que diable, quand on a des amis, c'est non-seulement pour leur offrir un verre de vin, mais encore pour les empêcher de boire trois ou quatre pintes d'eau !

Fernand poussa un rugissement qui ressemblait à un sanglot, et laissa tomber sa tête sur ses deux poignets posés en croix sur la table.

— Eh bien ! veux-tu que je te dise, Fernand, reprit Caderousse entamant l'entretien avec cette brutalité grossière des gens du peuple auxquels la curiosité fait oublier toute diplomatie ; eh bien, tu as l'air d'un amant déconfit !

Et il accompagna cette plaisanterie d'un gros rire.

— Bah ! répondit Danglars, un garçon taillé comme celui-là n'est pas fait pour être malheureux en amour ; tu te moques, Caderousse.

— Non pas, reprit celui-ci ; écoute plutôt comme il soupire. Allons, allons, Fernand, dit Caderousse, lève le nez et réponds-nous : ce n'est pas aimable de ne pas répondre aux amis qui nous demandent des nouvelles de notre santé.

— Ma santé va bien, dit Fernand crispant ses poings mais sans lever la tête.

— Ah ! vois-tu, Danglars, dit Caderousse en faisant signe de l'œil à son ami, voici la chose : Fernand, que tu vois, et qui est un bon et brave Catalan, un des meilleurs pêcheurs de Marseille, est amoureux d'une belle fille qu'on appelle Mercédès ; mais malheureusement il paraît que la belle fille de son côté est amoureuse du second du *Pharaon* ; et comme le *Pharaon* est entré aujourd'hui même dans le port, tu comprends ?

— Non, je ne comprends pas dit, Danglars.

— Le pauvre Fernand aura reçu son congé, continua Caderousse.

— Eh bien, après ? dit Fernand relevant la tête et regardant Caderousse en homme qui cherche quelqu'un sur qui faire tomber sa colère ; Mercédès ne dépend de personne, n'est-ce pas ? et elle est bien libre d'aimer qui elle veut ?

— Ah ! si tu le prends ainsi, dit Caderousse, c'est autre chose ! Moi, je te croyais un Catalan ; et l'on m'avait dit que les Catalans n'étaient pas hommes à se laisser supplanter par un rival ; on avait même ajouté que Fernand surtout était terrible dans sa vengeance.

Fernand sourit avec pitié.

— Un amoureux n'est jamais terrible, dit-il.

— Le pauvre garçon ! reprit Danglars feignant de plaindre le jeune homme du plus profond de son cœur. Que veux-tu, il ne s'attendait pas à voir revenir ainsi Dantès tout à coup ; il le croyait peut-être mort, infidèle, qui sait ! Ces choses-là sont d'autant plus sensibles qu'elles nous arrivent tout à coup.

— Ah ! ma foi, dans tous les cas, dit Caderousse, qui buvait tout en parlant et sur lequel le vin fumeux de La Malgue commençait à faire son effet, dans tous les cas Fernand n'est pas le seul que l'heureuse arrivée de Dantès contrarie ; n'est-ce pas, Danglars ?

— Non, tu dis vrai, et j'oserais presque dire que cela lui portera malheur.

— Mais n'importe, reprit Caderousse en versant un verre de vin à Fernand et en remplissant pour la huitième ou dixième fois son propre verre, tandis que Danglars avait à peine effleuré le sien, n'importe, en attendant il épouse Mercédès, la belle Mercédès ; il revient pour cela, du moins.

Pendant ce temps, Danglars enveloppait d'un regard perçant le jeune homme, sur le cœur duquel les paroles de Caderousse tombaient comme du plomb fondu.

— Et à quand la noce ? demanda-t-il.

— Oh ! elle n'est pas encore faite ! murmura Fernand.

— Non, mais elle se fera, dit Caderousse, aussi vrai que Dantès sera capitaine du *Pharaon*, n'est-ce pas, Danglars ?

Danglars tressaillit à cette atteinte inattendue, et se retourna vers Caderousse, dont à son tour il étudia le visage pour voir si le coup était prémédité ; mais il ne lut rien que l'envie sur ce visage déjà hébété presque par l'ivresse.

— Eh bien, dit-il en remplissant les verres, buvons donc au capitaine Edmond Dantès, mari de la belle Catalane !

Caderousse porta son verre à sa bouche d'une main alourdie et l'avala d'un trait. Fernand prit le sien et le brisa contre terre.

— Eh, eh, eh ! dit Caderousse, qu'aperçois-je donc là-bas, au haut de la butte, dans la direction des Catalans ? Regarde donc, Fernand, tu as meilleure vue que moi ; je crois que je commence à voir trouble, et, tu le sais, le vin est un traître : on dirait de deux amans qui marchent côte à côte et la main dans la main. Dieu me pardonne ! ils ne se doutent pas que nous les voyons, et les voilà qui s'embrassent !

Danglars ne perdait pas une des angoisses de Fernand, dont le visage se décomposait à vue d'œil.

— Les connaissez-vous, monsieur Fernand ? dit-il.

— Oui, répondit celui-ci d'une voix sourde, c'est monsieur Edmond et mademoiselle Mercédès.

— Ah ! voyez-vous ! dit Caderousse, et moi qui ne les reconnaissais pas ! — Ohé, Dantès ! ohé, la belle fille ! venez par ici un peu, et dites-nous à quand la noce, car voici M. Fernand qui est si entêté qu'il ne veut pas nous le dire !

— Veux-tu te taire ! dit Danglars, affectant de retenir Caderousse, qui, avec la ténacité des ivrognes, se penchait hors du berceau, tâche de te tenir debout, et laisse les amoureux s'aimer tranquillement. Tiens, regarde M. Fernand, et prends exemple : il est raisonnable, lui.

Peut-être Fernand, poussé à bout, aiguillonné par Danglars, comme le taureau par les banderillos, allait-il enfin s'élancer, car il s'était déjà levé et semblait se ramasser sur lui-même pour bondir sur son rival ; mais Mercédès, riante et droite, leva la belle tête, et fit rayonner son clair regard ; alors Fernand se rappela la menace qu'elle avait faite de mourir si Edmond mourait, et il retomba tout découragé sur son siège.

Danglars regarda successivement ces deux hommes : l'un abruti par l'ivresse, l'autre dominé par l'amour.

— Je ne tirerai rien de ces niais-là, murmura-t-il, et j'ai grand peur d'être ici entre un ivrogne et un poltron : voici un envieux qui se grise avec du vin, tandis qu'il devrait s'enivrer de fiel ; voici un grand imbécile à qui on vient de prendre sa maîtresse sous son nez, et qui se contente de pleurer et de se plaindre comme un enfant. Et cependant, cela vous a des yeux flamboyans comme ces Espagnols, ces Siciliens et ces Calabrais qui se vengent si bien ; cela vous a des poings à écraser une tête de bœuf aussi sûrement que le ferait la masse d'un boucher. Décidément, le destin d'Edmond l'emporte, il épousera la belle fille, il sera capitaine et se moquera de nous ; à moins que... Un sourire livide se dessina sur les lèvres de Danglars... ; à moins que je ne m'en mêle, ajouta-t-il.

— Holà ! continuait de crier Caderousse à moitié levé et les poings sur la table, holà, Edmond ! tu ne vois donc pas les amis, ou est-ce que tu es déjà trop fier pour leur parler ?

— Non, mon cher Caderousse, répondit Dantès, je ne suis pas fier, mais je suis heureux, et le bonheur aveugle, je crois, encore plus que la fierté.

— A la bonne heure, voilà une explication ! dit Caderousse. Eh ! bonjour, madame Dantès.

Mercédès salua gravement.

— Ce n'est pas encore mon nom, dit-elle, et dans mon pays cela porte malheur, assure-t-on, d'appeler les filles du nom de leur fiancé avant que ce fiancé ne soit leur mari ; appelez-moi donc Mercédès, je vous prie.

— Il faut lui pardonner à ce bon voisin Caderousse dit Dantès, il se trompe de si peu de chose !

— Ainsi, la noce va avoir lieu incessamment, monsieur Dantès ? dit Danglars en saluant les deux jeunes gens.

— Le plus tôt possible, monsieur Danglars ; aujourd'hui tous les accords chez le papa Dantès, et demain ou après-demain, au plus tard, le dîner des fiançailles, ici, à la Réserve. Les amis y seront, je l'espère ; c'est vous dire que vous êtes invité, monsieur Danglars ; c'est te dire que tu en es, Caderousse.

— Et Fernand, dit Caderousse, en riant d'un rire pâteux, Fernand en est-il aussi ?

— Le frère de ma femme est mon frère, dit Edmond,

et nous le verrions avec un profond regret, Mercédès et moi, s'écarter de nous dans un pareil moment.

Fernand ouvrit la bouche pour répondre; mais la voix expira dans sa gorge, et il ne put articuler un seul mot.

— Aujourd'hui les accords, demain ou après-demain les fiançailles... diable ! vous êtes bien pressé, capitaine.

— Danglars, reprit Edmond en souriant, je vous dirai comme Mercédès disait tout à l'heure à Caderousse : ne me donnez pas le titre qui ne me convient pas encore, cela me porterait malheur.

— Pardon, répondit Danglars ; je disais donc simplement que vous paraissiez bien pressé : que diable ! nous avons le temps : le *Pharaon* ne se remettra guère en mer avant trois mois.

— On est toujours pressé d'être heureux, monsieur Danglars, car lorsqu'on a souffert longtemps on a grand'-peine à croire au bonheur. Mais ce n'est pas l'égoïsme seul qui me fait agir : il faut que j'aille à Paris.

— Ah ! vraiment, à Paris, et c'est la première fois que vous y allez, Dantès ?

— Oui.

— Vous y avez affaire ?

— Pas pour mon compte : une dernière commission de notre pauvre capitaine Leclère à remplir; vous comprenez, Danglars, c'est sacré. D'ailleurs, soyez tranquille, je ne prendrai que le temps d'aller et de revenir.

— Oui, oui, je comprends, dit tout haut Danglars.

Puis tout bas :

— A Paris, pour remettre à son adresse sans doute la lettre que le grand-maréchal lui a donnée. Pardieu ! cette lettre me fait pousser une idée, une excellente idée ! Ah ! Dantès, mon ami, tu n'es pas encore couché au registre du *Pharaon* sous le numéro 1.

Puis se retournant vers Edmond, qui s'éloignait déjà :

— Bon voyage, lui cria-t-il.

— Merci, répondit Edmond en retournant la tête et en accompagnant ce mouvement d'un geste amical.

Puis les deux amans continuèrent leur route calmes et joyeux comme deux élus qui montent au ciel.

CHAP. IV. — COMPLOT.

Danglars suivit Edmond et Mercédès des yeux jusqu'à ce que les deux amans eussent disparu à l'un des angles du fort Saint-Nicolas : puis, se retournant alors, il aperçut Fernand, qui était retombé pâle et frémissant sur sa chaise, tandis que Caderousse balbutiait les paroles d'une chanson à boire.

— Ah çà ! mon cher monsieur, dit Danglars à Fernand, voilà un mariage qui ne me paraît pas faire le bonheur de tout le monde.

— Il me désespère, dit Fernand.

— Vous aimiez donc Mercédès ?

— Je l'adorais !

— Depuis longtemps ?

— Depuis que nous nous connaissons je l'ai toujours aimée.

— Et vous êtes là à vous arracher les cheveux au lieu de chercher remède à la chose ! Que diable ! je ne croyais pas que ce fût ainsi qu'agissaient les gens de votre nation.

— Que voulez-vous que je fasse ? demanda Fernand.

— Et que sais-je, moi ? est-ce que cela me regarde ? Ce n'est pas moi, ce me semble, qui suis amoureux de mademoiselle Mercédès, mais vous. Cherchez, dit l'Evangile, et vous trouverez.

— J'avais trouvé déjà.

— Quoi ?

— Je voulais poignarder l'*homme*, mais la femme m'a dit que s'il arrivait malheur à son fiancé elle se tuerait.

— Bah ! on dit ces choses-là, mais on ne les fait point.

— Vous ne connaissez point Mercédès, monsieur ; du moment où elle a menacé, elle exécuterait.

— Imbécile ! murmura Danglars : qu'elle se tue ou non, que m'importe, pourvu que Dantès ne soit point capitaine.

— Et avant que Mercédès ne meure, reprit Fernand avec l'accent d'une immuable résolution, je mourrais moi-même.

— En voilà de l'amour ! dit Caderousse d'une voix de plus en plus avinée ; en voilà, ou je m'y connais plus !

— Voyons, dit Danglars, vous me paraissez un gentil garçon, et je voudrais, le diable m'emporte ! vous tirer de peine, mais...

— Oui, dit Caderousse, voyons.

— Mon cher, reprit Danglars, tu es aux trois quarts ivre ; achève la bouteille, et tu le seras tout à fait. Bois et ne te mêle pas de ce que nous faisons : pour ce que nous faisons il faut avoir toute sa tête.

— Moi ivre? dit Caderousse, allons donc ! j'en boirais encore quatre de tes bouteilles qui ne sont pas plus grandes que des flacons d'eau de Cologne ! Père Pamphile, du vin !

Et pour joindre la preuve à la proposition, Caderousse frappa avec son verre sur la table.

— Vous disiez donc, monsieur ? reprit Fernand attendant avec avidité la suite de la phrase interrompue.

— Que disais-je ? Je ne me le rappelle plus. Cet ivrogne de Caderousse m'a fait perdre le fil de mes pensées.

— Ivrogne tant que tu voudras, tant pis pour ceux qui craignent le vin, c'est qu'ils ont quelque mauvaise pensée qu'ils craignent que le vin ne leur tire du cœur.

Et Caderousse se mit à chanter les deux derniers vers d'une chanson fort en vogue à cette époque.

Tous les méchans sont buveurs d'eau,
C'est bien prouvé par le déluge.

— Vous disiez, monsieur, reprit Fernand, que vous voudriez me tirer de peine ; mais, ajoutiez-vous...

— Oui, mais, ajoutai-je... pour vous tirer de peine il suffit que Dantès n'épouse pas celle que vous aimez ; et le mariage peut très bien manquer, ce me semble, sans que Dantès meure.

— La mort seule les séparera, dit Fernand.

— Vous raisonnez comme un coquillage, mon ami, dit Caderousse, et voilà Danglars, qui est un finot, un malin, un grec, qui va vous prouver que vous avez tort. Prouve, Danglars. J'ai répondu de toi. Dis-lui qu'il n'est pas besoin que Dantès meure ; d'ailleurs ce serait fâcheux qu'il mourût, Dantès. C'est un bon garçon ; je l'aime, moi, Dantès. A ta santé, Dantès !

Fernand se leva avec impatience.

— Laissez-le dire, reprit Danglars en retenant le jeune homme, et d'ailleurs, tout ivre qu'il est, il ne fait point si grande erreur. L'absence disjoint tout aussi bien que la mort : et supposez qu'il y ait entre Edmond et Mercédès les murailles d'une prison, ils seront séparés ni plus ni moins que s'il y avait la pierre d'une tombe.

— Oui, mais on sort de prison, dit Caderousse, qui avec les restes de son intelligence se cramponnait à la conversation, et quand on est sorti de prison et qu'on s'appelle Edmond Dantès on se venge.

— Qu'importe ! murmura Fernand.

— D'ailleurs, reprit Caderousse, pourquoi mettrait-on Dantès en prison ? il n'a ni volé, ni tué, ni assassiné.

— Tais-toi, dit Danglars.

— Je ne veux pas me taire, moi, dit Caderousse. Je

veux que tu me dises pourquoi on mettrait Dantès en prison. Moi, j'aime Dantès. A ta santé, Dantès !

Et il avala un nouveau verre de vin.

Danglars suivit dans les yeux atones du tailleur les progrès de l'ivresse, et se retournant vers Fernand :

— Eh bien, comprenez-vous, dit-il, qu'il n'y ait pas besoin de le tuer ?

— Non, certes, si, comme vous le disiez tout à l'heure, on avait le moyen de faire arrêter Dantès... Mais ce moyen, l'avez-vous ?

— En cherchant bien, dit Danglars, on pourrait le trouver. Mais, continua-t-il, de quoi, diable ! vais-je me mêler là ? est-ce que cela me regarde ?

— Je ne sais pas si cela vous regarde, dit Fernand en lui saisissant le bras ; mais, ce que je sais, c'est que vous avez quelque motif de haine particulière contre Dantès. Celui qui hait lui-même ne se trompe pas aux sentimens des autres.

— Moi, des motifs de haine contre Dantès ? aucun, sur ma parole. Je vous ai vu malheureux, et votre malheur m'a intéressé, voilà tout. Mais du moment où vous croyez que j'agis pour mon propre compte, adieu, mon cher ami ; tirez-vous d'affaire comme vous pourrez.

Et Danglars fit semblant de se lever à son tour.

— Non pas, dit Fernand en le retenant, restez ! Peu m'importe, au bout du compte, que vous en vouliez à Dantès ou que vous ne lui en vouliez pas. Je lui en veux moi : je l'avoue hautement. Trouvez le moyen, et je l'exécute, pourvu qu'il n'y ait pas mort d'homme, car Mercédès a dit qu'elle se tuerait si l'on tuait Dantès.

Caderousse, qui avait laissé tomber sa tête sur la table, releva le front, et regardant Fernand et Danglars avec des yeux lourds et hébétés :

— Tuer Dantès ! dit-il, qui parle ici de tuer Dantès ? Je ne veux pas qu'on le tue, moi : c'est mon ami, il a offert ce matin de partager son argent avec moi, comme j'ai partagé le mien avec lui ; je ne veux pas qu'on tue Dantès !

— Et qui te parle de le tuer, imbécile ! reprit Danglars ; il s'agit d'une simple plaisanterie ; bois à sa santé, ajouta-t-il en remplissant le verre de Caderousse, et laisse-nous tranquilles.

— Oui, oui, à la santé de Dantès, dit Caderousse en vidant son verre, à sa santé !... à sa santé !... là !

— Mais, le moyen... le moyen ? dit Fernand.

— Vous ne l'avez donc pas trouvé encore, vous ?

— Non, vous vous en êtes chargé.

— C'est vrai, reprit Danglars, les Français ont cette supériorité sur les Espagnols, que les Espagnols ruminent, et que les Français inventent.

— Inventez donc alors, dit Fernand avec impatience.

— Garçon, dit Danglars, une plume, de l'encre et du papier !

— Une plume, de l'encre et du papier ! murmura Fernand.

— Oui, je suis agent-comptable : la plume, l'encre et le papier sont mes instrumens, et sans mes instrumens je ne sais rien faire.

— Une plume, de l'encre et du papier ! cria à son tour Fernand.

— Il y a ce que vous désirez là sur cette table, dit le garçon en montrant les objets demandés.

— Donnez-les-nous alors.

Le garçon prit le papier, l'encre et la plume, et les déposa sur la table où ils buvaient.

— Quand on pense, dit Caderousse en laissant tomber sa main sur le papier, qu'il y a là de quoi tuer un homme plus sûrement que si on l'attendait au coin d'un bois pour l'assassiner ! J'ai toujours eu plus peur d'une plume, d'une bouteille d'encre et d'une feuille de papier que d'une épée ou d'un pistolet.

— Le drôle n'est pas encore si ivre qu'il en a l'air, dit Danglars, versez-lui donc à boire, Fernand.

Fernand remplit le verre de Caderousse ; et celui-ci, en véritable buveur qu'il était, leva la main de dessus le papier et la porta à son verre.

Le Catalan suivit le mouvement jusqu'à ce que Caderousse, presque vaincu par cette nouvelle attaque, reposât ou plutôt laissât retomber son verre sur la table.

— Eh bien ? reprit le Catalan en voyant que le reste de la raison de Caderousse commençait à disparaître sous ce dernier verre de vin.

— Eh bien ! je disais donc, par exemple, reprit Danglars, que si, après un voyage comme celui que vient de faire Dantès, et dans lequel il a touché à Naples et à l'île d'Elbe, quelqu'un le dénonçait au procureur du roi comme agent bonapartiste...

— Je le dénoncerai, moi ! dit vivement le jeune homme.

— Oui ; mais alors on vous fait signer votre déclaration, on vous confronte avec celui que vous avez dénoncé : je vous fournis de quoi soutenir votre accusation, je le sais bien ; mais Dantès ne peut rester éternellement en prison ; un jour ou l'autre il en sort, et ce jour où il en sort, malheur à celui qui l'y a fait entrer !

— Oh ! je ne demande qu'une chose, dit Fernand, c'est qu'il vienne me chercher une querelle !

— Oui, et Mercédès ! Mercédès qui vous prend en haine si vous avez seulement le malheur d'écorcher l'épiderme à son bien-aimé Edmond !

— C'est juste, dit Fernand.

— Non, non, reprit Danglars, si on se décidait à une pareille chose, voyez-vous, il vaudrait bien mieux prendre tout bonnement, comme je le fais, cette plume, la tremper dans l'encre, et écrire de la main gauche, pour que l'écriture ne fût pas reconnue, une petite dénonciation ainsi conçue :

Et Danglars, joignant l'exemple au précepte, écrivit de la main gauche et d'une écriture renversée, qui n'avait aucune analogie avec son écriture habituelle, les lignes suivantes, qu'il passa à Fernand, et que Fernand lut à demi-voix :

« Monsieur le procureur du roi est prévenu par un » ami du trône et de la religion que le nommé Edmond » Dantès, second du navire le *Pharaon* arrivé ce matin » de Smyrne, après avoir touché à Naples et à Porto-» Ferrajo, a été chargé par Murat d'une lettre pour l'usur-» pateur, et, par l'usurpateur, d'une lettre pour le co-» mité bonapartiste de Paris.

» On aura la preuve de son crime en l'arrêtant ; car » on trouvera cette lettre ou sur lui, ou chez son père, ou » dans sa cabine à bord du *Pharaon*. »

— A la bonne heure, continua Danglars ; ainsi votre vengeance aurait le sens commun, car d'aucune façon alors elle ne pourrait retomber sur vous et la chose irait toute seule ; il n'y aurait plus qu'à plier cette lettre, comme je le fais, et à écrire dessus : « A monsieur le procureur royal. » Tout serait dit.

Et Danglars écrivit l'adresse en se jouant.

— Oui, tout serait dit, s'écria Caderousse qui, par un dernier effort d'intelligence, avait suivi la lecture, et qui comprenait d'instinct tout ce qu'une pareille dénonciation pourrait entraîner de malheur ; oui, tout serait dit : seulement, ce serait une infamie.

Et il allongea le bras pour prendre la lettre.

— Aussi, dit Danglars en la poussant hors la portée de sa main ; aussi, ce que je dis et ce que je fais, c'est en plaisantant, et, le premier, je serais bien fâché qu'il arrivât quelque chose à Dantès, ce bon Dantès ! Aussi, tiens...

Il prit la lettre, la froissa dans ses mains et la jeta dans un coin de la tonnelle.

— A la bonne heure ! dit Caderousse. Dantès est mon ami, et je ne veux pas qu'on lui fasse du mal.

— Eh! qui diable y songe à lui faire du mal? ce n'est ni moi, ni Fernand, dit Danglars en se levant et en regardant le jeune homme qui était demeuré assis, mais dont l'œil oblique couvait le papier dénonciateur jeté dans un coin.

— En ce cas, reprit Caderousse, qu'on nous donne du vin : je veux boire à la santé d'Edmond et de la belle Mercédès.

— Tu n'as déjà que trop bu, ivrogne, dit Danglars, et si tu continues tu seras obligé de coucher ici, attendu que tu ne pourras plus te tenir sur tes jambes.

— Moi, dit Caderousse en se levant avec la fatuité de l'homme ivre ; moi, ne pas pouvoir me tenir sur mes jambes! je parie que je monte au clocher des Accoules, et sans balancier encore!

— Eh bien! soit, dit Danglars, je parie, mais pour demain : aujourd'hui il est temps de rentrer ; donne-moi donc le bras et rentrons.

— Rentrons, dit Caderousse, mais je n'ai pas besoin de ton bras pour cela. Viens-tu, Fernand? rentres-tu avec nous à Marseille?

— Non, dit Fernand, je retourne aux Catalans, moi.

— Tu as tort, viens avec nous à Marseille, viens.

— Je n'ai point besoin à Marseille, je n'y veux point aller.

— Comment as-tu dit cela? tu ne veux pas, mon bonhomme! et bien, à ton aise! liberté pour tout le monde!
— Viens, Danglars, et laissons monsieur rentrer aux Catalans, puisqu'il le veut.

Danglars profita de ce moment de bonne volonté de Caderousse pour l'entraîner du côté de Marseille ; seulement, pour ouvrir un chemin plus court et plus facile à Fernand, au lieu de revenir par le quai de la Rive-Neuve, il revint par la porte Saint-Victor.

Caderousse le suivait, tout chancelant, accroché à son bras.

Lorsqu'il eut fait une vingtaine de pas, Danglars se retourna et vit Fernand se précipiter sur le papier, qu'il mit dans sa poche ; puis aussitôt il s'élança hors de la tonnelle. Le jeune homme tourna du côté du Pillon.

— Eh bien, que fait-il donc? dit Caderousse, il nous a menti : il nous a dit qu'il allait aux Catalans, et il va à la ville! Holà, Fernand, tu te trompes, mon garçon!

— C'est toi qui vois trouble, dit Danglars, il suit tout droit le chemin des Vieilles-Infirmeries.

— En vérité! dit Caderousse, eh bien! j'aurais juré qu'il tournait à droite ; décidément le vin est un traître.

— Allons, allons, murmura Danglars, je crois que maintenant la chose est bien lancée, et qu'il n'y a plus qu'à la laisser marcher toute seule.

CHAP. V. — LE REPAS DES FIANÇAILLES.

Le lendemain fut un beau jour. Le soleil se leva pur et brillant, et les premiers rayons d'un rouge pourpre diaprèrent de leurs rubis les pointes écumeuses des vagues.

Le repas avait été préparé au premier étage de cette même Réserve avec la tonnelle de laquelle nous avons déjà fait connaissance. C'était une grande salle éclairée par cinq ou six fenêtres ; au-dessus de chacune desquelles (explique le phénomène qui voudra!) était écrit le nom d'une des grandes villes de France.

Une balustrade en bois, comme le reste du bâtiment, régnait tout le long de ces fenêtres.

Quoique le repas ne fût indiqué que pour midi, dès onze heures du matin cette balustrade était chargée de promeneurs impatiens. C'étaient les marins privilégiés du *Pharaon* et quelques soldats amis de Dantès. Tous avaient, pour faire honneur aux fiancés, fait voir le jour à leurs plus belles toilettes.

Le bruit circulait, parmi les futurs convives, que les armateurs du *Pharaon* devaient honorer de leur présence le repas de noces de leur second ; mais c'était de leur part un si grand honneur accordé à Dantès que personne n'osait encore y croire.

Cependant Danglars, en arrivant avec Caderousse, confirma à son tour cette nouvelle. Il avait vu le matin monsieur Morrel lui-même, et monsieur Morrel lui avait dit qu'il viendrait dîner à la Réserve.

En effet, un instant après eux, monsieur Morrel fit à son tour son entrée dans la chambre, et fut salué par les matelots du *Pharaon* d'un hourra unanime d'applaudissemens. La présence de l'armateur était pour eux la confirmation du bruit qui courait déjà que Dantès serait nommé capitaine ; et comme Dantès était fort aimé à bord, ces braves gens remerciaient ainsi l'armateur de ce qu'une fois par hasard son choix était en harmonie avec leurs désirs. A peine monsieur Morrel fut-il entré qu'on dépêcha unanimement Danglars et Caderousse vers le fiancé : ils avaient mission de le prévenir de l'arrivée du personnage important dont la vue avait produit une si vive sensation et de lui dire de se hâter.

Danglars et Caderousse partirent tout courant ; mais ils n'eurent pas fait cent pas, qu'à la hauteur du magasin à poudre, ils aperçurent la petite troupe qui venait.

Cette petite troupe se composait de quatre jeunes filles, amies de Mercédès et catalanes comme elle, et qui accompagnaient la fiancée à laquelle Edmond donnait le bras. Près de la future marchait le père Dantès, et derrière eux venait Fernand avec son mauvais sourire.

Ni Mercédès ni Edmond ne voyaient ce mauvais sourire de Fernand. Les pauvres enfans étaient si heureux qu'ils ne voyaient qu'eux seuls et ce beau ciel pur qui les bénissait.

Danglars et Caderousse s'acquittèrent de leur mission d'ambassadeurs ; puis après avoir échangé une poignée de main bien vigoureuse et bien amicale avec Edmond, ils allèrent, Danglars prendre place près de Fernand, Caderousse se ranger aux côtés du père Dantès, centre de l'attention générale.

Ce vieillard était vêtu de son bel habit de taffetas épinglé, orné de larges boutons d'acier taillés à facettes. Ses jambes grêles, mais nerveuses, s'épanouissaient dans de magnifiques bas de coton mouchetés, qui sentaient d'une lieue la contrebande anglaise. A son chapeau à trois cornes pendait un flot de rubans blancs et bleus. Enfin il s'appuyait sur un bâton de bois tordu et recourbé par le haut comme le pedum antique. On eût dit un de ces muscadins qui paradaient en 1796 dans les jardins nouvellement rouverts du Luxembourg et des Tuileries.

Près de lui, nous l'avons dit, s'était glissé Caderousse, Caderousse que l'espérance d'un bon repas avait achevé de réconcilier avec les Dantès, Caderousse à qui il restait dans la mémoire un vague souvenir de ce qui s'était passé la veille, comme en se réveillant le matin on trouve dans son esprit l'ombre du rêve qu'on a fait pendant le sommeil.

Danglars, en s'approchant de Fernand, avait jeté sur l'amant désappointé un regard profond. Fernand, marchant derrière les futurs époux, complètement oublié par Mercédès qui dans cet égoïsme juvénile et charmant de l'amour n'avait d'yeux que pour son Edmond, Fernand était pâle, puis rouge par bouffées subites qui disparaissaient pour faire place chaque fois à une pâleur croissante. De temps en temps il regardait du côté de Marseille, et alors un tremblement nerveux et involontaire faisait frissonner ses membres. Fernand semblait attendre, ou tout au moins prévoir quelque grand événement.

Dantès était simplement vêtu. Appartenant à la marine marchande, il avait un habit qui tenait le milieu entre l'uniforme militaire et le costume civil ; et sous cet habit, sa bonne mine, que rehaussaient encore la joie et la beauté de sa fiancée, était parfaite.

Mercédès était belle comme une de ces Grecques de Chypre ou de Céos aux yeux d'ébène et aux lèvres de corail. Elle marchait de ce pas libre et franc dont marchent les Arlésiennes et les Andalouses. Une fille des villes eût peut-être essayé de cacher sa joie sous un voile ou tout au moins sous le velours de ses paupières ; mais Mercédès souriait et regardait tous ceux qui l'entouraient, et son sourire et son regard disaient aussi franchement qu'auraient pu le dire ses paroles : Si vous êtes mes amis, réjouissez-vous avec moi, car, en vérité, je suis bien heureuse !

Dès que les fiancés et ceux qui les accompagnaient furent en vue de la Réserve, monsieur Morrel descendit et s'avança à son tour au devant d'eux, suivi des matelots et des soldats avec lesquels il était resté, et auxquels il avait renouvelé la promesse déjà faite à Dantès qu'il succéderait au capitaine Leclère. En le voyant venir, Edmond quitta le bras de sa fiancée et le passa sous celui de monsieur Morrel. L'armateur et la jeune fille donnèrent l'exemple en montant les premiers l'escalier de bois qui conduisait à la chambre où le dîner était servi, et qui cria pendant cinq minutes sous les pas pesans des convives.

— Mon père, dit Mercédès en s'arrêtant au milieu de la table, vous à ma droite, je vous prie ; quant à ma gauche, j'y mettrai celui qui m'a servi de frère, ajouta-t-elle avec une douceur qui pénétra au plus profond du cœur de Fernand comme un coup de poignard. Ses lèvres blêmirent, et sous la teinte bistrée de son mâle visage on put voir encore une fois le sang se retirer peu à peu pour affluer au cœur.

Pendant ce temps, Dantès avait exécuté la même manœuvre ; à sa droite il avait mis monsieur Morrel, à sa gauche Danglars ; puis de la main il avait fait signe à chacun de se placer à sa fantaisie.

Déjà couraient autour de la table les saucissons d'Arles à la chair brune et au fumet accentué, les langoustes à la cuirasse éblouissante, les prayres à la coquille rosée, les oursins qui semblent des châtaignes entourées de leur enveloppe piquante, les clovis qui ont la prétention de remplacer avec supériorité, pour les gourmets du Midi, les huîtres des hors-d'œuvre délicats que la vague roule sur sa rive sablonneuse et que les pêcheurs reconnaissans désignent sous le nom générique de fruits de mer.

— Un beau silence ! dit le vieillard en savourant un verre de vin jaune comme la topaze, que le père Pamphile en personne venait d'apporter devant Mercédès. Dirait-on qu'il y a ici trente personnes qui ne demandent qu'à rire ?

— Eh ! un mari n'est pas toujours gai, dit Caderousse.

— Le fait est, dit Dantès, que je suis trop heureux en ce moment pour être gai. Si c'est comme cela que vous l'entendez, voisin, vous avez raison ! la joie fait quelquefois un effet étrange, elle oppresse comme la douleur.

Danglars observa Edmond, dont la nature impressionnable absorbait et renvoyait chaque émotion.

— Allons donc, dit-il, est-ce que vous craindriez quelque chose ? Il me semble au contraire que tout va selon vos désirs ?

— Et c'est justement cela qui m'épouvante, dit Dantès, il me semble que l'homme n'est pas fait pour être si facilement heureux ! Le bonheur est comme ces palais des îlées enchantées dont les dragons gardent les portes ; il faut combattre pour le conquérir, et moi, en vérité, je ne sais en quoi j'ai mérité le bonheur d'être le mari de Mercédès.

OEUV. COMP. D'ALEX. DUMAS.

— Le mari, le mari, dit Caderousse en riant ; pas encore, mon capitaine : essaie un peu de faire le mari ; et tu verras comme tu seras reçu ?

Mercédès rougit.

Fernand se tourmentait sur sa chaise, tressaillait au moindre bruit, et de temps en temps essuyait de larges plaques de sueur qui perlaient sur son front comme les premières gouttes d'une pluie d'orage.

— Ma foi, dit Dantès, voisin Caderousse, ce n'est point la peine de me démentir pour si peu. Mercédès n'est point encore ma femme, c'est vrai...

Il tira sa montre.

— Mais dans une heure et demie elle le sera.

Chacun poussa un cri de surprise, à l'exception du père Dantès dont le large rire montra les dents encore belles. Mercédès sourit et ne rougit plus. Fernand saisit convulsivement le manche de son couteau.

— Dans une heure ! dit Danglars pâlissant lui-même ; et comment cela ?

— Oui, mes amis, répondit Dantès, grâce au crédit de monsieur Morrel, l'homme après mon père auquel je dois le plus au monde, toutes les difficultés sont aplanies. Nous avons acheté les bans, et à deux heures et demie le maire de Marseille nous attend à l'Hôtel-de-Ville. Or, comme une heure et un quart viennent de sonner, je ne crois pas me tromper de beaucoup en disant que dans une heure trente minutes Mercédès s'appellera madame Dantès.

Fernand ferma les yeux : un nuage de feu brûla ses paupières ; il s'appuya à la table pour ne pas défaillir, et, malgré tous ses efforts, ne put retenir un gémissement sourd qui se perdit dans le bruit des rires et des félicitations de l'assemblée.

— C'est bien agir, cela, hein ! dit le père Dantès. Cela s'appelle-t-il perdre son temps, à votre avis ? Arrivé hier au matin, marié aujourd'hui à trois heures ! Parlez-moi des marins pour aller rondement en besogne.

— Mais les autres formalités, objecta timidement Danglars, le contrat, les écritures ?...

— Le contrat, dit Dantès en riant, le contrat est tout fait : Mercédès n'a rien, ni moi non plus. Nous nous marions sous le régime de la communauté, et voilà ! Ça n'a pas été long à écrire et ce ne sera pas cher à payer.

Cette plaisanterie excita une nouvelle explosion de joie et de bravos.

— Ainsi, ce que nous prenions pour un repas de fiançailles, dit Danglars, est tout bonnement un repas de noces ?

— Non pas, dit Dantès ; vous n'y perdrez rien, soyez tranquille. Demain matin je pars pour Paris, quatre jours pour aller, quatre jours pour revenir, un jour pour faire en conscience la commission dont je suis chargé, et le 1er mars je suis de retour ; au 2 mars donc le véritable repas de noces.

Cette perspective d'un nouveau festin redoubla l'hilarité au point que le père Dantès, qui, au commencement du dîner, se plaignait du silence, faisait maintenant au milieu de la conversation générale de vains efforts pour placer son vœu de prospérité en faveur des futurs époux.

Dantès devina la pensée de son père et y répondit par un sourire plein d'amour. Mercédès commença de regarder l'heure au coucou de la salle et fit un petit signe à Edmond.

Il y avait autour de la table cette hilarité bruyante et cette liberté individuelle qui accompagnent, chez les gens de condition inférieure, la fin des repas. Ceux qui étaient mécontens de leur place s'étaient levés de table et avaient été chercher d'autres voisins. Tout le monde commençait à parler à la fois, et personne ne s'occupait de répondre à ce que son interlocuteur lui disait, mais seulement à ses propres pensées.

2

La pâleur de Fernand était presque passée sur les joues de Danglars; quant à Fernand lui-même, il ne vivait plus et semblait un damné dans le lac de feu. Un des premiers, il s'était levé et se promenait de long en large dans la salle, essayant d'isoler son oreille du bruit des chansons et du choc des verres.

Caderousse s'approcha de lui au moment où Danglars, qu'il semblait fuir, venait de le rejoindre dans un angle de la salle.

— En vérité, dit Caderousse, à qui les bonnes façons de Dantès et surtout le bon vin du père Pamphile avaient enlevé tous les restes de la haine dont le bonheur inattendu de Dantès avait jeté les germes dans son âme, en vérité Dantès est un gentil garçon; et quand je le vois assis près de sa fiancée, je me dis que c'eût été dommage de lui faire la mauvaise plaisanterie que vous complotiez hier.

— Aussi, dit Danglars, tu as vu que la chose n'a pas eu de suite. Ce pauvre monsieur Fernand était si bouleversé qu'il m'avait fait de la peine d'abord; mais du moment qu'il en a pris son parti au point de s'être fait le premier garçon de noces de son rival, il n'y a plus rien à dire.

Caderousse regarda Fernand : il était livide.

— Le sacrifice est d'autant plus grand, continua Danglars, qu'en vérité la fille est belle. Peste! l'heureux coquin que mon futur capitaine; je voudrais m'appeler Dantès douze heures seulement.

— Partons-nous? demanda la douce voix de Mercédès; voici deux heures qui sonnent, et l'on nous attend à deux heures un quart.

— Oui, oui, partons, dit Dantès en se levant vivement.

— Partons! répétèrent en chœur tous les convives.

Au même instant, Danglars, qui ne perdait pas de vue Fernand assis sur le rebord de la fenêtre, le vit ouvrir des yeux hagards, se lever comme par un mouvement convulsif, et retomber assis sur l'appui de cette croisée. Presque au même instant un bruit sourd retentit dans l'escalier; le retentissement d'un pas pesant, une rumeur confuse de voix mêlées à un cliquetis d'armes couvrirent les exclamations des convives, si bruyantes qu'elles fussent, et attirèrent l'attention générale qui se manifesta à l'instant même par un silence inquiet.

Le bruit s'approcha : trois coups retentirent dans le panneau de la porte; chacun regarda son voisin d'un air étonné.

— Au nom de la loi! cria une voix vibrante, à laquelle aucune voix ne répondit.

Aussitôt la porte s'ouvrit, et un commissaire, ceint de son écharpe, entra dans la salle suivi de quatre soldats armés conduits par un caporal.

L'inquiétude fit place à la terreur.

— Qu'il y a-t-il? demanda l'armateur en s'avançant au devant du commissaire qu'il connaissait; bien certainement, monsieur, il y a méprise.

— S'il y a méprise, monsieur Morrel, répondit le commissaire, croyez que la méprise sera promptement réparée; en attendant, je suis porteur d'un mandat d'arrêt; et quoique ce soit avec regret que je remplis ma mission, il ne faut pas moins que je la remplisse; lequel de vous, messieurs, est Edmond Dantès?

Tous les regards se retournèrent vers le jeune homme qui, fort ému, mais conservant sa dignité, fit un pas en avant et dit :

— C'est moi, monsieur; que me voulez-vous?

— Edmond Dantès, reprit le commissaire, au nom de la loi, je vous arrête!

— Vous m'arrêtez! dit Edmond avec une légère pâleur, mais pourquoi m'arrêtez vous?

— Je l'ignore, monsieur; mais votre premier interrogatoire vous l'apprendra.

Monsieur Morrel comprit qu'il n'y avait rien à faire contre l'inflexibilité de la situation; un commissaire ceint de son écharpe n'est plus un homme, c'est la statue de la loi, froide, sourde, muette.

Le vieillard, au contraire, se précipita vers l'officier : il y a des choses que le cœur d'un père ou d'une mère ne comprendront jamais; il pria et supplia : larmes et prières ne pouvaient rien; cependant son désespoir était si grand que le commissaire en fut touché.

— Monsieur, dit-il, tranquillisez-vous; peut-être votre fils a-t-il négligé quelque formalité de douane ou de santé, et selon toute probabilité, lorsqu'on aura reçu de lui les renseignemens qu'on désire en tirer, il sera remis en liberté.

— Ah ça! qu'est-ce que cela signifie? demanda en fronçant le sourcil Caderousse à Danglars, qui jouait la surprise.

— Le sais-je, moi? dit Danglars, je suis comme toi : je vois ce qui se passe, je n'y comprends rien et je reste confondu.

Caderousse chercha des yeux Fernand : il avait disparu.

Toute la scène de la veille se représenta alors à son esprit avec une effrayante lucidité : on eût dit que la catastrophe venait de tirer le voile que l'ivresse de la veille avait jeté entre lui et sa mémoire.

— Oh! oh! dit-il d'une voix rauque, serait-ce la suite de la plaisanterie dont vous parliez hier, Danglars? En ce cas malheur à celui qui l'aurait faite, car elle est bien triste.

— Pas du tout! s'écria Danglars, tu sais bien au contraire que j'ai déchiré le papier.

— Tu ne l'as pas déchiré, dit Caderousse; tu l'as jeté dans un coin, voilà tout.

— Tais-toi, tu n'as rien rien vu, tu étais ivre.

— Où est Fernand? demanda Caderousse.

— Le sais-je, moi? répondit Danglars, à ses affaires, probablement. Mais au lieu de nous occuper de cela, allons donc porter du secours à ces pauvres affligés.

En effet, pendant cette conversation, Dantès avait, en souriant, serré la main à tous ses amis, et s'était constitué prisonnier en disant : Soyez tranquilles, l'erreur va s'expliquer, et probablement que je n'irai même pas jusqu'à la prison.

— Oh! bien certainement, j'en répondrais, dit Danglars, qui en ce moment s'approchait, comme nous l'avons dit, du groupe principal.

Dantès descendit l'escalier, précédé du commissaire de police et entouré par les soldats; une voiture dont la portière était tout ouverte attendait à la porte : il y monta, deux soldats et le commissaire montèrent après lui; la portière se referma, et la voiture reprit le chemin de Marseille.

— Adieu, Dantès! adieu, Edmond! s'écria Mercédès en s'élançant sur la balustrade.

Le prisonnier entendit ce dernier cri, sorti comme un sanglot du cœur déchiré de sa fiancée; il passa la tête par la portière, cria : Au revoir, Mercédès! et disparut à l'un des angles du fort Saint-Nicolas.

— Attendez-moi ici, dit l'armateur, je prends la première voiture que je rencontre, je cours à Marseille, et je vous rapporte des nouvelles.

— Allez! crièrent toutes les voix, allez! et revenez bien vite.

Il y eut après ce double départ un moment de stupeur terrible parmi tous ceux qui étaient restés.

Le vieillard et Mercédès restèrent quelque temps isolés, chacun dans sa propre douleur, mais enfin leurs yeux se rencontrèrent; ils se reconnurent comme deux victimes frappées du même coup, et se jetèrent dans les bras l'un de l'autre.

Pendant ce temps Fernand rentra, se versa un verre d'eau qu'il but, et alla s'asseoir sur une chaise.

Le hasard fit que ce fut sur une chaise voisine que vint tomber Mercédès en sortant des bras du vieillard.

Fernand, par un mouvement instinctif, recula sa chaise.

— C'est lui, dit à Danglars Caderousse qui n'avait pas perdu de vue le Catalan.

— Je ne crois pas, répondit Danglars, il était trop bête; en tout cas, que le coup retombe sur celui qui l'a fait.

— Tu ne parles pas de celui qui l'a conseillé, dit Caderousse.

— Ah! ma foi, dit Danglars, si l'on était responsable de tout ce que l'on dit en l'air!

— Oui, lorsque ce que l'on dit en l'air retombe sur la pointe.

Pendant ce temps, les groupes commentaient l'arrestation de toutes les manières.

— Et vous, Danglars, dit une voix, que pensez-vous de cet événement?

— Moi, dit Danglars, je crois qu'il aura rapporté quelques ballots de marchandises prohibées.

— Mais si c'était cela, vous devriez le savoir, Danglars, vous qui étiez agent comptable.

— Oui, c'est vrai; mais l'agent comptable ne connaît que les colis qu'on lui déclare: je sais que nous sommes chargés de coton, voilà tout; que nous avons pris le chargement à Alexandrie, chez monsieur Pastret, et à Smyrne, chez monsieur Pascal; ne m'en demandez pas davantage.

— Oh! je me rappelle maintenant, murmura le pauvre père se rattachant à ce débris, qu'il m'a dit hier qu'il avait pour moi une caisse de café et une caisse de tabac.

— Voyez-vous, dit Danglars, c'est cela; en notre absence la douane aura fait une visite à bord du *Pharaon*, et elle aura découvert le pot aux roses.

Mercédès ne croyait point à tout cela; car, comprimée jusqu'à ce moment, sa douleur éclata tout à coup en sanglots.

— Allons, allons, espoir! dit, sans trop savoir ce qu'il disait, le père Dantès.

— Espoir! répéta Danglars.

— Espoir! essaya de murmurer Fernand, mais ce mot l'étouffait; ses lèvres s'agitèrent, aucun son ne sortit de sa bouche.

— Messieurs! cria un des convives resté en vedette sur la balustrade; messieurs, une voiture! Ah! c'est monsieur Morrel, courage, courage! sans doute qu'il nous apporte de bonnes nouvelles.

Mercédès et le vieux père coururent au-devant de l'armateur, qu'ils rencontrèrent à la porte. Monsieur Morrel était fort pâle.

— Eh bien? s'écrièrent-ils d'une même voix.

— Eh bien, mes amis! répondit l'armateur en secouant la tête, la chose est plus grave que nous ne le pensions.

— Oh! monsieur, s'écria Mercédès, il est innocent!

— Je le crois, répondit monsieur Morrel, mais on l'accuse.

— De quoi donc? demanda le vieux Dantès.

— D'être un agent bonapartiste.

Ceux de mes lecteurs qui ont vécu dans l'époque où se passe cette histoire se rappelleront quelle terrible accusation c'était, à cette époque-là, que celle que venait de formuler monsieur Morrel.

Mercédès poussa un cri, le vieillard se laissa tomber sur une chaise.

— Ah! murmura Caderousse, vous m'avez trompé, Danglars, et la plaisanterie a été faite; mais je ne veux pas laisser mourir de douleur ce vieillard et cette jeune fille, et je vais tout leur dire.

— Tais-toi, malheureux! s'écria Danglars en saisissant la main de Caderousse, ou je ne réponds pas de toi-même; qui te dit que Dantès n'est pas véritablement coupable? le bâtiment a touché à l'île d'Elbe, il y est descendu, il est resté tout un jour à Porto-Ferrajo; si l'on trouvait sur lui quelque lettre qui le compromette, ceux qui auraient soutenu passeraient pour ses complices.

Caderousse, avec l'instinct rapide de l'égoïsme, comprit toute la solidité de ce raisonnement; il regarda Danglars avec des yeux hébétés par la crainte et la douleur, et, pour un pas qu'il avait fait en avant, il en fit deux en arrière.

— Attendons, alors, murmura-t-il.

— Oui, attendons, dit Danglars; s'il est innocent, on le mettra en liberté; s'il est coupable, il est inutile de se compromettre pour un conspirateur.

— Alors, partons, je ne puis rester plus longtemps ici.

— Oui, viens, dit Danglars enchanté de trouver un compagnon de retraite, viens, et laissons-les se tirer de là comme ils pourront.

Ils partirent: Fernand, redevenu l'appui de la jeune fille, prit Mercédès par la main et la ramena aux Catalans. Les amis de Dantès ramenèrent, de leur côté, aux allées de Meilhan, le vieillard presque évanoui.

Bientôt cette rumeur que Dantès venait d'être arrêté comme agent bonapartiste se répandit par toute la ville.

— Eussiez-vous cru cela, mon cher Danglars? dit monsieur Morrel en rejoignant son agent comptable et Caderousse, car il regagnait lui-même la ville en toute hâte, pour avoir quelque nouvelle directe d'Edmond par le substitut du procureur du roi, monsieur de Villefort, qu'il connaissait un peu; auriez-vous cru cela?

— Dame! monsieur, répondit Danglars, je vous avais dit que Dantès, sans aucun motif, avait relâché à l'île d'Elbe, et cette relâche, vous le savez, m'avait paru suspecte.

— Mais aviez-vous fait part de vos soupçons à d'autres qu'à moi?

— Je m'en serais bien gardé, monsieur, ajouta tout bas Danglars; vous savez bien qu'à cause de votre oncle, monsieur Policar Morrel, qui a servi sous l'autre et qui ne cache pas sa pensée, on vous soupçonne de regretter Napoléon; j'aurais eu peur de faire tort à Edmond et ensuite à vous; il y a des choses qu'il est du devoir d'un subordonné de dire à son armateur et de cacher sévèrement aux autres.

— Bien, Danglars! bien, dit l'armateur, vous êtes un brave garçon; aussi j'avais d'avance pensé à vous dans le cas où ce pauvre Dantès fût devenu capitaine du *Pharaon*.

— Comment cela, monsieur?

— Oui, j'avais d'avance demandé à Dantès ce qu'il pensait de vous, et s'il aurait quelque répugnance à vous garder à votre poste, car, je ne sais pourquoi, j'avais cru remarquer qu'il y avait du froid entre vous.

— Et que vous a-t-il répondu?

— Qu'il croyait effectivement avoir eu, dans une circonstance qu'il ne m'a pas dite, quelques torts envers vous, mais que toute personne qui avait la confiance de l'armateur avait la sienne.

— L'hypocrite! murmura Danglars.

— Pauvre Dantès! dit Caderousse, c'est un fait qu'il était excellent garçon.

— Oui; mais en attendant, dit Morrel, voilà le *Pharaon* sans capitaine.

— Oh! dit Danglars, il faut espérer, puisque nous ne pouvons repartir que dans trois mois, que d'ici à cette époque Dantès sera mis en liberté.

— Sans doute; mais jusque-là?

— Eh bien ! jusque-là, me voici, monsieur Morrel, dit Danglars. Vous savez que je connais le maniement d'un navire aussi bien que le premier capitaine au long cours venu. Cela vous offrira même un avantage de vous servir de moi, car lorsque Edmond sortira de prison, vous n'aurez personne à remercier : il reprendra sa place et moi la mienne, voilà tout.

— Merci, Danglars, dit l'armateur ; voilà en effet qui concilie tout. Prenez donc le commandement, je vous y autorise, et surveillez le débarquement : il ne faut jamais, quelque catastrophe qui arrive aux individus, que les affaires souffrent.

— Soyez tranquille, monsieur. Mais pourra-t-on le voir, au moins, ce bon Edmond ?

— Je vous dirai cela tout à l'heure, Danglars. Je vais tâcher de parler à monsieur de Villefort et d'intercéder près de lui en faveur du prisonnier. Je sais bien que c'est un royaliste enragé ; mais, que diable ! tout royaliste et procureur du roi qu'il est, il est homme aussi, et je ne le crois pas méchant.

— Non, dit Danglars ; mais j'ai entendu dire qu'il é ait ambitieux, et cela se ressemble beaucoup.

— Enfin, dit monsieur Morrel avec un soupir, nous verrons ; allez à bord, je vous y rejoins.

Et il quitta les deux amis pour prendre le chemin du Palais de Justice.

— Tu vois, dit Danglars à Caderousse, la tournure que prend l'affaire. As-tu encore envie d'aller soutenir Dantès, maintenant ?

— Non, sans doute, mais c'est cependant une terrible chose qu'une plaisanterie qui a de pareilles suites.

— Dame ! qui l'a faite ? ce n'est ni toi, ni moi, n'est-ce pas, c'est Fernand. Tu sais bien que, quant à moi, j'ai jeté le papier dans un coin ; je croyais même l'avoir déchiré.

— Non, non, dit Caderousse. Oh ! quant à cela, j'en suis sûr ; je le vois au coin de la tonnelle tout froissé, tout roulé, et je voudrais même bien qu'il fût où je le vois !

— Que veux-tu ? Fernand l'aura ramassé, Fernand l'aura copié ou fait copier, Fernand n'aura peut-être même pas pris cette peine : et j'y pense... mon Dieu ! il aura peut-être envoyé ma propre lettre ! heureusement que j'avais déguisé mon écriture.

— Mais tu savais donc que Dantès conspirait ?

— Moi, je ne savais rien au monde. Comme je lui ai dit, j'ai cru faire une plaisanterie, pas autre chose, il paraît que, comme Arlequin, j'ai dit la vérité en riant.

— C'est égal, reprit Caderousse, je donnerais bien des choses pour que toute cette affaire ne fût pas arrivée, ou du moins pour n'être mêlé en rien à toute cette affaire. Tu verras qu'elle nous portera malheur, Danglars.

— Si elle doit porter malheur à quelqu'un, c'est au vrai coupable, et le vrai coupable c'est Fernand, et non pas nous. Quel malheur veux-tu qu'il nous arrive à nous ? Nous n'avons qu'à nous tenir tranquilles, sans souffler le mot de tout cela, et l'orage passera sans que le tonnerre tombe.

— Amen, dit Caderousse en faisant un signe d'adieu à Danglars et en se dirigeant vers les allées de Meilhan, tout en secouant la tête et en se parlant à lui-même comme ont l'habitude de faire les gens fort préoccupés.

— Bon, dit Danglars, les choses prennent la tournure que j'avais prévue : me voilà capitaine par intérim, et si cet imbécile de Caderousse peut se taire, capitaine tout de bon. Il n'y a donc que le cas où la justice relâcherait Dantès. Oh ! mais, ajouta-t-il avec un sourire, la justice est la justice, et je m'en rapporte à elle.

Et sur ce il sauta dans une barque en donnant l'ordre au batelier de le conduire à bord du *Pharaon*, où l'armateur, on se le rappelle, lui avait donné rendez-vous.

CHAP. VI. — LE SUBSTITUT DU PROCUREUR DU ROI.

Rue du Grand-Cours, en face de la fontaine des Méduses, dans une de ces vieilles maisons à l'architecture aristocratique bâties par Puget, on célébrait aussi le même jour, à la même heure, un repas de fiançailles.

Seulement, au lieu que les acteurs de cette autre scène fussent des gens du peuple, des matelots et des soldats, ils appartenaient à la tête de la société marseillaise. C'étaient d'anciens magistrats qui avaient donné la démission de leur charge sous l'usurpateur ; de vieux officiers qui avaient déserté nos rangs pour passer dans ceux de l'armée de Condé ; des jeunes gens élevés par leur famille, encore mal rassurée sur leur existence malgré les quatre ou cinq remplaçans qu'elle avait payés, dans la haine de cet homme dont cinq ans d'exil devaient faire un martyr et quinze ans de restauration un dieu.

On était à table, et la conversation roulait brûlante de toutes les passions, les passions de l'époque, passions d'autant plus terribles, vivantes et acharnées dans le Midi, que depuis cinq cents ans les haines religieuses viennent en aide aux haines politiques.

L'empereur, roi de l'île d'Elbe, après avoir été souverain d'une partie du monde, régnant sur une population de cinq à six mille âmes après avoir entendu crier : « Vive Napoléon ! » par cent vingt millions de sujets et en dix langues différentes, était traité là comme un homme perdu à tout jamais pour la France et pour le trône. Les magistrats relevaient les bévues politiques, les militaires parlaient de Moscou et de Leipsick ; les femmes, de son divorce avec Joséphine. Il semblait à ce monde royaliste, tout joyeux et tout triomphant non pas de la chute de l'homme, mais de l'anéantissement du principe, que la vie recommençait pour lui, et qu'il sortait d'un rêve pénible.

Un vieillard décoré de la croix de Saint-Louis se leva et proposa la santé du roi Louis XVIII à ses convives ; c'était le marquis de Saint-Méran.

A ce toast, qui rappelait à la fois l'exilé de Hartwell et le roi pacificateur de la France, la rumeur fut grande, les verres se levèrent à la manière anglaise, les femmes détachèrent leurs bouquets et en jonchèrent la nappe. Ce fut un enthousiasme presque poétique.

— Ils en conviendraient s'ils étaient là, dit la marquise de Saint-Méran, femme à l'œil sec, aux lèvres minces, à la tournure aristocratique et encore élégante malgré ses cinquante ans ; tous ces révolutionnaires qui nous ont chassés et que nous laissons à notre tour bien tranquillement conspirer dans nos vieux châteaux qu'ils ont achetés pour un morceau de pain, sous la Terreur ! ils en conviendraient, que le véritable dévoûment était de notre côté, puisque nous nous attachions à la monarchie croulante, tandis qu'eux, au contraire, saluaient le soleil levant et faisaient leur fortune pendant que nous, nous perdions la nôtre ; ils en conviendraient, que notre roi, à nous, était bien véritablement Louis le Bien-Aimé, tandis que leur usurpateur, à eux, n'a jamais été que Napoléon le maudit, n'est-ce pas, Villefort ?

— Vous dites, madame la marquise ?... Pardonnez-moi, je n'étais pas à la conversation.

— Eh ! laissez ces enfans, marquise, reprit le vieillard qui avait porté le toast ; ces enfans vont s'épouser, et tout naturellement ils ont à parler d'autre chose que de politique.

— Je vous demande pardon, ma mère, dit une jeune et belle personne aux blonds cheveux, à l'œil de velours nageant dans un fluide nacré ; je vous rends monsieur de Villefort, que j'avais accaparé pour un instant. Monsieur de Villefort, ma mère vous parle.

— Je me tiens prêt à répondre à madame, si elle veut bien renouveler sa question que j'ai mal entendue, dit monsieur de Villefort.

— On vous pardonne, Renée, dit la marquise avec un sourire de tendresse qu'on était étonné de voir fleurir sur cette sèche figure ; mais le cœur de la femme est ainsi fait, que, si aride qu'il devienne au souffle des préjugés et aux exigences de l'étiquette, il y a toujours un coin fertile et riant : c'est celui que Dieu a consacré à l'amour maternel. — On vous pardonne... Maintenant, je disais, Villefort, que les bonapartistes n'avaient ni notre conviction, ni notre enthousiasme, ni notre dévoûment.

— Oh ! madame, ils ont du moins quelque chose qui remplace tout cela : c'est le fanatisme. Napoléon est le Mahomet de l'Occident ; c'est pour tous ces hommes vulgaires, mais aux ambitions suprêmes, non seulement un législateur et un maître, mais encore c'est un type, le type de l'égalité.

— De l'égalité ! s'écria la marquise, Napoléon le type de l'égalité ! et que ferez-vous donc de monsieur de Robespierre ? il me semble que vous lui volez sa place pour la donner au Corse ; c'est cependant bien assez d'une usurpation, ce me semble.

— Non, madame, dit Villefort, je laisse chacun sur son piédestal : Robespierre, place Louis XV, sur son échafaud ; Napoléon, place Vendôme, sur sa colonne ; seulement l'un a fait de l'égalité qui abaisse, et l'autre de l'égalité qui élève ; l'un a ramené les rois au niveau de la guillotine, l'autre a élevé le peuple au niveau du trône. Cela ne veut pas dire, ajouta Villefort en riant, que ces deux ne soient pas d'infâmes révolutionnaires, et que le 9 thermidor et le 4 avril 1814 ne soient pas deux jours heureux pour la France, et dignes d'être également fêtés par les amis de l'ordre et de la monarchie ; mais cela explique aussi comment tout tombé qu'il est pour ne se relever jamais, je l'espère, Napoléon a conservé ses séides. Que voulez-vous, marquise ? Cromwell, qui n'était que la moitié de tout ce qu'a été Napoléon, avait bien les siens !

— Savez-vous que ce que vous dites-là, Villefort, sent la révolution d'une lieue ? Mais je vous pardonne : on ne peut pas être fils d'un girondin et ne pas conserver un goût de terroir.

Une vive rougeur passa sur le front de Villefort.

— Mon père était girondin, madame, dit-il, c'est vrai ; mais mon père n'a pas voté la mort du roi ; mon père a été proscrit par cette même Terreur qui vous proscrivait, et peu s'en est fallu qu'il n'en portât sa tête sur le même échafaud qui avait vu tomber la tête de votre père.

— Oui, dit la marquise, sans que ce souvenir sanglant amenât la moindre altération sur ses traits ; seulement c'était pour des principes diamétralement opposés qu'ils y fussent montés tous deux, et la preuve c'est que toute ma famille est restée attachée aux princes exilés, tandis que votre père a eu hâte de se rallier au nouveau gouvernement, et qu'après que le citoyen Noirtier a été girondin, le comte Noirtier est devenu sénateur.

— Ma mère, ma mère, dit Renée, vous savez qu'il était convenu qu'on ne parlerait plus de tous ces mauvais souvenirs.

— Madame, répondit Villefort, je me joindrai à mademoiselle de Saint-Méran pour vous demander bien humblement l'oubli du passé. A quoi bon récriminer sur des choses devant lesquelles la volonté de Dieu même est impuissante ? Dieu peut changer l'avenir ; il ne peut pas même modifier le passé. Ce que nous pouvons, nous autres hommes, c'est, sinon le renier, du moins jeter un voile dessus. Eh bien ! moi, je me suis séparé non seulement de l'opinion, mais encore du nom de mon père. Mon père a été ou est même peut-être encore bonapartiste, et s'appelle Noirtier : moi je me suis royaliste et m'appelle de Villefort. Laissez mourir dans le vieux tronc un reste de sève révolutionnaire, et ne voyez, madame, que le rejeton qui s'écarte de ce tronc sans pouvoir, et je dirai presque sans vouloir s'en détacher tout à fait.

— Bravo, Villefort, dit le marquis, bravo, bien répondu ! Moi aussi j'ai toujours prêché à la marquise l'oubli du passé, sans jamais avoir pu l'obtenir d'elle ; vous serez plus heureux, je l'espère.

— Oui, c'est bien, dit la marquise, oublions le passé, je ne demande pas mieux, et c'est convenu ; mais qu'au moins Villefort soit inflexible pour l'avenir. N'oubliez pas, Villefort, que nous avons répondu de vous à Sa Majesté, que Sa Majesté, elle aussi, a bien voulu oublier à notre recommandation (elle lui tendit la main), comme j'oublie à votre prière. Seulement, s'il vous tombe quelque conspirateur entre les mains, songez qu'on a d'autant plus les yeux sur vous que l'on sait que vous êtes d'une famille qui peut-être est en rapport avec ces conspirateurs.

— Hélas ! madame, dit de Villefort, ma profession et surtout le temps dans lequel nous vivons m'ordonnent d'être sévère. Je le serai. J'ai déjà eu quelques accusations politiques à soutenir, et, sous ce rapport, j'ai fait mes preuves. Malheureusement, nous ne sommes pas au bout.

— Vous croyez ? dit la marquise.

— J'en ai peur. Napoléon à l'île d'Elbe est bien près de la France ; sa présence, presque en vue de nos côtes, entretient l'espérance de ses partisans. Marseille est plein d'officiers à demi-solde, qui, tous les jours, sous un prétexte frivole, cherchent querelle aux royalistes ; de là des duels parmi les gens des classes élevées, de là des assassinats dans le peuple.

— Oui, dit le comte de Salvieux, vieil ami de monsieur de Saint-Méran et chambellan de monsieur le comte d'Artois ; oui, mais vous savez que la Sainte-Alliance le déloge ?

— Oui, il était question de cela lors de notre départ de Paris, dit monsieur de Saint-Méran. Et où l'envoie-t-on ?

— A Sainte-Hélène.

— A Sainte-Hélène ! Qu'est-ce que cela ? demanda la marquise.

— Une île située à deux mille lieues d'ici, au delà de l'équateur, répondit le comte.

— A la bonne heure ! Comme le dit Villefort, c'est une grande folie que d'avoir laissé un pareil homme entre la Corse, où il est né, entre Naples où règne encore son beau-frère, et en face de cette Italie dont il voulait faire un royaume à son fils.

— Malheureusement, dit Villefort, nous avons les traités de 1814, et l'on ne peut toucher à Napoléon sans manquer à ces traités !

— Eh bien ! on y manquera, dit monsieur de Salvieux. Y a-t-il regardé de si près, lui, lorsqu'il s'est agi de faire fusiller le malheureux duc d'Enghien ?

— Oui, dit la marquise, c'est convenu, la Sainte-Alliance débarrasse l'Europe de Napoléon, et Villefort débarrasse Marseille de ses partisans. Le roi règne ou ne règne pas : s'il règne, son gouvernement doit être fort, et ses agens inflexibles ; c'est le moyen de prévenir le mal.

— Malheureusement, madame, dit en souriant Villefort, un substitut du procureur du roi arrive toujours quand le mal est fait.

— Alors, c'est à lui de le réparer.

— Je pourrais vous dire encore, madame, que nous ne réparons pas le mal, mais nous le vengeons, voilà tout

— Oh! monsieur de Villefort, dit une jeune et jolie personne, fille du comte de Salvieux et amie de mademoiselle de Saint-Méran, tâchez donc d'avoir un beau procès tandis que nous serons à Marseille. Je n'ai jamais vu une cour d'assises, et l'on dit que c'est fort curieux.

— Fort curieux, en effet, mademoiselle, dit le substitut; car au lieu d'une tragédie factice, c'est un drame véritable; au lieu de douleurs jouées, ce sont des douleurs réelles. Cet homme qu'on voit là, au lieu, la toile baissée, de rentrer chez lui, de souper en famille et de se coucher tranquillement pour recommencer le lendemain, rentre dans la prison, où il trouve le bourreau. Vous voyez bien que pour les personnes nerveuses qui cherchent les émotions, il n'y a pas de spectacle qui vaille celui-là. Soyez tranquille, mademoiselle, si la circonstance se présente, je vous le procurerai.

— Il nous fait frissonner... et il rit! dit Renée toute pâlissante.

— Que voulez-vous... c'est un duel... J'ai déjà requis cinq ou six fois la peine de mort contre des accusés politiques ou autres... eh bien! qui sait combien de poignards à cette heure s'aiguisent dans l'ombre ou sont déjà dirigés contre moi?

— Oh! mon Dieu! dit Renée s'assombrissant de plus en plus, parlez-vous donc sérieusement, monsieur de Villefort?

— On ne peut plus sérieusement, mademoiselle, reprit le jeune magistrat le sourire sur les lèvres. Et avec ces beaux procès que désire mademoiselle pour satisfaire sa curiosité, et que je désire, moi, pour satisfaire mon ambition, la situation ne fera que s'aggraver. Tous ces soldats de Napoléon, habitués à aller en aveugles à l'ennemi, croyez-vous qu'ils réfléchissent en brûlant une cartouche ou en marchant à la baïonnette? Eh bien! réfléchiront-ils davantage pour tuer un homme qu'ils croient leur ennemi personnel, que pour tuer un Russe, un Autrichien ou un Hongrois qu'ils n'ont jamais vu? D'ailleurs il faut cela, voyez-vous; sans cela, notre métier n'aurait point d'excuse. Moi-même, quand je vois luire dans l'œil de l'accusé l'éclair lumineux de la rage, je me sens tout encouragé, je m'exalte; ce n'est plus un procès, c'est un combat; je lutte contre lui, il riposte, je redouble, et le combat finit, comme tous les combats, par une victoire ou une défaite. Voilà ce que c'est que de plaider! c'est le danger qui fait l'éloquence. Un accusé qui me sourirait après ma réplique me ferait croire que j'ai parlé mal, que ce que j'ai dit est pâle, sans vigueur, insuffisant. Songez donc à la sensation d'orgueil qu'éprouve un procureur du roi convaincu de la culpabilité de l'accusé, lorsqu'il voit blêmir et s'incliner son coupable sous le poids des preuves et sous les foudres de son éloquence! Cette tête se baisse, elle tombera...

Renée jeta un léger cri.

— Voilà qui est parler! dit un des convives.

— Voilà l'homme qu'il faut dans des temps comme les nôtres! dit un second.

— Aussi, dit un troisième, dans votre dernière affaire vous avez été superbe, mon cher Villefort. Vous le savez, cet homme qui avait assassiné son père, eh bien! littéralement, vous l'aviez tué avant que le bourreau n'y touchât.

— Oh! pour les parricides, dit Renée, oh! peu m'importe, il n'y a pas de supplice assez grand pour de pareils hommes; mais pour les malheureux accusés politiques...

— Mais c'est pis encore, Renée, car le roi est le père de la nation, et vouloir renverser ou tuer le roi, c'est vouloir tuer le père de trente-deux millions d'hommes.

— Oh! c'est égal, monsieur de Villefort, dit Renée, vous me promettez d'avoir de l'indulgence pour ceux que je vous recommanderai?

— Soyez tranquille, dit Villefort avec son plus charmant sourire, nous ferons ensemble mes réquisitoires.

— Ma chère, dit la marquise, mêlez-vous de vos colibris, de vos épagneuls et de vos chiffons, et laissez votre futur époux faire son état. Aujourd'hui les armes se reposent et la robe est en crédit; il y a là-dessus un mot latin d'une grande profondeur.

— Cedant arma togæ, dit en s'inclinant Villefort.

— Je n'osais point parler latin, répondit la marquise.

— Je crois que j'aimerais mieux que vous fussiez médecin, reprit Renée; l'ange exterminateur, tout ange qu'il est, m'a toujours fort épouvantée.

— Bonne Renée! murmura Villefort en couvant la jeune fille d'un regard d'amour.

— Ma fille, dit le marquis, monsieur de Villefort sera le médecin moral et politique de cette province; croyez-moi, c'est un beau rôle à jouer.

— Et ce sera un moyen de faire oublier celui qu'a joué son père, reprit l'incorrigible marquise.

— Madame, reprit Villefort avec un triste sourire, j'ai déjà eu l'honneur de vous dire que mon père avait, je l'espère du moins, abjuré les erreurs de son passé; qu'il était devenu un ami zélé de la religion et de l'ordre, meilleur royaliste que moi peut-être, car lui, c'est avec repentir, et moi je ne le suis qu'avec passion.

Et après cette phrase arrondie, Villefort, pour juger de l'effet de sa faconde, regarda les convives, comme, après une phrase équivalente, il aurait, au parquet, regardé l'auditoire.

— Eh bien, mon cher Villefort, reprit le comte de Salvieux, c'est justement ce qu'aux Tuileries je répondais avant-hier au ministre de la maison du roi, qui me demandait un compte de cette singulière alliance entre le fils d'un girondin et la fille d'un officier de l'armée de Condé, et le ministre a très bien compris. Ce système de fusion est celui de Louis XVIII. Aussi le roi, qui, sans que nous nous en doutassions, écoutait notre conversation, nous a-t-il interrompus en disant : « Villefort (remarquez que le roi n'a pas prononcé le nom de Noirtier, et au contraire a appuyé sur celui de Villefort), Villefort, a donc dit le roi, fera un bon chemin; c'est un jeune homme déjà mûr, et qui est de mon monde. J'ai vu avec plaisir que le marquis et la marquise de Saint-Méran le prissent pour gendre, et je leur eusse conseillé cette alliance s'ils n'étaient venus les premiers me demander la permission de la contracter. »

— Le roi a dit cela, comte? s'écria Villefort ravi.

— Je vous rapporte ses propres paroles, et si le marquis veut être franc, il avouera que ce que je vous rapporte à cette heure s'accorde parfaitement avec ce que le roi lui a dit à lui-même quand il lui a parlé, il y a six mois, d'un projet de mariage entre sa fille et vous.

— C'est vrai, dit le marquis.

— Oh! mais je lui devrai donc tout à ce digne prince! Aussi que ne ferai-je pas pour le servir!

— A la bonne heure, dit la marquise, voilà comme je vous aime; vienne un conspirateur dans ce moment, et il sera le bienvenu.

— Et moi, ma mère, dit Renée, je prie Dieu qu'il ne vous écoute point, et qu'il n'envoie à monsieur de Villefort que de petits voleurs, de faibles banqueroutiers et de timides escrocs; moyennant cela, je dormirai tranquille.

— C'est comme si, dit en riant Villefort, vous souhaitiez au médecin des migraines, des rougeoles et des piqûres de guêpes; toutes choses qui ne compromettent que l'épiderme. Si vous voulez me voir procureur du roi, au contraire, souhaitez-moi de ces terribles maladies dont la cure fait honneur au médecin.

En ce moment, et comme si le hasard n'avait attendu que l'émission du souhait de Villefort pour que ce souhait fût exaucé, un valet de chambre entra et lui dit quelques mots à l'oreille. Villefort quitta alors la table en s'excusant, et revint quelques instans après le visage ouvert et les lèvres souriantes.

Renée le regarda avec amour; car, vu ainsi avec ses yeux bleus, son teint mat et ses favoris noirs qui encadraient son visage, c'était véritablement un élégant et beau jeune homme; aussi l'esprit tout entier de la jeune fille sembla-t-il suspendu à ses lèvres, en attendant qu'il expliquât la cause de sa disparition momentanée.

— Eh bien, dit Villefort, vous ambitionniez tout à l'heure, mademoiselle, d'avoir pour mari un médecin. J'ai au moins avec les disciples d'Esculape (on parlait encore ainsi en 1815) cette ressemblance, que jamais l'heure présente n'est à moi, et qu'on me vient déranger, même à côté de vous, même au repas de mes fiançailles.

— Et pour quelle cause vous dérange-t-on, monsieur? demanda la belle jeune fille avec une légère inquiétude.

— Hélas! pour un malade qui serait, s'il faut en croire ce que l'on m'a dit, à toute extrémité : cette fois c'est un cas grave, et la maladie frise l'échafaud.

— Oh! mon Dieu, s'écria Renée en pâlissant.

— En vérité! dit tout d'une voix l'assemblée.

— Il paraît qu'on vient tout simplement de découvrir un petit complot bonapartiste.

— Est-il possible? dit la marquise.

— Voici la lettre de dénonciation.

Et Villefort lut :

« Monsieur le procureur du roi est prévenu, par un
» ami du trône et de la religion, que le nommé Edmond
» Dantès, second du navire le *Pharaon*, arrivé ce matin
» de Smyrne, après avoir touché à Naples et à Porto-
» Ferrajo, a été chargé par Murat d'une lettre pour l'u-
» surpateur, et par l'usurpateur d'une lettre pour le co-
» mité bonapartiste de Paris.

» On aura la preuve de son crime en l'arrêtant ; car
» on trouvera cette lettre ou sur lui, ou chez son père,
» ou dans sa cabine à bord du *Pharaon*. »

— Mais, dit Renée, cette lettre, qui n'est qu'une lettre anonyme d'ailleurs, n'est adressée qu'à monsieur le procureur du roi, et non à vous.

— Oui, mais le procureur du roi est absent; en son absence l'épître est parvenue à son secrétaire, qui avait mission d'ouvrir les lettres ; il a donc ouvert celle-ci, m'a fait chercher, et, ne me trouvant pas, a donné des ordres pour l'arrestation.

— Ainsi le coupable est arrêté? dit la marquise.

— C'est-à-dire l'accusé, reprit Renée.

— Oui, madame, dit Villefort, et comme j'avais l'honneur de le dire tout à l'heure à mademoiselle Renée, si l'on trouve la lettre en question, le malade est bien malade.

— Et où est ce malheureux? demanda Renée.

— Il est chez moi.

— Allez, mon ami, dit le marquis, ne manquez pas à vos devoirs pour demeurer avec nous, quand le service du roi vous attend ailleurs ; allez donc où le service du roi vous attend.

— O monsieur de Villefort, dit Renée en joignant les mains, soyez indulgent, c'est le jour de vos fiançailles !

Villefort fit le tour de la table, et, s'approchant de la chaise de la jeune fille, sur le dossier de laquelle il s'appuya :

— Pour vous épargner une inquiétude, dit-il, je ferai tout ce que je pourrai, chère Renée : mais, si les indices sont sûrs, si l'accusation est vraie, il faudra bien couper cette mauvaise herbe bonapartiste.

Renée frissonna de ce mot couper, car cette herbe qu'il s'agissait de couper avait une tête.

— Bah ! bah ! dit la marquise, n'écoutez pas cette petite fille, Villefort, elle s'y fera.

Et la marquise tendit à Villefort une main sèche, qu'il baisa, tout en regardant Renée et en lui disant des yeux :

— C'est votre main que je baise ou du moins que je voudrais baiser en ce moment.

— Tristes auspices! murmura Renée.

— En vérité, mademoiselle, dit la marquise, vous êtes d'un enfantillage désespérant : je vous demande un peu ce que le destin de l'État peut avoir à faire avec vos fantaisies de sentiment et vos sensibleries de cœur.

— O ma mère ! murmura Renée.

— Grâce pour la mauvaise royaliste, madame la marquise, dit Villefort, je vous promets de faire mon métier de substitut de procureur du roi en conscience, c'est-à-dire d'être horriblement sévère.

Mais, en même temps que le magistrat adressait ces paroles à la marquise, le fiancé jetait à la dérobée un regard à sa fiancée, et ce regard disait :

— Soyez tranquille, Renée ; en faveur de votre amour, je serai indulgent.

Renée répondit à ce regard par son plus doux sourire, et Villefort sortit avec le paradis dans le cœur.

CHAP. VII. — L'INTERROGATOIRE.

A peine de Villefort fut-il hors de la salle à manger, qu'il quitta son masque joyeux pour prendre l'air grave d'un homme appelé à cette suprême fonction de prononcer sur la vie de son semblable. Or, malgré la mobilité de sa physionomie, mobilité que le substitut avait, comme doit faire un habile acteur, plus d'une fois étudiée devant sa glace, ce fut cette fois un travail pour lui que de froncer son sourcil et d'assombrir ses traits. En effet, à part le souvenir de cette ligne politique suivie par son père, et qui pouvait, s'il s'en éloignait complètement faire dévier son avenir, Gérard de Villefort était en ce moment aussi heureux qu'il est donné à un homme de le devenir : déjà riche par lui-même, il occupait à vingt-sept ans une place élevée dans la magistrature, il épousait une jeune et belle personne qu'il aimait non pas passionnément, mais avec raison, comme un substitut du procureur du roi peut aimer, et outre sa beauté, qui était remarquable, mademoiselle de Saint-Méran, sa fiancée, appartenait à une des familles les mieux en cour de l'époque, et outre l'influence de son père et de sa mère, qui, n'ayant point d'autre enfant, pouvaient la consacrer tout entière à leur gendre, elle apportait encore à son mari une dot de cinquante mille écus, qui grâce aux espérances, ce mot atroce inventé par les entremetteurs de mariage, pouvait s'augmenter un jour d'un héritage d'un demi-million ; tous ces élémens réunis composaient donc pour Villefort un total de félicité éblouissant, à ce point qu'il lui semblait voir des taches au soleil quand il avait longtemps regardé sa vie intérieure avec la vue de l'âme.

A la porte il trouva le commissaire de police qui l'attendait. La vue de l'homme noir le fit aussitôt retomber des hauteurs du troisième ciel sur la terre matérielle où nous marchons ; il composa son visage comme nous l'avons dit, et s'approchant de l'officier de justice :

— Me voici, monsieur, lui dit-il, j'ai lu la lettre, et vous avez bien fait d'arrêter cet homme; maintenant donnez-moi sur lui et sur la conspiration tous les détails que vous avez recueillis.

— De la conspiration, monsieur, nous ne savons rien encore ; tous les papiers saisis sur lui ont été enfermés en une seule liasse, et déposés cachetés sur votre bureau. Quant au prévenu, vous l'avez vu par la lettre même qui le dénonce, c'est un nommé Edmond Dantès, second à bord du trois-mâts le *Pharaon*, faisant le commerce de coton avec Alexandrie et Smyrne et appartenant à la maison Morrel et fils, de Marseille.

— Avant de servir dans la marine marchande, avait-il servi dans la marine militaire ?

— Oh ! non, monsieur, c'est un tout jeune homme.

— Quel âge ?

— Dix-neuf ou vingt ans au plus.

En ce moment, et comme Villefort, en suivant la Grande-Rue, était arrivé au coin de la rue des Conseils, un homme, qui semblait l'attendre au passage, l'aborda : c'était M. Morrel.

— Ah ! monsieur de Villefort, s'écria le brave homme en apercevant le substitut, je suis bien heureux de vous rencontrer. Imaginez-vous qu'on vient de commettre la méprise la plus étrange, la plus inouïe : on vient d'arrêter le second de mon bâtiment, Edmond Dantès.

— Je le sais, monsieur, dit Villefort, et je viens pour l'interroger.

— Oh ! monsieur, continua M. Morrel emporté par son amitié pour le jeune homme, vous ne connaissez pas celui qu'on accuse, et je le connais, moi : imaginez-vous l'homme le plus doux, l'homme le plus probe, et j'oserai presque dire l'homme qui sait le mieux son état de toute la marine marchande. Oh ! monsieur de Villefort, je vous le recommande bien sincèrement et tout mon cœur.

Villefort, comme on a pu le voir, appartenait au parti noble de la ville, et Morrel au parti plébéien ; le premier était royaliste ultra, le second était soupçonné de sourd bonapartisme. Villefort regarda dédaigneusement Morrel, et lui répondit avec froideur :

— Vous savez, monsieur, qu'on peut être doux dans la vie privée, probe dans ses relations commerciales, savant dans son état, et n'en être pas moins un grand coupable, politiquement parlant ; vous le savez, n'est-ce pas, monsieur ?

Et le magistrat appuya sur ces derniers mots, comme s'il en voulait faire l'application à l'armateur lui-même ; tandis que son regard scrutateur semblait vouloir pénétrer jusqu'au fond du cœur de cet homme assez hardi d'intercéder pour un autre quand il devait savoir que lui-même avait besoin d'indulgence.

Morrel rougit, car il ne se sentait pas la conscience bien nette à l'endroit des opinions politiques ; et d'ailleurs, la confidence que lui avait faite Dantès, à l'endroit de son entrevue avec le grand maréchal et des quelques mots que lui avait adressés l'empereur, lui troublait quelque peu l'esprit. Il ajouta toutefois, avec l'accent du plus profond intérêt :

— Je vous en supplie, monsieur de Villefort, soyez juste comme vous devez l'être, bon comme vous l'êtes toujours, et *rendez-nous* bien vite ce pauvre Dantès !

Le *rendez-nous* sonna révolutionnairement à l'oreille du substitut du procureur du roi.

— Eh ! eh ! se dit-il tout bas, rendez-nous... ce Dantès serait-il affilié à quelque secte de carbonari, pour que son protecteur emploie ainsi sans y songer la formule collective ? On l'a arrêté dans un cabaret, m'a dit, je crois, le commissaire ; en nombreuse compagnie, a-t-il ajouté, ce sera quelque vente.

Puis tout haut :

— Monsieur, répondit-il, vous pouvez être parfaitement tranquille, et vous n'aurez pas fait un appel inutile à ma justice si le prévenu est innocent ; mais si, au contraire, il est coupable, nous vivons dans une époque difficile, monsieur, où l'impunité serait d'un fatal exemple : je serai donc forcé de faire mon devoir.

Et sur ce, comme il était arrivé à la porte de sa maison adossée au Palais de Justice, il entra majestueusement, après avoir salué avec une politesse de glace le malheureux armateur, qui resta comme pétrifié à la place où l'avait quitté Villefort.

L'antichambre était pleine de gendarmes et d'agens de police ; au milieu d'eux, gardé à vue, enveloppé de regards flamboyans de haine, se tenait debout, calme et immobile, le prisonnier.

Villefort traversa l'antichambre, jeta un regard oblique sur Dantès, et après avoir pris une liasse que lui remit un agent, disparut en disant :

— Qu'on amène le prisonnier.

Si rapide qu'eût été ce regard, il avait suffi à Villefort pour se faire une idée de l'homme qu'il allait avoir à interroger : il avait reconnu l'intelligence dans ce front large et ouvert, le courage dans cet œil fixe et ce sourcil froncé, et la franchise dans ces lèvres épaisses et à demi ouvertes, qui laissaient voir une double rangée de dents blanches comme l'ivoire.

La première impression avait été favorable à Dantès ; mais Villefort avait entendu dire si souvent, comme un mot de profonde politique, qu'il fallait se défier de son premier mouvement attendu que c'était le bon, qu'il appliqua la maxime à l'impression, sans tenir compte de la différence qu'il y a entre les deux mots.

Il étouffa donc les bons instincts qui voulaient envahir son cœur pour livrer de là assaut à son esprit, arrangea devant la glace sa figure des grands jours et s'assit, sombre et menaçant, devant son bureau.

Un instant après lui, Dantès entra.

Le jeune homme était toujours pâle, mais calme et souriant ; il salua son juge avec une politesse aisée, puis chercha des yeux un siége, comme s'il eût été dans le salon de l'armateur Morrel.

Ce fut alors seulement qu'il rencontra ce regard terne de Villefort, ce regard particulier aux hommes de palais, qui ne veulent pas qu'on lise dans leur pensée, et qui font de leur œil un verre dépoli. Ce regard lui apprit qu'il était devant la justice, figure aux sombres façons.

— Qui êtes-vous et comment vous nommez-vous ? demanda Villefort en feuilletant les notes que l'agent lui avait remises en entrant, et qui depuis une heure étaient déjà devenues volumineuses, tant la corruption des espionnages s'attache vite à ce corps malheureux qu'on nomme les prévenus.

— Je m'appelle Edmond Dantès, monsieur, répondit le jeune homme d'une voix calme et sonore, je suis second à bord du *Pharaon*, qui appartient à MM. Morrel et fils.

— Votre âge ? continua Villefort.

— Dix-neuf ans, répondit Dantès.

— Que faisiez-vous au moment où vous avez été arrêté ?

— J'assistais au repas de mes propres fiançailles, monsieur, dit Dantès d'une voix légèrement émue, tant le contraste était douloureux de ces momens de joie avec la lugubre cérémonie qui s'accomplissait, tant le visage sombre de M. de Villefort faisait briller de toute sa lumière la rayonnante figure de Mercédès.

— Vous assistiez au repas de vos fiançailles ? dit le substitut en tressaillant malgré lui.

— Oui, monsieur, je suis sur le point d'épouser une femme que j'aime depuis trois ans.

Villefort, tout impassible qu'il était d'ordinaire, fut cependant frappé de cette coïncidence, et cette voix émue de Dantès, surpris au milieu de son bonheur, alla éveiller une fibre sympathique au fond de son âme ; lui aussi se mariait, lui aussi était heureux, et on venait troubler son bonheur pour qu'il contribuât de ces momens à détruire la joie d'un homme qui, comme lui, touchait déjà au bonheur.

Ce rapprochement philosophique, pensa-t-il, fera grand effet à mon retour dans le salon de M. de Saint-Méran ; et il arrangea d'avance dans son esprit, et pendant que Dantès attendait de nouvelles questions, les mots antithétiques à l'aide desquels les orateurs construisent ces phrases, ambitieuses d'applaudissemens, qui parfois font croire à une véritable éloquence.

Lorsque son petit *speech* intérieur fut arrangé, Villefort sourit à son effet, et revenant à Dantès :

— Continuez, monsieur, dit-il.
— Que voulez-vous que je continue?
— D'éclairer la justice.
— Que la justice me dise sur quel point elle veut être éclairée, et je lui dirai tout ce que je sais ; seulement, ajouta-t-il avec un sourire, je la préviens que je ne sais pas grand'chose.
— Avez-vous servi sous l'usurpateur ?
— J'allais être incorporé dans la marine militaire lorsqu'il est tombé.
— On dit vos opinions politiques exagérées, dit Villefort, à qui l'on n'avait pas soufflé un mot de cela, mais qui n'était pas fâché de poser la demande comme on pose une accusation.
— Mes opinions politiques, à moi, monsieur ! hélas ! c'est presque honteux à dire, mais je n'ai jamais eu ce qu'on appelle une opinion : j'ai dix-neuf ans à peine, comme il l'honneur de vous le dire ; je ne sais rien, je ne suis destiné à jouer aucun rôle ; le peu que je suis et que je serai, si l'on m'accorde la place que j'ambitionne, c'est à M. Morrel que je le devrai. Aussi toutes mes opinions, je ne dirai pas politiques, mais privées, se bornent-elles à ces trois sentimens : j'aime mon père, je respecte M. Morrel et j'adore Mercédès. Voilà, monsieur, tout ce que je puis dire à la justice ; vous voyez que c'est peu intéressant pour elle.

A mesure que Dantès parlait, Villefort regardait son visage à la fois si doux et si ouvert, et se sentait revenir à la mémoire les paroles de Renée, qui, sans le connaître, lui avait demandé son indulgence pour le prévenu. Avec l'habitude qu'avait déjà le substitut du crime et des criminels, il voyait, à chaque parole de Dantès, surgir la preuve de son innocence. En effet, ce jeune homme, on pourrait presque dire cet enfant, simple, naturel, éloquent de cette éloquence du cœur qu'on ne trouve jamais quand on la cherche, plein d'affection pour tous, parce qu'il était heureux et que le bonheur rend bons les méchans eux-mêmes, versait jusque sur son juge la douce affabilité qui débordait de son cœur. Edmond n'avait dans le regard, dans la voix, dans le geste, tout rude et tout sévère qu'avait été Villefort envers lui, que caresse et bonté pour celui qui l'interrogeait.

— Pardieu, se dit Villefort, voici un charmant garçon, et je n'aurai pas grand'peine, je l'espère, à me faire bien venir de Renée en accomplissant la première recommandation qu'elle m'a faite ; cela me vaudra un bon serrement de main devant tout le monde et un charmant baiser dans un coin.

Et à cette douce espérance la figure de Villefort s'épanouit, de sorte que, lorsqu'il reporta ses regards sa pensée à Dantès, Dantès, qui avait suivi tous les mouvemens de physionomie de son juge, souriait comme sa pensée.

— Monsieur, dit Villefort, vous connaissez-vous quelques ennemis ?
— Des ennemis à moi ! dit Dantès : j'ai le bonheur d'être trop peu de chose pour que ma position m'en ait fait. Quant à mon caractère un peu vif peut-être, j'ai toujours essayé de l'adoucir envers mes subordonnés. J'ai dix ou douze matelots sous mes ordres, qu'on les interroge, monsieur, et ils vous diront qu'ils m'aiment et me respectent, non pas comme un père, je suis trop jeune pour cela, mais comme un frère aîné.
— Mais, à défaut d'ennemis, peut-être avez vous des jaloux : vous allez être nommé capitaine à dix-neuf ans, ce qui est un poste élevé dans votre état ; vous allez épouser une jolie femme qui vous aime, ce qui est un bonheur rare dans tous les états de la terre ; ces deux préférences du destin ont pu vous faire des envieux.

OEUV. COMP. D'ALEX. DUMAS.

— Oui, vous avez raison. Vous devez mieux connaître les hommes que moi, et c'est possible ; mais si ces envieux devaient être parmi mes amis, je vous avoue que j'aime mieux ne pas les connaître pour ne point être forcé de les haïr.
— Vous avez tort, monsieur. Il faut toujours autant que possible voir clair autour de soi : et, en vérité, vous me paraissez un si digne jeune homme, que je vais m'écarter pour vous des règles ordinaires de la justice et vous aider à faire jaillir la lumière en vous communiquant la dénonciation qui vous amène devant moi : voici le papier accusateur ; reconnaissez-vous l'écriture ?

Et Villefort tira la lettre de sa poche et la présenta à Dantès, Dantès regarda et lut. Un nuage passa sur son front, et il dit :

— Non, monsieur, je ne connais pas cette écriture ; elle est déguisée, et cependant elle est d'une forme assez franche. En tous cas, c'est une main habile qui l'a tracée. Je suis bien heureux, ajouta-t-il en regardant avec reconnaissance Villefort, d'avoir affaire à un homme tel que vous, car en effet mon envieux est un véritable ennemi.

Et à l'éclair qui passa dans les yeux du jeune homme en prononçant ses paroles, Villefort put distinguer tout ce qu'il y avait de violente énergie cachée sous cette première douceur.

— Et maintenant, voyons, dit le substitut, répondez-moi franchement, monsieur, non pas comme un prévenu à son juge, mais comme un homme dans une fausse position répond à un autre homme qui s'intéresse à lui : qu'y a-t-il de vrai dans cette accusation anonyme ?

Et Villefort jeta avec dégoût sur le bureau la lettre que Dantès venait de lui rendre.

— Tout et rien, monsieur, et voici la vérité pure, sur mon honneur de marin, sur mon amour pour Mercédès, sur la vie de mon père.
— Parlez, monsieur, dit tout haut Villefort.

Puis tout bas il ajouta :

— Si Renée pouvait me voir, j'espère qu'elle serait contente de moi, et qu'elle ne m'appellerait plus un coupeur de têtes.
— Eh bien ! en quittant Naples, le capitaine Leclère tomba malade d'une fièvre cérébrale ; comme nous n'avions pas de médecin à bord et qu'il ne voulut relâcher sur aucun point de la côte, pressé qu'il était de se rendre à l'île d'Elbe, sa maladie empira au point que vers la fin du troisième jour, sentant qu'il allait mourir, il m'appela près de lui.

« Mon cher Dantès, me dit-il, jurez-moi sur votre honneur de faire ce que je vais vous dire ; il y va des plus hauts intérêts.

» — Je vous le jure, capitaine, répondis-je.

» — Eh bien ! comme après ma mort le commandement du navire vous appartient en qualité de second, vous prendrez ce commandement, vous mettrez le cap sur l'île d'Elbe, vous débarquerez à Porto-Ferrajo, vous demanderez le grand maréchal, vous lui remettrez cette lettre ; peut-être alors vous remettra-t-on une autre lettre et vous chargera-t-on de quelque mission. Cette mission qui m'était réservée, Dantès, vous l'accomplirez à ma place et tout l'honneur en sera pour vous.

» — Je le ferai, capitaine, mais peut-être n'arrive-t-on pas si facilement que vous le pensez près du grand-maréchal.

» — Voici une bague que vous lui ferez parvenir, dit le capitaine et qui lèvera toutes les difficultés. »

Et à ces mots il me remit une bague.

Il était temps : deux heures après le délire le prit ; le lendemain il était mort.

— Et que fîtes-vous alors ?
— Ce que je devais faire, monsieur, ce que tout autre eût fait à ma place : en tout cas, les prières d'un mou-

rant sont sacrées ; mais chez les marins, les prières d'un supérieur sont des ordres que l'on doit accomplir. Je fis donc voile vers l'île d'Elbe, où j'arrivai le lendemain ; je consignai tout le monde à bord et je descendis seul à terre. Comme je l'avais prévu, on fit quelques difficultés pour m'introduire près du grand-maréchal ; mais je lui envoyai la bague qui devait me servir de signe de reconnaissance, et toutes les portes s'ouvrirent devant moi. Il me reçut, m'interrogea sur les dernières circonstances de la mort du malheureux Leclère, et, comme celui-ci l'avait prévu, il me remit une lettre qu'il me chargea de porter en personne à Paris. Je le lui promis, car c'était accomplir les dernières volontés de mon capitaine. Je descendis à terre, je réglai rapidement toutes les affaires de bord, puis je courus voir ma fiancée, que je retrouvai plus belle et plus aimante que jamais. Grâce à M. Morrel, nous passâmes par-dessus toutes les difficultés ecclésiastiques ; enfin, monsieur, j'assistais, comme je vous l'ai dit, au repas de mes fiançailles, j'allais me marier dans une heure, et je comptais partir demain pour Paris, lorsque, sur cette dénonciation que vous paraissez maintenant mépriser autant que moi, je fus arrêté.

— Oui, oui, murmura Villefort, tout cela me paraît être la vérité, et si vous êtes coupable, c'est d'imprudence ; encore cette imprudence était-elle légitimée par les ordres de votre capitaine. Rendez-nous cette lettre qu'on vous a remise à l'île d'Elbe, donnez-moi votre parole de vous représenter à la première réquisition, et allez rejoindre vos amis.

— Ainsi je suis libre, monsieur, s'écria Dantès au comble de la joie.

— Oui, seulement donnez-moi cette lettre.

— Elle doit être devant vous, monsieur ; car on me l'a prise avec mes autres papiers, et j'en reconnais quelques-uns dans cette liasse.

— Attendez, dit le substitut à Dantès, qui prenait ses gants et son chapeau, attendez ; à qui était-elle adressée ?

— A Monsieur Noirtier, rue Coq-Héron, à Paris.

La foudre tombée sur Villefort ne l'eût point frappé d'un coup plus rapide et plus imprévu ; il retomba sur son fauteuil, d'où il s'était levé à demi pour atteindre la liasse de papiers saisis sur Dantès, et le feuilletant précipitamment, il en tira la lettre fatale, sur laquelle il jeta un regard empreint d'une indicible terreur.

— M. Noirtier, rue Coq-Héron, n° 13, murmura-t-il en pâlissant de plus en plus.

— Oui, monsieur, répondit Dantès étonné ; le connaissez vous ?

— Non, répondit vivement Villefort, un fidèle serviteur du roi ne connaît pas les conspirateurs.

— Il s'agit donc d'une conspiration, demanda Dantès, qui commençait, après s'être cru libre, à reprendre une terreur plus grande que la première ; en tout cas, monsieur, je vous l'ai dit, j'ignorais complètement le contenu de la dépêche dont j'étais porteur.

— Oui, reprit Villefort d'une voix sourde, mais vous savez le nom de celui à qui elle était adressée !

— Pour la lui remettre à lui-même, il fallait bien que je le susse.

— Et vous n'avez montré cette lettre à personne ? dit Villefort tout en lisant et en pâlissant à mesure qu'il lisait.

— A personne, monsieur, sur l'honneur.

— Tout le monde ignore que vous étiez porteur d'une lettre venant de l'île d'Elbe et adressée à M. Noirtier ?

— Tout le monde, monsieur, excepté celui qui me l'a remise.

— C'est trop, c'est encore trop ! murmura Villefort.

Le front de Villefort s'obscurcissait de plus en plus à mesure qu'il avançait vers la fin ; ses lèvres blanches, ses mains tremblantes, ses yeux ardens faisaient passer dans l'esprit de Dantès les plus douloureuses appréhensions.

Après cette lecture, Villefort laissa tomber sa tête dans ses mains et demeura un instant accablé.

— O mon Dieu ! qu'y a-t-il donc, monsieur ? demanda timidement Dantès.

Villefort ne répondit pas ; mais au bout de quelques instans il releva sa tête pâle et décomposée, et relut une seconde fois la lettre.

— Et vous dites que vous ne savez pas ce que contient cette lettre ? reprit Villefort.

— Sur l'honneur, je vous le répète, monsieur, dit Dantès, je l'ignore ; mais qu'avez-vous vous-même ! mon Dieu ! vous allez vous trouver mal, voulez-vous que je sonne ? voulez-vous que j'appelle ?

— Non, monsieur, dit Villefort en se levant vivement, ne bougez pas, ne dites pas un mot ; c'est à moi à donner les ordres ici, et non pas à vous.

— Monsieur, dit Dantès blessé, c'était pour venir à votre aide ; voilà tout.

— Je n'ai besoin de rien ; un éblouissement passager, voilà tout ; occupez-vous de vous et non de moi ; répondez.

Dantès attendit l'interrogatoire qu'annonçait cette demande mais inutilement : Villefort retomba sur son fauteuil, passa une main glacée sur son front ruisselant de sueur, et pour la troisième fois se mit à relire la lettre.

— Oh ! s'il sait ce que contient cette lettre, murmura-t-il, et qu'il apprenne jamais que Noirtier est le père de Villefort, je suis perdu, perdu à tout jamais !

Et de temps en temps il regardait Edmond, comme si son regard eût pu briser cette barrière invisible qui enferme dans le cœur les secrets que garde la bouche.

— Oh ! n'en doutons plus, s'écria-t-il tout à coup.

— Mais, au nom du ciel, monsieur ! s'écria le malheureux jeune homme, si vous doutez de moi, si vous me soupçonnez, interrogez-moi, et je suis prêt à vous répondre.

Villefort fit sur lui-même un effort violent, et d'un ton qu'il voulait rendre assuré.

— Monsieur, dit-il, les charges les plus graves résultent pour vous de votre interrogatoire, je ne suis donc pas le maître, comme je l'avais espéré d'abord, de vous rendre à l'instant même la liberté ; je dois, avant de prendre une pareille mesure, consulter le juge d'instruction : en attendant, vous avez vu de quelle façon j'en ai agi envers vous.

— Oh ! oui, monsieur, s'écria Dantès, et je vous remercie, car vous avez été pour moi bien plutôt un ami qu'un juge.

— Eh bien, monsieur, je vais vous retenir quelque temps encore prisonnier, le moins longtemps que je pourrai ; la principale charge qui existe contre vous, c'est cette lettre et vous voyez...

Villefort s'approcha de la cheminée, la jeta dans le feu, et demeura jusqu'à ce qu'elle fût réduite en cendres.

— Et vous voyez, continua-t-il, je l'anéantis.

— Oh ! s'écria Dantès, monsieur, vous êtes plus que la justice, vous êtes la bonté.

— Mais, écoutez-moi, poursuivit Villefort, après un pareil acte, vous comprenez que vous pouvez avoir confiance en moi, n'est-ce pas ?

— Oh ! monsieur ! ordonnez, et je suivrai vos ordres.

— Non, dit Villefort en s'approchant du jeune homme, non, ce ne sont pas des ordres que je veux vous donner, vous comprenez, ce sont des conseils.

— Dites, et je m'y conformerai comme à des ordres.

— Je vais vous garder jusqu'au soir ici, au Palais de Justice : peut-être qu'un autre que moi viendra vous interroger : dites tout ce que vous m'avez dit, mais pas un mot de cette lettre.

— Je vous le promets, monsieur.

C'était Villefort qui semblait supplier, c'était le prévenu qui rassurait le juge.

— Vous comprenez, dit-il en jetant un regard sur les cendres qui conservaient encore la forme du papier, et qui voltigeaient au-dessus des flammes, maintenant cette lettre est anéantie; vous et moi savons seuls qu'elle a existé, on ne vous la représentera point : niez-la donc si l'on vous en parle, niez-la hardiment, et vous êtes sauvé.

— Je nierai, monsieur, soyez tranquille, dit Dantès.

— Bien, bien! dit Villefort en portant la main au cordon d'une sonnette; puis s'arrêtant au moment de sonner :

— C'était la seule lettre que vous eussiez? dit-il.

— La seule.

— Faites-en serment.

Dantès étendit la main.

— Je le jure, dit-il.

Villefort sonna.

Le commissaire de police entra.

Villefort s'approcha de l'officier public et lui dit quelques mots à l'oreille, le commissaire répondit par un simple signe de tête.

— Suivez monsieur, dit Villefort à Dantès.

Dantès s'inclina, jeta un dernier regard de reconnaissance à Villefort et sortit.

A peine la porte fut-elle refermée derrière lui que les forces manquèrent à Villefort, et qu'il tomba presque évanoui sur un fauteuil.

Puis, au bout d'un instant :

— O mon Dieu! murmura-t-il, à quoi tiennent la vie et la fortune!... Si le procureur du roi eût été à Marseille, si le juge d'instruction eût été appelé au lieu de moi, j'étais perdu; et ce papier, ce papier maudit me précipitait dans l'abîme. Ah! mon père! mon père! serez-vous donc toujours un obstacle à mon bonheur en ce monde, et dois-je lutter éternellement contre votre passé!

Puis tout à coup une lueur inattendue parut passer par son esprit et illumina son visage, un sourire se dessina sur sa bouche encore crispée, ses yeux hagards devinrent fixes et parurent s'arrêter sur une pensée.

— C'est cela, dit-il, oui, cette lettre qui devait me perdre fera ma fortune peut-être : allons, Villefort, à l'œuvre!

Et après s'être assuré que le prévenu n'était plus dans l'antichambre, le substitut du procureur du roi sortit à son tour, et s'achemina vivement vers la maison de sa fiancée.

CHAP. VII. — LE CHATEAU D IF.

En traversant l'antichambre, le commissaire de police fit un signe à deux gendarmes, lesquels se placèrent, l'un à droite, l'autre à gauche de Dantès; on ouvrit une porte qui communiquait de l'appartement du procureur du roi au Palais de Justice, on suivit quelque temps un de ces grands corridors sombres qui font frissonner ceux-là qui y passent, quand même ils n'ont aucun motif de frissonner.

De même que l'appartement de Villefort communiquait au Palais de Justice, le Palais de Justice communiquait à la prison, sombre monument accolé au palais, et que regarde curieusement, de toutes ses ouvertures béantes, le clocher des Accoules qui se dresse devant lui.

Après nombre de détours dans le corridor qu'il suivait, Dantès vit s'ouvrir une porte avec un guichet de fer; le commissaire de police frappa, avec un marteau de fer, trois coups qui retentirent pour Dantès comme s'ils étaient frappés sur son cœur; la porte s'ouvrit, les deux gendarmes poussèrent légèrement leur prisonnier qui hésitait encore. Dantès franchit le seuil redoutable et la porte se referma bruyamment derrière lui.

Il respirait un autre air, un air méphitique et lourd; il était en prison.

On le conduisit dans une chambre assez propre mais grillée et verrouillée; il en résulta que l'aspect de sa demeure ne lui donna point trop de craintes : d'ailleurs, les paroles du substitut du procureur du roi, prononcées avec une voix qui avait paru à Dantès si pleine d'intérêt, résonnaient à son oreille comme une douce promesse d'espérance.

Il était déjà quatre heures lorsque Dantès avait été conduit dans sa chambre. On était, comme nous l'avons dit, au 1er mars; le prisonnier se trouva donc bientôt dans la nuit.

Alors, le sens de l'ouïe s'augmenta chez lui du sens de la vue qui venait de s'éteindre : au moindre bruit qui pénétrait jusqu'à lui, convaincu qu'on venait le mettre en liberté, il se levait vivement et faisait un pas vers la porte; mais bientôt le bruit s'en allait mourant dans une autre direction, et Dantès retombait sur son escabeau.

Enfin, vers les dix heures du soir, au moment où Dantès commençait à perdre l'espoir, un nouveau bruit se fit entendre, qui lui parut cette fois se diriger vers sa chambre; en effet, des pas retentirent dans le corridor et s'arrêtèrent devant sa porte, une clé tourna dans la serrure, les verroux grincèrent, et la massive barrière de chêne s'ouvrit laissant voir tout à coup dans la chambre sombre l'éblouissante lumière de deux torches.

A la lueur de ces deux torches, Dantès vit briller les sabres et les mousquetons de quatre gendarmes.

Il avait fait deux pas en avant, il demeura immobile à sa place en voyant ce surcroît de force.

— Venez-vous me chercher? demanda Dantès.

— Oui, répondit un des gendarmes.

— De la part de M. le substitut du procureur du roi?

— Mais je le pense.

— Bien, dit Dantès, je suis prêt à vous suivre.

La conviction qu'on venait le chercher de la part de M. de Villefort ôtait toute crainte au malheureux jeune homme : il s'avança donc, calme d'esprit, libre de démarche, et se plaça de lui-même au milieu de son escorte.

Une voiture attendait à la porte de la rue, le cocher était sur le siège, un exempt était assis près du cocher.

— Est-ce donc pour moi que cette voiture est là? demanda Dantès.

— C'est pour vous, répondit un des gendarmes, montez.

Dantès voulut faire quelques observations, mais la portière s'ouvrit, il sentit qu'on le poussait; il n'avait ni la possibilité, ni même l'intention de faire résistance : il se trouva en un instant assis au fond de la voiture, entre deux gendarmes; les deux autres s'assirent sur la banquette de devant, et la pesante machine se mit en route avec un roulement sinistre.

Le prisonnier jeta les yeux sur les ouvertures : elles étaient grillées, il n'avait fait que changer de prison; seulement celle-là roulait, et le transportait en roulant vers un but ignoré. A travers les barreaux serrés à pouvoir à peine y passer la main, Dantès reconnut cependant qu'on longeait la rue Caisserie, et que par la rue Saint-Laurent et la rue Taramis on descendait vers le quai.

Bientôt il vit à travers ses barreaux, à lui, et les barreaux du monument près duquel il se trouvait, briller les lumières de la Consigne.

La voiture s'arrêta, l'exempt descendit, s'approcha du corps-de-garde; une douzaine de soldats en sortirent et se mirent en haie; Dantès voyait, à la lueur des réverbères du quai, reluire leurs fusils.

— Serait-ce pour moi, se demanda-t-il, que l'on déploie une pareille force militaire?

L'exempt, en ouvrant la portière qui fermait à clé, quoique sans prononcer une seule parole, répondit à cette question, car Dantès vit entre les deux haies de soldats un chemin ménagé pour lui de la voiture au port.

Les deux gendarmes qui étaient assis sur la banquette de devant descendirent les premiers, puis on le fit descendre à son tour, puis ceux qui se tenaient à ses côtés le suivirent. On marcha vers un canot qu'un marinier de la douane maintenait près du quai par une chaîne. Les soldats regardèrent passer Dantès d'un air de curiosité hébétée. En un instant il fut installé à la poupe du bateau toujours entre ses quatre gendarmes, tandis que l'exempt se tenait à la proue. Une violente secousse éloigna le bateau du bord, quatre rameurs nagèrent vigoureusement vers le Pilon. A un cri poussé de la barque, la chaîne qui ferme le pont s'abaissa, et Dantès se trouva dans ce qu'on appelle le friou, c'est-à-dire hors du port.

Le premier mouvement du prisonnier, en se retrouvant en plein air, avait été un mouvement de joie. L'air, c'est presque la liberté. Il respira donc à pleine poitrine cette brise vivace qui apporte sur ses ailes toutes ces senteurs inconnues de la nuit et de la mer. Bientôt cependant il poussa un soupir, il passait devant cette Réserve où il avait été si heureux le matin même pendant l'heure qui avait précédé son arrestation ; et à travers l'ouverture ardente de deux fenêtres, le bruit joyeux d'un bal arrivait jusqu'à lui.

Dantès joignit les mains, leva les yeux au ciel et pria.

La barque continuait son chemin ; elle avait dépassé la Tête-de-More, elle était en face de l'anse du Pharo ; elle allait doubler la batterie, c'était une manœuvre incompréhensible pour Dantès.

— Mais où donc me menez-vous ? demanda-t-il à l'un des gendarmes.

— Vous le saurez tout à l'heure.

— Mais encore...

— Il nous est interdit de vous donner aucune explication.

Dantès était à moitié soldat ; questionner des subordonnés auxquels il était défendu de répondre lui parut une chose absurde, et il se tut.

Alors les pensées les plus étranges passèrent par son esprit ; comme on ne pouvait faire une longue route dans une pareille barque, comme il n'y avait aucun bâtiment à l'ancre du côté où l'on se rendait, il pensa qu'on allait le déposer sur un point éloigné de la côte et lui dire qu'il était libre ; il n'était point attaché, on n'avait fait aucune tentative pour lui mettre les menottes, cela lui paraissait d'un bon augure ; d'ailleurs le substitut, si excellent pour lui, ne lui avait-il pas dit que, pourvu qu'il ne prononçât point ce nom fatal de Noirtier, il n'avait rien à craindre ? Villefort n'avait-il pas en sa présence anéanti cette dangereuse lettre, seule preuve qu'il y eût contre lui ?

Il attendit donc, muet et pensif, et essayant de percer, avec cet œil du marin exercé aux ténèbres et accoutumé à l'espace, dans l'obscurité de la nuit.

On avait laissé à droite l'île Ratonneau, où brûlait un phare, et tout en longeant presque la côte, on était arrivé à la hauteur de l'anse des Catalans. Là les regards du prisonnier redoublèrent d'énergie ; c'était là qu'était Mercédès, et il lui semblait à chaque instant voir se dessiner sur le rivage sombre la forme vague et indécise d'une femme.

Comment un pressentiment ne disait-il pas à Mercédès que son amant passait à trois cents pas d'elle ?

Une seule lumière brillait aux Catalans. En interrogeant la position de cette lumière, Dantès reconnut qu'elle éclairait la chambre de sa fiancée. Mercédès était la seule qui veillât dans toute la petite colonie. En poussant un grand cri, le jeune homme pouvait être entendu de sa fiancée.

Une fausse honte le retint. Que diraient ces hommes qui le gardaient en l'entendant crier comme un insensé ?

Il resta donc muet et les yeux fixés sur cette lumière. Pendant ce temps la barque continuait son chemin ; mais le prisonnier ne pensait point à la barque, il pensait à Mercédès.

Un accident de terrain fit disparaître la lumière. Dantès se retourna et s'aperçut que la barque gagnait le large.

Pendant qu'il regardait, absorbé dans sa propre pensée, on avait substitué les voiles aux rames, et la barque s'avançait maintenant poussée par le vent.

Malgré la répugnance qu'éprouvait Dantès à adresser au gendarme de nouvelles questions, il se rapprocha de lui, et lui prenant la main :

— Camarade, lui dit-il, au nom de votre conscience, et de par votre qualité de soldat, je vous adjure d'avoir pitié de moi et de me répondre. Je suis le capitaine Dantès, bon et loyal Français, quoique accusé de je ne sais quelle trahison : où me menez-vous ? dites-le, et, foi de marin, je me rangerai à mon devoir et me résignerai à mon sort.

Le gendarme se gratta l'oreille, regarda son camarade. Celui-ci fit un mouvement qui voulait dire à peu près : il me semble qu'au point où nous en sommes il n'y a pas d'inconvénient, et le gendarme se retourna vers Dantès :

— Vous êtes Marseillais et marin, dit-il, et vous me demandez où nous allons ?

— Oui, car sur mon honneur, je l'ignore.

— Ne vous en doutez-vous pas ?

— Aucunement.

— Ce n'est pas possible.

— Je vous le jure sur ce que j'ai de plus sacré au monde. Répondez-moi donc de grâce !

— Mais la consigne ?

— La consigne ne vous défend pas de m'apprendre ce que je saurai dans dix minutes, dans une demi-heure, dans une heure peut-être. Seulement vous m'épargnez d'ici-là des siècles d'incertitude. Je vous le demande comme si vous étiez mon ami. Regardez ; je ne veux ni me révolter, ni fuir. D'ailleurs, je ne le puis. Où allons-nous ?

— A moins que vous n'ayez un bandeau sur les yeux, ou que vous ne soyez jamais sorti du port de Marseille, vous pouvez cependant deviner où vous allez.

— Non.

— Regardez autour de vous, alors.

Dantès se leva, jeta naturellement les yeux sur le point où paraissait se diriger le bateau, et à cent toises devant lui il vit s'élever la roche noire et ardue sur laquelle monte comme une superfétation du silex le sombre château d'If.

Cette forme étrange, cette prison autour de laquelle règne une si profonde terreur, cette forteresse qui fait vivre depuis trois cents ans Marseille de ses lugubres traditions, apparaissant tout à coup à Dantès, qui ne songeait point à elle, lui fit l'effet que fait au condamné à mort l'aspect de l'échafaud.

— Ah ! mon Dieu ! s'écria-t-il, le château d'If ! mais qu'allons-nous faire là ?

Le gendarme sourit.

— Mais on ne me mène pas là pour être emprisonné ? continua Dantès. Le château d'If est une prison d'État, destinée seulement aux grands coupables politiques. Je n'ai commis aucun crime. Est-ce qu'il a des juges d'instruction, des magistrats quelconques au château d'If ?

— Il n'y a, je le suppose, dit le gendarme, qu'un gouverneur, des geôliers, une garnison et de bons murs. Allons, allons, l'ami, ne faites pas si fort l'étonné ; car, en vérité, vous me feriez croire que vous reconnaissez ma complaisance en vous moquant de moi.

Dantès serra la main du gendarme à la lui briser.

— Vous prétendez donc, dit-il, que l'on me conduit au château d'If pour m'y emprisonner?

— C'est probable, dit le gendarme; mais en tous cas, camarade, il est inutile de me serrer si fort.

— Sans autre information, sans autre formalité? demanda le jeune homme.

— Les formalités sont remplies, l'information est faite.

— Ainsi, malgré la promesse de M. de Villefort?...

— Je ne sais si M. de Villefort vous a fait une promesse, dit le gendarme, mais ce que je sais c'est que nous allons au château d'If. Eh bien! que faites-vous donc? Holà, camarades, à moi!

Par un mouvement prompt comme l'éclair, qui cependant avait été prévu par l'œil exercé du gendarme, Dantès avait voulu s'élancer à la mer; mais quatre poignets vigoureux le retinrent au moment où ses pieds quittaient le plancher du bateau.

Il retomba au fond de la barque en hurlant de rage.

— Bon! s'écria le gendarme en lui mettant le genou sur la poitrine, bon! voilà comme vous tenez votre parole de marin. Fiez-vous donc aux gens doucereux! Eh bien, maintenant, mon cher ami, faites un mouvement, un seul, et je vous loge une balle dans la tête. J'ai manqué à ma première consigne, mais, je vous en réponds, je ne manquerai pas à la seconde.

Et il abaissa effectivement sa carabine vers Dantès, qui sentit s'appuyer le bout du canon contre sa tempe.

Un instant il eut l'idée de faire ce mouvement défendu, et d'en finir ainsi violemment avec le malheur inattendu qui s'était abattu sur lui et l'avait pris tout à coup dans ses serres de vautour. Mais, justement parce que ce malheur était inattendu, Dantès songea qu'il ne pouvait être durable; puis les promesses de M. de Villefort lui revinrent à l'esprit; puis, s'il faut le dire enfin, cette mort au fond d'un bateau, venant de la main d'un gendarme, lui apparut laide et nue.

Il retomba donc sur le plancher de la barque en poussant un hurlement de rage et en se rongeant les mains avec fureur.

Presque au même instant un choc violent ébranla le canot. Un des bateliers sauta sur le roc que la proue de la petite barque venait de toucher, une corde grinça en se déroulant autour d'une poulie, et Dantès comprit qu'on était arrivé et qu'on amarrait l'esquif.

En effet, ses gardiens, qui le tenaient à la fois par les bras et par le collet de son habit, le forcèrent à se relever, le contraignirent à descendre à terre, et le traînèrent vers les degrés qui montent à la porte de la citadelle, tandis que l'exempt, armé d'un mousqueton à baïonnette, le suivait par derrière.

Dantès, au reste, ne fit point une résistance inutile. Sa lenteur venait plutôt d'inertie que d'opposition. Il était étourdi et chancelant comme un homme ivre; il vit de nouveau des soldats qui s'échelonnaient sur le talus rapide, il sentit des escaliers qui le forçaient de lever les pieds, il s'aperçut qu'il passait sous une porte et que cette porte se refermait derrière lui; mais tout cela machinalement, comme à travers un brouillard, sans rien distinguer de positif. Il ne voyait même plus la mer, cette immense douleur des prisonniers qui regardent l'espace avec le sentiment terrible qu'ils sont impuissans à le franchir.

Il y eut une halte d'un moment pendant laquelle il essaya de recueillir ses esprits. Il regarda autour de lui, il était dans une cour carrée, formée par quatre hautes murailles; on entendait le pas lent et régulier des sentinelles, et chaque fois qu'elles passaient devant deux ou trois reflets que projetait sur les murailles la lueur de deux ou trois lumières qui brillaient dans l'intérieur du château, on voyait scintiller le canon de leurs fusils.

On attendit là dix minutes à peu près. Certains que Dantès ne pouvait plus fuir, les gendarmes l'avaient lâché. On semblait attendre des ordres; ces ordres arrivèrent.

— Où est le prisonnier? demanda une voix.

— Le voici, répondirent les gendarmes.

— Qu'il me suive, je vais le conduire à son logement.

— Allez, dirent les gendarmes en poussant Dantès.

Le prisonnier suivit son conducteur, qui le conduisit effectivement dans une salle presque souterraine, dont les murailles nues et suantes semblaient imprégnées d'une vapeur de larmes. Une espèce de lampion posé sur un escabeau, et dont la mèche nageait dans une graisse fétide, illuminait les parois lustrées de cet affreux séjour, et montrait à Dantès son conducteur, espèce de geôlier subalterne, mal vêtu et de basse mine.

— Voici votre chambre pour cette nuit, dit-il; il est tard, et M. le gouverneur est couché. Demain, quand il se réveillera et qu'il aura pris connaissance des ordres qui vous concernent, peut-être vous changera-t-il de domicile; en attendant, voici du pain, il y a de l'eau dans cette cruche, de la paille là-bas dans un coin, c'est tout ce qu'un prisonnier peut désirer. Bonsoir.

Et avant que Dantès eût songé à ouvrir la bouche pour lui répondre, avant qu'il eût remarqué où le geôlier posait ce pain, avant qu'il se fût rendu compte de l'endroit où gisait cette cruche, avant qu'il eût tourné les yeux vers le coin où l'attendait cette paille destinée à lui servir de lit, le geôlier avait pris le lampion, et refermant la porte, enlevé au prisonnier ce reflet blafard qui lui avait montré comme à la lueur d'un éclair les murs ruisselans de sa prison.

Alors il se trouva seul dans les ténèbres et dans le silence, aussi muet et aussi sombre que ces voûtes dont il sentait le froid glacial s'abaisser sur son front brûlant.

Quand les premiers rayons du jour eurent ramené un peu de clarté dans cet antre, le geôlier revint avec ordre de laisser le prisonnier où il était. Dantès n'avait point changé de place. Une main de fer semblait l'avoir cloué à l'endroit même où la veille il s'était arrêté; seulement son œil profond se cachait sous une enflure causée par la vapeur humide de ses larmes. Il était immobile et regardait la terre.

Il avait ainsi passé toute la nuit debout et sans dormir un seul instant.

Le geôlier s'approcha de lui, tourna autour de lui, mais Dantès ne parut pas le voir.

Il lui frappa sur l'épaule, Dantès tressaillit et secoua la tête.

— N'avez-vous donc pas dormi? le geôlier.

— Je ne sais pas, répondit Dantès.

Le geôlier le regarda avec étonnement.

— N'avez-vous pas faim? continua-t-il.

— Je ne sais pas, répondit encore Dantès.

— Voulez-vous quelque chose?

— Je voudrais voir le gouverneur.

Le geôlier haussa les épaules et sortit.

Dantès le suivit des yeux, tendit les mains vers la porte entr'ouverte, mais la porte se referma.

Alors sa poitrine sembla se déchirer dans un long sanglot. Les larmes qui gonflaient sa paupière jaillirent comme deux ruisseaux; il se précipita le front contre terre et pria longtemps, repassant dans son esprit toute sa vie passée, et se demandant à lui-même quel crime il avait commis dans cette vie, si jeune encore, qui méritât une si cruelle punition.

La journée se passa ainsi. A peine s'il mangea quelques bouchées de pain et but quelques gouttes d'eau. Tantôt il restait assis et absorbé dans ses pensées, tantôt il tournait tout autour de sa prison comme un animal sauvage enfermé dans une cage de fer.

Une pensée surtout le faisait bondir: c'est que pendant cette traversée, où, dans son ignorance du lieu où on le conduisait, il était resté si calme et si tranquille, il aurait pu dix fois se jeter à la mer; et une fois dans l'eau, grâce à son habileté à nager, grâce à cette habitude qui faisait de lui un des plus habiles plongeurs de Marseille, disparaître sous l'eau, échapper à ses gardiens, gagner la côte, fuir, se cacher dans quelque crique déserte, attendre un bâtiment génois ou catalan, gagner l'Italie ou l'Espagne, et de là écrire à Mercédès de venir le rejoindre. Quant à sa vie, dans aucune contrée il n'en était inquiet : partout les bons marins sont rares ; il parlait l'Italien comme un Toscan, l'espagnol comme un enfant de la Vieille-Castille ; il eût vécu libre, heureux, avec Mercédès, son père, car son père fût venu le rejoindre ; tandis qu'il était prisonnier, enfermé au château d'If, dans cette infranchissable prison, ne sachant pas ce qu'était devenu son père, ce que devenait Mercédès, et tout cela parce qu'il avait cru à la parole de Villefort : c'était à en devenir fou ; aussi Dantès se roulait-il furieux sur la paille fraîche que lui avait apportée son geôlier.

Le lendemain, à la même heure, le geôlier rentra.

— Eh bien ! lui demanda le geôlier, êtes-vous plus raisonnable aujourd'hui qu'hier ?

Dantès ne répondit point.

— Voyons donc, dit celui-ci, un peu de courage ; désirez-vous quelque chose qui soit à ma disposition ? voyons, dites.

— Je désire parler au gouverneur.

— Eh ! dit le geôlier avec impatience, je vous ai déjà dit que c'était impossible.

— Pourquoi cela, impossible ?

— Parce que, par les règlements de la prison, il n'est point permis à un prisonnier de le demander.

— Et qu'y a-t-il donc de permis ici ? demanda Dantès.

— Une meilleure nourriture en payant, la promenade, et quelquefois des livres.

— Je n'ai pas besoin de livres, je n'ai aucune envie de me promener, et je trouve ma nourriture bonne ; ainsi je ne veux qu'une chose, voir le gouverneur.

— Si vous m'ennuyez à me répéter toujours la même chose, dit le geôlier, je ne vous apporterai plus à manger.

— Eh bien ! dit Dantès, si tu ne m'apportes plus à manger, je mourrai de faim, voilà tout.

L'accent avec lequel Dantès prononça ces mots prouva au geôlier que son prisonnier serait heureux de mourir ; aussi, comme tout prisonnier, de compte fait, rapporte dix sous à peu près par jour à son geôlier, celui de Dantès envisagea le déficit qui résulterait pour lui de sa mort, et reprit d'un ton plus radouci :

— Écoutez : ce que vous désirez là est impossible ; ne le demandez donc pas davantage, car il est sans exemple que, sur sa demande, le gouverneur soit venu dans la chambre d'un prisonnier ; seulement, soyez bien sage, on vous permettra la promenade, et il est possible qu'un jour, pendant que vous vous promènerez, le gouverneur passera : alors vous l'interrogerez, et, s'il veut vous répondre, cela le regarde.

— Mais, dit Dantès, combien de temps puis-je attendre ainsi sans que ce hasard se présente ?

— Ah dame ! dit le geôlier, un mois, trois mois, six mois, un an peut-être.

— C'est trop long, dit Dantès, je veux le voir tout de suite.

— Ah ! dit le geôlier, ne vous absorbez pas ainsi dans un seul désir impossible, ou avant quinze jours vous serez fou.

— Ah ! tu crois ? dit Dantès.

— Oui, fou : c'est toujours ainsi que commence la folie, nous en avons un exemple ici : c'est en offrant sans cesse un million au gouverneur, si on voulait le mettre en liberté, que le cerveau de l'abbé qui habitait cette chambre avant vous s'est détraqué.

— Et combien y a-t-il qu'il a quitté cette chambre ?

— Deux ans.

— On l'a mis en liberté ?

— Non, on l'a mis au cachot.

— Écoute, dit Dantès, je ne suis pas un abbé, je ne suis pas fou ; peut-être le deviendrai-je, mais malheureusement à cette heure j'ai encore tout mon bon sens : je vais te faire une autre proposition.

— Laquelle ?

— Je ne t'offrirai pas un million, moi, car je ne pourrais pas te le donner ; mais je t'offrirai cent écus si tu veux, la première fois que tu iras à Marseille, descendre jusqu'aux Catalans, et remettre une lettre à une jeune fille qu'on appelle Mercédès, pas même une lettre, deux lignes seulement.

— Si je portais ces deux lignes et que je fusse découvert, je perdrais ma place, qui est de mille livres par an, sans compter les bénéfices et la nourriture ; vous voyez donc bien que je serais un grand imbécile de risquer de perdre mille livres pour en gagner trois cents.

— Eh bien ! dit Dantès, écoute et retiens bien ceci : si tu refuses de prévenir le gouverneur que je désire lui parler, si tu refuses de porter deux lignes à Mercédès, ou tout au moins de la prévenir que je suis ici, un jour je t'attendrai derrière ma porte, et au moment où tu entreras, je te briserai la tête avec cet escabeau.

— Des menaces ! s'écria le geôlier en faisant un pas en arrière et en se mettant sur la défensive : décidément la tête vous tourne ; l'abbé a commencé comme vous, et dans trois jours vous serez fou à lier, comme lui ; heureusement que l'on a des cachots au château d'If.

Dantès prit l'escabeau et il le fit tournoyer autour de sa tête.

— C'est bien, c'est bien ! dit le geôlier ; eh bien ! puisque vous le voulez absolument, on va prévenir le gouverneur.

— A la bonne heure ! dit Dantès en reposant son escabeau sur le sol et en s'asseyant dessus, la tête basse et les yeux hagards, comme s'il devenait réellement insensé.

Le geôlier sortit, et un instant après rentra avec quatre soldats et un caporal.

— Par ordre du gouverneur, dit-il, descendez le prisonnier un étage au-dessous de celui-ci.

— Au cachot alors ? dit le caporal.

— Au cachot : il faut mettre les fous avec les fous.

Les quatre soldats s'emparèrent de Dantès, qui tomba dans une espèce d'atonie et les suivit sans résistance.

On lui fit descendre quinze marches, et on ouvrit la porte d'un cachot dans lequel il entra en murmurant :

— Il a raison, il faut mettre les fous avec les fous.

La porte se referma, et Dantès alla devant lui, les mains étendues, jusqu'à ce qu'il sentit le mur ; alors il s'assit dans un angle et resta immobile, tandis que ses yeux, s'habituant peu à peu à l'obscurité, commençaient à distinguer les objets.

Le geôlier avait raison : il s'en fallait de bien peu que Dantès ne fût fou.

CHAP. IX. — LE SOIR DES FIANÇAILLES.

Villefort, comme nous l'avons dit, avait repris le chemin de la place du Grand-Cours, et en rentrant dans la maison de madame de Saint-Méran, il trouva les convives qu'il avait laissés à table passés au salon et prenant le café.

Renée l'attendait avec une impatience qui était partagée par tout le reste de la société. Aussi fut il accueilli par une exclamation générale.

— Eh bien! trancheur de têtes, soutien de l'Etat, Brutus royaliste! s'écria l'un, qu'y a-t-il? voyons!

— Eh bien! sommes-nous menacés d'un nouveau régime de la Terreur? demanda l'autre.

— L'ogre de Corse serait-il sorti de sa caverne? demanda un troisième.

— Madame la marquise, dit Villefort s'approchant de sa future belle-mère, je viens vous prier de m'excuser si je suis forcé de vous quitter ainsi... Monsieur le marquis, pourrais-je avoir l'honneur de vous dire deux mots en particulier?

— Ah! mais c'est donc réellement grave? demanda la marquise en remarquant le nuage qui obscurcissait le front de Villefort.

— Si grave que je suis forcé de prendre congé de vous pour quelques jours; ainsi, continua-t-il en se tournant vers Renée, voyez s'il faut que la chose soit grave.

— Vous partez, monsieur? s'écria Renée incapable de cacher l'émotion que lui causait cette nouvelle inattendue.

— Hélas! oui, mademoiselle, répondit Villefort: il le faut.

— Et où allez-vous donc! demanda la marquise.

— C'est le secret de la justice, madame; cependant si quelqu'un d'ici a des commissions pour Paris, j'ai un de mes amis qui partira ce soir et qui s'en chargera avec plaisir.

Tout le monde se regarda.

— Vous m'avez demandé un moment d'entretien? dit le marquis.

— Oui, passons dans votre cabinet, s'il vous plaît.

Le marquis prit le bras de Villefort et sortit avec lui.

— Eh bien, demanda celui-ci en arrivant dans son cabinet, que se passe-t-il donc? parlez.

— Des choses que je crois de la plus haute gravité, et qui nécessitent mon départ à l'instant même pour Paris. Maintenant, marquis, excusez l'indiscrète brutalité de la question, avez-vous des rentes sur l'Etat?

— Toute ma fortune est en inscriptions: six à sept cent mille francs à peu près.

— Eh bien, vendez, marquis, vendez, ou vous êtes ruiné.

— Mais, comment voulez-vous que je vende d'ici?

— Vous avez un agent de change, n'est-ce pas?

— Oui.

— Donnez-moi une lettre pour lui, et qu'il vende sans perdre une minute, sans perdre une seconde; peut-être même arriverai-je trop tard.

— Diable! dit le le marquis, ne perdons pas de temps alors.

Et il se mit à table et écrivit une lettre à son agent de change, dans laquelle il lui ordonnait de vendre à tout prix.

— Maintenant que j'ai cette lettre, dit Villefort en la serrant soigneusement dans son portefeuille, il m'en faut une autre.

— Pour qui?

— Pour le roi.

— Pour le roi?

— Oui.

— Mais, je n'ose prendre sur moi d'écrire ainsi à Sa Majesté.

— Aussi n'est-ce point à vous que je la demande, mais je vous charge de la demander à M. de Salvieux. Il faut qu'il me donne une lettre à l'aide de laquelle je puisse pénétrer près de Sa Majesté sans être soumis à toutes les formalités de demande d'audience, qui peuvent me faire perdre un temps précieux.

— Mais n'avez-vous pas le garde des sceaux qui a ses grandes entrées aux Tuileries, et par l'intermédiaire duquel vous pouvez jour et nuit parvenir jusqu'au roi?

— Oui sans doute, mais il est inutile que je partage avec un autre le mérite de la nouvelle que je porte. Comprenez-vous? le garde des sceaux me reléguerait tout naturellement au second rang et m'enlèverait tout le bénéfice de la chose. Je ne vous dis qu'une chose, marquis: ma carrière est assurée si j'arrive le premier aux Tuileries, car j'aurai rendu au roi un service qu'il ne lui sera pas permis d'oublier.

— En ce cas, mon cher, allez faire vos paquets; moi j'appelle Salvieux, et je lui fais écrire la lettre qui doit vous servir de laissez-passer.

— Bien, ne perdez pas de temps, car dans un quart d'heure il faut que je sois en chaise de poste.

— Faites arrêter votre voiture devant la porte.

— Sans aucun doute, vous m'excuserez auprès de la marquise, n'est-ce pas? auprès de mademoiselle de Saint-Méran, que je quitte dans un pareil jour avec un bien profond regret.

— Vous les trouverez toutes deux dans mon cabinet, et vous pourrez leur faire vos adieux.

— Merci cent fois, occupez-vous de ma lettre.

Le marquis sonna; un laquais parut.

— Dites au comte de Salvieux que je l'attends.

— Allez maintenant, continua le marquis s'adressant à Villefort.

— Bon, je ne fais qu'aller et venir.

Et Villefort sortit tout en courant, mais à la porte il songea qu'un substitut du procureur du roi qui serait vu marchant à pas précipités risquerait de troubler le repos de toute une ville; il reprit donc son allure ordinaire, qui était toute magistrale.

A sa porte il aperçut dans l'ombre comme un blanc fantôme qui l'attendait debout et immobile.

C'était la belle fille catalane, qui, n'ayant pas de nouvelles d'Edmond, s'était échappée à la nuit tombante du Pharo pour venir savoir elle-même la cause de l'arrestation de son amant.

A l'approche de Villefort elle se détacha de la muraille contre laquelle elle était appuyée et vint lui barrer le chemin. Dantès avait parlé au substitut de sa fiancée, et Mercédès n'eut point besoin de se nommer pour que Villefort la reconnût. Il fut surpris de la beauté et de la dignité de cette femme, et lorsqu'elle lui demanda ce qu'était devenu son amant, il lui sembla que c'était lui l'accusé, et que c'était elle le juge.

— L'homme dont vous parlez, dit brusquement Villefort, est un grand coupable, et je ne puis rien faire pour lui, mademoiselle.

Mercédès laissa échapper un sanglot, et comme Villefort essayait de passer outre, elle l'arrêta une seconde fois.

— Mais où est-il du moins, demanda-t-elle, que je puisse m'informer s'il est mort ou vivant?

— Je ne sais, il ne m'appartient plus, répondit Villefort.

Et gêné par ce regard fin et cette suppliante attitude, il repoussa Mercédès et rentra, refermant vivement la porte, comme pour laisser dehors cette douleur qu'on lui apportait.

Mais la douleur ne se laisse pas repousser ainsi. Comme le trait mortel dont parle Virgile, l'homme blessé l'emporte avec lui. Villefort rentra, referma la porte, mais arrivé dans son salon les jambes lui manquèrent à son tour; il poussa un soupir qui ressemblait à un sanglot, et se laissa tomber dans un fauteuil.

Alors, au fond de ce cœur malade naquit le premier germe d'une ulcère mortel. Cet homme qu'il sacrifiait à son ambition, cet innocent qui payait pour son père coupable, lui apparut pâle et menaçant, donnant la main à sa fiancée pâle comme lui, et traînant après lui le remords, non pas celui qui fait bondir le malade comme les furieux de la fatalité antique, mais ce tintement sourd et douloureux qui, à de certains momens, frappe sur le cœur et le meurtrit au souvenir d'une action passée, meurtrissure dont les lancinantes douleurs creusent un mal qui va s'approfondissant jusqu'à la mort.

Alors il y eut dans l'âme de cet homme encore un instant d'hésitation. Déjà plusieurs fois il avait requis, et cela sans autre émotion que celle de la lutte du juge avec l'accusé, la peine de mort contre les prévenus ; et ces prévenus exécutés, grâce à son éloquence foudroyante qui avait entraîné ou les juges où les jury, n'avaient pas même laissé un nuage sur son front, car ces prévenus étaient coupables, ou du moins Villefort les croyait tels. Mais cette fois c'était bien autre chose : cette peine de la prison perpétuelle, il venait de l'appliquer à un innocent, à un innocent qui allait être heureux, et dont il détruisait non-seulement la liberté, mais le bonheur : cette fois il n'était plus juge, il était bourreau.

Et en songeant à cela il sentait ce battement sourd que nous avons décrit, et qui lui était inconnu jusqu'alors, retentissant au fond de son cœur et emplissant sa poitrine de vagues appréhensions. C'est ainsi que, par une violente souffrance instinctive, est averti le blessé, qui jamais n'approchera sans trembler le doigt de sa blessure ouverte et saignante avant que sa blessure ne soit refermée.

Mais la blessure qu'avait reçue Villefort était de celles qui ne se ferment pas, ou qui ne se ferment que pour se rouvrir plus sanglantes et plus douloureuses qu'auparavant.

Si, dans ce moment, la douce voix de Renée eût retenti à son oreille pour lui demander grâce, si la belle Mercédès fût entrée et lui eût dit : « Au nom du Dieu qui nous regarde et qui nous juge, rendez-moi mon fiancé, » oui, ce front à moitié plié sous la nécessité s'y fût courbé tout à fait, et de ses mains glacées eût sans doute, au risque de tout ce qui pouvait en résulter pour lui, signé l'ordre de mettre en liberté Dantès ; mais aucune voix ne murmura dans le silence, et la porte ne s'ouvrit que pour donner entrée au valet de chambre de Villefort, qui vint lui dire que les chevaux de poste étaient à la calèche de voyage.

Villefort se leva ou plutôt bondit comme un homme qui triomphe d'une lutte intérieure, courut à son secrétaire, versa dans ses poches tout l'or qui se trouvait dans un des tiroirs, tourna un instant effaré dans la chambre, la main sur son front, et articulant des paroles sans suite ; puis enfin, sentant que son valet de chambre venait de lui poser son manteau sur les épaules, il sortit, s'élança en voiture, et ordonna d'une voix brève de toucher rue du Grand-Cours, chez M. de Saint-Méran.

Le malheureux Dantès était condamné.

Comme l'avait promis M. de Saint-Méran, Villefort trouva la marquise et Renée dans le cabinet. En apercevant Renée, le jeune homme tressaillit ; car il crut qu'elle allait lui demander de nouveau la liberté de Dantès. Mais, hélas ! il faut le dire à la honte de notre égoïsme, la belle jeune fille n'était préoccupée que d'une chose : du départ de Villefort.

Elle aimait Villefort, Villefort allait partir au moment de devenir son mari, Villefort ne pouvait dire quand il reviendrait, et Renée, au lieu de plaindre Dantès, maudit l'homme qui par son crime la séparait de son amant.

Que devait donc dire Mercédès !

La pauvre Mercédès avait retrouvé au coin de la rue de la Loge Fernand, qui l'avait suivie ; elle était rentrée aux Catalans, et mourante, désespérée, s'était jetée sur son lit. Devant ce lit Fernand s'était mis à genoux, et, pressant sa main glacée, que Mercédès ne songeait pas à retirer, il la couvrait de baisers brûlans que Mercédès ne sentait même pas.

Elle passa la nuit ainsi. La lampe s'éteignit quand il n'y eut plus d'huile : elle ne vit pas plus l'obscurité qu'elle n'avait vu la lumière, et le jour revint sans qu'elle vit le jour.

La douleur avait mis devant ses yeux un bandeau qui ne lui laissait voir qu'Edmond.

— Ah ! vous êtes là ! dit-elle enfin en se tournant du côté de Fernand.

— Depuis hier je ne vous ai pas quittée, répondit Fernand avec un soupir douloureux.

M. Morrel ne s'était pas tenu pour battu : il avait appris qu'à la suite de son interrogatoire Dantès avait été conduit à la prison, il avait alors couru chez tous ses amis, il s'était présenté chez les personnes de Marseille qui pouvaient avoir de l'influence, mais déjà le bruit s'était répandu que le jeune homme avait été arrêté comme agent bonapartiste, et, comme à cette époque les plus hasardeux regardaient comme un rêve insensé toute tentative de Napoléon pour remonter sur le trône, il n'avait trouvé partout que froideur, crainte et refus, et il était rentré chez lui désespéré, mais avouant cependant que la position était grave et que personne n'y pouvait rien.

De son côté, Caderousse était fort inquiet et fort tourmenté : au lieu de sortir comme l'avait fait M. Morrel, au lieu d'essayer quelque chose en faveur de Dantès, pour lequel d'ailleurs il ne pouvait rien, il s'était enfermé avec deux bouteilles de vin de cassis, et avait essayé de noyer son inquiétude dans l'ivresse. Mais, dans l'état d'esprit où il se trouvait, c'était trop peu de deux bouteilles pour éteindre son jugement ; il était donc demeuré trop ivre pour aller chercher d'autre vin, pas assez ivre pour que l'ivresse eût éteint ses souvenirs, accoudé en face de ses deux bouteilles vides sur une table boiteuse, et voyant danser au reflet de sa chandelle à la longue mèche tous ces spectres qu'Hoffmann a semés sur ses manuscrits humides de punch comme une poussière noire et fantastiquée.

Danglars seul n'était ni tourmenté ni inquiet, Danglars même était joyeux, car il s'était vengé d'un ennemi et avait assuré à bord du *Pharaon* sa place qu'il craignait de perdre : Danglars était un de ces hommes de calcul qui naissent avec une plume derrière l'oreille et un encrier à la place du cœur ; tout était pour lui dans ce monde de soustraction ou multiplication, et un chiffre lui paraissait bien plus précieux qu'un homme, quand ce chiffre pouvait augmenter le total que cet homme pouvait diminuer.

Danglars s'était donc couché à son heure ordinaire et dormait tranquillement.

Villefort, après avoir reçu la lettre de M. de Salvieux, embrassé Renée sur les deux joues, baisé la main de madame de Saint-Méran et serré celle du marquis, courait la poste sur la route d'Aix.

Le père Dantès se mourait de douleur et d'inquiétude.

Quant à Edmond, nous savons ce qu'il était devenu.

CHAP. X. — LE PETIT CABINET DES TUILERIES.

Abandonnons Villefort sur la route de Paris, où, grâce aux triples guides qu'il paie, il brûle le chemin, et pénétrons à travers les deux ou trois salons qui précèdent dans ce petit cabinet des Tuileries, à la fenêtre cintrée, si bien connu pour avoir été le cabinet favori de Napoléon et de Louis XVIII et pour être aujourd'hui celui de Louis-Philippe.

Là, dans ce cabinet, assis devant une table de noyer qu'il avait rapportée d'Hartwel, et que, par une de ces manies familières aux grands personnages, il affectionnait tout particulièrement, le roi Louis XVIII, écoutait assez légèrement un homme de cinquante à cinquante-deux ans, à cheveux gris, à la figure aristocratique et à la mise scrupuleuse, tout en notant à la marge un volume d'Horace, édition de Gryphius, assez incorrecte quoique estimée, et qui prêtait beaucoup aux sagaces observations philosophiques de Sa Majesté.

— Vous dites donc, monsieur, dit le roi ?
— Que je suis on ne peut plus inquiet, sire.

— Vraiment, auriez-vous vu en songe sept vaches grasses et sept vaches maigres ?

— Non, sire, car cela ne nous annoncerait que sept années de fertilité et sept années de disette, et avec un roi aussi prévoyant que l'est Votre Majesté, la disette n'est pas à craindre.

— De quel autre fléau est-il donc question, mon cher Blacas ?

— Sire, je crois, j'ai tout lieu de croire qu'un orage se forme du côté du Midi.

— Eh bien ! mon cher comte, répondit Louis XVIII, je vous crois mal renseigné, et je sais positivement au contraire qu'il fait très beau temps de ce côté-là.

Tout homme d'esprit qu'il était, Louis XVIII aimait la plaisanterie facile.

— Sire, dit M. de Blacas, ne fût-ce que pour rassurer un fidèle serviteur, Votre Majesté ne pourrait-elle pas envoyer dans le Languedoc, dans la Provence et dans le Dauphiné, des hommes sûrs qui lui feraient un rapport sur l'esprit de ces trois provinces ?

— *Canimus surdis*, répondit le roi tout en continuant d'annoter son Horace.

— Sire, répondit le courtisan en riant pour avoir l'air de comprendre l'hémistiche du poète de Venuse, Votre Majesté peut avoir parfaitement raison en comptant sur le bon esprit de la France ; mais je crains de ne pas avoir tout à fait tort en craignant quelque tentative désespérée.

— De la part de qui ?

— De la part de Bonaparte, ou du moins de son parti.

— Mon cher Blacas, dit le roi, vous m'empêchez de travailler avec vos terreurs.

— Et moi, sire, vous m'empêchez de dormir avec votre sécurité.

— Attendez, mon cher, attendez, je tiens une note très heureuse sur le *Pastor cùm traheret* ; — attendez, et vous continuerez après.

Il se fit un instant de silence, pendant lequel Louis XVIII inscrivit, d'une écriture qu'il faisait aussi menue que possible, une nouvelle note en marge de son Horace. Puis cette note inscrite :

— Continuez, mon cher comte, dit-il en se relevant de l'air satisfait d'un homme qui croit avoir une idée lorsqu'il a commenté l'idée d'un autre. — Continuez, je vous écoute.

— Sire, dit Blacas, qui avait eu un instant l'espoir de confisquer Villefort à son profit, je vous suis forcé de vous dire que ce ne sont point de simples bruits dénués de fondement, de simples nouvelles en l'air, qui m'inquiètent. C'est un homme bien pensant, méritant toute ma confiance, et chargé par moi de surveiller le Midi (le duc hésita en prononçant ces mots) qui arrive en poste pour me dire : Un grand péril menace le roi. Alors je suis accouru, sire.

— *Mala ducis avi domum*, continua Louis XVIII en annotant.

— Votre Majesté m'ordonne-t-elle de ne plus insister sur ce sujet ?

— Non, mon cher comte, mais allongez la main.

— Laquelle ?

— Celle que vous voudrez, là-bas à gauche.

— Ici ? sire.

— Je vous dis à gauche, et vous cherchez à droite ; c'est à ma gauche que je veux dire ; là, vous y êtes ; vous devez trouver le rapport du ministre de la police en date d'hier ; mais tenez, voici M. Dandré lui-même... N'est-ce pas, vous dites M. Dandré ? interrompit Louis XVIII en s'adressant à l'huissier qui venait en effet d'annoncer le ministre de la police.

— Oui, sire, M. le baron Dandré, reprit l'huissier.

— C'est juste, baron, reprit Louis XVIII avec un imperceptible sourire ; entrez, baron, et racontez au duc ce que vous savez de plus récent sur M. de Bonaparte. Ne nous dissimulez rien de la situation, quelque grave qu'elle soit. Voyons, l'île d'Elbe est-elle un volcan, et allons-nous en voir sortir la guerre toute flamboyante et toute hérissée : *bella, horrida bella* ?

M. Dandré se balança fort gracieusement sur le dos d'un fauteuil auquel il appuyait ses deux mains et dit :

— Votre Majesté a-t-elle bien voulu consulter le rapport d'hier ?

— Oui, oui ; mais dites au comte lui-même, qui ne peut le trouver, ce que contenait le rapport ; détaillez-lui ce que fait l'usurpateur dans son île.

— Monsieur, dit le baron au comte, tous les serviteurs de Sa Majesté doivent s'applaudir des nouvelles récentes qui nous parviennent de l'île d'Elbe. Bonapart...

M. Dandré regarda Louis XVIII, qui, occupé à écrire une note, ne leva pas même la tête.

— Bonaparte, continua le baron, s'ennuie mortellement ; il passe des journées entières à regarder travailler ses mineurs de Porto-Longone.

— Et il se gratte pour se distraire, dit le roi.

— Il se gratte ? demanda le comte ; que veut dire Votre Majesté.

— Eh ! oui, mon cher comte, oubliez vous donc que ce grand homme, ce héros, ce demi-dieu, est atteint d'une maladie de peau qui le dévore, *prurigo* ?

— Il y a plus, monsieur le comte, continua le ministre de la police, nous sommes à peu près sûrs que dans peu de temps l'usurpateur sera fou.

— Fou ?

— Fou à lier : sa tête s'affaiblit, tantôt il pleure à chaudes larmes, tantôt il rit à gorge déployée ; d'autres fois, il passe des heures sur le rivage à jeter des cailloux dans l'eau, et lorsque le caillou a fait cinq ou six ricochets, il paraît aussi satisfait que s'il avait gagné un autre Marengo ou un nouvel Austerlitz : voilà, vous en conviendrez, des signes de folie.

— Ou de sagesse, monsieur le baron, ou de sagesse, dit Louis XVIII en riant ; c'était en jetant des cailloux à la mer que se récréaient les grands capitaines de l'antiquité ; voyez Plutarque, à la vie de Scipion l'Africain.

M. de Blacas demeura rêveur entre ces deux insouciances. Villefort, qui n'avait pas voulu tout dire pour qu'un autre ne lui enlevât point le bénéfice tout entier de son secret, en avait dit assez cependant pour lui donner de graves inquiétudes.

— Allons, allons, Dandré, dit Louis-XVIII, Blacas n'est point encore convaincu ; passez à la conversion de l'usurpateur.

Le ministre de la police s'inclina.

— Conversion de l'usurpateur ! murmura le comte regardant le roi et Dandré, qui alternaient comme deux bergers de Virgile. L'usurpateur est-il converti ?

— Absolument, mon cher comte.

— Mais converti à quoi ?

— Aux bons principes ; expliquez cela, baron.

— Voici ce que c'est, monsieur le comte, dit le ministre avec le plus grand sérieux du monde : dernièrement Napoléon a passé une revue, et comme deux ou trois de ces vieux grognards, comme il les appelle, manifestaient le désir de revenir en France, il leur a donné leur congé en les exhortant à servir leur bon roi ; ce furent ses propres paroles, monsieur le comte, j'en ai la certitude.

— Eh bien ! Blacas, qu'en pensez-vous ? dit le roi triomphant en cessant un instant de compulser le scoliaste volumineux ouvert devant lui.

— Je dis, sire, que M. le ministre de la police ou moi

nous nous trompons ; mais comme il est impossible que ce soit le ministre de la police, puisqu'il a en garde le salut et l'honneur de Votre Majesté, il est probable que c'est moi qui fais erreur. Cependant, sire, à la place de Votre Majesté, je voudrais interroger la personne dont je lui ai parlé ; j'insisterai même pour que Votre Majesté lui fasse cet honneur.

— Volontiers, comte ; sous vos auspices je recevrai qui vous voudrez ; mais je veux le recevoir les armes en main. Monsieur le ministre, avez-vous un rapport plus récent que celui-ci, car celui-ci a déjà la date du 20 février, et nous sommes au 3 mars ?

— Non, sire, mais j'en attendais un d'heure en heure. Je suis sorti depuis le matin, et peut-être pendant mon absence est-il arrivé.

— Allez à la préfecture, et s'il n'y en a pas, eh bien, eh bien, continua en riant Louis XVIII, faites-en un ; n'est-ce pas ainsi que cela se pratique ?

— Oh ! sire, dit le ministre, Dieu merci, sous ce rapport il n'est besoin de rien inventer ; chaque jour encombre nos bureaux des dénonciations les plus circonstanciées, lesquelles proviennent d'une foule de pauvres hères qui espèrent un peu de reconnaissance pour les services qu'ils ne rendent pas, mais qu'ils voudraient rendre. Ils placent sur le hasard, et ils espèrent qu'un jour quelque événement inattendu donnera une espèce de réalité à leurs prédictions.

— C'est bien, allez, monsieur, dit Louis XVIII, et songez que je vous attends.

— Je ne fais qu'aller et venir, sire ; dans dix minutes je suis de retour.

— Et moi, sire, dit M. de Blacas, je vais chercher mon messager.

— Attendez donc, attendez donc, dit Louis XVIII. En vérité, Blacas, il faut que je vous change vos armes : je vous donnerai un aigle aux vols déployés, tenant entre ses serres une proie qui essaie vainement de lui échapper, avec cette devise : *Tenax*.

— Sire, j'écoute, dit M. de Blacas se rongeant les poings d'impatience.

— Je voulais vous consulter sur ce passage : *Molli fugies anhelitu*, vous savez, il s'agit du cerf qui fuit devant le loup. N'êtes-vous pas chasseur et grand louvetier ? Comment trouvez-vous, à ce double titre, le *molli anhelitu* ?

— Admirable, sire ; mais mon messager est comme le cerf dont vous parlez, car il vient de faire deux cent vingt lieues en poste, et cela en trois jours à peine.

— C'est prendre bien de la fatigue et bien du souci, mon cher comte, quand nous avons le télégraphe qui ne met que trois ou quatre heures, et cela sans que son haleine en souffre le moins du monde.

— Ah sire ! vous récompensez bien mal ce pauvre jeune homme qui arrive de si loin et avec tant d'ardeur pour donner à Votre Majesté un avis utile. Ne fût-ce que pour M. de Salvieux qui me le recommande, recevez-le bien, je vous en supplie.

— M. de Salvieux, le chambellan de mon frère ?

— Lui-même.

— En effet, il est à Marseille.

— C'est de là qu'il m'écrit.

— Vous parle-t-il donc aussi de cette conspiration ?

— Non, mais il me recommande M. de Villefort, et me charge de l'introduire près de Votre Majesté.

— M. de Villefort ! s'écria le roi ; ce messager s'appelle-t-il donc M. de Villefort ?

— Oui, sire.

— Et c'est lui qui vient de Marseille ?

— En personne.

— Que ne me disiez-vous son nom tout de suite ? reprit le roi en laissant percer sur son visage un commencement d'inquiétude.

— Sire, je croyais ce nom inconnu de Votre Majesté.

— Non pas, non pas, Blacas ; c'est un esprit sérieux, élevé, ambitieux surtout, et, pardieu, vous connaissez de nom son père.

— Son père ?

— Oui, Noirtier.

— Noirtier le girondin ? Noirtier le sénateur ?

— Oui, justement.

— Et Votre Majesté a employé le fils d'un pareil homme !

— Blacas, mon ami, vous n'y entendez rien ; je vous ai dit que Villefort était ambitieux : pour arriver, Villefort sacrifiera tout, même son père.

— Alors, sire, je dois donc le faire entrer ?

— A l'instant même, comte, où est-il ?

— Il doit m'attendre en bas, dans ma voiture.

— Allez me le chercher.

— J'y cours.

Le comte sortit avec la vivacité d'un jeune homme : l'ardeur de son royalisme sincère lui donnait vingt ans.

Louis XVIII resta seul, reportant les yeux sur son Horace entr'ouvert et murmurant :

Justum et tenacem propositi virum.

M. de Blacas remonta avec la même rapidité qu'il était descendu ; mais dans l'antichambre il fut forcé d'invoquer l'autorité du roi : l'habit poudreux de Villefort, son costume où rien n'était conforme à la tenue de cour, avait excité la susceptibilité de M. de Brézé, qui fut tout étonné de trouver dans ce jeune homme la prétention de paraître ainsi vêtu devant le roi. Mais le comte leva toutes les difficultés avec un seul mot : ordre de Sa Majesté, et, malgré les observations que continua de faire le maître des cérémonies pour l'honneur du principe, Villefort fut introduit.

Le roi était assis à la même place où l'avait laissé le comte. En ouvrant la porte, Villefort se trouva juste en face de lui : le premier mouvement du jeune magistrat fut de s'arrêter.

— Entrez, monsieur de Villefort, dit le roi, entrez.

Villefort salua et fit quelques pas en avant, attendant que le roi l'interrogeât.

— Monsieur de Villefort, continua Louis XVIII, voici le comte de Blacas qui prétend que vous avez quelque chose d'important à nous dire.

— Sire, M. le comte a raison, et j'espère que Votre Majesté va le reconnaître elle-même.

— D'abord et avant toute chose, monsieur, le mal est-il aussi grand, à votre avis, que l'on veut me le faire croire ?

— Sire, je le crois pressant ; mais, grace à la diligence que j'ai faite, il n'est pas irréparable, je l'espère.

— Parlez longuement si vous le voulez, monsieur, dit le roi, qui commençait à se laisser aller lui-même à l'émotion qui avait bouleversé le visage de M. de Blacas et qui altérait la voix de Villefort, parlez, et surtout commencez par le commencement : j'aime l'ordre en toutes choses.

— Sire, dit Villefort, je ferai à Votre Majesté un rapport fidèle ; mais je la prierai cependant de m'excuser si le trouble où je suis jette quelque obscurité dans mes paroles.

Un coup d'œil jeté sur le roi après cet exorde insinuant assura Villefort de la bienveillance de son auguste auditeur, et il continua :

— Sire, je suis arrivé le plus rapidement possible à Paris pour apprendre à Votre Majesté que j'ai découvert dans le ressort de mes fonctions non pas un de ces complots vulgaires et sans conséquence comme il s'en trame tous les jours dans les derniers rangs du peuple et de l'armée, mais une conspiration véritable, une tempête qui ne menace rien moins que le trône de Votre Majesté. Sire, l'usurpateur arme trois vaisseaux ; il médite quelque projet, insensé peut-être, mais peut-être aussi terrible, tout insensé qu'il est. A cette heure, il doit avoir quitté l'île d'Elbe, pour aller où, je l'ignore, mais à coup sûr pour tenter une descente soit à Naples, soit sur les côtes de Toscane, soit même en France. Votre Majesté n'ignore pas que le souverain de l'île d'Elbe a conservé des relations avec l'Italie et avec la France.

— Oui, monsieur, je le sais, dit le roi fort ému, et dernièrement encore on a eu avis que des réunions bonapartistes avaient lieu rue Saint-Jacques; mais continuez, je vous prie; comment avez-vous eu ces détails ?

— Sire, ils résultent d'un interrogatoire que j'ai fait subir à un homme de Marseille que depuis long-temps je surveillais et que j'ai fait arrêter le jour même de mon départ; cet homme, marin turbulent et d'un bonapartisme qui m'était suspect, a été secrètement à l'île d'Elbe : il y a vu le grand maréchal, qui l'a chargé d'une mission verbale pour un bonapartiste de Paris dont je n'ai jamais pu lui faire dire le nom; mais cette mission était de charger ce bonapartiste de préparer les esprits à un retour (remarquez que c'est l'interrogatoire qui parle, sire), à un retour qui ne peut manquer d'être prochain.

— Et où est cet homme? demanda Louis XVIII.
— En prison, sire.
— Et la chose vous a paru grave?

— Si grave, sire, que cet événement m'ayant surpris au milieu d'une fête de famille, le jour même de mes fiançailles, j'ai tout quitté, fiancée et amis, tout remis à un autre temps pour venir déposer aux pieds de Votre Majesté et les craintes dont j'étais atteint, et l'assurance de mon dévoûment.

— C'est vrai, dit Louis XVIII, n'y avait-il pas un projet de mariage entre vous et mademoiselle de Saint-Méran ?

— La fille d'un des plus fidèles serviteurs de Votre Majesté.

— Oui, oui ; mais revenons à ce complot, monsieur de Villefort.

— Sire, j'ai peur que ce soit plus qu'un complot, j'ai peur que ce soit une conspiration.

— Une conspiration dans ces temps-ci, dit Louis XVIII en souriant, est chose facile à méditer, mais plus difficile à conduire à son but par cela même que, rétabli d'hier sur le trône de nos ancêtres, nous avons les yeux ouverts à la fois sur le passé, sur le présent et sur l'avenir ; depuis dix mois mes ministres redoublent de surveillance pour que le littoral de la Méditerranée soit bien gardé. Si Bonaparte descendait à Naples, la coalition tout entière serait sur pied avant seulement qu'il fût à Piombino ; s'il descendait en Toscane, il mettrait le pied en pays ennemi ; s'il descend en France, ce sera avec une poignée d'hommes, et nous en viendrions facilement à bout, exécré comme il l'est par la population. Rassurez-vous donc, monsieur ; mais ne comptez pas moins sur notre reconnaissance royale.

— Ah ! voici M. Dandré, s'écria le comte de Blacas.

En ce moment parut en effet sur le seuil de la porte M. le ministre de la police, pâle et tremblant, et dont le regard vacillait comme s'il eût été frappé d'un éblouissement.

Villefort fit un pas pour se retirer; mais un serrement de main de M. de Blacas le retint.

CHAP. XI. — L'OGRE DE CORSE.

Louis XVIII, à l'aspect de ce visage bouleversé, repoussa violemment la table devant laquelle il se trouvait.

— Qu'avez-vous donc, monsieur le baron ? s'écria-t-il ; vous paraissez tout bouleversé : ce trouble, cette hésitation, ont-ils rapport à ce que disait M. de Blacas, et à ce que vient de me confirmer M. de Villefort ?

De son côté, M. de Blacas s'approchait vivement du baron ; mais la terreur du courtisan empêchait de triompher l'orgueil de l'homme d'État : en effet, en pareille circonstance, il était bien autrement avantageux pour lui d'être humilié par le préfet de police que de l'humilier sur un pareil sujet.

— Sire... balbutia le baron.
— Eh bien? dit Louis XVIII.

Le ministre de la police, cédant alors à un mouvement de désespoir, alla se précipiter aux pieds de Louis XVIII, qui recula d'un pas en fronçant le sourcil.

— Parlerez-vous ? dit-il.
— Oh ! sire, quel affreux malheur ! suis-je assez à plaindre ? je ne m'en consolerai jamais !
— Monsieur, dit Louis XVIII, je vous ordonne de parler.
— Eh bien ! sire, l'usurpateur a quitté l'île d'Elbe le 26 février et a débarqué le 1er mars.
— Où cela? en Italie ? demanda vivement le roi.
— En France, sire, dans un petit port, près d'Antibes, au golfe Juan.
— L'usurpateur a débarqué en France, près d'Antibes, au golfe Juan, à deux cent cinquante lieues de Paris, le 1er mars, et vous apprenez cette nouvelle aujourd'hui seulement 3 mars ! ... Eh ! monsieur, ce que vous me dites là est impossible : on vous aura fait un faux rapport, ou vous êtes fou.
— Hélas ! sire, ce n'est que trop vrai !

Louis XVIII fit un geste indicible de colère et d'effroi, et se dressa tout debout, comme si ce coup imprévu l'avait frappé en même temps au cœur et au visage.

— En France ! s'écria-t-il, l'usurpateur en France ! Mais on ne veillait donc pas sur cet homme ? Mais, qui sait ? on était donc d'accord avec lui ?

— Oh ! sire, s'écria le comte de Blacas, ce n'est pas un homme comme M. Dandré que l'on peut accuser de trahison, sire; nous étions tous aveugles, et le ministre de la police a partagé l'aveuglement général, voilà tout.

— Mais.... dit Villefort ; puis s'arrêtant tout à coup : Ah ! pardon, pardon, sire, fit-il en s'inclinant, mon zèle m'emporte, que Votre Majesté daigne m'excuser.

— Parlez, monsieur, parlez hardiment, dit Louis XVIII ; vous seul nous avez prévenu du mal, aidez-nous à y chercher un remède !

— Sire, dit Villefort, l'usurpateur est détesté dans le Midi ; il me semble que s'il se hasarde dans le Midi, on peut facilement soulever contre lui la Provence et le Languedoc.

— Oui, sans doute, dit le ministre, mais il s'avance par Gap et Sisteron.

— Il s'avance, il s'avance, dit Louis XVIII : il marche donc sur Paris ?

Le ministre de la police garda un silence qui équivalait au plus complet aveu.

— Et le Dauphiné, monsieur, demanda le roi à Villefort, croyez-vous qu'on puisse le soulever comme la Provence ?

— Sire, je suis fâché de dire à Votre Majesté une vérité cruelle ; mais l'esprit du Dauphiné est loin de valoir celui de la Provence et du Languedoc. Les montagnards sont bonapartistes, sire.

— Allons, murmura Louis XVIII, il était bien renseigné. Et combien d'hommes a-t-il avec lui ?

— Sire, je ne sais, dit le ministre de la police.

— Comment, vous ne savez ! Vous avez oublié de vous informer de cette circonstance ? Il est vrai qu'elle est de peu d'importance, ajouta-t-il avec un sourire écrasant.

— Sire, je ne pouvais m'en informer ; la dépêche portait simplement l'annonce du débarquement et de la route prise par l'usurpateur.

— Et comment donc vous est parvenue cette dépêche ? demanda le roi.

Le ministre baissa la tête, et une vive rougeur envahit son front.

— Par le télégraphe, sire, balbutia-t-il.

Louis XVIII fit un pas en avant et croisa les bras comme eût fait Napoléon

— Ainsi, dit-il en pâlissant de colère, sept armées coalisées auront renversé cet homme; un miracle du ciel m'aura replacé sur le trône de mes pères après vingt-cinq ans d'exil; j'aurai, pendant ces vingt-cinq ans, étudié, sondé, analysé les hommes et les choses de cette France qui m'était promise, pour qu'arrivé au but de tous mes vœux, une force que je tenais entre mes mains éclate et me brise

— Sire, c'est de la fatalité, murmura le ministre, sentant qu'un pareil poids, léger pour le destin, suffisait à écraser un homme.

— Mais ce que disaient de nous nos ennemis est donc vrai : Rien appris, rien oublié? Si j'étais trahi comme lui, encore, je me consolerais; mais être au milieu de gens élevés par moi aux dignités, qui devaient veiller sur moi plus précieusement que sur eux-mêmes, car ma fortune c'est la leur, avant moi ils n'étaient rien, après moi ils ne seront rien, et périr misérablement par incapacité, par ineptie! Ah! oui, monsieur, vous avez bien raison, c'est de la fatalité.

Le ministre se tenait courbé sous cet effrayant anathème; M. de Blacas essuyait son front couvert de sueur; Villefort souriait intérieurement car il sentait grandir son importance.

— Tomber, continuait Louis XVIII qui du premier coup d'œil avait sondé le précipice où penchait la monarchie; tomber, et apprendre sa chute par le télégraphe! Oh! j'aimerais mieux monter sur l'échafaud de mon frère Louis XVI, que de descendre ainsi l'escalier des Tuileries, chassé par le ridicule... Le ridicule, monsieur, vous ne savez pas ce que c'est en France, et cependant vous devriez le savoir.

— Sire, sire, murmura le ministre, par pitié!...

— Approchez, monsieur de Villefort, continua le roi, s'adressant au jeune homme, qui, debout, immobile et en arrière, suivait la marche de cette conversation où flottait éperdu le destin d'un royaume; approchez et dites à monsieur qu'on pouvait savoir d'avance tout ce qu'il n'a pas su.

— Sire, il était matériellement impossible de deviner des projets que cet homme cachait à tout le monde.

— Matériellement impossible! voilà un grand mot, monsieur; malheureusement il en est des grands mots comme des grands hommes, je les ai mesurés. Matériellement impossible à un ministre qui a une administration, des bureaux, des agens, des mouchards, des espions et quinze cent mille francs de fonds secrets, de savoir ce qui se passe à soixante lieues des côtes de France! Eh bien! tenez, voici monsieur qui n'avait aucune de ces ressources à sa disposition, voici monsieur, simple magistrat, qui en savait plus que vous avec votre police, et qui eût sauvé ma couronne s'il eût eu comme vous le droit de diriger un télégraphe.

Le regard du ministre de la police se tourna avec une expression de profond dépit sur Villefort, qui inclina la tête avec la modestie du triomphe.

— Je ne dis pas cela pour vous, Blacas, continua Louis XVIII, car si vous n'avez rien découvert, vous, au moins avez-vous eu le bon esprit de persévérer dans votre soupçon : un autre que vous eût peut-être considéré la révélation de M. de Villefort comme insignifiante, ou bien encore suggérée par une ambition vénale.

Ces mots faisaient allusion à ceux que le ministre de la police avait prononcés avec tant de confiance une heure auparavant.

Villefort comprit le jeu du roi. Un autre peut-être se serait laissé emporter par l'ivresse de la louange; mais il craignit de se faire un ennemi mortel du ministre de la police, quoiqu'il sentît que celui-ci était irrévocablement perdu. En effet, le ministre qui n'avait pas, dans la plénitude de sa puissance, su deviner le secret de Napoléon, pouvait, dans les convulsions de son agonie, pénétrer celui de Villefort : il ne lui fallait pour cela qu'interroger Dantès. Il vint donc en aide au ministre au lieu de l'accabler.

— Sire, dit Villefort, la rapidité de l'événement doit prouver à Votre Majesté que Dieu seul pouvait l'empêcher en soulevant une tempête ; ce que Votre Majesté croit de ma part l'effet d'une profonde perspicacité est dû purement et simplement au hasard; j'ai profité de ce hasard en serviteur dévoué, voilà tout. Ne m'accordez pas plus que je ne mérite, sire, pour ne revenir jamais sur la première idée que vous auriez conçue de moi.

Le ministre de la police remercia le jeune homme par un regard éloquent, et Villefort comprit qu'il avait réussi dans son projet, c'est-à-dire que, sans rien perdre de la reconnaissance du roi, il venait de se faire un ami sur lequel, le cas échéant, il pouvait compter.

— C'est bien, dit le roi. Et maintenant, messieurs, continua-t-il en se retournant vers M. de Blacas et vers le ministre de la police, je n'ai plus besoin de vous, et vous pouvez vous retirer : ce qui reste à faire est du ressort du ministre de la guerre.

— Heureusement, sire, dit M. de Blacas, que nous pouvons compter sur l'armée. Votre Majesté sait combien tous les rapports nous la peignent dévouée à votre gouvernement.

— Ne me parlez pas de rapports : maintenant, comte, je sais la confiance que l'on peut avoir en eux. Eh! mais, à propos de rapports, monsieur le baron, qu'avez-vous appris de nouveau sur l'affaire de la rue Saint-Jacques?

— Sur l'affaire de la rue Saint-Jacques! s'écria Villefort ne pouvant retenir une exclamation.

Mais, s'arrêtant tout à coup :

— Pardon, sire, dit-il, mon dévoûment à votre Majesté me fait sans cesse oublier, non le respect que j'ai pour elle, ce respect est trop profondément gravé dans mon cœur, mais les règles de l'étiquette.

— Dites et faites, monsieur, reprit Louis XVIII, vous avez acquis aujourd'hui le droit d'interroger.

— Sire, répondit le ministre de la police, je venais justement aujourd'hui donner à Votre Majesté les nouveaux renseignemens que j'avais recueillis sur cet événement, lorsque l'attention de Votre Majesté a été détournée par la terrible catastrophe du golfe; maintenant ces renseignemens n'auraient plus aucun intérêt pour le roi.

— Au contraire, monsieur, au contraire, dit Louis XVIII, cette affaire me semble avoir un rapport direct avec celle qui nous occupe, et la mort du général Quesnel va peut-être nous mettre sur la voie d'un grand complot intérieur.

A ce nom du général Quesnel, Villefort frissonna.

— En effet, sire, reprit le ministre de la police, tout porterait à croire que cette mort est le résultat, non pas d'un suicide, comme on l'avait cru d'abord, mais d'un assassinat; le général Quesnel sortait, à ce qu'il paraît, d'un club bonapartiste lorsqu'il a disparu. Un homme inconnu était venu le chercher le matin même et lui avait donné rendez-vous rue Saint-Jacques; malheureusement, le valet de chambre du général, qui le coiffait au moment où cet inconnu a été introduit dans le cabinet, a bien entendu qu'il désignait la rue Saint-Jacques, mais n'a pas retenu le numéro.

A mesure que le ministre de la police du roi Louis XVIII donnait ces renseignemens, Villefort, qui semblait suspendu à ses lèvres, rougissait et pâlissait.

Le roi se retourna de son côté.

— N'est-ce pas votre avis comme c'est le mien, monsieur de Villefort, que le général Quesnel, que l'on pouvait croire attaché à l'usurpateur, mais qui réellement était tout entier à moi, a péri victime d'un guet-apens bonapartiste?

— C'est probable, sire, répondit Villefort; mais ne sait-on rien de plus?

— On est sur les traces de l'homme qui avait donné le rendez-vous.

— On est sur ses traces? répéta Villefort.

— Oui, le domestique a donné son signalement: c'est un homme de cinquante à cinquante-deux ans, brun, avec des yeux noirs couverts d'épais sourcils, et portant moustache; il était vêtu d'une redingote bleue boutonnée, et portait à sa boutonnière une rosette d'officier de la Légion-d'Honneur. Hier on a suivi un individu dont le signalement répond exactement à celui que je viens de dire, et on l'a perdu au coin de la rue de la Jussienne et de la rue Coq-Héron.

Villefort s'était appuyé au dossier d'un fauteuil; car, à mesure que le ministre de la police parlait, il sentait ses jambes se dérober sous lui; mais lorsqu'il vit que l'inconnu avait échappé aux recherches de l'agent qui le suivait, il respira.

— Vous chercherez cet homme, monsieur, dit le roi au ministre de la police; car si, comme tout me porte à le croire, le général Quesnel, qui nous eût été si utile en ce moment, a été victime d'un meurtre, bonapartistes ou non, je veux que ses assassins soient cruellement punis.

Villefort eut besoin de tout son sang-froid pour ne point trahir la terreur que lui inspirait cette recommandation du roi.

— Chose étrange! continua le roi avec un mouvement d'humeur, la police croit avoir tout dit lorsqu'elle a dit: un meurtre a été commis; et tout fait lorsqu'elle a ajouté: on est sur la trace des coupables.

— Sire, Votre Majesté, sur ce point du moins, sera satisfaite, je l'espère.

— C'est bien, nous verrons; je ne vous retiens pas plus long-temps, baron. Monsieur de Villefort, vous devez être fatigué de ce long voyage, allez vous reposer. Vous êtes sans doute descendu chez votre père?

Un éblouissement passa sur les yeux de Villefort.

— Non, sire, dit-il, je suis descendu hôtel de Madrid, rue de Tournon.

— Mais vous l'avez vu?

— Sire, je me suis fait conduire tout d'abord chez M. le comte de Blacas.

— Mais vous le verrez, du moins?

— Je ne le pense pas, sire.

— Ah! c'est juste, dit Louis XVIII en souriant de manière à prouver que toutes ces questions réitérées n'avaient pas été faites sans intention, j'oubliais que vous êtes en froid avec M. Noirtier, et que c'est un nouveau sacrifice fait à la cause royale et dont il faut que je vous dédommage.

— Sire, la bonté que me témoigne Votre Majesté est une récompense qui dépasse de si loin toutes mes ambitions que je n'ai rien à demander de plus au roi.

— N'importe, monsieur, et nous ne vous oublierons pas, soyez tranquille; en attendant (le roi détacha la croix de la Légion-d'Honneur qu'il portait d'ordinaire sur son habit bleu, près de la croix de Saint-Louis, au-dessus de la plaque de l'ordre de Notre-Dame-du-Mont-Carmel et de Saint-Lazare, et la donnant à Villefort), en attendant, dit-il, prenez toujours cette croix.

— Sire, dit Villefort, Votre Majesté se trompe, cette croix est celle d'officier.

— Ma foi, monsieur, dit Louis XVIII, prenez-la telle qu'elle est; je n'ai pas le temps d'en faire demander une autre. Blacas, vous veillerez à ce que le brevet soit délivré à M. de Villefort.

Les yeux de Villefort se mouillèrent d'une larme d'orgueilleuse joie; il prit la croix et la baisa.

— Et maintenant, demanda-t-il, quels sont les ordres que me fait l'honneur de me donner Votre Majesté?

— Prenez le repos qui vous est nécessaire et songez que, sans force à Paris pour me servir, vous pouvez m'être à Marseille de la plus grande utilité.

— Sire, répondit Villefort en s'inclinant, dans une heure j'aurai quitté Paris.

— Allez, monsieur, dit le roi, et si je vous oubliais (la mémoire des rois est courte), ne craignez pas de vous rappeler à mon souvenir... Monsieur le baron, donnez l'ordre qu'on aille chercher le ministre de la guerre. Blacas, restez.

— Ah! monsieur, dit le ministre de la police à Villefort, en sortant des Tuileries, vous entrez par la bonne porte et votre fortune est faite.

— Sera-t-elle longue? murmura Villefort en saluant le ministre dont la carrière était finie et en cherchant des yeux une voiture pour rentrer chez lui.

Un fiacre passait sur le quai, Villefort lui fit un signe, le fiacre s'approcha; Villefort donna son adresse et se jeta dans le fond de la voiture, se laissant aller à ses rêves d'ambition.

Dix minutes après, Villefort était rentré chez lui; il commanda ses chevaux pour dans deux heures, et ordonna qu'on lui servît à déjeuner.

Il allait se mettre à table lorsque le timbre de la sonnette retentit sous une main franche et ferme: le valet de chambre alla ouvrir, et Villefort entendit une voix qui prononçait son nom.

— Qui peut déjà savoir que je suis ici? se demanda le jeune homme.

En ce moment un valet de chambre entra.

— Eh bien, dit Villefort, qu'y a-t-il donc? qui a sonné? qui me demande?

— Un étranger qui ne veut pas dire son nom.

— Comment, un étranger qui ne veut pas dire son nom? et que me veut cet étranger?

— Il veut parler à monsieur.

— A moi?

— Oui.

— Il m'a nommé?

— Parfaitement.

— Et quelle apparence a cet étranger?

— Mais, monsieur, c'est un homme d'une cinquantaine d'années.

— Petit? grand?

— De la taille de monsieur à peu près.

— Brun ou blond?

— Brun, très brun: des cheveux noirs, des yeux noirs, des sourcils noirs.

— Et vêtu? demanda vivement Villefort, vêtu de quelle façon?

— D'une grande lévite bleue boutonnée du haut en bas, décoré de la Légion-d'Honneur.

— C'est lui! murmura Villefort en pâlissant.

— Eh pardieu! dit en paraissant sur la porte l'individu dont nous avons déjà deux fois donné le signalement, voilà bien des façons; est-ce l'habitude à Marseille que les fils fassent faire antichambre à leur père?

— Mon père! s'écria Villefort; je ne m'étais donc pas trompé... et je me doutais que c'était vous.

— Alors, si tu te doutais que c'était moi, reprit le nouveau-venu, en posant sa canne dans un coin et son chapeau sur une chaise, permets-moi de te dire, mon cher Gérard, que ce n'est guère aimable à toi de me faire attendre ainsi.

— Laissez-nous, Germain, dit Villefort.

Le domestique sortit en donnant des marques visibles d'étonnement.

CHAP. XII. — LE PÈRE ET LE FILS

M. Noirtier, car c'était en effet lui-même qui venait d'entrer, suivit des yeux le domestique jusqu'à ce qu'il eût refermé la porte; puis, craignant sans doute qu'il n'écoutât dans l'antichambre, il alla rouvrir derrière lui: la précaution n'était pas inutile, et la rapidité avec laquelle maître Germain se retira prouva qu'il n'était point exempt du péché qui perdit notre premier père. M. Noirtier prit alors la peine d'aller fermer lui-même la porte de l'antichambre, revint fermer celle de la chambre à coucher, poussa les verrous et revint tendre la main à Villefort, qui avait suivi tous ses mouvemens avec une surprise dont il n'était pas encore revenu.

— Ah çà, sais-tu bien, mon cher Gérard, dit-il au jeune homme en le regardant avec un sourire dont il était assez difficile de définir l'expression, que tu n'as pas l'air ravi de me voir?

— Si fait, mon père, dit Villefort, je suis enchanté; mais j'étais si loin de m'attendre à votre visite, qu'elle m'a quelque peu étourdi.

— Mais, mon cher ami, reprit M. Noirtier en s'asseyant, il me semble que je pourrais vous en dire autant. Comment! vous m'annoncez vos fiançailles à Marseille pour le 28 février, et le 3 mars vous êtes à Paris!

— Si j'y suis, mon père, dit Gérard en se rapprochant de M. Noirtier, ne vous en plaignez pas, car c'est pour vous que j'y suis venu, et ce voyage vous sauvera peut-être.

— Ah, vraiment! dit M. Noirtier en s'allongeant nonchalamment dans le fauteuil où il était assis; vraiment! contez-moi donc cela, monsieur le magistrat, ce doit être curieux.

— Mon père, vous avez entendu parler de certain club bonapartiste qui se tient rue Saint-Jacques?

— N° 53? Oui, j'en suis vice-président.

— Mon père, votre sang-froid me fait frémir.

— Que veux-tu, mon cher? quand on a été proscrit par les montagnards, qu'on est sorti de Paris dans une charette de foin, qu'on a été traqué dans les landes de Bordeaux par les limiers de M. Robespierre, cela vous aguerrit à bien des choses. — Continue donc. Eh bien! que s'est-il passé à ce club de la rue Saint-Jacques?

— Il s'y est passé qu'on y a fait venir le général Quesnel, et que le général Quesnel, sorti à neuf heures du soir de chez lui, a été retrouvé le surlendemain dans la Seine.

— Et qui vous a conté cette belle histoire?

— Le roi lui-même, monsieur.

— Eh bien! moi, en échange de votre histoire, continua Noirtier, je vais vous apprendre une nouvelle.

— Mon père, je crois savoir déjà ce que vous allez me dire.

— Ah! vous savez le débarquement de Sa Majesté l'empereur?

— Silence, mon père, je vous prie, pour vous d'abord, et puis ensuite pour moi. Oui, je savais cette nouvelle, et même je la savais avant vous; car depuis trois jours je brûle le pavé de Marseille à Paris avec la rage de ne pouvoir lancer à deux cents lieues en avant de moi la pensée qui me brûle cerveau.

— Il y a trois jours! êtes-vous fou? il y a trois jours, l'empereur n'était pas encore débarqué.

— N'importe, je savais le projet.

— Et comment cela?

— Par une lettre qui vous était adressée de l'île d'Elbe.

— A moi?

— A vous, et que j'ai surprise dans le portefeuille du messager; si cette lettre était tombée entre les mains d'un autre, à cette heure, mon père, vous seriez fusillé peut-être.

Le père de Villefort se mit à rire.

— Allons, allons, dit-il, il paraît que la Restauration a appris de l'Empire la façon d'expédier promptement les affaires... Fusillé! mon cher, comme vous y allez! Et cette lettre, où est-elle? Je vous connais trop pour craindre que vous l'ayez laissé trainer.

— Je l'ai brûlée, de peur qu'il n'en restât un seul fragment; car cette lettre c'était votre condamnation.

— Et la perte de votre avenir, répondit froidement Noirtier; oui, je comprends cela, mais je n'ai rien à craindre puisque vous me protégez.

— Je fais mieux que cela, monsieur, je vous sauve.

— Ah! diable! ceci devient plus dramatique; expliquez-vous.

— Monsieur, j'en reviens à ce club de la rue Saint-Jacques.

— Il paraît que ce club tient au cœur de messieurs de la police; pourquoi n'ont-ils pas mieux cherché? ils l'auraient trouvé.

— Ils ne l'ont pas trouvé, mais ils sont sur la trace.

— C'est le mot consacré, je le sais bien: quand la police est en défaut, elle dit qu'elle est sur la trace, et le gouvernement attend tranquillement le jour où elle vient dire, l'oreille basse, que cette trace est perdue.

— Oui, mais on a trouvé un cadavre; le général a été tué, et dans tous les pays du monde cela s'appelle un meurtre.

— Un meurtre, dites-vous? mais, rien ne prouve que le général ait été victime d'un meurtre; on trouve tous les jours des gens dans la Seine, qui s'y sont jetés de désespoir ou qui s'y sont noyés ne sachant pas nager.

— Mon père, vous savez très bien que le général ne s'est pas noyé par désespoir, et qu'on ne se baigne pas dans la Seine au mois de janvier. Non, non, ne vous abusez pas, cette mort est bien qualifiée de meurtre.

— Et qui l'a qualifiée ainsi?

— Le roi lui-même.

— Le roi! Je le croyais assez philosophe pour comprendre qu'il n'y a pas de meurtre en politique. En politique, mon cher, vous le savez comme moi, il n'y a pas d'hommes, mais des idées; pas de sentimens, mais des intérêts; en politique, on ne tue pas un homme: on supprime un spectacle, voilà tout. Voulez-vous savoir comment les choses se sont passées? eh bien, moi je vais vous le dire. On croyait pouvoir compter sur le général Quesnel, on nous l'avait recommandé de l'île d'Elbe; l'un de nous va chez lui, l'invite à se rendre rue Saint-Jacques à une assemblée où il trouvera des amis; il y vient, et là on lui déroule tout le plan, le départ de l'île d'Elbe, le débarquement projeté; puis quand il a tout écouté, tout entendu, qu'il ne reste plus rien à lui apprendre, il répond qu'il est royaliste. Alors chacun se regarde; on lui fait faire serment, il le fait, mais de si mauvaise grâce vraiment que c'était tenter Dieu que de jurer ainsi; eh bien, malgré tout cela, on a laissé le général sortir libre, parfaitement libre. Il n'est pas rentré chez lui. Que voulez-vous, mon cher? il est sorti de chez nous, il se sera trompé de chemin, voilà tout. Un meurtre! en vérité vous me surprenez, Villefort, vous, substitut du procureur du roi, de bâtir une accusation sur de si mauvaises preuves; est-ce que jamais je me suis avisé de vous dire à vous, quand vous exercez votre métier de royaliste et que vous faites couper la tête à l'un des miens: Mon fils, vous avez commis un meurtre! Non, j'ai dit: Très bien, monsieur, vous avez combattu victorieusement; à demain la revanche.

— Mais, mon père, prenez garde, cette revanche sera terrible, quand nous la prendrons.

— Je ne vous comprends pas.

— Vous comptez sur le retour de l'usurpateur?

— Je l'avoue.

— Vous vous trompez, mon père, il ne fera pas dix lieues dans l'intérieur de la France sans être poursuivi, traqué, pris comme une bête fauve.

— Mon cher ami, l'empereur est en ce moment sur la route de Grenoble, le dix ou le douze il sera à Lyon et le vingt ou le vingt-cinq à Paris.

— Les populations vont se soulever....

— Pour aller au-devant de lui.

— Il n'a avec lui que quelques hommes, et l'on enverra contre lui des armées.

— Qui lui feront escorte pour rentrer dans la capitale.

En vérité, mon cher Gérard, vous n'êtes encore qu'un enfant ; vous vous croyez bien informé parce qu'un télégraphe vous dit, trois jours après le débarquement : « L'usurpateur est débarqué à Cannes avec quelques hommes, on est à sa poursuite. » Mais où est-il, que fait-il ? vous n'en savez rien : on le poursuit, voilà tout ce que vous savez ; eh bien, on le poursuivra ainsi jusqu'à Paris sans brûler une amorce.

— Grenoble et Lyon sont des villes fidèles, et qui lui opposeront une barrière infranchissable.

— Grenoble lui ouvrira ses portes avec enthousiasme Lyon tout entier ira au-devant de lui. Croyez-moi, nous sommes aussi bien informés que vous, et notre police vaut bien la vôtre : en voulez-vous une preuve ? c'est que vous vouliez me cacher votre voyage, et que cependant j'ai su votre arrivée une demi-heure après que vous avez eu passé la barrière ; vous n'avez donné votre adresse à personne qu'à votre postillon, eh bien, je connais votre adresse, et la preuve en est que j'arrive chez vous juste au moment où vous allez vous mettre à table : sonnez donc, et demandez un second couvert, nous dînerons ensemble.

— En effet, répondit Villefort, regardant son père avec étonnement, en effet vous me paraissez bien instruit.

— Eh ! mon Dieu, la chose est toute simple ; vous autres, qui tenez le pouvoir, vous n'avez que les moyens que donne l'argent ; nous autres, qui l'attendons, nous avons ceux que donne le dévoûment.

— Le dévoûment ? dit Villefort en riant.

— Oui, le dévoûment : c'est ainsi qu'on appelle en termes honnêtes l'ambition qui espère.

Et le père de Villefort étendit lui-même la main vers le cordon de la sonnette pour appeler le domestique que n'appelait pas son fils.

Villefort lui arrêta le bras.

— Attendez, mon père, dit le jeune homme, encore un mot.

— Dites.

— Si mal faite que soit la police royaliste, elle sait cependant une chose terrible.

— Laquelle ?

— C'est le signalement de l'homme qui, le matin du jour où a disparu le général Quesnel, s'est présenté chez lui.

— Ah ! elle sait cela ! cette bonne police ? et ce signalement quel est-il ?

— Teint brun, cheveux, favoris et yeux noirs, redingote bleue boutonnée jusqu'au menton, rosette d'officier de la Légion-d'Honneur à la boutonnière, chapeau à larges bords et canne de jonc.

— Ah ! ah ! elle sait cela ! dit Noirtier, et pourquoi donc, en ce cas, n'a-t-elle pas mis la main sur cet homme ?

— Parce qu'elle l'a perdu hier ou avant-hier au coin de la rue Coq-Héron.

— Quand je vous disais que votre police était une sotte !

— Oui, mais d'un moment à l'autre elle peut le trouver.

— Oui, dit Noirtier en regardant insoucieusement autour de lui, oui, si cet homme n'est pas averti, mais il l'est ; et, ajouta-t-il en souriant, il va changer de visage et de costume.

A ces mots il se leva, mit bas sa redingote et sa cravate, alla vers une table sur laquelle étaient préparées toutes les pièces du nécessaire de toilette de son fils, prit un rasoir, se savonna le visage, et d'une main parfaitement ferme abattit ces favoris compromettans qui donnaient à la police un document si précieux.

Villefort le regardait faire avec une terreur qui n'était pas exempte d'admiration.

Ses favoris coupés, Noirtier donna un autre tour à ses cheveux ; prit, au lieu de sa cravate noire, une cravate de couleur qui se présentait à la surface d'une malle ouverte, endossa, au lieu de sa redingote bleue et boutonnante, une redingote de Villefort, de couleur marron et de forme évasée ; essaya devant la glace le chapeau à bords retroussés du jeune homme, parut satisfait de la manière dont il lui allait ; et, laissant la canne de jonc dans le coin de la cheminée où il l'avait posée, il fit siffler dans sa main nerveuse une petite badine de bambou, avec laquelle l'élégant substitut donnait à sa démarche la désinvolture qui en était une des principales qualités.

— Eh ! bien, dit-il, se retournant vers son fils stupéfait lorsque cette espèce de changement à vue fut opéré ; eh ! bien, crois-tu que ta police me reconnaisse maintenant ?

— Non, mon père, balbutia Villefort ; je l'espère du moins.

— Maintenant, mon cher Gérard, continua Noirtier, je m'en rapporte à ta prudence pour faire disparaître tous les objets que je laisse à ta garde.

— Oh ! soyez tranquille, mon père, dit Villefort.

— Oui, oui ! et maintenant je crois que tu as raison, et que tu pourrais bien, en effet, m'avoir sauvé la vie ; mais, sois tranquille, je te rendrai cela prochainement.

Villefort hocha la tête.

— Tu n'es pas convaincu ?

— J'espère du moins que vous vous trompez.

— Reverras-tu le roi ?

— Peut-être.

— Veux-tu passer à ses yeux pour un prophète ?

— Les prophètes de malheur sont mal venus à la cour, mon père.

— Oui ; mais un jour ou l'autre on leur rend justice ; et suppose une seconde restauration, alors tu passeras pour un grand homme.

— Enfin, que dois-je dire au roi ?

— Dis-lui ceci : — « Sire, on vous trompe sur les dispositions de la France, sur l'opinion des villes, sur l'esprit de l'armée ; celui que vous appelez à Paris l'ogre de Corse, qui s'appelle encore l'usurpateur à Nevers, s'appelle déjà Bonaparte à Lyon, et l'empereur à Grenoble. Vous le croyez traqué, poursuivi, en fuite ; il marche, rapide comme l'aigle qu'il rapporte. Les soldats, que vous croyez mourans de faim, écrasés de fatigue, prêts à déserter, s'augmentent comme les atomes de neige autour de la boule qui se précipite. Sire, partez, abandonnez la France à son véritable maître, à celui qui ne l'a pas achetée, mais conquise ; partez, sire, non pas que vous couriez quelque danger : votre adversaire est assez fort pour vous faire grâce ; mais parce qu'il serait humiliant pour un petit-fils de Saint-Louis de devoir la vie à l'homme d'Arcole, de Marengo et d'Austerlitz. Dis-lui cela, Gérard ; ou plutôt, va, ne lui dis rien ; dissimule ton voyage ; ne te vante pas de ce que tu es venu faire et de ce que tu as fait à Paris ; reprends la poste ; si tu as brûlé le chemin pour venir, dévore l'espace pour retourner ; rentre à Marseille de nuit ; pénètre chez toi par une porte de derrière ; et là, reste bien doux, bien humble, bien secret, bien inoffensif surtout ; car cette fois, je te le jure, nous agirons en gens vigoureux et qui connaissent leurs ennemis. Allez, mon fils, allez, mon cher Gérard, et moyennant cette obéissance aux ordres paternels, ou, si vous l'aimez mieux, cette déférence pour les conseils d'un ami, nous vous maintiendrons dans votre place. Ce sera, ajouta Noirtier en souriant, un moyen pour vous de me sauver une seconde fois si la bascule politique vous remet un jour en haut et moi en bas. Adieu, mon cher Gérard ; à votre prochain voyage descendez chez moi.

Et Noirtier sortit à ces mots, avec la tranquillité qui ne l'avait pas abandonné un instant pendant la durée de cet entretien si difficile.

Villefort, pâle et agité, courut à la fenêtre, entr'ouvrit le rideau, et le vit passer calme et impassible au milieu de deux ou trois hommes de mauvaise mine, embusqués au coin des bornes et à l'angle des rues, qui étaient peut-être là pour arrêter l'homme aux favoris noirs, à la redingote bleue et au chapeau à larges bords.

Villefort demeura ainsi debout et haletant jusqu'à ce que son père eût disparu au carrefour Bussy. Alors il s'élança vers les objets abandonnés par lui mit au plus profond de sa malle la cravate noire et la redingote bleue, tordit le chapeau qu'il fourra dans le bas d'une armoire, brisa la canne de jonc en trois morceaux qu'il jeta au feu, mit une casquette de voyage, appela son valet de chambre, lui interdit d'un regard les mille questions qu'il avait envie de faire, régla son compte avec l'hôtel, sauta dans sa voiture qui l'attendait tout attelée, apprit à Lyon que Bonaparte venait d'entrer à Grenoble, et, au milieu de l'agitation qui régnait tout le long de la route, arriva à Marseille, en proie à toutes les transes qui entrent dans le cœur de l'homme avec l'ambition et les premiers honneurs.

CHAP. XIII. — LES CENT-JOURS.

M. Noirtier était un bon prophète, et les choses marchèrent vite comme il l'avait dit. Chacun connaît ce retour de l'île d'Elbe, retour étrange, miraculeux, qui, sans exemple dans le passé, restera probablement sans imitation dans l'avenir.

Louis XVIII n'essaya que faiblement de parer ce coup si rude : son peu de confiance dans les hommes lui ôtait sa confiance dans les événements. La royauté, ou plutôt la monarchie à peine reconstituée par lui, trembla sur sa base encore incertaine, et un seul geste de l'empereur fit crouler tout cet édifice, mélange informe de vieux préjugés et d'idées nouvelles. Villefort n'eut donc de son roi qu'une reconnaissance non seulement inutile pour le moment, mais même dangereuse, et cette croix d'officier de la Légion-d'Honneur qu'il eut la prudence de ne pas montrer, quoique M. de Blacas, comme le lui avait recommandé le roi, lui en eût fait soigneusement expédier le brevet.

Napoléon eût certes destitué Villefort sans la protection de Noirtier, devenu tout-puissant à la cour des Cent-Jours, et par les périls qu'il avait affrontés, et par les services qu'il avait rendus. Ainsi, comme il le lui avait promis, le girondin de 93 et le sénateur de 1806 protégea celui qui l'avait protégé la veille.

Toute la puissance de Villefort se borna donc, pendant cette évocation de l'Empire, dont, au reste, il fut bien facile de prévoir la seconde chute, à étouffer le secret que Dantès avait été sur le point de divulguer.

Le procureur du roi seul fut destitué, soupçonné qu'il était de tiédeur en bonapartisme.

Cependant, à peine le pouvoir impérial fut-il rétabli, c'est-à-dire à peine l'empereur habita-t-il ces Tuileries que Louis XVIII venait de quitter, et eut-il lancé ses ordres nombreux et divergens de ce petit cabinet où nous avons, à la suite de Villefort, introduit nos lecteurs, et sur la table de noyer duquel il retrouva encore tout ouverte à moitié pleine la tabatière de Louis XVIII, que Marseille, malgré l'attitude de ses magistrats, commença à sentir fermenter en elle ces brandons de guerre civile toujours mal éteints dans le Midi ; peu s'en fallut alors que les représailles n'allassent au-delà de quelques charivaris dont on assiégea les royalistes enfermés chez eux, et des affronts publics dont on poursuivit ceux qui se hasardaient à sortir.

Par un revirement tout naturel, le digne armateur, que nous avons désigné comme appartenant au parti populaire, se trouva à son tour en ce moment, nous ne dirons pas tout-puissant, car M. Morrel était un homme prudent et légèrement timide, comme tous ceux qui ont fait une lente et laborieuse fortune commerciale ; mais en mesure, tout dépassé qu'il était par les zélés bonapartistes qui le traitaient de modéré, en mesure, dis-je, d'élever la voix pour faire entendre une réclamation : cette réclamation, comme on le devine facilement, avait trait à Dantès.

Villefort était demeuré debout malgré la chute de son supérieur, et son mariage, en restant décidé, était cependant remis à des temps plus heureux. Si l'empereur gardait le trône, c'était une autre alliance qu'il fallait à Gérard, et son père se chargerait de la lui trouver ; si une seconde restauration ramenait Louis XVIII en France, l'influence de M. de Saint-Méran doublait, ainsi que la sienne, et l'union projetée redevenait plus sortable que jamais.

Le substitut du procureur du roi était donc momentanément le premier magistrat de Marseille, lorsqu'un matin sa porte s'ouvrit et on lui annonça M. Morrel.

Un autre se fût empressé au-devant de l'armateur et, par cet empressement, eût indiqué sa faiblesse ; mais Villefort était un homme supérieur qui avait, sinon la pratique, du moins l'instinct de toutes choses. Il fit faire antichambre à M. Morrel, comme il eût fait sous la restauration, quoiqu'il n'eût personne près de lui, mais par la simple raison qu'il est d'habitude qu'un substitut du procureur du roi fasse faire antichambre ; puis, après un quart d'heure qu'il employa à lire deux ou trois journaux de nuances différentes, il ordonna que l'armateur fût introduit.

M. Morrel s'attendait à trouver Villefort abattu : il le trouva comme il l'avait vu six semaines auparavant, c'est-à-dire calme, ferme et plein de cette froide politesse, la plus infranchissable de toutes les barrières, qui sépare l'homme élevé de l'homme vulgaire.

Il avait pénétré dans le cabinet de Villefort, convaincu que le magistrat allait trembler à sa vue, et c'était lui, tout au contraire, qui se trouvait tout frissonnant et tout ému devant ce personnage interrogateur, qui l'attendait, le coude appuyé sur son bureau et le menton appuyé sur sa main.

Il s'arrêta à la porte. Villefort le regarda comme s'il avait quelque peine à le reconnaître. Enfin, après quelques secondes d'examen et de silence, pendant lesquelles le digne armateur tournait et retournait son chapeau entre ses mains.

— Monsieur Morrel, je crois ? dit Villefort.

— Oui, monsieur, moi-même, répondit l'armateur.

— Approchez-vous donc, continua le magistrat, en faisant de la main un signe protecteur, et dites-moi à quelle circonstance je dois l'honneur de votre visite ?

— Ne vous en doutez-vous point, monsieur ? demanda M. Morrel.

— Non, pas le moins du monde ; ce qui n'empêche pas que je ne sois tout disposé à vous être agréable, si la chose était en mon pouvoir.

— La chose dépend entièrement de vous, monsieur, dit M. Morrel.

— Expliquez-vous donc alors.

— Monsieur, continua l'armateur reprenant son assurance à mesure qu'il parlait, et affermi d'ailleurs par la justice de sa cause et la netteté de sa position, vous vous rappelez que, quelques jours avant qu'on n'apprit le débarquement de Sa Majesté l'empereur, j'étais venu réclamer votre indulgence pour un malheureux jeune homme, un marin, second à bord de mon brick ; il était accusé, si vous vous le rappelez, de relations avec l'île d'Elbe : ces relations, qui étaient un crime à cette époque, sont aujourd'hui des titres de faveur. Vous serviez Louis XVIII alors, et ne l'avez pas ménagé, monsieur ; c'était votre devoir. Aujourd'hui vous servez Napoléon, et vous devez le protéger ; c'est votre devoir encore. Je viens donc vous demander ce qu'il est devenu.

Villefort fit un violent effort sur lui-même.

— Le nom de cet homme ? demanda-t-il ; ayez la bonté de me dire son nom.

— Edmond Dantès.

Évidemment Villefort eût autant aimé, dans un duel, essuyer le feu de son adversaire à vingt-cinq pas, que d'entendre prononcer ainsi ce nom à bout portant ; cependant il ne sourcilla point.

— De cette façon, se dit en lui-même Villefort, on ne pourra point m'accuser d'avoir fait de l'arrestation de ce pourra point m'accuser d'avoir fait de l'arrestation de ce jeune homme une question purement personnelle.

— Dantès? répéta-t-il, Edmond Dantès, dites-vous?
— Oui, monsieur.

Villefort ouvrit alors un gros registre placé dans un casier voisin, recourut à une table, de la table passa à des dossiers, et, se retournant vers l'armateur :

— Etes-vous bien sûr de ne pas vous tromper, monsieur? lui dit-il de l'air le plus naturel.

Si Morrel eût été un homme plus fin ou mieux éclairé sur cette affaire, il eût trouvé bizarre que le substitut du procureur du roi daignât lui répondre sur ces matières complètement étrangères à son ressort; et il se fût demandé pourquoi Villefort ne le renvoyait point aux registres d'écrous, aux gouverneurs de prisons, au préfet du département.

Mais Morrel, cherchant en vain la crainte dans Villefort, n'y vit plus, du moment où toute crainte disparaissait absente, que de la condescendance : Villefort avait rencontré juste.

— Non, monsieur, dit Morrel, je ne me trompe pas; d'ailleurs, je connais le pauvre garçon depuis dix ans, et il est à mon service depuis quatre. Je vins, vous en souvenez-vous? il y a six semaines, vous prier d'être clément, comme je viens aujourd'hui vous prier d'être juste pour le pauvre garçon; vous me reçûtes même assez mal, et me répondîtes en homme mécontent. Ah! c'est que les royalistes étaient durs aux bonapartistes en ce temps-là!

— Monsieur, répondit Villefort arrivant à la parade avec sa prestesse et son sang-froid ordinaires, j'étais royaliste alors que je croyais les Bourbons non-seulement les héritiers légitimes du trône, mais encore les élus de la nation; mais le retour miraculeux dont nous venons d'être témoin m'a prouvé que je me trompais. Le génie de Napoléon a vaincu : le monarque légitime est le monarque aimé.

— A la bonne heure! s'écria Morrel avec sa bonne grosse franchise, vous me faites plaisir de me parler ainsi, et j'en augure bien pour le sort d'Edmond.

— Attendez donc, reprit Villefort en feuilletant un nouveau registre, j'y suis; c'est un marin, n'est-ce pas, qui épousait une Catalane? Oui, oui; oh! je me rappelle maintenant, la chose était très grave.

— Comment cela?

— Vous savez qu'en sortant de chez moi il avait été conduit aux prisons du Palais de justice?

— Oui; eh bien?

— Eh bien! j'ai fait mon rapport à Paris; j'ai envoyé les papiers trouvés sur lui. C'était mon devoir, que voulez-vous... et huit jours après son arrestation le prisonnier fut enlevé.

— Enlevé! s'écria Morrel; mais qu'a-t-on pu faire du pauvre garçon?

— Oh! rassurez-vous. Il aura été transporté à Fenestrelle, à Pignerol, aux îles Sainte-Marguerite, ce que l'on appelle dépaysé, en termes d'administration; et un beau matin vous allez le voir revenir prendre le commandement de son navire.

— Qu'il vienne quand il voudra, sa place lui sera gardée. Mais comment n'est-il pas déjà revenu? Il me semble que le premier soin de la justice bonapartiste eût dû être de mettre dehors ceux qu'avait incarcérés la justice royaliste.

— N'accusez pas témérairement, mon cher monsieur Morrel, répondit Villefort, il faut en toutes choses procéder légalement. L'ordre d'incarcération était venu d'en haut, il faut que d'en haut aussi vienne l'ordre de liberté. Or, Napoléon est rentré depuis quinze jours à peine; à peine aussi les lettres d'abolition doivent-elles être expédiées.

ŒUV. COMPL. D'ALEX. DUMAS.

— Mais, demanda Morrel, n'y a-t-il pas moyen de presser les formalités, maintenant que nous triomphons? J'ai quelques amis, quelque influence; je puis obtenir mainlevée de l'arrêt.

— Il n'y a pas eu d'arrêt.
— De l'écrou, alors.

— En matière politique, il n'y a pas de registre d'écrou; parfois les gouvernemens ont intérêt à faire disparaître un homme sans qu'il laisse trace de son passage : des notes d'écrou guideraient les recherches.

— C'était comme cela sous les Bourbons peut-être, mais maintenant...

— C'est comme cela dans tous les temps, mon cher monsieur Morrel; les gouvernemens se suivent et se ressemblent; la machine pénitentiaire montée sous Louis XIV va encore aujourd'hui, à la Bastille près. L'empereur a toujours été plus strict pour le règlement de ses prisons que ne l'a été le grand roi lui-même; et le nombre des incarcérés dont les registres ne gardent aucune trace est incalculable.

Tant de bienveillance eût détourné des certitudes, et Morrel n'avait pas même de soupçons.

— Mais enfin, monsieur de Villefort, dit-il, quel conseil me donneriez-vous qui hâtât le retour du pauvre Dantès?

— Un seul, monsieur; faites une pétition au ministre de la justice.

— Oh! monsieur, nous savons ce que c'est que les pétitions : le ministre en reçoit deux cents par jour et n'en lit point quatre.

— Oui, reprit Villefort; mais il lira une pétition envoyée par moi, apostillée par moi, adressée directement par moi.

— Et vous vous chargeriez de faire parvenir cette pétition, monsieur?

— Avec le plus grand plaisir; Dantès pouvait être coupable alors, mais il est innocent aujourd'hui, et il est de mon devoir de faire rendre la liberté à celui qu'il a été de mon devoir de faire mettre en prison.

Villefort prévenait ainsi le danger d'une enquête peu probable, mais possible, enquête qui le perdrait sans ressource.

— Mais comment écrit-on au ministre?

— Mettez-vous là, monsieur Morrel, dit Villefort en cédant sa place à l'armateur : je vais vous dicter.

— Vous auriez cette bonté?

— Sans doute. Ne perdons pas de temps; nous n'en avons déjà que trop perdu.

— Oui, monsieur; songeons que le pauvre garçon attend, souffre, et se désespère peut-être.

Villefort frissonna à l'idée de ce prisonnier le maudissant dans le silence et l'obscurité; mais il était engagé trop avant pour reculer : Dantès devait être brisé entre les rouages de son ambition.

— J'attends, monsieur, dit l'armateur assis dans le fauteuil de Villefort et une plume à la main.

Villefort alors dicta une demande dans laquelle, dans un but excellent, il n'y avait point à en douter, il exagérait le patriotisme de Dantès et les services rendus par lui à la cause bonapartiste; dans cette demande, Dantès était devenu un des agens les plus actifs du retour de Napoléon; il était évident qu'en voyant une pareille pièce le ministre devait faire justice à l'instant même, si justice n'était point faite déjà.

La pétition terminée, Villefort la relut à haute voix.

— C'est cela, dit-il, et maintenant reposez-vous sur moi.

— Et la pétition partira bientôt, monsieur?
— Aujourd'hui même.
— Apostillée par vous?

5.

— La meilleure apostille que je puisse mettre, monsieur, est de certifier véritable tout ce que vous dites dans cette demande.

Et Villefort s'assit à son tour, et sur un coin de la pétition appliqua son certificat.

— Maintenant, monsieur, que faut-il faire? demanda Morrel.

— Attendre, reprit Villefort; je réponds de tout.

Cette assurance rendit l'espoir à Morrel; il quitta le substitut du procureur du roi enchanté de lui, et alla annoncer au vieux père de Dantès qu'il ne tarderait pas à revoir son fils.

Quant à Villefort, au lieu de l'envoyer à Paris, il conserva précieusement entre ses mains cette demande qui, pour sauver Dantès dans le présent, le compromettait si effroyablement dans l'avenir, en supposant une chose que l'aspect de l'Europe et la tournure des événements permettaient déjà de supposer, c'est-à-dire une seconde restauration.

Dantès demeura donc prisonnier : perdu dans les profondeurs de son cachot, il n'entendit point le bruit formidable de la chute du trône de Louis XVIII, et celui plus épouvantable encore de l'écroulement de l'Empire.

Mais Villefort, lui, avait tout suivi d'un œil vigilant, tout écouté d'une oreille attentive. Deux fois, pendant cette courte apparition impériale que l'on appela les Cent-Jours, Morrel était revenu à la charge, insistant toujours pour la liberté de Dantès, et à chaque fois Villefort l'avait calmé par des promesses et des espérances; enfin Waterloo arriva. Morrel ne reparut pas chez Villefort : l'armateur avait fait pour son jeune ami tout ce qu'il était humainement possible de faire; essayer de nouvelles tentatives sous cette seconde restauration était se compromettre inutilement.

Louis XVIII remonta sur le trône. Villefort, pour qui Marseille était plein de souvenirs devenus pour lui des remords, demanda et obtint la place de procureur du roi vacante à Toulouse; quinze jours après son installation dans sa nouvelle résidence, il épousa mademoiselle Renée de Saint-Méran, dont le père était mieux en cour que jamais.

Voilà comment Dantès, pendant les Cent-Jours et après Waterloo, demeura sous les verrous, oublié, sinon des hommes, au moins de Dieu.

Danglars comprit toute la portée du coup dont il avait frappé Dantès, en voyant revenir Napoléon en France : sa dénonciation avait touché juste, et, comme tous les hommes d'une certaine portée pour le crime et d'une moyenne intelligence pour la vie ordinaire, il appela cette coïncidence bizarre *un décret de la Providence*.

Mais quand Napoléon fut de retour à Paris et que sa voix retentit de nouveau, impérieuse et puissante, Danglars eut peur; à chaque instant, il s'attendait à voir reparaître Dantès, Dantès sachant tout, Dantès menaçant et fort pour toutes les vengeances; alors il manifesta à M. Morrel le désir de quitter le service de mer, et se fit recommander par lui à un négociant espagnol, chez lequel il entra comme commis d'ordre vers la fin de mars, c'est-à-dire dix ou douze jours après la rentrée de Napoléon aux Tuileries; il partit donc pour Madrid, et l'on n'en entendit plus parler.

Fernand, lui, ne comprit rien. Dantès était absent, c'était tout ce qu'il lui fallait. Qu'était-il devenu? Il ne chercha point à le savoir. Seulement, pendant tout le répit que lui donnait son absence, il s'ingénia, partie à abuser Mercédès sur les motifs de cette absence, partie à méditer des plans d'émigration et d'enlèvement; de temps en temps aussi, et c'étaient les heures sombres de sa vie, il s'asseyait sur la pointe du cap Pharo, de cet endroit où l'on distingue à la fois Marseille et le village des Catalans, regardant, triste et immobile comme un oiseau de proie, s'il ne verrait point, par l'une de ces deux routes, revenir le beau jeune homme à la démarche libre, à la tête haute, qui, pour lui aussi, était de-venu le messager d'une rude vengeance. Alors le dessein de Fernand était arrêté; il cassait la tête à Dantès d'un coup de fusil et se tuait après, se disait-il à lui-même pour colorer son assassinat. Mais Fernand s'abusait : cet homme-là ne se fût jamais tué, car il espérait toujours.

Sur ces entrefaites, et parmi tant de fluctuations douloureuses, l'Empire appela un dernier ban de soldats, et tout ce qu'il y avait d'hommes en état de porter les armes s'élança hors de France à la voix retentissante de l'empereur.

Fernand partit comme les autres, quittant sa cabane et Mercédès, et rongé de cette sombre et terrible pensée que derrière lui peut-être son rival allait revenir et épouser celle qu'il aimait.

Si Fernand avait jamais dû se tuer, c'était en quittant Mercédès qu'il l'eût fait.

Ses attentions pour Mercédès, la pitié qu'il paraissait donner à son malheur, le soin qu'il prenait d'aller au-devant de ses moindres désirs, avaient produit l'effet que produisent toujours sur les cœurs généreux les apparences du dévoûment : Mercédès avait toujours aimé Fernand d'amitié; son amitié s'augmenta pour lui d'un nouveau sentiment, la reconnaissance.

— Mon frère, dit-elle en attachant le sac du conscrit sur les épaules du Catalan, mon frère, mon seul ami, ne vous faites pas tuer, ne me laissez pas seule dans ce monde où je pleure et où je serai seule dès que vous n'y serez plus.

Ces paroles, dites au moment du départ, rendirent quelque espoir à Fernand. Si Dantès ne revenait pas, Mercédès pourrait donc un jour être à lui.

Mercédès resta seule sur cette terre nue qui ne lui avait jamais paru si aride, et avec la mer immense pour horizon. Toute baignée de pleurs, comme cette folle dont on nous raconte la douloureuse histoire, on la voyait errer sans cesse autour du petit village des Catalans : tantôt, s'arrêtant sous le soleil ardent du Midi, debout, immobile, muette comme une statue, et regardant Marseille; tantôt, assise au bord du rivage, écoutant ce gémissement de la mer, éternel comme sa douleur, et se demandant sans cesse s'il ne valait pas mieux se pencher en avant, se laisser aller à son propre poids, ouvrir l'abîme et s'y engloutir, que de souffrir ainsi toutes ces cruelles alternatives d'une attente sans espérance.

Ce ne fut pas le courage qui manqua à Mercédès pour accomplir ce projet, ce fut la religion qui lui vint en aide et qui la sauva du suicide.

Caderousse fut appelé comme Fernand; seulement, comme il avait huit ans de plus que le Catalan et qu'il était marié, il ne fit partie que du troisième ban, et fut envoyé sur les côtes.

Le vieux Dantès, qui n'était plus soutenu que par l'espoir, perdit l'espoir à la chute de l'empereur.

Cinq mois, jour pour jour, après avoir été séparé de son fils, et presque à la même heure où il avait été arrêté, il rendit le dernier soupir entre les bras de Mercédès.

M. Morrel pourvut à tous les frais de son enterrement, et paya les pauvres petites dettes que le vieillard avait faites pendant sa maladie.

Il y avait plus que de la bienfaisance à agir ainsi, il y avait du courage. Le Midi était un feu, et secourir, même à son lit de mort, le père d'un bonapartiste aussi dangereux que Dantès, était un crime.

CHAP. XIV. — LE PRISONNIER FURIEUX ET LE PRISONNIER FOU

Un an environ après le retour de Louis XVIII, il y eut visite de M. l'inspecteur général des prisons.

Dantès entendit rouler et grincer du fond de son cachot tous ces préparatifs, qui faisaient en haut beaucoup de fracas, mais qui, en bas, eussent été des bruits inappréciables pour toute autre oreille que pour celle d'un prisonnier accoutumé à écouter, dans le silence de la nuit, l'araignée qui tisse sa toile et la chute périodique de la goutte d'eau qui met une heure à se former au plafond de son cachot.

Il devina qu'il se passait chez les vivans quelque chose d'inaccoutumé: il habitait depuis si long-temps une tombe qu'il pouvait bien se regarder comme mort.

En effet, l'inspecteur visitait l'un après l'autre chambres, cellules et cachots. Plusieurs prisonniers furent interrogés, c'étaient ceux que leur douceur ou leur stupidité recommandait à la bienveillance de l'administration; l'inspecteur leur demanda comment ils étaient nourris, et quelles étaient les réclamations qu'ils avaient à faire.

Ils répondirent unanimement que la nourriture était détestable, et qu'ils réclamaient leur liberté.

L'inspecteur leur demanda alors s'ils n'avaient pas autre chose à lui dire.

Ils secouèrent la tête. Quel autre bien que la liberté peuvent réclamer des prisonniers?

L'inspecteur se tourna en souriant, et dit au gouverneur :

— Je ne sais pas pourquoi on nous fait faire ces tournées inutiles. Qui voit un prisonnier en voit cent; qui entend un prisonnier en entend mille; c'est toujours la même chose: mal nourris et innocens. En avez-vous d'autres?

— Oui, nous avons les prisonniers dangereux ou fous, que nous gardons au cachot.

— Voyons, dit l'inspecteur avec un air de profonde lassitude, faisons notre métier jusqu'au bout; descendons dans les cachots.

— Attendez, dit le gouverneur, que l'on aille au moins chercher deux hommes; les prisonniers commettent parfois, ne fût-ce que par dégoût de la vie et pour se faire condamner à mort, des actes de désespoir inutiles : vous pourriez être victime de l'un de ces actes.

— Prenez donc vos précautions, dit l'inspecteur.

En effet, on envoya chercher deux soldats et l'on commença de descendre par un escalier si puant, si infect, si moisi, que rien que le passage dans un pareil endroit affectait désagréablement à la fois la vue, l'odorat et la respiration.

— Oh! fit l'inspecteur en s'arrêtant à moitié de la descente, qui diable peut loger là?

— Un conspirateur des plus dangereux, et qui nous est particulièrement recommandé comme un homme capable de tout.

— Il est seul?

— Certainement.

— Depuis combien de temps est-il là?

— Depuis un an à peu près.

— Il a été mis dans ce cachot dès son entrée?

— Non, monsieur, mais après avoir voulu tuer le porte-clés chargé de lui porter sa nourriture.

— Il a voulu tuer le porte-clés?

— Oui, monsieur, celui-là même qui nous éclaire. N'est-il pas vrai, Antoine? demanda le gouverneur.

— Il a voulu me tuer tout de même, répondit le porte-clés.

— Ah! ça, mais c'est donc un fou que cet homme?

— C'est pis que cela, dit le porte-clés, c'est un démon.

— Voulez-vous qu'on s'en plaigne? demanda l'inspecteur au gouverneur.

— Inutile, monsieur, il est assez puni comme cela; d'ailleurs, à présent, il touche presque à la folie et, selon l'expérience que nous donnent nos observations, avant une autre année d'ici il sera complètement aliéné.

— Ma foi, tant mieux pour lui, dit l'inspecteur; une fois fou tout-à-fait, il souffrira moins.

C'était, comme on le voit, un homme plein d'humanité que cet inspecteur, et bien digne des fonctions philantropiques qu'il remplissait.

— Vous avez raison, monsieur, dit le gouverneur, et votre réflexion prouve que vous avez profondément étudié la matière. Ainsi, nous avons dans un cachot qui n'est séparé de celui-ci que par une vingtaine de pieds, et dans lequel on descend par un autre escalier, un vieil abbé, ancien chef de parti en Italie, qui est ici depuis 1811, auquel la tête a tourné vers la fin de 1813, et qui, depuis ce moment, n'est pas physiquement reconnaissable : il pleurait, il rit; il maigrissait, il engraisse. Voulez-vous le voir plutôt que celui-ci; sa folie est divertissante et ne vous attristera point.

— Je les verrai l'un et l'autre, répondit l'inspecteur; il faut faire son état en conscience.

L'inspecteur en était à sa première tournée et voulait donner bonne idée de lui à l'autorité.

— Entrons donc chez celui-ci d'abord, ajouta-t-il.

— Volontiers, répondit le gouverneur, et il fit signe au porte-clés, qui ouvrit la porte.

Au grincement des massives serrures, au cri des gonds rouillés tournant sur leurs pivots, Dantès, accroupi dans un angle de son cachot, où il recevait avec un bonheur indicible le mince rayon du jour qui filtrait à travers un étroit soupirail grillé, releva la tête.

A la vue d'un homme inconnu, éclairé par deux porte-clés tenant des torches, accompagné par deux soldats, et auquel le gouverneur parlait le chapeau à la main, Dantès devina de quoi il s'agissait, et, voyant enfin se présenter une occasion d'implorer une autorité supérieure, bondit en avant les mains jointes.

Les soldats croisèrent aussitôt la baïonnette, car ils crurent que le prisonnier s'élançait vers l'inspecteur avec de mauvaises intentions.

L'inspecteur lui-même fit un pas en arrière.

Dantès vit qu'on l'avait présenté comme un homme à craindre.

Alors il réunit dans son regard tout ce que le cœur de l'homme peut contenir de mansuétude et d'humilité, et, s'exprimant avec une sorte d'éloquence pieuse qui étonna les assistans, il essaya de toucher l'âme de son visiteur.

L'inspecteur écouta le discours de Dantès jusqu'au bout; puis, se tournant vers le gouverneur:

— Il tournera à la dévotion, dit-il à demi-voix ; il est déjà disposé à des sentimens plus doux. Voyez, la peur fait son effet sur lui ; il a reculé devant les baïonnettes ; or, un fou ne recule devant rien : j'ai fait sur ce sujet des observations bien curieuses à Charenton.

Puis, se retournant vers le prisonnier :

— En résumé, dit-il, que demandez-vous?

— Je demande quel crime j'ai commis; je demande que l'on me donne des juges; je demande que mon procès soit instruit ; je demande enfin qu'on me fusille si je suis coupable, mais aussi qu'on me mette en liberté si je suis innocent.

— Êtes-vous bien nourri? demanda l'inspecteur.

— Oui, je le crois, je n'en sais rien. Mais cela importe peu; ce qui doit importer, non seulement à moi, malheureux prisonnier, mais encore à tous les fonctionnaires rendant la justice, mais encore au roi qui nous gouverne, c'est qu'un innocent ne soit pas victime d'une dénonciation infâme et ne meure pas sous les verrous en maudissant ses bourreaux.

— Vous êtes bien humble aujourd'hui, dit le gouverneur ; vous n'avez pas toujours été comme cela. Vous parliez tout autrement, mon cher ami, le jour où vous vouliez assommer votre gardien.

— C'est vrai, monsieur, dit Dantès, et j'en demande bien humblement pardon à cet homme, qui a toujours été bon pour moi... Mais, que voulez-vous? j'étais fou, j'étais furieux.

— Et vous ne l'êtes plus?

— Non, monsieur, car la captivité m'a plié,

brisé, anéanti... Il y a si long-temps que je suis ici!
— Si long-temps?... Et à quelle époque avez-vous été arrêté? demanda l'inspecteur.
— Le 28 février 1815, à deux heures de l'après-midi.
L'inspecteur calcula.
— Nous sommes au 30 juillet 1816; que dites-vous donc? il n'y a que dix-sept mois que vous êtes prisonnier.
— Que dix-sept mois! reprit Dantès. Ah! monsieur, vous ne savez pas ce que c'est que dix-sept mois de prison : dix-sept années, dix-sept siècles; surtout pour un homme qui, comme moi, touchait au bonheur, pour un homme qui, comme moi, allait épouser une femme aimée, pour un homme qui voyait s'ouvrir devant lui une carrière honorable, et à qui tout manque à l'instant; qui, du milieu du jour le plus beau, tombe dans la nuit la plus profonde, qui voit sa carrière détruite, qui ne sait pas si celle qui l'aimait l'aime toujours, qui ignore si son vieux père est mort ou vivant. Dix-sept mois de prison pour un homme habitué à l'air de la mer, à l'indépendance du marin, à l'espace, à l'immensité, à l'infini, monsieur, dix-sept mois de prison c'est plus que ne le méritent tous les crimes que désigne par les noms les plus odieux la langue humaine. Ayez donc pitié de moi, monsieur, et demandez pour moi non pas l'indulgence, mais la rigueur; non pas une grace, mais un jugement : des juges, monsieur, je ne demande que des juges; on ne peut pas refuser des juges à un accusé.
— C'est bien, dit l'inspecteur, on verra.
Puis, se retournant vers le gouverneur :
— En vérité, dit-il, le pauvre diable me fait de la peine. En remontant, vous me montrerez son livre d'écrou.
— Certainement, dit le gouverneur; mais je crois que vous trouverez contre lui des notes terribles.
— Monsieur, continua Dantès, je sais que vous ne pouvez pas me faire sortir d'ici de votre propre décision; mais vous pouvez transmettre ma demande à l'autorité, vous pouvez provoquer une enquête, vous pouvez enfin me faire mettre en jugement : un jugement, c'est tout ce que je demande; que je sache quel crime j'ai commis, et à quelle peine je suis condamné; car, voyez-vous, l'incertitude c'est le pire de tous les supplices.
— Eclairez-moi, dit l'inspecteur.
— Monsieur, s'écria Dantès, je comprends au son de votre voix que vous êtes ému. Monsieur, dites-moi d'espérer.
— Je ne puis vous dire cela, répondit l'inspecteur, je puis seulement vous promettre d'examiner votre dossier.
— Oh! alors, monsieur, je suis libre, je suis sauvé.
— Qui vous a fait arrêter? demanda l'inspecteur.
— M. de Villefort, répondit Dantès. Voyez-le et entendez-vous avec lui.
— M. de Villefort n'est plus à Marseille depuis un an, mais à Toulouse.
— Ah! cela ne m'étonne plus, murmura Dantès; mon seul protecteur est éloigné.
— M. de Villefort avait-il quelque motif de haine contre vous? demanda l'inspecteur.
— Aucun, monsieur; et même il a été bienveillant pour moi.
— Je pourrai donc me fier aux notes qu'il a laissées sur vous, ou qu'il me donnera?
— Entièrement, monsieur.
— C'est bien, attendez.
Dantès tomba à genoux, levant les mains vers le ciel, et murmurant une prière dans laquelle il recommandait à Dieu cet homme qui était descendu dans sa prison, pareil au Sauveur allant délivrer les ames de l'enfer.
La porte se referma; mais l'espoir descendu avec l'inspecteur était resté enfermé dans le cachot de Dantès.
— Voulez-vous voir le registre d'écrou tout de suite,
demanda le gouverneur, ou passer au cachot de l'abbé?
— Finissons-en avec les cachots tout d'un coup, répondit l'inspecteur. Si je remontais au jour, je n'aurais peut-être plus le courage de continuer ma triste mission.
— Ah! celui-là n'est point un prisonnier comme l'autre, et sa folie, à lui, est moins attristante que la raison de son voisin.
— Et quelle est sa folie?
— Oh! une folie étrange : il se croit possesseur d'un trésor immense. La première année de sa captivité, il a fait offrir au gouvernement un million si le gouvernement le voulait mettre en liberté; la seconde année, deux millions, la troisième, trois millions, et ainsi progressivement. Il en est à sa cinquième année de captivité : il va vous demander de vous parler en secret, et vous offrira cinq millions.
— Ah! ah! c'est curieux en effet, dit l'inspecteur; et comment appelez-vous ce millionnaire?
— L'abbé Faria.
— N° 27! dit l'inspecteur.
— C'est ici. Ouvrez, Antoine.
Le porte-clés obéit, et le regard curieux de l'inspecteur plongea dans le cacho de l'*abbé fou*.
C'était ainsi que l'on nommait généralement le prisonnier.
Au milieu de la chambre, dans un cercle tracé sur la terre avec un morceau de plâtre détaché du mur, était couché un homme presque nu, tant ses vêtemens étaient tombés en lambeaux. Il dessinait dans ce cercle des lignes géométriques fort nettes, et paraissait aussi occupé de résoudre son problème qu'Archimède l'était lorsqu'il fut tué par un soldat de Marcellus. Aussi ne bougea-t-il pas même au bruit que fit la porte du cachot en s'ouvrant, et ne sembla-t-il se réveiller que lorsque la lumière des torches éclaira d'un éclat inaccoutumé le sol humide sur lequel il travaillait. Alors il se retourna, et vit avec étonnement la nombreuse compagnie qui venait de descendre dans son cachot.
Aussitôt il se leva vivement, prit une couverture jetée sur le pied de son lit misérable, et se drapa précipitamment pour paraître dans un état plus décent aux yeux des étrangers.
— Que demandez-vous? dit l'inspecteur sans varier sa formule.
— Moi, monsieur? dit l'abbé d'un air étonné, je ne demande rien.
— Vous ne comprenez pas, reprit l'inspecteur : je suis agent du gouvernement, j'ai mission de descendre dans les prisons et d'écouter les réclamations des prisonniers.
— Oh! alors, monsieur, c'est autre chose, s'écria vivement l'abbé, et j'espère que nous allons nous entendre.
— Voyez, dit tout bas le gouverneur, cela ne commence-t-il pas comme je vous l'avais annoncé?
— Monsieur, continua le prisonnier, je suis l'abbé Faria, né à Rome; j'ai été vingt ans secrétaire du cardinal Rospigliosi; j'ai été arrêté je ne sais trop pourquoi, vers le commencement de l'année 1811; depuis ce temps je réclame ma liberté des autorités italiennes et françaises.
— Pourquoi près des autorités françaises? demanda le gouverneur.
— Parce que j'ai été arrêté à Piombino, et que je présume que, comme Milan et Florence, Piombino est devenu le chef-lieu de quelque département français.
L'inspecteur et le gouverneur se regardèrent en riant.
— Diable, mon cher, dit l'inspecteur, vos nouvelles de l'Italie ne sont pas fraîches.
— Elles datent du jour où j'ai été arrêté, monsieur, dit l'abbé Faria; et comme Sa Majesté l'empereur avait créé la royauté de Rome pour le fils que le ciel venait de lui envoyer, je présume que, poursuivant le cours de ses conquêtes, il a accompli le rêve de Machiavel et de

César Borgia, qui était de faire de toute l'Italie un seul et unique royaume.

— Monsieur, dit l'inspecteur, la Providence a heureusement apporté quelque changement à ce plan gigantesque dont vous me paraissez assez chaud partisan.

— C'est le seul moyen de faire de l'Italie un État fort, indépendant et heureux, répondit l'abbé.

— Cela est possible, répondit l'inspecteur, mais je ne suis pas venu ici pour faire avec vous un cours de politique ultramontaine, mais pour vous demander, ce que j'ai déjà fait, si vous avez quelques réclamations à faire sur la manière dont vous êtes nourri et logé.

— La nourriture est ce qu'elle est dans toutes les prisons, répondit l'abbé, c'est-à-dire fort mauvaise ; quant au logement, vous le voyez, il est humide et malsain, mais néanmoins assez convenable pour un cachot. Maintenant ce n'est pas de cela qu'il s'agit, mais bien de révélations de la plus haute importance et du plus haut intérêt que j'ai à faire au gouvernement.

— Nous y voici, dit tout bas le gouverneur à l'inspecteur.

— Voilà pourquoi je suis si heureux de vous voir, continua l'abbé, quoique vous m'ayez dérangé dans un calcul fort important, et qui, s'il réussit, changera peut-être le système de Newton. Pouvez-vous m'accorder la faveur d'un entretien particulier ?

— Hein ! que disais-je ? fit le gouverneur à l'inspecteur.

— Vous connaissez votre personnel, répondit ce dernier en souriant. Puis, se retournant vers Faria :

— Monsieur, dit-il, ce que vous me demandez est impossible.

— Cependant, monsieur, reprit l'abbé, s'il s'agissait de faire gagner au gouvernement une somme énorme, une somme de cinq millions par exemple ?

— Ma foi, dit l'inspecteur en se retournant à son tour vers le gouverneur, vous aviez prédit jusqu'au chiffre.

— Voyons, reprit l'abbé, s'apercevant que l'inspecteur faisait un mouvement pour se retirer, il n'est pas nécessaire que nous soyons absolument seuls ; monsieur le gouverneur pourra assister à notre entretien.

— Mon cher monsieur, dit le gouverneur, malheureusement nous savons d'avance et par cœur ce que vous direz. Il s'agit de vos trésors, n'est-ce pas ?

Faria regarda cet homme railleur avec des yeux où un observateur désintéressé eût vu certes luire l'éclair de la raison et de la vérité.

— Sans doute, dit-il ; de quoi voulez-vous que je parle, sinon de cela ?

— Monsieur l'inspecteur, continua le gouverneur, je puis vous raconter cette histoire aussi bien que l'abbé, car il y a quatre ou cinq ans que j'en ai les oreilles rebattues.

— Cela prouve, monsieur le gouverneur, dit l'abbé, que vous êtes comme ces gens dont parle l'Écriture, qui ont des yeux et qui ne voient pas, qui ont des oreilles et qui n'entendent pas.

— Mon cher monsieur, dit l'inspecteur, le gouvernement est riche et n'a, Dieu merci, pas besoin de votre argent ; gardez-le donc pour le jour où vous sortirez de prison.

L'œil de l'abbé se dilata ; il saisit la main de l'inspecteur.

— Mais si je n'en sors pas de prison, dit-il, si, contre toute justice, on me retient dans ce cachot, si j'y meurs sans avoir légué mon secret à personne, ce trésor sera donc perdu ? Ne vaut-il pas mieux que le gouvernement en profite et moi aussi ? J'irai jusqu'à six millions, monsieur, oui, j'abandonnerai six millions, et je me contenterai du reste, si l'on veut me rendre la liberté.

— Sur ma parole, dit l'inspecteur à demi-voix, si l'on ne savait pas que cet homme est fou, il parle avec un accent si convaincu qu'on croirait qu'il dit la vérité.

— Je ne suis pas fou, monsieur, et je dis bien la vérité, reprit Faria, qui avec cette finesse d'ouïe particulière aux prisonniers, n'avait pas perdu une seule des paroles de l'inspecteur. Ce trésor dont je vous parle existe bien réellement, et j'offre de signer un traité avec vous, en vertu duquel vous me conduirez à l'endroit désigné par moi ; on fouillera la terre sous nos yeux, et si je mens, si l'on ne trouve rien, si je suis un fou, comme vous le dites, eh bien ! vous me ramènerez dans ce même cachot, où je resterai éternellement, et où je mourrai sans plus rien demander à vous ni à personne.

Le gouverneur se mit à rire.

— Est-ce bien loin, votre trésor ? demanda-t-il.

— A cent lieues d'ici à peu près, dit Faria.

— La chose n'est pas mal imaginée, dit le gouverneur ; si tous les prisonniers voulaient s'amuser à promener leurs gardiens pendant cent lieues, et si les gardiens consentaient à faire une pareille promenade, ce serait une excellente chance que les prisonniers se ménageraient de prendre la clé des champs dès qu'ils en trouveraient l'occasion, et pendant un pareil voyage l'occasion se présenterait certainement.

— C'est un moyen connu, dit l'inspecteur, et monsieur n'a pas même le mérite de l'invention.

Puis, se retournant vers l'abbé :

— Je vous ai demandé si vous étiez bien nourri, dit-il.

— Monsieur, répondit Faria, jurez-moi sur le Christ de me délivrer si je vous ai dit vrai, et je vous indiquerai l'endroit où le trésor est enfoui.

— Êtes-vous bien nourri ? répéta l'inspecteur.

— Monsieur, vous ne risquez rien ainsi, et vous voyez bien que ce n'est pas pour me ménager une chance pour me sauver, puisque je resterai en prison tandis qu'on fera le voyage.

— Vous ne répondez pas à ma question, reprit avec impatience l'inspecteur.

— Ni vous à ma demande, s'écria l'abbé. Soyez donc maudit comme les autres insensés qui n'ont pas voulu me croire ! Vous ne voulez pas de mon or, je le garderai ; vous me refusez la liberté, Dieu me l'enverra. Allez, je n'ai plus rien à dire.

Et l'abbé, rejetant sa couverture, ramassa son morceau de plâtre et alla s'asseoir de nouveau au milieu de son cercle, où il continua ses lignes et ses chiffres.

— Que fait-il là ? dit l'inspecteur en se retirant.

— Il compte ses trésors, reprit le gouverneur.

Faria répondit à ce sarcasme par un coup d'œil empreint du plus suprême mépris.

Ils sortirent. Le geôlier referma la porte derrière eux.

— Il aura en effet possédé quelques trésors, dit l'inspecteur en remontant l'escalier.

— Ou il aura rêvé qu'il les possédait, répondit le gouverneur, et le lendemain il se sera réveillé fou.

— En effet, dit l'inspecteur avec la naïveté de la corruption, s'il eût été réellement riche, il ne serait pas en prison.

Ainsi finit l'aventure pour l'abbé Faria. Il demeura prisonnier, et à la suite de cette visite, sa réputation de fou réjouissant s'augmenta encore.

Caligula ou Néron, ces grands chercheurs de trésors, ces désireurs de l'impossible, eussent prêté l'oreille aux paroles de ce pauvre homme et lui eussent accordé l'air qu'il désirait, l'espace qu'il estimait si haut prix, et la liberté qu'il offrait de payer si cher. Mais les rois de nos jours, maintenus dans la limite du probable, n'ont plus l'audace de la volonté ; ils craignent l'oreille qui écoute les ordres qu'ils donnent, l'œil qui scrute leurs actions ; ils ne sentent plus la supériorité de leur essence divine ; ils sont des hommes couronnés, voilà tout. Jadis ils se croyaient ou du moins se disaient fils de Jupiter, et retenaient quelque chose des façons du dieu leur père : on ne contrôle pas facilement ce qui se passe au-delà des nuages; aujourd'hui les rois se laissent aisément rejoindre. Or, comme il a toujours répugné au gouvernement despotique de montrer au grand jour les effets de la prison et de la torture; comme il y a peu d'exemples qu'une victime des Inquisitions ait pu reparaître avec ses os broyés et ses plaies saignantes, de même la folie, cet ulcère né dans la fange des cachots à la suite des tortures morales, se cache presque toujours avec soin dans le lieu où elle est née, ou, si elle en sort, elle va s'ensevelir dans quelque hôpital sombre, où les médecins ne reconnaissent ni l'homme ni la pensée dans le débris informe que lui transmet le geôlier fatigué.

L'abbé Faria devenu fou en prison était condamné, par sa folie même, à une prison perpétuelle.

Quand à Dantès, l'inspecteur lui tint parole. En remontant chez le gouverneur, il se fit représenter le registre d'écrou. La note concernant le prisonnier était ainsi conçue :

Cette note était d'une autre écriture et d'une encre différente que le reste du registre, ce qui prouvait qu'elle avait été ajoutée depuis l'incarcération de Dantès.

EDMOND DANTÈS { Bonapartiste enragé, a pris une part active au retour de l'île d'Elbe. A tenir au plus grand secret et sous la plus stricte surveillance.

L'accusation était trop positive pour essayer de la combattre. L'inspecteur écrivit donc au-dessous de l'accolade :

« Rien à faire. »

Cette visite avait, pour ainsi dire, ravivé Dantès; depuis qu'il était entré en prison, il avait oublié de compter les jours; mais l'inspecteur lui avait donné une nouvelle date et Dantès ne l'avait pas oubliée. Derrière lui, il écrivit sur le mur, avec un morceau de plâtre détaché de son plafond, 30 juillet 1816, et à partir de ce moment, il fit un cran chaque jour pour que la mesure du temps ne lui échappât plus.

Les jours s'écoulèrent, puis les semaines, puis les mois : Dantès attendait toujours, il avait commencé par fixer à sa liberté un terme de quinze jours. En mettant à suivre son affaire la moitié de l'intérêt qu'il avait paru éprouver, le gouverneur devait avoir assez de quinze jours. Ces quinze jours écoulés, il se dit qu'il était absurde à lui de croire que l'inspecteur se serait occupé de lui avant son retour à Paris; or son retour à Paris ne pouvait avoir lieu que lorsque sa tournée serait finie, et sa tournée pouvait durer un mois ou deux; il se donna donc trois mois au lieu de quinze jours. Les trois mois écoulés un autre raisonnement vint à son aide, qui fit qu'il s'accorda six mois, mais ces six mois écoulés, en mettant les jours au bout les uns des autres, il se trouvait qu'il avait attendu dix mois et demi. Pendant ces dix mois rien n'avait changé au régime de sa prison; aucune nouvelle consolante ne lui était parvenue; le geôlier interrogé était muet comme d'habitude. Dantès commença à douter de ses sens, à croire que ce qu'il prenait pour un souvenir de sa mémoire n'était rien autre chose qu'une hallucination de son cerveau, et que cet ange consolateur, qui était apparu dans sa prison, y était descendu sur l'aile d'un rêve.

Au bout d'un an, le gouverneur fut changé, il avait obtenu la direction du fort de Ham; il emmena avec lui plusieurs de ses subordonnés, et entre autres le geôlier de Dantès. Un nouveau gouverneur arriva ; il eût été trop long pour lui d'apprendre les noms de ses prisonniers, il se fit représenter seulement leurs numéros. Cet horrible hôtel garni se composait de cinquante chambres; leurs habitans furent appelés du numéro de la chambre qu'ils habitaient, et le malheureux jeune homme cessa de s'appeler de son prénom d'Edmond ou de son nom de Dantès : il s'appela le n° 34.

CHAP. XV. — LE NUMÉRO 34 ET LE NUMÉRO 27.

Dantès passa tous les degrés du malheur que subissent les prisonniers oubliés dans une prison.

Il commença par l'orgueil, qui est une suite de l'espoir et une conscience de l'innocence, puis il en vint à douter de son innocence, ce qui ne justifiait pas mal les idées du gouverneur sur l'aliénation mentale; enfin il tomba du haut de son orgueil, il pria, non pas encore Dieu, mais les hommes, Dieu est le dernier recours. Le malheureux, qui devrait commencer par le Seigneur, n'en arrive à espérer en lui qu'après avoir épuisé toutes les autres espérances.

Dantès pria donc qu'on voulût bien le tirer de son cachot pour le mettre dans un autre, fût-il plus noir et plus profond. Un changement, même désavantageux, était toujours un changement, et procurerait à Dantès une distraction de quelques jours. Il pria qu'on lui accordât la promenade, l'air, des livres, des instrumens. Rien de tout cela ne lui fut accordé ; mais, n'importe, il demandait toujours. Il s'était habitué à parler à son nouveau geôlier, quoiqu'il fût encore, s'il était possible, plus muet que l'ancien ; mais parler à un homme, même à un muet, était encore un plaisir. Dantès parlait pour entendre le son de sa propre voix : il avait essayé de parler lorsqu'il était seul, mais alors il se faisait peur.

Souvent, du temps qu'il était en liberté, Dantès s'était fait une épouvantail de ces chambrées de prisonniers, composées de vagabonds, de bandits et d'assassins, dont la joie ignoble met en commun des orgies inintelligibles et des amitiés effrayantes. Il en vint à souhaiter d'être jeté dans quelqu'un de ces bouges, afin de voir d'autres visages que celui de ce geôlier impassible qui ne voulait point parler ; il regrettait le bagne, avec son costume infamant, sa chaîne au pied, sa flétrissure sur l'épaule. Au moins les galériens étaient dans la société de leurs semblables, ils respiraient l'air, ils voyaient le ciel ; les galériens étaient bien heureux.

Il supplia un jour le geôlier de demander pour lui un compagnon, quel qu'il fût, ce compagnon dût-il être cet abbé fou dont il avait entendu parler. Sous l'écorce du geôlier, si rude qu'elle soit, il reste toujours un peu de l'homme. Celui-ci avait souvent au fond du cœur, et quoique son visage n'en eût rien dit, plaint ce malheureux jeune homme, à qui la captivité était si dure ; il transmit la demande du n° 34 au gouverneur ; mais celui-ci, prudent comme s'il eût été un homme politique, se figura que Dantès voulait ameuter les prisonniers, tramer quelque complot, s'aider d'un ami dans quelque tentative d'évasion, et il refusa.

Dantès avait épuisé le cercle des ressources humaines. Comme nous avons dit que cela devait arriver, il retourna alors vers Dieu.

Toutes les idées pieuses éparses dans le monde, et que glanent les malheureux courbés par la destinée, vinrent alors rafraîchir son esprit ; il se rappela les prières que lui avait apprises sa mère, et leur trouva un sens jadis ignoré de lui ; car, pour l'homme heureux, la prière demeure un assemblage monotone et vide de sens jusqu'au jour où la douleur vient expliquer à l'infortuné ce langage sublime à l'aide duquel il parle à Dieu.

— Il pria donc, non pas avec ferveur, mais avec rage. En priant tout haut, il ne s'effrayait plus de ses paroles ; alors il tombait dans des espèces d'extase ; il voyait Dieu éclatant à chaque mot qu'il prononçait ; toutes les actions de sa vie humble et perdue, il les rapportait à la volonté de ce Dieu puissant, s'en faisait des leçons, se proposait des tâches à accomplir, et, à la fin de chaque prière, glissait le vœu intéressé que les hommes trouvent bien plus souvent moyen d'adresser aux hommes qu'à Dieu : et pardonnez-nous nos offenses comme nous les pardonnons à ceux qui nous ont offensés.

Malgré ses prières ferventes, Dantès demeura prisonnier.

Alors son esprit devint sombre, un nuage s'épaissit devant ses yeux. Dantès était un homme simple et sans éducation ; le passé était resté pour lui couvert de ce voile sombre que soulève la science. Il ne pouvait, dans la solitude de son cachot et dans le désert de sa pensée, reconstruire les âges révolus, ranimer les peuples éteints, rebâtir les villes antiques, que l'imagination grandit et poétise, et qui passent devant les yeux, gigantesques et éclairées par le feu du ciel comme les tableaux babyloniens de Martinn ; lui n'avait que son passé si court, son présent si sombre, son avenir si douteux : dix-neuf ans de lumière à méditer peut-être dans une éternelle nuit ! Aucune distraction ne pouvait donc lui venir en aide : son esprit énergique, et qui n'eût pas mieux aimé que de prendre son vol à travers les âges, était forcé de rester prisonnier comme un aigle dans une cage. Il se cramponnait alors à une idée, à celle de son bonheur détruit sans cause apparente et par une fatalité inouïe : il s'acharnait sur cette idée, la tournant, la retournant sur toutes les faces, et la dévorant pour ainsi dire à belles dents, comme dans l'enfer de Dante l'impitoyable Ugolin dévore le crâne de l'archevêque Roger. Dantès n'avait eu qu'une foi passagère basée sur la puissance ; il la perdit comme d'autres la perdent après le succès. Seulement il n'avait pas profité.

La rage succéda à l'ascétisme. Edmond lançait des blasphèmes qui faisaient reculer d'horreur le geôlier, il brisait son corps contre les murs de sa prison, il s'en prenait avec fureur à tout ce qui l'entourait, et surtout à lui-même, de la moindre contrariété que lui faisait éprouver un grain de sable, un fétu de paille, un souffle d'air. Alors cette lettre dénonciatrice qu'il avait vue, que lui avait montrée Villefort, qu'il avait touchée, lui revenait à l'esprit ; chaque ligne flamboyait sur la muraille comme le *Mane Thécel Pharès* de Balthazar. Il se disait que c'était la haine des hommes, et non la vengeance de Dieu qui l'avait plongé dans l'abîme où il était ; il vouait ces hommes inconnus à tous les supplices dont son ardente imagination lui fournissait l'idée, et il trouvait encore que les plus terribles étaient trop doux et surtout trop courts pour eux ; car après le supplice venait la mort ; et dans la mort était, sinon le repos, du moins l'insensibilité qui lui ressemble.

A force de se dire à lui-même, à propos de ses ennemis, que le calme était la mort, et qu'à celui qui veut punir cruellement il faut d'autres moyens que la mort, il tomba dans l'immobilité morne des idées de suicide : malheur à celui qui sur la pente du malheur s'arrête à ces sombres idées. C'est une de ces mers mortes qui s'étendent comme l'azur des flots purs, mais dans lesquelles le nageur sent de plus en plus s'engluer ses pieds dans une vase bitumineuse qui l'attire à elle, l'aspire, l'engloutit. Une fois pris ainsi, si le secours divin ne vient point à son aide, tout est fini, et chaque effort qu'il tente l'enfonce plus avant dans la mort.

Cependant cet état d'agonie morale est moins terrible que la souffrance qui l'a précédé et que le châtiment qui le suivra peut-être ; c'est une espèce de consolation vertigineuse, qui vous montre le gouffre béant, mais au fond du gouffre le néant. Arrivé là, Edmond trouva quelque consolation dans cette idée ; toutes ses douleurs, toutes ses souffrances, ce cortège de spectres qu'elles traînaient à leur suite, parurent s'envoler de ce coin de sa prison où l'ange de la mort pouvait poser son pied silencieux. Dantès regarda avec calme sa vie passée, avec terreur sa vie future, et choisit ce point milieu qui lui paraissait être un lieu d'asile.

—Quelquefois si, disait-il alors, dans mes courses lointaines, quand j'étais encore un homme, et quand cet homme, libre et puissant, jetait à d'autres hommes des commandemens qui étaient exécutés, j'ai vu le ciel se couvrir, la mer frémir et gronder, l'orage naître dans un coin du ciel, et comme un aigle gigantesque battre les deux horizons de ses deux ailes ; alors je sentais que mon vaisseau n'était plus qu'un refuge impuissant, car mon vaisseau léger comme une plume à la main d'un géant tremblait et frissonnait lui-même. Bientôt, au bruit effroyable des lames, l'aspect des rochers tranchans m'annonçait la mort, et la mort m'épouvantait, et je faisais tous mes efforts pour y échapper, et je réunissais toutes les forces de l'homme et toute l'intelligence du marin pour lutter avec Dieu !... C'est que j'étais heureux alors, c'est que revenir à la vie, c'était revenir au bonheur ; c'est que cette mort, je ne l'avais pas appelée, je ne l'avais pas choisie ; c'est que le sommeil enfin me paraissait dur sur ce lit d'algues et de cailloux, c'est que je m'indignais, moi qui me croyais une créature faite à l'image de Dieu, de servir, après ma mort, de pâture aux goélands et aux vautours. Mais aujourd'hui c'est autre chose : j'ai perdu tout ce qui pouvait me faire aimer la vie, aujourd'hui la mort me sourit comme une nourrice à l'enfant qu'elle va bercer ; mais aujourd'hui je meurs à ma guise, et je m'endors las et brisé, comme je m'endormais après un de ces soirs de désespoir et de rage pendant lesquels j'avais compté trois mille tours dans ma chambre, c'est-à-dire trente mille pas, c'est-à-dire à peu près dix lieues.

Dès que cette pensée eut germé dans l'esprit du jeune homme, il devint plus doux, plus souriant, il s'arrangea mieux de son lit dur et de son pain noir, mangea moins, ne dormit plus, et trouva à peu près supportable ce reste d'existence qu'il était sûr de laisser là quand il voudrait, comme on laisse un vêtement usé.

Il y avait deux moyens de mourir : l'un était simple ; il s'agissait d'attacher son mouchoir à un barreau de la fenêtre et de se pendre ; l'autre consistait à faire semblant de manger et à se laisser mourir de faim. Le premier répugna fort à Dantès. Il avait été élevé dans l'horreur des pirates, gens que l'on pend aux vergues des bâtimens ; la pendaison était donc pour lui une espèce de supplice infamant qu'il ne voulait pas s'appliquer à lui-même ; il adopta donc le deuxième, et en commença l'exécution le jour même.

Près de quatre années s'étaient écoulées dans les alternatives que nous avons racontées. A la fin de la deuxième, Dantès avait cessé de compter les jours et était retombé dans cette ignorance du temps dont autrefois l'avait tiré l'inspecteur.

Dantès avait dit : Je veux mourir, et s'était choisi son genre de mort ; alors il l'avait bien envisagé, et, de peur de revenir sur sa décision, il s'était fait serment à lui-même de mourir ainsi. Quand on me servira mon repas du matin et mon repas du soir, avait-il pensé, je jetterai les alimens par la fenêtre et j'aurai l'air de les avoir mangés.

Il le fit comme il s'était promis de le faire. Deux fois le jour, par la petite ouverture grillée qui ne lui laissait apercevoir que le ciel, il jetait ses vivres, d'abord gaiment, puis avec réflexion, puis avec regret ; il lui fallut le souvenir du serment qu'il s'était fait pour avoir la force de poursuivre ce terrible dessein. Ces alimens qui lui répugnaient autrefois, la faim aux dents aiguës les lui faisaient paraître appétissans à l'œil et exquis à l'odorat ; quelquefois il tenait pendant une heure à sa main le plat qui les contenait, l'œil fixe sur ce morceau de viande pourri et sur ce poisson infect et sur ce pain noir et moisi. C'étaient les derniers instincts de la vie qui luttaient encore en lui et qui de temps en temps terrassaient sa résolution. Alors son cachot ne lui paraissait plus aussi sombre, son état lui semblait moins désespéré. Il était jeune encore, il devait avoir vingt-cinq ou vingt-six ans, il lui restait cinquante ans à vivre à peu près, c'est-à-dire deux fois ce qu'il avait vécu. Pendant ce laps de temps immense, que d'événemens pouvaient forcer les portes, renverser les murailles du château d'If et le rendre à la liberté ! Alors il approchait ses dents du repas que, Tantale volontaire, il éloignait lui-même de sa bouche ; mais alors le souvenir de son serment lui revenait à l'esprit, et cette généreuse nature avait trop peur de se mépriser soi-même pour manquer à son serment. Il usa donc, rigoureux et impitoyable, le peu d'existence qui lui restait, et un jour vint où il n'eut plus la force de se lever pour jeter par la lucarne le souper qu'on lui apportait.

Le lendemain il ne voyait plus, il entendait à peine. Le geôlier croyait à une maladie grave ; Edmond espérait dans une mort prochaine.

La journée s'écoula ainsi. Edmond sentait un vague engourdissement, qui ne manquait pas d'un certain bien-être, le gagner. Les tiraillemens nerveux de son estomac s'étaient assoupis ; les ardeurs de sa soif s'étaient calmées ; lorsqu'il fermait les yeux, il voyait une foule de lueurs brillantes pareilles à ces feux follets qui courent la nuit sur les terrains fangeux : c'était le crépuscule de ce pays inconnu qu'on appelle la mort.

Tout à coup, le soir, vers neuf heures, il entendit un bruit sourd à la paroi du mur contre lequel il était couché.

Tant d'animaux immondes étaient venus faire leur bruit dans cette prison, que peu à peu Edmond avait habitué son sommeil à ne pas se troubler de si peu de chose ; mais cette fois soit que ses sens fussent exaltés par l'abstinence, soit que réellement le bruit fût plus fort que de coutume, soit que dans ce moment suprême tout acquît de l'importance, Edmond souleva sa tête pour mieux entendre.

C'était un grattement égal qui semblait accuser soit une griffe énorme, soit une dent puissante, soit enfin la pression d'un instrument quelconque sur des pierres.

Bien qu'affaibli, le cerveau du jeune homme fut frappé par cette idée banale constamment présente à l'esprit des prisonniers — la liberté. Ce bruit arrivait si juste au moment où tout bruit allait cesser pour lui, qu'il semblait que Dieu se montrait enfin pitoyable à ses souffrances et que celui-ci lui envoyait ce bruit pour l'avertir de s'arrêter au bord de la tombe où chancelait déjà son pied. Qui pouvait savoir si un de ses amis, un de ces êtres bien-aimés auxquels il avait songé si souvent qu'il y avait usé sa pensée, ne s'occupait pas de lui en ce moment et ne cherchait pas à rapprocher la distance qui les séparait ?

Mais non, sans doute Edmond se trompait, et c'était un de ces rêves qui flottent à la porte de la mort.

Cependant Edmond écoutait toujours ce bruit. Ce bruit dura trois heures à peu près, puis Edmond entendit une sorte de croulement, après quoi le bruit cessa.

Quelques heures après, il reprit plus fort et plus rapproché. Déjà Edmond s'intéressait à ce travail qui lui faisait société ; tout à coup le geôlier entra.

Depuis huit jours à peu près qu'il avait résolu de mourir, depuis quatre jours qu'il avait commencé de mettre ce projet à exécution, Edmond n'avait point adressé la parole à cet homme, ne lui répondant pas quand il lui avait parlé pour lui demander de quelle maladie il croyait être atteint, et se retournant du côté du mur quand il en était regardé trop attentivement. Mais aujourd'hui le geôlier pouvait entendre ce bruissement sourd, s'en alarmer, y mettre fin, et déranger ainsi peut-être ce je ne sais quoi d'espérance dont l'idée seule charmait les derniers momens de Dantès.

Le geôlier apportait à déjeuner.

Dantès se souleva sur son lit, et, enflant sa voix, se mit à parler sur tous les sujets possibles, sur la mauvaise qualité des vivres qu'il apportait, sur le froid dont on souffrait dans ce cachot, murmurant et grondant pour avoir le droit de crier plus fort, et lassant la patience du geôlier qui justement ce jour-là avait sollicité pour le prisonnier malade un bouillon et du pain frais, et qui lui apportait ce bouillon et ce pain.

Heureusement, il crut que Dantès avait le délire, il posa les vivres sur la mauvaise table boiteuse sur laquelle il avait l'habitude de les poser, et se retira.

Libre alors, Edmond se remit à écouter avec joie.

Le bruit devenait si distinct que maintenant le jeune homme l'entendait sans efforts.

« Plus de doute, se dit-il à lui-même, puisque ce bruit continue, malgré le jour, c'est quelque malheureux prisonnier comme moi qui travaille à sa délivrance. Oh ! si j'étais près de lui, comme je l'aiderais ! ».

Puis tout à coup un nuage sombre passa sur cette aurore d'espérance dans ce cerveau habitué au malheur, et qui ne pouvait se reprendre que difficilement aux joies humaines ; cette idée surgit aussitôt, que ce bruit avait pour cause le travail de quelques ouvriers que le gouverneur employait aux réparations d'une chambre voisine.

Il était facile de s'en assurer ; mais comment risquer une question ? Certes il était tout simple d'attendre l'arrivée du geôlier, de lui faire écouter ce bruit, et de voir la mine qu'il ferait en l'écoutant ; mais se donner une pareille satisfaction, n'était-ce pas trahir des intérêts bien précieux pour une satisfaction bien courte ? Malheureusement la tête d'Edmond, cloche vide, était assourdie par le bourdonnement d'une idée ; et il était si faible que son esprit flottait comme une vapeur, et ne pouvait se condenser autour d'une pensée. Edmond ne vit qu'un moyen de rendre la netteté à sa réflexion et la lucidité à son jugement ; il tourna les yeux vers le bouillon fumant encore que le geôlier venait de déposer sur la table, se leva, alla en chancelant jusqu'à lui, prit la tasse, la porta à ses lèvres, et avala le breuvage qu'elle contenait avec une indicible sensation de bien-être.

Alors il eut le courage d'en rester là : il avait entendu dire que de malheureux naufragés, recueillis, exténués par la faim, étaient morts pour avoir gloutonnement dévoré une nourriture trop substantielle. Edmond posa sur la table le pain qu'il tenait déjà presque à portée de sa bouche, et alla se recoucher. Edmond ne voulait pas mourir.

Bientôt il sentit que le jour rentrait dans son cerveau ; toutes ses idées, vagues et presque insaisissables, reprenaient leur place dans cet échiquier merveilleux, où une case de plus peut-être suffit pour établir la supériorité de l'homme sur les animaux. Il put penser et fortifier sa pensée avec le raisonnement.

Alors il se dit :

Il faut tenter l'épreuve, mais sans compromettre personne. Si le travailleur est un ouvrier ordinaire, je n'ai qu'à frapper contre mon mur, aussitôt il cessera sa besogne pour tâcher de deviner quel est celui qui frappe et dans quel but il frappe. Mais comme son travail sera non seulement licite, mais encore commandé, il reprendra bientôt son travail. Si au contraire c'est un prisonnier, le bruit que je ferai l'effraiera ; il craindra d'être découvert ; il cessera son travail et ne le reprendra que ce soir, quand il croira tout le monde couché et endormi.

Aussitôt Edmond se leva de nouveau. Cette fois ses jambes ne vacillaient plus et ses yeux étaient sans éblouissemens. Il alla vers un angle de sa prison, détacha une pierre minée par l'humidité, et revint frapper le mur à l'endroit même où le retentissement était le plus sensible.

Il frappa trois coups.

Dès le premier, le bruit avait cessé comme par enchantement.

Edmond écouta de toute son ame : Une heure s'écoula, deux heures s'écoulèrent, aucun bruit nouveau ne se fit entendre ; Edmond avait fait naître de l'autre côté de la muraille un silence absolu.

Plein d'espoir, Edmond mangea quelques bouchées

de son pain, avala quelques gorgées d'eau, et grâce à la constitution puissante dont la nature l'avait doué, se retrouva à peu près comme auparavant.

La journée s'écoula, le silence durait toujours.

La nuit vint sans que le bruit eût recommencé.

— C'est un prisonnier, se dit Edmond avec une indicible joie.

Dès-lors sa tête s'embrasa, la vie lui revint violente à force d'être active.

La nuit se passa sans que le moindre bruit se fit entendre.

Edmond ne ferma pas les yeux de cette nuit.

Le jour revint ; le geôlier rentra apportant les provisions. Edmond avait déjà dévoré les anciennes ; il dévora les nouvelles, écoutant sans cesse ce bruit qui ne revenait pas, tremblant qu'il eût cessé pour toujours, faisant dix ou douze lieues dans son cachot, ébranlant pendant des heures entières les barreaux de fer de son soupirail, rendant l'élasticité et la vigueur à ses membres par un exercice désappris depuis longtemps, se disposant enfin à reprendre corps à corps sa destinée à venir, comme fait, en étendant ses bras et en frottant son corps d'huile, le lutteur qui va entrer dans l'arène. Puis, dans les intervalles de cette activité fiévreuse, il écoutait si le bruit ne revenait pas, s'impatientant de la prudence de ce prisonnier qui ne devinait point qu'il avait été distrait dans son œuvre de liberté par un autre prisonnier qui avait au moins aussi grande hâte d'être libre que lui.

Trois jours s'écoulèrent, soixante-douze mortelles heures comptées minute par minute !

Enfin, un soir, comme le geôlier venait de faire sa dernière visite, comme pour la centième fois Dantès collait son oreille à la muraille, il lui sembla qu'un ébranlement imperceptible répondait sourdement dans sa tête mise en rapport avec les pierres silencieuses.

Dantès se recula pour bien rasseoir son cerveau ébranlé, fit quelques tours dans la chambre, et replaça son oreille au même endroit.

Il n'y avait plus de doute, il se faisait quelque chose de l'autre côté ; le prisonnier avait reconnu le danger de sa manœuvre et en avait adopté quelque autre ; et, sans doute pour continuer son œuvre avec plus de sécurité, il avait substitué le levier au ciseau.

Enhardi par cette découverte, Edmond résolut de venir en aide à l'infatigable travailleur. Il commença par déplacer son lit derrière lequel il lui semblait que l'œuvre de délivrance s'accomplissait, et chercha des yeux un objet avec lequel il pût entamer la muraille, faire tomber le ciment humide, desceller une pierre enfin.

Rien ne se présenta à sa vue. Il n'avait ni couteau ni instrument tranchant ; du fer à ses barreaux seulement, et il s'était assuré si souvent que ces barreaux étaient bien scellés, que ce n'était plus même la peine d'essayer à les ébranler.

Pour tout ameublement, un lit, une chaise, une table, un seau, une cruche.

A ce lit, il y avait des tenons de fer, mais ces tenons étaient scellés au bois par des vis. Il eût fallu un tournevis pour tirer ces vis et arracher les tenons.

A la table et à la chaise, rien ; au seau il y avait eu autrefois une anse, mais cette anse avait été enlevée.

Il n'y avait plus pour Dantès qu'une ressource, c'était de briser sa cruche et, avec un des morceaux de grès taillé en angle, de se mettre à la besogne.

Il laissa tomber la cruche sur le pavé, et la cruche vola en éclats.

Dantès choisit deux ou trois éclats aigus, les cacha dans sa paillasse, et laissa les autres épars sur la terre.

La rupture de sa cruche était un accident trop naturel pour que l'on s'en inquiétât.

Edmond avait toute la nuit pour travailler ; mais dans l'obscurité la besogne allait mal, car il lui fallait travailler à tâtons, et il sentit bientôt qu'il émoussait l'instrument informe contre un grès plus dur. Il repoussa donc son lit et attendit le jour. Avec l'espoir, la patience lui était revenue.

Toute la nuit il écouta et entendit le mineur inconnu qui continuait son œuvre souterraine.

Le jour vint, le geôlier entra. Dantès lui dit qu'en buvant la veille à même la cruche, elle lui avait échappé à la main et s'était brisée en tombant. Le geôlier alla en grommelant chercher une cruche neuve, sans même prendre la peine d'emporter les morceaux de la vieille.

Il revint un instant après, recommanda plus d'adresse au prisonnier, et sortit.

Dantès écouta avec une joie indicible le grincement de la serrure qui, chaque fois qu'elle se refermait jadis, lui serrait le cœur. Il écouta s'éloigner le bruit des pas ; puis, quand ce bruit se fut éteint, il bondit vers sa couchette qu'il déplaça, et, à la lueur du faible rayon de jour qui pénétrait dans son cachot, put voir la besogne inutile qu'il avait faite la nuit précédente en s'adressant au corps de la pierre au lieu de s'adresser au plâtre qui entourait ses extrémités.

L'humidité avait rendu ce plâtre friable.

Dantès vit avec un battement de cœur joyeux que ce plâtre se détachait par fragmens, ces fragmens étaient presque des atomes, c'est vrai ; mais au bout d'une demi-heure cependant Dantès en avait détaché une poignée à peu près. Un mathématicien eût pu calculer qu'avec deux années à peu près de ce travail, en supposant qu'on ne rencontrât point le roc, on pouvait se creuser un passage de deux pieds carrés et de vingt pieds de profondeur.

Le prisonnier se reprocha alors de ne pas avoir employé à ce travail ces longues heures successivement écoulées, toujours plus lentes, et qu'il avait perdues dans l'espérance, dans la prière et dans le désespoir.

Depuis six ans à peu près qu'il était enfermé dans ce cachot, quel travail, si lent qu'il fût, n'eût-il pas achevé !

Et cette idée lui donna une nouvelle ardeur.

En trois jours il parvint, avec des précautions inouïes, à enlever tout le ciment et à mettre à nu la pierre. La muraille était faite de moellons au milieu desquels, pour ajouter à la solidité, avait pris place de temps en temps une pierre de taille. C'était une de ces pierres de taille qu'il avait presque déchaussée et qu'il s'agissait maintenant d'ébranler dans son alvéole.

Dantès essaya avec ses ongles, mais ses ongles étaient insuffisans pour cela.

Les morceaux de la cruche introduits dans les intervalles se brisaient lorsque Dantès voulait s'en servir en manière de levier.

Après une heure de tentatives inutiles, Dantès se releva la sueur et l'angoisse sur le front.

Allait-il donc être arrêté ainsi dès le début, et lui faudrait-il attendre, inerte et inutile, que son voisin, qui de son côté se lasserait peut-être, eût tout fait ?

Alors une idée lui passa par l'esprit ; il demeura debout et souriant ; son front humide de sueur se sécha tout seul.

Le geôlier apportait tous les jours la soupe de Dantès dans une casserole de fer-blanc. Cette casserole contenait sa soupe et celle d'un second prisonnier, car Dantès avait remarqué que cette casserole était ou entièrement pleine ou à moitié vide, selon que le porte-clés

OEUV. COMPL. D'ALEX. DUMAS.

commençait la distribution des vivres par lui ou par son compagnon.

Cette casserole avait un manche de fer ; c'était ce manche de fer qu'ambitionnait Dantès et qu'il eût payé, si on les lui avait demandées en échange, de dix années de sa vie.

Le geôlier versait le contenu de cette casserole dans l'assiette de Dantès. Après avoir mangé sa soupe avec une cuiller de bois, Dantès lavait cette assiette qui servait ainsi chaque jour.

Le soir, Dantès posa son assiette à terre, à mi-chemin de la porte à la table ; le geôlier en entrant mit le pied sur l'assiette et la brisa en mille morceaux.

Cette fois il n'y avait rien à dire contre Dantès : il avait eu le tort de laisser son assiette à terre, c'est vrai, mais le geôlier avait eu celui de ne pas regarder à ses pieds.

Le geôlier se contenta donc de grommeler.

Puis il regarda autour de lui dans quoi il pouvait verser la soupe ; le mobilier de Dantès se bornait à cette seule assiette, il n'y avait pas de choix.

— Laissez la casserole, dit Dantès, vous la reprendrez en m'apportant demain mon déjeuner.

Ce conseil flattait la paresse du geôlier, qui n'avait pas besoin ainsi de remonter, de redescendre et de remonter encore.

Il laissa la casserole.

Dantès frémit de joie.

Cette fois il mangea vivement la soupe et la viande que, selon l'habitude des prisons, on mettait avec la soupe. Puis, après avoir attendu une heure, pour être certain que le geôlier ne se raviserait point, il dérangea son lit, prit sa casserole, introduisit le bout du manche entre la pierre de taille dénuée de son ciment et les moellons voisins, et commença de faire le levier.

Une légère oscillation prouva à Dantès que la besogne venait à bien.

En effet, au bout d'une heure la pierre était tirée du mur où elle laissait une excavation de plus d'un pied et demi de diamètre.

Dantès ramassa avec soin tout le plâtre, le porta dans les angles de sa prison, gratta la terre grisâtre avec un des fragmens de sa cruche et recouvrit le plâtre de terre.

Puis voulant mettre à profit cette nuit où le hasard, ou plutôt la savante combinaison qu'il avait imaginée, avait remis entre ses mains un instrument si précieux, il continua de creuser avec acharnement.

A l'aube du jour il replaça la pierre dans son trou, repoussa son lit contre la muraille et se coucha.

Le déjeuner consistait en un morceau de pain : le geôlier entra et posa ce morceau de pain sur la table.

— Eh bien ! vous ne m'apportez pas une autre assiette ? demanda Dantès.

— Non, dit le porte-clés ; vous êtes un brise-tout, vous avez détruit votre cruche, et vous êtes cause que j'ai cassé votre assiette ; si tous les prisonniers faisaient autant de dégât, le gouvernement n'y pourrait pas tenir. On vous laisse la casserole, on vous versera votre soupe dedans, de cette façon vous ne casserez pas votre ménage, peut-être.

Dantès leva les yeux au ciel, et joignit ses mains sous sa couverture.

Ce morceau de fer qui lui restait faisait naître dans son cœur un élan de reconnaissance plus vif vers le ciel que ne lui avaient jamais causé dans sa vie passée les plus grands biens qui lui étaient survenus. Seulement il avait remarqué que depuis qu'il avait commencé à travailler, lui, le prisonnier ne travaillait plus.

N'importe, ce n'était pas une raison pour cesser sa tâche ; si son voisin ne venait pas à lui, c'était lui qui irait à son voisin.

Toute la journée il travailla sans relâche ; le soir il avait, grâce à son nouvel instrument, tiré de la muraille plus de dix poignées de débris de moellons, de plâtre et de ciment.

Lorsque l'heure de la visite arriva, il redressa de son mieux le manche tordu de sa casserole, et remit le récipient à sa place accoutumée. Le porte-clés y versa la ration ordinaire de soupe et de viande ou plutôt de soupe et de poisson, car ce jour-là était un jour maigre, et trois fois par semaine on faisait faire maigre aux prisonniers. C'eût été encore un moyen de calculer le temps, si depuis long-temps Dantès n'avait pas abandonné ce calcul.

Puis, la soupe versée, le porte-clés se retira.

Cette fois Dantès voulut s'assurer si son voisin avait bien réellement cessé de travailler.

Il écouta.

Tout était silencieux comme pendant ces trois jours où les travaux avait été interrompus.

Dantès soupira, il était évident que son voisin se défiait de lui.

Cependant il ne se découragea point et continua de travailler toute la nuit ; mais, après deux ou trois heures de labeur, il rencontra un obstacle.

Le fer ne mordait plus et glissait sur une surface plane.

Dantès toucha l'obstacle avec ses mains et reconnut qu'il avait atteint une poutre.

Cette poutre traversait ou plutôt barrait entièrement le trou qu'avait commencé Dantès.

Maintenant il fallait creuser dessus ou dessous.

Le malheureux jeune homme n'avait point songé à cet obstacle.

— Oh mon Dieu, mon Dieu ! s'écria-t-il, je vous avais cependant tant prié, que j'espérais que vous m'aviez entendu. Mon Dieu ! après m'avoir ôté la liberté de la vie, mon Dieu ! après m'avoir ôté le calme de la mort, mon Dieu, qui m'avez rappelé à l'existence, mon Dieu ! ayez pitié de moi, ne me laissez pas mourir dans le désespoir !

— Qui parle de Dieu et de désespoir en même temps ? articula une voix qui semblait venir de dessous terre et qui, assourdie par l'opacité, parvenait au jeune homme avec un accent sépulcral.

Edmond sentit se dresser ses cheveux sur sa tête, et il recula sur les genoux.

— Ah ! murmura-t-il, j'entends parler un homme.

Il y avait quatre ou cinq ans que Edmond n'avait entendu parler que son geôlier, et pour le prisonnier le geôlier n'est pas un homme : c'est une porte vivante ajoutée à sa porte de chêne, c'est un barreau de chair ajouté à ses barreaux de fer.

— Au nom du ciel ! s'écria Dantès, vous qui avez parlé, parlez encore, quoique votre voix m'ait épouvanté ; qui êtes-vous ?

— Qui êtes-vous vous-même ? demanda la voix.

— Un malheureux prisonnier, reprit Dantès qui ne faisait, lui, aucune difficulté de répondre.

— De quel pays ?

— Français.

— Votre nom ?

— Edmond Dantès.

— Votre état ?

— Marin.

— Depuis combien de temps êtes-vous ici ?

— Depuis le 28 février 1815.

— Votre crime ?

— Je suis innocent.

— Mais de quoi vous accuse-t-on ?

— D'avoir conspiré pour le retour de l'empereur.

— Comment ! pour le retour de l'empereur ! l'empereur n'est donc plus sur le trône ?

— Il a abdiqué à Fontainebleau en 1814 et a été relégué à l'île d'Elbe. Mais vous-même depuis quel temps êtes-vous donc ici, que vous ignoriez tout cela ?

— Depuis 1811.

Dantès frissonna ; cet homme avait quatre ans de prison de plus que lui.

— C'est bien, ne creusez plus, dit la voix en parlant fort vite ; seulement dites-moi à quelle hauteur se trouve l'excavation que vous avez faite ?
— Au ras de la terre.
— Comment est-elle cachée ?
— Derrière mon lit.
— A-t-on dérangé votre lit depuis que vous êtes en prison ?
— Jamais.
— Sur quoi donne votre chambre ?
— Sur un corridor.
— Et le corridor ?
— Aboutit à la cour.
— Hélas ! murmura la voix.
— Oh ! mon Dieu ! qu'y a-t-il donc ? s'écria Dantès.
— Il y a que je me suis trompé, que l'imperfection de mes dessins m'a abusé, que le défaut d'un compas m'a perdu, qu'un ligne d'erreur sur mon plan a équivalu à quinze pieds en réalité, et que j'ai pris le mur que vous creusez pour celui de la citadelle !
— Mais alors vous aboutissiez à la mer.
— C'était ce que je voulais.
— Et si vous aviez réussi ?
— Je me jetais à la nage, je gagnais une des îles qui environnent le château d'If, soit l'île de Daume, soit l'île de Tiboulen, soit même la côte, et alors j'étais sauvé.
— Auriez-vous donc pu nager jusque-là ?
— Dieu m'eût donné la force ; et maintenant tout est perdu.
— Tout ?
— Oui. Rebouchez votre trou avec précaution, ne travaillez plus, ne vous occupez de rien, et attendez de mes nouvelles.
— Qui êtes-vous au moins..... dites-moi qui vous êtes ?
— Je suis... je suis le n° 27.
— Vous défiez-vous donc de moi ? demanda Dantès.

Edmond crut entendre comme un rire amer percer la voûte et monter jusqu'à lui.

— Oh ! je suis bon chrétien, s'écria-t-il, devinant instinctivement que cet homme songeait à l'abandonner ; je vous jure sur le Christ que je me ferai tuer plutôt que de laisser entrevoir à vos bourreaux et aux miens l'ombre de la vérité ; mais, au nom de Dieu, ne me privez pas de votre présence, ne me privez pas de votre voix, ou, je vous le jure, car je suis au bout de ma force, je me brise la tête contre la muraille et vous aurez ma mort à vous reprocher.
— Quel âge avez-vous ? votre voix semble être celle d'un jeune homme.
— Je ne sais pas mon âge, car je n'ai pas mesuré le temps depuis que je suis ici. Ce que je sais, c'est que j'allais avoir dix-neuf ans lorsque j'ai été arrêté le 28 février 1815.
— Pas tout-à-fait vingt-six ans, murmura la voix. Allons ! à cet âge on n'est pas encore un traître.
— Oh ! non ! non ! je vous le jure, répéta Dantès. Je vous l'ai déjà dit et je vous le redis, je me ferai couper en morceaux plutôt que de vous trahir.
— Vous avez bien fait de me parler, vous avez bien fait de me prier ; car j'allais former un autre plan et m'éloigner de vous. Mais votre âge me rassure, je vous rejoindrai, attendez-moi.
— Quand cela ?
— Il faut que je calcule nos chances, laissez-moi vous donner le signal.
— Mais vous ne m'abandonnerez pas, vous ne me laisserez pas seul, vous viendrez à moi, ou vous me permettrez d'aller à vous. Nous fuirons ensemble, et, si nous ne pouvons fuir, nous parlerons, vous des gens que vous aimez, moi des gens que j'aime. Vous devez aimer quelqu'un ?

— Je suis seul au monde.
— Alors vous m'aimerez, moi : si vous êtes jeune, je serai votre camarade ; si vous êtes vieux, je serai votre fils. J'ai un père qui doit avoir soixante-dix ans, s'il vit encore ; je n'aimais que lui et une jeune fille qu'on appelait Mercédès. Mon père ne m'a pas oublié, j'en suis sûr ; mais elle, Dieu sait si elle pense encore à moi. Je vous aimerai comme j'aimais mon père.
— C'est bien, dit le prisonnier, à demain.

Ce peu de paroles furent dites avec un accent qui convainquit Dantès ; il n'en demanda pas davantage, se releva, prit les mêmes précautions pour les débris tirés du mur qu'il avait déjà prises, et repoussa son lit contre la muraille.

Dès lors Dantès se laissa aller tout entier à son bonheur ; il n'allait plus être seul certainement , peut-être même allait-il être libre ; le pis-aller , s'il restait prisonnier, était d'avoir un compagnon ; or la captivité partagée n'est plus qu'une demi-captivité. Les plaintes qu'on met en commun sont presque des prières ; des prières qu'on fait à deux sont presque des actions de graces.

Toute la journée Dantès alla et vint dans son cachot, le cœur bondissant de joie. De temps en temps cette joie l'étouffait. Il s'asseyait sur son lit, pressant sa poitrine avec sa main. Au moindre bruit qu'il entendait dans le corridor, il bondissait vers la porte. Une fois ou deux, cette crainte qu'on ne le séparât de cet homme qu'il ne connaissait point, et que cependant il aimait déjà comme un ami, lui passa par le cerveau. Alors il était décidé : au moment où le geôlier écarterait son lit, baisserait la tête pour examiner l'ouverture, il lui briserait la tête avec le pavé sur lequel était posée sa cruche.

On le condamnerait à mort, il le savait bien ; mais n'allait-il pas mourir d'ennui et de désespoir au moment où ce bruit miraculeux l'avait rendu à la vie ?

Le soir le geôlier vint ; Dantès était sur son lit ; de là il lui semblait qu'il gardait mieux l'ouverture inachevée ; sans doute il le regarda le visiteur importun d'un œil étrange, car celui-ci lui dit :

— Voyons, allez-vous redevenir encore fou ?

Dantès ne répondit rien, il craignait que l'émotion de sa voix ne le trahît.

Le geôlier se retira en secouant la tête.

La nuit arrivée, Dantès crut que son voisin profiterait du silence et de l'obscurité pour renouer la conversation avec lui, mais il se trompait ; la nuit s'écoula sans qu'aucun bruit répondît à sa fiévreuse attente. Mais le lendemain, après la visite du matin et comme il venait d'écarter son lit de la muraille, il entendit frapper trois coups à intervalles égaux ; il se précipita à genoux.

— Est-ce vous ? dit-il, me voilà !
— Votre geôlier est-il parti ? demanda la voix.
— Oui, répondit Dantès, il ne reviendra que ce soir ; nous avons douze heures de liberté.
— Je puis donc agir ? dit la voix.
— Oh ! oui, oui, sans retard, à l'instant même, je vous en supplie !

Aussitôt la portion de terre sur laquelle Dantès, à moitié perdu dans l'ouverture, appuyait ses deux mains, sembla céder sous lui ; il se rejeta en arrière, tandis qu'une masse de terre et de pierres détachées se précipitait dans un trou qui venait de s'ouvrir au-dessous de l'ouverture que lui-même avait faite ; alors, au fond de ce trou sombre et dont il ne pouvait mesurer la profondeur, il vit paraître une tête, des épaules et enfin un homme tout entier qui sortit avec assez d'agilité de l'excavation pratiquée.

CHAP. XVI. — UN SAVANT ITALIEN.

Dantès prit dans ses bras ce nouvel ami, si long-temps et si impatiemment attendu, et l'attira vers sa fenêtre afin que le peu du jour qui pénétrait dans le cachot l'éclairât tout entier.

C'était un personnage de petite taille, aux cheveux blanchis par la peine plutôt que par l'âge, à l'œil pénétrant caché sous d'épais sourcils qui grisonnaient, à la barbe encore noire et descendant jusque sur sa poitrine : la maigreur de son visage creusé par des rides profondes, la ligne hardie de ses traits caractéristiques, révélaient un homme plus habitué à exercer ses facultés morales que ses forces physiques. Le front du nouveau venu était couvert de sueur.

Quant à son vêtement, il était impossible d'en distinguer la forme primitive, car il tombait en lambeaux.

Il paraissait avoir soixante-cinq ans au moins, quoiqu'une certaine vigueur dans les mouvemens annonçât qu'il avait moins d'années peut-être que n'en accusait une longue captivité.

Il accueillit avec une sorte de plaisir les protestations enthousiastes du jeune homme ; son âme glacée sembla pour un instant se réchauffer et se fondre au contact de cette âme ardente. Il le remercia avec une certaine chaleur, quoique sa déception eût été grande de trouver un second cachot où il croyait rencontrer la liberté.

— Voyons d'abord, dit-il, s'il y a moyen de faire disparaître aux yeux de vos geôliers les traces de mon passage. Toute notre tranquillité à venir est dans leur ignorance de ce qui s'est passé.

Alors il se pencha vers l'ouverture, prit la pierre, qu'il souleva facilement malgré son poids, et la fit entrer dans le trou.

— Cette pierre a été descellée bien négligemment, dit-il en hochant la tête ; vous n'avez donc pas d'outils ?

— Et vous, demanda Dantès avec étonnement, en avez-vous donc ?

— Je m'en suis fait quelques uns. Excepté une lime, j'ai tout ce qu'il me faut, ciseau, pince, levier.

— Oh ! je serais curieux de voir ces produits de votre patience et de votre industrie, dit Dantès.

— Tenez, voici d'abord un ciseau.

Et il lui montra une lame forte et aiguë, emmanchée dans un morceau de bois de hêtre.

— Avec quoi avez-vous fait cela ? dit Dantès.

— Avec une des fiches de mon lit. C'est avec cet instrument que je me suis creusé tout le chemin qui m'a conduit jusqu'ici ; cinquante pieds à peu près.

— Cinquante pieds ! s'écria Dantès avec une espèce de terreur.

— Parlez plus bas, jeune homme, parlez plus bas ; souvent il arrive qu'on écoute aux portes des prisonniers.

— On me sait seul.

— N'importe.

— Et vous dites que vous avez percé cinquante pieds pour arriver jusqu'ici ?

— Oui, telle est à peu près la distance qui sépare ma chambre de la vôtre ; seulement j'ai mal calculé ma courbe, faute d'instrumens de géométrie pour dresser mon échelle de proportion ; au lieu de quarante pieds d'ellipse il s'en est rencontré cinquante ; je croyais, ainsi que je vous l'ai dit, arriver jusqu'au mur extérieur, percer ce mur et me jeter à la mer. J'ai longé le corridor contre lequel donne votre chambre, au lieu de passer dessous ; tout mon travail est perdu, car ce corridor donne sur une cour pleine de gardes.

— C'est vrai, dit Dantès ; mais ce corridor ne longe qu'une face de ma chambre, et ma chambre en a quatre.

— Oui, sans doute, mais en voici d'abord une dont le rocher fait la muraille ; il faudrait dix années de travail à dix mineurs munis de tous leurs utils pour percer le rocher ; cette autre doit être adossée aux fondations de l'appartement du gouverneur ; nous tomberions dans les caves qui ferment évidemment à la clé et nous serions pris ; l'autre face donne, attendez donc, où donne l'autre face ?

Cette face était celle où était percée la meurtrière à travers laquelle venait le jour : cette meurtrière, qui allait toujours en se rétrécissant jusqu'au moment où elle donnait entrée au jour, et par laquelle un enfant n'aurait certes pas pu passer, était en outre garnie par trois rangs de barreaux de fer qui pouvaient rassurer sur la crainte d'une évasion par ce moyen le geôlier le plus soupçonneux.

Et le nouveau venu, en faisant cette question, traîna la table au dessous de la fenêtre.

— Montez sur cette table, dit-il à Dantès.

Dantès obéit, monta sur la table, et, devinant les intentions de son compagnon, appuya le dos au mur et lui présenta les deux mains.

Celui qui s'était donné le nom du numéro de sa chambre, et dont Dantès ignorait encore le véritable nom, monta alors plus lestement que n'eût pu le faire présager son âge, avec une habilité de chat ou de lézard, sur la table d'abord, puis de la table sur les mains de Dantès, puis de ses mains sur ses épaules ; ainsi courbé en deux, car la voûte du cachot l'empêchait de se redresser, il glissa sa tête entre le premier rang de barreaux, et put plonger alors de haut en bas.

Un instant après il retira vivement la tête.

— Oh ! oh ! dit-il, je m'en étais douté.

— Et il se laissa glisser le long du corps de Dantès sur la table, et de la table sauta à terre.

— De quoi vous étiez-vous douté ? demanda le jeune homme anxieux, en sautant à son tour auprès de lui.

Le vieux prisonnier méditait.

— Oui, dit-il, c'est cela ; la quatrième face de votre cachot donne sur une galerie extérieure, espèce de chemin de ronde où passent les patrouilles et où veillent les sentinelles.

— Vous en êtes sûr ?

— J'ai vu le schako du soldat et le bout de son fusil, et je ne me suis retiré si vivement que de peur qu'il ne m'aperçût moi-même.

— Eh bien ? dit Dantès.

— Vous voyez bien qu'il est impossible de fuir par votre cachot.

— Alors ? continua le jeune homme avec son accent interrogateur.

— Alors, dit le vieux prisonnier, que la volonté de Dieu soit faite !

Et une teinte de profonde résignation s'étendit sur les traits du veillard.

Dantès regarda cet homme qui renonçait ainsi et avec tant de philosophie à une espérance nourrie depuis si long-temps, avec un étonnement mêlé d'admiration.

— Maintenant, voulez-vous me dire qui vous êtes ? demanda Dantès.

— Oh ! mon Dieu, oui, si cela peut encore vous intéresser, maintenant que je ne puis plus vous être bon à rien.

— Vous pouvez être bon à me consoler et à me soutenir, car vous me semblez fort parmi les forts.

L'abbé sourit tristement.

— Je suis l'abbé Faria, dit-il, prisonnier depuis 1811, comme vous le savez, au château d'If ; mais j'étais depuis trois ans renfermé dans la forteresse de Fenestrelle. En 1811, on m'a transféré du Piémont en France. C'est alors que j'ai appris que la destinée qui, à cette époque, lui semblait soumise, avait donné un fils à Napoléon et que ce fils au berceau avait été nommé roi de Rome. J'étais loin de me douter alors de ce que vous m'avez dit tout à l'heure : c'est que, quatre ans plus tard, le colosse serait renversé. Qui règne donc en France ? est-ce Napoléon II ?

— Non, c'est Louis XVIII.

— Louis XVIII, le frère de Louis XVI ! les décrets du ciel sont étranges et mystérieux. Quelle a donc été l'intention de la Providence en abaissant l'homme qu'elle avait élevé, et en élevant celui qu'elle avait abaissé?

Dantès suivait des yeux cet homme qui oubliait un instant sa propre destinée pour se préoccuper ainsi des destinées du monde.

— Oui, oui, continua-t-il, c'est comme en Angleterre: après Charles Iᵉʳ, Cromwell; après Cromwell, Charles II, et peut-être après Jacques II, quelque gendre, quelque parent, quelque prince d'Orange; un stathouder qui se fera roi; et alors de nouvelles concessions au peuple, alors une constitution, alors la liberté! Vous verrez cela, jeune homme, dit-il en se retournant vers Dantès et en le regardant avec des yeux brillans et profonds comme en devaient avoir les prophètes. Vous êtes encore d'âge à le voir, vous verrez cela.

— Oui, si je sors d'ici.

— Ah! c'est juste, dit l'abbé Faria. Nous sommes prisonniers; il y a des momens où je l'oublie, et où, parce que mes yeux percent les murailles qui m'enferment, je me crois en liberté.

— Mais pourquoi êtes-vous enfermé, vous?

— Moi? parce que j'ai rêvé en 1807 le projet que Napoléon a voulu réaliser en 1811; parce que, comme Machiavel, au milieu de tous ces principicules qui faisaient de l'Italie un nid de petits royaumes tyranniques et faibles, j'ai voulu un grand et seul empire, compacte et fort; parce que j'ai cru trouver mon César Borgia dans un niais couronné qui a fait semblant de me comprendre pour me mieux trahir. C'était le projet d'Alexandre VI et de Clément VII; il échouera toujours, puisqu'ils l'ont entrepris inutilement et que Napoléon n'a pu l'achever; décidément l'Italie est maudite!

Et le vieillard baissa la tête.

Dantès ne comprenait pas comment un homme pouvait risquer sa vie pour de pareils intérêts; et il est vrai que s'il connaissait Napoléon pour l'avoir vu et lui avoir parlé, il ignorait complètement en revanche ce que c'était que Clément VII et Alexandre VI.

— N'êtes-vous pas, dit Dantès commençant à partager l'opinion de son geôlier, qui était l'opinion générale au château de If, le prêtre que l'on croit... malade?

— Que l'on croit fou, vous voulez dire, n'est-ce pas?

— Je n'osais, dit Dantès en souriant.

— Oui, oui, continua Faria avec un rire amer; oui, c'est moi qui passe pour fou; c'est moi qui divertis depuis si long-temps les hôtes de cette prison, et qui réjouirais les petits enfans, s'il y avait des enfans dans le séjour de la douleur sans espoir.

Dantès demeura un instant immobile et muet.

— Ainsi, vous renoncez à fuir? lui dit-il.

— Je vois la fuite impossible; c'est se révolter contre Dieu que de tenter ce que Dieu ne veut pas qui s'accomplisse.

— Pourquoi vous décourager? ce serait trop demander aussi à la Providence que de vouloir réussir du premier coup. Ne pouvez-vous pas recommencer dans un autre sens ce que vous avez fait dans celui-ci?

— Mais savez-vous ce que j'ai fait pour parler ainsi de recommencer? Savez-vous qu'il m'a fallu quatre ans pour faire les outils que je possède? savez-vous que depuis deux ans je gratte et creuse une terre dure comme le granit? savez-vous qu'il m'a fallu déchausser des pierres qu'autrefois je n'aurais pas cru pouvoir remuer, que des journées tout entières se sont passées dans ce labeur titanique et que parfois, le soir, j'étais heureux quand j'avais enlevé un pouce carré de ce vieux ciment devenu aussi dur que la pierre elle-même? Savez-vous, savez-vous que pour loger toute cette terre et toutes ces pierres que j'enterrais, il m'a fallu percer la voûte d'un escalier, dans le tambour duquel tous ces décombres ont été tour à tour ensevelis; si bien qu'aujourd'hui le tambour est plein, et que je ne saurais plus où mettre une poignée de poussière? savez-vous, enfin, que je croyais toucher au but de tous mes travaux, que je me sentais juste la force d'accomplir cette tâche, et que voilà que Dieu non seulement recule ce but, mais le transporte je ne sais où? Ah! je vous le dis, je vous le répète, je ne ferai plus rien désormais pour essayer de reconquérir ma liberté, puisque la volonté de Dieu est qu'elle soit perdue à tout jamais.

Edmond baissa la tête pour ne pas avouer à cet homme que la joie d'avoir un compagnon l'empêchait de compatir comme il eût dû à la douleur qu'éprouvait le prisonnier de n'avoir pu se sauver.

L'abbé Faria se laissa aller sur le lit d'Edmond, et Edmond resta debout.

Le jeune homme n'avait jamais songé à la fuite. Il y a de ces choses qui semblent tellement impossibles qu'on n'a pas même l'idée de les tenter et qu'on les évite d'instinct. Creuser cinquante pieds sous la terre, consacrer à cette opération un travail de trois ans pour arriver, si on réussit, à un précipice donnant à pic sur la mer; se précipiter de cinquante, de soixante, de cent pieds, peut-être, pour s'écraser en tombant la tête sur quelque rocher, si la balle des sentinelles ne vous a point déjà tué auparavant; être obligé, si l'on échappe à tous ces dangers, de faire une lieue en nageant, c'en était trop pour qu'on ne se résignât point, et nous avons vu que Dantès avait failli pousser cette résignation jusqu'à la mort.

Mais maintenant que le jeune homme avait vu un vieillard se cramponner à la vie avec tant d'énergie et lui donner l'exemple des résolutions désespérées, il se mit à réfléchir et à mesurer son courage. Un autre avait tenté ce qu'il n'avait pas même eu l'idée de faire; un autre moins jeune, moins fort, moins adroit que lui, s'était procuré, à force d'adresse et de patience, tous les instruments dont il avait eu besoin pour cette incroyable opération, qu'une mesure mal prise avait pu seule faire échouer; un autre avait fait tout cela; rien n'était donc impossible à Dantès; Faria avait percé cinquante pieds, il en percerait cent; Faria, à cinquante ans, avait mis trois ans à son œuvre; il n'avait que la moitié de l'âge de Faria, lui, et il en mettrait six; Faria, abbé, savant, homme d'église, n'avait pas craint de risquer la traversée du château d'If à l'île de Daume, de Ratonneau ou de Lemaire; lui, Edmond le marin, lui, Dantès le hardi plongeur, qui avait été si souvent chercher une branche de corail au fond de la mer, hésiterait-il donc à faire une lieue en nageant? Que fallait-il pour faire une lieue en nageant? une heure? Eh bien! n'était-il donc pas resté des heures entières à la mer sans reprendre pied sur le rivage! Non, non, Dantès n'avait besoin que d'être encouragé par un exemple. Tout ce qu'un autre a fait ou aurait pu faire, Dantès le fera.

Le jeune homme réfléchit un instant.

— J'ai trouvé ce que vous cherchiez, dit-il au vieillard.

Faria tressaillit.

— Vous? dit-il, et en relevant la tête d'un air qui indiquait que si Dantès disait la vérité, le découragement de son compagnon ne serait pas de longue durée, vous, voyons, qu'avez-vous trouvé?

— Le corridor que vous avez percé pour venir de chez vous ici s'étend dans le même sens que la galerie extérieure, n'est-ce pas?

— Oui.

— Il doit n'en être éloigné que d'une quinzaine de pas.

— Tout au plus.

— Eh bien! vers le milieu du corridor nous perçons un chemin formant comme la branche d'un croix. Cette fois vous prenez mieux vos mesures. Nous débouchons sur la galerie extérieure. Nous tuons la sentinelle et nous nous évadons. Il ne faut, pour que ce plan réussisse, que du courage, vous en avez; que de la vigueur, je n'en manque pas. Je ne parle pas de la patience, vous avez fait vos preuves et je ferai les miennes.

— Un instant, répondit l'abbé; vous n'avez pas su, mon cher compagnon, de quelle espèce est mon courage, et quel emploi je compte faire de ma force. Quant à la patience, je crois avoir été assez patient en recommençant chaque matin la tâche de la nuit et chaque nuit la tâche du jour. Mais alors écoutez-moi bien, jeune homme, c'est qu'il me semblait que je servais Dieu en délivrant une de ses créatures qui, étant innocente, n'avait pu être condamnée.

— Eh bien ! demanda Dantès, la chose n'en est-elle pas au même point, et vous êtes-vous reconnu coupable depuis que vous m'avez rencontré, dites ?

— Non, mais je ne veux pas le devenir. Jusqu'ici je croyais n'avoir affaire qu'aux choses, voilà que vous me proposez d'avoir affaire aux hommes. J'ai pu percer un mur et détruire un escalier, mais je ne percerai pas une poitrine et ne détruirai pas une existence.

Dantès fit un léger mouvement de surprise.

— Comment, dit-il, pouvant être libre, vous seriez retenu par un semblable scrupule?

— Mais vous-même, dit Faria, pourquoi n'avez-vous pas un soir assommé votre geôlier avec le pied de votre table, revêtu ses habits et essayé de fuir ?

— C'est que l'idée ne m'en est pas venue, dit Dantès.

— C'est que vous avez une telle horreur instinctive pour un pareil crime, une telle horreur que vous n'y avez pas même songé, reprit le vieillard ; car dans les choses simples et permises nos appétits naturels nous avertissent que nous ne devions pas de la ligne de notre droit. Le tigre qui verse le sang par nature, dont c'est l'état, la destination, n'a besoin que d'une chose, c'est que son odorat l'avertisse qu'il a une proie à sa portée. Aussitôt il bondit vers cette proie, tombe dessus et la déchire. C'est son instinct et il y obéit. Mais l'homme, au contraire, répugne au sang; ce ne sont point les lois sociales qui répugnent au meurtre, ce sont les lois naturelles.

Dantès resta confondu : c'était en effet l'explication de ce qui s'était passé à son insu dans son esprit ou plutôt dans son ame, car il y a des pensées qui viennent de la tête, et d'autres qui viennent du cœur.

— Eh puis ! continua Faria, depuis tantôt douze ans que je suis en prison, j'ai repassé dans mon esprit toutes les évasions célèbres. Je n'ai vu réussir que rarement les évasions. Les évasions heureuses, les évasions couronnées d'un plein succès, sont les évasions méditées avec soin et lentement préparées : c'est ainsi que le duc de Beaufort s'est échappé du château de Vincennes; l'abbé du Buquoi du Fort-l'Évêque, et Latude de la Bastille. Il y a encore celles que le hasard peut offrir : celles-là sont les meilleures; attendons une occasion, croyez-moi, et si cette occasion se présente, profitons-en.

— Vous avez pu attendre, vous, dit Dantès en soupirant; ce long travail vous faisait une occupation de tous les instans, et quand vous n'aviez pas votre travail pour vous distraire, vous aviez vos espérances pour vous consoler.

— Puis, dit l'abbé, je ne m'occupais point qu'à cela.

— Que faisiez-vous donc ?

— J'écrivais ou j'étudiais.

— On vous donne donc du papier, des plumes, de l'encre?

— Non, dit l'abbé, mais je m'en fais.

— Vous vous faites du papier, des plumes et de l'encre ! s'écria Dantès.

— Oui.

Dantès regarda cet homme avec admiration ; seulement il avait encore peine à croire ce qu'il disait. Faria s'aperçut de ce léger doute.

— Quand vous viendrez chez moi, lui dit-il, je vous montrerai un ouvrage entier, résultat des pensées, des recherches et des réflexions de toute ma vie, que j'avais médité à l'ombre du Colisée à Rome, au pied de la colonne Saint-Marc à Venise, sur les bords de l'Arno à Florence, et que je ne me doutais guère qu'un jour mes geôliers me laisseraient le loisir d'exécuter entre les quatre murs du château d'If. C'est un *Traité sur la possibilité d'une monarchie générale en Italie.* Cela fera un grand volume in-quarto.

— Et vous l'avez écrit?

— Sur deux chemises. J'ai inventé une préparation qui rend le linge lisse et uni comme le parchemin.

— Vous êtes donc chimiste?

— Un peu. J'ai connu Lavoisier et j'ai été lié avec Cabanis.

— Mais, pour un pareil ouvrage, il vous a fallu faire des recherches historiques. Vous aviez donc des livres ?

— A Rome, j'avais à peu près cinq mille volumes dans ma bibliothèque. A force de les lire et de les relire, j'ai découvert qu'avec cent cinquante ouvrages bien choisis on a, sinon le résumé complet des connaissances humaines, du moins tout ce qu'il est utile à un homme de savoir. J'ai consacré trois années de ma vie à lire et à relire ces cent cinquante volumes, de sorte que je les savais à peu près par cœur lorsque j'ai été arrêté. Dans ma prison, avec un léger effort de mémoire, je me les suis rappelés tout-à-fait. Ainsi pourrai-je vous réciter Thucydide, Xénophon, Plutarque, Tite-Live, Tacite, Strada, Jornandès, Dante, Montaigne, Shakspeare, Spinosa, Machiavel et Bossuet. Je ne vous cite que les plus importans.

— Mais vous savez donc plusieurs langues ?

— Je parle cinq langues vivantes, l'allemand, le français, l'italien, l'anglais et l'espagnol ; à l'aide du grec ancien, je comprends le grec moderne ; seulement je le parle mal, mais je l'étudie en ce moment.

— Vous l'étudiez ? dit Dantès.

— Oui, je me suis fait un vocabulaire des mots que je sais, je les ai arrangés, combinés, tournés et retournés, de façon à ce qu'ils puissent me suffire pour exprimer ma pensée. Je sais à peu près mille mots, c'est tout ce qu'il me faut à la rigueur, quoiqu'il y en ait cent mille, je crois, dans les dictionnaires. Seulement je ne serai pas éloquent, mais je me ferai comprendre à merveille et cela me suffit.

De plus en plus émerveillé, Edmond commençait à trouver presque surnaturelles les facultés de cet homme étrange. Il voulut le trouver en défaut sur un point quelconque, il continua :

— Mais si l'on ne vous a pas donné de plumes, dit-il, avec quoi avez-vous pu écrire ce traité si volumineux ?

— Je m'en suis fait d'excellentes, et que l'on préférerait aux plumes ordinaires si la matière était connue, avec les cartilages des têtes de ces énormes merlans que l'on nous sert quelquefois pendant les jours maigres. Aussi vois-je toujours arriver les mercredis, les vendredis et les samedis avec grand plaisir, car ils me donnent l'espérance d'augmenter ma provision de plumes, et mes travaux historiques sont, je l'avoue, ma plus douce occupation. En descendant dans le passé, j'oublie le présent ; en marchant libre et indépendant dans l'histoire, je ne me souviens plus que je suis prisonnier.

— Mais de l'encre ? dit Dantès ; avec quoi vous êtes-vous fait de l'encre ?

— Il y avait autrefois une cheminée dans mon cachot dit Faria ; cette cheminée a été bouchée quelque temps avant mon arrivée sans doute, mais pendant longues années on y avait fait du feu, tout l'intérieur en est donc tapissée de suie. Je fais dissoudre cette suie dans une portion du vin qu'on me donne tous les dimanches, cela me fournit de l'encre excellente. Pour les notes particulières et qui ont besoin d'attirer les yeux, je me pique les doigts et j'écris avec mon sang.

— Et quand pourrai-je voir tout cela ? demanda Dantès.

— Quand vous voudrez, répondit Faria

— Oh ! tout de suite ! s'écria le jeune homme

— Suivez-moi donc, dit l'abbé.

Et il rentra dans le corridor souterrain où il disparut; Dantès le suivit.

CHAP. XVII. — LA CHAMBRE DE L'ABBÉ.

Après avoir passé en se courbant, mais cependant avec assez de facilité, par le passage souterrain, Dantès arriva à l'extrémité opposée du corridor qui donnait dans la chambre de l'abbé. Là, le passage se rétrécissait et offrait à peine l'espace suffisant pour qu'un homme pût se glisser en rampant. La chambre de l'abbé était dallée; c'était en soulevant une de ces dalles placée dans le coin le plus obscur qu'il avait commencé la laborieuse opération dont Dantès avait vu la fin.

A peine entré et debout, le jeune homme examina cette chambre avec grande attention. Au premier aspect, elle ne présentait rien de particulier.

— Bon, dit l'abbé, il n'est que midi un quart, et nous avons encore quelques heures devant nous.

Dantès regarda autour de lui, cherchant à quelle horloge l'abbé avait pu lire l'heure d'une façon si précise.

— Regardez ce rayon du jour qui vient par ma fenêtre, dit l'abbé, et regardez sur le mur les lignes que j'ai tracées. Grâce à ces lignes qui sont combinées avec le double mouvement de la terre et l'ellipse qu'elle décrit autour du soleil, je sais plus exactement l'heure que si j'avais une montre, car une montre se dérange, tandis que le soleil et la terre ne se dérangent jamais.

Dantès n'avait rien compris à cette explication; il avait toujours cru, en voyant le soleil se lever derrière les montagnes et se coucher dans la Méditerranée, que c'était lui qui marchait et non la terre. Ce double mouvement du globe qu'il habitait et dont cependant il ne s'apercevait pas lui semblait presque impossible; dans chacune des paroles de son interlocuteur il voyait des mystères de science aussi admirables à creuser que ces mines d'or et de diamans qu'il avait visitées dans un voyage qu'il avait fait presque enfant encore à Guzarate et à Golconde.

— Voyons, dit-il à l'abbé, j'ai hâte d'examiner vos trésors.

L'abbé alla vers la cheminée, déplaça avec le ciseau qu'il tenait toujours à la main la pierre qui formait autrefois l'âtre et qui cachait une cavité assez profonde; c'est dans cette cavité qu'étaient renfermés tous les objets dont il avait parlé à Dantès.

— Que voulez-vous voir d'abord ? lui demanda-t-il.

— Montrez-moi votre grand ouvrage sur la royauté en Italie.

Faria tira de l'armoire précieuse trois ou quatre rouleaux de linge tournés sur eux-mêmes, comme des feuilles de papyrus; c'étaient des bandes de toile larges de quatre pouces à peu près et longues de dix-huit. Ces bandes, numérotées, étaient couvertes d'une écriture que Dantès put lire, car elle était écrite dans la langue maternelle de l'abbé, c'est-à-dire en italien, idiome qu'en sa qualité de Provençal Dantès comprenait parfaitement.

— Voyez, lui dit-il, tout est là; il y a huit jours à peu près que j'ai écrit le mot *fin* au bas de la soixante-huitième bande. Deux de mes chemises et tout ce que j'avais de mouchoirs y a passé; si jamais je redeviens libre et qu'il se trouvât dans toute l'Italie un imprimeur qui ose m'imprimer, ma réputation est faite.

— Oui, répondit Dantès, je vois bien. Et maintenant montrez-moi donc, je vous prie, les plumes avec lesquelles a été écrit cet ouvrage?

— Voyez, dit Faria.

Et il montra au jeune homme un petit bâton long de six pouces, gros comme le manche d'un pinceau, au bout et autour duquel était lié par un fil un de ces cartilages, encore taché par l'encre dont l'abbé avait parlé à Dantès; il était allongé en bas et fendu comme une plume ordinaire.

Dantès l'examina, cherchant des yeux l'instrument avec lequel il avait pu être taillé d'une façon si correcte.

— Ah oui, dit Faria, le canif, n'est-ce pas ? C'est mon chef-d'œuvre; je l'ai fait, ainsi que le couteau que voici, avec un vieux chandelier de fer.

Le canif coupait comme un rasoir. Quant au couteau, il avait cet avantage qu'il pouvait servir tout à la fois de couteau et de poignard.

Dantès examina ces différens objets avec la même attention que dans les boutiques de curiosité de Marseille il avait examiné parfois ces instrumens exécutés par des sauvages et rapportés des mers du Sud par les capitaines au long cours.

— Quant à l'encre, dit Faria, vous savez comment je procède : je la fais à mesure que j'en ai besoin.

— Maintenant je m'étonne d'une chose, dit Dantès, c'est que les jours vous aient suffi pour toute cette besogne.

— J'avais les nuits, répondit Faria.

— Les nuits ! êtes-vous donc de la nature des chats, et voyez-vous clair pendant la nuit?

— Non; mais Dieu a donné à l'homme l'intelligence pour venir en aide à la pauvreté de ses sens : je me suis procuré de la lumière.

— Comment cela ?

— De la viande qu'on m'apporte je sépare la graisse, je la fais fondre, et j'en tire une espèce d'huile compacte. Tenez, voilà ma bougie.

Et l'abbé montra à Dantès une espèce de lampion pareil à ceux qui servent dans les illuminations publiques.

— Mais du feu?

Voici deux cailloux et du linge brûlé.

— J'ai feint un maladie de peau, et j'ai demandé du soufre, que l'on m'a accordé.

Dantès posa les objets qu'il tenait sur la table, et baissa la tête, écrasé sous la persévérance et la force de cet esprit.

— Ce n'est pas tout, continua Faria; car il ne faut pas mettre tous ses trésors dans une seule cachette; refermons celle-ci.

Ils posèrent la dalle à sa place; l'abbé sema un peu de poussière dessus, y passa son pied pour faire disparaître toute trace de solution de continuité, s'avança vers son lit et le déplaça.

Derrière le chevet, caché par une pierre qui le refermait avec une herméticité presque parfaite, était un trou, et dans ce trou une échelle de corde longue de vingt-cinq à trente pieds.

Dantès l'examina; elle était d'une solidité à toute épreuve.

— Qui vous a fourni la corde nécessaire à ce merveilleux ouvrage? demanda Dantès.

— D'abord quelques chemises que j'avais, puis les draps de mon lit que, pendant trois ans de captivité à Fenestrelle, j'ai effilés. Quand on m'a transporté au château d'If, j'ai trouvé moyen d'emporter avec moi cet effilé; j'ai continué la besogne.

— Mais ne s'apercevait-on pas que les draps de votre lit n'avaient plus d'ourlet?

— Je les recousais.

— Avec quoi ?

— Avec cette aiguille.

Et l'abbé, ouvrant un lambeau de ses vêtemens, montra à Dantès une arête longue, aiguë et encore enfilée, qu'il portait sur lui.

— Oui, continua Faria, j'avais d'abord songé à desceller ces barreaux et à fuir par cette fenêtre, qui est un peu plus large que la vôtre, comme vous voyez, et que j'eusse élargie encore au moment de mon évasion; mais je me suis aperçu que cette fenêtre donnait sur une cour intérieure, et j'ai renoncé à mon projet comme trop chanceux. Cependant j'ai conservé l'échelle pour une circonstance imprévue, pour une de ces évasions dont je vous parlais, et que le hasard procure.

Dantès, tout en ayant l'air d'examiner l'échelle, pensait cette fois à autre chose : une idée avait traversé son esprit. C'est que cet homme, si intelligent, si ingénieux, si profond, verrait peut-être clair dans l'obscurité de son propre malheur, où jamais lui-même n'avait rien pu distinguer.

— A quoi songez-vous? demanda l'abbé en souriant et prenant l'absorption de Dantès pour une admiration portée au plus haut degré.

— Je pense à une chose d'abord, c'est à la somme énorme d'intelligence qu'il vous a fallu dépenser pour arriver au but où vous êtes parvenu ; qu'eussiez-vous donc fait libre?

— Rien peut-être : ce trop plein de mon cerveau se fût évaporé en futilités. Il faut le malheur pour creuser certaines mines mystérieuses cachées dans l'intelligence humaine ; il faut la pression pour faire éclater la poutre. La captivité a réuni sur un seul point toutes mes facultés flottantes çà et là ; elles se sont heurtées dans un espace étroit ; et, vous le savez, du choc des nuages résulte l'électricité, de l'électricité l'éclair, de l'éclair la lumière.

— Non, je ne sais rien, dit Dantès, abattu par son ignorance ; une partie des mots que vous prononcez sont pour moi des mots vides de sens ; vous êtes bien heureux d'être si savant, vous!

L'abbé sourit.

— Vous pensiez à deux choses, disiez-vous tout à l'heure?

— Oui.

— Et vous ne m'avez fait connaître que la première ; quelle est la seconde?

— La seconde est que vous m'avez raconté votre vie, et que vous ne connaissez pas la mienne.

— Votre vie, jeune homme, est bien courte pour renfermer des événemens de quelque importance.

— Elle renferme un immense malheur, dit Dantès, un malheur que je n'ai pas mérité ; et je voudrais, pour ne plus blasphémer Dieu comme je l'ai fait quelquefois, pouvoir m'en prendre aux hommes de mon malheur.

— Alors, vous vous prétendez innocent du fait qu'on vous impute?

— Complètement innocent, sur la tête des deux seules personnes qui me sont chères, sur la tête de mon père et de Mercédès.

— Voyons, dit l'abbé en refermant sa cachette et en repoussant son lit à sa place, racontez-moi donc votre histoire?

Dantès alors raconta ce qu'il appelait son histoire, et qui se bornait à un voyage dans l'Inde et à deux ou trois voyages dans le Levant ; enfin il en arriva à sa dernière traversée, à la mort du capitaine Leclère, au paquet remis par lui pour le grand-maréchal, à l'entrevue du grand-maréchal, à la lettre remise par lui et adressée à un monsieur Noirtier ; enfin à son arrivée à Marseille, à son entrevue avec son père, à ses amours avec Mercédès, au repas de ses fiançailles, à son arrestation, à son interrogatoire, à sa prison provisoire au Palais-de-Justice ; enfin à sa prison définitive au château d'If. Arrivé là, Dantès ne savait plus rien, pas même le temps qu'il y était resté prisonnier.

Le récit achevé, l'abbé réfléchit profondément.

— Il y a, dit-il au bout d'un instant, un axiome de droit d'une grande profondeur, et qui en revient à ce que je vous disais tout à l'heure, c'est qu'à moins que la pensée mauvaise ne naisse avec une organisation faussée, la nature humaine répugne au crime. Cependant la civilisation nous a donné les besoins, des vices, des appétits factices qui ont parfois l'influence de nous faire étouffer nos bons instincts et qui nous conduisent au mal. De là cette maxime : Si vous voulez découvrir le coupable, cherchez d'abord celui à qui le crime commis peut être utile!

— A qui votre disparition pouvait-elle être utile?

— A personne, mon Dieu! j'étais si peu de chose.

— Ne répondez pas ainsi, car la réponse manque à la fois de logique et de philosophie ; tout est relatif, mon cher ami, depuis le roi qui gêne son futur successeur jusqu'à l'employé qui gêne le surnuméraire : si le roi meurt, le successeur hérite d'une couronne ; si l'employé meurt, le surnuméraire hérite de douze cents livres d'appointemens. Ces douze cents livres d'appointemens, c'est sa liste civile à lui ; ils lui sont aussi nécessaires pour vivre que les douze millions d'un roi. Chaque individu, depuis le plus bas jusqu'au plus haut degré de l'échelle sociale, groupe autour de lui tout un petit monde d'intérêts, ayant ses tourbillons et ses atomes crochus, comme les mondes de Descartes. Seulement ces mondes vont toujours s'élargissant à mesure qu'ils montent. C'est une spirale renversée et qui se tient sur la pointe par un jeu d'équilibre. Revenons-en donc à votre monde à vous. Vous alliez être nommé capitaine du *Pharaon*?

— Oui.

— Vous alliez épouser une belle jeune fille?

— Oui.

— Quelqu'un avait-il intérêt à ce que vous ne devinssiez pas capitaine du *Pharaon*? Quelqu'un avait-il intérêt à ce que vous n'épousassiez pas Mercédès? Répondez d'abord à la première question, l'ordre est la clé de tous les problèmes. Quelqu'un avait-il intérêt à ce que vous ne devinssiez pas capitaine du *Pharaon*?

— Non ; j'étais fort aimé à bord. Si les matelots avaient pu élire un chef, je suis sûr qu'ils m'eussent élu. Un seul homme avait quelque motif de m'en vouloir, j'avais eu quelque temps auparavant une querelle avec lui, et je lui avais proposé un duel qu'il avait refusé.

— Allons donc! Cet homme, comment se nommait-il?

— Danglars.

— Qu'était-il à bord?

— Agent comptable.

— Si vous fussiez devenu capitaine, l'eussiez-vous conservé dans son poste?

— Non, si la chose eût dépendu de moi ; car j'avais cru remarquer quelques infidélités dans ses comptes.

— Bien. Maintenant quelqu'un a-t-il assisté à votre dernier entretien avec le capitaine Leclère?

— Non, nous étions seuls.

— Quelqu'un a-t-il pu entendre votre conversation?

— Oui, car la porte était ouverte ; et même... attendez... oui, oui, Danglars est passé juste au moment où le capitaine Leclère me remettait le paquet destiné au grand-maréchal.

— Bon, fit l'abbé, nous sommes sur la voie. Avez-vous amené quelqu'un avec vous à terre quand vous avez relâché à l'île d'Elbe?

— Personne.

— On vous a remis une lettre?

— Oui, le grand-maréchal.

— Cette lettre, qu'en avez-vous fait?

— Je l'ai mise dans mon portefeuille.

— Vous aviez donc votre portefeuille sur vous? Comment un portefeuille devant contenir une lettre officielle pouvait-il tenir dans la poche d'un marin?

— Vous avez raison, mon portefeuille était à bord.

— Ce n'est donc qu'à bord que vous avez enfermé la lettre dans le portefeuille?

— Oui.

— De Porto-Ferrajo à bord qu'avez-vous fait de cette lettre?

— Je l'ai tenue à ma main.

— Quand vous êtes remonté sur le *Pharaon*, chacun a donc pu voir que vous teniez une lettre ?
— Oui.
— Danglars comme les autres ?
— Danglars comme les autres.
— Maintenant, écoutez bien ; réunissez tous vos souvenirs : vous rappelez-vous dans quels termes était rédigée la dénonciation ?
— Oh ! oui ; je l'ai relue trois fois, et chaque parole en est restée dans ma mémoire.
— Répétez-la-moi.

Dantès se recueillit un instant.

— La voici, dit-il, textuellement :

« Monsieur le procureur du roi est prévenu par un ami du trône et de la religion que le nommé Edmond Dantès, second du navire le *Pharaon*, arrivé ce matin de Smyrne, après avoir touché à Naples et à Porto-Ferrajo, a été chargé par Murat d'un paquet pour l'usurpateur, et par l'usurpateur d'une lettre pour le comité bonapartiste de Paris.

» On aura la preuve de son crime en l'arrêtant, car on trouvera cette lettre ou sur lui, ou chez son père, ou dans sa cabine à bord du *Pharaon*. »

L'abbé haussa les épaules.

— C'est clair comme le jour, dit-il, et il faut que vous ayez eu le cœur bien naïf et bien bon pour n'avoir pas deviné la chose tout d'abord.

— Vous croyez ? s'écria Dantès. Ah ! ce serait bien infâme !

— Quelle était l'écriture ordinaire de Danglars ?
— Une belle cursive.
— Quelle était l'écriture de la lettre anonyme ?
— Une écriture renversée.

L'abbé sourit.

— Contrefaite, n'est-ce pas ?
— Bien hardie pour être contrefaite.
— Attendez, dit-il.

Il prit sa plume, ou plutôt ce qu'il appelait ainsi, la trempa dans l'encre et écrivit de la main gauche, sur un linge préparé à cet effet, les deux ou trois premières lignes de la dénonciation.

Dantès recula et regarda presque avec terreur l'abbé.

— Oh ! c'est étonnant, s'écria-t-il, comme cette écriture ressemblait à celle-ci !

— C'est que la dénonciation avait été écrite de la main gauche. J'ai observé une chose, continua l'abbé.

— Laquelle ?
— C'est que toutes les écritures tracées de la main droite sont variées, c'est que toutes les écritures tracées de la main gauche se ressemblent.

— Vous avez donc tout vu, tout observé ?
— Continuons.
— Oh ! oui, oui.
— Passons à la seconde question.
— J'écoute.
— Quelqu'un avait-il intérêt à ce que vous n'épousassiez pas Mercédès ?
— Oui ! un jeune homme qui l'aimait.
— Son nom ?
— Fernand.
— C'est un nom espagnol.
— Il était Catalan.
— Croyez-vous que celui-ci était capable d'écrire la lettre ?
— Non ! celui-ci m'eût donné un coup de couteau, voilà tout.
— Oui, c'est dans la nature espagnole : un assassinat, oui ; une lâcheté, non.
— D'ailleurs, continua Dantès, il ignorait tous les détails consignés dans la dénonciation.

— Vous ne les aviez donnés à personne ?
— A personne.
— Pas même à votre maîtresse ?
— Pas même à ma fiancée.
— C'est Danglars.
— Oh ! maintenant j'en suis sûr.
— Attendez... Danglars connaissait-il Fernand ?
— Non... si... je me rappelle...
— Quoi ?
— La surveille de mon mariage, je les ai vus attablés ensemble sous la tonnelle du père Pamphile. Danglars était amical et railleur, Fernand était pâle et troublé.
— Ils étaient seuls ?
— Non, ils avaient avec eux un troisième compagnon, bien connu de moi, qui sans doute leur avait fait faire connaissance, un tailleur nommé Caderousse ; mais celui-ci était déjà ivre ; attendez... attendez... Comment ne me suis-je pas rappelé cela ? Près de la table où ils buvaient étaient un encrier, du papier, des plumes. (Dantès porta la main à son front.) — Oh ! les infâmes ! les infâmes !

— Voulez-vous encore savoir autre chose ? dit l'abbé en riant.

— Oui, oui, puisque vous approfondissez tout, puisque vous voyez clair en toutes choses. Je veux savoir pourquoi je n'ai été interrogé qu'une fois, pourquoi on ne m'a pas donné de juges, et comment je suis condamné sans arrêt.

— Oh ! ceci, dit l'abbé, c'est un peu plus grave ; la justice a des allures sombres et mystérieuses qu'il est difficile de pénétrer. Ce que nous avons fait jusqu'ici pour vos deux ennemis était un jeu d'enfant ; il va falloir sur ce sujet, me donner les indications les plus précises.

— Voyons, interrogez-moi, car en vérité, vous voyez plus clair dans ma vie que moi-même.

— Qui vous a interrogé ? est-ce le procureur du roi, le substitut, le juge d'instruction ?
— C'était le substitut.
— Jeune ou vieux ?
— Jeune : vingt-sept ou vingt-huit ans.
— Bien, pas corrompu encore, mais ambitieux déjà, dit l'abbé. Quelles furent ses manières avec vous ?
— Douces plutôt que sévères.
— Lui avez-vous tout raconté ?
— Tout.
— Et ces manières ont-elles changé dans le courant de l'interrogatoire ?
— Un instant elles ont été altérées lorsqu'il eut lu la lettre qui me compromettait ; il parut comme accablé de mon malheur.
— De votre malheur ?
— Oui.
— Et vous êtes bien sûr que c'était votre malheur qu'il plaignait ?
— Il m'a donné une grande preuve de sa sympathie, du moins.
— Laquelle ?
— Il a brûlé la seule pièce qui pouvait me compromettre.
— Laquelle ? la dénonciation ?
— Non, la lettre.
— Vous en êtes sûr ?
— Cela s'est passé devant moi.
— C'est autre chose ; cet homme pourrait être un plus profond scélérat que vous ne croyez.
— Vous me faites frissonner, sur mon honneur ! dit Dantès, le monde est-il donc peuplé de tigres et de crocodiles ?
— Oui ; seulement, les tigres et les crocodiles à deux pieds sont plus dangereux que les autres.
— Continuons, continuons.

ŒUV. COMPL. D'ALEX. DUMAS.   7

— Volontiers ; il a brûlé la lettre, dites-vous ?
— Oui, en me disant : Vous voyez, il n'existe que cette preuve-là contre vous, et je l'anéantis.
— Cette conduite est trop sublime pour être naturelle.
— Vous croyez ?
— J'en suis sûr. A qui cette lettre était-elle adressée ?
— A M. Noirtier, rue Coq-Héron, n° 13, à Paris.
— Pouvez-vous présumer que votre substitut eût quelque intérêt à ce que cette lettre disparût !
— Peut-être ; car il m'a fait promettre deux ou trois fois, dans mon intérêt, disait-il, de ne parler à personne de cette lettre, et il m'a fait jurer de ne pas prononcer le nom qui était inscrit sur l'adresse.
— Noirtier ? répéta l'abbé... Noirtier ? j'ai connu un Noirtier à la cour de l'ancienne reine d'Étrurie, un Noirtier qui avait été girondin dans la révolution. Comment s'appelait votre substitut, à vous ?
— De Villefort.
L'abbé éclata de rire.
Dantès le regarda avec stupéfaction.
— Qu'avez-vous ? dit-il.
— Voyez-vous ce rayon de jour ? demanda l'abbé.
— Oui.
— Eh bien ! tout est plus clair pour moi maintenant que ce rayon transparent et lumineux. Pauvre enfant, pauvre jeune homme ! Et ce magistrat a été bon pour vous ?
— Oui.
— Ce digne substitut a brûlé, anéanti la lettre ?
— Oui.
— Cet honnête pourvoyeur du bourreau vous a fait jurer de ne jamais prononcer le nom de Noirtier ?
— Oui.
— Ce Noirtier, pauvre aveugle que vous êtes, savez-vous ce que c'était que ce Noirtier ? Ce Noirtier, c'était son père !

La foudre, tombée aux pieds de Dantès et lui creusant un abîme au fond duquel s'ouvrait l'enfer, lui eût produit un effet moins prompt, moins électrique, moins écrasant que ces paroles inattendues ; il se levait, saisissait sa tête à deux mains comme pour l'empêcher d'éclater.
— Son père ! son père ! s'écria-t-il.
— Oui, son père, qui s'appelle Noirtier de Villefort, reprit l'abbé.
Alors une lumière fulgurante traversa le cerveau du prisonnier, tout ce qui lui était demeuré obscur fut à l'instant même éclairé d'un jour éclatant. Ces tergiversations de Villefort pendant l'interrogatoire, cette lettre détruite, ce serment exigé, cette voix presque suppliante du magistrat, qui, au lieu de menacer, semblait implorer, tout lui revint à la mémoire ; il jeta un cri, chancela un instant comme un homme ivre ; puis, s'élançant par l'ouverture qui conduisait de la cellule de l'abbé à la sienne :
— Oh ! dit-il, il faut que je sois seul pour penser à tout cela.
Et, en arrivant dans son cachot, il tomba sur son lit où le porte-clés le retrouva le soir, assis, les yeux fixes, les traits contractés, mais immobile et muet comme une statue.

Pendant ces heures de méditation qui s'étaient écoulées comme des secondes, il avait pris une terrible résolution et fait un formidable serment !

Une voix tira Dantès de cette rêverie, c'était celle de l'abbé Faria, qui ayant reçu à son tour la visite de son geôlier, venait inviter Dantès à souper avec lui. Sa qualité de fou reconnue, et surtout de fou divertissant, donnait au vieux prisonnier quelques priviléges, comme celui d'avoir du pain un peu plus blanc et un petit flacon de vin le dimanche. Or, on était justement arrivé au dimanche, et l'abbé venait inviter son jeune compagnon à partager son pain et son vin.

Dantès le suivit : toutes les lignes de son visage s'étaient remises et avaient repris leur place accoutumée, mais avec une raideur et une fermeté, si l'on peut le dire, qui accusaient une résolution prise. L'abbé le regarda fixement.

— Je suis fâché de vous avoir aidé dans vos recherches et de vous avoir dit ce que je vous ai dit, dit-il.
— Pourquoi cela ? demanda Dantès.
— Parce que je vous ai infiltré dans le cœur un sentiment qui n'y était point : la vengeance.
Dantès sourit.
— Parlons d'autre chose, dit-il.
L'abbé le regarda encore un instant et hocha tristement la tête ; puis, comme l'en avait prié Dantès, il parla d'autre chose.

Le vieux prisonnier était un de ces hommes dont la conversation, comme celle des gens qui ont beaucoup souffert, contient des enseignemens nombreux et renferme un intérêt soutenu ; mais elle n'était pas égoïste, et ce malheureux ne parlait jamais de ses malheurs.

Dantès écoutait chacune de ses paroles avec admiration ; les unes correspondaient à des idées qu'il avait déjà et à des connaissances qui étaient du ressort de son état de marin, les autres touchaient à des choses inconnues, et, comme ces aurores boréales qui éclairent les navigateurs dans les latitudes australes, montraient au jeune homme des paysages et des horizons nouveaux, illuminés de lueurs fantastiques. Dantès comprit le bonheur qu'il y aurait pour une organisation intelligente à suivre cet esprit élevé sur les hauteurs morales, philosophiques ou sociales sur lesquelles il avait l'habitude de se jouer.

— Vous devriez m'apprendre un peu de ce que vous savez, dit Dantès, ne fût-ce que pour ne pas vous ennuyer avec moi. Il me semble maintenant que vous devez préférer la solitude à un compagnon sans éducation et sans portée comme moi. Si vous consentez à ce que je vous demande, je m'engage à ne plus vous parler de fuir.

L'abbé sourit.

— Hélas ! mon enfant, dit-il, la science humaine est bien bornée, et quand je vous aurai appris les mathématiques, la physique, l'histoire et les trois ou quatre langues vivantes que je parle, vous saurez ce que je sais ; or, toute cette science, je serai deux ans à peine à la verser de mon esprit dans le vôtre.

— Deux ans ! dit Dantès, vous croyez que je pourrais apprendre toutes ces choses en deux ans ?

— Dans leur application, non ; dans leurs principes, oui ; apprendre n'est point savoir ; il y a les sachans et les savans : c'est la mémoire qui fait les uns, c'est la philosophie qui fait les autres.

— Mais ne peut-on apprendre la philosophie ?
— La philosophie ne s'apprend pas, la philophie est la réunion des sciences acquises au génie qui les applique : la philosophie, c'est le nuage éclatant sur lequel le Christ a posé le pied pour remonter au ciel.

— Voyons, dit Dantès, que m'apprendrez-vous d'abord ? J'ai hâte de commencer, j'ai soif de science.
— Tout ! dit l'abbé.

En effet, dès le soir les deux prisonniers arrêtèrent un plan d'éducation qui commença de s'exécuter le lendemain. Dantès avait une mémoire prodigieuse, une facilité de conception extrême : la disposition mathématique de son esprit le rendait apte à tout comprendre par le calcul, tandis que la poésie du marin corrigeait tout ce qui pouvait avoir de trop matériel la démonstration réduite à la sécheresse des chiffres ou à la rectitude des lignes ; il savait déjà, d'ailleurs, l'italien et un peu de romaïque qu'il avait appris dans ses voyages d'Orient. Avec ces deux langues, il comprit bientôt le mécanisme de toutes les autres, et au bout de six mois, il commençait à parler l'espagnol, l'anglais et l'allemand.

Comme il l'avait dit à l'abbé Faria, soit que la distraction que lui donnait l'étude lui tînt lieu de liberté, soit qu'il fût, comme nous l'avons vu déjà, rigide observateur de sa parole, il ne parlait plus de fuir, et les journées s'écoulaient pour lui rapides et instructives. Au bout d'un an, c'était un autre homme.

Quant à l'abbé Faria, Dantès remarquait que, malgré la distraction que sa présence avait apporté à sa captivité, il s'assombrissait tous les jours. Une pensée incessante et éternelle paraissait assiéger son esprit ; il tombait dans de profondes rêveries, soupirait involontairement, se levait tout à coup, croisait les bras, et se promenait sombre autour de sa prison.

Un jour il s'arrêta tout à coup au milieu d'un de ces cercles cent fois répétés qu'il décrivait autour de sa chambre, et s'écria :

— Ah! s'il n'y avait pas de sentinelle!

— Il n'y aura de sentinelle qu'autant que vous le voudrez bien, dit Dantès qui avait suivi sa pensée à travers la boîte de son cerveau comme à travers un cristal.

— Ah! je vous l'ai dit, reprit l'abbé, je répugne à un meurtre.

— Et cependant ce meurtre, s'il est commis, le sera par l'instinct de notre conservation, par un sentiment de défense personnelle.

— N'importe, je ne saurais.

— Vous y pensez cependant?

— Sans cesse, sans cesse, murmura l'abbé.

— Et vous avez trouvé un moyen, n'est-ce pas? dit vivement Dantès.

— Oui, s'il arrivait qu'on pût mettre sur la galerie une sentinelle aveugle et sourde.

— Elle sera aveugle, elle sera sourde, répondit le jeune homme avec un accent de résolution qui épouvanta l'abbé.

— Non, non! s'écria-t-il ; impossible.

Dantès voulut le retenir sur ce sujet, mais l'abbé secoua la tête et refusa de répondre davantage.

Trois mois s'écoulèrent.

— Êtes-vous fort? demanda un jour l'abbé à Dantès.

Dantès, sans répondre, prit le ciseau, le tordit comme un fer à cheval et le redressa.

— Vous engageriez-vous à ne tuer la sentinelle qu'à la dernière extrémité?

— Oui, sur l'honneur.

— Alors, dit l'abbé, nous pourrions exécuter notre dessein.

— Et combien nous faudra-t-il de temps pour l'exécuter?

— Un an au moins.

— Mais nous pourrions nous mettre au travail?

— Tout de suite.

— Oh! voyez donc, nous avons perdu un an! s'écria Dantès.

— Trouvez-vous que nous l'ayons perdu? dit l'abbé.

— Oh! pardon, pardon, s'écria Dantès rougissant.

— Chut! dit l'abbé; l'homme n'est jamais qu'un homme, et vous êtes encore un des meilleurs que j'aie connus. Tenez, voici mon plan :

L'abbé montra alors à Dantès un dessin qu'il avait tracé, c'était le plan de sa chambre et de celle de Dantès et du corridor qui joignait l'une à l'autre. Au milieu de cette galerie, il établissait un boyau pareil à celui qu'on pratique dans les mines. Ce boyau menait les deux prisonniers sous la galerie où se promenait la sentinelle ; une fois arrivés là, ils y pratiquaient une large excavation, descellaient une des dalles qui formaient le plancher de la galerie ; la dalle, à un moment donné, s'enfonçait sous le poids du soldat qui disparaissait englouti dans l'excavation ; Dantès se précipitait sur lui au moment où, tout étourdi de sa chute, il ne pouvait se défendre, le liait, le bâillonnait, et tout deux alors, passant par une des fenêtres de cette galerie, descendaient le long de la muraille extérieure à l'aide de l'échelle de cordes et se sauvaient.

Dantès battit des mains et ses yeux étincelèrent de joie; ce plan était si simple qu'il devait réussir. Le même jour, les mineurs se mirent à l'ouvrage avec d'autant plus d'ardeur que ce travail succédait à un long repos, et ne faisait, selon toute probabilité, que continuer la pensée intime et secrète de chacun d'eux.

Rien ne les interrompait que l'heure à laquelle chacun d'eux était forcé de rentrer chez soi pour recevoir la visite du geôlier. Ils avaient, au reste, pris l'habitude de distinguer, au bruit imperceptible des pas, le moment où cet homme descendait, et jamais ni l'un ni l'autre ne fut pris à l'improviste. La terre qu'ils extrayaient de la nouvelle galerie, et qui eût fini par combler l'ancien corridor, était jetée petit à petit, et avec des précautions inouïes, par l'une ou l'autre des deux fenêtres du cachot de Dantès ou du cachot de Faria ; on la pulvérisait avec soin, et le vent de la nuit l'emportait au loin sans qu'elle laissât de traces.

Plus d'un an se passa à ce travail exécuté avec un ciseau, un couteau et un levier de bois pour tous instruments ; pendant cette année, et tout en travaillant, Faria continuait d'instruire Dantès, lui parlant tantôt une langue, tantôt une autre, lui apprenant l'histoire des nations et des grands hommes qui laissaient de temps en temps derrière eux une de ces traces lumineuses qu'on appelle la gloire. L'abbé, homme du monde et du grand monde, avait en outre dans ses manières une sorte de majesté mélancolique dont Dantès, grâce à l'esprit d'assimilation dont la nature l'avait doué, sut extraire cette politesse élégante qui lui manquait et ces façons aristocratiques que l'on n'acquiert d'habitude que par le frottement des classes élevées ou de la société des hommes supérieurs.

Au bout de quinze mois, le trou était achevé, l'excavation était faite sous la galerie ; on entendait passer et repasser la sentinelle, et les deux ouvriers, qui étaient forcés d'attendre une nuit obscure et sans lune pour rendre leur évasion plus certaine encore, n'avaient plus qu'une crainte : c'était de voir le sol trop hâtif s'effondrer de lui-même sous les pieds du soldat. On obvia à cet inconvénient en plaçant une espèce de petite poutre, qu'on avait trouvée dans les fondations, comme un support. Dantès était occupé à la placer lorsqu'il entendit tout à coup l'abbé Faria, resté dans la chambre du jeune homme, où il s'occupait de son côté à aiguiser une cheville destinée à maintenir l'échelle de cordes, qui l'appelait avec un accent de détresse. Dantès rentra vivement ; il aperçut l'abbé, debout au milieu de la chambre, pâle, la sueur au front et les mains crispées.

— Oh! mon Dieu! s'écria Dantès, qu'y a-t-il, et qu'avez-vous donc?

— Vite, vite! dit l'abbé, écoutez-moi.

Dantès regarda le visage livide de Faria, ses yeux cernés d'un cercle bleuâtre, ses lèvres blanches, ses cheveux hérissés ; et, d'épouvante, il laissa tomber à terre le ciseau qu'il tenait à la main.

— Mais qu'y a-t-il donc? s'écria Edmond.

— Je suis perdu! dit l'abbé; écoutez-moi. Un mal terrible, mortel peut-être, va me saisir; l'accès arrive, je le sens, déjà j'en fus atteint l'année qui précéda mon incarcération. A ce mal il n'est qu'un remède, je vais vous le dire: courez vite chez moi, levez le pied du lit; ce pied est creux, vous y trouverez un petit flacon de cristal à moitié plein d'une liqueur rouge ; apportez-le, ou plutôt non, non; je pourrais être surpris ici; aidez-moi à rentrer chez moi pendant que j'ai encore quelques forces. Qui sait ce qui va arriver et le temps que durera l'accès?

Dantès, sans perdre la tête, bien que le malheur qui le frappait fût immense, descendit dans le corridor, traînant son malheureux compagnon après lui, et le conduisant, avec une peine infinie, jusqu'à l'extrémité opposée, se retrouva dans la chambre de l'abbé, qu'il déposa sur son lit.

— Merci, dit l'abbé frissonnant de tous ses membres comme s'il sortait d'une eau glacée. Voici le mal qui vient, je vais tomber en catalepsie, peut-être ne ferai-je pas un mouvement, peut-être ne jetterai-je pas une plainte; mais peut-être aussi j'écumerai, je me raidirai, je crierai; tachez que l'on n'entende pas mes cris, c'est l'important, car alors peut-être me changerait-on de chambre, et nous serions séparés à tout jamais. Quand vous me verrez immobile, froid et mort, pour ainsi dire, seulement à cet instant, entendez-vous bien, desserrez-moi les dents avec un couteau, faites couler dans ma bouche huit à dix gouttes de cette liqueur, et peut-être reviendrai-je.

— Peut-être? s'écria douloureusement Dantès.

— A moi! à moi! s'écria l'abbé, je m.. je me m....

L'accès fut si subit et si violent que le malheureux prisonnier ne put même achever le mot commencé; un nuage passa sur son front, rapide et sombre comme les tempêtes de la mer : la crise dilata ses yeux, tordit sa bouche, empourpra ses joues ; il s'agita, écuma, rugit; mais, ainsi qu'il l'avait recommandé lui-même, Dantès étouffa ses cris sous sa couverture. Cela dura deux heures. Alors plus inerte qu'une masse, plus pâle et plus froid que le marbre, plus brisé qu'un roseau foulé aux pieds, il tomba, se raidit encore dans une dernière convulsion et devint livide.

Edmond attendit que cette mort apparente eût envahi le corps et glacé jusqu'au cœur; alors il prit le couteau, introduisit la lame entre les dents, desserra avec une peine infinie les mâchoires crispées, compta l'une après l'autre dix gouttes de la liqueur rouge, et attendit.

Une heure s'écoula sans que le vieillard fît le moindre mouvement. Dantès craignait d'avoir attendu trop tard, et le regardait les deux mains enfoncées dans ses cheveux. Enfin, une légère coloration parut sur ses joues ; ses yeux, constamment restés ouverts et atones, reprirent leur regard, un faible soupir s'échappa de sa bouche, il fit un mouvement.

— Sauvé! sauvé! s'écria Dantès.

Le malade ne pouvait point parler encore, mais il étendit avec une anxiété visible la main vers la porte. Dantès écouta, et entendit les pas du geôlier : il allait être sept heures et Dantès n'avait pas eu le loisir de mesurer le temps.

Le jeune homme bondit vers l'ouverture, s'y enfonça, replaça la dalle au dessus de sa tête, et rentra chez lui.

Un instant après, sa porte s'ouvrit à son tour; le geôlier, comme d'habitude, trouva le prisonnier assis sur son lit.

A peine eût-il le dos tourné, à peine le bruit des pas se fut-il perdu dans le corridor, que Dantès, dévoré d'inquiétude, reprit, sans songer à manger, le chemin qu'il venait de faire, et, soulevant la dalle avec sa tête, rentra dans la chambre de l'abbé.

Celui-ci avait repris connaissance; mais il était toujours étendu, inerte et sans force, sur son lit.

— Je ne comptais plus vous revoir, dit-il à Dantès.

— Pourquoi cela, demanda le jeune homme; comptiez-vous donc mourir ?

— Non ; mais tout est prêt pour votre fuite, et je comptais que vous fuiriez.

La rougeur de l'indignation colora les joues de Dantès.

— Sans vous ! s'écria-t-il; m'avez-vous véritablement cru capable de cela?

— A présent, je vois que je m'étais trompé, dit le malade. Ah ! je suis bien faible, bien brisé, bien anéanti.

— Courage, vos forces reviendront, dit Dantès, s'asseyant près du lit de Faria et lui prenant les mains.

L'abbé secoua la tête.

— La dernière fois, dit-il, l'accès dura une demi-heure, après quoi j'eus faim et me relevai seul; aujourd'hui, je ne puis relever ni ma jambe ni mon bras droit; ma tête est embarrassée, ce qui prouve un épanchement au cerveau. La troisième fois, j'en resterai paralysé entièrement ou je mourrai sur le coup.

— Non, non, rassurez-vous, vous ne mourrez pas ; ce troisième accès, s'il vous prend, vous trouvera libre. Nous vous sauverons comme cette fois, et mieux que cette fois ; car nous aurons tous les secours nécessaires.

— Mon ami, dit le vieillard, ne vous abusez pas, la crise qui vient de se passer m'a condamné à une prison perpétuelle : pour fuir, il faut pouvoir marcher.

— Eh bien ! nous attendrons huit jours, un mois, deux mois s'il le faut; dans cet intervalle, vos forces reviendront; tout est préparé pour notre fuite, et nous avons la liberté d'en choisir l'heure et le moment. Le jour où vous vous sentirez assez de forces pour nager, eh bien ! ce jour-là, nous mettrons notre projet à exécution.

— Je ne nagerai plus, dit Faria, ce bras est paralysé, non pas pour un jour, mais à jamais, soulevez-le vous-même, et voyez ce qu'il pèse.

Le jeune homme souleva le bras, qui retomba insensible. Il poussa un soupir.

— Vous êtes convaincu, maintenant, n'est-ce pas, Edmond? dit Faria ; croyez-moi, je sais ce que je dis : depuis la première attaque que j'ai eue de ce mal, je n'ai pas cessé d'y réfléchir. Je l'attendais, car c'est un héritage de famille ; mon père est mort à la troisième crise, mon aïeul aussi. Le médecin qui m'a composé cette liqueur, et qui n'est autre que le fameux Cabanis, m'a prédit le même sort.

— Le médecin se trompe ! s'écria Dantès ; quant à votre paralysie, elle ne me gêne pas, je vous prendrai sur mes épaules et je nagerai en vous soutenant.

— Enfant, dit l'abbé, vous êtes marin, vous êtes nageur, vous devez par conséquent savoir qu'un homme chargé d'un fardeau pareil ne ferait pas cinquante brasses dans la mer. Cessez de vous laisser abuser par des chimères dont votre excellent cœur n'est pas même la dupe ; je resterai donc ici jusqu'à ce que sonne l'heure de ma délivrance, qui ne peut plus être maintenant que celle de la mort. Quant à vous, fuyez, partez ! Vous êtes jeune, adroit et fort, ne vous inquiétez pas de moi, je vous rends votre parole.

— C'est bien, dit Dantès. Eh bien, alors, moi aussi je resterai.

Puis, se levant et étendant une main solennelle sur le vieillard :

— Par le sang du Christ, je jure de ne vous quitter qu'à votre mort !

Faria considéra ce jeune homme si noble, si simple, si élevé, et lut sur ses traits animés par l'expression du dévoûment le plus pur la sincérité de son affection et la loyauté de son serment.

— Allons, dit le malade, j'accepte; merci.

Puis, lui tendant la main :

— Vous serez peut-être récompensé de ce dévoûment si désintéressé, lui dit-il ; mais comme je ne puis et que vous ne voulez pas partir, il importe que nous bouchions le souterrain fait sous la galerie : le soldat peut découvrir en marchant la sonorité de l'endroit miné, appeler l'attention d'un inspecteur, et alors nous serions découverts et séparés. Allez faire cette besogne, dans laquelle je ne puis plus malheureusement vous aider; employ-y toute la nuit, s'il le faut, et ne revenez que demain matin après la visite du geôlier, j'aurai quelque chose d'important à vous dire.

Dantès prit la main de l'abbé, qui le rassura par un sourire, et sortit avec cette obéissance et ce respect qu'il avait voués à son vieil ami.

CHAP. XVIII. — LE TRÉSOR.

Lorsque Dantès rentra le lendemain matin dans la chambre de son compagnon de captivité, il trouva Faria assis, le visage calme. Sous le rayon qui glissait à travers l'étroite fenêtre de sa cellule, il tenait ouvert dans sa main gauche, la seule, on se le rappelle, dont l'usage lui fût resté, un morceau de papier auquel l'habitude d'être roulé en un mince volume avait imprimé la forme d'un cylindre rebelle à s'étendre.

Il montra sans rien dire le papier à Dantès.

— Qu'est cela? demanda celui-ci.

— Regardez bien, dit l'abbé en souriant.

— Je regarde de tous mes yeux, dit Dantès, et je ne vois rien qu'un papier à demi-brûlé, et sur lequel sont tracés des caractères gothiques avec une encre singulière.

— Ce papier, mon ami, dit Dantès, est, je peux vous tout avouer maintenant puisque je vous ai éprouvé, ce papier c'est mon trésor, dont à compter d'aujourd'hui la moitié vous appartient.

Une sueur froide passa sur le front de Dantès. Jusqu'à ce jour, et pendant quel espace de temps! il avait évité de parler avec Faria de ce trésor, source de l'accusation de folie qui pesait sur le pauvre abbé; avec sa délicatesse instinctive, Edmond avait préféré ne pas toucher cette corde douloureusement vibrante; et, de son côté, Faria s'était tu. Il avait pris le silence du vieillard pour un retour à la raison; aujourd'hui ces quelques mots, échappés à Faria après une crise si pénible, semblaient annoncer une grave rechute d'aliénation mentale.

— Votre trésor? balbutia Dantès.

Faria sourit.

— Oui, dit-il, en tout point vous êtes un noble cœur, Edmond, et je comprends, à votre pâleur et à votre frisson, ce qui se passe en vous en ce moment. Non, soyez tranquille, je ne suis pas fou. Ce trésor existe, Dantès, et, s'il ne m'a pas été donné de le posséder, vous le posséderez, vous : personne n'a voulu m'écouter ni me croire parce qu'on me jugeait fou; mais vous, qui devez savoir que je ne le suis pas, écoutez-moi, et vous me croirez après si vous voulez.

— Hélas ! murmura Edmond en lui-même, le voilà retombé ! ce malheur me manquait !

Puis tout haut :

— Mon ami, dit-il à Faria, votre accès vous a peut-être fatigué; ne voulez-vous pas prendre un peu de repos? Demain, si vous le désirez, j'entendrai votre histoire, mais aujourd'hui je veux vous soigner, voilà tout. D'ailleurs, continua-t-il en souriant, un trésor, est-ce bien pressé pour nous?

— Fort pressé, Edmond! répondit le vieillard. Qui sait si demain, après-demain peut-être, n'arrivera pas le troisième accès? songez que tout serait fini alors! Oui, c'est vrai ; souvent j'ai pensé avec un amer plaisir à ces richesses, qui feraient la fortune de dix familles, perdues pour ces hommes qui me persécutaient : cette idée me servait de vengeance, et je la savourais lentement dans la nuit de mon cachot et dans le désespoir de ma captivité. Mais à présent que j'ai pardonné au monde pour l'amour de vous, maintenant que je vous vois jeune et plein d'avenir, maintenant que je songe à tout ce qui peut résulter pour vous de bonheur à la suite d'une pareille révélation, je frémis du retard, et je tremble de ne pas assurer à un propriétaire si digne que vous l'êtes la possession de tant de richesses enfouies.

Edmond détourna la tête en soupirant.

— Vous persistez dans votre incrédulité, Edmond, poursuivit Faria, ma voix ne vous a point convaincu. Je vois qu'il vous faut des preuves. Eh bien, lisez ce papier que je n'ai jamais montré à personne.

— Demain, mon ami, dit Edmond répugnant à se prêter à la folie du vieillard; je croyais qu'il était convenu que nous ne parlerions de cela que demain.

— Nous n'en parlerons que demain, mais lisez ce papier aujourd'hui.

— Ne l'irritons point, pensa Edmond.

Et prenant ce papier dont la moitié manquait, consumée qu'elle avait été sans doute par quelque accident, il lut :

« Ce trésor, qui peut monter à deux d'écus romains dans l'angle le plus é de la seconde ouverture, lequel déclare lui appartenir en toute pro tier.

» 25 avril 149. »

— Eh bien ? dit Faria quand le jeune homme eut fini sa lecture.

— Mais, répondit Dantès, je ne vois là que des lignes tronquées, des mots sans suite; les caractères sont interrompus par l'action du feu et restent inintelligibles.

— Pour vous, mon ami, qui les lisez pour la première fois, mais pas pour moi qui ai pâli dessus pendant bien des nuits, qui ai reconstruit chaque phrase, complété chaque pensée.

— Et vous croyez avoir trouvé ce sens suspendu?

— J'en suis sûr, vous en jugerez vous-même ; mais d'abord écoutez l'histoire de ce papier :

— Silence! s'écria Dantès... Des pas !... On approche... je pars... Adieu.

Et Dantès, heureux d'échapper à l'histoire et à l'explication qui n'eussent pas manqué de lui confirmer le malheur de son ami, se glissa comme une couleuvre par l'étroit couloir, tandis que Faria, rendu à une sorte d'activité par la terreur, repoussait du pied la dalle qu'il recouvrait d'une natte afin de cacher aux yeux la solution de continuité qu'il n'avait pas eu le temps de faire disparaître.

C'était le gouverneur qui, ayant appris par le geôlier l'accident de Faria, venait s'assurer par lui-même de sa gravité.

Faria le reçut assis, évita tout geste compromettant, et parvint à cacher au gouverneur la paralysie qui avait déjà frappé de mort la moitié de sa personne. Sa crainte était que le gouverneur, touché de pitié pour lui, ne le voulût mettre dans une prison plus saine et ne le séparât ainsi de son jeune compagnon ; mais il n'en fut heureusement pas ainsi, et le gouverneur se retira convaincu que son pauvre fou, pour lequel il ressentait au fond du cœur une certaine affection, n'était atteint que d'une indisposition légère.

Pendant ce temps, Edmond, assis sur son lit et la tête dans ses mains, essayait de rassembler ses pensées ; tout était si raisonné, si grand et si logique dans Faria depuis qu'il le connaissait, qu'il ne pouvait comprendre cette suprême sagesse sur tous les points alliée à la déraison sur un seul : était-ce Faria qui se trompait sur son trésor, était-ce tout le monde qui se trompait sur Faria?

Dantès resta chez lui toute la journée, n'osant retourner chez son ami. Il essayait de reculer ainsi le moment où il acquerrait la certitude que l'abbé était fou. Cette conviction devait être effroyable pour lui.

Mais vers le soir, après l'heure de la visite ordinaire, Faria, ne voyant pas revenir le jeune homme, essaya de franchir l'espace qui le séparait de lui. Edmond frissonna en entendant les efforts douloureux que faisait le vieillard pour se traîner : sa jambe était inerte et il ne pouvait plus s'aider de son bras. Edmond fut obligé de l'attirer à lui, car il n'eût jamais pu sortir seul par l'étroite ouverture qui donnait dans la chambre de Dantès.

— Me voici impitoyablement acharné à votre poursuite, dit-il avec un sourire rayonnant de bienveillance. Vous aviez cru pouvoir échapper à ma magnificence, mais il n'en sera rien. Écoutez donc.

Edmond vit qu'il ne pouvait reculer, il fit asseoir le vieillard sur son lit, et se plaça près de lui sur son escabeau.

— Vous savez, dit l'abbé, que j'étais le secrétaire, le familier, l'ami du cardinal Spada, le dernier des princes de ce nom. Je dois à ce digne seigneur tout ce que j'ai goûté de bonheur en cette vie. Il n'était pas riche, bien que les richesses de sa famille fussent proverbiales et que j'aie entendu dire souvent : Riche comme un Spada. Mais lui, comme le bruit public, vivait sur cette réputation d'opulence. Son palais fut mon paradis. J'instruisis ses neveux, qui sont morts, et, lorsqu'il fut seul au monde, je lui rendis, par un dévoûment absolu à ses volontés, tout ce qu'il avait fait pour moi depuis dix ans.

La maison du cardinal n'eut bientôt plus de secrets pour moi; j'avais vu souvent monseigneur travailler à compulser les livres antiques, et fouiller avidement dans la poussière des manuscrits de famille. Un jour que je lui reprochais ses inutiles veilles et l'espèce d'abattement qui les suivait, il me regarda en souriant amèrement et m'ouvrit un livre qui est l'histoire de la ville de Rome. Là, au vingtième chapitre de la Vie du pape Alexandre VI, il y avait les lignes suivantes, que je n'ai pu jamais oublier.

« Les grandes guerres de la Romagne étaient termi-
» nées. César Borgia, qui avait achevé sa conquête, avait
» besoin d'argent pour acheter l'Italie tout entière. Le
» pape avait également besoin d'argent pour en finir avec
» Louis XII, roi de France, encore terrible malgré ses
» derniers revers. Il s'agissait donc de faire une bonne
» spéculation, ce qui devenait difficile dans cette pauvre
» Italie épuisée.

« Sa Sainteté eut une idée. Elle résolut de faire deux
» cardinaux. »

En choisissant deux des grands personnages de Rome, deux riches surtout, voici ce qui revenait au Saint-Père de sa spéculation : d'abord il avait à vendre les grandes charges et les emplois magnifiques dont ces deux cardinaux étaient en possession; en outre il pouvait compter sur un prix très brillant de la vente de ces deux chapeaux.

Il résultait une troisième part de spéculation, qui va apparaître bientôt.

Le pape et César Borgia trouvèrent d'abord les deux cardinaux futurs : c'étaient Juan Rospigliosi, qui tenait à lui seul quatre des plus hautes dignités du Saint-Siège, puis César Spada, l'un des plus nobles et des plus riches Romains. L'un et l'autre sentaient le prix d'une pareille faveur du pape. Ils étaient ambitieux. Ceux-là trouvés, César trouva bientôt des acquéreurs pour leurs charges.

Il résulta que Rospigliosi et Spada payèrent pour être cardinaux, et que huit autres payèrent pour être ce qu'étaient auparavant les deux cardinaux de création nouvelle. Il entra huit cent mille écus dans les coffres des spéculateurs.

Passons à la dernière partie de la spéculation, il est temps. Le pape ayant comblé de caresses Rospigliosi et Spada, leur ayant conféré les insignes du cardinalat, sûr qu'ils avaient dû, pour acquitter la dette non fictive de leur reconnaissance, rapprocher et réaliser leur fortune pour se fixer à Rome, le pape et César Borgia invitèrent à dîner ces deux cardinaux.

Ce fut le sujet d'une contestation entre le Saint-Père et son fils : César pensait qu'on pouvait user de l'un de ces moyens qu'il tenait toujours à la disposition de ses amis intimes, savoir : d'abord, de la fameuse clé avec laquelle on priait certaines gens d'aller ouvrir certaine armoire. Cette clé était garnie d'une petite pointe de fer, négligence de l'ouvrier. Lorsqu'on forçait pour ouvrir l'armoire, dont la serrure était difficile, on se piquait avec cette petite pointe, et l'on en mourait le lendemain. Il y avait aussi la bague à la tête de lion, que César passait à son doigt lorsqu'il donnait de certaines poignées de main. Le lion mordait l'épiderme de ces mains favorisées, et la morsure était mortelle au bout de vingt-quatre heures.

César proposa donc à son père, soit d'envoyer les cardinaux ouvrir l'armoire, soit de leur donner à chacun une cordiale poignée de main, mais Alexandre VI lui répondit :

— Ne regardons pas à un dîner quand il s'agit de ces excellents cardinaux Spada et Rospigliosi. Quelque chose me dit que nous regagnerons cet argent-là. D'ailleurs vous oubliez, César, qu'une indigestion se déclare tout de suite, tandis qu'une piqûre ou une morsure n'aboutissent qu'après un jour ou deux. César se rendit à ce raisonnement. Voilà pourquoi les cardinaux furent invités à ce dîner.

On dressa le couvert dans la villa que possédait le pape près de Saint-Pierre-ès-Liens, charmante habitation que les cardinaux connaissaient bien de réputation.

Rospigliosi, tout étourdi de sa dignité nouvelle, apprêta son estomac et sa meilleure mine. Spada, homme prudent et qui aimait uniquement son neveu, jeune capitaine de la plus belle espérance, prit du papier, une plume, et fit son testament.

Il fit dire ensuite à ce neveu de l'attendre aux environs de la villa, mais il paraît que le serviteur ne le trouva pas.

Spada connaissait la coutume des invitations. Depuis que le christianisme, éminemment civilisateur, avait apporté ses progrès dans Rome, ce n'était plus un centurion qui arrivait de la part du tyran vous dire : « César veut que tu meures ; » mais c'était un légat *à latere* qui venait, la bouche souriante, vous dire de la part du pape : « Sa Sainteté veut que vous dîniez avec elle. »

Spada partit vers les deux heures pour la villa de Saint-Pierre-ès-Liens : le pape l'y attendait. La première figure qui frappa les yeux de Spada fut celle de son neveu tout paré, tout gracieux, auquel César Borgia prodiguait ses caresses. Spada pâlit ; et César, qui lui décocha un regard plein d'ironie, laissa voir qu'il avait tout prévu, que le piége était bien dressé.

On dîna. Spada n'avait pu que demander à son neveu : « Avez-vous reçu mon message ? » Le neveu répondit que non et comprit parfaitement la valeur de cette question. Il était trop tard, car il venait de boire un verre d'excellent vin mis à part pour lui par le sommelier du pape. Spada vit au même moment approcher une autre bouteille, dont on lui offrit libéralement. Une heure après, un médecin les déclarait tous deux empoisonnés par des morilles vénéneuses. Spada mourait sur le seuil de la villa, le neveu expirait à sa porte en faisant un signe que sa femme ne comprit pas.

Aussitôt César et le pape s'empressèrent d'envahir l'héritage, sous prétexte de rechercher les papiers des défunts. Mais l'héritage consistait en ceci, un morceau de papier sur lequel Spada avait écrit :

« Je lègue à mon neveu bien-aimé mes coffres, mes livres, parmi lesquels mon beau bréviaire à coins d'or, désirant qu'il garde ce souvenir de son oncle affectionné. »

Les héritiers cherchèrent partout, admirèrent le bréviaire, firent main-basse sur les meubles, et s'étonnèrent que Spada, l'homme riche, fût effectivement le plus misérable des oncles ; de trésor, aucun, si ce n'est des trésors de science renfermés dans la bibliothèque et les laboratoires.

Ce fut tout. César et son père cherchèrent, fouillèrent et espionnèrent ; on ne trouva rien, ou du moins très peu de choses, pour un million d'écus, peut-être, d'orfèvrerie, et pour autant à peu près d'argent monnayé ; mais le neveu avait eu le temps de dire en rentrant à sa femme :

Cherchez parmi les papiers de mon oncle, il y a un testament réel.

On chercha plus activement encore peut-être que n'avaient fait les augustes héritiers. Ce fut en vain : il resta deux palais et une villa derrière le Palatin. Mais à cette époque les biens immobiliers avaient une valeur médiocre ; les deux palais et la villa restèrent à la famille, comme indignes de la rapacité du pape et de son fils.

Les mois et les années s'écoulèrent. Alexandre VI mourut empoisonné, vous savez par quelle méprise : César, empoisonné en même temps que lui, en fut quitte pour changer de peau comme un serpent et revêtir une nouvelle enveloppe où le poison avait laissé des taches pareilles à celles que l'on voit sur la fourrure du tigre ; enfin, forcé de quitter Rome, il alla se faire tuer obscurément dans une escarmouche nocturne et presque oublié par l'histoire.

Après la mort du pape, après l'exil de son fils, on s'attendait généralement à voir reprendre à la famille le train premier qu'elle menait du temps du cardinal Spada, mais il n'en fut pas ainsi. Les Spada restèrent dans une aisance douteuse, un mystère éternel pesa sur cette sombre affaire, et le bruit public fut que César, meilleur politique que son père, avait enlevé au pape la fortune des deux cardinaux; je dis les deux, parce que le cardinal Rospigliosi, qui n'avait pris aucune précaution, fut dépouillé complétement.

— Jusqu'à présent, interrompit Faria en souriant, cela ne vous semble pas trop insensé, n'est-ce pas ?

— O mon ami, dit Dantès, il me semble que je lis, au contraire, une chronique pleine d'intérêt. Continuez, je vous prie.

— Je continue :

— La famille s'accoutuma à cette obscurité. Les années s'écoulèrent; parmi les descendans les uns furent soldats, les autres diplomates; ceux-ci gens d'église, ceux-là banquiers; les uns s'enrichirent, les autres achevèrent de se ruiner. J'arrive au dernier de la famille, à celui-là dont je fus le secrétaire, au comte de Spada.

Je l'avais bien souvent entendu se plaindre de la disproportion de sa fortune avec son rang, aussi lui avais-je donné le conseil de placer le peu de bien qui lui restait en rente viagère; il suivit ce conseil, et doubla ainsi son revenu.

Le fameux bréviaire était resté dans la famille, et c'était le comte de Spada qui le possédait : on l'avait conservé de père en fils, car la clause bizarre du seul testament qu'on eût retrouvé en avait fait une véritable relique gardée avec une superstitieuse vénération dans la famille ; c'était un livre enluminé des plus belles figures gothiques, et si pesant d'or, qu'un domestique le portait toujours devant le cardinal, dans les jours de grande solennité.

A la vue des papiers de toutes sortes, titres, contrats, parchemins, qu'on gardait dans les archives de la famille, et qui tous venaient du cardinal empoisonné, je me mis à mon tour, comme vingt serviteurs, vingt intendans, vingt secrétaires qui m'avaient précédé, à compulser les liasses formidables : malgré l'activité et la religion de mes recherches, je ne retrouvai absolument rien. Cependant j'avais lu, j'avais même écrit une histoire exacte et presque éphémérique de la famille des Borgia, dans le seul but de m'assurer si un supplément de fortune était survenu à ces princes à la mort de mon cardinal César Spada, et je n'y avais remarqué que l'addition des biens du cardinal Rospigliosi son compagnon d'infortune.

J'étais donc à peu près sûr que l'héritage n'avait profité ni aux Borgia ni à la famille, mais était resté sans maître comme ces trésors des contes arabes qui dorment au sein de la terre sous les regards d'un génie. Je fouillai, je comptai, je supputai mille et mille fois les revenus et les dépenses de la famille depuis trois cents ans : tout fut inutile, je restai dans mon ignorance, et le comte de Spada dans sa misère.

Mon patron mourut. De sa rente en viager, il avait excepté ses papiers de famille, sa bibliothèque, composée de cinq mille volumes, et son fameux bréviaire. Il me léguait tout cela, avec un millier d'écus romains qu'il possédait en argent comptant, à la condition que je ferais dire des messes anniversaires et que je dresserais un arbre généalogique et une histoire de sa maison, ce que je fis fort exactement...

Tranquillisez-vous, mon cher Edmond, nous approchons de la fin.

En 1807, un mois avant mon arrestation et quinze jours après la mort du comte de Spada, le 25 du mois de décembre, vous allez comprendre tout à l'heure comment la date de ce jour mémorable est restée dans mon souvenir, je relisais pour la centième fois ces papiers, que je coordonnais, car le palais appartenant désormais à un étranger, j'allais quitter Rome pour aller m'établir à Florence, en emportant une douzaine de mille livres que je possédais, ma bibliothèque et mon fameux bréviaire, lorsque, fatigué de cette étude assidue, mal disposé par un dîner assez lourd que j'avais fait, je laissai tomber ma tête sur mes deux mains et m'endormis; il était trois heures de l'après-midi.

Je me réveillai comme la pendule sonnait six heures.

Je levai la tête, j'étais dans l'obscurité la plus profonde. Je sonnai pour qu'on m'apportât de la lumière, personne ne vint ; je résolus alors de me servir moi-même. C'était, d'ailleurs, une habitude de philosophe qu'il allait me falloir prendre. Je pris d'une main une bougie toute préparée, et de l'autre je cherchai, à défaut des allumettes absentes de leur boîte, un papier que je comptais allumer à un dernier reste de flamme dansant au-dessus du foyer ; mais, craignant dans l'obscurité de prendre un papier précieux à la place d'un papier inutile, j'hésitai lorsque je me rappelai avoir vu, dans le fameux bréviaire qui était posé sur la table, à côté de moi, un vieux papier tout jaune par le haut qui avait l'air de servir de signet et qui avait traversé les siècles, maintenu à sa place par la vénération des héritiers. Je cherchai, en tâtonnant, cette feuille inutile, je la trouvai, je la tordis, et, la présentant à la flamme mourante, je l'allumai.

Mais, sous mes doigts, comme par magie, à mesure que le feu montait, je vis des caractères jaunâtres sortir du papier blanc et apparaître sur la feuille ; alors la terreur me prit : je serrai dans mes mains le papier, j'étouffai le feu, j'allumai directement la bougie au foyer, je rouvris avec une indicible émotion la lettre froissée, et je reconnus qu'une encre mystérieuse et sympathique avait tracé ces lettres apparentes seulement au contact de la vive chaleur. Un peu plus du tiers du papier avait été consumé par la flamme : c'est ce papier que vous avez lu ce matin; relisez-le, Dantès ; puis, quand vous l'aurez relu, je vous compléterai, moi, les phrases interrompues et le sens incomplet.

Et Faria, triomphant, offrit le papier à Dantès, qui cette fois relut avidement les mots suivans, tracés avec une encre rousse pareille à la rouille :

« Cejourd'hui 25 avril 1498 ay
Alexandre VI, et craignant que non
il ne veuille hériter de moi et ne me ré
et Bentivoglio, morts empoisonnés.
mon légataire universel, que j'ai enf
pour l'avoir visité avec moi, c'est-à-dire dans
île de Monte-Christo, tout ce que je pos
reries, diamans, bijoux; que seul
peut monter à peu près à deux mil
trouvera ayant levé la vingtième roch
crique de l'Est en droite ligne. Deux ouvertu
dans ces grottes : le trésor est dans l'angle le plus é
lequel trésor je lui lègue et cède en tou
seul héritier.

25 avril 1498.

CES

— Maintenant, reprit l'abbé, lisez cet autre papier.

Et il présenta à Dantès une seconde feuille avec d'autres fragmens de lignes.

Dantès prit et lut :

ant été invité à dîner par Sa Sainteté
content de m'avoir fait payer le chapeau,
servé le sort des cardinaux Caprara
je déclare à mon neveu Guido Spada,
oui dans un endroit qu'il connaît
les grottes de la petite
sédais de lingots d'or monnayé de pier
je connais l'existence de ce trésor, qui
lions d'écus romains, et qu'il
e, à partir de la petite

res ont été pratiquées
loigné de la deuxième;
te propriété, comme à mon

AR † SPADA. »

Faria le suivait d'un œil ardent.

— Et maintenant, dit-il lorsqu'il eut vu que Dantès en était arrivé à la dernière ligne, rapprochez les deux fragmens, et jugez vous-même.

Dantès obéit ; les deux fragmens rapprochés donnaient l'ensemble suivant.

« Cejourd'hui 25 avril 1498, a.. yant été invité à dîner par sa Sainteté Alexandre VI, et craignant que, non... content de m'avoir fait payer le chapeau, il ne veuille hériter de moi et ne me ré.. serve le sort des cardinaux Caprara et Bentivoglio, morts empoisonnés... je déclare à mon neveu Guido Spada, mon légataire universel, que j'ai en... foui dans un endroit qu'il connaît pour l'avoir visité avec moi, c'est-à-dire dans... les grottes de la petite île de Monte-Christo, tout ce que je pos... sédais de lingots, d'or monnayé, pierreries, diamans, bijoux ; que seul... je connais l'existence de ce trésor, qui peut monter à peu près à deux mil... lions d'écus romains, et qu'il trouvera ayant levé la vingtième roch... e à partir de la petite crique de l'Est en droite ligne. Deux ouvertu... res ont été pratiquées dans ces grottes : le trésor est dans l'angle le plus é... loigné de la deuxième ; lequel trésor je lui lègue et cède en tou... te propriété, comme à mon seul héritier.

25 avril 1498.

CES...AR † SPADA. »

— Eh bien ! comprenez-vous enfin ? dit Faria.

— C'était la déclaration du cardinal Spada et le testament que l'on cherchait depuis si long-temps, dit Edmond encore incrédule.

— Oui, mille fois oui.

— Qui l'a reconstruite ainsi ?

— Moi qui, à l'aide du fragment restant, ai deviné le reste en mesurant la longueur des lignes par celle du papier et en pénétrant dans le sens caché au moyen du sens visible, comme on se guide dans un souterrain par un reste de lumière qui vient d'en haut.

— Et qu'avez-vous fait quand vous avez cru avoir acquis cette conviction ?

— J'ai voulu partir et je suis parti à l'instant même, emportant avec moi le commencement de mon grand travail sur l'unité d'un royaume d'Italie ; mais depuis long-temps la police impériale, qui dans ces temps, au contraire de ce que Napoléon a voulu depuis quand un fils lui fut né, voulait la division des provinces, avait les yeux sur moi : mon départ précipité, dont elle était loin de deviner la cause, éveilla ses soupçons, et au moment où je m'embarquais à Piombino je fus arrêté.

Maintenant, continua Faria en regardant Dantès avec une expression presque paternelle, maintenant, mon ami, vous en savez autant que moi : si nous nous sauvons jamais ensemble, la moitié de mon trésor est à vous ; si je meurs ici et que vous vous sauviez seul, il vous appartient en totalité.

— Mais, demanda Dantès hésitant, ce trésor n'a-t-il pas dans ce monde quelque plus légitime possesseur que nous ?

— Non, non, rassurez-vous, la famille est éteinte complétement ; le dernier comte Spada, d'ailleurs, m'a fait son héritier ; en me léguant ce bréviaire symbolique, il m'a légué ce qu'il contenait ; non, non, tranquillisez-vous : si nous mettons la main sur cette fortune, nous pouvons en jouir sans remords.

— Et vous dites que ce trésor renferme....

— Deux millions d'écus romains, treize millions à peu près de notre monnaie.

— Impossible ! dit Dantès effrayé par l'énormité de la somme.

— Impossible ! et pourquoi ? reprit le vieillard. La famille Spada était une des plus vieilles et des plus puissantes familles du quinzième siècle. D'ailleurs, dans ces temps où toute spéculation et toute industrie étaient absentes, ces agglomérations d'or et de bijoux ne sont pas rares ; il y a encore aujourd'hui des familles romaines qui meurent de faim près d'un million en diamans et en pierreries transmis par le majorat, et auquel ils ne peuvent toucher.

Edmond croyait rêver : il flottait entre l'incrédulité et la joie.

— Je n'ai gardé si long-temps le secret avec vous, continua Faria, d'abord que pour vous éprouver, et ensuite pour vous surprendre ; si nous nous fussions évadés avant mon accès de catalepsie, je vous conduisais à Monte-Christo ; maintenant, ajouta-t-il avec un soupir, c'est vous qui m'y conduirez. Eh bien ! Dantès, vous ne me remerciez pas !

— Ce trésor vous appartient, mon ami, dit Dantès, il appartient à vous seul, et je n'y ai aucun droit ; je ne suis point votre parent.

— Vous êtes mon fils, Dantès, s'écria le vieillard, vous êtes l'enfant de ma captivité ; mon état me condamnait au célibat : Dieu vous a envoyé à moi pour consoler à la fois l'homme qui ne pouvait être père, et le prisonnier qui ne pouvait être libre.

Et Faria tendit le bras qui lui restait au jeune homme, qui se jeta à son cou en pleurant.

CHAP. XVIII. — LE TROISIÈME ACCÈS.

Maintenant que ce trésor, qui avait été si long-temps l'objet des méditations de l'abbé, pouvait assurer le bonheur à venir de celui que Faria aimait véritablement comme son fils, il avait encore doublé de valeur à ses yeux : tous les jours il s'appesantissait sur la quotité de ce trésor, expliquant à Dantès tout ce qu'avec treize ou quatorze millions de fortune un homme dans nos temps modernes pouvait faire de bien à ses amis ; et alors le visage de Dantès se rembrunissait, car le serment de vengeance qu'il avait fait se représentait à sa pensée, et il songeait, lui, combien dans nos temps modernes aussi un homme avec treize ou quatorze millions de fortune pouvait faire de mal à ses ennemis.

L'abbé ne connaissait pas l'île de Monte-Christo, mais Dantès la connaissait : il avait souvent passé devant cette île, située à vingt-cinq milles de la Pianosa, entre la Corse et l'île d'Elbe, et une fois même il y avait relâché. Cette île était, avait toujours été et est encore complétement déserte ; c'est un rocher de forme presque conique, qui semble avoir été poussé par quelque cataclysme volcanique du fond de l'abîme à la surface de la mer.

Dantès faisait le plan de l'île à Faria, et Faria donnait des conseils à Dantès sur les moyens à employer pour retrouver le trésor.

Mais Dantès était loin d'être aussi enthousiaste et surtout aussi confiant que le vieillard. Certes, il était bien certain maintenant que Faria n'était pas fou, et la façon dont il était arrivé à la découverte qui avait fait croire à sa folie redoublait encore son admiration pour lui ; mais aussi il ne pouvait croire que ce dépôt, en supposant qu'il eût existé, existât encore, et quand il ne regardait pas le trésor comme chimérique, il le regardait du moins comme absent.

Cependant, comme si le destin eût voulu ôter aux prisonniers leur dernière espérance, et leur faire comprendre qu'ils étaient condamnés à une prison perpétuelle, un nouveau malheur les atteignit : la galerie du bord de la mer, qui depuis long-temps menaçait ruine, avait été reconstruite : on avait réparé les assises et bouché avec d'énormes quartiers de roc le trou déjà à demi comblé par Dantès. Sans cette précaution, qui avait été suggérée, on se le rappelle, au jeune homme par l'abbé, leur malheur était bien plus grand encore, car en découvrait leur tentative d'évasion, et on les séparait indubitablement : une nouvelle porte, plus forte, plus inexorable que les autres, s'était donc encore refermée sur eux.

— Vous voyez bien, disait le jeune homme avec une douce tristesse à Faria, que Dieu veut m'ôter jusqu'au mérite de ce que vous appelez mon dévoûment pour vous. Je vous ai promis de rester éternellement avec vous, et je ne suis plus libre maintenant de ne pas tenir ma promesse ; je n'aurai pas plus le trésor que vous, et nous ne sortirons d'ici ni l'un ni l'autre. Au reste, mon véritable trésor, voyez-vous, mon ami, n'est pas celui qui m'attendait sous les sombres murailles de Monte-Christo, c'est votre présence, c'est notre cohabitation de cinq ou six heures par jour, malgré nos geôliers, ce sont ces rayons d'intelligence que vous avez versés dans mon cerveau ; ces langues que vous avez implantées dans ma mémoire et qui y poussent avec toutes leurs ramifications philologiques ; ces sciences diverses que vous m'avez rendues si faciles par la profondeur de la connaissance que vous en avez et la netteté des principes où vous les avez réduites. Voilà mon trésor, ami, voilà en quoi vous m'avez fait riche et heureux. Croyez-moi et consolez-vous, cela vaut mieux pour moi que des tonnes d'or et des caisses de diamans, ne fussent-elles pas problématiques, comme ces nuages que l'on voit le matin flotter sur la mer, que l'on prend pour des terres fermes, et qui s'évaporent, se volatilisent et s'évanouissent à mesure qu'on s'en approche. Vous avoir près de moi le plus longtemps possible, écouter votre voix éloquente, orner mon esprit, retremper mon âme, faire toute mon organisation capable de grandes et terribles choses si jamais je suis libre, les emplir si bien que le désespoir auquel j'étais prêt à me laisser aller quand je vous ai connu n'y trouve plus de place, voilà ma fortune à moi : celle-là n'est point chimérique ; je vous la dois bien véritable, et tous les souverains de la terre, fussent-ils des César Borgia, ne viendraient pas à bout de me l'enlever.

Aussi ce furent pour les deux infortunés, sinon d'heureux jours, du moins des jours assez promptement écoulés que les jours qui suivirent. Faria, qui pendant de si longues années avait gardé le silence sur le trésor, en reparlait maintenant à toute occasion. Comme il l'avait prévu, il était resté paralysé du bras droit et de la jambe gauche, et avait à peu près perdu tout espoir d'en jouir lui-même ; mais il rêvait toujours pour son jeune compagnon une délivrance ou une évasion, et il en jouissait pour lui. De peur que la lettre ne fût un jour égarée ou perdue, il avait forcé Dantès de l'apprendre par cœur, et Dantès la savait depuis le premier jusqu'au dernier mot. Alors il avait détruit la seconde partie, certain que l'on pouvait retrouver et saisir la première sans en deviner le véritable sens. Quelquefois des heures entières se passaient pour Faria à donner des instructions à Dantès, instructions qui devaient lui servir au jour de sa liberté. Alors, une fois libre, du jour, de l'heure, du moment où il serait libre, il ne devait plus avoir qu'une seule et unique pensée, gagner Monte-Christo par un moyen quelconque, y rester seul sous un prétexte qui ne donnât point de soupçons, et une fois là, une fois seul, tâcher de retrouver les grottes merveilleuses et fouiller l'endroit indiqué. L'endroit indiqué, on se le rappelle, c'était l'angle le plus éloigné de la seconde ouverture.

En attendant, les heures passaient, sinon rapides, du moins supportables : Faria, comme nous l'avons dit, sans avoir retrouvé l'usage de sa main et de son pied, avait reconquis toute la netteté de son intelligence, et avait peu à peu, outre les connaissances morales que nous avons détaillées, appris à son jeune compagnon ce métier patient et sublime du prisonnier, qui de rien sait faire quelque chose ; ils s'occupaient donc éternellement, Faria, de peur de se voir vieillir, Dantès, de peur de se rappeler son passé presque éteint, et qui ne flottait plus au plus profond de sa mémoire que comme une lumière lointaine égarée dans la nuit. Tout allait ainsi, comme dans ces existences où le malheur n'a rien dérangé et qui s'écoulent machinales et calmes sous l'œil de la Providence.

Mais, sous ce calme superficiel, il y avait dans le cœur du jeune homme et dans celui du vieillard peut-être bien des élans retenus, bien des soupirs étouffés, qui se faisaient jour lorsque Faria était resté seul et qu'Edmond était rentré chez lui.

Une nuit Edmond se réveilla en sursaut, croyant s'être entendu appeler.

Il ouvrit les yeux et essaya de percer les épaisseurs de l'obscurité.

Son nom, ou plutôt une voix plaintive qui essayait d'articuler son nom, arriva jusqu'à lui.

Il se leva sur son lit, la sueur de l'angoisse au front, et écouta. Plus de doute, la plainte venait du cachot de son compagnon.

— Grand Dieu ! murmura Dantès ; serait-ce ?...

Et il déplaça son lit, tira la pierre, se lança dans le corridor, et parvint à l'extrémité opposée ; la dalle était levée.

A la lueur de cette lampe informe et vacillante dont nous avons parlé, Edmond vit le vieillard pâle, debout encore, et se cramponnant au bois de son lit. Ses traits étaient bouleversés par ces horribles symptômes qu'il connaissait déjà et qui l'avaient tant épouvanté lorsqu'ils étaient apparus pour la première fois.

— Eh bien ! mon ami, dit Faria résigné, vous comprenez, n'est-ce pas ? et je n'ai besoin de vous rien apprendre ?

Edmond poussa un cri douloureux, et perdant complétement la tête, il s'élança vers la porte en criant :

— Au secours ! au secours !

Faria eut encore la force de l'arrêter par le bras.

— Silence ! dit-il, ou vous êtes perdu. Ne songeons plus qu'à vous, mon ami, à vous rendre votre captivité supportable ou votre fuite possible. Il vous faudrait des années pour refaire seul tout ce que j'ai fait ici, et qui serait détruit à l'instant même par la connaissance que nos geôliers auraient de notre intelligence. D'ailleurs, soyez tranquille, mon ami, le cachot que je vais quitter ne restera pas longtemps vide : un autre malheureux viendra prendre ma place. A cet autre vous apparaîtrez comme un ange sauveur. Celui-là sera peut-être jeune, fort et patient comme vous, celui-là pourra vous aider dans votre fuite, tandis que je l'empêchais. Vous n'aurez plus une moitié de cadavre liée à vous pour paralyser tous vos mouvemens. Décidément Dieu fait enfin quelque chose pour vous : il vous rend plus qu'il ne vous ôte, et il est bien temps que je meure.

Edmond ne put que joindre les mains et s'écrier :

— Oh ! mon ami, mon ami, taisez-vous.

Puis reprenant sa force un instant ébranlée par ce coup imprévu et son courage plié par les paroles du vieillard :

— Oh ! dit-il, je vous ai déjà sauvé une fois, je vous sauverai bien une seconde !

Et il souleva le pied du lit, et en tira le flacon encore au tiers plein de la liqueur rouge.

— Tenez, dit-il ; il en reste encore, de ce breuvage sauveur. Vite, vite, dites-moi ce qu'il faut que je fasse cette fois ; y a-t-il des instructions nouvelles ? Parlez, mon ami, j'écoute.

OEUV. COMP. D'ALEX. DUMAS.

— Il n'y a pas d'espoir, répondit Faria en secouant la tête; mais, n'importe, Dieu veut que l'homme qu'il a créé, et dans le cœur duquel il a si profondément enraciné l'amour de la vie, fasse tout ce qu'il pourra pour conserver cette existence si pénible parfois, si chère toujours.

— Oh! oui, oui! s'écria Dantès, et je vous sauverai, vous dis-je!

— Eh bien, essayez donc! le froid me gagne; je sens le sang qui afflue à mon cerveau; cet horrible tremblement qui fait claquer mes dents et semble disjoindre mes os commence à secouer tout mon corps; dans cinq minutes le mal éclatera, dans un quart d'heure il ne restera plus de moi qu'un cadavre.

— Oh! s'écria Dantès le cœur navré de douleur.

— Vous ferez comme la première fois, seulement vous n'attendrez pas si long-temps. Tous les ressorts de la vie sont bien usés à cette heure, et la mort, continua-t-il en montrant son bras et sa jambe paralysés, n'aura plus que la moitié de sa besogne à faire. Si après m'avoir versé douze gouttes dans la bouche au lieu de dix, vous voyez que je ne reviens pas, alors vous verserez le reste. Maintenant portez-moi sur mon lit, car je ne puis plus me tenir debout.

Edmond prit le vieillard dans ses bras et le déposa sur le lit.

— Maintenant, ami, dit Faria, seule consolation de ma vie misérable, vous que le ciel m'a donné un peu tard, mais enfin qu'il m'a donné, présent inappréciable et dont je le remercie; au moment de me séparer de vous pour jamais, je vous souhaite tout le bonheur, toute la prospérité que vous méritez : mon fils, je vous bénis!

Le jeune homme se jeta à genoux, appuyant sa tête contre le lit du vieillard.

— Mais surtout écoutez bien ce que je vous dis à ce moment suprême : le trésor des Spada existe; Dieu permet qu'il n'y ait plus pour moi ni distance, ni obstacle. Je le vois au fond de la seconde grotte; mes yeux percent les profondeurs de la terre et sont éblouis de tant de richesses. Si vous parvenez à fuir, rappelez-vous que le pauvre abbé que tout le monde croyait fou ne l'était pas. Courez à Monte-Christo, profitez de notre fortune, profitez-en, vous avez assez souffert.

Une secousse violente interrompit le vieillard; Dantès releva la tête, il vit les yeux qui s'injectaient de rouge : on eût dit qu'une vague de sang venait de monter de sa poitrine à son front.

— Adieu! adieu! murmura le vieillard en pressant convulsivement la main du jeune homme, adieu!...

— Oh! pas encore, pas encore, s'écria celui-ci; ne nous abandonnez pas; ô mon Dieu! secourez-le... à l'aide... à moi...

— Silence! silence! murmura le moribond, qu'on ne nous sépare pas si vous me sauvez!

— Vous avez raison. Oh! oui, oui, soyez tranquille, je vous sauverai! D'ailleurs, quoique vous souffriez beaucoup, vous paraissez souffrir moins que la première fois.

— Oh! détrompez-vous! je souffre moins, parce qu'il y a en moi moins de forces pour souffrir. A votre âge on a foi dans la vie, c'est le privilège de la jeunesse de croire et d'espérer; mais les vieillards voient plus clairement la mort. Oh! la voilà... elle vient... c'est fini... ma vue se perd... ma raison s'enfuit... Votre main, Dantès!... adieu!... adieu!

Et se relevant par un dernier effort dans lequel il rassembla toutes ses facultés :

— Monte-Christo! dit-il, n'oubliez pas Monte-Christo.

Et il retomba sur son lit.

La secousse fut terrible : des membres tordus, des paupières gonflées, une écume sanglante, un corps sans mouvement, voilà ce qui resta sur ce lit de douleur à la place de l'être intelligent qui s'y était couché un instant auparavant.

Dantès prit la lampe, la posa au chevet du lit sur une pierre qui faisait saillie et d'où sa lueur tremblante éclairait d'un reflet étrange et fantastique ce visage décomposé et ce corps inerte et raidi.

Les yeux fixés, il attendit intrépidement le moment d'administrer le remède sauveur.

Lorsqu'il crut le moment arrivé, il prit le couteau, desserra les dents, qui offrirent moins de résistance que la première fois, compta l'une après l'autre dix gouttes, et attendit; la fiole contenant le double encore à peu près de ce qu'il avait versé.

Il attendit dix minutes, un quart d'heure, une demi-heure, rien ne bougea. Tremblant, les cheveux raidis, le front glacé de sueur, il comptait les secondes par les battemens de son cœur.

Alors il pensa qu'il était temps d'essayer la dernière épreuve : il approcha la fiole des lèvres violettes de Faria et, sans avoir besoin de desserrer les mâchoires restées ouvertes, il versa toute la liqueur qu'elle contenait.

Le remède produisit un effet galvanique, un violent tremblement secoua les membres du vieillard, ses yeux se rouvrirent effrayans à voir, il poussa un soupir qui ressemblait à un cri, puis tout ce corps frissonnant rentra peu à peu dans son immobilité.

Les yeux seuls restèrent ouverts.

Une demi-heure, une heure, une heure et demie s'écoulèrent. Pendant cette heure et demie d'angoisse, Edmond, penché sur son ami, la main appliquée à son cœur, sentit successivement ce corps se refroidir, et ce cœur éteindre son battement de plus en plus sourd et profond. Enfin rien ne survécut; le dernier frémissement du cœur cessa, la face devint livide, les yeux restèrent ouverts, mais le regard se ternit.

Il était six heures du matin, le jour commençait à paraître, et son rayon blafard, envahissant le cachot, faisait pâlir la lumière mourante de la lampe. Des reflets étrangers passaient sur le visage du cadavre, lui donnant de temps en temps des apparences de vie. Tant que dura cette lutte du jour et de la nuit, Dantès put douter encore; mais dès que le jour eut vaincu, il comprit qu'il était seul avec un cadavre.

Alors une terreur profonde et invincible s'empara de lui; il n'osa plus presser cette main qui pendait hors du lit, il n'osa plus arrêter ses yeux sur ces yeux fixes et blancs qu'il essaya plusieurs fois mais inutilement de fermer, et qui se rouvraient toujours. Il éteignit la lampe, la cacha soigneusement et s'enfuit, replaçant de son mieux la dalle au-dessus de sa tête.

D'ailleurs il était temps, le geôlier allait venir.

Cette fois il commença sa visite par Dantès; en sortant de son cachot il allait passer dans celui de Faria, auquel il portait à déjeuner et du linge.

Rien d'ailleurs n'indiquait chez cet homme qu'il eût connaissance de l'accident arrivé.

Il sortit.

Dantès fut alors pris d'une indicible impatience de savoir ce qui allait se passer dans le cachot de son malheureux ami; il rentra donc dans la galerie souterraine et arriva à temps pour entendre les exclamations du porte-clés, qui appelait à l'aide.

Bientôt les autres portes-clés entrèrent; puis on entendit ce pas lourd et régulier habituel aux soldats, même hors de leur service. Derrière les soldats arriva le gouverneur.

Edmond entendit le bruit du lit, sur lequel on agitait le cadavre; il entendit la voix du gouverneur qui ordonnait de lui jeter de l'eau au visage, et qui, voyant que malgré cette immersion le prisonnier ne revenait pas, envoya chercher le médecin.

Le gouverneur sortit; et quelques paroles de compassion parvinrent aux oreilles de Dantès, mêlées à des rires de moquerie.

— Allons, allons, disait l'un, le fou a été rejoindre ses trésors, bon voyage !

— Il n'aura pas, avec tous ses millions, de quoi payer son linceul, disait l'autre.

— Oh ! reprit une troisième voix, les linceuls du château d'If ne coûtent pas cher.

— Peut-être, dit un des premiers interlocuteurs, comme c'est un homme d'église, on fera quelques frais en sa faveur.

— Alors il aura les honneurs du sac.

Edmond écoutait, ne perdait pas une parole, mais ne comprenait pas grand'chose à tout cela. Bientôt les voix s'éteignirent, et il lui sembla que les assistans quittaient la chambre.

Cependant il n'osa y rentrer : on pouvait avoir laissé quelque porte-clés pour garder le mort.

Il resta donc muet, immobile et retenant sa respiration.

Au bout d'une heure, à peu près, le silence s'anima d'un faible bruit, qui alla croissant.

C'était le gouverneur qui revenait, suivi du médecin et de plusieurs officiers.

Il se fit un moment de silence : il était évident que le médecin s'approchait du lit et examinait le cadavre.

Bientôt les questions commencèrent.

Le médecin analysa le mal auquel le prisonnier avait succombé et déclara qu'il était mort.

Questions et réponses se faisaient avec une nonchalance qui indignait Dantès, il lui semblait que tout le monde devait ressentir pour le pauvre abbé une partie de l'affection qu'il lui portait.

— Je suis fâché de ce que vous m'annoncez là, dit le gouverneur répondant à cette certitude manifestée par le médecin que le vieillard était bien réellement mort, c'était un prisonnier doux, inoffensif, réjouissant avec sa folie et surtout facile à surveiller.

— Oh ! reprit le porte-clés, ou aurait pu ne pas le surveiller du tout, il serait bien resté cinquante ans ici, j'en réponds, celui-là, sans essayer de faire une seule tentative d'évasion.

— Cependant, reprit le gouverneur, je crois qu'il serait urgent, malgré votre conviction, non pas que je doute de votre science, mais pour ma propre responsabilité, de nous assurer que le prisonnier est bien réellement mort.

Il se fit un moment de silence absolu, pendant lequel Dantès, toujours aux écoutes, estima que le médecin examinait et palpait une seconde fois le cadavre.

— Vous pouvez être tranquille, dit alors le médecin, il est mort, c'est moi qui vous en réponds.

— Vous savez, monsieur, reprit le gouverneur en insistant, que nous ne nous contentons pas, dans les cas pareils à celui-ci, du simple examen ; malgré toutes les apparences, veuillez donc achever la besogne en remplissant les formalités prescrites par la loi.

— Que l'on fasse chauffer les fers, dit le médecin ; mais, en vérité, c'est une précaution bien inutile.

Cet ordre de chauffer les fers fit frissonner Dantès.

On entendit des pas empressés, le grincement de la porte, quelques allées et venues intérieures, et, quelques instans après, un guichetier rentra en disant :

— Voici un brasier avec un fer.

Il se fit alors un silence d'un instant, puis on entendit le frémissement des chairs qui brûlaient, et dont l'odeur épaisse et nauséabonde perça le mur même derrière lequel Dantès écoutait avec horreur.

A cette odeur de chair humaine carbonisée, la sueur jaillit du front du jeune homme et il crut qu'il allait s'évanouir.

— Vous voyez, monsieur, qu'il est bien mort, dit le médecin ; cette brûlure au talon est décisive : le pauvre fou est guéri de sa folie et délivré de sa captivité.

— Ne s'appelait-il pas Faria ? demanda un des officiers qui accompagnaient le gouverneur.

— Oui, monsieur, et, à ce qu'il prétendait, c'était un vieux nom ; d'ailleurs il était fort savant et assez raisonnable même sur tous les points qui ne touchaient pas à son trésor : mais sur celui-là, il faut l'avouer, il était intraitable.

— C'est l'affection que nous appelons la monomanie, dit le médecin.

— Vous n'aviez jamais eu à vous plaindre de lui ? demanda le gouverneur au geôlier chargé d'apporter les vivres de l'abbé.

— Jamais, monsieur le gouverneur, répondit le geôlier, jamais, au grand jamais ! au contraire : autrefois même il m'amusait fort en me racontant des histoires ; un jour que ma femme était malade, il m'a même donné une recette qui l'a guérie.

— Ah, ah ! fit le médecin, j'ignorais que j'eusse affaire à un collègue ; j'espère, monsieur le gouverneur, ajouta-t-il en riant, que vous le traiterez en conséquence.

— Oui, oui, soyez tranquille, il sera décemment enseveli dans le sac le plus neuf qu'on pourra trouver ; êtes-vous content ?

— Devons-nous accomplir cette dernière formalité devant vous, monsieur ? demanda un guichetier.

— Sans doute, mais qu'on se hâte : je ne puis rester dans cette chambre toute la journée.

De nouvelles allées et venues se firent entendre ; un instant après, un bruit de toile froissée parvint aux oreilles de Dantès, le lit cria sur ses ressorts, un pas alourdi comme celui d'un homme qui soulève un fardeau s'apesantit sur la dalle, puis le lit cria de nouveau sous le poids qu'on lui rendait.

— A ce soir ! dit le gouverneur.

— Y aura-t-il une messe ? demanda un des officiers.

— Impossible, répondit le gouverneur ; le chapelain du château est venu me demander hier un congé pour faire un petit voyage de huit jours à Hyères, je lui ai répondu de mes prisonniers pendant tout ce temps-là ; le pauvre abbé n'avait qu'à ne pas tant se presser, et il aurait eu son *requiem*.

— Bah, bah ! dit le médecin avec l'impiété familière aux gens de sa profession, il est homme d'église : Dieu aura égard à l'état, et ne donnera pas à l'enfer le méchant plaisir de lui envoyer un prêtre.

Un éclat de rire suivit cette mauvaise plaisanterie.

Pendant ce temps l'opération de l'ensevelissement se poursuivait.

— A ce soir ! dit le gouverneur lorsqu'elle fut finie.

— A quelle heure ? demanda le guichetier.

— Mais vers dix ou onze heures.

— Veillera-t-on le mort ?

— Pour quoi faire ? On fermera le cachot comme s'il était vivant, voilà tout.

Alors les pas s'éloignèrent, les voix allèrent s'affaiblissant, le bruit de la porte avec sa serrure criarde et ses verroux grinçans se fit entendre, un silence plus morne que celui de la solitude, le silence de la mort, envahit tout, jusqu'à l'âme glacée du jeune homme.

Alors il souleva lentement la dalle avec sa tête, et jeta un regard investigateur dans la chambre.

La chambre était vide : Dantès sortit de la galerie.

CHAP. XIX. — LE CIMETIÈRE DU CHATEAU D'IF.

Sur le lit, couché dans le sens de la longueur, et faiblement éclairé par un jour brumeux qui pénétrait à travers la fenêtre, on voyait un sac de toile grossière, sous les larges plis duquel se dessinait confusément une forme longue et raide : c'était le dernier linceul de Faria, ce linceul qui, au dire des guichetiers, coûtait si peu cher. Ainsi, tout était fini. Une séparation matérielle existait déjà entre Dantès et son vieil ami ; il ne pouvait plus voir ces yeux qui étaient restés ouverts comme pour regarder au-delà de la mort, il ne pouvait plus serrer cette main industrieuse qui avait soulevé pour lui le voile qui couvrait les choses cachées. Faria, l'utile, le bon compagnon auquel il s'était habitué avec tant de force, n'existait plus que dans son souvenir. Alors il s'assit au chevet de ce lit terrible, et se plongea dans une sombre et amère mélancolie.

Seul ! il était redevenu seul ! il était retombé dans le silence, il se retrouvait en face du néant !

Seul ! plus même la vue, plus même la voix du seul être humain qui l'attachait encore à la terre ! Ne valait-il pas mieux, comme Faria, s'en aller demander à Dieu l'énigme de la vie, au risque de passer par la porte lugubre des souffrances !

L'idée du suicide, chassée par son ami, écartée par sa présence, revint alors se dresser comme un fantôme près du cadavre de Faria.

— Si je pouvais mourir, dit-il, j'irais où il va, et je le retrouverais certainement. Mais comment mourir ? C'est bien facile, reprit-il en riant ; je vais rester ici, je me jetterai sur le premier qui va entrer, je l'étranglerai et l'on me guillotinera.

Mais, comme il arrive que, dans les grandes douleurs comme dans les grandes tempêtes, l'abîme se trouve entre deux cimes de flots, Dantès recula à l'idée de cette mort infamante, et passa précipitamment de ce désespoir à une soif ardente de vie et de liberté.

— Mourir ! oh non ! s'écria-t-il, ce n'est pas la peine d'avoir tant vécu, d'avoir tant souffert, pour mourir maintenant ! Mourir, c'était bon quand j'en avais pris la résolution, autrefois, il y a des années ; mais maintenant ce serait véritablement trop aider à ma misérable destinée. Non, je veux vivre, je veux lutter jusqu'au bout ; non, je veux reconquérir ce bonheur qu'on m'a enlevé. Avant que je meure, j'oubliais que j'ai mes bourreaux à punir, et, peut-être bien aussi, qui sait ? quelques amis à récompenser. Mais à présent on va m'oublier ici, et je ne sortirai de mon cachot que comme Faria.

Mais à cette parole Edmond resta immobile, les yeux fixes, comme un homme frappé d'une idée subite, mais que cette idée épouvante ; tout à coup il se leva, porta la main à son front comme s'il avait le vertige, fit deux ou trois tours dans la chambre et revint s'arrêter devant le lit....

— Oh, oh ! murmura-t-il, qui m'envoie cette pensée ? est-ce vous, mon Dieu ? Puisqu'il n'y a que les morts qui sortent librement d'ici, prenons la place des morts.

Et sans prendre le temps de revenir sur cette décision, comme pour ne pas donner à la pensée le temps de détruire cette résolution désespérée, il se pencha vers le sac hideux, l'ouvrit avec le couteau que Faria avait fait, retira le cadavre du sac, l'emporta chez lui, le coucha dans son lit, le coiffa du lambeau de linge dont il avait l'habitude de se coiffer lui-même, le couvrit de sa couverture, baisa une dernière fois ce front glacé, essaya de refermer ces yeux rebelles, qui continuaient de rester ouverts, effrayans par l'absence de la pensée, tourna la tête le long du mur afin que le geôlier, en apportant son repas du soir, crût qu'il était couché comme c'était souvent son habitude, rentra dans la galerie, tira le lit contre la muraille, rentra dans l'autre chambre, prit dans l'armoire l'aiguille, le fil, jeta ses haillons pour qu'on sentît bien sous la toile les chairs nues, se glissa dans le sac éventré, se plaça dans la situation où était le cadavre, et referma la couture en dedans.

On aurait pu entendre battre son cœur si par malheur on fût entré en ce moment.

Dantès aurait bien pu attendre après la visite du soir, mais il avait peur que d'ici là le gouverneur ne changeât de résolution et qu'on n'enlevât le cadavre.

Alors sa dernière espérance était perdue.

En tout cas, maintenant son plan était arrêté.

Voici ce qu'il comptait faire.

Si pendant le trajet les fossoyeurs reconnaissaient qu'ils portaient un vivant au lieu de porter un mort, Dantès ne leur donnait pas le temps de se reconnaître ;

d'un vigoureux coup de couteau il ouvrirait le sac depuis le haut jusqu'en bas, profitait de leur terreur et s'échapperait ; s'ils voulaient l'arrêter, il jouait du couteau.

S'ils le conduisaient jusqu'au cimetière et le déposaient dans une fosse, il se laissait couvrir de terre ; puis, comme c'était la nuit, à peine les fossoyeurs avaient-ils le dos tourné, qu'il s'ouvrait un passage à travers la terre molle et s'enfuyait : il espérait que le poids ne serait pas trop grand pour qu'il pût le soulever.

S'il se trompait, si au contraire la terre était trop pesante, il mourait étouffé, et, tant mieux ! tout était fini.

Dantès n'avait pas mangé depuis la veille, mais il n'avait pas songé à la faim le matin, et il n'y songeait pas encore. Sa position était trop précaire pour lui laisser le temps d'arrêter sa pensée sur aucune autre idée.

Le premier danger que courait Dantès, c'était que le geôlier, en lui apportant son souper de sept heures, s'aperçût de la substitution opérée : heureusement, vingt fois, soit par misanthropie, soit par fatigue, Dantès avait reçu le geôlier couché ; et dans ce cas, d'ordinaire, cet homme déposait son pain et sa soupe sur la table et se retirait sans lui parler.

Mais, cette fois, le geôlier pouvait déroger à ses habitudes de mutisme, parler à Dantès, et, voyant que Dantès ne lui répondait point, s'approcher du lit et tout découvrir.

Lorsque sept heures du soir s'approchèrent, les angoisses de Dantès commencèrent véritablement. Sa main, appuyée sur son cœur, essayait d'en comprimer les battemens, tandis que de l'autre il essuyait la sueur de son front qui ruisselait le long de ses tempes. De temps en temps des frissons lui couraient par tout le corps et lui serraient le cœur comme dans un étau glacé. Alors il croyait qu'il allait mourir. Les heures s'écoulèrent sans amener aucun mouvement dans le château, et Dantès comprit qu'il avait échappé à ce premier danger ; c'était d'un bon augure. Enfin, vers l'heure fixée par le gouverneur, des pas se firent entendre dans l'escalier. Edmond comprit que le moment était venu, rappela tout son courage, retenant son haleine ; heureux s'il eût pu retenir en même temps et comme elle les pulsations précipitées de ses artères.

On s'arrêta à la porte, le pas était double. Dantès devina que c'étaient les deux fossoyeurs qui le venaient chercher. Ce soupçon se changea en certitude, quand il entendit le bruit qu'ils faisaient en déposant la civière.

La porte s'ouvrit, une lumière voilée parvint aux yeux de Dantès. Au travers de la toile qui le couvrait, il vit deux ombres s'approcher de son lit. Une troisième restait à la porte, tenant un fallot à la main. Chacun des deux hommes, qui s'étaient approchés du lit, saisit le sac par une de ses extrémités.

— C'est qu'il est encore lourd, pour un vieillard si maigre ! dit l'un d'eux en le soulevant par la tête.

— On dit que chaque année ajoute une demi-livre au poids des os, dit l'autre en le prenant par les pieds.

— As-tu fait ton nœud ?, demanda le premier.

— Je serais bien bête de nous charger d'un poids inutile, dit le second, je le ferai là-bas.

— Tu as raison ; partons, alors.

— Pourquoi ce nœud ? se demanda Dantès.

On transporta le prétendu mort du lit sur la civière. Edmond se roidissait pour mieux jouer son rôle de trépassé. On le posa sur la civière ; et le cortège, éclairé par l'homme au fallot, qui marchait devant, monta l'escalier.

Tout à coup, l'air frais et âpre de la nuit l'inonda. Dantès reconnut le mistral. Ce fut une sensation subite, pleine à la fois de délices et d'angoisses.

Les porteurs firent une vingtaine de pas, puis ils s'arrêtèrent et déposèrent la civière sur le sol.

Un des porteurs s'éloigna, et Dantès entendit ses souliers retentir sur les dalles.

— Où suis-je donc? se demanda-t-il.

— Sais-tu qu'il n'est pas léger du tout! dit celui qui était resté près de Dantès en s'asseyant sur le bord de la civière.

Le premier sentiment de Dantès avait été de s'échapper; heureusement il se retint.

— Eclaire-moi donc, animal, dit celui des deux porteurs qui s'était éloigné, ou je ne trouverai jamais ce que je cherche.

L'homme au fallot obéit à l'injonction, quoique, comme on l'a vu, elle fût faite en termes peu convenables.

— Que cherche-t-il donc? se demanda Dantès. Une bêche, sans doute.

Une exclamation de satisfaction indiqua que le fossoyeur avait trouvé ce qu'il cherchait.

— Enfin, dit l'autre, ce n'est pas sans peine.

— Oui, répondit-il, mais il n'aura rien perdu pour attendre.

A ces mots, il se rapprocha d'Edmond, qui entendit déposer près de lui un corps lourd et retentissant; au même moment, une corde entoura ses pieds d'une vive et douloureuse pression.

— Eh bien! le nœud est-il fait? demanda celui des fossoyeurs qui était resté inactif.

— Et bien fait, dit l'autre, je t'en réponds.

— En ce cas, en route.

Et la civière soulevée reprit son chemin.

On fit cinquante pas à peu près, puis on s'arrêta pour ouvrir une porte; puis on se mit en route. Le bruit des flots se brisant contre les rochers sur lesquels est bâti le château arrivait plus distinctement à l'oreille de Dantès à mesure que l'on avançait.

— Mauvais temps! dit un des porteurs, il ne fera pas bon d'être en mer cette nuit.

— Oui, l'abbé court grand risque d'être mouillé, dit l'autre, et ils éclatèrent de rire.

Dantès ne comprit pas très bien la plaisanterie, mais ses cheveux ne s'en dressèrent pas moins sur sa tête.

— Bon, nous voilà arrivés! reprit le premier.

— Plus loin, plus loin, dit l'autre, tu sais bien que le dernier est resté en route, brisé sur les rochers, et que le gouverneur nous a dit le lendemain que nous étions des fainéans.

On fit encore quatre ou cinq pas montant toujours, puis Dantès sentit qu'on le prenait par la tête et par les pieds et qu'on le balançait.

— Une! dirent les fossoyeurs.

— Deux!

— Trois!

En même temps, Dantès se sentit lancé en effet dans un vide énorme, traversant les airs comme un oiseau blessé, tombant, tombant toujours avec une épouvante qui lui glaçait le cœur. Quoique tiré en bas par quelque chose de pesant qui précipitait son vol rapide, il lui sembla que cette chute durait un siècle. Enfin, avec un bruit épouvantable, il entra comme une flèche dans une eau glacée, dont il lui fit pousser un cri, étouffé à l'instant même par l'immersion.

Dantès avait été lancé dans la mer, au fond de laquelle l'entraînait un boulet de trente-six attaché à ses pieds.

La mer est le cimetière du château d'If.

CHAP. XXI. — L'ILE DE TIBOULEN.

Dantès étourdi, presque suffoqué, eut cependant la présence d'esprit de retenir son haleine, et, comme sa main droite, ainsi que nous l'avons dit, préparé qu'il était à toutes les chances, tenait son couteau tout ouvert, il éventra rapidement le sac, sortit le bras, puis la tête; mais alors, malgré ses mouvemens pour soulever le boulet, il continua de se sentir entraîné; alors il se cambra, cherchant la corde qui liait ses jambes, et, par un effort suprême, il la trancha précisément au moment où il suffoquait; alors, donnant un vigoureux coup de pied, il remonta libre à la surface de la mer, tandis que le boulet entraînait dans ses profondeurs inconnues le tissu grossier qui avait failli devenir son linceul.

Dantès ne prit que le temps de respirer, et replongea une seconde fois; car la première précaution qu'il devait prendre était d'éviter les regards.

Lorsqu'il reparut pour la seconde fois, il était déjà à cinquante pas au moins de sa chute; il vit au-dessus de sa tête un ciel noir et tempétueux, à la surface duquel le vent balayait quelques nuages rapides, découvrant parfois un petit coin d'azur rehaussé d'une étoile; devant lui s'étendait la plaine sombre et mugissante, dont les vagues commençaient à bouillonner comme à l'approche d'une tempête, tandis que derrière lui, plus noir que la mer, plus noir que le ciel, montait, comme un fantôme menaçant, le géant de granit, dont la pointe sombre semblait un bras étendu pour ressaisir sa proie; sur la roche la plus haute était un fallot éclairant deux ombres.

Il lui sembla que ces deux ombres se penchaient sur la mer avec inquiétude; en effet, ces étranges fossoyeurs devaient avoir entendu le cri qu'il avait jeté en traversant l'espace. Dantès plongea donc de nouveau, et fit un trajet assez long entre deux eaux; cette manœuvre lui était jadis familière, et attirait d'ordinaire autour de lui, dans l'anse du Pharo, de nombreux admirateurs, lesquels l'avaient proclamé bien souvent le plus habile nageur de Marseille.

Lorsqu'il revint à la surface de la mer le fallot avait disparu.

Il fallait s'orienter: de toutes les îles qui entourent le château d'If, Ratonneau et Pomègue sont les plus proches; mais Ratonneau et Pomègue sont habités, il en est ainsi de la petite île de Daume: l'île la plus sûre était donc celle de Tiboulen ou de Lemaire; les îles de Tiboulen et de Lemaire sont à une lieue du château d'If.

Dantès ne résolut pas moins de gagner une de ces deux îles; mais comment trouver ces îles au milieu de la nuit qui s'épaississait à chaque instant autour de lui!

En ce moment, il vit briller comme une étoile le phare de Planier.

En se dirigeant droit sur ce phare, il laissait l'île de Tiboulen un peu à gauche; en appuyant un peu à gauche, il devait donc rencontrer cette île sur son chemin.

Mais, nous l'avons dit, il y avait une lieue au moins du château d'If à cette île.

Souvent, dans la prison, Faria répétait au jeune homme, en le voyant abattu et paresseux:

— Dantès, ne vous laissez pas aller à cet amollissement; vous vous noierez, si vous essayez de vous enfuir, et que vos forces n'aient pas été entretenues.

Sous l'onde lourde et amère, cette parole était venue tinter aux oreilles de Dantès; il avait eu hâte de remonter alors et de fendre les lames pour voir si effectivement il n'avait pas perdu de ses forces; il vit avec joie que son inaction forcée ne lui avait rien ôté de sa puissance et de son agilité, et sentit qu'il était toujours maître de l'élément où, tout enfant, il s'était joué.

D'ailleurs, la peur, cette rapide persécutrice, doublait la vigueur de Dantès: il écoutait, penché sur la cime des flots, si aucune rumeur n'arrivait jusqu'à lui. Chaque fois qu'il s'élevait à l'extrémité d'une vague, son rapide regard embrassait l'horizon visible et essayait de plonger dans l'épaisse obscurité; chaque flot un peu plus élevé que les autres flots lui semblait une barque à sa poursuite, et alors il redoublait d'efforts, qui l'éloignaient sans doute, mais dont la répétition devait promptement user ses forces.

Il nageait cependant, et déjà le château terrible s'était un peu fondu dans la vapeur nocturne: il ne le distinguait pas, mais il le sentait toujours.

Une heure s'écoula, pendant laquelle Dantès, exalté par le sentiment de la liberté qui avait envahi toute sa personne, continua de fendre les flots dans la direction qu'il s'était faite.

— Voyons, se disait-il, voilà bientôt une heure que je nage, mais comme le vent m'est contraire j'ai dû perdre un quart de ma rapidité; cependant, à moins que je ne me sois trompé de ligne, je ne dois pas être loin de Tiboulen maintenant.

Mais, si je m'étais trompé!

Un frisson passa par tout le corps du nageur; il essaya de faire un instant la planche pour se reposer; mais la mer devenait de plus en plus forte, et il comprit bientôt que ce moyen de soulagement, sur lequel il avait compté, était impossible.

— Eh bien! dit-il, soit, j'irai jusqu'au bout, jusqu'à ce que mes bras se lassent, jusqu'à ce que les crampes envahissent mon corps, et alors je coulerai à fond!

Et il se mit à nager avec la force et l'impulsion du désespoir.

Tout à coup il lui sembla que le ciel, déjà si obscur, s'assombrissait encore, qu'un nuage épais, lourd, compacte s'abaissait vers lui; en même temps, il sentit une violente douleur au genou : l'imagination, avec son incalculable vitesse, lui dit alors que c'était le choc d'une balle, et qu'il allait immédiatement entendre l'explosion du coup de fusil; mais l'explosion ne retentit pas. Dantès allongea la main et sentit une résistance, il retira son autre jambe à lui et toucha la terre; il vit alors quel était l'objet qu'il avait pris pour un nuage.

A vingt pas de lui s'élevait une masse de rochers bizarres, qu'on prendrait pour un foyer immense pétrifié au moment de sa plus ardente combustion : c'était l'île de Tiboulen.

Dantès se releva, fit quelques pas en avant, et s'étendit en remerciant Dieu sur ces pointes de granit, qui lui semblèrent à cette heure plus douces que lui avait jamais paru le lit le plus doux.

Puis, malgré le vent, malgré la tempête, malgré la pluie, qui commençait à tomber, brisé de fatigue qu'il était, il s'endormit de ce délicieux sommeil de l'homme chez lequel le corps s'engourdit, mais dont l'ame veille avec la conscience d'un bonheur inespéré.

Au bout d'une heure, Edmond se réveilla sous le grondement d'un immense coup de tonnerre : la tempête était déchaînée dans l'espace et battait l'air de son vol éclatant; de temps en temps un éclair descendait du ciel, comme un serpent de feu, éclairant les flots et les nuages qui roulaient au-devant les uns des autres comme les vagues d'un immense chaos.

Dantès, avec son coup d'œil de marin, ne s'était pas trompé : il avait abordé à la première des deux îles, qui est effectivement celle de Tiboulen. Il la savait nue, découverte et n'offrant pas le moindre asile; mais quand la tempête serait calmée il se remettrait à la mer et gagnerait à la nage l'île Lemaire, aussi aride, mais plus large et par conséquent plus hospitalière.

Une roche qui surplombait offrit un abri momentané à Dantès, il s'y réfugia, et presqu'au même instant la tempête éclata dans toute sa fureur.

Edmond sentait trembler la roche sous laquelle il s'abritait; les vagues se brisant contre la base de la gigantesque pyramide, rejaillissaient jusqu'à lui; tout en sûreté qu'il était, il était au milieu de ce bruit profond, au milieu de ces éblouissemens fulgurans, pris d'une espèce de vertige : il lui semblait que l'île tremblait sous lui, et d'un moment à l'autre allait, comme un vaisseau à l'ancre, briser son câble, et l'entraîner au milieu de l'immense tourbillon.

Il se rappela alors que depuis vingt-quatre heures il n'avait pas mangé : il avait faim, il avait soif.

Dantès étendit les mains et la tête, et but l'eau de la tempête dans le creux d'un rocher.

Comme il se relevait, un éclair qui semblait ouvrir le ciel jusqu'au pied du trône éblouissant de Dieu, illumina l'espace; à la lueur de cet éclair, entre l'île de Lemaire et le cap Croisille, à un quart de lieue de lui, Dantès vit apparaître, comme un spectre glissant du haut d'une vague dans un abime, un petit bâtiment pêcheur emporté à la fois par l'orage et par le flot; une seconde après, à la cime d'une autre vague, le fantôme reparut, s'approchant avec une effroyable rapidité. Dantès voulut crier, chercha quelque lambeau de linge à agiter en l'air pour leur faire voir qu'ils se perdaient, mais ils le voyaient bien eux-mêmes. A la lueur d'un autre éclair, le jeune homme vit quatre hommes cramponnés aux mâts et aux étais; un cinquième se tenait à la barre du gouvernail brisé. Ces hommes qu'il voyait le virent aussi sans doute, car des cris désespérés, emportés par la rafale sifflante, arrivèrent à son oreille. Au-dessus du mât tordu comme un roseau, claquait en l'air, à coups précipités, une voile en lambeaux; tout à coup, les liens qui la retenaient encore se rompirent, et elle disparut, emportée dans les sombres profondeurs du ciel, pareille à ces grands oiseaux blancs qui se dessinent sur les nuages noirs.

En même temps, un craquement effrayant se fit entendre, des cris d'agonie arrivèrent jusqu'à Dantès. Cramponné comme un sphinx à son rocher, d'où il plongeait sur l'abime, un nouvel éclair lui montra le petit bâtiment brisé et parmi les débris des têtes aux visages désespérés, des bras étendus vers le ciel.

Puis tout rentra dans la nuit, le terrible spectacle avait eu la durée de l'éclair.

Dantès se précipita sur la pente glissante des rochers, au risque de rouler lui-même dans la mer; il regarda, il écouta, mais il n'entendit et ne vit plus rien : plus de cris, plus d'efforts humains; la tempête seule, cette grande chose de Dieu, continuait de rugir avec les vents et d'écumer avec les flots.

Peu à peu le vent s'abattit; le ciel roula vers l'occident de gros nuages gris et pour ainsi dire déteints par l'orage; l'azur reparut avec les étoiles plus scintillantes que jamais : bientôt, vers l'est, une longue bande rougeâtre dessina, à l'horizon, des ondulations d'un bleu noir; les flots bondirent, une subite lueur courut sur leurs cimes et changea leurs cimes écumeuses en crinières d'or.

C'était le jour.

Dantès resta immobile et muet devant ce grand spectacle, comme s'il le voyait pour la première fois; en effet, depuis le temps qu'il était au château d'If, il l'avait oublié.

Il se retourna vers la forteresse, interrogeant à la fois d'un long regard circulaire la terre et la mer.

Le sombre bâtiment sortait du sein des vagues avec cette imposante majesté des choses immobiles, qui semblent à la fois surveiller et commander.

Il pouvait être cinq heures du matin; la mer continuait de se calmer.

— Dans deux ou trois heures, se dit Edmond, le porte-clés va rentrer dans ma chambre, trouvera le cadavre de mon pauvre ami, le reconnaîtra, me cherchera vainement et donnera l'alarme. Alors on trouvera le trou, la galerie; on interrogera ces hommes qui m'ont lancé à la mer et qui ont dû entendre le cri que j'ai poussé. Aussitôt des barques remplies de soldats armés courront après le malheureux fugitif, qu'on sait bien ne pas être loin. Le canon avertira toute la côte qu'il ne faut point donner asile à un homme qu'on rencontrerait errant, nu et affamé. Les espions et les alguazils de Marseille seront avertis et battront la côte, tandis que le gouverneur du château d'If fera battre la mer. Alors, traqué sur l'eau, cerné sur terre, que deviendrai-je? J'ai faim, j'ai froid, j'ai lâché jusqu'au couteau sauveur qui me gênait pour nager; je suis à la merci du premier paysan qui voudra gagner vingt francs en me livrant; je n'ai plus ni force, ni idée, ni résolution. Oh! mon Dieu! mon Dieu! voyez si j'ai assez souffert, et si vous pouvez faire pour moi plus que je ne puis faire moi-même.

Au moment où Edmond, dans une espèce de délire occasionné par l'épuisement de sa force et le vide de son cerveau, prononçait, anxieusement tourné vers le château d'If, cette prière ardente, il vit apparaître à la pointe de l'île de Pomègue, dessinant sa voile latine à l'horizon, e pareil à une mouette qui vole en rasant le flot, un peti bâtiment que l'œil d'un marin pouvait seul reconnaître pour une tartane génoise sur la ligne encore à demi obscure de la mer. Elle venait du port de Marseille et gagnait le large en poussant l'écume étincelante devant la prouc aiguë qui ouvrait une route plus facile à ses flancs rebondis.

— Oh! s'écria Edmond, dire que dans une demi-heure j'aurais rejoint ce navire si je ne craignais pas d'être questionné, reconnu pour un fugitif et reconduit à Marseille! Que faire? que dire? quelle fable inventer dont ils puissent être la dupe? Ces gens sont tous des contrebandiers, des demi-pirates. Sous prétexte de faire le cabotage, ils écument les côtes; ils aimeront mieux me vendre que de faire une bonne action stérile.

Attendons.

Mais attendre est chose impossible : je meurs de faim, dans quelques heures le peu de forces qui me reste sera évanoui, d'ailleurs l'heure de la visite approche; l'éveil n'est pas encore donné, peut-être ne se doutera-t-on de rien : je puis me faire passer pour un des matelots de ce petit bâtiment qui s'est brisé cette nuit. Cette fable ne manquera point de vraisemblance; nul ne viendra pour me contredire, ils sont bien engloutis tous. Allons.

Et, tout en disant ces mots, Dantès tourna les yeux vers l'endroit où le petit navire s'était brisé, et tressaillit. A l'arête d'un rocher était resté accroché le bonnet phrygien d'un des matelots naufragés, et tout près de là flottaient quelques débris de la carène, solives inertes que la mer poussait et repoussait contre la base de l'île, qu'elles battaient comme d'impuissants béliers.

En un instant la résolution de Dantès fut prise, il se remit à la mer, nagea vers le bonnet, s'en couvrit la tête, saisit une des solives et se dirigea pour couper la ligne que devait suivre le bâtiment.

— Maintenant je suis sauvé, murmura-t-il.

Et cette conviction lui rendit ses forces.

Bientôt il aperçut la tartane, qui, ayant le vent presque debout, courait des bordées entre le château d'If et la tour de Planier. Un instant Dantès craignit qu'au lieu de serrer la côte le petit bâtiment ne gagnât le large, comme il eût fait par exemple si sa destination eût été pour la Corse ou la Sardaigne; mais, à la façon dont il manœuvrait, le nageur reconnut bientôt qu'il désirait passer, comme c'est l'habitude des bâtiments qui vont en Italie, entre l'île de Jaros et l'île de Calaseraigne.

Cependant le navire et le nageur approchaient insensiblement l'un de l'autre; dans une de ses bordées, le petit bâtiment vint même à un quart de lieue à peu près de Dantès. Il se souleva alors sur les flots, agitant son bonnet en signe de détresse; mais personne ne le vit sur le bâtiment, qui vira de bord et recommença une nouvelle bordée. Dantès songea à appeler; mais il mesura de l'œil la distance et comprit que sa voix n'arriverait point jusqu'au navire, emportée et couverte qu'elle serait auparavant par la brise de la mer et le bruit des flots.

C'est alors qu'il se félicita de cette précaution qu'il avait prise de s'étendre sur une solive. Affaibli comme il était, peut-être n'eût-il pas pu se soutenir sur la mer jusqu'à ce qu'il eût rejoint la tartane; et, à coup sûr, si la tartane, ce qui était possible, passait sans le voir, il n'eût pas pu regagner la côte.

Dantès, quoiqu'il fût à peu près certain de la route que suivait le bâtiment, l'accompagna des yeux avec une certaine anxiété jusqu'au moment où il lui vit faire son abatée et revenir à lui.

Alors il s'avança à sa rencontre; mais avant qu'ils se fussent joints, le bâtiment commença à virer de bord.

Aussitôt Dantès, par un effort suprême, se leva presque debout sur l'eau, agitant son bonnet, et jetant un de ces cris lamentables comme en poussent les marins en détresse, et qui semblent la plainte de quelque génie de la mer.

Cette fois on le vit et on l'entendit. La tartane interrompit sa manœuvre et tourna le cap de son côté. En même temps il vit qu'on se préparait à mettre une chaloupe à la mer.

Un instant après, la chaloupe, montée par deux hommes, se dirigea de son côté, battant la mer de son double aviron. Dantès alors laissa glisser la solive dont il pensait n'avoir plus besoin, et nagea vigoureusement pour épargner la moitié du chemin à ceux qui venaient à lui.

Cependant le nageur avait compté sur des forces presque absentes; ce fut alors qu'il sentit de quelle utilité lui avait été ce morceau de bois qui flottait déjà, inerte, à cent pas de lui. Ses bras commençaient à se raidir, ses jambes avaient perdu leur flexibilité, ses mouvements devenaient durs et saccadés, sa poitrine était haletante.

Il poussa un second cri, les deux rameurs redoublèrent d'énergie, et l'un d'eux lui cria en italien : — Courage!

Le mot lui arriva au moment où une vague, qu'il n'avait plus la force de surmonter, passait au-dessus de sa tête et le couvrait d'écume.

Il reparut battant la mer de ces mouvements inégaux et désespérés d'un homme qui se noie, poussa un troisième cri et sentit enfoncer dans la mer, comme s'il eût encore au pied le boulet mortel.

L'eau passa par-dessus sa tête, et à travers l'eau il vit le ciel livide avec des taches noires.

Un violent effort le ramena à la surface de la mer.

Il lui sembla alors qu'on le saisissait par les cheveux, puis il ne vit plus rien : il n'entendit plus rien, il était évanoui.

Lorsqu'il rouvrit les yeux, Dantès se trouva sur le pont de la tartane, qui continuait son chemin; son premier regard fut pour voir quelle direction elle suivait : on continuait de s'éloigner du château d'If.

Dantès était tellement épuisé que l'exclamation de joie qu'il fit fut prise pour un soupir de douleur.

Comme nous l'avons dit, il était couché sur le pont : un matelot lui frottait les membres avec une couverture de laine; un autre, qu'il reconnut pour celui qui lui avait crié courage, lui introduisait l'orifice d'une gourde dans la bouche; un troisième, vieux marin, qui était à la fois le pilote et le patron, le regardait avec le sentiment de pitié égoïste qu'éprouvent en général les hommes pour un malheur auquel ils ont échappé la veille et qui peut les atteindre le lendemain.

Quelques gouttes de rhum que contenait la gourde ranimèrent le cœur défaillant du jeune homme, tandis que les frictions que le matelot à genoux devant lui continuait d'opérer avec de la laine rendaient de l'élasticité à ses membres.

— Qui êtes-vous? demanda en mauvais français le patron.

— Je suis, répondit Dantès en mauvais italien, un matelot maltais; nous venions de Syracuse, nous étions chargés de vins et de panoline. Le grain de cette nuit nous a surpris au cap Morgiou, et nous avons été brisés contre ces rochers que vous voyez là-bas.

— D'où venez-vous?

— De ces rochers où j'avais eu le bonheur de me cramponner, tandis que notre pauvre capitaine s'y brisait la tête. Nos trois autres compagnons se sont noyés. Je crois que je suis le seul qui reste vivant; j'ai aperçu votre navire, et, craignant d'avoir long-temps à attendre sur cette île isolée et déserte, je me suis hasardé sur un débris de notre bâtiment pour essayer de venir jusqu'à vous. Merci, continua Dantès, vous m'avez sauvé la vie; j'étais perdu quand l'un de vos matelots m'a saisi par les cheveux.

— C'est moi, dit un matelot à la figure franche et ouverte, encadrée de longs favoris noirs, il était temps, vous couliez.

— Oui, lui dit Dantès en lui tendant la main, oui, mon ami, et je vous remercie une seconde fois.

— Ma foi, dit le marin, j'hésitais presque ; avec votre barbe de six pouces de long et vos cheveux d'un pied, vous aviez plus l'air d'un brigand que d'un honnête homme.

Dantès se rappela effectivement que depuis qu'il était au château d'If il ne s'était pas coupé les cheveux, et ne s'était point fait la barbe.

— Oui, dit-il, c'est un vœu que j'avais fait à Notre-Dame del Pie de la Grotta, dans un moment de danger, d'être dix ans sans couper mes cheveux ni ma barbe. C'est aujourd'hui l'expiration de mon vœu, et j'ai failli me noyer pour mon anniversaire.

— Maintenant, qu'allons-nous faire de vous? demanda le patron.

— Hélas! répondit Dantès, ce que vous voudrez : la felouque que je montais est perdue, le capitaine est mort ; comme vous le voyez, j'ai échappé au même sort, mais absolument nu ; heureusement je suis assez bon matelot ; jetez-moi dans le premier port où vous relâcherez, et je trouverai toujours de l'emploi sur un bâtiment marchand.

— Vous connaissez la Méditerranée?

— J'y navigue depuis mon enfance.

— Vous savez les bons mouillages?

— Il y a peu de ports, même des plus difficiles, dans lesquels je ne puisse entrer ou dont je ne puisse sortir les yeux fermés.

— Eh bien ! dites donc, patron, demanda le matelot qui avait crié courage à Dantès, si le camarade dit vrai, qui empêche qu'il ne reste avec nous?

— Oui, s'il dit vrai, dit le patron d'un air de doute ; mais dans l'état où est le pauvre diable, on promet beaucoup, quitte à tenir ce qu'on peut.

— Je tiendrai plus que je n'ai promis, dit Dantès.

— Oh! oh! fit le patron en riant, nous verrons cela.

— Quand vous voudrez, reprit Dantès en se relevant : où allez-vous?

— A Livourne.

— Eh bien! alors, au lieu de courir des bordées qui vous font perdre du temps précieux, pourquoi ne serrez-vous pas tout simplement le vent au plus près?

— Parce que nous irions donner droit sur l'île de Rion.

— Vous en passerez à plus de vingt brasses.

— Prenez donc le gouvernail, dit le patron, et que nous jugions de votre science.

Le jeune homme alla s'asseoir au gouvernail, s'assura par une légère pression que le bâtiment était obéissant, et, voyant que sans être de première finesse, il ne se refusait pas :

— Aux bras et aux boulines, dit-il.

Les quatres matelots qui formaient l'équipage coururent à leur poste, tandis que le patron les regardait faire.

— Halez, continua Dantès.

Les matelots obéirent avec assez de précision.

— Et maintenant, amarrez ; bien.

Cet ordre fut exécuté comme les deux premiers, et le petit bâtiment, au lieu de continuer de courir des bordées, commença de s'avancer vers l'île de Rion, près de laquelle il passa, comme l'avait fait prédit Dantès, en la laissant par tribord à une vingtaine de brasses.

— Bravo ! dit le patron.

— Bravo ! répétèrent les matelots.

Et tous regardaient, émerveillés, cet homme dont le regard avait retrouvé une intelligence et le corps une vigueur qu'on était loin de soupçonner en lui.

— Vous voyez, dit Dantès en quittant la barre, que je pourrai vous être de quelque utilité, pendant la traversée du moins. Si vous ne voulez pas de moi à Livourne, eh bien ! vous me laisserez là ; et sur mes premiers mois de solde, je vous rembourserai ma nourriture jusque-là et les habits que vous allez me prêter.

— C'est bien, c'est bien, dit le patron ; nous pourrons nous arranger si vous êtes raisonnable.

— Un homme vaut un homme, dit Dantès ; ce que vous donnez aux camarades, vous me le donnerez, et tout sera dit.

— Ce n'est pas juste, dit le matelot qui avait tiré Dantès de la mer, car vous en savez plus que nous.

— En quoi diable cela te regarde-t-il, Jacopo? dit le patron ; chacun est libre de s'engager pour la somme qui lui convient.

— C'est juste, dit Jacopo, c'était une simple observation que je faisais.

— Eh bien ! tu ferais bien mieux encore de prêter à ce brave garçon, qui est tout nu, un pantalon et une vareuse, si toutefois tu en as de rechange.

— Non, dit Jacopo, mais j'ai une chemise et un pantalon.

— C'est tout ce qu'il me faut, dit Dantès ; merci, mon ami.

Jacopo se laissa glisser par l'écoutille et remonta un instant après avec les deux vêtemens, que Dantès revêtit avec un indicible bonheur.

— Maintenant, vous faut-il encore autre chose? demanda le patron.

— Un morceau de pain et une seconde gorgée de cet excellent rhum dont j'ai déjà goûté ; car il y a bien longtemps que je n'ai rien pris.

En effet, il y avait quarante heures à peu près.

On apporta à Dantès un morceau de pain, et Jacopo lui présenta la gourde.

— La barre à bâbord ! cria le capitaine en se retournant vers le timonier.

Dantès jeta un coup d'œil du même côté en portant la gourde à sa bouche, mais la gourde resta à moitié chemin.

— Tiens, demanda le patron, que se passe-t-il donc au château d'If?

En effet, un petit nuage blanc, nuage qui avait attiré l'attention de Dantès, venait d'apparaître, couronnant les créneaux du bastion sud du château d'If.

Une seconde après, le bruit d'une explosion lointaine vint mourir à bord de la tartane.

Les matelots levèrent la tête en se regardant les uns les autres.

— Que veut dire cela? demanda le patron.

— Il se sera sauvé quelque prisonnier cette nuit, dit Dantès, et l'on tire le canon d'alarme.

Le patron jeta un regard sur le jeune homme, qui, en disant ces paroles, avait porté la gourde à sa bouche ; mais il le vit savourer la liqueur qu'elle contenait avec tant de calme et de satisfaction, que, s'il eut un soupçon quelconque, ce soupçon ne fit que traverser son esprit et mourut aussitôt.

— Voilà du rhum qui est diablement fort, dit Dantès essuyant avec la manche de sa chemise son front ruisselant de sueur.

— En tout cas, murmura le patron en le regardant, s'c'est lui, tant mieux ; car j'ai fait là l'acquisition d'un fier homme.

Sous le prétexte qu'il était fatigué, Dantès demanda alors à s'asseoir au gouvernail. Le timonier, enchanté d'être relayé dans ses fonctions, consulta de l'œil le patron, qui lui fit de la tête signe qu'il pouvait remettre la barre à son nouveau compagnon.

Dantès ainsi placé put rester les yeux fixés du côté de Marseille.

— Quel quantième du mois tenons-nous? demanda Dantès à Jacopo qui était venu s'asseoir auprès de lui en perdant de vue le château d'If.

— Le 28 février, répondit celui-ci.

— De quelle année? demanda encore Dantès.

— Comment, de quelle année! Vous demandez de quelle année?

— Oui, reprit le jeune homme, je vous demande de quelle année.

— Vous avez oublié l'année où nous sommes?

— Que voulez-vous! j'ai eu si grand'peur cette nuit, dit en riant Dantès, que j'ai failli en perdre l'esprit, si bien que ma mémoire en est restée toute troublée : je vous demande donc le 28 février de quelle année nous sommes.

— De l'année 1829, dit Jacopo.

Il y avait quatorze ans, jour pour jour, que Dantès avait été arrêté.

Il était entré à dix-neuf ans au château d'If, il en sortait à trente-trois ans.

Un douloureux sourire passa sur ses lèvres; il se demanda ce qu'était devenue Mercédès pendant ce temps où elle avait dû le croire mort.

Puis un éclair de haine s'alluma dans ses yeux en songeant à ces trois hommes auxquels il devait une si longue et si cruelle captivité.

Et il renouvela contre Danglars, Fernand et Villefort ce serment d'implacable vengeance qu'il avait déjà prononcé dans sa prison.

Et ce serment n'était plus une vaine menace, car, à cette heure le plus fin voilier de la Méditerranée n'eût certes pu rattraper la petite tartane qui cinglait à pleines voiles vers Livourne.

CHAP. XXI. — LES CONTREBANDIERS.

Dantès n'avait point encore passé un jour à bord, qu'il avait déjà reconnu à qui il avait affaire. Sans avoir été à l'école de l'abbé Faria, le digne patron de la *Jeune-Amélie*, c'était le nom de la tartane génoise, savait à peu près toutes les langues qui se parlent autour de ce grand lac qu'on appelle la Méditerranée, depuis l'arabe jusqu'au provençal; cela lui donnait, en lui épargnant les interprètes, gens toujours ennuyeux et parfois indiscrets, de grande facilités de communications, soit avec les navires qu'il rencontrait en mer, soit avec les petites barques qu'il relevait le long des côtes, soit enfin avec les gens sans nom, sans patrie, sans état apparent, comme il y en a toujours sur les dalles des quais qui avoisinent les ports de mer, et qui vivent de ces ressources mystérieuses et cachées qu'il faut bien croire leur venir en ligne directe de la Providence, puisqu'ils n'ont aucun moyen d'existence visible à l'œil nu : on devine que Dantès était à bord d'un bâtiment contrebandier.

Aussi le patron avait-il d'abord reçu Dantès à bord avec une certaine défiance : il était fort connu de tous les douaniers de la côte, et, comme c'était entre ces messieurs et lui un échange de ruses plus adroites les unes que les autres, il avait pensé d'abord que Dantès était tout bonnement un émissaire de dame Gabelle, qui employait cet ingénieux moyen de pénétrer quelques-uns des secrets du métier. Mais la manière brillante dont Dantès s'était tiré de l'épreuve quand il avait orienté au plus près, l'avait entièrement convaincu; puis ensuite quand il avait vu cette légère fumée flotter comme un panache au-dessus du bastion du château d'If, et qu'il avait entendu ce bruit lointain de l'explosion, il avait eu un instant l'idée qu'il venait de recevoir à bord celui à qui, comme pour les entrées et les sorties des rois, on accordait les honneurs du canon; cela l'inquiétait moins déjà, il faut le dire, que si le nouveau venu était un douanier; mais cette seconde supposition avait bientôt disparu comme la première à la vue de la parfaite tranquillité de sa recrue.

Edmond eut donc l'avantage de savoir ce qu'était son patron sans que son patron pût savoir ce qu'il était; de quelque côté que l'attaquassent le vieux marin ou ses camarades, il tint bon et ne fit aucun aveu : donnant force détails sur Naples et sur Malte, qu'il connaissait comme Marseille, et maintenant, avec une fermeté qui faisait honneur à sa mémoire, sa première narration. Ce fut donc le Génois, tout subtil qu'il était, qui se laissa duper par Edmond, en faveur duquel parlait sa douceur, son expérience nautique, et surtout la plus savante dissimulation.

Et puis, peut-être le Génois était-il comme ces gens d'esprit qui ne savent jamais que ce qu'ils doivent savoir, et qui ne croient que ce qu'ils ont intérêt à croire.

Ce fut donc dans cette situation réciproque que l'on arriva à Livourne.

Edmond devait tenter là une nouvelle épreuve : c'était de savoir s'il se reconnaîtrait lui-même, depuis quatorze ans qu'il ne s'était vu; il avait conservé une idée assez précise de ce qu'était le jeune homme, il allait voir ce qu'il était devenu homme. Aux yeux de ses camarades, son vœu était accompli : vingt fois déjà il avait relâché à Livourne, il connaissait un barbier rue Saint-Ferdinand, il entra chez lui pour se faire couper la barbe et les cheveux.

Le barbier regarda avec étonnement cet homme à la longue chevelure et à la barbe épaisse et noire, qui ressemblait à une de ces belles têtes du Titien. Ce n'était point encore à la mode à cette époque-là que l'on portât la barbe et les cheveux si développés : aujourd'hui, un barbier s'étonnerait seulement qu'un homme doué de si grands avantages physiques consentît volontairement à s'en priver.

Le barbier livournais se mit à la besogne sans observation.

Lorsque l'opération fut terminée, lorsque Edmond sentit son menton entièrement rasé, lorsque ses cheveux furent réduits à la longueur ordinaire, il demanda un miroir et se regarda.

Il avait alors trente-trois ans, comme nous l'avons dit, et ces quatorze ans de prison avaient pour ainsi dire apporté un grand changement moral dans sa figure.

Dantès était entré au château d'If avec ce visage rond, riant et épanoui du jeune homme heureux, à qui les premiers pas dans la vie ont été faciles, et qui compte sur l'avenir, comme sur la déduction naturelle du passé; tout cela était bien changé.

Sa figure ovale était allongée, sa bouche rieuse avait pris ces lignes fermes et arrêtées qui indiquent la résolution ; ses sourcils s'étaient arqués sous une ride unique, pensive; ses yeux s'étaient empreints d'une profonde tristesse, du fond de laquelle jaillissaient de temps en temps les sombres éclairs de la misanthropie et de la haine; son teint, éloigné si longtemps de la lumière du jour et des rayons du soleil, avait pris cette couleur mate qui fait, quand leur visage est encadré dans des cheveux noirs, la beauté aristocratique des hommes du nord; cette science profonde qu'il avait acquise avait en outre reflété sur tout son visage une auréole d'intelligente sécurité ; en outre, il avait, quoique naturellement d'une taille assez haute, acquis cette vigueur trapue d'un corps toujours concentrant ses forces en lui.

A l'élégance des formes nerveuses et grêles avait succédé la solidité des formes arrondies et musculeuses. Quant à sa voix, les prières, les sanglots et les imprécations l'avaient changée, tantôt en un timbre d'une douceur étrange, tantôt en une accentuation rude et presque rauque.

En outre, sans cesse dans un demi-jour et dans l'obscurité, ses yeux avaient acquis cette singulière faculté de distinguer les objets pendant la nuit, comme font ceux de l'hyène et du loup.

Edmond sourit en se voyant: il était impossible que son meilleur ami, si toutefois il lui restait un ami, le reconnût: il ne se reconnaissait même pas lui-même.

Le patron de la Jeune-Amélie, qui tenait beaucoup à garder parmi ses gens un homme de la valeur d'Edmond, lui avait proposé quelques avances sur sa part de bénéfices futurs, et Edmond avait accepté; son premier soin, en sortant de chez le barbier qui venait d'opérer chez lui cette première métamorphose, fut donc d'entrer dans un magasin et d'acheter un vêtement complet de matelot: ce vêtement, comme on le sait, est fort simple, il se compose d'un pantalon blanc, d'une chemise rayée et d'un bonnet phrygien.

C'est sous ce costume, et rapportant à Jacopo la chemise et le pantalon qu'il lui avait prêtés, qu'Edmond reparut devant le patron de la Jeune-Amélie, auquel il fut obliger de répéter son histoire. Le patron ne voulait pas reconnaître dans ce matelot coquet et élégant l'homme à la barbe épaisse, aux cheveux mêlés d'algues et au corps trempé d'eau de mer, qu'il avait accueilli nu et mourant sur le pont de son navire.

Entraîné par sa bonne mine, il renouvela donc à Dantès ses propositions d'engagement; mais Dantès, qui avait ses projets, ne les voulut accepter que pour trois mois.

Au reste c'était un équipage fort actif que celui de la Jeune-Amélie et soumis aux ordres d'un patron qui avait pris l'habitude de ne pas perdre son temps. A peine était-il depuis huit jours à Livourne, que les flancs rebondis du navire étaient remplis de mousselines peintes, de cotons prohibés, de poudre anglaise et de tabac sur lequel la régie avait oublié de mettre son cachet. Il s'agissait de faire sortir tout cela de Livourne, port franc, et de débarquer sur le rivage de la Corse, d'où certains spéculateurs se chargeaient de faire passer la cargaison en France.

On partit; Edmond fendit de nouveau cette mer azurée, premier horizon de sa jeunesse qu'il avait revu si souvent dans les rêves de sa prison. Il laissa à sa droite la Gorgone, à sa gauche la Pianosa, et s'avança vers la patrie de Paoli et de Napoléon.

Le lendemain en montant sur le pont, ce qu'il faisait toujours d'assez bonne heure, le patron trouva Dantès, appuyé à la muraille du bâtiment et regardant avec une expression étrange, un entassement de rochers granitiques que le soleil levant inondait d'une lumière rosée: c'était l'île de Monte-Christo.

La Jeune-Amélie la laissa à trois quarts de lieue à peu près à tribord et continua son chemin vers la Corse.

Dantès songeait, tout en longeant cette île au nom si retentissant pour lui, qu'il n'aurait qu'à sauter à la mer et que dans une demie-heure il serait sur cette terre promise. Mais là que ferait-il, sans instruments pour découvrir son trésor, sans armes pour le défendre? D'ailleurs, que diraient les matelots? que penserait le patron? Il fallait attendre.

Heureusement Dantès savait attendre; il avait attendu quatorze ans sa liberté; il pouvait bien maintenant qu'il était libre, attendre six mois ou un an la richesse.

N'eût-il pas accepté la liberté sans la richesse si on la lui eût proposée?

D'ailleurs cette richesse n'était-elle pas toute chimérique? Née dans le cerveau malade du pauvre abbé Faria, n'était-elle pas morte avec lui?

Il est vrai que cette lettre du cardinal Spada était étrangement précise.

Et Dantès répétait d'un bout à l'autre dans sa mémoire la lettre, dont il n'avait pas oublié un mot.

Le soir vint; Edmond vit l'île passer par toutes les teintes que le crépuscule amène avec lui, et se perdre pour tout le monde dans l'obscurité; mais lui avec son regard habitué à l'obscurité de la prison, il continua sans doute à la voir, car il demeura le dernier sur le pont.

Le lendemain on se réveilla à la hauteur d'Aleria. Tout le jour on courut des bordées, le soir des feux s'allumèrent sur la côte. A la disposition de ces feux on reconnut sans doute qu'on pouvait débarquer, car un fanal monta au lieu de pavillon à la corne du petit bâtiment, et l'on s'approcha à portée de fusil du rivage.

Dantès avait remarqué, pour ces circonstances solennelles sans doute, que le patron de la Jeune-Amélie avait monté sur pivot, en approchant de la terre deux petites couleuvrines pareilles à des fusils de remparts, qui, sans faire grand bruit, pouvait envoyer une jolie balle de quatre à la livre à mille pas.

Mais pour ce soir-là la précaution fut superflue; tout se passa le plus doucement et le plus poliment du monde. Quatre chaloupes s'approchèrent à petit bruit du bâtiment, qui, sans doute pour leur faire honneur, mit sa propre chaloupe à la mer; tant il y a que les cinq chaloupes s'escrimèrent si bien, qu'à deux heures du matin tout le chargement était passé du bord de la Jeune-Amélie sur la terre ferme.

La nuit même, tant le patron de la Jeune-Amélie était un homme d'ordre, la répartition de la prime fut faite: chaque homme eut cent livres toscanes de part, c'est-à-dire à peu près quatre-vingts francs de notre monnaie.

Mais l'expédition n'était pas finie; on mit le cap sur la Sardaigne. Il s'agissait d'aller recharger le bâtiment qu'on venait de décharger.

La seconde opération se fit aussi heureusement que la première; la Jeune-Amélie était en veine de bonheur.

La nouvelle cargaison était pour le duché de Lucques. Elle se composait presque entièrement de cigares de la Havane et de vin de Xérès et de Malaga.

Là on eut maille à partir avec la gabelle, cette éternelle ennemie du patron de la Jeune-Amélie. Un douanier resta sur le carreau, et deux matelots furent blessés. Dantès était un de ces deux matelots; une balle lui avait traversé les chairs de l'épaule gauche.

Dantès était presque heureux de cette escarmouche et presque content de cette blessure; elles lui avaient, ces rudes institutrices, appris à lui-même de quel œil il regardait le danger et de quel cœur il supportait la souffrance. Il avait regardé le danger en riant, et en recevant le coup il avait dit comme le philosophe grec: « Douleur, tu n'es pas un mal. »

En outre il avait examiné le douanier blessé à mort, et, soit chaleur du sang dans l'action, soit refroidissement des sentiments humains, cette vue ne lui avait produit qu'une légère impression. Dantès était sur la voie qu'il voulait parcourir, et marchait au but qu'il voulait atteindre: son cœur était en train de se pétrifier dans sa poitrine.

Au reste, Jacopo, qui, en le voyant tomber, l'avait cru mort, s'était précipité sur lui, l'avait relevé, et enfin, une fois relevé, l'avait soigné en excellent camarade.

Ce monde n'était donc pas si bon que le voyait le docteur Pangloss; mais il n'était donc pas non plus si méchant que le voyait Dantès, puisque cet homme, qui n'avait rien à attendre de son compagnon que d'hériter de ses parts de prises, éprouvait une si vive affliction de le voir tué?

Heureusement, nous l'avons dit, Edmond n'était que blessé. Grâce à certaines herbes cueillies à certaines époques et vendues aux contrebandiers par de vieilles femmes sardes, la blessure se referma bien vite. Edmond voulut tenter alors Jacopo; il lui offrit, en échange des soins qu'il en avait reçus, sa part de prises; mais Jacopo refusa avec indignation.

Il était résulté de cette espèce de dévoûment sympathique que Jacopo avait voué à Edmond du premier moment où il l'avait vu, que Edmond accordait à Jacopo une certaine somme d'affection. Mais Jacopo n'en demandait pas davantage: il avait deviné instinctivement chez Edmond cette suprême supériorité à sa position, supériorité que Edmond était parvenu à cacher aux autres. Et de ce peu que lui accordait Edmond le brave marin était content.

Aussi, pendant les longues journées de bord, quand le navire courant avec sécurité sur cette mer d'azur, n'avait besoin, grace au vent favorable qui gonflait ses voiles, que du secours du timonier, Edmond, une carte marine à la main, se faisait instituteur avec Jacopo comme le pauvre abbé Faria s'était fait instituteur avec lui. Il lui montrait le gisement des côtes, lui expliquait les variations de la boussole, lui apprenait à lire dans ce grand livre ouvert au-dessus de nos têtes, qu'on appelle le ciel, et où Dieu a écrit sur l'azur avec des lettres de diamant.

Et quand Jacopo lui demandait :

« A quoi bon apprendre toutes ces choses à un pauvre matelot comme moi? »

Edmond répondait :

« Qui sait, tu seras peut-être un jour capitaine de bâtiment : ton compatriote Bonaparte est bien devenu empereur! »

Nous avons oublié de dire que Jacopo était Corse.

Deux mois et demi s'étaient déjà écoulés dans ces courses successives. Edmond était devenu aussi habile caboteur qu'il était autrefois hardi marin ; il avait lié connaissance avec tous les contrebandiers de la côte ; il avait appris tous les signes maçonniques à l'aide desquels ces demi-pirates se reconnaissent entre eux.

Il avait passé et repassé vingt fois devant son île de Monte-Christo, mais dans tout cela il n'avait pas une seule fois trouvé l'occasion d'y débarquer.

Il avait donc pris une résolution :

C'était, aussitôt que son engagement avec le patron de *la Jeune-Amélie* aurait pris fin, de louer une petite barque pour son propre compte (Dantès le pouvait, car dans ses différentes courses il avait amassé une centaine de piastres), et, sous un prétexte quelconque, de se rendre à l'île de Monte-Christo.

Là il ferait en toute liberté ses recherches.

Non pas en toute liberté, car il serait, sans aucun doute, espionné par ceux qui l'auraient conduit.

Mais dans ce monde il faut bien risquer quelque chose.

La prison avait rendu Edmond prudent, et il aurait bien voulu ne rien risquer.

Mais il avait beau chercher dans son imagination, si féconde qu'elle fût, il ne trouvait pas d'autres moyens d'arriver à l'île tant souhaitée que de s'y faire conduire.

Dantès flottait dans cette hésitation, lorsque le patron, qui avait mis une grande confiance en lui, et qui avait grande envie de le garder à son service, le prit un soir par le bras et l'emmena dans une taverne de la via de l'Oglio, dans laquelle avait l'habitude de se réunir ce qu'il y a de mieux en contrebandiers à Livourne.

C'était là que se traitaient d'habitude les affaires de la côte. Déjà deux ou trois fois Dantès était entré dans cette Bourse maritime, et en voyant ces hardis écumeurs que fournit tout un littoral de deux mille lieues de tour à peu près, il s'était demandé de quelle puissance ne disposerait pas un homme qui arriverait à donner l'impulsion de sa volonté à tous ces fils réunis ou divergens.

Cette fois il était question d'une grande affaire : il s'agissait d'un bâtiment chargé de tapis turcs, d'étoffes du Levant et de cachemires ; il fallait trouver un terrain neutre où l'échange pût se faire, puis tenter de jeter ces objets sur les côtes de France.

La prime était énorme si l'on réussissait : il s'agissait de cinquante à soixante piastres par homme.

Le patron de *la Jeune-Amélie* proposa comme lieu de débarquement l'île de Monte-Christo, laquelle était complétement déserte, et n'ayant ni soldats ni douaniers, semble avoir été placée au milieu de la mer du temps de l'Olympe païen par Mercure, ce dieu des commerçans et des voleurs, classes que nous avons faites séparées, sinon distinctes, et que l'antiquité, à ce qu'il paraît, rangeait dans la même catégorie.

A ce nom de Monte-Christo, Dantès tressaillit de joie : il se leva pour cacher son émotion et fit un tour dans la taverne enfumée où tous les idiomes du monde connu venaient se fondre dans la langue franque.

Lorsqu'il se rapprocha des deux interlocuteurs, il était décidé que l'on relâcherait à Monte-Christo et que l'on partirait pour cette expédition dès la nuit suivante.

Edmond consulté fut d'avis que l'île offrait toutes les sécurités possibles, et que les grandes entreprises pour réussir avaient besoin d'être menées vite.

Rien ne fut donc changé au programme arrêté. Il fut convenu que l'on appareillerait le lendemain soir, et que l'on tâcherait, la mer étant belle et le vent favorable, de se trouver le surlendemain soir dans les eaux de l'île neutre.

CHAP. XXII. — L'ILE DE MONTE-CHRISTO.

Enfin Dantès, par un de ces bonheurs inespérés qui arrivent parfois à ceux sur lesquels la rigueur du sort s'est long-temps lassée, Dantès allait arriver à son but par un moyen simple et naturel, et mettre le pied dans l'île sans inspirer à personne aucun soupçon.

Une nuit le séparait seulement de ce départ tant attendu.

Cette nuit fut une des plus fiévreuses que passa Dantès. Pendant cette nuit, toutes les chances bonnes et mauvaises se présentèrent tour à tour à son esprit : s'il fermait les yeux, il voyait la lettre du cardinal Spada écrite en caractères flamboyans sur la muraille ; s'il s'endormait un instant, les rêves les plus insensés venaient tourbillonner dans son cerveau. Il descendait dans des grottes aux pavés d'émeraudes, aux parois de rubis, aux stalactites de diamans. Les perles tombaient goutte à goutte, comme filtre d'ordinaire l'eau souterraine.

Edmond ravi, émerveillé, remplissait ses poches de pierreries : puis il revenait au jour, et ces pierreries s'étaient changées en simples cailloux. Alors il essayait de rentrer dans ces grottes merveilleuses, entrevues seulement ; mais le chemin se tordait en spirales infinies : l'entrée était redevenue invisible. Il cherchait inutilement dans sa mémoire fatiguée ce mot magique et mystérieux qui ouvrait pour le pêcheur arabe les cavernes splendides d'Ali-Baba. Tout était inutile ; le trésor disparu était redevenu la propriété des génies de la terre, auxquels il avait eu un instant l'espoir de l'enlever.

Le jour vint, presque aussi fébrile que l'avait été la nuit ; mais il amena la logique à l'aide de l'imagination et Dantès put arrêter un plan jusqu'alors vague et flottant dans son cerveau.

Le soir vint, et avec le soir les préparatifs du départ. Ces préparatifs étaient un moyen pour Dantès de cacher son agitation. Peu à peu il avait pris cette autorité sur ses compagnons de commander comme s'il était le maître du bâtiment ; et comme ses ordres étaient toujours clairs, précis et faciles à exécuter, ses compagnons lui obéissaient non seulement avec promptitude, mais encore avec plaisir.

Le vieux marin le laissait faire : lui aussi avait reconnu la supériorité de Dantès sur ses autres matelots et sur lui-même. Il voyait dans le jeune homme son successeur naturel, et il regrettait de n'avoir pas une fille pour enchaîner Edmond par cette haute alliance.

A sept heures du soir tout fut prêt ; à sept heures dix minutes on doublait le phare juste au moment où le phare s'allumait.

La mer était calme ; avec un vent frais venant du sud-est, on naviguait sous un ciel d'azur où Dieu allumait aussi tour à tour ses phares, dont chacun est un monde. Dantès déclara que tout le monde pouvait se coucher et qu'il chargeait du gouvernail.

Quand le Maltais (c'est ainsi que l'on appelait Dantès) avait fait une pareille déclaration, cela suffisait, et chacun s'en allait coucher tranquille.

Cela arrivait quelquefois. Dantès, rejeté de la solitude

dans le monde, éprouvait de temps en temps d'impérieux besoins de solitude. Or, quelle solitude à la fois plus immense et plus poétique que celle d'un bâtiment qui flotte isolé sur la mer, pendant l'obscurité de la nuit, dans le silence de l'immensité, et sous le regard du Seigneur?

Cette fois, la solitude fut peuplée de ses pensées, la nuit éclairée par ses illusions, le silence animé par ses promesses.

Quand le patron se réveilla, le navire marchait sous toutes les voiles : il n'y avait pas un lambeau de toile qui ne fût gonflé par le vent ; on faisait plus de deux lieues et demie à l'heure.

L'île de Monte-Christo grandissait à l'horizon.

Edmond rendit le bâtiment à son maître, et alla s'étendre à son tour dans son hamac; mais, malgré sa nuit d'insomnie, il ne put fermer l'œil un seul instant.

Deux heures après il remonta sur le pont; le bâtiment était en train de doubler l'île d'Elbe. On était à la hauteur de Mareciana et au-dessus de l'île plate et verte de la Pianosa. On voyait s'élancer dans l'azur du ciel le sommet flamboyant de Monte-Christo.

Dantès ordonna au timonier de mettre la barre à bâbord, afin de laisser la Pianosa à droite; il avait calculé que cette manœuvre devrait raccourcir la route de deux ou trois nœuds.

Vers cinq heures du soir, on eut la vue complète de l'île. On en apercevait les moindres détails, grâce à cette limpidité atmosphérique qui est particulière à la lumière que versent les rayons du soleil à son déclin.

Edmond dévorait des yeux cette masse de rochers qui passait par toutes les couleurs crépusculaires, depuis le rose vif jusqu'au bleu foncé ; de temps en temps des bouffées ardentes lui montaient au visage; son front s'empourprait, un nuage pourpre passait devant ses yeux.

Jamais joueur dont toute la fortune est en jeu n'eut, sur un coup de dé, les angoisses que ressentait Edmond dans ses paroxysmes d'espérance.

La nuit vint : à dix heures du soir on aborda, *la Jeune-Amélie* était la première au rendez-vous.

Dantès, malgré son empire ordinaire sur lui-même, ne put se contenir : il sauta le premier sur le rivage ; s'il l'eût osé, comme Brutus, il eût baisé la terre.

Il faisait nuit close; mais à onze heures la lune se leva du milieu de la mer dont elle argentait chaque frémissement ; puis les rayons, à mesure qu'elle se leva, commencèrent à se jouer en blanches cascades de lumière sur les roches entassées de cet autre Pélion.

L'île était familière à l'équipage de *la jeune-Amélie* : c'était une de ses stations ordinaires. Quant à Dantès, il l'avait reconnue à chacun de ses voyages dans le Levant, mais jamais il n'y était descendu.

Il interrogea Jacopo.

— Où allons-nous passer la nuit? demanda-t-il.

— Mais à bord de la tartane, répondit le marin.

— Ne serions-nous pas mieux dans les grottes ?

— Dans quelles grottes ?

— Mais dans les grottes de l'île.

— Je ne connais pas de grottes, dit Jacopo.

Une sueur froide passa sur le front de Dantès.

— Il n'y a pas de grottes à Monte-Christo? demanda-t-il.

— Non.

Dantès demeura un instant étourdi ; puis il songea que ces grottes pouvaient avoir été comblées depuis par un accident quelconque, ou même bouchées, pour plus grandes précautions, par le cardinal Spada.

Le tout, dans ce cas, était donc de retrouver cette ouverture perdue. Il était inutile de la chercher pendant la nuit. Dantès remit donc l'investigation au lendemain. D'ailleurs, un signal arboré à une demi-lieue en mer, et auquel *la Jeune-Amélie* répondit aussitôt par un signal pareil, indiqua que le moment était venu de se mettre à la besogne.

Le bâtiment retardataire, rassuré par le signal qui devait faire connaître au dernier arrivé qu'il y avait toute sécurité à s'aboucher, apparut bientôt blanc et silencieux comme un fantôme, et vint jeter l'ancre à une encâblure du rivage.

Aussitôt le transport commença.

Dantès songeait, tout en travaillant, au hourra de joie que d'un seul mot il pourrait provoquer parmi tous ces hommes s'il disait tout haut l'incessante pensée qui bourdonnait tout bas à son oreille et à son cœur. Mais, tout au contraire de révéler le magnifique secret, il craignait d'en avoir déjà trop dit et d'avoir, par ses allées et ses venues, ses demandes répétées, ses observations minutieuses et sa préoccupation continuelle, éveillé les soupçons. Heureusement, pour cette circonstance du moins, chez lui un passé bien douloureux réfléchait sur son visage une tristesse indélébile, et que les lueurs de gaîté entrevues sous ce nuage n'étaient réellement que des éclairs.

Personne ne se doutait donc de rien, et lorsque le lendemain, en prenant un fusil, du plomb et de la poudre, Dantès manifesta le désir d'aller tuer quelqu'une de ces nombreuses chèvres sauvages que l'on voyait sauter de rocher en rocher, on n'attribua cette excursion de Dantès qu'à l'amour de la chasse ou au désir de la solitude. Il n'y eut que Jacopo qui insista pour le suivre. Dantès ne voulut pas s'y opposer, craignant par cette répugnance à être accompagné d'inspirer quelques soupçons. Mais à peine eut-il fait un quart de lieue, qu'ayant trouvé l'occasion de tirer et de tuer un chevreau, il envoya Jacopo le porter à ses compagnons, les invitant à le faire cuire, et à lui donner, lorsqu'il serait cuit, le signal de manger sa part en tirant un coup de fusil; quelques fruits secs et un flasco de vin de Monte-Pulciano devaient compléter l'ordonnance du repas.

Dantès continua son chemin en se retournant de temps en temps. Arrivé au sommet d'une roche, il vit à mille pieds au-dessous de lui ses compagnons que venait de rejoindre Jacopo et qui s'occupaient déjà activement des apprêts du déjeuner, augmenté, grâce à l'adresse d'Edmond, d'une pièce capitale.

Edmond les regarda un instant avec ce sourire doux et triste de l'homme supérieur.

— Dans deux heures, dit-il, ces gens-là repartiront riches de cinquante piastres, pour aller, en risquant leur vie, essayer d'en gagner cinquante autres; puis reviendront, riches de six cents livres, dilapider ce trésor dans une ville quelconque, avec la fierté des sultans et la confiance des nababs. Aujourd'hui l'espérance fait que je méprise leur richesse, qui me paraît la profonde misère; demain la déception fera peut-être que je serai forcé de regarder cette profonde misère comme le suprême bonheur... Oh! non, s'écria Edmond, cela ne sera pas; le savant, l'infaillible Faria ne se serait point trompé sur cette seule chose. D'ailleurs autant vaudrait mourir que de continuer de mener cette vie misérable et inférieure.

Ainsi Dantès qui, il y a trois mois, n'aspirait qu'à la liberté, n'avait déjà plus assez de la liberté et aspirait à la richesse; la faute n'en était pas à Dantès, mais à Dieu qui, en bornant la puissance de l'homme, lui a fait des désirs infinis !

Cependant, par une route perdue entre deux murailles de roches, suivant un sentier creusé par le torrent et que, selon toute probabilité, jamais pied humain n'avait foulé, Dantès s'était rapproché de l'endroit où il supposait que les grottes avaient dû exister. Tout en suivant le rivage de la mer et en examinant les moindres objets avec une attention sérieuse, il crut remarquer sur certains rochers des entailles creusées par la main de l'homme.

Le temps, qui jette sur toute chose physique son manteau de mousse, comme sur les choses morales, son man teau d'oubli, semblait avoir respecté ces signes tracés avec une certaine régularité, et dans le but probablement d'indiquer une trace. De temps en temps cependant ces signes disparaissaient sous les touffes de myrtes, qui s'épanouissaient en gros bouquets chargés de fleurs, ou sous des lichens parasites. Il fallait alors que Edmond écartât les branches ou soulevât les mousses pour retrouver les signes indicateurs qui le conduisaient dans cet autre labyrinthe. Ces signes avaient au reste donné bon espoir à Edmond. Pourquoi ne serait-ce pas le cardinal qui les aurait tracés pour qu'ils pussent, au cas d'une catastrophe qu'il n'avait pas pu prévoir si complète, servir de guide à son neveu ? Le lieu solitaire était bien celui qui convenait à un homme qui voulait enfouir un trésor. Seulement ces signes infidèles n'avaient-ils pas attiré d'autres yeux que ceux pour lesquels ils étaient tracés, et l'île aux sombres merveilles avait-elle fidèlement gardé son magnifique secret ?

Cependant, à soixante pas du port à peu près, il sembla à Edmond, toujours caché à ses compagnons par les accidens du terrain, que les entailles s'arrêtaient ; seulement elles n'aboutissaient à aucune grotte. Un gros rocher rond, posé sur une base solide, était le seul but auquel elles semblassent conduire. Edmond pensa qu'au lieu d'être arrivé à la fin il n'était peut-être, tout au contraire, qu'au commencement ; il prit en conséquence le contrepied et retourna sur ses pas.

Pendant ce temps ses compagnons préparaient le déjeuner, allaient puiser de l'eau à la source, transportaient le pain et les fruits à terre et faisaient cuire le chevreau. Juste au moment où ils le tiraient de sa broche improvisée, ils aperçurent Edmond qui, léger et hardi comme un chamois, sautait de rocher en rocher : ils tirèrent un coup de fusil pour lui donner le signal. Le chasseur changea aussitôt de direction, et revint tout courant à eux. Mais au moment où tous le suivaient des yeux dans l'espèce de vol qu'il exécutait, taxant son adresse de témérité, comme pour donner raison à leurs craintes, le pied manqua à Edmond ; on le vit chanceler à la cime d'un rocher, pousser un cri et disparaitre.

Tous bondirent d'un seul élan, car tous aimaient Edmond, malgré sa supériorité ; cependant ce fut Jacopo qui arriva le premier.

Il trouva Edmond étendu sanglant et presque sans connaissance ; il avait dû rouler d'une hauteur de douze ou quinze pieds. On lui introduisit quelques gouttes de rhum, ce remède, qui avait déjà eu tant d'efficacité sur lui, produisit le même effet que la première fois.

Edmond rouvrit les yeux, se plaignit de souffrir une vive douleur au genou, une grande pesanteur à la tête et des élancemens insupportables dans les reins. On voulut le transporter jusqu'au rivage ; mais lorsqu'on le toucha, quoique ce fût Jacopo qui dirigeât l'opération, il déclara en gémissant qu'il ne se sentait point la force de supporter le transport.

On comprend qu'il ne fut point question de déjeuner pour Dantès ; mais il exigea que ses camarades, qui n'avaient pas les mêmes raisons que lui pour faire diète, retournassent à leur poste. Quant à lui, il prétendit qu'il n'avait besoin que d'un peu de repos, et qu'à leur retour ils le trouveraient soulagé.

Les marins ne se firent pas trop prier : les marins avaient faim, l'odeur du chevreau arrivait jusqu'à eux, et l'on n'est point cérémonieux entre loups de mer.

Une heure après ils revinrent. Tout ce que Edmond avait pu faire, c'était de se traîner pendant un espace d'une dizaine de pas pour s'appuyer à une roche moussue.

Mais, loin de se calmer, les douleurs de Dantès avaient semblé croître en violence. Le vieux patron, qui était forcé de partir dans la matinée pour aller déposer son chargement sur les frontières du Piémont et de la France, entre Nice et Fréjus, insista pour que Dantès essayât de se lever. Dantès fit des efforts surhumains pour se rendre à cette invation ; mais à chaque effort il retombait plaintif et pâlissant.

— Il a les reins cassés, dit tout bas le patron : n'importe ! c'est un bon compagnon, et il ne faut pas l'abandonner ; tâchons de le transporter jusqu'à la tartane.

Mais Dantès déclara qu'il aimait mieux mourir où il était que de supporter les douleurs atroces que lui occasionnerait le mouvement si faible qu'il fût.

— Eh bien, dit le patron, advienne que pourra, mais il ne sera pas dit que nous avons laissé sans secours un brave compagnon comme vous. Nous ne partirons que ce soir.

Cette proposition étonna fort les matelots, quoique aucun d'eux ne la combattit, au contraire. Le patron était un homme si rigide, que c'était la première fois qu'on le voyait renoncer à une entreprise ou même retarder son exécution.

Aussi Dantès ne voulut-il pas souffrir qu'on fit en sa faveur une si grave infraction aux règles de la discipline établie à bord.

— Non, dit-il au patron, j'ai été un maladroit, et il est juste que je porte la peine de ma maladresse. Laissez-moi une petite provision de biscuit, un fusil, de la poudre et des balles pour tuer des chevreaux, ou même pour me défendre, et une pioche pour me construire, si vous tardiez trop à me venir prendre, une espèce de maison.

— Mais tu mourras de faim, dit le patron.

— J'aime mieux cela, répondit Edmond, que de souffrir les douleurs inouies qu'un seul mouvement me fait endurer.

Le patron se retourna du côté du bâtiment qui se balançait avec un commencement d'appareillage dans le petit port, prêt à reprendre la mer dès que sa toilette serait achevée.

— Que veux-tu donc que nous fassions, Maltais ! dit-il, nous ne pouvons t'abandonner ainsi, et nous ne pouvons rester cependant ?

— Partez, partez ! s'écria Dantès.

— Nous serons au moins huit jours absens, dit le patron, et encore faudra-t-il que nous nous détournions de notre route pour te venir prendre.

— Écoutez, dit Dantès : si d'ici à deux ou trois jours vous rencontrez quelque bâtiment pêcheur ou autre qui vienne dans ces parages, recommandez-moi à lui ; je donnerai vingt-cinq piastres pour mon retour à Livourne. Si vous n'en trouvez pas, revenez.

Le patron secoua la tête.

— Écoutez, patron Baldi, il y a un moyen de tout concilier, dit Jacopo ; partez, moi je resterai avec le blessé pour le soigner.

— Et tu renonceras à ta part de partage, dit Edmond pour rester avec moi ?

— Oui, dit Jacopo, et sans regret.

Allons, tu es un brave garçon, Jacopo, dit Edmond, et Dieu te récompensera de ta bonne volonté ; mais je n'ai besoin de personne, merci : un jour ou deux de repos me remettront, et j'espère trouver dans ces rochers certaines herbes excellentes contre les contusions.

Et un sourire étrange passa sur les lèvres de Dantès, il serra la main de Jacopo avec effusion ; mais il demeura inébranlable dans sa résolution de rester, et de rester seul.

Les contrebandiers laissèrent à Edmond ce qu'il demandait et s'éloignèrent non sans se retourner plusieurs fois, lui faisant à chaque fois qu'ils se retournaient tous les signes d'un cordial adieu, auquel Edmond répondait de la main seulement, comme s'il ne pouvait remuer le reste du corps.

Puis, lorsqu'ils eurent disparu :

— C'est étrange, murmura Dantès en riant, que ce soit parmi de pareils hommes que l'on trouve des preuves d'amitié et des actes de dévoûment.

Alors il se traîna avec précaution jusqu'au sommet d'un rocher qui lui dérobait l'aspect de la mer, et de là il vit la tartane achever son appareillage, lever l'ancre, se balancer gracieusement comme une mouette qui va prendre son vol, et partir.

Au bout d'une heure elle avait complètement disparu ; du moins de l'endroit où était demeuré le blessé il était impossible de la voir.

Alors Dantès se releva plus souple et plus léger qu'un chevreau parmi les myrtes et les lentisques sur ces rochers sauvages, prit son fusil d'une main, sa pioche de l'autre, et courut à cette roche à laquelle aboutissaient les entailles qu'il avait remarquées sur les rochers.

— Et maintenant, s'écria-t-il en se rappelant cette histoire du pêcheur arabe que lui avait racontée Faria, maintenant Sésame, ouvre-toi !

CHAP. XXIII. — ÉBLOUISSEMENT.

Le soleil était arrivé au tiers de sa course à peu près, et ses rayons de mai donnaient, chauds et vivifians, sur ces rochers, qui eux-mêmes semblaient sensibles à sa chaleur ; des milliers de cigales, invisibles dans les bruyères, faisaient entendre leur murmure monotone et continu ; les feuilles des myrtes et des oliviers s'agitaient frissonnantes, et rendaient un bruit presque métallique ; à chaque pas que faisait Edmond sur le granit échauffé, il faisait fuir des lézards qui semblaient des émeraudes ; on voyait bondir au loin, sur les talus inclinés, les chèvres sauvages qui parfois y attirent les chasseurs : en un mot l'île était habitée, vivante, animée, et cependant Edmond s'y sentait seul sous la main de Dieu.

Il éprouvait je ne sais quelle émotion assez semblable à de la crainte : c'était cette défiance du grand jour, qui fait supposer, même dans le désert, que des yeux inquisiteurs sont ouverts sur nous.

Ce sentiment fut si fort qu'au moment de se mettre à la besogne Edmond s'arrêta, déposa sa pioche, reprit son fusil, gravit une dernière fois le roc le plus élevé de l'île, et de là jeta un vaste regard sur tout ce qui l'entourait.

Mais, nous devons le dire, ce qui attira son attention ne fut ni cette Corse poétique dont il pouvait distinguer jusqu'aux maisons, ni cette Sardaigne presque inconnue qui lui fait suite, ni l'île d'Elbe aux souvenirs gigantesques, ni enfin cette ligne imperceptible qui s'étendait à l'horizon et qui à l'œil exercé du marin révélait Gênes la superbe et Livourne la commerçante ; non : ce fut le brigantin qui était parti au point du jour, et la tartane qui venait de partir.

Le premier était sur le point de disparaître au détroit de Bonifacio ; l'autre, suivant la route opposée, côtoyait la Corse, qu'elle s'apprêtait à doubler.

Cette vue rassura Edmond.

Il ramena alors les yeux sur les objets qui l'entouraient plus immédiatement ; il se vit sur le point le plus élevé de l'île conique, grêle statue de cet immense piédestal ; au-dessous de lui, pas un homme ; autour de lui, pas une barque : rien que la mer azurée qui venait battre la base de l'île, et que ce choc éternel bordait d'une frange d'argent.

Alors il descendit d'une marche rapide mais cependant pleine de prudence : il craignait fort, en un pareil moment, un accident semblable à celui qu'il avait si habilement et si heureusement simulé.

Dantès, comme nous l'avons dit, avait repris le contre-pied des entailles laissées sur les rochers, et il avait vu que cette ligne conduisait à une espèce de petite crique cachée comme un bain de nymphe antique ; cette crique était assez large à son ouverture et assez profonde à son centre pour qu'un petit bâtiment du genre des spéronares pût y entrer et y demeurer caché. Alors, en suivant le fil des inductions, ce fil qu'aux mains de l'abbé Faria il avait vu guider l'esprit d'une façon si ingénieuse dans le dédale des probabilités, il songea que le cardinal Spada, dans son intérêt à ne pas être vu, avait abordé à cette crique, y avait caché son petit bâtiment, avait suivi la ligne indiquée par des entailles, et avait à l'extrémité de cette ligne enfoui son trésor.

C'était cette supposition qui avait ramené Dantès près du rocher circulaire.

Seulement une chose inquiétait Edmond et bouleversait toutes les idées qu'il avait en dynamique : comment avait-on pu sans employer des forces considérables hisser ce rocher, qui pesait peut-être cinq ou six milliers, sur l'espèce de base où il reposait ?

Tout à coup une idée vint à Dantès.

Au lieu de le faire monter, se dit-il, on l'aura fait descendre.

Et lui-même s'élança au-dessus du rocher, afin de chercher la place de sa base première.

En effet, bientôt il vit qu'une pente légère avait été pratiquée ; le rocher avait glissé sur sa base et était venu s'arrêter à l'endroit ; un autre rocher, gros comme une pierre de taille ordinaire, lui avait servi de cale ; des pierres et des cailloux avaient été soigneusement rajustés pour faire disparaître toute solution de continuité ; cette espèce de petit ouvrage en maçonnerie avait été recouverte de terre végétale, l'herbe y avait poussé, la mousse s'y étaient étendue, quelques semences de myrtes et de lentisques s'y étaient arrêtées, et le vieux rocher semblait soudé au sol.

Dantès enleva avec précaution la terre et reconnut ou crut reconnaître tout cet ingénieux artifice.

Alors il se mit à attaquer avec sa pioche cette muraille intermédiaire cimentée par le temps.

Après un travail de dix minutes la muraille céda, et un trou à y fourrer le bras fut ouvert.

Dantès alla couper l'olivier le plus fort qu'il put trouver, le dégarnit de ses branches, l'introduisit dans le trou et en fit un levier.

Mais le roc était à la fois trop lourd et calé trop solidement par le rocher inférieur, pour qu'une force humaine, fût-ce celle d'Hercule lui même, pût l'ébranler.

Dantès réfléchit alors que c'était cette cale elle-même qu'il fallait attaquer.

Mais par quel moyen ?

Dantès jeta les yeux autour de lui, comme font les hommes embarrassés, et son regard tomba sur une corne de mouflon pleine de poudre, que lui avait laissée son ami Jacopo.

Il sourit : l'invention infernale allait faire son œuvre.

A l'aide de sa pioche Dantès creusa, entre le rocher supérieur et celui sur lequel il était posé, un conduit de mine comme ont l'habitude de faire les pionniers, lorsqu'ils veulent épargner au bras de l'homme une trop grande fatigue, puis il le bourra de poudre ; puis effilant son mouchoir et le roulant dans le salpêtre, il en fit une mèche.

Le feu mis à cette mèche, Dantès s'éloigna.

L'explosion ne se fit pas attendre : le rocher supérieur fut en un instant soulevé par l'incalculable force, le rocher inférieur vola en éclats ; par la petite ouverture qu'avait d'abord pratiquée Dantès, s'échappa tout un monde d'insectes frémissans, et une couleuvre énorme, gardien de ce chemin mystérieux, roula sur ses volutes bleuâtres et disparut.

Dantès s'approcha : le rocher supérieur, désormais sans appui, inclinait vers l'abîme ; l'intrépide chercheur en fit le tour, choisit l'endroit le plus vacillant, appuya son levier dans une de ses arêtes, et pareil à Sisyphe se raidit de toute sa puissance contre le rocher.

Le rocher, déjà ébranlé par la commotion, chancela ; Dantès redoubla d'efforts : on eût dit un de ces Titans qui déracinaient les montagnes pour faire la guerre au maître des dieux. Enfin le rocher céda, roula, bondit, se précipita et disparut s'engloutissant dans la mer.

Il laissait découverte une place circulaire, et mettait à jour un anneau de fer scellé au milieu d'une dalle de forme carrée.

Dantès poussa un cri de joie et d'étonnement : jamais plus magnifique résultat n'avait couronné une première tentative.

Il voulut continuer; mais ses jambes tremblaient si fort, mais son cœur battait si violemment, mais un nuage si brûlant passait devant ses yeux, qu'il fut forcé de s'arrêter.

Ce moment d'hésitation eut la durée de l'éclair. Edmond passa son levier dans l'anneau, leva vigoureusement, et la dalle descellée s'ouvrit, découvrant la pente rapide d'une sorte d'escalier qui allait s'enfonçant dans l'ombre d'une grotte de plus en plus obscure.

Un autre se fût précipité, eût poussé des exclamations de joie; Dantès s'arrêta, pâlit, douta.

— Voyons, se dit-il, soyons homme! accoutumé à l'adversité, ne nous laissons pas abattre par une déception ; ou sans cela ce serait donc pour rien que j'aurais souffert ! Le cœur se brise, lorsque après avoir été dilaté outre mesure par l'espérance à la tiède haleine, il rentre et se renferme dans la froide réalité ! Faria a fait un rêve : le cardinal Spada n'a rien enfoui dans cette grotte, peut-être même n'y est jamais venu, ou, s'il y est venu, César Borgia, l'intrépide aventurier, l'infatigable et sombre larron, y est venu après lui, a découvert sa trace, a suivi les mêmes brisées que moi, comme moi a soulevé cette pierre, et, descendu avant moi, ne m'a rien laissé à prendre après lui.

Il resta un moment immobile, pensif, les yeux fixés sur cette ouverture sombre et continue.

— Or, maintenant que je ne compte plus sur rien, maintenant que je me suis dit qu'il serait insensé de conserver quelque espoir, la suite de cette aventure est pour moi une chose de curiosité, voilà tout.

Et il demeura encore immobile et méditant.

— Oui, oui, ceci est une aventure à trouver sa place dans la vie mêlée d'ombre et de lumière de ce royal bandit, dans ce tissu d'événemens étranges qui composent la trame diaprée de son existence ; ce fabuleux événement a dû s'enchaîner invinciblement aux autres choses; oui, Borgia est venu quelque nuit ici, un flambeau d'une main, une épée de l'autre, tandis qu'à vingt pas de lui, au pied de cette roche peut-être, se tenaient, sombres et menaçans deux sbires interrogeant la terre, l'air et la mer, pendant que leur maître entrait comme je vais le faire, secouant les ténèbres de son bras redoutable et flamboyant.

Oui ; mais des sbires auxquels il aura livré ainsi son secret, qu'en aura fait César ? se demanda Dantès.

Ce qu'on fit, se répondit-il en souriant, des ensevelisseurs d'Alaric, qu'on enterra avec l'enseveli.

Cependant, s'il y était venu, reprit Dantès, il eût retrouvé et pris le trésor ; Borgia l'homme qui comparait l'Italie à un artichaut, et qui la mangeait feuille à feuille, Borgia savait trop bien l'emploi du temps pour avoir perdu le sien à replacer ce rocher sur sa base.

Descendons.

Alors il descendit le sourire du doute sur les lèvres, et murmurant ce dernier mot de la sagesse humaine : Peut-être !...

Mais, au lieu des ténèbres qu'il s'était attendu à trouver, au lieu d'une atmosphère opaque et viciée, Dantès ne vit qu'une douce lueur décomposée en jour bleuâtre ; l'air et la lumière filtraient non seulement par l'ouverture qui venait d'être pratiquée, mais encore par des gerçures de rochers invisibles du sol extérieur, et à travers lesquelles on voyait l'azur du ciel où se jouaient les branches tremblotantes des chênes verts et les ligamens épineux et rampans des ronces.

Après quelques secondes de séjour dans cette grotte, dont l'atmosphère plutôt tiède qu'humide, plutôt odorante que fade, était à la température de l'île ce que la lueur bleue était au soleil, le regard de Dantès, habitué, comme nous l'avons dit, aux ténèbres, put sonder les angles plus reculés de la caverne : elle était de granit dont les facettes pailletées étincelaient comme des diamans.

— Hélas! se dit Edmond en souriant, voilà sans doute tous les trésors qu'aura laissés le cardinal, et ce bon abbé, en voyant en rêve ces murs tout resplendissans, se sera entretenu dans ses riches espérances.

Mais Dantès se rappela les termes du testament qu'il savait par cœur : « Dans l'angle le plus éloigné de la seconde ouverture, » disait ce testament.

Dantès avait pénétré seulement dans la première grotte il fallait maintenant chercher l'entrée de la seconde.

Dantès s'orienta : cette seconde grotte devait naturellement s'enfoncer dans l'intérieur de l'île ; il examina les couches des pierres, et il alla frapper à une des parois qui parut celle où devait être cette ouverture, masquée sans doute pour plus grande précaution.

La pioche résonna pendant un instant, tirant du rocher un son mat dont la compacité faisait germer la sueur au front de Dantès ; enfin il sembla au mineur persévérant qu'une portion de la muraille granitique répondait par un écho plus sourd et plus profond à l'appel qui lui était fait ; il rapprocha son regard ardent de la muraille et reconnut avec le tact d'un prisonnier ce que nul autre n'eût reconnu peut-être, c'est qu'il devait y avoir là une ouverture.

Cependant, pour ne pas faire une besogne inutile, Dantès qui, comme César Borgia, avait étudié le prix du temps, sonda les autres parois avec sa pioche, interrogea le sol avec la crosse de son fusil, ouvrit le sable aux endroits suspects et, n'ayant rien trouvé, revint à la portion de la muraille qui rendait ce son consolateur.

Il frappa de nouveau et avec plus de force.

Alors il vit une chose singulière, c'est que, sous les coups de l'instrument, une espèce d'enduit, pareil à celui qu'on applique sur les murailles pour peindre à fresque, se soulevait et tombait en écailles, découvrait une pierre blanchâtre et molle, pareille à nos pierres de taille ordinaires. On avait fermé l'ouverture du rocher avec des pierres d'une autre nature, puis on avait étendu sur ces pierres cet enduit, puis sur cet enduit on avait imité la teinte et le cristallin du granit.

Dantès frappa alors par le bout aigu de la pioche, qui entra d'un pouce dans la porte-muraille.

C'était là qu'il fallait fouiller.

Par un mystère étrange de l'organisation humaine, plus les preuves que Faria ne s'était pas trompé devaient en s'accumulant rassurer Dantès, plus son cœur défaillant se laissait aller au doute et presque au découragement : cette nouvelle expérience, qui aurait dû lui donner une force nouvelle, lui ôta la force qui lui restait : la pioche descendit, s'échappant presque de ses mains ; il la posa sur le sol, s'essuya le front et remonta vers le jour, se donnant à lui-même le prétexte de voir si personne ne l'épiait, mais, en réalité, parce qu'il avait besoin d'air, parce qu'il sentait qu'il allait s'évanouir.

L'île était déserte, et le soleil à son zénith semblait la couvrir de son œil de feu, au loin, de petites barques de saphir.

Dantès n'avait encore rien pris : mais c'était bien long de manger dans un pareil moment ; il avala une gorgée de rhum et rentra dans la grotte le cœur raffermi.

La pioche qui lui avait semblé si lourde était redevenue légère ; il la souleva comme il eût fait d'une plume, et se remit vigoureusement à la besogne.

Après quelques coups il s'aperçut que les pierres n'étaient point scellées, mais seulement posées les unes sur les autres et recouvertes de l'enduit dont nous avons parlé ; il introduisit dans une des fissures la pointe de la pioche, pesa sur le manche et vit avec joie la pierre rouler comme sur des gonds et tomber à ses pieds.

Dès lors Dantès n'eut plus qu'à tirer chaque pierre à lui avec la dent de fer de la pioche, et chaque pierre à son tour roula près de la première.

Dès la première ouverture, Dantès eût pu entrer; mais

en tardant de quelques instans c'était retarder la certitude en se cramponnant à l'espérance.

Enfin, après une nouvelle hésitation d'un instant, Dantès passa de cette première grotte dans la seconde.

Cette seconde grotte était plus basse, plus sombre et d'un aspect plus effrayant que la première ; l'air qui n'y pénétrait que par l'ouverture pratiquée à l'instant même avait cette odeur méphitique que Dantès s'était étonné de ne pas trouver dans la première. Dantès donna le temps à l'air extérieur d'aller raviver cette atmosphère morte, et entra.

A gauche de l'ouverture était un angle profond et sombre.

Mais, nous l'avons dit, pour l'œil de Dantès il n'y avait pas de ténèbres.

Il sonda du regard la seconde grotte : elle était vide comme la première.

Le trésor, s'il existait, était enterré dans cet angle sombre.

L'heure de l'angoisse était arrivée ; deux pieds de terre à fouiller, c'était tout ce qui restait à Dantès entre la suprême joie et le suprême désespoir.

Il s'avança vers l'angle, et, comme pris d'une résolution subite, il attaqua le sol hardiment.

Au cinquième ou sixième coup de pioche le fer résonna sur du fer.

Jamais tocsin funèbre, jamais glas frémissant ne produisit pareil effet sur celui qui l'entendit. Dantès n'aurait rien rencontré qu'il ne fût certes devenu plus pâle.

Il sonda à côté de l'endroit où il avait sondé déjà et rencontra la même résistance, mais non pas le même son.

— C'est un coffre de bois cerclé de fer, dit-il.

En ce moment une ombre rapide passa interceptant le jour.

Dantès laissa tomber sa pioche, saisit son fusil, repassa par l'ouverture, et s'élança vers le jour.

Une chèvre sauvage avait bondi par-dessus la première entrée de la grotte et broutait à quelques pas de là.

C'était une belle occasion de s'assurer son dîner, mais Dantès eut peur que la détonation d'un fusil n'attirât quelqu'un.

Il réfléchit un instant, coupa un arbre résineux, alla l'allumer au feu encore fumant où les contrebandiers avaient fait cuire leur déjeuner, et revint avec cette torche.

Il ne voulait perdre aucun détail de ce qu'il allait voir.

Il approcha la torche du trou informe et inachevé, et reconnut qu'il ne s'était pas trompé : ses coups avaient alternativement frappé sur le fer et sur le bois.

En un instant un emplacement de trois pieds de long sur deux pieds de large à peu près fut déblayé, et Dantès put reconnaître un coffre de bois de chêne cerclé de fer ciselé. Au milieu du couvercle resplendissaient, sur une plaque d'argent que la terre n'avait pu ternir, les armes de la famille Spada, c'est-à-dire une épée posée en pal sur un écusson ovale, comme sont les écussons italiens, et surmonté d'un chapeau de cardinal.

Dantès les reconnut facilement : l'abbé Faria les lui avait tant de fois dessinées !

Dès lors il n'y avait plus de doute, le trésor était bien là ; on n'eût pas pris tant de précaution pour remettre à cette place un coffre vide.

En un instant tous les alentours du coffre furent déblayés, et Dantès vit tour à tour apparaître la serrure du milieu, placée entre deux cadenas, et les anses des faces latérales ; tout cela était ciselé comme on ciselait dans cette époque où l'art rendait précieux les plus vils métaux.

Dantès prit le coffre par les anses et essaya de le soulever : c'était chose impossible.

Dantès essaya de l'ouvrir : serrure et cadenas étaient fermés : les fidèles gardiens semblaient ne pas vouloir rendre leur trésor.

Dantès introduisit le côté tranchant de sa pioche entre le coffre et le couvercle, pesa sur le manche de la pioche, et le couvercle après avoir crié éclata. Une large ouverture des ais rendit les ferrures inutiles, elles tombèrent à leur tour, serrant encore de leurs ongles tenaces les planches entamées par leur chute, et le coffre fut découvert.

Une fièvre vertigineuse s'empara de Dantès ; il saisit son fusil, l'arma et le plaça près de lui. D'abord il ferma les yeux, comme font les enfans, pour apercevoir, dans la nuit étincelante de leur imagination, plus d'étoiles qu'ils n'en peuvent compter dans un ciel encore éclairé, puis il les rouvrit et demeura ébloui.

Trois compartimens scindaient le coffre.

Dans le premier brillaient de rutilans écus d'or aux fauves reflets.

Dans le second, des lingots mal polis, mais rangés en bon ordre, et qui n'avaient de l'or que le poids et la valeur.

Dans le troisième enfin, à demi plein, Edmond remua à poignée des diamans, les perles, les rubis, qui, cascade étincelante, faisaient, en retombant les uns sur les autres, le bruit de la grêle sur les vitres.

Après avoir touché, palpé, enfoncé ses mains frémissantes dans l'or et les pierreries, Edmond se releva et prit sa course à travers les cavernes avec la tremblante exaltation d'un homme qui touche à la folie. Il sauta sur un rocher d'où il pouvait découvrir la mer, et n'aperçut rien ; il était seul, bien seul, avec ces richesses incalculables, inouïes, fabuleuses, qui lui appartenaient : seulement rêvait-il ou était-il éveillé ? faisait-il un songe fugitif ou étreignait-il corps à corps une réalité ?

Il avait besoin de revoir son or, et cependant il sentait qu'il n'aurait pas la force en ce moment de soutenir sa vue. Un instant il appuya ses deux mains sur le haut de sa tête, comme pour empêcher sa raison de s'enfuir ; puis il s'élança tout au travers de l'île, sans suivre, non pas de chemin, il n'y en a pas dans l'île de Monte-Christo, mais de ligne arrêtée, faisant fuir les chèvres sauvages et effrayant les oiseaux de mer par ses cris et ses gesticulations. Puis, par un détour, il revint, doutant encore, se précipitant de la première grotte dans la seconde, et se retrouvant en face de cette mine d'or et de diamans.

Cette fois il tomba à genoux, comprimant de ses deux mains convulsives son cœur bondissant, et murmurant une prière intelligible pour Dieu seul.

Bientôt il se sentit plus calme et partant plus heureux, car de cette heure seulement il commençait à croire à sa félicité.

Il se mit alors à compter sa fortune ; il y avait mille lingots d'or de deux à trois livres chacun ; ensuite il empila vingt-cinq mille écus d'or, pouvant valoir chacun quatre-vingts francs de notre monnaie actuelle, tous à l'effigie du pape Alexandre VI et de ses prédécesseurs, et il s'aperçut que le compartiment n'était qu'à moitié vide ; enfin il mesura dix fois la capacité de ses deux mains en perles, en pierreries, en diamans, dont beaucoup, montés par les meilleurs orfèvres de l'époque, offraient une valeur d'exécution remarquable même à côté de leur valeur intrinsèque.

Dantès vit le jour baisser et s'éteindre peu à peu. Il craignit d'être surpris s'il restait dans la caverne, et sortit son fusil à la main. Un morceau de biscuit et quelques gorgées de vin furent son souper. Puis il replaça la pierre, se coucha dessus, et dormit à peine quelques heures, couvrant de son corps l'entrée de la grotte.

Cette nuit fût à la fois une de ces nuits délicieuses et terribles comme cet homme aux foudroyantes émotions en avait déjà passé deux ou trois dans sa vie.

CHAP. XXIV. — L'INCONNU.

Le jour vint. Dantès l'attendait depuis long-temps les yeux ouverts. A ses premiers rayons il se leva, monta, comme la veille, sur le rocher le plus élevé de l'île, afin d'explorer les alentours ; comme la veille tout était désert.

Edmond descendit, leva la pierre, emplit ses poches de pierreries, replaça du mieux qu'il put les planches et les ferrures du coffre, le recouvrit de terre, piétina cette terre, jeta du sable dessus, afin de rendre l'endroit fraîchement retourné pareil au reste du sol; sortit de la grotte, replaça la dalle, amassa sur la dalle des pierres de différentes grosseurs; introduisit de la terre dans les intervalles, planta dans ces intervalles des myrtes et des bruyères, arrosa les plantations nouvelles afin qu'elles semblassent anciennes, effaça les traces de ses pas amassées autour de cet endroit, et attendit avec impatience le retour de ses compagnons. En effet, il ne s'agissait plus maintenant de passer son temps à regarder cet or et ces diamans et à rester à Monte-Christo comme un dragon surveillant d'inutiles trésors. Maintenant il fallait retourner dans la vie, parmi les hommes, et prendre dans la société le rang, l'influence et le pouvoir que donne en ce monde la richesse, la première et la plus grande des forces dont peut disposer la créature humaine.

Les contrebandiers revinrent le sixième jour. Dantès reconnut de loin le port et la marche de la *Jeune-Amélie*: il se traîna jusqu'au port comme Philoctète blessé, et lorsque ses compagnons abordèrent, il leur annonça, tout en se plaignant encore, un mieux sensible; puis à son tour il écouta le récit des aventuriers. Ils avaient réussi, il est vrai; mais à peine le chargement avait-il été déposé, qu'ils avaient eu avis qu'un brick en surveillance à Toulon venait de sortir du port et se dirigeait de leur côté. Ils s'étaient alors enfuis à tire d'aile, regrettant que Dantès, qui savait donner une vitesse si supérieure au bâtiment, ne fût point là pour le diriger. En effet, bientôt ils avaient aperçu le bâtiment chasseur, mais à l'aide de la nuit, et en doublant le cap Corse, ils lui avaient échappé.

En somme, ce voyage n'avait pas été mauvais; et tous, et surtout Jacopo, regrettaient que Dantès n'en eût pas été aussi d'avoir sa part des bénéfices qu'il avait rapportés, part qui se montait à cinquante piastres.

Edmond demeura impénétrable; il ne sourit même pas à l'énumération des avantages qu'il eût partagés s'il eût pu quitter l'île; et, comme la *Jeune-Amélie* n'était venue à Monte-Christo que pour le chercher, il se rembarqua le soir même et suivit le patron à Livourne.

A Livourne il alla chez un juif et vendit cinq mille francs chacun quatre de ses plus petits diamans. Le juif aurait pu s'informer comment un matelot se trouvait possesseur de pareils objets: mais il s'en garda bien, il gagnait mille francs sur chacun.

Le lendemain il acheta une barque toute neuve qu'il donna à Jacopo, en ajoutant à ce don deux cents piastres afin qu'il pût engager un équipage; et cela à la condition que Jacopo irait à Marseille demander des nouvelles d'un vieillard nommé Louis Dantès et qui demeurait aux Allées de Meilhan, et d'une jeune fille qui demeurait au village des Catalans et que l'on nommait Mercédès.

Ce fut à Jacopo à croire qu'il faisait un rêve; Edmond lui raconta alors qu'il s'était fait marin par un coup de tête, et parce que sa famille lui refusait l'argent nécessaire à son entretien; mais qu'en arrivant à Livourne il avait touché la succession d'un oncle qui l'avait fait son seul héritier. L'éducation élevée de Dantès donnait à ce récit une telle vraisemblance, que Jacopo ne douta point un instant que son ancien compagnon ne lui eût dit la vérité.

D'un autre côté, comme l'engagement d'Edmond à bord de la *Jeune-Amélie* était expiré, il prit congé du marin, qui essaya d'abord de le retenir, mais qui, ayant appris comme Jacopo l'histoire de l'héritage, renonça dès lors à l'espoir de vaincre la résolution de son ancien matelot.

Le lendemain Jacopo mit à la voile pour Marseille: il devait retrouver Edmond à Monte-Christo.

ŒUV. COMPL. D'ALEX. DUMAS.

Le même jour, Dantès partit sans dire où il allait, prenant congé de l'équipage de la *Jeune-Amélie* par une gratification splendide, et du patron avec la promesse de lui donner un jour ou l'autre de ses nouvelles.

Dantès alla à Gênes.

Au moment où il arrivait, on essayait un petit yacht commandé par un Anglais qui, ayant entendu dire que les Génois étaient les meilleurs constructeurs de la Méditerranée, avait voulu avoir un yacht construit à Gênes; l'Anglais avait fait prix à quarante mille francs: Dantès en offrit soixante mille, à la condition que le bâtiment lui serait livré le jour même. L'Anglais était allé faire un tour en Suisse en attendant que son bâtiment fût achevé. Il ne devait revenir que dans trois semaines ou un mois, le constructeur pensa qu'il aurait le temps d'en remettre un autre sur le chantier. Dantès emmena le constructeur chez un juif, passa avec lui dans l'arrière-boutique, et le juif compta soixante mille francs au constructeur.

Le constructeur offrit à Dantès ses services pour lui composer un équipage; mais Dantès le remercia en disant qu'il avait l'habitude de naviguer seul, et que la seule chose qu'il désirait était qu'on exécutât dans la cabine, à la tête du lit, une armoire à secret dans laquelle se trouveraient trois compartimens à secret aussi. Il donna la mesure de ces compartimens, qui furent exécutés le lendemain.

Deux heures après Dantès sortait du port de Gênes, escorté par les regards d'une foule de curieux qui voulaient voir le seigneur espagnol qui avait l'habitude de naviguer seul.

Dantès s'en tira à merveille: avec l'aide du gouvernail et sans avoir besoin de le quitter, il fit faire à son bâtiment toutes les évolutions voulues; on eût dit un être intelligent prêt à obéir à la moindre impulsion donnée, et Dantès convint en lui-même que les Génois méritaient leur réputation de premiers constructeurs du monde.

Les curieux suivirent le petit bâtiment des yeux jusqu'à ce qu'ils l'eussent perdu de vue, et alors les discussions s'établirent pour savoir où il allait: les uns penchèrent pour la Corse, les autres pour l'île d'Elbe, ceux-ci offrirent de parier qu'il allait en Espagne, ceux-là soutinrent qu'il allait en Afrique; nul ne pensa à nommer l'île de Monte-Christo.

C'était cependant à Monte-Christo qu'allait Dantès.

Il y arriva vers la fin du second jour; le navire était excellent voilier et avait parcouru la distance en trente-cinq heures. Dantès avait parfaitement reconnu le gisement de la côte, et, au lieu d'aborder au port habituel, il jeta l'ancre dans la petite crique.

L'île était déserte; personne ne paraissait y avoir abordé depuis que Dantès en était parti; il alla à son trésor: tout était dans le même état qu'il l'avait laissé.

Le lendemain son immense fortune était transportée à bord du yacht et enfermée dans les trois compartimens de l'armoire à secret.

Dantès attendit huit jours encore. Pendant huit jours il fit manœuvrer son yacht autour de l'île, l'étudiant comme un écuyer étudie un cheval : au bout de ce temps, il en connaissait toutes les qualités et tous les défauts; Dantès se promit d'augmenter les unes et de remédier aux autres.

Le huitième jour Dantès vit un petit bâtiment qui venait sur l'île toutes voiles dehors, et reconnut la barque de Jacopo; il fit un signal, auquel Jacopo répondit, et deux heures après la barque était près du yacht.

Il y avait une triste réponse à chacune des deux demandes faites par Edmond.

Le vieux Dantès était mort.

Mercédès avait disparu.

Edmond écouta ces deux nouvelles d'un visage calme;

10

mais aussitôt il descendit à terre, en défendant que personne ne l'y suivit.

Deux heures après il revint : deux hommes de la barque de Jacopo passèrent sur son yacht pour l'aider à la manœuvre, et il donna l'ordre de mettre le cap sur Marseille.

Il prévoyait la mort de son père ; mais Mercédès, qu'était-elle devenue ?

Sans divulguer son secret, Edmond ne pouvait donner d'instructions suffisantes à un agent ; d'ailleurs il y avait d'autres renseignemens encore qu'il voulait prendre ; et pour lesquels il ne s'en rapportait qu'à lui-même. Son miroir lui avait appris à Livourne qu'il ne courait pas le danger d'être reconnu ; d'ailleurs il avait maintenant à sa disposition tous les moyens de se déguiser. Un matin donc, le yacht, suivi de la petite barque, entra bravement dans le port de Marseille et s'arrêta juste en face de l'endroit où, ce soir de fatale mémoire, on l'avait embarqué pour le château d'If.

Ce ne fut pas sans un certain frémissement que, dans le canot de santé, Dantès vit venir à lui un gendarme. Mais Dantès, avec cette assurance parfaite qu'il avait acquise, lui présenta un passe-port anglais qu'il avait acheté à Livourne, et moyennant ce laissez-passer étranger, beaucoup plus respecté en France que le nôtre, il descendit sans difficulté à terre.

La première chose qu'aperçut Dantès, en mettant le pied sur la Cannebière, fut un des matelots du *Pharaon*. Cet homme avait servi sous ses ordres, et se trouvait là comme un moyen de rassurer Dantès sur les changemens qui s'étaient faits en lui. Il alla droit à cet homme et lui fit plusieurs questions auxquelles celui-ci répondit sans même laisser soupçonner, ni par ses paroles, ni par sa physionomie, qu'il se rappelât avoir jamais vu celui qui lui adressait la parole.

Dantès donna au matelot une pièce de monnaie pour le remercier de ses renseignemens ; un instant après, il entendit le brave homme qui courait après lui.

Dantès se retourna.

— Pardon, monsieur, dit le matelot, mais vous vous êtes trompé sans doute ; vous auriez cru me donner une pièce de quarante sous, et vous m'avez donné un double napoléon.

— En effet, mon ami, dit Dantès, je m'étais trompé ; mais, comme votre honnêteté mérite une récompense, en voici un second, que je vous prie d'accepter pour boire à ma santé avec vos camarades.

Le matelot regarda Edmond avec tant d'étonnement, qu'il ne songea pas même à le remercier ; et il le regarda s'éloigner en disant :

— C'est quelque nabab qui arrive de l'Inde.

Dantès continua son chemin ; chaque pas qu'il faisait oppressait son cœur d'une émotion nouvelle : tous ces souvenirs d'enfance, souvenirs indélébiles, éternellement présens à la pensée, étaient là se dressant à chaque coin de place, à chaque angle de rue, à chaque borne de carrefour. En arrivant au bout de la rue de Noailles, et en apercevant les Allées de Meilhan, il sentit ses genoux qui fléchissaient, et il faillit tomber sous les roues d'une voiture. Enfin il arriva jusqu'à la maison qu'avait habitée son père. Les aristoloches et les capucines avaient disparu de la mansarde, où autrefois la main du bonhomme les treillageait avec tant de soin.

Il s'appuya contre un arbre, et resta quelque temps pensif, regardant les derniers étages de cette pauvre petite maison ; enfin il s'avança vers la porte, en franchit le seuil, demanda s'il n'y avait pas un logement vacant, et, quoiqu'il fût occupé, insista si long-temps pour visiter celui du cinquième, que le concierge monta et demanda, de la part d'un étranger, aux personnes qui l'habitaient la permission de voir les deux pièces dont il était composé.

Les personnes qui habitaient ce petit logement étaient un jeune homme et une jeune femme qui venaient de se marier depuis huit jours seulement.

En voyant ces deux jeunes gens, Dantès poussa un profond soupir.

Au reste, rien ne rappelait plus à Dantès l'appartement de son père : ce n'était plus le même papier ; tous les vieux meubles, ces amis d'enfance d'Edmond, présens à son souvenir dans tous leurs détails, avaient disparu. Les murailles seules étaient les mêmes.

Dantès se tourna du côté du lit, il était à la même place que celui de l'ancien locataire ; malgré lui, les yeux d'Edmond se mouillèrent de larmes ; c'était à cette place que le vieillard avait dû expirer en nommant son fils.

Les deux jeunes gens regardaient avec étonnement cet homme au front sévère, sur les joues duquel coulaient deux grosses larmes sans que son visage sourcillât. Mais comme toute douleur porte avec elle sa religion, les jeunes gens ne firent aucune question à l'inconnu, seulement ils se retirèrent en arrière pour le laisser pleurer tout à son aise ; et quand il se retira ils l'accompagnèrent, en lui disant qu'il pouvait revenir quand il voudrait et que leur pauvre maison lui serait toujours hospitalière.

En passant à l'étage au-dessous, Edmond s'arrêta devant une autre porte et demanda si c'était toujours le tailleur Caderousse qui demeurait là. Mais le concierge lui répondit que l'homme dont il parlait avait fait de mauvaises affaires, et tenait maintenant une petite auberge sur la route de Bellegarde à Beaucaire.

Dantès descendit, demanda l'adresse du propriétaire de la maison des Allées de Meilhan, se rendit chez lui, se fit annoncer sous le nom de lord Wilmore (c'était le nom et le titre qui étaient portés sur son passeport) et lui acheta cette petite maison pour la somme de vingt-cinq mille francs. C'était dix mille francs au moins de plus qu'elle ne valait. Mais Dantès, s'il la lui eût faite un demi-million, l'eût payée le prix qu'il la lui eût faite.

Le jour même, les jeunes gens du cinquième étage furent prévenus par le notaire qui avait fait le contrat que le nouveau propriétaire leur donnait le choix d'un appartement dans toute la maison sans augmenter en aucune façon leur loyer, à la condition qu'ils lui céderaient les deux chambres qu'ils occupaient.

Cet événement étrange occupa pendant plus de huit jours tous les habitués des Allées de Meilhan, et fit faire mille conjectures dont pas une ne se trouva être exacte.

Mais ce qui surtout brouilla toutes les cervelles et troubla tous les esprits, c'est qu'on vit le soir le même homme qu'on avait vu entrer dans la maison des Allées de Meilhan se promener dans le petit village des Catalans et entrer dans une pauvre maison de pêcheurs où il resta plus d'une heure à demander des nouvelles de plusieurs personnes qui étaient mortes ou qui avaient disparu depuis plus de quinze ou seize ans.

Le lendemain les gens chez lesquels il était entré pour faire toutes ces questions reçurent en cadeau une barque catalane toute neuve, garnie de deux seines et d'un chalut.

Ces braves gens eussent bien voulu remercier le généreux questionneur, mais en les quittant on l'avait vu, après avoir donné quelques ordres à un marin, monter à cheval et sortir par la porte d'Aix.

CHAP. XXV. — L'AUBERGE DU PONT DU GARD.

Ceux qui comme moi ont parcouru à pied le midi de la France, ont pu remarquer entre Bellegarde et Beaucaire, à moitié chemin à peu près du village à la ville, mais plus rapprochée cependant de Beaucaire que de Bellegarde, une petite auberge où pend, sur une plaque de tôle qui grince au moindre vent, une grotesque représentation du pont du Gard. Cette petite auberge, en prenant pour règle le cours du Rhône, est située au côté gauche de la route, tournant le dos au fleuve, et elle est accompagnée de ce que dans le Languedoc on appelle un jardin : c'est-à-dire que la face opposée à celle qui ouvre sa porte aux voyageurs donne sur un enclos où rampent quelques oliviers rabougris et quelques figuiers sauvages au feuillage argenté par la poussière; dans leurs intervalles poussent, pour tout légume, des aulx, des pimens et des échalotes; enfin, à l'un de ses angles, comme une sentinelle oubliée, un grand pin parasol élance mélancoliquement sa tige flexible, tandis que sa cime, épanouie en éventail, craque sous un soleil de trente degrés.

Tous ces arbres, grands ou petits, se courbent inclinés naturellement dans la direction où passe le mistral, l'un des trois fléaux de la Provence; les deux autres, comme on sait ou comme on ne sait pas, étaient la Durance et le parlement.

Çà et là dans la plaine environnante, qui ressemble à un grand lac de poussière, végètent quelques tiges de froment que les horticulteurs du pays élèvent sans doute par curiosité, et dont chacune sert de perchoir à une cigale qui poursuit de son chant aigre et monotone les voyageurs égarés dans cette thébaïde.

Depuis sept ou huit ans à peu près, cette petite auberge était tenue par un homme et une femme ayant pour tout domestique une fille de chambre appelée Toinette et un garçon d'écurie répondant au nom de Pacaud; double coopération qui au reste suffisait largement aux besoins du service, depuis qu'un canal creusé de Beaucaire à Aigues-Mortes avait fait succéder victorieusement les bateaux au roulage accéléré, et le coche à la diligence.

Ce canal, comme pour rendre plus vifs encore les regrets du malheureux aubergiste qu'il ruinait, passait, entre le Rhône qui l'alimente et la route qu'il épuise, à cent pas à peu près de l'auberge dont nous venons de donner une courte mais fidèle description.

L'hôtelier qui tenait cette petite auberge pouvait être un homme de quarante à quarante-cinq ans, grand, sec et nerveux, véritable type méridional avec ses yeux enfoncés et brillans, son nez en bec d'aigle et ses dents blanches comme celles d'un animal carnassier. Ses cheveux, qui semblaient, malgré les premiers souffles de l'âge, ne pouvoir se décider à blanchir, étaient, ainsi que sa barbe, qu'il portait en collier, épais, crépus et à peine parsemés de quelques poils blancs. Son teint, hâlé naturellement, s'était encore couvert d'une nouvelle couche de bistre par l'habitude que le pauvre diable avait prise de se tenir depuis le matin jusqu'au soir sur le seuil de sa porte, pour voir si, soit à pied, soit en voiture, il ne lui arrivait pas quelque pratique: attente presque toujours déçue, et pendant laquelle il n'opposait à l'ardeur dévorante du soleil d'autre préservatif pour son visage qu'un mouchoir rouge noué sur sa tête à la manière des muletiers espagnols. Cet homme c'était notre ancienne connaissance Gaspard Caderousse.

Sa femme au contraire, qui, de son nom de fille, s'appelait Madeleine Radelle, était une femme pâle, maigre et maladive; née aux environs d'Arles, elle avait, tout en conservant les traces primitives de la beauté traditionnelle de ses compatriotes, vu son visage se délabrer lentement dans l'accès presque continuel d'une de ces fièvres sourdes si communes parmi les populations voisines des étangs d'Aigues-Mortes et des marais de la Camargue. Elle se tenait donc presque toujours assise et grelottante au fond de sa chambre située au premier, soit étendue dans un fauteuil, soit appuyée contre son lit, tandis que son mari montait à la porte sa faction habituelle : faction qu'il prolongeait d'autant plus volontiers que chaque fois qu'il se retrouvait avec son aigre moitié, celle-ci le poursuivait de ses plaintes éternelles contre le sort, plaintes auxquelles son mari ne répondait d'habitude que par ces paroles philosophiques :

« Tais-toi, la Carconte! c'est Dieu qui le veut comme cela. »

Ce sobriquet venait de ce que Madeleine Radelle était née dans le village de la Carconte, situé entre Salon et Lambesc. Or, suivant une habitude du pays, qui veut que l'on désigne presque toujours les gens par un surnom au lieu de les désigner par un nom, son mari avait substitué cette appellation à celle de Madeleine, trop douce et trop euphonique peut-être pour son rude langage.

Cependant, malgré cette prétendue résignation aux décrets de la Providence, que l'on n'aille pas croire que notre aubergiste ne sentît pas profondément l'état de misère où l'avait réduit ce misérable canal de Beaucaire, et qu'il fût invulnérable aux plaintes incessantes dont sa femme le poursuivait. C'était, comme tous les méridionaux, un homme sobre et sans de grands besoins, mais vaniteux pour les choses extérieures; aussi, au temps de sa prospérité, il ne laissait passer ni une ferrade, ni une procession de la tarasque sans s'y montrer avec la Carconte, l'un dans ce costume pittoresque des hommes du Midi et qui tient à la fois du Catalan et de l'Andalous; l'autre avec ce charmant habit des femmes d'Arles qui semble emprunté à la Grèce et à l'Arabie; mais peu à peu, chaînes de montres, colliers, ceintures aux mille couleurs, corsages brodés, vestes de velours, bas à coins élégans, guêtres bariolées, souliers à boucles d'argent avaient disparu, et Gaspard Caderousse, ne pouvant plus se montrer à la hauteur de sa splendeur passée, avait renoncé pour lui et pour sa femme à toutes ces pompes mondaines, dont il entendait en se rongeant sourdement le cœur les bruits joyeux retentir jusqu'à cette pauvre auberge, qu'il continuait de garder bien plus comme un abri que comme une spéculation.

Caderousse s'était donc tenu, comme c'était son habitude, une partie de la matinée devant la porte, promenant son regard mélancolique d'un petit gazon pelé où picoraient quelques poules, aux deux extrémités du chemin désert qui s'enfonçait d'un côté au midi et de l'autre au nord, quand tout à coup la voix aigre de sa femme le força de quitter son poste; il rentra en grommelant et monta au premier, laissant néanmoins la porte toute grande ouverte, comme pour inviter les voyageurs à ne pas l'oublier en passant.

Au moment où Caderousse rentrait, la grande route dont nous avons parlé, et que parcouraient ses regards, était aussi nue et aussi solitaire que le désert à midi; elle s'étendait, blanche et infinie, entre deux rangées d'arbres maigres, et l'on comprenait parfaitement qu'aucun voyageur, libre de choisir une autre heure du jour, ne se hasardât dans cette effroyable Sahara.

Cependant, malgré toutes les probabilités, s'il fût resté à son poste, Caderousse aurait pu voir poindre, du côté de Bellegarde, un cavalier et un cheval venant de cette allure honnête et amicale qui indique les meilleures relations entre le cheval et le cavalier; le cheval était un cheval hongre, marchant agréablement l'amble; le cavalier était un prêtre vêtu de noir et coiffé d'un chapeau à trois cornes; malgré la chaleur dévorante du soleil, alors à son midi, ils n'allaient tous deux qu'un trot fort raisonnable.

Arrivé devant la porte, le groupe s'arrêta : il eût été difficile de décider si ce fut le cheval qui arrêta l'homme ou l'homme qui arrêta le cheval; mais en tout cas le cavalier mit pied à terre, et, tirant l'animal par la bride, il alla l'attacher au tourniquet d'un contrevent délabré qui ne tenait plus qu'à un gond; puis, s'avançant vers la porte en essuyant d'un mouchoir de coton rouge son front ruisselant de sueur, le prêtre frappa trois coups sur le seuil du bout ferré de sa canne qu'il tenait à la main.

Aussitôt un grand chien noir se leva et fit quelques pas en aboyant et en montrant ses dents blanches et aiguës, double démonstration hostile qui prouvait le peu d'habitude qu'il avait de la société.

Aussitôt un pas lourd ébranla l'escalier de bois rampant le long de la muraille, et que descendait, en se courbant et à reculons, l'hôte du pauvre logis à la porte duquel se tenait le prêtre.

— Me voilà! disait Caderousse tout étonné, me voilà! veux-tu te taire, Margotin! N'ayez pas peur, monsieur, il aboie, mais il ne mord pas. Vous désirez du vin, n'est-ce pas? car il fait une polissonne de chaleur... Ah! pardon, interrompit Caderousse en voyant à quelle sorte de voyageur il avait affaire, pardon, je ne savais pas qui j'avais l'honneur de recevoir ; que désirez-vous, que demandez-vous, monsieur l'abbé ? je suis à vos ordres.

Le prêtre regarda cet homme pendant deux ou trois secondes avec une attention étrange, il parut même chercher à attirer de son côté, sur lui, l'attention de l'aubergiste : puis, voyant que les traits de celui-ci n'exprimaient d'autre sentiment que la surprise de ne pas recevoir une réponse, il jugea qu'il était temps de faire cesser cette surprise, et dit avec un accent italien très prononcé :

— N'êtes-vous pas monsou Caderousse ?

— Oui, monsieur, dit l'hôte peut-être encore plus étonné de la demande qu'il ne l'avait été du silence, je le suis en effet, Gaspard Caderousse, pour vous servir.

— Gaspard Caderousse... oui, je crois que c'est là le prénom et le nom : vous demeuriez autrefois Allées de Meilhan, n'est-ce pas ? au quatrième ?

— C'est cela.

— Et vous y exerciez la profession de tailleur ?

— Oui, mais l'état a mal tourné : il fait si chaud à ce coquin de Marseille que l'on finira, je crois, par ne plus s'y habiller du tout. Mais, à propos de chaleur, ne voulez-vous pas vous rafraîchir, monsieur l'abbé ?

— Si fait, donnez-moi une bouteille de votre meilleur vin, et nous reprendrons la conversation, s'il vous plaît, où nous la laissons.

— Comme il vous fera plaisir, monsieur l'abbé, dit Caderousse.

Et pour ne pas perdre cette occasion de placer une des dernières bouteilles de vin de Cahors qui lui restaient, Caderousse se hâta de lever une trappe pratiquée dans le plancher même de cette espèce de chambre du rez-de-chaussée, qui servait à la fois de salle et de cuisine.

Lorsqu'au bout de cinq minutes il reparut, il trouva l'abbé assis sur un escabeau, le coude appuyé à une table longue, tandis que Margotin, qui paraissait avoir fait sa paix avec lui en entendant que, contre l'habitude, ce voyageur singulier allait prendre quelque chose, allongeait sur sa cuisse son cou décharné et son œil langoureux.

— Vous êtes seul ? demanda l'abbé à son hôte tandis que celui-ci posait devant lui la bouteille et un verre.

— Oh ! mon Dieu ! oui ! seul ou à peu près, monsieur l'abbé, car j'ai ma femme qui ne me peut aider en rien, attendu qu'elle est toujours malade, la pauvre Carconte.

— Ah, vous êtes marié ! dit le prêtre avec une sorte d'intérêt, et en jetant autour de lui un regard qui paraissait estimer à sa mince valeur le maigre mobilier du pauvre ménage.

— Vous trouvez que je ne suis pas riche, n'est-ce pas, monsieur l'abbé ? dit en soupirant Caderousse ; mais que voulez-vous ! il ne suffit pas d'être honnête homme pour prospérer dans ce monde.

L'abbé fixa sur lui un regard perçant.

— Oui, honnête homme ; de cela je puis m'en vanter, monsieur, dit l'hôte en soutenant le regard de l'abbé, une main sur sa poitrine et en hochant la tête du haut en bas, et dans notre époque tout le monde n'en peut pas dire autant.

— Tant mieux si ce dont vous vous vantez est vrai, dit l'abbé ; car tôt ou tard, j'en ai la ferme conviction, l'honnête homme est récompensé et le méchant puni.

— C'est votre état de dire cela, monsieur l'abbé ; c'est votre état de dire cela, reprit Caderousse avec une expression amère ; après cela on est libre de ne pas croire ce que vous dites.

— Vous avez tort de parler ainsi, monsieur, dit l'abbé, car peut-être vais-je être moi-même pour vous, tout à l'heure, une preuve de ce que j'avance.

— Que voulez-vous dire ? demanda Caderousse d'un air étonné.

— Je veux dire qu'il faut que je m'assure avant tout si vous êtes celui à qui j'ai affaire.

— Quelles preuves voulez-vous que je vous donne ?

— Avez-vous connu, en 1814 ou 1815, un marin qui s'appelait Dantès ?

— Dantès !... si je l'ai connu, ce pauvre Edmond ! je le crois bien ! c'était même un de mes meilleurs amis ! s'écria Caderousse, dont un rouge de pourpre envahit le visage, tandis que l'œil clair et assuré de l'abbé semblait se dilater pour couvrir tout entier celui qu'il interrogeait.

— Oui, je crois en effet qu'il s'appelait Edmond.

— S'il s'appelait Edmond, le petit ! je le crois bien ! aussi vrai que je m'appelle, moi, Gaspard Caderousse, Et qu'est-il devenu, monsieur, ce pauvre Edmond ? continua l'aubergiste ; l'auriez-vous connu ? vit-il encore ? est-il libre ! est-il heureux ?

— Il est mort prisonnier, plus désespéré et plus misérable que les forçats qui traînent leur boulet au bagne de Toulon.

Une pâleur mortelle succéda sur le visage de Caderousse à la rougeur qui s'en était d'abord emparée. Il se retourna, et l'abbé lui vit essuyer une larme avec le coin du mouchoir rouge qui lui servait de coiffure.

— Pauvre petit ! murmura Caderousse. Eh bien ! voilà encore une preuve de ce que je vous disais, monsieur l'abbé, que le bon Dieu n'était bon que pour les mauvais. Ah ! continua Caderousse avec ce langage coloré des gens du Midi, le monde va de mal en pis. Qu'il tombe donc du ciel deux jours de poudre et une heure de feu, et que tout soit dit !

— Vous paraissez aimer ce garçon de tout votre cœur, monsieur ? demanda l'abbé.

— Oui, je l'aimais bien, dit Caderousse, quoique j'aie à me reprocher d'avoir un instant envié son bonheur. Mais depuis, je vous le jure, foi de Caderousse, j'ai bien plaint son malheureux sort.

Il se fit un instant de silence pendant lequel le regard fixe de l'abbé ne cessa point un instant d'interroger la physionomie mobile de l'aubergiste.

— Et vous l'avez connu, le pauvre petit ? continua Caderousse.

— J'ai été appelé à son lit de mort pour lui offrir les derniers secours de la religion, continua l'abbé.

— Et de quoi est-il mort ? demanda Caderousse d'une voix étranglée.

— Et de quoi meurt-on en prison quand on y meurt à trente ans, si ce n'est de la prison elle-même ?

Caderousse essuya la sueur qui coulait de son front.

— Ce qu'il y a d'étrange dans tout cela, reprit l'abbé, c'est que Dantès, à son lit de mort, sur le christ dont il baisait les pieds, m'a toujours juré qu'il ignorait la véritable cause de sa captivité.

— C'est vrai, c'est vrai, murmura Caderousse, il ne pouvait pas le savoir ; non, monsieur l'abbé, il ne mentait pas, le pauvre petit.

— C'est ce qui fait qu'il m'a chargé d'éclaircir son malheur qu'il n'avait jamais pu éclaircir lui-même, et de réhabiliter sa mémoire, si cette mémoire avait reçu quelque souillure.

Et le regard de l'abbé, devenant de plus en plus fixe dévora l'expression presque sombre qui apparut sur le visage de Caderousse.

— Un riche Anglais, continua l'abbé, son compagnon d'infortune, et qui sortit de prison à la seconde restauration, était possesseur d'un diamant d'une grande valeur. En sortant de prison, il voulut laisser à Dantès, qui, dans une maladie qu'il avait faite, l'avait soigné comme un frère, un témoignage de sa reconnaissance en lui laissant ce diamant ; Dantès, au lieu de s'en servir pour séduire ses geôliers, qui d'ailleurs pouvaient le prendre et le trahir après, le conserva toujours précieusement pour le cas où il sortirait de prison ; car s'il sortait de prison, sa fortune était assurée par la vente seule de ce diamant.

— C'était donc, comme vous le dites, demanda Caderousse avec des yeux ardens, un diamant d'une grande valeur ;

— Tout est relatif, reprit l'abbé : d'une grande valeur pour Edmond ; ce diamant était estimé cinquante mille francs.

— Cinquante mille francs! dit Caderousse ; mais il était donc gros comme une noix ?

— Non, pas tout-à-fait, dit l'abbé, mais vous allez en juger vous-même, car je l'ai sur moi.

Caderousse sembla chercher sous les vêtemens de l'abbé le dépôt dont il parlait.

L'abbé tira de sa poche une petite boîte de chagrin noir, l'ouvrit et fit briller aux yeux éblouis de Caderousse l'étincelante merveille montée sur une bague d'un admirable travail.

— Et cela vaut cinquante mille francs ?

— Sans la monture, qui est elle-même d'un certain prix, dit l'abbé.

Et il referma l'écrin, et remit dans sa poche le diamant qui continuait d'étinceler au fond de la pensée de Caderousse.

— Mais comment vous trouvez-vous avoir ce diamant en votre possession, monsieur l'abbé? demanda Caderousse. Edmond vous a donc fait son héritier ?

— Non, mais son exécuteur testamentaire. J'avais trois bons amis et une fiancée, m'a-t-il dit ; tous quatre, j'en suis sûr, me regrettent amèrement : l'un de ces bons amis s'appelait Caderousse.

Caderousse frémit.

— L'autre, continua l'abbé sans paraître s'apercevoir de l'émotion de Caderousse, l'autre s'appelait Danglars ; le troisième, a-t-il ajouté, bien que mon rival, m'aimait aussi.

Un sourire diabolique éclaira les traits de Caderousse, qui fit un mouvement pour interrompre l'abbé.

— Attendez, dit l'abbé, laissez-moi finir, et si vous avez quelque observation à me faire, vous me la ferez tout à l'heure. L'autre, bien que mon rival, m'aimait aussi, et s'appelait Fernand ; quant à ma fiancée, son nom était... Je ne me rappelle plus le nom de la fiancée, dit l'abbé.

— Mercédès, dit Caderousse.

— Ah! oui, c'est cela, reprit l'abbé avec un soupir étouffé, Mercédès.

— Eh bien ? dit Caderousse.

— Donnez-moi une carafe d'eau, dit l'abbé.

Caderousse s'empressa d'obéir.

L'abbé remplit le verre et but quelques gorgées.

— Où en étions-nous ? demanda-t-il en posant son verre sur la table.

— La fiancée s'appelait Mercédès.

— Oui, c'est cela. Vous irez à Marseille..... C'est toujours Dantès qui parle, comprenez-vous ?

— Parfaitement.

— Vous vendrez ce diamant, vous ferez cinq parts, et vous les partagerez entre ces bons amis, les seuls êtres qui m'aient aimé sur la terre !

— Comment, cinq parts ? dit Caderousse, vous ne m'avez nommé que quatre personnes.

— Parce que la cinquième est morte, à ce qu'on m'a dit... La cinquième était le père de Dantès...

— Hélas ! oui, dit Caderousse ému par les passions qui s'entrechoquaient en lui ; hélas ! oui, le pauvre homme, il est mort !

— J'ai appris cet événement à Marseille, répondit l'abbé en faisant un effort pour paraître indifférent ; mais il y a si long-temps que cette mort est arrivée que je n'ai pu recueillir aucun détail... Sauriez-vous quelque chose de la fin de ce vieillard, vous ?

— Eh! dit Caderousse, qui peut savoir cela mieux que moi !... Je demeurais porte à porte avec le bonhomme... Eh! mon Dieu! oui, un an à peine après la disparition de son fils, il mourut, le pauvre vieillard !

— Mais, de quoi mourut-il !

— Les médecins ont nommé la maladie... une gastro-antérite, je crois ; ceux qui le connaissaient ont dit qu'il était mort de douleur... et moi, qui l'ai presque vu mourir, je dis qu'il est mort...

Caderousse s'arrêta.

— Mort de quoi ! reprit avec anxiété le prêtre.

— Eh bien, mort de faim !

— De faim ! s'écria l'abbé bondissant sur son escabeau, de faim ! les plus vils animaux ne meurent pas de faim ! les chiens qui errent dans les rues trouvent une main compatissante qui leur jettent un morceau de pain, et un homme, un chrétien, est mort de faim au milieu d'autres hommes qui se disaient chrétiens comme lui! impossible ! oh ! c'est impossible !

— J'ai dit ce que j'ai dit, reprit Caderousse.

— Et tu as tort, dit une voix dans l'escalier ; de quoi te mêles-tu ?

Les deux hommes se retournèrent, et virent à travers les barres de la rampe la tête maladive de la Carconte ; elle s'était traînée jusque là et écoutait la conversation, assise sur la dernière marche, la tête appuyée sur ses genoux.

— De quoi te mêles-tu toi-même, femme? dit Caderousse. Monsieur demande des renseignemens, la politesse veut que je les lui donne.

— Oui, mais la prudence veut que tu les lui refuses. Qui te dit dans quelle intention on veut te faire parler, imbécile ?

— Dans une excellente, madame, je vous en réponds, dit l'abbé. Votre mari n'a donc rien à craindre, pourvu qu'il réponde franchement.

— Rien à craindre, oui ! on commence par de belles promesses, puis on se contente, après, de dire qu'on n'a rien à craindre, puis on s'en va sans rien tenir de ce qu'on a dit, et un beau matin le malheur tombe sur le pauvre monde sans que l'on sache d'où il vient.

— Soyez tranquille, bonne femme, le malheur ne vous viendra pas de mon côté, je vous en réponds.

La Carconte grommela quelques paroles qu'on ne put entendre, laissa retomber sur ses genoux sa tête un instant soulevée et continua de trembler la fièvre, laissant son mari libre de continuer la conversation, mais placée de manière à n'en pas perdre un mot :

Pendant ce temps l'abbé avait bu quelques gorgées d'eau et s'était remis.

— Mais, reprit-il, ce malheureux vieillard était-il donc si abandonné de tout le monde qu'il soit mort d'une pareille mort?

— Oh! monsieur! reprit Caderousse, ce n'est pas que Mercédès la Catalane, ni M. Morrel l'aient abandonné ; mais le pauvre vieillard s'était pris d'une antipathie profonde pour Fernand, celui-là même, continua Caderousse avec un sourire ironique, que Dantès vous a dit être de ses amis.

— Ne l'était-il donc pas ? dit l'abbé.

— Gaspard ! Gaspard ! murmura la femme du haut de son escalier, fais attention à ce que tu vas dire.

Caderousse fit un mouvement d'impatience, et, sans accorder d'autre réponse à celle qui l'interrompait :

— Peut-on être l'ami de celui dont on convoite la femme ? répondit-il à l'abbé. Dantès, qui était un cœur d'or, appelait tous ces gens-là ses amis..... Pauvre Edmond !.... Au fait, il vaut mieux qu'il n'ait rien su ; il aurait eu trop de peine à leur pardonner au moment de la mort...... Et, quoi qu'on dise, continua Caderousse dans son langage qui ne manquait pas d'une sorte de rude poésie, j'ai encore plus peur de la malédiction des morts que de la haine des vivans.

— Imbécile ! dit la Carconte.

— Savez-vous donc, continua l'abbé, ce que Fernand a fait contre Dantès ?

— Si je le sais, je le crois bien !

— Parlez alors.

— Gaspard, fais ce que tu veux, tu es le maître, dit la femme ; mais si tu m'en croyais, tu ne dirais rien.

— Cette fois, je crois que tu as raison, femme, dit Caderousse.

— Ainsi vous ne voulez rien dire? reprit l'abbé.

— A quoi bon! dit Caderousse. Si le petit était vivant et qu'il vînt à moi pour connaître une bonne fois pour toutes ses amis et ses ennemis, je ne dis pas; mais il est sous terre, à ce que vous m'avez dit, il ne peut plus avoir de haine, il ne peut plus se venger, éteignons tout cela.

— Vous voulez alors, dit l'abbé, que je donne à ces gens, que vous donnez pour d'indignes et faux amis, une récompense destinée à la fidélité?

— C'est vrai, vous avez raison, dit Caderousse. D'ailleurs que serait pour eux maintenant le legs du pauvre Edmond? une goutte d'eau tombant à la mer!

— Sans compter que ces gens-là peuvent t'écraser d'un geste, dit la femme.

— Comment cela? ces gens-là sont donc devenus riches et puissans!

— Alors vous ne savez pas leur histoire?

— Non, racontez-la-moi.

Caderousse parut réfléchir un instant.

— Non, en vérité dit-il, ce serait trop long.

— Libre à vous de vous taire, mon ami, dit l'abbé avec l'accent de la plus profonde indifférence, et je respecte vos scrupules; d'ailleurs ce que vous faites là est d'un homme vraiment bon : n'en parlons donc plus. De quoi étais-je chargé? d'une simple formalité. Je vendrai donc ce diamant.

Et il tira le diamant de sa poche, ouvrit l'écrin et le fit briller aux yeux éblouis de Caderousse.

— Viens donc voir, femme! dit celui-ci d'une voix rauque.

— Un diamant! dit la Carconte se levant et descendant d'un pas assez ferme l'escalier; qu'est-ce que c'est donc que ce diamant?

— N'as-tu donc pas entendu, femme? dit Caderousse, c'est un diamant que le petit nous a légué : à son père d'abord, à ses trois amis Fernand, Danglars et moi, et à Mercédès sa fiancée. Le diamant vaut cinquante mille francs.

— Oh! le beau joyau! dit-elle.

— Le cinquième de cette somme nous appartient alors? dit Caderousse.

— Oui, monsieur, répondit l'abbé, plus la part du père de Dantès, que je me crois autorisé à répartir sur vous quatre.

— Et pourquoi sur nous quatre? demanda la Carconte.

— Parce que vous étiez les quatre amis d'Edmond.

— Les amis ne sont pas ceux qui trahissent! murmura sourdement à son tour la femme.

— Oui, oui, dit Caderousse, et c'est ce que je disais : c'est presque une profanation, presque un sacrilége, que de récompenser la trahison, le crime peut-être.

— C'est vous qui l'aurez voulu, reprit tranquillement l'abbé en remettant le diamant dans la poche de sa soutane; maintenant donnez-moi l'adresse des amis d'Edmond, afin que je puisse exécuter ses dernières volontés.

La sueur coulait à lourdes gouttes du front de Caderousse; il vit l'abbé se lever, se diriger vers la porte, comme pour donner un coup d'œil d'avis à son cheval, et revenir.

Caderousse et sa femme se regardaient avec une indicible expression.

— Le diamant serait tout entier pour nous, dit Caderousse.

— Le crois-tu? répondit la femme.

— Un homme d'église ne voudrait pas nous tromper.

— Fais comme tu voudras, dit la femme; quant à moi je ne m'en mêle pas.

Et elle reprit le chemin de l'escalier toute grelottante, ses dents claquaient malgré la chaleur ardente qu'il faisait.

Sur la dernière marche elle s'arrêta un instant.

— Réfléchis bien, Gaspard! dit-elle.

— Je suis décidé, dit Caderousse.

La Carconte rentra dans sa chambre en poussant un soupir; on entendit le plafond crier sous ses pas jusqu'à ce qu'elle eût rejoint son fauteuil, où elle tomba assise lourdement.

— A quoi êtes-vous décidé? demanda l'abbé.

— A tout vous dire, répondit celui-ci.

— Je crois en vérité que c'est ce qu'il y a de mieux à faire, dit le prêtre; non pas que je tienne à savoir les choses que vous voudriez me cacher; mais enfin, si vous pouvez m'amener à distribuer le legs selon les vœux du testateur, ce sera mieux.

— Je l'espère, répondit Caderousse les joues enflammées par le rougeur de l'espérance et de la cupidité.

— Je vous écoute, dit l'abbé.

— Attendez, reprit Caderousse, on pourrait nous interrompre à l'endroit le plus intéressant, et ce serait désagréable; d'ailleurs il est inutile que personne sache que vous êtes venu ici.

Et il alla à la porte de son auberge et ferma la porte, à laquelle, pour surcroît de précaution, il mit la barre de nuit.

Pendant ce temps, l'abbé avait choisi sa place pour écouter tout à son aise; il s'était assis dans un angle de manière à demeurer dans l'ombre tandis que la lumière tomberait en plein sur le visage de son interlocuteur. Quant à lui, la tête inclinée, les mains jointes ou plutôt crispées, il s'apprêtait à écouter de toutes ses oreilles.

Caderousse approcha un escabeau et s'assit en face de lui.

— Souviens-toi que je ne te pousse à rien! dit la voix tremblotante de la Carconte, comme si à travers le plancher elle eût pu voir la scène qui se préparait.

— C'est bien, c'est bien, dit Caderousse, n'en parlons plus, je prends tout sur moi.

Et il commença.

CHAP. XXVI. — LE RÉCIT.

— Avant tout, dit Caderousse, je dois, monsieur, vous prier de me promettre une chose.

— Laquelle? demanda l'abbé.

— C'est que jamais, si vous faites un usage quelconque des détails que je vais vous donner, on ne saura que ces détails viennent de moi, car ceux dont je vais vous parler sont riches et puissans, et s'ils me touchaient seulement du bout du doigt ils me briseraient comme verre.

— Soyez tranquille, mon ami, dit l'abbé, je suis prêtre, et les confessions meurent dans mon sein; rappelez-vous que nous n'avons d'autre but que d'accomplir dignement les dernières volontés de notre ami; parlez donc sans ménagement, comme sans haine; dites la vérité, toute la vérité: je ne connais pas et ne connaîtrai probablement jamais les personnes dont vous allez me parler; d'ailleurs je suis Italien et non pas Français; j'appartiens à Dieu et non pas aux hommes, et je vais rentrer dans mon couvent, dont je ne suis sorti que pour remplir les dernières volontés d'un mourant.

Cette promesse positive parut donner à Caderousse un peu d'assurance.

— Eh bien! en ce cas, dit Caderousse, je veux, je dirai même plus, je dois vous détromper sur ces amitiés que le pauvre Edmond croyait sincères et dévouées.

— Commençons par son père, s'il vous plaît, dit l'abbé, Edmond m'a beaucoup parlé de ce vieillard, pour lequel il avait un profond amour.

— L'histoire est triste, monsieur, dit Caderousse en hochant la tête; vous en connaissez probablement les commencemens.

— Oui, répondit l'abbé, Edmond m'a raconté les choses jusqu'au moment où il a été arrêté dans un petit cabaret près de Marseille.

— A la Réserve? ô mon Dieu, oui! je vois encore la chose comme si j'y étais.

— N'était-ce pas au repas même de ses fiançailles?

— Oui, et le repas qui avait eu un gai commencement, eut une triste fin : un commissaire de police suivi de quatre fusiliers entra, et Dantès fut arrêté.

— Voilà où s'arrête ce que je sais, monsieur, dit le prêtre; Dantès lui-même ne savait rien autre que ce qui lui était absolument personnel, car il n'a jamais revu aucune des cinq personnes que je vous ai nommées, ni entendu parler d'elles.

— Eh bien! Dantès une fois arrêté, M. Morrel courut prendre des informations : elles furent bien tristes. Le vieillard retourna seul dans sa maison, ploya son habit de noces en pleurant, passa toute la journée à aller et venir dans sa chambre, et le soir ne se coucha point, car je demeurais au-dessous de lui, et je l'entendis marcher toute la nuit; moi-même, je dois le dire, je ne dormis pas non plus, car la douleur de ce pauvre père me faisait grand mal, et chacun de ses pas me broyait le cœur, comme s'il eût réellement posé son pied sur ma poitrine.

Le lendemain, Mercédès vint à Marseille pour implorer la protection de M. de Villefort : elle n'obtint rien; mais, du même coup, elle alla rendre visite au vieillard. Quand elle le vit si morne et si abattu, qu'il avait passé la nuit sans se mettre au lit et qu'il n'avait pas mangé depuis la veille, elle voulut l'emmener avec elle pour en prendre soin, mais le vieillard ne voulut jamais y consentir.

« Non, disait-il, je ne quitterai pas la maison, car c'est moi que mon pauvre enfant aime avant toutes choses, et, s'il sort de prison, c'est moi qu'il accourra voir d'abord. Que dirait-il si je n'étais point là à l'attendre? »

J'écoutais tout cela du carré, car j'aurais voulu que Mercédès déterminât le vieillard à la suivre; ce pas retentissant nuit et jour sur ma tête ne me laissait pas un instant de repos.

— Mais ne montiez-vous pas vous-même près du vieillard pour le consoler? demanda le prêtre.

— Ah! monsieur! répondit Caderousse, on ne console que ceux qui veulent être consolés, et lui ne voulait pas l'être; d'ailleurs, je ne sais pourquoi, mais il me semblait qu'il avait de la répugnance à me voir. Une nuit cependant que j'entendais ses sanglots, je n'y pus résister et je montai; mais quand j'arrivai à la porte, il ne sanglottait plus, il priait. Ce qu'il trouvait d'éloquentes paroles et de pitoyables supplications, je ne saurais vous le redire, monsieur : c'était plus que de la piété, c'était plus que de la douleur; aussi moi qui ne suis pas cagot et qui n'aime pas les jésuites, je me dis ce jour-là : C'est bien heureux, en vérité, que je sois seul, et que le bon Dieu ne m'ait pas envoyé d'enfans, car si j'étais père et que je ressentisse une douleur semblable à celle du pauvre vieillard, ne pouvant trouver dans ma mémoire ni dans mon cœur tout ce qu'il dit au bon Dieu, j'irais tout droit me précipiter dans la mer, pour ne pas souffrir plus long-temps.

— Pauvre père! murmura le prêtre.

— De jour en jour il vivait plus seul et plus isolé; souvent M. Morrel et Mercédès venaient pour le voir, mais sa porte était fermée; et quoique je fusse bien sûr qu'il était chez lui, il ne répondait pas. Un jour que, contre son habitude, il avait reçu Mercédès, et que la pauvre enfant, au désespoir elle-même, tentait de le réconforter :

« Crois-moi, ma fille, lui dit-il, il est mort; et, au lieu que nous l'attendions, c'est lui qui nous attend : je suis bien heureux, car c'est moi qui suis le plus vieux et qui, par conséquent, le reverrai le premier. »

Si bon que l'on soit, voyez-vous, on cesse bientôt de voir les gens qui vous attristent; le vieux Dantès finit par demeurer tout-à-fait seul : je ne voyais plus monter de temps en temps chez lui que des gens inconnus, qui descendaient avec quelque paquet mal dissimulé; j'ai compris depuis ce que c'était que ces paquets : il vendait peu à peu ce qu'il avait pour vivre.

Enfin, le bonhomme arriva au bout de ses pauvres hardes; il devait trois termes : on menaça de le renvoyer; il demanda huit jours encore, on les lui accorda. Je sus ce détail parce que le propriétaire entra chez moi en sortant de chez lui.

Pendant les trois premiers jours, je l'entendis marcher comme d'habitude; mais le quatrième, je n'entendis plus rien. Je me hasardai à monter : la porte était fermée, mais à travers la serrure je l'aperçus si pâle et si défait, que, le jugeant bien malade, je fis prévenir M. Morrel et courus moi-même chez Mercédès. Tous deux s'empressèrent de venir. M. Morrel amenait un médecin; le médecin reconnut une gastro-entérite et ordonna la diète. J'étais là, monsieur, et je n'oublierai jamais le sourire du vieillard à cette ordonnance.

Dès lors il ouvrit sa porte : il avait une excuse pour ne plus manger, le médecin avait ordonné la diète.

L'abbé poussa une espèce de gémissement.

— Cette histoire vous intéresse, n'est-ce pas, monsieur? dit Caderousse.

— Oui, répondit l'abbé; elle est attendrissante.

— Mercédès revint; elle le trouva si changé, que, comme la première fois, elle voulut le faire transporter chez elle. C'était aussi l'avis de M. Morrel, qui voulait opérer le transport de force; mais le vieillard cria tant, qu'ils eurent peur. Mercédès resta au chevet de son lit. M. Morrel s'éloigna en faisant signe à la Catalane qu'il laissait une bourse sur la cheminée. Mais, armé de l'ordonnance du médecin, le vieillard ne voulut rien prendre. Enfin, après neuf jours de désespoir et d'abstinence, le vieillard expira en maudissant ceux qui avaient causé son malheur et en disant à Mercédès.

« Si vous revoyez mon Edmond, dites-lui que je meurs en le bénissant. »

L'abbé se leva, fit deux tours dans la chambre en portant une main frémissante à sa gorge aride.

— Et vous croyez qu'il est mort...

— De faim... monsieur, de faim, dit Caderousse; j'en réponds, aussi vrai que nous sommes ici deux chrétiens.

L'abbé, d'une main convulsive, saisit le verre d'eau encore à moitié plein, le vida d'un trait et se rassit les yeux rougis et les joues pâles.

— Avouez que voilà un grand malheur! dit-il d'une voix rauque.

— D'autant plus grand, monsieur, que Dieu n'y est pour rien, et que les hommes seuls en sont cause.

— Passons donc à ces hommes, dit l'abbé; mais songez-y, continua-t-il d'un air presque menaçant, vous vous êtes engagé à me tout dire : voyons! quels sont ces hommes qui ont fait mourir le fils de désespoir, et le père de faim?

— Deux hommes jaloux de lui, monsieur, l'un par amour, l'autre par ambition, Fernand et Danglars.

— Et de quelle façon se manifesta cette jalousie, dites?

— Ils dénoncèrent Edmond comme agent bonapartiste.

— Mais lequel des deux le dénonça, lequel des deux fut le vrai coupable?

— Tous deux, monsieur; l'un écrivit la lettre, l'autre la mit à la poste.

— Et où cette lettre fut-elle écrite?

— A la Réserve même, la veille du mariage.

— C'est bien cela, c'est bien cela, murmura l'abbé; ô Faria! Faria! comme tu connaissais les hommes et les choses!

— Vous dites, monsieur? demanda Caderousse.

— Rien, reprit le prêtre; continuez.

— Ce fut Danglars qui écrivit la dénonciation de la main gauche pour que son écriture ne fût pas reconnue, et Fernand qui l'envoya.

— Mais, s'écria tout à coup l'abbé, vous étiez là, vous!

— Moi! dit Caderousse étonné, qui vous a dit que j'y étais?

L'abbé vit qu'il s'était lancé trop avant.

— Personne, dit-il; mais pour être si bien au fait de

tous ces détails, il faut que vous en ayez été le témoin.

— C'est vrai, dit Caderousse d'une voix étouffée; j'y étais.

— Et vous ne vous êtes pas opposé à cette infamie? dit l'abbé : alors vous êtes leur complice.

— Monsieur, dit Caderousse, ils m'avaient fait boire tous deux au point que j'en avais à peu près perdu la raison. Je ne voyais plus qu'à travers un nuage. Je dis tout ce que peut dire un homme dans cet état ; mais ils me répondirent tous deux que c'était une plaisanterie qu'ils avaient voulu faire, et que cette plaisanterie n'aurait pas de suite.

— Le lendemain, monsieur, le lendemain, vous vîtes bien qu'elle en avait; cependant vous ne dîtes rien, vous étiez là cependant lorsqu'il fut arrêté.

— Oui, monsieur, j'étais là et je voulus parler; je voulus tout dire, mais Danglars me retint.

« Et s'il est coupable par hasard, me dit-il, s'il a véritablement relâché à l'île d'Elbe, s'il est véritablement chargé d'une lettre pour le comité bonapartiste de Paris, si on trouve cette lettre sur lui, ceux qui l'auront soutenu passeront pour ses complices. »

J'eus peur de la police telle qu'elle se faisait alors, je l'avoue ; je me tus, ce fut une lâcheté, j'en conviens, mais ce ne fut pas un crime.

— Je comprends ; vous laissâtes faire, voilà tout.

— Oui, monsieur, répondit Caderousse, et c'est mon remords de la nuit et du jour. J'en demande bien souvent pardon à Dieu, je vous le jure, d'autant plus que cette action, la seule que j'aie sérieusement à me reprocher dans tout le cours de ma vie, est sans doute la cause de mes adversités. J'expie un instant d'égoïsme ; aussi c'est ce que je dis toujours à la Carconte lorsqu'elle se plaint :

« Tais-toi, femme, c'est Dieu qui le veut ainsi. »

Et Caderousse baissa la tête avec tous les signes d'un vrai repentir.

— Bien, monsieur, dit l'abbé, vous avez parlé avec franchise ; s'accuser ainsi c'est mériter son pardon.

— Malheureusement, dit Caderousse, Edmond est mort et ne m'a pas pardonné, lui !

— Il ignorait, dit l'abbé...

— Mais il sait maintenant, peut-être, reprit Caderousse ; on dit que les morts savent tout.

Il se fit un instant de silence : l'abbé s'était levé et se promenait pensif ; il revint à sa place et se rassit.

— Vous m'avez nommé déjà deux ou trois fois un certain M. Morrel, dit-il. Qu'était-ce que cet homme?

— C'était l'armateur du *Pharaon*, le patron de Dantès.

— Et quel rôle a joué cet homme dans toute cette triste affaire? demanda l'abbé.

— Le rôle d'un homme honnête, courageux et affectionné, monsieur. Vingt fois il intercéda pour Edmond ; quand l'empereur rentra, il écrivit, pria, menaça, si bien qu'à la seconde restauration il fut fort persécuté comme bonapartiste. Dix fois, comme je vous l'ai dit, il était venu chez le père Dantès pour le retirer chez lui, et la veille ou la surveille de sa mort, je vous l'ai dit encore, il avait laissé sur la cheminée une bourse avec laquelle on paya les dettes du bonhomme et l'on subvint à son enterrement ; de sorte que le pauvre vieillard put du moins mourir comme il avait vécu, sans faire de tort à personne. C'est encore moi qui ai la bourse, une grande bourse en filet rouge.

— Et, demanda l'abbé, ce M. Morrel vit-il encore?

— Oui, dit Caderousse.

— En ce cas, reprit l'abbé, ce doit être un homme béni de Dieu, il doit être riche... heureux ?...

Caderousse sourit amèrement.

— Oui, heureux comme moi, dit-il.

— M. Morrel serait malheureux ! s'écria l'abbé.

— Il touche à la misère, monsieur, et bien plus, il touche au déshonneur.

— Comment cela?

— Oui, reprit Caderousse, c'est comme cela : après vingt-cinq ans de travail, après avoir acquis la plus honorable place dans le commerce de Marseille, M. Morrel est ruiné de fond en comble. Il a perdu cinq vaisseaux en deux ans, a essuyé trois banqueroutes effroyables, et n'a plus d'espérance que dans ce même *Pharaon* que commandait le pauvre Dantès, et qui doit revenir des Indes avec un chargement de cochenille et d'indigo. Si ce navire-là manque comme les autres, il est perdu.

— Et, dit l'abbé, a-t-il une femme, des enfans, le malheureux?

— Oui ; il a une femme qui, dans tout cela, se conduit comme une sainte ; il a une fille qui allait épouser un homme qu'elle aimait, et à qui sa famille ne veut plus laisser épouser une fille ruinée ; il a un fils enfin, lieutenant dans l'armée ; mais, vous le comprenez bien, tout cela double sa douleur au lieu de l'adoucir, à ce pauvre cher homme. S'il était seul, il se brûlerait la cervelle et tout serait dit.

— C'est affreux ! murmura le prêtre.

— Voilà comme Dieu récompense la vertu, monsieur, dit Caderousse. Tenez, moi qui n'ai jamais fait une mauvaise action, à part ce que je vous ai raconté, moi je suis dans la misère ; moi, après avoir vu mourir ma pauvre femme de la fièvre, sans pouvoir rien faire pour elle, je mourrai de faim comme est mort le père Dantès, tandis que Fernand et Danglars roulent sur l'or.

— Et comment cela ?

— Parce que tout leur a tourné à bien, tandis qu'aux honnêtes gens tout tourne à mal.

— Qu'est devenu Danglars? le plus coupable, n'est-ce pas, l'instigateur?

— Ce qu'il est devenu ? il a quitté Marseille ; il est entré, sur la recommandation de M. Morrel, qui ignorait son crime, comme commis d'ordre chez un banquier espagnol ; à l'époque de la guerre d'Espagne, il s'est chargé d'une part dans les fournitures de l'armée française et a fait fortune ; alors, avec ce premier argent, il a joué sur les fonds, et a triplé, quadruplé ses capitaux, et, veuf lui-même de la fille de son banquier, il a épousé une veuve, madame de Nargonné, fille de M. de Salvieux, chambellan du roi actuel, qui jouit de la plus grande faveur. Il s'était fait millionnaire, on l'a fait baron ; de sorte qu'il est baron Danglars maintenant, qu'il a un hôtel rue du Mont-Blanc, dix chevaux dans ses écuries, six laquais dans son antichambre, et je ne sais combien de millions dans ses caisses.

— Ah! fit l'abbé avec un singulier accent, et il est heureux?

— Ah! heureux, qui peut dire cela? Le malheur ou le bonheur, c'est le secret des murailles ; les murailles ont des oreilles, mais elles n'ont pas de langue : si l'on est heureux avec une grande fortune, Danglars est heureux.

— Et Fernand?

— Fernand, c'est bien autre chose encore !

— Mais comment a pu faire fortune un pauvre pêcheur catalan, sans ressources, sans éducation ? Cela me passe, je vous l'avoue.

— Et cela passe tout le monde aussi ; il faut qu'il y ait dans sa vie quelque étrange secret que personne ne sait.

— Mais enfin par quels échelons visibles a-t-il monté à cette haute fortune ou à cette haute position ?

— A toutes deux, monsieur, à toutes deux ! lui a fortune et position tout ensemble.

— C'est un conte que vous me faites là !

— Le fait est que la chose en a bien l'air ; mais écoutez, et vous allez comprendre.

Fernand, quelques jours avant le retour, était tombé à la conscription. Les Bourbons le laissèrent bien tranquille aux Catalans ; mais Napoléon revint, une levée extraordinaire fut décrétée, et Fernand fut forcé de partir. Moi aussi je partis ; mais comme j'étais plus vieux que Fernand, et que je venais d'épouser ma pauvre femme, je fus envoyé sur les côtes seulement.

Fernand, lui, fut enrégimenté dans les troupes actives, gagna la frontière avec son régiment, et assista à la bataille de Ligny.

La nuit qui suivit la bataille, il était de planton à la porte d'un général qui avait des relations secrètes avec l'ennemi. Cette nuit même le général devait rejoindre les Anglais. Il proposa à Fernand de l'accompagner: Fernand accepta, quitta son poste et suivit le général.

Ce qui eût fait passer Fernand à un conseil de guerre si Napoléon fût resté sur le trône, lui servit de recommandation près des Bourbons. Il rentra en France avec l'épaulette de sous-lieutenant; et comme la protection du général, qui était en haute faveur, ne l'abandonna point, il était capitaine en 1823, lors de la guerre d'Espagne, c'est à dire au moment même où Danglars risquait ses premières spéculations. Fernand était Espagnol, il fut envoyé à Madrid pour y étudier l'esprit de ses compatriotes, il y retrouva Danglars, s'aboucha avec lui, promit à son général un appui parmi les royalistes de la capitale et des provinces, reçut des promesses, prit de son côté des engagements, guida son régiment par des chemins connus de lui seul dans des gorges gardées par les royalistes, et enfin rendit dans cette courte campagne de tels services, qu'après la prise du Trocadéro il fut nommé colonel et reçut la croix d'officier de la Légion-d'Honneur avec le titre de comte.

— Destinée! destinée! murmura l'abbé.

— Oui, mais écoutez, ce n'est pas le tout. La guerre d'Espagne finie, la carrière de Fernand se trouvait compromise par la longue paix qui promettait de régner en Europe. La Grèce seule était soulevée contre la Turquie, et venait de commencer la guerre de son indépendance; tous les yeux étaient tournés vers Athènes, c'était la mode de plaindre et de soutenir les Grecs. Le gouvernement français, sans les protéger ouvertement, comme vous savez, tolérait les migrations partielles. Fernand sollicita et obtint la permission d'aller servir en Grèce, en demeurant toujours porté néanmoins sur les contrôles de l'armée.

Quelque temps après on apprit que le comte de Morcerf, c'était le nom qu'il portait, était entré au service d'Ali-Pacha avec le grade de général instructeur.

Ali-Pacha fût tué, comme vous savez; mais avant de mourir il récompensa les services de Fernand en lui laissant une somme considérable avec laquelle Fernand revint en France, où son grade de lieutenant-général lui fut confirmé.

— De sorte qu'aujourd'hui? demanda l'abbé.

— De sorte qu'aujourd'hui, poursuivit Caderousse, il possède un hôtel magnifique à Paris, rue du Helder, n° 27.

L'abbé ouvrit la bouche, demeura un instant comme un homme qui hésite; mais faisant un effort sur lui-même:

— Et Mercédès, dit-il, on m'a assuré qu'elle avait disparu?

— Disparu, dit Caderousse, oui, comme disparaît le soleil pour se lever le lendemain plus éclatant.

— A-t-elle donc fait fortune aussi? demanda l'abbé avec un sourire ironique.

— Mercédès est à cette heure une des plus grandes dames de Paris, répondit Caderousse.

— Continuez, dit l'abbé; il me semble que j'écoute le récit d'un rêve. Mais j'ai vu moi-même des choses si extraordinaires, que celles que vous me dites m'étonnent moins.

— Mercédès fut d'abord désespérée du coup qui lui enlevait Edmond. Je vous ai dit ses instances près de M. de Villefort et son dévoûment pour le père de Dantès. Au milieu de son désespoir une nouvelle douleur vint l'atteindre, ce fut le départ de Fernand, de Fernand dont elle ignorait le crime, et qu'elle regardait comme son frère.

Fernand partit, Mercédès demeura seule.

Trois mois s'écoulèrent pour elle dans les larmes : pas de nouvelles d'Edmond, pas de nouvelles de Fernand; rien devant les yeux qu'un vieillard qui s'en allait mourant de désespoir.

Un soir, après être restée toute la journée assise, comme c'était son habitude, à l'angle des deux chemins qui se rendent de Marseille aux Catalans, elle rentra chez elle plus abattue qu'elle ne l'avait encore été; ni son amant, ni son ami ne revenaient par l'un ou l'autre de ces deux chemins, et elle n'avait de nouvelles ni de l'un ni de l'autre.

Tout à coup il lui sembla entendre un pas connu; elle se retourna avec anxiété, la porte s'ouvrit, elle vit apparaître Fernand avec son uniforme de sous-lieutenant.

Ce n'était pas la moitié de ce qu'elle pleurait, mais c'était une portion de sa vie passée qui revenait à elle.

Mercédès saisit les mains de Fernand avec un transport que celui-ci prit pour de l'amour, et qui n'était que la joie de n'être plus seule au monde et de revoir enfin un ami après les longues heures de la tristesse solitaire. Et puis, il faut le dire, Fernand n'avait jamais été haï, il n'était pas aimé, voilà tout; un autre tenait tout le cœur de Mercédès, cet autre était absent..... était disparu..... était mort peut-être. A cette dernière idée, Mercédès éclatait en sanglots et se tordait les bras de douleur; mais cette idée, qu'elle repoussait autrefois quand elle lui était suggérée par un autre, lui revenait maintenant toute seule à l'esprit : d'ailleurs, de son côté, le vieux Dantès ne cessait de lui dire : « Notre Edmond est mort, car s'il n'était pas mort, il nous reviendrait. »

Le vieillard mourut, comme je vous l'ai dit; s'il eût vécu, peut-être Mercédès ne fût-elle jamais devenue la femme d'un autre; car il eût été là pour lui reprocher son infidélité. Fernand comprit cela. Quand il connut la mort du vieillard, il revint. Cette fois il était lieutenant. Au premier voyage, il n'avait pas dit à Mercédès un mot d'amour; au second, il lui rappela qu'il l'aimait.

Mercédès lui demanda six mois encore pour attendre et pleurer Edmond.

— Au fait, dit l'abbé avec un sourire amer, cela faisait dix-huit mois en tout. Que peut demander davantage l'amant le plus adoré?

Puis il murmura les paroles du poëte anglais :

— *Frailty, thy name is woman!*

— Six mois après, reprit Caderousse, le mariage eut lieu à l'église des Accoules.

— C'était la même église où elle devait épouser Edmond, murmura le prêtre; il n'y avait que le fiancé de changé, voilà tout.

— Mercédès se maria donc, continua Caderousse; mais, quoique aux yeux de tous elle parût calme, elle ne manqua pas moins de s'évanouir en passant devant la Réserve, où dix-huit mois auparavant avaient été célébrées les fiançailles avec celui qu'elle eût vu qu'elle aimait encore si elle eût osé regarder au fond de son cœur.

Fernand plus heureux, mais non pas plus tranquille, car je le vis à cette époque et il craignait sans cesse le retour d'Edmond, Fernand s'occupa aussitôt de dépayser sa femme et de s'exiler lui-même: il y avait à la fois trop de dangers et de souvenirs à rester aux Catalans. Huit jours après la noce ils partirent.

— Et revîtes-vous Mercédès? demanda le prêtre.

— Oui, au moment de la guerre d'Espagne, à Perpignan, où Fernand l'avait laissée; elle faisait alors l'éducation de son fils.

L'abbé tressaillit.
— De son fils? dit-il.
— Oui, répondit Caderousse, du petit Albert.
— Mais pour instruire ce fils, continua l'abbé, elle avait donc reçu de l'éducation elle-même? Il me semblait avoir entendu dire à Edmond que c'était la fille d'un simple pêcheur, belle mais inculte.
— Oh! dit Caderousse, connaissait-il donc si mal sa propre fiancée! Mercédès eût pu devenir reine, monsieur, si la couronne se devait poser seulement sur les têtes les plus belles et les plus intelligentes. Sa fortune grandissait déjà, et elle grandissait avec sa fortune. Elle apprenait le dessin, elle apprenait la musique, elle apprenait tout. D'ailleurs, je crois, entre nous, qu'elle ne faisait tout cela que pour se distraire, pour oublier, et qu'elle ne mettait tant de choses dans sa tête que pour combattre ce qu'elle avait dans le cœur. Mais maintenant tout doit être dit, continua Caderousse; la fortune et les honneurs l'ont consolée sans doute. Elle est riche, elle est comtesse, et cependant.....
Caderousse s'arrêta.
— Cependant, quoi? demanda l'abbé.
— Cependant je suis sûr qu'elle n'est pas heureuse, dit Caderousse.
— Et qui vous le fait croire?
— Eh bien! quand je me suis trouvé trop malheureux moi-même; j'ai pensé que mes anciens amis m'aideraient en quelque chose. Je me suis présenté chez Danglars, qui ne m'a pas même reçu. J'ai été chez Fernand, qui m'a fait remettre cent francs par son valet de chambre.
— Alors vous ne les vîtes ni l'un ni l'autre?
— Non; mais madame de Morcerf m'a vu, elle.
— Comment cela?
— Lorsque je suis sorti, une bourse est tombée à mes pieds; elle contenait vingt-cinq louis: j'ai levé vivement la tête et j'ai vu Mercédès, qui refermait la persienne.
— Et M. de Villefort? demanda l'abbé.
— Oh! lui n'avait pas été mon ami; lui, je ne le connaissais pas; lui, je n'avais rien à lui demander.
— Mais ne savez-vous point ce qu'il est devenu, et la part qu'il a prise au malheur d'Edmond?
— Non; je sais seulement que quelque temps après l'avoir fait arrêter il a épousé mademoiselle de Saint-Méran, et bientôt a quitté Marseille. Sans doute que le bonheur lui aura souri comme aux autres, sans doute qu'il est riche comme Danglars, considéré comme Fernand; moi seul, vous le voyez, suis resté pauvre, misérable et oublié de Dieu.
— Vous vous trompez, mon ami, dit l'abbé: Dieu peut paraître oublier parfois quand sa justice se repose; mais il vient toujours un moment où il se souvient, et en voici la preuve.
A ces mots l'abbé tira le diamant de sa poche, et le présentant à Caderousse:
— Tenez, mon ami, lui dit-il, prenez ce diamant, car il est à vous.
— Comment! à moi seul, s'écria Caderousse; ah! monsieur, ne raillez-vous pas?
— Ce diamant devait être partagé entre ses amis: Edmond n'avait qu'un seul ami, le partage devient donc inutile. Prenez ce diamant et vendez-le; il vaut cinquante mille francs, je vous le répète, et cette somme, je l'espère, suffira pour vous tirer de la misère.
— Oh! monsieur, dit Caderousse en avançant timidement une main, et en essuyant de l'autre la sueur qui perlait sur son front; oh! monsieur, ne faites pas une plaisanterie du bonheur ou du désespoir d'un homme!
— Je sais ce que c'est que le bonheur et ce que c'est que le désespoir, et je ne jouerai jamais à plaisir avec ces sentiments. Prenez donc, mais en échange...
Caderousse, qui touchait déjà le diamant, retira sa main.
L'abbé sourit.
— En échange, continua-t-il, donnez-moi cette bourse de soie rouge que M. Morrel avait laissée sur la cheminée du vieux Dantès, et qui, me l'avez-vous dit, est encore entre vos mains.

Caderousse, de plus en plus étonné, alla vers une grande armoire de chêne, l'ouvrit, et donna à l'abbé une bourse longue, de soie rouge flétrie, et autour de laquelle glissaient deux anneaux de cuivre dorés autrefois.

L'abbé la prit, et en sa place donna le diamant à Caderousse.
— Oh! vous êtes un homme de Dieu, monsieur, s'écria Caderousse, car en vérité personne ne savait qu'Edmond vous avait donné ce diamant et vous auriez pu le garder.
— Bien, se dit tout bas l'abbé, tu l'eusses fait, à ce qu'il paraît, toi.

L'abbé se leva, prit son chapeau et ses gants.
— Ah çà, dit-il; tout ce que vous m'avez dit est bien vrai, n'est-ce pas, et je puis y croire en tout point?
— Tenez, monsieur l'abbé, dit Caderousse, voici dans le coin de ce mur un christ de bois béni; voici sur ce bahut le livre d'évangiles de ma femme: ouvrez ce livre, et je vais vous jurer dessus, la main étendue vers le christ, je vais vous jurer sur le salut de mon âme, sur ma foi de chrétien, que je vous ai dit toutes choses comme elles s'étaient passées, et comme l'ange des hommes le dira à l'oreille de Dieu le jour du jugement dernier.
— C'est bien, dit l'abbé avec cet accent que Caderousse disait la vérité, c'est bien; que cet argent vous profite! Adieu, je retourne loin des hommes, qui se font tant de mal les uns aux autres.

Et l'abbé, se délivrant à grand'peine des enthousiastes élans de Caderousse, leva lui-même la barre de la porte, sortit, remonta à cheval, salua une dernière fois l'aubergiste, qui se confondait en adieux bruyans, et partit suivant la même direction qu'il avait déjà suivie pour venir.

Quand Caderousse se retourna, il vit derrière lui la Carconte plus pâle et plus tremblante que jamais.
— Est-ce bien vrai, ce que j'ai entendu? dit-elle.
— Quoi, qu'il nous donnait le diamant pour nous tout seuls? dit Caderousse presque fou de joie.
— Oui.
— Rien de plus vrai, car le voilà.

La femme le regarda un instant, puis d'une voix sourde:
— Et s'il était faux? dit-elle.

Caderousse pâlit et chancela.
— Faux, murmura-t-il, faux.... et pourquoi cet homme m'aurait-il donné un diamant faux?
— Pour avoir ton secret sans le payer, imbécile!

Caderousse resta un moment étourdi sous le poids de cette supposition.
— Oh! dit-il au bout d'un instant, et en prenant son chapeau, qu'il posa sur le mouchoir rouge noué autour de sa tête, nous allons bien le savoir.
— Et comment cela?
— C'est la foire à Beaucaire; il y a des bijoutiers de Paris; je vais aller le leur montrer. Toi, garde la maison, femme, dans deux heures je serai de retour.

Et Caderousse s'élança hors de la maison, et prit tout courant la route opposée à celle que venait de prendre l'inconnu.
— Cinquante mille francs! murmura la Carconte restée seule, c'est de l'argent.... mais ce n'est pas une fortune.

CHAP. XXVII. — LES REGISTRES DES PRISONS.

Le lendemain du jour où s'était passée, sur la route de Bellegarde à Beaucaire, la scène que nous venons de raconter, un homme de trente à trente-deux ans, vêtu d'un frac bleu-barbeau, d'un pantalon de nankin et d'un gilet blanc, ayant à la fois la tournure et l'accent britannique, se présenta chez le maire de Marseille.
— Monsieur, lui dit-il, je suis le premier commis de la maison Thomson et French de Rome. Nous sommes de-

puis dix ans en relations avec la maison Morrel et fils de Marseille. Nous avons une centaine de mille francs à peu près engagés dans ces relations, et nous ne sommes pas sans inquiétudes, attendu que l'on dit que la maison menace ruine : j'arrive donc tout exprès de Rome pour vous demander des renseignements sur cette maison.

— Monsieur, répondit le maire, je sais effectivement que depuis quatre ou cinq ans le malheur semble poursuivre M. Morrel : il a successivement perdu quatre ou cinq bâtiments et essuyé trois ou quatre banqueroutes ; mais il ne m'appartient pas, quoique son créancier moi-même pour une dizaine de mille francs, de donner aucun renseignement sur l'état de sa fortune. Demandez-moi, comme maire, ce que je pense de M. Morrel, et je vous répondrai que c'est un homme probe jusqu'à la rigidité, et qui jusqu'à présent a rempli tous ses engagements avec une parfaite exactitude. Voilà tout ce que je puis vous dire, monsieur ; si vous voulez en savoir davantage, adressez-vous à M. de Boville, inspecteur des prisons, rue de Noailles, n° 15 ; il a, je crois, deux cent mille francs placés dans la maison Morrel, et s'il y a réellement quelque chose à craindre, comme cette somme est plus considérable que la mienne, vous le trouverez probablement sur ce point mieux renseigné que moi.

L'Anglais parut apprécier cette suprême délicatesse, salua, sortit et s'achemina de ce pas particulier aux fils de la Grande-Bretagne vers la rue indiquée.

M. de Boville était dans son cabinet : en l'apercevant, l'Anglais fit un mouvement de surprise qui semblait indiquer que ce n'était point la première fois qu'il se trouvait devant celui auquel il venait faire une visite. Quant à M. de Boville, il était si désespéré qu'il était évident que toutes les facultés de son esprit, absorbées dans la pensée qui l'occupait en ce moment, ne laissaient ni à sa mémoire ni à son imagination le loisir de s'égarer dans le passé.

L'Anglais, avec le flegme de sa nation, lui posa à peu près dans les mêmes termes la même question qu'il venait de poser au maire de Marseille.

— Oh ! monsieur, s'écria M. de Boville, vos craintes sont malheureusement on ne peut plus fondées, et vous voyez un homme désespéré. J'avais deux cent mille francs placés dans la maison Morrel : ces deux cent mille francs étaient la dot de ma fille, que je comptais marier dans quinze jours, ces deux cent mille francs étaient remboursables cent mille le 15 de ce mois-ci, cent mille le 15 du mois prochain. J'avais donné avis à M. Morrel du désir que j'avais que ce remboursement fût fait exactement, et voilà qu'il est venu ici, monsieur, il y a à peine une demi-heure, pour me dire que si son bâtiment le *Pharaon* n'était pas rentré d'ici au 15, il se trouverait dans l'impossibilité de me faire ce paiement.

— Mais, dit l'Anglais, cela ressemble fort à un atermoiement.

— Dites, monsieur, que cela ressemble à une banqueroute ! s'écria M. de Boville désespéré.

L'Anglais parut réfléchir un instant ; puis il dit :

— Ainsi, monsieur, cette créance vous inspire des craintes ?

— C'est-à-dire que je la regarde comme perdue.

— Eh bien ! moi, je vous l'achète.

— Vous ?

— Oui, moi.

— Mais à un rabais énorme, sans doute ?

— Non, moyennant deux cent mille francs : notre maison, ajouta l'Anglais en riant, ne fait pas de ces sortes d'affaires.

— Et vous payez ?...

— Comptant.

Et l'Anglais tira de sa poche une liasse de billets de banque qui pouvait faire le double de la somme que M. de Boville craignait de perdre.

Un éclair de joie passa sur le visage de M. de Boville ; mais cependant il fit un effort sur lui-même et dit :

— Monsieur, je dois vous prévenir que, selon toute probabilité, vous n'aurez pas six du cent de cette somme.

— Cela ne me regarde pas, répondit l'Anglais ; cela regarde la maison Thomson et French, au nom de laquelle j'agis. Peut-être a-t-elle intérêt à hâter la ruine d'une maison rivale. Mais ce que je sais, monsieur, c'est que je suis prêt à vous compter cette somme contre le transport que vous m'en ferez, seulement je demanderai un droit de courtage.

— Comment ! monsieur, c'est trop juste, s'écria M. de Boville. La commission est ordinairement d'un et demi ; voulez-vous deux ? voulez-vous trois ! voulez-vous cinq ? voulez-vous plus enfin ? Parlez !

— Monsieur, reprit l'Anglais en riant, je suis comme ma maison, je ne fais pas de ces sortes d'affaires ; non, mon droit de courtage est de toute autre nature.

— Parlez donc, monsieur, je vous écoute.

— Vous êtes inspecteur des prisons ?

— Depuis plus de quatorze ans.

— Vous tenez des registres d'entrée et de sortie ?

— Sans doute.

— A ces registres doivent être jointes des notes relatives aux prisonniers ?

— Chaque prisonnier a son dossier.

— Eh bien, monsieur, j'ai été élevé à Rome par un pauvre diable d'abbé qui a disparu tout à coup. J'ai appris, depuis, qu'il avait été détenu au château d'If, et je voudrais avoir quelques détails sur sa mort.

— Comment le nommiez-vous ?

— L'abbé Faria.

— Oh ! je me le rappelle parfaitement, s'écria M. de Boville, il était fou.

— On le disait.

— Oh ! il l'était bien certainement.

— C'est possible ; et quel était son genre de folie ?

— Il prétendait avoir la connaissance d'un trésor immense, et offrait des sommes folles au gouvernement si on voulait le mettre en liberté.

— Pauvre diable ! et il est mort ?

— Oui, monsieur, il y a cinq ou six mois à peu près, en février dernier.

— Vous avez une heureuse mémoire, monsieur, pour vous rappeler ainsi les dates.

— Je me rappelle celle-ci parce que la mort du pauvre diable fut accompagnée d'une circonstance singulière.

— Peut-on connaître cette circonstance ? demanda l'Anglais avec une expression de curiosité qu'un profond observateur eût été étonné de trouver sur son flegmatique visage.

— Oh ! mon Dieu ! oui, monsieur : le cachot de l'abbé était éloigné de quarante-cinq à cinquante pieds à peu près de celui d'un ancien agent bonapartiste, un de ceux qui avaient le plus contribué au retour de l'usurpateur en 1815, homme très résolu et très dangereux...

— Vraiment ! dit l'Anglais.

— Oui, répondit M. de Boville ; j'ai eu l'occasion moi-même de voir cet homme en 1816 ou 1817, et l'on ne descendait dans son cachot qu'avec un piquet de soldats : cet homme m'a fait une profonde impression, et je n'oublierai jamais son visage.

L'Anglais sourit imperceptiblement.

— Et vous dites donc, monsieur, reprit-il, que les deux cachots...

— Etaient séparés par une distance de cinquante pieds, mais il parait que cet Edmond Dantès...

— Cet homme dangereux s'appelait...

— Edmond Dantès. Oui, monsieur, il paraît que cet Edmond Dantès s'était procuré des outils ou en avait fabriqué, car on trouva un couloir à l'aide duquel les prisonniers communiquaient.

— Ce couloir avait sans doute été pratiqué dans un but d'évasion ?

— Justement ; mais, malheureusement pour les prisonniers. l'abbé Faria fut atteint d'une attaque de catalepsie et mourut.

— Je comprends, cela dut arrêter court les projets d'évasion.

— Pour le mort, oui, répondit M. de Boville, mais pas pour le vivant: au contraire, ce Dantès y vit un moyen de hâter sa fuite; il pensait sans doute que les prisonniers morts au château d'If étaient enterrés dans un cimetière ordinaire; il transporta le défunt dans sa chambre, prit sa place dans le sac où on l'avait cousu et attendit le moment de l'enterrement.

— C'était un moyen hasardeux et qui indiquait quelque courage, reprit l'Anglais.

— Oh! je vous ai dit, monsieur, que c'était un homme fort dangereux; par bonheur qu'il a débarrassé lui-même le gouvernement des craintes qu'il avait à son sujet.

— Comment cela?

— Comment? vous ne comprenez pas?

— Non.

— Le château d'If n'a pas de cimetière; on jette tout simplement les morts à la mer après leur avoir attaché aux pieds un boulet de trente-six.

— Eh bien? fit l'Anglais comme s'il avait la conception difficile.

— Eh bien! on lui attacha un boulet de trente-six aux pieds et on le jeta à la mer.

— En vérité! s'écria l'Anglais.

— Oui, monsieur, continua l'inspecteur. Vous comprenez quel dut être l'étonnement du fugitif lorsqu'il se sentit précipité du haut en bas des rochers. J'aurais voulu voir sa figure en ce moment-là.

— C'eût été difficile.

— N'importe, dit M. de Boville, que la certitude de rentrer dans ses deux cent mille francs mettait de belle humeur, n'importe! je me la représente.

Et il éclata de rire.

— Et moi aussi, dit l'Anglais.

Et il se mit à rire de son côté, mais comme rient les Anglais, c'est-à-dire du bout des dents.

— Ainsi, continua l'Anglais, qui reprit le premier son sang-froid, ainsi le fugitif fut noyé.

— Bel et bien.

— De sorte que le gouverneur du château fut débarrassé à la fois du furieux et du fou?

— Justement.

— Mais une espèce d'acte a dû être dressé de cet événement? demanda l'Anglais.

— Oui, oui, acte mortuaire. Vous comprenez, les parens de Dantès, s'il y en a, pouvaient avoir intérêt à s'assurer s'il était mort ou vivant.

— De sorte que maintenant ils peuvent être tranquilles s'ils héritent de lui. Il est mort et bien mort.

— Oh! mon Dieu oui. Et on leur délivrera attestation quand ils voudront.

— Ainsi soit-il, dit l'Anglais. Mais revenons aux registres.

— C'est vrai. Cette histoire nous en avait éloignés. Pardon.

— Pardon, de quoi? de l'histoire? Pas du tout; elle m'a paru curieuse.

— Elle l'est en effet. Ainsi, vous désirez voir, monsieur, tout ce qui est relatif à votre pauvre abbé, qui était bien la douceur même, lui?

Cela me ferait plaisir.

— Passez dans mon cabinet, et je vais vous montrer cela.

Et tous deux passèrent dans le cabinet de M. de Boville.

Tout y était effectivement dans un ordre parfait: chaque registre était à son numéro, chaque dossier à sa case. L'inspecteur fit asseoir l'Anglais dans son fauteuil, et posa devant lui le registre et le dossier relatif au château d'If, lui donnant tout le loisir de feuilleter, tandis que lui-même, assis dans un coin, lisait son journal.

L'Anglais trouva facilement le dossier relatif à l'abbé Faria; mais il paraît que l'histoire que lui avait racontée M. de Boville l'avait vivement intéressé, car après avoir pris connaissance de ces premières pièces il continua de feuilleter jusqu'à ce qu'il fût arrivé à la liasse d'Edmond Dantès. Là, il retrouva chaque chose à sa place, dénonciation, interrogatoire, pétition de Morrel, apostille de M. de Villefort. Il plia tout doucement la dénonciation, la mit dans sa poche, lut l'interrogatoire et vit que le nom de Noirtier n'y était pas prononcé, parcourut la demande en date du dix avril 1815, dans laquelle Morrel, d'après le conseil du substitut, exagérait dans une excellente intention, puisque Napoléon régnait alors, les services que Dantès avait rendus à la cause impériale, services que le certificat de Villefort rendait incontestables. Alors il comprit tout. Cette demande à Napoléon, gardée par Villefort, était devenue sous la seconde restauration une arme terrible entre les mains du procureur du roi. Il ne s'étonna donc plus en feuilletant le registre de cette note mise en accolade en regard de son nom:

EDMOND DANTÈS, { Bonapartiste enragé, a pris une part active au retour de l'île d'Elbe. A tenir au plus grand secret et sous la plus stricte surveillance.

Au-dessous de ces lignes était écrit d'une autre écriture:

« Vu la note ci-dessus, *rien à faire.* »

Seulement, en comparant l'écriture de l'accolade avec celle du certificat placé au bas de la demande de Morrel, il acquit la certitude que la note de l'accolade était de la même écriture que le certificat, c'est-à-dire tracée par la main de Villefort.

Quant à la note qui accompagnait la note, l'Anglais comprit qu'elle avait dû être consignée par quelque inspecteur qui avait pris un intérêt passager à la situation de Dantès, mais que le renseignement que nous venons de citer avait mis dans l'impossibilité de donner suite à cet intérêt.

Comme nous l'avons dit, l'inspecteur, par discrétion et pour ne pas gêner l'élève de l'abbé Faria dans ses recherches, s'était éloigné et lisait le *Drapeau blanc.*

Il ne vit donc pas l'Anglais plier et mettre dans sa poche la dénonciation écrite par Danglars sous la tonnelle de la Réserve, et portant le timbre de la poste de Marseille, 27 février, levée de 6 heures du soir.

Mais, il faut le dire, il l'eût vu, qu'il attachait trop peu d'importance à ce papier et trop d'importance à ses deux cent mille francs, pour s'opposer à ce que faisait l'Anglais, si incorrect que cela fût.

— Merci, dit celui-ci en fermant bruyamment le registre. J'ai ce qu'il me faut; maintenant, c'est à moi de tenir ma promesse: faites-moi un simple transport de votre créance; reconnaissez dans ce transport en avoir reçu le montant, et je vais vous compter la somme.

Et il céda sa place au bureau à M. de Boville, qui s'y assit sans façon et s'empressa de faire le transport demandé, tandis que l'Anglais comptait les billets de banque sur le rebord du casier.

CHAP. XXVII. — LA MAISON MORREL.

Celui qui eût quitté Marseille quelques années auparavant, connaissant l'intérieur de la maison Morrel, et qui y fût entré à l'époque où nous sommes parvenus, y eût trouvé un grand changement.

Au lieu de cet air de vie, d'aisance et de bonheur qui s'exhale, pour ainsi dire, d'une maison en voie de prospérité, au lieu de ces figures joyeuses se montrant derrière les rideaux des fenêtres, de ces commis affairés traversant les corridors une plume fichée derrière l'oreille, au lieu de cette cour encombrée de ballots, retentissant des cris et des rires des facteurs, il eût trouvé, dès la première vue, je ne sais quoi de triste et de mort.

Dans ce corridor désert et dans cette cour vide, des nombreux employés qui autrefois peuplaient les bureaux deux seuls étaient restés : l'un était un jeune homme de vingt-trois ou vingt-quatre ans, nommé Emmanuel Raymond, lequel était amoureux de la fille de M. Morrel, et était resté dans la maison quoi qu'eussent pu faire ses parens pour l'en retirer ; l'autre était un vieux garçon de caisse , borgne, nommé Coclès, sobriquet que lui avaient donné les jeunes gens qui peuplaient autrefois cette grande ruche bourdonnante, aujourd'hui presque inhabitée, et qui avait si bien et si complètement remplacé son vrai nom, que, selon toute probabilité, il ne se serait pas même retourné, si on l'eût appelé aujourd'hui de ce nom.

Coclès était resté au service de M. Morrel, et il s'était fait dans la situation du brave homme un singulier changement. Il était à la fois monté au grade de caissier et descendu au rang de domestique.

Ce n'en était pas moins le même Coclès, bon, patient, dévoué, mais inflexible à l'endroit de l'arithmétique, le seul point sur lequel il eût tenu tête au monde entier, même à M. Morrel, et ne connaissant que sa table de Pythagore, qu'il savait sur le bout du doigt, de quelque façon qu'on la retournât et dans quelque erreur qu'on tentât de le faire tomber.

Au milieu de la tristesse générale qui avait envahi la maison Morrel, Coclès était d'ailleurs le seul qui fût resté impassible. Mais, qu'on ne s'y trompe point, cette impassibilité ne venait pas d'un défaut d'affection, mais au contraire d'une inébranlable conviction. Comme les rats qui, dit-on, quittent peu à peu un bâtiment condamné d'avance par le destin à périr en mer, de manière que ces hôtes égoïstes l'ont complètement abandonné au moment où il lève l'ancre, de même, nous l'avons dit, toute cette foule de commis et d'employés qui tirait son existence de la maison de l'armateur, avait peu à peu déserté bureau et magasin ; or Coclès les avait vus s'éloigner tous sans songer même à se rendre compte de la cause de leur départ ; tout, comme nous l'avons dit, se réduisait pour Coclès à une question de chiffres, et depuis vingt ans qu'il était dans la maison Morrel, il avait toujours vu les paiemens s'opérer à bureaux ouverts avec une telle régularité, qu'il n'admettait pas plus que cette régularité pût s'arrêter et ces paiemens se suspendre, qu'un meunier qui possède un moulin alimenté par les eaux d'une riche rivière n'admet que cette rivière puisse cesser de couler. En effet, jusque-là rien n'était encore venu porter atteinte à la conviction de Coclès. La dernière fin de mois s'était effectuée avec une ponctualité rigoureuse. Coclès avait relevé une erreur de soixante-dix centimes commise par M. Morrel à son préjudice, et le même jour il avait rapporté les quatorze sous d'excédant à M. Morrel, qui, avec un sourire mélancolique, les avait pris et laissés tomber dans un tiroir à peu près vide, en disant :

« Bien, Coclès, vous êtes la perle des caissiers. »

Et Coclès s'était retiré on ne peut plus satisfait, car un éloge de M. Morrel, cette perle des honnêtes gens de Marseille, flattait plus Coclès qu'une gratification de cinquante écus.

Mais depuis cette fin de mois si victorieusement accomplie, M. Morrel avait passé de cruelles heures ; pour faire face à cette fin de mois, il avait réuni toutes ses ressources, et lui-même craignant que le bruit de sa détresse ne se répandît dans Marseille, lorsqu'on le verrait recourir à de pareilles extrémités, avait fait un voyage à la foire de Beaucaire pour vendre quelques bijoux appartenant à sa femme et à sa fille, et une partie de son argenterie. Moyennant ce sacrifice, tout s'était encore cette fois passé au plus grand honneur de la maison Morrel ; mais la caisse était demeurée complètement vide. Le crédit, effrayé par le bruit qui courait, s'était retiré avec son égoïsme habituel et pour faire face aux cent mille francs à rembourser le 15 du présent mois à M. de Boville, et aux autres cent mille francs qui allaient échoir le 15 du mois suivant, M. Morrel n'avait en réalité que l'espérance du retour du *Pharaon*, dont un bâtiment qui avait levé l'ancre en même temps que lui, et qui était arrivé à bon port, avait appris le départ.

Mais déjà ce bâtiment, venant comme le *Pharaon* de Calcutta, était arrivé depuis quinze jours, tandis que du *Pharaon* l'on n'avait aucune nouvelle.

C'est dans cet état de choses que le lendemain du jour où il avait terminé avec M. de Boville l'importante affaire que nous avons dite, l'envoyé de la maison Thomson et French de Rome se présenta chez M. Morrel.

Emmanuel le reçut. Le jeune homme, que chaque nouveau visage effrayait, car chaque nouveau visage annonçait un nouveau créancier, qui, dans son inquiétude, venait questionner le chef de la maison, le jeune homme, disons-nous, voulut épargner à son patron l'ennui de cette visite : il questionna le nouveau venu ; mais le nouveau venu déclara qu'il n'avait rien à dire à M. Emmanuel, et que c'était à M. Morrel en personne qu'il voulait parler.

Emmanuel appela en soupirant Coclès. Coclès parut, et le jeune homme lui ordonna de conduire l'étranger à M. Morrel.

Coclès marcha devant, et l'étranger le suivit.

Sur l'escalier on rencontra une belle jeune fille de seize à dix-sept ans qui regarda l'étranger avec inquiétude.

Coclès ne remarqua point cette expression de visage, qui cependant parut n'avoir point échappé à l'étranger.

— M. Morrel est à son cabinet, n'est-ce pas, mademoiselle Julie? demanda le caissier.

— Oui, du moins je le crois, dit la jeune fille en hésitant ; voyez d'abord, Coclès, et si mon père y est, annoncez monsieur.

— M'annoncer serait inutile, mademoiselle, répondit l'Anglais, M. Morrel ne connaît pas mon nom. Ce brave homme n'a qu'à dire seulement que je suis le premier commis de MM. Thomson et French de Rome, avec lesquels la maison de monsieur votre père est en relations.

La jeune fille pâlit et continua de descendre, tandis que Coclès et l'étranger continuaient de monter.

Elle entra dans le bureau où se tenait Emmanuel, et Coclès, à l'aide d'une clé dont il était possesseur, ouvrit une porte placée dans l'angle du palier du deuxième étage, introduisit l'étranger dans une antichambre, ouvrit une seconde porte qu'il referma derrière lui, et après avoir laissé seul un instant l'envoyé de la maison Thomson et French, reparut en lui faisant signe qu'il pouvait entrer.

L'Anglais entra ; il trouva M. Morrel assis devant une table, pâlissant devant les colonnes effrayantes du registre où était inscrit son passif.

En voyant l'étranger, M. Morrel ferma le registre, se leva et avança un siége, puis lorsqu'il eut vu l'étranger s'asseoir, il s'assit lui-même.

Quatorze années avaient bien changé le digne négociant, qui, âgé de trente-six ans au commencement de cette histoire, était sur le point d'atteindre la cinquantaine : ses cheveux avaient blanchi, son front s'était creusé sous des rides soucieuses, enfin son regard, autrefois si ferme et si arrêté, était devenu vague et irrésolu, et semblait toujours craindre d'être forcé de s'arrêter ou sur une idée ou sur un homme.

L'Anglais le regarda avec un sentiment de curiosité évidemment mêlé d'intérêt.

— Monsieur, dit Morrel, dont cet examen semblait redoubler le malaise, vous avez désiré me parler ?

— Oui, monsieur. Vous savez de quelle part je viens, n'est-ce pas ?

— De la part de la maison Thomson et French, à ce que m'a dit mon caissier du moins.

— Il vous a dit la vérité, monsieur. La maison Thomson et French avait, dans le courant de ce mois et du mois prochain, trois ou quatre cent mille francs à payer en France, et, connaissant votre rigoureuse exactitude, elle a réuni tout le papier qu'elle a pu trouver portant cette signature, et m'a chargé, au fur et à mesure que ces papiers échairaient, d'en toucher les fonds chez vous et de faire emploi de ces fonds.

Morrel poussa un profond soupir, et passa la main sur son front couvert de sueur.

— Ainsi, monsieur, demanda Morrel, vous avez des traites signées par moi ?

— Oui, monsieur, pour une somme assez considérable.

— Pour quelle somme ? demanda Morrel d'une voix qu'il tâchait de rendre assurée.

— Mais voici d'abord, dit l'Anglais en tirant une liasse de sa poche, un transport de deux cent mille francs fait à notre maison par M. de Boville, l'inspecteur des prisons. Reconnaissez-vous devoir cette somme à M. de Boville ?

— Oui, monsieur, c'est un placement qu'il a fait chez moi à quatre et demi du cent voici bientôt cinq ans.

— Et que vous devez rembourser ?

— Moitié le quinze de ce mois-ci, moitié le quinze du mois prochain.

— C'est cela ; puis voici trente-deux mille cinq cents francs, fin courant ; ce sont des traites signées de vous et passées à notre ordre par des tiers-porteurs.

— Je les reconnais, dit Morrel, à qui le rouge de la honte montait à la figure en songeant que pour la première fois de sa vie il ne pourrait peut-être pas faire honneur à sa signature ; est-ce tout ?

— Non, monsieur, j'ai encore pour la fin du mois prochain ces valeurs-ci, que nous ont passées la maison Pascal et la maison Wild et Turner de Marseille, cinquante-cinq mille francs à peu près, en tout deux cent quatre-vingt-sept mille cinq cents francs.

Ce que souffrait le malheureux Morrel pendant cette énumération est impossible à décrire.

— Deux cent quatre-vingt-sept mille cinq cents francs ! répéta-t-il machinalement.

— Oui, monsieur, répondit l'Anglais. Or, continua-t-il après un moment de silence, je ne vous cacherai pas, monsieur Morrel, que, tout en faisant la part de votre probité sans reproche jusqu'à présent, le bruit public de Marseille est que vous n'êtes pas en état de faire face à vos affaires.

A cette ouverture presque brutale, Morrel pâlit affreusement.

— Monsieur, dit-il, jusqu'à présent, et il y a plus de vingt-quatre ans que j'ai reçu la maison des mains de mon père, qui lui-même l'avait gérée trente-cinq ans, jusqu'à présent pas un billet signé Morrel et fils n'a été présenté à la caisse sans être payé.

— Oui, je sais cela, répondit l'Anglais ; mais d'homme d'honneur à homme d'honneur parlez franchement, monsieur, paierez-vous ceux-ci avec la même exactitude ?

Morrel tressaillit et regarda celui qui lui parlait ainsi avec plus d'assurance qu'il ne l'avait encore fait.

— Aux questions posées avec cette franchise, dit-il, il faut une réponse franche. Oui, monsieur, je paierai si, comme je l'espère, mon bâtiment arrive à bon port, car son arrivée me rendra le crédit que les accidents successifs dont j'ai été la victime m'ont ôté ; mais si par malheur le *Pharaon*, cette dernière ressource sur laquelle je compte, me manquait...

Les larmes montèrent aux yeux du pauvre armateur.

— Eh bien, demanda son interlocuteur, si cette dernière ressource vous manquait ?

— Eh bien, continua Morrel, monsieur, c'est cruel à dire... mais, déjà habitué au malheur, il faut que je m'habitue à la honte... eh bien, je crois que je serais forcé de suspendre mes paiements.

— N'avez-vous donc point d'amis qui puissent vous aider dans cette circonstance ?

Morrel sourit tristement.

— Dans les affaires, monsieur, dit-il, on n'a point d'amis, vous le savez bien, on n'a que des correspondans.

— C'est vrai, murmura l'Anglais. Ainsi vous n'avez plus qu'une espérance ?

— Une seule.

— La dernière ?

— La dernière.

— De sorte que si cette espérance vous manque...

— Je suis perdu, monsieur, complétement perdu.

— Comme je venais chez vous, un navire entrait dans le port.

— Je le sais, monsieur. Un jeune homme qui est resté fidèle à ma mauvaise fortune passe une partie de son temps à un belvéder situé au haut de la maison, dans l'espérance de venir m'annoncer le premier une bonne nouvelle. J'ai su par lui l'entré de ce navire.

— Et ce n'est pas le vôtre ?

— Non, c'est un navire bordelais, *la Gironde* ; il vient de l'Inde aussi, mais ce n'est pas le mien.

— Peut-être a-t-il eu connaissance du *Pharaon*, et vous apporte-t-il quelque nouvelle.

— Faut-il que je vous le dise, monsieur ! je crains presque autant d'apprendre des nouvelles de mon trois-mâts que de rester dans l'incertitude. L'incertitude c'est encore l'espérance.

Puis M. Morrel ajouta d'une voix sourde :

— Ce retard n'est pas naturel : le *Pharaon* est parti de Calcutta le 5 février, depuis plus d'un mois il devrait être ici.

— Qu'est cela, dit l'Anglais en prêtant l'oreille, et que veut dire ce bruit ?

— Oh ! mon Dieu ! mon Dieu ! s'écria Morrel pâlissant, qu'y a-t-il encore !

En effet, il se faisait un grand bruit dans l'escalier ; on allait et on venait, on entendit même un cri de douleur.

Morrel se leva pour aller ouvrir la porte, mais les forces lui manquèrent, et il retomba sur son fauteuil.

Les deux hommes restèrent en face l'un de l'autre, Morrel tremblant de tous ses membres, l'étranger le regardant avec une expression de profonde pitié. Le bruit avait cessé, mais cependant on eût dit que Morrel attendait quelque chose ; ce bruit avait une cause et devait avoir une suite.

Il sembla à l'étranger qu'on montait doucement l'escalier et que les pas, qui étaient ceux de plusieurs personnes, s'arrêtaient sur le palier.

Une clé fut introduite dans la serrure de la première porte, et l'on entendit cette porte crier sur ses gonds.

— Il n'y a que deux personnes qui aient la clé de cette porte, murmura Morrel, Coclès et Julie.

En même temps la seconde porte s'ouvrit et l'on vit apparaître la jeune fille pâle et les joues baignées de larmes.

Morrel se leva tout tremblant, et s'appuya au bras de son fauteuil, car il n'aurait pu se tenir debout. Sa voix voulait interroger, mais il n'avait plus de voix.

— O mon père ! dit la jeune fille en joignant les mains, pardonnez à votre enfant d'être la messagère d'une mauvaise nouvelle.

Morrel pâlit affreusement ; Julie vint se jeter dans ses bras.

— O mon père ! mon père ! dit-elle, du courage !

— Ainsi le *Pharaon* a péri ? demanda Morrel d'une voix étranglée.

La jeune fille ne répondit pas, mais elle fit un signe affirmatif avec sa tête appuyée à la poitrine de son père.

— Et l'équipage ? demanda Morrel.

— Sauvé, dit la jeune fille, sauvé par le navire bordelais qui vient d'entrer dans le port.

Morrel leva les deux mains au ciel avec une expression de résignation et de reconnaissance sublime.

— Merci, mon Dieu, dit Morrel, au moins vous ne frappez que moi seul.

Si flegmatique que fût l'Anglais, une larme humecta sa paupière.

—Entrez, dit Morrel, entrez, car je présume que vous êtes tous à la porte.

En effet, à peine avait-il prononcé ces mots, que madame Morrel entra en sanglotant; Emmanuel la suivait; au fond, dans l'antichambre, on voyait les rudes figures de sept ou huit marins à moitié nus.

A la vue de ces hommes, l'Anglais tressaillit; il fit un pas comme pour aller à eux, mais il se contint et s'effaça au contraire dans l'angle le plus obscur et le plus éloigné du cabinet.

Madame Morrel alla s'asseoir dans le fauteuil, prit une des mains de son mari dans les siennes, tandis que Julie demeurait appuyée à la poitrine de son père. Emmanuel était resté à mi-chemin de la chambre et semblait servir de lien entre le groupe de la famille Morrel et les marins qui se tenaient à la porte.

—Comment cela est-il arrivé? demanda Morrel.

—Approchez, Penelon, dit le jeune homme, et racontez l'événement.

Un vieux matelot, bronzé par le soleil de l'équateur, s'avança roulant entre ses mains les restes d'un chapeau.

—Bonjour, monsieur Morrel! dit-il, comme s'il avait quitté Marseille la veille et qu'il arrivât d'Aix ou de Toulon.

—Bonjour, mon ami! l'armateur ne pouvant s'empêcher de sourire dans ses larmes; mais où est le capitaine?

—Quant à ce qui est du capitaine, monsieur Morrel, il est resté malade à Palma; mais s'il plaît à Dieu, cela ne sera rien, et vous le verrez arriver dans quelques jours aussi bien portant que vous et moi.

—C'est bien..... maintenant parlez, Penelon, dit M. Morrel.

Penelon fit passer sa chique de la joue droite à la joue gauche, mit la main devant sa bouche, se détourna, lança dans l'antichambre un long jet de salive noirâtre, avança le pied, et se balançant sur ses hanches :

—Pour lors, monsieur Morrel, dit-il, nous étions quelque chose comme entre le cap Blanc et le cap Boyador, marchant avec une jolie brise sud-sud-ouest, après avoir bourlingué pendant huit jours de calme, quand le capitaine Gaumard s'approche de moi; il faut vous dire que j'étais au gouvernail, et me dit : Père Penelon, que pensez-vous de ces nuages qui s'élèvent là-bas à l'horizon?

Justement je les regardais à ce moment-là.

—Ce que j'en pense, capitaine! j'en pense qu'ils montent un peu plus vite qu'il n'en ont le droit, et qu'ils sont plus noirs qu'il ne convient à des nuages qui n'auraient pas de mauvaises intentions.

—C'est mon avis aussi, dit le capitaine, et je m'en vais toujours prendre mes précautions. Nous avons trop de voiles pour le vent qu'il va faire tout à l'heure... Holà, hé! range à serrer les cacatois et à haler bas le clin-foc.

Il était temps; l'ordre n'était pas exécuté, que le vent était à nos trousses et que le bâtiment donnait de la bande.

—Bon! dit le capitaine, nous avons encore trop de toile; range à carguer la grande voile! Cinq minutes après, la grande voile était carguée, et nous marchions avec la misaine, les huniers et les perroquets.

—Eh bien! père Penelon, me dit le capitaine, qu'avez-vous donc à secouer la tête?

—J'ai qu'à votre place, voyez-vous, je ne resterais pas en si beau chemin.

—Je crois que tu as raison, vieux, dit-il, nous allons avoir un coup de vent.

—Ah! par exemple, capitaine, que je lui réponds, celui qui achèterait ce qui se passe là-bas pour un coup de vent gagnerait quelque chose dessus; c'est une belle et bonne tempête, ou je ne m'y connais pas!

C'est-à-dire qu'on voyait venir le vent comme on voit venir la poussière à Montredon; heureusement qu'il avait affaire à un homme qui le connaissait.

—Range à prendre deux ris dans les huniers! cria le capitaine, largue les boulines, brasse au vent, amène les huniers, pèse les palanquins sur les vergues!

—Ce n'était pas assez dans ces parages-là, dit l'Anglais ; j'aurais pris quatre ris et je me serais débarrassé de la misaine.

Cette voix ferme, sonore et inattendue fit tressaillir tout le monde. Penelon mit sa main sur ses yeux et regarda celui qui contrôlait avec tant d'aplomb la manœuvre de son capitaine.

—Nous fîmes mieux que cela encore, monsieur, dit le vieux marin avec un certain respect, car nous carguâmes la brigantine et nous mîmes la barre au vent pour courir devant la tempête. Dix minutes après, nous carguions les huniers et nous nous en allions à sec de voiles.

—Le bâtiment était bien vieux pour risquer cela, dit l'Anglais.

—Eh bien, justement! c'est ce qui nous perdit. Au bout de douze heures, que nous étions ballottés que le diable en aurait pris les armes, il se déclara une voie d'eau. « Penelon, me dit le capitaine, je crois que nous coulons, mon vieux; donne-moi donc la barre et descends à la cale. »

Je lui donne la barre, je descends ; il y avait déjà trois pieds d'eau. Je remonte en criant : Aux pompes! aux pompes! Ah! bien oui, il était déjà trop tard! On se mit à l'ouvrage; mais je crois que plus nous en tirions, plus il y en avait.

—Ah! ma foi, que je dis au bout de quatre heures de travail, puisque nous coulons, laissons-nous couler, on ne meurt qu'une fois !

—C'est comme cela que tu donnes l'exemple, maître Penelon! dit le capitaine; eh bien! attends, attends!

Il alla prendre une paire de pistolets dans sa cabine.

—Le premier qui quitte la pompe, dit-il, je lui brûle la cervelle!

—Bien, dit l'Anglais.

—Il n'y a rien qui donne du courage comme les bonnes raisons, continua le marin, d'autant plus que pendant ce temps-là le temps s'était éclairci et que le vent était tombé ; mais il n'en est pas moins vrai que l'eau montait toujours, pas de beaucoup, de deux pouces peut-être par heure, mais enfin elle montait. Deux pouces par heure, voyez-vous, ça n'a l'air de rien ; mais en douze heures ça ne fait pas moins vingt-quatre pouces, et vingt-quatre pouces font deux pieds. Deux pieds et trois que nous avions déjà, ça nous en faisait cinq. Or, quand un bâtiment a cinq pieds d'eau dans le ventre, il peut passer pour hydropique.

—Allons, dit le capitaine, c'est assez comme cela, et M. Morrel n'aura rien à nous reprocher : nous avons fait ce que nous avons pu pour sauver le bâtiment ; maintenant il faut tâcher de sauver les hommes. A la chaloupe, enfans, et plus vite que cela!...

—Écoutez, monsieur Morrel, continua Penelon, nous aimions bien *le Pharaon* ; mais si fort que le marin aime son navire, il aime encore mieux sa peau. Aussi nous ne nous le fîmes pas dire à deux fois ; avec cela, voyez-vous, que le bâtiment se plaignait et semblait nous dire : Allez-vous-en donc, mais allez-vous-en donc! et il ne mentait pas, le pauvre *Pharaon* ; nous le sentions littéralement s'enfoncer sous nos pieds. Tant il y a qu'en un tour de main la chaloupe était à la mer, et que nous étions tous les huit dedans.

Le capitaine descendit le dernier, ou plutôt, non, il ne descendit pas, car il ne voulait pas quitter le navire, c'est moi qui le pris à bras-le-corps et qui le jetai aux camarades, après quoi je sautai à mon tour. Il était temps. Comme je venais de sauter, le pont creva avec un bruit qu'on aurait dit la bordée d'un vaisseau de quarante-huit.

Dix minutes après, il plongea de l'avant, puis de l'arrière, puis il se mit à tourner sur lui-même comme un chien qui court après sa queue, et puis, bonsoir la compagnie, brrrrrou!.... tout a été dit, plus de *Pharaon*!

Quant à nous, nous sommes restés trois jours sans boire ni manger ; si bien que nous parlions déjà de tirer au sort pour savoir celui qui alimenterait les autres, quand nous aperçûmes *la Gironde* : nous lui fîmes des signaux, elle nous vit, mit le cap sur nous, nous envoya sa chaloupe et nous recueillit. Voilà comme ça s'est passé, monsieur Morrel, parole d'honneur! foi de marin! - N'est-ce il pas, les autres ?

Un murmure général d'approbation indiqua que le narrateur avait réuni tous les suffrages par la vérité du fond et le pittoresque des détails.

— Bien, mes amis, dit M. Morrel, vous êtes de braves gens, et je savais d'avance que dans le malheur qui m'arrivait il n'y avait pas d'autre coupable que ma destinée. C'est la volonté de Dieu et non la faute des hommes. Adorons la volonté de Dieu. Maintenant, combien vous est-il dû de solde ?

— Oh ! bah ! ne parlons pas de cela, monsieur Morrel.

— Au contraire, parlons-en, dit l'armateur avec un sourire triste.

— Eh bien, on nous doit trois mois... dit Penelon.

— Coclès, payez deux cents francs à chacun de ces braves gens. Dans une autre époque, mes amis, continua Morrel, j'eusse ajouté : Donnez-leur à chacun deux cents francs de gratification ; mais les temps sont malheureux, mes amis, et le peu d'argent qui me reste ne m'appartient plus. Excusez-moi donc, et ne m'en aimiez pas moins pour cela.

Penelon fit une grimace d'attendrissement, se retourna vers ses compagnons, échangea quelques mots avec eux, et revint.

— Pour ce qui est de cela, monsieur Morrel, dit-il en passant sa chique de l'autre côté de sa bouche et en lançant dans l'antichambre un second jet de salive qui alla faire le pendant du premier, pour ce qui est de cela...

— De quoi ?

— De l'argent...

— Eh bien ?

— Eh bien, monsieur Morrel! les camarades disent que pour le moment ils auront assez avec cinquante francs chacun, et qu'ils attendront pour le reste.

— Merci, mes amis, merci, s'écria M. Morrel touché jusqu'au cœur : vous êtes tous de braves cœurs ; mais prenez, prenez, et si vous trouvez un bon service, entrez-y, vous êtes libres.

Cette dernière partie de la phrase produisit un effet prodigieux sur les dignes marins : ils se regardèrent les uns les autres d'un air effaré. Penelon, à qui la respiration manqua, faillit en avaler sa chique ; heureusement il porta la main à temps à son gosier.

— Comment, monsieur Morrel, dit-il d'une voix étranglée, comment, vous nous renvoyez ? vous êtes donc mécontent de nous ?

— Non, mes enfans, dit l'armateur ; non, je ne suis pas mécontent de vous, tout au contraire. Non, je ne vous renvoie pas. Mais, que voulez-vous ! je n'ai plus de bâtimens, je n'ai plus besoin de marins.

— Comment, vous n'avez plus de bâtimens ! dit Penelon, eh bien ! vous en ferez construire d'autres, nous attendrons. Dieu merci ! nous savons ce que c'est que de bourlinguer.

— Je n'ai plus d'argent pour faire construire des bâtimens, Penelon, dit l'armateur avec un triste sourire, je ne puis donc accepter votre offre, tout obligeante qu'elle est.

— Eh bien, si vous n'avez plus d'argent il ne faut pas nous payer alors, nous ferons comme a fait ce pauvre *Pharaon*, nous courrons à sec, voilà tout !

— Assez, assez, mes amis, dit Morrel étouffant d'émotion ; allez, je vous en prie. Nous nous retrouverons dans un temps meilleur. Emmanuel, ajouta l'armateur, accompagnez-les, et veillez à ce que mes désirs soient accomplis.

— Au moins c'est au revoir, n'est-ce pas, monsieur Morrel ? dit Penelon.

— Oui, mes amis, je l'espère au moins, allez.

Et il fit un signe à Coclès, qui marcha devant. Les marins suivirent le caissier, et Emmanuel suivit les marins.

— Maintenant, dit l'armateur à sa femme et à sa fille, laissez-moi seul un instant, j'ai à causer avec monsieur.

Et il indiqua des yeux le mandataire de la maison Thomson et French, qui était resté debout et immobile dans son coin pendant toute cette scène à laquelle il n'avait pris part que par les quelques mots que nous avons rapportés.

Les deux femmes levèrent les yeux sur l'étranger qu'elles avaient complètement oublié, et se retirèrent ; mais, en se retirant, la jeune fille lança à cet homme un coup d'œil sublime de supplication, auquel il répondit par un sourire qu'un froid observateur eût été étonné de voir éclore sur ce visage de glace.

Les deux hommes restèrent seuls.

— Eh bien, monsieur, dit Morel en se laissant retomber sur son fauteuil, vous avez tout vu, tout entendu, et je n'ai plus rien à vous apprendre.

— J'ai vu, monsieur, dit l'Anglais, qu'il vous était arrivé un nouveau malheur immérité comme les autres, et cela m'a confirmé dans le désir où j'étais déjà de vous être agréable.

— Oh ! monsieur ! dit Morrel.

— Voyons, continua l'étranger. Je suis un de vos principaux créanciers, n'est-ce pas ?

— Vous êtes du moins celui qui possédez les valeurs à plus courte échéance.

— Vous désirez un délai pour me payer ?

— Un délai pourrait me sauver l'honneur, dit Morrel, et par conséquent la vie.

— Combien demandez-vous ?

Morrel hésita.

— Deux mois, dit-il.

— Bien, dit l'étranger, je vous en donne trois.

— Mais, dit Morrel, croyez-vous que la maison Thomson et French...

— Soyez tranquille, monsieur, je prends tout sur moi. Nous sommes aujourd'hui le 5 juin.

— Oui.

— Eh bien, renouvelez-moi tous ces billets au 5 septembre ; et le 5 septembre, à onze heures du matin (la pendule marquait onze heures juste en ce moment), je me présenterai chez vous.

— Je vous attendrai, monsieur, dit Morrel, et vous serez payé ou je serai mort.

Ces derniers mots furent prononcés si bas, que l'étranger ne put les entendre.

Les billets furent renouvelés, on déchira les anciens, et le pauvre armateur se trouva au moins avoir trois mois devant lui pour réunir ses dernières ressources.

L'Anglais reçut ses remercîmens avec le flegme particulier à sa nation et prit congé de Morrel, qui le reconduisit, en le bénissant, jusqu'à la porte.

Sur l'escalier il rencontra Julie. La jeune fille faisait semblant de descendre, mais en réalité elle l'attendait.

— O monsieur ! dit-elle en joignant les mains.

— Mademoiselle, dit l'étranger, vous recevrez un jour une lettre signée.... Simbad le marin.... faites de point en point ce que vous dira cette lettre, si étrange que vous paraisse la recommandation.

— Oui, monsieur, répondit Julie.

— Me promettez-vous de le faire ?

— Je vous le jure.

— Bien ! Adieu, mademoiselle. Demeurez toujours une bonne et sainte fille comme vous êtes, et j'ai bon espoir que Dieu vous récompensera en vous donnant Emmanuel pour mari.

Julie poussa un petit cri, devint rouge comme une cerise, et se retint à la rampe pour ne pas tomber.

L'étranger continua son chemin en lui faisant un geste d'adieu.

Dans la cour il rencontra Penelon, qui tenait un rouleau de cent francs de chaque main, et semblait ne pouvoir se décider à les emporter.

— Venez, mon ami, lui dit-il, j'ai à vous parler.

CHAP. XXXIX. — LE CINQ SEPTEMBRE.

Ce délai accordé par le mandataire de la maison Thomson et French, au moment où Morrel s'y attendait le moins, parut au pauvre armateur un de ces retours de bonheur qui annoncent à l'homme que le sort s'est enfin lassé de s'acharner sur lui. Le même jour il raconta ce qui lui était arrivé à sa fille, à sa femme et à Emmanuel, et un peu d'espérance, sinon de tranquillité, rentra dans la famille. Mais malheureusement Morrel n'avait pas seulement affaire à la maison Thomson et French, qui s'était montrée envers lui de si bonne composition. Comme il l'avait dit, dans le commerce on a des correspondans et pas d'amis. Lorsqu'il y songeait profondément, il ne comprenait même pas cette conduite généreuse de MM. Thomson et French envers lui ; il ne s'expliquait que par cette réflexion intelligemment égoïste que cette maison aurait faite : Mieux vaut soutenir un homme qui nous doit près de trois cent mille francs, et avoir ces trois cent mille francs au bout de trois mois, que de hâter sa ruine et d'avoir six ou huit du cent du capital.

Malheureusement, soit haine, soit aveuglement, tous les correspondans de Morrel ne firent pas la même réflexion, et quelques-uns même firent la réflexion contraire. Les traites souscrites par Morrel furent donc présentées à la caisse avec une scrupuleuse rigueur, et, grâce au délai accordé par l'Anglais, furent payées par Coclès à bureau ouvert. Coclès continua donc de rester dans sa tranquillité fatidique. M. Morrel seul vit avec terreur que s'il avait eu à rembourser, le 15, les cinquante mille francs de M. de Boville, et le 30, les trente-deux mille cinq cents francs de traites pour lesquelles, ainsi que pour la créance de l'inspecteur des prisons, il avait un délai, il était dès ce mois-là un homme perdu.

L'opinion de tout le commerce de Marseille était que, sous les revers successifs qui l'accablaient, Morrel ne pouvait tenir. L'étonnement fut donc grand lorsqu'on vit sa fin de mois remplie avec son exactitude ordinaire. Cependant la confiance ne rentra point pour cela dans les esprits, et l'on remit d'une voix unanime à la fin du mois prochain la déposition du bilan du malheureux armateur.

Tout le mois se passa dans des efforts inouïs de la part de Morrel pour réunir toutes ses ressources. Autrefois son papier, à quelque date que ce fût, était pris avec confiance, et même demandé. Morrel essaya de négocier du papier à quatre-vingt-dix jours, et trouva toutes les banques fermées. Heureusement Morrel avait lui-même quelques rentrées sur lesquelles il pouvait compter ; ces rentrées s'opérèrent : Morrel se trouva donc encore en mesure de faire face à ses engagemens lorsque arriva la fin de juillet.

Au reste, on n'avait pas revu à Marseille le mandataire de la maison Thomson et French ; le lendemain ou le surlendemain de sa visite à M. Morrel il avait disparu : or, comme il n'avait eu à Marseille de relations qu'avec le maire, l'inspecteur des prisons et M. Morrel, son passage n'avait laissé d'autre trace que le souvenir différent qu'avaient gardé de lui ces trois personnes. Quant aux matelots du Pharaon, il paraît qu'ils avaient trouvé quelque engagement ; car ils avaient disparu aussi.

Le capitaine Gaumard, remis de l'indisposition qui l'avait retenu à Palma, revint à son tour. Il hésitait à se présenter chez M. Morrel : mais celui-ci apprit son arrivée, et l'alla trouver lui-même. Le digne armateur savait d'avance, par le récit de Pénelon, la conduite courageuse qu'avait tenue le capitaine pendant tout ce sinistre, et ce fut lui qui essaya de le consoler. Il lui apportait le montant de sa solde, que le capitaine Gaumard n'eût point osé aller toucher.

Comme il descendait l'escalier, M. Morrel rencontra Penelon qui le montait. Pénelon avait, à ce qu'il paraissait, fait bon emploi de son argent, car il était tout vêtu de neuf. En apercevant son armateur, le digne timonier parut fort embarrassé ; il se rangea dans l'angle le plus éloigné du palier, passa alternativement sa chique de gauche à droite et de droite à gauche, en roulant de gros yeux effarés, et ne répondit que par une pression timide à la poignée de main que lui offrit avec sa cordialité ordinaire M. Morrel. M. Morrel attribua l'embarras de Pénelon à l'élégance de sa toilette : il était évident que le brave homme n'avait pas donné à son compte dans un pareil luxe ; il était donc déjà engagé sans doute à bord de quelque autre bâtiment, et sa honte lui venait de ce qu'il n'avait pas, si l'on peut s'exprimer ainsi, porté plus longtemps le deuil du Pharaon. Peut-être même venait-il pour faire part au capitaine Gaumard de sa bonne fortune et pour lui faire part des offres de son nouveau maître.

— Braves gens, dit Morrel en s'éloignant, puisse votre nouveau maître vous aimer comme je vous aimais, et être plus heureux que je ne le suis !...

Août s'écoula dans des tentatives sans cesse renouvelées par Morrel de relever son ancien crédit ou de s'en ouvrir un nouveau. Le 20 août on sut à Marseille qu'il avait pris une place à la malle-poste, et l'on se dit alors que c'était pour la fin du mois courant que le bilan devait être déposé, et que Morrel était parti d'avance pour ne pas assister à cet acte cruel, délégué sans doute à son premier commis Emmanuel et à son caissier Coclès. Mais, contre toutes les prévisions, lorsque le 31 août arriva, la caisse s'ouvrit comme d'habitude. Coclès apparut derrière le grillage, calme comme le juste d'Horace, examina avec la même attention le papier qu'on lui présentait, et, depuis la première jusqu'à la dernière, paya les traites avec la même exactitude. Il vint même deux remboursemens qu'avait prévus M. Morrel, et que Coclès paya avec la même ponctualité que les traites qui étaient personnelles à l'armateur. On n'y comprenait plus rien, et l'on remettait, avec la ténacité particulière aux prophètes de mauvaises nouvelles, la faillite à la fin de septembre.

Le 1er, Morrel arriva : il était attendu par toute sa famille avec une grande anxiété ; de ce voyage à Paris devait surgir sa dernière voie de salut ; Morrel avait pensé à Danglars, aujourd'hui millionnaire et autrefois son obligé, puisque c'était à la recommandation de Morrel que Danglars était entré au service du banquier espagnol chez lequel il avait commencé son immense fortune. Aujourd'hui Danglars, disait-on, avait six ou huit millions à lui, un crédit illimité ; Danglars, sans tirer un écu de sa poche, pouvait sauver Morrel : il n'y avait qu'à garantir un emprunt, et Morrel était sauvé. Morrel avait depuis longtemps pensé à Danglars ; mais il y a de ces répulsions instinctives dont on n'est pas maître, et Morrel avait tardé autant qu'il lui avait été possible de recourir à ce suprême moyen. Et Morrel avait eu raison, car il était revenu brisé sous l'humiliation d'un refus.

Aussi, à son retour, Morrel n'avait-il exhalé aucune plainte, proféré aucune récrimination ; il avait embrassé en pleurant sa femme et sa fille, avait tendu une main amicale à Emmanuel, s'était enfermé dans un cabinet du second, et avait demandé Coclès.

— Pour cette fois, avaient dit les deux femmes à Emmanuel, nous sommes perdus.

Puis, dans un court conciliabule tenu entre elles, il avait été convenu que Julie écrirait à son frère, en garnison à Nîmes, d'arriver à l'instant même.

Les pauvres femmes sentaient instinctivement qu'elles avaient besoin de toutes leurs forces pour soutenir le coup qui les menaçait.

D'ailleurs, Maximilien Morrel, quoique âgé de vingt-deux ans à peine, avait déjà une grande influence sur son père.

C'était un jeune homme ferme et droit. Au moment où il s'était agi d'embrasser une carrière, son père n'avait point voulu lui imposer d'avance un avenir et avait consulté les goûts du jeune Maximilien. Celui-ci avait alors déclaré qu'il voulait suivre la carrière militaire; il avait fait, en conséquence, d'excellentes études, était entré par le concours à l'Ecole Polytechnique, et en était sorti sous-lieutenant au 53e de ligne. Depuis un an il occupait ce grade, et avait promesse d'être nommé lieutenant à la première occasion. Dans le régiment, Maximilien Morrel était cité comme le rigide observateur, non seulement de toutes les obligations imposées au soldat, mais encore de tous les devoirs proposés à l'homme, et on ne l'appelait que le *stoïcien*. Il va sans dire que beaucoup de ceux qui lui donnaient cette épithète la répétaient pour l'avoir entendue, et ne savaient pas même ce qu'elle voulait dire.

C'était ce jeune homme que sa mère et sa sœur appelaient à leur aide pour les soutenir dans la circonstance grave où elles sentaient qu'elles allaient se trouver.

Elles ne s'étaient pas trompées sur la gravité de cette circonstance, car, un instant après que M. Morrel fut entré dans son cabinet avec Coclès, Julie en vit sortir ce dernier pâle, tremblant et le visage tout bouleversé.

Elle voulut l'interroger comme il passait près d'elle ; mais le brave homme, continuant de descendre l'escalier avec une précipitation qui ne lui était pas habituelle, se contenta de s'écrier en levant les bras au ciel :

— Oh ! mademoiselle ! mademoiselle ! quel affreux malheur ! et qui jamais aurait cru cela !

Un instant après, Julie le vit remonter portant deux ou trois gros registres, un portefeuille et un sac d'argent.

Morrel consulta les registres, ouvrit le portefeuille, compta l'argent.

Toutes ses ressources montaient à six ou huit mille francs, ses rentrées jusqu'au 5 à quatre ou cinq mille ; ce qui faisait, en cotant au plus haut, un actif de quatorze mille francs pour faire face à une traite de deux cent quatre-vingt-sept mille cinq cents francs. Il n'y avait pas même moyen d'offrir un pareil à-compte.

Cependant lorsque Morrel descendit pour dîner il paraissait assez calme. Ce calme effraya plus les deux femmes que n'aurait pu le faire le plus profond abattement.

Après le dîner, Morrel avait l'habitude de sortir ; il allait prendre son café au cercle des Phocéens et lire le *Sémaphore*; ce jour-là il ne sortit point et remonta dans son bureau.

Quant à Coclès, il paraissait complétement hébété. Pendant une partie de la journée il s'était tenu dans la cour, assis sur une pierre, la tête nue, par un soleil de trente degrés.

Emmanuel essayait de rassurer les femmes, mais il était mal éloquent. Le jeune homme était trop au courant des affaires de la maison pour ne pas sentir qu'une grande catastrophe pesait sur la famille Morrel.

La nuit vint : les deux femmes avaient veillé, espérant qu'en descendant de son cabinet Morrel entrerait chez elles ; mais elles l'entendirent passer devant leur porte, allégeant son pas dans la crainte sans doute d'être appelé.

Elles prêtèrent l'oreille, il rentra dans sa chambre et ferma sa porte en dedans.

Madame Morrel envoya coucher sa fille ; puis, une demi-heure après que Julie se fut retirée, elle se leva, ôta ses souliers et se glissa dans le corridor pour voir par la serrure ce que faisait son mari.

Dans le corridor elle aperçut une ombre qui se retirait : c'était Julie qui, inquiète elle-même, avait précédé sa mère.

La jeune fille alla à madame Morrel.

— Il écrit, dit-elle.

Les deux femmes s'étaient devinées sans se parler.

Madame Morrel s'inclina au niveau de la serrure. En effet, Morrel écrivait ; mais, ce que n'avait pas remarqué sa fille, madame Morrel le remarqua, elle, c'est que son mari écrivait sur du papier marqué.

Cette idée terrible lui vint qu'il faisait son testament ; elle frissonna de tous ses membres, et cependant elle eut la force de ne rien dire.

Le lendemain M. Morrel paraissait tout-à-fait calme, il se tint dans son bureau comme à l'ordinaire, descendit pour déjeuner comme d'habitude, seulement après son dîner il fit asseoir sa fille près de lui, prit la tête de l'enfant dans ses bras et la tint long-temps contre sa poitrine.

Le soir, Julie dit à sa mère que, quoique calme en apparence, elle avait remarqué que le cœur de son père battait violemment.

Les deux autres jours s'écoulèrent à peu près pareils. Le 4 septembre au soir, M. Morrel redemanda à sa fille la clé de son cabinet.

Julie tressaillit à cette demande, qui lui sembla sinistre. Pourquoi son père lui redemandait-il cette clé qu'elle avait toujours eue, et qu'on ne lui reprenait dans son enfance que lorsqu'on voulait la punir ?

La jeune fille regarda M. Morrel.

— Qu'ai-je donc fait de mal, mon père, dit-elle, pour que vous me repreniez cette clé ?

— Rien, mon enfant, répondit le malheureux Morrel, à qui cette demande si simple fit jaillir les larmes des yeux, rien, seulement j'en ai besoin.

Julie fit semblant de chercher la clé.

— Je l'aurai laissée chez moi, dit-elle.

Et elle sortit ; mais, au lieu d'aller chez elle, elle descendit et courut consulter Emmanuel.

— Ne rendez pas cette clé à votre père, dit celui-ci, et demain matin, s'il est possible, ne le quittez pas.

Elle essaya de questionner Emmanuel ; mais celui-ci ne savait rien autre chose, ou ne voulait pas dire autre chose.

Pendant toute la nuit du 4 au 5 septembre, madame Morrel resta l'oreille collée contre la boiserie. Jusqu'à trois heures du matin, elle entendit son mari marcher avec agitation dans sa chambre.

A trois heures seulement il se jeta sur son lit.

Les deux femmes passèrent la nuit ensemble. Depuis la veille au soir elles attendaient Maximilien.

A huit heures, M. Morrel entra dans leur chambre. Il était calme, mais l'agitation de la nuit se lisait sur son visage pâle et défait.

Les femmes n'osèrent lui demander s'il avait bien dormi.

Morrel fut meilleur pour sa femme et plus paternel pour sa fille qu'il n'avait jamais été. Il ne pouvait se rassasier de regarder et d'embrasser la pauvre enfant.

Julie se rappela la recommandation d'Emmanuel et voulut suivre son père lorsqu'il sortit ; mais celui-ci la repoussant avec douceur :

— Reste près de ta mère, lui dit-il.

Julie voulait insister.

— Je le veux, dit Morrel.

C'était la première fois que Morrel disait à sa fille : Je le veux ; mais il le disait avec un accent empreint d'une si paternelle douceur, que Julie n'osa faire un pas en avant.

Elle resta à la même place, debout, muette et immobile. Un instant après, la porte se rouvrit, elle sentit deux bras qui l'entouraient, et une bouche qui se collait à son front.

Elle leva les yeux et poussa une exclamation de joie.

— Maximilien, mon frère! s'écria-t-elle.

A ce cri, madame Morrel accourut et se jeta dans les bras de son fils.

— Ma mère! dit le jeune homme en regardant alternativement madame Morrel et sa fille, qu'y a-t-il donc et que se passe-t-il? votre lettre m'a épouvanté et j'accours.

— Julie, dit madame Morrel en faisant signe au jeune homme, va dire à ton père que Maximilien vient d'arriver.

La jeune fille se lança hors de l'appartement, mais sur la première marche de l'escalier elle trouva un homme tenant une lettre à la main.

— N'êtes-vous pas mademoiselle Julie Morrel? dit cet homme avec un accent italien des plus prononcés.

— Oui, monsieur, répondit Julie toute balbutiante, mais que me voulez-vous? je ne vous connais pas.

— Lisez cette lettre, dit l'homme en lui tendant un billet.

Julie hésitait.

— Il y va du salut de votre père, dit le messager.

La jeune fille lui arracha le billet des mains.

Puis elle l'ouvrit vivement et lut:

« Rendez-vous à l'instant même aux Allées de Meilhan, entrez dans la maison n° 15, demandez à la concierge la clé de la chambre du cinquième, entrez dans cette chambre, prenez sur le coin de la cheminée une bourse en filet de soie rouge, et apportez cette bourse à votre père.

» Il est important qu'il l'ait avant onze heures.

» Vous avez promis de m'obéir aveuglément, je vous rappelle votre promesse.

» SIMBAD LE MARIN. »

La jeune fille poussa un cri de joie, leva les yeux, chercha, pour l'interroger, l'homme qui lui avait remis ce billet, mais il avait disparu.

Elle reporta alors les yeux sur le billet pour le lire une seconde fois et s'aperçut qu'il avait un *post-scriptum*.

Elle lut :

« Il est important que vous remplissiez cette mission en personne et seule; si vous veniez accompagnée ou qu'une autre que vous se présentât, le concierge répondrait qu'il ne sait pas ce que l'on veut dire. »

Ce *post-scriptum* fut une puissante correction à la joie de la jeune fille. N'avait-elle rien à craindre, n'était-ce pas quelque piége qu'on lui tendait? Son innocence lui laissait ignorer quels étaient les dangers que pouvait courir une jeune fille de son âge, mais on n'a pas besoin de connaître le danger pour craindre; il y a même une chose à remarquer, c'est que ce sont justement les dangers inconnus qui inspirent les plus grandes terreurs.

Julie hésitait, elle résolut de demander conseil.

Mais, par un sentiment étrange, ce ne fut ni à sa mère ni à son frère qu'elle eut recours, ce fut à Emmanuel.

Elle descendit, lui raconta ce qui lui était arrivé le jour où le mandataire de la maison Thomson et French était venu chez son père; elle lui dit la scène de l'escalier, lui répéta la promesse qu'elle avait faite, et lui montra la lettre.

— Il faut y aller, mademoiselle, dit Emmanuel.

— Y aller? murmura Julie.

— Oui, je vous y accompagnerai.

— Mais vous n'avez pas vu que je dois être seule? dit Julie.

— Vous serez seule aussi, répondit le jeune homme, moi je vous attendrai au coin de la rue du Musée; et si vous tardez de façon à me donner quelque inquiétude, alors j'irai vous rejoindre, et, je vous en réponds, malheur à ceux dont vous me diriez que vous auriez eu à vous plaindre !

— Ainsi, Emmanuel, reprit en hésitant la jeune fille, votre avis est donc que je me rende à cette invitation?

— Oui. Le messager ne vous a-t-il pas dit qu'il y allait du salut de votre père?

— Mais enfin, Emmanuel, quel danger court-il donc? demanda la jeune fille.

Emmanuel hésita un instant, mais le désir de décider la jeune fille d'un seul coup et sans retard l'emporta.

— Écoutez, lui dit-il, c'est aujourd'hui le 5 septembre, n'est-ce pas ?

— Oui.

— Aujourd'hui, à onze heures, votre père a près de trois cent mille francs à payer.

— Oui, nous le savons.

— Eh bien, dit Emmanuel, il n'en a pas quinze mille en caisse.

— Alors que va-t-il donc arriver?

— Il va arriver que si aujourd'hui, avant onze heures, votre père n'a pas trouvé quelqu'un qui lui vienne en aide, à midi votre père sera obligé de se déclarer en banqueroute.

— Oh! venez! venez! s'écria la jeune fille en entraînant le jeune homme avec elle.

Pendant ce temps, madame Morrel avait tout dit à son fils.

Le jeune homme savait bien qu'à la suite des malheurs successifs qui étaient arrivés à son père, de grandes réformes avaient été faites dans les dépenses de la maison ; mais il ignorait que les choses en fussent arrivées à ce point.

Il demeura anéanti.

Puis tout à coup il s'élança hors de l'appartement, monta rapidement l'escalier, car il croyait son père à son cabinet, mais il frappa vainement.

Comme il était à la porte de ce cabinet, il entendit celle de l'appartement s'ouvrir, il se retourna et vit son père. Au lieu de remonter droit à son cabinet, M. Morrel était rentré dans sa chambre et en sortait seulement maintenant.

M. Morrel poussa un cri de surprise en apercevant Maximilien; il ignorait l'arrivée du jeune homme. Il demeura immobile à la même place, serrant avec son bras gauche un objet qu'il tenait caché sous sa redingote.

Maximilien descendit vivement l'escalier et se jeta au cou de son père; mais tout à coup il se recula, laissant sa main droite seulement appuyée sur la poitrine de Morrel.

— Mon père, dit-il en devenant pâle comme la mort, pourquoi avez-vous donc une paire de pistolets sous votre redingote?

— Oh! voilà ce que je craignais! dit Morrel.

— Mon père! mon père! au nom du ciel, s'écria le jeune homme, pourquoi ces armes?

— Maximilien, répondit Morrel en regardant fixement son fils, tu es un homme, et un homme d'honneur; viens, je vais te le dire.

Et Morrel monta d'un pas assuré à son cabinet, tandis que Maximilien le suivait en chancelant.

Morrel ouvrit la porte et la referma derrière son fils, puis il traversa l'antichambre, s'approcha du bureau, déposa ses pistolets sur le coin de la table, et montra du bout du doigt à son fils un registre ouvert.

Sur ce registre était consigné l'état exact de la situation.

Morrel avait à payer dans une demi-heure deux cent quatre-vingt-sept mille cinq cents francs.

— Lis, dit Morrel.

Le jeune homme lut et resta un moment comme écrasé.

Morrel ne disait pas une parole : qu'aurait-il pu dire qui ajoutât à l'inexorable arrêt des chiffres !

— Et vous avez tout fait, mon père, dit au bout d'un instant le jeune homme, pour aller au-devant de ce malheur?

— Oui, répondit Morrel.

— Vous ne comptez sur aucune rentrée ?
— Sur aucune.
— Vous avez épuisé toutes vos ressources ?
— Toutes.
— Et dans une demi-heure, dit Maximilien d'une voix sombre, notre nom est déshonoré !
— Le sang lave le déshonneur, dit Morrel.
— Vous avez raison, mon père, et je vous comprends.
Puis étendant la main vers les pistolets :
— Il y en a un pour vous et un pour moi, dit-il : merci !
Morrel lui arrêta la main.
— Et ta mère... et ta sœur... qui les nourrira ?
Un frisson courut par tout le corps du jeune homme.
— Mon père, dit-il, songez-vous que vous me dites de vivre ?
— Oui, je te le dis, reprit Morrel, car c'est ton devoir ; tu as l'esprit calme et fort, Maximilien... Maximilien, tu n'es pas un homme ordinaire ; je ne te commande rien, je ne t'ordonne rien ; seulement je te dis : Examine la situation comme si tu y étais étranger, et juge-la toi-même.
Le jeune homme réfléchit un instant, puis une expression de résignation sublime passa dans ses yeux ; seulement il ôta d'un mouvement lent et triste son épaulette et sa contre-épaulette, insignes de son grade.
— C'est bien, dit-il en tendant la main à Morrel, mourez en paix, mon père ! je vivrai.
Morrel fit un mouvement pour se jeter aux genoux de son fils. Maximilien l'attira à lui, et ces deux nobles cœurs battirent un instant l'un contre l'autre.
— Tu sais qu'il n'y a pas de ma faute ? dit Morrel.
Maximilien sourit.
— Je sais, mon père, que vous êtes le plus honnête homme que j'aie jamais connu.
— C'est bien, tout est dit ; maintenant retourne près de ta mère et de ta sœur.
— Mon père, dit le jeune homme en fléchissant le genou, bénissez-moi !
Morrel saisit la tête de son fils entre ses deux mains, l'approcha de lui, et y imprimant plusieurs fois ses lèvres :
— Oh ! oui, oui, dit-il, je te bénis en mon nom et au nom de trois générations d'hommes irréprochables ; écoute donc ce qu'ils te disent par ma voix : L'édifice que le malheur a détruit, la Providence peut le rebâtir. En me voyant mort d'une pareille mort, les plus inexorables auront pitié de toi ; à toi peut-être on donnera le temps qu'on m'aurait refusé ; alors tâche que le mot *infâme* ne soit pas prononcé ; mets-toi à l'œuvre, travaille, jeune homme, lutte ardemment et courageusement ; vis, toi, ta mère et ta sœur, du strict nécessaire, afin que, jour par jour, le bien de ceux à qui je dois s'augmente et fructifie entre tes mains. Songe que ce sera un beau jour, un grand jour, un jour solennel que celui de la réhabilitation, le jour où, dans ce même bureau, tu diras : Mon père est mort parce qu'il ne pouvait pas faire ce que je fais aujourd'hui ; mais il est mort tranquille et calme, parce qu'il savait en mourant que je le ferais.
— Oh ! mon père, mon père, s'écria le jeune homme, si cependant vous pouviez vivre !
— Si je vis, tout change ; si je vis, l'intérêt se change en doute, la pitié en acharnement ; si je vis, je ne suis plus qu'un homme qui a manqué à sa parole, qui a failli à ses engagemens, je ne suis plus qu'un banqueroutier enfin. Si je meurs, au contraire, songes-y, Maximilien, mon cadavre n'est plus que celui d'un honnête homme malheureux. Vivant, mes meilleurs amis évitent ma maison ; mort, Marseille tout entier me suit en pleurant jusqu'à ma dernière demeure. Vivant, tu as honte de mon nom ; mort, tu lèves haut la tête, et tu dis :
— Je suis le fils de celui qui s'est tué parce que, pour la première fois, il a été forcé de manquer à sa parole.
Le jeune homme poussa un gémissement, mais il parut résigné. C'était la seconde fois que la conviction rentrait non pas dans son cœur, mais dans son esprit.
— Et maintenant, dit Morrel, laisse-moi seul et tâche d'éloigner les femmes.
— Ne voulez-vous pas revoir ma sœur ? demanda Maximilien.
Un dernier et sourd espoir était caché pour le jeune homme dans cette entrevue, voilà pourquoi il la proposait.
M. Morrel secoua la tête.
— Je l'ai vue ce matin, dit-il, et je lui ai dit adieu.
— N'avez-vous pas quelque recommandation particulière à me faire, mon père ? demanda Maximilien d'une voix altérée.
— Si fait, mon fils, une recommandation sacrée.
— Dites, mon père.
— La maison Thomson et French est la seule qui, par humanité, par égoïsme peut-être, mais ce n'est pas à moi à lire dans le cœur des hommes, a eu pitié de moi. Son mandataire, celui qui, dans dix minutes, se présentera pour toucher le montant d'une traite de deux cent quatre-vingt-sept mille cinq cents francs, je ne dirai pas m'a accordé, mais m'a offert trois mois. Que cette maison soit remboursée la première, mon fils, que cet homme te soit sacré.
— Oui, mon père, dit Maximilien.
— Et maintenant encore une fois adieu, dit Morrel, va, va, j'ai besoin d'être seul ; tu trouveras mon testament dans le secrétaire de ma chambre à coucher.
Le jeune homme resta debout et inerte, n'ayant qu'une force de volonté, mais pas d'exécution.
— Écoute, Maximilien, dit son père, suppose que je sois soldat comme toi, que j'aie reçu l'ordre d'emporter une redoute, et que tu saches que je doive être tué en l'emportant, ne me dirais-tu pas ce que tu me disais tout à l'heure : Allez, mon père, car vous vous déshonorez en restant, et mieux vaut la mort que la honte !
— Oui, oui, dit le jeune homme, oui. Et serrant convulsivement Morrel dans ses bras :
— Allez, mon père, dit-il.
Et il s'élança hors du cabinet.
Quand son fils fut sorti, Morrel resta un instant debout et les yeux fixés sur la porte ; puis il allongea la main, trouva le cordon d'une sonnette et sonna.
Au bout d'un instant Coclès parut.
Ce n'était plus le même homme, ces trois jours de conviction l'avaient brisé. Cette pensée : la maison Morrel va cesser ses paiements, le courbait vers la terre plus que ne l'eussent fait vingt autres années sur sa tête.
— Mon bon Coclès, dit Morrel avec un accent dont il serait impossible de rendre l'expression, tu vas rester dans l'antichambre. Quand ce monsieur, qui est déjà venu il y a trois mois, tu le sais, le mandataire de la maison Thomson et French va venir, tu l'annonceras.
Coclès ne répondit point ; il fit un signe de tête, alla s'asseoir dans l'antichambre, et attendit.
Morrel retomba sur sa chaise ; ses yeux se portèrent vers la pendule : il lui restait sept minutes, voilà tout ; l'aiguille marchait avec une rapidité incroyable ; il lui semblait qu'il la voyait aller.
Ce qui se passa alors, et dans ce moment suprême, dans l'esprit de cet homme, qui, jeune encore, à la suite d'un raisonnement faux peut-être, mais spécieux du moins, allait se séparer de tout ce qu'il aimait au monde et quitter la vie, qui avait pour lui toutes les douceurs de la famille, est impossible à exprimer ; il eût fallu voir, pour en prendre une idée, son front couvert de sueur et cependant résigné, ses yeux mouillés de larmes et cependant levés au ciel.
L'aiguille marchait toujours, les pistolets étaient tout chargés ; il allongea la main, en prit un, et murmura le nom de sa fille.
Puis il posa l'arme mortelle, prit la plume et écrivit quelques mots.

Il lui semblait alors qu'il n'avait pas assez dit adieu à son enfant chérie.

Puis il se retourna vers la pendule ; il ne comptait plus par minutes, mais par secondes.

Il reprit l'arme, la bouche entr'ouverte et les yeux fixés sur l'aiguille ; puis il tressaillit au bruit qu'il faisait lui-même en armant le chien.

En ce moment une sueur plus froide lui passa sur le front, une angoisse plus mortelle lui serra le cœur.

Il entendit la porte de l'escalier crier sur ses gonds.

Puis s'ouvrir celle de son cabinet.

La pendule allait sonner onze heures.

Morrel ne se retourna point, il attendait ces mots de Coclès :

« Le mandataire de la maison Thomson et French. »

Et il approchait l'arme de sa bouche...

Tout à coup il entendit un cri... c'était la voix de sa fille...

Il se retourna et aperçut Julie, le pistolet lui échappa des mains.

— Mon père ! s'écria la jeune fille hors d'haleine et presque mourante de joie, sauvé ! vous êtes sauvé !

Et elle se jeta dans ses bras en élevant à la main une bourse rouge en filet de soie.

— Sauvé, mon enfant ! dit Morrel, que veux-tu dire ?

— Oui, sauvé ! voyez, voyez, dit la jeune fille.

Morrel prit la bourse et tressaillit, car un vague souvenir lui rappela cet objet pour lui avoir appartenu.

D'un côté était la traite de deux cent quatre-vingt-sept mille cinq cents francs.

La traite était acquittée.

De l'autre était un diamant de la grosseur d'une noisette, avec ces trois mots écrits sur un petit morceau de parchemin :

« Dot de Julie. »

Morrel passa sa main sur son front : il croyait rêver.

En ce moment, la pendule sonna onze heures.

Le timbre vibrait pour lui comme si chaque coup du marteau d'acier vibrait sur son propre cœur.

— Voyons, mon enfant, dit-il, explique-toi. Où as-tu trouvé cette bourse ?

— Dans une maison des Allées de Meilhan, au numéro 15, sur le coin de la cheminée d'une pauvre petite chambre, au cinquième étage.

— Mais, s'écria Morrel, cette bourse n'est pas à toi !

Julie tendit à son père la lettre qu'elle avait reçue le matin.

— Et tu as été seule dans cette maison ? dit Morrel après avoir lu.

— Emmanuel m'accompagnait, mon père. Il devait m'attendre au coin de la rue du Musée ; mais, chose étrange, à mon retour il n'y était plus.

— Monsieur Morrel ! s'écria une voix dans l'escalier, monsieur Morrel !

— C'est sa voix, dit Julie.

En même temps Emmanuel entra, le visage bouleversé de joie et d'émotion.

— Le Pharaon ! s'écria-t-il ; le Pharaon !

— Eh bien quoi ? le Pharaon ! êtes-vous fou, Emmanuel ? Vous savez bien qu'il est perdu.

— Le Pharaon ! monsieur, on signale le Pharaon ! le Pharaon entre dans le port.

Morrel retomba sur sa chaise, les forces lui manquaient ; son intelligence se refusait à classer cette suite d'événemens incroyables, inouïs, fabuleux.

Mais son fils entra à son tour :

— Mon père, s'écria Maximilien, que disiez-vous donc que le Pharaon était perdu ? La vigie l'a signalé, et il entre, dit-on, dans le port.

— Mes amis, dit Morrel, si cela était, il faudrait croire à un miracle de Dieu ! Impossible ! impossible !

Mais ce qui était réel et non moins incroyable, c'était cette bourse qu'il tenait dans ses mains, c'était cette lettre de change acquittée, c'était ce magnifique diamant.

— Ah ! monsieur, dit Coclès à son tour, qu'est-ce que cela veut dire, le Pharaon ?

— Allons, mes enfans, dit Morrel en se soulevant, allons voir, et que Dieu ait pitié de nous, si c'est une fausse nouvelle.

Ils descendirent ; au milieu de l'escalier attendait madame Morrel : la pauvre femme n'avait pas osé monter.

En un instant ils furent à la Cannebière.

Il y avait foule sur le port.

Toute cette foule s'ouvrit devant Morrel.

— Le Pharaon, le Pharaon ! disaient toutes ces voix.

En effet, chose merveilleuse, inouïe, en face de la tour Saint-Jean un bâtiment, portant sur sa poupe ces mots écrits en lettres blanches : — le Pharaon ; Morrel et fils de Marseille, — absolument de la contenance de l'autre Pharaon, et chargé comme l'autre de cochenille et d'indigo, jetait l'ancre et carguait ses voiles ; sur le pont, le capitaine Gaumard donnait ses ordres, et maître Penelon faisait des signes à M. Morrel.

Il n'y avait plus à en douter, le témoignage des sens était là et dix mille personnes venaient en aide à ce témoignage.

Comme Morrel et son fils s'embrassaient sur la jetée aux applaudissemens de toute la ville témoin de ce prodige, un homme, dont le visage était à moitié couvert par une barbe noire, et qui, caché derrière la guérite d'un factionnaire, contemplait cette scène avec attendrissement, murmura ces mots :

— Sois heureux, noble cœur ; sois béni pour tout le bien que tu as fait et que tu feras encore, et que ma reconnaissance reste dans l'ombre comme ton bienfait.

Et avec un sourire où la joie et le bonheur se révélaient, il quitta l'abri où il était caché, et sans que personne fît attention à lui, tant chacun était préoccupé de l'événement du jour, il descendit un de ces petits escaliers qui servent de débarcadère et héla trois fois :

— Jacopo ! Jacopo ! Jacopo !

Alors une chaloupe vint à lui, le reçut à bord, et le conduisit à un yacht richement gréé, sur le pont duquel il s'élança avec la légèreté d'un marin ; de là, il regarda encore une fois Morrel qui, pleurant de joie, distribuait de cordiales poignées de main à toute cette foule, et remerciait d'un vague regard ce bienfaiteur inconnu qu'il semblait chercher au ciel.

— Et maintenant, dit l'homme inconnu, adieu bonté, humanité, reconnaissance... Adieu à tous les sentimens qui épanouissent le cœur !... Je me suis substitué à la Providence pour récompenser les bons... maintenant, que le Dieu vengeur me cède sa place pour punir les méchans !

A ces mots il fit un signal, et, comme s'il n'eût attendu que ce signal pour partir, le yacht prit aussitôt la mer.

CHAP. XXX. — ITALIE. — SIMBAD LE MARIN.

Vers le commencement de l'année 1838 se trouvaient à Florence deux jeunes gens appartenant à la plus élégante société de Paris, l'un le vicomte Albert de Morcerf, l'autre le baron Franz d'Épinay. Il avait été convenu entre eux qu'ils iraient passer le carnaval de la même année à Rome, où Franz, qui depuis près de quatre ans habitait l'Italie, servirait de cicérone à Albert.

Or, comme ce n'est pas une petite affaire que d'aller passer le carnaval à Rome, surtout quand on tient à ne pas coucher place du Peuple ou dans le Campo-Vaccino, ils écrivirent à maître Pastrini, propriétaire de l'hôtel de Londres, place d'Espagne, pour le prier de leur retenir un appartement confortable.

Maître Pastrini répondit qu'il n'avait plus à leur disposition que deux chambres et un cabinet situés al secondo piano, et qu'il offrirait moyennant la modique rétribution d'un louis par jour. Les deux jeunes gens acceptèrent ; puis, voulant mettre à profit le temps qui lui restait ; Albert partit pour Naples. Quant à Franz, il resta à Florence.

Quand il eut joui quelque temps de la vie que donne la ville des Médicis, quand il se fut bien promené dans cet Éden qu'on nomme les Casines, quand il eut été reçu chez ces hôtes magnifiques qui font les honneurs de Florence, il lui prit fantaisie, ayant déjà vu la Corse, ce berceau de Bonaparte, d'aller voir l'île d'Elbe, ce grand relais de Napoléon.

Un soir donc, il détacha une barchetta de l'anneau de fer qui la scellait au port de Livourne, se coucha au fond dans son manteau, en disant aux mariniers ces seules paroles : — « A l'île d'Elbe! »

La barque quitta le port comme l'oiseau de mer quitte son nid, et le lendemain elle débarquait Franz à Porto-Ferrajo.

Franz traversa l'île impériale après avoir suivi toutes les traces que les pas du géant y ont laissées, et alla s'embarquer à Marciana.

Deux heures après avoir quitté la terre, il la reprit pour descendre à la Pianosa, où l'attendaient, assurait-on, des vols infinis de perdrix rouges.

La chasse fut mauvaise. Franz tua à grand'peine quelques perdrix maigres, et, comme tout chasseur qui s'est fatigué pour rien, il remonta dans sa barque d'assez mauvaise humeur.

— Ah! si Votre Excellence voulait, lui dit le patron, elle ferait une belle chasse!

— Et où cela?

— Voyez-vous cette île? continua le patron en étendant le doigt vers le midi et en montrant une masse conique qui sortait du milieu de la mer teintée du plus bel indigo.

— Eh bien, qu'est-ce que cette île? demanda Franz.

— L'île de Monte-Christo, répondit le Livournais.

— Mais je n'ai pas de permission pour chasser dans cette île.

— Votre Excellence n'en a pas besoin, l'île est déserte.

— Ah! pardieu, dit le jeune homme, une île déserte au milieu de la Méditerranée, c'est chose curieuse.

— Et chose naturelle, Excellence. Cette île est un banc de rochers, et, dans toute son étendue, il n'y a peut-être pas un arpent de terre labourable.

— Et à qui appartient cette île?

— A la Toscane.

— Quel gibier y trouverai-je?

— Des milliers de chèvres sauvages.

— Qui vivent en léchant les pierres? dit Franz avec un sourire d'incrédulité.

— Non, mais en broutant les bruyères, les myrtes, les lentisques qui poussent dans leurs intervalles.

— Mais où coucherai-je?

— A terre dans les grottes, ou à bord dans votre manteau. D'ailleurs, si son Excellence veut, nous pourrons partir aussitôt après la chasse; elle sait que nous faisons aussi bien voile la nuit que le jour, et qu'à défaut de la voile nous avons les rames.

Comme il restait encore assez de temps à Franz pour rejoindre son compagnon, et qu'il n'avait plus à s'inquiéter de son logement à Rome, il accepta cette proposition de se dédommager de sa première chasse.

Sur sa réponse affirmative, les matelots échangèrent entre eux quelques paroles à voix basse.

— Eh bien! demanda-t-il, qu'avons-nous de nouveau? serait-il survenu quelque impossibilité?

— Non, reprit le patron; mais nous devons prévenir Votre Excellence que l'île est en contumace.

— Qu'est-ce que cela veut dire?

— Cela veut dire que, comme Monte-Christo est inhabitée, et sert parfois de relâche à des contrebandiers et à des pirates qui viennent de Corse, de Sardaigne ou d'Afrique, si un signe quelconque dénonce notre séjour dans l'île, nous serons forcés, à notre retour à Livourne, de faire une quarantaine de six jours.

— Diable! voilà qui change la thèse! six jours! Juste autant qu'il en a fallu à Dieu pour créer le monde. C'est un peu long, mes enfans.

— Mais qui dira que Son Excellence a été à Monte-Christo?

— Oh! ce n'est pas moi, s'écria Franz.

— Ni nous non plus, firent les matelots.

— En ce cas, va pour Monte-Christo.

Le patron commanda la manœuvre; on mit le cap sur l'île, et la barque commença de voguer dans sa direction.

Franz laissa l'opération s'achever, et quand on eut pris la nouvelle route, quand la voile se fut gonflée par la brise, et que les quatre mariniers eurent repris leurs places, trois à l'avant, un au gouvernail, il renoua la conversation.

— Mon cher Gaetano, dit-il au patron, vous venez de me dire, je crois, que l'île de Monte-Christo, servait de refuge à des pirates, ce qui me paraît un bien autre gibier que des chèvres.

— Oui, Excellence, et c'est la vérité.

— Je savais bien l'existence des contrebandiers, mais je pensais que depuis la prise d'Alger et la destruction de la régence, les pirates n'existaient plus que dans les romans de Cooper et du capitaine Marryat.

— Eh bien! Votre Excellence se trompait; il en est des pirates comme des bandits qui sont censés exterminés par le pape Léon XII, et qui cependant arrêtent tous les jours les voyageurs jusqu'aux portes de Rome. N'avez-vous pas entendu dire qu'il y a six mois le chargé d'affaires de France près le Saint-Siége avait été dévalisé à cinq cents pas de Velletri?

— Si fait.

— Eh bien! si comme nous Votre Excellence habitait Livourne, elle entendrait dire de temps en temps qu'un petit bâtiment chargé de marchandises ou qu'un joli yacht anglais qu'on attendait à Bastia, à Porto-Ferrajo ou à Civita-Vecchia, n'est point arrivé, qu'on ne sait ce qu'il est devenu, et que sans doute il se sera brisé contre quelque rocher. Eh bien! ce rocher qu'il a rencontré, c'est une barque basse et étroite, montée de six ou huit hommes qui l'ont surpris ou pillé, par une nuit sombre et orageuse, au détour de quelque îlot sauvage et inhabité, comme des bandits arrêtent et pillent une chaise de poste au coin d'un bois.

— Mais enfin, reprit Franz toujours étendu dans sa barque, comment ceux à qui pareil accident arrive ne se plaignent-ils pas, comment n'appellent-ils pas sur ces pirates la vengeance du gouvernement français, sarde ou toscan?

— Pourquoi? dit Gaetano avec un sourire.

— Oui, pourquoi?

— Parce que d'abord on transporte du bâtiment ou du yacht sur la barque tout ce qui est bon à prendre; puis on lie les pieds et les mains à l'équipage, on attache au cou de chaque homme un boulet de 24, on fait un trou de la grandeur d'une barrique dans la quille du bâtiment capturé, on remonte sur le pont, on ferme les écoutilles et l'on passe sur la barque. Au bout de dix minutes, le bâtiment commence à se plaindre et à gémir, peu à peu il s'enfonce. D'abord un des côtés plonge, puis l'autre; puis il se relève; puis il replonge encore, s'enfonçant toujours davantage. Tout à coup un bruit pareil à un coup de canon retentit; c'est l'air qui brise le pont. Alors le bâtiment s'agite comme un noyé qui se débat, s'alourdissant à chaque mouvement. Bientôt l'eau, trop pressée dans les cavités, s'élance des ouvertures, pareille aux colonnes liquides que jetteraient par ses évents quelque cachalot gigantesque. Enfin il pousse un dernier râle, fait un dernier tour sur lui-même, et s'engouffre en creusant dans l'abîme un vaste entonnoir qui tournoie un instant, se comble peu à peu et finit par s'effacer tout-à-fait, si bien qu'au bout de cinq minutes il faut l'œil de Dieu lui-même pour aller chercher au fond de cette mer calme le bâtiment disparu.

— Comprenez-vous maintenant, ajouta le patron en souriant, comment le bâtiment ne rentre pas dans le port, et pourquoi l'équipage ne porte pas plainte?

Si Gaetano eût raconté la chose avant de proposer l'expédition, il est probable que Franz eût regardé à deux fois avant de l'entreprendre; mais ils étaient partis, et il lui sembla qu'il y aurait lâcheté à reculer. C'était un de ces hommes qui ne courent pas à une occasion périlleuse, mais qui, si cette occasion vient au-devant d'eux, restent d'un sang-froid inaltérable pour la combattre : c'était un de ces hommes à la volonté calme, qui ne regardent un danger dans la vie que comme un adversaire dans un duel, qui calculent ses mouvemens, qui étudient sa force, qui rompent assez pour reprendre haleine, pas assez pour paraître lâches, qui, comprenant d'un seul regard tous leurs avantages, tuent d'un seul coup.

— Bah! reprit-il, j'ai traversé la Sicile et la Calabre, j'ai navigué deux mois dans l'Archipel, et je n'ai jamais vu l'ombre d'un bandit ni d'un forban.

— Aussi n'ai-je pas dit cela à son Excellence, fit Gaetano, pour la faire renoncer à son projet; elle m'a interrogé et je lui ai répondu, voilà tout.

— Oui, mon cher Gaetano; et votre conversation est des plus intéressantes; aussi, comme je veux en jouir le plus long-temps possible, va pour Monte-Christo.

Cependant on approchait rapidement du terme du voyage, il ventait bon frais, et la barque faisait six à sept milles à l'heure. A mesure qu'on approchait, l'île semblait sortir grandissante du sein de la mer; et, à travers l'atmosphère limpide des derniers rayons du jour, on distinguait, comme les boulets dans un arsenal, cet amoncellement de rochers empilés les uns sur les autres, et dans les interstices desquels on voyait rougir les bruyères et verdir les arbres. Quant aux matelots, quoiqu'ils parussent parfaitement tranquilles, il était évident que leur vigilance était éveillée, et que leur regard interrogeait la vaste miroir sur lequel ils glissaient, et dont quelques barques de pêcheurs, avec leurs voiles blanches, peuplaient seules l'horizon, se balançant comme les mouettes au bout des flots.

Ils n'étaient plus guère qu'à une quinzaine de milles de Monte-Christo lorsque le soleil commença de se coucher derrière la Corse, dont les montagnes apparaissaient à droite, découpant sur le ciel leur sombre dentelure; cette masse de pierres, pareille au géant Adamastor, se dressait menaçante devant la barque, à laquelle elle dérobait le soleil dont la partie supérieure se dorait; peu à peu l'ombre monta de la mer et sembla chasser devant elle ce dernier reflet du jour qui allait s'éteindre; enfin le rayon lumineux fut repoussé jusqu'à la cime du cône, où il s'arrêta un instant comme le panache enflammé d'un volcan; enfin l'ombre, toujours ascendante, envahit progressivement le sommet comme elle avait envahi la base, et l'île n'apparut plus que comme une montagne grise qui allait toujours se rembrunissant. Une demi-heure après, il faisait nuit noire.

Heureusement que les mariniers étaient dans leurs parages habituels, et qu'ils connaissaient jusqu'au moindre rocher de l'archipel toscan; car au milieu de l'obscurité profonde qui enveloppait la barque, Franz n'eût pas été tout-à-fait sans inquiétude. La Corse avait entièrement disparu, l'île de Monte-Christo était elle-même devenue invisible; mais les matelots semblaient avoir, comme le lynx, la faculté de voir dans les ténèbres, et le pilote, qui se tenait au gouvernail, ne marquait pas la moindre hésitation.

Une heure à peu près s'était écoulée depuis le coucher du soleil, lorsque Franz crut apercevoir à un quart de mille à la gauche une masse sombre; mais il était si impossible de distinguer ce que c'était, que, craignant d'exciter l'hilarité de ses matelots en prenant quelques nuages flottans pour la terre ferme, il garda le silence. Mais tout à coup une grande lueur apparut sur la rive; la terre pouvait ressembler à un nuage, mais le feu n'était pas un météore.

— Qu'est-ce que cette lumière? demanda-t-il.
— Chut! dit le patron, c'est un feu.
— Mais vous disiez que l'île était inhabitée?
— Je disais qu'elle n'avait pas de population fixe, mais j'ai dit aussi qu'elle est un lieu de relâche pour les contrebandiers.
— Et pour les pirates?
— Et pour les pirates, dit Gaetano répétant les paroles de Franz; c'est pour cela que j'ai donné l'ordre de passer l'île, car, ainsi que vous le voyez, le feu est derrière nous.
— Mais ce feu, continua Franz, me semble plutôt un motif de sécurité que d'inquiétude; des gens qui craindraient d'être vus n'auraient pas allumé ce feu.
— Oh! cela ne veut rien dire, fit Gaetano; si vous pouviez juger, au milieu de l'obscurité, de la position de l'île, vous verriez que, placé comme il l'est, ce feu ne peut être aperçu ni de la côte, ni de la Pianosa, mais seulement de la pleine mer.
— Ainsi vous craignez que ce feu ne nous annonce mauvaise compagnie?
— C'est ce dont il faudra s'assurer, reprit Gaetano les yeux toujours fixés sur cette étoile terrestre.
— Et comment s'en assurer?
— Vous allez voir.

A ces mots, Gaetano tint conseil avec ses compagnons, et au bout de cinq minutes de discussion, on exécuta en silence une manœuvre à l'aide de laquelle en un instant on eut viré de bord; alors on reprit la route qu'on venait de faire, et, quelques secondes après ce changement de direction, le feu disparut, caché par quelque mouvement de terrain.

Alors le pilote imprima par le gouvernail une nouvelle direction au petit bâtiment, qui se rapprocha visiblement de l'île et qui bientôt ne s'en trouva plus éloigné que d'une cinquantaine de pas.

Gaetano abattit la voile, et la barque resta stationnaire.

Tout cela avait été fait dans le plus grand silence, et d'ailleurs, depuis le changement de route, pas une parole n'avait été prononcée à bord.

Gaetano, qui avait proposé l'expédition, en avait pris toute la responsabilité sur lui. Les quatre matelots ne le quittaient pas des yeux, tout en préparant les avirons et en se tenant évidemment prêts à faire force de rames; ce qui, grâce à l'obscurité, n'était pas difficile.

Quant à Franz, il visitait ses armes avec ce sang-froid que nous lui connaissons; il avait deux fusils à deux coups et une carabine, il les chargea, s'assura des batteries, et attendit.

Pendant ce temps le patron avait jeté bas son caban et sa chemise, assuré son pantalon autour de ses reins, et, comme il était pieds nus, il n'avait eu ni souliers ni bas à défaire. Une fois dans ce costume ou plutôt hors de son costume, il mit un doigt sur ses lèvres pour faire signe de garder le plus profond silence, et, se laissant couler dans la mer, il nagea vers le rivage avec tant de précaution qu'il était impossible d'entendre le moindre bruit. Seulement, au sillon phosphorescent que dégageaient ses mouvemens on pouvait suivre sa trace.

Bientôt ce sillon même disparut : il était évident que Gaetano avait touché terre.

Tout le monde sur le petit bâtiment resta immobile pendant une demi-heure, au bout de laquelle on vit reparaître près du rivage et s'approcher de la barque le même sillon lumineux. Au bout d'un instant et en deux brassées Gaetano avait atteint la barque.

— Eh bien? firent ensemble Franz et les quatre matelots.

— Eh bien! dit-il, ce sont des contrebandiers espagnols; ils ont seulement avec eux deux bandits corses,

— Et que font ces deux bandits corses avec des contrebandiers espagnols?

— Eh! mon Dieu! Excellence, reprit Gaetano d'un ton de profonde charité chrétienne, il faut bien s'aider les uns les autres. Souvent les bandits se trouvent un peu pressés sur terre par les gendarmes ou les carabiniers; eh bien! ils trouvent là une barque, et dans cette barque de bons garçons comme nous. Ils viennent nous demander l'hospitalité dans notre maison flottante. Le moyen de refuser secours à un pauvre diable qu'on poursuit! Nous le recevons, et, pour plus grande sécurité, nous gagnons le large. Cela ne nous coûte rien et sauve la vie, ou tout au moins la liberté à un de nos semblables qui, dans l'occasion, reconnaît le service que nous lui avons rendu en nous indiquant un bon endroit où nous puissions débarquer nos marchandises sans être dérangés par les curieux.

— Ah çà! dit Franz, vous êtes donc un peu contrebandier vous-même, mon cher Gaetano?

— Eh! que voulez-vous, Excellence! dit-il avec un sourire impossible à décrire, on fait un peu de tout; il faut bien vivre.

— Alors vous êtes en pays de connaissance avec les gens qui habitent Monte-Christo à cette heure?

— A peu près. Nous autres mariniers, nous sommes comme les francs-maçons, nous nous reconnaissons à certains signes.

— Et vous croyez que nous n'aurions rien à craindre en débarquant à notre tour?

— Absolument rien, les contrebandiers ne sont pas des voleurs.

— Mais ces deux bandits corses.. reprit Franz calculant d'avance toutes les chances de danger.

— Eh! mon Dieu! dit Gaetano, ce n'est pas leur faute s'ils sont bandits, c'est celle de l'autorité.

— Comment cela?

— Sans doute: on les poursuit pour avoir fait une *peau*, pas autre chose; comme s'il n'était pas dans la nature du Corse de se venger!

— Qu'entendez-vous par avoir fait une *peau*? Avoir assassiné un homme? dit Franz continuant ses investigations.

— J'entends avoir tué un ennemi, reprit le patron, ce qui est bien différent.

— Eh bien! fit le jeune homme, allons demander l'hospitalité aux contrebandiers et aux bandits. Croyez-vous qu'ils nous l'accordent?

— Sans aucun doute.

— Combien sont-ils?

— Quatre, Excellence, et les deux bandits ça fait six.

— Eh bien! c'est juste notre chiffre? nous sommes même, dans le cas où ces messieurs montreraient de mauvaises dispositions, en force égale, et par conséquent en mesure de les contenir. Ainsi, une dernière fois, va pour Monte-Christo.

— Oui, Excellence; mais vous nous permettrez bien encore de prendre quelques précautions.

— Comment donc, mon cher! soyez sage comme Nestor et prudent comme Ulysse. Je fais plus que de vous le permettre, je vous y exhorte.

— Eh bien, alors, silence! fit Gaetano.

Tout le monde se tut.

Pour un homme envisageant, comme Franz, toute chose sous son véritable point de vue, la situation, sans être dangereuse, ne manquait pas d'une certaine gravité. Il se trouvait dans l'obscurité la plus profonde, isolé, au milieu de la mer, avec des mariniers qui ne le connaissaient pas et qui n'avaient aucun motif de lui être dévoués, qui savaient qu'il avait dans sa ceinture quelques milliers de francs, et qui avaient dix fois, sinon avec envie, du moins avec curiosité, examiné ses armes, qui étaient fort belles. D'un autre côté il allait aborder, sans autre escorte que ces hommes, dans une île qui portait un nom fort religieux, mais qui ne semblait pas promettre à Franz une autre hospitalité que celle du Calvaire au Christ, grâce à ses contrebandiers et à ses bandits. Puis cette histoire de bâtiments coulés à fond, qu'il avait crue exagérée le jour, lui semblait plus vraisemblable la nuit. Aussi, placé qu'il était entre ce double danger peut-être imaginaire, il ne quittait pas ces hommes des yeux et son fusil de la main.

Cependant les mariniers avaient de nouveau hissé leurs voiles et avaient repris leur sillon déjà creusé en allant et en revenant. A travers l'obscurité, Franz, déjà un peu habitué aux ténèbres, distinguait le géant de granit que la barque côtoyait; puis enfin, en dépassant de nouveau l'angle d'un rocher, il aperçut le feu, qui brillait plus éclatant que jamais, et, autour de ce feu, cinq ou six personnes assises.

La réverbération du foyer s'étendait d'une centaine de pas en mer. Gaetano côtoya la lumière, en faisant toutefois rester la barque dans la partie non éclairée; puis, lorsqu'elle fut tout-à-fait en face du foyer, il mit le cap sur lui et entra bravement dans le cercle lumineux en entonnant une chanson de pêcheurs dont il soutenait le chant à lui seul, et dont ses compagnons reprenaient le refrain en chœur.

Au premier mot de la chanson, les hommes assis autour du foyer s'étaient levés et s'étaient approchés du débarcadère, les yeux fixés sur la barque, dont ils s'efforçaient visiblement de juger la force et de deviner les intentions. Bientôt ils parurent avoir fait un examen suffisant et allèrent, à l'exception d'un seul, qui resta debout sur le rivage, se rasseoir autour du feu, devant lequel rôtissait un chevreau tout entier.

Lorsque le bateau fut arrivé à une vingtaine de pas de la terre, l'homme qui était sur le rivage fit machinalement, avec sa carabine, le geste d'une sentinelle qui attend une patrouille et cria *Qui vive* en patois sarde.

Franz arma froidement ses deux coups.

Gaetano échangea alors avec cet homme quelques paroles auxquelles le voyageur ne comprit rien, mais qui le concernaient évidemment.

— Son Excellence, demanda le patron, veut-elle se nommer ou garder l'incognito?

— Mon nom doit être parfaitement inconnu; dites-leur donc simplement, reprit Franz, que je suis un Français voyageant pour ses plaisirs.

Lorsque Gaetano eut transmis cette réponse, la sentinelle donna un ordre à l'un des hommes assis devant le feu, lequel se leva aussitôt, et disparut dans les rochers.

Il se fit un silence. Chacun semblait préoccupé de ses affaires : Franz de son débarquement, les matelots de leurs voiles, les contrebandiers de leur chevreau; mais, au milieu de cette insouciance apparente, on s'observait mutuellement.

L'homme qui s'était éloigné reparut tout à coup du côté opposé de celui par lequel il avait disparu. Il fit un signe de la tête à la sentinelle, qui se retourna de notre côté et se contenta de prononcer ces seules paroles : *S'accommodi*.

Le *s'accommodi* italien est intraduisible; il veut dire à la fois, venez, entrez, soyez le bienvenu, faites comme chez vous, vous êtes le maître. C'est comme cette phrase turque de Molière, qui étonnait si fort le bourgeois gentilhomme par la quantité de choses qu'elle contenait.

Les matelots ne se le firent pas dire deux fois : en quatre coups de rame, la barque toucha la terre. Gaetano sauta sur la grève, échangea encore quelques mots à voix basse avec la sentinelle; ses compagnons descendirent l'un après l'autre; puis enfin vint le tour de Franz.

Il avait un de ses fusils en bandoulière, Gaetano avait l'autre, un des matelots tenait sa carabine. Son costume tenait à la fois de l'artiste et du dandy; ce qui n'inspira aux hôtes aucun soupçon, et par conséquent aucune inquiétude.

On amarra la barque au rivage, on fit quelques pas

pour chercher un bivouac commode; mais sans doute le point vers lequel on s'acheminait n'était pas dans la convenance du contrebandier qui remplissait le poste de surveillant, car il cria à Gaetano :

— Non point par là, s'il vous plaît.

Gaetano balbutia une excuse et, sans insister davantage, s'avança du côté opposé, tandis que deux matelots, pour éclairer la route, allaient allumer des torches au foyer.

On fit trente pas à peu près et l'on s'arrêta sur une petite esplanade tout entourée de rochers dans lesquels on avait creusé des espèces de siéges, à peu près pareils à de petites guérites où l'on monterait la garde assis. Alentour poussaient, dans des veines de terre végétale, quelques chênes nains et des touffes épaisses de myrtes. Franz abaissa une torche et reconnut, à un amas de cendres, qu'il n'était pas le premier à s'apercevoir du comfortable de cette localité, et que ce devait être une des stations habituelles des visiteurs nomades de l'île de Monte-Christo.

Quant à son attente d'événemens, elle avait cessé : une fois le pied sur la terre ferme, une fois qu'il eût vu les dispositions, sinon amicales, du moins indifférentes de ses hôtes, toute sa préoccupation avait disparu, et, à l'odeur du chevreau qui rôtissait au bivouac voisin, la préoccupation s'était changée en appétit.

Il toucha deux mots de ce nouvel incident à Gaetano, qui lui répondit qu'il n'y avait rien de plus simple qu'un souper quand on avait comme eux dans leur barque du pain, du vin, six perdrix et un bon feu pour les faire rôtir.

— D'ailleurs, ajouta-t-il, si Votre Excellence trouve si tentante l'odeur de ce chevreau, je puis aller offrir à nos voisins deux de nos oiseaux pour une tranche de leur quadrupède.

— Faites, Gaetano, faites, dit Franz; vous êtes véritablement le génie de la négociation.

Pendant ce temps les matelots avaient arraché des brassées des bruyères, fait des fagots de myrtes et de chênes verts, auxquels ils avaient mis le feu, ce qui présentait un foyer assez respectable.

Franz attendait donc avec impatience, humant toujours l'odeur du chevreau, le retour du patron, lorsque celui-ci reparut et vint à lui d'un air fort préoccupé.

— Eh bien! demanda-t-il, quoi de nouveau? on repousse notre offre?

— Au contraire, fit Gaetano. Le chef, à qui l'on a dit que vous étiez un jeune homme français, vous invite à souper avec lui.

— Eh bien! mais, dit Franz, c'est un homme fort civilisé que ce chef, et je ne vois pas pourquoi je refuserais, d'autant plus que j'apporte ma part du souper.

— Oh! ce n'est pas cela : il a de quoi souper, et au-delà ; mais c'est qu'il met à votre présentation chez lui une singulière condition.

— Chez lui! reprit le jeune homme ; il a donc fait bâtir une maison?

— Non; mais il n'en a pas moins un chez lui fort comfortable, à ce qu'on assure du moins.

— Vous connaissez donc ce chef?

— J'en ai entendu parler.

— En bien ou en mal?

— Des deux façons.

— Diable! Et quelle est cette condition?

— C'est de vous laisser bander les yeux et de n'ôter le bandeau que lorsqu'il vous y invitera lui-même.

Franz sonda autant que possible le regard de Gaetano pour savoir ce que cachait cette proposition.

— Ah, dame! reprit celui-ci répondant à la pensée de Franz, je le sais bien, la chose mérite réflexion.

— Que feriez-vous à ma place? fit le jeune homme.

— Moi, qui n'ai rien à perdre, j'irais.

— Vous accepteriez?

— Oui, ne fût-ce que par curiosité.

— Il y a donc quelque chose de curieux à voir chez ce chef?

— Ecoutez, dit Gaetano en baissant la voix, je ne sais pas si ce qu'on dit est vrai...

Il s'arrêta en regardant si aucun étranger ne l'écoutait.

— Et que dit-on?

— On dit que ce chef habite un souterrain auprès duquel le palais Pitti est bien peu de chose.

— Quel rêve? dit Franz en se rasseyant.

— Oh! ce n'est pas un rêve, continua le patron, c'est une réalité! Cama, le pilote du Saint-Ferdinand, y est entré un jour, et il en est sorti tout émerveillé, en disant qu'il n'y a de pareils trésors que dans les contes de fées.

— Ah çà, mais savez-vous, dit Franz, qu'avec de pareilles paroles vous me feriez descendre dans la caverne d'Ali-Baba!

— Je vous dis ce qu'on m'a dit, Excellence.

— Alors vous me conseillez d'accepter?

— Oh! je ne dis pas cela! Votre Excellence fera selon son bon plaisir. Je ne voudrais pas lui donner un conseil dans une semblable occasion.

Franz réfléchit quelques instans, comprit que cet homme si riche ne pouvait lui en vouloir, à lui qui portait seulement quelques mille francs, et comme il n'entrevoyait dans tout cela qu'un excellent souper, il accepta.

Gaetano alla porter sa réponse.

Cependant, nous l'avons dit, Franz était prudent; aussi voulut-il avoir le plus de détails possibles sur son hôte étrange et mystérieux. Il se retourna donc du côté du matelot qui, pendant ce dialogue, avait plumé les perdrix avec la gravité d'un homme fier de ses fonctions, et lui demanda dans quoi ces hommes avaient pu aborder, puisqu'on ne voyait ni barque, ni speronares, ni tartanes.

— Je ne suis point inquiet de cela, dit le matelot, et je connais le bâtiment qu'ils montent.

— Est-ce un joli bâtiment?

— J'en souhaite un pareil à Votre Excellence pour faire le tour du monde.

— De quelle force est-il?

— Mais de cent tonneaux à peu près. C'est du reste un bâtiment de fantaisie, un yacht, comme disent les Anglais, mais confectionné, voyez-vous, de façon à tenir la mer par tous les temps.

— Et où a-t-il été construit?

— Je l'ignore. Cependant je le crois Génois.

— Et comment un chef de contrebandiers, continua Franz, ose-t-il faire construire un yacht destiné à son commerce dans le port de Gênes?

— Je n'ai pas dit, fit le matelot, que le propriétaire de ce yacht fut un contrebandier.

— Non ; mais Gaetano l'a dit, ce me semble.

— Gaetano avait vu l'équipage de loin, mais il n'avait encore parlé à personne.

— Mais si cet homme n'est pas un chef de contrebandiers, quel est-il donc?

— Un riche seigneur qui voyage pour son plaisir.

— Allons, pensa Franz, le personnage n'en est que plus mystérieux, puisque les versions sont différentes.

— Et comment s'appelle-t-il?

— Lorsqu'on le lui demande, il répond qu'il se nomme Simbad le Marin. Mais je doute que ce soit son véritable nom.

— Simbad le Marin?

OEUV. COMPL. D'ALEX. DUMAS. 15

— Oui.
— Et où habite ce seigneur?
— Sur la mer.
— De quel pays est-il?
— Je ne sais pas.
— L'avez-vous vu?
— Quelquefois.
— Quel homme est-ce?
— Votre Excellence en jugera elle-même.
— Et où va-t-il me recevoir?
— Sans doute dans ce palais souterrain dont vous a parlé Gaetano.
— Et vous n'avez jamais eu la curiosité, quand vous avez relâché ici et que vous avez trouvé l'île déserte, de chercher à pénétrer dans ce palais enchanté?
— Oh, si fait, Excellence! reprit le matelot, et plus d'une fois même ; mais toujours nos recherches ont été inutiles. Nous avons fouillé la grotte de tous côtés et nous n'avons pas trouvé le plus petit passage. Au reste, on dit que la porte ne s'ouvre pas avec une clé, mais avec un mot magique.
— Allons, décidément, murmura Franz, me voilà embarqué dans un conte des *Mille et une Nuits*.
— Son Excellence vous attend, dit derrière lui une voix qu'il reconnut pour celle de la sentinelle.
Le nouveau venu était accompagné de deux hommes de l'équipage du yacht.
Pour toute réponse, Franz tira son mouchoir et le présenta à celui qui lui avait adressé la parole.
Sans dire une seule parole, on lui banda les yeux avec un soin qui indiquait la crainte qu'il ne commît quelque indiscrétion ; après quoi on lui fit jurer qu'il n'essaierait en aucune façon d'ôter son bandeau.
Il jura.
Alors les deux hommes le prirent chacun par un bras, et il marcha guidé par eux et précédé de la sentinelle.
Après une trentaine de pas, il sentit, à l'odeur de plus en plus appétissante du chevreau, qu'il repassait devant le bivouac ; puis on lui fit continuer sa route pendant une cinquantaine de pas encore, en avançant évidemment du côté où l'on n'avait pas voulu laisser pénétrer Gaetano : défense qui s'expliquait maintenant. Bientôt, au changement d'atmosphère, il comprit qu'il entrait dans un souterrain ; au bout de quelques secondes de marche, il entendit un craquement, et il lui sembla que l'atmosphère changeait encore de nature et devenait tiède et parfumée ; enfin il sentit que ses pieds posaient sur un tapis épais et moelleux ; ses guides l'abandonnèrent. Il se fit un instant de silence, et une voix dit en bon français, quoique avec un accent étranger :
— Vous êtes le bienvenu chez moi, monsieur, et vous pouvez ôter votre mouchoir.
Comme on le pense bien, Franz ne se fit pas répéter deux fois cette invitation ; il leva son mouchoir, et se trouva en face d'un homme de trente-huit à quarante ans, portant un costume tunisien, c'est-à-dire une calotte rouge avec un long gland de soie bleue, une veste de drap noir toute brodée d'or, des pantalons sang-de-bœuf larges et bouffans, des guêtres de même couleur brodées d'or comme la veste, et des babouches jaunes ; un magnifique cachemire lui serrait la taille, et un petit cangiar aigu et recourbé était passé dans cette ceinture.
Quoique d'une pâleur presque livide, cet homme avait une figure remarquablement belle ; ses yeux étaient vifs et perçans ; son nez, droit et presque de niveau avec le front, indiquait le type grec dans toute sa pureté, et ses dents blanches comme des perles ressortaient admirablement sous la moustache noire qui les encadrait.
Seulement cette pâleur était étrange ; on eût dit un homme enfermé depuis long-temps dans un tombeau, et qui n'eût pas pu reprendre la carnation des vivans.
Sans être d'une grande taille, il était bien fait du reste, et, comme les hommes du Midi, avait les mains et les pieds petits.

Mais ce qui étonna Franz, qui avait traité de rêve le récit de Gaetano, ce fut la somptuosité de l'ameublement.
Toute la chambre était tendue d'étoffes turques de couleur cramoisie et brochées de fleurs d'or. Dans un enfoncement était une espèce de divan surmonté d'un trophée d'armes arabes à fourreaux de vermeil et à poignées resplendissantes de pierreries ; au plafond pendait une lampe en verre de Venise, d'une forme et d'une couleur charmantes, et les pieds reposaient sur un tapis de Turquie dans lequel ils enfonçaient jusqu'à la cheville ; des portières pendaient devant la porte par laquelle Franz était entré, et devant une autre porte donnant passage dans une seconde chambre qui paraissait splendidement éclairée.
L'hôte laissa un instant Franz tout à sa surprise, et d'ailleurs il lui rendait examen pour examen, et ne le quittait pas des yeux.
— Monsieur, lui dit-il enfin, mille fois pardon des précautions que l'on a exigées de vous pour vous introduire chez moi ; mais, comme la plupart du temps cette île est déserte, si le secret de cette demeure était connu je trouverais sans doute, en revenant, mon pied-à-terre en assez mauvais état, ce qui me serait fort désagréable, non pas pour la perte que cela me causerait, mais parce que je n'aurais pas la certitude de pouvoir, quand je le veux, me séparer du reste de la terre. Maintenant je vais tâcher de vous faire oublier ce petit désagrément en vous offrant ce que vous n'espériez certes pas trouver ici, c'est-à-dire un souper passable et d'assez bons lits.
— Ma foi, mon cher hôte, répondit Franz, il ne faut pas vous excuser pour cela. J'ai toujours vu que l'on bandait les yeux aux gens qui pénétraient dans les palais enchantés, voyez plutôt Raoul dans les *Huguenots*, et véritablement, je n'ai pas à me plaindre, car ce que vous me montrez fait suite aux merveilles des *Mille et une Nuits*.
— Hélas! je vous dirai comme Lucullus : Si j'avais su avoir l'honneur de votre visite, je m'y serais préparé. Mais enfin, tel qu'est mon ermitage, je le mets à votre disposition ; tel qu'il est, mon souper vous est offert. Ali, sommes-nous servis?
Presque au même instant la portière se souleva, et un nègre nubien, noir comme l'ébène et vêtu d'une simple tunique blanche, fit signe à son maître qu'il pouvait passer dans la salle à manger.
— Maintenant, dit l'inconnu à Franz, je ne sais si vous êtes de mon avis, mais je trouve que rien n'est gênant comme de rester deux ou trois heures en tête à tête sans savoir de quel nom ou de quel titre s'appeler. Remarquez que je respecte trop les lois de l'hospitalité pour vous demander ou votre nom ou votre titre ; je vous prie seulement de me désigner une appellation quelconque, à l'aide de laquelle je puisse vous adresser la parole. Quant à moi, pour vous mettre à votre aise je vous dirai que l'on a l'habitude de m'appeler Simbad le Marin.
— Et moi, reprit Franz, je vous dirai que, comme il ne me manque, pour être dans la situation d'Aladin, que la fameuse lampe merveilleuse, je ne vois aucune difficulté à ce que, pour le moment, vous m'appeliez Aladin. Cela ne nous sortira pas de l'Orient, où je suis tenté de croire que j'ai été transporté par la puissance de quelque bon génie.
— Eh bien! seigneur Aladin, fit l'étrange amphitryon, vous avez entendu que nous étions servis, n'est-ce pas? veuillez donc prendre la peine d'entrer dans la salle à manger ; votre très humble serviteur passe devant vous pour vous montrer le chemin.
Et à ces mots, soulevant la portière, Simbad passa effectivement devant Franz.
Franz marchait d'enchantemens en enchantemens : la table était splendidement servie. Une fois convaincu de ce point important, il porta les yeux autour de lui. La salle

à manger était moins splendide que le boudoir qu'il venait de quitter; elle était tout en marbre avec des bas-reliefs antiques du plus grand prix, et aux deux extrémités de cette salle, qui était oblongue, deux magnifiques statuts portaient des corbeilles sur leurs têtes. Ces corbeilles contenaient deux pyramides de fruits magnifiques; c'étaient des ananas de Sicile, des grenades de Malaga; des oranges des îles Baléares, des pêches de France et des dattes de Tunis.

Quant au souper, il se composait d'un faisan rôti entouré de merles de Corse, d'un jambon de sanglier à la gelée, d'un quartier de chevreau à la tartare, d'un turbot magnifique, et d'une gigantesque langouste.

Les intervalles des grands plats étaient remplis par de petits plats contenant les entremets.

Les plats étaient en argent, les assiettes en porcelaine du Japon.

Franz se frotta les yeux pour s'assurer qu'il ne rêvait pas.

Ali seul était admis à faire le service et s'en acquittait fort bien. Le convive en fit compliment à son hôte.

— Oui, reprit celui-ci tout en faisant les honneurs de son souper avec la plus grande aisance, oui, c'est un pauvre diable qui m'est fort dévoué et qui fait de son mieux. Il se souvient que je lui ai sauvé la vie, et comme il tenait à sa tête, à ce qu'il paraît, il m'a gardé quelque reconnaissance de la lui avoir conservée.

Ali s'approcha de son maître, lui prit la main et la baisa.

— Et serait-ce trop indiscret, seigneur Simbad, dit Franz, de vous demander en quelle circonstance vous avez fait cette belle action?

— Oh! mon Dieu, c'est bien simple, répondit l'hôte. Il paraît que le drôle avait rôdé plus près du sérail du bey de Tunis qu'il n'était convenable de le faire à un gaillard de sa couleur; de sorte qu'il avait été condamné par le bey à avoir la langue, la main et la tête tranchées: la langue le premier jour, la main le second, et la tête le troisième. J'avais toujours eu envie d'avoir un muet à mon service; j'attendis qu'il eût la langue coupée, et j'allai proposer au bey de me le donner pour un magnifique fusil à deux coups qui, la veille, m'avait paru éveiller les désirs de sa Hautesse. Il balança un instant, tant il tenait à en finir avec ce pauvre diable. Mais j'ajoutai à ce fusil un couteau de chasse anglais avec lequel j'avais haché le yatagan de sa Hautesse; de sorte que le bey se décida à lui faire grâce de la main et de la tête, mais à condition qu'il ne remettrait jamais le pied à Tunis. La recommandation était inutile. Du plus loin que le mécréant aperçoit les côtes d'Afrique il se sauve à fond de cale, et l'on ne peut le faire sortir de là que lorsqu'on est hors de vue de la troisième partie du monde.

Franz resta un instant muet et pensif, cherchant ce qu'il devait penser de la bonhomie cruelle avec laquelle son hôte venait de lui faire ce récit.

— Et comme l'honorable marin dont vous avez pris le nom, dit-il en changeant la conversation, vous passez votre vie à voyager?

— Oui; c'est un vœu que j'ai fait dans un temps où je ne pensais guère pouvoir l'accomplir, dit l'inconnu en souriant. J'en ai fait quelques-uns comme cela, et qui, je l'espère, s'accompliront tous à leur tour.

Quoique Simbad eût prononcé ces mots avec le plus grand sang-froid, ses yeux avaient lancé un regard de férocité étrange.

— Vous avez beaucoup souffert, monsieur? lui dit Franz.

Simbad tressaillit et le regarda fixement.

— A quoi voyez-vous cela? demanda-t-il.

— A tout, reprit Franz; à votre voix, à votre regard, à votre pâleur, et à la vie même que vous menez.

— Moi! je mène la vie la plus heureuse que je connaisse; une véritable vie de pacha; je suis le roi de la création: je me plais dans un endroit, j'y reste; je m'ennuie, je pars; je suis libre comme l'oiseau, j'ai des ailes comme lui; les gens qui m'entourent m'obéissent sur un signe. De temps en temps je m'amuse à railler la justice humaine en lui enlevant un bandit qu'elle cherche, un criminel qu'elle poursuit. Puis, j'ai ma justice à moi, basse et haute, sans sursis et sans appel, qui condamne ou qui absout, et à laquelle personne n'a rien à voir. Ah! si vous aviez goûté de ma vie, vous n'en voudriez plus d'autre, et vous ne rentreriez jamais dans le monde, à moins que vous n'eussiez quelque grand projet à y accomplir.

— Une vengeance! par exemple, dit Franz.

L'inconnu fixa sur le jeune homme un de ces regards qui plongent au plus profond du cœur et de la pensée.

— Et pourquoi une vengeance? demanda-t-il.

— Parce que, reprit Franz, vous m'avez l'air d'un homme qui, persécuté par la société, a un compte terrible à régler avec elle.

— Eh bien, fit Simbad en riant de son rire étrange qui montrait ses dents blanches et aiguës, vous n'y êtes pas; tel que vous me voyez, je suis une espèce de philantrope et peut-être un jour irai-je à Paris pour faire concurrence à M. Appert et à l'homme au petit manteau bleu.

— Et ce sera la première fois que vous ferez ce voyage?

— Oh! mon Dieu, oui. J'ai l'air d'être bien peu curieux, n'est-ce pas? mais je vous assure qu'il n'y a pas de ma faute si j'ai tant tardé, cela viendra un jour ou l'autre!

— Et comptez-vous faire bientôt ce voyage?

— Je ne sais encore, il dépend de circonstances soumises à des combinaisons incertaines.

— Je voudrais y être à l'époque où vous y viendrez, je tâcherais de vous rendre, en tant qu'il serait en mon pouvoir, l'hospitalité que vous me donnez si largement à Monte-Christo.

— J'accepterais votre offre avec un grand plaisir, reprit l'hôte; mais malheureusement, si j'y vais, ce sera peut-être incognito.

Cependant le souper s'avançait et paraissait avoir été servi à la seule intention de Franz; car à peine si l'inconnu avait touché du bout des dents à un ou deux plats du splendide festin qu'il lui avait offert, et auquel son convive inattendu avait fait si largement honneur. Enfin, Ali apporta le dessert, ou plutôt prit les corbeilles des mains des statues et les posa sur la table.

Entre les deux corbeilles il plaça une petite coupe de vermeil fermée par un couvercle de même métal.

Le respect avec lequel Ali avait apporté cette coupe piqua la curiosité de Franz. Il leva le couvercle et vit une espèce de pâte verdâtre qui ressemblait à des confitures d'angélique, mais qui lui était parfaitement inconnue.

Il replaça le couvercle, aussi ignorant de ce que la coupe contenait après avoir remis le couvercle qu'avant de l'avoir levé, et, en reportant les yeux sur son hôte, il le vit sourire de son désappointement.

— Vous ne pouvez pas deviner, lui dit celui-ci, quelle espèce de comestible contient ce petit vase, et cela vous intrigue, n'est-ce pas?

— Je l'avoue.

— Eh bien, cette sorte de confiture verte n'est ni plus ni moins que l'ambroisie que Hébé servait à la table de Jupiter.

— Mais cette ambroisie, dit Franz, a sans doute, en passant par la main des hommes, perdu son nom céleste pour prendre un nom humain; en langue vulgaire, comment cet ingrédient, pour lequel, au reste, je ne me sens pas une grande sympathie, s'appelle-t-il?

— Eh! voilà justement ce qui révèle notre origine matérielle, s'écria Simbad; souvent nous passons ainsi auprès du bonheur sans le voir, sans le regarder, ou, si nous l'avons vu et regardé, sans le reconnaître. Êtes-vous un homme positif et l'or est-il votre dieu, goûtez à ceci, et les mines du Pérou, de Guzurate et de Golconde vous seront ouvertes. Êtes-vous un homme d'imagination, êtes-vous poète, goûtez encore à ceci, et les barrières du possible disparaîtront ; les champs de l'infini vont s'ouvrir, vous vous promènerez libre de cœur, libre d'esprit, dans le domaine sans bornes de la rêverie. Êtes-vous ambitieux, courez-vous après les grandeurs de la terre, goûtez de ceci toujours, et dans une heure vous serez roi, non pas d'un petit royaume caché dans un coin de l'Europe, comme la France, l'Espagne ou l'Angleterre, mais roi du monde, roi de l'univers, roi de la création. Votre trône sera dressé sur la montagne où Satan emporta Jésus ; et, sans avoir besoin de lui faire hommage, sans être forcé de lui baiser la griffe, vous serez le souverain maître de tous les royaumes de la terre. N'est-ce pas tentant, ce que je vous offre là, dites, et n'est-ce pas une chose bien facile puisqu'il n'y a que cela à faire? regardez.

A ces mots, il découvrit à son tour la petite coupe de vermeil qui contenait la substance tant louée, prit une cuillerée à café des confitures magiques, la porta à sa bouche et la savoura lentement les yeux à moitié fermés et la tête renversée en arrière.

Franz lui laissa tout le temps d'absorber son mets favori ; puis, lorsqu'il le vit un peu revenu à lui :

— Mais, enfin, dit-il, qu'est-ce que ce mets si précieux?

— Avez-vous entendu parler du Vieux de la Montagne, lui demanda son hôte, le même qui voulut faire assassiner Philippe-Auguste?

— Sans doute.

— Eh bien, vous savez qu'il y régnait sur une riche vallée qui dominait la montagne d'où il avait pris son nom pittoresque. Dans cette vallée étaient de magnifiques jardins plantés par Hassen-ben-Sabah, et dans ces jardins des pavillons isolés. C'est dans ces pavillons qu'il faisait entrer ses élus, et là il leur faisait manger, dit Marco Paulo, une certaine herbe qui les transportait dans le Paradis, au milieu de plantes toujours fleuries, de fruits toujours mûrs, de femmes toujours vierges. Or, ce que ces jeunes gens bienheureux prenaient pour la réalité, c'était un rêve ; mais un rêve si doux, si enivrant, si voluptueux, qu'ils se vendaient corps et âme à celui qui le leur avait donné, et qu'obéissant à ses ordres comme à ceux de Dieu, ils allaient frapper au bout du monde la victime indiquée, mourant dans les tortures sans se plaindre, à la seule idée que la mort qu'ils subissaient n'était qu'une transition à cette vie de délices dont cette herbe sainte, servie devant vous, leur avait donné un avant-goût.

— Alors, s'écria Franz, c'est du hatchis, oui ! je connais cela, de nom du moins.

— Justement, vous avez dit le mot, seigneur Aladin, c'est du hatchis, tout ce qui se fait de meilleur et de plus pur en hatchis à Alexandrie, du hatchis d'Abougor, le grand faiseur, l'homme unique, l'homme à qui l'on devrait bâtir un palais avec cette inscription : *Au marchand du bonheur le monde reconnaissant.*

— Savez-vous, dit Franz, que j'ai bien envie de juger par moi-même de la vérité ou de l'exagération de vos éloges.

— Jugez par vous-même, mon hôte, jugez, mais ne vous en tenez pas à une première expérience. Comme en toute chose, il faut habituer les sens à une impression nouvelle, douce ou violente, triste ou joyeuse. Il y a une lutte de la nature contre cette divine substance, de la nature, qui n'est pas faite pour la joie et qui se cramponne à la douleur. Il faut que la nature vaincue succombe dans le combat, il faut que la réalité succède au rêve ; et alors le rêve règne en maître, alors c'est le rêve qui devient la vie et la vie qui devient le rêve ; mais quelle différence dans cette transfiguration ! c'est-à-dire qu'en comparant les douleurs de l'existence réelle aux jouissances de l'existence factice, vous ne voudrez plus vivre jamais, et que vous voudrez rêver toujours. Quand vous quitterez votre monde à vous pour le monde des autres, il vous semblera passer d'un printemps napolitain à un hiver lapon, il vous semblera quitter le paradis pour la terre, le ciel pour l'enfer. Goûtez du hatchis, mon hôte ! goûtez-en !

Pour toute réponse, Franz prit une cuillerée de cette pâte merveilleuse, mesurée sur celle qu'avait prise son amphitryon, et la porta à sa bouche.

— Diable ! fit-il après avoir avalé ces confitures divines, je ne sais pas encore si le résultat sera aussi agréable que vous le dites, mais la chose ne me paraît pas aussi succulente que vous l'affirmez.

— Parce que les houppes de votre palais ne sont pas encore faites à la sublimité de la substance qu'elles dégustent. Dites-moi, est-ce que dès la première fois vous avez aimé les huîtres, le thé, le porter, les truffes, toutes choses que vous avez adorées par la suite? est-ce que vous comprenez les Romains qui assaisonnaient les faisans avec de l'assa fœtida, et les Chinois qui mangent des nids d'hirondelles ? eh ! mon Dieu, non. Eh bien ! il en est de même du hatchis : mangez-en huit jours de suite seulement, nulle nourriture au monde ne vous paraîtra atteindre à la finesse de ce goût qui vous paraît peut-être aujourd'hui fade et nauséabond. D'ailleurs passons dans la chambre à côté, c'est-à-dire dans votre chambre, et Ali va nous servir le café et nous donner des pipes.

Tous deux se levèrent, et, pendant que celui qui s'était donné le nom de Simbad, et que nous avons ainsi nommé de temps en temps, de façon à pouvoir, comme son convive, lui donner une dénomination quelconque, donnait quelques ordres à son domestique, Franz entra dans la chambre attenante.

Celle-ci était d'un ameublement plus simple quoique non moins riche. Elle était de forme ronde, et un grand divan régnait tout alentour. Mais divan, murailles, plafonds et parquets étaient tout tendus de peaux magnifiques, douces et moelleuses comme les plus moelleux tapis ; c'étaient des peaux de lions de l'Atlas aux puissantes crinières, c'étaient des peaux de tigres du Bengale aux chaudes rayures, des peaux de panthères du Cap tachetées joyeusement comme celle qui apparaît au Dante, enfin des peaux d'ours de Sibérie, des renards de Norwége, et ces peaux étaient jetées en profusion les unes sur les autres, de façon qu'on eût cru marcher sur le gazon le plus épais et reposer sur le lit le plus soyeux.

Tous deux se couchèrent sur le divan ; des chibouques aux tuyaux de jasmin et aux bouquins d'ambre étaient à la portée de la main, et toutes préparées pour qu'on n'eût pas besoin de fumer deux fois dans la même. Ils en prirent chacun une. Ali les alluma, et sortit pour aller chercher le café.

Il y eut un moment de silence pendant lequel Simbad se laissa aller aux pensées qui semblaient l'occuper sans cesse, même au milieu de sa conversation. Et Franz s'abandonna à cette rêverie muette dans laquelle on tombe presque toujours en fumant d'excellent tabac qui semble emporter avec la fumée toutes les peines de l'esprit et rendre en échange au fumeur tous les rêves de l'âme.

Ali apporta le café.

— Comment le prendrez-vous? dit l'inconnu : à la française ou à la turque, fort ou léger, sucré ou non sucré, passé ou bouilli? à votre choix : il y en a de préparé de toutes les façons.

— Je le prendrai à la turque, répondit Franz.

— Et vous avez raison, s'écria son hôte ; cela prouve que vous avez des dispositions pour la vie orientale Ah ! les Orientaux, voyez-vous, ce sont les seuls hommes qui sachent vivre ! Quant à moi, ajouta-t-il avec un de ces singuliers sourires qui n'échappaient pas au jeune homme quand j'aurai fini mes affaires à Paris, j'irai mourir en Orient; et si vous voulez me retrouver alors, il faudra venir me chercher au Caire, à Bagdad, ou à Ispahan.

— Ma foi, dit Franz, ce sera la chose du monde la plus facile, car je crois qu'il me pousse des ailes d'aigle, et, avec ces ailes, je ferais le tour du monde en vingt-quatre heures.

— Ah! ah! c'est le hatchis qui opère; eh bien! ouvrez vos ailes et envolez-vous dans les régions surhumaines; ne craignez rien, on veille sur vous, et si, comme celles d'Icare, vos ailes fondent au soleil, nous sommes là pour vous recevoir.

Alors il dit quelques mots arabes à Ali, qui fit un geste d'obéissance et se retira mais sans s'éloigner.

Quant à Franz, une étrange transformation s'opérait en lui. Toute la fatigue physique de la journée, toute la préoccupation d'esprit qu'avaient fait naître les événemens du soir disparaissaient comme dans ce premier moment de repos où l'on vit encore assez pour sentir venir le sommeil. Son corps semblait acquérir une légèreté immatérielle, son esprit s'éclaircissait d'une façon inouïe, ses sens semblaient doubler leurs facultés; l'horizon allait toujours s'élargissant, mais non plus cet horizon sombre sur lequel planait une vague terreur et qu'il avait vu avant son sommeil, mais un horizon bleu, transparent, vaste, avec tout ce que la mer a d'azur, avec tout ce que le soleil a de paillettes, avec tout ce que la brise a de parfums; puis, au milieu des chants de ses matelots, chants si limpides et si clairs qu'on en eût fait une harmonie divine si l'on eût pu les noter, il voyait apparaître l'île de Monte-Christo, non plus comme un écueil menaçant sur les vagues, mais comme une oasis perdue dans le désert; puis, à mesure que la barque approchait, les chants devenaient plus nombreux, car une harmonie enchanteresse et mystérieuse montait de cette île à Dieu, comme si quelque fée, comme Lorelay, ou quelque enchanteur, comme Amphion, eût voulu y attirer une ame ou y bâtir une ville.

Enfin la barque toucha la rive, mais sans effort, sans secousse, comme les lèvres touchent les lèvres, et il entra dans la grotte sans que cette musique charmante cessât. Il descendit ou plutôt il lui sembla descendre quelques marches, respirant cet air frais et embaumé comme celui qui devait régner autour de la grotte de Circé, fait de tels parfums qu'ils font rêver l'esprit, de telles ardeurs qu'ils font brûler les sens, et il revit tout ce qu'il avait vu avant son sommeil, depuis Simbad, l'hôte fantastique, jusqu'à Ali, le serviteur muet; puis tout sembla s'effacer et se confondre sous ses yeux comme les dernières ombres d'une lanterne magique qu'on éteint, et il se retrouva dans la chambre aux statues, éclairée seulement d'une de ces lampes antiques et pâles qui veillent au milieu de la nuit sur le sommeil ou la volupté.

C'étaient bien les mêmes statues riches de formes, de luxure et de poésie, aux yeux magnétiques, aux sourires lascifs, aux chevelures opulentes. C'étaient Phryné, Cléopâtre, Messaline, ces trois grandes courtisanes; puis au milieu de ces ombres impudiques se glissait, comme un rayon pur, comme un ange chrétien au milieu de l'Olympe, une de ces visions douces qui semblait voiler son front virginal sous toutes ces impuretés de marbre.

Alors il lui parut que ces trois statues avaient réuni leurs trois amours pour un seul homme, et que cet homme c'était lui, qu'elles s'approchaient du lit où il rêvait un second sommeil, les pieds perdus dans leurs longues tuniques blanches, la gorge nue, les cheveux se déroulant comme une onde, avec une de ces poses auxquelles succombaient les dieux, mais auxquelles résistaient les saints, avec un de ces regards inflexibles et ardens comme celui du serpent sur l'oiseau, et qu'il s'abandonnait à ces regards douloureux comme une étreinte, voluptueux comme un baiser.

Il sembla à Franz qu'il fermait les yeux, et qu'à travers le dernier regard qu'il jetait autour de lui il entrevoyait la statue pudique qui se voilait entièrement; puis, ses yeux fermés aux choses réelles, ses sens s'ouvrirent aux impressions impossibles.

Alors ce fut une volupté sans trêve, un amour sans repos comme celui que promettait le prophète à ses élus. Alors toutes ces bouches de pierre se firent vivantes, toutes ces poitrines se firent chaudes, au point que pour Franz, subissant pour la première fois l'empire du hatchis, cet amour était presque une douleur, cette volupté presque une torture, lorsqu'il sentait passer sur sa bouche altérée les lèvres de ces statues, souples et froides comme les anneaux d'une couleuvre. Mais plus ses bras tentaient de repousser cet amour inconnu, plus ses sens subissaient le charme de ce songe mystérieux, si bien qu'après une lutte pour laquelle on eût donné son ame, il s'abandonna sans réserve et finit par retomber haletant, brûlé de fatigue, épuisé de volupté, sous les baisers de ces maîtresses de marbre et sous les enchantemens de ce rêve inouï.

CHAP. XXXI. — RÉVEIL.

Lorsque Franz revint à lui, les objets extérieurs semblaient une seconde partie de son rêve; il se crut dans un sépulcre où pénétrait à peine, comme un regard de pitié, un rayon de soleil; il étendit la main et sentit de la pierre; il se mit sur son séant : il était couché dans son burnous sur un lit de bruyères sèches fort doux et fort odoriférant.

Toute vision avait disparu, et, comme si les statues n'eussent été que des ombres sorties de leurs tombeaux pendant son rêve, elles s'étaient enfuies à son réveil.

Il fit quelques pas vers le point d'où venait le jour; à toute l'agitation du songe succédait le calme de la réalité. Il se vit dans une grotte, s'avança du côté de l'ouverture, et à travers la porte cintrée aperçut un ciel bleu et une mer d'azur. L'air et l'eau resplendissaient aux rayons du soleil du matin; sur le rivage, les matelots étaient assis causant et riant : à dix pas en mer la barque se balançait gracieusement sur son ancre.

Alors il savoura quelque temps cette brise fraîche qui lui passait sur le front; il écouta le bruit affaibli de la vague qui se mouvait sur le bord et laissait sur les roches une dentelle d'écume blanche comme de l'argent; il se laissa aller sans réfléchir, sans penser à ce charme divin qu'il y a dans les choses de la nature, surtout lorsqu'on sort d'un rêve fantastique; puis peu à peu cette vie du dehors, si calme, si pure, si grande, lui rappela l'invraisemblance de son sommeil, et les souvenirs commencèrent à rentrer dans sa mémoire.

Il se souvint de son arrivée dans l'île, de sa présentation à un chef de contrebandiers, d'un palais souterrain plein de splendeurs, d'un souper excellent et d'une cuillerée de hatchis.

Seulement, en face de cette réalité de plein jour, il lui semblait qu'il y avait au moins un an que toutes ces choses s'étaient passées, tant le rêve qu'il avait fait était vivant dans sa pensée et prenait d'importance dans son esprit. Aussi de temps en temps son imagination faisait asseoir au milieu des matelots, ou traverser un rocher, ou se balancer sur la barque, une de ces ombres qui avaient étoilé sa nuit de leurs regards et de leurs baisers. Du reste, il avait la tête parfaitement libre et le corps parfaitement reposé, aucune lourdeur dans le cerveau; mais, au contraire, un certain bien-être général, une faculté d'absorber l'air et le soleil plus grande que jamais.

Il s'approcha donc gaîment de ses matelots.

Dès qu'ils le revirent ils se levèrent, et le patron s'approcha de lui.

— Le seigneur Simbad, lui dit-il, nous a chargés de

tous ses complimens pour Votre Excellence, et nous a dit de lui exprimer le regret qu'il a de ne pouvoir prendre congé d'elle; mais il espère que vous l'excuserez quand vous saurez qu'une affaire très pressante l'appelle à Malaga.

— Ah çà, mon cher Gaetano, dit Franz, tout cela est donc véritablement une réalité, il existe un homme qui m'a reçu dans cette île, qui m'y a donné une hospitalité royale, et qui est parti pendant mon sommeil?

— Il existe si bien, que voilà son petit yacht qui s'éloigne, toutes voiles dehors, et que, si vous voulez prendre votre lunette d'approche, vous reconnaîtrez, selon toute probabilité, votre hôte au milieu de son équipage.

Et en disant ces paroles, Gaetano étendait le bras dans la direction d'un petit bâtiment qui faisait voile vers la pointe méridionale de la Corse.

Franz tira sa lunette, la mit à son point de vue, et la dirigea vers l'endroit indiqué.

Gaetano ne se trompait pas. Sur l'arrière du bâtiment, le mystérieux étranger se tenait debout tourné de son côté, et tenant comme lui une lunette à la main; il avait en tout point le costume sous lequel il était apparu la veille à son convive, et agitait un mouchoir en signe d'adieu.

Franz lui rendit son salut en tirant à son tour son mouchoir et en l'agitant comme il agitait le sien.

Au bout d'une seconde, un léger nuage de fumée se dessina à la poupe du bâtiment, se détacha gracieusement de l'arrière, et monta lentement vers le ciel, puis une faible détonation arriva jusqu'à Franz.

— Tenez, entendez-vous, dit Gaetano, le voilà qui vous dit adieu!

Le jeune homme prit sa carabine et la déchargea en l'air, mais sans espérance que le bruit pût franchir la distance qui séparait le yacht de la côte.

— Qu'ordonne Votre Excellence? dit Gaetano.

— D'abord que vous m'allumiez une torche.

— Ah! oui, je comprends, reprit le patron, pour chercher l'entrée de l'appartement enchanté. Bien du plaisir, Excellence, si la chose vous amuse, et je vais vous donner la torche demandée. Mais, moi aussi, j'ai été possédé de l'idée qui vous tient, et je m'en suis passé la fantaisie trois ou quatre fois; mais j'ai fini par y renoncer. Giovanni, ajouta-t-il, allume une torche, et apporte-la à son Excellence.

Giovanni obéit. Franz prit la torche et entra dans le souterrain suivi de Gaetano.

Il reconnut la place où il s'était réveillé à son lit de bruyères encore tout froissé; mais il eut beau promener sa torche sur toute la surface extérieure de la grotte, il ne vit rien, si ce n'est, à des traces de fumée, que d'autres avant lui avaient déjà tenté inutilement la même investigation.

Cependant il ne laissa pas un pied de cette muraille granitique, impénétrable comme l'avenir, sans l'examiner; il ne vit pas une gerçure qu'il n'y introduisît la lame de son couteau de chasse; il ne remarqua pas un point saillant qu'il n'appuyât dessus, dans l'espoir qu'il céderait; mais tout fut inutile, et il perdit, sans aucun résultat, deux heures à cette recherche.

Au bout de ce temps il y renonça. Gaetano était triomphant.

Quand Franz revint sur la plage, le yacht n'apparaissait plus que comme un petit point blanc à l'horizon; il eut recours à sa lunette, mais même avec l'instrument il était impossible de rien distinguer.

Gaetano lui rappela qu'il était venu pour chasser des chèvres, ce qu'il avait complètement oublié. Il prit son fusil et se mit à parcourir l'île de l'air d'un homme qui accomplit un devoir plutôt qu'il ne prend un plaisir, et au bout d'un quart d'heure il avait tué une chèvre et deux chevreaux. Mais ces chèvres, quoique sauvages et alertes comme des chamois, avaient une trop grande ressemblance avec nos chèvres domestiques, et Franz ne les regardait pas comme un gibier.

Puis des idées bien autrement puissantes préoccupaient son esprit. Depuis la veille il était véritablement le héros d'un conte des *Mille et une Nuits*, et invinciblement il était ramené vers la grotte.

Alors, malgré l'inutilité de sa première perquisition, il en recommença une seconde, après avoir dit à Gaetano de faire rôtir un des deux chevreaux. Cette seconde visite dura assez long-temps, car lorsqu'il revint le chevreau était rôti et le déjeuner était prêt.

Franz s'assit à l'endroit où la veille on était venu l'inviter à souper de la part de cet hôte mystérieux, et il aperçut encore, comme une mouette bercée au sommet d'une vague, le petit yacht qui continuait de s'avancer vers la Corse.

— Mais, dit-il à Gaetano, vous m'avez annoncé que le seigneur Simbad faisait voile pour Malaga, tandis qu'il me semble à moi qu'il se dirige directement vers Porto-Vecchio.

— Ne vous rappelez-vous plus, reprit le patron, que parmi les gens de son équipage je vous ai dit qu'il y avait pour le moment deux bandits corses?

— C'est vrai! et il va les jeter sur la côte, fit Franz.

— Justement. Ah! c'est un individu, s'écria Gaetano, qui ne craint ni Dieu ni diable, à ce qu'on dit, et qui se dérangera de cinquante lieues de sa route pour rendre service à un pauvre homme.

— Mais ce genre de service pourrait bien le brouiller avec les autorités du pays où il exerce ce genre de philantropie, dit Franz.

— Ah bien! dit Gaetano en riant, qu'est-ce que ça lui fait à lui, les autorités! il s'en moque pas mal! On n'a qu'à essayer de le poursuivre! D'abord son yacht n'est pas un navire, c'est aussi un oiseau, et il rendrait trois nœuds sur douze à une frégate; et puis il n'a qu'à se jeter lui-même à la côte, est-ce qu'il ne trouvera pas partout des amis?

Ce qu'il y avait de plus clair dans tout cela, c'est que le seigneur Simbad, l'hôte de Franz, avait l'honneur d'être en relation avec les contrebandiers et les bandits de toutes les côtes de la Méditerranée; ce qui ne laissait pas que d'établir pour lui une position assez étrange.

Quant à Franz, rien ne le retenait plus à Monte-Christo; il avait perdu tout espoir de trouver le secret de la grotte; il se hâta donc de déjeuner en ordonnant à ses hommes de tenir leur barque prête pour le moment où il aurait fini.

Une demi-heure après il était à bord.

Il jeta un dernier regard sur le yacht: il était prêt à disparaître dans le golfe de Porto-Vecchio.

Il donna le signal du départ.

Au moment où la barque se mettait en mouvement le yacht disparaissait.

Avec lui s'effaçait la dernière réalité de la nuit précédente: aussi souper, Simbad, hatchis et statues, tout commençait pour Franz à se fondre dans le même rêve.

La barque marcha toute la journée et toute la nuit; et le lendemain, quand le soleil se leva, c'était l'île de Monte-Christo qui avait disparu à son tour.

Une fois que Franz eut touché terre, il oublia, momentanément du moins, les événements qui venaient de se passer pour terminer ses affaires de plaisir et de politesse à Florence, et ne s'occuper que de rejoindre son compagnon qui l'attendait à Rome.

Il partit donc, et le samedi soir il arriva à la place de la Douane par la malle-poste.

L'appartement, comme nous l'avons dit, était retenu d'avance, et il n'y avait donc plus qu'à rejoindre l'hôtel de maître Pastrini: ce qui n'était pas chose très facile; car la foule encombrait les rues, et Rome était déjà en proie à cette rumeur sourde et fébrile qui précède les grands événemens. Or, à Rome, il y a quatre grands événemens par an: le carnaval, la semaine-sainte, la Fête-Dieu et la Saint-Pierre.

Tout le reste de l'année, la ville retombe dans sa morne

apathie, état intermédiaire entre la vie et la mort, qui la rend semblable à une espèce de station entre ce monde et l'autre; station sublime, halte pleine de poésie et de caractère que Franz avait déjà faite cinq ou six fois, et qu'à chaque fois il avait trouvée plus merveilleuse et plus fantastique encore.

Enfin, il traversa cette foule toujours plus grossissante et plus agitée et atteignit l'hôtel. Sur sa première demande, il lui fut répondu, avec cette impertinence particulière aux cochers de fiacre retenus et aux aubergistes au complet, qu'il n'y avait plus de place pour lui à l'hôtel de Londres. Alors il envoya sa carte à maître Pastrini, et se fit réclamer d'Albert de Morcerf. Le moyen réussit, et maître Pastrini accourut lui-même, s'excusant d'avoir fait attendre son Excellence, grondant ses garçons, prenant le bougeoir de la main du cicerone qui s'était déjà emparé du voyageur, et se préparant à le mener près d'Albert, quand celui-ci vint à sa rencontre.

L'appartement retenu se composait de deux petites chambres et d'un cabinet. Les deux chambres donnaient sur la rue, circonstances que maître Pastrini fit valoir comme y ajoutant un mérite inappréciable. Le reste de l'étage était loué à un personnage fort riche, que l'on croyait Sicilien ou Maltais; mais l'hôtelier ne put pas dire au juste à laquelle de ces deux nations appartenait ce voyageur.

— C'est fort bien, maître Pastrini, dit Franz, mais il nous faudrait tout de suite un souper quelconque pour ce soir, et une calèche pour demain et les jours suivans.

— Quant au souper, répondit l'aubergiste, vous allez être servis à l'instant même; mais quant à la calèche....

— Comment, quant à la calèche! s'écria Albert. Un instant, un instant! ne plaisantons pas, maître Pastrini! il nous faut une calèche.

— Monsieur, dit l'aubergiste, on fera tout ce qu'on pourra pour en avoir une. Voilà tout ce que je puis vous dire.

— Et quand aurons-nous la réponse? demanda Franz.

— Demain matin, répondit l'aubergiste.

— Que diable! dit Albert, on la paiera plus cher, voilà tout : on sait ce que c'est; chez Drake et Aaron vingt-cinq francs pour les jours ordinaires et trente ou trente-cinq francs pour les dimanches et fêtes, mettez cinq francs par jour de courtage, cela fera quarante et n'en parlons plus.

— J'ai bien peur que ces messieurs, même en offrant le double, ne puissent pas s'en procurer.

— Alors, qu'on fasse mettre des chevaux à la mienne; elle est un peu écornée par le voyage, mais n'importe.

— On ne trouvera pas de chevaux.

Albert regarda Franz en homme auquel on fait une réponse qui lui paraît incompréhensible.

— Comprenez-vous cela, Franz! pas de chevaux, dit-il; mais des chevaux de poste, ne pourrait-on pas en avoir?

— Ils sont tous loués depuis quinze jours, et il ne reste maintenant que ceux absolument nécessaires au service.

— Que dites-vous de cela ? demanda Franz.

— Je dis que, lorsqu'une chose passe mon intelligence, j'ai l'habitude de ne pas m'appesantir sur cette chose et de passer à une autre. Le souper est-il prêt, maître Pastrini?

— Oui, Excellence.

— Eh bien, soupons d'abord.

— Mais la calèche et les chevaux? dit Franz.

— Soyez tranquille, cher ami, ils viendront tout seuls, il ne s'agira que d'y mettre le prix.

Et Morcerf, avec cette admirable philosophie qui ne croit rien impossible tant qu'elle sent sa bourse ronde ou son portefeuille garni, soupa, se coucha, s'endormit sur les deux oreilles et rêva qu'il courait le carnaval dans une calèche à six chevaux.

CHAP. XXXII. — BANDITS ROMAINS.

Le lendemain Franz se réveilla le premier, et, aussitôt réveillé, sonna.

Le tintement de la clochette vibrait encore lorsque maître Pastrini entra en personne.

— Eh bien, dit l'hôte triomphant et sans même attendre que Franz l'interrogeât, je m'en doutais bien hier, Excellence, quand je ne voulais rien vous promettre ! vous vous y êtes pris trop tard, et il n'y a plus une seule calèche à Rome... pour les trois derniers jours s'entend.

— Oui, reprit Franz, c'est-à-dire pour ceux où elle est absolument nécessaire.

— Qu'y a-t-il ! demanda Albert en entrant : pas de calèche ?

— Justement, mon cher ami, répondit Franz, et vous avez deviné du premier coup.

— Eh bien, voilà une jolie ville que votre ville éternelle !

— C'est-à-dire, Excellence, reprit maître Pastrini, qui désirait maintenir la capitale du monde chrétien dans une certaine dignité à l'égard de ses voyageurs, c'est-à-dire qu'il n'y a plus de calèche à partir de dimanche matin jusqu'à mardi soir, mais d'ici-là vous en trouverez cinquante si vous voulez.

— Ah! c'est déjà quelque chose, dit Albert; nous sommes aujourd'hui jeudi, qui sait, d'ici à dimanche, ce qui peut arriver?

— Il arrivera dix à douze mille voyageurs, répondit Franz, lesquels rendront la difficulté plus grande encore.

— Mon ami, dit Morcerf, jouissons du présent et n'assombrissons pas l'avenir.

— Au moins, demanda Franz, nous pourrons avoir une fenêtre?

— Sur quoi?

— Sur la rue du Cours, parbleu !

— Ah bien oui! une fenêtre ! s'exclama maître Pastrini; impossible, de toute impossibilité! il en restait une au cinquième étage du palais Doria, et elle a été louée à un prince russe pour vingt sequins par jour.

Les deux jeunes gens se regardèrent d'un air stupéfait.

— Eh bien, mon cher, dit Franz à Albert, savez-vous ce qu'il y a de mieux à faire? c'est de nous en aller passer le carnaval à Venise ; au moins là, si nous ne trouvons pas de voiture, nous trouverons des gondoles.

— Ah! ma foi non, s'écria Albert, j'ai décidé que je verrais le carnaval à Rome, et je l'y verrai, fût-ce sur des échasses.

— Tiens, s'écria Franz, c'est une idée triomphante, surtout pour éteindre les moccoletti; nous nous déguiserons en polichinelles-vampires ou en habitans des Landes, et nous aurons un succès fou.

— Leurs Excellences désirent-elles toujours une voiture jusqu'à dimanche?

— Parbleu ! dit Albert, est-ce que vous croyez que nous allons courir les rues de Rome à pied comme des clercs d'huissiers?

— Je vais m'empresser d'exécuter les ordres de Leurs Excellences, dit maître Pastrini, seulement je les préviens que la voiture leur coûtera six piastres par jour.

— Et moi, mon cher monsieur Pastrini, dit Franz, moi qui ne suis pas notre voisin le millionnaire, je vous préviens à mon tour qu'attendu que c'est la quatrième fois que je viens à Rome, je sais le prix des calèches, jours ordinaires, dimanches et fêtes; nous vous donnerons douze piastres pour aujourd'hui, demain, et après-demain, et vous aurez encore un fort joli bénéfice.

— Cependant, Excellence ! dit maître Pastrini essayant de se rebeller.

— Allez, mon cher hôte, allez, dit Franz, ou je vais moi-même faire mon prix avec votre *affettatore*, qui est le mien aussi; c'est un vieil ami à moi, qui ne m'a déjà pas mal volé d'argent dans sa vie, et qui, dans l'espérance de m'en voler encore, en passera par un prix moindre que celui que je vous offre : vous perdrez donc la différence, et ce sera votre faute.

— Ne prenez pas cette peine, Excellence, dit maître Pastrini avec ce sourire de spéculateur italien qui s'avoue vaincu. je ferai de mon mieux et j'espère que vous serez content.

— A merveille, voilà ce qui s'appelle parler.
— Quand voulez-vous la voiture?
— Dans une heure.
— Dans une heure elle sera à la porte.

Une heure après, effectivement, la voiture attendait les deux jeunes gens : c'était un modeste fiacre, que, vu la solennité de la circonstance, on avait élevé au rang de calèche; mais, quelque médiocre apparence qu'il eût, les deux jeunes gens se fussent trouvés bien heureux d'avoir un pareil véhicule pour les trois derniers jours.

— Excellence, cria le cicerone en voyant Franz mettre le nez à la fenêtre, faut-il faire approcher le carrosse du palais?

Si habitué que fût Franz à l'emphase italienne, son premier mouvement fut de regarder autour de lui; mais c'était bien à lui-même que ces paroles s'adressaient.

Franz était l'Excellence, le carrosse c'était le fiacre, le palais c'était l'hôtel de Londres.

Tout le génie laudatif de la nation était dans cette seule phrase.

Franz et Albert descendirent. Le carrosse s'approcha du palais. Leurs Excellences allongèrent leurs jambes sur les banquettes, le cicerone sauta sur le siège de derrière.

— Où Leurs Excellences veulent-elles qu'on les conduise?

— Mais à Saint-Pierre d'abord, et au Colisée ensuite, dit Albert en véritable Parisien.

Mais, Albert ne savait pas une chose; c'est qu'il faut un jour pour voir Saint-Pierre et un mois pour l'étudier : la journée se passa donc rien qu'à voir Saint-Pierre.

Tout à coup les deux amis s'aperçurent que le jour baissait.

Franz tira sa montre, il était quatre heures et demie.

On reprit aussitôt le chemin de l'hôtel. A la porte Franz donna l'ordre au cocher de se tenir prêt à huit heures. Il voulait faire voir à Albert le Colisée au clair de la lune, comme il lui avait fait voir Saint-Pierre au grand jour. Lorsqu'on fait voir à un ami une ville qu'on a déjà vue, on y met la même coquetterie qu'à montrer une femme dont on a été l'amant.

En conséquence, Franz traça au cocher son itinéraire : il devait sortir par la porte del Popolo, longer la muraille extérieure et rentrer par la porte San Giovanni. Ainsi le Colisée leur apparaissait sans préparation aucune, et sans que le Capitole, le Forum, l'arc de Septime-Sévère, le temple d'Antonin et Faustine et la Via Sacra eussent servi de degrés placés sur sa route pour le rapetisser.

On se mit à table : maître Pastrini avait promis à ses hôtes un festin excellent; il leur donna un dîner passable, il n'y avait rien à dire.

A la fin du dîner, il entra lui-même : Franz crut d'abord que c'était pour recevoir ses compliments et s'apprêtait à les lui faire, lorsqu'aux premiers mots il l'interrompit :

— Excellence, dit-il, je suis flatté de votre approbation; mais ce n'était pas pour cela que j'étais monté chez vous...

— Était-ce pour nous dire que vous aviez trouvé une voiture? demanda Albert en allumant son cigare.

— Encore moins, et même, Excellence, vous ferez bien de n'y plus penser et d'en prendre votre parti. A Rome, les choses se peuvent ou ne se peuvent pas. Quand on vous a dit qu'elles ne se peuvent pas, c'est fini.

— A Paris, c'est bien plus commode : quand cela ne se peut pas, on paie le double et l'on a à l'instant même ce que l'on demande.

— J'entends dire cela à tous les Français, dit maître Pastrini un peu piqué, ce qui fait que je ne comprends pas comment ils voyagent.

— Mais aussi, dit Albert en poussant flegmatiquement sa fumée au plafond et en se renversant balancé sur les deux pieds de derrière de son fauteuil, ce sont les fous et les niais comme nous qui voyagent, les gens sensés ne quittent pas leur hôtel de la rue du Helder, le boulevard de Gand et le café de Paris.

Il va sans dire qu'Albert demeurait dans la rue susdite, faisait tous les jours sa promenade fashionable, et dînait quotidiennement dans le seul café où l'on dîne, quand toutefois on est en bons termes avec les garçons.

Maître Pastrini resta un instant silencieux; il est évident qu'il méditait la réponse, qui sans doute ne lui paraissait pas parfaitement claire.

— Mais enfin, dit Franz à son tour interrompant les réflexions géographiques de son hôte, vous étiez venu dans un but quelconque, voulez-vous nous exposer l'objet de votre visite?

— Ah! c'est juste; le voici : vous avez commandé la calèche pour huit heures?

— Parfaitement.
— Vous avez l'intention de visiter il Colosseo?
— C'est-à-dire le Colisée?
— C'est exactement la même chose.
— Soit. Vous avez dit à votre cocher de sortir par la porte del Popolo, de faire le tour des murs et de rentrer par la porte Giovanni?
— Ce sont mes propres paroles.
— Eh bien, cet itinéraire est impossible.
— Impossible!
— Ou du moins fort dangereux.
— Dangereux! et pourquoi?
— A cause du fameux Luigi Vampa.

— D'abord, mon cher hôte, qu'est-ce que le fameux Luigi Vampa? demanda Albert; il peut être très fameux à Rome, mais je vous préviens qu'il est fort ignoré à Paris.

— Comment! vous ne le connaissez pas?
— Je n'ai pas cet honneur.
— Vous n'avez jamais entendu prononcer son nom?
— Jamais.
— Eh bien! c'est un bandit près duquel les Decesaris et les Gasparone sont des espèces d'enfans de chœur.
— Attention, Albert, s'écria Franz, voilà donc enfin un bandit.

— Je vous préviens, mon cher hôte, que je ne croirai pas à un mot de ce que vous allez nous dire. Ce point arrêté entre nous, parlez tant que vous voudrez, je vous écoute. « Il y avait une fois... »

— Eh bien, allez donc!

Maître Pastrini se retourna du côté de Franz, qui lui paraissait le plus raisonnable des deux jeunes gens. Il faut rendre justice au brave homme : il avait logé bien des Français dans sa vie, mais jamais il n'avait compris certain côté de leur esprit.

— Excellence, dit-il fort gravement, s'adressant, comme nous l'avons dit, à Franz, si vous me regardez comme un menteur, il est inutile que je vous dise ce que je voulais vous dire; je puis cependant vous affirmer que c'était dans l'intérêt de Vos Excellences.

— Albert ne vous dit pas que vous êtes un menteur, mon cher monsieur Pastrini, reprit Franz, il vous dit qu'il ne croira pas, voilà tout. Mais moi je vous croirai; soyez tranquille, parlez donc.

— Cependant, Excellence, vous comprenez bien que si l'on met en doute ma véracité...

— Mon cher, reprit Franz, vous êtes plus susceptible que Cassandre, qui cependant était prophétesse, et que personne n'écoutait; tandis que vous, au moins, vous êtes sûr de la moitié de votre auditoire. Voyons, asseyez-vous, et dites-nous ce que c'est que M. Vampa.

— Je vous l'ai dit, Excellence, c'est un bandit comme nous n'en avons pas encore vu depuis le fameux Mastrilla.

— Eh bien, quel rapport a ce bandit avec l'ordre que

j'ai donné à mon cocher de sortir par la porte del Popolo et de rentrer par la porte San Giovanni?

— Il y a, répondit maître Pastrini, que vous pourrez bien sortir par l'une, mais que je doute que vous rentriez par l'autre.

— Pourquoi cela? demanda Franz.

— Parce que la nuit venue, on n'est plus en sûreté à cinquante pas des portes.

— D'honneur? s'écria Albert.

— Monsieur le comte, dit maître Pastrini toujours blessé jusqu'au fond du cœur du doute émis par Albert sur sa véracité, ce que je dis n'est pas pour vous, c'est pour votre compagnon de voyage, qui connaît Rome, lui, et qui sait qu'on ne badine pas avec ces choses-là.

— Mon cher, dit Albert s'adressant à Franz, voici une aventure admirable toute trouvée : nous bourrons notre calèche de pistolets, de tromblons et de fusils à deux coups. Luigi Vampa vient pour nous arrêter, nous l'arrêtons. Nous le ramenons à Rome ; nous en faisons hommage à Sa Sainteté, qui nous demande ce qu'elle peut faire pour reconnaître un si grand service. Alors nous réclamons purement et simplement un carrosse et deux chevaux de ses écuries, et nous voyons le carnaval en voiture ; sans compter que probablement le peuple romain reconnaissant nous couronne au Capitole et nous proclame comme Curtius et Horatius Coclès, les sauveurs de la patrie.

Pendant qu'Albert déduisait cette proposition, maître Pastrini faisait une figure qu'on essaierait vainement de décrire.

— Et d'abord, demanda Franz à Albert, où prendrez-vous ces pistolets, ces tromblons, ces fusils à deux coups dont vous voulez farcir notre voiture?

— Le fait est que ce ne sera pas dans mon arsenal, dit-il ; car à la Terracine, on m'a pris jusqu'à mon couteau poignard ; et à vous?

— A moi, on m'en a fait autant à Aquependente.

— Ah çà! mon cher hôte, dit Albert en allumant son second cigare au reste de son premier, savez-vous que c'est très commode pour les voleurs, cette mesure-là, et qu'elle m'a tout l'air d'avoir été prise de compte à demi avec eux?

Sans doute maître Pastrini trouva la plaisanterie compromettante, car il n'y répondit qu'à moitié et encore en adressant la parole à Franz comme au seul être raisonnable avec lequel il pût convenablement s'entendre.

— Son Excellence sait que ce n'est pas l'habitude de se défendre quand on est attaqué par des bandits.

— Comment! s'écria Albert, dont le courage se révoltait à l'idée de se laisser dévaliser sans rien dire ; comment ! ce n'est pas l'habitude?

— Non, car toute défense serait inutile. Que voulez-vous faire contre une douzaine de bandits qui sortent d'un fossé, d'une masure ou d'un aqueduc, et qui vous couchent en joue tous à la fois?

— Eh! sacrebleu! je veux me faire tuer! s'écria Albert.

L'aubergiste se retourna vers Franz d'un air qui voulait dire : Décidément, Excellence, votre camarade est fou.

— Mon cher Albert, reprit Franz, votre réponse est sublime, et vaut le *Qu'il mourût* du vieux Corneille ; seulement, quand Horace répondait cela, il s'agissait du salut de Rome, et la chose en valait la peine. Mais quant à nous, remarquez qu'il s'agit simplement d'un caprice à satisfaire, et qu'il serait ridicule, pour un caprice, de risquer notre vie.

— Ah! per Bacco! s'écria maître Pastrini, à la bonne heure, voilà qui s'appelle parler!

Albert se versa un verre de *lacryma-Christi*, qu'il but à petits coups en grommelant des paroles inintelligibles.

— Eh bien! maître Pastrini, reprit Franz, maintenant que voilà mon compagnon calmé et que vous avez pu apprécier mes dispositions pacifiques, maintenant, voyons, qu'est-ce que le seigneur Luigi Vampa? Est-il berger ou patricien? est-il jeune ou vieux? est-il petit ou grand? Dépeignez-nous-le, afin que si nous le rencontrions par hasard dans le monde, comme Jean Sbogar ou Lara, nous puissions au moins le reconnaître.

— Vous ne pouvez pas mieux vous adresser qu'à moi, Excellence, pour avoir des détails exacts, car j'ai connu Luigi Vampa tout enfant, et, un jour que j'étais tombé moi-même dans ses mains, en allant de Ferentino à Alatri, il se souvint, heureusement pour moi, de notre ancienne connaissance ; il me laissa aller, non-seulement sans me faire payer de rançon, mais encore après m'avoir fait cadeau d'une fort belle montre et m'avoir raconté son histoire.

— Voyons la montre, dit Albert.

Maître Pastrini tira de son gousset une magnifique Breguet portant le nom de son auteur, le timbre de Paris et une couronne de comte.

— Voilà, dit-il.

— Peste! fit Albert, je vous en fais mon compliment ; j'ai la pareille à peu près ; — il tira sa montre de la poche de son gilet ; — et elle m'a coûté trois mille francs.

— Voyons l'histoire, dit Franz à son tour en tirant un fauteuil et en faisant signe à maître Pastrini de s'asseoir.

— Leurs Excellences permettent? dit l'hôte.

— Pardieu! dit Albert, vous n'êtes pas un prédicateur, mon cher, pour parler debout.

L'hôtelier s'assit après avoir fait à chacun de ses futurs auditeurs un salut respectueux, lequel avait pour but d'indiquer qu'il était prêt à leur donner sur Luigi Vampa les renseignemens qu'ils demandaient.

— Ah çà! fit Franz arrêtant maître Pastrini au moment où il ouvrait la bouche, vous dites que vous avez connu Luigi Vampa tout enfant ; c'est donc encore un jeune homme?

— Comment, un jeune homme! je crois bien ; il a vingt-deux ans à peine! Oh! c'est un gaillard qui ira loin, soyez tranquille!

— Que dites-vous de cela, Albert? c'est beau, à vingt-deux ans de s'être déjà fait une réputation, dit Franz.

— Oui, certes, et, à son âge, Alexandre, César et Napoléon, qui depuis ont fait un certain bruit dans le monde, n'étaient pas si avancés que lui.

— Ainsi, reprit Franz en s'adressant à son hôte, le héros dont nous allons entendre l'histoire n'a que vingt-deux ans?

— A peine, comme j'ai eu l'honneur de vous le dire.

— Est-il grand ou petit?

— De taille moyenne : à peu près comme Son Excellence, dit l'hôte en montrant Albert.

— Merci de la comparaison, dit celui-ci en s'inclinant.

— Allez toujours, maître Pastrini! reprit Franz souriant de la susceptibilité de son ami. Et à quelle classe de la société appartenait-il?

— C'était un simple petit pâtre attaché à la ferme du comte de San-Felice, situé entre Palestrina et le lac de Gabri. Il était né à Pampinara, et était entré à l'âge de cinq ans au service du comte. Son père, berger lui-même à Anagni, avait un petit troupeau à lui, et vivait de la laine de ses moutons et de la récolte faite avec le lait de ses brebis, qu'il venait vendre à Rome.

Tout enfant, le petit Vampa avait un caractère étrange. Un jour, à l'âge de sept ans, il était venu trouver le curé de Palestrina, et l'avait prié de lui apprendre à lire. C'était chose difficile, car le jeune pâtre ne pouvait quitter son troupeau. Mais le bon curé allait tous les jours dire la messe à un pauvre petit bourg trop peu considérable pour payer un prêtre, et qui, n'ayant pas même de nom, était connu sous celui del Borgo. Il offrit à Luigi de se trouver sur son chemin à l'heure de son retour et de lui donner ainsi sa leçon, le prévenant que cette leçon serait courte et qu'il eût par conséquent à en profiter.

L'enfant accepta avec joie.

Tous les jours Luigi menait paître son troupeau sur la route de Palestrina au Borgo ; tous les jours, à neuf heures du matin, le curé passait, le prêtre et l'enfant s'asseyaient sur le revers d'un fossé, et le petit pâtre prenait sa leçon dans le bréviaire du curé.

Au bout de trois mois, il savait lire.

Ce n'était pas tout, il lui fallait maintenant apprendre à écrire.

Le prêtre fit faire par un professeur d'écriture de Rome trois alphabets : un en gros, un en moyen, et un en fin, et il lui montra qu'en suivant cet alphabet sur une ardoise il pouvait, à l'aide d'une pointe de fer, apprendre à écrire.

Le même soir, lorsque le troupeau fut rentré à la ferme, le petit Vampa courut chez le serrurier de Palestrina, prit un gros clou, le forgea, le martela, l'arrondit, et en fit une espèce de stylet antique.

Le lendemain, il avait réuni une provision d'ardoises et se mettait à l'œuvre.

Au bout de trois mois, il savait écrire.

Le curé, étonné de cette profonde intelligence et touché de cette aptitude, lui fit cadeau de plusieurs cahiers de papier, d'un paquet de plumes et d'un canif.

Ce fut une nouvelle étude à faire, mais étude qui n'était rien auprès de la première. Huit jours après, il maniait la plume comme il maniait le stylet.

Le curé raconta cette anecdote au comte de San-Felice, qui voulut voir le petit pâtre, le fit lire et écrire devant lui, ordonna à son intendant de le faire manger avec les domestiques et lui donna deux piastres par mois.

Avec cet argent, Luigi acheta des livres et des crayons.

En effet, il avait appliqué à tous les objets cette faculté d'imitation qu'il avait, et, comme Giotto enfant, il dessinait sur ses ardoises ses brebis, les arbres, les maisons.

Puis, avec la pointe de son canif, il commença à tailler le bois et à lui donner toutes sortes de formes. C'est ainsi que Pinelli, le sculpteur populaire, avait commencé.

Une jeune fille de six ou sept ans, c'est-à-dire un peu plus jeune que Vampa, gardait de son côté les brebis dans une ferme voisine de Palestrina ; elle était orpheline, née à Valmontone, et s'appelait Teresa.

Les deux enfans se rencontraient, s'asseyaient l'un près de l'autre, laissaient leurs troupeaux se mêler et paître ensemble, causaient, riaient et jouaient ; puis, le soir, on démêlait les moutons du comte de San-Felice de ceux du baron de Cervetri, et les enfans se quittaient pour revenir à leur ferme respective, en se promettant de se retrouver le lendemain matin.

Le lendemain, ils tenaient parole, et grandissaient ainsi côte à côte.

Vampa atteignit douze ans, et la petite Teresa onze.

Cependant leurs instincts naturels se développaient.

A côté du goût des arts que Luigi avait poussé aussi loin qu'il le pouvait faire dans l'isolement, il était triste par boutade, ardent par secousse, colère par caprice, railleur toujours. Aucun des jeunes garçons de Pampinara, de Palestrina ou de Valmontone n'avait pu non seulement prendre aucune influence sur lui, mais encore devenir son compagnon. Son tempérament volontaire, toujours disposé à exiger sans jamais vouloir se plier à aucune concession, écartait de lui tout mouvement amical, toute démonstration sympathique. Teresa seule commandait d'un mot, d'un regard, d'un geste à ce caractère entier qui pliait sous la main d'une femme et qui, sous celle de quelque homme que ce fût, se serait raidi jusqu'à rompre.

Teresa était, au contraire, vive, alerte et gaie, mais coquette à l'excès ; les deux piastres que donnait à Luigi l'intendant du comte de San-Felice, le prix de tous les petits ouvrages sculptés qu'il vendait aux marchands de joujoux de Rome passaient en boucles d'oreilles de perles, en colliers de verre, en aiguilles d'or. Aussi, grace à cette prodigalité de son jeune ami, Teresa était-elle la plus belle et la plus élégante paysanne des environs de Rome.

Les deux enfans continuèrent à grandir, passant toutes leurs journées ensemble, et se livrant sans combat aux instincts de leur nature primitive. Aussi, dans leurs conversations, dans leurs souhaits, dans leurs rêves, Vampa se voyait toujours capitaine de vaisseau, général d'armée ou gouverneur d'une province ; Teresa se voyait riche, vêtue des plus belles robes et suivie de domestiques en livrée ; puis, quand ils avaient passé toute la journée à broder leur avenir de ces folles et brillantes arabesques, ils se séparaient pour ramener chacun leurs moutons dans leur étable, et redescendre, de la hauteur de leurs songes, à l'humilité de leur position réelle.

Un jour, le jeune berger dit à l'intendant du comte qu'il avait vu un loup sortir des montagnes de la Sabine et rôder autour de son troupeau. L'intendant lui donna un fusil ; c'est ce que voulait Vampa.

Ce fusil se trouva par hasard être un excellent canon de Brescia, portant la balle comme une carabine anglaise ; seulement un jour, le comte, en assommant un renard blessé, en avait cassé la crosse, et l'on avait jeté le fusil au rebut.

Cela n'était pas une difficulté pour un sculpteur comme Vampa. Il examina la couche primitive, calcula ce qu'il fallait y changer pour la mettre à son coup d'œil, et fit une autre crosse chargée d'ornemens si merveilleux que, s'il eût voulu aller vendre à la ville le bois seul, il en eût certainement tiré quinze ou vingt piastres.

Mais il n'avait garde d'agir ainsi : un fusil avait longtemps été le rêve du jeune homme. Dans tous les pays où l'indépendance est substituée à la liberté, le premier besoin qu'éprouve tout cœur fort, toute organisation puissante, est celui d'une arme qui assure en même temps l'attaque et la défense, et qui, faisant celui qui la porte terrible, le fait souvent redouté.

A partir de ce moment, Vampa donna tous les instans qui lui restèrent à l'exercice du fusil ; il acheta de la poudre et des balles, et tout lui devint un but : le tronc de l'olivier, triste, chétif et gris, qui pousse au versant des montagnes de la Sabine ; le renard qui le soir sortait de son terrier pour commencer sa chasse nocturne, et l'aigle qui planait dans l'air. Bientôt, il devint si adroit que Teresa surmonta la crainte qu'elle avait éprouvée d'abord en entendant la détonation, et s'amusa à voir son jeune compagnon placer la balle de son fusil où il voulait la mettre avec autant de justesse que s'il l'eût poussée avec la main.

Un soir, un loup sortit effectivement d'un bois de sapins, près duquel les deux jeunes gens avaient l'habitude de demeurer : le loup n'avait pas fait dix pas en plaine qu'il était mort.

Vampa, tout fier de ce beau coup, le chargea sur ses épaules et le rapporta à la ferme.

Tous ces détails donnaient à Luigi une certaine réputation aux alentours de la ferme ; l'homme supérieur, partout où il se trouve, se crée une clientèle d'admirateurs. On parlait dans les environs de ce jeune pâtre comme du plus adroit, du plus fort et du plus brave contadino qui fût à dix lieues à la ronde ; et quoique de son côté Teresa, dans un cercle plus étendu encore, passât pour une des plus jolies filles de la Sabine, personne ne s'avisait de lui dire un mot d'amour, car on la savait aimée par Vampa.

Et cependant les deux jeunes gens ne s'étaient jamais

dit qu'ils s'aimaient. Ils avaient poussé l'un à côté de l'autre comme deux arbres qui mêlent leurs racines sous le sol, leurs branches dans l'air, leur parfum dans le ciel; seulement leur désir de se voir était le même, ce désir était devenu un besoin, et ils comprenaient plutôt la mort qu'une séparation d'un seul jour.

Teresa avait seize ans et Vampa dix-sept.

Vers ce temps, on commença de parler beaucoup d'une bande de brigands qui s'organisait dans les monts Lepini. Le brigandage n'a jamais été sérieusement extirpé dans le voisinage de Rome. Il manque de chefs parfois, mais quand un chef se présente il est rare qu'il lui manque une bande.

Le célèbre Cucumetto, traqué dans les Abruzzes, chassé du royaume de Naples, où il avait soutenu une véritable guerre, avait traversé le Garigliano comme Manfred, et était venu entre Sonnino et Juperno se réfugier sur les bords de l'Amasine.

C'était lui qui s'occupait à réorganiser une troupe, et qui marchait sur les traces de Decesaris et de Gasparone, qu'il espérait bientôt surpasser. Plusieurs jeunes gens de Palestrina, de Frascati et de Pampinara disparurent. On s'inquiéta d'eux d'abord, puis bientôt on sut qu'ils étaient allés rejoindre la bande de Cucumetto.

Au bout de quelque temps, Cucumetto devint l'objet de l'attention générale. On citait de ce chef de bandits des traits d'audace extraordinaire et de brutalité révoltante.

Un jour il enleva une jeune fille : c'était la fille de l'arpenteur de Frosinone. Les lois des bandits sont positives : une jeune fille est à celui qui l'enlève d'abord, puis les autres la tirent au sort, et la malheureuse sert aux plaisirs de toute la troupe jusqu'à ce que les bandits l'abandonnent ou qu'elle meure.

Lorsque les parens sont assez riches pour la racheter on envoie un messager, qui traite de la rançon; la tête du prisonnier répond de la sécurité de l'émissaire. Si la rançon est refusée, le prisonnier est condamné irrévocablement.

La jeune fille avait son amant dans la troupe de Cucumetto, il s'appelait Carlini.

En reconnaissant le jeune homme, elle tendit les bras vers lui et se crut sauvée. Mais le pauvre Carlini, en la reconnaissant, sentit son cœur se briser; car il se doutait bien du sort qui attendait sa maîtresse.

Cependant, comme il était le favori de Cucumetto, comme il avait partagé ses dangers depuis trois ans, comme il lui avait sauvé la vie en abattant d'un coup de pistolet un carabinier qui avait déjà le sabre levé sur sa tête, il espéra que Cucumetto aurait quelque pitié de lui.

Il prit donc le chef à part, tandis que la jeune fille, assise contre le tronc d'un grand pin qui s'élevait au milieu d'une clairière de la forêt, s'était fait un voile de la coiffure pittoresque des paysannes romaines et cachait son visage aux regards luxurieux des bandits.

Là, il lui raconta tout, ses amours avec la prisonnière, leurs sermens de fidélité, et comment chaque nuit, depuis qu'ils étaient dans les environs, ils se donnaient rendez-vous dans une ruine.

Ce soir-là justement Cucumetto avait envoyé Carlini dans un village voisin, il n'avait pu se trouver au rendez-vous; mais Cucumetto s'y était trouvé par hasard, disait-il, et c'est alors qu'il avait enlevé la jeune fille.

Carlini supplia son chef de faire une exception en sa faveur et de respecter Rita, lui disant que le père était riche et qu'il paierait une bonne rançon.

Cucumetto parut se rendre aux prières de son ami, et le chargea de trouver un berger qu'on pût envoyer chez le père de Rita à Frosinone.

Alors Carlini s'approcha tout joyeux de la jeune fille, lui dit qu'elle était sauvée, et l'invita à écrire à son père une lettre dans laquelle elle raconterait ce qui lui était arrivé et lui annoncerait que sa rançon était fixée à trois cents piastres.

On donnait pour tout délai au père douze heures, c'est-à-dire jusqu'au lendemain neuf heures du matin.

La lettre écrite, Carlini s'en empara aussitôt et courut dans la plaine pour chercher un messager.

Il trouva un jeune pâtre qui parquait son troupeau. Les messagers naturels des bandits sont les bergers, qui vivent entre la ville et la montagne, entre la vie sauvage et la vie civilisée.

Le jeune berger partit aussitôt, promettant d'être avant une heure à Frosinone.

Carlini revint tout joyeux pour rejoindre sa maîtresse et lui annoncer cette bonne nouvelle.

Il trouva la troupe dans la clairière où elle soupait joyeusement des provisions que les bandits levaient sur les paysans comme un tribut seulement; au milieu de ces gais convives il chercha vainement Cucumetto et Rita.

Il demanda où ils étaient; les bandits répondirent par un grand éclat de rire. Une sueur froide coula sur le front de Carlini, et il sentit l'angoisse qui le prenait aux cheveux.

Il renouvela sa question. Un des convives remplit un verre de vin d'Orvietto et le lui tendit en disant :

— A la santé du brave Cucumetto et de la belle Rita !

En ce moment, Carlini crut entendre un cri de femme. Il devina tout. Il prit le verre, le brisa sur la face de celui qui le lui présentait et s'élança dans la direction du cri.

Au bout de cent pas, au détour d'un buisson, il trouva Rita évanouie entre les bras de Cucumetto.

En apercevant Carlini, Cucumetto se releva tenant un pistolet de chaque main.

Les deux bandits se regardèrent un instant : l'un le sourire de la luxure sur les lèvres, l'autre la pâleur de la mort sur le front.

On eût cru qu'il allait se passer entre ces deux hommes quelque chose de terrible. Mais peu à peu les traits de Carlini se détendirent; sa main, qu'il avait portée à un des pistolets de sa ceinture, retomba près de lui pendante à son côté.

Rita était couchée entre eux deux.

La lune éclairait cette scène.

— Eh bien, lui dit Cucumetto, as-tu fait la commission dont je t'étais chargé ?

— Oui, capitaine, répondit Carlini, et demain, avant neuf heures, le père de Rita sera ici avec l'argent.

— A merveille. En attendant, nous allons passer une joyeuse nuit. Cette jeune fille est charmante et tu as, en vérité, bon goût, maître Carlini. Aussi, comme je ne suis pas égoïste, nous allons retourner auprès des camarades et tirer au sort à qui elle appartiendra maintenant.

— Ainsi, vous êtes décidé à l'abandonner à la loi commune ? demanda Carlini.

— Et pourquoi ferait-on exception en sa faveur ?

— J'avais cru qu'à ma prière....

— Et qu'es-tu de plus que les autres ?

— C'est juste.

— Mais, sois tranquille, reprit Cucumetto en riant un peu plus tôt, un peu plus tard, ton tour viendra.

Les dents de Carlini se serraient à se briser.

— Allons, dit Cucumetto en faisant un pas vers les convives, viens-tu ?

— Je vous suis....

Cucumetto s'éloigna sans perdre de vue Carlini, car sans doute il craignait qu'il ne le frappât par derrière. Mais rien dans le bandit ne dénonçait une intention hostile.

Il était debout, les bras croisés, près de Rita toujours évanouie.

Un instant, l'idée de Cucumetto fut que le jeune homme allait la prendre dans ses bras et fuir avec elle. Mais peu lui importait maintenant, il avait eu de Rita ce qu'il voulait; et quant à l'argent, trois cents piastres réparties à la troupe faisaient une si pauvre somme qu'il s'en souciait médiocrement.

Il continua donc sa route vers la clairière ; mais, à son grand étonnement, Carlini y arriva presque aussitôt que lui.

— Le tirage au sort, le tirage au sort ! crièrent tous les bandits en apercevant le chef.

Et les yeux de tous ces hommes brillèrent d'ivresse et de lasciveté, tandis que la flamme du foyer jetait sur toute leur personne une lueur rougeâtre qui les faisait ressembler à des démons.

Ce qu'ils demandaient était juste, aussi le chef fit-il de la tête un signe annonçant qu'il acquiesçait à leur demande.

On mit tous les noms dans un chapeau, celui de Carlini comme ceux des autres, et le plus jeune de la bande tira de l'urne improvisée un bulletin.

Ce bulletin portait le nom de Diavolaccio.

C'était celui-là même qui avait proposé à Carlini la santé du chef, et à qui Carlini avait répondu en lui brisant le verre sur la figure.

Une large blessure, ouverte de la tempe à la bouche, laissait couler le sang à flots.

Diavolaccio, se voyant ainsi favorisé de la fortune, poussa un éclat de rire.

— Capitaine, dit-il, tout à l'heure Carlini n'a pas voulu boire à votre santé, proposez-lui de boire à la mienne ; il aura peut-être plus de condescendance pour vous que pour moi.

Chacun s'attendait à une explosion de la part de Carlini ; mais, au grand étonnement de tous, il prit un verre d'une main, un flasco de l'autre, puis, remplissant le verre :

— A ta santé, Diavolaccio, dit-il d'une voix parfaitement calme, et il avala le contenu du verre sans que sa main tremblât.

Puis, s'asseyant près du feu :

— Ma part de souper, dit-il ; la course que je viens de faire m'a donné de l'appétit.

— Vive Carlini ! s'écrièrent les brigands.

— A la bonne heure, voilà ce qui s'appelle prendre la chose en bon compagnon. Et tous reformèrent le cercle autour du foyer, tandis que Diavolaccio s'éloignait.

Carlini mangeait et buvait comme si rien ne s'était passé.

Les bandits le regardaient avec étonnement, ne comprenant rien à cette impassibilité, lorsqu'ils entendirent derrière eux retentir sur le sol un pas alourdi.

Ils se retournèrent et aperçurent Diavolaccio tenant la jeune fille entre ses bras.

Elle avait la tête renversée, et ses longs cheveux pendaient jusqu'à terre.

A mesure qu'ils entraient dans le cercle de la lumière projetée par le foyer, on s'apercevait de la pâleur de la jeune fille et de la pâleur du bandit.

Cette apparition avait quelque chose de si étrange et de si solennel, que chacun se leva, excepté Carlini, qui resta assis et continua de boire et de manger comme si rien ne se passait autour de lui.

Diavolaccio continuait de s'avancer au milieu du plus profond silence, et déposa Rita aux pieds du capitaine.

Alors tout le monde put reconnaître la cause de cette pâleur de la jeune fille et de cette pâleur du bandit.

Rita avait un couteau enfoncé jusqu'au manche au-dessous de la mamelle gauche.

Tous les yeux se portèrent sur Carlini : la gaîne était vide à sa ceinture.

— Ah ! ah ! dit le chef, je comprends maintenant pourquoi Carlini était resté en arrière.

Toute nature sauvage est apte à apprécier une action forte ; quoique peut-être aucun des bandits n'eût fait ce que venait de faire Carlini, tous comprirent ce qu'il avait fait.

— Eh bien, dit Carlini en se levant à son tour et en s'approchant du cadavre la main sur la crosse d'un de ses pistolets, y a-t-il encore quelqu'un qui me dispute cette femme ?

— Non, dit le chef, elle est à toi !

Alors Carlini la prit à son tour dans ses bras, et l'emporta hors du cercle de lumière que projetait la flamme du foyer.

Cucumetto disposait les sentinelles comme d'habitude, et les bandits se couchèrent enveloppés dans leurs manteaux autour du foyer.

A minuit la sentinelle donna l'éveil, et en un instant le chef et ses compagnons furent sur pied.

C'était le père de Rita, qui arrivait lui-même portant la rançon de sa fille.

— Tiens, dit-il à Cucumetto en lui tendant un sac d'argent, voici trois cents piastres, rends-moi mon enfant.

Mais le chef, sans prendre l'argent, lui fit signe de le suivre.

Le vieillard obéit ; tous deux s'éloignèrent sous les arbres, à travers les branches desquels filtraient les rayons de la lune. Enfin Cucumetto s'arrêta étendant la main et montrant au vieillard deux personnes groupées au pied d'un arbre :

— Tiens, lui dit-il, demande ta fille à Carlini, c'est lui qui t'en rendra compte.

Et il s'en retourna vers ses compagnons.

Le vieillard resta immobile et les yeux fixes. Il sentait que quelque malheur inconnu, immense, inouï planait sur sa tête.

Enfin il fit quelques pas vers le groupe informe dont il ne pouvait se rendre compte.

Au bruit qu'il faisait en s'avançant vers lui, Carlini releva la tête, et les formes des deux personnages commencèrent à apparaître plus distinctes aux yeux du vieillard.

Une femme était couchée à terre, la tête posée sur les genoux d'un homme assis et qui se tenait penché vers elle ; c'était en se relevant que cet homme avait découvert le visage de la femme qu'il tenait serrée contre sa poitrine.

Le vieillard reconnut sa fille, et Carlini reconnut le vieillard.

— Je t'attendais, dit le bandit au père de Rita.

— Misérable ! dit le vieillard, qu'as-tu fait ?

Et il regardait avec terreur Rita, pâle, immobile, ensanglantée, avec un couteau enfoncé dans la poitrine.

Un rayon de la lune frappait sur elle et l'éclairait de sa lueur blafarde.

— Cucumetto avait violé ta fille, dit le bandit, et, comme je l'aimais, je l'ai tuée ; car, après lui, elle allait servir de jouet à toute la bande.

Le vieillard ne prononça point une parole, seulement il devint pâle comme un spectre.

— Maintenant, dit Carlini, si j'ai eu tort, venge la.

Et il arracha le couteau du sein de la jeune fille, et, se levant, il l'alla offrir d'une main au vieillard, tandis que de l'autre il écartait sa veste et lui présentait sa poitrine nue.

— Tu as bien fait, lui dit le vieillard d'une voix sourde. Embrasse moi, mon fils.

Carlini se jeta en sanglotant dans les bras du père de sa maîtresse. C'étaient les premières larmes que versait cet homme de sang.

— Maintenant, dit le vieillard à Carlini, aide-moi à enterrer ma fille.

Carlini alla chercher deux pioches, et le père et l'amant se mirent à creuser la terre au pied d'un chêne dont les branches touffues devaient recouvrir la tombe de la jeune fille.

Quand la tombe fut creusée, le père l'embrassa le premier, l'amant ensuite ; puis, l'un la prenant par les pieds, l'autre par-dessous les épaules, ils la descendirent dans la fosse.

Puis ils s'agenouillèrent des deux côtés et dirent les prières des morts.

Puis, lorsqu'ils eurent fini, ils repoussèrent la terre sur le cadavre jusqu'à ce que la fosse fût comblée.

Alors lui tendant la main :

— Je te remercie, mon fils ! dit le vieillard à Carlini ; maintenant, laisse-moi seul.

— Mais cependant... dit celui-ci

— Laisse-moi, je te l'ordonne.

Carlini obéit, alla rejoindre ses camarades, s'enveloppa dans son manteau, et bientôt parut aussi profondément endormi que les autres.

Il avait été décidé la veille que l'on changerait de campement.

Une heure avant le jour, Cucumetto éveilla ses hommes et l'ordre fut donné de partir.

Mais Carlini ne voulut pas quitter la forêt sans savoir ce qu'était devenu le père de Rita.

Il se dirigea vers l'endroit où il l'avait laissé.

Il trouva le vieillard pendu à une des branches du chêne qui ombrageait la tombe de sa fille.

Il fit alors sur le cadavre de l'un et sur la fosse de l'autre le serment de les venger tous deux.

Mais il ne put tenir ce serment ; car, deux jours après, dans une rencontre avec les carabiniers romains, Carlini fut tué.

Seulement on s'étonna que, faisant face à l'ennemi, il eût reçu une balle entre les deux épaules.

L'étonnement cessa quand un des bandits eut fait remarquer à ses camarades que Cucumetto était placé dix pas en arrière de Carlini lorsque Carlini était tombé.

Le matin du départ de la forêt de Frosinone, il avait suivi Carlini dans l'obscurité, avait entendu le serment qu'il avait fait, et, en homme de précaution, il avait pris l'avance.

On racontait encore sur ce terrible chef de bande dix autres histoires non moins curieuses que celle-ci.

Ainsi, de Fondi à Pérouse, tout le monde tremblait au seul nom de Cucumetto.

Ces histoires avaient souvent été l'objet des conversations de Luigi et de Teresa.

La jeune fille tremblait fort à tous ces récits ; mais Vampa la rassurait avec un sourire, frappant son bon fusil qui portait si bien la balle ; puis, si elle n'était pas rassurée, il lui montrait à cent pas quelque corbeau perché sur une branche morte, le mettait en joue, lâchait la détente, et l'animal frappé tombait au pied de l'arbre.

Néanmoins, le temps s'écoulait ; les deux jeunes gens avaient arrêté qu'ils se marieraient lorsqu'ils auraient Vampa vingt ans et Teresa dix-neuf. Ils étaient orphelins tous deux, ils n'avaient de permission à demander qu'à leur maître ; ils l'avaient demandée et obtenue.

Un jour qu'ils causaient de leur projet d'avenir ils entendirent deux ou trois coups de feu ; puis tout à coup un homme sortit du bois près duquel les deux jeunes gens avaient l'habitude de faire paître leurs troupeaux, et accourut vers eux.

Arrivé à la portée de la voix :

— Je suis poursuivi, leur cria-t-il ; pouvez-vous me cacher ?

Les deux jeunes gens reconnurent bien que ce fugitif devait être quelque bandit ; mais il y a entre le paysan et le bandit romain une sympathie innée qui fait que le premier est toujours prêt à rendre service au second.

Vampa, sans rien dire, courut donc à la pierre qui bouchait l'entrée de leur grotte, démasqua cette entrée en tirant la pierre à lui, fit signe au fugitif de se réfugier dans cet asile inconnu de tous, repoussa la pierre sur lui et revint s'asseoir près de Teresa.

Presque aussitôt quatre carabiniers à cheval apparurent à la lisière du bois ; trois paraissaient être à la recherche du fugitif, le quatrième traînait par le cou un bandit prisonnier.

Les trois carabiniers explorèrent le pays d'un coup d'œil, aperçurent les deux jeunes gens, accoururent à eux au galop, et les interrogèrent.

Ils n'avaient rien vu.

— C'est fâcheux, dit le brigadier, car celui que nous cherchons c'est le chef.

— Cucumetto ? ne purent s'empêcher de s'écrier ensemble Luigi et Teresa.

— Oui, répondit le brigadier ; et comme sa tête est mise à prix à mille écus romains, il y en aurait eu cinq cents pour vous, si vous nous aviez aidés à le prendre.

Les deux jeunes gens échangèrent un regard. Le brigadier eut un instant d'espérance. Cinq cents écus romains font trois mille francs, et trois mille francs sont une fortune pour deux pauvres orphelins qui vont se marier.

— Oui, c'est fâcheux, dit Vampa, mais nous ne l'avons pas vu.

Alors les carabiniers battirent le pays dans des directions différentes, mais inutilement.

Puis, successivement, ils disparurent.

Alors Vampa alla tirer la pierre, et Cucumetto sortit.

Il avait vu, à travers les jours de la porte de granit, les deux jeunes gens causer avec les carabiniers ; il s'était douté du sujet de leur conversation, il avait lu sur le visage de Luigi et de Teresa l'inébranlable résolution de ne point le livrer, et tira de sa poche une bourse pleine d'or et la leur offrit.

Mais Vampa releva la tête avec fierté ; quant à Teresa, ses yeux brillèrent en pensant à tout ce qu'elle pourrait acheter de riches bijoux et de beaux habits avec cette bourse pleine d'or.

Cucumetto était un satan fort habile : il avait pris la forme d'un bandit au lieu de celle d'un serpent ; il surprit ce regard, reconnut dans Teresa une digne fille d'Ève, et rentra dans la forêt en se retournant plusieurs fois sous prétexte de saluer ses libérateurs.

Plusieurs jours s'écoulèrent sans que l'on revit Cucumetto, sans qu'on entendît reparler de lui.

Le temps du carnaval approchait. Le comte de San-Felice annonça un grand bal masqué où tout ce que Rome avait de plus élégant fut invité.

Teresa avait grande envie de voir ce bal. Luigi demanda à son protecteur l'intendant la permission pour elle et pour lui d'y assister cachés parmi les serviteurs de la maison. Cette permission lui fut accordée.

Ce bal était surtout donné par le comte pour faire plaisir à sa fille Carmela, qu'il adorait.

Carmela était juste de l'âge et de la taille de Teresa, et Teresa était au moins aussi belle que Carmela.

Le soir du bal, Teresa mit sa plus belle toilette, ses plus riches aiguilles, ses plus brillantes verroteries. Elle avait le costume des femmes de Frascati.

Luigi avait l'habit si pittoresque du paysan romain les jours de fête.

Tous deux se mêlèrent, comme on l'avait permis, aux serviteurs et aux paysans.

La fête était magnifique. Non seulement la villa était ardemment illuminée, mais des milliers de lanternes de couleur étaient suspendues aux arbres du jardin. Aussi bientôt le palais eut-il débordé sur les terrasses et les terrasses dans les allées.

A chaque carrefour il y avait un orchestre, des buffets et des rafraîchissemens ; les promeneurs s'arrêtaient, des quadrilles se formaient et l'on dansait là où il plaisait de danser.

Carmela était vêtue en femme de Sonino. Elle avait son bonnet tout brodé de perles, les aiguilles de ses cheveux étaient d'or et de diamans, sa ceinture était de soie turque à grandes fleurs brochées, son jupon était de cachemire, son tablier était de mousseline des Indes, les boutons de son corset étaient autant de pierreries.

Deux autres de ses compagnes étaient vêtues, l'une en femme de Nettuno, l'autre en femme de la Riccia.

Quatre jeunes gens des plus riches et des plus nobles familles de Rome les accompagnaient avec cette liberté italienne qui n'a son égale dans aucun autre pays du monde : ils étaient vêtus de leur côté en paysans d'Albano, de Velletri, de Civita-Castellana et de Sora.

Il va sans dire que ces costumes de paysans, comme ceux des paysannes, étaient resplendissans d'or et de pierreries.

Il vint à Carmela l'idée de faire un quadrille uniforme, seulement il manquait une femme.

Carmela regardait tout autour d'elle, pas une de ses invitées n'avaient un costume analogue au sien et à ceux de ses compagnes.

Le comte de San-Felice lui montra au milieu des paysannes Teresa appuyée au bras de Luigi.

— Est-ce que vous permettez, mon père ? dit Carmela.

— Sans doute, répondit le comte, ne sommes-nous pas en carnaval !

Carmela se pencha vers un jeune homme qui l'accompagnait en causant, et lui dit quelques mots tout en lui montrant du doigt la jeune fille.

Le jeune homme suivit des yeux la jolie main qui lui servait de conductrice, fit un geste d'obéissance, et vint inviter Teresa à figurer au quadrille dirigé par la fille du comte.

Teresa sentit comme une flamme qui lui passait sur le visage. Elle interrogea du regard Luigi : il n'y avait pas moyen de refuser. Luigi laissa lentement glisser le bras de Teresa, qu'il tenait sous le sien ; et Teresa, s'éloignant conduite par son élégant cavalier, vint prendre, toute tremblante, sa place au quadrille aristocratique.

Certes, aux yeux d'un artiste, l'exact et sévère costume de Teresa eût eu un bien autre caractère que celui de Carmela et de ses compagnes ; mais Teresa était une jeune fille frivole et coquette ; les broderies de la mousseline, les palmes de la ceinture, l'éclat du cachemire l'éblouissaient, le reflet des saphirs et des diamans la rendait folle.

De son côté Luigi sentait naître en lui un sentiment inconnu : c'était comme une douleur sourde, qui le mordait au cœur d'abord, et de là, toute frémissante, courait par ses veines et s'emparait de tout son corps; il suivit des yeux les moindres mouvemens de Teresa et de son cavalier : lorsque leurs mains se touchaient, il ressentait comme des éblouissemens, ses artères battaient avec violence, et l'on eût dit que le son d'une cloche vibrait à ses oreilles. Lorsqu'ils se parlaient, quoique Teresa écoutât timide et les yeux baissés les discours de son cavalier, comme Luigi lisait dans les yeux ardens du beau jeune homme que ces discours étaient des louanges, il lui semblait que la terre tournait sous lui et que toutes les voix de l'enfer lui soufflaient des idées de meurtre et d'assassinat. Alors, craignant de se laisser emporter à sa folie, il se cramponnait d'une main à la charmille contre laquelle il était debout, et de l'autre il serrait d'un mouvement convulsif le poignard au manche sculpté qui était passé dans sa ceinture et que, sans s'en apercevoir, il tirait quelquefois presqu'en entier du fourreau.

Luigi était jaloux ! il sentait qu'emportée par sa nature coquette et orgueilleuse Teresa pouvait lui échapper.

Et cependant la jeune paysanne, timide et presque effrayée d'abord, s'était bientôt remise. Nous avons dit que Teresa était belle. Ce n'est pas tout, Teresa était gracieuse, de cette grace sauvage, bien autrement puissante que notre grace minaudière et affectée. Elle eut presque les honneurs du quadrille ; et si elle fut envieuse de la fille du comte de San-Felice, nous n'oserions pas dire que Carmela ne fut pas jalouse d'elle.

Aussi fût-ce avec force complimens que son beau cavalier la reconduisit à la place où il l'avait prise et où l'attendait Luigi.

Deux ou trois fois pendant la contredanse la jeune fille avait jeté un regard sur lui, et à chaque fois elle l'avait vu pâle et les traits crispés. Une fois même, la lame de son couteau, à moitié tirée de sa gaine, avait ébloui ses yeux comme un sinistre éclair.

Ce fut donc presqu'en tremblant qu'elle reprit le bras de son amant.

Le quadrille avait eu le plus grand succès, et il était évident qu'il était question d'en faire une seconde édition. Carmela seule s'y opposait ; mais le comte de San-Felice pria sa fille si tendrement qu'elle finit par consentir.

Aussitôt un des cavaliers s'élança pour inviter Teresa, sans laquelle il était impossible que la contredanse eût lieu ; mais la jeune fille avait déjà disparu.

En effet, Luigi ne s'était pas senti la force de supporter une seconde épreuve ; et, moitié par persuasion et moitié par force, il avait entraîné Teresa vers un autre point du jardin. Teresa avait cédé bien malgré elle ; mais elle avait vu à la figure bouleversée du jeune homme, elle comprenait à son silence entrecoupé de tressaillemens nerveux que quelque chose d'étrange se passait en lui. Elle-même n'était pas exempte d'une agitation intérieure ; et, sans avoir cependant rien fait de mal, elle comprenait que Luigi était en droit de lui faire des reproches : sur quoi ? elle l'ignorait ; mais elle ne sentait pas moins que ces reproches seraient mérités.

Cependant, au grand étonnement de Teresa, Luigi demeura muet, et pas une parole n'entr'ouvrit ses lèvres pendant tout le reste de la soirée. Seulement, lorsque le froid de la nuit eut chassé les invités des jardins et que les portes de la villa se furent refermées sur eux pour une fête intérieure, il reconduisit Teresa ; puis, comme elle allait rentrer chez elle :

— Teresa, dit-il, à quoi pensais-tu lorsque tu dansais en face de la jeune comtesse de San-Felice ?

— Je pensais, répondit la jeune fille dans toute la franchise de son ame, que je donnerais la moitié de ma vie pour avoir un costume comme celui qu'elle portait.

— Et que te disait ton cavalier ?

— Il me disait qu'il ne tiendrait qu'à moi de l'avoir, et que je n'avais qu'un mot à dire pour cela.

— Il avait raison, répondit Luigi. Le désires-tu aussi ardemment que tu le dis ?

— Oui.

— Eh bien, tu l'auras !

La jeune fille étonnée leva la tête pour le questionner ; mais son visage était si sombre et si terrible que la parole se glaça sur ses lèvres.

D'ailleurs, en disant ces paroles, Luigi s'était éloigné.

Teresa le suivit des yeux dans la nuit tant qu'elle put l'apercevoir. Puis, lorsqu'il eut disparu, elle rentra chez elle en soupirant.

Cette même nuit il arriva un grand événement par l'imprudence sans doute de quelque domestique qui avait négligé d'éteindre les lumières : le feu prit à la villa San-Felice, juste dans les dépendances de l'appartement de la belle Carmela. Reveillée au milieu de la nuit par la lueur des flammes, elle avait sauté en bas de son lit, s'était enveloppée de sa robe de chambre, et avait essayé de fuir par la porte ; mais le corridor par lequel il fallait passer était déjà en proie à l'incendie. Alors elle était rentrée dans sa chambre appelant à grands cris au secours, quand tout à coup sa fenêtre, située à vingt pieds du sol, s'était ouverte ; un jeune paysan s'était élancé dans l'appartement, l'avait prise dans ses bras, et, avec une force et une adresse surhumaines, l'avait transportée sur le gazon de la pelouse, où elle s'était évanouie. Lorsqu'elle avait repris ses sens, son père était devant elle. Tous les serviteurs l'entouraient, lui portant des secours. Une aile tout entière de la villa était brûlée ; mais qu'importait, puisque Carmela était saine et sauve !

On chercha partout son libérateur, mais son libérateur ne reparut point ; on le demanda à tout le monde, mais personne ne l'avait vu. Quant à Carmela, elle était si troublée qu'elle ne l'avait point reconnu.

Au reste, comme le comte était immensément riche, à part le danger qu'avait couru Carmela et qui lui parut, par la manière miraculeuse dont elle y avait échappé, plutôt une nouvelle faveur de la Providence qu'un malheur réel, la perte occasionnée par les flammes fut peu de chose pour lui.

Le lendemain, à l'heure habituelle, les deux jeunes gens se retrouvèrent à la lisière de la forêt. Luigi était arrivé le premier. Il vint au-devant de la jeune fille avec une grande gaîté ; il semblait avoir complétement oublié la scène de la veille. Teresa était visiblement pensive ; mais en voyant Luigi ainsi disposé, elle affecta de son côté l'insouciance rieuse qui était le fond de son caractère quand quelque passion ne le venait pas troubler.

Luigi prit le bras de Teresa sous le sien, et la conduisit jusqu'à la porte de la grotte. Là il s'arrêta. La jeune fille, comprenant qu'il y avait quelque chose d'extraordinaire, le regarda fixement.

— Teresa, dit Luigi, hier au soir tu m'as dit que tu donnerais tout au monde pour avoir un costume pareil à celui de la fille du comte.

— Oui, dit Teresa avec étonnement, mais j'étais folle de faire un pareil souhait.

— Et moi je t'ai répondu : C'est bien, tu l'auras.

— Oui, reprit la jeune fille, dont l'étonnement croissait à chaque parole de Luigi ; mais tu as répondu cela sans doute pour me faire plaisir.

— Je ne t'ai jamais rien promis que je ne te l'aie bientôt donné, Teresa, dit orgueilleusement Luigi ; entre dans la grotte et habille-toi.

A ces mots, il tira la pierre et montra à Teresa la grotte éclairée par deux bougies qui brûlaient de chaque côté d'un magnifique miroir ; sur la table rustique, faite par Luigi, étaient étalés le collier de perles et les épingles de diamans, sur une chaise à côté était déposé le reste du costume.

Teresa poussa un cri de joie, et sans s'informer d'où venait ce costume, sans prendre le temps de remercier Luigi, elle s'élança dans la grotte transformée en cabinet de toilette.

Derrière elle Luigi repoussa la pierre, car il venait d'apercevoir sur la crête d'une petite colline, qui empêchait que de la place où il était on ne vit Palestrina, un voyageur à cheval, qui s'arrêta un instant comme incertain de sa route, se dessinant sur l'azur du ciel avec cette netteté de contour particulière aux lointains des pays méridionaux.

En apercevant Luigi, le voyageur mit son cheval au galop, et vint à lui.

Luigi ne s'était pas trompé ; le voyageur, qui allait de Palestrina à Tivoli, était dans le doute de son chemin.

Le jeune homme le lui indiqua ; mais, comme à un quart de mille de la route se divisait en trois sentiers, et qu'arrivé à ces trois sentiers le voyageur pouvait de nouveau s'égarer, il pria Luigi de lui servir de guide.

Luigi détacha son manteau et le déposa à terre, jeta sur son épaule sa carabine, et, dégagé ainsi du lourd vêtement, marcha devant le voyageur de ce pas rapide du montagnard, que le pas d'un cheval a peine à suivre.

En dix minutes, Luigi et le voyageur furent à l'espèce de carrefour indiqué par le jeune pâtre.

Arrivés là, d'un geste majestueux comme celui d'un empereur il étendit la main vers celle des trois routes que le voyageur devait suivre :

— Voilà votre chemin, dit-il, Excellence, vous n'avez plus à vous tromper maintenant.

— Et toi, voici ta récompense, dit le voyageur en offrant au jeune pâtre quelques pièces de menue monnaie.

— Merci, dit Luigi en retirant sa main ; je rends un service, je ne le vends pas.

— Mais, dit le voyageur, qui paraissait du reste habitué à cette différence entre la servilité de l'homme des villes et l'orgueil du campagnard, si tu refuses un salaire, tu acceptes au moins un cadeau.

— Ah ! oui, c'est autre chose.

— Eh bien, dit le voyageur, prends ces deux sequins de Venise, et donne-les à ta fiancée pour en faire une paire de boucles d'oreilles.

— Et vous, alors, prenez ce poignard, dit le jeune pâtre, vous n'en trouveriez pas un dont la poignée fût mieux sculptée d'Albano à Civita-Castellane.

— J'accepte, dit le voyageur ; mais alors c'est moi qui suis ton obligé, car ce poignard vaut plus de deux sequins.

— Pour un marchand peut-être ; mais pour moi qui l'ai sculpté moi-même, il vaut à peine une piastre.

— Comment t'appelles-tu ? demanda le voyageur.

— Luigi Vampa, répondit le pâtre du même air qu'il eût répondu : Alexandre, roi de Macédoine.

Et vous ?

— Moi, dit le voyageur, je m'appelle Simbad le Marin.

Franz d'Épinay jeta un cri de surprise.

— Simbad le Marin ! dit-il.

— Oui, reprit le narrateur, c'est le nom que le voyageur donna à Vampa comme étant le sien.

— Eh bien ! mais qu'avez-vous à dire contre ce nom ? interrompit Albert ; c'est un fort beau nom, et les aventures du patron de ce monsieur m'ont, je dois l'avouer, fort amusé dans ma jeunesse.

Franz n'insista pas davantage. Ce nom de Simbad le Marin, comme on le comprend bien, avait réveillé en lui tout un monde de souvenirs, comme avait fait la veille celui du comte de Monte-Christo.

— Continuez, dit-il à l'hôte.

Vampa mit dédaigneusement les deux sequins dans sa poche, et reprit lentement le chemin par lequel il était venu. Arrivé à deux ou trois cents pas de la grotte, il crut entendre un cri.

Il s'arrêta écoutant de quel côté venait ce cri.

Au bout d'une seconde, il entendit son nom prononcé distinctement.

L'appel venait du côté de la grotte.

Il bondit comme un chamois, armant son fusil tout en courant, et parvint en moins d'une minute au sommet de la petite colline opposée à celle où il avait aperçu le voyageur.

Là, les cris : Au secours ! arrivèrent à lui plus distincts.

Il jeta les yeux sur l'espace qu'il dominait : un homme enlevait Teresa, comme le centaure Nessus, Déjanire.

Cet homme, qui se dirigeait vers le bois, était déjà aux trois quarts du chemin de la grotte à la forêt.

Vampa mesura l'intervalle ; cet homme avait deux cents pas d'avance au moins sur lui, il n'y avait pas de chance de le rejoindre avant qu'il eût gagné le bois.

Le jeune pâtre s'arrêta comme si ses pieds eussent pris racine. Il appuya la crosse de son fusil à son épaule, leva lentement le canon dans la direction du ravisseur, le suivit une seconde dans sa course et fit feu.

Le ravisseur s'arrêta court, ses genoux plièrent, et il tomba entraînant Teresa dans sa chute.

Mais Teresa se releva aussitôt ; quant au fugitif, il resta couché se débattant dans les convulsions de l'agonie.

Vampa s'élança aussitôt vers Teresa, car à dix pas du moribond les jambes lui avaient manqué à son tour, et elle était retombée à genoux, et le jeune homme avait cette crainte terrible que la balle qui venait d'abattre son ennemi n'eût en même temps blessé sa fiancée.

Heureusement il n'en était rien, c'était la terreur seule qui avait paralysé les forces de Teresa. Lorsque Luigi se fut bien assuré qu'elle était saine et sauve, il se retourna vers le blessé.

Il venait d'expirer les poings fermés, la bouche contractée par la douleur, et les cheveux hérissés sous la sueur de l'agonie.

Ses yeux étaient restés ouverts et menaçans.

Vampa s'approcha du cadavre, et reconnut Cucumetto.

Depuis le jour où le bandit avait été sauvé par les deux jeunes gens, il était devenu amoureux de Teresa et avait juré que la jeune fille serait à lui. Depuis ce jour il l'avait épiée; et, profitant du moment où son amant l'avait laissée seule pour indiquer le chemin au voyageur, il l'avait enlevée et la croyait déjà à lui, lorsque la balle de Vampa, guidée par le coup d'œil infaillible du jeune pâtre, lui avait traversé le cœur.

Vampa le regarda un instant sans que la moindre émotion se trahît sur son visage, tandis qu'au contraire Teresa, toute tremblante encore, n'osait se rapprocher du bandit mort qu'à petits pas et jetait, en hésitant, un coup d'œil sur le cadavre par-dessus l'épaule de son amant.

Au bout d'un instant Vampa se retourna vers sa maîtresse :

— Ah! ah! dit-il, c'est bien, tu es habillée, à mon tour de faire ma toilette.

En effet, Teresa était revêtue de la tête aux pieds du costume de la fille du comte de San-Felice.

Vampa prit le corps de Cucumetto entre ses bras, l'emporta dans la grotte, tandis qu'à son tour Teresa restait dehors.

Si un second voyageur fût alors passé, il eût vu une chose étrange : c'était une bergère gardant ses brebis avec une robe de cachemire, des boucles d'oreilles et un collier de perles, des épingles de diamans et des boutons de saphirs, d'émeraudes et de rubis.

Sans doute il se fût cru revenu au temps de Florian, et eût affirmé, en revenant à Paris, qu'il avait rencontré la bergère des Alpes assise au pied des monts Sabins.

Au bout d'un quart d'heure Vampa sortit à son tour de la grotte. Son costume n'était pas moins élégant dans son genre que celui de Teresa.

Il avait revêtu une veste de velours grenat à boutons d'or ciselés, un gilet de soie tout couvert de broderies, une écharpe romaine nouée autour du cou, une cartouchière toute piquée d'or et de soie rouge et verte, des culotes de velours bleu de ciel attachées au-dessous du genou par des boucles de diamans, des guêtres de peau de daim bariolées de mille arabesques, et un chapeau où flottaient des rubans de toutes couleurs ; deux montres pendaient à sa ceinture, et un magnifique poignard était passé à sa cartouchière.

Teresa jeta un cri d'admiration. Vampa sous cet habit ressemblait à une peinture de Léopold Robert ou de Schnetz

Il avait revêtu le costume complet de Cucumetto.

Le jeune homme s'aperçut de l'effet qu'il produisait sur sa fiancée, et un sourire d'orgueil passa sur sa bouche.

— Maintenant, dit-il à Teresa, es-tu prête à partager ma fortune quelle qu'elle soit ?

— Oh oui! s'écria la jeune fille avec enthousiasme.

— A me suivre partout où j'irai ?

— Au bout du monde.

— Alors prends mon bras et partons, car nous n'avons pas de temps à perdre.

La jeune fille passa son bras sous celui de son amant, sans même lui demander où il la conduisait ; car en ce moment il lui paraissait beau, fier et puissant comme un dieu.

Et tous deux s'avancèrent dans la forêt, dont au bout de quelques minutes ils eurent franchi la lisière.

Il va sans dire que tous les sentiers de la montagne étaient connus de Vampa ; il avança donc dans la forêt sans hésiter un seul instant, quoiqu'il n'y eût aucun chemin frayé, mais seulement reconnaissant la route qu'il devait suivre à la seule inspection des arbres et des buissons : ils marchèrent ainsi une heure et demie à peu près.

Au bout de ce temps, ils étaient arrivés à l'endroit le plus touffu du bois. Un torrent dont le lit était à sec conduisait dans une gorge profonde. Vampa prit cet étrange chemin, qui, encaissé entre deux rives et rembruni par l'ombre épaisse des pins, semblait, moins la descente facile, ce sentier de l'Averne dont parle Virgile.

Teresa, redevenue craintive à l'aspect de ce lieu sauvage et désert, se serrait contre son guide, sans dire une parole ; mais comme elle le voyait marcher toujours d'un pas égal, comme un calme profond rayonnait sur son visage, elle avait elle-même la force de dissimuler son émotion.

Tout à coup, à dix pas d'eux, un homme sembla se détacher d'un arbre derrière lequel il était caché, et, mettant Vampa en joue :

— Pas un pas de plus, cria-t-il, ou tu es mort.

— Allons donc, dit Vampa en levant la main avec un geste de mépris, tandis que Teresa, ne dissimulant plus sa terreur, se pressait contre lui, est-ce que les loups se déchirent entre eux !

— Qui es-tu? demanda la sentinelle.

— Je suis Luigi Vampa, le berger de la ferme de San-Felice.

— Que veux-tu ?

— Je veux parler à tes compagnons qui sont à la clairière de Rocca Bianca.

— Alors, suis-moi, dit la sentinelle, ou plutôt, puisque tu sais où cela est, marche devant.

Vampa sourit d'un air de mépris à cette précaution du bandit, passa devant avec Teresa et continua son chemin du même pas ferme et tranquille qui l'avait conduit jusque-là.

Au bout de cinq minutes, le bandit leur fit signe de s'arrêter.

Les deux jeunes gens obéirent.

Le bandit imita trois fois le cri du corbeau.

Un croassement répondit à ce triple appel.

— C'est bien, dit le bandit. Maintenant tu peux continuer ta route.

Luigi et Teresa se remirent en chemin.

Mais à mesure qu'ils avançaient, Teresa tremblante se serrait contre son amant; en effet, à travers les arbres on voyait apparaître des armes et étinceler des canons de fusil.

La clairière de Rocca-Bianca était au sommet d'une petite montagne qui autrefois sans doute avait été un volcan, volcan éteint avant que Rémus et Romulus n'eussent déserté Albe pour venir bâtir Rome.

Teresa et Luigi atteignirent le sommet et se trouvèrent au même instant en face d'une vingtaine de bandits.

— Voici un jeune homme qui vous cherche et qui désire vous parler, dit la sentinelle.

— Et que veut-il nous dire? demanda celui qui, en l'absence du chef, remplissait l'intérim du capitaine.

— Je veux dire que je m'ennuie de faire le métier de berger, dit Vampa.

— Ah! je comprends, dit le lieutenant, et tu viens nous demander à être admis dans nos rangs?

— Qu'il soit le bienvenu ! crièrent plusieurs bandits de Ferrusino, de Pampinara et d'Anagni, qui avaient reconnu Luigi Vampa.

— Oui, seulement je viens vous demander une autre chose que d'être votre compagnon.

— Et que viens-tu nous demander ? dirent les bandits avec étonnement.

— Je viens vous demander à être votre capitaine, dit le jeune homme.

Les bandits éclatèrent de rire.

— Et qu'as-tu fait pour aspirer à cet honneur ? demanda le lieutenant.

— J'ai tué votre chef Cucumetto, dont voici la dépouille, dit Luigi, et j'ai mis le feu à la villa de San-Felice pour donner une robe de noce à ma fiancée.

Une heure après, Luigi Vampa était élu capitaine en remplacement de Cucumetto.

— Eh bien ! mon cher Albert, dit Franz en se retournant vers son ami, que pensez-vous maintenant du citoyen Luigi Vampa?

— Je dis que c'est un mythe, répondit Albert, et qu'il n'a jamais existé.

— Qu'est-ce que c'est qu'un mythe ? demanda Pastrini.

— Ce serait trop long à vous expliquer, mon cher hôte, répondit Franz. Et vous dites donc que maître Vampa exerce en ce moment sa profession aux environs de Rome?

— Et avec une hardiesse dont jamais bandit avant lui n'avait donné l'exemple.

— La police a tenté vainement de s'en emparer, alors?

— Que voulez-vous ! il est d'accord à la fois avec les bergers de la plaine, les pêcheurs du Tibre, et les contrebandiers de la côte. On le cherche dans la montagne, il est sur le fleuve ; on le poursuit sur le fleuve, il gagne la pleine mer ; puis, tout à coup, quand on le croit réfugié dans l'île de Giglio, del Guanonti, ou de Monte-Christo, on le voit reparaître à Albano, à Tivoli ou à la Riccia.

— Et quelle est sa manière de procéder à l'égard des voyageurs ?

— Ah ! mon Dieu ! c'est bien simple. Selon la distance où l'on est de la ville, il leur donne huit heures, douze heures, un jour, pour payer leur rançon ; puis ce temps écoulé, il accorde une heure de grâce. A la soixantième minute de cette heure, s'il n'a pas l'argent, il fait sauter la cervelle du prisonnier d'un coup de pistolet, ou lui plante son poignard dans le cœur, et tout est dit.

— Eh bien ! Albert, demanda Franz à son compagnon, êtes-vous toujours disposé à aller au Colisée par les boulevards extérieurs ?

— Parfaitement, dit Albert, si la route est plus pittoresque.

En ce moment neuf heures sonnèrent, la porte s'ouvrit et notre cocher parut.

— Excellence, dit-il, la voiture vous attend.

— Eh bien ! dit Franz, en ce cas, au Colisée.

— Par la porte del Popolo, Excellences, ou par les rues?

— Par les rues, morbleu ! par les rues, s'écria Franz.

— Ah ! mon cher, dit Albert en se levant à son tour et en allumant son troisième cigare, en vérité je vous croyais plus brave que cela.

Sur ce, les deux jeunes gens descendirent l'escalier et montèrent en voiture.

CHAP. XXXIII. — APPARITION.

Franz avait trouvé un terme moyen pour qu'Albert arrivât au Colisée sans passer devant aucune ruine antique, et par conséquent sans que les préparations graduelles ôtassent au colosse une seule coudée de ses gigantesques proportions. C'était de suivre la via Sistinia, de couper à angle droit devant Sainte-Marie-Majeure, et d'arriver par la via Urbana et San Pietro in Vincoli jusqu'à la via del Colosseo.

Cet itinéraire offrait d'ailleurs un autre avantage : c'était celui de ne distraire en rien Franz de l'impression produite sur lui par l'histoire qu'avait racontée maître Pastrini, et dans laquelle se trouvait mêlé son mystérieux amphytrion de Monte-Christo. Aussi s'était-il accoudé dans son coin et était-il retombé dans ces mille interrogatoires sans fin qu'il s'était faits à lui-même et dont pas un ne lui avait donné une réponse satisfaisante.

Une chose, au reste, lui avait encore rappelé son ami Simbad le Marin : c'étaient ces mystérieuses relations entre les brigands et les matelots. Ce qu'avait dit maître Pastrini du refuge que trouvait Vampa sur les barques des pêcheurs et des contrebandiers rappelait à Franz ces deux bandits corses qu'il avait trouvés soupant avec l'équipage du petit yacht, lequel s'était détourné de son chemin et avait abordé à Porto-Vecchio, dans le seul but de les remettre à terre. Le nom que se donnait son hôte de Monte-Christo, prononcé par son hôte de l'hôtel de Londres, lui prouvait qu'il exerçait le même rôle philantropique sur les côtes de Piombino, de Civita-Vecchia, d'Ostie et de Gaëte que sur celles de Corse, de Toscane et d'Espagne, et comme lui-même, autant que pouvait se le rappeler Franz, avait parlé de Tunis et de Palerme, c'était une preuve qu'il embrassait un cercle de relations assez étendu.

Mais si puissantes que fussent sur l'esprit du jeune homme toutes ces réflexions, elles s'évanouirent à l'instant où il vit s'élever devant lui le spectre sombre et gigantesque du Colisée, à travers les ouvertures duquel la lune projetait ces longs et pâles rayons qui tombent des yeux des fantômes. La voiture arrêta à quelques pas de la Meta Sudans. Le cocher vint ouvrir la portière, les deux jeunes gens sautèrent à bas de la voiture et se trouvèrent en face d'un cicérone qui semblait sortir de dessous terre.

Comme celui de l'hôtel les avait suivis, cela leur en faisait deux.

Impossible, au reste, d'éviter à Rome ce luxe de guides : outre le cicérone général qui s'empare de vous au moment où vous mettez le pied sur le seuil de la porte de l'hôtel, et qui ne vous abandonne plus que le jour où vous mettez le pied hors de la ville, il y a encore un cicérone spécial attaché à chaque monument, et je dirai presque à chaque fraction de monument. Qu'on juge donc si l'on doit manquer de cicéroni au Colosseo, c'est-à-dire au monument par excellence, qui faisait dire à Martial :

« Que Memphis cesse de nous vanter les barbares mi-
» racles de ses pyramides, que l'on ne chante plus les
» merveilles de Babylone; tout doit céder devant l'im-
» mense travail de l'amphithéâtre des Césars, et toutes
» les voix de la renommée doivent se réunir pour vanter
» ce monument. »

Franz et Albert n'essayèrent point de se soustraire à la tyrannie cicéronnienne. Au reste, cela serait d'autant plus difficile que ce sont les guides seulement qui ont le droit de parcourir le monument avec des torches. Ils ne firent donc aucune résistance et se livrèrent pieds et poings liés à leurs conducteurs.

Albert connaissait cette promenade pour l'avoir faite dix fois déjà. Mais comme son compagnon, plus novice mettait pour la première fois le pied dans le monument de Flavius Vespasien, je dois l'avouer à sa louange malgré le caquetage ignorant de ses guides, il était fortement impressionné. C'est qu'en effet on n'a aucune idée, quand on ne l'a pas vue, de la majesté d'une pareille ruine, dont toutes les proportions sont doublées encore par la mystérieuse clarté de cette lune méridionale dont les rayons semblent un crépuscule d'occident.

Aussi, à peine Franz le penseur eût-il fait cent pas sous les portiques intérieurs, qu'abandonnant Albert à ses guides, qui ne voulaient pas renoncer au droit imprescriptible de lui faire voir dans tous leurs détails la Fosse des Lions, la Loge des Gladiateurs, le Podium des Césars, il prit un escalier à moitié ruiné, et, leur laissant conti-

OEUV. COMPL. D'ALEX. DUMAS.

nuer leur route symétrique, il alla tout simplement s'asseoir à l'ombre d'une colonne, en face d'une échancrure qui lui permettait d'embrasser le géant de granit dans toute sa majestueuse étendue.

Franz était là depuis un quart d'heure à peu près, perdu, comme je l'ai dit, dans l'ombre d'une colonne, occupé à regarder Albert, qui, accompagné de ses deux porteurs de torches, venait de sortir d'un vomitorium placé à l'autre extrémité du Colisée, et lesquels, pareils à des ombres qui suivent un feu follet, descendaient de gradins en gradins vers les places réservées aux vestales, lorsqu'il lui sembla entendre rouler dans les profondeurs du monument une pierre détachée de l'escalier situé en face de celui qu'il venait de prendre pour arriver à l'endroit où il était assis. Ce n'est pas chose rare sans doute qu'une pierre qui se détache sous le pied du temps et va rouler dans l'abîme; mais cette fois il lui semblait que c'était aux pieds d'un homme que la pierre avait cédé, et qu'un bruit de pas arrivait jusqu'à lui quoique celui qui l'occasionnait fît tout ce qu'il pût pour l'assourdir.

En effet, au bout d'un instant, un homme parut, sortant graduellement de l'ombre à mesure qu'il montait l'escalier dont l'orifice, situé en face de Franz, était éclairé par la lune, mais dont les degrés, à mesure qu'on les descendait, s'enfonçaient dans l'obscurité.

Ce pouvait être un voyageur comme lui, préférant une méditation solitaire au bavardage insignifiant de ses guides, et par conséquent son apparition n'avait rien qui pût le surprendre; mais à l'hésitation avec laquelle il monta les dernières marches, à la façon dont, arrivé sur la plate-forme, il s'arrêta et parut écouter, il était évident qu'il était venu là dans un but particulier et qu'il attendait quelqu'un.

Par un mouvement instinctif, Franz s'effaça le plus qu'il pût derrière la colonne.

A dix pieds du sol où ils se trouvaient tous deux la voûte était défoncée, et une ouverture ronde, pareille à celle d'un puits, permettait d'apercevoir le ciel tout constellé d'étoiles.

Autour de cette ouverture, qui donnait peut-être déjà depuis des centaines d'années passage aux rayons de la lune, poussaient des broussailles dont les vertes et frêles découpures se détachaient en vigueur sur l'azur mat du firmament, tandis que de grandes lianes et de puissans jets de lierre pendaient de cette terrasse supérieure et se balançaient sous la voûte pareilles à des cordages flottans.

Le personnage dont l'arrivée mystérieuse avait attiré l'attention de Franz était placé dans une demi-teinte qui ne lui permettait pas de distinguer ses traits, mais qui cependant n'était pas assez obscure pour l'empêcher de détailler son costume: il était enveloppé d'un grand manteau brun dont un des pans, rejeté sur son épaule gauche, lui cachait le bas du visage, tandis que son chapeau à larges bords en couvrait la partie supérieure. L'extrémité seule de ses vêtemens se trouvait éclairée par la lumière oblique qui passait par l'ouverture, et qui permettait de distinguer un pantalon noir encadrant coquettement une botte vernie.

Cet homme appartenait évidemment, sinon à l'aristocratie, du moins à la haute société.

Il était là depuis quelques minutes et commençait à donner des signes visibles d'impatience, lorsqu'un léger bruit se fit entendre sur la terrasse supérieure.

Au même instant une ombre parut intercepter la lumière, un homme apparut à l'orifice de l'ouverture, plongea son regard perçant dans les ténèbres, et aperçut l'homme au manteau; aussitôt il saisit une poignée de ces lianes pendantes et de ces lierres flottans, se laissa glisser, et, arrivé à trois ou quatre pieds du sol, sauta légèrement à terre. Celui-ci avait le costume d'un Transtevere complet.

— Excusez-moi, Excellence, dit-il en dialecte romain, je vous ai fait attendre. Cependant je ne suis en retard que de quelques minutes. Dix heures viennent de sonner à Saint-Jean-de-Latran.

— C'est moi qui étais en avance et non vous qui étiez en retard, répondit l'étranger dans le plus pur toscan; ainsi, pas de cérémonie, d'ailleurs m'eussiez-vous fait attendre que je me serais bien douté que c'était par quelque motif indépendant de votre volonté.

— Et vous auriez eu raison, Excellence, je viens du château Saint-Ange, et j'ai eu toutes les peines du monde à parler à Beppo.

— Qu'est-ce que Beppo?

— Beppo est un employé de la prison, à qui je fais une petite rente pour savoir ce qui se passe dans l'intérieur du château de Sa Sainteté.

— Ah! ah! je vois que vous êtes homme de précaution, mon cher!

— Que voulez-vous, Excellence! on ne sait pas ce qui peut arriver; peut-être moi aussi serai-je un jour pris au filet comme ce pauvre Peppino, et aurai-je besoin d'un rat pour ronger quelques mailles de ma prison.

— Bref, qu'avez-vous appris?

— Il y aura deux exécutions mardi, à deux heures, comme c'est l'habitude à Rome lors des ouvertures des grandes fêtes. Un condamné sera *mazzolato* : c'est un misérable qui a tué un prêtre qui l'avait élevé, et qui ne mérite aucun intérêt. L'autre sera *decapitato*, et celui-là c'est le pauvre Peppino.

— Que voulez-vous, mon cher, vous inspirez une si grande terreur, non seulement au gouvernement pontifical, mais encore aux royaumes voisins, qu'on veut absolument faire un exemple.

— Mais Peppino ne fait pas même partie de ma bande; c'est un pauvre berger qui n'a commis d'autres crimes que de nous fournir des vivres.

— Ce qui le constitue parfaitement votre complice. Aussi, vous voyez qu'on a des égards pour lui : au lieu de l'assommer, comme vous le serez si jamais on vous met la main dessus, on se contentera de le guillotiner. Au reste, cela variera les plaisirs du peuple, et il y aura spectacle pour tous les goûts.

— Sans compter celui que je lui ménage et auquel il ne s'attend pas, reprit le Transtevere.

— Mon cher ami, permettez-moi de vous dire, reprit l'homme au manteau, que vous me paraissez tout disposé à faire quelque sottise.

— Je suis disposé à tout pour empêcher l'exécution du pauvre diable qui est dans l'embarras pour m'avoir servi. Par la Madone! je me regarderais comme un lâche si je ne faisais pas quelque chose pour ce brave garçon.

— Et que ferez-vous?

— Je placerai une vingtaine d'hommes autour de l'échafaud, et, au moment où on l'amènera, au signal que je donnerai nous nous élancerons le poignard au poing sur l'escorte et nous l'enlèverons.

— Cela me paraît fort chanceux, et je crois décidément que mon projet vaut mieux que le vôtre.

— Et quel est votre projet, Excellence?

— Je donnerai deux mille piastres à quelqu'un que je sais, et qui obtiendra que l'exécution de Peppino soit remise à l'année prochaine; puis, dans le courant de l'année, je donnerai mille autres pièces à un autre quelqu'un que je sais encore, et je le ferai évader de prison.

— Êtes-vous sûr de réussir?

— Pardieu! dit en français l'homme au manteau.

— Plaît-il? demanda le Transtevere.

— Je dis, mon cher, que j'en ferai plus à moi seul avec mon or que vous et tous vos gens avec leurs poignards, leurs pistolets, leurs carabines et leurs tromblons. Laissez-moi donc faire.

— A merveille; mais si vous échouez, nous nous tiendrons toujours prêts.

— Tenez-vous toujours prêts, si c'est votre plaisir; mais soyez certain que j'aurai sa grace.

— C'est après-demain mardi, faites-y attention. Vous n'avez plus que demain.

— Eh bien! mais le jour se compose de vingt-quatre heures, chaque heure se compose de soixante minutes, chaque minute de soixante secondes; en quatre-vingt-six mille quatre cents secondes on fait bien des choses.

— Si vous avez réussi, Excellence, comment le saurons-nous?

— C'est bien simple, j'ai loué les trois dernières fenêtres du café Rospoli; si j'ai obtenu le sursis, les deux fenêtres du coin seront tendues en damas jaune, mais celle du milieu sera tendue en damas blanc avec une croix rouge.

— A merveille. Et par qui ferez-vous passer la grace?

— Envoyez-moi un de vos hommes déguisé en pénitent, et je le lui donnerai. Grace à son costume, il arrivera jusqu'au pied de l'échafaud et remettra la bulle au chef de la confrérie, qui la remettra au bourreau. En attendant, faites savoir cette nouvelle à Peppino; qu'il n'aille pas mourir de peur ou devenir fou, ce qui serait cause que nous aurions fait pour lui une dépense inutile.

— Écoutez, Excellence, dit le paysan, je vous suis bien dévoué, et vous en êtes convaincu, n'est-ce pas?

— Je l'espère au moins.

— Eh bien, si vous sauvez Peppino, ce sera plus que du dévoûment à l'avenir, ce sera de l'obéissance.

— Fais attention à ce que tu dis là, mon cher! je te le rappellerai peut-être un jour, car peut-être un jour moi aussi j'aurai besoin de toi...

— Eh bien, alors, Excellence, vous me trouverez à l'heure du besoin comme je vous aurai trouvé à cette même heure; alors, fussiez-vous à l'autre bout du monde, vous n'aurez qu'à m'écrire : « Fais cela, » et je le ferai, foi de...

— Chut! dit l'inconnu, j'entends du bruit.

— Ce sont des voyageurs qui visitent le Colisée aux flambeaux.

— Il est inutile qu'ils nous trouvent ensemble. Ces mouchards de guides pourraient vous reconnaître, et, si honorable que soit votre amitié, mon cher ami, si on nous savait liés comme nous le sommes, cette liaison, j'en ai bien peur, me ferait perdre quelque peu de mon crédit.

— Ainsi, si vous avez le sursis?...

— La fenêtre du milieu tendue en damas avec une croix rouge.

— Si vous ne l'avez pas?

— Trois tentures jaunes.

— Et alors?...

— Alors, mon cher ami, jouez du poignard tout à votre aise, je vous le permets, et je serai là pour vous voir faire.

— Adieu, Excellence; je compte sur vous, comptez sur moi.

A ces mots le Transtevere disparut par l'escalier, tandis que l'inconnu, se couvrant plus que jamais le visage de son manteau, passa à deux pas de Franz et descendit dans l'arène par les gradins extérieurs.

Une seconde après, Franz entendit son nom retentir sous les voûtes : c'était Albert qui l'appelait.

Il attendit pour répondre que les deux hommes fussent éloignés, ne se souciant pas de leur apprendre qu'ils avaient eu un témoin qui, s'il n'avait pas vu leur visage, n'avait pas perdu un mot de leur entretien.

Dix minutes après, Franz roulait vers l'hôtel d'Espagne écoutant avec une distraction fort impertinente la savante dissertation qu'Albert faisait, d'après Pline et Calpurnius, sur les filets garnis de pointes de fer qui empêchaient les animaux féroces de s'élancer sur les spectateurs.

Il le laissait aller sans le contredire, il avait hâte de se trouver seul pour penser sans distraction à ce qui venait de se passer devant lui.

De ces deux hommes l'un lui était certainement étranger, et c'était la première fois qu'il le voyait et l'entendait, mais il n'en était pas ainsi de l'autre, et, quoique Franz n'eût pas distingué son visage constamment enseveli dans l'ombre ou caché par son manteau, les accens de cette voix l'avaient trop frappé la première fois qu'il les avait entendus pour qu'ils pussent jamais retentir devant lui sans qu'il les reconnût. Il y avait surtout dans les intonations railleuses quelque chose de strident et de métallique qui l'avait fait tressaillir dans les ruines du Colisée comme dans la grotte de Monte-Christo. Aussi était-il bien convaincu que cet homme n'était autre que Simbad le Marin.

Aussi, en toute autre circonstance, la curiosité que lui avait inspirée cet homme eût été si grande qu'il se serait fait reconnaître à lui; mais dans cette occasion, la conversation qu'il venait d'entendre était trop intime pour qu'il ne fût pas retenu par la crainte très sensée que son apparition ne lui serait pas agréable. Il l'avait donc laissé s'éloigner, comme on l'a vu, mais en se promettant, s'il le rencontrait une autre fois, de ne pas laisser échapper cette seconde occasion comme il avait fait de la première.

Franz était trop préoccupé pour bien dormir. Sa nuit fut employée à passer et à repasser dans son esprit toutes les circonstances qui se rattachaient à l'homme de la grotte et à l'inconnu du Colisée, et qui tendaient à faire de ces deux personnages le même individu; et plus Franz y pensait, plus il s'affermissait dans cette opinion.

Il s'endormit au jour, ce qui fit qu'il ne s'éveilla que fort tard. Albert, en véritable Parisien, avait déjà pris ses précautions pour la soirée. Il avait envoyé chercher une loge au théâtre Argentina.

Franz avait plusieurs lettres à écrire en France, il abandonna pour toute la journée la voiture à Albert.

A cinq heures, Albert rentra; il avait porté ses lettres de recommandation, avait des invitations pour toutes ses soirées et avait vu Rome.

Une journée avait suffi à Albert pour tout cela.

Et encore avait-il eu le temps de s'informer de la pièce qu'on jouait et des acteurs qui la jouaient.

La pièce avait titre : *Parisina* ; les acteurs avaient nom : Coselli, Moriani et la Spech.

Nos deux jeunes gens n'étaient pas si malheureux, comme on le voit; ils allaient assister à la représentation d'un des meilleurs opéras de l'auteur de *Lucia di Lammermoor*, joué par trois des artistes les plus renommés de l'Italie.

Albert n'avait jamais pu s'habituer aux théâtres ultramontains, à l'orchestre desquels on ne va pas, et qui n'ont ni balcons ni loges découvertes; c'était dur pour un homme qui avait sa stalle aux Bouffes et sa part de la loge infernale à l'Opéra.

Ce qui n'empêchait pas Albert de faire des toilettes flamboyantes toutes les fois qu'il allait à l'Opéra avec Franz : toilettes perdues; car, il faut l'avouer à la honte d'un des représentans les plus dignes de notre fashion, depuis quatre mois qu'il sillonnait l'Italie en tout sens Albert n'avait pas eu une seule aventure.

Albert essayait quelquefois de plaisanter à cet endroit; mais au fond il était singulièrement mortifié, lui, Albert de Morcerf, un des jeunes gens les plus courus, d'en être encore pour ses frais. La chose était d'autant plus pénible, que, selon l'habitude modeste de nos chers compatriotes, Albert était parti de Paris avec cette conviction qu'il allait avoir en Italie les plus grands succès, et qu'il viendrait faire les délices du boulevard de Gand du récit de ses bonnes fortunes.

Hélas! il n'en avait rien été : les charmantes comtesses génoises, florentines et napolitaines s'en étaient tenues, non pas à leurs maris, mais à leurs amans, et Albert avait acquis cette cruelle conviction, que les Italiennes ont du moins sur les Françaises l'avantage d'être fidèles à leur infidélité.

Je ne veux pas dire qu'en Italie, comme partout, il n'y ait pas des exceptions.

Et cependant Albert était non seulement un cavalier parfaitement élégant, mais encore un homme de beaucoup d'esprit; de plus il était vicomte : vicomte de nouvelle noblesse, c'est vrai; mais aujourd'hui qu'on ne fait plus ses preuves, qu'importe qu'on date de 1399 ou de 1815! par-dessus tout cela, il avait cinquante mille livres de rente. C'était plus qu'il n'en faut, comme on voit, pour être à la mode à Paris. C'était donc quelque peu humiliant de n'avoir encore été sérieusement remarqué par personne dans aucune des villes où il avait passé.

Mais aussi comptait-il se rattraper à Rome, le carnaval étant, dans tous les pays de la terre qui célèbrent cette estimable institution, une époque de liberté où les plus sévères se laissent entraîner à quelque acte de folie. Or, comme le carnaval s'ouvrait le lendemain, il était fort important qu'Albert lançât son prospectus avant cette ouverture.

Albert avait donc dans cette intention loué une des loges les plus apparentes du théâtre, et fait pour s'y rendre une toilette irréprochable. C'était au premier rang, qui remplace chez nous la galerie. Au reste, les trois premiers étages sont aussi aristocratiques les uns que les autres, et on les appelle pour cette raison les rangs nobles.

Au reste, cette loge, où l'on pouvait tenir à douze sans être serré, avait coûté aux deux amis un peu moins cher qu'une loge de quatre personnes à l'Ambigu.

Albert avait encore un autre espoir, c'est que s'il arrivait à prendre place dans le cœur d'une belle Romaine, cela le conduirait naturellement à conquérir un *posto* dans la voiture, et par conséquent à voir le carnaval du haut d'un véhicule aristocratique ou d'un balcon princier.

Toutes ces considérations rendaient donc Albert plus sémillant qu'il ne l'avait jamais été. Il tournait le dos aux acteurs, se penchant à moitié hors de la loge et lorgnant toutes les jolies femmes avec une jumelle de six pouces de long.

Ce qui n'amenait pas une seule jolie femme à récompenser d'un seul regard, même de curiosité, tout le mouvement que se donnait Albert.

En effet, chacun causait de ses affaires, de ses amours, de ses plaisirs, du carnaval qui s'ouvrait le lendemain, de la semaine sainte prochaine, sans faire attention un seul instant ni aux acteurs, ni à la pièce, à l'exception des momens indiqués, où chacun alors se retournait, soit pour attendre une portion de récitatif de Coselli, soit pour applaudir quelque trait brillant de Moriani, soit pour crier bravo à la Spech; puis les conversations particulières reprenaient leur train habituel.

Vers la fin du premier acte, la porte d'une loge restée vide jusque-là s'ouvrit, et Franz vit entrer une personne à laquelle il avait eu l'honneur d'être présenté à Paris et qu'il croyait encore en France. Albert vit le mouvement que fit son ami à cette apparition, et se retournant vers lui :

— Est-ce que vous connaissez cette femme? dit-il.
— Oui; comment la trouvez-vous?
— Charmante, mon cher, et blonde. Oh les adorables cheveux! C'est une française?
— C'est une Vénitienne.
— Et vous l'appelez?
— La comtesse G....
— Oh! je la connais de nom, s'écria Albert; on la dit aussi spirituelle que jolie. Parbleu, quand je pense que j'aurais pu me faire présenter à elle au dernier bal de madame de Villefort, où elle était, et que j'ai négligé cela, je suis un grand niais!
— Voulez-vous que je répare ce tort? demanda Franz.

— Comment! vous la connaissez assez intimement pour me conduire dans sa loge?
— J'ai eu l'honneur de lui parler trois ou quatre fois dans ma vie; mais, vous le savez, c'est strictement assez pour ne pas commettre une inconvenance.

En ce moment la comtesse aperçut Franz et lui fit de la main un signe gracieux, auquel il répondit par une respectueuse inclination de tête.

— Ah ça, mais il me semble que vous êtes au mieux avec elle? dit Albert.
— Eh bien! voilà ce qui vous trompe et ce qui nous fera faire sans cesse, à nous autres Français, mille sottises; et l'étrange c'est de tout soumettre à nos points de vue parisiens; en Espagne et en Italie surtout, ne jugez jamais de l'intimité des gens sur la liberté des rapports. Nous nous sommes trouvés en sympathie avec la comtesse, voilà tout.
— En sympathie de cœur? demanda Albert en riant.
— Non, d'esprit, voilà tout, répondit sérieusement Franz.
— Et à quelle occasion?
— A l'occasion d'une promenade de Colisée pareille à celle que nous avons faite ensemble.
— Au clair de la lune?
— Oui.
— Seuls?
— A peu près.
— Et vous avez parlé...
— Des morts.
— Ah! s'écria Albert, c'était en vérité fort récréatif. Eh bien! moi, je vous promets que si j'ai le bonheur d'être le cavalier de la belle comtesse dans une pareille promenade, je ne lui parlerai que des vivans.
— Et vous aurez peut-être tort.
— En attendant, vous allez me présenter à elle comme vous me l'avez promis?
— Aussitôt la toile baissée.
— Que ce diable de premier acte est long!
— Écoutez le finale, il est fort beau, et Coselli le chante admirablement.
— Oui, mais quelle tournure!
— La Spech y est on ne peut plus dramatique.
— Vous comprenez que lorsqu'on a entendu la Sontag et la Malibran...
— Ne trouvez-vous pas la méthode de Moriani excellente?
— Je n'aime pas les bruns qui chantent blond.
— Ah! mon cher, dit Franz en se retournant, tandis qu'Albert continuait de lorgner, en vérité vous êtes par trop difficile.

Enfin la toile tomba à la grande satisfaction du vicomte de Morcerf, qui prit son chapeau, donna un coup de main rapide à ses cheveux, à sa cravate et à ses manchettes, et fit observer à Franz qu'il l'attendait.

Comme son côté la comtesse, que Franz interrogeait des yeux, lui fit comprendre par un signe qu'il serait le bienvenu, Franz ne mit aucun retard à satisfaire l'empressement d'Albert, et faisant, suivi de son compagnon qui profitait du voyage pour rectifier les faux plis que les mouvements avaient pu imprimer à son col de chemise et au revers de son habit, le tour de l'hémicycle, il vint frapper à la loge n° 4, qui était celle qu'occupait la comtesse.

Aussitôt le jeune homme qui était assis à côté d'elle sur le devant de la loge se leva, cédant sa place, selon l'habitude italienne, au nouveau venu, qui doit la céder à son tour lorsqu'une autre visite arrive.

Franz présenta Albert à la comtesse comme un de nos jeunes gens les plus distingués par sa position sociale et par son esprit; ce qui, d'ailleurs, était vrai, car à Paris et dans le milieu où vivait Albert c'était un cavalier irréprochable. Il ajouta que, désespéré de n'avoir pas su profiter du séjour de la comtesse à Paris pour se faire présenter à elle, il avait chargé de réparer cette faute, mission dont il s'acquittait en priant la comtesse, près de laquelle il aurait eu besoin lui-même d'un introducteur, d'excuser son indiscrétion.

La comtesse répondit en faisant un charmant salut à Albert et en tendant la main à Franz.

Albert, invité par elle, prit la place vide sur le devant, et Franz s'assit au second rang derrière la comtesse.

Albert avait trouvé un excellent sujet de conversation, c'était Paris ; il parlait à la comtesse de leurs connaissances communes. Franz comprit qu'il était sur le terrain. Il le laissa aller, et lui demandant sa gigantesque lorgnette il se mit à son tour à explorer la salle.

Seule sur le devant d'une loge, placée au troisième rang en face d'eux, était une femme admirablement belle, vêtue d'un costume grec, qu'elle portait avec tant d'aisance qu'il était évident que c'était son costume naturel.

Derrière elle, dans l'ombre, se dessinait la forme d'un homme dont il était impossible de distinguer le visage.

Franz interrompit la conversation d'Albert et de la comtesse pour demander à cette dernière si elle connaissait la belle Albanaise qui était si digne d'attirer non seulement l'attention des hommes, mais encore des femmes.

— Non, dit-elle ; tout ce que je sais c'est qu'elle est à Rome depuis le commencement de la saison ; car à l'ouverture du théâtre je l'ai vue où elle est ; et depuis un mois elle n'a pas manqué une seule représentation, tantôt accompagnée de l'homme qui est avec elle en ce moment, tantôt suivie simplement d'un domestique noir.

— Comment la trouvez-vous, comtesse ?

— Extrêmement belle. Medora devait ressembler à cette femme.

Franz et la comtesse échangèrent un sourire. Elle se remit à causer avec Albert, et Franz à lorgner son Albanaise.

La toile se leva sur le ballet. C'était un de ces bons ballets italiens mis en scène par le fameux Henri, qui s'était fait comme chorégraphe, en Italie, une réputation colossale, que le malheureux est venu perdre au théâtre nautique ; un de ces ballets où tout le monde depuis le premier sujet jusqu'au dernier comparse prend une part si active à l'action, que cent cinquante personnes font à la fois le même geste et lèvent ensemble ou le même bras, ou la même jambe.

On appelait ce ballet *Poliska*.

Franz était trop préoccupé de sa belle Grecque pour s'occuper du ballet, si intéressant qu'il fût. Quant à elle, elle prenait un plaisir visible à ce spectacle, plaisir qui faisait une opposition suprême avec l'insouciance profonde de celui qui l'accompagnait, et qui, tant que dura le chef-d'œuvre chorégraphique, ne fit pas un mouvement ; paraissant, malgré le bruit infernal que menaient les trompettes, les cymbales et les chapeaux chinois à l'orchestre, goûter les célestes douceurs d'un sommeil paisible et radieux.

Enfin le ballet finit, et la toile tomba au milieu des applaudissemens frénétiques d'un parterre enivré.

Grace à cette habitude de couper l'opéra par un ballet, les entr'actes sont très courts en Italie, les chanteurs ayant le temps de se reposer et de changer de costume, tandis que les danseurs exécutent leurs pirouettes et confectionnent leurs entrechats.

L'ouverture du second acte commença ; au premier coup d'archet Franz vit le dormeur se soulever lentement et se rapprocher de la Grecque, qui se retourna pour lui adresser quelques paroles et s'accouda de nouveau sur le devant de la loge.

La figure de son interlocuteur était toujours dans l'ombre, et Franz ne pouvait distinguer aucun de ses traits.

La toile se leva, l'attention de Franz fut nécessairement attirée par les acteurs, et ses yeux quittèrent un instant la loge de la belle Grecque pour se porter vers la scène.

L'acte s'ouvre, comme on sait, par le duo du rêve : Parisina, couchée, laisse échapper devant Azzo le secret de son amour pour Ugo ; l'époux trahi passe par toutes les fureurs de la jalousie, jusqu'à ce que, convaincu que sa femme lui est infidèle, il la réveille pour lui annoncer sa prochaine vengeance.

Ce duo est un des plus beaux, des plus expressifs et des plus terribles qui soient sortis de la plume féconde de Donizetti. Franz l'entendait pour la troisième fois, et quoiqu'il ne passât pas pour un mélomane enragé, il produisit sur lui un effet profond. Il allait en conséquence joindre ses applaudissemens à ceux de la salle, lorsque ses mains, prêtes à se réunir, restèrent écartées, et que le bravo qui s'échappait de sa bouche expira sur ses lèvres.

L'homme de la loge s'était levé tout de bout, et, sa tête se trouvan' dans la lumière, Franz venait de retrouver le mystérieux habitant de Monte-Christo, celui dont la veille il lui avait si bien semblé reconnaître la taille et la voix dans les ruines du Colisée.

Il n'y avait plus de doute, l'étrange voyageur habitait Rome.

Sans doute l'expression de la figure de Franz était en harmonie avec le trouble que cette apparition jetait dans son esprit, car la comtesse le regarda, éclata de rire, et lui demanda ce qu'il avait.

— Madame la comtesse, répondit Franz, je vous ai demandé tout à l'heure si vous connaissiez cette femme albanaise ; maintenant je vous demanderai si vous connaissez son mari.

— Pas plus qu'elle, répondit la comtesse.

— Vous ne l'avez jamais remarqué ?

— Voilà bien une question à la française ! Vous savez bien que, pour nous autres Italiennes, il n'y a pas d'autre homme au monde que celui que nous aimons !

— C'est juste, répondit Franz.

— En tout cas, dit-elle en appliquant les jumelles d'Albert à ses yeux et en les dirigeant vers la loge, ce doit être quelque nouveau déterré, quelque trépassé sorti du tombeau avec la permission du fossoyeur, car il me semble affreusement pâle.

— Il est toujours comme cela, répondit Franz.

— Vous le connaissez donc ? demanda la comtesse ; alors c'est moi qui vous demanderai qui il est.

— Je crois l'avoir déjà vu, et il me semble le reconnaître

— En effet, dit-elle en faisant un mouvement de ses belles épaules comme si un frisson lui passait dans les veines, je comprends que lorsqu'on a une fois vu un pareil homme on ne l'oublie jamais.

L'effet que Franz avait éprouvé n'était donc pas une impression particulière, puisqu'une autre personne le ressentait comme lui.

— Eh bien ! demanda Franz à la comtesse après qu'elle eut pris sur elle de le lorgner une seconde fois, que pensez-vous de cet homme ?

— Que cela me paraît être lord Ruthwen en chair et en os.

En effet, ce nouveau souvenir de Byron frappa Franz : si un homme pouvait le faire croire à l'existence des vampires, c'était cet homme.

— Il faut que je sache qui il est, dit Franz en se levant.

— Oh non ! s'écria la comtesse ; non, ne me quittez pas, je compte sur vous pour me reconduire, et je vous garde.

— Comment ! véritablement, lui dit Franz en se penchant à son oreille, vous avez peur ?

— Écoutez, lui dit-elle, Byron m'a juré qu'il croyait aux vampires, il m'a dit qu'il en avait vu, il m'a dépeint leur visage, eh bien ! c'est absolument cela : ces cheveux noirs, ces grands yeux brillant d'une flamme étrange, cette pâleur mortelle ; puis, remarquez qu'il n'est pas avec une femme comme toutes les femmes, il est avec une étrangère.... une Grecque.... une schismatique.... sans doute quelque magicienne comme lui... Je vous en prie, n'y allez pas. Demain mettez-vous à sa recherche si bon vous semble, mais aujourd'hui je vous déclare que je vous garde.

Franz insista.

— Écoutez, dit-elle en se levant, je m'en vais, je ne puis rester jusqu'à la fin du spectacle, j'ai du monde chez moi, serez-vous assez peu galant pour me refuser votre compagnie?

Il n'y avait d'autre réponse à faire que de prendre son chapeau, d'ouvrir la porte et de présenter son bras à la comtesse.

C'est ce qu'il fit.

La comtesse était véritablement fort émue; et Franz lui-même ne pouvait échapper à une certaine terreur superstitieuse, d'autant plus naturelle que ce qui était chez la comtesse le produit d'une sensation instinctive était chez lui le résultat d'un souvenir.

Il sentit qu'elle tremblait en montant en voiture.

Il la reconduisit jusque chez elle : il n'y avait personne et elle n'était aucunement attendue; il lui en fit le reproche.

— En vérité, lui dit-elle, je ne me sens pas bien, et j'ai besoin d'être seule; la vue de cet homme m'a toute bouleversée.

Franz essaya de rire.

— Ne riez pas, lui dit-elle; d'ailleurs vous n'en avez pas envie. Puis promettez-moi une chose.

— Laquelle?

— Promettez-la moi.

— Tout ce que vous voudrez, excepté de renoncer à découvrir quel est cet homme. J'ai des motifs que je ne puis vous dire pour désirer savoir qui il est, d'où il vient et où il va.

— D'où il vient, je l'ignore; mais où il va, je puis vous le dire : il va en enfer à coup sûr.

— Revenons à la promesse que vous vouliez exiger de moi, comtesse? dit Franz.

— Ah! c'est de rentrer directement à l'hôtel et de ne pas chercher ce soir à voir cet homme. Il y a certaines affinités entre les personnes que l'on quitte et les personnes que l'on rejoint. Ne servez pas de conducteur entre cet homme et moi. Demain courez après lui si bon vous semble; mais ne me le présentez jamais, si vous ne voulez pas me faire mourir de peur. Sur ce, bonsoir, tâchez de dormir, moi je sais bien qui ne dormira pas.

Et à ces mots la comtesse quitta Franz, le laissant indécis de savoir si elle s'était amusée à ses dépens ou si elle avait véritablement ressenti la crainte qu'elle avait exprimée.

En rentrant à l'hôtel Franz trouva Albert en robe de chambre, en pantalon à pied, voluptueusement étendu sur un fauteuil, et fumant son cigare.

— Ah, c'est vous! lui dit-il; ma foi, je ne vous attendais que demain.

— Mon cher Albert, répondit Franz, je suis heureux de trouver l'occasion de vous dire une fois pour toutes que vous avez la plus fausse idée des femmes italiennes; il me semble pourtant que vos mécomptes amoureux auraient dû vous la faire perdre.

— Que voulez-vous! ces diablesses de femmes, c'est à n'y rien comprendre! Elles vous donnent la main, elles vous la serrent; elles vous parlent tout bas, elles se font reconduire chez elles : avec le quart de ces manières de faire, une Parisienne se perdrait de réputation.

— Eh! justement c'est parce qu'elles n'ont rien à cacher, c'est parce qu'elles vivent au grand soleil, que les femmes y mettent si peu de façons dans le beau pays où résonne le sí, comme dit Dante. D'ailleurs vous avez bien vu que la comtesse a eu véritablement peur.

— Peur de quoi? de cet honnête monsieur qui était en face de nous avec cette jolie Grecque? Mais j'ai voulu en avoir le cœur net quand ils sont sortis, et je les ai croisés dans le corridor. Je ne sais pas où diable vous avez pris toutes vos idées de l'autre monde! C'est un fort beau garçon qui est fort bien mis, et qui a tout l'air de se faire habiller en France chez Blin ou chez Humann; un peu pâle, c'est vrai, mais vous savez que la pâleur est un cachet de distinction.

Franz sourit, Albert avait de grandes prétentions à être pâle.

— Aussi, lui dit Franz, je suis convaincu que les idées de la comtesse sur cet homme n'ont pas le sens commun. A-t-il parlé près de vous et avez-vous entendu quelques unes de ses paroles?

— Il a parlé, mais en romaïque. J'ai reconnu l'idiome à quelques mots grecs défigurés. Il faut vous dire, mon cher, qu'au collège j'étais très fort en grec.

— Ainsi il parlait le romaïque?

— C'est probable.

— Plus de doute, murmura Franz, c'est lui.

— Vous dites?...

— Rien. Que faisiez-vous donc là?

— Je vous ménageais une surprise.

— Laquelle?

— Vous savez qu'il est impossible de se procurer une calèche!

— Pardieu! puisque nous avons fait inutilement tout ce qu'il était humainement possible de faire pour cela.

— Eh bien! j'ai eu une idée merveilleuse.

Franz regarda Albert en homme qui n'avait pas grande confiance dans son imagination.

— Mon cher, dit Albert, vous m'honorez là d'un regard qui mériterait bien que je vous demandasse réparation.

— Je suis prêt à vous la faire, cher ami, si l'idée est aussi ingénieuse que vous le dites.

— Écoutez.

— J'écoute.

— Il n'y a pas moyen de se procurer de voiture, n'est-ce pas?

— Non.

— Ni de chevaux?

— Pas davantage.

— Mais l'on peut se procurer une charrette?

— Peut-être.

— Une paire de bœufs?

— C'est probable.

— Eh bien, mon cher! voilà notre affaire. Je vais faire décorer la charrette, nous nous habillons en moissonneurs napolitains, et nous représentons au naturel le magnifique tableau de Léopold Robert. Si, pour plus grande ressemblance, la comtesse veut prendre le costume d'une femme de Puzzole ou de Sorrente, cela complétera la mascarade, et elle est assez belle pour qu'on la prenne pour l'original de la femme à l'enfant.

— Pardieu! s'écria Franz, pour cette fois vous avez raison, monsieur Albert, et voilà une idée véritablement heureuse.

— Et toute nationale, renouvelée des rois fainéants, mon cher, rien que cela! Ah! messieurs les Romains, vous croyez qu'on courra à pied par vos rues comme des lazzaroni, et cela parce que vous manquez de calèches et de chevaux; eh bien! on en inventera.

— Et avez-vous déjà fait part à quelqu'un de cette triomphante imagination?

— À notre hôte. En rentrant, je l'ai fait monter et lui ai exposé mes désirs. Il m'a assuré que rien n'était plus facile; je voulais faire dorer les cornes des bœufs, mais il m'a dit que cela demanderait trois jours : il faudra donc nous passer de cette superfluité.

— Et où est-il?

— Qui?

— Notre hôte.

— En quête de la chose. Demain il serait déjà peut-être un peu tard.

— De sorte qu'il va nous rendre réponse ce soir même?
— Je l'attends.

En ce moment la porte s'ouvrit, et maître Pastrini passa la tête.

— Permesso? dit-il.
— Certainement que c'est permis! s'écria Franz.
— Eh bien! dit Albert, nous avez-vous trouvé la charrette requise et les bœufs demandés?
— J'ai trouvé mieux que cela, répondit-il d'un air parfaitement satisfait de lui-même.
— Ah! mon cher hôte, prenez garde, dit Albert, le mieux est l'ennemi du bien.
— Que Vos Excellences s'en rapportent à moi, dit maître Pastrini d'un ton capable.
— Mais enfin, qu'y a-t-il? demanda Franz à son tour.
— Vous savez, dit l'aubergiste, que le comte de Monte-Christo habite sur le même carré que vous?
— Je le crois bien, dit Albert, puisque c'est grâce à lui que nous sommes logés comme deux étudians de la rue Saint-Nicolas-du-Chardonnet.
— Eh bien! il sait l'embarras dans lequel vous vous trouvez, et vous fait offrir deux places dans sa voiture et deux places à ses fenêtres du palais Rospoli.

Albert et Franz se regardèrent.

— Mais, demanda Albert, devons-nous accepter l'offre de cet étranger, d'un homme que nous ne connaissons pas?
— Quel homme est-ce que ce comte de Monte-Christo? demanda Franz à son hôte.
— Un très grand seigneur sicilien ou maltais, je ne sais pas au juste, mais noble comme un Borghèse et riche comme une mine d'or.
— Il me semble, dit Franz à Albert, que, si cet homme était d'aussi bonnes manières que le dit notre hôte, il aurait dû nous faire parvenir son invitation d'une autre façon, soit en nous écrivant, soit...

En ce moment on frappa à la porte.

— Entrez, dit Franz.

Un domestique, vêtu d'une livrée parfaitement élégante, parut sur le seuil de la chambre.

— De la part du comte de Monte-Christo, pour M. Franz d'Épinay et pour M. le vicomte Albert de Morcerf, dit-il.

Et il présenta à l'hôte deux cartes, que celui-ci remit aux jeunes gens.

— M. le comte de Monte-Christo, continua le domestique, fait demander à ces messieurs la permission de se présenter en voisin demain matin chez eux : il aura l'honneur de s'informer auprès de ces messieurs à quelle heure ils seront visibles.

— Ma foi, dit Albert à Franz, il n'y a rien à y reprendre, tout y est.
— Dites au comte, répondit Franz, que c'est nous qui aurons l'honneur de lui faire notre visite.

Le domestique se retira.

— Voilà ce qui s'appelle faire assaut d'élégance, dit Albert; allons, décidément vous aviez raison, maître Pastrini, et c'est un homme tout-à-fait comme il faut que votre comte de Monte-Christo.

— Alors vous acceptez son offre? dit l'hôte.
— Ma foi oui, répondit Franz. Cependant, je vous l'avoue, je regrette notre charrette et les moissonneurs; et s'il n'y avait pas la fenêtre du palais Rospoli pour faire compensation à ce que nous perdons, je crois que j'en reviendrais à ma première idée : qu'en dites-vous, Franz?
— Je dis que ce sont aussi les fenêtres du palais Rospoli qui me décident, répondit Franz à Albert.

En effet, cette offre de deux places à une fenêtre du palais Rospoli avait rappelé à Franz la conversation qu'il avait entendue dans les ruines du Colisée entre son inconnu et son Transtévère, conversation dans laquelle l'engagement avait été pris par l'homme au manteau d'obtenir la grâce du condamné. Or, si l'homme au manteau était, comme tout portait Franz à le croire, le même que celui dont l'apparition dans la salle Argentina l'avait si fort préoccupé, il le reconnaîtrait sans aucun doute, et alors rien ne l'empêcherait de satisfaire sa curiosité à son égard.

Franz passa une partie de la nuit à rêver à ses deux apparitions et à désirer le lendemain. En effet, le lendemain tout devait s'éclaircir; et cette fois, à moins que son hôte de Monte-Christo ne possédât l'anneau de Gygès et, grâce à cet anneau, la faculté de se rendre invisible, il était évident qu'il ne lui échapperait pas. Aussi fut-il éveillé avant huit heures. Quant à Albert, comme il n'avait pas les mêmes motifs que Franz d'être matinal, il dormait encore de son mieux.

Franz fit appeler son hôte, qui se présenta avec son obséquiosité ordinaire.

— Maître Pastrini, lui dit-il, ne doit-il pas y avoir aujourd'hui une exécution?
— Oui, Excellence; mais si vous me demandez cela pour avoir une fenêtre, vous vous y prenez bien tard.
— Non, reprit Franz; d'ailleurs, si je tenais absolument à voir ce spectacle, je trouverais place, je pense, sur le mont Pincio.
— Oh! je présumais que Votre Excellence ne voudrait pas se compromettre avec toute la canaille dont c'est en quelque sorte l'amphithéâtre naturel.
— Il est probable que je n'irai pas, dit Franz; mais je désirerais avoir quelques détails.
— Lesquels?
— Je voudrais savoir le nombre des condamnés, leurs noms et le genre de leur supplice.
— Cela tombe à merveille, Excellence! on vient justement de m'apporter les *tavolette*.
— Qu'est-ce que les *tavolette*?
— Les *tavolette* sont des tablettes en bois que l'on accroche à tous les coins de rue la veille des exécutions, et sur lesquelles on colle les noms des condamnés, la cause de leur condamnation et le mode de leur supplice. — Cet avis a pour but d'inviter les fidèles à prier Dieu de donner aux coupables un repentir sincère.
— Et l'on vous apporte ces *tavolette* pour que vous joigniez vos prières à celles des fidèles? demanda Franz d'un air de doute.
— Non, Excellence; je me suis entendu avec le colleur, et il m'apporte cela comme il m'apporte les affiches de spectacle, afin que si quelques uns de mes voyageurs désirent assister à l'exécution, ils soient prévenus.
— Ah! mais c'est une attention tout-à-fait délicate! s'écria Franz.
— Eh! dit maître Pastrini en souriant, je puis me vanter de faire tout ce qui est en mon pouvoir pour satisfaire les nobles étrangers qui m'honorent de leur confiance.
— C'est ce que je vois, mon hôte! et c'est ce que je répéterai à qui voudra l'entendre, soyez-en bien certain. En attendant, je désirerais lire une de ces *tavolette*.
— C'est bien facile, dit l'hôte en ouvrant la porte, j'en ai fait mettre une là sur le carré.

Il sortit, détacha la *tavoletta*, et la présenta à Franz.

Voici la traduction littérale de l'affiche patibulaire:

» On fait savoir à tous que le mardi 22 février, premier jour du carnaval, seront, par arrêt du tribunal de la Rota, exécutés sur la place del Popolo les nommés Andrea Rondolo, coupable d'assassinat sur la personne très respectable et très vénérée de don César Torloni, chanoine de l'église de Saint-Jean-de-Latran, et le nommé Peppino, dit *Rocca Priori*, convaincu de complicité avec le détestable bandit Luigi Vampa et les hommes de sa troupe.

» Le premier sera *mazzolato*,

» Et le second *decapitato*.

» Les âmes charitables sont priées de demander à Dieu un repentir sincère pour ces deux malheureux condamnés. »

C'était bien ce que Franz avait entendu la surveille dans les ruines du Colisée, et rien n'était changé au programme : les noms des condamnés, la cause de leur supplice et le genre de leur exécution étaient exactement les mêmes.

Ainsi, selon toute probabilité, le Transtevere n'était autre que le bandit Luigi Vampa, et l'homme au manteau Simbad le Marin, qui, à Rome comme à Porto-Vecchio et à Tunis, poursuivait le cours de ses philantropiques expéditions.

Cependant le temps s'écoulait, il était neuf heures, et Franz allait réveiller Albert, lorsqu'à son grand étonnement il le vit sortir tout habillé de sa chambre. Le carnaval lui avait trotté par la tête, et l'avait éveillé plus matin que son ami ne l'espérait.

— Eh bien ! dit Franz à son hôte, maintenant que nous voilà prêts tous deux, croyez-vous, mon cher monsieur Pastrini, que nous puissions nous présenter chez le comte de Monte-Christo ?

— Oh, bien certainement ! répondit-il ; le comte de Monte-Christo a l'habitude d'être très matinal, et je suis sûr qu'il y a plus de deux heures déjà qu'il est levé.

— Et vous croyez qu'il n'y a pas d'indiscrétion à se présenter chez lui maintenant ?

— Aucune.

— En ce cas, Albert, si vous êtes prêt....

— Entièrement prêt, dit Albert.

— Allons remercier notre voisin de sa courtoisie.

— Allons !

Franz et Albert n'avaient que le carré à traverser, l'aubergiste les devança et sonna pour eux ; un domestique vint ouvrir.

— *I signori francesi*, dit l'hôte.

Le domestique s'inclina et leur fit signe d'entrer.

Ils traversèrent deux pièces meublées avec un luxe qu'ils ne croyaient pas trouver dans l'hôtel de maître Pastrini, et ils arrivèrent enfin dans un salon d'une élégance parfaite. Un tapis de Turquie était tendu sur le parquet, et les meubles les plus confortables offraient leurs coussins rebondis et leurs dossiers renversés. De magnifiques tableaux des maîtres, entremêlés de trophées, d'armes splendides, étaient suspendus aux murailles, et de grandes portières de tapisserie flottaient devant les portes.

— Si leurs Excellences veulent s'asseoir, dit le domestique, je vais prévenir M. le comte.

Et il disparut par une des portes.

Au moment où cette porte s'ouvrit, le son d'une *guzla* arriva jusqu'aux deux amis, mais s'éteignit aussitôt ; la porte, refermée presque en même temps qu'ouverte, n'avait pour ainsi dire laissé pénétrer dans le salon qu'une bouffée d'harmonie.

Franz et Albert échangèrent un regard et reportèrent les yeux sur les meubles, sur les tableaux et sur les armes. Tout cela, à la seconde vue, leur parut encore plus magnifique qu'à la première.

— Eh bien, demanda Franz à son ami, que dites-vous de cela ?

— Ma foi, mon cher, je dis qu'il faut que notre voisin soit quelque agent de change qui a joué à la baisse sur les fonds espagnols, ou quelque prince qui voyage incognito.

— Chut ! lui dit Franz ; c'est ce que nous allons savoir, car le voilà.

En effet, le bruit d'une porte tournant sur ses gonds venait d'arriver jusqu'aux visiteurs ; et presque aussitôt la tapisserie, se soulevant, donna passage au propriétaire de toutes ces richesses.

Albert s'avança au devant de lui, mais Franz resta cloué à sa place.

Celui qui venait d'entrer n'était autre que l'homme au manteau du Colisée, l'inconnu de la loge, l'hôte mystérieux de Monte-Christo.

CHAP. XXXIV. — LA MAZZOLATA.

— Messieurs, dit en entrant le comte de Monte-Christo, recevez toutes mes excuses de ce que je me suis laissé prévenir, mais en me présentant de meilleure heure chez vous, j'aurais craint d'être indiscret. D'ailleurs vous m'avez fait dire que vous viendriez, et je me suis tenu à votre disposition.

— Nous avons, Franz et moi, mille remercîmens à vous présenter, monsieur le comte, dit Albert ; vous nous tirez véritablement d'un grand embarras, et nous étions en train d'inventer les véhicules les plus fantastiques au moment où votre gracieuse invitation nous est parvenue.

— Eh, mon Dieu ! messieurs, reprit le comte en faisant signe aux deux jeunes gens de s'asseoir sur un divan, c'est la faute de cet imbécile de Pastrini si je vous ai laissés si long-temps dans la détresse ! Il ne m'avait pas dit un mot de votre embarras, à moi qui, seul et isolé comme je le suis ici, ne cherchais qu'une occasion de faire connaissance avec mes voisins. Du moment où j'ai appris que je pouvais vous être bon à quelque chose, vous avez vu avec quel empressement j'ai saisi cette occasion de vous présenter mes complimens.

Les deux jeunes gens s'inclinèrent. Franz n'avait pas encore trouvé un seul mot à dire ; il n'avait encore pris aucune résolution, et, comme rien n'indiquait dans le comte sa volonté de le reconnaître ou le désir d'être reconnu de lui, il ne savait pas s'il devait par un mot quelconque faire allusion au passé, ou laisser le temps à l'avenir de lui apporter de nouvelles preuves. D'ailleurs, sûr que c'était lui qui était la veille dans la loge, il ne pouvait répondre aussi positivement que ce fût lui qui la surveille était au Colisée. Il résolut donc de laisser aller les choses sans faire au comte aucune ouverture directe. D'ailleurs il avait une supériorité sur lui, il était maître de son secret, tandis qu'au contraire il ne pouvait avoir aucune action sur Franz, qui n'avait rien à cacher.

Cependant il résolut de faire tomber la conversation sur un point qui pouvait en attendant amener toujours l'éclaircissement de certains doutes.

— Monsieur le comte, lui dit-il, vous nous avez offert des places dans votre voiture et des places à vos fenêtres du palais Rospoli ; maintenant pourriez-vous nous dire comment nous pourrions nous procurer un poste quelconque, comme on dit en Italie, sur la place del Popolo!

— Ah oui ! c'est vrai, dit le comte d'un air distrait et en regardant Morcerf avec une attention soutenue, n'y a-t-il pas, place del Popolo, quelque chose comme une exécution ?

— Oui, répondit Franz voyant qu'il venait de lui-même où il voulait l'amener.

— Attendez, attendez, je crois avoir dit hier à mon intendant de s'occuper de cela, peut-être pourrais-je vous rendre encore ce petit service.

Il allongea la main vers un cordon de sonnette, qu'il tira trois fois.

— Vous êtes-vous préoccupé jamais, dit-il à Franz, de l'emploi du temps et des moyens de simplifier les allées et venues des domestiques? Moi, j'en ai fait une étude : quand je sonne une fois, c'est pour mon valet de chambre; deux fois, c'est pour mon maître d'hôtel ; trois fois, c'est pour mon intendant. De cette façon je ne perds ni une minute ni une parole. Tenez, voici notre homme.

On vit alors entrer un individu de quarante-cinq à cinquante ans qui parut ressembler comme deux gouttes d'eau au contrebandier qui l'avait introduit dans la grotte, mais qui ne parut pas le moins du monde le reconnaître. Il vit que le mot était donné.

— Monsieur Bertuccio, dit le comte, vous êtes-vous occupé, comme je vous l'avais ordonné hier, de me procurer une fenêtre sur la place del Popolo ?

— Oui, Excellence, répondit l'intendant, mais il était bien tard.

— Comment! dit le comte en fronçant le sourcil, ne vous ai-je pas dit que je voulais en avoir une?

— Et votre Excellence en a une aussi, celle qui était louée au prince Lobanieff: mais j'ai été obligé de la payer cent...

— C'est bien, c'est bien, monsieur Bertuccio, faites grâce à ces messieurs de tous ces détails de ménage; vous avez la fenêtre, c'est tout ce qu'il faut. Donnez l'adresse de la maison au cocher, et tenez-vous sur l'escalier pour nous conduire : cela suffit. Allez.

L'intendant salua et fit un pas pour se retirer.

— Ah! reprit le comte, faites-moi le plaisir de demander à Pastrini s'il a reçu la tavoletta, et s'il veut m'envoyer le programme de l'exécution.

— C'est inutile, reprit Franz tirant son calepin de sa poche; j'ai eu ces tablettes sous les yeux, je les ai copiées et les voici.

— C'est bien, alors, monsieur Bertuccio, vous pouvez vous retirer, je n'ai plus besoin de vous. Qu'on nous prévienne seulement quand le déjeuner sera servi. Ces messieurs, continua-t-il en se retournant vers les deux amis, me font-ils l'honneur de déjeuner avec moi?

— Mais, en vérité, monsieur le comte, dit Albert, ce serait abuser?

— Non pas, au contraire, vous me faites grand plaisir, vous me rendrez tout cela un jour à Paris, l'un ou l'autre, et peut-être tous les deux. Monsieur Bertuccio, vous ferez mettre trois couverts.

Il prit le calepin des mains de Franz.

— Nous disons donc, continua-t-il du ton dont il eût lu les *Petites-Affiches*, que « seront exécutés, aujourd'hui
» 22 février, les nommés Andrea Rondolo, coupable
» d'assassinat sur la personne très respectable et très
» vénérée de dom César Torloni, chanoine de l'église
» Saint-Jean-de-Latran, et le nommé Peppino, dit *Rocca*
» *Priori*, convaincu de complicité avec le détestable ban-
» dit Luigi Vampa et les hommes de sa troupe... »

— Hum! « Le premier sera *mazzolato*, le second
» *decapitato*. » Oui, en effet, reprit le comte, c'était bien cela que la chose devait se passer d'abord, mais je crois que depuis hier il est survenu quelque changement dans l'ordre et la marche de la cérémonie.

— Bah! dit Franz.

— Oui, hier, chez le cardinal Rospigliosi, où j'ai passé la soirée, il était question de quelque chose comme d'un sursis accordé à l'un des condamnés.

— A Andrea Rondolo? demanda Franz.

— Non... reprit négligemment le comte; à l'autre... (il jeta un coup d'œil sur le calepin comme pour se rappeler le nom), à Peppino, dit *Rocca Priori*. Cela vous prive d'une guillotinade, mais il vous reste la *mazzolata*, qui est un supplice fort curieux quand on le voit pour la première fois, et même pour la seconde, tandis que l'autre, que vous devez connaître d'ailleurs, est trop simple, trop uni, il n'y a rien d'inattendu. La *mandaja* ne se trompe pas, elle ne tremble pas, ne frappe pas à faux, ne s'y reprend pas à trente fois comme le soldat qui coupait la tête au comte de Chalais, et auquel, au reste, Richelieu avait peut-être recommandé le patient. Ah! tenez, ajouta le comte d'un ton méprisant, ne me parlez pas des Européens pour les supplices, ils n'y entendent rien, et en sont véritablement à l'enfance ou plutôt à la vieillesse de la cruauté.

— En vérité, monsieur le comte, répondit Franz, on croirait que vous avez fait une étude comparée des supplices chez les différens peuples du monde?

— Il y en a peu du moins que je n'aie vus, reprit froidement le comte.

— Et vous avez trouvé du plaisir à assister à ces horribles spectacles?

— Mon premier sentiment a été la répulsion, le second l'indifférence, le troisième la curiosité.

— La curiosité! Le mot est terrible, savez-vous?

— Pourquoi? Il n'y a guère dans la vie qu'une préoccupation grave, c'est la mort: eh bien! n'est-il pas curieux d'étudier de quelles différentes façons l'âme peut sortir du corps, et comment, selon les caractères, les tempéramens et même les mœurs des pays, les individus supportent ce suprême passage de l'être au néant? Quant à moi, je vous réponds d'une chose: c'est que plus on a vu mourir, plus il devient facile de mourir; ainsi, à mon avis, la mort est peut-être un supplice, mais n'est pas une expiation.

— Je ne vous comprends pas bien, dit Franz; expliquez-vous, car je ne puis vous dire à quel point ce que vous me dites là pique ma curiosité.

— Écoutez, dit le comte; et son visage s'infiltra de fiel, comme le visage d'un autre se colore de sang. Si un homme eût fait périr par des tortures inouïes, au milieu de tourmens sans fin, votre père, votre mère, votre maîtresse, un de ces êtres enfin qui, lorsqu'on les déracine de votre cœur, y laissent une place vide et une plaie toujours sanglante, croiriez-vous la réparation que vous accorde la société suffisante, parce que le fer de la guillotine a passé entre la base de l'occipital et les muscles trapèzes du meurtrier, et parce que celui qui vous a fait ressentir des années de souffrances morales a éprouvé quelques secondes de douleurs physiques?

— Oui, je le sais, reprit Franz, la justice humaine est insuffisante comme consolatrice; elle peut verser le sang en échange du sang, voilà tout; il faut lui demander ce qu'elle peut et pas autre chose.

— Et encore je vous pose là un cas matériel, reprit le comte, celui où la société, attaquée par la mort d'un individu à la base sur laquelle elle repose, venge la mort par la mort; mais n'y a-t-il pas des millions de douleurs dont les entrailles de l'homme peuvent être déchirées sans que la société s'en préoccupe le moins du monde, sans qu'elle lui offre le moyen insuffisant de vengeance dont nous parlions tout à l'heure? N'y a-t-il pas des crimes pour lesquels le pal des Turcs, les auges des Persans, les nerfs roulés des Iroquois, seraient des supplices trop doux, et que cependant la société indifférente laisse sans châtiment?... Répondez, n'y a-t-il pas de ces crimes-là?

— Oui, reprit Franz, et c'est pour les punir que le duel est toléré.

— Ah! le duel, s'écria le comte, plaisante manière, sur mon âme, d'arriver à son but, quand le but est la vengeance! Un homme vous a enlevé votre maîtresse, un homme a séduit votre femme, un homme a déshonoré votre fille; il vous a ôté tout entière, qui avait le droit d'attendre de Dieu la part de bonheur qu'il a promise à tout être humain en le créant, il a fait une existence de douleur, de misère ou d'infamie, et vous vous croyez vengé parce qu'à cet homme, qui vous a mis le délire dans l'esprit et le désespoir dans le cœur, vous avez donné un coup d'épée dans la poitrine ou logé une balle dans la tête? Allons donc! Sans compter que c'est lui qui souvent sort triomphant de la lutte, lavé aux yeux du monde, et en quelque sorte absous par Dieu. Non, non, continua le comte, si j'avais jamais à me venger, ce n'est pas ainsi que je me vengerais.

— Ainsi vous désapprouvez le duel? ainsi vous ne vous battriez pas en duel? demanda à son tour Albert étonné d'entendre émettre une si étrange théorie.

— Oh! si fait! dit le comte. Entendons-nous: je me battrais en duel pour une misère, pour une insulte, pour un démenti, pour un soufflet, et cela avec d'autant plus d'insouciance que, grâce à l'adresse que j'ai acquise à tous les exercices du corps et à la lente habitude que j'ai prise du danger, je serais à peu près sûr de tuer mon homme, Oh! si fait! je me battrais en duel pour tout cela; mais pour une douleur lente, profonde, infinie, éternelle, je rendrais, s'il était possible, une douleur pareille à celle que l'on m'aurait faite: œil pour œil, dent pour dent, comme disent les Orientaux, nos maîtres en toutes choses, ces élus de la création qui ont su se faire une vie de rêves et un paradis de réalités.

— Mais, dit Franz au comte, avec cette théorie qui vous constitue juge et bourreau dans votre propre cause, il est difficile que vous teniez dans une mesure où vous échappiez éternellement vous-même à la puissance de la loi. La haine est aveugle, la colère étourdie, et celui qui se verse la vengeance risque de boire un breuvage amer.

— Oui, s'il est pauvre et maladroit; non, s'il est millionnaire et habile. D'ailleurs le pis-aller pour lui est ce dernier supplice dont nous parlions tout à l'heure, celui que la philanthropique révolution française a substitué à l'écartèlement et à la roue. Eh bien! qu'est-ce que le supplice, s'il s'est vengé? En vérité, je suis presque fâché que, selon toute probabilité, ce misérable Peppino ne soit pas *decapitato*, comme ils disent, vous verriez le temps que cela dure, et si c'est véritablement la peine d'en parler. Mais, d'honneur, messieurs, nous avons là une singulière conversation pour un jour de carnaval. Comment donc cela est-il venu? Ah! je me le rappelle! vous m'avez demandé une place à ma fenêtre; eh bien! soit, vous l'aurez; mais mettons-nous à table d'abord, car voilà qu'on vient nous annoncer que nous sommes servis.

En effet, un domestique ouvrit une des quatre portes du salon et fit entendre les paroles sacramentelles:

— *Al suo commodo!*

Les deux jeunes gens se levèrent et passèrent dans la salle à manger.

Pendant le déjeuner, qui était excellent et servi avec une recherche infinie, Franz chercha des yeux le regard d'Albert, afin d'y lire l'impression qu'il ne doutait pas qu'eussent produite en lui les paroles de leur hôte; mais, soit que dans son insouciance habituelle il ne leur eût pas prêté une grande attention, soit que la concession que le comte de Monte-Cristo lui avait faite à l'endroit du duel l'eût raccommodé avec lui, soit enfin que les antécédens que nous avons racontés, connus de Franz seul, eussent doublé pour lui seul l'effet des théories du comte, il ne s'aperçut pas que son compagnon fût préoccupé le moins du monde, tout au contraire, il faisait honneur au repas en homme condamné depuis quatre ou cinq mois à la cuisine italienne, c'est-à-dire à l'une des plus mauvaises cuisines du monde. Quant au comte, il effleurait à peine chaque plat; on eût dit qu'en se mettant à table avec ses convives il accomplissait un simple devoir de politesse, et qu'il attendait leur départ pour se faire servir quelque mets étrange ou particulier.

Cela rappelait, malgré lui, à Franz la terreur que le comte avait inspirée à la comtesse G..., et la conviction où il l'avait laissée que le comte, l'homme qu'il lui avait montré dans la loge en face d'elle, était un vampire.

A la fin du déjeuner, Franz tira sa montre.

— Eh bien! lui dit le comte, que faites-vous donc?

— Vous nous excuserez, monsieur le comte, répondit Franz, mais nous avons encore mille choses à faire.

— Lesquelles?

— Nous n'avons pas de déguisemens, et aujourd'hui le déguisement est de rigueur.

— Ne vous occupez donc pas de cela. Nous avons, à ce que je crois, place del Popolo, une chambre particulière; j'y ferai porter les costumes que vous voudrez bien m'indiquer, et nous nous masquerons séance tenante.

— Après l'exécution? s'écria Franz.

— Sans doute, après, pendant ou avant, comme vous voudrez.

— En face de l'échafaud?

— L'échafaud fait partie de la fête.

— Tenez, monsieur le comte, j'ai réfléchi, dit Franz; décidément je vous remercie de votre obligeance, mais je me contenterai d'accepter une place dans votre voiture, une place à la fenêtre du palais Rospoli, et je vous laisserai libre de disposer de ma place à la fenêtre de la piazza del Popolo.

— Mais vous perdez, je vous en préviens, une chose fort curieuse, répondit le comte.

— Vous me la raconterez, reprit Franz, et je suis convaincu que dans votre bouche le récit m'impressionnera presque autant que la vue pourrait le faire. D'ailleurs, plus d'une fois déjà j'ai voulu prendre sur moi d'assister à une exécution, et je n'ai jamais pu m'y décider; et vous, Albert?

— Moi, répondit le vicomte, j'ai vu exécuter Castaing; mais je crois que j'étais un peu gris ce jour-là. C'était le jour de ma sortie du collège, et nous avions passé la nuit dans je ne sais quel cabaret.

— D'ailleurs, ce n'est pas une raison, parce que vous n'avez pas fait une chose à Paris, pour que vous ne la fassiez pas à l'étranger: quand on voyage, c'est pour s'instruire; quand on change de lieu, c'est pour voir. Songez donc quelle figure vous ferez quand on vous demandera: Comment exécute-t-on à Rome? et que vous répondrez: Je ne sais pas. Et puis, on dit que le condamné est un infâme coquin, un drôle qui a tué à coups de chenet un bon chanoine qui l'avait élevé comme son fils. Que diable! quand on tue un homme d'église on prend une arme plus convenable qu'un chenet, surtout quand cet homme d'église est peut-être notre père. Si vous voyagiez en Espagne, vous iriez voir les combats de taureaux, n'est-ce pas? Eh bien! supposez que c'est un combat que nous allons voir; souvenez-vous des anciens Romains du cirque, des chasses où l'on tuait trois cents lions et une centaine d'hommes. Souvenez-vous donc de ces quatre-vingt mille spectateurs qui battaient des mains; de ces sages matrones qui conduisaient là leurs filles à marier, et de ces charmantes vestales aux mains blanches qui faisaient avec le pouce un charmant petit signe qui voulait dire: Allons, pas de paresse! achevez-moi cet homme-là qui est aux trois quarts mort.

— Y allez-vous, Albert? dit Franz.

— Ma foi, oui, mon cher! j'hésitais comme vous, mais l'éloquence du comte me décide.

— Allons-y donc, puisque vous le voulez, dit Franz; mais en me rendant place del Popolo, je désire passer par la rue du Cours; est-ce possible, monsieur le comte?

— A pied, oui; en voiture, non.

— Eh bien! j'irai à pied.

— Il est bien nécessaire que vous passiez par la rue du Cours?

— Oui, j'ai quelque chose à y voir.

— Eh bien! passons par la rue du Cours, nous enverrons la voiture nous attendre sur la piazza del Popolo, par la strada del Babuino; d'ailleurs je ne suis pas fâché non plus de passer par la rue du Cours pour voir si des ordres que j'ai donnés ont été exécutés.

— Excellence, dit le domestique en ouvrant la porte, un homme vêtu en pénitent demande à vous parler.

— Ah, oui! dit le comte, je sais ce que c'est. Messieurs, voulez-vous repasser au salon, vous trouverez sur la table du milieu d'excellens cigares de la Havane, je vous y rejoins dans un instant.

Les deux jeunes gens se levèrent et sortirent par une porte, tandis que le comte, après leur avoir renouvelé ses excuses, sortait par l'autre. Albert, qui était un grand amateur, et qui, depuis qu'il était en Italie, ne comptait pas comme un mince sacrifice celui d'être privé des cigares du café de Paris, s'approcha de la table et poussa un cri de joie en apercevant de véritables puros.

— Eh bien! lui demanda Franz, que pensez-vous du comte de Monte-Christo?
— Ce que j'en pense! dit Albert visiblement étonné que son compagnon lui fît une pareille question; je pense que c'est un homme charmant, qui fait à merveille les honneurs de chez lui, qui a beaucoup vu, beaucoup étudié, beaucoup réfléchi, qui est, comme Brutus, de l'école stoïque, et, ajouta-t-il en poussant amoureusement une bouffée de fumée qui monta en spirale vers le plafond, et qui par-dessus tout cela possède d'excellens cigares.

C'était l'opinion d'Albert sur le comte; or, comme Franz savait qu'Albert avait la prétention de ne se faire une opinion sur les hommes et sur les choses qu'après de mûres réflexions, il ne tenta pas de rien changer à la sienne.

— Mais, dit-il, avez-vous remarqué une chose singulière?
— Laquelle?
— L'attention avec laquelle il vous regardait.
— Moi?
— Oui, vous.

Albert réfléchit.
— Ah! dit-il en poussant un soupir, rien d'étonnant à cela. Je suis depuis près d'un an absent de Paris, je dois avoir des habits de l'autre monde. Le comte m'aura pris pour un provincial; détrompez-le, cher ami, et dites-lui, je vous prie, à la première occasion, qu'il n'en est rien.

Franz sourit; un instant après, le comte rentra.
— Me voici, messieurs, dit-il, et tout à vous, les ordres sont donnés; la voiture va de son côté place del Popolo, et nous allons nous y rendre du nôtre, si vous voulez bien, par la rue du Cours. Prenez donc quelques uns de ces cigares, monsieur de Morcerf.
— Ma foi, avec grand plaisir, dit Albert, car vos cigares italiens sont encore pires que ceux de la régie. Quand vous viendrez à Paris, je vous rendrai tout cela.
— Ce n'est pas de refus; je compte y aller quelque jour, et, puisque vous le permettez, j'irai frapper à votre porte. Allons, messieurs, allons, nous n'avons pas de temps à perdre; il est midi et demi, partons.

Tous trois descendirent. Alors le cocher prit les derniers ordres de son maître, et suivit la via del Babuino, tandis que les piétons remontaient par la place d'Espagne et par la via Frattina, qui les conduisait tout droit entre le palais Fiano et le palais Rospoli.

Tous les regards de Franz furent pour les fenêtres de ce dernier palais, il n'avait pas oublié le signal convenu dans le Colisée entre l'homme au manteau et le Transtevere.

— Quelles sont vos fenêtres? demanda-t-il au comte du ton le plus naturel qu'il put prendre.
— Les trois dernières, répondit-il avec une négligence qui n'avait rien d'affecté; car il ne pouvait deviner dans quel but cette question lui était faite.

Les yeux de Franz se portèrent rapidement sur les trois fenêtres. Les fenêtres latérales étaient tendues en damas jaune, et celle du milieu en damas blanc avec une croix rouge.

L'homme au manteau avait tenu sa parole au Transteverin, et il n'y avait plus de doute, l'homme au manteau c'était lui le comte.

Les trois fenêtres étaient encore vides.

Au reste, de tous côtés se faisaient les préparatifs; on plaçait des chaises, on dressait des échafaudages, on tendait des fenêtres. Les masques ne pouvaient paraître, les voitures ne pouvaient circuler qu'au son de la cloche; mais on sentait les masques derrière toutes les fenêtres, les voitures derrière toutes les portes.

Franz, Albert et le comte continuèrent de descendre la rue du Cours. A mesure qu'ils approchaient de la place du Peuple, la foule devenait plus épaisse, et, au-dessus des têtes de cette foule, on voyait s'élever deux choses: l'obélisque surmonté d'une croix qui indique le centre de la place, et, en avant de l'obélisque, juste au point de correspondance visuelle des trois rues del Babuino, del Corso et di Ripetta, les deux poutres suprêmes de l'échafaud, entre lesquelles brillait le fer arrondi de la mandaïa.

A l'angle de la rue on trouva l'intendant du comte qui attendait son maître.

La fenêtre, louée à ce prix exorbitant sans doute dont le comte n'avait point voulu faire part à ses invités, appartenait au second étage du grand palais situé entre la rue del Babuino et le monte Pincio; c'était, comme nous l'avons dit, une espèce de cabinet de toilette donnant dans une chambre à coucher; en fermant la porte de la chambre à coucher, les locataires du cabinet étaient chez eux; sur les chaises on avait déposé des costumes de paillasse en satin blanc et bleu des plus élégans.

— Comme vous m'avez laissé le choix des costumes, dit le comte aux deux amis, je vous ai fait préparer ceux ci. D'abord, c'est ce qu'il y aura de mieux porté cette année; ensuite, c'est ce qu'il y a de plus commode pour les confetti, attendu que la farine n'y paraît pas.

Franz n'entendit que fort imparfaitement les paroles du comte, et il n'apprécia peut-être pas à sa valeur cette nouvelle gracieuseté; car toute son attention était attirée par le spectacle que présentait la piazza del Popolo, et par l'instrument terrible qui en faisait à cette heure le principal ornement.

C'était la première fois que Franz apercevait une guillotine; nous disons guillotine, car la mandaïa romaine est taillée à peu près sur le même patron que notre instrument de mort. Le couteau, qui a la forme d'un croissant qui couperait par la partie convexe, tombe de moins haut voilà tout.

Deux hommes assis sur la planche à bascule où l'on couche le condamné, déjeunaient en attendant et mangeaient, autant que Franz put le voir, du pain et des saucisses; l'un d'eux souleva la planche, en tira un flacon de vin, but un coup et passa le flacon à son camarade: ces deux hommes c'étaient les aides du bourreau.

A ce seul aspect, Franz avait senti la sueur poindre à la racine de ses cheveux.

Les condamnés transportés la veille au soir des Carceri Nuove dans la petite église Sainte-Marie-del-Popolo, avaient passé la nuit, assistés chacun de deux prêtres, dans une chapelle ardente fermée d'une grille, devant laquelle se promenaient des sentinelles relevées d'heure en heure.

Une double haie de carabiniers placés de chaque côté de la porte de l'église s'étendait jusqu'à l'échafaud, autour duquel elle s'arrondissait, laissant libre un chemin de dix pieds de large à peu près, et autour de la guillotine, un espace d'une centaine de pas de circonférence. Tout le reste de la place était pavé de têtes d'hommes et de femmes. Beaucoup de femmes tenaient leurs enfans sur leurs épaules. Ces enfans, qui dépassaient la foule de tout le torse, étaient admirablement placés.

Le monte Pincio semblait un vaste amphithéâtre dont tous les gradins eussent été chargés de spectateurs: les balcons des deux églises qui font l'angle des rues del Babuino et de la rue di Ripetta regorgeaient de curieux privilégiés, les marches des péristyles semblaient un flot mouvant et barriolé qu'une marée incessante poussait vers le portique: chaque aspérité de la muraille qui pouvait donner place à un homme avait sa statue vivante.

Ce que disait le comte est donc vrai: ce qu'il y a de plus curieux dans la vie est le spectacle de la mort.

Et cependant, au lieu du silence que semblait commander la solennité du spectacle, un grand bruit montait de cette foule, bruit composé de rires, de huées et de cris joyeux; il était évident, comme l'avait dit le comte, que cette exécution n'était rien autre chose pour tout le peuple que le commencement du carnaval.

Tout à coup ce bruit cessa comme par enchantement, la porte de l'église venait de s'ouvrir.

Une confrérie de pénitens, dont chaque membre était vêtu d'un sac gris percé aux yeux seulement, et tenait un cierge allumé à la main, parut d'abord ; en tête marchait le chef de la confrérie.

Derrière les pénitens venait un homme de haute taille. Cet homme était nu, à l'exception d'un caleçon de toile au côté gauche duquel était attaché un grand couteau caché dans sa gaîne ; il portait sur l'épaule droite une lourde masse de fer. Cet homme, c'était le bourreau.

Il avait en outre des sandales attachées au bas de la jambe par des cordes.

Derrière le bourreau marchaient, dans l'ordre où ils devaient être exécutés, d'abord Peppino et ensuite Andrea.

Chacun était accompagné de deux prêtres.

Ni l'un ni l'autre n'avait les yeux bandés.

Peppino marchait d'un pas assez ferme, sans doute il avait eu avis de ce qui se préparait pour lui.

Andrea était soutenu sous chaque bras par un prêtre.

Tous deux baisaient de temps en temps le crucifix que leur présentait le confesseur.

Franz sentit, rien qu'à cette vue, les jambes qui lui manquaient ; il regarda Albert. Il était pâle comme sa chemise, et par un mouvement machinal il jetait loin de lui son cigare, quoiqu'il ne l'eût fumé qu'à moitié.

Le comte seul paraissait impassible. Il y avait même plus, une légère teinte rouge semblait vouloir percer la pâleur livide de ses joues.

Son nez se dilatait comme celui d'un animal féroce qui flaire le sang, et ses lèvres, légèrement écartées, laissaient voir ses dents blanches, petites et aiguës comme celles d'un chacal.

Et cependant, malgré tout cela, son visage avait une expression de douceur souriante que Franz ne lui avait jamais vue, ses yeux noirs surtout étaient admirables de mansuétude et de velouté.

Cependant les deux condamnés continuaient de marcher vers l'échafaud, et à mesure qu'ils avançaient on pouvait distinguer les traits de leur visage. Peppino était un beau garçon de vingt-quatre à vingt-six ans, au teint hâlé par le soleil, au regard libre et sauvage. Il portait la tête haute et semblait flairer le vent pour voir de quel côté lui viendrait son libérateur.

Andrea était gros et court : son visage, bassement cruel, n'indiquait pas d'âge, il pouvait cependant avoir trente ans à peu près. Dans la prison, il avait laissé pousser sa barbe. Sa tête retombait sur une de ses épaules, ses jambes pliaient sous lui ; tout son être paraissait obéir à un mouvement machinal dans lequel sa volonté n'était déjà plus pour rien.

— Il me semble, dit Franz au comte, que vous m'avez annoncé qu'il n'y aurait qu'une exécution.

— Je vous ai dit la vérité, répondit-il froidement.

— Cependant, voici deux condamnés.

— Oui ; mais de ces deux condamnés l'un touche à la mort, et l'autre a encore de longues années à vivre.

— Il me semble que si la grace doit venir, il n'y a plus de temps à perdre.

— Aussi, la voilà qui vient, regardez, dit le comte.

En effet, au moment où Peppino arrivait au pied de la mandaïa, un pénitent, qui semblait être en retard, perça la baie sans que les soldats fissent obstacle à son passage, et, s'avançant vers le chef de la confrérie, lui remit un papier plié en quatre.

Le regard ardent de Peppino n'avait perdu aucun de ces détails ; le chef de la confrérie déplia le papier, le lut et leva la main.

— Le Seigneur soit béni, et sa Sainteté soit louée ! dit-il à haute et intelligible voix. Il y a grace de la vie pour l'un des condamnés.

— Grace ! s'écria le peuple d'un seul cri ; il y a grace !

A ce mot de grace, Andrea sembla bondir et redressa la tête.

— Grace pour qui ? cria-t-il.

Peppino resta immobile, muet et haletant.

— Il y a grace de la peine de mort pour Peppino, dit Rocca Priori, dit le chef de la confrérie.

Et il passa le papier au capitaine commandant les carabiniers, lequel après l'avoir lu le lui rendit.

— Grace pour Peppino ! s'écria Andrea entièrement tiré de l'état de torpeur où il semblait être plongé, pourquoi grace pour lui et pas pour moi ! nous devions mourir ensemble : on m'avait promis qu'il mourrait avant moi, on n'a pas le droit de me faire mourir seul, je ne veux pas mourir seul, je ne le veux pas !

Et il s'arracha aux bras des deux prêtres, se tordant, hurlant, rugissant et faisant des efforts insensés pour rompre les cordes qui lui liaient les mains.

Le bourreau fit signe à ses deux aides, qui sautèrent en bas de l'échafaud, et vinrent s'emparer du condamné.

— Qu'y a-t-il donc ? demanda Franz au comte.

Car, comme tout cela se passait en patois romain, il n'avait pas très bien compris.

— Ce qu'il y a ! dit le comte, ne comprenez-vous pas bien ? il y a que cette créature humaine qui va mourir est furieuse de ce que son semblable ne meurt pas avec elle, et que, si on la laissait faire, elle le déchirerait avec ses ongles et avec ses dents plutôt que de le laisser jouir de la vie dont elle va être privée. O hommes ! hommes ! race de crocodiles ! comme dit Karl Moor, s'écria le comte en étendant les deux poings vers toute cette foule, que je vous reconnais bien là, et qu'en tout temps vous êtes bien dignes de vous-mêmes !

En effet, Andrea et les deux aides du bourreau se roulaient dans la poussière ; le condamné criant toujours : « Il doit mourir, je veux qu'il meure, on n'a pas le droit » de me tuer seul. »

— Regardez, regardez, continua le comte en saisissant chacun des deux jeunes gens par la main, regardez, car, sur mon ame, c'est curieux ; voilà un homme qui était résigné à son sort, qui marchait à l'échafaud, qui allait mourir comme un lâche, c'est vrai, mais enfin il allait mourir sans résistance et sans récrimination : savez-vous ce qui lui donnait quelque force ? savez-vous ce qui le consolait ? savez-vous ce qui lui faisait prendre son supplice en patience ? c'est qu'un autre partageait son angoisse ; c'est qu'un autre allait mourir comme lui ; c'est qu'un autre allait mourir avant lui ! Menez deux moutons à la boucherie, deux bœufs à l'abattoir, et faites comprendre à l'un d'eux que son compagnon ne mourra pas, le mouton bêlera de joie, le bœuf mugira de plaisir ; mais l'homme, l'homme que Dieu a fait à son image, l'homme à qui Dieu a imposé pour première, pour unique, pour suprême loi l'amour de son prochain, l'homme à qui Dieu a donné une voix pour exprimer sa pensée, quel sera son premier cri quand il apprendra que son camarade est sauvé ? un blasphème. Honneur à l'homme, ce chef-d'œuvre de la nature, ce roi de la création !

Et le comte éclata de rire, mais d'un rire terrible qui indiquait qu'il avait dû horriblement souffrir pour en arriver à rire ainsi.

Cependant la lutte continuait, et c'était quelque chose d'affreux à voir. Les deux valets portaient Andrea sur l'échafaud ; tout le peuple avait pris parti contre lui, et vingt mille voix criaient d'un seul cri : « A mort ! à mort ! »

Franz se rejeta en arrière ; mais le comte ressaisit son bras et le retint devant la fenêtre.

— Que faites-vous donc ? lui dit-il ; de la pitié ? elle est ma foi bien placée ! Si vous entendiez crier : au chien enragé, vous prendriez votre fusil, vous vous jetteriez dans la rue, vous tueriez sans miséricorde à bout portant la pauvre bête, qui, au bout du compte, ne serait coupable que d'avoir été mordue par un autre chien et de rendre ce qu'on lui a fait : et voilà que vous avez pitié d'un homme qu'aucun autre homme n'a mordu, et qui cependant a tué son bienfaiteur, et qui maintenant, ne pouvant plus tuer, parce qu'il a les mains liées, veut à toute force voir mourir son compagnon de captivité, son camarade d'infortune ! Non, non, regardez, regardez.

La recommandation était devenue presque inutile ; Franz était comme fasciné par l'horrible spectacle. Les deux valets avaient porté le condamné sur l'échafaud, et là, malgré ses efforts, ses morsures, ses cris, ils l'avaient forcé de se mettre à genoux. Pendant ce temps, le bourreau s'était placé de côté et la masse en arrêt ; alors, sur un signe, les deux aides s'écartèrent. Le condamné voulut se relever, mais avant qu'il n'en eût eu le temps la masse s'abattit sur sa tempe gauche ; on entendit un bruit sourd et mat, le patient tomba comme un bœuf, la face contre terre, puis, d'un contre-coup, se retourna sur le dos. Alors le bourreau laissa tomber sa masse, tira le couteau de sa ceinture, d'un seul coup lui ouvrit la gorge, et, montant aussitôt sur son ventre, se mit à le pétrir avec ses pieds.

A chaque pression un jet de sang s'élançait du cou du condamné.

Pour cette fois, Franz n'y put tenir plus long-temps ; il se rejeta en arrière, et alla tomber sur son fauteuil à moitié évanoui.

Albert, les yeux fermés, resta debout, mais cramponné aux rideaux de la fenêtre.

Le comte était debout et triomphant comme le mauvais ange.

CHAP. XXXV. — LE CARNAVAL DE ROME.

Quand Franz revint à lui, il trouva Albert qui buvait un verre d'eau dont sa pâleur indiquait qu'il avait grand besoin, et le comte qui passait déjà son costume de paillasse. Il jeta machinalement les yeux sur la place ; tout avait disparu, échafaud, bourreaux, victimes ; il ne restait plus que le peuple, bruyant, affairé, joyeux ; la cloche du Monte-Citorio, qui ne retentit que pour la mort du pape et l'ouverture de la mascherata, sonnait à pleines volées.

— Eh bien ! demanda-t-il au comte, que s'est-il donc passé ?

— Rien, absolument rien, dit-il ; comme vous voyez, seulement le carnaval est commencé, habillons-nous vite.

— En effet, répondit Franz au comte, il ne reste de toute cette horrible scène que la trace d'un rêve.

— C'est que ce n'est pas autre chose qu'un rêve, qu'un cauchemar, que vous avez eu.

— Oui, moi ; mais le condamné ?

— C'est un rêve aussi ; seulement il est resté endormi, lui, tandis que vous vous êtes réveillé, vous ; et qui peut dire lequel de vous deux est le privilégié ?

— Mais Peppino, demanda Franz, qu'est-il devenu !

— Peppino est un garçon de sens qui n'a pas le moindre amour-propre, et qui, contre l'habitude des hommes qui sont furieux lorsqu'on ne s'occupe pas d'eux, a été enchanté, lui, de voir que l'attention générale se portait sur son camarade ; il a en conséquence profité de cette distraction pour se glisser dans la foule et disparaître, sans même remercier les dignes prêtres qui l'avaient accompagné. Décidément l'homme est un animal fort ingrat et fort égoïste... Mais habillez-vous ; tenez, vous voyez que M. de Morcerf vous donne l'exemple.

En effet, Albert passait machinalement son pantalon de taffetas par-dessus son pantalon noir et ses bottes vernies.

— Eh bien ! Albert, demanda Franz, êtes-vous bien en train de faire des folies ? Voyons, répondez franchement.

— Non, dit-il, mais en vérité je suis aise maintenant d'avoir vu une pareille chose, et je comprends ce que disait monsieur le comte : c'est que lorsqu'on a pu s'habituer une fois à un pareil spectacle, ce soit le seul qui donne encore des émotions.

— Sans compter que c'est en ce moment-là seulement qu'on peut faire des études de caractères, dit le comte ; sur la première marche de l'échafaud, la mort arrache le masque qu'on a porté toute la vie, et le véritable visage apparaît. Il faut en convenir, celui d'Andrea n'était pas beau à voir.... Le hideux coquin !... Habillons-nous, messieurs ! habillons-nous !

Il eût été ridicule à Franz de faire la petite maîtresse et de ne pas suivre l'exemple que lui donnaient ses deux compagnons. Il passa donc à son tour son costume et mit son masque, qui n'était certainement pas plus pâle que son visage.

La toilette achevée, on descendit. La voiture attendait à la porte, pleine de confetti et de bouquets.

On prit la file.

Il est difficile de se faire l'idée d'une opposition plus complète que celle qui venait de s'opérer. Au lieu de ce spectacle de mort sombre et silencieux, la place del Popolo présentait l'aspect d'une folle et bruyante orgie. Une foule de masques sortaient, débordant de tous les côtés, s'échappant par les portes, descendant par les fenêtres ; les voitures débouchaient à tous les coins de rue, chargées de pierrots, d'arlequins, de dominos, de marquis, de Transteveres, de grotesques, de chevaliers, de paysans : tout cela criant, gesticulant, lançant des œufs pleins de farine, des confetti, des bouquets ; attaquant de la parole et du projectile amis et étrangers, connus et inconnus, sans que personne ait le droit de s'en fâcher, sans que pas un fasse autre chose que d'en rire.

Franz et Albert étaient comme des hommes que pour les distraire d'un violent chagrin on conduirait dans une orgie, et qui, à mesure qu'ils boivent et qu'ils s'enivrent, sentent un voile s'épaissir entre le passé et le présent. Ils voyaient toujours ou plutôt ils continuaient de sentir en eux le reflet de ce qu'ils avaient vu. Mais peu à peu l'ivresse générale les gagna, il leur sembla que leur raison chancelante allait les abandonner ; ils éprouvaient un besoin étrange de prendre leur part de ce bruit, de ce mouvement, de ce vertige. Une poignée de confetti qui arriva à Morcerf d'une voiture voisine, et qui, en le couvrant de poussière ainsi que ses deux compagnons, piqua son cou et toute la portion de visage que ne garantissait pas le masque, comme si on lui eût jeté un cent d'épingles, acheva de le pousser à la lutte générale dans laquelle étaient déjà engagés tous les masques qu'ils rencontraient. Il se leva à son tour dans la voiture, il puisa à pleines mains dans les sacs, et avec toute la vigueur et l'adresse dont il était capable il envoya à son tour œufs et dragées à ses voisins.

Dès-lors, le combat était engagé. Le souvenir de ce qu'ils avaient vu une demi-heure auparavant s'effaça tout-à-fait de l'esprit des deux jeunes gens, tant le spectacle bariolé, mouvant, insensé, qu'ils avaient sous les yeux, était venu leur faire diversion. Quant au comte de Monte-Christo, il n'avait jamais, comme nous l'avons dit, paru impressionné un seul instant.

En effet, qu'on se figure cette grande et belle rue du Cours, bordée d'un bout à l'autre de palais à quatre ou cinq étages avec tous leurs balcons garnis de tapisseries, avec toutes leurs fenêtres drapées ; à ces balcons et à ces fenêtres trois cent mille spectateurs, Romains, Italiens, étrangers venus des quatre parties du monde : toutes les aristocraties réunies, aristocraties de naissance, d'argent, de génie ; des femmes charmantes, qui, subissant elles-mêmes l'influence de ce spectacle, se courbent sur les balcons, se penchent hors des fenêtres, font pleuvoir sur les voitures qui passent une grêle de confetti qu'on leur rend en bouquets ; l'atmosphère tout épaissie de dragées qui descendent et de fleurs qui montent ; puis sur le pavé des rues une foule joyeuse, incessante, folle, avec des costumes insensés : des choux gigantesques qui se promènent, des têtes de buffles qui mugissent sur des corps d'hommes, des chiens qui semblent marcher sur les pieds de devant; au milieu de tout cela un masque qui se soulève, et dans cette tentation de saint Antoine rêvée par Callot quelque Astarté qui montre une ravissante figure, qu'on veut suivre et de laquelle on est séparé par des espèces de démons pareils à ceux qu'on voit dans ses rêves, et l'on aura une faible idée de ce qu'est le carnaval de Rome.

Au second tour le comte fit arrêter la voiture et demanda à ses compagnons la permission de les quitter, laissant sa voiture à leur disposition. Franz leva les yeux : on était en face du palais Rospoli; et à la fenêtre du milieu, à celle qui était drapée d'une pièce de damas blanc avec une croix rouge, était un domino bleu, sous lequel l'imagination de Franz se représenta sans peine la belle Grecque du théâtre Argentina.

— Messieurs, dit le comte en sautant à terre, quand vous serez las d'être acteurs et que vous voudrez redevenir spectateurs, vous savez que vous avez place à mes fenêtres. En attendant, disposez de mon cocher, de ma voiture et de mes domestiques.

Nous avons oublié de dire que le cocher du comte était gravement vêtu d'une peau d'ours noir, exactement pareille à celle d'Odry dans l'*Ours et le Pacha*, et que les deux laquais qui se tenaient debout derrière la calèche possédaient des costumes de singe vert, parfaitement adaptés à leurs tailles, et des masques à ressorts avec lesquels ils faisaient la grimace aux passans.

Franz remercia le comte de son offre obligeante : quant à Albert, il était en coquetterie avec une pleine voiture de paysannes romaines, arrêtée, comme celle du comte, par un de ces repos si communs dans les files et qu'il écrasait de bouquets.

Malheureusement pour lui la file reprit son mouvement, et tandis qu'il descendait vers la place del Popolo la voiture qui avait attiré son attention remontait vers le palais de Venise.

— Ah, mon cher! dit-il à Franz, vous n'avez pas vu?...
— Quoi? demanda Franz.
— Tenez, cette calèche qui s'en va toute chargée de paysannes romaines?
— Non.
— Eh bien! je suis sûr que ce sont des femmes charmantes.
— Quel malheur que vous soyez masqué, mon cher Albert, dit Franz, c'était le moment de vous rattraper de vos désappointemens amoureux!
— Oh! répondit-il moitié riant, moitié convaincu, j'espère bien que le carnaval ne se passera pas sans m'apporter quelque dédommagement.

Malgré cette espérance d'Albert, toute la journée se passa sans autre aventure que la rencontre deux ou trois fois renouvelée de la calèche aux paysannes romaines. A l'une de ces rencontres, soit hasard, soit calcul d'Albert, son masque se détacha.

A cette rencontre, il prit le reste du bouquet et le jeta dans la calèche.

Sans doute une des femmes charmantes qu'Albert devinait sous le costume coquet de paysannes fut touchée de cette galanterie, car à son tour, lorsque la voiture des deux amis repassa, elle y jeta un bouquet de violettes.

Albert se précipita sur le bouquet. Comme Franz n'avait aucun motif de croire qu'il était à son adresse, il laissa Albert s'en emparer. Albert le mit victorieusement à sa boutonnière, et la voiture continua sa course triomphante.

— Eh bien! lui dit Franz, voilà un commencement d'aventure!
— Riez tant que vous voudrez, répondit-il, mais en vérité je crois que oui; aussi je ne quitte plus ce bouquet.

— Pardieu, je crois bien! reprit Franz en riant, c'est un signe de reconnaissance.

La plaisanterie, au reste, prit bientôt un caractère de réalité, car, lorsque, toujours conduits par la file, Franz et Albert croisèrent de nouveau la voiture des *contadine*, celle qui avait jeté le bouquet à Albert battit des mains en le voyant à sa boutonnière.

— Bravo, mon cher, bravo! lui dit Franz, voilà qui se prépare à merveille! Voulez-vous que je vous quitte, et vous est-il plus agréable d'être seul?

— Non, dit-il, non, ne brusquons rien ; je ne veux pas me laisser prendre comme un sot à une première démonstration, à un rendez-vous sous l'horloge, comme nous disons pour le bal de l'Opéra. Si la belle paysanne a envie d'aller plus loin, nous la retrouverons demain ou plutôt elle nous retrouvera. Alors elle me donnera signe d'existence, et je verrai ce que j'aurai à faire.

— En vérité, mon cher Albert, dit Franz, vous êtes sage comme Nestor et prudent comme Ulysse; et si votre Circé parvient à vous changer en bête quelconque, il faudra qu'elle soit bien adroite ou bien puissante.

Albert avait raison. La belle inconnue avait résolu sans doute de ne pas pousser plus loin l'intrigue ce jour-là; car, quoique les jeunes gens fissent encore plusieurs tours, ils ne revirent pas la calèche qu'ils cherchaient des yeux, elle avait disparu sans doute par une des rues adjacentes.

Alors ils revinrent au palais Rospoli, mais le comte aussi avait disparu avec le domino bleu. Les deux fenêtres tendues en damas jaune continuaient, au reste, d'être occupées par des personnes qu'il avait sans doute invitées.

En ce moment, la même cloche qui avait sonné l'ouverture de la mascherata sonna la retraite. La file du Corso se rompit aussitôt, et en un instant toutes les voitures disparurent dans les rues transversales.

Franz et Albert étaient en ce moment en face de la via delle Maratte, le cocher l'enfila sans rien dire, et, gagnant la place d'Espagne en longeant le palais Poli, il s'arrêta devant l'hôtel.

Maître Pastrini vint recevoir ses hôtes sur le seuil de la porte.

Le premier soin de Franz fut de s'informer du comte, et d'exprimer le regret de ne l'avoir pas repris à temps, mais Pastrini le rassura en lui disant que le comte de Monte-Cristo avait commandé une seconde voiture pour lui, et que cette voiture était allée le chercher à quatre heures au palais Rospoli. Il était en outre chargé, de sa part, d'offrir aux deux amis la clé de sa loge au théâtre Argentina.

Franz interrogea Albert sur ses dispositions, mais Albert avait de grands projets à mettre à exécution avant de penser à aller au théâtre; en conséquence, au lieu de répondre, il s'informa si maître Pastrini pourrait lui procurer un tailleur.

— Un tailleur, demanda notre hôte, et pour quoi faire?
— Pour nous faire d'ici à demain des habits de paysan romain, aussi élégans que possible, dit Albert.

Maître Pastrini secoua la tête.

— Vous faire d'ici à demain deux habits! s'écria-t-il, voilà bien, j'en demande pardon à Vos Excellences, une demande à la française; deux habits! quand d'ici à huit jours vous ne trouveriez certainement pas un tailleur qui consentît à coudre six boutons à un gilet, lui payassiez-vous ces boutons un écu la pièce!

— Alors il faut donc renoncer à se procurer les habits que je désire?

— Non, parce que nous aurons ces habits tout faits. Laissez-moi m'occuper de cela, et demain vous trouverez en vous éveillant une collection de chapeaux, de vestes et de culottes dont vous serez satisfaits.

— Mon cher, dit Franz à Albert, rapportons-nous-en à notre hôte, il nous a déjà prouvé qu'il était homme de ressources; dînons donc tranquillement, et après le dîner allons voir l'*Italienne à Alger*.

— Va pour l'*Italienne à Alger*, dit Albert; mais songez, maître Pastrini, que moi et monsieur, continua-t-il en désignant Franz, nous mettons la plus haute importance à avoir demain les habits que nous vous avons demandés.

L'aubergiste affirma une dernière fois à ses hôtes qu'ils n'avaient à s'inquiéter de rien et qu'ils seraient servis à leurs souhaits; sur quoi Franz et Albert remontèrent pour se débarrasser de leurs costumes de paillasses.

Albert, en dépouillant le sien, serra avec le plus grand soin son bouquet de violettes, c'était son signe de reconnaissance pour le lendemain.

Les deux amis se mirent à table; mais, tout en dînant, Albert ne put s'empêcher de remarquer la différence notable qui existait entre les mérites respectifs du cuisinier de maître Pastrini et de celui du comte de Monte-Cristo. Or la vérité força Franz d'avouer, malgré les préventions qu'il paraissait avoir contre le comte, que le parallèle n'était point à l'avantage du chef de maître Pastrini.

Au dessert, le domestique s'informa de l'heure à laquelle les jeunes gens désiraient la voiture. Albert et Franz se regardèrent, craignant véritablement d'être indiscrets. Le domestique les comprit.

Son Excellence le comte de Monte-Cristo, leur dit-il, a donné des ordres positifs pour que la voiture demeurât toute la journée aux ordres de Leurs Seigneuries; Leurs Seigneuries peuvent donc en disposer sans crainte d'être indiscrètes.

Les jeunes gens résolurent de profiter jusqu'au bout de la courtoisie du comte, et ordonnèrent d'atteler tandis qu'ils allaient substituer une toilette du soir à leur toilette de la journée, tant soit peu froissée par les combats nombreux auxquels ils s'étaient livrés.

Cette précaution prise, ils se rendirent au théâtre Argentina, et s'installèrent dans la loge du comte.

Pendant le premier acte, la comtesse G*** entra dans la sienne; son premier regard se dirigea du côté où la veille elle avait vu le comte, de sorte qu'elle aperçut Franz et Albert dans la loge de celui sur le compte duquel elle avait exprimé, il y avait vingt-quatre heures, à Franz une si étrange opinion.

Sa lorgnette était dirigée sur lui avec un tel acharnement, que Franz vit bien qu'il y aurait de la cruauté à tarder plus long-temps de satisfaire sa curiosité; aussi, usant du privilège accordé aux spectateurs des théâtres italiens, qui consiste à faire des salles de spectacle leurs salons de réception, les deux amis quittèrent-ils leur loge pour aller présenter leurs hommages à la comtesse.

A peine furent-ils entrés dans sa loge qu'elle fit signe à Franz de se mettre à la place d'honneur.

Albert, à son tour, se plaça derrière.

— Eh bien! dit-elle, donnant à peine à Franz le temps de s'asseoir, il paraît que vous n'avez rien eu de plus pressé que de faire connaissance avec le nouveau lord Ruthwen, et que vous voilà les meilleurs amis du monde!

— Sans que nous soyons si avancés que vous le dites dans une intimité réciproque, je ne puis nier, madame la comtesse, répondit Franz, que nous n'ayons toute la journée abusé de son obligeance.

— Comment, toute la journée?

— Ma foi, c'est le mot: ce matin nous avons accepté son déjeuner, pendant toute la mascherata nous avons couru le Corso dans sa voiture, enfin ce soir nous venons au spectacle dans sa loge.

— Vous le connaissiez donc?

— Oui et non.

— Comment cela?

— C'est toute une longue histoire.

— Que vous me raconterez!

— Elle vous ferait trop peur.

— Raison de plus.

— Attendez au moins que cette histoire ait un dénoûment.

— Soit, j'aime les histoires complètes. En attendant, comment vous êtes-vous trouvés en contact? qui vous a présentés à lui?

— Personne, c'est lui au contraire qui s'est fait présenter à nous.

— Quand cela?

— Hier soir, en vous quittant.

— Par quel intermédiaire?

— Oh! mon Dieu! par l'intermédiaire très prosaïque de notre hôte!

— Il loge donc hôtel de Londres, comme vous?

— Non seulement dans le même hôtel, mais sur le même carré.

— Comment s'appelle-t-il, car sans doute vous savez son nom?

— Parfaitement, le comte de Monte-Cristo.

— Qu'est-ce que ce nom-là? ce n'est pas un nom de race.

— Non, c'est le nom d'une île qu'il a achetée.

— Et il est comte?

— Comte toscan.

— Enfin, nous avalerons celui-là avec les autres, reprit la comtesse, qui était d'une des plus vieilles familles des environs de Venise : et quel homme est-ce d'ailleurs?

— Demandez au vicomte de Morcerf.

— Vous entendez, monsieur, on me renvoie à vous, dit la comtesse.

— Nous serions difficiles si nous ne le trouvions pas charmant, madame, répondit Albert; un ami de dix ans n'eût pas fait pour nous plus qu'il n'a fait, et cela avec une grâce, une délicatesse, une courtoisie qui indiquent véritablement un homme du monde.

— Allons, dit la comtesse en riant, vous verrez que mon vampire sera tout bonnement quelque nouvel enrichi qui veut se faire pardonner ses millions, et qui aura pris le regard de Lara pour qu'on ne le confonde pas avec M. Rothschild. Et elle, l'avez-vous vue?

— Qui, elle? demanda Franz en souriant.

— La belle Grecque d'hier.

— Non. Nous avons, je crois bien, entendu le son de sa guzla, mais elle est restée parfaitement invisible.

— C'est-à-dire, quand vous dites invisible, mon cher Franz, dit Albert, c'est tout bonnement pour faire du mystérieux. Pour qui prenez-vous donc ce domino bleu qui était à la fenêtre tendue de damas blanc?

— Et où était cette fenêtre tendue de damas blanc? demanda la comtesse.

— Au palais Rospoli.

— Le comte avait donc trois fenêtres au palais Rospoli?

— Oui. Êtes-vous passée rue du Cours?

— Sans doute.

— Eh bien! avez-vous remarqué deux fenêtres tendues de damas jaune et une fenêtre tendue de damas blanc avec une croix rouge? Ces trois fenêtres étaient au comte.

— Ah ça! mais c'est donc un nabab que cet homme. Savez-vous ce que valent trois fenêtres comme celles-là pour huit jours de carnaval, et au palais Rospoli, c'est-à-dire dans la plus belle situation du Corso?

— Deux ou trois cents écus romains.

— Dites deux ou trois mille.

— Ah diable!

— Et est-ce son île qui lui fait ce beau revenu?

— Son île, elle ne rapporte pas un bajocco.

— Pourquoi l'a-t-il achetée alors?

— Par fantaisie.

— C'est donc un original?

— Le fait est, dit Albert, qu'il m'a paru assez excentrique. S'il habitait Paris, s'il fréquentait nos spectacles, je vous dirais, mon cher, ou que c'est un mauvais plaisant qui pose, ou que c'est un pauvre diable que la littérature a perdu ; en vérité, il a fait ce matin deux ou trois sorties dignes de Didier ou d'Antony.

En ce moment une visite entra, et, selon l'usage, Franz céda sa place au nouveau venu ; cette circonstance, outre le déplacement, eut encore pour résultat de changer le sujet de la conversation.

Une heure après, les deux amis rentraient à l'hôtel. Maître Pastrini s'était déjà occupé de leurs déguisemens du lendemain, et il leur promit qu'ils seraient satisfaits de son intelligente activité.

En effet, le lendemain à neuf heures il entrait dans la chambre de Franz avec un tailleur chargé de huit ou dix costumes de paysans romains. Les deux amis en choisirent deux pareils, qui allaient à peu près à leur taille, et chargèrent leur hôte de leur faire coudre une vingtaine de mètres de ruban à chacun de leurs chapeaux, et de leur procurer deux de ces charmantes écharpes de soie aux bandes transversales et aux vives couleurs dont les hommes du peuple dans les jours de fêtes ont l'habitude de se serrer la taille.

Albert avait hâte de voir comment son nouvel habit lui irait : c'était une veste et une culotte de velours bleu, des bas à coins brodés, des souliers à boucles et un gilet de soie. Albert ne pouvait, au reste, que gagner à ce costume pittoresque, et lorsque sa ceinture eut serré sa taille élégante, lorsque son chapeau, légèrement incliné de côté, laissa retomber sur son épaule des flots de rubans, Franz fut forcé d'avouer que le costume est souvent pour beaucoup dans la supériorité physique que nous accordons à certains peuples. Les Turcs, si pittoresques autrefois avec leurs longues robes aux vives couleurs, ne sont-ils pas hideux maintenant avec leurs redingotes bleues boutonnées et leurs calottes grecques qui leur donnent l'air de bouteilles de vin à cachet rouge !

Franz fit ses complimens à Albert, qui, au reste, debout devant la glace, se souriait avec un air de satisfaction qui n'avait rien d'équivoque.

Ils en étaient là, lorsque le comte de Monte-Cristo entra.

— Messieurs, leur dit-il, comme, si agréable que soit un compagnon de plaisir, la liberté est plus agréable encore, je viens vous dire que pour aujourd'hui et les jours suivans je laisse à votre disposition la voiture dont vous vous êtes servis hier. Notre hôte a dû vous dire que j'en avais trois ou quatre en pension chez lui ; vous ne m'en privez donc pas : usez-en librement, soit pour aller à votre plaisir, soit pour aller à vos affaires. Notre rendez-vous, si nous avons quelque chose à nous dire, sera au palais Rospoli.

Les deux jeunes gens voulurent lui faire quelque observation, mais il n'avaient véritablement aucune bonne raison de refuser une offre qui d'ailleurs leur était agréable. Ils finirent donc par accepter.

Le comte de Monte-Cristo resta un quart d'heure à peu près avec eux, parlant de toutes choses avec une facilité extrême. Il était, comme on a déjà pu le remarquer, fort au courant de la littérature de tous les pays. Un coup d'œil jeté sur les murailles de son salon avait prouvé à Franz et à Albert qu'il était amateur de tableaux. Quelques mots sans prétention, qu'il laissa tomber en passant, leur prouvèrent que les sciences ne lui étaient pas étrangères ; il paraissait surtout s'être particulièrement occupé de chimie.

Les deux amis n'avaient pas la prétention de rendre au comte le déjeuner qu'il leur avait donné ; c'eût été une trop mauvaise plaisanterie à lui faire que lui offrir, en échange de son excellente table, l'ordinaire fort médiocre de maître Pastrini. Ils le dirent tout franchement, et il reçut leurs excuses en homme qui appréciait leur délicatesse.

Albert était ravi des manières du comte, que sa science seule l'empêchait de reconnaître pour un véritable gentilhomme. La liberté de disposer entièrement de la voiture le comblait surtout de joie : il avait ses vues sur ces gracieuses paysannes, et comme elles lui étaient apparues la veille dans une voiture fort élégante, il n'était pas fâché de continuer à paraître sur ce point avec elles sur un pied d'égalité.

A une heure et demie les deux jeunes gens descendirent ; le cocher et les laquais avaient eu l'idée de mettre leurs habits de livrée sur leurs peaux de bêtes, ce qui leur donnait une tournure encore plus grotesque que la veille, et ce qui leur valut tous les complimens de Franz et d'Albert.

Albert avait attaché sentimentalement son bouquet de violettes fanées à sa boutonnière.

Au premier son de la cloche, ils partirent et se précipitèrent dans la rue du Cours par la via Vittoria.

Au second tour, un bouquet de violettes fraîches, parti d'une calèche chargée de paillassines, et qui vint tomber dans la calèche du comte, indiqua à Albert que, comme lui et son ami, les paysannes de la veille avaient changé de costume, et que, soit par hasard, soit par un sentiment pareil à celui qui l'avait fait agir, tandis qu'il avait galamment pris leur costume, elles, de leur côté, avaient pris le sien.

Albert mit le bouquet frais à la place de l'autre, mais il garda le bouquet fané dans sa main ; et quand il croisa de nouveau la calèche, il le porta amoureusement à ses lèvres, action qui parut récréer beaucoup non seulement celle qui le lui avait jeté, mais encore ses folles compagnes.

La journée fut non moins animée que la veille ; il est probable même qu'un profond observateur y eût encore reconnu une augmentation de bruit et de gaîté. Un instant on aperçut le comte à sa fenêtre, mais lorsque la voiture repassa il avait déjà disparu.

Il va sans dire que l'échange de coquetteries entre Albert et la paillassine aux bouquets de violettes dura toute la journée.

Le soir, en rentrant, Franz trouva une lettre de l'ambassade, on lui annonçait qu'il aurait l'honneur d'être reçu le lendemain par Sa Sainteté. A chaque voyage précédent qu'il avait fait à Rome, il avait sollicité et obtenu la même faveur ; et, autant par religion que par reconnaissance, il n'avait pas voulu toucher barre dans la capitale du monde chrétien sans mettre son respectueux hommage aux pieds d'un des successeurs de saint Pierre qui a donné le rare exemple de toutes les vertus.

Il ne s'agissait donc pas pour lui, ce jour-là, de songer au carnaval ; car, malgré la bonté dont il entoure sa grandeur, c'est toujours avec un respect plein de profonde émotion que l'on s'apprête à s'incliner devant ce noble et saint vieillard qu'on nomme Grégoire XVI.

En sortant du Vatican, Franz revint droit à l'hôtel en évitant même de passer par la rue du Cours. Il emportait un trésor de pieuses pensées, pour lesquelles le contact des folles joies de la mascherata eût été une profanation.

A cinq heures dix minutes, Albert rentra. Il était au comble de la joie ; la paillassine avait repris son costume de paysanne, et en croisant la calèche d'Albert elle avait levé son masque.

Elle était charmante.

Franz fit à Albert ses complimens bien sincères, il les reçut en homme à qui ils sont dus. Il avait reconnu, disait-il, à certains signes d'élégance inimitable, que sa belle inconnue devait appartenir à la plus haute aristocratie.

Il était décidé à lui écrire le lendemain.

Franz, tout en recevant cette confidence, remarqua qu'Albert paraissait avoir quelque chose à lui demander, de que cependant il hésitait à lui adresser cette demande. Il insista, en lui déclarant d'avance qu'il était prêt à faire, au profit de son bonheur, tous les sacrifices qui seraient en son pouvoir. Albert se fit prier tout juste le temps qu'exigeait une amicale politesse : puis enfin il avoua à Franz qu'il lui rendrait service en lui abandonnant pour le lendemain la calèche à lui tout seul.

Albert attribuait à l'absence de son ami l'extrême bonté qu'avait eue la belle paysanne de soulever son masque.

On comprend que Franz n'était pas assez égoïste pour arrêter Albert au milieu d'une aventure qui promettait à la fois d'être si agréable pour sa curiosité et si flatteuse pour son amour-propre. Il connaissait assez la parfaite indiscrétion de son digne ami pour être sûr qu'il le tiendrait au courant des moindres détails de sa bonne fortune ; et comme, depuis deux ou trois ans qu'il parcourait l'Italie en tous sens, il n'avait jamais eu la chance même d'ébaucher semblable intrigue pour son compte, Franz n'était pas fâché d'apprendre comment les choses se passaient en pareil cas.

Il promit donc à Albert qu'il se contenterait le lendemain de regarder le spectacle des fenêtres du palais Rospoli.

En effet, le lendemain il vit passer et repasser Albert. Il avait un énorme bouquet que sans doute il avait chargé d'être le porteur de son épître amoureuse. Cette probabilité se changea en certitude quand Franz revit le même bouquet, remarquable par un cercle de camélias blancs, entre les mains d'une charmante paillassine habillée de satin rose.

Aussi le soir ce n'était plus de la joie, c'était du délire. Albert ne doutait pas que la belle inconnue ne lui répondît par la même voie. Franz alla au devant de ses désirs, en lui disant que tout ce bruit le fatiguait, et qu'il était décidé à employer la journée du lendemain à revoir son album et à prendre des notes.

Au reste Albert ne s'était pas trompé dans ses prévisions : le lendemain au soir Franz le vit entrer d'un seul bond dans sa chambre, secouant triomphalement un carré de papier qu'il tenait par un de ses angles.

— Eh bien ! dit-il, m'étais-je trompé ?

— Elle a répondu ! s'écria Franz.

— Lisez.

Ce mot fut prononcé avec une intonation impossible à rendre. Franz prit le billet et lut :

« Mardi soir, à sept heures, descendez de votre voiture en face de la via dei Pontefici, et suivez la paysanne romaine qui vous arrachera votre moccoletto. Lorsque vous arriverez sur la première marche de l'église de San-Giacomo, ayez soin, pour qu'elle puisse vous reconnaître, de nouer un ruban rose sur l'épaule de votre costume de paillasse.

» D'ici là vous ne me verrez plus.

» Constance et discrétion. »

— Eh bien ! dit-il à Franz, lorsque celui-ci eut terminé cette lecture, que pensez-vous de cela, cher ami ?

— Mais je pense, répondit Franz, que la chose prend tout le caractère d'une aventure fort agréable.

— C'est mon avis aussi, dit Albert, et j'ai grand'peur que vous n'alliez seul au bal du duc de Bracciano.

Franz et Albert avaient reçu le matin même chacun une invitation du célèbre banquier romain.

— Prenez garde, mon cher Albert, dit Franz, toute l'aristocratie sera chez le duc ; et si votre belle inconnue est véritablement de l'aristocratie, elle ne pourra se dispenser d'y paraître.

— Qu'elle y paraisse ou non, je maintiens mon opinion sur elle, continua Albert. Vous avez lu le billet ?

— Oui.

— Vous savez la pauvre éducation que reçoivent en Italie les femmes du mezzo cito ?

(On appelle ainsi la bourgeoisie).

— Oui, répondit encore Franz.

— Eh bien ! relisez ce billet, examinez l'écriture, et cherchez-moi une faute ou de langue ou d'orthographe.

(En effet, l'écriture était charmante et l'orthographe irréprochable).

— Vous êtes prédestiné, dit Franz à Albert en lui rendant pour la seconde fois le billet.

— Riez tant que vous voudrez, plaisantez tout à votre aise, reprit Albert, je suis amoureux.

— Oh ! mon Dieu, vous m'effrayez, s'écria Franz, et je vois que non seulement j'irai seul au bal du duc de Bracciano, mais encore que je pourrais bien retourner seul à Florence.

— Le fait est que si mon inconnue est aussi aimable qu'elle est belle, je vous déclare que je me fixe à Rome, pour six semaines au moins. J'adore Rome, et d'ailleurs j'ai toujours eu un goût marqué pour l'archéologie.

— Allons, encore une rencontre ou deux comme celle-là et je ne désespère pas de vous voir membre de l'Académie des Inscriptions et Belles-Lettres.

Sans doute Albert allait discuter sérieusement ses droits au fauteuil académique, mais on vint annoncer aux deux jeunes gens qu'ils étaient servis. Or, l'amour chez Albert n'était nullement contraire à l'appétit. Il s'empressa donc, ainsi que son ami, de se mettre à table, quitte à reprendre la discussion après le dîner.

Après le dîner, on annonça le comte de Monte-Christo. Depuis deux jours les deux jeunes gens ne l'avaient pas aperçu. Une affaire, avait dit maître Pastrini, l'avait appelé à Civita-Vecchia. Il était parti la veille au soir, et se trouvait de retour depuis une heure seulement.

Le comte fut charmant ; soit qu'il s'observât, soit que l'occasion n'éveillât point chez lui les fibres acrimonieuses que certaines circonstances avaient déjà fait résonner deux ou trois fois dans ses amères paroles, il fut à peu près comme tout le monde. Cet homme était pour Franz une véritable énigme. Le comte ne pouvait douter que le jeune voyageur ne l'eût reconnu ; et cependant pas une seule parole depuis leur nouvelle rencontre ne semblait indiquer dans sa bouche qu'il se rappelât l'avoir vu ailleurs. De son côté, quelque envie qu'eût Franz de faire allusion à leur première entrevue, la crainte d'être désagréable à un homme qui l'avait comblé, lui et son ami, de prévenances, le retenait ; il continua donc de rester sur la même réserve que lui.

Il avait appris que les deux amis avaient voulu faire prendre une loge dans le théâtre Argentina, et qu'on leur avait répondu que tout était loué.

En conséquence, il leur apportait la clé de la sienne ; du moins c'était le motif apparent de sa visite.

Franz et Albert firent quelques difficultés, alléguant la crainte de l'en priver lui-même ; mais le comte leur répondit qu'allant ce soir-là au théâtre Palli, sa loge au théâtre Argentina serait perdue s'ils n'en profitaient pas.

Cette assurance détermina les deux amis à accepter.

Franz s'était peu à peu habitué à cette pâleur du comte qui l'avait si fort frappé la première fois qu'il l'avait vu. Il ne pouvait s'empêcher de rendre justice à la beauté de sa tête sévère, dont la pâleur était le seul défaut ou peut-être la principale qualité. Véritable héros de Byron, Franz ne pouvait, nous ne dirons pas le voir, mais seulement songer à lui sans qu'il se représentât ce visage sombre sur les épaules de Manfred ou sous la toque de Lara. Il avait ce pli du front qui indique la présence incessante d'une pensée amère ; il avait ces yeux ardents qui lisent au plus profond des âmes ; il avait cette lèvre hautaine et moqueuse qui donne aux paroles qui en échappent ce caractère particulier qui fait qu'elles se gravent profondément dans la mémoire de ceux qui les écoutent.

Le comte n'était plus jeune ; il avait quarante ans au

OEUV. COMPL. D'ALEX. DUMAS.

moins, et cependant on comprenait à merveille qu'il était fait pour l'emporter sur les jeunes gens avec lesquels il se trouvait. En réalité, c'est que, par une dernière ressemblance avec les héros fantastiques du poète anglais, le comte semblait avoir le don de la fascination.

Albert ne tarissait pas sur le bonheur que lui et Franz avaient eu de rencontrer un pareil homme. Franz était moins enthousiaste, et cependant il subissait l'influence qu'exerce tout homme supérieur sur l'esprit de ceux qui l'entourent.

Il pensait à ce projet qu'avait déjà deux ou trois fois manifesté le comte d'aller à Paris, et il ne doutait pas qu'avec son caractère excentrique, son visage caractérisé et sa fortune colossale, le comte n'y produisît le plus grand effet.

Et cependant il ne désirait pas se trouver à Paris quand il y viendrait.

La soirée se passa comme les soirées se passent d'habitude au théâtre en Italie, non pas à écouter les chanteurs, mais à faire des visites et à causer. La comtesse G... voulait ramener la conversation sur le comte, mais Franz lui annonça qu'il avait quelque chose de beaucoup plus nouveau à lui apprendre; et, malgré les démonstrations de fausse modestie auxquelles se livra Albert, il raconta à la comtesse le grand événement qui, depuis trois jours, formait l'objet de la préoccupation des deux amis.

Comme ces intrigues ne sont pas rares en Italie, du moins s'il faut en croire les voyageurs, la comtesse ne fit pas le moins du monde l'incrédule, et félicita Albert sur les commencemens d'une aventure qui promettait de se terminer d'une façon si satisfaisante.

On se quitta en se promettant de se retrouver au bal du duc de Bracciano, auquel Rome entière était invitée.

La dame au bouquet tint sa promesse : ni le lendemain ni le surlendemain elle ne donna à Albert signe d'existence.

Enfin arriva le mardi, le dernier et le plus bruyant des jours du carnaval. Le mardi, les théâtres s'ouvrent à dix heures du matin; car passé huit heures du soir on entre dans le carême. Le mardi, tout ce qui, faute de temps, d'argent ou d'enthousiasme, n'a pas pris part encore aux fêtes précédentes, se mêle à la bacchanale, se laisse entraîner par l'orgie et apporte sa part de bruit et de mouvement au mouvement et au bruit général.

Depuis deux heures jusqu'à cinq heures, Franz et Albert suivirent la file, échangeant des poignées de confetti avec les voitures de la file opposée et les piétons qui circulaient entre les pieds des chevaux, entre les roues des carrosses, sans qu'il survînt au milieu de cette affreuse cohue un seul accident, une seule dispute, une seule rixe. Les Italiens sont le peuple par excellence sous ce rapport. Les fêtes sont pour eux de véritables fêtes. L'auteur de cette histoire, qui a habité l'Italie cinq ou six ans, ne se rappelle pas avoir jamais vu une solennité troublée par un seul de ces événements qui servent toujours de corollaire aux nôtres.

Albert triomphait dans son costume de paillasse. Il avait sur l'épaule un nœud de ruban rose dont les extrémités lui tombaient jusqu'aux jarrets. Pour n'amener aucune confusion entre lui et Franz, celui-ci avait conservé son habit de paysan romain.

Plus la journée s'avançait, plus le tumulte devenait grand; il n'y avait pas sur tous ces pavés, dans toutes ces voitures, à toutes ces fenêtres, une bouche qui restât muette, un bras qui demeurât oisif; c'était véritablement un orage humain composé d'un tonnerre de cris et d'une grêle de dragées, de bouquets, d'œufs, d'oranges et de fleurs.

A trois heures, le bruit de boîtes tirées à la fois sur la place du Peuple et au palais de Venise, perçant à grand'peine cet horrible tumulte, annonça que les courses allaient commencer.

Les courses, comme les moccoli, sont un des épisodes particuliers des derniers jours du carnaval. Au bruit de ces boîtes, les voitures rompirent à l'instant même leurs rangs, et se réfugièrent chacune dans la rue transversale la plus proche de l'endroit où elles se trouvaient.

Toutes ces évolutions se font, au reste, avec une inconcevable adresse et une merveilleuse rapidité, et cela sans que la police se préoccupe le moins du monde d'assigner à chacun son poste ou de tracer à chacun sa route.

Les piétons se collèrent contre les palais, puis on entendit un grand bruit de chevaux et de fourreaux de sabre.

Une escouade de carabiniers sur quinze de front parcourait au galop et dans toute sa largeur la rue du Cours qu'elle balayait pour faire place aux barberi. Lorsque l'escouade arriva au palais de Venise, le retentissement d'une autre batterie de boîtes annonça que la rue était libre.

Presque aussitôt, au milieu d'une clameur immense, universelle, inouïe, on vit passer comme des ombres sept ou huit chevaux excités par les clameurs de trois cent mille personnes et par les châtaignes de fer qui leur bondissent sur le dos ; puis le canon du château Saint-Ange tira trois coups; c'était pour annoncer que le numéro trois avait gagné.

Aussitôt, sans autre signal que celui-là, les voitures se remirent en mouvement, refluant vers le Corso, débordant par toutes les rues comme des torrens un instant contenus qui se rejettent tous ensemble dans le lit du fleuve qu'ils alimentent; et le flot immense reprit plus rapide que jamais son cours entre les deux rives de granit.

Seulement un nouvel élément de bruit et de mouvement s'était encore mêlé à cette foule, les marchands de moccoli venaient d'entrer en scène.

Les moccoli ou moccoletti sont des bougies qui varient de grosseur, depuis le cierge pascal jusqu'au rat-de-cave, et qui éveillent chez les acteurs de la grande scène qui termine le carnaval romain deux préoccupations opposées :

1° Celle de conserver allumé son moccoletto;

2° Celle d'éteindre le moccoletto des autres.

Il en est du moccoletto comme de la vie : l'homme n'a encore trouvé qu'un moyen de la transmettre ; et ce moyen, il le tient de Dieu.

Mais il a découvert mille moyens de l'ôter; il est vrai que pour cette suprême opération le diable lui est quelque peu venu en aide.

Le moccoletto s'allume en l'approchant d'une lumière quelconque.

Mais qui décrira les mille moyens inventés pour éteindre le moccoletto, les soufflets gigantesques, les éteignoirs monstres, les éventails surhumains?

Chacun se hâta donc d'acheter des moccoletti, Franz et Albert comme les autres.

La nuit s'approchait rapidement; et déjà, au cri de : *Moccoli!* répété par les voix stridentes d'un millier d'industriels, deux ou trois étoiles commencèrent à briller au-dessus de la foule. Ce fut comme un signal. Au bout de dix minutes, cinquante mille lumières scintillèrent, descendant du palais de Venise à la place du Peuple, et remontant de la place du Peuple au palais de Venise.

On eût dit la fête des feux-follets.

On ne peut se faire aucune idée de cet aspect si on ne l'a pas vu.

Supposez toutes les étoiles se détachant du ciel et venant se mêler sur la terre à une danse insensée.

Le tout accompagné de cris comme jamais oreille humaine n'en a entendus sur le reste de la surface du globe.

C'est en ce moment surtout qu'il n'y a plus de distinction sociale.

Le facchino s'attache au prince, le prince au Transtevere, le Transtevere au bourgeois, chacun soufflant, éteignant, rallumant. Si le vieil Éole apparaissait en ce moment, il serait proclamé roi des moccoli, et Aquilon héritier présomptif de la couronne.

Cette course folle et flamboyante dura deux heures à près ; la rue du Cours était éclairée comme en plein jour, on distinguait les traits des spectateurs jusqu'au troisième et quatrième étage.

De cinq minutes en cinq minutes, Albert tirait sa montre ; enfin, elle marqua sept heures.

Les deux amis se trouvaient justement à la hauteur de la via dei Pontefici ; Albert sauta à bas de la calèche, son moccoletto à la main.

Deux ou trois masques voulurent s'approcher de lui pour l'éteindre ou le lui arracher ; mais, en habile boxeur, Albert les envoya, les uns après les autres, rouler à dix pas de lui en continuant sa course vers l'église San-Giacomo.

Les degrés étaient chargés de curieux et de masques qui luttaient à qui s'arracherait le flambeau des mains. Franz suivait des yeux Albert, et le vit mettre le pied sur la première marche ; puis, presque aussitôt, un masque portant le costume bien connu de la paysanne au bouquet allongea le bras, et, sans que cette fois il fit aucune résistance, lui enleva le moccoletto.

Franz était trop loin pour entendre les paroles qu'ils échangèrent ; mais sans doute elles n'eurent rien d'hostile, car il vit s'éloigner Albert et la paysanne bras dessus bras dessous.

Quelque temps il les suivit au milieu de la foule, mais à la via Macello, il les perdit de vue.

Tout à coup le son de la cloche qui donne le signal de la clôture du carnaval retentit, et au même instant tous les moccoli s'éteignirent comme par enchantement. On eût dit qu'une seule et immense bouffée de vent avait tout anéanti.

Franz se trouva dans l'obscurité la plus profonde.

Du même coup tous les cris cessèrent, comme si le souffle puissant qui avait emporté les lumières emportait en même temps le bruit.

On n'entendit plus que le roulement des carrosses qui ramenaient les masques chez eux ; on ne vit plus que les rares lumières qui brillaient derrière les fenêtres.

Le carnaval était fini.

CHAP. XXXVI. — LES CATACOMBES DE SAINT-SÉBASTIEN.

Peut-être, de sa vie, Franz n'avait-il éprouvé une impression si tranchée, un passage si rapide de la gaîté à la tristesse, que dans ce moment ; on eût dit que Rome, sous le souffle magique de quelque démon de la nuit, venait de se changer en un vaste tombeau. Par un hasard qui ajoutait encore à l'intensité des ténèbres, la lune, qui était dans sa décroissance, ne devait se lever que vers les onze heures du soir ; les rues que le jeune homme traversait étaient donc plongées dans la plus profonde obscurité. Au reste, le trajet était court ; au bout de dix minutes, sa voiture, ou plutôt celle du comte, s'arrêta devant l'hôtel de Londres.

Le dîner attendait ; mais comme Albert avait prévenu qu'il ne comptait pas rentrer de sitôt, Franz se mit à table sans lui.

Maître Pastrini, qui avait l'habitude de les voir dîner ensemble, s'informa des causes de son absence ; mais Franz se contenta de répondre qu'Albert avait reçu la surveille une invitation à laquelle il s'était rendu. L'extinction subite des moccoletti, cette obscurité qui avait remplacé la lumière, ce silence qui avait succédé au bruit, avaient laissé dans l'esprit de Franz une certaine tristesse qui n'était pas exempte d'inquiétude. Il dîna donc fort silencieusement malgré l'officieuse sollicitude de son hôte, qui entra deux ou trois fois pour s'informer s'il n'avait besoin de rien.

Franz était résolu à attendre Albert aussi tard que possible. Il demanda donc la voiture pour onze heures seulement, en priant maître Pastrini de le faire prévenir à l'instant même, si Albert reparaissait à l'hôtel pour quelque chose que ce fût. A onze heures, Albert n'était pas rentré. Franz s'habilla et partit, en prévenant son hôte qu'il passait la nuit chez le duc de Bracciano.

La maison du duc de Bracciano est une des plus charmantes maisons de Rome ; sa femme, une des dernières héritières des Colonna, en fait les honneurs d'une façon parfaite : il en résulte que les fêtes qu'il donne ont une célébrité européenne. Franz et Albert étaient arrivés à Rome avec des lettres de recommandation pour lui ; aussi sa première question fut-elle pour demander à Franz ce qu'était devenu son compagnon de voyage. Franz lui répondit qu'il l'avait quitté au moment où on allait éteindre les moccoli, et qu'il l'avait perdu de vue à la via Macello.

— Alors il n'est pas rentré ? demanda le duc
— Je l'ai attendu jusqu'à cette heure, répondit Franz.
— Et savez-vous où il allait ?
— Non, pas précisément ; cependant je crois qu'il s'agissait de quelque chose comme un rendez-vous.
— Diable ! dit le duc, c'est un mauvais jour, ou plutôt c'est une mauvaise nuit pour s'attarder ; n'est-ce pas, madame la comtesse ?

Ces derniers mots s'adressaient à la comtesse G***, qui venait d'arriver et qui se promenait au bras de M. Torlonia, frère du duc.

— Je trouve au contraire que c'est une charmante nuit, répondit la comtesse ; et ceux qui sont ici ne se plaindront que d'une chose, c'est qu'elle passera trop vite.

— Aussi, reprit le duc en souriant, je ne parle pas des personnes qui sont ici ; elles ne courent d'autres dangers, les hommes que de devenir amoureux de vous, les femmes de tomber malades de jalousie en vous voyant si belle : je parle de ceux qui courent les rues de Rome.

— Eh ! bon Dieu, demanda la comtesse, qui court les rues de Rome à cette heure-ci, à moins que ce ne soit pour aller au bal ?

— Notre ami Albert de Morcerf, madame la comtesse, que j'ai quitté à la poursuite de son inconnue vers les sept heures du soir, dit Franz, et que je n'ai pas revu depuis.

— Comment ! et vous ne savez pas où il est ?
— Pas le moins du monde.
— Et a-t-il des armes ?
— Il est en paillasse.
— Vous n'auriez pas dû le laisser aller, dit le duc à Franz, vous qui connaissez Rome mieux que lui.
— Oh bien oui ! autant aurait valu essayer d'arrêter le numéro trois des barberi qui a gagné aujourd'hui le prix de la course, répondit Franz ; et puis, d'ailleurs que voulez-vous qu'il lui arrive ?
— Qui sait ! la nuit est très sombre, et le Tibre est bien près de la via Macello.

Franz sentit un frisson qui lui courait dans les veines en voyant l'esprit du duc et de la comtesse si bien d'accord avec ses propres inquiétudes personnelles.

— Aussi ai-je prévenu à l'hôtel que j'avais l'honneur de passer la nuit chez vous, monsieur le duc, dit Franz, et on doit venir m'annoncer son retour.

— Tenez, dit le duc, je crois justement que voilà un de mes domestiques qui vous cherche.

Le duc ne se trompait pas ; en apercevant Franz, le domestique s'approcha de lui.

— Excellence, dit-il, le maître de l'hôtel de Londres vous fait prévenir qu'un homme vous attend chez lui avec une lettre du vicomte de Morcerf.

— Avec une lettre du vicomte ! s'écria Franz.
— Oui.

— Et quel est cet homme?
— Je l'ignore.
— Pourquoi n'est-il point venu me l'apporter ici?
— Le messager ne m'a donné aucune explication.
— Et où est le messager?
— Il est parti aussitôt qu'il m'a vu entrer dans la salle de bal pour vous prévenir.
— Oh! mon Dieu! dit la comtesse à Franz, allez vite; pauvre jeune homme, il lui est peut-être arrivé quelque accident.
— J'y cours, dit Franz.
— Vous reverrons-nous pour nous donner des nouvelles? demanda la comtesse.
— Oui, si la chose n'est pas grave; sinon, je ne réponds pas de ce que je vais devenir moi-même.
— En tout cas, de la prudence, dit la comtesse.
— Oh! soyez tranquille.

Franz prit son chapeau et partit en toute hâte. Il avait renvoyé sa voiture en lui donnant l'ordre pour deux heures; mais, par bonheur, le palais Bracciano, qui donne d'un côté rue du Cours, et de l'autre place des Saints-Apôtres, est à dix minutes de chemin à peine de l'hôtel de Londres. En s'approchant de l'hôtel, Franz vit un homme debout au milieu de la rue; il ne douta pas un seul instant que ce ne fût le messager d'Albert. Cet homme était lui-même enveloppé d'un grand manteau. Il alla à lui; mais, au grand étonnement de Franz, ce fut cet homme qui lui adressa la parole le premier.

— Que me voulez-vous, Excellence? dit-il en faisant un pas en arrière comme un homme qui désire demeurer sur ses gardes.
— N'est-ce pas vous, demanda Franz, qui m'apportez une lettre du vicomte de Morcerf?
— C'est Votre Excellence qui loge à l'hôtel de Pastrini?
— Oui.
— C'est Votre Excellence qui est le compagnon de voyage du vicomte?
— Oui.
— Comment s'appelle Votre Excellence?
— Le baron Franz d'Épinay.
— C'est bien à Votre Excellence alors que cette lettre est adressée.
— Y a-t-il une réponse? demanda Franz en lui prenant la lettre des mains.
— Oui, du moins votre ami l'espère bien.
— Montez chez moi, alors, je vous la donnerai.
— J'aime mieux l'attendre ici, dit en riant le messager.
— Pourquoi cela?
— Votre Excellence comprendra la chose quand elle aura lu la lettre.
— Alors je vous retrouverai ici?
— Sans aucun doute.

Franz rentra; sur l'escalier il rencontra maître Pastrini.
— Eh bien? lui demanda-t-il.
— Eh bien quoi? répondit Franz.
— Vous avez vu l'homme qui désirait vous parler de la part de votre ami? demanda-t-il à Franz.
— Oui, je l'ai vu, répondit celui-ci, et il m'a remis cette lettre. Faites allumer chez moi, je vous prie.

L'aubergiste donna l'ordre à un domestique de précéder Franz avec une bougie. Le jeune homme avait trouvé à maître Pastrini un air fort effaré, et cet air ne lui avait donné qu'un désir plus grand de lire la lettre d'Albert; il s'approcha de la bougie aussitôt qu'elle fut allumée, et déplia le papier. La lettre était écrite de la main d'Albert et signée par lui. Franz la relut deux fois, tant il était loin de s'attendre à ce qu'elle contenait.

La voici textuellement reproduite:

« Cher ami, aussitôt la présente reçue, ayez l'obligeance de prendre dans mon portefeuille, que vous trouverez dans le tiroir carré du secrétaire, la lettre de crédit; joignez-y la vôtre si elle n'est pas suffisante. Courez chez Torlonia, prenez-y à l'instant même quatre mille piastres et remettez-les au porteur. Il est urgent que cette somme me soit adressée sans aucun retard.

» Je n'insiste pas davantage, comptant sur vous comme vous pourriez compter sur moi.

P. S. I believe now to italian bandetti.

» Votre ami,
» ALBERT DE MORCERF. »

Au dessous de ces lignes étaient écrits d'une main étrangère ces quelques mots italiens:

« Se alle sei della mattina le quattro mile piastre non sono nelle mie mani, alle sette il conte Alberto avrà cessato di vivere (1).

« LUIGI VAMPA. »

Cette seconde signature expliqua tout à Franz, qui comprit la répugnance du messager à monter chez lui; la rue lui paraissait plus sûre que la chambre de Franz. Albert était tombé entre les mains du fameux chef de bandits à l'existence duquel il s'était si long-temps refusé de croire.

Il n'y avait pas de temps à perdre. Il courut au secrétaire, l'ouvrit, dans le tiroir indiqué trouva le portefeuille, et dans le portefeuille la lettre de crédit: elle était en tout de six mille piastres, mais sur ces six mille piastres Albert en avait déjà dépensé trois mille. Quant à Franz, il n'avait aucune lettre de crédit; comme il habitait Florence, et qu'il était venu à Rome pour y passer sept à huit jours seulement, il avait pris une centaine de louis, et de ces cent louis il lui en restait cinquante tout au plus.

Il s'en fallait donc de sept à huit cents piastres pour qu'à eux Franz et Albert pussent réunir la somme demandée. Il est vrai que Franz pouvait compter, dans un cas pareil, sur l'obligeance de MM. Torlonia.

Il se préparait donc à retourner au palais Bracciano sans perdre un instant, quand tout à coup une idée lumineuse traversa son esprit.

Il songea au comte de Monte-Christo. Franz allait donner l'ordre qu'on lui fît venir maître Pastrini, lorsqu'il le vit apparaître en personne sur le seuil de sa porte.

— Mon cher monsieur Pastrini, lui dit-il vivement, croyez-vous que le comte soit chez lui?
— Oui, Excellence, il vient de rentrer.
— A-t-il eu le temps de se mettre au lit?
— J'en doute.
— Alors, sonnez à sa porte, je vous prie, et demandez-lui pour moi la permission de me présenter chez lui.

Maître Pastrini s'empressa de suivre les instructions qu'on lui donnait; cinq minutes après il était de retour.
— Le comte attend Votre Excellence, dit-il.

Franz traversa le carré, un domestique l'introduisit chez le comte. Il était dans un petit cabinet que Franz n'avait pas encore vu, et qui était entouré de divans. Le comte vint au devant de lui.

— Eh! quel bon vent vous amène à cette heure, lui dit-il, viendriez-vous me demander à souper par hasard? Ce serait pardieu bien aimable à vous.
— Non, je viens pour vous parler d'une affaire grave.
— D'une affaire! dit le comte en regardant Franz de ce regard profond qui lui était habituel; et de quelle affaire?
— Sommes-nous seuls?

Le comte alla à la porte et revint:
— Parfaitement seuls, dit-il.

Franz lui présenta la lettre d'Albert.

(1) Si à six heures du matin les quatre mille piastres ne sont point entre mes mains, à sept heures le vicomte Albert de Morcerf aura cessé d'exister.

— Lisez, lui dit-il.

Le comte lut la lettre.

— Ah! ah! fit-il.

— Avez-vous pris connaissance du post-scriptum?

— Oui, dit-il, je vois bien :

« Se alle sei della mattina le quattro mile piastre non sono nelle mie mani, alle sette il conte Alberto avrà cessato di vivere.

» LUIGI VAMPA. »

— Que dites-vous de cela? demanda Franz.

— Avez-vous la somme qu'on vous a demandée?

— Oui, moins huit cents piastres.

Le comte alla à son secrétaire, l'ouvrit et faisant glisser un tiroir plein d'or :

— J'espère, dit-il à Franz, que vous ne me ferez pas l'injure de vous adresser à un autre qu'à moi?

— Vous voyez, au contraire, que je suis venu droit à vous, dit Franz.

— Et je vous en remercie; prenez. Et il fit signe à Franz de puiser dans le tiroir.

— Est-il bien nécessaire d'envoyer cette somme à Luigi Vampa? demanda le jeune homme en regardant à son tour fixement le comte.

— Dame! fit-il, jugez-en vous-même, le post-scriptum est précis.

— Il me semble que, si vous vous donniez la peine de chercher, vous trouveriez quelque moyen qui simplifierait beaucoup la négociation, dit Franz.

— Et lequel? demanda le comte étonné.

— Par exemple, si nous allions trouver Luigi Vampa ensemble, je suis sûr qu'il ne nous refuserait pas la liberté d'Albert?

— A moi? et quelle influence voulez-vous que j'aie sur ce bandit?

— Ne venez-vous pas de lui rendre un de ces services qui ne s'oublient point?

— Et lequel?

— Ne venez-vous pas de sauver la vie à Peppino?

— Ah! ah! dit le comte, qui vous a dit cela?

— Que vous importe? Je le sais.

Le comte resta un instant muet et les sourcils froncés.

— Et si j'allais trouver Vampa, vous m'accompagneriez?

— Si ma compagnie ne vous était pas trop désagréable.

— Eh bien! soit; le temps est beau, une promenade dans la campagne de Rome ne peut que nous faire du bien.

— Faut-il prendre des armes?

— Pour quoi faire?

— De l'argent?

— C'est inutile. Où est l'homme qui a apporté ce billet?

— Dans la rue.

— Il attend la réponse?

— Oui.

— Il faut un peu savoir où nous allons; je vais l'appeler.

— Inutile, il n'a pas voulu monter.

— Chez vous, peut-être; mais chez moi, il ne fera pas de difficultés.

Le comte alla à la fenêtre du cabinet qui donnait sur la rue, et siffla d'une certaine façon. L'homme au manteau se détacha de la muraille et s'avança jusqu'au milieu de la rue.

— Salite! dit le comte du ton dont il aurait donné un ordre à son domestique. Le messager obéit sans retard, sans hésitation, avec empressement même, et, franchissant les quatre marches du perron, entra dans l'hôtel. Cinq secondes après, il était à la porte du cabinet.

— Ah! c'est toi, Peppino? dit le comte.

Mais Peppino, au lieu de répondre, se jeta à genoux, saisit la main du comte et y appliqua ses lèvres à plusieurs reprises.

— Ah! ah! dit le comte, tu n'as pas encore oublié que je t'ai sauvé la vie! c'est étrange, il y a pourtant aujourd'hui huit jours de cela.

— Non, Excellence, et je ne l'oublierai jamais, répondit Peppino avec l'accent d'une profonde reconnaissance.

— Jamais, c'est bien long! mais enfin c'est déjà beaucoup que tu le croies. Relève-toi et réponds.

Peppino jeta un coup d'œil inquiet sur Franz.

— Oh! tu peux parler devant son Excellence, dit-il, c'est un de mes amis. Vous permettez que je vous donne ce titre, dit en français le comte en se tournant du côté de Franz; il est nécessaire pour exciter la confiance de cet homme.

— Vous pouvez parler devant moi, reprit Franz, je suis un ami du comte.

— A la bonne heure, dit Peppino en se retournant à son tour vers le comte; que Votre Excellence m'interroge, et je répondrai.

— Comment le vicomte Albert est-il tombé entre les mains de Luigi?

— Excellence, la calèche du Français a croisé plusieurs fois celle où était Teresa.

— La maîtresse du chef?

— Oui. Le Français lui a fait les yeux doux, Teresa s'est amusée à lui répondre; le Français lui a jeté des bouquets, elle lui en a rendu : tout cela, bien entendu, du consentement du chef, qui était dans la même calèche.

— Comment! s'écria Franz, Luigi Vampa était dans la calèche des paysannes romaines?

— C'était lui qui conduisait, déguisé en cocher, répondit Peppino.

— Après? demanda le comte.

— Eh bien! après, le Français se démasqua; Teresa, toujours du consentement du chef, en fit autant; le Français demanda un rendez-vous, Teresa accorda le rendez-vous demandé; seulement, au lieu de Teresa, ce fut Beppo qui se trouva sur les marches de l'église San-Giacomo.

— Comment! interrompit encore Franz, cette paysanne qui lui a arraché son moccoletto?...

— C'était un jeune garçon de quinze ans, répondit Peppino; mais il n'y a pas de honte pour votre ami à avoir été pris; Beppo en a attrapé bien d'autres, allez.

— Et Beppo l'a conduit hors des murs? dit le comte.

— Justement; une calèche attendait au bout de la via Macello; Beppo est monté dedans en invitant le Français à le suivre; il ne se l'est pas fait dire deux fois. Il a galamment offert la droite à Beppo, et s'est placé auprès de lui. Beppo lui a annoncé alors qu'il allait le conduire à une villa située à une lieue de Rome. Le Français a assuré Beppo qu'il était prêt à le suivre au bout du monde. Aussitôt le cocher a remonté la rue di Rippetta, a gagné la porte San Paolo, et à deux cents pas dans la campagne, comme le Français devenait trop entreprenant, ma foi, Beppo lui a mis une paire de pistolets sur la gorge; aussitôt le cocher a arrêté ses chevaux, s'est retourné sur son siége et en a fait autant. En même temps quatre des nôtres qui étaient cachés sur les bords de l'Almo se sont élancés aux portières. Le Français avait bonne envie de se défendre, il a même un peu étranglé Beppo, à ce qu'j'ai entendu dire, mais il n'y avait rien à faire contre cinq hommes armés, il a bien fallu se rendre; on l'a fait descendre de voiture, on a suivi les bords de la petite rivière, et on l'a conduit à Teresa et à Luigi, qui l'attendaient dans les catacombes de Saint-Sébastien.

— Eh bien! mais, dit le comte en se tournant du côté de Franz, il me semble qu'elle en vaut bien une autre, cette histoire. Qu'en dites-vous, vous qui êtes connaisseur?

— Je dis que je la trouverais fort drôle, répondit Franz, si elle était arrivée à un autre qu'à ce pauvre Albert.

— Le fait est, dit le comte, que si vous ne m'aviez pas trouvé là, c'était une bonne fortune qui coûtait un peu cher à votre ami; mais, rassurez-vous, il en sera quitte pour la peur.

— Et nous allons toujours le chercher? demanda Franz.

— Pardieu! d'autant plus qu'il est dans un endroit fort pittoresque. Connaissez-vous les catacombes de Saint-Sébastien?

— Non, je n'y suis jamais descendu, mais je me promettais d'y descendre un jour.

— Eh bien! voici l'occasion toute trouvée, et il serait difficile d'en rencontrer une autre meilleure. Avez-vous votre voiture?

— Non.

— Cela ne fait rien; on a l'habitude de m'en tenir une tout attelée, nuit et jour.

— Tout attelée?

— Oui, je suis un être fort capricieux; il faut vous dire que parfois en me levant, à la fin de mon dîner, au milieu de la nuit, il me prend l'envie de partir pour un point du monde quelconque, et je pars.

Le comte sonna un coup, son valet de chambre parut.

— Faites sortir la voiture de la remise, dit-il, et ôtez-en les pistolets qui sont dans les poches; il est inutile de réveiller le cocher, Ali conduira.

Au bout d'un instant on entendit le bruit de la voiture qui s'arrêtait devant la porte.

Le comte tira sa montre.

— Minuit et demi, dit-il: nous aurions pu partir d'ici à cinq heures du matin et arriver encore à temps; mais peut-être ce retard aurait-il fait passer une mauvaise nuit à votre compagnon, il vaut donc mieux aller tout courant le tirer des mains des infidèles. Etes-vous toujours décidé à m'accompagner?

— Plus que jamais.

— Eh bien! venez alors.

Franz et le comte sortirent suivis de Peppino.

A la porte, ils trouvèrent la voiture. Ali était sur le siège. Franz reconnut l'esclave muet de la grotte de Monte-Christo.

Franz et le comte montèrent dans la voiture, qui était un coupé; Peppino se plaça près d'Ali, et l'on partit au galop. Ali avait reçu ses ordres d'avance, car il prit la rue du Cours, traversa le campo Vaccino, remonta la strada San Gregorio et arriva à la porte Saint-Sébastien; là le concierge voulut faire quelques difficultés, mais le comte de Monte-Christo présenta une autorisation du gouverneur de Rome d'entrer dans la ville et d'en sortir à toute heure du jour et de la nuit: la herse fut donc levée, le concierge reçut un louis pour sa peine, et l'on passa.

La route que suivait la voiture était l'ancienne voie Appienne, toute bordée de tombeaux. De temps en temps, au clair de la lune qui commençait à se lever, il semblait à Franz voir comme une sentinelle se détacher d'une ruine; mais aussitôt, à un signe échangé entre Peppino et cette sentinelle, elle rentrait dans l'ombre et disparaissait.

Un peu avant le cirque de Caracalla la voiture s'arrêta, Peppino vint ouvrir la portière, et le comte et Franz descendirent.

— Dans dix minutes, dit le comte à son compagnon, nous serons arrivés.

Puis il prit Peppino à part, lui donna un ordre tout bas, et Peppino partit après s'être muni d'une torche que l'on tira du coffre du coupé.

Cinq minutes s'écoulèrent encore, pendant lesquelles Franz vit le berger s'enfoncer par un petit sentier au milieu des mouvemens de terrain qui forment le sol convulsionné de la plaine de Rome, et disparaître dans ces hautes herbes rougeâtres qui semblent la crinière hérissée de quelque lion gigantesque.

— Maintenant, dit le comte, suivons-le.

Franz et le comte s'engagèrent à leur tour dans le même sentier qui, au bout de cent pas, les conduisit par une pente inclinée au fond d'une petite vallée.

Bientôt on aperçut deux hommes causant dans l'ombre.

— Devons-nous continuer d'avancer? demanda Franz au comte, ou faut-il attendre?

— Marchons; Peppino doit avoir prévenu la sentinelle de notre arrivée.

En effet, l'un de ces deux hommes était Peppino, l'autre était un bandit placé en vedette.

Franz et le comte s'approchèrent; le bandit salua.

— Excellence, dit Peppino en s'adressant au comte, si vous voulez me suivre, l'ouverture des catacombes est à deux pas d'ici.

— C'est bien, dit le comte, marche devant.

En effet, derrière un massif de buissons et au milieu de quelques roches s'offrait une ouverture par laquelle un homme pouvait à peine passer.

Peppino se glissa le premier par cette gerçure; mais à peine eut-il fait quelques pas que le passage souterrain s'élargit. Alors il s'arrêta, alluma sa torche et se retourna pour voir s'il était suivi.

Le comte s'était engagé le premier dans une espèce de soupirail, et Franz venait après lui.

Le terrain s'enfonçait par une pente douce et s'élargissait à mesure que l'on avançait; mais cependant Franz et le comte étaient encore forcés de marcher courbés et eussent eu peine à passer deux de front. Ils firent encore cent cinquante pas ainsi, puis ils furent arrêtés par le cri de Qui vive?

En même temps ils virent au milieu de l'obscurité briller sur le canon d'une carabine le reflet de leur propre torche.

— Ami! dit Peppino; et il s'avança seul et dit quelques mots à voix basse à cette seconde sentinelle, qui, comme la première, salua en faisant signe aux visiteurs nocturnes qu'ils pouvaient continuer leur chemin.

Derrière la sentinelle était un escalier d'une vingtaine de marches; Franz et le comte descendirent les vingt marches, et se trouvèrent dans une espèce de carrefour mortuaire. Cinq routes divergeaient comme les rayons d'une étoile, et les parois des murailles, creusées de niches superposées ayant la forme de cercueils, indiquaient que l'on était enfin entré dans les catacombes.

Dans l'une de ces cavités, dont il était impossible de distinguer l'étendue, on voyait, le jour, quelques reflets de lumière.

Le comte posa la main sur l'épaule de Franz.

— Voulez-vous voir un camp de bandits au repos? lui dit-il.

— Certainement, répondit Franz.

— Eh bien! venez avec moi..... Peppino, éteins la torche.

Peppino obéit, et Franz et le comte se trouvèrent dans la plus profonde obscurité; seulement, à cinquante pas à peu près en avant d'eux, continuèrent de danser le long des murailles quelques lueurs rougeâtres devenues encore plus visibles depuis que Peppino avait éteint sa torche.

Ils avancèrent silencieusement, le comte guidant Franz comme s'il avait eu cette singulière faculté de voir dans les ténèbres. Au reste, Franz lui-même distinguait plus facilement son chemin à mesure qu'il approchait de ces reflets qui leur servaient de guides.

Trois arcades, dont celle du milieu servait de porte, leur donnaient passage.

Ces arcades s'ouvraient d'un côté sur le corridor où étaient le comte et Franz, et de l'autre sur une grande chambre carrée tout entourée de niches pareilles à celles dont nous avons déjà parlé. Au milieu de cette chambre s'élevaient quatre pierres qui autrefois avaient servi d'autel, comme l'indiquait la croix qui les surmontait encore.

Une seule lampe, posée sur un fût de colonne, éclairait d'une lumière pâle et vacillante l'étrange scène qui s'offrait aux yeux des deux visiteurs cachés dans l'ombre.

Un homme était assis, le coude appuyé sur cette colonne, et lisait, tournant le dos aux arcades par l'ouverture desquelles les nouveaux arrivés le regardaient.

C'était le chef de la bande, Luigi Vampa..

Tout autour de lui, groupés selon leur caprice, couchés dans leurs manteaux ou adossés à une espèce de banc de pierre qui régnait tout autour du columbarium, on distinguait une vingtaine de brigands; chacun avait sa carabine à la portée de la main.

Au fond, silencieuse, à peine visible et pareille à une ombre, une sentinelle se promenait de long en large devant une espèce d'ouverture qu'on ne distinguait que parce que les ténèbres semblaient plus épaisses en cet endroit.

Lorsque le comte crut que Franz avait suffisamment réjoui ses regards de ce pittoresque tableau, il porta le doigt à ses lèvres pour lui recommander le silence, et montant les trois marches qui conduisaient du corridor au colombarium, il entra dans la chambre par l'arcade du milieu et s'avança vers Vampa, qui était si profondément plongé dans sa lecture qu'il n'entendit point le bruit de ses pas.

— Qui vive? cria la sentinelle moins préoccupée et qui vit à la lueur de la lampe une espèce d'ombre qui grandissait derrière son chef.

A ce cri Vampa se leva vivement, tirant du même coup un pistolet de sa ceinture.

En un instant tous les bandits furent sur pied, et vingt canons de carabine se dirigèrent sur le comte.

— Eh bien! dit tranquillement celui-ci d'une voix parfaitement calme et sans qu'un seul muscle de son visage bougeât; eh bien! mon cher Vampa, il me semble que voilà bien des frais pour recevoir un ami!

— Armes bas! cria le chef en faisant un signe impératif d'une main, tandis que de l'autre il ôtait respectueusement son chapeau.

Puis se tournant vers le singulier personnage qui dominait toute cette scène :

— Pardon, monsieur le comte, lui dit-il, mais j'étais si loin de m'attendre à l'honneur de votre visite, que je ne vous avais pas reconnu.

— Il paraît que vous avez la mémoire courte en toute chose, Vampa, dit le comte, et que non seulement vous oubliez le visage des gens, mais encore les conditions faites avec eux.

— Et quelles conditions ai-je donc oubliées, monsieur le comte? demanda le bandit en homme qui, s'il a commis une erreur, ne demande pas mieux que de la réparer.

— N'a-t-il pas été convenu, dit le comte, que non seulement ma personne, mais encore celle de mes amis, vous seraient sacrées?

— Et en quoi ai-je manqué au traité, Excellence?

— Vous avez enlevé ce soir et vous avez transporté ici le vicomte Albert de Morcerf; eh bien! continua le comte avec un accent qui fit frissonner Franz, ce jeune homme est de mes amis, ce jeune homme loge dans le même hôtel que moi, ce jeune homme a fait Corso pendant huit jours dans ma propre calèche, et cependant, je vous le répète, vous l'avez enlevé, vous l'avez transporté ici, et, ajouta le comte en tirant la lettre de sa poche, vous l'avez mis à rançon comme s'il était le premier venu.

— Pourquoi ne m'avez-vous pas prévenu de cela, vous autres? dit le chef en se tournant vers ses hommes, qui reculèrent tous devant son regard; pourquoi m'avez-vous exposé ainsi à manquer à ma parole envers un homme comme M. le comte, qui tient notre vie à tous entre ses mains? Par le sang du Christ! si je croyais qu'un de vous eût su que le jeune homme était l'ami de Son Excellence, je lui brûlerais la cervelle de ma propre main!

— Eh bien! dit le comte en se retournant du côté de Franz, je vous avais bien dit qu'il y avait quelque erreur là-dessous.

— N'êtes-vous pas seul? demanda Vampa avec inquiétude.

— Je suis avec la personne à qui cette lettre était adressée, et à qui j'ai voulu prouver que Luigi Vampa est un homme de parole. Venez, Excellence, dit-il à Franz, voilà Luigi Vampa qui va vous dire lui-même qu'il est désespéré de l'erreur qu'il vient de commettre.

Franz s'approcha, le chef fit quelques pas au-devant de Franz.

— Soyez le bienvenu parmi nous, Excellence, lui dit-il; vous avez entendu ce que vient de dire le comte, et ce que je lui ai répondu : j'ajouterai que je ne voudrais pas, pour les quatre mille piastres auxquelles j'avais fixé la rançon de votre ami, que pareille chose fût arrivée.

— Mais, dit Franz en regardant tout autour de lui avec inquiétude, où donc est le prisonnier? je ne le vois pas.

— Il ne lui est rien arrivé, j'espère? demanda le comte en fronçant le sourcil.

— Le prisonnier est là, dit Vampa en montrant de la main l'enfoncement devant lequel se promenait le bandit en faction, et je vais lui annoncer moi-même qu'il est libre.

Le chef s'avança vers l'endroit désigné par lui comme servant de prison à Albert, et Franz et le comte le suivirent.

— Que fait le prisonnier? demanda Vampa à la sentinelle.

— Ma foi, capitaine, répondit celle-ci, je n'en sais rien; depuis plus d'une heure, je ne l'ai pas entendu remuer.

— Venez, Excellences! dit Vampa.

Le comte et Franz montèrent sept ou huit marches toujours précédés par le chef, qui tira un verrou et poussa une porte.

Alors, à la lueur d'une lampe pareille à celle qu'éclairait le columbarium, on put voir Albert, enveloppé d'un manteau que lui avait prêté un des bandits, couché dans un coin et dormant du plus profond sommeil.

— Allons! dit le comte en souriant de ce sourire qui lui était particulier, pas mal pour un homme qui devait être fusillé à sept heures du matin.

Vampa regardait Albert endormi avec une certaine admiration; on voyait qu'il n'était pas insensible à cette preuve de courage.

— Vous avez raison, monsieur le comte, dit-il, cet homme doit être de vos amis.

Puis s'approchant d'Albert et lui touchant l'épaule :

— Excellence! dit-il, vous plaît-il de vous éveiller?

Albert étendit les bras, se frotta les paupières et ouvrit les yeux.

— Ah! ah! dit-il, c'est vous, capitaine! pardieu, vous auriez bien dû me laisser dormir; je faisais un rêve charmant : je rêvais que je dansais le galop chez Torlonia avec la comtesse G***!

Il tira sa montre, qu'il avait gardée pour juger lui-même le temps écoulé.

— Une heure et demie du matin! dit-il, mais pourquoi diable m'éveillez-vous à cette heure-ci?

— Pour vous dire que vous êtes libre, Excellence.

— Mon cher, reprit Albert avec une liberté d'esprit parfaite, retenez bien à l'avenir cette maxime de Napoléon-le-Grand : « Ne m'éveillez que pour les mauvaises nouvelles. » Si vous m'aviez laissé dormir, j'achevais mon galop, et je vous en aurais été reconnaissant toute ma vie... On a donc payé ma rançon?

— Non, Excellence.

— Eh bien alors, comment suis-je libre?

— Quelqu'un à qui je n'ai rien à refuser est venu vous réclamer.

— Jusqu'ici?

— Jusqu'ici.

— Ah! pardieu! ce quelqu'un-là est bien aimable!

Albert regarda tout autour de lui et aperçut Franz.

— Comment, lui dit-il, c'est vous, mon cher Franz qui poussez le dévoûment jusque-là?

— Non pas moi, répondit Franz, mais notre voisin M. le comte de Monte-Christo.

— Ah! pardieu! monsieur le comte, dit gaîment Albert en rajustant sa cravate et ses manchettes, vous êtes un homme véritablement précieux, et j'espère que vous me regarderez comme votre éternel obligé, d'abord pour l'affaire de la voiture, ensuite pour celle-ci, et il tendit la main au comte, qui frissonna au moment de lui donner la sienne, mais qui cependant la lui donna.

Le bandit regardait toute cette scène d'un air stupéfait; il était évidemment habitué à voir ses prisonniers trembler devant lui, et voilà qu'il y en avait un dont l'humeur railleuse n'avait subi aucune altération; quant à Franz, il était enchanté qu'Albert eût soutenu, même vis-à-vis d'un bandit, l'honneur national.

— Mon cher Albert, lui dit-il, si vous voulez vous hâter, nous aurons encore le temps d'aller finir la nuit chez Torlonia; vous prendrez votre galop où vous l'avez interrompu, de sorte que vous ne garderez aucune rancune au seigneur Luigi, qui s'est véritablement, dans toute cette affaire, conduit en galant homme.

— Ah, vraiment! dit-il, vous avez raison, et nous pourrons y être à deux heures. Seigneur Luigi, continua Albert, y a-t-il quelque autre formalité à remplir pour prendre congé de Votre Excellence?

— Aucune, monsieur, répondit le bandit, et vous êtes libre comme l'air.

— En ce cas, bonne et joyeuse vie; venez, messieurs, venez!

Et Albert, suivi de Franz et du comte, descendit l'escalier et traversa la grande salle carrée; tous les bandits étaient debout et le chapeau à la main.

— Peppino, dit le chef, donne-moi la torche.

— Eh bien! que faites-vous donc? demanda le comte.

— Je vous reconduis, dit le capitaine; c'est bien le moindre honneur que je puisse rendre à Votre Excellence.

Et prenant la torche allumée des mains du pâtre, il marcha devant ses hôtes, non pas comme un valet qui accomplit une œuvre de servilité, mais comme un roi qui précède des ambassadeurs.

Arrivé à la porte, il s'inclina.

— Et maintenant, monsieur le comte, dit-il, je vous renouvelle mes excuses, et j'espère que vous ne me gardez aucun ressentiment de ce qui vient d'arriver?

— Non, mon cher Vampa, dit le comte; d'ailleurs, vous rachetez vos erreurs d'une façon si galante, qu'on est presque tenté de vous savoir gré de les avoir commises.

— Messieurs! reprit le chef en se retournant du côté des jeunes gens, peut-être l'offre ne vous paraîtra-t-elle pas bien attrayante; mais s'il vous prenait jamais envie de me faire une seconde visite, partout où je serai vous serez les bienvenus.

Franz et Albert saluèrent. Le comte sortit le premier, Albert ensuite, Franz restait le dernier.

— Votre Excellence a quelque chose à me demander? dit Vampa en souriant.

— Oui, je l'avoue répondit Franz, je serais curieux de savoir quel était l'ouvrage que vous lisiez avec tant d'attention quand nous sommes arrivés.

— Les *Commentaires de César*, dit le bandit, c'est mon livre de prédilection.

— Eh bien, ne venez-vous pas? demanda Albert.

— Si fait, répondit Franz, me voilà!

Et il sortit à son tour du soupirail.

On fit quelques pas dans la plaine.

— Ah! pardon! dit Albert en revenant en arrière; voulez-vous me permettre, capitaine?

Et il alluma son cigare à la torche de Vampa.

— Maintenant, monsieur le comte, dit-il, la plus grande diligence possible! je tiens énormément à aller finir ma nuit chez le duc de Bracciano.

On retrouva la voiture où on l'avait laissée; le comte dit un seul mot arabe à Ali, et les chevaux partirent à fond de train.

Il était deux heures juste à la montre d'Albert quand les deux amis rentrèrent dans la salle de danse.

Leur retour fit événement; mais, comme ils entraient ensemble, toutes les inquiétudes que l'on avait pu concevoir sur Albert cessèrent à l'instant même.

— Madame, dit le vicomte de Morcerf en s'avançant vers la comtesse, vous avez eu la bonté de me promettre un galop, je viens un peu tard réclamer cette gracieuse promesse; mais voilà mon ami, dont vous connaissez la véracité, qui vous affirmera qu'il n'y a pas de ma faute.

Et comme en ce moment la musique donnait le signal de la valse, Albert passa son bras autour de la taille de la comtesse et disparut avec elle dans le tourbillon des danseurs.

Pendant ce temps Franz songeait au singulier frissonnement qui avait passé par tout le corps du comte de Monte-Christo au moment où il avait été en quelque sorte forcé de donner la main à Albert.

CHAP. XXXVII. — LE RENDEZ-VOUS.

Le lendemain, en se levant, le premier mot d'Albert fut pour proposer à Franz d'aller faire une visite au comte; il l'avait déjà remercié la veille, mais il comprenait qu'un service comme celui qu'il lui avait rendu valait bien deux remercimens.

Franz, qu'un attrait mêlé de terreur attirait vers le comte de Monte-Christo, ne voulut pas le laisser aller seul chez cet homme et l'accompagna; tous deux furent introduits dans le salon : cinq minutes après, le comte parut.

— Monsieur le comte, lui dit Albert en allant à lui, permettez-moi de vous répéter ce matin ce que je vous ai mal dit hier : c'est que je n'oublierai jamais dans quelle circonstance vous m'êtes venu en aide et que je me souviendrai toujours que je vous dois la vie ou à peu près.

— Mon cher voisin, répondit le comte en riant, vous vous exagérez vos obligations envers moi. Vous me devez une petite économie d'une vingtaine de mille francs sur votre budget de voyage et voilà tout, vous voyez bien que ce n'est pas la peine d'en parler. De votre côté, ajouta-t-il, recevez tous mes complimens, vous avez été adorable de sans-gêne et de laisser-aller.

— Que voulez-vous, comte! dit Albert; je me suis figuré que je m'étais fait une mauvaise querelle et qu'un duel s'en était suivi, et j'ai voulu faire comprendre une chose à ces bandits : c'est qu'on se bat dans tous les pays du monde, mais qu'il n'y a que les Français qui se battent en riant. Néanmoins, comme mon obligation vis-à-vis de vous n'en est pas moins grande, je viens vous demander si, par moi, par mes amis et par mes connaissances, je ne pourrais pas vous être bon à quelque chose. Mon père le comte de Morcerf, qui est d'origine espagnole, a une haute position en France et en Espagne; je viens me mettre moi, et tous les gens qui m'aiment, à votre disposition.

— Eh bien! dit le comte, je vous avoue, monsieur de Morcerf, que j'attendais votre offre et que je l'accepte de grand cœur. J'avais déjà jeté mon dévolu sur vous pour vous demander un grand service.

— Lequel?

— Je n'ai jamais été à Paris; je ne connais pas Paris...

— Vraiment! s'écria Albert, vous avez pu vivre jusqu'à présent sans voir Paris, c'est incroyable!

— C'est ainsi, cependant; mais je sens comme vous qu'une plus longue ignorance de la capitale du monde intelligent est chose impossible. Il y a plus : peut-être même aurais-je fait ce voyage indispensable depuis long-temps, si j'avais connu quelqu'un qui pût m'introduire dans ce monde où je n'avais aucune relation.

— Oh! un homme comme vous! s'écria Albert.

— Vous êtes bien bon; mais comme je ne me reconnais à moi-même d'autre mérite que de pouvoir faire concurrence comme millionnaire à M. Aguado ou à M. Rotschild, et que je ne vais pas à Paris pour jouer à la bourse, cette petite circonstance m'a retenu. Maintenant votre offre me décide. Voyons, vous engagez-vous, mon cher monsieur de Morcerf (le comte accompagna ces mots d'un singulier sourire), vous engagez-vous, lorsque j'irai en France, à m'ouvrir les portes de ce monde où je serai aussi étranger qu'un Huron ou qu'un Cochinchinois?

— Oh! quant à cela, monsieur le comte, à merveille et de grand cœur! répondit Albert; et d'autant plus volontiers (mon cher Franz ne vous moquez pas trop de moi!) que je suis rappelé à Paris par une lettre que je reçois ce matin même, et où il est question pour moi d'une alliance avec une maison fort agréable et qui a les meilleures relations dans le monde parisien.

— Alliance par mariage? dit Franz en riant.

— Oh! mon Dieu oui! Ainsi, quand vous reviendrez à Paris, vous me trouverez homme posé et peut-être père de famille. Cela ira bien à ma gravité naturelle, n'est-ce pas? En tout cas, comte, je vous le répète, moi et les miens sommes à vous corps et âme.

— J'accepte, dit le comte, car je vous jure qu'il ne me manquait que cette occasion pour réaliser des projets que je rumine depuis longtemps.

Franz ne douta point un instant que ces projets ne fussent ceux dont le comte avait laissé échapper un mot dans la grotte de Monte-Christo, et il regarda le comte pendant qu'il disait ces paroles pour essayer de saisir sur sa physionomie quelque révélation de ces projets qui le conduisaient à Paris; mais il était bien difficile de pénétrer dans l'âme de cet homme, surtout lorsqu'il la voilait avec un sourire.

— Mais, voyons, comte, reprit Albert enchanté d'avoir à produire un homme comme Monte-Christo, n'est-ce pas là un de ces projets en l'air, comme on en fait mille en voyage, et qui, bâtis sur le sable, sont emportés au premier souffle du vent?

— Non, d'honneur, dit le comte; je veux aller à Paris, il faut que j'y aille.

— Et quand cela?

— Mais quand y serez-vous vous-même?

— Moi, dit Albert; oh, mon Dieu! dans quinze jours ou trois semaines au plus tard; le temps de revenir, voilà tout.

— Eh bien! dit le comte, je vous donne trois mois; vous voyez que je vous fais la mesure large.

— Et dans trois mois, s'écria Albert avec joie, vous venez frapper à ma porte?

— Voulez-vous un rendez-vous jour pour jour, heure pour heure? dit le comte, je vous préviens que je suis d'une exactitude désespérante.

— Jour pour jour, heure pour heure, dit Albert; cela me va à merveille.

— Eh bien! soit. Il étendit la main vers un calendrier suspendu près de la glace. — Nous sommes aujourd'hui, dit-il, le 21 février (il tira sa montre), il est dix heures et demie du matin. Voulez-vous m'attendre le 21 mai prochain, à dix heures et demie du matin?

— A merveille! dit Albert, le déjeuner sera prêt?

— Vous demeurez

— Rue du Helder, n° 27

— Vous êtes chez vous en garçon, je ne vous gênerai pas?

— J'habite dans l'hôtel de mon père, mais un pavillon au fond de la cour, entièrement séparé.

— Bien.

Le comte prit ses tablettes et écrivit: «Rue du Helder, n° 27, 21 mai, à dix heures et demie du matin.»

— Et maintenant, dit le comte en remettant ses tablettes dans sa poche, soyez tranquille, l'aiguille de votre pendule ne sera pas plus exacte que moi.

— Je vous reverrai avant mon départ? demanda Albert.

— C'est selon : quand partez-vous?

— Je pars demain, à cinq heures du soir.

— En ce cas, je vous dis adieu. J'ai affaire à Naples, et ne serai de retour ici que samedi soir ou dimanche matin. Et vous, demanda le comte à Franz, partez-vous aussi, monsieur le baron?

— Oui.

— Pour la France?

— Non, pour Venise. Je reste encore un an ou deux en Italie.

— Nous ne nous verrons donc pas à Paris?

— Je crains de ne pas avoir cet honneur.

— Allons, messieurs, bon voyage, dit le comte aux deux amis en leur tendant à chacun une main.

C'était la première fois que Franz touchait la main de cet homme; il tressaillit, car elle était glacée comme celle d'un mort.

— Une dernière fois, dit Albert, c'est bien arrêté sur parole d'honneur, n'est-ce pas? rue du Helder, n° 27, le 21 mai, à dix heures et demie du matin?

— Le 21 mai, à dix heures et demie du matin, rue du Helder, n° 27, reprit le comte.

Sur quoi les deux jeunes gens saluèrent le comte et sortirent.

— Qu'avez-vous donc? dit en rentrant chez lui Albert à Franz, vous avez l'air tout soucieux.

— Oui, dit Franz, je vous l'avoue, le comte est un homme singulier, et je vois avec inquiétude ce rendez-vous qu'il vous a donné à Paris.

— Ce rendez-vous... avec inquiétude! Ah ça! mais êtes-vous fou, mon cher Franz? s'écria Albert.

— Que voulez-vous, dit Franz; fou ou non, c'est ainsi.

— Ecoutez, reprit Albert, et je suis bien aise que l'occasion se présente de vous dire cela, mais je vous ai toujours trouvé assez froid pour le comte, que, de son côté, j'ai toujours trouvé parfait, au contraire, pour nous. Avez-vous quelque chose de particulier contre lui?

— Peut-être.

— L'aviez-vous vu déjà quelque part avant de le rencontrer ici?

— Justement.

— Où cela?

— Me promettez-vous de ne pas dire un mot de ce que je vais vous raconter?

— Je vous le promets.

— Parole d'honneur?

— Parole d'honneur.

— C'est bien. Ecoutez donc.

— Et alors Franz raconta à Albert son excursion à l'île de Monte-Christo, comment il y avait trouvé un équipage de contrebandiers, et au milieu de cet équipage deux bandits corses. Il s'appesantit sur toutes les circonstances de l'hospitalité féerique que le comte lui avait donné dans sa grotte des *Mille et une Nuits*. Il lui raconta le souper, le hatchis, les statues, la réalité et le rêve, et comment à son réveil il ne restait plus comme preuve et comme souvenir de tous ces événements que ce petit yacht, faisant à l'horizon voile pour Porto-Vecchio.

Puis il passa à Rome, à la nuit du Colisée, à la conversation qu'il avait entendue entre lui et Vampa, conver-

OEUV. COMP. D'ALEX. DUMAS. 48

sation relative à Peppino, et dans laquelle le comte avait promis d'obtenir la grâce du bandit, promesse qu'il avait si bien tenue, ainsi que nos lecteurs ont pu en juger.

Enfin, il en arriva à l'aventure de la nuit précédente, à l'embarras où il s'était trouvé en voyant qu'il lui manquait pour compléter la somme six ou sept cents piastres ; enfin, à l'idée qu'il avait eue de s'adresser au comte, idée qui avait eu à la fois un résultat si pittoresque et si satisfaisant.

Albert écoutait Franz de toutes ses oreilles.

— Eh bien ! lui dit-il quand il eut fini, où voyez-vous dans tout cela quelque chose à reprendre. Le comte est voyageur, le comte a un bâtiment à lui, parce qu'il est riche. Allez à Portsmouth ou à Southampton, vous verrez les ports encombrés de yachts appartenant à de riches Anglais qui ont la même fantaisie. Pour savoir où s'arrêter dans ses excursions, pour ne pas manger cette affreuse cuisine qui nous empoisonne, moi depuis quatre mois, vous depuis quatre ans ; pour ne pas coucher dans ces abominables lits où l'on ne peut dormir, il se fait meubler un pied-à-terre à Monte-Christo : quand son pied-à-terre est meublé, il craint que le gouvernement toscan ne lui donne congé et ses dépenses ne soient perdues, alors il achète l'île et en prend le nom. Mon cher, fouillez dans votre souvenir, et dites-moi combien de gens de votre connaissance prennent le nom de propriétés qu'il n'ont jamais eues.

— Mais, dit Franz à Albert, les bandits corses qui se trouvent dans son équipage ?

— Eh bien ! qu'y a-t-il d'étonnant à cela ? Vous savez mieux que personne, n'est-ce pas, que les bandits corses ne sont point des voleurs, mais purement et simplement des fugitifs que quelque vendetta a exilés de leur ville ou de leur village ; on peut donc les voir sans se compromettre : quant à moi je déclare que si jamais je vais en Corse, avant de me faire présenter au gouverneur et au préfet, je me fais présenter aux bandits de Colomba, si toutefois on peut mettre la main dessus ; je les trouve charmans.

— Mais Vampa et sa troupe, reprit Franz ; ceux-là sont des bandits qui arrêtent pour voler ; vous ne le niez pas, je l'espère ; que dites-vous de l'influence du comte sur de pareils hommes ?

— Je dirai, mon cher, que, comme selon toute probabilité, je dois la vie à cette influence, ce n'est point à moi à la critiquer de trop près. Ainsi donc, au lieu de lui en faire comme vous un crime capital, vous trouverez bon que je l'excuse, sinon de m'avoir sauvé la vie, ce qui est peut-être un peu exagéré, mais du moins de m'avoir épargné quatre mille piastres, qui font bel et bien vingt-quatre mille livres de notre monnaie, somme à laquelle on ne m'aurait certes pas estimé en France ; ce qui prouve, ajouta Albert en riant, que nul n'est prophète en son pays.

— Eh bien ! voilà justement ; de quel pays est le comte ? quelle langue parle-t-il ? quels sont ses moyens d'existence ? d'où lui vient son immense fortune ? quelle a été cette première partie de sa vie mystérieuse et inconnue qui a répandu sur la seconde cette teinte sombre et misanthropique ? Voilà, à votre place, ce que je voudrais savoir.

— Mon cher Franz, reprit Albert, quand, en recevant ma lettre vous avez vu que nous avions besoin de l'influence du comte, vous avez été lui dire : Albert de Morcerf, mon ami, court un danger, aidez-moi à le tirer de ce danger, n'est-ce pas ?

— Oui.

— Alors, vous a-t-il demandé, qu'est-ce que M. Albert de Morcerf ? d'où lui vient son nom ? d'où lui vient sa fortune ? quels sont ses moyens d'existence ? quel est son pays ? où est-il né ? Vous a-t-il demandé tout cela, dites ?

— Non, je l'avoue,

— Il est venu, voilà tout. Il m'a tiré des mains de M. Vampa, où, malgré mes apparences pleines de désinvolture, comme vous dites, je faisais fort mauvaise figure, je l'avoue ! Eh bien ! mon cher, quand, en échange d'un pareil service, il me demande de faire pour lui ce qu'on fait tous les jours pour le premier prince russe ou italien qui passe par Paris, c'est-à-dire de le présenter dans le monde, vous voulez que je lui refuse cela ! Allons donc, Franz, vous êtes fou.

Il faut dire que, contre l'habitude, toutes les bonnes raisons étaient cette fois du côté d'Albert.

— Enfin, reprit Franz avec un soupir, faites comme vous voudrez, mon cher vicomte ; car tout ce que vous méditez là est fort spécieux, je l'avoue ; mais il n'en est pas moins vrai que le comte de Monte-Christo est un homme étrange.

— Le comte de Monte-Christo est un philanthrope. Il ne vous a pas dit dans quel but il venait à Paris. Eh bien ! il vient pour concourir aux prix Monthyon ; et s'il ne lui faut que ma voix pour qu'il les obtienne, et l'influence de ce monsieur si laid qui les fait obtenir, eh bien ! je lui donnerai l'une et je lui garantirai l'autre.

Sur ce, mon cher Franz, ne parlons plus de cela, mettons-nous à table, et allons faire une dernière visite à Saint-Pierre.

Il fut fait comme disait Albert, et le lendemain, à cinq heures de l'après-midi, les deux jeunes gens se quittaient, Albert de Morcerf pour revenir à Paris, Franz d'Épinay pour aller passer une quinzaine de jours à Venise.

Mais, avant de monter en voiture, Albert remit encore au garçon de l'hôtel, tant il avait peur que son convive ne manquât au rendez-vous, une carte pour le comte de Monte-Christo, sur laquelle, au-dessous de ces mots : « Vicomte Albert de Morcerf », il avait écrit au crayon :

21 mai, à dix heures et demie du matin,
27, rue du Helder.

CHAP. XXXVIII. — LES CONVIVES.

Dans cette maison de la rue du Helder, où Albert de Morcerf avait donné rendez-vous à Rome au comte de Monte-Christo, tout se préparait dans la matinée du 21 mai pour faire honneur à la parole du jeune homme.

Albert de Morcerf habitait un pavillon situé à l'angle d'une grande cour et faisant face à un autre bâtiment destiné aux communs. Deux fenêtres de ce pavillon seulement donnaient sur la rue, les autres étaient percées, trois sur la cour et deux autres en retour sur le jardin.

Entre cette cour et ce jardin s'élevait, bâtie avec le mauvais goût de l'architecture impériale, l'habitation fashionable et vaste du comte et de la comtesse de Morcerf.

Sur toute la largeur de la propriété régnait, donnant sur la rue, un mur surmonté de distance en distance de vases de fleurs, et coupé au milieu par une grande grille aux lances dorées, qui servait aux entrées d'apparat ; une petite porte presque accolée à la loge du concierge donnait passage aux gens de services ou aux maîtres entrant ou sortant à pied.

On devinait dans ce choix du pavillon destiné à l'habitation d'Albert la délicate prévoyance d'une mère, qui, ne voulant pas se séparer de son fils, avait cependant compris qu'un jeune homme de l'âge du vicomte avait besoin de sa liberté tout entière. On y reconnaissait aussi d'un autre côté, nous devons le dire, l'intelligent égoïsme du jeune homme, épris de cette vie libre et oisive, qui est celle des fils de famille, et qu'on lui dorait comme à l'oiseau sa cage.

Par ces deux fenêtres donnant sur la rue, Albert de Morcerf pouvait faire ses explorations au dehors. La vue du dehors est si nécessaire aux jeunes gens qui veulent toujours voir le monde traverser leur horizon, cet horizon ne fût-il que celui de la rue ! Puis, son exploration faite, si cette exploration paraissait mériter un examen plus approfondi, Albert de Morcerf pouvait, pour se livrer à ses recherches, sortir par une petite porte faisant pendant à celle que nous avons indiquée près de la loge du portier, et qui mérite une mention particulière.

C'était une petite porte qu'on eût dit oubliée de tout le monde depuis le jour où la maison avait été bâtie, et qu'on eût cru condamnée à tout jamais, tant elle semblait discrète et poudreuse, mais dont la serrure et les gonds soigneusement huilés annonçaient une pratique mystérieuse et suivie. Cette petite porte sournoise faisait concurrence aux deux autres et se moquait du concierge, à la vigilance et à la juridiction duquel elle échappait, s'ouvrant comme la fameuse porte de la caverne des *Mille et une Nuits*, comme la Sésame enchantée d'Ali-Baba, au moyen de quelques mots cabalistiques, ou de quelques grattemens convenus, prononcés par les plus douces voix ou opérés par les doigts les plus effilés du monde.

Au bout d'un corridor vaste et calme, auquel communiquait cette petite porte, et qui faisait antichambre, s'ouvraient à droite la salle à manger d'Albert donnant sur la cour, et à gauche son petit salon donnant sur le jardin. Des massifs, des plantes grimpantes s'élargissant en éventail devant les fenêtres, cachaient à la cour et au jardin l'intérieur de ces deux pièces, les seules, placées au rez-de-chaussée, comme elles l'étaient, où pussent pénétrer les regards indiscrets.

Au premier, ces deux pièces se répétaient, enrichies d'une troisième prise sur l'antichambre. Ces trois pièces étaient un salon, une chambre à coucher et un boudoir.

Le salon d'en bas n'était qu'une espèce de divan algérien destiné aux fumeurs.

Le boudoir du premier donnait dans la chambre à coucher, et, par une porte invisible, communiquait avec l'escalier. On voit que toutes les mesures de précautions étaient prises.

Au-dessus de ce premier étage régnait un vaste atelier, que l'on avait agrandi en jetant bas murailles et cloisons, pandémonium que l'artiste disputait au dandy. Là se réfugiaient et s'entassaient tous les caprices successifs d'Albert, les cors de chasse, les basses, les flûtes, un orchestre complet, car Albert avait eu un instant, non pas le goût, mais la fantaisie de la musique ; les chevalets, les palettes, les pastels, car à la fantaisie de la musique avait succédé la fatuité de la peinture ; enfin les fleurets, les gants de boxe, les espadons et les cannes de tous genres ; car enfin, suivant les traditions des jeunes gens à la mode de l'époque où nous sommes arrivés, Albert de Morcerf cultivait, avec infiniment plus de persévérance qu'il n'avait fait de la musique et de la peinture, ces trois arts qui complètent l'éducation léonine, c'est-à-dire l'escrime, la boxe et le bâton, et il recevait successivement dans cette pièce destinée à tous les exercices du corps, Grisier, Cooks et Charles Lesour.

Le reste des meubles de cette pièce privilégiée était de vieux bahuts du temps de François Ier, bahuts pleins de porcelaine de Chine, de vases du Japon, de faïences de Lucca de la Robbia et de plats de Bernard de Palissy ; d'antiques fauteuils où s'étaient peut-être assis Henri IV ou Sully, Louis XIII ou Richelieu, car deux de ces fauteuils, ornés d'un écusson sculpté, où brillaient sur l'azur les trois fleurs de lys de France surmontées d'une couronne royale, sortaient visiblement des garde-meubles du Louvre, où tout au moins de celui de quelque château royal. Sur ces fauteuils aux fonds sombres et sévères, étaient jetées pêle-mêle de riches étoffes aux vives couleurs, teintes au soleil de la Perse ou écloses sous les doigts des femmes de Calcutta et de Chandernagor. Ce que faisaient là ces étoffes, on n'eût pas pu le dire ; elles attendaient, en récréant les yeux, une destination inconnue à leur propriétaire lui-même, et en at-tendant, elles illuminaient l'appartement de leurs reflets soyeux et dorés.

A la place la plus apparente se dressait un piano, taillé par Roller et Blanchet dans du bois de rose, piano à la taille de nos salons de Lilliputiens, renfermant cependant un orchestre dans son étroite et sonore cavité, et gémissant sous le poids des chefs-d'œuvre de Beethoven, de Weber, de Mozart, d'Haydn, de Grétry et de Porpora.

Puis partout, le long des murailles, au-dessus des portes, au plafond, des épées, des poignards, des criks, des masses, des haches, des armures complètes dorées, damasquinées, incrustées ; des herbiers, des blocs de minéraux, des oiseaux bourrés de crin, ouvrant pour un vol immobile leurs ailes couleur de feu et leur bec qu'ils ne ferment jamais.

Il va sans dire que cette pièce était la pièce de prédilection d'Albert.

Cependant, le jour du rendez-vous, le jeune homme, en demi-toilette, avait établi son quartier-général dans le petit salon du rez-de-chaussée. Là, sur une table entourée à distance d'un divan large et moelleux, tous les tabacs connus, depuis le tabac jaune de Pétersbourg jusqu'au tabac noir du Sinaï, en passant par le maryland, le porto-ricco et le latakié, resplendissaient dans les pots de faïence craquelée qu'adorent les Hollandais. A côté d'eux, dans des cases de bois odorant, étaient rangées par ordre de taille et de qualité les puros, les regalia, les havane et les manille ; enfin, dans une armoire toute ouverte, une collection de pipes allemandes, de chibouques aux bouquins d'ambre, ornées de corail, et de narguilés incrustés d'or, aux longs tuyaux de maroquin roulés comme des serpens, attendaient le caprice ou la sympathie des fumeurs. Albert avait présidé lui-même à l'arrangement ou plutôt au désordre symétrique qu'après le café, les convives d'un déjeuner moderne aiment à contempler à travers la vapeur qui s'échappe de leur bouche et qui monte au plafond en longues et capricieuses spirales.

A dix heures moins un quart, un valet de chambre entra. C'était un petit groom de quinze ans, ne parlant qu'anglais et répondant au nom de John, tout le domestique de Morcerf. Bien entendu que dans les jours ordinaires le cuisinier de l'hôtel était à sa disposition, et que dans les grandes occasions le chasseur du comte était mis à sa disposition.

Ce valet de chambre, qui s'appelait Germain et qui jouissait de la confiance entière de son jeune maître, tenait à la main une liasse de journaux qu'il déposa sur une table, et un paquet de lettres qu'il remit à Albert.

Albert jeta un œil distrait sur ces différentes missives, en choisit deux aux écritures fines et aux enveloppes parfumées, les décacheta et les lut avec une certaine attention.

— Comment sont venues ces lettres ? demanda-t-il.

— L'une est venue par la poste, l'autre a été apportée par le valet de chambre de madame Danglars.

— Faites dire à madame Danglars que j'accepte la place qu'elle m'offre dans sa loge... Attendez donc..., puis, dans la journée, vous passerez chez Rosa ; vous lui direz que j'irai, comme elle m'y invite, souper avec elle en sortant de l'Opéra, et vous lui porterez six bouteilles de vins assortis, de Chypre, de Xérès, de Malaga, et un baril d'huîtres d'Ostende... ; prenez les huîtres chez Borel, et dites surtout que c'est pour moi.

— A quelle heure monsieur veut-il être servi ?

— Quelle heure avons-nous ?

— Dix heures moins un quart.

— Eh bien ! servez pour dix heures et demie précises. Debray sera peut-être forcé d'aller à son ministère... Et d'ailleurs... (Albert consulta ses tablettes), c'est bien l'heure que j'ai indiquée au comte, le 21 mai, à dix heures et demie du matin, et quoique je ne fasse pas grand fond sur sa promesse, je veux être exact. A propos, savez-vous si madame la comtesse est levée ?

— Si monsieur le vicomte le désire, je m'en informerai ?

— Oui... vous lui demanderez une de ses caves à liqueurs, la mienne est incomplète, et vous lui direz que j'aurai l'honneur de passer chez elle vers trois heures, et que je lui fais demander la permission de lui présenter quelqu'un.

Le valet sortit. Albert se jeta sur le divan, déchira l'enveloppe de deux ou trois journaux, regarda les spectacles, fit la grimace en reconnaissant que l'on jouait un opéra et non un ballet, chercha vainement dans les annonces de parfumerie un opiat pour les dents, dont on lui avait parlé, et rejeta l'une après l'autre les trois feuilles les plus courues de Paris, en murmurant au milieu d'un bâillement prolongé :

— En vérité, ces journaux deviennent de plus en plus assommans.

En ce moment, une voiture légère s'arrêta devant la porte, et un instant après le valet de chambre rentra pour annoncer M. Lucien Debray. Un grand jeune homme blond, pâle, à l'œil gris et assuré, aux lèvres minces et froides, à l'habit bleu aux boutons d'or ciselés, à la cravate blanche, au lorgnon d'écaille suspendu par un fil de soie, et que, par un effort du nerf sourcillier et du nerf zygomatique, il parvenait à fixer de temps en temps dans la cavité de son œil droit, entra sans sourire, sans parler, et d'un air demi-officiel.

— Bonjour, Lucien, bonjour ! dit Albert. Ah ! vous m'effrayez, mon cher, avec votre exactitude ! Que dis-je ? exactitude ! Vous que je n'attendais que le dernier, vous arrivez à dix heures moins cinq minutes, lorsque le rendez-vous définitif n'est qu'à dix heures et demie ! c'est miraculeux ! le ministère serait-il renversé, par hasard ?

— Non, très cher, dit le jeune homme en s'incrustant dans le divan, rassurez-vous, nous chancelons toujours, mais nous ne tombons jamais, et je commence à croire que nous passons tout bonnement à l'inamovibilité, sans compter que les affaires de la Péninsule vont nous consolider tout-à-fait.

— Ah ! oui, c'est vrai, vous chassez don Carlos d'Espagne.

— Non pas, très cher ; ne confondons point ; nous le ramenons de l'autre côté de la frontière de France, et nous lui offrons une hospitalité royale à Bourges.

— A Bourges ?

— Oui, il n'a pas à se plaindre, que diable ! Bourges est la capitale du roi Charles VII. Comment, vous ne saviez pas cela ? C'est connu depuis hier de tout Paris, et avant-hier la chose avait déjà transpiré à la Bourse, car M. Danglars (je ne sais point par quel moyen cet homme sait les nouvelles en même temps que nous), car M. Danglars a joué à la hausse et a gagné un million.

— Et vous, un ruban nouveau, à ce qu'il paraît ; car je vois un liseré bleu ajouté à votre brochette ?

— Heu ! ils m'ont envoyé la plaque de Charles III, répondit négligemment Debray.

— Allons, ne faites donc pas l'indifférent, et avouez que la chose vous a fait plaisir de recevoir.

— Ma foi, oui, comme complément de toilette, une plaque fait bien sur un habit noir boutonné ; c'est élégant.

— Et, dit Morcerf en souriant, on a l'air du prince de Galles ou du duc de Reichstadt.

— Voilà donc pourquoi vous me voyez si matin, très cher.

— Parce que vous avez la plaque de Charles III et que vous vouliez m'annoncer cette bonne nouvelle ?

— Non ; parce que j'ai passé la nuit à expédier des lettres : vingt-cinq dépêches diplomatiques. Rentré chez moi ce matin au jour, j'ai voulu dormir ; mais le mal de tête m'a pris, et je me suis relevé pour monter à cheval une heure. A Boulogne, l'ennui et la faim m'ont saisi deux ennemis qui vont rarement ensemble, et qui cependant se sont liguées contre moi : une espèce d'alliance carlo-républicaine ; je me suis alors souvenu que l'on festinait chez vous ce matin, et me voilà : j'ai faim, nourrissez-moi ; je m'ennuie, amusez-moi.

— C'est mon devoir d'amphitryon, cher ami, dit Albert en sonnant le valet de chambre, tandis que Lucien faisait sauter, avec le bout de sa badine à pomme d'or incrustée de turquoise, les journaux dépliés ; Germain, un verre de Xérès et un biscuit. En attendant, mon cher Lucien, voici des cigares de contrebande, bien entendu ; je vous engage à les goûter, et à inviter votre ministre à nous en vendre de pareils, au lieu de ces espèces de feuilles de noyer qu'il condamne les bons citoyens à fumer.

— Peste ! je m'en garderais bien. Du moment où ils vous viendraient du gouvernement vous n'en voudriez plus et les trouveriez exécrables. D'ailleurs, cela ne regarde point l'intérieur, cela regarde les finances : adressez-vous à M. Humann, section des contributions indirectes, corridor A, n° 26.

— En vérité, dit Albert, vous m'étonnez par l'étendue de vos connaissances. Mais prenez donc un cigare !

— Ah ! cher comte, dit Lucien allumant un manille à une bougie rose brûlant dans un bougeoir de vermeil et en se renversant sur le divan, ah ! cher comte, que vous êtes heureux de n'avoir rien à faire ! en vérité vous ne connaissez pas votre bonheur !

— Et que feriez-vous donc, mon cher pacificateur de royaumes, reprit Morcerf avec une légère ironie, si vous ne faisiez rien ? Comment ! secrétaire particulier d'un ministre, lancé à la fois dans la grande cabale européenne et dans les petites intrigues de Paris ; ayant des rois, et mieux que cela, des reines à protéger, des partis à réunir, des élections à diriger ; faisant plus de votre cabinet, avec votre plume et votre télégraphe que Napoléon ne faisait de ses champs de bataille avec son épée et ses victoires ; possédant vingt-cinq mille livres de rentes en dehors de votre place ; un cheval dont Château-Renaud vous a offert quatre cents louis, et que vous n'avez pas voulu donner ; un tailleur qui ne vous manque jamais un pantalon ; ayant l'Opéra, le Jockey-Club et le théâtre des Variétés, vous ne trouvez pas dans tout cela de quoi vous distraire ? Eh bien, soit, je vous distrairai, moi.

— Comment cela ?

— En vous faisant faire une connaissance nouvelle.

— En homme ou en femme ?

— En homme.

— Oh ! j'en connais déjà beaucoup !

— Mais vous n'en connaissez pas comme celui dont je vous parle.

— D'où vient-il donc ? du bout du monde ?

— De plus loin peut-être.

— Ah ! diable ! j'espère qu'il n'apporte pas notre déjeuner ?

— Non, soyez tranquille, notre déjeuner se confectionne dans les cuisines maternelles. Mais vous avez donc faim ?

— Oui, je l'avoue, si humiliant que cela soit à dire. Mais j'ai dîné hier chez M. de Villefort ; et avez-vous remarqué cela, cher ami ? on dîne très mal chez tous ces gens de parquet ; on dirait toujours qu'ils ont des remords.

— Ah pardieu ! dépréciez les dîners des autres ; avec cela qu'on dîne bien chez vos ministres.

— Oui, mais nous n'invitons pas les gens comme il faut, au moins ; et si nous n'étions pas obligés de faire les honneurs de notre table à quelques croquans qui pensent et surtout qui votent bien, nous nous garderions comme de la peste de dîner chez nous, je vous prie de le croire.

— Alors, mon cher, prenez un second verre de Xérès et un autre biscuit.

— Volontiers, votre vin d'Espagne est excellent; vous voyez bien que nous avons eu tout-à-fait raison de pacifier ce pays-là.

— Oui, mais don Carlos?

— Eh bien! don Carlos boira du vin de Bordeaux, et dans dix ans nous marierons son fils à la petite reine.

— Ce qui vous vaudra la Toison-d'Or, si vous êtes encore au ministère.

— Je crois, Albert, que vous avez adopté pour système ce matin de me nourrir de fumée.

— Eh! c'est encore ce qui amuse le mieux l'estomac, convenez-en; mais, tenez, justement j'entends la voix de Beauchamp dans l'antichambre, vous vous disputerez, cela vous fera prendre patience.

— A propos de quoi?

— A propos de journaux.

— Oh! cher ami, dit Lucien avec un souverain mépris, est-ce que je lis les journaux!

— Raison de plus, alors vous vous disputerez bien davantage.

— M. Beauchamp! annonça le valet de chambre.

— Entrez, entrez! plume terrible! dit Albert en se levant et en allant au devant du jeune homme, tenez, voici Debray qui vous déteste sans vous lire, à ce qu'il dit du moins.

— Il a bien raison, dit Beauchamp, c'est comme moi, je le critique sans savoir ce qu'il fait. Bonjour, commandeur.

— Ah! vous savez déjà cela, répondit le secrétaire particulier en échangeant avec le journaliste une poignée de main et un sourire.

— Pardieu! reprit Beauchamp.

— Et qu'en dit-on dans le monde?

— Dans quel monde? Nous avons beaucoup de mondes en l'an de grace 1838.

— Eh! dans le monde critico-politique, dont vous êtes un des lions.

— Mais on dit que c'est chose fort juste, et que vous semez assez de rouge pour qu'il pousse un peu de bleu.

— Allons, allons, pas mal, dit Lucien, pourquoi n'êtes-vous pas des nôtres, mon cher Beauchamp; ayant de l'esprit comme vous en avez, vous feriez fortune en trois ou quatre ans.

— Aussi, je n'attends qu'une chose pour suivre votre conseil. C'est un ministère qui soit assuré pour six mois. Maintenant, un seul mot, mon cher Albert, car aussi bien faut-il que je laisse respirer le pauvre Lucien. Déjeunons-nous ou dinons-nous? J'ai la Chambre, moi. Tout n'est pas rose, comme vous le voyez, dans notre métier.

— On déjeunera seulement; nous n'attendons plus que deux personnes et l'on se mettra à table aussitôt qu'elles seront arrivées.

— Et quelles sortes de personnes attendez-vous à déjeuner? dit Beauchamp.

— Un gentilhomme et un diplomate, reprit Albert.

— Alors c'est l'affaire de deux petites heures pour le gentilhomme et de deux grandes heures pour le diplomate. Je reviendrai au dessert. Gardez-moi des fraises, du café et des cigares. Je mangerai une côtelette à la Chambre.

— N'en faites rien, Beauchamp, car le gentilhomme fût-il un Montmorency et le diplomate un Metternich, nous déjeunerons à onze heures précises; en attendant, faites comme Debray, goûtez mon Xérès et mes biscuits.

— Allons donc, soit, je reste. Il faut absolument que je me distraie ce matin.

— Bon, vous voilà comme Debray! il me semble cependant que lorsque le ministère est triste l'opposition doit être gaîe.

— Ah! voyez-vous, cher ami, c'est que vous ne savez point ce qui me menace. J'entendrai ce matin un discours de M. Danglars à la chambre des députés, et ce soir, chez sa femme, une tragédie d'un pair de France. Le diable emporte le gouvernement constitutionnel! Et puisque nous avions le choix, à ce qu'on dit, comment avons-nous choisi celui-là?

— Je comprends; vous avez besoin de faire provision d'hilarité.

— Ne dites donc pas de mal des discours de M. Danglars, dit Debray: il vote pour vous, il fait de l'opposition.

— Voilà, pardieu! bien le mal; aussi j'attends que vous l'envoyez discourir au Luxembourg pour en rire tout à mon aise.

— Mon cher, dit Albert à Beauchamp, on voit bien que les affaires d'Espagne sont arrangées, vous êtes ce matin d'une aigreur révoltante. Rappelez-vous donc que la chronique parisienne parle d'un mariage entre moi et mademoiselle Eugénie Danglars. Je ne puis donc pas, en conscience, vous laisser mal parler de l'éloquence d'un homme qui doit me dire un jour: « Monsieur le vicomte, vous savez que je donne deux millions à ma fille. »

— Allons donc! dit Beauchamp, ce mariage ne se fera jamais. Le roi a pu le faire baron, il pourra le faire pair, mais il ne le fera point gentilhomme, et le comte de Morcerf est une épée trop aristocratique pour consentir, moyennant deux pauvres millions, à une mésalliance. Le vicomte de Morcerf ne doit épouser qu'une marquise.

— Deux millions! c'est cependant joli, reprit Morcerf.

— C'est le capital social d'un théâtre de boulevard ou d'un chemin de fer du Jardin-des-Plantes à la Râpée.

— Laissez-le dire, Morcerf, reprit nonchalamment Debray, et mariez-vous. Vous épousez l'étiquette d'un sac, n'est-ce pas? eh bien! que vous importe! mieux vaut alors sur cette étiquette un blason de moins et un zéro de plus; vous avez sept merlettes dans vos armes, vous en donnerez trois à votre femme et il vous en restera encore quatre. C'est une de plus qu'à M. de Guise qui a failli être roi de France, et dont le cousin-germain était empereur d'Allemagne.

— Ma foi, je crois que vous avez raison, Lucien, répondit distraitement Albert.

— Et certainement! d'ailleurs tout millionnaire est noble comme un bâtard, c'est-à-dire qu'il peut l'être.

— Chut! ne dites pas cela, Debray, reprit en riant Beauchamp, car voici Château-Renaud qui, pour vous guérir de votre manie de paradoxer, vous passera au travers du corps l'épée de Renaud de Montauban, son ancêtre.

— Il dérogerait alors, répondit Lucien, car je suis vilain et très vilain.

— Bon! s'écria Beauchamp, voilà le ministère qui chante du Béranger, où allons-nous, mon Dieu!

— Monsieur de Château-Renaud! Monsieur Maximilien Morrel! dit le valet de chambre, en annonçant deux nouveaux convives.

— Complets alors! dit Beauchamp, et nous allons déjeuner; car, si je ne me trompe, vous n'attendiez plus que deux personnes, Albert?

— Morrel! murmura Albert surpris; Morrel! qu'est-ce que cela?

Mais avant qu'il eût achevé, M. de Château-Renaud, beau jeune homme de trente ans, gentilhomme des pieds à la tête, c'est-à-dire avec la figure d'un Guiche et l'esprit d'un Mortemart, avait pris Albert par la main.

— Permettez-moi, mon cher, lui dit-il, de vous présenter M. le capitaine de spahis Maximilien Morrel, mon ami, et de plus mon sauveur. Au reste, l'homme se présente assez bien par lui-même. Saluez mon héros, vicomte.

Et il se rangea pour démasquer ce grand et noble

jeune homme au front large, à l'œil perçant, aux moustaches noires, que nos lecteurs se rappellent avoir vu à Marseille dans une circonstance assez dramatique peut-être pour qu'ils ne l'aient point encore oublié. Un riche uniforme, demi-français, demi-oriental, admirablement porté, faisait valoir sa large poitrine décorée de la croix de la Légion-d'Honneur et ressortir la cambrure hardie de sa taille.

Le jeune officier s'inclina avec une politesse pleine d'élégance; Morrel était gracieux dans chacun de ses mouvements, parce qu'il était fort.

— Monsieur, dit Albert avec une affectueuse courtoisie, M. le baron de Château-Renaud savait d'avance tout le plaisir qu'il me procurait en me faisant faire votre connaissance; vous êtes de ses amis, monsieur, soyez des nôtres.

— Très bien, dit Château-Renaud, et souhaitez, mon cher vicomte, que, le cas échéant, il fasse pour vous ce qu'il a fait pour moi.

— Et qu'a-t-il donc fait? demanda Albert.

— Oh! dit Morrel, cela ne vaut pas la peine d'en parler, et monsieur exagère.

— Comment! dit Château-Renaud, cela ne vaut pas la peine d'en parler! La vie ne vaut pas la peine qu'on en parle!... En vérité, c'est par trop philosophique ce que vous dites là, mon cher monsieur Morrel... Bon pour vous qui exposez votre vie tous les jours, mais pour moi qui l'expose une fois par hasard...

— Ce que je vois de plus clair dans tout cela, baron, c'est que M. le capitaine Morrel vous a sauvé la vie.

— Oh! mon Dieu! oui, tout bonnement, reprit Château-Renaud.

— Et à quelle occasion? demanda Beauchamp.

— Beauchamp, mon ami, vous savez que je meurs de faim! dit Debray, ne donnez donc pas dans les histoires.

— Eh bien! mais, dit Beauchamp, je n'empêche pas qu'on se mette à table, moi... Château-Renaud nous racontera cela à table.

— Messieurs, dit Morcerf, il n'est encore que dix heures un quart, remarquez bien cela, et nous attendons un dernier convive.

— Ah! c'est vrai, un diplomate, reprit Debray.

— Un diplomate, ou autre chose, je n'en sais rien; ce que je sais, c'est que, pour mon compte, je l'ai chargé d'une ambassade qu'il a si bien terminée à ma satisfaction, que si j'avais été roi, je l'eusse fait à l'instant même chevalier de tous mes ordres, eussé-je eu à la fois la disposition de la Toison-d'Or et de la Jarretière.

— Alors, puisqu'on ne se met point encore à table, dit Debray, versez-vous un verre de Xérès comme nous avons fait, et racontez-nous cela, baron.

— Vous savez tous que l'idée m'était venue d'aller en Afrique.

— C'est un chemin que vos ancêtres vous ont tracé, mon cher Château-Renaud, répondit galamment Morcerf.

— Oui, mais je doute que cela fût, comme eux, pour délivrer le tombeau du Christ.

— Et vous avez raison, Beauchamp, dit le jeune aristocrate; c'était tout bonnement pour faire le coup de pistolet en amateur. Le duel me répugne, comme vous savez, depuis que deux témoins, que j'avais choisis pour accommoder une affaire, m'ont forcé de casser le bras à un de mes meilleurs amis... eh! pardieu! à ce pauvre Franz d'Epinay, que vous connaissez tous.

— Ah oui! c'est vrai, dit Debray, vous vous êtes battu dans le temps... A quel propos?

— Le diable m'emporte si je m'en souviens! dit Château-Renaud; mais ce que je me rappelle parfaitement, c'est qu'ayant honte de laisser dormir un talent comme le mien, j'ai voulu essayer sur les Arabes des pistolets neufs dont on venait de me faire cadeau. En conséquence, je m'embarquai pour Oran; d'Oran je gagnai Constan-

tine, et j'arrivai juste pour voir lever le siège. Je me mis en retraite comme les autres. Pendant quarante-huit heures je supportai assez bien la pluie le jour, la neige la nuit; enfin, dans la troisième matinée, mon cheval mourut de froid. Pauvre bête! accoutumée aux couvertures et au poêle de l'écurie... un cheval arabe qui seulement s'est trouvé un peu dépaysé en rencontrant dix degrés de froid en Arabie.

— C'est pour cela que vous voulez m'acheter mon cheval anglais, dit Debray; vous supposez qu'il supportera mieux le froid que votre arabe.

— Vous vous trompez, car j'ai fait vœu de ne plus retourner en Afrique.

— Vous avez donc eu bien peur? demanda Beauchamp.

— Ma foi, oui, je l'avoue, répondit Château-Renaud; et il y avait de quoi! Mon cheval était donc mort; je faisais ma retraite à pied, six Arabes vinrent au galop pour me couper la tête, j'en abattis deux de mes deux coups de fusil, deux de mes deux coups de pistolets, mouches pleines; mais il en restait deux, et j'étais désarmé. L'un me prit par les cheveux, c'est pour cela que je les porte courts maintenant, on ne sait pas ce qui peut arriver, l'autre m'enveloppa le cou de son yatagan, et je sentais déjà le froid aigu du fer, quand monsieur, que vous voyez, chargea à son tour sur eux, tua celui qui me tenait par les cheveux d'un coup de pistolet, et fendit la tête de celui qui s'apprêtait à me couper la gorge d'un coup de sabre. Monsieur s'était donné pour tâche de sauver un homme ce jour-là, le hasard a voulu que ce fût moi; quand je serai riche, je ferai faire par Klagmann ou par Marochetti une statue du Hasard.

— Oui, dit en souriant Morrel; c'était le 5 septembre, c'est-à-dire l'anniversaire d'un jour où mon père fut miraculeusement sauvé; aussi, autant qu'il est en mon pouvoir, je célèbre tous les ans ce jour-là par quelque action....

— Héroïque, n'est-ce pas? interrompit Château-Renaud; bref, je fus l'élu, mais ce n'est pas le tout. Après m'avoir sauvé du fer, il me sauva du froid en me donnant, non pas la moitié de son manteau, comme faisait saint Martin, mais en me le donnant tout entier, puis de la faim en partageant avec moi, devinez quoi?

— Un pâté de chez Félix? demanda Beauchamp.

— Non pas, son cheval, dont nous mangeâmes chacun un morceau de grand appétit : c'était dur.

— Le cheval? demanda en riant Morcerf.

— Non, le sacrifice, répondit Château-Renaud. Demandez à Debray s'il sacrifierait son anglais pour un étranger?

— Pour un étranger, non, dit Debray; mais pour un ami, peut-être.

— Je devinai que vous deviendriez le mien, monsieur le comte, dit Morrel; d'ailleurs, j'ai eu déjà l'honneur de vous le dire, héroïsme ou non, sacrifice ou non, ce jour-là, je devais une offrande à la mauvaise fortune en récompense de la faveur que nous avait faite autrefois la bonne.

— Cette histoire à laquelle M. Morrel fait allusion, continua Château-Renaud, est toute une admirable histoire qu'il vous racontera un jour, quand vous aurez fait avec lui plus ample connaissance; pour aujourd'hui, garnissons l'estomac et non la mémoire. A quelle heure déjeunez-vous, Albert?

— A dix heures et demie.

— Précises? demanda Debray en tirant sa montre.

— Oh! vous m'accorderez bien les cinq minutes de grâce, dit Morcerf; car moi aussi j'attends un sauveur.

— A qui?

— A moi, parbleu! répondit Morcerf. Croyez-vous donc qu'on ne puisse pas me sauver comme un autre et qu'il n'y a que les Arabes qui coupent la tête? Notre déjeuner est un déjeuner philanthropique, et nous aurons à notre table, je l'espère du moins, deux bienfaiteurs de l'humanité.

— Comment ferons-nous? dit Debray; nous n'avons qu'un prix Montyon?

— Eh bien! mais on le donnera à quelqu'un qui n'aura rien fait pour l'avoir, dit Beauchamp. C'est de cette façon-là que d'ordinaire l'Académie se tire d'embarras.

— Et d'où vient-il? demanda Debray; excusez l'insistance; vous avez déjà, je le sais bien, répondu à cette question, mais assez vaguement pour que je me permette de la poser une seconde fois.

— En vérité, dit Albert, je n'en sais rien. Quand je l'ai invité, il y a deux mois de cela, il était à Rome; mais depuis ce temps-là qui peut dire le chemin qu'il a fait?

— Et le croyez-vous capable d'être exact? demanda Debray.

— Je le crois capable de tout, répondit Morcerf.

— Faites attention qu'avec les cinq minutes de grâce nous n'avons plus que dix minutes.

— Eh bien! j'en profiterai pour vous dire un mot de mon convive.

— Pardon, dit Beauchamp, y a-t-il matière à un feuilleton dans ce que vous allez nous raconter?

— Oui, certes, dit Morcerf; et des plus curieux, même.

— Dites alors, car je vois bien que je manquerai la chambre; il faut que je me rattrape.

— J'étais à Rome au carnaval dernier.

— Nous savons cela, dit Beauchamp.

— Oui, mais ce que vous ne savez pas, c'est que j'avais été enlevé par des brigands.

— Il n'y a pas de brigands, dit Debray.

— Si fait, il y en a, et de hideux même, c'est-à-dire d'admirables, car je les ai trouvés beaux à faire peur.

— Voyons, mon cher Albert, dit Debray, avouez que votre cuisinier est en retard, que les huîtres ne sont pas arrivées de Marennes ou d'Ostende, et qu'à l'exemple de madame de Maintenon, vous voulez remplacer le plat par un conte. Dites-le, mon cher, nous sommes d'assez bonne compagnie pour vous le pardonner et pour écouter votre histoire, toute fabuleuse qu'elle promet d'être.

— Et moi, je vous dis, toute fabuleuse qu'elle est, je vous la donne pour vraie d'un bout à l'autre. Les brigands m'avaient donc enlevé et m'avaient conduit dans un endroit fort triste qu'on appelle les catacombes de Saint-Sébastien.

— Je connais cela, dit Château-Renaud; j'ai manqué d'y attraper la fièvre.

— Et moi j'ai fait mieux que cela, dit Morcerf; je l'ai eue réellement. On m'avait annoncé que j'étais prisonnier sauf rançon, une misère, quatre mille écus romains, vingt-six mille livres tournois. Malheureusement je n'en avais plus que quinze cents ; j'étais au bout de mon voyage, et mon crédit était épuisé. J'écrivis à Franz. Eh pardieu ! tenez, Franz en était, et vous pouvez lui demander si je mens d'une virgule; j'écrivis à Franz que s'il n'arrivait pas à six heures du matin avec les quatre mille écus, à six heures dix minutes j'aurais rejoint les bienheureux saints et les glorieux martyrs dans la compagnie desquels j'avais l'honneur de me trouver, et M. Luigi Vampa, c'est le nom de mon chef de brigands, m'aurait, je vous prie de le croire, tenu scrupuleusement parole.

— Mais Franz arriva avec les quatre mille écus? dit Château-Renaud. Que diable! on n'est pas embarrassé pour quatre mille écus quand on s'appelle Franz d'Épinay ou Albert de Morcerf!

— Non, il arriva purement et simplement accompagné du convive que je vous annonce et que j'espère vous présenter.

— Ah çà! mais c'est donc un Hercule tuant Cacus que ce monsieur, un Persée délivrant Andromède?

— Non, c'est un homme de ma taille, à peu près.

— Armé jusqu'aux dents?

— Il n'avait pas même une aiguille à tricoter.

— Mais il traita de votre rançon?

— Il dit deux mots à l'oreille du chef, et je fus libre.

— On lui fit même des excuses de l'avoir arrêté, dit Beauchamp.

— Justement, dit Morcerf.

— Ah çà! mais c'était donc l'Arioste, que cet homme?

— Non, c'était tout simplement le comte de Monte-Christo.

— On ne s'appelle pas le comte de Monte-Christo, dit Debray.

— Je ne crois pas, ajouta Château-Renaud avec le sang-froid d'un homme qui connaît sur le bout du doigt son nobiliaire européen; qui est-ce qui connaît quelque part un comte de Monte-Christo?

— Il vient peut-être de Terre-Sainte, dit Beauchamp ; un de ses aïeux aura possédé le Calvaire, comme les Mortemart la mer Morte.

— Pardon, dit Maximilien, mais je crois que je vais vous tirer d'embarras, messieurs : Monte-Christo est une petite île dont j'ai souvent entendu parler aux marins qu'employait mon père; un grain de sable au milieu de la Méditerranée, un atome dans l'infini.

— C'est parfaitement cela monsieur, dit Albert. Eh bien! de ce grain de sable, de cet atome, est seigneur et roi celui dont je vous parle ; il aura acheté ce brevet de comte quelque part en Toscane.

— Il est donc riche, votre comte?

— Ma foi ! je le crois.

— Mais cela doit se voir, ce me semble.

— Voilà ce qui vous trompe, Debray.

— Je ne vous comprends plus.

— Avez-vous lu les *Mille et une Nuits*?

— Parbleu! belle question!

— Eh bien! savez-vous donc si les gens qu'on y voit sont riches ou pauvres? si leurs grains de blé ne sont pas des rubis ou des diamans? Ils ont l'air de misérables pêcheurs, n'est-ce pas? vous les traitez comme tels, et tout à coup ils vous ouvrent quelque caverne mystérieuse, où vous trouvez un trésor à acheter l'Inde.

— Après?

— Après? mon comte de Monte-Christo est un de ces pêcheurs-là. Il a même un nom tiré de la chose, il s'appelle Simbad le Marin et possède une caverne pleine d'or.

— Et vous avez vu cette caverne, Morcerf? demanda Beauchamp.

— Non pas moi, Franz. Mais, chut! il ne faut pas dire un mot de cela devant lui. Franz y est descendu les yeux bandés, et il a été servi par des muets et par des femmes, près desquelles, à ce qu'il paraît, Cléopâtre n'est qu'une lorette. Seulement des femmes il n'en est pas bien sûr, vu qu'elles ne sont entrées qu'après qu'il eut mangé du hatchis; de sorte qu'il se pourrait bien que ce qu'il a pris pour des femmes fût tout bonnement un quadrille de statues.

Les jeunes gens regardèrent Morcerf d'un œil qui voulait dire :

— Ah çà! mon cher, devenez-vous insensé, ou vous moquez-vous de nous?

— En effet, dit Morrel pensif, j'ai entendu raconter encore par un vieux marin nommé Penelon quelque chose de pareil à ce que dit là M. de Morcerf.

— Ah! fit Albert, c'est bien heureux que M. Morrel me vienne en aide. Cela vous contrarie, n'est-ce pas, qu'il jette ainsi un peloton de fil dans mon labyrinthe?

— Pardon, cher ami, dit Debray, c'est que vous nous racontez des choses si invraisemblables...

— Ah! parce que vos ambassadeurs, vos consuls ne vous en parlent pas! ils n'ont pas le temps, il faut bien qu'ils molestent leurs compatriotes qui voyagent.

— Ah! bon, voilà que vous vous fâchez, et que vous tombez sur nos pauvres agens. Eh! mon Dieu! avec quoi voulez-vous qu'ils vous protégent? la chambre leur rogne tous les jours leurs appointemens; c'est au point qu'on n'en trouve plus. Voulez-vous être ambassadeur, Albert? je vous fais nommer à Constantinople.

— Non pas! pour que le sultan, à la première démonstration que je ferai en faveur de Méhémet-Ali, m'envoie le cordon et que mes secrétaires m'étranglent.

— Vous voyez bien, dit Debray.

— Oui, mais tout cela n'empêche pas mon comte de Monte-Christo d'exister!

— Pardieu! tout le monde existe, le beau miracle!

— Tout le monde existe, sans doute, mais pas dans des conditions pareilles. Tout le monde n'a pas des esclaves noirs, des galeries princières, des armes comme à la Casauba, des chevaux de six mille francs pièce, des maîtresses grecques.

— L'avez-vous vue, la maîtresse grecque?

— Oui, je l'ai vue et entendue. Vue au théâtre Valle, entendue un jour que j'ai déjeuné chez le comte.

— Il mange donc, votre homme extraordinaire?

— Ma foi, s'il mange, c'est si peu, que ce n'est point la peine d'en parler.

— Vous verrez que c'est un vampire.

— Riez si vous voulez. C'était l'opinion de la comtesse G... qui, comme vous le savez, a connu lord Ruthwen.

— Ah! joli! dit Beauchamp, voilà pour un homme non journaliste le pendant du fameux serpent de mer du *Constitutionnel*; un vampire, c'est parfait!

— OEil fauve dont la prunelle diminue et se dilate à volonté, dit Debray; angle facial développé, front magnifique, teint livide, barbe noire, dents blanches et aiguës, politesse toute pareille.

— Eh bien! c'est justement cela, Lucien, dit Morcerf, et le signalement est tracé trait pour trait. Oui, politesse aiguë et incisive. Cet homme m'a souvent donné le frisson, et un jour entre autres que nous regardions ensemble une exécution, j'ai cru que j'allais me trouver mal, bien plus de le voir et de l'entendre causer froidement sur tous les supplices de la terre que de voir le bourreau remplir son office, et que d'entendre les cris du patient.

— Ne vous a-t-il pas conduit un peu dans les ruines du Colisée pour vous sucer le sang, Morcerf? demanda Beauchamp.

— Ou, après vous avoir délivré, ne vous a-t-il pas fait signer quelque parchemin couleur de feu, par lequel vous lui cédiez votre ame, comme Esaü son droit d'aînesse?

— Raillez! raillez tant que vous voudrez, messieurs! dit Morcerf un peu piqué. Quand je vous regarde, vous autres beaux Parisiens, habitués du boulevard de Gand, promeneurs du bois de Boulogne, et que je me rappelle cet homme, eh bien! il me semble que nous ne sommes pas de la même espèce.

— Je m'en flatte! dit Beauchamp.

— Toujours est-il, ajouta Château-Renaud, que votre comte de Monte-Christo est un galant homme dans ses momens perdus, sauf toutefois ses petits arrangemens avec les bandits Italiens.

— Eh! il n'y a pas de bandits Italiens! dit Debray.

— Pas de vampire! ajouta Beauchamp.

— Pas de comte de Monte-Christo, ajouta Debray. Tenez, cher Albert, voilà dix heures et demie qui sonnent.

— Avouez que vous avez eu le cauchemar, et allons déjeuner, dit Beauchamp.

Mais la vibration de la pendule ne s'était pas encore éteinte, lorsque la porte s'ouvrit, et que Germain annonça:

— Son excellence le comte de Monte-Christo!

Tous les auditeurs firent malgré eux un bond qui dénotait la préoccupation que le récit de Morcerf avait infiltrée dans leurs ames. Albert lui-même ne put se défendre d'une émotion soudaine. On n'avait entendu ni voiture dans la rue, ni pas dans l'antichambre; la porte elle-même s'était ouverte sans bruit.

Le comte parut sur le seuil, vêtu avec la plus grande simplicité, mais le *lion* le plus exigeant n'eût rien trouvé à reprendre à sa toilette. Tout était d'un goût exquis, tout sortait des mains des plus élégans fournisseurs, habits, chapeau et linge.

Il paraissait âgé de trente-cinq ans à peine, et ce qui frappa tout le monde, ce fut son extrême ressemblance avec le portrait qu'avait tracé de lui Debray.

Le comte s'avança en souriant au milieu du salon, et vint droit à Albert, qui, marchant au-devant de lui, lui offrit la main avec empressement.

— L'exactitude, dit Monte-Christo, est la politesse des rois, à ce qu'a prétendu, je crois, un de vos souverains. Mais quelle que soit leur bonne volonté, elle n'est pas toujours celle des voyageurs. Cependant j'espère, mon cher vicomte, que vous excuserez, en faveur de ma bonne volonté, les deux ou trois secondes de retard que je crois avoir mises à paraître au rendez-vous. Cinq cents lieues ne se font pas sans quelque contrariété, surtout en France, où il est défendu, à ce qu'il paraît, de battre les postillons.

— Monsieur le comte, répondit Albert, j'étais en train d'annoncer votre visite à quelques uns de mes amis que j'ai réunis à l'occasion de la promesse que vous avez bien voulu me faire, et que j'ai l'honneur de vous présenter. Ce sont MM. le comte de Château-Renaud, dont la noblesse remonte aux douze pairs, et dont les ancêtres ont eu leur place à la Table-Ronde; M. Lucien Debray, secrétaire particulier du ministre de l'intérieur; M. Beauchamp, terrible journaliste, l'effroi du gouvernement français, mais dont peut-être, malgré sa célébrité nationale, vous n'avez jamais entendu parler en Italie, attendu que son journal n'y entre pas; enfin M. Maximilien Morrel, capitaine de spahis.

A ce nom, le comte, qui avait jusque là salué courtoisement, mais avec une froideur une impassibilité tout anglaise, fit malgré lui un pas en avant, et un léger ton de vermillon passa comme l'éclair sur ses joues pâles.

— Monsieur porte l'uniforme des nouveaux vainqueurs français, dit-il; c'est un bel uniforme.

On n'eût pas pu dire quel était le sentiment qui donnait à la voix du comte une si profonde vibration, et qui faisait briller, comme malgré lui, son œil si beau, si calme et si limpide, quand il n'avait point un motif quelconque de le voiler.

— Vous n'aviez jamais vu nos Africains, monsieur? dit Albert.

— Jamais, répliqua le comte, redevenu parfaitement libre de lui.

— Eh bien! monsieur, sous cet uniforme bat un des cœurs les plus braves et les plus nobles de l'armée.

— Oh! monsieur le comte, interrompit Morrel.

— Laissez-moi dire, capitaine.... Et nous venons, continua Albert, d'apprendre de monsieur un trait si héroïque, que, quoique je l'aie vu aujourd'hui pour la première fois, je réclame de lui la faveur de vous le présenter comme mon ami.

Et l'on put encore, à ces paroles, remarquer chez Monte-Cristo ce regard étrange de fixité, cette rougeur fugitive et ce léger tremblement de la paupière qui chez lui décélaient l'émotion.

— Ah! monsieur est un noble cœur, dit le comte, tant mieux!

Cette espèce d'exclamation, qui répondait à la propre pensée du comte plutôt qu'à ce que venait de dire Albert, surprit tout le monde et surtout Morrel, qui regarda Monte-Christo avec étonnement. Mais en même temps l'intonation était si douce et pour ainsi dire si suave, que, quelque étrange que fût cette exclamation, il n'y avait pas moyen de s'en fâcher.

— Pourquoi en douterait-il donc? dit Beauchamp à Chateau-Renaud.

— En vérité, répondit celui-ci, qui, avec son habitude du monde et la netteté de son coup d'œil aristocratique, avait pénétré de Monte-Christo tout ce qui était pénétrable en lui, en vérité Albert ne nous a point trompés, et c'est un singulier personnage que le comte, qu'en dites-vous. Morrel?

— Ma foi, dit celui-ci, il a l'œil franc, et la voix sympathique, de sorte qu'il me plaît, malgré la réflexion bizarre qu'il vient de faire à mon endroit.

— Messieurs, dit Albert, Germain m'annonce que vous êtes servis. Mon cher comte, permettez-moi de vous montrer le chemin.

On passa silencieusement dans la salle à manger. Chacun prit sa place.

— Messieurs, dit le comte en s'asseyant, permettez-moi un aveu qui sera mon excuse pour toutes les inconvenances que je pourrais faire: je suis étranger, mais étranger à tel point que c'est la première fois que je viens à Paris. La vie française m'est donc parfaitement inconnue, et je n'ai guère jusqu'à présent pratiqué que la vie orientale, la plus antipathique aux bonnes traditions parisiennes. Je vous prie donc de m'excuser si vous trouvez en moi quelque chose de trop turc, de trop napolitain ou de trop arabe. Cela dit, messieurs, déjeunons.

— Comme il dit tout cela! murmura Beauchamp; c'est décidément un grand seigneur.

— Un grand seigneur étranger, ajouta Debray.

— Un grand seigneur de tous les pays, monsieur Debray, dit Château-Renaud.

CHAP. XXXIX. — LE DÉJEUNER.

Le comte, on se le rappelle, était un sobre convive. Albert en fit la remarque en témoignant la crainte que, dès son commencement, la vie parisienne ne déplût au voyageur par son côté le plus matériel, mais en même temps le plus nécessaire.

— Mon cher comte, dit-il, vous me voyez atteint d'une crainte, c'est que la cuisine de la rue du Helder ne vous plaise pas autant que celle de la place d'Espagne. J'aurais dû vous demander votre goût et vous faire préparer quelques plats à votre fantaisie.

— Si vous me connaissiez davantage, monsieur, répondit en souriant le comte, vous ne vous préoccuperiez pas d'un soin presque humiliant pour un voyageur comme moi, qui a successivement vécu avec du macaroni à Naples, de la polenta à Milan, de l'olla podrida à Valence, du pilau à Constantinople, du carick dans l'Inde, et des nids d'hirondelles dans la Chine. Il n'y a pas de cuisine pour un cosmopolite comme moi. Je mange de tout et partout, seulement je mange peu; et aujourd'hui que vous me reprochez ma sobriété, je suis dans mon jour d'appétit, car depuis hier matin je n'ai point mangé.

— Comment, depuis hier matin! s'écrièrent les convives; vous n'avez point mangé depuis vingt-quatre heures?

— Non, répondit Monte-Christo; j'avais été obligé de m'écarter de ma route et de prendre des renseignemens aux environs de Nîmes, de sorte que j'étais un peu en retard, et je n'ai point voulu m'arrêter.

— Et vous avez mangé dans votre voiture? demanda Morcerf.

— Non, j'ai dormi, comme cela m'arrive quand je m'ennuie sans avoir le courage de me distraire, ou quand j'ai faim sans avoir envie de manger.

— Mais vous commandez donc au sommeil, monsieur? demanda Morrel.

— A peu près.

— Vous avez une recette pour cela?

— Infaillible.

— Voilà qui serait excellent pour nous autres Africains, qui n'avons pas toujours de quoi manger, et qui avons rarement de quoi boire, dit Morrel.

— Oui, dit Monte-Christo; malheureusement ma recette, excellente pour un homme comme moi, qui mène une vie toute exceptionnelle, serait fort dangereuse appliquée à une armée, qui ne se réveillerait plus quand on aurait besoin d'elle.

— Et peut-on savoir quelle est cette recette? demanda Debray.

— Oh! mon Dieu, oui, dit Monte-Christo, je n'en fais pas de secret: c'est un mélange d'excellent opium que j'ai été chercher moi-même à Canton pour être certain de l'avoir pur, et du meilleur hatchis qui se récolte en Orient, c'est-à-dire entre le Tigre et l'Euphrate; on réunit ces deux ingrédiens en portions égales, et on fait des espèces de pilules qui s'avalent au moment où l'on en a besoin. Dix minutes après l'effet est produit. Demandez à M. le baron Franz d'Epinay; je crois qu'il en a goûté un jour.

— Oui, répondit Morcerf, il m'en a dit quelques mots, et il en a gardé même un fort agréable souvenir.

— Mais, dit Beauchamp, qui en sa qualité de journaliste était fort incrédule, vous portez donc toujours cette drogue sur vous?

— Toujours, répondit Monte-Christo.

— Serait-ce indiscret de vous demander à voir ces précieuses pilules? continua Beauchamp, espérant prendre l'étranger en défaut.

— Non, monsieur, répondit le comte; et il tira de sa poche une merveilleuse bonbonnière, creusée dans une seule émeraude et fermée par un écrou d'or, qui en se dévissant donnait passage à une petite boule de couleur verdâtre et de la grosseur d'un pois. Cette boule avait une odeur âcre et pénétrante; il y en avait quatre ou cinq pareilles dans l'émeraude, et elle pouvait en contenir une douzaine.

La bonbonnière fit le tour de la table, mais c'était bien plus pour examiner cette admirable émeraude que pour voir ou pour flairer les pilules, que les convives se la faisaient passer.

— Et c'est votre cuisinier qui vous prépare ce régal? demanda Beauchamp.

— Non pas, monsieur, dit Monte-Christo, je ne livre pas comme cela mes jouissances réelles à la merci de mains indignes. Je suis assez bon chimiste, et je prépare mes pilules moi-même.

— Voilà une admirable émeraude et la plus grosse que j'aie jamais vue, quoique ma mère ait quelques bijoux de famille assez remarquables, dit Château-Renaud.

— J'en avais trois pareilles, reprit Monte-Christo; j'ai donné l'une au Grand Seigneur, qui l'a fait monter sur son sabre; l'autre à notre Saint Père le pape, qui l'a fait incruster sur sa tiare en face d'une émeraude à peu près pareille, mais moins belle cependant, qui avait été donnée à son prédécesseur, Pie VII, par l'empereur Napoléon; j'ai gardé la troisième pour moi, et je l'ai fait creuser, ce qui lui a ôté la moitié de sa valeur, mais ce qui l'a rendue plus commode pour l'usage que j'en voulais faire.

Chacun regardait Monte-Christo avec étonnement; il parlait avec tant de simplicité qu'il était évident qu'il disait la vérité ou qu'il était fou; cependant l'émeraude qui était restée entre ses mains faisait que l'on penchait naturellement vers la première supposition.

— Et que vous ont donné ces deux souverains en échange de ce magnifique cadeau? demanda Debray.

— Le grand-seigneur, la liberté d'une femme, répondit le comte; notre saint-père le pape, la vie d'un homme. De sorte qu'une fois dans mon existence j'ai été aussi puissant que si Dieu m'eût fait naître sur les marches d'un trône.

— Et c'est Peppino que vous avez délivré, n'est-ce pas, s'écria Morcerf, c'est à lui que vous avez fait l'application de votre droit de grâce?

— Peut-être, dit Monte-Christo en souriant.

— Monsieur le comte, vous ne vous faites pas l'idée du plaisir que j'éprouve à vous entendre parler ainsi! dit Morcerf. Je vous avais annoncé d'avance à mes amis comme un homme fabuleux, comme un enchanteur des *Mille et une Nuits*, comme un sorcier du moyen âge; mais les Parisiens sont gens tellement subtils en paradoxes, qu'ils prennent pour des caprices de l'imagination les vérités les plus incontestables quand ces vérités ne rentrent pas dans toutes les conditions de leur existence quotidienne. Par exemple, voici Debray qui lit et Beauchamp qui imprime tous les jours qu'on a arrêté et qu'on a dévalisé sur le boulevard un membre du Jockey-Club attardé; qu'on a assassiné quatre personnes rue Saint-Denis ou faubourg Saint-Germain; qu'on a arrêté dix, quinze, vingt voleurs, soit dans un café du boulevard du Temple, soit dans les Thermes de Julien, et qui contestent l'existence des bandits des Maremmes, de la campagne de Rome ou des marais Pontins. Dites-leur donc vous-même, je vous en prie, monsieur le comte, que j'ai été pris par des bandits, et que, sans votre généreuse intercession, j'attendrais, selon toute probabilité, aujourd'hui la résurrection éternelle dans les catacombes de Saint-Sébastien, au lieu de leur donner à dîner dans mon indigne petite maison de la rue du Helder.

— Bah! dit Monte-Christo, vous m'aviez promis de ne jamais me parler de cette misère.

— Ce n'est pas moi, monsieur le comte, s'écria Morcerf, c'est quelque autre à qui vous aurez rendu le même service qu'à moi et que vous aurez confondu avec moi. Parlons-en, au contraire, je vous en prie; car si vous vous décidez à parler de cette circonstance, peut-être non seulement me redirez-vous un peu de ce que je sais, mais encore beaucoup de ce que je ne sais pas.

— Mais il me semble, dit en souriant le comte, que vous avez joué dans toute cette affaire un rôle assez important pour savoir aussi bien que moi ce qui s'est passé.

— Voulez-vous me promettre, si je dis tout ce que je sais, dit Morcerf, de dire à votre tour tout ce que je ne sais pas?

— C'est trop juste, répondit Monte-Christo.

— Eh bien! reprit Morcerf, dût mon amour-propre en souffrir, je me suis cru pendant trois jours l'objet des agaceries d'un masque que je prenais pour quelque descendante des Tullie ou des Poppée, tandis que j'étais tout purement et tout simplement l'objet des agaceries d'une contadine; et remarquez que je dis contadine pour ne pas dire paysanne. Ce que je sais, c'est que, comme un niais, plus niais encore que celui dont je parlais tout à l'heure, j'ai pris pour cette paysanne un jeune bandit de quinze à seize ans, au menton imberbe, à la taille fine, qui, au moment où je voulais m'émanciper jusqu'à déposer un baiser sur sa chaste épaule, m'a mis le pistolet sous la gorge, et, avec l'aide de sept ou huit de ses compagnons, m'a conduit ou plutôt traîné au fond des catacombes de Saint-Sébastien, où j'ai trouvé un chef de bandits fort lettré, ma foi, lequel lisait les *Commentaires de César*, et qui a daigné interrompre sa lecture pour me dire que si le lendemain à six heures du matin je n'avais pas versé quatre mille écus dans sa caisse, le lendemain à six heures et un quart j'aurais parfaitement cessé d'exister. La lettre existe, elle est entre les mains de Franz, signée de moi, avec un post-scriptum de maître Luigi Vampa. Si vous en doutez, j'écris à Franz, qui fera légaliser les signatures. Voilà ce que je sais. Maintenant, ce que je ne sais pas, c'est comment vous êtes parvenu, monsieur le comte, à frapper d'un si grand respect les bandits de Rome qui respectent si peu de choses. Je vous avoue que Franz et moi nous en fûmes ravis d'admiration.

— Rien de plus simple, monsieur, répondit le comte, je connaissais le fameux Vampa depuis plus de dix ans. Tout jeune et quand il était encore berger, un jour que je lui donnai je ne sais plus quelle monnaie d'or parce qu'il m'avait montré mon chemin, il me donna, lui, pour ne rien avoir à moi, un poignard sculpté par lui et que vous avez dû voir dans ma collection d'armes. Plus tard, soit qu'il eût oublié cet échange de petits cadeaux qui eût dû entretenir l'amitié entre nous, soit qu'il ne m'eût pas reconnu, il tenta de m'arrêter; mais ce fut moi, tout au contraire, qui le pris avec une douzaine de ses gens. Je pouvais le livrer à la justice romaine, qui est expéditive et qui se serait encore hâtée en sa faveur, mais je n'en fis rien. Je le renvoyai, lui et les siens.

— A la condition qu'ils ne pécheraient plus, dit le journaliste en riant. Je vois avec plaisir qu'ils ont scrupuleusement tenu leur parole.

— Non, monsieur, répondit Monte-Christo, à la simple condition qu'ils me respecteraient toujours, moi et les miens. Peut-être ce que je vais vous dire vous paraîtra-t-il étrange, à vous, messieurs les socialistes, les progressifs, les humanitaires; mais je ne m'occupe jamais de mon prochain, mais je n'essaie jamais de protéger la société qui ne me protège pas, et je dirai même plus, qui généralement ne s'occupe de moi que pour me nuire, et, en les supprimant dans mon estime et en gardant la neutralité vis-à-vis d'eux, c'est encore la société et mon prochain qui me doivent du retour.

— A la bonne heure! s'écria Château-Renaud, voilà le premier homme courageux que j'entends prêcher loyalement et brutalement l'égoïsme, c'est très beau, cela! bravo, monsieur le comte!

— C'est franc du moins, dit Morrel; mais je suis sûr que monsieur le comte ne s'est pas repenti d'avoir manqué une fois aux principes qu'il vient cependant de nous exposer d'une façon si absolue.

— Comment ai-je manqué à ces principes, monsieur? demanda Monte-Christo, qui de temps en temps ne pouvait s'empêcher de regarder Maximilien avec tant d'attention que deux ou trois fois déjà le hardi jeune homme avait baissé les yeux devant le regard clair et limpide du comte.

— Mais il me semble, reprit Morrel, qu'en délivrant M. de Morcerf, que vous ne connaissiez pas, vous serviez votre prochain et la société.

— Dont il fait le plus bel ornement, dit gravement Beauchamp en vidant d'un seul trait un verre de vin de Champagne.

— Monsieur le comte, s'écria Morcerf, vous voilà pris par le raisonnement, vous, c'est-à-dire un des plus rudes logiciens que je connaisse; et vous allez voir qu'il va vous être clairement démontré tout à l'heure que, loin d'être un égoïste, vous êtes au contraire un philanthrope. Ah! monsieur le comte, vous vous dites Oriental, Levantin, Maltais, Indien, Chinois, sauvage; vous vous appelez Monte-Christo de votre nom de famille, Simbad le Marin de votre nom de baptême, et voilà que du jour où vous mettez le pied à Paris vous possédez d'instinct le plus grand mérite ou le plus grand défaut de nos excentriques Parisiens, c'est-à-dire que vous usurpez les vices que vous n'avez pas et que vous cachez les vertus que vous avez!

— Mon cher vicomte, dit Monte-Christo, je ne vois pas dans tout ce que j'ai dit ou fait un seul mot qui me vaille, de votre part ou de celle de ces messieurs, le prétendu éloge que je viens de recevoir. Vous n'étiez pas un étranger pour moi, puisque je vous connaissais, puisque je vous avais cédé deux chambres, puisque je vous avais donné à déjeuner, puisque je vous avais prêté une de mes voitures, puisque nous avions vu passer les masques ensemble dans la rue du Cours, et puisque nous avions regardé d'une fenêtre de la place del Popolo cette exécution qui vous a si fort impressionné que vous avez failli vous trouver mal. Or, je le demande à tous ces messieurs, pouvais-je laisser mon hôte entre les mains de ces affreux bandits, comme vous les appelez? D'ailleurs, vous le savez, j'avais, en vous sauvant, une arrière-pensée qui était de me servir de vous pour m'introduire dans les salons de Paris quand je viendrais visiter la France. Quelque temps vous avez pu considérer cette résolution comme un projet vague et fugitif; mais aujourd'hui, vous le voyez, c'est une belle et bonne réalité, à laquelle il faut vous soumettre sous peine de manquer à votre parole.

— Et je la tiendrai, dit Morcerf; mais je crains bien que vous ne soyez fort désenchanté, mon cher comte, vous, habitué aux sites accidentés, aux événemens pittoresques, aux fantastiques horizons. Chez nous, pas le moindre épisode du genre de ceux auxquels votre vie aventureuse vous a habitué. Notre Cimborazzo, c'est Montmartre; notre Hymalaya, c'est le Mont-Valérien; notre Grand-Désert, c'est la plaine de Grenelle, encore y perce-t-on un puits artésien pour que les caravanes y trouvent de l'eau. Nous avons des voleurs, beaucoup même, quoique nous n'en ayons pas autant qu'on le dit, mais ces voleurs redoutent infiniment davantage le plus petit mouchard que le plus grand seigneur; enfin, la France est un pays si prosaïque, et Paris une ville si fort civilisée, que vous ne trouverez pas, en cherchant dans nos quatre-vingt-cinq départemens, je dis quatre-vingt-cinq départemens, car, bien entendu, j'excepte la Corse de la France, que vous ne trouverez pas dans nos quatre-vingt-cinq départemens la moindre montagne sur laquelle il n'y ait un télégraphe, et la moindre grotte un peu noire dans laquelle un commissaire de police n'ait fait poser un bec de gaz. Il n'y a donc qu'un seul service que je puisse vous rendre, mon cher comte, et pour celui-là, je me mets à votre disposition : vous présenter partout, ou vous faire présenter par mes amis, cela va sans dire. D'ailleurs, vous n'avez besoin de personne pour cela ; avec votre nom, votre fortune et votre esprit (Monte-Christo s'inclina avec un sourire légèrement ironique), on se présente partout soi-même et l'on est bien reçu partout. Je ne peux donc en réalité vous être bon qu'à une chose : Si quelque habitude de la vie parisienne, quelque expérience du confortable, quelque connaissance de nos bazars peuvent me recommander à vous, je me mets à votre disposition pour vous trouver une maison convenable. Je n'ose vous proposer de partager mon logement comme j'ai partagé le vôtre à Rome, moi qui ne professe pas l'égoïsme, mais qui suis égoïste par excellence, car chez moi, excepté moi, il ne tiendrait pas une ombre, à moins que cette ombre ne fût celle d'une femme.

— Ah! fit le comte, voici une réserve toute conjugale. Vous m'avez, en effet, monsieur, dit à Rome quelques mots d'un mariage ébauché; dois-je vous féliciter sur votre prochain bonheur?

— La chose est toujours à l'état de projet, monsieur le comte.

— Et qui dit projet, reprit Debray, veut dire éventualité.

— Non pas! dit Morcerf, mon père y tient, et j'espère bien, avant peu, vous présenter, sinon ma femme, du moins ma future : mademoiselle Eugénie Danglars.

— Eugénie Danglars! reprit Monte-Christo, attendez donc; son père n'est-il pas M. le baron Danglars?

— Oui, répondit Morcerf; mais baron de nouvelle création.

— Oh! qu'importe! répondit Monte-Christo, s'il a rendu à l'État des services qui lui aient mérité cette distinction.

— D'énormes, dit Beauchamp. Il a, quoique libéral dans l'âme, complété en 1829 un emprunt de six millions pour le roi Charles X, qui l'a, ma foi, fait baron et chevalier de la Légion-d'Honneur, de sorte qu'il porte le ruban; non pas à la poche de son gilet, comme on pourrait le croire, mais bel et bien à la boutonnière de son habit.

— Ah! dit Morcerf en riant, Beauchamp; Beauchamp, gardez cela pour le *Corsaire* et le *Charivari*; mais devant moi épargnez mon futur beau-père.

Puis se retournant vers Monte-Christo :

— Mais vous avez tout à l'heure prononcé son nom comme quelqu'un qui connaîtrait le baron? dit-il.

— Je ne le connais pas, dit négligemment Monte-Christo; mais je ne tarderai pas probablement à faire sa connaissance; attendu que j'ai un crédit ouvert sur lui par la maison Richard et Blount de Londres, Arstein et Eskeles de Vienne, et Thomson et French de Rome.

Et en prononçant ces deux derniers noms, Monte-Christo regarda du coin de l'œil Maximilien Morrel.

Si l'étranger s'était attendu à produire de l'effet sur Maximilien Morrel, il ne s'était pas trompé; Maximilien tressaillit comme s'il eût reçu une commotion électrique.

— Thomson et French, dit-il, connaissez-vous cette maison, monsieur?

— Ce sont mes banquiers dans la capitale du monde chrétien, répondit tranquillement le comte; puis-je vous être bon à quelque chose auprès d'eux?

— Oh! monsieur le comte, vous pourriez nous aider peut-être dans des recherches jusqu'à présent infructueuses; cette maison a autrefois rendu un grand service à la nôtre, et a toujours, je ne sais pourquoi, nié nous avoir rendu ce service.

— A vos ordres, monsieur, répondit Monte-Christo en s'inclinant.

— Mais, dit Morcerf, nous nous sommes singulièrement écartés, à propos de M. Danglars, du sujet de notre conservation. Il était question de trouver une habitation convenable au comte de Monte-Christo : voyons, messieurs, cotisons-nous pour avoir une idée. Où logerons-nous cet hôte nouveau du grand Paris?

— Faubourg Saint-Germain, dit Château-Renaud : monsieur trouvera là un charmant petit hôtel entre cour et jardin.

— Bah! Château-Renaud, dit Debray, vous ne connaissez que votre triste et maussade faubourg Saint-Germain; ne l'écoutez pas, monsieur le comte, logez-vous Chaussée-d'Antin; c'est le véritable centre de Paris.

— Boulevard de l'Opéra, dit Beauchamp; au premier, une maison à balcon; monsieur le comte y fera apporter des coussins de drap d'argent, et verra, en fumant sa chibouque ou en avalant ses pilules, toute la capitale défiler sous ses yeux.

— Vous n'avez donc pas d'idées, vous Morrel, dit Château-Renaud, que vous ne proposez rien?

— Si fait, dit en souriant le jeune homme; au contraire, j'en ai une, mais j'attendais que monsieur se laissât tenter par quelqu'une des offres brillantes qu'on vient de lui faire. Maintenant, comme il n'y a pas répondu, je crois pouvoir lui offrir un petit appartement dans un petit hôtel tout charmant, tout Pompadour, que ma sœur vient de louer depuis un an dans la rue Meslay.

— Vous avez une sœur? demanda Monte-Christo.

— Oui, monsieur, et une excellente sœur.

— Mariée?

— Depuis bientôt neuf ans.

— Heureuse? demanda de nouveau le comte.

— Aussi heureuse qu'il est permis à une créature humaine de l'être, répondit Maximilien : elle a épousé l'homme qu'elle aimait, celui qui nous est resté fidèle dans notre mauvaise fortune : Emmanuel Herbaut.

Monte-Christo sourit imperceptiblement.

— J'habite là pendant mon semestre, continua Maximilien, et je serai avec mon beau-frère Emmanuel à la disposition de M. le comte pour tous les renseignemens dont il aura besoin.

— Un moment, s'écria Albert avant que Monte-Christo eût eu le temps de répondre, prenez garde à ce que vous faites, monsieur Morrel, vous allez claquemurer un voyageur, Simbad-le-Marin, dans la vie de famille; un homme qui est venu pour voir Paris, vous allez en faire un patriarche.

— Oh! que non pas, répondit Morrel en souriant, ma sœur a vingt-cinq ans, mon beau-frère en a trente; ils sont jeunes, gais et heureux; d'ailleurs, M. le comte sera chez lui, et il ne rencontrera ses hôtes qu'autant qu'il lui plaira de descendre chez eux.

— Merci, monsieur, merci, dit Monte-Christo, je me contenterai d'être présenté par vous à votre sœur et à votre beau-frère, si vous voulez bien me faire cet honneur; mais je n'ai accepté l'offre d'aucun de ces messieurs, attendu que j'ai déjà mon habitation toute prête.

— Comment! s'écria Morcerf, vous allez donc descendre à l'hôtel? Ce sera fort maussade pour vous, cela.

— Etais-je donc si mal à Rome? demanda Monte-Christo.

— Parbleu! à Rome, dit Morcerf, vous aviez dépensé cinquante mille piastres pour vous faire meubler un appartement, mais je présume que vous n'êtes pas disposé à renouveler tous les jours une pareille dépense?

— Ce n'est pas cela qui m'a arrêté, répondit Monte-Christo, mais j'étais résolu d'avoir une maison à Paris, une maison à moi, j'entends; j'ai envoyé d'avance mon valet de chambre, et il a déjà dû acheter cette maison et me la faire meubler.

— Mais dites-nous donc que vous avez un valet de chambre qui connaît Paris! s'écria Beauchamp.

— C'est la première fois, comme moi, qu'il vient en France; il est noir et ne parle pas, dit Monte-Christo.

— Alors, c'est Ali? demanda Albert au milieu de la surprise générale.

— Oui, monsieur, c'est Ali lui-même, mon Nubien, mon muet, que vous avez vu à Rome, je crois.

— Oui certainement, répondit Morcerf, je me le rappelle à merveille. Mais comment avez-vous chargé un Nubien de vous acheter une maison à Paris, et un muet de vous la meubler? Il aura fait toutes choses de travers, le pauvre malheureux.

— Détrompez-vous, monsieur; je suis certain, au contraire, qu'il aura choisi toutes choses selon mon goût; car, vous le savez, mon goût n'est pas celui de tout le monde. Il est arrivé il y a huit jours; il aura couru toute la ville avec cet instinct que pourrait avoir un bon chien chassant tout seul; il connaît mes caprices, mes fantaisies, mes besoins: il aura tout organisé à ma guise. Il savait que j'arriverais aujourd'hui à dix heures; depuis neuf heures, il m'attendait à la barrière de Fontainebleau; il m'a remis ce papier; c'est ma nouvelle adresse: tenez, lisez. — Et Monte-Christo passa un papier à Albert.

— Champs-Elysées, 30, lut Morcerf.

— Ah! voilà qui est vraiment original! ne put s'empêcher de dire Beauchamp.

— Et très princier, ajouta Château-Renaud.

— Comment! vous ne connaissez pas votre maison? demanda Debray.

— Non, dit Monte-Christo. Je vous ai déjà dit que je ne voulais pas manquer l'heure. J'ai fait ma toilette dans ma voiture, et je suis descendu à la porte du vicomte.

Les jeunes gens se regardèrent; ils ne savaient si c'était une comédie jouée par Monte-Christo, mais tout ce qui sortait de la bouche de cet homme avait, malgré son caractère original, un tel cachet de simplicité, que l'on ne pouvait supposer qu'il dût mentir. D'ailleurs, pourquoi aurait-il menti?

— Il faudra donc nous contenter, dit Beauchamp, de rendre à monsieur le comte tous les petits services qui seront en notre pouvoir. Moi, en ma qualité de journaliste, je lui ouvre tous les théâtres de Paris.

— Merci, monsieur, dit en souriant Monte-Christo; mon intendant a déjà l'ordre de me louer une loge à chacun d'eux.

— Et votre intendant est-il aussi un Nubien, un muet? demanda Debray.

— Non, monsieur, c'est tout bonnement un compatriote à vous, si tant est cependant qu'un Corse soit compatriote de quelqu'un: mais vous le connaissez, monsieur de Morcerf.

— Serait-ce par hasard le brave signor Bertuccio, qui s'entend si bien à louer les fenêtres?

— Justement, et vous l'avez vu chez moi le jour où j'ai eu l'honneur de vous recevoir à déjeuner. C'est un fort brave homme, qui a été un peu soldat, un peu contrebandier, un peu de tout ce qu'on peut être enfin. Je ne jurerais même pas qu'il n'a point eu quelque démêlé avec la police pour une misère, quelque chose comme un coup de couteau.

— Et vous avez choisi cet honnête citoyen du monde pour votre intendant, monsieur le comte? dit Debray; combien vous vole-t-il par an?

— Eh bien! parole d'honneur, dit le comte, pas plus qu'un autre, j'en suis sûr; mais il fait mon affaire, ne connaît pas d'impossibilité, et je le garde.

— Alors, dit Château-Renaud, vous voilà avec une maison montée; vous avez un hôtel aux Champs-Élysées, domestiques, intendant; il ne vous manque plus qu'une maîtresse.

Albert sourit: il songeait à la belle Grecque qu'il avait vue dans la loge du comte au théâtre Valle et au théâtre Argentina.

— J'ai mieux que cela, dit Monte-Christo; j'ai une esclave; vous louez vos maîtresses au théâtre de l'Opéra, au théâtre du Vaudeville, au théâtre des Variétés; moi j'ai acheté la mienne à Constantinople; cela m'a coûté plus cher, mais sous ce rapport-là je n'ai plus besoin de m'inquiéter de rien.

— Mais vous oubliez, dit en riant Debray, que nous sommes, comme l'a dit le roi Charles, francs de nom, francs de nature; qu'en mettant le pied sur la terre de France, votre esclave est devenue libre?

— Qui le lui dira? demanda Monte-Christo.

— Mais, dame! le premier venu.

— Elle ne parle que le romaïque.

— Alors c'est autre chose.

— Mais la verrons-nous au moins? demanda Beauchamp, ou, ayant déjà un muet, avez-vous aussi des eunuques?

— Ma foi, non, dit Monte-Christo, je ne pousse pas l'orientalisme jusque-là: tout ce qui m'entoure est libre de me quitter, et en me quittant n'aura plus besoin de moi ni de personne; voilà peut-être pourquoi on ne me quitte pas.

Depuis long-temps on était passé au dessert et aux cigares.

— Mon cher, dit Debray en se levant, il est deux heures et demie; votre convive est charmant, mais il n'y a si bonne compagnie qu'on ne quitte, et quelquefois même pour la mauvaise: il faut que je retourne à mon ministère. Je parlerai du comte au ministre, et il faudra bien que nous sachions qui il est.

— Prenez garde, dit Morcerf, les plus malins y ont renoncé.

— Bah! nous avons trois millions pour notre police; il est vrai qu'ils sont presque toujours dépensés à l'avance; mais n'importe, il restera toujours bien une cinquantaine de mille francs à mettre à cela.

— Et quand vous saurez qui il est, vous me le direz?

— Je vous le promets. Au revoir, Albert; messieurs, votre très humble.

Et en sortant Debray cria très haut dans l'antichambre :
— Faites avancer.
— Bon, dit Beauchamp à Albert, je n'irai pas à la chambre; mais j'ai à offrir à mes lecteurs mieux qu'un discours de M. Danglars.
— De grace, Beauchamp, dit Morcerf, pas un mot, je vous en supplie; ne m'ôtez pas le mérite de le présenter et de l'expliquer. N'est-ce pas qu'il est curieux ?
— Il est mieux que cela, répondit Château-Renaud, et c'est vraiment un des hommes les plus extraordinaires que j'aie vus de ma vie. Venez-vous, Morrel ?
— Le temps de donner ma carte à M. le comte, qui veut bien me promettre de venir nous faire une petite visite, rue Meslay, 14.
— Soyez sûr que je n'y manquerai pas, monsieur, dit en s'inclinant le comte.
Et Maximilien Morrel sortit avec le baron de Château-Renaud, laissant Monte-Christo seul avec Morcerf.

CHAP. XL. — LA PRÉSENTATION.

Quand Albert se trouva en tête-à-tête avec Monte-Christo :
— Monsieur le comte, lui dit-il, permettez-moi de commencer avec vous mon métier de cicerone en vous donnant le spécimen d'un appartement de garçon. Habitué aux palais d'Italie, ce sera pour vous une étude à faire que de calculer dans combien de pieds carrés peut vivre un des jeunes gens de Paris qui ne passe pas pour être le plus mal logé. A mesure que nous passerons d'une chambre à l'autre, nous ouvrirons les fenêtres pour que vous respiriez.
Monte-Christo connaissait déjà la salle à manger et le salon du rez-de-chaussée. Albert le conduisit d'abord à son atelier; c'était, on se le rappelle, sa pièce de prédilection.
Monte-Christo était un digne appréciateur de toutes les choses qu'Albert avait entassées dans cette pièce : vieux bahuts, porcelaines du Japon, étoffes d'Orient, verroteries de Venise, armes de tous les pays du monde, tout lui était familier, et au premier coup d'œil il reconnaissait le siècle, le pays et l'origine. Morcerf avait cru être l'explicateur, et c'était lui au contraire qui faisait, sous la direction du comte, un cours d'archéologie, de minéralogie et d'histoire naturelle. On descendit au premier. Albert introduisit son hôte dans le salon. Ce salon était tapissé des œuvres des peintres modernes; il y avait des paysages de Dupré, aux longs roseaux, aux arbres élancés, aux vaches beuglantes et aux ciels merveilleux; il y avait des cavaliers arabes de Delacroix, aux longs burnous blancs, aux ceintures brillantes, aux armes damasquinées, dont les chevaux se mordaient avec rage, tandis que les hommes se déchiraient avec des masses de fer; des aquarelles de Boulanger, représentant tout *Notre-Dame-de-Paris* avec cette vigueur qui fait du peintre l'émule du poète; il y avait des toiles de Diaz, qui fait les fleurs plus belles que les fleurs, le soleil plus brillant que le soleil; des dessins de Decamps aussi colorés que ceux de Salvator Rosa, mais plus poétiques; des pastels de Giraud et de Müller, représentant des enfans aux têtes d'ange, des femmes aux traits de vierge; des croquis arrachés à l'album du voyage d'Orient de Dauzats, qui avaient été crayonnés en quelques secondes sur la selle d'un chameau ou sous le dôme d'une mosquée; enfin, tout ce que l'art moderne peut donner en échange et en dédommagement de l'art perdu et envolé avec les siècles précédens.
Albert s'attendait à montrer, cette fois du moins, quelque chose de nouveau à l'étrange voyageur; mais, à son grand étonnement, celui-ci, sans avoir besoin de chercher les signatures, dont quelques unes d'ailleurs n'étaient présentes que par des initiales, appliqua à l'instant même le nom de chaque auteur à son œuvre, de façon qu'il était facile de voir que non seulement chacun de ces noms lui était connu, mais encore que chacun de ces talens avait été apprécié et étudié par lui.
Du salon on passa dans la chambre à coucher. C'était à la fois un modèle d'élégance et de goût sévère : là un seul portrait, mais signé Léopold Robert, resplendissait dans un cadre d'or mat.
Ce portrait attira tout d'abord les regards du comte de Monte-Christo, car il fit trois pas rapides dans la chambre et s'arrêta tout à coup devant lui.
C'était celui d'une jeune femme de vingt-cinq à vingt-six ans, au teint brun, au regard de feu, voilé sous une paupière languissante; elle portait le costume pittoresque des pêcheuses catalanes avec son corset rouge et noir et ses aiguilles d'or piquées dans les cheveux; elle regardait la mer, et sa silhouette élégante se détachait sur le double azur des flots et du ciel.
Il faisait sombre dans la chambre, sans quoi Albert eût pu voir la pâleur livide qui s'étendit sur les joues du comte, et surprendre le frisson nerveux qui effleura ses épaules et sa poitrine.
Il se fit un instant de silence, pendant lequel Monte-Christo demeura l'œil obstinément fixé sur cette peinture.
— Vous avez là une belle maîtresse, vicomte, dit Monte-Christo d'une voix parfaitement calme; et ce costume, costume de bal sans doute, lui sied vraiment à ravir.
— Ah ! monsieur, dit Albert, voilà une méprise que je ne vous pardonnerais pas, si à côté de ce portrait vous en eussiez vu quelque autre. Vous ne connaissez pas ma mère, monsieur; c'est elle que vous voyez dans ce cadre; elle se fit peindre ainsi, il y a six ou huit ans. Ce costume est un costume de fantaisie, à ce qu'il paraît, et la ressemblance est si grande, que je crois encore voir ma mère telle qu'elle était en 1830. La comtesse fit faire ce portrait pendant une absence du comte. Sans doute elle croyait lui préparer pour son retour une gracieuse surprise; mais, chose bizarre, ce portrait déplut à mon père; et la valeur de la peinture, qui est, comme vous le voyez, une des belles toiles de Léopold Robert, ne put la faire passer sur l'antipathie dans laquelle il l'avait prise. Il est vrai de dire entre nous, mon cher comte, que M. de Morcerf est un des pairs les plus assidus au Luxembourg, un général renommé pour la théorie, mais un amateur d'art des plus médiocres; il n'en est pas de même de ma mère, qui peint d'une façon remarquable, et qui, estimant trop une pareille œuvre pour s'en séparer tout-à-fait, me l'a donnée pour que chez moi elle fût moins exposée à déplaire à M. de Morcerf, dont je vous ferai voir à son tour le portrait peint par Gros. Pardonnez-moi si je vous parle ainsi ménage et famille; mais comme je vais avoir l'honneur de vous conduire chez le comte, je vous dis cela pour qu'il ne vous échappe pas de vanter ce portrait devant lui. Au reste, il a une funeste influence, car il est bien rare que ma mère vienne chez moi sans le regarder, et plus rare encore qu'elle le regarde sans pleurer. Le nuage qu'amena l'apparition de cette peinture dans l'hôtel est du reste le seul qui se soit élevé entre le comte et la comtesse, qui, quoique mariés depuis plus de vingt ans, sont encore unis comme au premier jour.
Monte-Christo jeta un regard rapide sur Albert, comme pour chercher une intention cachée à ses paroles; mais il était évident que le jeune homme les avait dites dans toute la simplicité de son ame.
— Maintenant, dit Albert, vous avez vu toutes mes richesses, monsieur le comte, permettez-moi de vous les offrir, si indignes qu'elles soient; regardez-vous comme étant ici chez vous, et, pour vous mettre plus à votre aise encore, veuillez m'accompagner jusque chez M. de Morcerf, à qui j'ai écrit de Rome le service que vous m'avez rendu, à qui j'ai annoncé la visite que vous m'aviez promise, et, je puis le dire, le comte et la comtesse

attendaient avec impatience qu'il leur fût permis de vous remercier. Vous êtes un peu blasé sur toutes choses, je le sais, monsieur le comte, et les scènes de famille n'ont pas sur Simbad le Marin beaucoup d'action : vous avez vu tant d'autres scènes! Cependant acceptez ce que je vous propose comme initiation à la vie parisienne, vie de politesses, de visites et de présentations.

Monte-Christo s'inclina sans répondre; il acceptait la proposition sans enthousiasme et sans regrets, comme une des convenances de société dont tout homme comme il faut se fait un devoir. Albert appela son valet de chambre et lui ordonna d'aller prévenir M. et madame de Morcerf de l'arrivée prochaine du comte de Monte-Christo.

Albert le suivit avec le comte.

En arrivant dans l'antichambre du comte, on voyait au-dessus de la porte qui donnait dans le salon un écusson qui, par son entourage riche et son harmonie avec l'ornementation de la pièce, indiquait l'importance que le propriétaire de l'hôtel attachait à ce blason.

Monte-Christo s'arrêta devant ce blason, qu'il examina avec attention.

— D'azur à sept merlettes d'or posées en bande. C'est sans doute l'écusson de votre famille, monsieur? demanda-t-il. A part la connaissance des pièces du blason qui me permet de le déchiffrer, je suis fort ignorant en matière héraldique, moi, comte de hasard, fabriqué par la Toscane à l'aide d'une commanderie de Saint-Étienne, et qui me fusse passé d'être grand seigneur si l'on ne m'eût répété que lorsqu'on voyage beaucoup, c'est chose absolument nécessaire. Car enfin il faut bien, ne fût-ce que pour que les douaniers ne vous visitent pas, avoir quelque chose sur les panneaux de sa voiture. Excusez-moi donc si je vous fais une pareille question.

— Elle n'est aucunement indiscrète, monsieur, dit Morcerf avec la simplicité de la conviction, et vous aviez deviné juste : ce sont nos armes, c'est-à-dire celles du chef de mon père; mais elles sont, comme vous voyez, accolées à une autre écusson, qui est de gueules à la tour d'argent, et qui est du chef de ma mère; par les femmes je suis Espagnol, mais la maison de Morcerf est française, et, à ce que j'ai entendu dire, même une des plus anciennes du midi de la France.

— Oui, reprit Monte-Christo, c'est ce qu'indiquent les merlettes. Presque tous les pèlerins armés qui tentèrent ou qui firent la conquête de la terre sainte, prirent pour armes ou des croix, signe de la mission à laquelle ils s'étaient voués, ou des oiseaux voyageurs, symbole du long voyage qu'ils allaient entreprendre et qu'ils espéraient accomplir sur les ailes de la foi. Un de vos aïeux paternels aura été de quelqu'une de vos croisades, et en supposant que ce ne soit que celle de Saint-Louis, cela vous fait déjà remonter au treizième siècle, ce qui est encore fort joli.

— C'est possible, dit Morcerf, il y a quelque part dans le cabinet de mon père un arbre généalogique qui nous dira cela, et sur lequel j'avais fait autrefois des commentaires qui eussent fort édifié d'Hozier et Jaucourt. A présent je n'y pense plus et cependant je vous dirai, monsieur le comte, et ceci rentre dans mes attributions de cicerone, que l'on commence à s'occuper beaucoup de ces choses-là sous notre gouvernement populaire.

— Eh bien! alors votre gouvernement aurait bien dû choisir dans son passé quelque chose de mieux que ces deux pancartes que j'ai remarquées sur vos monumens, et qui n'ont aucun sens héraldique. Quant à vous, vicomte, reprit Monte-Christo en revenant à Morcerf, vous êtes plus heureux que votre gouvernement, car vos armes sont vraiment belles et parlent à l'imagination. Oui, c'est bien cela, vous êtes à la fois de Provence et d'Espagne; c'est ce qui explique, si le portrait que vous m'avez montré est ressemblant, cette belle couleur brune que j'admirais si fort sur le visage de la noble Catalane.

Il eût fallu être OEdipe ou le sphinx lui-même pour deviner l'ironie que mit le comte dans ces paroles empreintes en apparence de la plus grande politesse; aussi Morcerf le remercia-t-il d'un sourire, et, passant le premier pour lui montrer le chemin, poussa-t-il la porte qui s'ouvrait au-dessous de ses armes, et qui, ainsi que nous l'avons dit, donnait dans le salon.

Dans l'endroit le plus apparent de ce salon se voyait aussi un portrait; c'était celui d'un homme de trente-cinq à trente-huit ans, vêtu d'un uniforme d'officier-général, portant cette double épaulette en torsade, signe des grades supérieurs, le ruban de la Légion-d'Honneur au cou, ce qui indiquait qu'il était commandeur, et sur la poitrine, à droite, la plaque de grand-officier de l'Ordre du Sauveur, et à gauche, celle de grand-croix de Charles III; ce qui indiquait que la personne représentée par ce portrait avait dû faire les guerres de Grèce et d'Espagne, ou, ce qui revient absolument au même en matière de cordons, avoir rempli quelque mission diplomatique dans les deux pays.

Monte-Christo était occupé à détailler ce portrait avec non moins de soin qu'il avait fait de l'autre, lorsqu'une porte latérale s'ouvrit, et qu'il se trouva en face du comte de Morcerf lui-même.

C'était un homme de quarante à quarante-cinq ans, mais qui en paraissait bien au moins cinquante, et dont la moustache et les sourcils noirs tranchaient étrangement avec des cheveux presque blancs coupés en brosse à la mode militaire; il était vêtu en bourgeois et portait à sa boutonnière un ruban dont les différens liserés rappelaient les différens ordres dont il était décoré. Cet homme entra d'un pas assez noble et avec une sorte d'empressement. Monte-Christo le vit venir à lui sans faire un seul pas; on eût dit que ses pieds étaient cloués au parquet comme ses yeux sur le visage du comte de Morcerf.

— Mon père, dit le jeune homme, j'ai l'honneur de vous présenter M. le comte de Monte-Christo, ce généreux ami que j'ai eu le bonheur de rencontrer dans les circonstances difficiles que vous savez.

— Monsieur est le bien-venu parmi nous, dit le comte de Morcerf en saluant Monte-Christo avec un sourire, et il a rendu à notre maison, en lui conservant son unique héritier, un service qui sollicitera éternellement notre reconnaissance.

Et en disant ces paroles le comte de Morcerf indiquait un fauteuil à Monte-Christo, en même temps que lui-même s'asseyait en face de la fenêtre.

Quant à Monte-Christo, tout en prenant le fauteuil désigné par le comte de Morcerf, il s'arrangea de manière à demeurer caché dans l'ombre des grands rideaux de velours et à lire de là sur les traits empreints de fatigue et de soucis du comte toute une histoire de secrètes douleurs écrites dans chacune de ses rides venues avant le temps.

— Madame la comtesse, dit Morcerf, était à sa toilette lorsque le vicomte l'a fait prévenir de la visite qu'elle allait avoir le bonheur de recevoir; elle va descendre, et dans dix minutes elle sera au salon.

— C'est beaucoup d'honneur pour moi, dit Monte-Christo, d'être ainsi, dès le jour de mon arrivée à Paris, mis en rapport avec un homme dont le mérite égale la réputation, et pour lequel la fortune, juste une fois, n'a pas fait d'erreur; mais n'a-t-elle pas encore dans les plaines de la Mitidja ou dans les montagnes de l'Atlas un bâton de maréchal à vous offrir?

— Oh! répliqua Morcerf en rougissant un peu, j'ai quitté le service, monsieur. Nommé pair sous la Restauration, j'étais de la première campagne, et je servais sous les ordres du maréchal de Bourmont; je pouvais donc prétendre à un commandement supérieur, et qui sait ce qui fût arrivé si la branche aînée fût restée sur le trône! Mais la révolution de Juillet était, à ce qu'il paraît, assez glorieuse pour se permettre d'être ingrate, elle le fut pour tout service qui ne datait pas de la période impériale; je donnai donc ma démission, car, lorsqu'on a gagné ses épaulettes sur les champs de bataille, on ne sait guère manœuvrer sur le terrain glissant des salons; j'ai quitté l'épée, je me suis jeté dans la politique, je me voue à l'industrie, j'étudie les arts utiles. Pendant les vingt années que j'étais resté au service, j'en avais bien eu le désir, mais je n'en avais pas eu le temps.

— Ce sont de pareilles idées qui entretiennent la supériorité de votre nation sur les autres pays, monsieur, répondit Monte-Christo; gentilhomme issu de grande maison, possédant une belle fortune, vous avez d'abord consenti à gagner les premiers grades en soldat obscur, c'est fort rare; puis, devenu général, pair de France, commandeur de la Légion-d'Honneur, vous consentez à recommencer un second apprentissage, sans autre espoir, sans autre récompense que celle d'être un jour utile à vos semblables... Ah! monsieur, voilà qui est vraiment beau; je dirai plus, voilà qui est sublime.

Albert regardait et écoutait Monte-Christo avec étonnement; il n'était pas habitué à le voir s'élever à de pareilles idées d'enthousiasme.

— Hélas! continua l'étranger, sans doute pour faire disparaître l'imperceptible nuage que ces paroles venaient de faire passer sur le front de Morcerf, nous ne faisons pas ainsi en Italie, nous croissons selon notre race et notre espèce, et nous gardons même feuillage, même taille et souvent même inutilité toute notre vie.

— Mais, monsieur, répondit le comte de Morcerf, pour un homme de votre mérite l'Italie n'est pas une patrie, et la France vous tend les bras; répondez à son appel, la France ne sera peut-être pas ingrate pour tout le monde; elle traite mal ses enfans, mais d'habitude elle accueille grandement les étrangers.

— Eh! mon père, dit Albert avec un sourire, on voit bien que vous ne connaissez pas monsieur le comte de Monte-Christo. Ses satisfactions à lui sont en dehors de ce monde; il n'aspire point aux honneurs, et en prend seulement ce qui peut tenir sur un passe-port.

— Voilà, à mon égard, l'expression la plus juste que j'ai jamais entendue, répondit l'étranger.

— Monsieur a été maître de son avenir, dit le comte de Morcerf avec un soupir, et il a choisi le chemin de fleurs.

— Justement, monsieur, répliqua Monte-Christo avec un de ces sourires qu'un peintre ne rendra jamais, ni qu'un physiologiste désespérera toujours d'analyser.

— Si je n'eusse craint de fatiguer monsieur le comte, dit le général, évidemment charmé des manières de Monte-Christo, je l'eusse amené à la chambre, il y a aujourd'hui séance curieuse pour quiconque ne connaît pas nos sénateurs modernes.

— Je vous serai fort reconnaissant, monsieur, si vous voulez bien me renouveler cette offre une autre fois; mais aujourd'hui l'on m'a flatté de l'espoir d'être présenté à madame la comtesse, et j'attendrai.

— Ah! voici ma mère, s'écria le vicomte.

En effet, Monte-Christo, en se retournant vivement vit madame de Morcerf à l'entrée du salon, au seuil de la porte opposée à celle par laquelle était entré son mari: immobile et pâle, elle laissa, lorsque Monte-Christo se retourna de son côté, tomber son bras qui, on ne sait pourquoi, s'était appuyé sur le chambranle doré; elle était là depuis quelques secondes, et avait entendu les dernières paroles prononcées par le visiteur ultramontain.

Celui-ci se leva et salua profondément la comtesse, qui s'inclina à son tour, muette et cérémonieuse.

— Eh! mon Dieu, madame, demanda le comte, qu'avez-vous donc? serait-ce par hasard la chaleur de ce salon qui vous fait mal?

— Souffrez-vous, ma mère? s'écria le vicomte en s'élançant au-devant de Mercédès.

Elle les remercia tous les deux avec un sourire.

— Non, dit-elle, mais j'ai éprouvé quelque émotion en voyant pour la première fois celui sans l'intervention duquel nous serions en ce moment dans les larmes et dans le deuil. Monsieur, continua la comtesse en s'avançant avec la majesté d'une reine, je vous dois la vie de mon fils, et pour ce bienfait je vous bénis. Maintenant je vous rends grace pour le plaisir que vous me faites en me procurant l'occasion de vous remercier comme je vous ai béni, c'est-à-dire du fond du cœur.

Le comte s'inclina encore, mais plus profondément que la première fois; il était plus pâle encore que Mercédès.

— Madame, dit-il, monsieur le comte et vous me récompensez trop généreusement d'une action bien simple. Sauver un homme, épargner un tourment à un père, ménager la sensibilité d'une femme, ce n'est point faire une bonne œuvre, c'est faire acte d'humanité.

A ces mots prononcés avec une douceur et une politesse exquises, madame de Morcerf répondit avec un accent profond:

— Il est bien heureux pour mon fils, monsieur, de vous avoir pour ami, et je rends grace à Dieu qui a fait les choses ainsi.

Et Mercédès leva ses beaux yeux au ciel avec une gratitude si infinie, que le comte crut y voir trembler deux larmes.

M. de Morcerf s'approcha d'elle:

— Madame, dit-il, j'ai déjà fait mes excuses à monsieur le comte d'être obligé de le quitter, et vous les lui renouvellerez, je vous prie. La séance ouvre à deux heures, il en est trois, et je dois parler.

— Allez, monsieur, je tâcherai de faire oublier votre absence à notre hôte, dit la comtesse avec le même accent de sensibilité. Monsieur le comte, continua-t-elle en se retournant vers Monte-Christo, nous fera-t-il la grace de passer le reste de la journée avec nous?

— Merci, madame, et vous me voyez, croyez-le bien, on ne peut plus reconnaissant de votre offre, mais je suis descendu ce matin à votre porte de ma voiture de voyage. Comment suis-je installé à Paris, je l'ignore; où le suis-je, je le sais à peine. C'est une inquiétude légère, je le sais, mais appréciable cependant.

— Nous aurons ce plaisir une autre fois au moins, vous nous le promettez? demanda la comtesse.

Monte-Christo s'inclina sans répondre, mais le geste pouvait passer pour un assentiment.

— Alors, je ne vous retiens pas, monsieur, dit la comtesse, car je ne veux pas que ma reconnaissance devienne ou une indiscrétion ou une importunité.

— Mon cher comte, dit Albert, si vous le voulez bien, je vais essayer de vous rendre à Paris votre gracieuse politesse de Rome, et mettre mon coupé à votre disposition jusqu'à ce que vous ayez eu le temps de monter vos équipages.

— Merci mille fois de votre obligeance, vicomte, dit Monte-Christo, mais je présume que M. Bertuccio aura convenablement employé les quatre heures et demie que je viens de lui laisser, et que je trouverai à la porte une voiture quelconque tout attelée.

Albert était habitué à ces façons de la part du comte, il savait qu'il était comme Néron à la recherche de l'impossible, et il ne s'étonnait plus de rien, seulement il voulut juger par lui-même de quelle façon ses ordres avaient été exécutés; il l'accompagna donc jusqu'à la porte de l'hôtel.

Monte-Christo ne s'était pas trompé: dès qu'il avait paru dans l'antichambre du comte de Morcerf, un valet de pied, le même qui à Rome était venu apporter la carte du comte aux deux jeunes gens et leur annoncer sa visite, s'était élancé hors du péristyle, de sorte qu'en arrivant au perron l'illustre voyageur trouva effectivement sa voiture qui l'attendait.

C'était un coupé sortant des ateliers de Keller, et un

attelage dont Drake avait, à la connaissance de tous les lions de Paris, refusé la veille encore dix-huit mille francs.

— Monsieur, dit le comte à Albert, je ne vous propose pas de m'accompagner jusque chez moi, je ne pourrais vous montrer qu'une maison improvisée, et j'ai, vous le savez, sous le rapport des improvisations, une réputation à ménager. Accordez-moi un jour et permettez-moi alors de vous inviter. Je serai plus sûr de ne pas manquer aux lois de l'hospitalité.

— Si vous me demandez un jour, monsieur le comte, je suis tranquille; ce ne sera plus une maison que vous me montrerez, ce sera un palais. Décidément, vous avez quelque génie à votre disposition.

— Ma foi, laissez-le croire, dit Monte-Christo en mettant le pied sur les degrés garnis de velours de son splendide équipage, cela me fera quelque bien auprès des dames.

Et il s'élança dans sa voiture, qui se referma derrière lui, et partit au galop, mais pas si rapidement que le comte n'aperçût le mouvement imperceptible qui fit trembler le rideau du salon où il avait laissé madame de Morcerf.

Lorsque Albert rentra chez sa mère, il trouva la comtesse au boudoir, plongée dans un grand fauteuil de velours; toute la chambre, noyée d'ombre, ne laissait apercevoir que la paillette étincelante attachée çà et là au ventre de quelque pastiche ou à l'angle de quelque cadre d'or.

Albert ne put voir le visage de la comtesse perdu dans un nuage de gaze qu'elle avait roulée autour de ses cheveux comme une auréole de vapeur; mais il lui sembla que sa voix était altérée; il distingua aussi parmi les parfums des roses et des héliotropes de la jardinière la trace âpre et mordante des sels de vinaigre; sur une des coupes ciselées de la cheminée, en effet, le flacon de la comtesse, sorti de sa gaîne de chagrin, attira l'attention inquiète du jeune homme.

— Souffrez-vous, ma mère, s'écria-t-il en entrant, et vous seriez-vous trouvée mal pendant mon absence?

— Moi? non pas, Albert; mais vous comprenez, ces roses, ces tubéreuses et ces fleurs d'oranger dégagent pendant ces premières chaleurs, auxquelles on n'est pas habitué, de si violens parfums...

— Alors, ma mère, dit Morcerf en portant la main à la sonnette, il faut les faire porter dans votre antichambre. Vous êtes vraiment indisposée; déjà tantôt, quand vous êtes entrée, vous étiez fort pâle.

— J'étais pâle, dites-vous, Albert?

— D'une pâleur qui vous sied à merveille, ma mère, mais qui ne nous a pas moins effrayés pour cela, mon père et moi.

— Votre père vous en a-t-il parlé? demanda vivement Mercédès.

— Non, madame, mais c'est à vous-même, souvenez-vous, qu'il a fait cette observation.

— Je ne me souviens pas, dit la comtesse.

Un valet entra : il venait au bruit de la sonnette tirée par Albert.

— Portez ces fleurs dans l'antichambre ou dans le cabinet de toilette, dit le vicomte; elles font mal à madame la comtesse.

Le valet obéit.

Il y eut un assez long silence, et qui dura pendant tout le temps que se fit le déménagement.

— Qu'est-ce donc que ce nom de Monte-Christo, demanda la comtesse quand le domestique fut sorti emportant le dernier vase de fleurs, est-ce un nom de famille, un nom de terre, un titre simple?

— C'est, je crois, un titre, ma mère, et voilà tout. Le comte a acheté une île dans l'archipel toscan, et a, d'après ce qu'il disait lui-même ce matin, fondé une commanderie. Vous savez que cela se fait ainsi pour Saint-Étienne de Florence, pour Saint-Georges-Constantinien de Parme, et même pour l'ordre de Malte. Au reste, il n'a aucune prétention à la noblesse et s'appelle un comte de hasard, quoique l'opinion générale de Rome soit que le comte est un très grand seigneur.

— Ses manières sont excellentes, dit la comtesse, du moins d'après ce que j'en ai pu juger par les courts instans pendant lesquels il est resté ici.

— Oh! parfaites, ma mère, si parfaites même qu'elles surpassent de beaucoup tout ce que j'ai connu de plus aristocratique dans les trois noblesses les plus fières de l'Europe, c'est-à-dire dans la noblesse anglaise, dans la noblesse espagnole et dans la noblesse allemande.

La comtesse réfléchit un instant, puis après cette courte hésitation, elle reprit :

— Vous avez vu, mon cher Albert...., c'est une question de mère que je vous adresse-là, vous le comprenez, vous avez vu M. de Monte-Christo dans son intérieur; vous avez de la perspicacité, vous avez l'habitude du monde, plus de tact qu'on n'en a d'ordinaire à votre âge; croyez-vous que le comte soit ce qu'il paraît réellement être?

— Et que paraît-il?

— Vous l'avez dit vous-même à l'instant, un grand seigneur.

— Je vous ai dit, ma mère, qu'on le tenait pour tel.

— Mais qu'en pensez-vous, vous, Albert?

— Je n'ai pas, je vous l'avouerai, d'opinion bien arrêtée sur lui, je le crois Maltais.

— Je ne vous interroge pas sur son origine; je vous interroge sur sa personne.

— Ah! sur sa personne, c'est autre chose; et j'ai vu tant de choses étranges de lui, que si vous voulez que je vous dise ce que j'en pense, je vous répondrai que je le regarderais volontiers comme un des hommes de Byron, que le malheur a marqué d'un sceau fatal; quelque Manfrède, quelque Lara, quelque Werner; comme un de ces débris enfin de quelque vieille famille qui, déshérités de leur fortune paternelle, en ont trouvé une par la force de leur génie aventureux qui les a mis au-dessus des lois de la société.

— Vous dites?...

— Je dis que Monte-Christo est une île au milieu de la Méditerranée, sans habitans, sans garnison, repaire de contrebandiers de toutes nations, de pirates de tous pays. Qui sait si ces dignes industriels ne paient pas à leur seigneur un droit d'asile?

— C'est possible, dit la comtesse.

— Mais n'importe, reprit le jeune homme, contrebandier ou non, vous en conviendrez, ma mère, puisque vous l'avez vu, M. le comte de Monte-Christo est un homme remarquable et qui aura les plus grands succès dans les salons de Paris. Et tenez, ce matin même, chez moi, il a commencé son entrée dans le monde en frappant de stupéfaction jusqu'à Château-Renaud.

— Et quel âge peut avoir le comte? demanda Mercédès attachant visiblement une grande importance à cette question.

— Il a trente-cinq à trente-six ans, ma mère.

— Si jeune! c'est impossible, dit Mercédès répondant en même temps à ce que lui disait Albert et à ce que lui disait sa propre pensée.

— C'est la vérité, cependant. Trois ou quatre fois il m'a dit, et certes sans préméditation : A telle époque j'avais cinq ans, à telle autre j'avais dix ans, à telle autre douze; moi, que la curiosité tenait éveillé sur ces détails, je rapprochais les dates, et jamais je ne l'ai trouvé en défaut. L'âge de cet homme singulier, qui n'a pas d'âge, est donc, j'en suis sûr, de trente-cinq ans. Au surplus, rappelez-vous, ma mère, combien son œil est vif, combien ses cheveux sont noirs et combien son front, quoique pâle, est exempt de rides; c'est une nature, non seulement vigoureuse, mais encore jeune.

La comtesse baissa la tête comme sous un flot trop lourd d'amères pensées.

— Et cet homme s'est pris d'amitié pour vous, Albert? demanda-t-elle avec un frissonnement nerveux.
— Je le crois, madame.
— Et vous... l'aimez-vous aussi?
— Il me plaît, madame, quoi qu'en dise Franz d'Épinay, qui voulait le faire passer à mes yeux pour un homme revenant de l'autre monde.

La comtesse fit un mouvement de terreur.
— Albert, dit-elle d'une voix altérée, je vous ai toujours mis en garde contre les nouvelles connaissances. Maintenant vous êtes homme, et vous pourriez me donner des conseils à moi-même; cependant je vous répéterai : Soyez prudent, Albert.
— Encore faudrait-il, chère mère, pour que le conseil me fût profitable, que je susse d'avance de quoi me défier. Le comte ne joue jamais, le comte ne boit que de l'eau dorée par une goutte de vin d'Espagne; le comte s'est annoncé si riche que, sans se faire rire au nez, il ne pourrait m'emprunter d'argent : que voulez-vous donc que je craigne de la part du comte?
— Vous avez raison, dit la comtesse, et mes terreurs sont folles, ayant pour objet surtout un homme qui vous a sauvé la vie. A propos, votre père l'a-t-il bien reçu, Albert? Il est important que nous soyons plus que convenables avec le comte. M. de Morcerf est parfois occupé, ses affaires le rendent soucieux, et il se pourrait que, sans le vouloir...
— Mon père a été parfait, madame, interrompit Albert; je dirai plus : il a paru infiniment flatté de deux ou trois complimens des plus adroits que le comte lui a glissés avec autant de bonheur que d'à-propos, comme s'il l'eût connu depuis trente ans. Chacune de ces petites flèches louangeuses a dû chatouiller mon père, ajouta Albert en riant, de sorte qu'ils se sont quittés les meilleurs amis du monde, et que M. de Morcerf voulait même l'emmener à la chambre pour lui faire entendre son discours.

La comtesse ne répondit pas; elle était absorbée dans une rêverie si profonde, que ses yeux s'étaient fermés peu à peu. Le jeune homme, debout devant elle, la regardait avec cet amour filial plus tendre et plus affectueux chez les enfans dont les mères sont jeunes et belles encore; puis, après avoir vu ses yeux se fermer, il l'écouta respirer un instant dans sa douce immobilité, et, la croyant assoupie, il s'éloigna sur la pointe du pied, poussant avec précaution la porte de la chambre où il laissait sa mère.

— Ce diable d'homme, murmura-t-il en secouant la tête, je lui ai bien prédit là-bas qu'il ferait sensation dans le monde; je mesure son effet sur un thermomètre infaillible. Ma mère l'a remarqué, donc il faut qu'il soit bien remarquable.

Et il descendit à ses écuries, non sans un dépit secret de ce que, sans y avoir même songé, le comte de Monte-Christo avait mis la main sur un attelage qui renvoyait ses bais au numéro 2 dans l'esprit des connaisseurs.

— Décidément, dit-il, les hommes ne sont pas égaux, il faudra que je prie mon père de développer ce théorème à la chambre haute.

CHAP. XLI. — MONSIEUR BERTUCCIO.

Pendant ce temps le comte était arrivé chez lui; il avait mis six minutes pour faire le chemin. Ces six minutes avaient suffi pour qu'il fût vu de vingt jeunes gens qui, connaissant le prix de l'attelage qu'ils n'avaient pu acheter eux-mêmes, avaient mis leur monture au galop pour entrevoir le splendide seigneur qui se donnait des chevaux de 10,000 fr. la pièce.

La maison choisie par Ali, et qui devait servir de résidence de ville à Monte-Christo, était située à droite en montant les Champs-Elysées, placée entre cour et jardin; un massif fort touffu, qui s'élevait au milieu de la cour, masquait une partie de la façade; autour de ce massif s'avançaient, pareilles à deux bras, deux allées qui, s'étendant à droite et à gauche, amenaient, à partir de la grille, les voitures à un double perron supportant à chaque marche un vase de porcelaine plein de fleurs. Cette maison, isolée au milieu d'un large espace, avait, outre l'entrée principale, une autre entrée donnant sur la rue de Ponthieu.

Avant même que le cocher eût hélé le concierge, la grille massive roula sur ses gonds; on avait vu venir le comte, et à Paris comme à Rome, comme partout, il était servi avec la rapidité de l'éclair. Le cocher entra donc, décrivit le demi-cercle sans avoir ralenti son allure, et la grille était refermée déjà que les roues criaient encore sur le sable de l'allée.

Au côté gauche du perron, la voiture s'arrêta; deux hommes parurent à la portière : l'un était Ali, qui sourit à son maître avec une incroyable franchise de joie, et qui se trouva payé par un simple regard de Monte-Christo.

L'autre salua humblement et présenta son bras au comte pour l'aider à descendre de la voiture.
— Merci, monsieur Bertuccio, dit le comte en sautant légèrement les trois degrés du marche-pied, et le notaire?
— Il est dans le petit salon, Excellence, répondit Bertuccio.
— Et les cartes de visite que je vous ai dit de faire graver dès que vous auriez le numéro de la maison?
— Monsieur le comte, c'est déjà fait; j'ai été chez le meilleur graveur du Palais-Royal, qui a exécuté la planche devant moi; la première carte tirée a été portée à l'instant même, selon votre ordre, à M. le baron Danglars, député, rue de la chaussée-d'Antin, n° 7; les autres sont sur la cheminée de la chambre à coucher de Votre Excellence.
— Bien. Quelle heure est-il?
— Quatre heures.

Monte-Christo donna ses gants, son chapeau et sa canne à ce même laquais français qui s'était élancé hors de l'antichambre du comte de Morcerf pour appeler la voiture, puis il passa dans le petit salon, conduit par Bertuccio, qui lui montra le chemin.

— Voilà de pauvres marbres dans cette antichambre, dit Monte-Christo, j'espère bien qu'on m'enlèvera tout cela.

Bertuccio s'inclina.

Comme l'avait dit l'intendant, le notaire attendait dans le petit salon.

C'était une honnête figure de deuxième clerc de Paris élevé à la dignité infranchissable de tabellion de la banlieue.
— Monsieur est le notaire chargé de vendre la maison de campagne que je veux acheter? demanda Monte-Christo.
— Oui, monsieur le comte, répliqua le notaire.
— L'acte de vente est-il prêt?
— Oui, monsieur le comte.
— L'avez-vous apporté?
— Le voici.
— Parfaitement. Et où est cette maison que j'achète? demanda négligemment Monte-Christo, s'adressant moitié à Bertuccio, moitié au notaire.

L'intendant fit un geste qui signifiait : Je ne sais pas.
Le notaire regarda Monte-Christo avec étonnement.
— Comment? dit-il, monsieur le comte ne sait pas où est la maison qu'il achète?
— Non, ma foi, dit le comte.
— Monsieur le comte ne la connaît pas?
— Et comment diable la connaîtrais-je? j'arrive de Cadix ce matin, je ne suis jamais venu à Paris, c'est même la première fois que je mets le pied en France.
— Alors c'est autre chose, répondit le notaire, la maison que M. le comte achète est située à Auteuil.

A ces mots, Bertuccio pâlit visiblement.

— Et où prenez-vous Auteuil? demanda Monte-Cristo.

— A deux pas d'ici, monsieur le comte, dit le notaire, un peu après Passy, dans une situation charmante au milieu du bois de Boulogne.

— Si près que cela! dit Monte-Christo; mais ce n'est pas la campagne. Comment diable m'avez-vous été choisir une maison à la porte de Paris, monsieur Bertuccio?

— Moi! s'écria l'intendant avec un étrange empressement; non certes; ce n'est pas moi que monsieur le comte a chargé de choisir cette maison; que monsieur le comte veuille bien se rappeler, chercher dans sa mémoire, interroger ses souvenirs.

— Ah, c'est juste, dit Monte-Cristo; je me rappelle maintenant, j'ai lu cette annonce dans un journal, et je me suis laissé séduire à ce titre menteur : *Maison de campagne*.

— Il est encore temps, dit vivement Bertuccio : et si Votre Excellence veut me charger de chercher partout ailleurs, je lui trouverai ce qu'il y aura de mieux, soit à Enghien, soit à Fontenay-aux-Roses, soit à Bellevue.

— Non, ma foi, dit insoucieusement Monte-Christo; puisque j'ai celle-là, je la garderai.

— Et monsieur a raison, dit vivement le notaire, qui craignait de perdre ses honoraires : c'est une charmante propriété : eaux vives, bois touffus, habitation confortable, quoique abandonnée depuis long-temps; sans compter le mobilier qui, si vieux qu'il soit, a de la valeur, surtout aujourd'hui que l'on recherche les antiquailles. Pardon, mais je crois que monsieur le comte a le goût de son époque.

— Dites toujours, fit Monte-Christo; c'est convenable alors?

— Ah! monsieur, c'est mieux que cela, c'est magnifique.

— Peste! ne manquons pas une pareille occasion, dit Monte-Christo; le contrat s'il vous plaît, monsieur le notaire.

Et il signa rapidement, après avoir jeté un regard à l'endroit de l'acte où étaient désignés la situation de la maison et les noms des propriétaires.

— Bertuccio, dit-il, donnez cinquante-cinq mille francs à monsieur.

L'intendant sortit d'un pas mal assuré, et revint avec une liasse de billets de banque que le notaire compta en homme qui a l'habitude de ne recevoir son argent qu'après la purge légale.

— Et maintenant, demanda le comte, toutes les formalités sont-elles remplies?

— Toutes, monsieur le comte.

— Avez-vous les clés?

— Elles sont aux mains du concierge qui garde la maison; mais voici l'ordre que je lui ai donné d'installer monsieur dans sa nouvelle propriété.

— Fort bien.

Et Monte-Christo fit au notaire un signe de tête qui voulait dire :

— Je n'ai plus besoin de vous, allez-vous-en.

— Mais, hasarda l'honnête tabellion, monsieur le comte s'est trompé, il me semble; ce n'est que cinquante mille francs, tout compris.

— Et vos honoraires?

— Se trouvent payés moyennant cette somme, monsieur le comte.

— Mais n'êtes-vous pas venu d'Auteuil ici?

— Oui, sans doute.

— Eh bien! il faut bien vous payer votre dérangement, dit le comte. Et il le congédia du geste.

Le notaire sortit à reculons et en saluant jusqu'à terre; c'était la première fois, depuis le jour où il avait pris ses Inscriptions, qu'il rencontrait un pareil client.

— Conduisez monsieur, dit le comte à Bertuccio.

Et l'intendant sortit derrière le notaire.

A peine le comte fut-il seul, qu'il tira de sa poche un portefeuille à serrure, qu'il ouvrit avec une petite clé qu'il portait au cou et qui ne le quittait jamais.

Après avoir cherché un instant, il s'arrêta à un feuillet qui portait quelques notes, confronta ces notes avec l'acte de vente déposé sur la table, et, recueillant ses souvenirs :

— Auteuil, rue de la Fontaine, n° 28 ; c'est bien cela, dit-il ; maintenant dois-je m'en rapporter à un aveu arraché par la terreur religieuse ou par la terreur physique? Au reste, dans une heure je saurai tout.

— Bertuccio! cria-t-il en frappant avec une espèce de petit marteau à manche pliant sur un timbre qui rendit un son aigu et prolongé pareil à celui d'un tam-tam — Bertuccio!

L'intendant parut sur le seuil.

— Monsieur Bertuccio! dit le comte, ne m'avez-vous pas dit autrefois que vous aviez voyagé en France?

— Dans certaines parties de la France, oui, Excellence.

— Vous connaissez les environs de Paris sans doute?

— Non, Excellence, non, répondit l'intendant avec une sorte de tremblement nerveux, que Monte-Christo, connaisseur en fait d'émotions, attribua avec raison à une vive inquiétude.

— C'est fâcheux, dit-il, que vous n'ayez jamais visité les environs de Paris, car je veux aller ce soir même voir ma nouvelle propriété, et en venant avec moi vous m'eussiez donné sans doute d'utiles renseignemens.

— A Auteuil! s'écria Bertuccio, dont le teint cuivré devint presque livide. Moi, aller à Auteuil!

— Eh bien! qu'y a-t-il d'étonnant que vous veniez à Auteuil, je vous le demande? Quand je demeurerai à Auteuil, il faudra bien que vous y veniez, puisque vous faites partie de la maison.

Bertuccio baissa la tête devant le regard impérieux du maître, et il demeura immobile et sans réponse.

— Ah! ça, mais que vous arrive-t-il? Vous allez donc me faire sonner une seconde fois pour la voiture? dit Monte-Christo du ton que Louis XIV mit à prononcer le fameux : « J'ai failli attendre! »

Bertuccio ne fit qu'un bond du petit salon à l'antichambre, et cria d'une voix rauque :

— Les chevaux de Son Excellence!

Monte-Christo écrivit deux ou trois lettres; comme il cachetait la dernière, l'intendant reparut.

— La voiture de Son Excellence est à la porte, dit-il.

— Eh bien! prenez vos gants et votre chapeau, dit Monte-Christo.

— Est-ce que je vais avec monsieur le comte? s'écria Bertuccio.

— Sans doute, il faut bien que vous donniez vos ordres, puisque je compte habiter cette maison.

Il était sans exemple que l'on eût répliqué à une injonction du comte; aussi l'intendant, sans faire aucune objection, suivit-il son maître, qui monta dans la voiture et lui fit signe de le suivre.

L'intendant s'assit respectueusement sur la banquette du devant.

CHAP. XLII. — LA MAISON D'AUTEUIL.

Monte-Christo avait remarqué qu'en descendant le perron, Bertuccio s'était signé à la manière des Corses, c'est-à-dire en coupant l'air en croix avec le pouce, et qu'en prenant sa place dans la voiture il avait marmotté tout bas une courte prière. Tout autre qu'un homme curieux eût eu pitié de la singulière répugnance manifestée par le digne intendant pour la promenade méditée *extrà muros* par le comte; mais, à ce qu'il paraît, celui-ci était trop curieux pour dispenser Bertuccio de ce petit voyage. En vingt minutes on fut à Auteuil. L'émotion de l'intendant avait toujours été croissant. En entrant dans le village, Bertuccio, rencogné dans l'angle de la voiture, commença à examiner avec une émotion fiévreuse chacune des maisons devant lesquelles on passait.

— Vous ferez arrêter rue de la Fontaine, au n° 28, dit le comte en fixant impitoyablement son regard sur l'intendant, auquel il donnait cet ordre.

La sueur monta au visage de Bertuccio, et cependant il obéit, et, se penchant en dehors de la voiture, il cria au cocher :

— Rue de la Fontaine, n° 28.

Ce n° 28 était situé à l'extrémité du village. Pendant le voyage, la nuit était venue, ou plutôt un nuage noir tout chargé d'électricité donnait à ces ténèbres prématurées l'apparence et la solennité d'un épisode dramatique. La voiture s'arrêta, le valet de pied se précipita à la portière qu'il ouvrit.

— Eh bien ! dit le comte, vous ne descendez pas, monsieur Bertuccio ? vous restez donc dans la voiture alors ? Mais à quoi diable songez-vous donc ce soir ?

Bertuccio se précipita par la portière et présenta son épaule au comte, qui cette fois s'appuya dessus et descendit un à un les trois degrés du marche-pied.

— Frappez, dit le comte, et annoncez-moi.

Bertuccio frappa, la porte s'ouvrit et le concierge parut.

— Qu'est-ce que c'est ? demanda-t-il.

— C'est votre nouveau maître, brave homme, dit le valet de pied.

Et il tendit au concierge le billet de reconnaissance donné par le notaire.

— La maison est donc vendue ? demanda le concierge, et c'est monsieur qui vient l'habiter ?

— Oui, mon ami, dit le comte, et je tâcherai que vous n'ayez pas à regretter votre ancien maître.

— Oh ! monsieur, dit le concierge, je n'aurai pas à le regretter beaucoup, car nous le voyions bien rarement; il y a plus de cinq ans qu'il n'est venu, et il a, ma foi ! bien fait de vendre une maison qui ne lui rapportait absolument rien.

— Et comment se nommait votre ancien maître ? demanda Monte-Christo.

— M. le marquis de Saint-Méran; ah ! il n'a pas vendu la maison ce qu'elle lui a coûté, j'en suis bien sûr.

— Le marquis de Saint-Méran ! reprit Monte-Christo, mais il me semble que ce nom ne m'est pas inconnu, dit le comte ; le marquis de Saint-Méran...

Et il parut chercher.

— Un vieux gentilhomme, continua le concierge, un fidèle serviteur des Bourbons; il avait une fille unique qu'il avait mariée à M. de Villefort, qui a été procureur du roi à Nîmes et ensuite à Versailles.

Monte-Christo jeta un regard qui rencontra Bertuccio plus livide que le mur contre lequel il s'appuyait pour ne pas tomber.

— Et cette fille n'est-elle pas morte ? demanda Monte-Christo ; il me semble que j'ai entendu dire cela.

— Oui, monsieur, il y a vingt et un ans, et depuis ce temps-là nous n'avons pas revu trois fois le pauvre cher marquis.

— Merci, merci, dit Monte-Christo, jugeant à la prostration de l'intendant qu'il ne pouvait tendre davantage cette corde sans risquer de la briser ; merci ! Donnez-moi de la lumière, brave homme.

— Accompagnerai-je monsieur ?

— Non, c'est inutile, Bertuccio m'éclairera. Et Monte-Christo accompagna ces paroles du don de deux pièces d'or qui soulevèrent une explosion de bénédictions et de soupirs.

— Ah ! monsieur ! dit le concierge après avoir cherché inutilement sur le rebord de la cheminée et sur les planches y attenantes, c'est que je n'ai pas de bougie ici.

— Prenez une des lanternes de la voiture, Bertuccio, et montrez-moi les appartemens, dit le comte.

L'intendant obéit sans observation, mais il était facile à voir, au tremblement de la main qui tenait la lanterne, ce qu'il lui en coûtait pour obéir.

On parcourut un rez-de-chaussée assez vaste ; un premier étage composé d'un salon, d'une salle de bains et de deux chambres à coucher. Par une de ces chambres à coucher, on arrivait à un escalier tournant dont l'extrémité aboutissait au jardin.

— Tiens ! voilà un escalier de dégagement, dit le comte, c'est assez commode. Éclairez-moi, monsieur Bertuccio ; passez devant, et allons où cet escalier nous conduira.

— Monsieur, dit Bertuccio, il va au jardin.

— Et comment savez-vous cela, je vous prie ?

— C'est-à-dire qu'il doit y aller.

— Eh bien ! assurons-nous-en.

Bertuccio poussa un soupir et marcha devant. L'escalier aboutissait effectivement au jardin.

A la porte extérieure l'intendant s'arrêta.

— Allons donc ! monsieur Bertuccio, dit le comte.

Mais celui auquel il s'adressait était abasourdi, stupide, anéanti. Ses yeux égarés cherchaient tout autour de lui comme les traces d'un passé terrible, et de ses mains crispées il semblait essayer de repousser des souvenirs affreux.

— Eh bien ! insista le comte.

— Non, non, s'écria Bertuccio en posant la lanterne à l'angle du mur intérieur ; non, monsieur, je n'irai pas plus loin, c'est impossible !

— Qu'est-ce à dire ? articula la voix irrésistible de Monte-Christo.

— Mais vous voyez bien, monsieur, s'écria l'intendant, que cela n'est point naturel ; qu'ayant une maison à acheter à Paris, vous l'achetiez, justement à Auteuil, et que l'achetant à Auteuil, cette maison soit le n° 28 de la rue de la Fontaine. Ah ! pourquoi ne vous ai-je pas tout dit là-bas, monseigneur ! Vous n'auriez certes pas exigé que je vinsse. J'espérais que la maison de monsieur le comte serait une autre maison que celle-ci. Comme s'il n'y avait d'autre maison à Auteuil que celle de l'assassinat !

— Oh ! oh ! fit Monte-Christo s'arrêtant tout à coup, quel vilain mot venez-vous de prononcer là ! Diable d'homme ! Corse enraciné ! toujours des mystères ou des superstitions ! Voyons, prenez cette lanterne et visitons le jardin ; avec moi vous n'aurez pas peur, j'espère !

Bertuccio ramassa la lanterne et obéit. La porte, en s'ouvrant, découvrit un ciel blafard dans lequel la lune s'efforçait vainement de lutter contre une mer de nuages qui la couvraient de leurs flots sombres qu'elle illuminait un instant, et qui allaient ensuite se perdre, plus sombres encore, dans les profondeurs de l'infini.

L'intendant voulut appuyer sur la gauche.

— Non pas, monsieur, dit Monte-Christo, à quoi bon suivre les allées ? voici une belle pelouse, allons devant nous.

Bertuccio essuya la sueur qui coulait de son front, mais obéit ; cependant il continuait de prendre à gauche.

Monte-Christo, au contraire, appuyait à droite ; arrivé près d'un massif d'arbres, il s'arrêta.

L'intendant n'y put tenir.

— Éloignez-vous, monsieur, s'écria-t-il, éloignez-vous, je vous en supplie, vous êtes justement à la place !

— A quelle place ?

— A la place même où il est tombé.

— Mon cher monsieur Bertuccio, dit Monte-Christo en riant, revenez à vous, je vous y engage ; nous ne sommes pas ici à Sartène ou à Corte. Ceci n'est point un maquis, mais un jardin anglais, mal entretenu, j'en conviens, mais qu'il ne faut pas calomnier pour cela.

— Monsieur, ne restez pas là, ne restez pas là, je vous en supplie.

— Je crois que vous devenez fou, maître Bertuccio, dit froidement le comte ; si cela est, prévenez-moi, car je vous ferai enfermer dans quelque maison de santé avant qu'il n'arrive un malheur.

— Hélas ! Excellence, dit Bertuccio, en secouant la

tête et en joignant les mains avec une attitude qui eût fait rire le comte, si des pensées d'un intérêt supérieur ne l'eussent captivé en ce moment et rendu fort attentif aux moindres expansions de cette conscience timorée, hélas ! Excellence, le malheur est arrivé.

— Monsieur Bertuccio, dit le comte, je suis fort aise de vous dire que, tout en gesticulant, vous vous tordez les bras, et que vous roulez des yeux comme un possédé du corps duquel le diable ne veut pas sortir; or, j'ai presque toujours remarqué que le diable le plus entêté à rester à son poste, c'est un secret. Je vous savais Corse, je vous savais sombre et ruminant toujours quelque vieille histoire de vendetta, et je vous passais cela en Italie, parce qu'en Italie ces sortes de choses sont de mise; mais en France on trouve généralement l'assassinat de fort mauvais goût; il y a des gendarmes qui s'en occupent, des juges qui le condamnent et des échafauds qui le vengent.

Bertuccio joignit les mains, et, comme en exécutant ces différentes évolutions il ne quittait point sa lanterne, la lumière éclaira son visage bouleversé.

Monte-Christo l'examina du même œil qu'à Rome il avait examiné le supplice d'Andrea; puis, d'un ton de voix qui fit courir un nouveau frisson par le corps du pauvre intendant :

— L'abbé Busoni m'avait donc menti, dit-il, lorsqu'après son voyage en France, en 1829, il vous envoya vers moi, muni d'une lettre de recommandation dans laquelle il me recommandait vos précieuses qualités? Eh bien ! je vais écrire à l'abbé; je le rendrai responsable de son protégé, et je saurai sans doute ce que c'est que toute cette affaire d'assassinat. Seulement je vous préviens, monsieur Bertuccio, que lorsque je vis dans un pays j'ai l'habitude de me conformer à ses lois, et que je n'ai pas envie de me brouiller pour vous avec la justice de France.

— Oh! ne faites pas cela, Excellence; je vous ai servi fidèlement, n'est-ce pas? s'écria Bertuccio au désespoir ; j'ai toujours été honnête homme, et j'ai même, le plus que j'ai pu, fait de bonnes actions.

— Je ne dis pas non, reprit le comte; mais pourquoi diable êtes-vous agité de la sorte? C'est mauvais signe: une conscience pure n'amène pas tant de pâleur sur les joues, tant de fièvre dans les mains d'un homme..

— Mais, monsieur le comte, reprit en hésitant Bertuccio, ne m'avez-vous pas dit vous-même que l'abbé Busoni, qui a entendu ma confession dans les prisons de Nîmes, vous avait prévenu, en m'envoyant chez vous, que j'avais un lourd reproche à me faire?

— Oui; mais comme il vous adressait à moi en me disant que vous feriez un excellent intendant, j'ai cru que vous aviez volé, voilà tout !

— Oh! monsieur le comte! fit Bertuccio avec mépris.

— Ou que, comme vous étiez Corse, vous n'auriez pu résister au désir de faire une peau, comme on dit dans le pays, par antiphrase, quand au contraire on en défait une.

— Eh bien! oui, monseigneur, oui, mon bon seigneur, c'est cela! s'écria Bertuccio en se jetant aux genoux du comte; oui, c'est une vengeance, je le jure, une simple vengeance.

— Je comprends; mais ce que je ne comprends pas, c'est que ce soit cette maison justement qui vous galvanise à ce point.

— Mais, monseigneur, n'est-ce pas bien naturel, reprit Bertuccio, puisque c'est dans cette maison que la vengeance s'est accomplie?

— Quoi! ma maison?

— Oh! monseigneur, elle n'était pas encore à vous, répondit naïvement Bertuccio.

— Mais à qui donc était-elle? à M. le marquis de Saint-Méran, nous a dit, je crois, le concierge. Que diable aviez-vous donc à vous venger du marquis de Saint-Méran?

— Oh! ce n'était pas de lui, monsieur, c'était d'un autre.

— Voilà une étrange rencontre, dit Monte-Christo paraissant céder à ses réflexions, que vous vous trouviez comme cela par hasard, sans préparation aucune, dans une maison où s'est passée une scène qui vous donne de si affreux remords.

— Monsieur, dit l'intendant, c'est la fatalité qui amène tout cela, j'en suis bien sûr : d'abord vous achetez une maison juste à Auteuil; cette maison est celle où j'ai commis un assassinat; vous descendez au jardin juste par l'escalier où il est descendu; vous vous arrêtez juste à l'endroit où il reçut le coup; à deux pas, sous ce platane, était la fosse où il venait d'enterrer l'enfant : tout cela n'est pas du hasard, non, car en ce cas le hasard ressemblerait trop à la Providence.

— Eh bien ! voyons, monsieur le Corse, supposons que ce soit la Providence; je suppose toujours tout ce qu'on veut, moi; d'ailleurs aux esprits malades il faut faire des concessions. Voyons, rappelez vos esprits et racontez-moi cela.

— Je ne l'ai jamais raconté qu'une fois, et c'était à l'abbé Busoni. De pareilles choses, ajouta Bertuccio en secouant la tête, ne se disent que sous le sceau de la confession.

— Alors, mon cher Bertuccio, dit le comte, vous trouverez bon que je vous renvoie à votre confesseur; vous vous ferez avec lui chartreux ou bernardin, et vous causerez de vos secrets. Mais moi j'ai peur d'un hôte effrayé par de pareils fantômes; je n'aime point que mes gens n'osent point se promener le soir dans mon jardin. Puis, je vous l'avoue, je serais peu curieux de quelque visite de commissaire de police; car, apprenez ceci, maître Bertuccio : en Italie, on ne paie la justice que si elle se tait, mais en France, on ne la paie, au contraire, que quand elle parle. Peste! je vous croyais bien un peu Corse, beaucoup contrebandier, fort habile intendant, mais je vois que vous avez encore d'autres cordes à votre arc. Vous n'êtes plus à moi, monsieur Bertuccio.

— Oh! monseigneur! monseigneur! s'écria l'intendant frappé de terreur à cette menace; oh! s'il ne tient qu'à cela que je demeure à votre service, je parlerai, je dirai tout; et si je vous quitte, eh bien, alors ce sera pour marcher à l'échafaud.

— C'est différent alors, dit Monte-Christo, mais si vous voulez mentir, réfléchissez-y : mieux vaut que vous ne parliez pas du tout.

— Non, monsieur, je vous le jure sur le salut de mon âme, je vous dirai tout! car l'abbé Busoni lui-même n'a su qu'une partie de mon secret. Mais d'abord, je vous en supplie, éloignez-vous de ce platane; tenez, la lune va blanchir ce nuage, et là, placé comme vous vous l'êtes, enveloppé de ce manteau qui me cache votre taille et qui ressemble à celui de M. de Villefort!...

— Comment! s'écria Monte-Christo, c'est M. de Villefort!...

— Votre Excellence le connaît?

— L'ancien procureur du roi de Nîmes?

— Oui.

— Qui avait épousé la fille du marquis de Saint-Méran?

— Oui.

— Et qui avait dans le barreau la réputation du plus sévère, du plus rigide magistrat?

— Eh bien! monsieur, s'écria Bertuccio, cet homme à la réputation irréprochable...

— Oui.

— C'était un infâme.

— Bah! dit Monte-Christo, impossible.

— Cela est pourtant comme je vous le dis.

— Ah! vraiment! dit Monte-Christo, et vous en avez la preuve?

— Je l'avais du moins.

— Et vous l'avez perdue, maladroit?
— Oui ; mais en cherchant bien on peut la retrouver.
— En vérité! dit le comte. Contez-moi cela, monsieur Bertuccio! car cela commence véritablement à m'intéresser.

Et le comte, en chantonnant un petit air de la *Lucia*, alla s'asseoir sur un banc, tandis que Bertuccio le suivait en rappelant ses souvenirs.

Bertuccio resta debout devant lui.

CHAP. XLIII. — LA VENDETTA.

— D'où monsieur le comte désire-t-il que je reprenne les choses? demanda Bertuccio.
— Mais d'où vous voudrez, dit Monte-Christo, puisque je ne sais absolument rien.
— Je croyais cependant que M. l'abbé Busoni avait dit à Votre Excellence...
— Oui, quelque détails sans doute ; mais sept ou huit ans ont passé là-dessus, et j'ai oublié tout cela.
— Alors je puis donc, sans crainte d'ennuyer Votre Excellence...
— Allez, monsieur Bertuccio, allez, vous me tiendrez lieu de journal du soir.
— Les choses remontent à 1815.
— Ah! ah! fit Monte-Christo, ce n'est pas hier, 1815.
— Non, monsieur, et cependant les moindres détails me sont aussi présens à la mémoire que si nous étions seulement au lendemain. J'avais un frère, un frère aîné, qui était au service de l'empereur. Il était devenu lieutenant dans un régiment composé entièrement de Corses. Ce frère était mon unique ami. Nous étions restés orphelins, moi à cinq ans, lui à dix-huit ; il m'avait élevé comme si j'eusse été son fils. En 1814, sous les Bourbons, il s'était marié. L'empereur revint de l'île d'Elbe ; mon frère reprit aussitôt du service, et, blessé légèrement à Waterloo, il se retira avec l'armée derrière la Loire.
— Mais c'est l'histoire des Cent-Jours que vous me faites là, monsieur Bertuccio, dit le comte, et elle est déjà faite, si je ne me trompe.
— Excusez-moi, Excellence, mais ces premiers détails sont nécessaires, et vous m'avez promis d'être patient.
— Allez! allez! je n'ai qu'une parole.
— Un jour nous reçûmes une lettre. Il faut vous dire que nous habitions le petit village de Rogliano, à l'extrémité du cap Corse : cette lettre était de mon frère ; il nous disait que l'armée était licenciée, et qu'il revenait par Châteauroux, Clermont-Ferrand, le Puy et Nîmes ; si j'avais quelque argent, il me priait de le lui faire tenir à Nîmes, chez un aubergiste de notre connaissance, avec lequel j'avais quelques relations.
— De contrebande, reprit Monte-Christo.
— Eh! mon Dieu! monsieur le comte, il faut bien vivre.
— Certainement ; continuez donc.
— J'aimais tendrement mon frère, je vous l'ai dit, Excellence ; aussi je résolus non pas de lui envoyer l'argent, mais de le lui porter moi-même. Je possédais un millier de francs ; j'en laissai cinq cents à Assunta, c'était ma belle-sœur ; je pris les cinq cents autres, et je me mis en route pour Nîmes. C'était chose facile : j'avais ma barque, un chargement à faire en mer ; tout secondait mon projet.

Mais, le chargement fait, le vent devint contraire ; de sorte que nous fûmes quatre ou cinq jours sans pouvoir entrer dans le Rhône. Enfin nous y parvînmes ; nous remontâmes jusqu'à Arles ; je laissai la barque entre Bellegarde et Beaucaire, et je pris le chemin de Nîmes.
— Nous arrivons, n'est-ce pas?
— Oui, monsieur ; excusez-moi, mais comme Votre Excellence le verra, je ne lui dis que les choses absolument nécessaires. Or, c'était le moment où avaient lieu les fameux massacres du Midi. Il y avait là deux ou trois brigands que l'on appelait Trestaillon, Truphemy et Graffan, qui égorgeaient dans les rues tous ceux qu'on soupçonnait de bonapartisme. Sans doute monsieur le comte a entendu parler de ces assassinats?
— Vaguement ; j'étais fort loin de la France à cette époque, continuez.
— En entrant à Nîmes, on marchait littéralement dans le sang ; à chaque pas on rencontrait des cadavres ; les assassins, organisés par bandes, tuaient, pillaient et brûlaient.

A la vue de ce carnage, un frisson me prit, non pas pour moi ; moi, simple pêcheur corse, je n'avais pas grand'chose à craindre : au contraire, ce temps-là c'était notre bon temps, à nous autres contrebandiers, mais pour mon frère, pour mon frère, soldat de l'empire, revenant de l'armée de la Loire avec son uniforme et ses épaulettes, et qui par conséquent avait tout à craindre.

Je courus chez notre aubergiste. Mes pressentimens ne m'avaient pas trompé ; mon frère était arrivé la veille à Nîmes, et à la porte même de celui à qui il venait demander l'hospitalité il avait été assassiné.

Je fis tout au monde pour connaître les meurtriers, mais personne n'osa me dire leurs noms, tant ils étaient redoutés. Je songeai alors à cette justice française, dont on m'avait tant parlé, qui ne redoute rien, elle, et je me présentai chez le procureur du roi.
— Et ce procureur du roi se nommait Villefort? demanda négligemment Monte-Christo.
— Oui, Excellence : il venait de Marseille, où il avait été substitut. Son zèle lui avait valu de l'avancement. Il était un des premiers, disait-on, qui eussent annoncé au gouvernement le débarquement de l'île d'Elbe.
— Donc, reprit Monte-Christo, vous vous présentâtes chez lui.
— « Monsieur, lui dis-je, mon frère a été assassiné hier dans les rues de Nîmes, je ne sais point par qui, mais c'est votre mission de le savoir. Vous êtes ici chef de la justice, et c'est à la justice de venger ceux qu'elle n'a pas su défendre.
— » Et qu'était votre frère? demanda le procureur du roi.
— » Lieutenant au bataillon corse.
— » Un soldat de l'usurpateur, alors?
— » Un soldat des armées françaises.
— » Eh bien! répliqua-t-il, il s'est servi de l'épée et il a péri par l'épée.
— » Vous vous trompez, monsieur, il a péri par le poignard.
— » Que voulez-vous que j'y fasse? répondit le magistrat.
— » Mais je vous l'ai dit : je veux que vous le vengiez.
— » Et de qui?
— » De ses assassins.
— » Est-ce que je les connais, moi?
— » Faites-les chercher.
— » Pour quoi faire? Votre frère aura eu quelque querelle et se sera battu en duel. Tous ces anciens soldats se portent à des excès qui leur réussissaient sous l'Empire, mais qui tournent mal pour eux maintenant ; or nos gens du Midi n'aiment ni les soldats ni les excès.
— » Monsieur, repris-je, ce n'est pas pour moi que je vous prie. Moi, je pleurerai ou je me vengerai, voilà tout ; mais mon pauvre frère avait une femme. S'il m'arrivait malheur à mon tour, cette pauvre créature mourrait de faim, car le travail seul de mon frère la faisait vivre. Obtenez pour elle une petite pension du gouvernement.
— » Chaque révolution a ses catastrophes, répondit M. de Villefort ; votre frère a été victime de celle-ci, c'est un malheur, et le gouvernement ne doit rien à votre famille pour cela. Si nous avions à juger toutes les vengeances que les partisans de l'usurpateur ont exercées

contre les partisans du roi quand à leur tour ils disposaient du pouvoir, votre frère serait peut-être aujourd'hui condamné à mort. Ce qui s'accomplit est chose toute naturelle, car c'est la loi des représailles.

— » Eh quoi! monsieur, m'écriai-je, il est possible que vous me parliez ainsi, vous, un magistrat!...

— » Tous ces Corses sont fous, ma parole d'honneur, répondit M. de Villefort, et ils croient encore que leur compatriote est empereur. Vous vous trompez de temps, mon cher; il fallait venir me dire cela il y a deux mois. Aujourd'hui il est trop tard; allez-vous-en donc, et si vous ne vous en allez pas, moi, je vais vous faire reconduire. »

Je le regardai un instant pour voir si par une nouvelle supplication il y avait quelque chose à espérer.

Cet homme était de pierre. Je m'approchai de lui:

— « Eh bien! lui dis-je à demi-voix, puisque vous connaissez les Corses, vous devez savoir comment ils tiennent leur parole. Vous trouvez qu'on a bien fait de tuer mon frère qui était bonapartiste, parce que vous êtes royaliste, vous; eh bien! moi, qui suis bonapartiste aussi, je vous déclare une chose: c'est que je vous tuerai, vous. A partir de ce moment je vous déclare la vendetta; ainsi, tenez-vous bien, et gardez-vous de votre mieux; car la première fois que nous nous trouverons face à face, c'est que votre dernière heure sera venue. »

Et là-dessus, avant qu'il fût revenu de sa surprise, j'ouvris la porte et je m'enfuis.

— Ah! ah! dit Monte-Christo, avec votre honnête figure, vous faites de ces choses-là, monsieur Bertuccio, et à un procureur du roi, encore! Fi donc! et savait-il au moins ce que cela voulait dire, ce mot vendetta?

— Il le savait si bien qu'à partir de ce moment il ne sortit plus seul et se calfeutra chez lui, me faisant chercher partout. Heureusement j'étais si bien caché qu'il ne put me trouver. Alors la peur le prit; il trembla de rester plus long-temps à Nîmes; il sollicita son changement de résidence, et, comme c'était en effet un homme influent, il fut nommé à Versailles; mais, vous le savez, il n'y a pas de distance pour un Corse qui a juré de se venger de son ennemi, et sa voiture, si bien menée qu'elle fût, n'a jamais eu plus d'une demi-journée d'avance sur moi, qui cependant la suivis à pied.

L'important n'était pas de le tuer, cent fois j'en avais trouvé l'occasion; mais il fallait le tuer sans être découvert et surtout sans être arrêté. Désormais je ne m'appartenais plus: j'avais à protéger et à nourrir ma belle-sœur. Pendant trois mois je guettai M. de Villefort; pendant trois mois il ne fit pas un pas, une démarche, une promenade, que mon regard ne le suivit là où il allait. Enfin, je découvris qu'il venait mystérieusement à Auteuil; je le suivis encore et je le vis entrer dans cette maison où nous sommes; seulement, au lieu d'entrer comme tout le monde par la grande porte de la rue, il venait soit à cheval, soit en voiture, laissait voiture ou cheval à l'auberge, et entrait par cette petite porte que vous voyez là.

Monte-Christo fit de la tête un signe qui prouvait qu'au milieu de l'obscurité il distinguait en effet l'entrée indiquée par Bertuccio.

— Je n'avais plus besoin à Versailles, je me fixai à Auteuil et je m'informai. Si je voulais le prendre, c'était évidemment là qu'il me fallait tendre mon piège.

La maison appartenait, comme le concierge l'a dit à Votre Excellence, à M. de Saint-Méran, beau-père de Villefort. M. de Saint-Méran habitait Marseille; par conséquent, cette campagne lui était inutile: aussi disait-on qu'il venait de la louer à une jeune veuve que l'on ne connaissait que sous le nom de la baronne.

En effet, un soir en regardant par dessus le mur, je vis une femme jeune et belle qui se promenait seule dans ce jardin, que nulle fenêtre étrangère ne dominait; elle regardait fréquemment du côté de la petite porte, et je compris que ce soir-là elle attendait M. de Villefort. Lorsqu'elle fut assez près moi pour que malgré l'obscurité je pusse distinguer ses traits, je vis une belle jeune femme de dix-huit à dix-neuf ans, grande et blonde. Comme elle était en simple peignoir que rien ne gênait sa taille, je pus remarquer qu'elle était enceinte et que sa grossesse même paraissait assez avancée.

Quelques momens après, on ouvrit la petite porte; un homme entra: la jeune femme courut le plus vite qu'elle put à sa rencontre; ils se jetèrent dans les bras l'un de l'autre, s'embrassèrent tendrement et regagnèrent ensemble la maison.

Cet homme, c'était M. de Villefort. Je jugeai qu'en sortant, surtout s'il sortait la nuit, il devait traverser seul le jardin dans toute sa longueur.

— Et, demanda le comte, avez-vous su depuis le nom de cette femme?

— Non, Excellence, répondit Bertuccio; vous allez voir que je n'eus pas le temps de l'apprendre.

— Continuez.

— Ce soir-là, reprit Bertuccio, j'aurais pu tuer peut-être le procureur du roi; mais je ne connaissais pas encore assez le jardin dans tous ses détails. Je craignis de ne pas le tuer raide, et si, quelqu'un accourait à ses cris, de ne pouvoir fuir. Je remis la partie au prochain rendez-vous, et pour que rien ne m'échappât, je pris une petite chambre donnant sur la rue que longeait le mur du jardin.

Trois jours après, vers sept heures du soir, je vis sortir de la maison un domestique à cheval qui prit au galop le chemin qui conduisait à la route de Sèvres; je présumai qu'il allait à Versailles. Je ne me trompais pas.

Trois heures après, l'homme revint tout couvert de poussière; son message était terminé. Dix minutes après, un autre homme à pied, enveloppé d'un manteau, ouvrait la petite porte du jardin, qui se referma sur lui.

Je descendis rapidement. Quoique je n'eusse pas vu le visage de Villefort, je le reconnus au battement de mon cœur: je traversai la rue, je gagnai une borne placée à l'angle du mur à l'aide de laquelle j'avais regardé une première fois dans le jardin.

Cette fois je ne me contentai pas de regarder, je tirai mon couteau de ma poche, je m'assurai que la pointe était bien affilée, et je sautai par-dessus le mur.

Mon premier soin fut de courir à la porte; il avait laissé la clé en dedans, en prenant la simple précaution de donner un double tour à la serrure.

Rien n'entravait donc ma fuite, de ce côté-là. Je me mis à étudier les localités. Le jardin formait un carré long, une pelouse de fin gazon anglais s'étendait au milieu, aux angles de cette pelouse étaient des massifs d'arbres au feuillage touffu et tout entremêlés de fleurs d'automne.

Pour se rendre de la maison à la petite porte ou de la petite porte à la maison, soit qu'il entrât, soit qu'il sortît, M. de Villefort était obligé de passer près d'un de ces massifs.

On était à la fin de septembre; le vent soufflait avec force; un peu de lune pâle, et voilée à chaque instant par de gros nuages qui glissaient rapidement au ciel, blanchissait le sable des allées qui conduisaient à la maison, mais ne pouvait percer l'obscurité de ces massifs touffus dans lesquels un homme pouvait demeurer caché sans qu'il n'y eût crainte qu'on ne l'aperçût.

Je me cachai dans celui le plus près duquel devait passer Villefort; à peine y étais-je, qu'au milieu des bouffées de vent qui courbaient les arbres au-dessus de mon front, je crus distinguer comme des gémissemens. Mais vous savez, ou plutôt vous ne savez pas, monsieur le comte, que celui qui attend le moment de commettre un assassinat croit toujours entendre pousser des cris sourds dans l'air. Deux heures s'écoulèrent pendant lesquelles, à plusieurs reprises, je crus entendre les mêmes gémissemens. Minuit sonna.

Comme le dernier son vibrait encore lugubre et retentissant, j'aperçus une faible lueur illuminant les fenêtres de l'escalier dérobé par lequel nous sommes descendus tout à l'heure.

La porte s'ouvrit, et l'homme au manteau reparut.

C'était le moment terrible, mais depuis si long-temps je m'étais préparé à ce moment, que rien en moi ne faiblit; je tirai mon couteau, je l'ouvris et je me tins prêt.

L'homme au manteau vint droit à moi; mais à mesure qu'il avançait dans l'espace découvert, je croyais remarquer qu'il tenait une arme de la main droite : j'eus peur, non pas d'une lutte, mais d'un insuccès. Lorsqu'il fut à quelques pas de moi seulement, je reconnus que ce que j'avais pris pour une arme n'était rien autre chose qu'une bêche.

Je n'avais pas encore pu deviner dans quel but M. de Villefort tenait une bêche à la main, lorsqu'il s'arrêta sur la lisière du massif, jeta un regard autour de lui, et se mit à creuser un trou dans la terre. Ce fut alors que je m'aperçus qu'il y avait quelque chose dans son manteau qu'il venait de déposer sur la pelouse pour être plus libre de ses mouvemens.

Alors, je l'avoue, un peu de curiosité se glissa dans ma haine : je voulus voir ce que venait faire là Villefort, je restai immobile, sans haleine; j'attendis.

Puis une idée m'était venue qui se confirma en voyant le procureur du roi tirer de son manteau un petit coffre long de deux pieds et large de six à huit pouces.

Je le laissai déposer le coffre dans le trou sur lequel il repoussa la terre; puis, sur cette terre fraîche, il appuya ses pieds pour faire disparaître la trace de l'œuvre nocturne. Je m'élançai alors sur lui et je lui enfonçai mon couteau dans la poitrine en lui disant :

« Je suis Giovanni Bertuccio! ta mort pour mon frère, ton trésor pour sa veuve : tu vois bien que ma vengeance est plus complète que je ne l'espérais. »

Je ne sais s'il entendit ces paroles; je ne le crois pas, car il tomba sans pousser un cri; je sentis les flots de son sang rejaillir brûlans sur mes mains et sur mon visage; mais j'étais ivre, j'étais en délire; ce sang me rafraîchissait au lieu de me brûler. En une seconde, j'eus déterré le coffret à l'aide de la bêche; puis, pour qu'on ne vît pas que je l'avais enlevé, je comblai à mon tour le trou, je jetai la bêche par-dessus le mur, je m'élançai par la porte, que je fermai à double tour en dehors et dont j'emportai la clé.

— Bon! dit Monte-Christo, c'était, à ce que je vois, un petit assassinat doublé de vol.

— Non, Excellence, répondit Bertuccio, c'était une vendetta suivie de restitution.

— Et la somme était ronde, au moins?

— Ce n'était pas de l'argent.

— Ah! oui, je me rappelle, dit Monte-Christo; n'avez-vous pas parlé d'un enfant?

— Justement, Excellence. Je courus jusqu'à la rivière, je m'assis sur le talus, et, pressé de savoir ce que contenait le coffre, je fis sauter la serrure avec mon couteau.

Dans un linge de fine batiste était enveloppé un enfant qui venait de naître : son visage empourpré, ses mains violettes annonçaient qu'il avait dû succomber à une asphyxie causée par des ligamens naturels roulés autour de son cou; cependant, comme il n'était pas froid encore, j'hésitai à le jeter dans cette eau qui coulait à mes pieds. En effet, au bout d'un instant, je crus sentir un léger battement vers la région du cœur; je dégageai son cou du cordon qui l'enveloppait, et, comme j'avais été infirmier à l'hôpital de Bastia, je fis ce qu'aurait pu faire un médecin en pareille circonstance; c'est-à-dire que je lui insufflai courageusement de l'air dans les poumons, et qu'après un quart d'heure d'efforts inouïs, je le vis respirer et j'entendis un cri s'échapper de sa poitrine.

A mon tour, je jetai un cri, mais un cri de joie. « Dieu ne me maudit donc pas, me dis-je, puisqu'il permet que je rende la vie à une créature humaine en échange de la vie que j'ai ôtée à une autre! »

— Et que fîtes-vous de cet enfant? demanda Monte-Cristo; c'était un bagage assez embarrassant pour un homme qui avait besoin de fuir.

— Aussi n'eus-je point un instant l'idée de le garder. Mais je savais qu'il existait à Paris un hospice où on reçoit ces pauvres créatures. En passant à la barrière, je déclarai avoir trouvé cet enfant sur la route, et je m'informai. Le coffre était là qui faisait foi; les langes de batiste indiquaient que l'enfant appartenait à des parens riches; le sang dont j'étais couvert pouvait aussi bien appartenir à l'enfant qu'à tout autre individu. On ne me fit aucune objection; on m'indiqua l'hospice, qui était situé tout au haut de la rue d'Enfer, et, après avoir pris la précaution de couper le lange en deux, de manière à ce qu'une des deux lettres qui le marquaient continuât d'envelopper le corps de l'enfant, tandis que je garderais l'autre, je déposai mon fardeau dans le tour, je sonnai et je m'enfuis à toutes jambes. Quinze jours après, j'étais de retour à Rogliano, et je disais à Assunta :

— Console-toi, ma sœur; Israël est mort, mais je l'ai vengé.

Alors elle me demanda l'explication de ces paroles, et je lui racontai tout ce qui s'était passé.

— « Giovanni, me dit Assunta, tu aurais dû rapporter cet enfant; nous lui eussions tenu lieu des parens qu'il a perdus; nous l'eussions appelé Benedetto, et en faveur de cette bonne action, Dieu nous eût bénis effectivement. »

Pour toute réponse, je lui donnai la moitié de lange que j'avais conservée, afin de faire réclamer l'enfant si nous étions riches.

— Et de quelles lettres était marqué ce lange? demanda Monte-Cristo.

— D'un H et d'un N surmontés d'un tertil de baron.

— Je crois, Dieu me pardonne! que vous vous servez de termes de blason, monsieur Bertuccio! Où diable avez-vous fait vos études héraldiques?

— A votre service, monsieur le comte, où l'on apprend toutes choses.

— Continuez, je suis curieux de savoir deux choses.

— Lesquelles, monseigneur?

— Ce que devint ce petit garçon; ne m'avez-vous pas dit que c'était un petit garçon, monsieur Bertuccio?

— Non, Excellence; je ne me rappelle pas avoir parlé de cela.

— Ah! je croyais avoir entendu, je me serai trompé.

— Non, vous ne vous êtes pas trompé, car c'était effectivement un petit garçon; mais Votre Excellence désirait, disait-elle, savoir deux choses : quelle est la seconde?

— La seconde était le crime dont vous étiez accusé quand vous demandâtes un confesseur, et que l'abbé Busoni alla vous trouver sur cette demande dans la prison de Nîmes.

— Peut-être ce récit sera-t-il bien long, Excellence.

— Qu'importe? il est dix heures à peine, vous savez que je ne dors pas, et je suppose que de votre côté vous n'avez pas grande envie de dormir.

Bertuccio s'inclina et reprit sa narration.

— Moitié pour chasser les souvenirs qui m'assiégeaient, moitié pour subvenir aux besoins de la pauvre veuve, je me remis avec ardeur au métier de contrebandier, devenu plus facile par le relâchement des lois qui suit toujours les révolutions. Les côtes du Midi, surtout, étaient mal gardées, à cause des émeutes éternelles qui avaient lieu, tantôt à Avignon, tantôt à Nîmes, tantôt à Uzès. Nous profitâmes de cette espèce de trêve qui nous était accordée par le gouvernement pour lier des relations avec tout le littoral. Depuis l'assassinat d mon frère dans les rues de Nimes, je n'avais pas voulu rentrer dans cette ville. Il en résulta que l'aubergiste avec lequel nous faisions des affaires, voyant que nous ne voulions plus venir à lui, était venu à nous et avait fondé une succursale de son auberge sur la route de Bellegarde à Beaucaire, à l'enseigne du *Pont du Gard*. Nous avions ainsi, soit du côté d'Aigues-Mortes, soit aux Martigues, soit à Bouc, une douzaine d'entrepôts où nous déposions nos marchandises, et où, au besoin, nous trouvions un refuge contre les douaniers et les gendarmes. C'est un métier qui rapporte beaucoup plus que celui de contrebandier, lorsqu'on y applique une certaine intelligence secondée par quelque vigueur ; quant à moi, je vivais dans les montagnes, ayant maintenant une double raison de craindre gendarmes et douaniers, attendu que toute comparution devant les juges pouvait amener une enquête, que cette enquête est toujours une excursion dans le passé, et que dans mon passé, à moi, on pouvait rencontrer maintenant quelque chose de plus grave que des cigares entrés en contrebande ou des barils d'eau-de-vie circulant sans laissez-passer. Aussi, préférant mille fois la mort à une arrestation, j'accomplissais des choses étonnantes, et qui, plus d'une fois, me donnèrent cette preuve, que le trop grand soin que nous prenons de notre corps est à peu près le seul obstacle à la réussite de ceux de nos projets qui ont besoin d'une décision rapide et d'une exécution vigoureuse et déterminée. En effet, une fois qu'on a fait le sacrifice de sa vie, on n'est plus l'égal des autres hommes ou plutôt les autres hommes ne sont plus vos égaux, et quiconque a pris cette résolution sent, à l'instant même, décupler ses forces et s'agrandir son horizon.

— De la philosophie, monsieur Bertuccio ! interrompit le comte ; mais vous avez donc fait un peu de tout dans votre vie ?

— Oh ! pardon, Excellence.

— Non, non ! c'est que de la philosophie à dix heures et demie du soir, c'est un peu tard. Mais je n'ai pas d'autre observation à faire, attendu que je la trouve exacte, ce qu'on ne peut pas dire de toutes les philosophies.

— Mes courses devinrent donc de plus en plus étendues, de plus en plus fructueuses. Assunta était ménagère, et notre petite fortune s'arrondissait. Un jour que je partais pour une course : — Va, dit-elle, et à ton retour je te ménage une surprise.

Je l'interrogeai inutilement : elle ne voulut rien me dire, et je partis.

La course dura près de six semaines : nous avions été à Lucques chercher de l'huile, et à Livourne prendre des cotons anglais ; notre débarquement se fit sans événement contraire. Nous réalisâmes nos bénéfices et nous revînmes tout joyeux.

En rentrant dans la maison, la première chose que je vis à l'endroit le plus apparent de la chambre d'Assunta, dans un berceau somptueux relativement au reste de l'appartement, fut un enfant de sept à huit mois. Je jetai un cri de joie. Les seuls momens de tristesse que j'eusse éprouvés depuis l'assassinat du procureur du roi m'avaient été causés par l'abandon de cet enfant. Il va sans dire que de remords de l'assassinat lui-même, je n'en avais point eu.

La pauvre Assunta avait tout deviné : elle avait profité de mon absence, et, munie de la moitié du lange, ayant inscrit, pour ne point l'oublier, le jour et l'heure précis où l'enfant avait été déposé à l'hospice, elle était partie pour Paris et avait été elle-même le réclamer. Aucune objection ne lui avait été faite, et l'enfant lui avait été remis.

Ah ! j'avoue, monsieur le comte, qu'en voyant cette pauvre créature dormant dans son berceau, ma poitrine se gonfla et que des larmes sortirent de mes yeux.

— En vérité, Assunta ! m'écriai-je, tu es une digne femme, et la Providence te bénira.

— Ceci, dit Monte-Christo, est moins exact que votre philosophie ; il est vrai que ce n'est que la foi.

— Hélas ! Excellence, reprit Bertuccio, vous avez bien raison, et ce fut cet enfant lui-même que Dieu chargea de ma punition. Jamais nature plus perverse ne se déclara plus prématurément, et cependant on ne dira pas qu'il fut mal élevé, car ma sœur le traitait comme le fils d'un prince ; c'était un garçon d'une figure charmante avec des yeux d'un bleu clair comme ces tons de faïences chinoises qui s'harmonisent si bien avec le blanc laiteux du ton général ; seulement ses cheveux, d'un blond trop vif, donnaient à sa figure un caractère étrange, qui doublait la vivacité de son regard et la malice de son sourire. Malheureusement il y a un proverbe qui dit que le roux est tout bon ou tout mauvais ; le proverbe ne mentit pas pour Benedetto, et dès sa jeunesse il se montra tout mauvais. Il est vrai aussi que la douceur de sa mère encouragea ces premiers penchans ; l'enfant, pour qui ma pauvre sœur allait au marché de la ville, située à quatre ou cinq lieues de là, acheter les premiers fruits et les sucreries les plus délicates, préférait aux oranges de Palma et aux conserves de Gênes les châtaignes volées au voisin en franchissant les haies, ou les pommes séchées dans son grenier, tandis qu'il avait à sa disposition les châtaignes et les pommes de notre verger.

Un jour, Benedetto pouvait avoir cinq ou six ans, le voisin Wasilio, qui, selon les habitudes de notre pays, n'enfermait ni sa bourse ni ses bijoux, car, monsieur le comte le sait aussi bien que personne, en Corse il n'y a pas de voleurs, le voisin Wasilio se plaignit à nous qu'un louis avait disparu de sa bourse ; on crut qu'il avait mal compté, mais lui prétendit être sûr de son fait. Ce jour-là, Benedetto avait quitté la maison dès le matin, et c'était une grande inquiétude chez nous, lorsque le soir nous le vîmes revenir traînant un singe qu'il avait trouvé, disait-il, tout enchaîné au pied d'un arbre. Depuis un mois la passion du méchant enfant, qui ne savait quelle chose imaginer, était d'avoir un singe. Un bateleur qui était passé à Rogliano, et qui avait plusieurs de ces animaux dont les exercices l'avaient fort réjoui, lui avait inspiré sans doute cette malheureuse fantaisie.

— On ne trouve pas de singe dans nos bois, lui dis-je, et surtout de singe enchaîné ; avoue-moi donc comment tu t'es procuré celui-ci.

Benedetto soutint son mensonge, et l'accompagna de détails qui faisaient plus d'honneur à son imagination qu'à sa véracité ; je m'irritai, il se mit à rire ; je le menaçai, il fit deux pas en arrière.

— Tu ne peux pas me battre, dit-il, tu n'en as pas le droit, tu n'es pas mon père.

Nous ignorâmes toujours qui lui avait révélé ce fatal secret, que nous lui avions caché cependant avec tant de soin ; quoi qu'il en soit, cette réponse, dans laquelle l'enfant se révélait tout entier, m'épouvanta presque, mon bras levé retomba effectivement sans toucher le coupable ; l'enfant triompha, et cette victoire lui donna une telle audace qu'à partir de ce moment tout l'argent d'Assunta, dont l'amour semblait augmenter pour lui à mesure qu'il en était moins digne, passa en caprices qu'elle ne savait pas combattre, en folies qu'elle n'avait point le courage d'empêcher. Quand j'étais à Rogliano, les choses marchaient encore assez convenablement ; mais dès que j'étais parti, c'était Benedetto qui était devenu le maître de la maison, et tout tournait à mal. Agé de onze ans à peine, tous ses camarades étaient choisis parmi les jeunes gens de dix-huit ou vingt ans, les plus mauvais sujets de Bastia et de Corte, et déjà, pour quelques espiègleries qui méritaient un nom plus sérieux, la justice nous avait donné des avertissemens.

Je fus effrayé ; toute information pouvait avoir des suites funestes : j'allais justement être forcé de m'éloigner de la Corse pour une expédition importante. Je réfléchis long-temps, et, dans le pressentiment d'éviter quelques malheurs, je me décidai à emmener Benedetto avec moi. J'espérais que la vie active et rude du contrebandier, la discipline sévère du bord, changeraient ce caractère prêt à se corrompre, s'il n'était pas déjà affreusement corrompu.

Je tirai donc Benedetto à part et lui fis la propositon de me suivre, en entourant cette proposition de toutes les promesses qui peuvent séduire un enfant de douze ans.

Il me laissa aller jusqu'au bout, et lorsque j'eus fini, éclatant de rire :

— Êtes-vous fou, mon oncle? dit-il (il m'appelait ainsi quand il était de belle humeur) ; moi changer la vie que je mène contre celle que vous menez, ma bonne et excellente paresse contre l'horrible travail que vous vous êtes imposé! passer la nuit au froid, le jour au chaud ; se cacher sans cesse, quand on se montre recevoir des coups de fusil, et tout cela pour gagner un peu d'argent! L'argent, j'en ai tant que j'en veux ! mère Assunta m'en donne quand je lui en demande. Vous voyez donc bien que je serais un imbécile si j'acceptais ce que vous me proposez.

J'étais stupéfait de cette audace et de ce raisonnement. Benedetto retourna jouer avec ses camarades, et je le vis de loin me montrant à eux comme un idiot.

— Charmant enfant! murmura Monte-Christo.

— Oh ! s'il eût été à moi, répondit Bertuccio, s'il eût été mon fils, ou tout au moins mon neveu, je l'eusse bien ramené au droit sentier, car la conscience donne la force. Mais l'idée que j'allais battre un enfant dont j'avais tué le père me rendait toute correction impossible. Je donnai de bons conseils à ma sœur, qui, dans nos discussions, prenait sans cesse la défense du petit malheureux ; et comme elle m'avoua que plusieurs fois des sommes assez considérables lui avaient manqué, je lui indiquai un endroit où elle pouvait cacher notre petit trésor. Quant à moi, ma résolution était prise, Benedetto savait parfaitement lire, écrire et compter, car lorsqu'il voulait s'adonner par hasard au travail, il apprenait en un jour ce que les autres apprenaient en une semaine; ma résolution, dis-je, était prise ; je devais l'engager comme secrétaire sur quelque navire au long cours, et, sans le prévenir de rien, le faire prendre un beau matin et le faire transporter à bord ; de cette façon, et en le recommandant au capitaine, tout son avenir dépendait de lui.

Ce plan arrêté, je partis pour la France.

Toutes nos opérations devaient cette fois s'exécuter dans le golfe de Lyon et ces opérations devenaient de plus en plus difficiles, car nous étions en 1829. La tranquillité était parfaitement rétablie, et, par conséquent, le service des côtes était redevenu plus régulier et plus sévère que jamais. Cette surveillance était encore augmentée momentanément par la foire de Beaucaire qui venait de s'ouvrir.

Les commencemens de notre expédition s'exécutèrent sans encombre. Nous amarrâmes notre barque, qui avait un double fond dans lequel nous cachions nos marchandises de contrebande, au milieu d'une quantité de bateaux qui bordaient les deux rives du Rhône depuis Beaucaire jusqu'à Arles. Arrivés là, nous commençâmes à décharger nuitamment nos marchandises prohibées, et à les faire passer dans la ville par l'intermédiaire des gens qui étaient en relations avec nous, ou des aubergistes chez lesquels nous faisions des dépôts. Soit que la réussite nous eût rendus imprudens, soit que nous ayons été trahis, un soir, vers les cinq heures de l'après-midi, comme nous allions nous mettre à goûter, notre petit mousse accourut tout effaré en disant qu'il avait vu une escouade de douaniers se diriger de notre côté. Ce n'était pas précisément l'escouade qui nous effrayait : à chaque instant, surtout dans ce moment-là, des compagnies entières rôdaient sur les bords du Rhône; mais c'étaient les précautions qu'au dire de l'enfant cette escouade prenait pour ne pas être vue. En un instant nous fûmes sur pied, mais il était déjà trop tard ; notre barque, évidemment l'objet des recherches, était entourée. Parmi les douaniers, je remarquai quelques gendarmes ; et, aussi timide à la vue de ceux-ci que j'étais brave ordinairement à la vue de tout autre corps militaire, je descendis dans la cale, et, me glissant par un sabord, je me laissai couler dans le fleuve, puis je nageai entre deux eaux, ne respirant qu'à de longs intervalles, si bien que je gagnai sans être vu une tranchée que l'on venait de faire, et qui communiquait du Rhône au canal qui se rend de Beaucaire à Aigues-Mortes. Une fois arrivé là, j'étais sauvé, car je pouvais suivre sans être vu cette tranchée. Je gagnai donc le canal sans accident. Ce n'était pas par hasard et sans préméditation que j'avais suivi ce chemin ; j'ai déjà parlé à Votre Excellence d'un aubergiste de Nîmes qui avait établi sur la route de Bellegarde à Beaucaire une petite hôtellerie.

— Oui, dit Monte-Christo, je me souviens parfaitement. Ce digne homme, si je ne me trompe, était même votre associé ?

— C'est cela, répondit Bertuccio ; mais depuis sept ou huit ans il avait cédé son établissement à un ancien tailleur de Marseille qui, après s'être ruiné dans un état, avait voulu essayer de faire sa fortune dans un autre. Il va sans dire que les petits arrangemens que nous avions faits avec le premier propriétaire furent maintenus avec le second ; c'était donc à cet homme que je comptais demander asile.

— Et comment se nommait cet homme? demanda le comte qui paraissait commencer à reprendre quelque intérêt au récit de Bertuccio.

— Il s'appelait Gaspard Caderousse, il était marié à une femme du village de la Carconte, et que nous ne connaissions pas sous un autre nom que celui de son village ; c'était une pauvre femme atteinte de la fièvre des marais, qui s'en allait mourant de langueur. Quant à l'homme, c'était un robuste gaillard de quarante à quarante-cinq ans, qui plus d'une fois nous avait, dans des circonstances difficiles, donné des preuves de sa présence d'esprit et de son courage.

— Et vous dites, demanda Monte-Christo, que ces choses se passaient vers l'année...

— 1829, monsieur le comte.

— En quel mois ?

— Au mois de juin.

— Au commencement ou à la fin ?

— C'était le 3 au soir.

— Ah ! fit Monte-Christo, le 3 juin 1829... Bien, continuez.

— C'était donc à Caderousse que je comptais demander asile ; mais, comme d'habitude, et même dans les circonstances ordinaires, nous n'entrions pas chez lui par la porte qui donnait sur la route, je résolus de ne pas déroger à nos habitudes, j'enjambai la haie du jardin, je me glissai en rampant à travers les oliviers rabougris et les figuiers sauvages, et je gagnai, dans la crainte que Caderousse eût quelque voyageur dans son auberge, une espèce de soupente dans laquelle plus d'une fois j'avais passé la nuit aussi bien que dans le meilleur lit. Cette soupente n'était séparée de la salle commune du rez-de-chaussée de l'auberge que par une cloison en planches dans laquelle des jours avaient été ménagés à notre intention, afin que de là nous puissions guetter le moment opportun de faire reconnaître que nous étions dans le voisinage. Je comptais, si Caderousse était seul, le prévenir de mon arrivée, achever chez lui le repas interrompu par l'apparition des douaniers et profiter de l'orage qui se préparait pour regagner les bords du Rhône et m'assurer de ce qu'étaient devenus la barque et ceux qui la montaient. Je me glissai donc dans la soupente, et bien m'en prit, car en ce moment-là même Caderousse rentrait chez lui avec un inconnu.

OEUVRES COMPL. D'ALEX. DUMAS.

Je me tins coi et j'attendis, non point dans l'intention de surprendre les secrets de mon hôte, mais parce que je ne pouvais faire autrement; d'ailleurs dix fois même chose était déjà arrivée.

L'homme qui accompagnait Caderousse était évidemment étranger au midi de la France: c'était un de ces négocians forains qui viennent vendre des bijoux à la foire de Beaucaire et qui, pendant un mois que dure cette foire, où affluent des marchands et des acquéreurs de toutes les parties de l'Europe, font quelquefois pour cent ou cent cinquante mille francs d'affaires.

Caderousse entra vivement et le premier.

Puis, voyant la salle d'en bas vide comme d'habitude et simplement gardée par son chien, il appela sa femme.

— Hé! la Carconte, dit-il, ce digne homme de prêtre ne nous avait pas trompés; le diamant était bon.

Une exclamation joyeuse se fit entendre, et presque aussitôt l'escalier craqua sous un pas alourdi par la faiblesse et la maladie.

— Qu'est-ce que tu dis? demanda la femme plus pâle qu'une morte.

— Je dis que le diamant était bon, que voilà monsieur, un des premiers bijoutiers de Paris, qui est prêt à nous en donner cinquante mille francs. Seulement, pour être sûr que le diamant est bien à nous, il demande que tu lui racontes, comme je l'ai déjà fait, de quelle façon miraculeuse le diamant est tombé entre nos mains. En attendant, monsieur, asseyez-vous, s'il vous plait, et comme le temps est lourd, je vais aller chercher de quoi vous rafraîchir.

Le bijoutier examinait avec attention l'intérieur de l'auberge et la pauvreté bien visible de ceux qui allaient lui vendre un diamant qui semblait sorti de l'écrin d'un prince.

— Racontez, madame, dit-il, voulant sans doute profiter de l'absence du mari pour qu'aucun signe de la part de celui-ci n'influençât la femme, et pour voir si les deux récits cadreraient bien l'un avec l'autre.

— Eh! mon Dieu! dit la femme avec volubilité, c'est une bénédiction du ciel à laquelle nous étions loin de nous attendre. Imaginez-vous, mon cher monsieur, que mon mari a été lié en 1814 ou 1815 avec un marin nommé Edmond Dantès: ce pauvre garçon, que Caderousse avait complétement oublié, ne l'a pas oublié, lui, et lui a laissé en mourant le diamant que vous venez de voir.

— Mais comment était-il devenu possesseur de ce diamant? demanda le bijoutier. Il l'avait donc avant d'entrer en prison?

— Non monsieur, répondit la femme; mais en prison il a fait, à ce qu'il paraît, la connaissance d'un Anglais très riche; et comme en prison son compagnon de chambre est tombé malade, et que Dantès en prit les mêmes soins que si c'était son frère, l'Anglais, en sortant de captivité, laissa au pauvre Dantès, qui, moins heureux que lui, est mort en prison, ce diamant qu'il nous a légué à son tour en mourant, et qu'il a chargé le digne abbé qui est venu ce matin de nous remettre.

— C'est bien la même chose, murmura le bijoutier; et, au bout du compte, l'histoire peut être vraie, tout invraisemblable qu'elle paraisse au premier abord. Il n'y a donc que le prix sur lequel nous ne sommes pas d'accord.

— Comment! pas d'accord! dit Caderousse; je croyais que vous aviez consenti au prix que j'en demandais.

— C'est-à-dire, reprit le bijoutier, que j'en ai offert quarante mille francs.

— Quarante mille! s'écria la Carconte; nous ne le donnerons certainement pas pour ce prix-là. L'abbé nous a dit qu'il valait cinquante mille francs, et sans la monture encore.

— Et comment se nommait cet abbé? demanda l'infatigable questionneur.

— L'abbé Busoni, répondit la femme.

— C'était donc un étranger?

— C'était un Italien des environs de Mantoue, je crois.

— Montrez-moi ce diamant, reprit le bijoutier, que je le revoie une seconde fois, souvent on juge mal les pierres à une première vue.

Caderousse tira de sa poche un petit étui de chagrin noir, l'ouvrit et le passa au bijoutier. A la vue du diamant, qui était gros comme une petite noisette, je me le rappelle comme si je le voyais encore, les yeux de la Carconte étincelèrent de cupidité.

— Et que pensiez-vous de tout cela, monsieur l'écouteur aux portes? demanda Monte-Christo; ajoutiez-vous foi à cette belle fable?

— Oui, Excellence; je ne regardais pas Caderousse comme un méchant homme, et je le croyais incapable d'avoir commis un crime ou même un vol.

— Cela fait plus honneur à votre cœur qu'à votre expérience, monsieur Bertuccio. Aviez-vous connu cet Edmond Dantès dont il était question?

— Non, Excellence, je n'en avais jamais entendu parler jusqu'alors, et je n'en ai jamais entendu reparler depuis qu'une seule fois par l'abbé Busoni lui-même, quand je le vis dans les prisons de Nîmes.

— Bien! continuez.

Le bijoutier prit la bague des mains de Caderousse, et tira de sa poche une petite pince en acier et une petite paire de balances de cuivre; puis, écartant les crampons d'or qui retenaient la pierre dans la bague, il fit sortir le diamant de son alvéole, et le pesa minutieusement dans les balances.

— J'irai jusqu'à quarante-cinq mille francs, dit-il, mais je ne donnerai pas un sou avec; d'ailleurs, comme c'était ce que valait le diamant, j'ai pris juste cette somme sur moi.

— Oh! qu'à cela ne tienne, dit Caderousse, je retournerai avec vous à Beaucaire pour chercher les cinq autres mille francs.

— Non, dit le bijoutier en rendant l'anneau et le diamant à Caderousse; non, cela ne vaut pas davantage, et encore je suis fâché d'avoir offert cette somme, attendu qu'il y a dans la pierre un défaut que je n'avais pas vu d'abord; mais n'importe, je n'ai qu'une parole, j'ai dit quarante-cinq mille francs, je ne m'en dédis pas.

— Au moins remettez le diamant dans la bague, dit aigrement la Carconte.

— C'est juste, dit le bijoutier; il replaça la pierre dans le chaton.

— Bon, bon, bon, dit Caderousse en remettant l'étui dans sa poche, on le vendra à un autre.

— Oui, reprit le bijoutier, mais un autre ne sera pas si facile que moi; un autre ne se contentera pas des renseignemens que vous m'avez donnés; il n'est pas naturel qu'un homme comme vous possède un diamant de cinquante mille francs, il ira prévenir les magistrats, il faudra retrouver l'abbé Busoni, et les abbés qui donnent des diamans de deux mille louis sont rares; la justice commencera par mettre la main dessus, on vous enverra en prison, et si vous êtes reconnu innocent, qu'on vous mette dehors après trois ou quatre mois de captivité, la bague se sera égarée au greffe, ou l'on vous donnera une pierre fausse qui vaudra trois francs, au lieu d'un diamant qui en vaut cinquante mille, cinquante-cinq mille peut-être mais que, vous en conviendrez, mon brave homme, on court certains risques à acheter.

Caderousse et sa femme s'interrogèrent du regard.

— Non, dit Caderousse, nous ne sommes pas assez riches pour perdre cinq mille francs.

— Comme vous voudrez, mon cher ami, dit le bijoutier; j'avais cependant, comme vous le voyez, apporté de la belle monnaie.

Et il tira d'une de ses poches une poignée d'or qu'il fit briller aux yeux éblouis de l'aubergiste, et, de l'autre, un paquet de billets de banque.

Un rude combat se livrait visiblement dans l'esprit

de Caderousse : il était évident que ce petit étui de chagrin qu'il tournait et retournait dans sa main ne lui paraissait pas correspondre, comme valeur, à la somme énorme qui fascinait ses yeux.

Il se retourna vers sa femme.

— Qu'en dis-tu ? lui demanda-t-il tout bas.

— Donne, donne, dit-elle; s'il retourne à Beaucaire sans le diamant, il nous dénoncera; et, comme il le dit, qui sait si nous pourrons jamais remettre la main sur l'abbé Busoni.

— Eh bien! soit, dit Caderousse, prenez donc le diamant pour quarante-cinq mille francs; mais ma femme veut une chaîne d'or, et moi une paire de boucles d'argent.

Le bijoutier tira de sa poche une boite longue et plate qui contenait plusieurs échantillons des objets demandés.

— Tenez, dit-il, je suis rond en affaires; choisissez.

La femme choisit une chaîne d'or qui pouvait valoir cinq louis, et le mari une paire de boucles qui pouvait valoir quinze francs.

— J'espère que vous ne vous plaindrez pas? dit le bijoutier.

— L'abbé avait dit qu'il valait cinquante mille francs, murmura Caderousse.

— Allons, allons, donnez donc! Quel homme terrible, reprit le bijoutier en lui tirant des mains le diamant; je lui compte quarante-cinq mille francs, deux mille cinq cents livres de rente, c'est-à-dire une fortune comme je voudrais bien en avoir une, moi, et il n'est pas encore content!

— Et les quarante-cinq mille francs, demanda Caderousse d'une voix rauque, voyons, où sont-ils?

— Les voilà, dit le bijoutier.

Et il compta sur la table quinze mille francs en or et trente mille francs en billets de banque.

— Attendez que j'allume la lampe, dit la Carconte, il n'y fait plus clair, et on pourrait se tromper.

En effet, la nuit était venue pendant cette discussion, et avec la nuit l'orage qui menaçait depuis une demi-heure. On entendait gronder sourdement le tonnerre dans le lointain; mais ni le bijoutier, ni Caderousse, ni la Carconte ne paraissaient s'en occuper, possédés qu'ils étaient tous les trois du démon du gain.

Moi-même j'éprouvais une étrange fascination à la vue de tout cet or et de tous ces billets. Il me semblait que je faisais un rêve, et, comme il arrive dans un rêve, je me sentais enchaîné à ma place.

Caderousse compta et recompta l'or et les billets, puis il les passa à sa femme, qui les compta et recompta à son tour. Pendant ce temps, le bijoutier faisait miroiter le diamant sous le rayon de la lampe, et le diamant jetait des éclairs qui lui faisaient oublier ceux qui, précurseurs de l'orage, commençaient à enflammer les fenêtres.

— Eh bien! le compte y est-il? demanda le bijoutier.

— Oui, dit Caderousse, donne le portefeuille et cherche un sac, Carconte.

La Carconte alla à une armoire et revint apportant un vieux portefeuille de cuir, duquel on tira quelques lettres graisseuses à la place desquelles on remit les billets, et un sac dans lequel étaient renfermés deux ou trois écus de six livres, qui composaient probablement toute la fortune du misérable ménage.

— Là, dit Caderousse, quoique vous nous ayez soulevé une dizaine de mille francs peut-être, voulez-vous souper avec nous? c'est de bon cœur.

— Merci, dit le bijoutier, il doit se faire tard, et il faut que je retourne à Beaucaire; ma femme serait inquiète : il tira sa montre. Morbleu! s'écria-t-il, neuf heures bientôt, je ne serai pas à Beaucaire avant minuit; adieu, mes petits enfans : s'il vous revient par hasard des abbés Busoni, pensez à moi.

— Dans huit jours vous ne serez plus à Beaucaire, dit Caderousse, puisque la foire finit la semaine prochaine.

— Non, mais cela ne fait rien; écrivez-moi à Paris, à M. Joannès, au Palais-Royal, galerie de Pierre, n° 15, je ferai le voyage exprès si cela en vaut la peine.

Un coup de tonnerre retentit, accompagné d'un éclair si violent qu'il effaça presque la clarté de la lampe.

— Oh! oh! dit Caderousse, vous allez partir par ce temps-là?

— Oh! je n'ai pas peur du tonnerre, dit le bijoutier.

— Et des voleurs? demanda la Carconte. La route n'est jamais bien sûre pendant la foire.

— Oh! quant aux voleurs, dit Joannès, voilà pour eux.

Et il tira de sa poche une paire de petits pistolets chargés jusqu'à la gueule.

— Voici, dit-il, des chiens qui aboient et mordent en même temps : c'est pour les deux premiers qui auraient envie de votre diamant, père Caderousse.

Caderousse et sa femme échangèrent un regard sombre. Il paraît qu'ils avaient en même temps quelque terrible pensée.

— Alors, bon voyage! dit Caderousse.

— Merci! dit le bijoutier.

Il prit sa canne qu'il avait posée contre un vieux bahut, et sortit. Au moment où il ouvrit la porte, une telle bouffée de vent entra qu'elle faillit éteindre la lampe.

— Oh! dit-il, il va faire un joli temps, et deux lieues de pays à faire avec ce temps-là!

— Restez, dit Caderousse, vous coucherez ici.

— Oui, restez, dit la Carconte d'une voix tremblante; nous aurons bien soin de vous.

— Non pas, il faut que j'aille coucher à Beaucaire. Adieu.

Caderousse alla lentement jusqu'au seuil.

— Il ne fait ni ciel ni terre, dit le bijoutier déjà hors de la maison. Faut-il prendre à droite ou à gauche?

— A droite, dit Caderousse; il n'y a pas à s'y tromper, la route est bordée d'arbres de chaque côté.

— Bon, j'y suis, dit la voix presque perdue dans le lointain.

— Ferme donc la porte! dit la Carconte, je n'aime pas le portes ouvertes quand il tonne.

— Et quand il y a de l'argent dans la maison, n'est-ce pas? répondit Caderousse en donnant un double tour à la serrure.

Il rentra, alla à l'armoire, retira le sac et le portefeuille, et tous deux se mirent à recompter pour la troisième fois leur or et leurs billets.

Je n'ai jamais vu expression pareille à ces deux visages dont cette maigre lampe éclairait la cupidité. La femme surtout était hideuse; le tremblement fiévreux qui l'animait habituellement avait redoublé. Son visage, de pâle était devenu livide; ses yeux caves flamboyaient.

— Pourquoi donc, demanda-t-elle d'une voix sourde, lui avais-tu offert de coucher ici?

— Mais, répondit Caderousse en tressaillant, pour..... pour qu'il n'eût pas la peine de retourner à Beaucaire.

— Ah! dit la femme avec une expression impossible à rendre, je croyais que c'était pour autre chose, moi.

— Femme! femme, s'écria Caderousse, pourquoi as-tu de pareilles idées, et pourquoi les ayant ne les gardes-tu pas pour toi?

— C'est égal, dit la Carconte après un instant de silence, tu n'es pas un homme.

— Comment cela? fit Caderousse.

— Si tu avais été un homme, il ne serait pas sorti d'ici.

— Femme!

— Ou bien il n'arriverait pas à Beaucaire.

— Femme!

— La route fait un coude, il est obligé de suivre la route, tandis qu'il y a le long du canal un chemin qui raccourcit.

— Femme, tu offenses le bon Dieu. Tiens, écoute...

En effet, on entendit un effroyable coup de tonnerre en même temps qu'un éclair bleuâtre enflammait toute la salle, et la foudre, décroissant lentement, sembla s'éloigner comme à regret de la maison maudite.

— Jésus! dit la Carconte en se signant.

— Au même instant, et au milieu de ce silence de terreur qui suit ordinairement les coups de tonnerre, on entendit frapper à la porte.

Caderousse et sa femme tressaillirent et se regardèrent épouvantés.

— Qui va là? s'écria Caderousse en se levant et en réunissant en un seul tas l'or et les billets épars sur la table, et qu'il couvrit de ses deux mains.

— Moi! dit une voix.

— Qui, vous?

— Eh pardieu! Joannès le bijoutier!

— Eh bien! que disais-tu donc, reprit la Carconte avec un effroyable sourire, que j'offensais le bon Dieu?... Voilà le bon Dieu qui nous le renvoie.

Caderousse retomba pâle et haletant sur sa chaise.

La Carconte, au contraire, se leva, et allant d'un pas ferme à la porte, qu'elle rouvrit:

— Entrez donc, cher monsieur Joannès, dit-elle.

— Ma foi, dit le bijoutier ruisselant de pluie, il paraît que le diable ne veut pas que je retourne à Beaucaire ce soir. Les plus courtes folies sont les meilleures, mon cher monsieur Caderousse; vous m'avez offert l'hospitalité, je l'accepte, et je reviens coucher chez vous.

Caderousse balbutia quelques mots en essuyant la sueur qui coulait sur son front.

La Carconte referma la porte à double tour derrière le bijoutier.

CHAP. XLIV. — LA PLUIE DE SANG.

En entrant, le bijoutier jeta un regard interrogateur autour de lui; mais rien ne semblait faire naître les soupçons s'il n'en avait pas, rien ne semblait les confirmer s'il en avait.

Caderousse tenait toujours des deux mains ses billets et son or. La Carconte souriait à son hôte le plus agréablement qu'elle pouvait.

— Ah! ah! dit le bijoutier, il paraît que vous aviez peur de ne pas avoir votre compte, que vous repassiez votre trésor après mon départ?

— Non pas, dit Caderousse; mais l'événement qui nous en a fait possesseurs est si inattendu que nous n'y pouvons croire, et que, lorsque nous n'avons pas la preuve matérielle sous les yeux, nous croyons faire encore un rêve.

Le bijoutier sourit.

— Est-ce que vous avez des voyageurs dans votre auberge? demanda-t-il.

— Non, répondit Caderousse, nous ne donnons point à coucher; nous sommes trop près de la ville, et personne ne s'arrête.

— Alors, je vais vous gêner horriblement?

— Nous gêner, vous! mon cher monsieur! dit gracieusement la Carconte, pas du tout, je vous jure.

— Voyons, où me mettez-vous?

— Dans la chambre là-haut.

— Mais n'est-ce pas votre chambre?

— Oh! n'importe; nous avons un second lit dans la pièce à côté de celle-ci.

Caderousse regarda avec étonnement sa femme.

Le bijoutier chantonna un petit air en se chauffant le dos à un fagot que la Carconte venait d'allumer dans la cheminée pour sécher son hôte.

Pendant ce temps, elle apportait sur un coin de la table où elle avait étendu une serviette les maigres restes d'un dîner, auquel elle joignit deux ou trois œufs frais.

Caderousse avait renfermé de nouveau les billets dans son portefeuille, son or dans son sac, et le tout dans son armoire. Il se promenait de long en large, sombre et pensif, levant de temps en temps la tête sur le bijoutier, qui se tenait tout fumant devant l'âtre, et qui, à mesure qu'il se séchait d'un côté, se tournait de l'autre.

— Là! dit la Carconte en portant une bouteille de vin sur la table, quand vous voudrez souper tout est prêt.

— Et vous? demanda Joannès.

— Moi, je ne souperai pas, répondit Caderousse.

— Nous avons dîné très tard, se hâta de dire la Carconte.

— Je vais donc souper seul? fit le bijoutier.

— Nous vous servirons, répondit la Carconte avec un empressement qui ne lui était pas habituel, même envers ses hôtes payans.

De temps en temps Caderousse lançait sur elle un regard rapide comme un éclair.

L'orage continuait.

— Entendez-vous, entendez-vous? dit la Carconte; vous avez, ma foi, bien fait de revenir.

— Ce qui n'empêche pas, dit le bijoutier, que si, pendant mon souper, l'ouragan s'apaise, je me remettrai en route.

— C'est le mistral, dit Caderousse en secouant la tête; nous en avons pour jusqu'à demain.

Et il poussa un soupir.

— Ma foi, dit le bijoutier en se mettant à table, tant pis pour ceux qui sont dehors.

— Oui, reprit la Carconte, ils passeront une mauvaise nuit.

Le bijoutier commença de souper, et la Carconte continua d'avoir pour lui tous les petits soins d'une hôtesse attentive; elle d'ordinaire si quinteuse et si revêche, elle était devenue un modèle de prévenance et de politesse. Si le bijoutier l'eût connue auparavant, un si grand changement l'eût certes étonné et n'eût pas manqué de lui inspirer quelque soupçon. Quant à Caderousse, il ne disait pas une parole, continuant sa promenade et paraissant hésiter même à regarder son hôte.

Lorsque le souper fut terminé, Caderousse alla lui-même ouvrir la porte.

— Je crois que l'orage se calme, dit-il.

Mais en ce moment, comme pour lui donner un démenti, un coup de tonnerre terrible ébranla la maison, et une bouffée de vent mêlée de pluie entra qui éteignit la lampe.

Caderousse referma la porte; sa femme alluma une chandelle au brasier mourant.

— Tenez, dit-elle au bijoutier, vous devez être fatigué; j'ai mis des draps blancs au lit, montez vous coucher et dormez bien.

Joannès resta encore un instant pour s'assurer que l'ouragan ne se calmait point, et lorsqu'il eut acquis la certitude que le tonnerre et la pluie ne faisaient qu'aller en augmentant, il souhaita le bonsoir à ses hôtes et monta l'escalier.

Il passait au-dessus de ma tête, et j'entendais chaque marche craquer sous ses pas.

La Carconte le suivit d'un œil avide, tandis qu'au contraire Caderousse lui tournait le dos et ne regardait pas même de son côté.

Tous ces détails, qui sont revenus à mon esprit depuis ce temps-là, ne me frappèrent point au moment où ils se passaient sous mes yeux: il n'y avait, à tout prendre, rien que de naturel dans ce qui arrivait, et à part l'histoire du diamant, qui me paraissait bien un peu invraisemblable, tout allait de source.

Aussi, comme j'étais écrasé de fatigue, que je comptais profiter moi-même du premier répit que la tempête donnerait aux élémens, je résolus de dormir quelques heures et de m'éloigner au milieu de la nuit.

J'entendais dans la pièce au-dessus le bijoutier qui

faisait de son côté toutes ses dispositions pour passer la meilleure nuit possible. Bientôt son lit craqua sous lui ; il venait de se coucher.

Je sentais mes yeux qui se fermaient malgré moi, et comme je n'avais conçu aucun soupçon, je ne tentai point de lutter contre le sommeil ; je jetai un dernier regard sur l'intérieur de la cuisine. Caderousse était assis à côté d'une longue table, sur un de ces bans de bois qui dans les auberges de village remplacent les chaises ; il me tournait le dos, de sorte que je ne pouvais voir sa physionomie ; d'ailleurs eût-il été dans la position contraire, la chose m'eût encore été impossible, attendu qu'il tenait sa tête ensevelie dans ses deux mains.

La Carconte le regarda quelque temps, haussa les épaules et vint s'asseoir en face de lui.

En ce moment la flamme mourante gagna un reste de bois sec oublié par elle ; une lueur un peu plus vive éclaira le sombre intérieur. La Carconte tenait ses yeux fixés sur son mari, et comme celui-ci restait toujours dans la même position, je la vis étendre vers lui sa main crochue, et elle le toucha au front.

Caderousse tressaillit. Il me sembla que la femme remuait les lèvres ; mais, soit qu'elle parlât tout-à-fait bas, soit que mes sens fussent déjà engourdis par le sommeil, le bruit de sa parole n'arriva point jusqu'à moi. Je ne voyais même plus qu'à travers un brouillard et avec ce doute précurseur du sommeil pendant lequel on croit que l'on commence un rêve. Enfin mes yeux se fermèrent, et je perdis la conscience de moi-même.

J'étais au plus profond de mon sommeil, lorsque je fus réveillé par un coup de pistolet, suivi d'un cri terrible. Quelques pas chancelans retentirent sur le plancher de la chambre, et une masse inerte vint s'abattre dans l'escalier, juste au dessus de ma tête.

Je n'étais pas encore bien maître de moi. J'entendais des gémissemens, puis des cris étouffés comme ceux qui accompagnent une lutte.

Un dernier cri, plus prolongé que les autres et qui dégénéra en gémissemens, vint me tirer complétement de ma léthargie.

Je me soulevai sur un bras, j'ouvris les yeux, qui ne virent rien dans les ténèbres, et je portai la main à mon front, sur lequel il me semblait que dégouttait à travers les planches de l'escalier une pluie tiède et abondante.

Le plus profond silence avait succédé à ce bruit affreux. J'entendis les pas d'un homme qui marchait au-dessus de ma tête, ses pas firent craquer l'escalier. L'homme descendit dans la salle inférieure, s'approcha de la cheminée et alluma une chandelle.

Cet homme, c'était Caderousse ; il avait le visage pâle, et sa chemise était ensanglantée.

La chandelle allumée, il remonta rapidement l'escalier, et j'entendis de nouveau ses pas rapides et inquiets.

Un instant après il redescendit. Il tenait à la main l'écrin ; il s'assura que le diamant était bien dedans, chercha un instant laquelle de ses poches il le mettrait ; puis sans doute ne considérant point la poche comme une cachette assez sûre, il le roula dans son mouchoir rouge qu'il tourna autour de son cou.

Puis il courut à l'armoire, en tira ses billets et son or, mit les uns dans le gousset de son pantalon, l'autre dans la poche de sa veste, prit deux ou trois chemises, et s'élançant vers la porte, il disparut dans l'obscurité. Alors tout devint clair et lucide pour moi ; je me reprochai ce qui venait d'arriver, comme si j'eusse été le vrai coupable. Il me sembla entendre des gémissemens : le malheureux bijoutier pouvait n'être pas mort ; peut-être était-il en mon pouvoir, en lui portant secours, de réparer une partie du mal non que j'avais fait, mais que j'avais laissé faire. J'appuyai mes épaules contre une de ces planches mal jointes qui séparaient l'espèce de tambour dans lequel j'étais couché de la salle inférieure. Les planches cédèrent, et je me trouvai dans la maison.

Je courus à la chandelle, et je m'élançai dans l'escalier ; un corps le barrait en travers, c'était le cadavre de la Carconte.

Le coup de pistolet que j'avais entendu avait été tiré sur elle : elle avait la gorge traversée de part en part, et outre sa double blessure qui coulait à flot, elle vomissait le sang par la bouche.

Elle était tout-à-fait morte.

J'enjambai par-dessus son corps, et je passai.

La chambre offrait l'aspect du plus affreux désordre. Deux ou trois meubles étaient renversés ; les draps auxquels le malheureux bijoutier s'était cramponné traînaient par la chambre : lui-même était couché à terre, la tête appuyée contre le mur, nageant dans une mare de sang qui s'échappait de trois larges blessures reçues dans la poitrine.

Dans la quatrième était resté un long couteau de cuisine, dont on ne voyait que le manche.

Je marchai sur le second pistolet qui n'était point parti, la poudre étant probablement mouillée.

Je m'approchai du bijoutier ; il n'était pas mort effectivement ; au bruit que je fis, à l'ébranlement du plancher surtout, il rouvrit des yeux hagards, parvint à les fixer un instant sur moi, remua les lèvres comme s'il voulait parler, et expira.

Cet affreux spectacle m'avait rendu presque insensé ; du moment où je ne pouvais plus porter de secours à personne, je n'éprouvais plus qu'un besoin, celui de fuir. Je me précipitai dans l'escalier, en enfonçant mes mains dans mes cheveux et en poussant un rugissement de terreur.

Dans la salle inférieure il y avait cinq ou six douaniers et deux ou trois gendarmes, toute une troupe armée.

On s'empara de moi ; je n'essayai même pas de faire résistance ; je n'étais plus le maître de mes sens. J'essayai de parler, je poussai quelques cris inarticulés, voilà tout.

Je vis que les douaniers et les gendarmes me montraient au doigt ; j'abaissai mes yeux sur moi-même, j'étais tout couvert de sang. Cette pluie tiède que j'avais senti tomber sur moi à travers les planches de l'escalier, c'était le sang de la Carconte.

Je montrai du doigt l'endroit où j'étais caché.

— Que veut-il dire ? demanda un gendarme.

Un douanier alla voir.

— Il veut dire qu'il est passé par là, répondit-il.

Et il montra le trou par lequel j'avais passé effectivement.

Alors, je compris qu'on me prenait pour l'assassin. Je retrouvai la voix, je retrouvai la force ; je me dégageai des mains des deux hommes qui me tenaient, en m'écriant : Ce n'est pas moi ! ce n'est pas moi !

Deux gendarmes me mirent en joue avec leurs carabines.

— Si tu fais un mouvement, dirent-ils, tu es mort.

— Mais, m'écriai-je, puisque je vous répète que ce n'est pas moi.

— Tu conteras ta petite histoire aux juges de Nîmes, répondirent-ils. En attendant, suis-nous ; et si nous avons un conseil à te donner, c'est de ne pas faire résistance.

Ce n'était point mon intention, j'étais brisé par l'étonnement et par la terreur. On me mit les menottes, on m'attacha à la queue d'un cheval, et l'on me conduisit à Nîmes.

J'avais été suivi par un douanier ; il m'avait perdu de vue aux environs de la maison, il s'était douté que j'y passerais la nuit ; il avait été prévenir ses compagnons, et ils étaient arrivés juste pour entendre le coup de pistolet et pour me prendre au milieu de telles preuves de culpabilité, que je compris tout de suite la peine que j'aurais à faire reconnaître mon innocence.

Aussi, ne m'attachai-je qu'à une chose : ma première

demande au juge d'instruction fut pour le prier de faire chercher partout un certain abbé Busoni, qui s'était arrêté dans la journée à l'auberge du Pont-du-Gard. Si Caderousse avait inventé une histoire, si cet abbé n'existait pas, il était évident que j'étais perdu, à moins que Caderousse ne fût pris à son tour et n'avouât tout.

Deux mois s'écoulèrent pendant lesquels, je dois le dire à la louange de mon juge, toutes les recherches furent faites pour retrouver celui que je lui demandais. J'avais déjà perdu tout espoir. Caderousse n'avait point été pris. J'allais être jugé à la première session, lorsque le 8 septembre, c'est-à-dire trois mois et cinq jours après l'événement, l'abbé Busoni, sur lequel je n'espérais plus, se présenta à la geôle, disant qu'il avait appris qu'un prisonnier désirait lui parler. Il avait su, disait-il, la chose à Marseille, et il s'empressait de se rendre à mon désir.

Vous comprenez avec quelle ardeur je le reçus ; je lui racontai tout ce dont j'avais été témoin, j'abordai avec inquiétude l'histoire du diamant ; contre mon attente elle était vraie de point en point ; contre mon attente encore, il ajouta une foi entière à tout ce que je lui dis. Ce fut alors, qu'entraîné par sa douce charité, reconnaissant en lui une profonde connaissance des mœurs de mon pays, pensant que le pardon du seul crime que j'eusse commis pouvait peut-être descendre de ses lèvres si charitables, je lui racontai, sous le sceau de la confession, l'aventure d'Auteuil dans tous ses détails. Ce que j'avais fait par entraînement obtint le même résultat que si je l'eusse fait par calcul ; l'aveu de ce premier assassinat, que rien ne me forçait de lui révéler, lui prouva que je n'avais pas commis le second, et il me quitta en m'ordonnant d'espérer, et en promettant de faire tout ce qui serait en son pouvoir pour convaincre mes juges de mon innocence.

J'eus la preuve qu'en effet il s'était occupé de moi quand je vis ma prison s'adoucir graduellement, et quand j'appris qu'on attendrait pour me juger les assises qui devaient suivre celles pour lesquelles on se rassemblait.

Dans cet intervalle, la Providence permit que Caderousse fût pris à l'étranger et ramené en France. Il avoua tout, rejetant la préméditation et surtout l'instigation sur sa femme. Il fut condamné aux galères perpétuelles, et moi mis en liberté.

— Et ce fut alors, dit Monte-Cristo, que vous vous présentâtes chez moi porteur d'une lettre de l'abbé Busoni.

— Oui, Excellence, il avait pris à moi un intérêt visible. — Votre état de contrebandier vous perdra, me dit-il ; si vous sortez d'ici, quittez-le.

— Mais, mon père, demandai-je, comment voulez-vous que je vive et que je fasse vivre ma pauvre sœur ?

— Un de mes pénitents, me répondit-il, a une grande estime pour moi, et m'a chargé de lui chercher un homme de confiance. Voulez-vous être cet homme, je vous adresserai à lui.

— Oh ! mon père, m'écriai-je, que de bonté !

— Mais vous me jurerez que je n'aurai jamais à me repentir.

J'étendis la main pour faire serment.

— C'est inutile, dit-il, je connais et j'aime les Corses, voici ma recommandation :

Et il écrivit les quelques lignes que je vous remis, et sur lesquelles Votre Excellence eut la bonté de me prendre à son service. Maintenant, je le demande avec orgueil à Votre Excellence, a-t-elle jamais eu à se plaindre de moi ?

— Non, répondit le comte, et je le confesse avec plaisir, vous êtes un bon serviteur, Bertuccio, quoique vous manquiez de confiance.

— Moi, monsieur le comte !

— Oui, vous. Comment se fait-il que vous ayez une sœur et un fils adoptif, et que, cependant, vous ne m'ayez jamais parlé ni de l'une ni de l'autre ?

— Hélas ! Excellence, c'est qu'il me reste à vous dire la partie la plus triste de ma vie. Je partis pour la Corse. J'avais hâte, vous le comprenez bien, de revoir et de consoler ma pauvre sœur ; mais quand j'arrivai à Rogliano, je trouvai la maison en deuil ; il y avait eu une scène horrible et dont les voisins gardent encore le souvenir ! Ma pauvre sœur, selon mes conseils, résistait aux exigences de Benedetto qui, à chaque instant, voulait se faire donner tout l'argent qu'il y avait à la maison. Un matin, il la menaça et disparut pendant toute la journée. Elle pleura, car cette chère Assunta avait pour le misérable un cœur de mère. Le soir vint, elle l'attendit sans se coucher. Lorsqu'à onze heures il rentra avec deux de ses amis, compagnons ordinaires de toutes ses folies, alors elle lui tendit les bras ; mais eux s'emparèrent d'elle, et l'un des trois, je tremble que ce ne soit cet infernal enfant, l'un des trois s'écria :

— Jouons à la question, et il faudra bien qu'elle avoue où est son argent.

Justement le voisin Wasilio était à Bastia ; sa femme seule était restée à la maison. Nul, excepté elle, ne pouvait ni voir ni entendre ce qui passait chez ma sœur. Deux retinrent la pauvre Assunta, qui, ne pouvant croire à la possibilité d'un pareil crime, souriait à ceux qui allaient devenir ses bourreaux ; le troisième alla barricader portes et fenêtres, puis il revint, et, tous trois réunis, étouffant les cris que la terreur lui arrachait devant ces préparatifs plus sérieux, approchèrent les pieds d'Assunta du brasier sur lequel ils comptaient pour lui faire avouer où était caché notre petit trésor ; mais dans la lutte le feu prit à ses vêtements : ils lâchèrent alors la patiente, pour ne pas être brûlés eux-mêmes. Toute en flammes elle courut à la porte, mais la porte était fermée. Elle s'élança vers la fenêtre ; mais la fenêtre était barricadée. Alors la voisine entendit des cris affreux : c'était Assunta qui appelait au secours. Bientôt sa voix fut étouffée ; les cris devinrent des gémissemens, et le lendemain, après une nuit de terreur et d'angoisses, quand la femme Wasilio se hasarda de sortir de chez elle et fit ouvrir la porte de notre maison par le juge, on trouva Assunta à moitié brûlée, mais respirant encore, les armoires forcées, l'argent disparu. Quant à Benedetto, il avait quitté Rogliano pour n'y plus revenir ; depuis ce jour je ne l'ai pas revu, et je n'ai pas même entendu parler de lui.

Ce fut, reprit Bertuccio, après avoir appris ces tristes nouvelles, que j'allai à Votre Excellence. Je n'avais plus à vous parler de Benedetto, puisqu'il avait disparu, ni de ma sœur, puisqu'elle était morte.

— Qu'avez-vous pensé de cet événement ? demanda Monte-Cristo.

— Que c'était le châtiment du crime que j'avais commis, répondit Bertuccio. Ah ! ces Villefort, c'était une race maudite.

— Je le crois, murmura le comte avec un accent lugubre.

— Et maintenant, n'est-ce pas, reprit Bertuccio, Votre Excellence comprend que cette maison que je n'ai pas revue depuis, que ce jardin où je me suis retrouvé tout à coup, que cette place où j'ai tué un homme, ont pu me causer ces sombres émotions dont vous avez voulu connaître la source ; car enfin je ne suis pas bien sûr que devant moi, là, à mes pieds, M. de Villefort ne soit pas couché dans la fosse qu'il avait creusée pour son enfant.

— En effet, tout est possible, dit Monte-Cristo en se levant du banc où il était assis, même, ajouta-t-il tout bas, que le procureur du roi ne soit pas mort. L'abbé Busoni a bien fait de vous envoyer à moi. Vous avez bien fait aussi de me raconter votre histoire, car je n'aurai pas de mauvaises pensées à votre sujet. Quant à ce Benedetto si mal nommé, n'avez-vous jamais essayé de retrouver sa trace, n'avez-vous jamais cherché à savoir ce qu'il était devenu ?

— Jamais. Si j'avais su où il était, au lieu d'aller à lui, j'aurais fui comme devant un monstre. Non, heureusement, jamais je n'en ai entendu parler par qui que ce soit au monde ; j'espère qu'il est mort.

— N'espérez pas, Bertuccio, dit le comte : les méchans ne meurent pas ainsi, car Dieu semble les prendre sous sa garde pour en faire l'instrument de ses vengeances.

— Soit, dit Bertuccio. Tout ce que je demande au ciel seulement, c'est de ne le revoir jamais. Maintenant, continua l'intendant en baissant la tête, vous savez tout, monsieur le comte; vous êtes mon juge ici-bas comme Dieu le sera là-haut; ne me direz-vous point quelques paroles de consolation?

— Vous avez raison, en effet, et je puis vous dire ce que vous dirait l'abbé Busoni : celui que vous avez frappé, ce Villefort, méritait un châtiment pour ce qu'il avait fait à vous et peut-être pour autre chose encore. Benedetto, s'il vit, servira, comme je vous l'ai dit, à quelque vengeance divine, puis sera puni à son tour. Quant à vous, vous n'avez en réalité qu'un reproche à vous adresser; demandez-vous pourquoi, ayant enlevé cet enfant à la mort, vous ne l'avez pas rendu à sa mère; là est le crime, Bertuccio.

— Oui, monsieur, là est le crime et le véritable crime, car en cela j'ai été lâche. Une fois que j'eus rappelé l'enfant à la vie, je n'avais qu'une chose à faire, vous l'avez dit, c'était de le renvoyer à sa mère. Mais pour cela il me fallait faire des recherches, attirer l'attention, me livrer peut-être ; je n'ai pas voulu mourir, je tenais à la vie par ma sœur, par l'amour-propre inné chez nous autres de rester entiers et victorieux dans notre vengeance; et puis enfin, peut-être tenais-je simplement à la vie par l'amour même de la vie. Oh! moi, je ne suis pas un brave comme mon pauvre frère !

Bertuccio cacha son visage dans ses deux mains, et Monte-Christo attacha sur lui un long et indéfinissable regard.

Puis après un instant de silence rendu plus solennel encore par l'heure et par le lieu :

— Pour terminer dignement cet entretien qui sera le dernier sur ces aventures, monsieur Bertuccio, dit le comte avec un accent de mélancolie qui ne lui était pas habituel, retenez bien mes paroles, je les ai souvent entendu prononcer à l'abbé Busoni lui-même : à tous maux il est deux remèdes, le temps et le silence. Maintenant, monsieur Bertuccio, laissez-moi me promener un instant dans ce jardin. Ce qui est une émotion poignante pour vous, acteur dans cette terrible scène, sera pour moi une sensation presque douce et qui donnera un double prix à cette propriété. Les arbres, voyez-vous, monsieur Bertuccio, ne plaisent que parce qu'ils font de l'ombre, et l'ombre elle-même ne plait que parce qu'elle est pleine de rêveries et de visions. Voilà que j'ai acheté un jardin croyant acheter un simple enclos fermé de murs, et, point du tout; tout à coup cet enclos se trouve être un jardin tout plein de fantômes qui n'étaient point portés sur le contrat. Or, j'aime les fantômes, je n'ai jamais entendu dire que les morts eussent fait en six mille ans autant de mal que les vivans en font en un jour. Rentrez donc, monsieur Bertuccio, et allez dormir en paix. Si votre confesseur, au moment suprême, est moins indulgent que ne fut l'abbé Busoni, faites-moi venir si je suis encore de ce monde, et je vous trouverai des paroles qui berceront doucement votre ame au moment où elle sera prête à se mettre en route pour faire ce rude voyage qu'on appelle l'éternité.

Bertuccio s'inclina respectueusement devant le comte, et s'éloigna en poussant un soupir.

Monte-Christo resta seul ; et faisant quatre pas en avant :

— Ici, près de ce platane, murmura-t-il, la fosse où l'enfant fut déposé : là-bas, la petite porte par laquelle on entrait dans le jardin ; à cet angle, l'escalier dérobé qui conduit à la chambre à coucher. Je ne crois pas avoir besoin d'inscrire tout cela sur mes tablettes, car voilà devant mes yeux, autour de moi, sous mes pieds, le plan en relief, le plan vivant.

Et le comte, après un dernier tour dans ce jardin, alla retrouver sa voiture ; Bertuccio, qui le voyait rêveur, monta sans rien dire sur le siège auprès du cocher.

La voiture reprit le chemin de Paris.

Le soir même, à son arrivée à la maison des Champs-Elysées, le comte de Monte-Christo visita toute l'habitation comme eût pu le faire un homme familiarisé avec elle depuis longues années ; pas une seule fois, quoiqu'il marchât le premier, il n'ouvrit une porte pour une autre, et ne prit un escalier ou un corridor qui ne le conduisît pas directement où il comptait aller. Ali l'accompagnait dans cette revue nocturne. Le comte donna à Bertuccio plusieurs ordres pour l'embellissement ou la distribution nouvelle du logis, et, tirant sa montre, il dit au Nubien attentif.

— Il est onze heures et demie, Haydée ne peut tarder à arriver. A-t-on prévenu les femmes françaises?

Ali étendit la main vers l'appartement destiné à la belle Grecque, et qui était tellement isolé qu'en cachant la porte derrière une tapisserie, on pouvait visiter toute la maison sans se douter qu'il y eût là un salon et deux chambres habités; Ali, disons-nous donc, étendit la main vers l'appartement, montra le nombre trois avec les doigts de sa main gauche, et sur cette même main mise à plat appuyant sa tête, ferma les yeux en guise de sommeil.

— Ah ! fit Monte-Christo, habitué à ce langage, elles sont trois qui attendent dans la chambre à coucher, n'est-ce pas?

— Oui, fit Ali en agitant la tête du haut en bas

— Madame sera fatiguée ce soir, continua Monte-Christo, et sans doute elle voudra dormir; qu'on ne la fasse pas parler : les suivantes françaises doivent seulement saluer leur nouvelle maîtresse et se retirer ; vous veillerez à ce que la suivante grecque ne communique pas avec les suivantes françaises.

Ali s'inclina.

Bientôt on entendit héler le concierge ; la grille s'ouvrit, une voiture roula dans l'allée et s'arrêta devant le perron. Le comte descendit ; la portière était déjà ouverte ; il tendit la main à une jeune femme tout enveloppée d'une mante de soie verte toute brodée d'or qui lui couvrait la tête. La jeune femme prit la main qu'on lui tendait, la baisa avec un certain amour mêlé de respect, et quelques mots furent échangés tendrement de la part de la jeune femme, et avec une douce gravité de la part du comte, dans cette langue sonore que le vieil Homère a mise dans la bouche de ses dieux.

Alors, précédée d'Ali qui portait un flambeau de cire rose, la jeune femme, laquelle n'était autre que cette belle grecque, compagne ordinaire de Monte-Christo en Italie, fut conduite à son appartement, puis le comte se retira dans le pavillon qu'il s'était réservé.

A minuit et demi, toutes les lumières étaient éteintes dans la maison, et l'on eût pu croire que tout le monde dormait.

XLV. — LE CRÉDIT ILLIMITÉ.

Le lendemain, vers deux heures de l'après-midi, une calèche attelée de deux magnifiques chevaux anglais s'arrêta devant la porte de Monte-Christo ; un homme vêtu d'un habit bleu, à boutons de soie de même couleur, d'un gilet blanc sillonné par une énorme chaîne d'or et d'un pantalon couleur noisette, coiffé de cheveux si noirs et descendant si bas sur les sourcils, que l'on eût pu hésiter à les croire naturels tant ils semblaient peu en harmonie avec celles des rides inférieures qu'ils ne parvenaient point à cacher ; un homme enfin de cinquante à cinquante-cinq ans, et qui cherchait à en paraître quarante, passa sa tête par la portière d'un coupé sur le panneau duquel était peinte une couronne de baron, et envoya son groom demander au concierge si le comte de Monte-Christo était chez lui.

En attendant, cet homme considérait avec une attention si minutieuse qu'elle devenait presque impertinente l'extérieur de la maison, ce que l'on pouvait distinguer du jardin, et la livrée de quelques domestiques que l'on pouvait apercevoir allant et venant. L'œil de cet homme était vif, mais plutôt rusé que spirituel. Ses lèvres étaient si minces, qu'au lieu de saillir en dehors elles rentraient dans la bouche ; enfin la largeur et la proéminence des pommettes, signe infaillible d'astuce, la dépression du front, le renflement de l'occiput qui dépassait de beaucoup de larges oreilles des moins aristocratiques, contribuaient à donner pour tout physionomiste un caractère presque repoussant à la figure de ce personnage fort recommandable aux yeux du vulgaire par ses chevaux magnifiques, l'énorme diamant qu'il portait à sa chemise et le ruban rouge qui s'étendait d'une boutonnière à l'autre de son habit.

Le groom frappa au carreau du concierge, et demanda :

— N'est-ce point ici que demeure M. le comte de Monte-Christo ?

— C'est ici que demeure Son Excellence, répondit le concierge ; mais... Il consulta Ali du regard.

Ali fit un signe négatif.

— Mais ! demanda le groom.

— Mais Son Excellence n'est pas visible, répondit le concierge.

— En ce cas, voici la carte de mon maître : M. le baron Danglars. Vous la remettrez au comte de Monte-Cristo, et vous lui direz qu'en allant à la Chambre mon maître s'est détourné pour avoir l'honneur de le voir.

— Je ne parle pas à Son Excellence, dit le concierge ; le valet de chambre fera la commission.

Le groom retourna vers la voiture.

— Eh bien ? demanda Danglars.

L'enfant, assez honteux de la leçon qu'il avait reçue, apporta à son maître la réponse qu'il avait reçue du concierge.

— Oh ! fit celui-ci, c'est donc un prince que ce monsieur qu'on appelle Excellence, et qu'il n'y ait que son valet de chambre qui ait le droit de lui parler ; n'importe, puisqu'il a un crédit sur moi, il faudra bien que je le voie quand il voudra de l'argent.

Et Danglars se rejeta dans le fond de sa voiture en criant au cocher de manière à ce qu'on pût l'entendre de l'autre côté de la route :

— A la Chambre des Députés !

Au travers d'une jalousie de son pavillon, Monte-Christo, prévenu à temps, avait vu le baron et l'avait étudié à l'aide d'une excellente lorgnette avec non moins d'attention que M. Danglars en avait mis lui-même à analyser la maison, le jardin et les livrées.

— Décidément, fit-il avec un geste de dégoût et en faisant rentrer les tuyaux de sa lunette dans leur fourreau d'ivoire, décidément c'est une laide créature que cet homme ; comment, dès la première fois qu'on le voit, ne reconnaît-on pas le serpent au front aplati, le vautour au crâne bombé et la buse au bec tranchant !

— Ali ! cria-t-il, puis il frappa un coup sur le timbre de cuivre. Ali parut. Appelez Bertuccio, dit-il.

Au même moment Bertuccio entra...

— Votre Excellence me faisait demander ? dit l'intendant.

— Oui, monsieur, dit le comte. Avez-vous vu les chevaux qui viennent de s'arrêter devant ma porte ?

— Certainement, Excellence, ils sont même fort beaux.

— Comment se fait-il, dit Monte-Cristo en fronçant le sourcil, quand je vous ai demandé les deux plus beaux chevaux de Paris, qu'il y ait à Paris deux autres chevaux aussi beaux que les miens, et que ces chevaux ne soient pas dans mes écuries ?

Au froncement de sourcil et à l'intonation sévère de cette voix, Ali baissa la tête et pâlit.

— Ce n'est pas ta faute, bon Ali, dit en arabe le comte avec une douceur qu'on n'aurait pas cru pouvoir rencontrer ni dans sa voix ni sur son visage, tu ne te connais pas en chevaux anglais, toi.

La sérénité reparut sur les traits d'Ali.

— Monsieur le comte, dit Bertuccio, les chevaux dont vous me parlez n'étaient pas à vendre.

Monte-Christo haussa les épaules.

— Sachez, monsieur l'intendant, dit-il, que tout est toujours à vendre pour qui sait y mettre le prix.

— M. Danglars les a payés seize mille francs, monsieur le comte.

— Eh bien ! il fallait lui en offrir trente-deux mille ; il est banquier, et un banquier ne manque jamais une occasion de doubler son capital.

— Monsieur le comte parle-t-il sérieusement ? demanda Bertuccio.

Monte-Christo regarda l'intendant en homme étonné qu'on ose lui faire une question.

— Ce soir, dit-il, j'ai une visite à rendre ; je veux que ces deux chevaux soient attelés à ma voiture avec un harnais neuf.

Bertuccio se retira en saluant ; près de la porte, il s'arrêta :

— A quelle heure, dit-il, Son Excellence compte-t-elle faire cette visite ?

— A cinq heures, dit Monte-Christo.

— Je ferai observer à Votre Excellence qu'il est deux heures, hasarda l'intendant.

— Je le sais, se contenta de répondre Monte-Christo ; puis se retournant vers Ali :

— Faites passer tous les chevaux devant madame, dit-il, qu'elle choisisse l'attelage qui lui conviendra le mieux, et qu'elle me fasse dire si elle veut dîner avec moi : dans ce cas on servira chez elle ; allez ; en descendant, vous m'enverrez le valet de chambre.

Ali venait de disparaître à peine, que le valet de chambre entra à son tour.

— Monsieur Baptistin, dit le comte, depuis un an vous êtes à mon service ; c'est le temps d'épreuve que j'impose d'ordinaire à mes gens : vous me convenez.

Baptistin s'inclina.

— Reste à savoir si je vous conviens.

— Oh ! monsieur le comte ! se hâta de dire Baptistin.

— Ecoutez jusqu'au bout, reprit le comte. Vous gagnez par an quinze cents francs, c'est-à-dire les appointements d'un bon et brave officier qui risque tous les jours sa vie, vous avez une table telle que beaucoup de chefs de bureau, malheureux serviteurs infiniment plus occupés que vous, en désireraient une pareille. Domestique, vous avez vous-même des domestiques qui ont soin de votre linge et de vos effets. Outre vos quinze cents francs de gage, vous me volez sur les achats que vous faites pour ma toilette à peu près quinze cents autres francs par an.

— Oh ! Excellence.

— Je ne m'en plains pas, monsieur Baptistin, c'est raisonnable ; cependant je désire que cela s'arrête là. Vous ne retrouveriez donc nulle part un poste pareil à celui que votre bonne fortune vous a donné. Je ne bats jamais mes gens, je ne jure jamais, je ne me mets jamais en colère, je pardonne toujours une erreur, jamais une négligence ou un oubli. Mes ordres sont d'ordinaire courts, mais clairs et précis ; j'aime mieux les répéter à deux fois et même à trois que de les voir mal interprétés.

Je suis assez riche pour savoir tout ce que je veux savoir, et je suis fort curieux, je vous en préviens. Si j'apprenais donc que vous ayez parlé de moi en bien ou en mal, commenté mes actions, surveillé ma conduite, vous sortiriez de chez moi à l'instant même. Je n'avertis jamais mes domestiques qu'une seule fois; vous voilà averti, allez !

Baptistin s'inclina et fit trois ou quatre pas pour se retirer.

— A propos, reprit le comte, j'oubliais de vous dire que, chaque année, je place une certaine somme sur la tête de mes gens. Ceux que je renvoie perdent nécessairement cet argent, qui profite à ceux qui restent et qui y auront droit après ma mort. Voilà un an que vous êtes chez moi; votre fortune est commencée, continuez-la.

Cette allocution faite devant Ali, qui demeurait impassible, attendu qu'il n'entendait pas un mot de français, produisit sur M. Baptistin un effet que comprendront tous ceux qui ont quelque peu étudié la physiologie du domestique français.

— Je tâcherai de me conformer en tous points aux désirs de Votre Excellence, dit-il; d'ailleurs je me modèlerai sur M. Ali.

— Oh! pas du tout, dit le comte avec une froideur de marbre. Ali a beaucoup de défauts mêlés à ses qualités; ne prenez donc pas exemple sur lui, car Ali est une exception; il n'a pas de gages, ce n'est pas un domestique; c'est mon esclave, c'est mon chien; s'il manquait à son devoir, je ne le chasserais pas, lui, je le tuerais.

Bastistin ouvrit de grands yeux.

— Vous doutez? dit Monte-Christo.

Et il répéta à Ali les mêmes paroles qu'il venait de dire en français à Baptistin.

Ali écouta, sourit, s'approcha de son maître, mit un genou à terre, et lui baisa respectueusement la main.

Ce petit corollaire de la leçon mit le comble à la stupéfaction de M. Baptistin.

Le comte fit signe à Baptistin de sortir et à Ali de le suivre. Tous deux passèrent dans son cabinet, et là ils causèrent long-temps.

A cinq heures, le comte frappa trois coups sur son timbre. Un coup appelait Ali, deux coups Baptistin, trois coups Bertuccio.

L'intendant entra.

— Mes chevaux ! dit Monte-Christo.

— Ils sont à la voiture, Excellence, répliqua Bertuccio. Accompagnerai-je monsieur le comte ?

— Non, le cocher, Baptistin et Ali, voilà tout.

Le comte descendit et vit, attelés à la voiture, les chevaux qu'il avait admirés le matin à la voiture de Danglars.

En passant près d'eux il leur jeta un coup d'œil.

— Ils sont beaux en effet, dit-il, et vous avez bien fait de les acheter, seulement c'était un peu tard.

— Excellence, dit Bertuccio, j'ai eu bien de la peine à les avoir, et ils ont coûté bien cher.

— Les chevaux en sont-ils moins beaux ? demanda le comte en haussant les épaules.

— Si Votre Excellence est satisfaite, dit Bertuccio, tout est bien. Où va Votre Excellence ?

— Rue de la Chaussée-d'Antin, chez M. le baron Danglars.

Cette conversation se passait sur le haut du perron. Bertuccio fit un pas pour descendre la première marche.

— Attendez, monsieur, dit Monte-Christo en l'arrêtant; j'ai besoin d'une terre sur les bords de la mer, en Normandie, par exemple, entre le Havre et Boulogne. Je vous donne de l'espace, comme vous voyez. Il faudrait que, dans cette acquisition, il y eût un petit port, une petite crique, une petite baie, où puisse entrer et se tenir ma corvette; elle ne tire que quinze pieds d'eau. Le bâtiment sera toujours prêt à mettre à la mer, à quelque heure du jour ou de la nuit qu'il me plaise de lui donner le signal. Vous vous informerez chez tous les notaires d'une propriété dans les conditions que je vous explique: quand vous en aurez connaissance, vous irez la visiter, et si vous êtes content, vous l'achèterez en votre nom. La corvette doit être en route pour Fécamp, n'est-ce pas ?

— Le soir même où nous avons quitté Marseille, je l'ai vue mettre à la mer.

— Et le yacht ?

— Le yacht a ordre de demeurer aux Martigues.

— Bien ! vous correspondrez de temps en temps avec les deux patrons qui les commandent, afin qu'ils ne s'endorment pas.

— Et pour le bateau à vapeur ?...

— Qui est à Châlons ?

— Oui.

— Mêmes ordres que pour les deux navires à voile.

— Bien !

— Aussitôt cette propriété achetée, j'aurai des relais de dix lieues en dix lieues sur la route du nord et sur la route du midi.

— Votre Excellence peut compter sur moi.

Le comte fit un signe de satisfaction, descendit les degrés, sauta dans sa voiture, qui, entraînée au trot du magnifique attelage, ne s'arrêta que devant l'hôtel du banquier.

Danglars présidait une commission nommée pour un chemin de fer, lorsqu'on vint lui annoncer la visite du comte de Monte-Christo. La séance, au reste, était presque finie.

Au nom du comte, il se leva.

— Messieurs, dit-il, en s'adressant à ses collègues, dont plusieurs étaient des honorables membres de l'une ou l'autre chambre, pardonnez-moi si je vous quitte ainsi; mais imaginez-vous que la maison Thomson et French, de Rome, m'adresse un certain comte de Monte-Christo, en lui ouvrant chez moi un crédit illimité. C'est la plaisanterie la plus drôle que mes correspondans de l'étranger se soient encore permise vis-à-vis de moi. Ma foi, vous le comprenez, la curiosité m'a saisi et me tient encore; je suis parti ce matin chez le prétendu comte. Si c'était un vrai comte, vous comprenez qu'il ne serait pas si riche. Monsieur n'était pas visible. Que vous en semble ? ne sont-ce point des façons d'altesse ou de jolie femme que se donne là maître Monte-Christo ? Au reste, la maison, située aux Champs-Elysées, et qui est à lui, je m'en suis informé, m'a paru propre. Mais un crédit illimité, reprit Danglars en riant de son vilain sourire, rend bien exigeant le banquier chez qui le crédit est ouvert. J'ai donc hâte de voir notre homme. Je me crois mystifié. Mais ils ne savent point là-bas à qui ils ont affaire; rira bien qui rira le dernier.

En achevant ces mots et en leur donnant une emphase qui gonfla les narines de M. le baron, celui-ci quitta ses hôtes et passa dans un salon blanc et or qui faisait grand bruit dans la Chaussée-d'Antin.

C'est là qu'il avait ordonné d'introduire le visiteur pour l'éblouir du premier coup.

Le comte était debout, considérant quelques copies de l'Albane et du Fattore qu'on avait fait passer au banquier pour des originaux, et qui, toutes copies qu'elles étaient, juraient fort avec les chicorées d'or de toutes couleurs qui garnissaient les plafonds.

Au bruit que fit Danglars en entrant, le comte se retourna.

Danglars salua légèrement de la tête, et fit signe au comte de s'asseoir dans un fauteuil de bois doré garni de satin blanc broché d'or.

Le comte s'assit.

— C'est à monsieur de Monte-Christo que j'ai l'honneur de parler ?

— Et moi, répondit le comte, à monsieur le baron Danglars, chevalier de la Légion-d'Honneur, membre de la chambre des députés ?

Monte-Christo redisait tous les titres qu'il avait trouvés sur la carte du baron.

Danglars sentit la botte et se mordit les lèvres.

— Excusez-moi, monsieur, dit-il, de ne pas vous

avoir donné du premier coup le titre sous lequel vous m'avez été annoncé; mais, vous le savez, nous vivons sous un gouvernement populaire, et moi je suis un représentant des intérêts du peuple.

— De sorte, répondit Monte-Christo, que, tout en conservant l'habitude de vous faire appeler baron, vous avez perdu celle d'appeler les autres comte.

— Ah! je n'y tiens pas même pour moi, monsieur, répondit négligemment Danglars; ils m'ont nommé baron et fait chevalier de la Légion-d'Honneur pour quelques services rendus, mais...

— Mais vous avez abdiqué vos titres, comme ont fait autrefois MM. de Montmorency et de Lafayette? C'était un bel exemple à suivre, monsieur.

— Pas tout à fait cependant, reprit Danglars embarrassé; pour les domestiques, vous comprenez...

— Oui, vous vous appelez monseigneur pour vos gens; pour les journalistes, vous vous appelez monsieur; et pour vos commettans, citoyen. Ce sont des nuances très applicables au gouvernement constitutionnel. Je comprends parfaitement.

Danglars se pinça les lèvres; il vit que, sur ce terrain-là, il n'était pas de force avec Monte-Christo, il essaya donc de revenir sur un terrain qui lui était plus familier.

— Monsieur le comte, dit-il en s'inclinant, j'ai reçu une lettre d'avis de la maison Thomson et French.

— J'en suis charmé, monsieur le baron. Permettez-moi de vous traiter comme vous traitent vos gens; c'est une mauvaise habitude prise dans les pays où il y a encore des barons justement parce qu'on n'en fait plus. J'en suis charmé, dis-je; je n'aurai pas besoin de me présenter moi-même, ce qui est toujours assez embarrassant. Vous aviez donc, disiez-vous, reçu une lettre d'avis?

— Oui, répondit Danglars; mais je vous avoue que je n'en ai pas parfaitement compris le sens.

— Bah!

— Et j'avais même eu l'honneur de passer chez vous pour vous demander quelques explications.

— Faites, monsieur, me voilà, j'écoute et je suis prêt à vous entendre.

— Cette lettre, reprit Danglars, je l'ai sur moi, je crois. (Il fouilla dans sa poche.) Oui, la voici: cette lettre ouvre à monsieur le comte de Monte-Christo un crédit illimité sur ma maison.

— Eh bien! monsieur le baron, que voyez-vous d'obscur là-dedans?

— Rien, monsieur: seulement le mot *illimité*...

— Eh bien! ce mot-là n'est-il pas français? Vous comprenez, ce sont des Anglo-Allemands qui écrivent.

— Oh! si fait, monsieur, et du côté de la syntaxe il n'y a rien à redire, mais il n'en est pas de même du côté de la comptabilité.

— Est-ce que la maison Thomson et French, demanda Monte-Christo de l'air le plus naïf qu'il put prendre, n'est point parfaitement sûre, à votre avis, monsieur le baron? Diable! cela me contrarierait, car j'ai quelques fonds de placés chez elle.

— Ah! parfaitement sûre, répondit Danglars avec un sourire presque railleur; mais le sens du mot *illimité*, en matière de finances, est tellement vague...

— Qu'il est illimité, n'est-ce pas? dit Monte-Christo.

— C'est justement cela, monsieur, que je voulais dire. Or, le vague, c'est le doute, et, dit le sage, dans le doute, abstiens-toi.

— Ce qui signifie, reprit Monte-Christo, que si la maison Thomson et French est disposée à faire des folies, la maison Danglars ne l'est pas à suivre son exemple.

— Comment cela, monsieur le comte?

— Oui, sans doute, MM. Thomson et French font les affaires sans chiffres; mais M. Danglars a une limite aux siennes; c'est un homme sage, comme il le disait tout à l'heure.

— Monsieur! répondit orgueilleusement le banquier, personne n'a encore compté avec ma caisse.

— Alors, répondit froidement Monte-Christo, il paraît que c'est moi qui commencerai.

— Qui vous dit cela?

— Les explications que vous me demandez, monsieur, et qui ressemblent fort à des hésitations.

Danglars se mordit les lèvres; c'était la seconde fois qu'il était battu par cet homme, et cette fois sur un terrain qui était le sien. Sa politesse railleuse n'était qu'affectée, et touchait à cet extrême si voisin qui est l'impertinence.

Monte-Christo, au contraire, souriait de la meilleure grâce du monde, et possédait, quand il le voulait, un certain air naïf qui lui donnait bien des avantages.

— Enfin, monsieur, dit Danglars après un moment de silence, je vais essayer de me faire comprendre en vous priant de fixer vous-même la somme que vous comptez toucher chez moi.

— Mais, monsieur, reprit Monte-Christo décidé à ne pas perdre un pouce de terrain dans la discussion, si j'ai demandé un crédit illimité sur vous, c'est que je ne savais justement pas de quelles sommes j'avais besoin.

Le banquier crut que le moment était venu enfin de prendre le dessus; il se renversa dans son fauteuil, et avec un lourd et orgueilleux sourire:

— Oh! monsieur, dit-il, ne craignez pas de désirer, vous pourrez vous convaincre alors que le chiffre de la maison Danglars, tout limité qu'il soit, peut satisfaire les plus larges exigences, et dussiez-vous demander un million...

— Plaît-il? fit Monte-Christo.

— Je dis un million, répéta Danglars avec l'aplomb de la sottise.

— Et que ferais-je d'un million? dit le comte. Bon Dieu! monsieur, s'il ne m'eût fallu qu'un million, je ne me serais pas fait ouvrir un crédit pour une pareille misère. Un million! mais j'ai toujours un million dans mon portefeuille ou dans mon nécessaire de voyage.

Et Monte-Christo retira d'un petit carnet où étaient ses cartes de visites, deux bons de cinq cent mille francs chacun, payables au porteur sur le Trésor.

Il fallait assommer et non piquer un homme comme Danglars. Le coup de massue fit son effet, le banquier chancela et eut le vertige; il ouvrit sur Monte-Christo deux yeux hébétés dont la prunelle se dilata effroyablement.

— Voyons, avouez-moi, dit Monte-Christo que vous vous défiez de la maison Thomson et French? Mon Dieu, c'est tout simple! j'ai prévu ce cas, et quoique assez étranger aux affaires, j'ai pris mes précautions. Voici donc deux autres lettres pareilles à celle qui vous est adressée: l'une est de la maison Arestein et Eskoles de Vienne sur M. le baron de Rothschild, l'autre est de la maison Baring de Londres sur M. Laffitte. Dites un mot, monsieur, et je vous ôterai toute préoccupation en me présentant dans l'une ou dans l'autre de ces deux maisons.

C'en était fait, Danglars était vaincu; il ouvrit avec un tremblement visible la lettre d'Allemagne et la lettre de Londres que lui tendait du bout des doigts le comte, vérifia l'authenticité des signatures avec une minutie qui eût été insultante pour Monte-Christo, s'il n'eût pas fait la part de l'égarement du banquier.

— Oh! monsieur, voilà trois signatures qui valent bien des millions, dit Danglars en se levant comme pour saluer la puissance de l'or personnifiée en cet homme qu'il avait devant lui. Trois crédits illimités sur nos trois maisons! Pardonnez-moi, monsieur le comte; mais tout en cessant d'être défiant, on peut demeurer encore étonné.

— Oh! ce n'est pas une maison comme la vôtre qui s'étonnerait ainsi! dit Monte-Christo avec toute sa politesse; ainsi vous pourrez donc m'envoyer quelque argent, n'est-ce pas?

— Parlez, monsieur le comte; je suis à vos ordres.

— Eh bien! reprit Monte-Christo, à présent que nous nous entendons, car nous nous entendons, n'est-ce pas?

Danglars fit un signe de tête affirmatif.

— Et vous n'avez plus aucune défiance? continua Monte-Cristo.

— Oh! monsieur le comte, s'écria le banquier, je n'en ai jamais eu.

— Non; vous désiriez une preuve, voilà tout. Eh bien! répéta le comte, maintenant que nous nous entendons, maintenant que vous n'avez plus aucune défiance, fixons, si le voulez bien, une somme générale pour la première année, six millions par exemple.

— Six millions, soit! dit Danglars suffoqué.

— S'il me faut plus, reprit nonchalamment Monte-Christo, nous mettrons plus; mais je ne compte rester qu'une année en France, et pendant cette année, je ne crois pas dépasser ce chiffre... enfin nous verrons... Veuillez, pour commencer, me faire porter cinq cent mille francs demain, je serai chez moi jusqu'à midi; et, d'ailleurs, si je n'y étais pas, je laisserais un reçu à mon intendant.

— L'argent sera chez vous demain à dix heures du matin, monsieur le comte, répondit Danglars. Voulez-vous de l'or, ou des billets de banque, ou de l'argent.

— Or et billets par moitié, s'il vous plaît.

Et le comte se leva.

— Je dois vous confesser une chose, monsieur le comte, dit Danglars à son tour; je croyais avoir des notions exactes sur toutes les belles fortunes de l'Europe, et cependant la vôtre, qui me paraît considérable, m'était, je l'avoue, tout-à-fait inconnue; elle est récente?

— Non, monsieur, répondit Monte-Christo, elle est, au contraire, de fort vieille date: c'était une espèce de trésor de famille auquel il était défendu de toucher, et dont les intérêts accumulés ont triplé le capital; l'époque fixée par le testateur est révolue depuis quelques années seulement, ce n'est donc que depuis quelques années que j'en use; et votre ignorance à ce sujet n'a rien que de naturel; au reste, vous la connaîtrez mieux dans quelque temps.

Et le comte accompagna ces mots d'un de ces sourires pâles qui faisaient si grande peur à Franz d'Epinay.

— Avec vos goûts et vos intentions, monsieur, continua Danglars, vous allez déployer dans la capitale un luxe qui va nous écraser tous, nous autres pauvres petits millionnaires; cependant, comme vous me paraissez amateur, car lorsque je suis entré vous regardiez mes tableaux, je vous demande la permission de vous faire voir ma galerie; tous tableaux anciens, tous tableaux de maîtres, garantis comme tels; je n'aime pas les modernes.

— Vous avez raison, monsieur, car ils ont en général un grand défaut, c'est celui de n'avoir pas encore eu le temps de devenir des anciens.

— Puis-je vous montrer quelques statues de Thorwaldsen, de Bartoloni, de Canova, tous artistes étrangers, comme vous voyez? Je n'apprécie pas les artistes français.

— Vous avez le droit d'être injuste avec eux, monsieur, ce sont vos compatriotes.

— Mais tout cela sera pour plus tard, quand nous aurons fait meilleure connaissance; pour aujourd'hui je me contenterai, si vous le permettez toutefois, de vous présenter à madame la baronne Danglars; excusez mon empressement, monsieur le comte, mais un client comme vous fait presque partie de la famille.

Monte-Christo s'inclina, en signe qu'il acceptait l'honneur que le financier voulait bien lui faire.

Danglars sonna: un laquais, vêtu d'une livrée éclatante, parut.

— Madame la baronne est-elle chez elle? demanda Danglars.

— Oui, monsieur le baron, répondit le laquais.

— Seule?

— Non, madame a du monde.

— Ce ne sera pas indiscret de vous présenter devant quelqu'un, n'est-ce pas, monsieur le comte? vous ne gardez pas l'incognito?

— Non, monsieur le baron, dit en souriant Monte-Christo, je ne me reconnais pas ce droit-là.

— Et qui est près de madame? M. Debray? demanda Danglars avec une bonhomie qui fit sourire intérieurement Monte-Christo, déjà renseigné sur les transparens secrets d'intérieur du financier.

— M. Debray, oui, monsieur le baron, répondit le laquais.

Danglars fit un signe de tête.

Puis se tournant vers Monte-Cristo :

— M. Lucien Debray, dit-il, est un ancien ami à nous, secrétaire intime du ministre de l'intérieur; quant à ma femme, elle a dérogé en m'épousant, car elle appartient à une ancienne famille: c'est une demoiselle de Servières, veuve en premières noces de M. le colonel marquis de Nargonne.

— Je n'ai pas l'honneur de connaître madame Danglars, mais j'ai déjà rencontré M. Lucien Debray.

— Bah! dit Danglars, où donc cela?

— Chez M. de Morcerf.

— Ah! vous connaissez le petit vicomte? dit Danglars.

— Nous nous sommes trouvés ensemble à Rome à l'époque du carnaval.

— Ah! oui, dit Danglars, n'ai-je pas entendu parler de quelque chose comme une aventure singulière avec des bandits, des voleurs dans des ruines? il a été tiré de là miraculeusement. Je crois qu'il a raconté quelque chose de tout cela à ma femme et à ma fille à son retour d'Italie.

— Madame la baronne attend ces messieurs, revint dire le laquais.

— Je passe devant pour vous montrer le chemin, fit Danglars en saluant.

— Et moi, je vous suis, dit Monte-Christo.

CHAP. XLVI. — L'ATTELAGE GRIS-POMMELÉ.

Le baron, suivi du comte, traversa une longue file d'appartemens remarquables par leur lourde somptuosité et leur fastueux mauvais goût, et arriva jusqu'au boudoir de madame Danglars, petite pièce octogone tendue de satin rose recouvert de mousseline des Indes; les fauteuils étaient en vieux bois doré et en vieilles étoffes; les dessus des portes représentaient des bergeries dans le genre de Boucher; enfin deux jolis pastels en médaillon, en harmonie avec le reste de l'ameublement, faisaient de cette petite chambre la seule pièce de l'hôtel qui eût quelque caractère; il est vrai qu'elle avait échappé au plan général arrêté entre M. Danglars et son architecte, une des plus hautes et des plus éminentes célébrités de l'empire, et que c'étaient la baronne et Lucien Debray seulement qui s'en étaient réservé la décoration. Aussi, M. Danglars, grand admirateur de l'antique à la manière dont le comprenait le Directoire, méprisait-il fort ce coquet petit réduit, où, au reste, il n'était admis en général qu'à la condition qu'il ferait excuser sa présence en amenant quelqu'un; ce n'était donc pas en réalité Danglars qui présentait, c'était au contraire lui qui était présenté, et qui était bien ou mal reçu selon que le visage du visiteur était agréable ou désagréable à la baronne.

Madame Danglars, dont la beauté pouvait encore être citée, malgré ses trente-six ans, était à son piano, petit chef-d'œuvre de marqueterie, tandis que Lucien Debray, assis devant une table à ouvrage, feuilletait un album.

Lucien avait déjà, avant son arrivée, eu le temps de raconter à la baronne bien des choses relatives au comte. On sait combien, pendant le déjeuner chez Albert, Monte-Christo avait fait impression sur ses convives; cette impression, si peu impressionnable qu'il fût, n'était pas encore effacée chez Debray, et les renseignemens qu'il avait donnés à la baronne sur le comte s'en étaient ressentis. La curiosité de madame Danglars, excitée par les anciens détails venus de Morcerf et les nouveaux détails venus de Lucien, était donc portée à son comble. Aussi cet arrangement de piano et d'album n'était qu'une de ces petites ruses du monde à l'aide desquelles on voile les plus fortes préoccupations. La baronne reçut en conséquence M. Danglars avec un sourire, ce qui de sa part n'était pas chose habituelle. Quant au comte, il eut en échange de son salut une cérémonieuse mais en même temps gracieuse révérence.

Lucien, de son côté, échangea avec le comte un salut de demi-connaissance, et avec Danglars un geste d'intimité.

— Madame la baronne, dit Danglars, permettez que je vous présente M. le comte de Monte-Christo, qui m'est adressé par mes correspondans de Rome avec les recommandations les plus instantes; je n'ai qu'un mot à en dire et qui va en un instant le rendre la coqueluche de toutes nos belles dames; il vient à Paris avec l'intention d'y rester un an et de dépenser six millions pendant cette année; cela promet une série de bals, de dîners, de médianoches, dans lesquels j'espère que monsieur le comte ne nous oubliera pas plus que nous ne l'oublierons nous-mêmes dans nos petites fêtes.

Quoique la présentation fût assez grossièrement louangeuse, c'est, en général, une chose si rare qu'un homme venant à Paris pour dépenser une année la fortune d'un prince, que madame Danglars jeta sur le comte un coup d'œil qui n'était pas dépourvu d'un certain intérêt.

— Et vous êtes arrivé, monsieur?... demanda la baronne.

— Depuis hier matin, madame.

— Et vous venez, selon votre habitude, à ce qu'on m'a dit, du bout du monde.

— De Cadix cette fois, madame, purement et simplement.

— Oh! vous arrivez dans une affreuse saison; Paris est détestable l'été; il n'y a plus ni bals, ni réunions, ni fêtes. L'opéra Italien est à Londres, l'Opéra français est partout, excepté à Paris; et quant au Théâtre-Français, vous savez qu'il n'est plus nulle part. Il nous reste donc pour toute distraction quelques malheureuses courses au Champ-de-Mars et à Satory. Ferez-vous courir, monsieur le comte?

— Moi, madame, dit Monte-Christo, je ferai tout ce qu'on fait à Paris, si j'ai le bonheur de trouver quelqu'un qui me renseigne convenablement sur les habitudes françaises.

— Vous êtes amateur de chevaux, monsieur le comte?

— J'ai passé une partie de ma vie en Orient, madame, et les Orientaux, vous le savez, n'estiment que deux choses au monde : la noblesse des chevaux et la beauté des femmes.

— Ah! monsieur le comte, dit la baronne, vous auriez dû avoir la galanterie de mettre les femmes premières.

— Vous voyez, madame, que j'avais bien raison quand tout à l'heure je souhaitais un précepteur qui pût me guider dans les habitudes françaises.

En ce moment la camérière favorite de madame la baronne Danglars entra, et, s'approchant de sa maîtresse, lui glissa quelques mots à l'oreille.

Madame Danglars pâlit.

— Impossible! dit-elle.

— C'est l'exacte vérité, cependant, madame, répondit la camériste.

Madame Danglars se retourna du côté de son mari.

— Quoi! madame? demanda Danglars visiblement agité.

— Ce que me dit cette fille...

— Et que vous dit-elle?

— Elle me dit qu'au moment où mon cocher a été pour mettre mes chevaux à ma voiture, il ne les a plus trouvés à l'écurie; que signifie cela, je vous le demande?

— Madame, dit Danglars, écoutez-moi.

— Oh! je vous écoute, monsieur, car je suis curieuse de savoir ce que vous allez me dire; je ferai ces messieurs juges entre nous, et je vais commencer par leur dire ce qu'il en est. Messieurs, continua la baronne, M. le baron Danglars a dix chevaux à l'écurie; parmi ces dix chevaux, il y en a deux qui sont à moi, des chevaux charmans, les plus beaux chevaux de Paris; vous les connaissez, monsieur Debray, mes gris-pommelés! Eh bien! au moment où madame de Villefort m'emprunte ma voiture, où je la lui promets pour aller demain au bois, voilà les deux chevaux qui ne se retrouvent plus. M. Danglars aura trouvé à gagner dessus quelques milliers de francs, et il les aura vendus. Oh! la vilaine race, mon Dieu! que celle des spéculateurs!

— Madame, répondit Danglars, les chevaux étaient trop vifs, ils avaient quatre ans à peine, ils me faisaient pour vous des peurs horribles.

— Eh! monsieur, dit la baronne, vous savez bien que j'ai depuis un mois à mon service le meilleur cocher de Paris, à moins toutefois que vous ne l'ayez vendu avec les chevaux.

— Chère amie, je vous trouverai les pareils, de plus beaux même, s'il y en a, mais des chevaux doux, calmes, et qui ne m'inspirent plus pareille terreur.

La baronne haussa les épaules avec un air de profond mépris.

Danglars ne parut pas s'apercevoir de ce geste plus que conjugal, et, se retournant vers Monte-Cristo :

— En vérité, je regrette de ne pas vous avoir connu plus tôt, monsieur le comte, dit-il; vous montez votre maison?

— Mais oui, dit le comte.

— Je vous les eusse proposés. Imaginez-vous que je les ai donnés pour rien; mais, comme je vous l'ai dit, je voulais m'en défaire : ce sont des chevaux de jeune homme.

— Monsieur, dit le comte, je vous remercie; j'en ai acheté ce matin d'assez bons et pas trop cher. Tenez, voyez, monsieur Debray, vous êtes amateur, je crois?

Pendant que Debray s'approchait de la fenêtre, Danglars s'approcha de sa femme.

— Imaginez-vous, madame, lui dit-il tout bas, qu'on est venu m'offrir un prix exorbitant de ces chevaux. Je ne sais quel est le fou en train de se ruiner qui m'a envoyé ce matin son intendant, mais le fait est que j'ai gagné seize mille francs dessus; ne me boudez pas, et je vous en donnerai quatre mille, et deux mille à Eugénie.

Madame Danglars laissa tomber sur son mari un regard écrasant.

— Oh! mon Dieu! s'écria Debray.

— Quoi donc? demanda la baronne.

— Mais je ne me trompe pas, ce sont vos chevaux, vos propres chevaux attelés à la voiture du comte.

— Mes gris-pommelé! s'écria madame Danglars.

Et elle s'élança vers la fenêtre.

— En effet, ce sont eux, dit-elle.

Danglars était stupéfait.

— Est-ce possible? dit Monte-Christo en jouant l'étonnement.

— C'est incroyable! murmura le banquier.

La baronne dit deux mots à l'oreille de Debray, qui s'approcha à son tour de Monte-Christo.

— La baronne vous fait demander combien son mari vous a vendu son attelage.

— Mais je ne sais trop, dit le comte, c'est une surprise que mon intendant m'a faite et... qui m'a coûté trente mille francs, je crois.

Debray alla reporter la réponse à la baronne.

Danglars était si pâle et si décontenancé que le comte eut l'air de le prendre en pitié.

— Voyez, lui dit-il, combien les femmes sont ingrates! cette prévenance de votre part n'a pas touché un instant la baronne; ingrates n'est pas le mot, c'est folles que je devrais dire. Mais que voulez-vous, on aime toujours ce qui nuit; aussi le plus court, croyez-moi, cher baron, est toujours de les laisser faire à leur tête; si elles se la brisent, au moins, ma foi! elles ne peuvent s'en prendre qu'à elles.

Danglars ne répondit rien, il prévoyait dans un prochain avenir une scène désastreuse; déjà le sourcil de madame la baronne s'était froncé, et, comme celui de Jupiter Olympien, présageait un orage; Debray, qui le sentait grossir, prétexta une affaire et partit. Monte-Christo, qui ne voulait pas gâter la position qu'il comptait conquérir en demeurant plus long-temps, salua madame Danglars et se retira, livrant le baron à la colère de sa femme.

— Bon! pensa Monte-Christo en se retirant, j'en suis arrivé où j'en voulais venir; voilà que je tiens dans mes mains la paix du ménage et que je vais gagner d'un seul coup le cœur de Monsieur et le cœur de Madame; quel bonheur! Mais, ajouta-t-il, dans tout cela, je n'ai point été présenté à mademoiselle Eugénie Danglars que j'eusse été cependant fort aise de connaître.

— Mais, reprit-il avec ce sourire qui lui était particulier, nous voici à Paris, et nous avons du temps devant nous... Ce sera pour plus tard!...

Sur cette réflexion le comte monta en voiture et rentra chez lui.

Deux heures après, madame Danglars reçut une lettre charmante du comte de Monte-Christo, dans laquelle il lui déclarait que, ne voulant pas commencer ses débuts dans le monde parisien en désespérant une jolie femme, il la suppliait de reprendre ses chevaux. Ils avaient le même harnais qu'elle leur avait vu le matin; seulement, au centre de chaque rosette qu'ils portaient sur l'oreille, le comte avait fait coudre un diamant.

Danglars aussi eut sa lettre. Le comte lui demandait la permission de passer à la baronne ce caprice de millionnaire, le priant d'excuser les façons orientales dont le renvoi des chevaux était accompagné. Pendant la soirée, Monte-Christo partit pour Auteuil, accompagné d'Ali.

Le lendemain, vers trois heures, Ali, appelé par un coup du timbre, entra dans le cabinet du comte.

— Ali, lui dit-il, tu m'as souvent parlé de ton adresse à lancer le lasso?

Ali fit signe que oui et se redressa fièrement.

— Bien!... Ainsi avec le lasso, tu arrêterais un bœuf?

Ali fit signe de la tête que oui.

— Un tigre?

Ali fit le même signe.

— Un lion?

Ali fit le geste d'un homme qui lance le lasso et imita un rugissement étranglé.

— Bien! je comprends, dit Monte-Christo; tu as chassé le lion?

Ali fit un signe de tête orgueilleux.

— Mais arrêterais-tu dans leur course deux chevaux emportés?

Ali sourit.

— Eh bien! écoute, dit Monte-Christo. Tout à l'heure une voiture passera emportée par deux chevaux gris-pommelé, les mêmes que j'avais hier. Dusses-tu te faire écraser, il faut que tu arrêtes cette voiture devant ma porte.

Ali descendit dans la rue et traça devant la porte une ligne sur le pavé; puis il rentra et montra la ligne au comte, qui l'avait suivi des yeux.

Le comte lui frappa doucement sur l'épaule : c'était sa manière de remercier Ali. Puis le Nubien alla fumer sa chibouck sur la borne qui formait l'angle de la maison et de la rue, tandis que Monte-Christo rentrait sans plus s'occuper de rien.

Cependant, vers cinq heures, c'est-à-dire à l'heure où le comte attendait la voiture, on eût pu voir naître en lui les signes presque imperceptibles d'une légère impatience : il se promenait dans une chambre donnant sur la rue, prêtant l'oreille par intervalles et de temps en temps se rapprochant de la fenêtre par laquelle il apercevait Ali poussant des bouffées de fumée avec une régularité indiquant que le Nubien était tout entier à cette importante occupation.

Tout à coup on entendit un roulement lointain, mais qui se rapprochait avec la rapidité de la foudre; puis une calèche apparut dont le cocher essayait inutilement de retenir les chevaux, qui s'avançaient furieux, hérissés, bondissant avec des élans insensés.

Dans la calèche, une jeune femme et un enfant de sept à huit ans, se tenant embrassés, avaient perdu par l'excès de la terreur jusqu'à la force de pousser un cri; il eût suffi d'une pierre sous la roue ou d'un arbre accroché pour briser tout-à-fait la voiture qui craquait. La voiture tenait le milieu du pavé, et on entendait dans la rue les cris de terreur de ceux qui la voyaient venir.

Soudain Ali pose sa chibouck, tire de sa poche le lasso, le lance, enveloppe d'un triple tour les jambes de devant du cheval de gauche, se laisse entraîner trois ou quatre pas par la violence de l'impulsion; mais au bout de ces trois ou quatre pas, le cheval enchaîné s'abat, tombe sur la flèche, qu'il brise, et paralyse les efforts que fait le cheval resté debout pour continuer sa course. Le cocher saisit cet instant de répit pour sauter en bas de son siége; mais déjà Ali a saisi les naseaux du second cheval avec ses doigts de fer, et l'animal, hennissant de douleur, s'est allongé convulsivement près de son compagnon.

Il a fallu à tout cela le temps qu'il faut à la balle pour frapper le but.

Cependant il a suffi pour que de la maison en face de laquelle l'accident est arrivé, un homme se soit élancé suivi de plusieurs serviteurs. Au moment où le cocher ouvre la portière, il enlève de la calèche la dame, qui d'une main se cramponne au coussin, tandis que de l'autre elle serre contre sa poitrine son fils évanoui. Monte-Christo les emporte tous les deux dans le salon, et les déposant sur un canapé :

— Ne craignez plus rien, madame, lui dit-il; vous êtes sauvée.

La femme revint à elle, et pour réponse elle lui présenta son fils avec un regard plus éloquent que toutes les prières.

En effet, l'enfant était toujours évanoui.

— Oui, madame, je comprends, dit le comte en examinant l'enfant; mais soyez tranquille, il ne lui est arrivé aucun mal, et c'est la peur seule qui l'a mis dans cet état.

— Oh! monsieur, s'écria la mère, ne me dites-vous pas cela pour me rassurer? Voyez comme il est pâle! Mon fils! mon enfant! mon Edouard! réponds donc à ta mère! Ah! monsieur! envoyez chercher un médecin. Ma fortune à qui me rend mon fils!

Monte-Christo fit de la main un geste pour calmer la mère éplorée, et ouvrant un coffret, il en tira un flacon de Bohême, incrusté d'or, contenant une liqueur rouge comme du sang et dont il laissa tomber une seule goutte sur les lèvres de l'enfant.

L'enfant, quoique toujours pâle, rouvrit aussitôt les yeux.

A cette vue, la joie de la mère fut presque un délire.

— Où suis-je? s'écria-t-elle, et à qui dois-je tant de bonheur après une si cruelle épreuve?

— Vous êtes, madame, répondit Monte-Christo, chez l'homme le plus heureux d'avoir pu vous épargner un chagrin.

— Oh! maudite curiosité! dit la dame. Tout Paris parlait de ces magnifiques chevaux de madame Danglars, et j'ai eu la folie de vouloir les essayer.

— Comment! s'écria le comte avec une surprise admirablement jouée, ces chevaux sont ceux de la baronne?

— Oui, monsieur; la connaissez-vous?

— Madame Danglars?... j'ai cet honneur, et ma joie est double de vous voir sauvée du péril que ces chevaux vous ont fait courir: car ce péril, c'est à moi que vous eussiez pu l'attribuer: j'avais acheté hier ces chevaux au baron; mais la baronne a paru tellement les regretter, que je les lui ai renvoyés hier en la priant de les accepter de ma main.

— Mais alors vous êtes donc le comte de Monte-Christo dont Hermine m'a tant parlé hier?

— Oui, madame, fit le comte.

— Moi, monsieur, je suis madame Héloïse de Villefort.

Le comte salua en homme devant lequel on prononce un nom parfaitement inconnu.

— Oh! que M. de Villefort sera reconnaissant! reprit Héloïse; car enfin il vous devra notre vie à tous deux: vous lui avez rendu sa femme et son fils. Assurément sans votre généreux serviteur, ce cher enfant et moi, nous étions tués.

— Hélas! madame, je frémis encore du péril que vous avez couru.

— Oh! j'espère que vous me permettrez de récompenser dignement le dévoûment de cet homme.

— Madame, répondit Monte-Christo, ne me gâtez pas Ali, je vous prie, ni par des louanges ni par des récompenses: ce sont des habitudes que je ne veux pas qu'il prenne. Ali est mon esclave; en vous sauvant la vie il me sert, et c'est de son devoir de me servir.

— Mais il a risqué sa vie! dit madame de Villefort, à qui ce ton de maître imposait singulièrement.

— J'ai sauvé cette vie, madame, répondit Monte-Christo; par conséquent elle m'appartient.

Madame de Villefort se tut: peut-être réfléchissait-elle à cet homme qui, du premier abord, faisait une si profonde impression sur les esprits.

Pendant cet instant de silence, le comte put considérer à son aise l'enfant que sa mère couvrait de baisers. Il était petit, grêle, blanc de peau comme les enfans roux, et cependant une forêt de cheveux noirs, rebelles à toute frisure, couvrait son front bombé et, tombant sur ses épaules en encadrant son visage, redoublait la vivacité de ses yeux pleins de malice sournoise et de juvénile méchanceté; sa bouche, à peine redevenue vermeille, était fine de lèvres et large d'ouverture; les traits de cet enfant de huit ans annonçaient déjà douze ans au moins. Son premier mouvement fut de se débarrasser par une brusque secousse des bras de sa mère, et d'aller ouvrir le coffret d'où le comte avait tiré le flacon d'élixir; puis aussitôt, sans en demander la permission à personne et en enfant habitué à satisfaire tous ses caprices, il se mit à déboucher les fioles.

— Ne touchez pas à cela, mon ami, dit vivement le comte, quelques unes de ces liqueurs sont dangereuses, non seulement à boire, mais même à respirer.

Madame de Villefort pâlit et arrêta le bras de son fils qu'elle ramena vers elle; mais, sa crainte calmée, elle jeta aussitôt sur le coffret un court, mais expressif regard que le comte saisit au passage.

En ce moment Ali entra.

Madame de Villefort fit un mouvement de joie, et ramenant l'enfant plus près d'elle encore.

— Edouard, dit-elle, vois-tu ce bon serviteur: il a été bien courageux, car il a exposé sa vie pour arrêter les chevaux qui nous emportaient et la voiture qui allait se briser. Remercie-le donc, car probablement sans lui, à cette heure, serions-nous morts tous les deux.

L'enfant allongea les lèvres et tourna dédaigneusement la tête.

— Il est trop laid, dit-il.

Le comte sourit comme si l'enfant venait de remplir une de ses espérances; quant à madame de Villefort, elle gourmanda son fils avec une modération qui n'eût certes pas été du goût de Jean-Jacques Rousseau si le petit Edouard se fut appelé Emile.

— Vois-tu, dit en arabe le comte à Ali, cette dame prie son fils de te remercier pour la vie que tu leur as sauvée à tous deux, et l'enfant répond que tu es trop laid.

Ali détourna un instant sa tête intelligente et regarda l'enfant sans expression apparente, mais un simple frémissement de sa narine apprit à Monte-Christo que l'Arabe venait d'être blessé au cœur.

— Monsieur, demanda madame de Villefort en se levant pour se retirer, est-ce votre demeure habituelle que cette maison?

— Non, madame, répondit le comte; c'est une espèce de pied-à-terre que j'ai acheté; j'habite avenue des Champs-Elysées, nº 30. Mais je vois que vous êtes tout à fait remise, et que vous désirez vous retirer. Je viens d'ordonner qu'on attelle ces mêmes chevaux à ma voiture, et Ali, ce garçon si laid, dit-il en souriant à l'enfant, va avoir l'honneur de vous reconduire chez vous, tandis que votre cocher restera ici pour faire raccommoder la calèche. Aussitôt cette petite besogne indispensable terminée, un de mes attelages la reconduira directement chez madame Danglars.

— Mais, dit madame de Villefort, avec ces mêmes chevaux, je n'oserai jamais m'en aller.

— Oh! vous allez voir, madame, dit Monte-Cristo, sous la main d'Ali, ils vont devenir doux comme des agneaux.

En effet, Ali s'était approché des chevaux qu'on avait remis sur leurs jambes avec beaucoup de peine. Il tenait à la main une petite éponge imbibée de vinaigre aromatique; il en frotta les naseaux et les tempes des chevaux, couverts de sueur et d'écume, et presque aussitôt ils se mirent à souffler bruyamment et à frissonner de tout leur corps durant quelques secondes.

Puis, au milieu d'une foule nombreuse que les débris de la voiture et le bruit de l'événement avaient attirée devant la maison, Ali fit atteler les chevaux au coupé du comte, rassembla les rênes, monta sur le siège, et, au grand étonnement des assistans qui avaient vu ces chevaux emportés comme par un tourbillon; il fut obligé d'user vigoureusement du fouet pour les faire partir, et encore ne put-il obtenir des fameux gris-pommelé, maintenant stupides, pétrifiés, morts, qu'un trot si mal assuré et si languissant, qu'il fallut près de deux heures à madame de Villefort pour regagner le faubourg Saint-Honoré, où elle demeurait.

A peine arrivée chez elle, et les premières émotions de famille apaisées, elle écrivit le billet suivant à madame Danglars:

«Chère Hermine,

»Je viens d'être miraculeusement sauvée avec mon fils par ce même comte de Monte-Christo dont nous avons tant parlé hier soir, et que j'étais loin de me douter que je verrais aujourd'hui. Hier vous m'avez parlé de lui avec un enthousiasme que je n'ai pu m'empêcher de railler de toute la force de mon pauvre petit esprit, mais aujourd'hui je trouve cet enthousiasme bien au-dessous de l'homme qui l'inspirait. Vos chevaux s'étaient emportés au Ranelagh comme s'ils eussent été pris de frénésie, et nous allions probablement être mis en morceaux, mon pauvre Édouard et moi, contre le premier arbre de la route ou la première borne du village, quand un Arabe, un nègre, un Nubien, un homme noir enfin, au service du comte, a, sur un signe de lui, je crois, arrêté l'élan des chevaux, au risque d'être brisé lui-même; et c'est vraiment un miracle qu'il ne l'ait pas été. Alors le comte est accouru, nous a emportés chez lui, Édouard et moi, et là a rappelé mon fils à la vie. C'est dans sa propre voiture que j'ai été ramenée à l'hôtel; la vôtre vous sera renvoyée demain. Vous trouverez vos chevaux bien affaiblis depuis cet accident, ils sont comme hébétés; on dirait qu'ils ne peuvent se pardonner à eux-mêmes de s'être laissé dompter par un homme. Le comte m'a chargée de vous dire que deux jours de repos sur la litière et de l'orge pour toute nourriture les remettront dans un état aussi florissant, ce qui veut dire aussi effrayant qu'ils étaient hier.

» Adieu! Je ne vous remercie pas de ma promenade; et, quand je réfléchis, c'est cependant de l'ingratitude que de vous garder rancune pour les caprices de votre attelage, car c'est à l'un de ces caprices que je dois d'avoir vu le comte de Monte-Christo, et l'illustre étranger me paraît, à part les millions dont il dispose, un problème si curieux et si intéressant, que je compte l'étudier à tout prix, dussé-je recommencer une promenade au bois avec vos propres chevaux.

» Édouard a supporté l'accident avec un courage miraculeux. Il s'est évanoui, mais il n'a pas poussé un cri auparavant, et n'a pas versé une larme après. Vous me direz encore que mon amour maternel m'aveugle; mais il y a une âme de fer dans ce pauvre petit corps si frêle et si délicat.

» Notre chère Valentine dit bien des choses à votre chère Eugénie; moi, je vous embrasse de tout cœur.

« HÉLOÏSE DE VILLEFORT. »

» P. S. Faites-moi donc trouver chez vous d'une façon quelconque avec ce comte de Monte-Christo, je veux absolument le revoir. Au reste, je viens d'obtenir de M. de Villefort qu'il lui fasse une visite; j'espère qu'il la lui rendra. »

Le soir, l'événement d'Auteuil faisait le sujet de toutes les conversations: Albert la racontait à sa mère, Château-Renaud au Jockey-Club, Debray dans le salon du ministre; Beauchamp lui-même fit au comte la galanterie, dans son journal, d'un *fait-divers* de vingt lignes, qui posa le noble étranger en héros auprès de toutes les femmes de l'aristocratie.

Beaucoup de gens allèrent se faire inscrire chez Mme de Villefort afin d'avoir le droit de renouveler leur visite en temps utile et d'entendre alors de sa bouche tous les détails de cette pittoresque aventure.

Quant à M. de Villefort, comme l'avait dit Héloïse, il prit un habit noir, des gants blancs, sa plus belle livrée, et monta dans son carrosse, qui vint, le même soir, s'arrêter à la porte du numéro 30 de la maison des Champs-Élysées.

CHAP. XLVII. — IDÉOLOGIE.

Si le comte de Monte-Christo eût vécu depuis longtemps dans le monde parisien, il eût apprécié de toute sa valeur la démarche que faisait près de lui M. de Villefort.

Bien en cour, que le roi régnant fût de la branche aînée ou de la branche cadette; que le ministre gouvernant fût doctrinaire, libéral ou conservateur; réputé habile par tous, comme on répute généralement habiles les gens qui n'ont jamais éprouvé d'échecs politiques; haï de beaucoup, mais chaudement protégé par quelques uns, sans cependant être aimé de personne, M. de Villefort avait une des hautes positions de la magistrature, et se tenait à cette hauteur comme un Harlay ou comme un Molé. Son salon, régénéré par une jeune femme et par une fille de son premier mariage à peine âgée de dix-huit ans, n'en était pas moins un de ces salons sévères de Paris où l'on observe le culte des traditions et la religion de l'étiquette. La politesse froide, la fidélité absolue aux principes gouvernementaux, un mépris profond des théories et des théoriciens, la haine profonde des idéologues, tels étaient les élémens de la vie intérieure et publique affichés par M. de Villefort.

M. de Villefort n'était pas seulement magistrat, c'était presque un diplomate. Ses relations avec l'ancienne cour, dont il parlait toujours avec dignité et respect, le faisaient respecter de la nouvelle, et il savait tant de choses que non seulement on le ménageait toujours, mais encore qu'on le consultait quelquefois. Peut-être n'en eût-il pas été ainsi si l'on eût pu se débarrasser de M. de Villefort; mais il habitait, comme ces seigneurs féodaux rebelles à leur suzerain, une forteresse inexpugnable. Cette forteresse, c'était sa charge de procureur du roi, dont il exploitait merveilleusement tous es avantages, et qu'il n'eût quittée que pour se faire député et pour remplacer ainsi la neutralité par de l'opposition.

En général, M. de Villefort faisait ou rendait peu de visites. Sa femme visitait pour lui; c'était chose reçue dans le monde, où l'on mettait sur le compte des graves et nombreuses occupations du magistrat ce qui n'était en réalité qu'un calcul d'orgueil, qu'une quintessence d'aristocratie, l'application enfin de cet axiôme: *Fais semblant de t'estimer, et on t'estimera*, axiôme plus utile cent fois dans notre société que celui des Grecs: *Connais-toi toi-même*, remplacé de nos jours par l'art moins difficile et plus avantageux de connaître les autres.

Pour ses amis, M. de Villefort était un protecteur puissant; pour ses ennemis, c'était un adversaire sourd, mais acharné; pour les indifférens, c'était la statue de la loi faite homme: abord hautain, physionomie impassible, regard terne et dépoli ou insolemment perçant et scrutateur, tel était l'homme dont quatre révolutions habilement entassées l'une sur l'autre avaient d'abord construit, puis cimenté le piédestal.

M. de Villefort avait la réputation d'être l'homme le moins curieux et le moins banal de France; il donnait un bal tous les ans et n'y paraissait qu'un quart d'heure, c'est-à-dire quarante-cinq minutes de moins que ne le fait le roi aux siens; jamais on ne le voyait ni aux théâtres, ni aux concerts, ni dans aucun lieu public; quelque fois, mais rarement, il faisait une partie de whist, et l'on avait soin alors de lui choisir des joueurs dignes de lui: c'était quelque ambassadeur quelque archevêque, quelque prince, quelque président, ou enfin quelque duchesse douairière.

Voilà quel était l'homme dont la voiture venait de s'arrêter devant la porte du comte de Monte-Christo.

Le valet de chambre annonça M. de Villefort au moment où le comte, incliné sur une grande table, suivait sur une carte un itinéraire de Saint-Pétersbourg en Chine.

Le procureur du roi entra du même pas grave et compassé qu'il entrait au tribunal; c'était bien le même homme, ou plutôt la suite du même homme que nous avons vu autrefois substitut à Marseille. La nature, conséquente avec ses principes, n'avait rien changé pour lui au corps qu'elle devait suivre. De mince, il était devenu maigre, de pâle il était devenu jaune; ses yeux enfoncés étaient caves, et ses lunettes aux branches d'or, en posant sur l'orbite, semblaient faire partie de la figure; excepté sa cravate blanche, le reste de son costume était complétement noir; et cette couleur funèbre n'était tranchée que par le léger liséré de ruban rouge qui passait imperceptible par sa boutonnière, et qui semblait une ligne de sang tracée au pinceau.

Si maître de lui que fût Monte-Christo, il examina

avec une visible curiosité, en lui rendant son salut, le magistrat qui, défiant par habitude, et peu crédule surtout quant aux merveilles sociales, était plus disposé à voir dans le noble étranger, c'était ainsi qu'on appelait déjà Monte-Christo, un chevalier d'industrie venant exploiter un nouveau théâtre, ou un malfaiteur en état de rupture de ban, qu'un prince du saint-siège ou un sultan des *Mille et une Nuits*.

— Monsieur, dit Villefort avec ce ton glapissant affecté par les magistrats dans leurs périodes oratoires, et dont ils ne peuvent ou ne veulent pas se défaire dans la conversation ; monsieur, le service signalé que vous avez rendu hier à ma femme et à mon fils me fait un devoir de vous remercier. Je viens donc m'acquitter de ce devoir et vous exprimer toute ma reconnaissance.

Et en prononçant ces paroles, l'œil sévère du magistrat n'avait rien perdu de son arrogance habituelle. Ces paroles qu'il venait de dire, il les avait articulées avec sa voix de procureur-général, avec cette raideur inflexible de col et d'épaules qui faisait, comme nous le répétons, dire à ses flatteurs qu'il était la statue vivante de la loi.

— Monsieur, répliqua le comte à son tour avec une froideur glaciale, je suis fort heureux d'avoir pu conserver un fils à sa mère, car on dit que le sentiment de la maternité est le plus saint de tous, et ce bonheur qui m'arrive vous dispensait, monsieur, de remplir un devoir dont l'exécution m'honore sans doute, car je sais que monsieur de Villefort ne prodigue pas la faveur qu'il me fait, mais qui, si précieuse qu'elle soit cependant, ne vaut pas pour moi la satisfaction intérieure.

Villefort, étonné de cette sortie, à laquelle il ne s'attendait pas, tressaillit comme un soldat qui sent le coup qu'on lui porte sous l'armure dont il est couvert, et un pli de sa lèvre dédaigneuse indiqua que dès l'abord il ne tenait pas le comte de Monte-Christo pour un gentilhomme bien civil.

Il jeta les yeux autour de lui pour raccrocher à quelque chose la conversation tombée, et qui semblait s'être brisée en tombant.

Il vit la carte qu'interrogeait Monte-Christo au moment où il était entré, et il reprit :

— Vous vous occupez de géographie, monsieur ? C'est une riche étude pour vous surtout qui, à ce qu'on assure, avez vu autant de pays qu'il y en a de gravés sur cet atlas.

— Oui, monsieur, répondit le comte, j'ai voulu faire sur l'espèce humaine prise en masse ce que vous pratiquez chaque jour sur des exceptions, c'est-à-dire une étude physiologique. J'ai pensé qu'il me serait plus facile de descendre ensuite du tout à la partie, que de la partie au tout. C'est un axiome algébrique qui veut que l'on procède du connu à l'inconnu et non de l'inconnu au connu... Mais asseyez-vous donc, monsieur, je vous en supplie.

Et Monte-Christo indiqua de la main au procureur du du roi un fauteuil que celui-ci fut obligé de prendre la peine d'avancer lui-même, tandis que lui n'eut que celle de se laisser retomber dans celui sur lequel il était agenouillé quand le procureur du roi était entré : de cette façon, le comte se trouva à demi-tourné vers son visiteur, ayant le dos à la fenêtre et le coude appuyé sur la carte géographique qui faisait pour le moment l'objet de la conversation, conversation qui prenait, comme elle avait fait chez Morcerf et chez Danglars, une tournure tout-à-fait analogue sinon à la situation, du moins aux personnages.

— Ah ! vous philosophez, reprit Villefort après un instant de silence pendant lequel, comme un athlète qui rencontre un rude adversaire, il avait fait provision de forces. Eh bien ! monsieur, parole d'honneur, si, comme vous, je n'avais rien à faire, je chercherais une moins triste occupation.

— C'est vrai, monsieur, reprit Monte-Christo, et l'homme est une laide chenille pour celui qui l'étudie au microscope solaire ; mais vous venez de dire, je crois, que je n'avais rien à faire. Voyons, par hasard, croyez-vous avoir quelque chose à faire, vous, monsieur ? ou, pour parler plus clairement, croyez-vous que ce que vous faites vaille la peine de s'appeler quelque chose ?

L'étonnement de Villefort redoubla à ce second coup si rudement porté par cet étrange adversaire ; il y avait longtemps que le magistrat ne s'était entendu dire un paradoxe de cette force, ou plutôt, pour parler plus exactement, c'était la première fois qu'il l'entendait.

Le procureur du roi se mit à l'œuvre pour répondre.

— Monsieur, dit-il, vous êtes étranger, et, vous le dites vous-même, je crois, une portion de votre s'est écoulée dans les pays orientaux ; vous ne savez donc pas combien la justice humaine, expéditive dans ces contrées barbares, a chez nous des allures prudentes et compassées ?

— Si fait, monsieur, si fait ; c'est le *pede claudo* antique. Je sais tout cela, car c'est surtout de la justice de tous les pays que je me suis occupé, c'est la procédure criminelle de toutes les nations que j'ai comparée à la justice naturelle ; et, je dois le dire, monsieur, c'est encore cette loi des peuples primitifs, c'est-à-dire la loi du talion, que j'ai le plus trouvée selon le cœur de Dieu.

— Si cette loi était adoptée, monsieur, dit le procureur du roi, elle simplifierait fort nos codes, et c'est pour le coup que nos magistrats n'auraient, comme vous le disiez tout à l'heure, plus grand'chose à faire.

— Cela viendra peut-être, dit Monte-Christo ; vous savez que les inventions humaines marchent du composé au simple, et que le simple est toujours la perfection.

— En attendant, monsieur, dit le magistrat, nos codes existent avec leurs articles contradictoires, tirés des coutumes gauloises, des lois romaines, des usages francs ; or, la connaissance de toutes ces lois-là, vous en conviendrez, ne s'acquiert pas sans de longs travaux, et il faut une longue étude pour acquérir cette connaissance, et une grande puissance de tête, cette connaissance une fois acquise, pour ne pas l'oublier.

— Je suis de cet avis-là, monsieur ; mais tout ce que vous savez, vous, à l'égard de ce code français, je le sais moi, non seulement à l'égard de ce code, mais à l'égard du code de toutes les nations : les lois anglaises, turques, japonaises, indoues, me sont aussi familières que les lois françaises ; et j'avais donc raison de dire que, relativement (vous savez que tout est relatif, monsieur), que relativement à tout ce que j'ai fait, vous avez bien peu de choses à faire, et que relativement à ce que j'ai appris, vous avez encore bien des choses à apprendre.

— Mais dans quel but avez-vous appris tout cela ? reprit Villefort étonné.

Monte-Christo sourit.

— Bien, monsieur, dit-il ; je vois que, malgré la réputation qu'on vous a faite d'homme supérieur, vous voyez toutes choses au point de vue matériel et vulgaire de la société, commençant à l'homme et finissant à l'homme, c'est-à-dire au point de vue le plus restreint et le plus étroit qu'a été permis à l'intelligence humaine d'embrasser.

— Expliquez-vous, monsieur, dit Villefort de plus en plus étonné ; je ne vous comprends pas... très bien...

— Je dis, monsieur, que, les yeux fixés sur l'organisation sociale des nations, vous ne voyez que les ressorts de la machine, et non l'ouvrier sublime qui la fait agir ; je dis que vous ne reconnaissez devant vous et autour de vous que les titulaires des places dont les brevets ont été signés par des ministres ou par un roi, et que les hommes que Dieu a mis au-dessus des titulaires, des ministres et des rois, en leur donnant une mission à poursuivre au lieu d'une place à remplir, je dis que ceux-là échappent à votre courte vue. C'est le propre de la faiblesse humaine aux organes débiles et incomplets. Tobie prenait l'ange qui devait lui rendre la vue pour un jeune homme ordinaire. Les nations prenaient Attila, qui devait les anéantir, pour un conquérant comme tous les conquérants, et il a fallu que tous révélassent leur missions célestes pour qu'on les reconnût, il a fallu que l'un dît : — Je suis l'ange du Seigneur, — et l'autre : — Je suis le marteau de Dieu, — pour que l'essence divine de tous deux fût révélée.

— Alors, dit Villefort de plus en plus étonné et croyant parler à un illuminé ou à un fou, vous vous regardez comme un de ces êtres extraordinaires que vous venez de citer !

— Pourquoi pas ? dit froidement Monte-Christo ?

— Pardon, monsieur, reprit Villefort abasourdi, mais vous m'excuserez si, en me présentant chez vous, j'ignorais me présenter chez un homme dont les connaissances et dont l'esprit dépasse de si loin les connaissances ordinaires et l'esprit habituel des hommes. Ce n'est point l'usage chez nous, malheureux corrompus de la civilisation, que les gentilshommes possesseurs comme vous d'une fortune immense, du moins à ce qu'on assure, remarquez que je n'interroge pas, que seulement je répète, ce n'est pas l'usage, dis-je, que ces privilégiés des richesses perdent leur temps à des spéculations sociales, à des rêves philosophiques faits tout au plus pour consoler ceux que le sort a déshérités des biens de la terre.

— Eh ! monsieur, reprit le comte, en êtes-vous donc arrivé à la situation éminente que vous occupez sans avoir admis, et même sans avoir rencontré des exceptions ; et n'exercez-vous jamais votre regard, qui aurait cependant tant besoin de finesse et de sûreté, à deviner d'un seul coup sur quel homme est tombé votre regard ? Un magistrat ne devrait-il pas être, non pas le meilleur applicateur de la loi, non pas le plus rusé interprète des obscurités de la chicane, mais une sonde d'acier pour éprouver les cœurs, mais une pierre de touche pour essayer l'or dont chaque ame est toujours faite avec plus ou moins d'alliage ?

— Monsieur, dit Villefort, vous me confondez, sur ma parole, et je n'ai jamais entendu parler personne comme vous faites.

— C'est que vous êtes constamment resté enfermé dans le cercle des conditions générales, et que vous n'avez jamais osé vous élever d'un coup d'aile dans les sphères supérieures que Dieu a peuplées d'êtres invisibles ou exceptionnels.

— Et vous admettez, monsieur, que ces sphères existent, que les êtres exceptionnels et invisibles se mêlent à nous ?

— Pourquoi pas ? est-ce que vous voyez l'air que vous respirez et sans lequel vous ne pourriez pas vivre ?

— Alors nous ne voyons pas ces êtres dont vous parlez ?

— Si fait, vous les voyez quand Dieu permet qu'ils se matérialisent ; vous les touchez, vous les coudoyez, vous leur parlez, et ils vous répondent.

— Ah ! dit Villefort en souriant, j'avoue que je voudrais bien être prévenu quand un de ces êtres se trouvera en contact avec moi.

— Vous avez été servi à votre guise, monsieur ; car vous avez été prévenu tout à l'heure, et maintenant encore je vous préviens.

— Ainsi, vous-même ?...

— Je suis un de ces êtres exceptionnels, oui, monsieur ; et je crois que, jusqu'à ce jour, aucun homme ne s'est trouvé dans une position semblable à la mienne. Les royaumes des rois sont limités, soit par des montagnes, soit par des rivières, soit par un changement de mœurs, soit par une mutation de langage. Mon royaume, à moi, est grand comme le monde, car je ne suis ni Italien, ni Français, ni Indou, ni Américain, ni Espagnol ; je suis cosmopolite. Nul pays ne peut dire qu'il m'a vu naître, Dieu seul sait quelle contrée me verra mourir. J'adopte tous les usages, je parle toutes les langues. Vous me croyez Français, vous, n'est-ce pas, car je parle français avec la même facilité et la même pureté que vous ; eh bien ! Ali, mon Nubien, me croit Arabe ; Bertuccio, mon intendant, me croit Romain ; Haydée, mon esclave, me croit Grec. Donc vous comprenez, n'étant d'aucun pays, ne demandant protection à aucun gouvernement, ne reconnaissant aucun homme pour mon frère ; pas un seul des scrupules qui arrêtent les puissans ou des obstacles qui paralysent les faibles ne me paralyse ou ne m'arrête. Je n'ai que deux adversaires ; je ne dirai pas deux vainqueurs, car avec de la persistance je les soumets : c'est la distance et le temps. Le troisième, et le plus terrible, c'est ma condition d'homme mortel. Celle-là seule peut m'arrêter dans le chemin où je marche, et avant que je n'aie atteint le but auquel je tends : tout le reste, je l'ai calculé. Ce que les hommes appellent les chances du sort, c'est-à-dire la ruine, le changement, les éventualités, je les ai toutes prévues ; et si quelques unes peuvent m'atteindre, aucune ne peut me renverser. A moins que je meure, je serai toujours ce que je suis ; voilà pourquoi je vous dis des choses que vous n'avez jamais entendues, même de la bouche des rois, car les rois ont besoin de vous, et les autres hommes en ont peur. Qui est-ce qui ne se dit pas, dans une société aussi ridiculement organisée que la nôtre :

« Peut-être un jour aurai-je affaire au procureur du roi !

— Mais, vous-même, monsieur, pouvez-vous dire cela ? car, du moment que vous habitez la France, vous êtes naturellement soumis aux lois françaises.

— Je le sais, monsieur, répondit Monte-Christo ; mais quand je dois aller dans un pays, je commence à étudier, par des moyens qui me sont propres, tous les hommes dont je puis avoir quelque chose à espérer ou à craindre, et j'arrive à les connaître aussi bien, et mieux peut-être, qu'ils ne se connaissent eux-mêmes. Cela amène ce résultat, que le procureur du roi, quel qu'il fût, à qui j'aurais affaire, serait très certainement plus embarrassé que moi-même.

— Ce qui veut dire, reprit avec hésitation Villefort, que la nature humaine étant faible, tout homme, selon vous, a commis... des fautes.

— Des fautes... ou des crimes, répondit négligemment Monte-Christo.

— Et que vous seul, parmi les hommes que vous ne reconnaissez pas pour vos frères, l'avez-vous dit vous-même, reprit Villefort d'une voix légèrement altérée, et que vous seul êtes parfait !

— Non point parfait, répondit le comte, impénétrable, voilà tout. Mais brisons là-dessus, monsieur, si la conversation vous déplaît ; je ne suis pas plus menacé de votre justice que vous ne l'êtes de ma double vue.

— Non ! non ! monsieur, dit vivement Villefort, qui, sans doute, craignant de paraître abandonner le terrain ; non ! Par votre brillante et presque sublime conversation, vous m'avez élevé au-dessus des niveaux ordinaires ; nous ne causons plus, nous dissertons. Or, vous savez combien les théologiens en chaire de Sorbonne, ou les philosophes dans leurs disputes se disent parfois de cruelles vérités : supposons que nous faisons de la théologie sociale et de la philosophie théologique, je vous dirai donc celle-ci toute rude qu'elle est : Mon frère, vous sacrifiez à l'orgueil ; vous êtes au-dessus des autres, mais au-dessus de vous il y a Dieu.

— Au-dessus de tous, monsieur, répondit Monte-Christo, avec un accent si profond que Villefort en frissonna involontairement. J'ai mon orgueil pour les hommes, serpents toujours prêts à se dresser contre celui qui les dépasse du front sans les écraser du pied. Mais je dépose cet orgueil devant Dieu qui m'a tiré du néant pour me faire ce que je suis.

— Alors, monsieur le comte, je vous admire, dit Villefort, qui pour la première fois dans cet étrange dialogue venait d'employer cette formule aristocratique vis-à-vis de l'étranger qu'il n'avait jusque-là appelé que Monsieur. Oui, je vous le dis, si vous êtes réellement fort, réellement supérieur, réellement saint ou impénétrable, ce qui, vous avez raison, revient à peu près au même, soyez superbe, monsieur ; c'est la loi des dominations. Mais vous avez bien cependant une ambition quelconque ?

— J'en ai eu une, monsieur.

— Laquelle ?

— Moi aussi, comme cela est arrivé à tout homme une fois dans sa vie, j'ai été enlevé par Satan sur la plus haute montagne de la terre ; arrivé là, il me montra le monde tout entier, et comme il avait dit autrefois au Christ, il m'a dit à moi : « Voyons, enfant des hommes, pour m'adorer que veux-tu ? » Alors j'ai réfléchi longtemps, car depuis long-temps une terrible ambition dévorait effectivement mon cœur ; puis je lui répondis : « Écoute, j'ai toujours entendu parler de la Providence, et cependant je ne l'ai jamais vue, ni rien qui lui ressemble, ce qui me fait croire qu'elle n'existe pas ; je veux être la Providence, car ce que je sais de plus beau, de plus grand et de plus sublime au monde, c'est de récompenser et de punir. » Mais Satan baissa la tête et poussa un soupir. « Tu te trompes, dit-il, la Providence existe ; seulement tu ne la vois pas, parce que, fille de Dieu, elle est invisible comme son père. Tu n'as rien vu qui lui ressemble, parce qu'elle procède par des ressorts cachés et marche par des voies obscures ; tout ce que je puis faire pour toi, c'est de te rendre un des agens de cette Providence. » Le marché fut fait, j'y perdrai peut-être mon ame ; mais n'importe, reprit Monte-Christo, et le marché serait à refaire que je le ferais encore.

Villefort regardait Monte-Christo avec un suprême étonnement.

— Monsieur le comte, dit-il, avez-vous des parens ?

— Non, monsieur, je suis seul au monde.

— Tant pis !

— Pourquoi ? demanda Monte-Christo.

— Parce que vous auriez pu voir un spectacle propre à briser votre orgueil. Vous ne craignez que la mort, dites-vous ?

— Je ne dis pas que je la craigne, je dis qu'elle seule peut m'arrêter.

— Et la vieillesse ?

— Ma mission sera remplie avant que je ne sois vieux.

— Et la folie ?

— J'ai manqué de devenir fou, et vous connaissez l'axiôme *non bis in idem* ; c'est un axiôme criminel, et qui, par conséquent, est de votre ressort.

— Monsieur, reprit Villefort, il y a encore autre chose à craindre que la mort, que la vieillesse ou que la folie ; il y a, par exemple, l'apoplexie, ce coup de foudre qui vous frappe sans vous détruire, et après lequel cependant tout est fini. C'est toujours vous, et cependant vous n'êtes plus vous : vous qui touchiez, comme Ariel, à l'ange, vous n'êtes plus qu'une masse inerte, qui, comme Caliban, touche à la bête ; cela s'appelle tout bonnement, comme je vous le disais, dans la langue humaine, une apoplexie. Venez, s'il vous plaît, continuer cette conversation chez moi, monsieur le comte, un jour que vous aurez envie de rencontrer un adversaire capable de vous comprendre, et avide de vous réfuter, et je vous montrerai mon père, M. Noirtier de Villefort, un des plus fougueux jacobins de la révolution française, c'est-à-dire la plus brillante audace mise au service de la plus vigoureuse organisation, un homme qui, comme vous, n'avait peut-être pas vu tous les royaumes de la terre, mais avait aidé à bouleverser des plus puissans, un homme enfin qui, comme vous, se prétendait un des envoyés, non pas de Dieu, mais de l'Être-Suprême, non pas de la Providence, mais de la fatalité ; eh bien ! monsieur, la rupture d'un vaisseau sanguin dans un lobe du cerveau a brisé tout cela, non pas en un jour, non pas en une heure, mais en une seconde. La veille,

M. Noirtier, ancien jacobin, ancien sénateur, ancien carbonaro, riant de la guillotine, riant du canon, riant du poignard, M. Noirtier jouant avec les révolutions, M. Noirtier, pour qui la France n'était qu'un vaste échiquier duquel pions, tours, cavaliers et reines devaient disparaître pourvu que le roi fût mat, M. Noirtier, si redoutable, était le lendemain *ce pauvre monsieur Noirtier*, vieillard immobile, livré aux volontés de l'être le plus faible de la maison, c'est-à-dire de sa petite-fille Valentine ; un cadavre muet et glacé enfin, qui ne vit sans souffrance que pour donner le temps à la matière d'arriver sans secousse à son entière décomposition.

— Hélas ! monsieur, dit Monte-Christo, ce spectacle n'est étranger ni à mes yeux ni à ma pensée ; je suis quelque peu médecin, et j'ai, comme mes confrères, cherché plus d'une fois l'âme dans la matière vivante ou dans la matière morte ; et, comme la Providence, elle est restée invisible à mes yeux, quoique présente à mon cœur. Cent auteurs, depuis Socrate, depuis Sénèque, depuis Saint-Augustin, depuis Gall, ont fait en prose ou en vers le rapprochement que vous venez de faire ; mais cependant je comprends que les souffrances d'un père puissent opérer de grands changemens dans l'esprit de son fils. J'irai, monsieur, puisque vous voulez bien m'y engager, contempler au profit de mon humilité ce terrible spectacle, qui doit fort attrister votre maison.

— Cela serait sans doute, si Dieu ne m'avait point donné une large compensation. En face du vieillard qui descend en se traînant vers la tombe sont deux enfans qui entrent dans la vie : Valentine, une fille de mon premier mariage avec mademoiselle Renée de Saint-Méran et Édouard, ce fils à qui vous avez sauvé la vie.

— Et que concluez-vous de cette compensation, monsieur ? demanda Monte-Christo.

— Je conclus, monsieur, répondit Villefort, que mon père, égaré par les passions, a commis quelques unes de ces fautes qui échappent à la justice humaine, mais qui relèvent de la justice de Dieu !... et que Dieu, ne voulant punir qu'une seule personne, n'a frappé que lui seul.

Monte-Christo, le sourire sur les lèvres, poussa au fond du cœur un rugissement qui eût fait fuir Villefort, si Villefort eût pu l'entendre.

— Adieu, monsieur, reprit le magistrat qui, depuis quelque temps déjà, s'était levé et parlait debout ; je vous quitte, emportant de vous un souvenir d'estime qui, je l'espère, pourra vous être agréable lorsque vous me connaîtrez mieux, car je ne suis point un homme banal, tant s'en faut. Vous vous êtes fait d'ailleurs dans madame de Villefort une amie éternelle.

Le comte salua et se contenta de reconduire jusqu'à la porte de son cabinet seulement Villefort, lequel regagna sa voiture, précédé de deux laquais qui, sur un signe de leur maître, s'empressèrent de la lui ouvrir.

Puis, quand le procureur du roi eut disparu :

— Allons, dit Monte-Christo en tirant avec effort un soupir de sa poitrine oppressée ; allons, assez de poison comme cela, et maintenant que mon cœur en est plein, allons chercher l'antidote.

Et frappant un coup sur le timbre retentissant :

— Je monte chez madame, dit-il à Ali ; que dans une demi-heure la voiture soit prête !

CHAP. XLVIII. — HAYDÉE.

On se rappelle quelles étaient les nouvelles ou plutôt les anciennes connaissances du comte de Monte-Christo qui demeuraient rue Meslay : c'étaient Maximilien, Julie et Emmanuel.

L'espoir de cette bonne visite qu'il allait faire, de ces quelques momens heureux qu'il allait passer, de cette lueur du paradis glissant dans l'enfer où il s'était volontairement engagé, avait répandu, à partir du moment où il avait perdu de vue Villefort, la plus charmante sérénité sur le visage du comte, et Ali, qui était accouru au bruit du timbre, en voyant ce visage ainsi rayonnant d'une joie si rare, s'était retiré sur la pointe du pied et la respiration suspendue, comme pour ne pas effaroucher les bonnes pensées qu'il croyait voir voltiger autour de son maître.

Il était midi : le comte s'était réservé une heure pour monter chez Haydée; on eût dit que la joie ne pouvait rentrer tout à coup dans cette ame si long-temps brisée, et qu'elle avait besoin de se préparer aux émotions douces, comme les autres ames ont besoin de se préparer aux émotions violentes.

La jeune Grecque était, comme nous l'avons dit, dans un appartement entièrement séparé de l'appartement du comte. Cet appartement était tout entier meublé à la manière orientale; c'est-à-dire que les parquets étaient couverts d'épais tapis de Turquie, que des étoffes de brocard retombaient le long des murailles, et que, dans chaque pièce, un large divan régnait tout autour de la chambre avec des piles de coussins qui se déplaçaient à la volonté de ceux qui en usaient.

Haydée avait trois femmes françaises et une femme grecque. Les trois femmes françaises se tenaient dans la première pièce, prêtes à accourir au bruit d'une petite sonnette d'or et à obéir aux ordres de l'esclave romaïque, laquelle savait assez de français pour transmettre les volontés de sa maîtresse à ses trois camérières, auxquelles Monte-Christo avait recommandé d'avoir pour Haydée les égards que l'on aurait pour une reine.

La jeune fille était dans la pièce la plus reculée de son appartement, c'est-à-dire dans une espèce de boudoir rond, éclairé seulement par le haut, et dans lequel le jour ne pénétrait qu'à travers des carreaux de verre rose. Elle était couchée à terre sur des coussins de satin bleu brochés d'argent, à demi-renversée en arrière sur le divan, encadrant sa tête avec son bras droit mollement arrondi, tandis que, du gauche, elle fixait à ses lèvres le tube de corail dans lequel était enchâssé le tuyau flexible d'un narguillé, qui ne laissait arriver la vapeur à sa bouche que parfumée par l'eau de benjoin, à travers laquelle sa douce aspiration la forçait de passer.

Sa pose, toute naturelle pour une femme d'Orient, eût été pour une Française d'une coquetterie peut être un peu affectée.

Quant à sa toilette, c'était celle des femmes épirotes, c'est-à-dire un caleçon de satin blanc broché de fleurs roses, et qui laissait à découvert deux pieds d'enfant qu'on eût cru de marbre de Paros, s'ils ne se fussent vus se jouer avec deux petites sandales à la pointe recourbée, brodées d'or et de perles; une veste à longues raies bleues et blanches, à larges manches fendues par les bras, avec des boutonnières d'argent et des boutons de perles; enfin une espèce de corset laissant, par sa coupe ouverte en cœur, voir le cou et tout le haut de la poitrine, et se boutonnant au-dessous du sein par trois boutons de diamant. Quant au bas du corset et au haut du caleçon, ils étaient perdus dans une de ces ceintures aux vives couleurs et aux longues franches soyeuses qui font l'ambition de nos élégantes Parisiennes.

La tête était coiffée d'une petite calotte d'or brodée de perles, inclinée sur le côté, et au-dessous de la calotte, du côté où elle inclinait, une belle rose naturelle de couleur pourpre ressortait mêlée à des cheveux si noirs qu'ils paraissaient bleus.

Quant à la beauté de ce visage, c'était la beauté grecque dans toute la perfection de son type, avec ses grands yeux noirs veloutés, son nez droit, ses lèvres de corail et ses dents de perles.

Puis, sur ce charmant ensemble, la fleur de la jeunesse était répandue avec tout son éclat et tout son parfum : Haydée pouvait avoir dix-neuf ou vingt ans.

Monte-Christo appela la suivante grecque, et fit demander à Haydée la permission d'entrer auprès d'elle.

Pour toute réponse, Haydée fit signe à la suivante de relever la tapisserie qui pendait devant la porte, dont le chambranle carré encadra la jeune fille couchée comme un tableau charmant.

Monte-Christo s'avança.

Haydée se souleva sur le coude qui tenait le narguillé, et tendant au comte sa main en même temps qu'elle l'accueillait avec un sourire :

— Pourquoi, dit-elle dans la langue sonore des filles de Sparte et d'Athènes, pourquoi me fais-tu demander la permission d'entrer chez moi? N'es-tu plus mon maître, ne suis-je plus ton esclave?

Monte-Christo sourit à son tour.

— Haydée, dit-il, vous savez...

— Pourquoi ne me dis-tu pas *tu* comme d'habitude? interrompit la jeune Grecque; ai-je donc commis quelque faute? En ce cas il faut me punir, mais non pas me dire *vous*.

— Haydée, reprit le comte, tu sais que nous sommes en France, et par conséquent que tu es libre.

— Libre de quoi faire? demanda la jeune fille.

— Libre de me quitter.

— Te quitter!... et pourquoi te quitterais-je?

— Que sais-je, moi! nous allons voir le monde.

— Je ne veux voir personne.

— Et si parmi les beaux jeunes gens que tu rencontreras, tu en trouvais quelqu'un qui te plût, je ne serais pas assez injuste...

— Je n'ai jamais vu d'hommes plus beaux que toi, et je n'ai jamais aimé que mon père et toi.

— Pauvre enfant, dit Monte-Christo, c'est que tu n'as guère parlé qu'à ton père et à moi.

— Eh bien! qu'ai-je besoin de parler à d'autres? Mon père m'appelait *sa joie*, toi tu m'appelles *ton amour*, et tous deux vous m'appelez *votre enfant*.

— Tu te rappelles ton père, Haydée?

La jeune fille sourit.

— Il est là et là, dit-elle en mettant la main sur ses yeux et sur son cœur.

— Et moi, où suis-je? demanda en souriant Monte-Christo.

— Toi, dit-elle, tu es partout.

Monte-Christo prit la main à Haydée pour la baiser; mais la naïve enfant retira sa main et présenta son front.

— Maintenant, Haydée, lui dit-il, tu sais que tu es libre, que tu es maîtresse, que tu es reine, tu peux garder ton costume ou le quitter à ta fantaisie; tu resteras ici quand tu voudras rester, tu sortiras quand tu voudras sortir; il y aura toujours une voiture attelée pour toi; Ali et Myrto t'accompagneront partout et seront à tes ordres; seulement, une seule chose, je te prie.

— Dis.

— Garde le secret sur ta naissance, ne dis pas un mot de ton passé; ne prononce dans aucune occasion le nom de ton illustre père ni celui de ta pauvre mère.

— Je te l'ai déjà dit, seigneur, je ne verrai personne.

— Écoute, Haydée; peut-être cette réclusion orientale sera-t-elle impossible à Paris ; continue d'apprendre la vie de nos pays du nord comme tu l'as fait à Rome, à Florence, à Milan et à Madrid; cela te servira toujours, que tu continues à vivre ici ou que tu retournes en Orient.

La jeune fille leva sur le comte ses grands yeux humides, et répondit :

— Ou que nous retournions en Orient, veux-tu dire, n'est-ce pas, mon seigneur?

— Oui, ma fille, dit Monte-Christo; tu sais bien que ce n'est jamais moi qui te quitterai. Ce n'est point l'arbre qui quitte la fleur, c'est la fleur qui quitte l'arbre.

— Je ne te quitterai jamais, seigneur, dit Haydée, car je suis sûre que je ne pourrais pas vivre sans toi.

— Pauvre enfant! dans dix ans je serai vieux et dans dix ans tu seras toute jeune encore.

— Mon père avait une longue barbe blanche : cela ne

m'empêchait point de l'aimer; mon père avait soixante ans, et il me paraissait plus beau que tous les jeunes hommes que je voyais.

— Mais voyons, dis-moi, crois-tu que tu t'habitueras ici.

— Te verrai-je?

— Tous les jours.

— Eh bien! que me demandes-tu donc, seigneur?

— Je crains que tu ne t'ennuies.

— Non, seigneur, car le matin je penserai que tu viendras, et le soir je me rappellerai que tu es venu; d'ailleurs, quand je suis seule j'ai de grands souvenirs, je revois d'immenses tableaux, de grands horizons avec le Pinde et l'Olympe dans le lointain; puis j'ai dans le cœur trois sentimens avec lesquels on ne s'ennuie jamais : de la tristesse, de l'amour et de la reconnaissance.

— Tu es une digne fille de l'Épire, Haydée, gracieuse et poétique, et l'on voit que tu descends de cette famille de déesses qui est née dans ton pays. Sois donc tranquille, ma fille, je ferai en sorte que ta jeunesse ne soit pas perdue, car si tu m'aimes comme ton père, moi je t'aime comme mon enfant.

— Tu te trompes, seigneur, je n'aimais point mon père comme je t'aime, mon amour pour toi est un autre amour : mon père est mort et je ne suis pas morte, tandis que toi si tu mourais, je mourrais.

Le comte tendit la main à la jeune fille avec un sourire plein de profonde tendresse; elle y imprima ses lèvres comme d'habitude.

Et le comte, ainsi disposé à l'entrevue qu'il allait avoir avec Morrel et sa famille, partit en murmurant ces vers de Pindare :

« La jeunesse est une fleur dont l'amour est le fruit... Heureux le vendangeur qui la cueille après l'avoir vu lentement mûrir. »

Selon ses ordres, la voiture était prête. Il y monta, et la voiture, comme toujours, partit au galop.

CHAP. XLIX. — LA FAMILLE MORREL.

Le comte arriva en quelques minutes rue Meslay, n° 7.

La maison était blanche, riante et précédée d'une cour dans laquelle deux petits massifs contenaient d'assez belles fleurs.

Dans le concierge qui lui ouvrit cette porte le comte reconnut le vieux Coclès. Mais comme celui-ci, on se le rappelle, n'avait qu'un œil, et que depuis neuf ans cet œil avait encore considérablement faibli, Coclès ne reconnut pas le comte.

Les voitures, pour s'arrêter devant l'entrée, devaient tourner afin d'éviter un petit jet d'eau jaillissant d'un bassin en rocaille, magnificence qui avait excité bien des jalousies dans le quartier, et qui était cause qu'on appelait cette maison *le Petit-Versailles*.

Inutile de dire que dans le bassin manœuvraient une foule de poissons rouges et jaunes.

La maison, élevée au-dessus d'un étage de cuisines et de caveaux, avait, outre le rez-de-chaussée, deux étages pleins et des combles; les jeunes gens l'avaient achetée avec les dépendances, qui consistaient en un immense atelier, en deux pavillons au fond d'un jardin et dans le jardin lui-même. Emmanuel avait, du premier coup d'œil, vu dans cette disposition une petite spéculation à faire; il s'était réservé la maison, la moitié du jardin et avait tiré une ligne, c'est-à-dire qu'il avait bâti un mur entre lui et les ateliers qu'il avait loués à bail avec les pavillons et la portion de jardin qui y était afférente; de sorte qu'il se trouvait logé pour une somme assez modique, et aussi bien clos chez lui que le plus minutieux propriétaire d'un hôtel du faubourg Saint-Germain.

La salle à manger était de chêne; le salon d'acajou et de velours bleu, la chambre à coucher de citronnier et de damas vert; il y avait en outre un cabinet de travail pour Emmanuel qui ne travaillait pas, et un salon de musique pour Julie qui n'était pas musicienne.

Le second étage tout entier était consacré à Maximilien : il avait là une répétition exacte du logement de sa sœur, la salle à manger seulement avait été convertie en une salle de billard où il amenait ses amis.

Il surveillait lui-même le pansage de son cheval, et fumait son cigare à l'entrée du jardin quand la voiture du comte s'arrêta à la porte.

Coclès ouvrit la porte, comme nous l'avons dit, et Baptistin, s'élançant de son siège, demanda si M. et Mme Herbault et M. Maximilien Morrel étaient visibles pour le comte de Monte-Christo.

— Pour le comte de Monte-Christo! s'écria Morrel en jetant son cigare et en s'élançant au devant de son visiteur : je le crois bien que nous sommes visibles pour lui. Ah! merci, cent fois merci, monsieur le comte, de ne pas avoir oublié votre promesse.

Et le jeune officier serra si cordialement la main du comte, que celui-ci ne put se méprendre à la franchise de la manifestation, et il vit bien qu'il avait été attendu avec impatience et était reçu avec empressement.

— Venez, venez, dit Maximilien, je veux vous servir d'introducteur; un homme comme vous ne doit pas être annoncé par un domestique; ma sœur est dans son jardin, elle casse ses roses fanées; mon frère lit ses deux journaux, la *Presse* et les *Débats*, à six pas d'elle, car partout où l'on voit madame Herbault, on n'a qu'à regarder dans un rayon de quatre mètres, M. Emmanuel s'y trouve, et réciproquement, comme on dit à l'école Polytechnique.

Le bruit des pas fit lever la tête à une jeune femme de vingt à vingt-cinq ans, vêtue d'une robe de chambre de soie, et épluchant avec un soin tout particulier un magnifique rosier-noisette.

Cette femme, c'était notre petite Julie, devenue, comme le lui avait prédit le mandataire de la maison Thomson et French, madame Emmanuel Herbault.

Elle poussa un cri en voyant un étranger. Maximilien se mit à rire.

— Ne te dérange pas, ma sœur, dit-il; monsieur le comte n'est que depuis deux ou trois jours à Paris, mais il sait déjà ce que c'est qu'une rentière du Marais, et, s'il ne le sait pas, tu vas le lui apprendre.

— Ah! monsieur, dit Julie, vous amener ainsi, c'est une trahison de mon frère, qui n'a pas pour sa pauvre sœur la moindre coquetterie... Peneton!...

Un vieillard qui bêchait une plate-bande de rosiers du Bengale ficha sa bêche en terre et s'approcha, la casquette à la main, en dissimulant du mieux qu'il le pouvait une chique enfoncée momentanément dans les profondeurs de ses joues. Quelques mèches blanches argentaient sa chevelure encore épaisse, tandis que son teint bronzé et son œil hardi et vif annonçaient le vieux marin, bruni au soleil de l'équateur et hâlé au souffle des tempêtes.

— Je crois que vous m'avez hélé, mademoiselle Julie, dit-il; me voilà.

Peneton avait conservé l'habitude d'appeler la fille de son patron mademoiselle Julie, et n'avait jamais pu prendre celle de l'appeler madame Herbault.

— Peneton, dit Julie, allez prévenir M. Emmanuel de la bonne visite qui nous arrive, tandis que Maximilien conduira monsieur au salon.

Puis se tournant vers Monte-Christo :

— Monsieur me permettra bien de m'enfuir une minute, n'est-ce pas? dit-elle.

Et sans attendre l'assentiment du comte, elle s'élança derrière un massif et gagna la maison par une allée latérale.

— Ah çà! mon cher monsieur Morrel, dit Monte-Christo, je m'aperçois avec douleur que je fais révolution dans votre famille.

— Tenez, tenez, dit Maximilien en riant, voyez-vous là-bas le mari qui, de son côté, va troquer sa veste contre une redingote? Oh! c'est qu'on vous connaît rue Meslay, vous étiez annoncé, je vous prie de le croire.

— Vous me paraissez avoir là, monsieur, une heureuse famille, dit le comte répondant à sa propre pensée.

— Oh oui! je vous en réponds, monsieur le comte; que voulez-vous, il ne leur manque rien pour être heureux, ils sont jeunes, ils sont gais, ils s'aiment, et avec leurs vingt-cinq mille livres de rente il se figurent, eux qui ont cependant côtoyé tant d'immenses fortunes, ils se figurent posséder la richesse des Rothschild.

— C'est peu, cependant, vingt-cinq mille livres de rente, dit Monte-Christo avec une douceur si suave qu'elle pénétra le cœur de Maximilien comme eût pu le faire la voix d'un tendre père; mais ils ne s'arrêteront pas là nos jeunes gens, ils deviendront à leur tour millionnaires. Monsieur votre beau-frère est avocat... médecin...

— Il était négociant, monsieur le comte, et avait pris la maison de mon pauvre père. M. Morrel est mort en laissant cinq cent mille francs de fortune; j'en avais une moitié et ma sœur l'autre, car nous n'étions que deux enfans. Son mari, qui l'avait épousée sans avoir d'autre patrimoine que sa noble probité, son intelligence de premier ordre et sa réputation sans tache, a voulu posséder autant que sa femme. Il a travaillé jusqu'à ce qu'il eût amassé deux cent cinquante mille francs; six ans ont suffi. C'était, je vous le jure, monsieur le comte, un touchant spectacle que celui de ces deux enfans si laborieux, si unis, destinés par leur capacité à la plus haute fortune, et qui, n'ayant rien voulu changer aux habitudes de la maison paternelle, ont mis six ans à faire ce que les novateurs eussent pu faire en deux ou trois; aussi Marseille retentit encore des louanges qu'on n'a pu refuser à tant de courageuse abnégation. Enfin, un jour Emmanuel vint trouver sa femme qui achevait de payer l'échéance.

— Julie, lui dit-il, voici le dernier rouleau de cent francs que vient de me remettre Coclès et qui complète les deux cent cinquante mille francs que nous avons fixés comme limite de nos gains. Seras-tu contente de ce peu dont il va falloir nous contenter désormais? Écoute, la maison fait pour un million d'affaires par an, et peut rapporter quarante mille francs de bénéfices. Nous vendrons, si nous le voulons, la clientèle trois cent mille francs dans une heure, car voici une lettre de M. Delaunay qui nous offre en échange de notre fonds qu'il veut réunir au sien. Vois ce que tu penses qu'il y ait à faire.

— Mon ami, ma sœur, la maison Morrel ne peut être tenue que par un Morrel. Sauver à tout jamais des mauvaises chances de la fortune le nom de notre père, cela ne vaut-il pas bien trois cent mille francs?

— Je le pensais, répondit Emmanuel; cependant je voulais prendre ton avis.

— Eh bien! mon ami, le voilà. Toutes nos rentrées sont faites, tous nos billets sont payés; nous pouvons tirer une barre au-dessous du compte de cette quinzaine et fermer nos comptoirs: tirons cette barre et fermons-les. Ce qui fut fait à l'instant même. Il était trois heures: à trois heures un quart, un client se présenta pour faire assurer le passage de deux navires; c'était un bénéfice net de quinze mille francs comptant.

— Monsieur, dit Emmanuel, veuillez vous adresser pour cette assurance à notre confrère, M. Delaunay. Quant à nous, nous avons quitté les affaires.

— Et depuis quand? demanda le client étonné.

— Depuis un quart d'heure.

— Et voilà, monsieur, continua en souriant Maximilien, comment ma sœur et mon beau-frère n'ont que vingt-cinq mille livres de rentes.

Maximilien achevait à peine sa narration pendant laquelle le cœur du comte s'était dilaté de plus en plus, lorsque Emmanuel reparut, restauré d'un chapeau et d'une redingote; il salua en homme qui connaît la qualité du visiteur, puis, après avoir fait faire au comte le tour du petit enclos fleuri, il le ramena vers la maison.

Le salon était déjà embaumé de fleurs contenues à grand'peine dans un immense vase du Japon à anses naturelles. Julie, convenablement vêtue et coquettement coiffée (elle avait accompli ce tour de force en dix minutes!), se présenta pour recevoir le comte à son entrée.

On entendait caqueter les oiseaux d'une volière voisine; les branches des faux ébéniers et des acacias roses venaient border de leurs grappes les rideaux de velours bleu. Tout dans cette charmante petite retraite respirait le calme, depuis le chant de l'oiseau jusqu'au sourire des maîtres.

Le comte, depuis son entrée dans la maison, s'était déjà imprégné de ce bonheur; aussi restait-il muet et rêveur, oubliant qu'on l'attendait pour reprendre la conversation interrompue après les premiers complimens.

Il s'aperçut de ce silence devenu presque inconvenant, et s'arrachant avec effort à sa rêverie:

— Madame, dit-il enfin, pardonnez-moi une émotion qui doit vous étonner, vous accoutumée à cette paix et à ce bonheur que je rencontre ici; mais pour moi, c'est chose si nouvelle que la satisfaction sur un visage humain, que je ne me lasse pas de vous regarder vous et votre mari.

— Nous sommes bien heureux, en effet, monsieur, répliqua Julie; mais nous avons été long-temps à souffrir, et peu de gens ont acheté leur bonheur aussi cher que nous.

La curiosité se peignit sur les traits du comte.

— Oh! c'est toute une histoire de famille, comme vous le disait l'autre jour Château-Renaud, reprit Maximilien; pour vous, monsieur le comte, habitué à voir d'illustres malheurs et des joies splendides, il y aurait peu d'intérêt dans ce tableau d'intérieur. Toutefois, nous avons, comme vient de vous le dire Julie, souffert de bien vives douleurs, quoiqu'elles fussent renfermées dans ce petit cadre...

— Et Dieu vous a versé, comme il le fait pour tous, la consolation sur la souffrance? demanda Monte-Christo.

— Oui, monsieur le comte, dit Julie: nous pouvons le dire, car il a fait pour nous ce qu'il ne fait que pour ses élus; il nous a envoyé un de ses anges.

Le rouge monta aux joues du comte, et il toussa pour avoir un moyen de dissimuler son émotion en portant son mouchoir à sa bouche.

— Ceux qui sont nés dans un berceau de pourpre et qui n'ont jamais rien désiré, dit Emmanuel, ne savent pas ce que c'est que le bonheur de vivre; de même que ceux-là ne connaissent pas le prix d'un ciel pur, qui n'ont jamais livré leur vie à la merci de quatre planches jetées sur une mer en fureur.

Monte-Christo se leva, et sans rien répondre, car au tremblement de sa voix, on eût pu reconnaître l'émotion dont il était agité, il se mit à parcourir pas à pas le salon.

— Notre magnificence vous fait sourire, monsieur le comte, dit Maximilien qui suivait Monte-Christo des yeux.

— Non, non, répondit Monte-Christo fort pâle, et comprimant d'une main les battemens de son cœur, tandis que, de l'autre, il montrait au jeune homme un globe de cristal sous lequel une bourse de soie reposait précieusement couchée sur un coussin de velours noir. Je me demandais seulement à quoi sert cette bourse, qui, d'un côté, contient un papier, ce me semble, et de l'autre un assez beau diamant.

Maximilien prit un air grave et répondit:

— Ceci, monsieur le comte, c'est le plus précieux de nos trésors de famille.

— En effet, ce diamant est assez beau, répliqua Monte-Christo.

— Oh! mon frère ne vous parle pas du prix de la pierre, quoiqu'elle soit estimée cent mille francs, monsieur le comte; il veut seulement vous dire que les objets que renferme cette bourse sont les reliques de l'ange dont nous vous parlions tout à l'heure.

— Voilà ce que je ne saurais comprendre, et cependant ce que je ne dois pas demander, madame, répliqua Monte-Christo en s'inclinant; pardonnez-moi, je n'ai pas voulu être indiscret.

— Indiscret, dit-vous, oh! que vous nous rendez heureux, monsieur le comte, au contraire, en nous offrant une occasion de nous étendre sur ce sujet! Si nous cachions comme un secret la belle action que rappelle cette bourse, nous ne l'exposerions pas ainsi à la vue. Oh! nous voudrions pouvoir la publier dans tout l'univers, pour qu'un tressaillement de notre bienfaiteur inconnu nous révélât sa présence.

— Ah! vraiment! fit Monte-Christo d'une voix étouffée.

— Monsieur, dit Maximilien en soulevant le globe de cristal et en baisant religieusement la bourse de soie, ceci a touché la main d'un homme par lequel mon père a été sauvé de la mort, nous de la ruine et notre nom de la honte; d'un homme grace auquel nous autres, pauvres enfans voués à la misère et aux larmes, nous pouvons entendre aujourd'hui des gens s'extasier sur notre bonheur. Cette lettre, et Maximilien tirant un billet de la bourse le présenta au comte, cette lettre fut écrite par lui un jour où mon père avait pris une résolution bien désespérée, et ce diamant fut donné en dot à ma sœur par ce généreux inconnu.

Monte-Christo ouvrit la lettre et la lut avec une indéfinissable expression de bonheur; c'était le billet que nos lecteurs connaissent, adressé à Julie et signé Simbad le Marin.

— Inconnu, dites-vous? Ainsi, l'homme qui vous a rendu ce service est resté inconnu pour vous?

— Oui, monsieur, jamais nous n'avons eu le bonheur de serrer sa main; ce n'est pas faute cependant d'avoir demandé à Dieu cette faveur, reprit Maximilien; mais il y a eu dans toute cette aventure une mystérieuse direction que nous ne pouvons comprendre encore; tout a été conduit par une main invisible, puissante comme celle d'un enchanteur.

— Oh! dit Julie, je n'ai pas encore perdu tout espoir de baiser un jour cette main comme je baise la bourse qu'elle a touchée. Il y a quatre ans, Peneton était à Trieste: Peneton, monsieur le comte, c'est ce brave marin que vous avez vu une bêche à la main, et qui, de contre-maître, s'est fait jardinier. Peneton, étant donc à Trieste, vit sur le quai un Anglais qui allait s'embarquer dans un yacht, et il reconnut celui qui vint chez mon père le 5 juin 1829, et qui m'écrivit ce billet le 5 septembre. C'était bien le même, à ce qu'il assure, mais il n'osa point lui parler.

— Un Anglais! fit Monte-Christo rêveur et qui s'inquiétait de chaque regard de Julie; un Anglais, dites-vous?

— Oui, reprit Maximilien, un Anglais qui se présenta chez nous comme mandataire de la maison Thomson et French de Rome. Voilà pourquoi, lorsque vous avez dit l'autre jour chez M. de Morcerf que MM. Thomson et French étaient vos banquiers, vous m'avez vu tressaillir. Au nom du ciel, monsieur, cela se passait, comme nous l'avons dit, en 1829; avez-vous connu cet Anglais?

— Mais ne m'avez-vous pas dit aussi que la maison Thomson et French avait constamment nié vous avoir rendu ce service?

— Oui.

— Alors cet Anglais ne serait-il pas un homme qui, reconnaissant envers votre père de quelque bonne action qu'il aurait oubliée lui-même, aurait pris ce prétexte pour lui rendre un service?

— Tout est supposable, monsieur, en pareille circonstance, même un miracle.

— Comment s'appelait-il? demanda Monte-Christo.

— Il n'a laissé d'autre nom, répondit Julie en regardant le comte avec une profonde attention, que le nom qu'il a signé au bas du billet : Simbad le Marin.

— Ce qui n'est pas un nom évidemment, mais un pseudonyme.

Puis, comme Julie le regardait plus attentivement encore, et essayait encore de saisir au vol et de rassembler quelques notes de sa voix.

— Voyons, continua-t-il, n'est-ce point un homme de ma taille à peu près, un peu plus grand peut-être, un peu plus mince, emprisonné dans une haute cravate, boutonné, sanglé, corsé et toujours le crayon à la main?

— Oh! mais vous le connaissez donc? s'écria Julie les yeux étincelans de joie.

— Non, dit Monte-Christo, je suppose seulement. J'ai connu un lord Wilmore qui semait ainsi des traits de générosité.

— Sans se faire connaître?

— C'était un homme bizarre et qui ne croyait pas à la reconnaissance.

— Oh! mon Dieu! s'écria Julie avec un accent sublime et en joignant les mains, à quoi croit-il donc, le malheureux!

— Il n'y croyait pas, du moins, à l'époque où je l'ai connu, dit Monte-Christo, que cette voix partie du fond de l'ame avait remué jusqu'à la dernière fibre; mais depuis ce temps, peut-être a-t-il eu quelque preuve que la reconnaissance existait.

— Et vous connaissez cet homme, monsieur? demanda Emmanuel.

— Oh! si vous le connaissez, monsieur, s'écria Julie, dites, dites, pouvez-vous nous mener à lui, nous le montrer, nous dire où il est? Dis donc, Maximilien, dis donc, Emmanuel, si nous le retrouvions jamais, il faudrait bien qu'il crût à la mémoire du cœur.

Monte-Christo sentit deux larmes rouler dans ses yeux; il fit encore quelques pas dans le salon.

— Au nom du ciel, monsieur, dit Maximilien, si vous savez quelque chose de cet homme, dites-nous ce que vous en savez!

— Hélas! dit Monte-Christo en comprimant l'émotion de sa voix, si c'est lord Wilmore qui est votre bienfaiteur, je crains bien que jamais vous ne le retrouviez. Je l'ai quitté il y a deux ou trois ans à Palerme, et il partait pour les pays les plus fabuleux; si bien que je doute fort qu'il en revienne jamais.

— Ah! monsieur, vous êtes cruel! s'écria Julie avec effroi.

Et les larmes vinrent aux yeux de la jeune femme.

— Madame, dit gravement Monte-Christo en dévorant du regard les deux perles liquides qui roulaient sur les joues de Julie, si lord Wilmore avait vu ce que je viens de voir ici, il aimerait encore la vie, car les larmes que vous versez le raccommoderaient avec le genre humain.

Et il tendit la main à Julie qui lui donna la sienne, entraînée qu'elle se trouvait par le regard et par l'accent du comte.

— Mais ce lord Wilmore, dit-elle se rattachant à une dernière espérance, il avait un pays, une famille, des parens, il était connu enfin? est-ce que nous ne pourrions pas?...

— Oh! ne cherchez point, madame, dit le comte, ne bâtissez point de douces chimères sur cette parole que j'ai laissé échapper. Non, lord Wilmore n'est probablement pas l'homme que vous cherchez, il était mon ami, je connaissais tous ses secrets, il m'eût raconté celui-là.

— Et il ne vous a rien dit? s'écria Julie.

— Rien.

— Jamais un mot qui pût vous faire supposer?...

— Jamais.

— Cependant vous l'avez nommé tout de suite.

— Ah! vous savez... En pareil cas on suppose.

— Ma sœur, ma sœur, dit Maximilien, venant en aide au comte, monsieur a raison. Rappelle-toi ce que nous a dit si souvent notre bon père : ce n'est pas un Anglais qui nous a fait ce bonheur.

Monte-Christo tressaillit.

— Votre père vous disait, monsieur Morrel ?... reprit-il vivement.

— Mon père, monsieur, voyait dans cette action un miracle. Mon père croyait à un bienfaiteur sorti pour nous de la tombe. Oh! la touchante superstition, monsieur, que celle-là, et comme tout en n'y croyant pas moi-même, j'étais loin de vouloir détruire cette croyance dans son noble cœur! Aussi combien de fois y rêva-t-il, en prononçant tout bas un nom d'ami bien cher, un nom d'ami perdu; et lorsqu'il fut près de mourir, lorsque l'approche de l'éternité eut donné à son esprit quelque chose de l'illumination de la tombe, cette pensée, qui n'avait jusque-là été qu'un doute, devint une conviction, et les dernières paroles qu'il prononça en mourant furent celles-ci : « Maximilien, c'était Edmond Dantès! »

La pâleur du comte, qui, depuis quelques secondes, allait croissant, devint effrayante à ces paroles. Tout son sang venait d'affluer au cœur, il ne pouvait parler; il tira sa montre comme s'il eût oublié l'heure, prit son chapeau, présenta à madame Herbault un compliment brusque et embarrassé, et serrant les mains d'Emmanuel et de Maximilien :

— Madame, dit-il, permettez-moi de venir quelquefois vous rendre mes devoirs. J'aime votre maison, et je vous suis reconnaissant de votre accueil, car voici la première fois que je me suis oublié depuis bien des années.

Et il sortit à grands pas.

— C'est un homme singulier que ce comte de Monte-Christo, dit Emmanuel.

— Oui, répondit Maximilien, mais je crois qu'il a un cœur excellent, et je suis sûr qu'il nous aime.

— Et moi! dit Julie, sa voix m'a été au cœur, et deux ou trois fois il m'a semblé que ce n'était point la première fois que je l'entendais.

CHAP. L. — PYRAME ET THISBÉ.

Aux deux tiers du faubourg Saint-Honoré, derrière un bel hôtel remarquable entre les remarquables habitations de ce riche quartier, s'étend un vaste jardin dont les marronniers touffus dépassent les énormes murailles, hautes comme des remparts, et laissent, quand vient le printemps, tomber leurs fleurs roses et blanches dans deux vases de pierre cannelée placés parallèlement sur deux pilastres quadrangulaires dans lesquels s'enchâsse une grille de fer du temps de Louis XIII.

Cette entrée grandiose est condamnée, malgré les magnifiques géraniums qui poussent dans les deux vases et qui balancent au vent leurs feuilles marbrées et leurs fleurs de pourpre, depuis que les propriétaires de l'hôtel, et cela date de long-temps déjà, se sont restreints à la possession de l'hôtel, de la cour plantée d'arbres qui donne sur le faubourg, et du jardin que ferme cette grille, laquelle donnait autrefois sur un magnifique potager d'un arpent, annexée à la propriété. Mais le démon de la spéculation ayant tiré une ligne, c'est-à-dire une rue à l'extrémité de ce potager, et la rue, avant d'exister ayant déjà, grace à une plaque de fer bruni, reçu un nom, on pensa pouvoir vendre ce potager pour bâtir sur la rue, et faire concurrence à cette grande artère de Paris qu'on appelle le faubourg Saint-Honoré.

Mais, en matière de spéculation, l'homme propose et l'argent dispose; la rue baptisée mourut au berceau; l'acquéreur du potager, après l'avoir parfaitement payé, ne put trouver à le revendre la somme qu'il en voulait, et, en attendant une hausse de prix qui ne peut manquer, un jour ou l'autre, de l'indemniser bien au-delà de ses pertes passées et de son capital au repos, il se contenta de louer cet enclos à des maraichers, moyennant la somme de cinq cents francs par an.

C'est de l'argent placé à demi pour cent, ce qui n'est pas cher par le temps qui court, où il y a tant de gens qui le placent à cinquante et qui trouvent encore que l'argent est d'un bien pauvre rapport.

Néanmoins, comme nous l'avons dit, la grille du jardin qui autrefois donnait sur le potager est condamnée, et la rouille ronge ses gonds; il y a même plus : pour que d'ignobles maraichers ne souillent pas de leurs regards vulgaires l'intérieur de l'enclos aristocratique, une cloison de planches est appliquée aux barreaux jusqu'à la hauteur de six pieds. Il est vrai que les planches ne sont pas si bien jointes qu'on ne puisse glisser un regard furtif entre les intervalles; mais cette maison est une maison sévère, et qui ne craint point les indiscrétions.

Dans ce potager, au lieu de choux, de carottes, de radis, de pois et de melons, poussent de grandes luzernes, seule culture qui annonce que l'on songe encore à ce lieu abandonné. Une petite porte basse, s'ouvrant sur la rue projetée, donne entrée en ce terrain clos de murs, que ses locataires viennent d'abandonner à cause de sa stérilité, et qui, depuis huit jours, au lieu de rapporter un demi pour cent, comme par le passé, ne rapporte plus rien du tout.

Du côté de l'hôtel, les marronniers dont nous avons parlé couronnent la muraille, ce qui n'empêche pas d'autres arbres luxurians et fleuris de glisser dans leurs intervalles leurs branches avides d'air. A un angle où le feuillage devient tellement touffu qu'à peine si la lumière y pénètre, un large banc de pierre et des sièges de jardin indiquent un lieu de réunion ou une retraite favorite à quelque habitant de l'hôtel situé à cent pas, et que l'on aperçoit à peine à travers le rempart de verdure qui l'enveloppe. Enfin, le choix de cet asile mystérieux est à la fois justifié par l'absence du soleil, par la fraîcheur éternelle, même pendant les jours les plus brûlans de l'été, par le gazouillement des oiseaux et par l'éloignement de la maison et de la rue, c'est-à-dire des affaires et du bruit.

Vers le soir d'une des plus chaudes journées que le printemps eût jamais accordées aux habitans de Paris, il y avait sur ce banc de pierre un livre, une ombrelle, un panier à ouvrage et un mouchoir de batiste dont la broderie était commencée, et non loin de la grille, près de la grille, debout devant les planches, l'œil appliqué à la cloison à claire-voie, une jeune femme dont le regard plongeait par une fente dans le terrain désert que nous connaissons.

Presque au même moment, la petite porte de ce terrain se refermait sans bruit, et un jeune homme, grand, vigoureux, vêtu d'une blouse de toile écrue, d'une casquette de velours, mais dont les moustaches, la barbe et les cheveux noirs extrêmement soignés juraient quelque peu avec ce costume populaire, après un rapide coup d'œil jeté autour de lui pour s'assurer que personne ne l'épiait, passant par cette porte, qu'il referma derrière lui, se dirigeait d'un pas précipité vers la grille.

A la vue de celui qu'elle attendait, mais non pas probablement sous ce costume, la jeune fille eut peur et se rejeta en arrière.

Et cependant déjà, à travers les fentes de la porte, le jeune homme, avec ce regard qui n'appartient qu'aux amans, avait vu flotter la robe blanche et la longue ceinture bleue. Il s'élança vers la cloison, et appliquant sa bouche à une ouverture :

— N'ayez pas peur, Valentine, dit-il, c'est moi.

La jeune fille s'approcha.

— Oh! monsieur, dit-elle, pourquoi donc êtes-vous venu si tard aujourd'hui? Savez-vous que l'on va dîner bientôt, et qu'il m'a fallu bien de la diplomatie et bien de la promptitude pour me débarrasser de ma belle-mère qui m'épie, de ma femme de chambre qui m'espionne et de mon frère qui me tourmente, pour venir travailler ici à cette broderie, qui, j'en ai bien peur, ne sera pas finie de long-temps? Puis quand vous vous serez excusé sur votre retard, vous me direz quel est ce nouveau costume qu'il vous a plu d'adopter et qui presque a été cause que je ne vous ai pas reconnu.

— Chère Valentine, dit le jeune homme, vous êtes trop au-dessus de mon amour pour que j'ose vous en parler, et cependant toutes les fois que je vous vois, j'ai besoin de vous dire que je vous adore, afin que l'écho de mes propres paroles me caresse doucement le cœur lorsque je ne vous vois plus. Maintenant je vous remercie de votre gronderie : elle est toute charmante, car elle me prouve, je n'ose pas dire que vous m'attendiez, mais que vous pensiez à moi. Vous vouliez savoir la cause de mon retard et le motif de mon déguisement; je vais vous les dire, et j'espère que vous les excuserez : j'ai fait choix d'un état

— D'un état !... Que voulez-vous dire, Maximilien ? Et sommes-nous donc assez heureux pour que vous parliez de ce qui nous regarde en plaisantant ?

— Oh! Dieu me préserve, dit le jeune homme, de plaisanter avec ce qui est ma vie ; mais fatigué d'être un coureur de champs et un escaladeur de murailles, sérieusement effrayé de l'idée que vous me fîtes naître l'autre soir que votre père me ferait juger un jour comme voleur, ce qui compromettrait l'honneur de l'armée française tout entière, non moins effrayé de la possibilité que l'on s'étonne de voir éternellement tourner autour de ce terrain, où il n'y a pas la plus petite citadelle à assiéger ou le plus petit blockaus à défendre, un capitaine de spahis, je me suis fait maraîcher, et j'ai adopté le costume de ma profession.

— Bon, quelle folie !

— C'est, au contraire, la chose la plus sage, je crois, que j'aie faite de ma vie, car elle nous donne toute sécurité.

— Voyons, expliquez-vous.

— Eh bien, j'ai été trouver le propriétaire de cet enclos, le bail avec les anciens locataires était fini, et je le lui ai loué à nouveau. Toute cette luzerne que vous voyez m'appartient, Valentine, rien ne m'empêche de me faire bâtir une cabane dans ces foins et de vivre désormais à vingt pas de vous. Oh! ma joie et mon bonheur, je ne puis les contenir. Comprenez-vous, Valentine, que l'on parvienne à payer ces choses-là? C'est impossible, n'est-ce pas? Eh bien! toute cette félicité, tout ce bonheur, toute cette joie, pour lesquels j'eusse donné dix ans de ma vie, me coûtent, devinez combien?... Cinq cents francs par an, payables par trimestre. Ainsi, vous le voyez, désormais plus rien à craindre. Je suis ici chez moi, je puis mettre les échelles contre mon mur et regarder par-dessus, et j'ai, sans crainte qu'une patrouille vienne me déranger, le droit de vous dire que je vous aime, tant que votre fierté ne se blessera pas d'entendre sortir ce mot de la bouche d'un pauvre journalier vêtu d'une blouse et coiffé d'une casquette.

Valentine poussa un petit cri de surprise joyeuse ; puis tout à coup :

— Hélas! Maximilien, dit-elle tristement et comme si un nuage jaloux était soudain venu voiler le rayon de soleil qui illuminait son cœur, maintenant nous serons trop libres; notre bonheur nous fera tenter Dieu ; nous abuserons de notre sécurité, et notre sécurité nous perdra.

— Pouvez-vous me dire cela, mon amie, à moi qui, depuis que je vous connais, vous prouve chaque jour que j'ai subordonné mes pensées et ma vie à votre vie et à vos pensées? Qui vous a donné confiance en moi? mon honneur, n'est-ce pas? Quand vous m'avez dit qu'un vague instinct vous assurait que vous couriez quelque grand danger, j'ai mis mon dévoûment à votre service, sans vous demander d'autre récompense que le bonheur de vous servir. Depuis ce temps, vous ai-je, par un mot, par un signe, donné l'occasion de vous repentir de m'avoir distingué au milieu de ceux qui eussent été heureux de mourir pour vous? Vous m'avez dit, pauvre enfant, que vous étiez fiancée à M. d'Épinay, que votre père avait décidé cette alliance, c'est-à-dire qu'elle était certaine ; car tout ce que veut M. de Villefort arrive infailliblement. Eh bien! je suis resté dans l'ombre, attendant tout, non pas de ma volonté, non pas de la vôtre, mais des événemens, de la Providence, de Dieu, et cependant vous m'aimez, vous avez eu pitié de moi, Valentine, et vous me l'avez dit; merci pour cette douce parole que je ne vous demande que de me répéter de temps en temps, et qui me fera tout oublier.

— Et voilà ce qui vous a enhardi, Maximilien, voilà ce qui me fait à la fois une vie bien douce et bien malheureuse, au point que je me demande souvent lequel vaut mieux pour moi, du chagrin que me causait autrefois la rigueur de ma belle-mère et sa préférence aveugle pour son enfant, ou du bonheur plein de dangers que je goûte en vous voyant.

— Du danger ! s'écria Maximilien ; pouvez-vous dire un mot si dur et si injuste ! Avez-vous jamais vu un esclave plus soumis que moi? Vous m'avez permis de vous adresser quelquefois la parole, Valentine, mais vous m'avez défendu de vous suivre ; j'ai obéi. Depuis que j'ai trouvé le moyen de me glisser dans cet enclos, de causer avec vous à travers cette porte, d'être enfin si près de vous sans vous voir, ai-je jamais, dites-le-moi, demandé à toucher le bas de votre robe à travers ces grilles ? ai-je jamais fait un pas pour franchir ce mur, ridicule obstacle pour ma jeunesse et ma force? Jamais un reproche sur votre rigueur, jamais un désir exprimé tout haut; j'ai été rivé à ma parole comme un chevalier des temps passés. Avouez cela du moins, pour que je ne vous croie pas injuste.

— C'est vrai, dit Valentine, en passant entre deux planches le bout d'un de ses doigts effilés sur lequel Maximilien posa ses lèvres ; c'est vrai, vous êtes un honnête ami. Mais enfin, vous n'avez agi qu'avec le sentiment de votre intérêt, mon cher Maximilien ; vous saviez bien que, du jour où l'esclave deviendrait exigeant, il lui faudrait tout perdre. Vous m'avez promis l'amitié d'un frère, à moi qui n'ai pas d'amis, moi que mon père oublie, moi que ma belle-mère persécute, et qui n'ai pour consolation que le vieillard immobile, muet, glacé, dont la main ne peut serrer ma main, dont l'œil seul peut me parler, et dont le cœur bat sans doute pour moi d'un reste de chaleur. Dérision amère du sort qui me fait ennemie et victime de tous ceux qui sont plus forts que moi, et qui me donne un cadavre pour soutien et pour ami ! Oh! vraiment, Maximilien, je vous le répète, je suis bien malheureuse, et vous avez raison de m'aimer pour moi et non pour vous.

— Valentine, dit le jeune homme avec une émotion profonde, je ne dirai pas que je n'aime que vous au monde, car j'aime aussi ma sœur et mon beau-frère, mais c'est d'un amour doux et calme, qui ne ressemble en rien au sentiment que j'éprouve pour vous : quand je pense à vous, mon sang bout, ma poitrine se gonfle, mon cœur déborde ; mais cette force, cette ardeur, cette puissance surhumaine, je les emploierai à vous aimer seulement jusqu'au jour où vous me direz de les employer à vous servir. M. Franz d'Épinay sera absent un an encore, dit-on ; en un an, que de chances favorables peuvent nous servir, que d'événemens peuvent nous seconder! Espérons donc toujours, c'est si bon et si doux d'espérer! Mais en attendant, vous Valentine, vous qui me reprochez mon égoïsme, qu'avez-vous été pour moi? la belle et froide statue de la Vénus pudique. En échange de ce dévoûment, de cette obéissance, de cette retenue, que m'avez-vous promis, vous? rien : que m'avez-vous accordé? bien peu de chose. Vous me parlez de M. d'Épinay, votre fiancé, et vous soupirez à cette idée d'être un jour à lui. Voyons, Valentine, est-ce là tout ce que vous avez dans l'ame? Quoi! je vous engage ma vie, je vous donne mon ame, je vous consacre jusqu'au plus insignifiant battement de mon cœur, et quand je suis tout à vous, moi, quand je me dis tout bas que je mourrai si je vous perds, vous ne vous épouvantez pas, vous, à la seule idée d'appartenir à un autre! Oh! Valentine! Valentine, si j'étais ce que vous êtes, si je me sentais aimé comme vous êtes sûre que je vous aime, déjà cent fois j'eusse passé ma main entre les barreaux de cette grille, et j'eusse serré la main du pauvre Maximilien en lui disant : « A vous, à vous seul, Maximilien, dans ce monde et dans l'autre. »

Valentine ne répondit rien, mais le jeune homme l'entendit soupirer et pleurer.

La réaction fut prompte sur Maximilien.

— Oh! s'écria-t-il, Valentine! Valentine! oubliez mes paroles, s'il y a dans mes paroles quelque chose qui ait pu vous blesser!

— Non, dit-elle, vous avez raison, mais ne voyez-vous pas que je suis une pauvre créature, abandonnée dans une maison presque étrangère, car mon père m'est presque un étranger, et dont la volonté a été brisée depuis dix ans, jour par jour, heure par heure, minute par minute, par la volonté de fer de maîtres qui pèsent sur moi! Personne ne voit ce que je souffre, et je ne l'ai dit à personne qu'à vous. En apparence, aux yeux de tout le monde, tout m'est bon, tout m'est affectueux, en réalité tout m'est hostile. Le monde dit : M. de Villefort est trop grave et trop sévère pour être bien tendre envers sa fille; mais elle a eu du moins le bonheur de retrouver dans madame de Villefort une seconde mère. Eh bien! le monde se trompe, mon père m'abandonne avec indifférence, et ma belle-mère me hait avec un acharnement d'autant plus terrible qu'il est voilé par un éternel sourire.

— Vous haïr! vous Valentine! et comment peut-on vous haïr?

— Hélas! mon ami, dit Valentine, je suis forcée d'avouer que cette haine pour moi vient d'un sentiment presque naturel. Elle adore son fils, mon frère Édouard.

— Eh bien?

— Eh bien! cela me semble étrange de mêler à ce que nous disions une question d'argent; eh bien! mon ami, je crois que sa haine vient de là. Comme elle n'a pas de fortune de son côté, que moi je suis déjà riche du chef de ma mère, et que cette fortune sera encore plus que doublée par celle de M. et de Mme de Saint-Méran qui doit me revenir un jour, eh bien! je crois qu'elle est envieuse. Oh! mon Dieu! si je pouvais lui donner la moitié de cette fortune et me retrouver chez M. de Villefort comme une fille dans la maison de son père, certes je le ferais à l'instant même.

— Pauvre Valentine!

— Oui, je me sens enchaînée, et en même temps je me sens si faible, qu'il me semble que ces liens me soutiennent, et que j'ai peur de les rompre. D'ailleurs, mon père n'est pas un homme dont on puisse enfreindre impunément les ordres : il est puissant contre moi, il le serait contre vous, il le serait contre le roi lui-même, protégé qu'il est par un irréprochable passé et par une position presque inattaquable. Oh! Maximilien! je vous le jure, je ne lutte pas, parce que je crains vous autant que moi que je crains de briser dans cette lutte.

— Mais enfin, Valentine, reprit Maximilien, pourquoi désespérer ainsi, et voir l'avenir toujours sombre?

— Ah! mon ami, parce que je le juge par le passé.

— Voyons cependant, si je ne suis pas un parti illustre au point de vue aristocratique, je tiens cependant, par beaucoup de points, au monde dans lequel vous vivez; le temps où il y avait deux Frances dans la France n'existe plus, les plus hautes familles de la monarchie se sont fondues dans les familles de l'Empire : l'aristocratie de la lance a épousé la noblesse du canon. Eh bien! moi, j'appartiens à cette dernière : j'ai un bel avenir dans l'armée, je jouis d'une fortune bornée, mais indépendante; la mémoire de mon père, enfin, est vénérée dans notre pays comme celle d'un des plus honnêtes négocians qui aient existé. Je dis notre pays, Valentine, parce que vous êtes presque de Marseille.

— Ne me parlez pas de Marseille, Maximilien, ce seul mot me rappelle ma bonne mère, cet ange que tout le monde a regretté, et qui, après avoir veillé sur sa fille pendant son court séjour sur la terre, veille encore sur elle, je l'espère du moins, pendant son éternel séjour au ciel. Oh! si ma pauvre mère vivait, Maximilien, je n'aurais plus rien à craindre; je lui dirais que je vous aime, et elle nous protégerait.

— Hélas! Valentine, reprit Maximilien, si elle vivait, je ne vous connaîtrais pas, sans doute; car, vous l'avez dit, vous seriez heureuse si elle vivait, et Valentine heureuse m'eût regardé bien dédaigneusement du haut de sa grandeur.

— Ah! mon ami, s'écria Valentine, c'est vous qui êtes injuste à votre tour... Mais, dites-moi...

— Que voulez-vous que je vous dise? reprit Maximilien voyant que Valentine hésitait.

— Dites-moi, continua la jeune fille, est-ce qu'autrefois à Marseille il y a eu quelque sujet de mésintelligence entre votre père et le mien?

— Non pas que je sache, répondit Maximilien, si ce n'est cependant que votre père était un partisan plus que zélé des Bourbons, et le mien un homme dévoué à l'empereur. C'est, je le présume, tout ce qu'il y a jamais eu de dissidence entre eux. Mais pourquoi cette question, Valentine?

— Je vais vous le dire, reprit la jeune fille, car vous devez tout savoir. Eh bien! c'était le jour où votre nomination d'officier de la Légion-d'Honneur fut publiée dans le journal. Nous étions chez mon grand-père, M. Noirtier, et de plus il y avait encore M. Danglars, vous savez, ce banquier dont les chevaux ont avant-hier failli tuer ma mère et mon frère? Je lisais le journal tout haut à mon grand-père pendant que ces messieurs causaient du mariage de mademoiselle Danglars. Lorsque j'en vins au paragraphe qui vous concernait et que je l'avais déjà lu, car dès la veille au matin vous m'aviez annoncé cette bonne nouvelle; lorsque j'en vins, dis-je, au paragraphe qui vous concernait, j'étais bien heureuse... mais aussi bien tremblante d'être forcée de prononcer tout haut votre nom, et certainement je l'eusse omis sans la crainte que j'éprouvais qu'on interprétât à mal mon silence; donc je rassemblai tout mon courage et je lus.

— Chère Valentine!

— Eh bien! aussitôt que résonna votre nom, mon père tourna la tête. J'étais si persuadée (voyez comme je suis folle!) que tout le monde allait être frappé de ce nom comme d'un coup de foudre, que je crus voir tressaillir mon père et même (pour celui-là c'était une illusion, j'en suis sûre), et même M. Danglars.

— Morrel, dit mon père, attendez donc! (Il fronça le sourcil.) Serait-ce un de ces Morrel de Marseille, un de ces enragés bonapartistes qui nous ont donné tant de mal en 1815?

— Oui, répondit M. Danglars, je crois même que c'est le fils de l'ancien armateur.

— Vraiment! fit Maximilien. Et que répondit votre père, dites, Valentine?

— Oh! une chose affreuse et que je n'ose vous redire.

— Dites toujours, reprit Maximilien en souriant.

— Leur empereur, continua-t-il en fronçant le sourcil, savait se mettre à leur place, tous ces fanatiques : il les appelait de la chair à canon, et c'était le seul nom qu'ils méritassent. Je vois avec joie que le gouvernement nouveau remet en vigueur ce salutaire principe. Quand

OEUV. COMPL. D'ALEX. DUMAS.

ce ne serait que pour cela qu'il garde l'Algérie, j'en féliciterais le gouvernement, quoiqu'elle nous coûte un peu cher.

— C'est en effet d'une politique assez brutale, dit Maximilien. Mais ne rougissez point, chère amie, de ce qu'a dit là M. de Villefort; mon brave père ne cédait en rien au vôtre sur ce point, et il répétait sans cesse: « Pourquoi donc l'empereur, qui fait tant de belles choses, ne fait-il pas un régiment de juges et d'avocats, et ne les envoie-t-il pas toujours au premier feu? » Vous le voyez, chère amie, les partis se valent pour le pittoresque de l'expression et pour la douceur de la pensée. Mais M. Danglars, que dit-il à cette sortie du procureur du roi?

— Oh! lui se mit à rire de ce rire sournois qui lui est particulier et que je trouve féroce; puis ils se levèrent l'instant d'après et partirent. Je vis alors seulement que mon bon grand-père était tout agité. Il faut vous dire, Maximilien, que moi seule je devine ses agitations, à ce pauvre paralytique, et je me doutais d'ailleurs que la conversation qui avait eu lieu devant lui (car on ne fait plus attention à lui, pauvre grand-père!) l'avait fort impressionné, attendu qu'on avait dit du mal de son empereur et que, à ce qu'il paraît, il a été fanatique de l'empereur.

— C'est en effet, dit Maximilien, un des noms connus de l'empire: il a été sénateur, et, comme vous le savez ou comme vous ne le savez pas, Valentine, il fut à peu près de toutes les conspirations bonapartistes que l'on fit sous la restauration.

— Oui, j'entends quelquefois dire tout bas de ces choses-là, qui me semblent étranges: le grand-père bonapartiste, le père royaliste; enfin, que voulez-vous?... Je me retournai donc vers lui.

Il me montra le journal du regard.

— Qu'avez-vous, bon papa? lui dis-je; êtes-vous content?

Il fit de la tête signe que oui.

— De ce que mon père vient de dire? demandai-je.

Il fit signe que non.

— De ce que M. Danglars a dit?

Il fit signe que non encore.

— C'est donc de ce que M. Morrel, je n'osai pas dire Maximilien, est nommé officier de la Légion-d'Honneur?

Il fit signe que oui.

— Le croiriez-vous, Maximilien? il était content que vous fussiez nommé officier de la Légion-d'Honneur, lui qui ne vous connaît pas. C'est peut-être de la folie de sa part, car il tourne, dit-on, à l'enfance; mais je l'aime bien pour ce oui-là.

— C'est bizarre, pensa Maximilien. Votre père me haïrait donc, tandis qu'au contraire votre grand-père... Étranges choses que ces amours et ces haines de partis!

— Chut! s'écria tout à coup Valentine. Cachez-vous, sauvez-vous; on vient!

Maximilien sauta sur une bêche et se mit à retourner impitoyablement la luzerne.

— Mademoiselle! mademoiselle, cria une voix derrière les arbres, madame de Villefort vous cherche partout et vous appelle; il y a une visite au salon.

— Une visite! dit Valentine tout agitée; et qui nous fait cette visite?

— Un grand seigneur, un prince, à ce qu'on dit, M. le comte de Monte-Christo.

— J'y vais, dit tout haut Valentine.

Ce nom fit tressaillir de l'autre côté de la grille celui à qui le *j'y vais* de Valentine servait d'adieu à la fin de chaque entrevue.

— Tiens! se dit Maximilien en s'appuyant tout pensif sur sa bêche, comment le comte de Monte-Christo connaît-il M. de Villefort?

CHAP. LI. — TOXICOLOGIE.

C'était bien réellement M. le comte de Monte-Christo qui venait d'entrer chez madame de Villefort, dans l'intention de rendre à M. le procureur du roi la visite qu'il lui avait faite, et à ce nom toute la maison, comme on le comprend bien, avait été mise en émoi.

Madame de Villefort, qui était seule au salon lorsqu'on annonça le comte, fit aussitôt venir son fils pour que l'enfant réitérât ses remercîmens au comte, et Édouard, qui n'avait cessé d'entendre parler depuis deux jours du grand personnage, se hâta d'accourir, non par obéissance pour sa mère, non pour remercier le comte, mais par curiosité et pour faire quelque remarque à l'aide de laquelle il pût placer une de ces lazzis qui faisaient dire à sa mère: « Oh! le méchant enfant; mais il faut bien que je lui pardonne, il a tant d'esprit! »

Après les premières politesses d'usage, le comte s'informa de M. de Villefort.

— Mon mari dîne chez M. le chancelier, répondit la jeune femme; il vient de partir à l'instant même, et il regrettera bien, j'en suis sûre, d'avoir été privé du bonheur de vous voir.

Deux visiteurs qui avaient précédé le comte dans le salon, et qui le dévoraient des yeux, se retirèrent après le temps raisonnable exigé à la fois par la politesse et par la curiosité.

— A propos, que fait donc ta sœur Valentine! dit madame de Villefort à Édouard; qu'on la prévienne afin que j'aie l'honneur de la présenter à M. le comte.

— Vous avez une fille, madame? demanda le comte; mais ce doit être une enfant?

— C'est la fille de M. de Villefort, répliqua la jeune femme; une fille d'un premier mariage, une grande et belle personne.

— Mais mélancolique, interrompit le jeune Édouard en arrachant, pour en faire une aigrette à son chapeau, les plumes de la queue d'un magnifique ara qui criait de douleur sur son perchoir doré.

Madame de Villefort se contenta de dire:

— Silence, Édouard!

Puis elle ajouta:

— Ce jeune étourdi a presque raison, et répète là ce qu'il m'a bien des fois entendue dire avec douleur; car mademoiselle de Villefort est, malgré tout ce que nous pouvons faire pour la distraire, d'un caractère triste et d'une humeur taciturne qui nuit souvent à l'effet de sa beauté. Mais elle ne vient pas, Édouard; voyez donc pourquoi cela.

— Parce qu'on la cherche où elle n'est pas.

— Où la cherche-t-on?

— Chez grand-papa Noirtier.

— Et elle n'est pas là, vous croyez?

— Non, non, non, non, non, elle n'y est pas, répondit Édouard en chantonnant.

— Et où est-elle? Si vous le savez, dites-le.

— Elle est sous le grand marronnier, continua le méchant garçon, en présentant, malgré les cris de sa mère, des mouches vivantes au perroquet, qui paraissait fort friand de cette sorte de gibier.

Madame de Villefort étendait la main pour sonner et pour indiquer à la femme de chambre le lieu où elle trouverait Valentine, lorsque celle-ci entra.

Elle semblait triste en effet, et en la regardant attentivement on eût même pu voir dans ses yeux des traces de larmes.

Valentine, que nous avons, entraîné par la rapidité du récit, présentée à nos lecteurs sans la leur faire connaître, était une grande et svelte jeune fille de dix-neuf ans, aux cheveux châtain clair, aux yeux bleu foncé, à la démarche languissante et empreinte de cette exquise distinction qui caractérisait sa mère; ses mains blanches et effilées, son cou nacré, ses joues marbrées de fugitives couleurs, lui donnaient au premier aspect l'air d'une de ces belles Anglaises qu'on a comparées assez poétiquement dans leurs allures à des cygnes qui se mirent.

Elle entra donc, et voyant près de sa mère l'étranger dont elle avait tant entendu parler déjà, elle salua sans aucune minauderie de jeune fille et sans baisser les yeux, avec une grâce qui redoubla l'attention du comte.

Celui-ci se leva.

— Mademoiselle de Villefort, ma belle-fille, dit madame de Villefort à Monte-Christo, en se penchant sur son sofa et en montrant de la main Valentine.

— Et monsieur le comte de Monte-Christo, roi de la Chine, empereur de la Cochinchine, dit le jeune drôle en lançant un regard sournois à sa sœur.

Pour cette fois, madame de Villefort pâlit et faillit s'irriter contre ce fléau domestique qui répondait au nom d'Édouard; mais tout au contraire le comte sourit et parut regarder l'enfant avec complaisance, ce qui porta au comble la joie et l'enthousiasme de sa mère.

— Mais, madame, reprit le comte en renouant la conversation et en regardant tour à tour madame de Villefort et Valentine, est-ce que je n'ai pas déjà eu l'honneur de vous voir quelque part, vous et mademoiselle? Tout à l'heure j'y songeais déjà; et quand mademoiselle est entrée, sa vue a été une lueur de plus jetée sur un souvenir confus, pardonnez-moi ce mot.

— Cela n'est pas probable, monsieur; mademoiselle de Villefort aime peu le monde et nous sortons rarement, dit la jeune femme.

— Aussi n'est-ce point dans le monde que j'ai vu mademoiselle, ainsi que vous, madame, ainsi que ce charmant espiègle. Le monde parisien d'ailleurs m'est absolument inconnu, car, je crois avoir eu l'honneur de vous le dire, je suis à Paris depuis quelques jours. Non, si vous permettez que je me rappelle... attendez.... Le comte mit sa main sur son front comme pour concentrer tous ses souvenirs :

— Non, c'est au dehors...... c'est..... je ne sais pas..... mais il me semble que ce souvenir est inséparable d'un beau soleil et d'une espèce de fête religieuse..... Mademoiselle tenait des fleurs à la main; l'enfant courait après un beau paon dans un jardin, et vous, madame, vous étiez sous une treille en berceau. Aidez-moi donc, madame; est-ce que les choses que je vous dis là ne vous rappellent rien?

— Non, en vérité, répondit madame de Villefort; et cependant il me semble, monsieur, que si je vous avais rencontré quelque part, votre souvenir serait resté présent à ma mémoire.

— Monsieur le comte nous a vu peut-être en Italie, dit timidement Valentine.

— En effet, en Italie... c'est possible, dit Monte-Christo. Vous avez voyagé en Italie, mademoiselle?

— Madame et moi nous y allâmes il y a deux ans. Les médecins craignaient pour ma poitrine et m'avaient recommandé l'air de Naples. Nous passâmes par Bologne, par Pérouse et par Rome.

— Ah! c'est vrai, mademoiselle, s'écria Monte-Christo, comme si cette simple indication suffisait à fixer tous ses souvenirs. C'est à Pérouse, le jour de la Fête-Dieu, dans le jardin de l'hôtellerie de la Poste, où le hasard nous a réunis, vous, mademoiselle, votre fils et moi, que je me rappelle avoir eu l'honneur de vous voir.

— Je me rappelle parfaitement Pérouse, monsieur, et l'hôtellerie de la Poste, et la fête dont vous me parlez, dit madame de Villefort; mais j'ai beau interroger mes souvenirs, et j'ai honte de mon peu de mémoire, je ne me souviens pas d'avoir eu l'honneur de vous voir.

— C'est étrange, ni moi non plus, dit Valentine en levant ses beaux yeux sur Monte-Christo.

— Ah! moi je m'en souviens, dit Édouard.

— Je vais vous aider, madame, reprit le comte. La journée avait été brûlante; vous attendiez des chevaux qui n'arrivaient pas à cause de la solennité. Mademoiselle s'éloigna dans les profondeurs du jardin, et votre fils disparut, courant après l'oiseau.

— Je l'ai attrapé, maman; tu sais, dit Édouard, je lui ai arraché trois plumes de la queue.

— Vous, madame, vous demeurâtes sous le berceau de vigne; ne vous souvient-il plus, pendant que vous étiez assise sur un banc de pierre et pendant que, comme je vous l'ai dit, mademoiselle de Villefort et monsieur votre fils étaient absens, d'avoir causé assez long-temps avec quelqu'un?

— Oui, vraiment, oui, dit la jeune femme en rougissant, je m'en souviens, avec un homme enveloppé d'un long manteau de laine... avec un médecin, je crois.

— Justement, madame; cet homme, c'était moi; depuis quinze jours j'habitais dans cette hôtellerie, j'avais guéri mon valet de chambre de la fièvre et mon hôte de la jaunisse, de sorte que l'on me regardait comme un grand docteur. Nous causâmes long-temps, madame, de choses différentes, du Pérugin, de Raphaël, des mœurs, des costumes, de cette fameuse aqua-tofana, dont quelques personnes, vous avait-on dit, je crois, conservaient encore le secret à Pérouse.

— Ah! c'est vrai, dit vivement madame de Villefort avec une certaine inquiétude, je me rappelle.

— Je ne sais plus ce que vous me dîtes en détail, madame, reprit le comte avec une parfaite tranquillité, mais je me souviens parfaitement que, partageant à mon sujet l'erreur générale, vous me consultâtes sur la santé de mademoiselle de Villefort.

— Mais cependant, monsieur, vous étiez bien réellement médecin, dit madame de Villefort, puisque vous avez guéri des malades.

— Molière ou Beaumarchais vous répondraient, madame, que c'est justement parce que je ne l'étais pas que j'ai non point guéri mes malades, mais que mes malades ont guéri; moi, je me contenterai de vous dire que j'ai étudié assez à fond la chimie et les sciences naturelles, mais en amateur seulement... vous comprenez.

En ce moment six heures sonnèrent.

— Voilà six heures, dit madame de Villefort visiblement agitée; n'allez-vous pas voir, Valentine, si votre grand-père est prêt à dîner?

Valentine se leva, et, saluant le comte, elle sortit de la chambre sans prononcer un seul mot.

— Oh! mon Dieu, madame, serait-ce donc à cause de moi que vous congédiez mademoiselle de Villefort? dit le comte lorsque Valentine fut partie.

— Pas le moins du monde, reprit vivement la jeune femme; mais c'est l'heure à laquelle nous faisons faire à M. Noirtier le triste repas qui soutient sa triste existence. Vous savez, monsieur, dans quel état déplorable est le père de mon mari?

— Oui, madame, M. de Villefort m'en a parlé : une paralysie, je crois.

— Hélas! oui, il y a chez le pauvre vieillard absence complète du mouvement, l'ame seule veille dans cette machine humaine, et encore pâle et tremblante, et comme une lampe prête à s'éteindre. Mais pardon, monsieur, de vous entretenir de nos infortunes domestiques, je vous ai interrompu au moment où vous me disiez que vous étiez un habile chimiste.

— Oh! je ne disais pas cela, madame, répondit le comte avec un sourire; bien au contraire, j'ai étudié la chimie parce que, décidé à vivre particulièrement en Orient, j'ai voulu suivre l'exemple du roi Mithridate.

— *Mithridates, rex Ponticus*, dit l'étourdi en découpant des silhouettes dans un magnifique album; le même qui déjeunait tous les matins avec une tasse de poison à la crème.

— Édouard! méchant enfant! s'écria madame de Villefort en arrachant le livre mutilé des mains de son fils, vous êtes insupportable, vous nous étourdissez. Laissez-nous, et allez rejoindre votre sœur Valentine chez bon papa Noirtier.

— L'album... dit Édouard.

— Comment, l'album?

— Oui : je veux l'album...

— Pourquoi avez-vous découpé les dessins?

— Parce que cela m'amuse.

— Allez-vous-en ! allez !

— Je ne m'en irai pas si l'on ne me donne pas l'album, fit, en s'établissant dans un grand fauteuil, l'enfant, fidèle à son habitude de ne jamais céder.

— Tenez, et laissez-nous tranquilles, dit madame de Villefort; et elle donna l'album à Édouard, qui partit accompagné de sa mère.

Le comte suivit des yeux madame de Villefort.

— Voyons si elle fermera la porte derrière lui, murmura-t-il.

Madame de Villefort ferma la porte avec le plus grand soin derrière l'enfant : le comte ne parut pas s'en apercevoir.

Puis, en jetant un dernier regard autour d'elle, la jeune femme revint s'asseoir sur sa causeuse.

— Permettez-moi de vous faire observer, madame, dit le comte avec cette bonhomie que nous lui connaissons, que vous êtes bien sévère pour ce charmant espiègle.

— Il le faut bien, monsieur, répliqua madame de Villefort avec un véritable aplomb de mère.

— C'est son Cornelius Nepos que récitait M. Édouard en parlant du roi Mithridate, dit le comte, et vous l'avez interrompu dans une citation qui prouve que son précepteur n'a point perdu son temps avec lui, et que votre fils est fort avancé pour son âge.

— Le fait est, monsieur le comte, répondit la mère flattée doucement, qu'il a une grande facilité, et qu'il apprend tout ce qu'il veut. Il n'a qu'un défaut, c'est d'être trop volontaire; mais, à propos de ce qu'il disait, est-ce que vous croyez, par exemple, monsieur le comte, que Mithridate usât de ces précautions et que ces précautions pussent être efficaces ?

— J'y crois si bien, madame, que moi qui vous parle, j'en ai usé pour n'être pas empoisonné à Naples, à Palerme, à Smyrne, c'est-à-dire dans trois occasions où, sans cette précaution, j'aurais pu laisser ma vie.

— Et le moyen vous a réussi ?

— Parfaitement.

— Oui, c'est vrai ; je me rappelle que vous m'avez déjà raconté quelque chose de pareil à Pérouse.

— Vraiment ! fit le comte avec une surprise admirablement jouée ; je ne me rappelle pas, moi.

— Je vous demandai si les poisons agissaient également et avec une semblable énergie sur les hommes du Nord et sur les hommes du Midi, et vous me répondîtes même que les tempéramens froids et lymphatiques des Septentrionaux ne présentaient pas la même aptitude que la riche et énergique nature des gens du Midi.

— C'est vrai, dit Monte-Christo ; j'ai vu des Russes dévorer, sans en être incommodés, des substances végétales qui eussent tué infailliblement un Napolitain ou un Arabe.

— Ainsi, vous le croyez, le résultat serait encore plus sûr chez nous qu'en Orient, et au milieu de nos brouillards et de nos pluies, un homme s'habituerait plus facilement que sous une plus chaude latitude à cette absorption progressive du poison ?

— Certainement ; bien entendu, toutefois, qu'on ne sera prémuni que contre le poison auquel on se sera habitué ?

— Oui, je comprends ; et comment vous habitueriez-vous, vous, par exemple, ou plutôt comment vous êtes-vous habitué ?

— C'est bien facile. Supposez que vous sachiez d'avance de quel poison on doit user contre vous... supposez que ce poison soit de la... brucine, par exemple...

— La brucine se tire de la fausse angusture (1), je crois, dit madame de Villefort.

— Justement, madame, répondit Monte-Christo ; mais je vois qu'il ne me reste pas grand'chose à vous apprendre, recevez mes complimens; de pareilles connaissances sont rares chez les femmes.

— Oh ! je l'avoue, dit madame de Villefort, j'ai la plus violente passion pour les sciences occultes qui parlent à l'imagination comme une poésie, et se résolvent en chiffres comme une équation algébrique; mais continuez, je vous prie, ce que vous me dites m'intéresse au plus haut point.

— Eh bien ! reprit Monte-Christo, supposez que ce poison soit de la brucine, par exemple, et que vous en preniez un milligramme le premier jour, deux milligrammes le second, eh bien ! au bout de dix jours vous aurez un centigramme ; au bout de vingt jours, en augmentant d'un autre milligramme, vous aurez trois centigrammes ; c'est-à-dire, une dose que vous supporterez sans inconvénient, et qui serait déjà fort dangereuse pour une autre personne qui n'aurait pas pris les mêmes précautions que vous; enfin, au bout d'un mois, en buvant de l'eau dans la même carafe, vous tuerez la personne qui aura bu cette eau en même temps que vous, sans vous apercevoir autrement que par un simple malaise qu'il y ait eu une substance vénéneuse quelconque mêlée à cette eau.

— Vous ne connaissez pas d'autre contre-poison ?

— Je n'en connais pas.

— J'avais souvent lu et relu cette histoire de Mithridate, dit madame de Villefort pensive, et je l'avais prise pour une fable.

— Non, madame ; contre l'habitude de l'histoire, c'est une vérité; mais ce que vous me dites là, madame, ce que vous me demandez n'est point le résultat d'une question capricieuse, puisqu'il y a deux ans déjà vous m'avez fait des questions pareilles, et que vous me dites que depuis long-temps cette histoire de Mithridate vous préoccupait.

— C'est vrai, monsieur, les deux études favorites de ma jeunesse ont été la botanique et la minéralogie; et puis, quand j'ai su plus tard que l'emploi des simples expliquait souvent toute l'histoire des peuples et toute la vie des individus d'Orient, comme les fleurs expliquent toute leur pensée amoureuse, j'ai regretté de n'être pas homme, pour devenir un Flamel, un Fontana ou un Cabanis.

— D'autant plus, madame, reprit Monte-Christo, que les Orientaux ne se bornent point, comme Mithridate, à se faire des poisons une cuirasse, ils s'en font aussi un poignard; la science devient entre leurs mains non seulement une arme défensive, mais encore fort souvent offensive; l'un sert contre leurs souffrances physiques, l'autre contre leurs ennemis; avec l'opium, avec la belladone, avec la fausse angusture, le bois de couleuvre, le laurier cerise, jusqu'à celui qui voudraient les réveiller. Il n'est pas une de ces femmes, égyptienne, turque ou grecque, qu'ici vous appelez de bonnes femmes, qui ne sache en fait de chimie de quoi stupéfier un médecin, et en fait de psychologie de quoi épouvanter un confesseur.

— Vraiment ! dit madame de Villefort dont les yeux brillaient d'un feu étrange à cette conversation.

— Eh, mon Dieu ! oui, madame, continua Monte-Christo, les drames secrets de l'Orient se nouent et se dénouent ainsi depuis la plante qui fait aimer, jusqu'à la plante qui fait mourir; depuis le breuvage qui ouvre le ciel, jusqu'à celui qui vous plonge un homme dans l'enfer. Il y a autant de nuances de tous genres qu'il y a de caprices et de bizarreries dans la nature humaine, physique et morale, et, je dirai plus, l'art de ces chimistes sait accommoder admirablement le remède et le mal à ses besoins d'amour ou à ses désirs de vengeance.

— Mais, monsieur, reprit la jeune femme, ces sociétés orientales au milieu desquelles vous avez passé une partie de votre existence, sont donc fantastiques comme les contes qui nous viennent de leur beau pays; un homme y peut donc être supprimé impunément; c'est donc en

---

(1) *Brucena Ferruginea.*

réalité la Bagdad ou la Bassora de M. Galland? Les sultans et les vizirs qui régissent ces sociétés et qui constituent ce qu'on appelle en France le gouvernement, sont donc sérieusement des Haroun-al-Raschild et des Giaffar qui non seulement pardonnent à un empoisonneur, mais encore le font premier ministre si le crime a été ingénieux, et qui, dans ce cas, en font graver l'histoire en lettres d'or pour se divertir aux heures de leur ennui?

— Non, madame, le fantastique n'existe plus, même en Orient; il y a là-bas aussi, déguisés sous d'autres noms et cachés sous d'autres costumes, des commissaires de police, des juges d'instruction, des procureurs du roi et des experts. On y pend, on y décapite et l'on y empale très agréablement les criminels; mais ceux-ci, en fraudeurs adroits, ont su dépister la justice humaine et assurer le succès de leurs entreprises par des combinaisons habiles. Chez nous, un niais possédé du démon de la haine ou de la cupidité, qui a un ennemi à détruire ou un grand parent à annihiler, s'en va chez un épicier, lui donne un faux nom qui le fait découvrir bien mieux que son nom véritable, et achète, sous prétexte que les rats l'empêchent de dormir, cinq à six grammes d'arsenic; s'il est très adroit, il va chez cinq ou six épiciers, et n'en est que cinq ou six fois mieux reconnu; puis, quand il possède son spécifique, il administre à son ennemi, à son grand parent, une dose d'arsenic qui ferait crever un mammouth ou un mastodonte, et qui, sans rime ni raison, fait pousser à la victime des hurlemens qui mettent tout le quartier en émoi. Alors arrive une nuée d'agens de police et de gendarmes; on envoie chercher un médcin, qui ouvre le mort, et récolte dans son estomac et dans ses entrailles l'arsenic à la cuillère. Le lendemain, cent journaux racontent le fait avec le nom de la victime et du meurtrier. Dès le soir même l'épicier ou les épiciers vient ou viennent dire : « C'est moi qui ai vendu l'arsenic à Monsieur; » et plutôt que de ne pas reconnaître l'acquéreur, ils en reconnaîtront vingt; alors le niais criminel est pris, emprisonné, interrogé, confronté, confondu, condamné et guillotiné; ou si c'est une femme de quelque valeur, on l'enferme pour la vie. Voilà comment vos Septentrionaux entendent la chimie, madame. Desrues cependant était plus fort que cela, je dois l'avouer.

— Que voulez-vous? monsieur, dit en riant la jeune femme, on fait ce qu'on peut. Tout le monde n'a pas le secret des Médicis ou des Borgia.

— Maintenant, dit le comte en haussant les épaules, voulez-vous que je vous dise ce qui cause toutes ces inepties! C'est que sur vos théâtres, à ce dont j'ai pu juger du moins en lisant les pièces qu'on y joue, on voit toujours des gens avaler le contenu d'une fiole ou mordre le chaton d'une bague, et tomber raides morts; cinq minutes après, le rideau baisse; les spectateurs sont dispersés. On ignore les suites du meurtre; on ne voit jamais ni le commissaire de police avec son écharpe, ni le caporal avec ses quatre hommes, et cela autorise beaucoup de pauvres cerveaux à croire que les choses se passent ainsi. Mais sortez un peu de France, allez soit à Alep, soit au Caire, soit seulement à Naples et à Rome, et vous verrez passer par la rue des gens droits, frais et roses dont le Diable boiteux, s'il vous effleurait de son manteau, pourrait vous dire : « Ce monsieur est empoisonné depuis trois semaines, et il sera tout-à-fait mort dans un mois.

— Mais alors, dit madame de Villefort, ils ont donc retrouvé le secret de cette fameuse aqua-tofana que l'on me disait perdu à Pérouse?

— Eh! mon Dieu! madame, est-ce que quelque chose se perd chez les hommes? Les arts se déplacent et font le tour du monde; les choses changent de nom, voilà tout, et le vulgaire s'y trompe; mais c'est toujours le même résultat, le poison porte particulièrement sur tel ou tel organe : l'un sur l'estomac, l'autre sur le cerveau, l'autre sur les instestins. Eh bien! le poison détermine une toux,

cette toux une fluxion de poitrine ou telle autre maladie cataloguée au livre de la science, ce qui ne l'empêche pas d'être parfaitement mortelle, et qui, ne le fût-elle pas, le deviendrait grace aux remèdes que lui administrent les naïfs médecins, en général fort mauvais chimistes, et qui tourneront pour ou contre la maladie, comme il vous plaira, et voilà un homme tué avec art et dans toutes les règles, sur lequel la justice n'a rien à reprendre, comme disait un horrible chimiste de mes amis, l'excellent abbé Adelmonte de Taormine, en Sicile, lequel avait fort étudié ces phénomènes nationaux.

— C'est effrayant, mais c'est admirable, dit la jeune femme immobile d'attention; je croyais, je l'avoue, toutes ces histoires des inventions du moyen-âge.

— Oui, sans doute, mais qui se sont encore perfectionnées de nos jours. A quoi donc voulez-vous que servent le temps, les encouragemens, les médailles, les croix, les prix Montyon, si ce n'est pour mener la société vers sa plus grande perfection? Or, l'homme ne sera parfait que lorsqu'il saura créer et détruire comme Dieu; il sait déjà détruire, c'est moitié du chemin de fait.

— De sorte, reprit madame de Villefort revenant invariablement à son but, que les poisons des Borgia, des Médicis, des Réné, des Ruggieri, et plus tard probablement du baron de Trenk, dont ont tant abusé le drame moderne et le roman...

— Étaient des objets d'art, madame, pas autre chose, répondit le comte. Croyez-vous que le vrai savant s'adresse banalement à l'individu même? Non pas. La science aime les ricochets, les tours de force, la fantaisie si l'on peut dire cela. Ainsi, par exemple, cet excellent abbé Adelmonte, dont je vous parlais tout-à-l'heure, avait fait, sous ce rapport, des expériences étonnantes.

— Vraiment!

— Oui, je vous en citerai une seule. Il avait un fort beau jardin plein de légumes, de fleurs et de fruits; parmi ces légumes, il choisissait le plus honnête de tous, un chou, par exemple. Pendant trois jours il arrosait ce chou avec une dissolution d'arsenic; le troisième jour, le chou tombait malade et jaunissait, c'était le moment de le couper; pour tous il paraissait mûr et conservait son apparence honnête : pour l'abbé Adelmonte seul il était empoisonné. Alors, il rapportait le chou chez lui, prenait un lapin, l'abbé Adelmonte avait une collection de lapins, de chats et de cochons d'Inde qui ne le cédait en rien à sa collection de légumes, de fleurs et de fruits : l'abbé Adelmonte prenait donc un lapin et lui faisait manger une feuille de chou; le lapin mourait. Quel est le juge d'instruction qui oserait trouver à redire à cela, et quel est le procureur du roi qui s'est jamais avisé de dresser contre M. de Magendie ou M. Flourens un réquisitoire à propos des lapins, des cochons d'Inde et des chats qu'ils ont tués? Aucun. Voilà donc le lapin mort sans que la justice s'en inquiète. Ce lapin mort, l'abbé Adelmonte le fait vider par sa cuisinière et jette les intestins sur un fumier. Sur ce fumier, il y a une poule, elle bequète ces intestins, tombe malade à son tour et meurt le lendemain. Au moment où elle se débat dans les convulsions de l'agonie, un vautour passe (il y a beaucoup de vautours dans le pays d'Adelmonte), celui-là fond sur le cadavre, l'emporte sur un rocher et en dîne. Trois jours après, le pauvre vautour, qui depuis ce repas s'est trouvé constamment indisposé, se sent pris d'un étourdissement, au plus haut de la nue, il roule dans le vide et vient tomber lourdement dans votre vivier; le brochet, l'anguille et la murène mangent goulûment, vous savez cela, ils mordent le vautour. Eh bien! supposez que le lendemain l'on serve sur votre table cette anguille, ce brochet ou cette murène, empoisonnés à la quatrième génération, votre convive, lui, sera empoisonné à la cinquième, et mourra au bout de huit ou dix jours de douleurs d'entrailles, de maux de cœur, d'abcès au pylore. On fera l'autopsie, et les médecins diront :

Le sujet est mort d'une tumeur au foie ou d'une fièvre typhoïde.

— Mais, dit madame de Villefort, toutes ces circonstances, que vous enchaînez les unes aux autres, peuvent être rompues par le moindre accident; le vautour peut ne pas passer à temps ou tomber à cent pas du vivier.

— Ah! voilà justement où est l'art : pour être un grand chimiste, en Orient, il faut diriger le hasard; on y arrive.

Madame de Villefort était rêveuse et écoutait.

— Mais, dit-elle, l'arsenic est indélébile ; de quelque façon qu'on l'absorbe, il se retrouvera dans le corps de l'homme, du moment où il sera entré en quantité suffisante pour donner la mort.

— Bien! s'écria Monte-Christo, bien! Voilà justement ce que je dis à ce bon Adelmonte.

Il réfléchit, sourit, et me répondit par un proverbe sicilien, qui est aussi, je crois, un proverbe français : « Mon enfant, le monde n'a pas été fait en un jour, mais en sept ; revenez dimanche. »

— Le dimanche suivant, je revins; au lieu d'avoir arrosé son choux avec de l'arsenic, il l'avait arrosé avec une dissolution de sel à base de strychnine, *strychnos colubrina*, comme disent les savans. Cette fois le chou n'avait pas l'air malade le moins du monde; aussi le lapin ne s'en défia-t-il point, aussi cinq minutes après le lapin était-il mort : la poule mangea le lapin, et le lendemain elle était trépassée. Alors nous fîmes les vautours, nous emportâmes la poule et nous l'ouvrîmes. Cette fois tous les symptômes particuliers avaient disparu, et il ne restait que les symptômes généraux. Aucune indication particulière dans aucun organe; exaspération du système nerveux, voilà tout, et trace de congestion cérébrale, pas davantage : la poule n'avait pas été empoisonnée, elle était morte d'apoplexie. C'est un cas rare chez les poules, je le sais bien, mais il est fort commun chez les hommes.

Madame de Villefort paraissait de plus en plus rêveuse.

— C'est bien heureux, dit-elle, que de pareilles substances ne puissent être préparées que par des chimistes, car, en vérité, la moitié du monde empoisonnerait l'autre.

— Par des chimistes ou des personnes qui s'occupent de chimie, répondit négligemment Monte-Christo.

— Et puis, dit madame de Villefort s'arrachant elle-même et avec effort à ses pensées, si savamment préparé qu'il soit, le crime est toujours le crime ; et s'il échappe à l'investigation humaine, il n'échappe pas au regard de Dieu. Les Orientaux sont plus forts que nous sur les cas de conscience, et ont prudemment supprimé l'enfer ; voilà tout.

— Eh! madame, ceci est un scrupule qui doit naturellement naître dans une âme honnête comme la vôtre, mais qui en serait bientôt déracinée par le raisonnement. Le mauvais côté de la pensée humaine sera toujours résumé par ce paradoxe de Jean-Jacques Rousseau, vous savez : — Le mandarin qu'on tue à cinq milles lieues en levant le bout du doigt. — La vie de l'homme se passe à faire de ces choses-là, et son intelligence s'épuise à les rêver. Vous trouverez fort peu de gens qui s'aillent brutalement planter un couteau dans le cœur de leur semblable ou qui lui administrent, pour le faire disparaître de la surface du globe, cette quantité d'arsenic que nous disions tout à l'heure. C'est là réellement une excentricité ou une bêtise. Pour en arriver là, il faut que le sang se chauffe à trente-six degrés, que le pouls batte à quatre-vingt-dix pulsations, et que l'âme sorte de ses limites ordinaires ; mais si, passant, comme cela se pratique en philologie, du mot au synonyme mitigé, vous faites une simple élimination ; au lieu de commettre un ignoble assassinat, si vous écartez purement et simplement de votre chemin celui qui vous gêne, et cela sans choc, sans violence, sans l'appareil de ces souffrances qui, devenant un supplice, font de la victime un martyr,

et de celui qui agit un carnifex dans toute la force du mot; s'il n'y a ni sang, ni hurlemens, ni contorsions, ni surtout cette horrible et compromettante instantanéité de l'accomplissement, alors vous échappez au coup de la loi humaine qui vous dit : Ne trouble pas la société; Voilà comment procèdent et réussissent les gens d'Orient, personnages graves et flegmatiques, qui s'inquiètent peu des questions de temps dans les conjonctures d'une certaine importance.

— Il reste la conscience, dit madame de Villefort d'une voix émue et avec un soupir étouffé.

— Oui, dit Monte-Christo, oui, heureusement, il reste la conscience, sans quoi l'on serait fort malheureux. Après toute action un peu vigoureuse, c'est la conscience qui nous sauve, car elle nous fournit mille bonnes excuses dont seuls nous sommes jugés; et ces raisons, si excellentes qu'elles soient pour nous conserver le sommeil, seraient peut-être médiocres devant un tribunal pour nous conserver la vie. Ainsi, Richard III, par exemple, a dû être merveilleusement servi par sa conscience après la suppression des deux enfans d'Édouard IV; en effet, il pouvait se dire : Ces deux enfans d'un roi cruel et persécuteur, et qui avaient hérité des vices de leur père, que moi seul ai su reconnaître dans leurs inclinations juvéniles; ces deux enfans me gênaient pour faire la félicité du peuple anglais, dont ils eussent infailliblement fait le malheur. Ainsi fut servie par sa conscience lady Macbeth, qui voulait, quoi qu'en ait dit Shakspeare, donner un trône, non à son mari, mais à son fils. Ah! l'amour maternel est une si grande vertu, un si puissant mobile, qu'il fait excuser bien des choses; aussi, après la mort de Duncan, lady Macbeth eût-elle été fort malheureuse sans sa conscience.

Madame de Villefort absorbait avec avidité ces effrayantes maximes et ces horribles paradoxes débités par le comte avec cette naïve ironie qui lui était particulière.

Puis, après un instant de silence :

— Savez-vous, dit-elle, monsieur le comte, que vous êtes un terrible argumentateur, et que vous voyez le monde sous un jour quelque peu livide? Est-ce donc en regardant l'humanité à travers des alambics et les cornues que vous l'avez jugée telle? Car vous aviez raison, vous êtes un grand chimiste, et cet élixir que vous avez fait prendre à mon fils, et qui l'a si rapidement rappelé à la vie...

— Oh! ne vous y fiez pas, madame, dit Monte-Christo, une goutte de cet élixir a suffi pour rappeler à la vie cet enfant qui se mourait, mais trois gouttes eussent poussé le sang à ses poumons de manière à lui donner des battemens de cœur; six lui eussent coupé la respiration, et causé une syncope beaucoup plus grave que celle dans laquelle il se trouvait; dix, enfin, l'eussent foudroyé. Vous savez, madame, comme je l'ai écarté vivement de ces flacons auxquels il avait l'imprudence de toucher?

— C'est donc un poison terrible?

— Oh! mon Dieu, non! D'abord, admettons ceci, que le mot poison n'existe pas, puisqu'on se sert en médecine des poisons les plus violens, qui deviennent, par la façon dont ils sont administrés, des remèdes salutaires.

— Qu'était-ce donc, alors?

— C'était une savante préparation de mon ami, cet excellent abbé Adelmonte, et dont il m'a appris à me servir.

— Oh! dit madame de Villefort, ce doit être un excellent antispasmodique.

— Souverain, madame, vous l'avez vu, répondit le comte, et j'en fais un usage fréquent ; avec toute la prudence possible, bien entendu, ajouta-t-il en riant.

— Je le crois, répliqua sur le même ton madame de Villefort. Quant à moi, si nerveuse et si prompte à m'évanouir, j'aurais besoin d'un docteur Adelmonte pour m'inventer des moyens de respirer librement et me tranquilliser sur la crainte que j'éprouve de mourir un beau jour suffoquée. En attendant, comme la chose est difficile à trouver en France, et que votre abbé n'est probablement pas disposé à faire pour moi le voyage de Paris, je m'en tiens aux antispasmodiques de M. Planche ; et la menthe et les gouttes d'Hoffmann jouent chez moi un grand rôle. Tenez, voici des pastilles que je me fais faire exprès ; elles sont à double dose.

Monte-Christo ouvrit la boîte d'écaille que lui présentait la jeune femme, et respira l'odeur des pastilles en amateur digne d'apprécier cette préparation.

— Elles sont exquises, dit-il, mais soumises à la nécessité de la déglutition, fonction qui souvent est impossible à accomplir de la part de la personne évanouie. J'aime mieux mon spécifique.

— Mais bien certainement, moi aussi, je le préférerais d'après les effets que j'en ai vus surtout ; mais c'est un secret sans doute, et je ne suis pas assez indiscrète pour vous le demander.

— Mais moi, madame, dit Monte-Christo en se levant, je suis assez galant pour vous l'offrir.

— Oh! monsieur.

— Seulement rappelez-vous une chose, c'est qu'à petite dose c'est un remède, à forte dose c'est un poison Une goutte rend la vie, comme vous l'avez vu ; cinq ou six tueraient infailliblement, et d'une façon d'autant plus terrible, qu'étendues dans un verre de vin, elles n'en changeraient aucunement le goût. Mais je m'arrête, madame, j'aurais presque l'air de vous conseiller.

Six heures et demie venaient de sonner, on annonça une amie de madame de Villefort qui venait dîner avec elle.

— Si j'avais l'honneur de vous voir pour la troisième ou la quatrième fois, monsieur le comte, au lieu de vous voir pour la seconde, dit madame de Villefort ; si j'avais l'honneur d'être votre amie, au lieu d'avoir tout bonnement le bonheur d'être votre obligée, j'insisterais pour vous retenir à dîner, et je ne me laisserais pas battre par un premier refus.

Mille grâces, madame, répondit Monte-Christo, j'ai moi-même un engagement auquel je ne puis manquer. J'ai promis de conduire au spectacle une princesse grecque de mes amies, qui n'a pas encore vu le grand Opéra, et qui compte sur moi pour l'y mener.

— Allez, monsieur, mais n'oubliez pas ma recette.

— Comment donc, madame, il faudrait pour cela oublier l'heure de conversation que je viens de passer près de vous, ce qui est tout-à-fait impossible.

Monte-Christo salua et sortit.

Madame de Villefort demeura rêveuse.

— Voilà un homme étrange, dit-elle, et qui m'a tout l'air de s'appeler de son nom de baptême Adelmonte.

Quant à Monte-Christo, le résultat avait dépassé son attente.

— Allons, dit-il en s'en allant, voilà une bonne terre ; je suis convaincu que le grain qu'on y laisse tomber n'y avorte pas.

Et le lendemain, fidèle à sa promesse, il envoya la recette demandée.

CHAP. LII. — ROBERT LE DIABLE.

La raison de l'Opéra était d'autant meilleure à donner, qu'il y avait ce soir-là solennité à l'Académie royale de musique. Levasseur, après une longue indisposition, rentrait par le rôle de Bertram, et, comme toujours, l'œuvre du maestro à la mode avait attiré la plus brillante société de Paris.

Morcerf, comme la plupart des jeunes gens riches, avait sa stalle d'orchestre, plus dix loges de personnes de sa connaissance auxquelles il pouvait aller demander une place, sans compter celle à laquelle il avait droit dans la loge des lions.

Château-Renaud avait la stalle voisine de la sienne.

Beauchamp, en sa qualité de journaliste, était roi de la salle et avait sa place partout.

Ce soir-là Lucien Debray avait la disposition de la loge du ministre, et il l'avait offerte au comte de Morcerf, lequel, sur le refus de Mercédès, l'avait envoyée à Danglars, en lui faisant dire qu'il irait probablement faire dans la soirée une visite à la baronne et à sa fille, si ces dames voulaient bien accepter la loge qu'il leur proposait. Ces dames n'avaient eu garde de refuser. Nul n'est friand de loges qui ne coûtent rien comme un millionnaire.

Quant à Danglars, il avait déclaré que ses principes politiques et sa qualité de député de l'opposition ne lui permettaient pas d'aller dans la loge du ministre. En conséquence, la baronne avait écrit à Lucien de la venir prendre, attendu qu'elle ne pouvait pas aller à l'Opéra seule avec Eugénie.

En effet, si les deux femmes y eussent été seules, on eût, certes, trouvé cela fort mauvais ; tandis que mademoiselle Danglars allant à l'Opéra avec sa mère et l'amant de sa mère, il n'y avait rien à dire : il faut bien prendre le monde comme il est fait.

La toile se leva, comme d'habitude, sur une salle à peu près vide. C'est encore une des habitudes de notre fashion parisienne d'arriver au spectacle quand le spectacle est commencé : il en résulte que du premier acte se passe, de la part des spectateurs arrivés, non pas à regarder ou à écouter la pièce, mais à regarder entrer les spectateurs qui arrivent et à ne rien entendre que le bruit des portes et celui des conversations.

— Tiens ! dit tout à coup Albert en voyant s'ouvrir une loge de côté de premier rang ; tiens ! la comtesse G...!

— Qu'est-ce que c'est que la comtesse G...? demanda Château-Renaud.

— Oh ! par exemple, baron, voici une question que je ne vous pardonne pas ; vous demandez ce que c'est que la comtesse G...?

— Ah ! c'est vrai, dit Château-Renaud ; n'est-ce pas cette charmante Vénitienne ?

— Justement.

En ce moment la comtesse G... aperçut Albert et échangea avec lui un salut accompagné d'un sourire.

— Vous la connaissez ! dit Château-Renaud.

— Oui, fit Albert ; je lui ai été présenté à Rome par Franz.

— Voudrez-vous me rendre à Paris le même service que Franz vous a rendu à Rome ?

— Bien volontiers.

— Chut ! cria le public.

Les deux jeunes gens continuèrent leur conversation, sans paraître s'inquiéter le moins du monde du désir que paraissait éprouver le parterre d'entendre la musique.

— Elle était aux courses du Champ-de-Mars, dit Château-Renaud.

— Aujourd'hui ?

— Oui.

— Tiens ! au fait, il y avait courses. Etiez-vous engagé ?

— Oh ! pour une misère, pour cinquante louis.

— Et qui a gagné ?

— *Nautilus* ; je pariais pour lui.

— Mais il y avait trois courses ?

— Oui. Il y avait le prix du Jockey-Club, une coupe d'or. Il s'y est même passé une chose assez bizarre.

— Laquelle ?

— Chut donc ! cria le public.

— Laquelle ? répéta Albert.

— C'est un cheval et un jockey complètement inconnus qui ont gagné cette course.

— Comment ?

— Oh ! mon Dieu, oui ; personne n'avait fait attention à un cheval inscrit sous le nom de *Vampa* et à un jockey inscrit sous le nom de *Job*, quand on a vu s'avancer tout à coup un admirable alezan et un jockey gros comme le poing; on a été obligé de lui fourrer vingt livres de plomb dans ses poches, ce qui ne l'a pas empêché d'arriver au but trois longueurs de cheval avant *Ariel* et *Barbaro*, qui couraient avec lui.

— Et l'on n'a pas su à qui appartenaient le cheval et le jockey?

— Non.

— Vous dites que ce cheval était inscrit sous le nom de.....

— *Vampa*.

— Alors, dit Albert, je suis plus avancé que vous : je sais à qui il appartenait, moi.

— Silence donc! cria pour la troisième fois le parterre.

Cette fois la levée de boucliers était si grande, que les deux jeunes gens s'aperçurent enfin que c'était à eux que le public s'adressait. Ils se retournèrent un instant, cherchant dans cette foule un homme qui prît la responsabilité de ce qu'ils regardaient comme une impertinence; mais personne ne réitéra l'invitation, et ils se retournèrent vers la scène.

En ce moment la loge du ministre s'ouvrait, et madame Danglars, sa fille et Lucien Debray prenaient leurs places.

— Ah! ah! dit Château-Renaud, voilà des personnes de votre connaissance, vicomte. Que diable regardez-vous donc à droite? On vous cherche.

Albert se retourna et ses yeux rencontrèrent effectivement ceux de la baronne Danglars, qui lui fit avec son éventail un petit salut. Quant à mademoiselle Eugénie, ce fut à peine si ses grands yeux noirs daignèrent s'abaisser jusqu'à l'orchestre.

— En vérité, mon cher, dit Château-Renaud, je ne comprends point, à part la mésalliance, et je ne crois point que ce soit cela qui vous préoccupe beaucoup; je ne comprends pas, dis-je, à part la mésalliance, ce que vous pouvez avoir contre mademoiselle Danglars; c'est en vérité une fort belle personne.

— Fort belle, certainement, dit Albert; mais je vous avoue qu'en fait de beauté j'aimerais mieux quelque chose de plus doux, de plus suave, de plus féminin enfin.

— Voilà bien les jeunes gens, dit Château-Renaud, qui, en sa qualité d'homme de trente ans, prenait avec Morcerf des airs paternels; ils ne sont jamais satisfaits. Comment, mon cher, on vous trouve une fiancée bâtie sur le modèle de la Diane chasseresse, et vous n'êtes pas content !

— Eh bien ! justement, j'aurais mieux aimé quelque chose dans le genre de la Vénus de Milo ou de Capoue. Cette diane chasseresse, toujours au milieu de nymphes, m'épouvante un peu; j'ai peur qu'elle ne me traite en Actéon.

En effet, un coup d'œil jeté sur la jeune fille pouvait presque expliquer le sentiment que venait d'avouer Morcerf. Mademoiselle Danglars était belle, mais, comme l'avait dit Albert, d'une beauté un peu arrêtée : ses cheveux étaient d'un beau noir, mais dans leurs ondes naturelles on remarquait une certaine rébellion à la main qui voulait leur imposer sa volonté; ses yeux, noirs comme ses cheveux, encadrés sous de magnifiques sourcils qui n'avaient qu'un défaut, celui de se froncer quelquefois, étaient surtout remarquables par une expression de fermeté qu'on était étonné de trouver dans le regard d'une femme; son nez avait les proportions exactes qu'un statuaire eût données à celui de Junon ; sa bouche seule était trop grande, mais garnie de belles dents que faisaient ressortir encore des lèvres dont le carmin trop vif tranchait avec la pâleur de son teint; enfin un signe noir placé au coin de la bouche, et plus large que ne le sont d'ordinaire ces sortes de caprices de la nature, achevait de donner à cette physionomie ce caractère décidé qui effrayait quelque peu Morcerf.

D'ailleurs, tout le reste de la personne d'Eugénie s'alliait avec cette tête que nous venons d'essayer de décrire. C'était, comme l'avait dit Château-Renaud, la Diane chasseresse, mais avec quelque chose encore de plus ferme et de plus musculeux dans sa beauté.

Quant à l'éducation qu'elle avait reçue, s'il y avait un reproche à lui faire, c'est que, comme certains points de sa physionomie, elle semblait un peu appartenir à un autre sexe. En effet, elle parlait deux ou trois langues, dessinait facilement, faisait des vers et composait de la musique; elle était surtout passionnée pour ce dernier art, qu'elle étudiait avec une de ses amies de pension, jeune personne sans fortune, mais ayant toutes les dispositions possibles pour devenir, à ce que l'on assurait, une excellente cantatrice. Un grand compositeur portait, disait-on, à cette dernière un intérêt presque paternel, et la faisait travailler avec l'espoir qu'elle trouverait un jour une fortune dans sa voix.

Cette possibilité que Mademoiselle Louise d'Armilly, c'était le nom de la jeune virtuose, entrât un jour au théâtre, faisait que mademoiselle Danglars, quoiqu'en la recevant chez elle, ne se montrait point en public dans sa compagnie. Du reste, sans avoir dans la maison du banquier la position indépendante d'une amie, Louise avait une position supérieure à celle des institutrices ordinaires.

Quelques secondes après l'entrée de madame Danglars dans sa loge, la toile avait baissé, et grâce à cette faculté laissée par la longueur des entr'actes de se promener au foyer ou de faire des visites pendant une demi-heure, l'orchestre s'était à peu près dégarni.

Morcerf et Château-Renaud étaient sortis des premiers. Un instant madame Danglars avait pensé que cet empressement d'Albert avait pour but de lui venir présenter ses complimens, et elle s'était penchée à l'oreille de sa fille pour lui annoncer cette visite ; mais celle-ci s'était contentée de secouer la tête en souriant; et en même temps, comme pour prouver combien la dénégation d'Eugénie était fondée, Morcerf apparut dans une loge de côté du premier rang. Cette loge était celle de la comtesse G....

— Ah ! vous voilà, monsieur le voyageur, dit celle-ci en lui tendant la main avec toute la cordialité d'une ancienne connaissance ; c'est bien aimable à vous de m'avoir reconnue, et surtout de m'avoir donné la préférence pour votre première visite.

— Croyez, madame, répondit Albert, que si j'eusse su votre arrivée à Paris et connu votre adresse, je n'eusse point attendu si tard. Mais veuillez me permettre de vous présenter M. le baron de Château-Renaud, mon ami, un des rares gentilshommes qui restent encore en France, et par lequel je viens d'apprendre que vous étiez aux courses du Champ-de-Mars.

Château-Renaud salua.

— Ah ! vous étiez aux courses, monsieur ? dit vivement la comtesse.

— Oui, madame.

— Eh bien ! reprit vivement madame G..., pouvez-vous me dire à qui appartenait le cheval qui a gagné le prix du Jockey-Club ?

— Non, madame, dit Château-Renaud, et je faisais tout à l'heure la même question à Albert.

— Y tenez-vous beaucoup, madame la comtesse ? demanda Albert.

— A quoi ?

— A connaître le maître du cheval.

— Infiniment. Imaginez-vous... mais sauriez-vous qui, par hasard. vicomte ?

— Madame, vous alliez raconter une histoire : Imaginez-vous, avez-vous dit.

— Eh bien ! imaginez-vous que ce charmant cheval alezan et ce joli petit jockey à casaque rose m'avaient, à la première vue, inspiré une si vive sympathie, que je faisais des vœux pour l'un et pour l'autre, exactement comme si j'avais engagé sur eux la moitié de ma fortune; aussi, lorsque je les vis arriver au but, devançant les autres coureurs de trois longueurs de cheval, je fus si joyeuse que je me mis à battre des mains comme une folle. Figurez-vous mon étonnement, lorsqu'en rentrant chez moi je rencontrai sur mon escalier le petit jockey rose! Je crus que le vainqueur de la course demeurait par hasard dans la même maison que moi, lorsque, en ouvrant la porte de mon salon, la première chose que je vis fut la coupe d'or qui formait le prix gagné par le cheval et le jockey inconnus. Dans la coupe, il y avait un petit papier sur lequel étaient écrits ces mots : A la comtesse G..., lord Ruthwen.

— C'est justement cela, dit Morcerf.

— Comment! c'est justement cela; que voulez-vous dire?

— Je veux dire que c'est lord Ruthwen en personne.

— Quel lord Ruthwen?

— Le nôtre, le vampire, celui du théâtre Argentina.

— Vraiment! s'écria la comtesse, il est donc ici?

— Parfaitement.

— Et vous le voyez? vous le recevez? vous allez chez lui?

— C'est mon ami intime, et M. de Château-Renaud lui-même a l'honneur de le connaître.

— Qui peut vous faire croire que c'est lui qui a gagné?

— Son cheval inscrit sous le nom de *Vampa*.

— Eh bien, après?

— Eh bien! vous ne vous rappelez pas le nom du fameux bandit qui m'avait fait prisonnier?

— Ah! c'est vrai.

— Et des mains duquel le comte m'a miraculeusement tiré?

— Si fait.

— Il s'appelait *Vampa*. Vous voyez bien que c'est lui.

— Mais pourquoi m'a-t-il envoyé cette coupe à moi?

— D'abord, madame la comtesse, parce que je lui avais fort parlé de vous, comme vous pouvez le croire, ensuite parce qu'il aura été enchanté de retrouver une compatriote, et heureux de l'intérêt que cette compatriote prenait à lui.

— J'espère bien que vous ne lui avez jamais raconté les folies que nous avons dites à son sujet?

— Ma foi, je n'en jurerais pas, et cette façon de vous offrir cette coupe sous le nom de lord Ruthwen...

— Mais c'est affreux, il va m'en vouloir mortellement!

— Son procédé est-il celui d'un ennemi?

— Non, je l'avoue.

— Eh bien!

— Ainsi il est à Paris?

— Oui.

— Et quelle sensation a-t-il faite?

— Mais, dit Albert, on en a parlé huit jours, puis est arrivé le couronnement de la reine d'Angleterre et le vol des diamans de Mlle Mars, et l'on n'a plus parlé que de cela.

— Mon cher, dit Château-Renaud, on voit bien que le comte est votre ami, vous le traitez en conséquence. Ne croyez pas ce que vous dit Albert, madame la comtesse, il n'est au contraire question que du comte de Monte-Cristo à Paris. Il a d'abord débuté par envoyer à Mme Danglars des chevaux de trente mille francs, puis il a sauvé la vie à Mme de Villefort; puis il a gagné la course du Jockey-Club, à ce qu'il paraît. Je maintiens au contraire, moi, quoi qu'en dise Morcerf, qu'on s'occupe encore du comte en ce moment, et qu'on ne s'occupera même plus que de lui dans un mois, s'il veut continuer de faire de l'excentricité, ce qui, au reste, paraît être sa manière de vivre ordinaire.

— C'est possible, dit Morcerf; en attendant, qui donc a repris la loge de l'ambassadeur de Russie?

— Laquelle? demanda la comtesse.

— L'entre-colonnes du premier rang; elle me semble parfaitement remise à neuf.

— En effet, dit Château-Renaud. Est-ce qu'il y avait quelqu'un pendant le premier acte?

— Où?

— Dans cette loge?

— Non reprit la comtesse, je n'ai vu personne; ainsi, continua-t-elle, revenant à la première conversation, vous croyez que c'est votre comte de Monte-Cristo qui a gagné le prix?

— J'en suis sûr.

— Et qui m'a envoyé cette coupe?

— Sans aucun doute!

— Mais je ne le connais pas, moi, dit la comtesse, et j'ai fort envie de la lui renvoyer.

— Oh! n'en faites rien; il vous en enverrait une autre, taillée dans quelque saphir ou creusée dans quelque rubis. Ce sont ses manières d'agir; que voulez-vous, il faut le prendre comme il est.

En ce moment on entendit la sonnette qui annonçait que le deuxième acte allait commencer. Albert se leva pour regagner sa place.

— Vous reverrai-je? demanda la comtesse.

— Dans les entr'actes, si vous le permettez, je viendrai m'informer si je puis vous être bon à quelque chose à Paris.

— Messieurs, dit la comtesse, tous les samedis soir, rue de Rivoli, 22, je suis chez moi pour mes amis. Vous voilà prévenus.

Les jeunes gens saluèrent et sortirent.

En rentrant dans la salle, ils virent le parterre debout et les yeux fixés sur un seul point de la salle; leurs regards suivirent la direction générale, et s'arrêtèrent sur l'ancienne loge de l'ambassadeur de Russie. Un homme habillé de noir, de trente-cinq à quarante ans, venait d'y entrer avec une femme vêtue d'un costume oriental. La femme était de la plus grande beauté, et le costume d'une telle richesse, que, comme nous l'avons dit, tous les yeux s'étaient à l'instant même tournés vers elle.

— Eh! dit Albert, c'est Monte-Cristo et sa Grecque.

En effet, c'étaient le comte et Haydée.

Au bout d'un instant, la jeune femme était l'objet de l'attention non seulement du parterre, mais de toute la salle; les femmes se penchaient hors des loges pour voir ruisseler sous les feux du lustre cette cascade de diamans.

Le second acte se passa au milieu de cette rumeur sourde qui indique dans les masses assemblées un grand événement. Personne ne songea à crier silence. Cette femme si jeune, si belle, si éblouissante, était le plus curieux spectacle qu'on pût voir.

Cette fois un signe de madame Danglars indiqua clairement à Albert que la baronne desirait avoir sa visite dans l'entr'acte suivant.

Morcerf était de trop bon goût pour se faire attendre quand on lui indiquait clairement qu'il était attendu. L'acte fini, il se hâta donc de monter dans l'avant-scène.

Il salua les deux dames et tendit la main à Debray.

La baronne l'accueillit avec un charmant sourire, et Eugénie sa froideur habituelle.

— Ma foi, mon cher, dit Debray, vous voyez un homme à bout, et qui vous appelle à son aide pour le relayer. Voici madame qui m'écrase de questions sur le comte, et qui veut que je sache d'où il est, d'où il vient, où il va; ma foi, je ne suis pas Cagliostro, moi, et, pour me tirer d'affaire, j'ai dit : Demandez tout cela à Morcerf, il connaît son Monte-Cristo sur le bout du doigt; alors on vous a fait signe.

— N'est-il pas incroyable, dit la baronne, que lorsqu'on a un demi-million de fonds secrets à sa disposition, on ne soit pas mieux instruit que cela?

— Madame dit Lucien, je vous prie de croire que si j'avais un demi-million à ma disposition, je l'emploierais à autre chose qu'à prendre des informations sur M. de

OEUVRES COMP. D'ALEX. DUMAS. 25

Monte-Cristo, qui n'a d'autre mérite à mes yeux que d'être deux fois riche comme un nabab; mais j'ai passé la parole à mon ami Morcerf; arrangez-vous avec lui, cela ne me regarde plus.

— Un nabab ne m'eût certainement pas envoyé une paire de chevaux de trente mille francs, avec quatre diamans aux oreilles, de cinq mille francs chacun.

— Oh! les diamans, dit en riant Morcerf, c'est sa manie. Je crois que, pareil à Potemkin, il en a toujours dans ses poches, et qu'il en sème sur son chemin, comme le petit Poucet faisait de ses cailloux.

— Il aura trouvé quelque mine, dit madame Danglars; vous savez qu'il a un crédit illimité sur la maison du baron?

— Non, je ne le savais pas, répondit Albert, mais cela doit être.

— Et qu'il a annoncé à M. Danglars qu'il comptait rester un an à Paris et y dépenser six millions?

— C'est le shah de Perse qui voyage incognito.

— Et cette femme, monsieur Lucien, dit Eugénie, avez-vous remarqué comme elle est belle?

— En vérité, mademoiselle, je ne connais que vous pour faire si bonne justice aux personnes de votre sexe.

Lucien approcha son lorgnon de son œil.

— Charmante! dit-il.

— Et cette femme, M. de Morcerf sait-il qui elle est?

— Mademoiselle, dit Albert, répondant à cette interpellation presque directe, je le sais à peu près, comme tout ce qui regarde le personnage mystérieux dont nous nous occupons. Cette femme est une Grecque.

— Cela se voit facilement à son costume, et vous ne m'apprenez là que ce que toute la salle sait déjà comme nous.

— Je suis fâché, dit Morcerf, d'être un cicerone si ignorant; mais je dois avouer que là se bornent mes connaissances; je sais, en outre, qu'elle est musicienne, car un jour que j'ai déjeuné chez le comte, j'ai entendu les sons d'une guzla qui ne pouvaient venir certainement que d'elle.

— Il reçoit donc, votre comte? demanda madame Danglars.

— Et d'une façon splendide, je vous jure.

— Il faut que je pousse M. Danglars à lui offrir quelque dîner, quelque bal, afin qu'il nous les rende.

— Comment! et vous irez chez lui? dit Debray en riant.

— Pourquoi pas! avec mon mari?

— Mais il est garçon ce mystérieux comte.

— Vous voyez bien que non, dit en riant à son tour la baronne, en montrant la belle Grecque.

— Cette femme est une esclave, à ce qu'il nous a dit lui-même, vous rappelez-vous, Morcerf? à votre déjeuner.

— Convenez, mon cher Lucien, dit la baronne, qu'elle a bien plutôt l'air d'une princesse.

— Des *Mille et une Nuits*.

— Des *Mille et une Nuits*, je ne dis pas; mais qu'est-ce qui fait les princesses, mon cher? ce sont les diamans, et celle-ci en est couverte.

— Elle en a même trop, dit Eugénie; elle serait plus belle sans cela, car on verrait son cou et ses poignets, qui sont charmans de forme.

— Oh! l'artiste. Tenez, dit madame Danglars, la voyez-vous qui se passionne?

— J'aime tout ce qui est beau, dit Eugénie.

— Mais que dites-vous du comte alors? dit Debray; il me semble qu'il n'est pas mal non plus.

— Le comte? dit Eugénie, comme si elle n'eût point encore pensé à le regarder; le comte, il est bien pâle.

— Justement, dit Morcerf, c'est dans cette pâleur qu'est le secret que nous cherchons. La comtesse G.... prétend, vous le savez, que c'est un vampire.

— Elle est donc de retour, la comtesse G....? demanda la baronne.

— Dans cette loge de côté, dit Eugénie, presque en face de nous, ma mère; cette femme avec ces admirables cheveux blonds, c'est elle.

— Oh! oui, dit Mme Danglars, vous ne savez pas ce que vous devriez faire, Morcerf?

— Ordonnez, madame.

— Vous devriez aller faire une visite à votre comte de Monte-Cristo et nous l'amener.

— Pour quoi faire? dit Eugénie.

— Mais pour que nous lui parlions; n'es-tu pas curieuse de le voir?

— Pas le moins du monde.

— Étrange enfant, murmura la baronne.

— Oh! dit Morcerf, il viendra probablement de lui-même. Tenez, il vous a vue, madame, et il vous salue.

La baronne rendit au comte son salut accompagné d'un charmant sourire.

— Allons, dit Morcerf, je me sacrifie; je vous quitte et vais voir s'il n'y a pas moyen de lui parler.

— Allez dans sa loge; c'est bien simple.

— Mais je ne me suis pas présenté.

— A qui?

— A la belle Grecque.

— C'est une esclave, dites-vous.

— Oui, mais vous prétendez, vous, que c'est une princesse... Non. J'espère que lorsqu'il me verra sortir, il sortira.

— C'est possible. Allez.

— J'y vais.

Morcerf salua et sortit. Effectivement, au moment où il passait devant la loge du comte, la porte s'ouvrit; le comte dit quelques mots en arabe à Ali, qui se tenait dans le corridor, et prit le bras de Morcerf.

Ali referma la porte et se tint debout devant elle; il y avait dans le corridor un rassemblement autour du Nubien.

— En vérité, dit Monte-Cristo, votre Paris est une étrange ville, et vos Parisiens un singulier peuple. On dirait que c'est la première fois qu'ils voient un Nubien. Regardez-les donc se presser autour de ce pauvre Ali qui ne sait pas ce que cela veut dire. Je vous réponds d'une chose, par exemple, c'est qu'un Parisien peut aller à Tunis, à Constantinople, à Bagdad ou au Caire, on ne fera pas cercle autour de lui.

— C'est que vos Orientaux sont des gens sensés et qu'ils ne regardent que ce qui vaut la peine d'être vu; mais, croyez-moi, Ali ne jouit de cette popularité que parce qu'il vous appartient et qu'en ce moment vous êtes l'homme à la mode.

— Vraiment! et qui me vaut cette faveur?

— Pardieu! vous-même. Vous donnez des attelages de mille louis; vous sauvez la vie à des femmes de procureur du roi; vous faites courir sous le nom du major Black des chevaux pur-sang et des jockeys gros comme des ouistitis; enfin, vous gagnez des coupes d'or, et vous les envoyez à de jolies femmes.

— Et qui diable vous a conté toutes ces folies?

— Dame! la première, madame Danglars, qui meurt d'envie de vous voir dans sa loge, ou plutôt qu'on vous y voie; la seconde, le journal de Beauchamp, et la troisième, ma propre imaginative. Pourquoi appelez-vous votre cheval *Vampa*, si vous voulez garder l'incognito?

— Ah! c'est vrai, dit le comte, c'est une imprudence. Mais, dites-moi donc, le comte de Morcerf ne vient-il point quelquefois à l'Opéra? Je l'ai cherché des yeux, et je ne l'ai aperçu nulle part.

— Il viendra ce soir.

— Où cela?

— Dans la loge de la baronne, je crois.

— Cette charmante personne qui est avec elle, c'est sa fille?

— Oui.

— Je vous en fais mon compliment.

Morcerf sourit.

— Nous reparlerons de cela plus tard et en détail, dit-il. Que dites-vous de la musique?
— De quelle musique?
— Mais de celle que vous venez d'entendre.
— Je dis que c'est de fort belle musique pour de la musique composée par un compositeur humain, et chantée par des oiseaux à deux pieds et sans plumes, comme disait feu Diogène.
— Ah! ça, mais, mon cher comte, il semblerait que vous pourriez entendre à votre caprice les sept chœurs du Paradis?
— Mais c'est un peu de cela. Quand je veux entendre d'admirable musique, vicomte, de la musique comme jamais l'oreille mortelle n'en a entendu, je dors.
— Eh bien! mais vous êtes à merveille ici; dormez, mon cher comte, dormez, l'Opéra n'a pas été inventé pour autre chose.
— Non, en vérité; votre orchestre fait trop de bruit. Pour que je dorme du sommeil dont je vous parle, il me faut le calme et le silence, et puis une certaine préparation...
— Ah! le fameux hatchis?
— Justement, vicomte, quand vous voudrez entendre de la musique, venez souper avec moi.
— Mais j'en ai déjà entendu en y allant déjeuner, dit Morcerf.
— A Rome?
— Oui.
— Ah! c'était la guzla d'Haydée. Oui, la pauvre exilée s'amuse quelquefois à me jouer des airs de son pays.

Morcerf n'insista point davantage; de son côté, le comte se tut.

En ce moment la sonnette retentit.
— Vous m'excusez? dit le comte en reprenant le chemin de sa loge.
— Comment donc!
— Emportez bien des choses pour la comtesse G... de la part de son vampire.
— Et à la baronne?
— Dites-lui que j'aurai l'honneur, si elle le permet, d'aller lui présenter mes hommages dans la soirée.

Le troisième acte commença. Pendant le troisième acte, le comte de Morcerf vint, comme il l'avait promis, rejoindre madame Danglars.

Le comte n'était point un de ces hommes qui font révolution dans une salle; aussi personne ne s'aperçut-il de son arrivée que ceux dans la loge desquels il venait prendre une place.

Monte-Cristo le vit cependant, et un léger sourire effleura ses lèvres.

Quant à Haydée, elle ne voyait rien tant que la toile était levée; comme toutes les natures primitives, elle adorait tout ce qui parle à l'oreille et à la vue.

Le troisième acte s'écoula comme d'habitude; mesdemoiselles Noblet, Julia et Leroux exécutèrent leurs entrechats ordinaires; le prince de Grenade fut défié par Robert-Mario; enfin ce majestueux roi que vous savez fit le tour de la salle pour montrer son manteau de velours, en tenant sa fille par la main; puis la toile tomba, et la salle se dégorgea aussitôt dans le foyer et les corridors.

Le comte sortit de sa loge, et un instant après apparut dans celle de la baronne Danglars.

La baronne ne put s'empêcher de jeter un cri de surprise légèrement mêlé de joie.
— Ah! venez donc, monsieur le comte, s'écria-t-elle, car, en vérité, j'avais hâte de joindre mes graces verbales aux remercimens écrits que je vous ai déjà faits.
— Oh! madame, dit le comte, vous vous rappelez encore cette misère! je l'avais déjà oubliée, moi.
— Oui; mais ce qu'on n'oublie pas, monsieur le comte, c'est que vous avez le lendemain sauvé ma bonne amie madame de Villefort du danger que lui faisaient courir ces mêmes chevaux.
— Cette fois encore, madame, je ne mérite pas vos remercimens; c'est Ali, mon Nubien, qui a eu le bonheur de rendre à madame de Villefort cet éminent service.
— Et est-ce aussi Ali, dit le comte de Morcerf, qui a tiré mon fils des mains des bandits romains?
— Non, monsieur le comte, dit Monte-Cristo en serrant la main que le général lui tendait, non, cette fois je prends les remercimens pour mon compte; mais vous me les avez déjà faits, je les ai déjà reçus, et, en vérité, je suis honteux de vous retrouver encore si reconnaissant. Faites-moi donc l'honneur, je vous prie, madame la baronne, de me présenter à mademoiselle votre fille.
— Oh! vous êtes tout présenté, de nom du moins, car il y a deux ou trois jours que nous ne parlons que de vous. Eugénie, continua la baronne en se retournant vers sa fille, monsieur le comte de Monte-Cristo.

Le comte s'inclina : mademoiselle Danglars fit un léger mouvement de tête.
— Vous êtes là avec une admirable personne, monsieur le comte, dit Eugénie; est-ce votre fille?
— Non, mademoiselle, dit Monte-Cristo, étonné de cette extrême ingénuité ou de cet étonnant aplomb; c'est une pauvre Grecque dont je suis le tuteur.
— Et qui se nomme?...
— Haydée, répondit Monte-Cristo.
— Une Grecque! murmura le comte de Morcerf.
— Oui, comte, dit madame Danglars; et dites-moi si vous avez jamais vu à la cour d'Ali-Tebelin, que vous avez si glorieusement servi, un aussi admirable costume que celui que nous avons là devant les yeux?
— Ah! dit Monte-Cristo, vous avez servi à Janina, monsieur le comte?
— J'ai été général inspecteur des troupes du pacha, répondit Morcerf, et mon peu de fortune, je ne le cache pas, vient des libéralités de l'illustre chef albanais.
— Regardez donc! insista madame Danglars.
— Où cela? balbutia Morcerf.
— Tenez! dit Monte-Cristo.

Et, enveloppant le comte de son bras, il se pencha avec lui hors de la loge.

En ce moment Haydée, qui cherchait le comte des yeux, aperçut sa tête pâle près de celle de Morcerf qu'il tenait embrassé.

Cette vue produisit sur la jeune fille l'effet de la tête de Méduse; elle fit un mouvement en avant comme pour les dévorer tous deux du regard, puis, presque aussitôt elle se rejeta en arrière en poussant un faible cri, qui fut pourtant entendu des personnes qui étaient les plus proches d'elle et d'Ali qui aussitôt ouvrit la porte.
— Tiens, dit Eugénie, que vient-il donc d'arriver à votre pupille, monsieur le comte? On dirait qu'elle se trouve mal.
— En effet, dit le comte; mais ne vous effrayez point, mademoiselle; Haydée est très nerveuse et par conséquent très sensible aux odeurs : un parfum qui lui est antipathique suffit pour la faire évanouir; mais, ajouta le comte en tirant un flacon de sa poche, j'ai là le remède.

Et après avoir salué la baronne et sa fille d'un seul et même salut, il échangea une dernière poignée de main avec le comte et avec Debray, et sortit de la loge de madame Danglars.

Quand il rentra dans la sienne, Haydée était encore fort pâle : à peine parut-il qu'elle lui saisit la main.

Monte-Cristo s'aperçut que les mains de la jeune fille étaient humides et glacées à la fois.
— Avec qui donc causais-tu là, seigneur? demanda la jeune fille.
— Mais, répondit Monte-Cristo, avec le comte de Morcerf, qui a été au service de ton illustre père, et qui avoue lui devoir sa fortune.
— Ah! le misérable! s'écria Haydée, c'est lui qui l'a vendu aux Turcs; et cette fortune, c'est le prix de sa trahison. Ne savais-tu donc pas cela, mon cher seigneur?
— J'avais bien déjà entendu dire quelques mots de

cette histoire en Épire, dit Monte-Cristo, mais j'en ignore les détails. Viens, ma fille, tu me les donneras, ce doit être curieux.

— Oh! oui, viens, viens; il me semble que je mourrais si je restais plus long-temps en face de cet homme.

Et Haydée, se levant vivement, s'enveloppa de son burnous de cachemire blanc brodé de perles et de corail, et sortit vivement au moment où la toile se levait.

— Voyez si cet homme fait rien comme un autre! dit la comtesse G... à Albert, qui était retourné près d'elle; il écoute religieusement le troisième acte de *Robert*, et il s'en va au moment où le quatrième va commencer.

CHAP. LIII. — LA HAUSSE ET LA BAISSE.

Quelques jours après cette rencontre, Albert de Morcerf vint faire visite au comte de Monte-Cristo dans sa maison des Champs-Élysées, qui avait déjà pris cette allure de palais que le comte, grace à son immense fortune, donnait à ses habitations, même les plus passagères. Il venait lui renouveler les remercîmens de madame Danglars, que lui avait déjà apportés une lettre signée baronne Danglars, née Herminie de Servieux.

Albert était accompagné de Lucien Debray, lequel joignit aux paroles de son ami quelques complimens qui n'étaient pas officiels sans doute, mais dont, grace à la finesse de son coup d'œil, le comte ne pouvait suspecter la source.

Il lui sembla même que Lucien venait le voir mû par un double sentiment de curiosité, et que la moitié de ce sentiment émanait de la rue de la Chaussée-d'Antin. En effet, il pouvait supposer, sans crainte de se tromper, que madame Danglars, ne pouvant connaître par ses propres yeux l'intérieur d'un homme qui donnait des chevaux de trente mille francs, et qui allait à l'Opéra avec une esclave grecque portant pour un million de diamans, avait chargé des yeux, par lesquels elle avait l'habitude de voir, de lui donner quelques renseignemens sur cet intérieur.

Mais le comte ne parut pas soupçonner la moindre corrélation entre la visite de Lucien et la curiosité de la baronne.

— Vous êtes en rapports presque continuels avec le baron Danglars? demanda-t-il à Albert de Morcerf.

— Mais oui, monsieur le comte; vous savez ce que je vous ai dit?

— Cela tient donc toujours?

— Plus que jamais, dit Lucien, c'est une affaire arrangée.

Et Lucien, jugeant sans doute que ce mot mêlé à la conversation lui donnait le droit d'y demeurer étranger, plaça son lorgnon d'écaille dans son œil, et, mordant la pomme d'or de sa badine, se mit à faire le tour de la chambre en examinant les armes et les tableaux.

— Ah! dit Monte-Cristo. Mais, à vous entendre, je n'avais pas cru à une si prompte solution.

— Que voulez-vous? les choses marchent sans qu'on s'en doute; pendant que vous ne songez pas à elles, elles songent à vous; et, quand vous vous retournez, vous êtes étonné du chemin qu'elles ont fait. Mon père et M. Danglars ont servi ensemble en Espagne, mon père dans l'armée, M. Danglars dans les vivres. C'est là que mon père, ruiné par la révolution, et M. Danglars qui n'avait, lui, jamais eu de patrimoine, ont jeté les fondemens, mon père, de sa fortune politique et militaire qui est belle, M. Danglars, de sa fortune politique et financière qui est admirable.

— Oui, en effet, dit Monte-Cristo, je crois que pendant la visite que je lui ai faite, M. Danglars m'a parlé de cela; et, continua-t-il en jetant un coup d'œil de côté sur Lucien qui feuilletait un album, et est-elle jolie, mademoiselle Eugénie? car je crois me rappeler que c'est Eugénie qu'elle s'appelle.

— Fort jolie, ou plutôt fort belle, répondit Albert,

mais d'une beauté que je n'apprécie pas. Je suis un indigne!

— Vous en parlez déjà comme si vous étiez son mari!

— Oh! fit Albert, en regardant autour de lui pour voir à son tour ce que faisait Lucien.

— Savez-vous, dit Monte-Cristo en baissant la voix, que vous ne me paraissez pas enthousiaste de ce mariage!

— Mademoiselle Danglars est trop riche pour moi, dit Morcerf, cela m'épouvante.

— Bah! dit Monte-Cristo, voilà une belle raison; n'êtes-vous pas riche vous-même?

— Mon père a quelque chose comme une cinquantaine de mille livres de rente, et m'en donnera peut-être dix ou douze en me mariant.

— Le fait est que c'est modeste, dit le comte, à Paris surtout; mais tout n'est pas dans la fortune en ce monde, et c'est bien quelque chose aussi qu'un beau nom et une haute position sociale. Votre nom est célèbre, votre position magnifique; et puis le comte de Morcerf est un soldat, et l'on aime à voir s'allier cette intégrité de Bayard à la pauvreté de Duguesclin; le désintéressement est le plus beau rayon de soleil auquel puisse reluire une noble épée. Moi, tout au contraire, je trouve cette union on ne peut plus sortable: mademoiselle Danglars vous enrichira et vous l'ennoblirez!

Albert secoua la tête et demeura pensif.

— Il y a encore autre chose, dit-il.

— J'avoue, reprit Monte-Cristo, que j'ai peine à comprendre cette répugnance pour une jeune fille riche et belle.

— Oh! mon Dieu! dit Morcerf, cette répugnance, si répugnance il y a, ne vient pas toute de mon côté.

— Mais de quel côté donc? car vous m'avez dit que votre père désirait ce mariage.

— Du côté de ma mère, et ma mère est un œil prudent et sûr. Eh bien! elle ne sourit pas à cette union, elle a je ne sais quelle prévention contre les Danglars.

— Oh! dit le comte avec un ton un peu forcé, cela se conçoit; madame la comtesse de Morcerf, qui est la distinction, l'aristocratie, la finesse en personne, hésite un peu à toucher une main roturière, épaisse et brutale; c'est naturel.

— Je ne sais si c'est cela, en effet, dit Albert: mais ce que je sais, c'est qu'il me semble que ce mariage, s'il se fait, la rendra malheureuse. Déjà l'on devait s'assembler pour parler d'affaires il y a six semaines; mais j'ai été tellement pris de migraines...

— Réelles? dit le comte en souriant.

— Oh! bien réelles, la peur sans doute... que l'on a remis le rendez-vous à deux mois. Rien ne presse, vous comprenez; je n'ai pas encore vingt-et-un ans, et Eugénie n'en a que dix-sept; mais les deux mois expirent la semaine prochaine. Il faudra s'exécuter. Vous ne pouvez vous imaginer, mon cher comte, combien je suis embarrassé... Ah! que vous êtes heureux d'être libre!

— Eh bien! mais soyez libre aussi; qui vous en empêche, je vous le demande un peu?

— Oh! ce serait une trop grande déception pour mon père, si je n'épouse pas mademoiselle Danglars.

— Epousez-la alors, dit le comte avec un singulier mouvement d'épaules.

— Oui, dit Morcerf; mais pour ma mère, ce ne sera pas de la déception, ce sera de la douleur.

— Alors ne l'épousez pas, fit le comte.

— Je verrai, j'essaierai; vous me donnerez conseil, n'est-ce pas? et, s'il vous est possible, vous me tirerez de cet embarras. Oh! pour ne pas faire de peine à mon excellente mère, je me brouillerais avec le comte, je crois.

Monte-Cristo se détourna; il semblait ému.

— Eh! dit-il à Debray assis dans un fauteuil profond à l'extrémité du salon, et qui tenait de la main droite un crayon et de la gauche un carnet, que faites-vous donc? un croquis d'après Le Poussin!

— Moi, dit-il tranquillement, oh! bien oui! un croquis, j'aime trop la peinture pour cela! Non pas, je fais tout l'opposé de la peinture, je fais des chiffres.

— Des chiffres?

— Oui, je calcule, cela vous regarde indirectement, vicomte; je calcule ce que la maison Danglars a gagné sur la dernière hausse d'Haïti : de deux cent six le fonds est monté à quatre cent neuf en trois jours, et le prudent banquier avait acheté beaucoup à deux cent six. Il a dû gagner trois cent mille livres.

— Ce n'est pas son meilleur coup, dit Morcerf; n'a-t-il pas gagné un million cette année avec les bons d'Espagne?

— Écoutez, mon cher, dit Lucien, voici M. le comte de Monte-Cristo qui vous dira comme les Italiens :

Danaro e santia
Metà della metà (1).

Et c'est encore beaucoup. Aussi, quand on me fait de pareilles histoires, je hausse les épaules.

— Mais vous parliez d'Haïti? dit Monte-Cristo.

— Oh! Haïti, c'est autre chose; Haïti, c'est l'écarté de l'agiotage français. On peut aimer la bouillotte, chérir le whist, raffoler du boston, et se lasser cependant de tout cela; mais on revient toujours à l'écarté, c'est un hors-d'œuvre. Ainsi M. Danglars a vendu hier à quatre cent six et empoché trois cent mille francs; s'il eût attendu à aujourd'hui, le fonds retombait à deux cent cinq, et au lieu de gagner trois cent mille francs, il en perdait vingt ou vingt-cinq mille.

— Et pourquoi le fonds est-il retombé de quatre cent neuf à deux cent six? demanda Monte-Cristo. Je vous demande pardon, je suis fort ignorant de toutes ces intrigues de Bourse.

— Parce que, répondit en riant Albert, les nouvelles se suivent et ne se ressemblent pas.

— Ah! diable! fit le comte, M. Danglars joue à gagner ou à perdre trois cent mille francs en un jour! Ah ça, mais il est donc énormément riche?

— Ce n'est pas lui qui joue! s'écria vivement Lucien, c'est madame Danglars; elle est véritablement intrépide.

— Mais vous qui êtes raisonnable, Lucien, et qui connaissez le peu de stabilité des nouvelles, puisque vous êtes à la source, vous devriez l'empêcher, dit Morcerf avec un sourire.

— Comment le pourrais-je, si son mari ne réussit pas? demanda Lucien. Vous connaissez le caractère de la baronne; personne n'a d'influence sur elle, et elle ne fait absolument ce qu'elle veut.

— Oh! si j'étais à votre place, dit Albert.

— Eh bien?

— Je la guérirais, moi; ce serait un service à rendre à son futur gendre.

— Comment cela?

— Ah! pardieu, c'est bien facile. Je lui donnerais une leçon.

— Une leçon!

— Oui. Votre position de secrétaire du ministre vous donne une grande autorité pour les nouvelles; vous n'ouvrez pas la bouche que les agents de change ne sténographient au plus vite vos paroles; faites-lui perdre une centaine de mille francs coup sur coup, et cela la rendra prudente.

— Je ne comprends pas, balbutia Lucien.

— C'est cependant limpide, répondit le jeune homme avec une naïveté qui n'avait rien d'affecté; annoncez-lui un beau matin quelque chose d'inouï, une nouvelle télégraphique que vous seul puissiez savoir : que Henri IV, par exemple, a été vu hier chez Gabrielle; cela fera

(1) Argent et sainteté
Moitié de la moitié.

monter les fonds, elle établira son coup de bourse là-dessus, et elle perdra certainement lorsque Beauchamp écrira le lendemain dans son journal :

» C'est à tort que les gens bien informés prétendent que le roi Henri IV a été vu avant-hier chez Gabrielle, ce fait est complètement inexact; le roi Henri IV n'a pas quitté le pont Neuf. »

Lucien se mit à rire du bout des lèvres. Monte-Cristo, quoique indifférent en apparence, n'avait pas perdu un mot de cet entretien, et son œil perçant avait même cru lire un secret dans l'embarras du secrétaire intime.

Il résulta de cet embarras de Lucien, qui avait complétement échappé à Albert, que Lucien abrégea sa visite; il se sentait évidemment mal à l'aise. Le comte lui dit en le reconduisant quelques mots à voix basse auxquels il répondit :

— Bien volontiers, monsieur le comte, j'accepte.

Le comte revint au jeune de Morcerf.

— Ne pensez-vous pas, en y réfléchissant, lui dit-il, que vous avez eu tort de parler comme vous l'avez fait de votre belle-mère devant M. Debray?

— Tenez, comte, dit Morcerf, je vous en prie, ne dites pas d'avance ce mot-là.

— Vraiment, et sans exagération, la comtesse est à ce point contraire à ce mariage?

— A ce point que la baronne vient rarement à la maison, et que ma mère, je crois, n'a pas été deux fois dans sa vie chez madame Danglars.

— Alors, dit le comte, me voilà enhardi à vous parler à cœur ouvert : M. Danglars est mon banquier, M. de Villefort m'a comblé de politesses en remercîment du service qu'un heureux hasard m'a mis à même de lui rendre. Je devine sous tout cela une avalanche de dîners et de raouts. Or, pour ne pas paraître brocher fastueusement sur le tout, et même pour avoir le mérite de prendre les devants, si vous voulez, j'ai projeté de réunir à ma maison de campagne d'Auteuil M. et madame de Villefort, M. et madame Danglars. Si je vous invite à ce dîner, ainsi que M. le comte et madame la comtesse de Morcerf, cela n'aura-t-il pas l'air d'une espèce de rendez-vous matrimonial, ou du moins madame la comtesse de Morcerf n'envisagera-t-elle pas la chose ainsi, surtout si M. le baron Danglars me fait l'honneur d'amener sa fille? Alors votre mère me prendra en horreur, et je ne veux aucunement de cela, moi, je tiens, au contraire, et dites-le-lui toutes les fois que l'occasion s'en présentera, à rester au mieux dans son esprit.

— Ma foi, comte, dit Morcerf, je vous remercie d'y mettre avec moi cette franchise, et j'accepte l'exclusion que vous me proposez. Vous dites que vous tenez à rester au mieux dans l'esprit de ma mère, où vous êtes déjà à merveille.

— Vous croyez? fit Monte-Cristo avec intérêt.

— Oh! j'en suis sûr. Quand vous nous avez quittés l'autre jour, nous avons causé une heure de vous; mais j'en reviens à ce que nous disions. Eh bien! si ma mère pouvait savoir cette attention de votre part, et je me hasarderai à la lui dire, je suis sûr qu'elle vous en serait on ne peut plus reconnaissante. Il est vrai que, de son côté, mon père serait furieux.

Le comte se mit à rire.

— Eh bien! dit-il à Morcerf, vous voilà prévenu. Mais, j'y pense, il n'y aura pas que votre père qui sera furieux : M. et madame Danglars vont me considérer comme un homme de fort mauvaise façon. Ils savent que je vous vois avec une certaine intimité, que vous êtes même ma plus ancienne connaissance parisienne, et ils ne vous trouveront pas chez moi; ils me demanderont pourquoi je ne vous ai pas invité. Songez au moins à vous munir d'un engagement antérieur qui ait quelque apparence de probabilité et dont vous me ferez part au moyen d'un petit mot. Vous le savez, avec les banquiers les écrits seuls sont valables.

— Je ferai mieux que cela, monsieur le comte, dit

Albert. Ma mère veut aller respirer l'air de la mer. A quel jour est fixé votre dîner?

— A samedi.

— Nous sommes à mardi, bien; demain soir nous partons: après-demain matin nous serons au Tréport. Savez-vous, monsieur le comte, que vous êtes un homme charmant de mettre ainsi les gens à leur aise?

— Moi! en vérité vous me tenez pour plus que je ne vaux; je désire vous être agréable, voilà tout.

— Quel jour avez-vous fait vos invitations?

— Aujourd'hui même.

— Bien! je cours chez M. Danglars, je lui annonce que nous quittons Paris demain, ma mère et moi. Je ne vous ai pas vu; par conséquent je ne sais rien de votre dîner.

— Fou que vous êtes! et M. Debray qui vient de vous voir chez moi, lui!

— Ah! c'est juste.

— Au contraire, je vous ai vu et invité ici sans cérémonie, et vous m'avez tout naïvement répondu que vous ne pouviez pas être mon convive, parce que vous partiez pour le Tréport.

— Eh bien! voilà qui est conclu. Mais vous, viendrez-vous voir ma mère avant demain?

— Avant demain, c'est difficile; puis je tomberais au milieu de vos préparatifs de départ.

— Eh bien! faites mieux que cela; vous n'étiez qu'un homme charmant, vous serez un homme adorable.

— Que faut-il que je fasse pour arriver à cette sublimité?

— Ce qu'il faut que vous fassiez?

— Je le demande.

— Vous êtes aujourd'hui libre comme l'air; venez dîner avec moi · nous serons en petit comité, vous, ma mère et moi seulement. Vous avez à peine aperçu ma mère; ma...s vous la verrez de près. C'est une femme fort remarquable, et je ne regrette qu'une chose, c'est que sa pareille n'existe pas avec vingt ans de moins; il y aurait bientôt, je vous le jure, une comtesse et une vicomtesse de Morcerf. Quant à mon père, vous ne le trouverez pas: il est de commission ce soir et dîne chez le grand référendaire. Venez, nous causerons voyages. Vous qui avez vu le monde tout entier, vous nous raconterez vos aventures; vous nous direz l'histoire de cette belle Grecque qui était l'autre soir avec vous à l'Opéra, que vous appelez votre esclave et que vous traitez comme une princesse. Nous parlerons italien, espagnol. Voyons, acceptez; ma mère vous remerciera.

— Mille grâces, dit le comte; l'invitation est des plus gracieuses, et je regrette vivement de ne pouvoir l'accepter. Je ne suis pas libre comme vous le pensiez, et j'ai au contraire un rendez-vous des plus importants.

— Ah! prenez garde; vous m'avez appris tout à l'heure comment, en fait de dîner, on se déchargeait d'une chose désagréable. Il me faut une preuve, je ne suis heureusement pas banquier comme M. Danglars; mais je suis, je vous en préviens, aussi incrédule que lui.

— Aussi vais-je vous la donner, dit le comte.

Et il sonna.

— Hum! fit Morcerf, voilà déjà deux fois que vous refusez de dîner avec ma mère. C'est un parti pris, comte.

Monte-Cristo tressaillit.

— Oh! vous ne le croyez pas, dit-il; d'ailleurs voici ma preuve qui vient.

Baptistin entra et se tint sur la porte debout et attendant.

— Je n'étais pas prévenu de votre visite, n'est-ce pas?

— Dame! vous êtes un homme si extraordinaire que je n'en répondrais pas.

— Je ne pouvais point deviner que vous m'inviteriez à dîner, au moins?

— Oh! quant à cela, c'est probable.

— Eh bien! écoutez, Baptistin; que vous ai-je dit ce matin quand je vous ai appelé dans mon cabinet de travail?

— De faire fermer la porte de M. le comte une fois cinq heures sonnées, répondit le valet.

— Ensuite?

— Oh! monsieur le comte... dit Albert.

— Non, non, je veux absolument me débarrasser de cette réputation mystérieuse que vous m'avez faite, mon cher vicomte. Il est trop difficile de jouer éternellement le Manfred. Je veux vivre dans une maison de verre. Ensuite... Continuez, Baptistin.

— Ensuite, de ne recevoir que M. le major Bartoloméo Cavalcanti et son fils.

— Vous entendez, M. le major Bartoloméo Cavalcanti, un homme de la plus vieille noblesse d'Italie et dont Dante a pris la peine d'être le d'Hozier .. vous vous rappelez ou vous ne vous rappelez pas, dans le X° chant de l'*Enfer*; de plus, son fils, un charmant jeune homme de votre âge, à peu près, vicomte, portant le même titre que vous, et qui fait son entrée dans le monde parisien avec les millions de son père. Le major m'amène ce soir son fils Andrea, le contino, comme nous disons en Italie. Il me le confie. Je le pousserai s'il a quelque mérite. Vous m'aiderez, n'est-ce pas?

— Sans doute! C'est donc un ancien ami à vous que ce major Cavalcanti? demanda Albert.

— Pas du tout, c'est un digne seigneur, très poli, très modeste, très discret, comme il y en a une foule en Italie; des descendans très descendus des vieilles familles. Je l'ai vu plusieurs fois, soit à Florence, soit à Bologne, soit à Lucques, et il m'a prévenu de son arrivée. Les connaissances de voyage sont exigeantes; elles réclament de vous en tout lieu l'amitié qu'on leur a témoignée une fois par hasard; comme si l'homme civilisé, qui sait vivre une heure avec n'importe qui, n'avait pas toujours son arrière-pensée! Ce bon major Cavalcanti va revoir Paris, qu'il n'a vu qu'en passant, sous l'Empire, en allant se faire geler à Moscou. Je lui donnerai un bon dîner, il laissera son fils; je lui promettrai de veiller sur lui: je lui laisserai faire toutes les folies qu'il lui conviendra de faire, et nous serons quittes.

— A merveille! dit Albert, et je vois que vous êtes un précieux mentor. Adieu donc, nous serons de retour dimanche. A propos, j'ai reçu des nouvelles de Franz.

— Ah! vraiment? dit Monte-Cristo; et se plaît-il toujours en Italie?

— Je pense que oui; cependant il vous y regrette. Il dit que vous étiez le soleil de Rome, et que sans vous il y fait gris. Je ne sais pas même s'il ne va point jusqu'à dire qu'il y pleut.

— Il est donc revenu sur mon compte, votre ami Franz?

— Au contraire, il persiste à vous croire fantastique au premier chef; voilà pourquoi il vous regrette.

— Charmant jeune homme! dit Monte-Cristo, et pour lequel je me suis senti une vive sympathie le premier soir où je l'ai vu cherchant un souper quelconque, et où il a bien voulu accepter le mien. C'est, je crois, le fils du général d'Epinay?

— Justement.

— Le même qui a été si misérablement assassiné en 1815?

— Par les bonapartistes.

— C'est cela, ma foi, je l'aime! N'y a-t-il pas pour lui aussi des projets de mariage?

— Oui, il doit épouser mademoiselle de Villefort.

— C'est vrai?

— Comme moi, je dois épouser mademoiselle Danglars, reprit Albert en riant.

— Vous riez?

— Oui.

— Pourquoi riez-vous?

— Je ris, parce qu'il me semble voir de ce côté-là autant de sympathie pour le mariage qu'il y en a d'un autre côté entre mademoiselle Danglars et moi. Mais vraiment, mon cher comte; nous causons de femmes comme les femmes causent d'hommes ; c'est impardonnable !

Albert se leva.

— Vous vous en allez?

— La question est bonne! il y a deux heures que je vous assomme, et vous avez la politesse de me demander si je m'en vais! En vérité, comte, vous êtes l'homme le plus poli de la terre! Et vos domestiques, comme ils sont dressés! M. Baptistin surtout ! je n'ai jamais pu en avoir un comme cela. Les miens semblent tous prendre exemple sur ceux du Théâtre-Français, qui, justement parce qu'ils n'ont qu'un mot à dire, viennent toujours le dire sur la rampe. Ainsi si vous vous défaites de M. Baptistin, je vous demande la préférence.

— C'est dit, vicomte.

— Ce n'est pas tout, attendez : faites bien mes complimens à votre discret Lucquois, au seigneur Cavalcante dei Cavalcanti ; et si par hasard il tenait à établir son fils, trouvez-lui une femme bien riche, bien noble, du chef de sa mère, du moins, et bien baronne du chef de son père. Je vous y aiderai, moi.

— Oh! oh! répondit Monte-Cristo, en vérité, vous en êtes là?

— Oui.

— Ma foi, il ne faut jurer de rien.

— Ah! comte, s'écria Morcerf, quel service vous me rendriez, et comme je vous aimerais cent fois davantage encore si, grace à vous, je restais garçon, ne fût-ce que dix ans.

— Tout est possible, répondit gravement Monte-Cristo.

Et prenant congé d'Albert, il rentra chez lui et frappa trois fois sur son timbre.

Bertuccio parut.

— Monsieur Bertuccio, dit-il, vous saurez que je reçois samedi dans ma maison d'Auteuil.

Bertuccio eut un léger frisson.

— Bien, monsieur, dit-il.

— J'ai besoin de vous, continua le comte, pour que tout soit préparé convenablement. Cette maison est fort belle, ou du moins peut être fort belle.

— Il faudrait tout changer pour en arriver là, monsieur le comte, car les tentures ont vieilli.

— Changez donc tout, à l'exception d'une seule, celle de la chambre à coucher de damas rouge ; vous la laisserez même absolument telle qu'elle est.

Bertuccio s'inclina.

— Vous ne toucherez pas au jardin non plus; mais de la cour, par exemple, faites-en tout ce que vous voudrez : il me sera même agréable qu'on ne la puisse pas reconnaître.

— Je ferai tout mon possible pour que monsieur le comte soit content; je serais plus rassuré cependant si monsieur le comte me voulait dire ses intentions pour le dîner.

— En vérité, mon cher monsieur Bertuccio, dit le comte, depuis que vous êtes à Paris je vous trouve dépaysé, trembleur ; mais vous ne me connaissez donc plus?

— Mais enfin, Son Excellence pourrait me dire qui elle reçoit.

— Je n'en sais rien encore, et vous n'avez pas besoin de le savoir non plus. Lucullus dîne chez Lucullus, voilà tout.

Bertuccio s'inclina et sortit.

CHAP. LIV. — LE MAJOR CAVALCANTI.

Ni le comte ni Baptistin n'avaient menti en annonçant à Morcerf cette visite du major lucquois, qui servait à Monte-Cristo de prétexte pour refuser le dîner qui lui était offert.

Sept heures venaient de sonner, et M. Bertuccio, selon l'ordre qu'il en avait reçu, était parti depuis deux heures pour Auteuil, lorsqu'un fiacre s'arrêta à la porte de l'hôtel, et sembla s'enfuir tout honteux aussitôt qu'il eut déposé près de la grille un homme de cinquante-deux ans environ, vêtu d'une de ces redingotes vertes à brandebourgs noirs dont l'espèce est impérissable, à ce qu'il paraît, en Europe. Un large pantalon de drap bleu, une botte encore assez propre, quoique d'un vernis incertain et un peu trop épaisse de semelle, des gants de daim, un chapeau se rapprochant pour la forme d'un chapeau de gendarme, un col noir, bordé d'un liseré blanc, qui, si son propriétaire ne l'eût porté de sa pleine et entière volonté, eût pu passer pour un carcan ; tel était le costume pittoresque sous lequel se présenta le personnage qui sonna à la grille, en demandant si ce n'était point au n° 30 de l'avenue des Champs-Élysées que demeurait M. le comte de Monte-Cristo, et qui, sur la réponse affirmative du concierge, entra, ferma la porte derrière lui et se dirigea vers le perron.

La tête petite et anguleuse de cet homme, ses cheveux blanchissans, sa moustache épaisse et grise le firent reconnaître par Baptistin, qui avait l'exact signalement du visiteur et qui l'attendait au bas du vestibule. Aussi à peine eut-il prononcé son nom devant le serviteur intelligent, que Monte-Cristo était prévenu de son arrivée.

On introduisit l'étranger dans le salon le plus simple. Le comte l'y attendait et alla au devant de lui d'un air riant.

— Ah! cher monsieur, dit-il, soyez le bien-venu. Je vous attendais.

— Vraiment ! dit le Lucquois, Votre Excellence m'attendait?

— Oui, j'avais été prévenu de votre arrivée pour aujourd'hui à sept heures.

— De mon arrivée? Ainsi vous étiez prévenu ?

— Parfaitement.

— Ah ! tant mieux. Je craignais, je l'avoue, que l'on eût oublié cette petite précaution.

— Laquelle?

— De vous prévenir.

— Oh ! non pas !

— Mais vous êtes sûr de ne pas vous tromper ?

— J'en suis sûr.

— C'est bien moi que Votre Excellence attendait aujourd'hui à sept heures ?

— C'est bien vous. D'ailleurs vérifions.

— Oh ! si vous m'attendiez, dit le Lucquois, ce n'est pas la peine.

— Si fait ! si fait ! dit Monte-Cristo.

Le Lucquois parut légèrement inquiet.

— Voyons, dit Monte-Cristo, n'êtes-vous pas monsieur le marquis Bartolomeo Cavalcanti ?

— Bartolomeo Cavalcanti, répéta le Lucquois joyeux, c'est bien cela.

— Ex-major au service d'Autriche ?

— Était-ce major que j'étais? demanda timidement le vieux militaire.

— Oui, dit Monte-Cristo, c'était major. C'est le nom que l'on donne en France au grade que vous occupiez en Italie.

— Bon, dit le Lucquois, je ne demande pas mieux, moi, vous comprenez...

— D'ailleurs, vous ne venez pas ici de votre propre mouvement, reprit Monte-Cristo.

— Oh! bien certainement.

— Vous m'êtes adressé par quelqu'un?

— Oui.

— Par cet excellent abbé Busoni ?

— C'est cela, s'écria le major joyeux.

— Et vous avez une lettre ?

— La voilà.

— Eh pardieu ! vous voyez bien. Donnez donc.

Et Monte-Cristo prit la lettre qu'il ouvrit et lut.

Le major regardait le comte avec de gros yeux étonnés qui se portaient curieusement sur chaque partie de l'appartement, mais qui revenaient invariablement à son propriétaire.

— C'est bien cela... ce cher abbé, « le major Cavalcanti, un digne patricien de Lucques, descendant des Cavalcanti de Florence, continua Monte-Cristo tout en lisant, jouissant d'une fortune d'un demi-million de revenu. »

Monte-Cristo leva les yeux de dessus le papier et salua.

— D'un demi-million, dit-il ; peste ! mon cher monsieur Cavalcanti.

— Y a-t-il un demi-million ? demanda le Lucquois.

— En toutes lettres ; et cela doit être, l'abbé Busoni est l'homme qui connaît le mieux toutes les grandes fortunes de l'Europe.

— Va pour un demi-million, dit le Lucquois, mais, ma parole d'honneur ! je ne croyais pas que cela montât si haut.

— Parce que vous avez un intendant qui vous vole ; que voulez-vous, cher monsieur Cavalcanti, il faut bien passer par là !

— Vous venez de m'éclairer, dit gravement le Lucquois, je mettrai le drôle à la porte.

Monte-Cristo continua :

« Et auquel il ne manquait qu'une chose pour être heureux. »

— Oh ! mon Dieu, oui ! une seule, dit le Lucquois avec un soupir.

« De retrouver un fils adoré. »

— Un fils adoré ?

« Enlevé dans jeunesse, soit par un ennemi de sa noble famille, s.... des Bohémiens. »

— A l'âge de cinq ans, monsieur ! dit le Lucquois avec un profond soupir et en levant les yeux au ciel.

— Pauvre père, dit Monte-Cristo.

Le comte continua :

« Je lui rends l'espoir, je lui rends la vie, monsieur le comte, en lui annonçant que ce fils, que depuis quinze ans il cherche vainement, vous pouvez le lui faire retrouver. »

Le Lucquois regarda Monte-Cristo avec une indéfinissable expression d'inquiétude.

— Je le puis, répondit Monte-Cristo.

Le major se redressa.

— Ah ! ah ! dit-il, la lettre était donc vraie jusqu'au bout ?

— En aviez-vous douté, cher monsieur Bartolomeo ?

— Non pas, jamais ! Comment donc ! un homme grave, un homme revêtu d'un caractère religieux comme l'abbé Busoni, ne se serait pas permis une plaisanterie pareille ; mais vous n'avez pas tout lu, Excellence !

— Ah ! c'est vrai, dit Monte-Cristo, il y a un *post-scriptum*.

— Oui, répéta le Lucquois, oui... il... y... a... un... *post-scriptum*.

« Pour ne point causer au major Cavalcanti l'embarras de déplacer des fonds de chez son banquier, je lui envoie une traite de deux mille francs pour ses frais de voyage et le crédit sur vous de la somme de quarante-huit mille francs que vous restez me redevoir. »

Le major suivait des yeux ce *post-scriptum* avec une visible anxiété.

— Bon ! se contenta de dire le comte.

— Il a dit bon, murmura le Lucquois.

— Ainsi... monsieur, reprit-il.

— Ainsi ?... demanda Monte-Cristo.

— Ainsi, le *post-scriptum*...

— Eh bien ! le *post-scriptum*...

— Est accueilli par vous aussi favorablement que le reste de la lettre ?

— Certainement. Nous sommes en compte l'abbé Busoni et moi ; je ne sais pas si c'est quarante-huit mille livres précisément que je reste lui redevoir, mais nous n'en sommes pas entre nous à quelques billets de banque. Ah ça, vous attachiez donc une grande importance à ce *post-scriptum*, cher monsieur Cavalcanti ?

— Je vous avouerai, répondit le Lucquois, que, plein de confiance dans la signature de l'abbé Busoni, je ne m'étais pas muni d'autres fonds ; de sorte que si cette ressource m'eût manqué, je me serais trouvé fort embarrassé à Paris.

— Est-ce qu'un homme comme vous est embarrassé quelque part ? dit Monte-Cristo ; allons donc !

— Dame ! ne connaissant personne, fit le Lucquois.

— Mais on vous connaît, vous.

— Oui, l'on me connaît, de sorte que...

— Achevez, cher monsieur Cavalcanti !

— De sorte que vous me remettrez ces quarante-huit mille livres.

— A votre première réquisition.

Le major roulait de gros yeux ébahis.

— Mais asseyez-vous donc, dit Monte-Cristo ; en vérité, je ne sais ce que je fais... Je vous tiens debout depuis un quart d'heure...

— Ne faites pas attention.

Le major tira un fauteuil et s'assit.

— Maintenant, dit le comte, voulez-vous prendre quelque chose ; un verre de xérès, de porto, d'alicante ?

— D'alicante, puisque vous le voulez bien ; c'est mon vin de prédilection.

— J'en ai d'excellent. Avec un biscuit, n'est-ce pas ?

— Avec un biscuit, puisque vous m'y forcez.

Monte-Cristo sonna ; Baptistin parut.

Le comte s'avança vers lui :

— Eh bien ?... demanda-t-il tout bas.

— Le jeune homme est là, répondit le valet de chambre sur le même ton.

— Bien ; où l'avez-vous fait entrer ?

— Dans le salon bleu, comme l'avait ordonné Son Excellence.

— A merveille. Apportez du vin d'Alicante et des biscuits.

Baptistin sortit.

— En vérité, dit le Lucquois, je vous donne une peine qui me remplit de confusion.

— Allons donc ! dit Monte-Cristo.

Baptistin rentra avec les verres, le vin et les biscuits.

Le comte emplit un verre et versa dans le second quelques gouttes seulement du rubis liquide que contenait la bouteille toute couverte de toiles d'araignée et de tous les autres signes qui indiquent la vieillesse du vin, bien plus sûrement que ne le font les rides pour l'homme.

Le major ne se trompa point au partage, il prit le verre plein et un biscuit.

Le comte ordonna à Baptistin de poser le plateau à la portée de la main de son hôte, qui commença par goûter l'alicante du bout des lèvres, fit une grimace de satisfaction, et introduisit délicatement le biscuit dans le verre.

— Ainsi, monsieur, dit Monte-Cristo, vous habitiez Lucques, vous étiez riche, vous êtes noble, vous jouissiez de la considération générale, vous aviez tout ce qui peut rendre un homme heureux ?

— Tout, Excellence, dit le major en engloutissant son biscuit, tout absolument.

— Et il ne manquait qu'une chose à votre bonheur ?

— Qu'une seule, dit le Lucquois.

— C'était de retrouver votre enfant ?

— Ah ! fit le major en prenant un second biscuit ; mais aussi cela me manquait bien.

Le digne Lucquois leva les yeux au ciel et tenta un effort pour soupirer.

— Maintenant voyons, cher monsieur Cavalcanti, dit Monte-Cristo, qu'était-ce que ce fils tant regretté ? car on m'avait dit à moi que vous étiez resté célibataire.

— On le croyait, monsieur, dit le major, et moi-même...

— Oui, reprit Monte-Cristo, et vous-même aviez accrédité ce bruit. Un péché de jeunesse que vous vouliez cacher à tous les yeux. — Le Lucquois se redressa, prit son air le plus calme et le plus digne, en même temps qu'il baissait modestement les yeux, soit pour assurer sa contenance, soit pour aider à son imagination, tout en regardant en dessous le comte, dont le sourire stéréotypé sur les lèvres annonçait toujours la même bienveillante curiosité.

— Oui, monsieur, dit-il, je voulais cacher cette faute à tous les yeux.

— Pas pour vous ? dit Monte-Cristo, car un homme est au-dessus de ces choses-là.

— Oh! non, pas pour moi certainement, dit le major avec un sourire et en hochant la tête.

— Mais pour sa mère, dit le comte.

— Pour sa mère! s'écria le Lucquois en prenant un troisième biscuit; pour sa pauvre mère!

— Buvez donc, cher monsieur Cavalcanti, dit Monte-Cristo en versant au Lucquois un second verre d'alicante; l'émotion vous étouffe.

— Pour sa pauvre mère! murmura le Lucquois en essayant si la puissance de la volonté ne pourrait pas, en agissant sur la glande lacrymale, mouiller le coin de son œil d'une fausse larme.

— Qui appartenait à l'une des premières familles de l'Italie, je crois?

— Patricienne de Fiesole, monsieur le comte, patricienne de Fiesole!

— Et se nommant?

— Vous désirez savoir son nom?

— Oh! mon Dieu! dit Monte-Cristo, c'est inutile que vous me le disiez, je le connais.

— Monsieur le comte sait tout, dit le Lucquois en s'inclinant.

— Oliva Corsinari, n'est-ce pas?

— Oliva Corsinari!

— Marquise?

— Marquise!

— Et vous avez fini par l'épouser cependant, malgré les oppositions de famille?

— Mon Dieu! oui, j'ai fini par là.

— Et, reprit Monte-Cristo, vous apportez vos papiers bien en règle?

— Quels papiers? demanda le Lucquois.

— Mais votre acte de mariage avec Oliva Corsinari, et l'acte de naissance de l'enfant.

— L'acte de naissance de l'enfant?

— L'acte de naissance d'Andrea Cavalcanti, de votre fils; ne s'appelle-t-il pas Andrea?

— Je crois que oui, dit le Lucquois.

— Comment! vous le croyez?

— Dame! je n'ose pas affirmer; il y a si longtemps qu'il est perdu.

— C'est juste, dit Monte-Cristo. Enfin vous avez tous ces papiers?

— Monsieur le comte, c'est avec regret que je vous annonce que, n'étant pas prévenu de me munir de ces pièces, j'ai négligé de les prendre avec moi.

— Ah! diable! fit Monte-Cristo.

— Étaient-elles donc tout-à-fait nécessaires?

— Indispensables.

Le Lucquois se gratta le front.

— Ah! per Bacco! dit-il, indispensables!

— Sans doute; si l'on allait élever ici quelque doute sur la validité de votre mariage, sur la légitimité de votre enfant!

— C'est juste, dit le Lucquois, on pourrait élever des doutes.

— Ce serait fâcheux pour ce jeune homme.

— Ce serait fatal.

— Cela pourrait lui faire manquer quelque magnifique mariage.

— O peccato!

— En France, vous comprenez, on est sévère; il ne suffit pas, comme en Italie, d'aller trouver un prêtre et de lui dire : Nous nous aimons, unissez-nous. Il y a mariage civil en France, et pour se marier civilement, il faut des pièces qui constatent l'identité.

— Voilà le malheur, ces papiers je ne les ai pas.

— Heureusement que je les ai, moi, dit Monte-Cristo.

— Vous?

— Oui.

— Vous les avez?

— Je les ai.

— Ah! par exemple, dit le Lucquois, qui, voyant le but de son voyage manqué par l'absence de ses papiers, craignait que cet oubli n'amenât quelque difficulté au sujet des quarante-huit mille livres; ah! par exemple, voilà un bonheur. Oui, reprit-il, voilà un bonheur, car je n'y eusse pas songé, moi.

— Pardieu! je crois bien, on ne songe pas à tout. Mais heureusement l'abbé Busoni y a songé pour vous.

— Voyez-vous ce cher abbé?

— C'est un homme de précaution.

— C'est un homme admirable, dit le Lucquois, et il vous les a envoyés?

— Les voici.

Le Lucquois joignit les mains en signe d'admiration.

— Vous avez épousé Oliva Corsinari dans l'église de Sainte-Paule de Monte-Cattini; voici le certificat du prêtre.

— Oui, ma foi! le voilà, dit le major en le regardant avec étonnement.

— Et voici l'acte de baptême d'Andrea Cavalcanti, délivré par le curé de Saravezza.

— Tout est en règle, dit le major.

— Alors prenez ces papiers dont je n'ai que faire, vous les donnerez à votre fils, qui les gardera soigneusement.

— Je le crois bien!... S'il les perdait...

— Eh bien! s'il les perdait? demanda Monte-Cristo.

— Eh bien! reprit le Lucquois, on serait obligé d'écrire là-bas, et ce serait fort long de s'en procurer d'autres.

— En effet, ce serait difficile, dit Monte-Cristo.

— Presque impossible, répondit le Lucquois.

— Je suis bien aise que vous compreniez la valeur de ces papiers.

— C'est-à-dire que je les regarde comme impayables.

— Maintenant, dit Monte-Cristo, quant à la mère du jeune homme...

— Quant à la mère du jeune homme... répéta le major avec inquiétude.

— Quant à la marquise Corsinari.

— Mon Dieu! dit le Lucquois, sous les pas duquel les difficultés semblaient naître, est-ce qu'on aurait besoin d'elle?

— Non, monsieur, reprit Monte-Cristo; d'ailleurs n'a-t-elle point...

— Si fait, si fait, dit le major, elle a...

— Payé son tribut à la nature...

— Hélas! oui, dit vivement le Lucquois.

— J'ai su cela, reprit Monte-Cristo; elle est morte il y a dix ans.

— Et je pleure encore sa mort, monsieur, dit le major en tirant de sa poche un mouchoir à carreaux et s'essuyant alternativement d'abord l'œil gauche et ensuite l'œil droit.

— Que voulez-vous, dit Monte-Cristo, nous sommes tous mortels. Maintenant vous comprenez, cher monsieur Cavalcanti, vous comprenez qu'il est inutile qu'on sache en France que vous êtes séparé de votre fils depuis quinze ans. Toutes ces histoires de Bohémiens qui enlèvent les enfans n'ont pas de vogue chez nous. Vous l'avez envoyé faire son éducation dans un collège de province, et vous voulez qu'il achève son éducation dans le monde parisien. Voilà pourquoi vous avez quitté Via-Reggio, que vous habitez depuis la mort de votre femme. Cela suffira.

— Vous croyez?

— Certainement.
— Très bien, alors.
— Si l'on apprenait quelque chose de cette séparation...
— Ah! oui. Que dirais-je?
— Qu'un précepteur infidèle, vendu aux ennemis de votre famille...
— Aux Corsinari?
— Certainement... avait enlevé cet enfant pour que votre nom s'éteignît.
— C'est juste puisqu'il est fils unique.
— Eh bien! maintenant que tout est arrêté, que vos souvenirs remis à neuf ne vous trahiront pas, vous avez deviné sans doute que je vous ai ménagé une surprise?
— Agréable? demanda le Lucquois.
— Ah! dit Monte-Cristo, je vois bien qu'on ne trompe pas plus l'œil que le cœur d'un père.
— Hum! fit le major.
— On vous a fait quelque révélation indiscrète, ou plutôt vous avez deviné qu'il était là.
— Qui, là?
— Votre enfant, votre fils, votre Andrea.
— Je l'ai deviné, répondit le Lucquois avec le plus grand flegme du monde; ainsi il est ici?
— Ici même, dit Monte-Cristo; en entrant tout à l'heure, le valet de chambre m'a prévenu de son arrivée.
— Ah! fort bien! ah! fort bien! dit le major en resserrant à chaque exclamation les brandebourgs de sa polonaise.
— Mon cher monsieur, dit Monte-Cristo, je comprends toute votre émotion, il faut vous donner le temps de vous remettre; je veux aussi préparer le jeune homme à cette entrevue tant désirée, car je présume qu'il n'est pas moins impatient que vous.
— Je le crois, dit Cavalcanti.
— Eh bien! dans un petit quart d'heure, nous sommes à vous.
— Vous me l'amenez donc? vous poussez donc la bonté jusqu'à me le présenter vous-même?
— Non, je ne veux point me placer entre un père et son fils, vous serez seuls, monsieur le major; mais soyez tranquille, au cas même où la voix du sang resterait muette, il n'y aurait pas à vous tromper : il entrera par cette porte. C'est un beau jeune homme blond, un peu trop blond peut-être, de manières toutes prévenantes; vous verrez.
— A propos, dit le major, vous savez que je n'ai emporté avec moi que les deux mille francs que ce bon abbé Busoni m'avait fait passer. Là-dessus j'ai fait le voyage, et.....
— Et vous avez besoin d'argent..... c'est trop juste, cher monsieur Cavalcanti. Tenez, voici, pour faire un compte, huit billets de mille francs.
Les yeux du major brillèrent comme des escarboucles.
— C'est quarante mille francs que je vous redois, dit Monte-Cristo.
— Votre Excellence veut-elle un reçu? dit le major en glissant les billets dans la poche intérieure de sa polonaise.
— A quoi bon? dit le comte.
— Mais pour vous décharger vis-à-vis de l'abbé Busoni!
— Eh bien! vous me donnerez un reçu général en touchant les quarante derniers mille francs. Entre honnêtes gens de pareilles précautions sont inutiles.
— Ah! oui, c'est vrai, dit le major, entre honnêtes gens.
— Maintenant, un dernier mot, marquis.
— Dites.
— Vous permettez une petite recommandation, n'est-ce pas?
— Comment donc! Je la demande.
— Il n'y aurait pas de mal que vous quittassiez cette polonaise.

— Vraiment? dit le major, en regardant le vêtement avec une certaine complaisance.
— Oui, cela se porte encore à Via-Reggio, mais à Paris il y a longtemps déjà que ce costume, quelque élégant qu'il soit, a passé de mode.
— C'est fâcheux, dit le Lucquois.
— Oh! si vous y tenez, vous le reprendrez en vous en allant.
— Mais que mettrai-je?
— Ce que vous trouverez dans vos malles.
— Comment, dans mes malles? Je n'ai qu'un portemanteau.
— Avec vous, sans doute. A quoi bon s'embarrasser? D'ailleurs, un vieux soldat aime à marcher en leste équipage.
— Voilà justement pourquoi...
— Mais vous êtes homme de précaution, et vous avez envoyé vos malles en avant. Elles sont arrivées hier à l'hôtel des Princes, rue Richelieu. C'est là que vous avez retenu votre logement.
— Alors, dans ces malles?...
— Je présume que vous avez eu la précaution de faire enfermer par votre valet de chambre tout ce qu'il vous faut : habits de ville, habits d'uniforme. Dans les grandes circonstances, vous mettrez l'habit d'uniforme, cela fait bien. N'oubliez pas vos croix. On s'en moque encore en France, mais on en porte toujours.
— Très bien! très bien! très bien! dit le major, qui marchait d'éblouissemens en éblouissemens.
— Et maintenant, dit Monte-Cristo, que votre cœur est affermi contre les sensations trop vives, préparez-vous, cher monsieur Cavalcanti, à revoir votre fils Andrea.
Et faisant un charmant salut au Lucquois ravi en extase, Monte-Cristo disparut derrière la tapisserie.

CHAP. LV. — ANDREA CAVALCANTI.

Le comte de Monte-Cristo entra dans le salon voisin, que Baptistin avait désigné sous le nom de salon bleu, et où venait de le précéder un jeune homme de tournure dégagée, assez élégamment vêtu, et qu'un cabriolet de place avait, une demi-heure auparavant, jeté à la porte de l'hôtel.
Baptistin n'avait pas eu de peine à le reconnaître; c'était bien ce grand jeune homme aux courts cheveux blonds, à la barbe rousse, aux yeux noirs, dont le teint vermeil et la peau éblouissante de blancheur lui avaient été signalés par son maître.
Quand le comte entra dans le salon, le jeune homme était négligemment étendu sur un sofa, fouettant avec distraction sa botte d'un petit jonc à pomme d'or.
En apercevant Monte-Cristo il se leva vivement.
— Monsieur est le comte de Monte-Cristo? dit-il.
— Oui, monsieur, répondit celui-ci, et j'ai l'honneur de parler, je crois, à monsieur le vicomte Andrea Cavalcanti?
— Le vicomte Andrea Cavalcanti, répéta le jeune homme en accompagnant ces mots d'un salut plein de désinvolture.
— Vous devez avoir une lettre qui vous accrédite près de moi? dit Monte-Cristo.
— Je ne vous en parlais pas à cause de la signature, qui m'a paru étrange.
— Simbad le Marin, n'est-ce pas?
— Justement. Or, comme je n'ai jamais connu d'autre Simbad le Marin que celui des *Mille et une Nuits*...
— Eh bien! c'est un de ses descendans, un de mes amis fort riche, un Anglais plus qu'original, presque fou, dont le véritable nom est lord Wilmore.
— Ah! voilà qui m'explique tout, dit Andrea. Alors cela va à merveille. C'est ce même Anglais que j'ai connu... à.... oui, très bien!... Monsieur le comte, je suis votre serviteur.

— Si ce que vous me faites l'honneur de me dire est vrai, répliqua en souriant le comte, j'espère que vous serez assez bon pour me donner quelques détails sur vous et votre famille.

— Volontiers, monsieur le comte, répondit le jeune homme avec une volubilité qui prouvait la solidité de sa mémoire. Je suis, comme vous l'avez dit, le vicomte Andrea Cavalcanti, fils du major Bartolomeo Cavalcanti, descendant des Cavalcanti inscrits au livre d'or de Florence. Notre famille, quoique très riche encore, puisque mon père possède un demi-million de rentes, a éprouvé bien des malheurs, et moi-même, monsieur, j'ai été à l'âge de cinq ou six ans enlevé par un gouverneur infidèle, de sorte que depuis quinze ans je n'ai point revu l'auteur de mes jours. Depuis que j'ai l'âge de raison, depuis que je suis libre et maître de moi, je le cherche, mais inutilement. Enfin cette lettre de votre ami Simbad m'annonce qu'il est à Paris, et m'autorise à m'adresser à vous pour en obtenir des nouvelles.

— En vérité, monsieur, tout ce que vous me racontez là est fort intéressant, dit le comte, regardant avec une sombre satisfaction cette mine dégagée, empreinte d'une beauté pareille à celle du mauvais ange, et vous avez fort bien fait de vous conformer en toutes choses à l'invitation de mon ami Simbad, car votre père est en effet ici et vous cherche.

Le comte, depuis son entrée au salon, n'avait pas perdu de vue le jeune homme ; il avait admiré l'assurance de son regard et la sûreté de sa voix ; mais à ces mots si naturels : « Votre père est en effet ici et vous cherche, » le jeune Andrea fit un bond et s'écria :

— Mon père ! mon père ici !

— Sans doute, répondit Monte-Cristo, votre père, le major Bartolomeo Cavalcanti.

L'impression de terreur répandue sur les traits du jeune homme s'effaça presque aussitôt.

— Ah ! oui, c'est vrai, dit-il, le major Bartolomeo Cavalcanti. Et vous dites, monsieur le comte, qu'il est ici ce cher père ?

— Oui, monsieur. J'ajouterai même que je le quitte à l'instant ; que l'histoire qu'il m'a contée de ce fils chéri, perdu autrefois, m'a fort touché ; en vérité, ses douleurs, ses craintes, ses espérances à ce sujet composeraient un poème attendrissant. Enfin il reçut un jour des nouvelles qui lui annonçaient que les ravisseurs de son fils offraient de le rendre, ou d'indiquer où il était, moyennant une somme assez forte.

Mais rien ne retint ce bon père ; cette somme fut envoyée à la frontière du Piémont, avec un passeport tout visé pour l'Italie. Vous étiez dans le midi de la France, je crois ?

— Oui, monsieur, répondit Andrea d'un air assez embarrassé ; oui, j'étais dans le midi de la France.

— Une voiture devait vous attendre à Nice ?

— C'est bien cela, monsieur ; elle m'a conduit de Nice à Gênes, de Gênes à Turin, de Turin à Chambéry, de Chambéry à Pont-de-Beauvoisin, et de Pont-de-Beauvoisin à Paris.

— A merveille ! Il espérait toujours vous rencontrer en chemin, car c'était la route qu'il suivait lui-même ; voilà pourquoi votre itinéraire avait été tracé ainsi.

— Mais, dit Andrea, s'il m'eût rencontré, ce cher père, je doute qu'il m'eût reconnu ; je suis quelque peu changé depuis que je l'ai perdu de vue.

— Oh ! la voix du sang, dit Monte-Cristo.

— Ah ! oui, c'est vrai, reprit le jeune homme, je n'y songeais pas à la voix du sang !

— Maintenant, reprit Monte-Cristo, une seule chose inquiète le marquis Cavalcanti, c'est ce que vous avez fait pendant que vous avez été éloigné de lui ; c'est de quelle façon vous avez été traité par vos persécuteurs ; c'est si l'on a conservé pour votre naissance tous les égards qui lui étaient dus ; c'est enfin s'il ne vous est pas resté de cette souffrance morale à laquelle vous avez été exposé, souffrance pire cent fois que la souffrance physique, quelque affaiblissement des facultés dont la nature vous a si largement doué, et si vous croyez vous-même pouvoir reprendre et soutenir dignement dans le monde le rang qui vous appartient.

— Monsieur, balbutia le jeune homme étourdi, j'espère qu'aucun faux rapport...

— Moi ! J'ai entendu parler de vous pour la première fois par mon ami Wilmore, le philanthrope. J'ai su qu'il vous avait trouvé dans une position fâcheuse, j'ignore laquelle, et je ne lui ai fait aucune question : je ne suis pas curieux. Vos malheurs l'ont intéressé, donc vous étiez intéressant. Il m'a dit qu'il voulait vous rendre dans le monde la position que vous aviez perdue, qu'il chercherait votre père, qu'il le trouverait ; il l'a cherché, il l'a trouvé, à ce qu'il paraît, puisqu'il est là ; enfin il m'a prévenu hier de votre arrivée, en me donnant encore quelques autres instructions relatives à votre fortune ; voilà tout. Je sais que c'est un original, mon ami Wilmore, mais en même temps, comme c'est un homme sûr, riche comme une mine d'or, et qui, par conséquent, peut se passer ses originalités sans qu'elles le ruinent, j'ai promis de suivre ses instructions. Maintenant, monsieur, ne vous blessez pas de ma question ; comme je serai obligé de vous patronner quelque peu, je désirerais savoir si les malheurs qui vous sont arrivés, malheurs indépendans de votre volonté, et qui ne diminuent en aucune façon la considération que je vous porte, ne vous ont pas rendu quelque peu étranger à ce monde dans lequel votre fortune et votre nom vous appelaient à faire si bonne figure.

— Monsieur, répondit le jeune homme reprenant son aplomb au fur et à mesure que le comte parlait, rassurez-vous sur ce point : les ravisseurs qui m'ont éloigné de mon père, et qui, sans doute, avaient pour but de me vendre plus tard à lui comme ils l'ont fait, ont calculé que, pour tirer un bon parti de moi, il fallait me laisser toute ma valeur personnelle, et même l'augmenter encore, s'il était possible ; j'ai donc reçu une assez bonne éducation, et j'ai été traité par les larrons d'enfans à peu près comme l'étaient dans l'Asie-Mineure les esclaves dont leurs maîtres faisaient des grammairiens, des médecins et des philosophes, pour les vendre plus cher au marché de Rome.

Monte-Cristo sourit avec satisfaction ; il n'avait pas tant espéré, à ce qu'il paraît, de M. Andrea Cavalcanti.

— D'ailleurs, reprit le jeune homme, s'il y avait en moi quelque défaut d'éducation ou plutôt d'habitude du monde, on aurait, je suppose, l'indulgence de les excuser, en considération des malheurs qui ont accompagné ma naissance et poursuivi ma jeunesse.

— Eh bien ! dit négligemment Monte-Cristo, vous en ferez ce que vous voudrez, vicomte, car vous êtes le maître, et cela vous regarde ; mais sur ma parole, au contraire, je ne dirais pas un mot de toutes ces aventures, c'est un roman que votre histoire, et le monde qui adore les romans serrés entre deux couvertures de papier jaune, se défie étrangement de ceux qu'il voit reliés en vélin vivant, fussent-ils dorés comme vous pouvez l'être. Voilà la difficulté que je me permettrai de vous signaler, monsieur le vicomte ; à peine aurez-vous raconté à quelqu'un votre touchante histoire, qu'elle courra dans le monde complètement dénaturée. Vous serez obligé de vous poser en Antony, et le temps des Antony est un peu passé. Peut-être aurez-vous un succès de curiosité, mais tout le monde n'aime pas à se faire centre d'observations et cible à commentaires. Cela vous fatiguera peut-être.

— Je crois que vous avez raison, monsieur le comte, dit le jeune homme pâlissant malgré lui, sous l'inflexible regard de Monte-Cristo ; c'est là un grave inconvénient.

— Oh ! il ne faut pas non plus se l'exagérer, dit Monte-Cristo ; car, pour éviter une faute, on tomberait alors dans une folie. Non, c'est un simple plan de conduite à arrêter; et, pour un homme intelligent comme vous, ce plan est d'autant plus facile à adopter, qu'il est conforme à vos intérêts : il faudra combattre, par des témoignages et par d'honorables amitiés, tout ce que votre passé peut avoir d'obscur.

Andrea perdit visiblement contenance.

— Je m'offrirais bien à vous comme répondant et caution, dit Monte-Cristo; mais c'est chez moi une habitude morale de douter de mes meilleurs amis, et un besoin de chercher à faire douter les autres; aussi jouerais-je là un rôle hors de mon emploi, comme disent les tragédiens, et je risquerais de me faire siffler, ce qui est inutile.

— Cependant, monsieur le comte, dit Andrea avec audace, en considération de lord Wilmore qui m'a recommandé à vous...

— Oui, certainement, reprit Monte-Cristo, mais lord Wilmore ne m'a pas laissé ignorer, cher monsieur Andrea, que vous aviez eu une jeunesse quelque peu orageuse. Oh! dit le comte en voyant le mouvement que faisait Andrea, je ne vous demande pas de confession; d'ailleurs, c'est pour que vous n'ayez pas besoin de personne que l'on a fait venir de Lucques, M. le marquis Cavalcanti, votre père. Vous allez le voir, il est un peu raide, un peu guindé; mais c'est une question d'uniforme, et quand on saura que depuis dix-huit ans il est au service de l'Autriche, tout s'excusera; nous ne sommes pas, en général, exigeans pour les Autrichiens. En somme, c'est un père fort suffisant, je vous assure.

— Ah! vous me rassurez, monsieur; je l'avais quitté depuis si long-temps, que je n'avais de lui aucun souvenir.

— Et puis, vous savez, une grande fortune fait passer sur bien des choses.

— Mon père est donc réellement riche, monsieur?

— Millionnaire... cinq cent mille livres de rente.

— Alors, demanda le jeune homme avec anxiété, je vais me trouver dans une position... agréable?

— Des plus agréables, mon cher monsieur; il vous fait cinquante mille livres de rente par an pendant tout le temps que vous resterez à Paris.

— Mais j'y resterai toujours, en ce cas.

— Heu! qui peut répondre des circonstances, mon cher monsieur? l'homme propose et Dieu dispose.

Andrea poussa un soupir.

— Mais enfin, dit-il, tout le temps que je resterai à Paris, et... qu'aucune circonstance ne me forcera pas de m'éloigner, cet argent dont vous me parliez tout à l'heure m'est-il assuré?

— Oh! parfaitement.

— Par mon père? demanda Andrea avec inquiétude.

— Oui, mais garanti par lord Wilmore, qui vous a, sur la demande de votre père, ouvert un crédit de cinq mille francs par mois chez M. Danglars, un des plus sûrs banquiers de Paris.

— Et mon père compte rester long-temps à Paris? demanda Andrea avec inquiétude.

— Quelques jours seulement, répondit Monte-Cristo. Son service ne lui permet pas de s'absenter plus de deux ou trois semaines.

— Oh! ce cher père, dit Andrea visiblement enchanté de ce prompt départ.

— Aussi, dit Monte-Cristo, faisant semblant de se tromper à l'accent de ces paroles, aussi je ne veux pas retarder d'un instant l'heure de votre réunion. Êtes-vous préparé à embrasser ce digne M. Cavalcanti?

— Vous n'en doutez pas, je l'espère?

— Eh bien! entrez donc dans le salon, mon jeune ami, et vous trouverez votre père qui vous attend.

Andrea fit un profond salut au comte et entra dans le salon.

Le comte le suivit des yeux, et, l'ayant vu disparaître, poussa un ressort correspondant à un tableau, lequel, en s'écartant du cadre, laissait, par un interstice habilement ménagé, pénétrer la vue dans le salon.

Andrea referma la porte derrière lui et s'avança vers le major, qui se leva dès qu'il entendit le bruit des pas qui s'approchaient.

— Ah! monsieur et cher père, dit Andrea à haute voix et de manière à ce que le comte l'entendît à travers la porte fermée, est-ce bien vous?

— Bonjour, mon cher fils, dit gravement le major.

— Après tant d'années de séparation, dit Andrea en continuant de regarder du côté de la porte, quel bonheur de nous revoir!

— En effet, la séparation a été longue.

— Ne nous embrassons-nous pas, monsieur? reprit Andrea.

— Comme vous voudrez, mon fils, dit le major.

Et les deux hommes s'embrassèrent comme on s'embrasse au Théâtre-Français, c'est-à-dire en se passant la tête par-dessus l'épaule.

— Ainsi donc nous voici réunis, dit Andrea.

— Nous voici réunis, reprit le major.

— Pour ne plus nous séparer?

— Si fait; je crois, mon cher fils, que vous regardez maintenant la France comme une seconde patrie?

— Le fait est, dit le jeune homme, que je serais désespéré de quitter Paris.

— Et moi, vous comprenez, je ne saurais vivre hors de Lucques. Je retournerai donc en Italie aussitôt que je pourrai.

— Mais avant de partir, très cher père, vous me remettrez sans doute les papiers à l'aide desquels il me sera facile de constater le sang dont je sors.

— Sans aucun doute, car je viens exprès pour cela, et j'ai eu trop de peine à vous rencontrer, afin de vous les remettre, pour que nous recommencions encore à nous chercher; cela prendrait la dernière partie de ma vie.

— Et ces papiers?

— Les voici.

Andrea saisit avidement l'acte de mariage de son père, son certificat de baptême à lui, et, après avoir ouvert le tout avec une avidité bien naturelle à un bon fils, il parcourut les deux pièces avec une rapidité et une habitude qui dénotaient le coup d'œil le plus exercé en même temps que l'intérêt le plus vif.

Lorsqu'il eut fini, une indéfinissable expression de joie brilla sur son front, et regardant le major avec un étrange sourire :

— Ah ça, dit-il en excellent toscan, il n'y a donc pas de galères en Italie?...

Le major se redressa.

— Et pourquoi cela? dit-il.

— Qu'on y fabrique impunément de pareilles pièces? Pour la moitié de cela, mon très cher père, en France on vous enverrait prendre l'air à Toulon pour cinq ans.

— Plaît-il? dit le Lucquois en essayant de conquérir un air majestueux.

— Mon cher monsieur Cavalcanti, dit Andrea en pressant le bras du major, combien vous donne-t-on pour être mon père?

Le major voulut parler.

— Chut! dit Andrea en baissant la voix, je vais vous donner l'exemple de la confiance; on me donne cinquante mille francs par an pour être votre fils : par conséquent, vous comprenez que ce n'est pas moi qui serai jamais disposé à nier que vous soyez mon père.

Le major regarda avec inquiétude autour de lui.

— Eh! soyez tranquille, nous sommes seuls, dit Andrea; d'ailleurs nous parlons italien.

— Eh bien! à moi, dit le Lucquois, on me donne cinquante mille francs une fois payés.

— Monsieur Cavalcanti, dit Andrea, aviez-vous foi aux contes de fées?

— Non, pas autrefois, mais maintenant il faut bien que j'y croie.
— Vous avez donc eu des preuves?
Le major tira de son gousset une poignée d'or.
— Palpables, comme vous voyez.
— Vous pensez donc que je puis croire aux promesses qu'on m'a faites?
— Je le crois.
— Et que ce brave homme de comte les tiendra?
— De point en point; mais, vous comprenez, pour arriver à ce but, il faut jouer notre rôle.
— Comment donc!...
— Moi de tendre père...
— Et moi de fils respectueux.
— Puisqu'ils désirent que vous descendiez de moi.
— Qui, *ils*?
— Dame! je n'en sais rien... ceux qui vous ont écrit. N'avez-vous pas reçu une lettre?
— Si fait.
— De qui?
— D'un certain abbé Busoni.
— Que vous ne connaissez pas?
— Que je n'ai jamais vu.
— Que vous disait cette lettre?
— Vous ne me trahirez pas?
— Je m'en garderai bien : nos intérêts sont les mêmes.
— Alors, lisez.
Et le major passa une lettre au jeune homme.
Andrea lut à voix basse :
« Vous êtes pauvre; une vieillesse malheureuse vous attend. Voulez-vous devenir sinon riche, du moins indépendant?

» Partez pour Paris à l'instant même, et allez réclamer à M. le comte de Monte-Cristo, avenue des Champs-Elysées, n° 50, le fils que vous avez eu de la marquise Corsinari, et qui vous a été enlevé à l'âge de cinq ans.

» Ce fils se nomme Andrea Cavalcanti.

» Pour que vous ne révoquiez pas en doute l'intention qu'a le soussigné de vous être agréable, vous trouverez ci-joint :

» 1° Un bon de deux mille quatre cents livres toscanes, payables chez M. Gozzi, à Florence;

» 2° Une lettre d'introduction près de M. le comte de Monte-Cristo, sur lequel je vous crédite d'une somme de quarante-huit mille francs.

» Soyez chez le comte le 26 mai, à sept heures du soir.

» *Signé* abbé BUSONI. »

— C'est cela.
— Comment! c'est cela? Que voulez-vous dire? demanda le major.
— Je dis que j'ai reçu la pareille à peu près.
— Vous?
— Oui, moi.
— De l'abbé Busoni?
— Non.
— De qui donc?
— D'un Anglais, d'un certain lord Wilmore, qui prend le nom de Simbad le Marin.
— Et que vous ne connaissez pas plus que je ne connais l'abbé Busoni?
— Si fait; moi, je suis plus avancé que vous.
— Vous l'avez vu?
— Oui, une fois.
— Où cela?
— Ah! justement, voici ce que je ne puis pas vous dire; vous seriez aussi savant que moi, et c'est inutile.
— Et cette lettre vous disait?
— Lisez.
— « Vous êtes pauvre et n'avez qu'un avenir misérable : voulez-vous avoir un nom, être libre, être riche? »
— Parbleu! fit le jeune homme en se balançant sur ses talons, comme si une pareille question se faisait?
— « Prenez la chaise de poste que vous trouverez tout attelée en sortant de Nice par la porte de Gênes. Passez par Turin, Chambéry et Pont-de-Beauvoisin. Présentez-vous chez M. le comte de Monte-Cristo, avenue des Champs-Elysées, le 26 mai, à sept heures du soir, et demandez-lui votre père.

» Vous êtes fils du marquis Bartolomeo Cavalcanti et de la marquise Oliva Corsinari, ainsi que le constateront les papiers qui vous seront remis par le marquis, et qui vous permettront de vous présenter sous ce nom dans le monde parisien.

» Quant à votre rang, un revenu de cinquante mille livres par an vous mettra à même de le soutenir.

» Ci-joint un bon de cinq mille livres payable sur M. Ferrea, banquier à Nice, et une lettre d'introduction près du comte de Monte-Cristo, chargé par moi de pourvoir à vos besoins.

» SIMBAD LE MARIN. »

— Hum! fit le major, c'est fort beau.
— N'est-ce pas?
— Vous avez vu le comte?
— Je le quitte.
— Et il a ratifié?
— Tout.
— Y comprenez-vous quelque chose?
— Ma foi non.
— Il y a une dupe dans tout cela.
— En tout cas, ce n'est ni vous ni moi?
— Non, certainement.
— Eh bien alors!....
— Peu nous importe, n'est-ce pas?
— Justement, c'est ce que je voulais dire; allons jusqu'au bout et jouons serré.
— Soit; vous verrez que je suis digne de faire votre partie.
— Je n'en ai pas douté un seul instant, mon cher père.
— Vous me faites honneur, mon cher fils.
Monte-Cristo choisit ce moment pour rentrer dans le salon. En entendant le bruit de ses pas, les deux hommes se jetèrent dans les bras l'un de l'autre; le comte les trouva embrassés.
— Eh bien! monsieur le marquis, dit Monte-Cristo, il paraît que vous avez retrouvé un fils selon votre cœur?
— Ah! monsieur le comte, je suffoque de joie.
— Et vous, jeune homme?
— Ah! monsieur le comte, j'étouffe de bonheur.
— Heureux père! heureux enfant! dit le comte.
— Une seule chose m'attriste, dit le major; c'est la nécessité où je suis de quitter Paris si vite.
— Oh! cher monsieur Cavalcanti, dit Monte-Cristo, vous ne partirez pas, je l'espère, que je ne vous aie présenté à quelques amis.
— Je suis aux ordres de M. le comte, dit le major.
— Maintenant, voyons, jeune homme, confessez-vous.
— A qui?
— Mais à monsieur votre père; dites-lui quelques mots de l'état de vos finances.
— Ah! diable! fit Andrea, vous touchez la corde sensible.
— Entendez-vous, major? dit Monte-Cristo.
— Sans doute que je l'entends.
— Oui, mais comprenez-vous?
— A merveille.
— Il dit qu'il a besoin d'argent, ce cher enfant!
— Que voulez-vous que j'y fasse?
— Que vous lui en donniez, parbleu!
— Moi?
— Oui, vous!
Monte-Cristo passa entre les deux hommes.
— Tenez, dit-il à Andrea en lui glissant un paquet de billets de banque dans la main.
— Qu'est-ce que cela?
— La réponse de votre père.
— De mon père?

— Oui. Ne venez-vous pas de laisser entendre que vous aviez besoin d'argent?
— Oui. Eh bien?
— Eh bien! il me charge de vous remettre cela.
— A compte sur mes revenus?
— Non, pour vos frais d'installation.
— Oh! cher père!
— Silence! dit Monte-Cristo, vous voyez bien qu'il ne veut pas que je dise que cela vient de lui.
— J'apprécie cette délicatesse, dit Andrea, en enfonçant ses billets de banque dans le gousset de son pantalon.
— C'est bien, dit Monte-Cristo, maintenant allez!
— Et quand aurons-nous l'honneur de revoir monsieur le comte? demanda Cavalcanti.
— Ah! oui, demanda Andrea, quand aurons-nous cet honneur?
— Samedi, si vous voulez... oui... tenez... samedi. J'ai à dîner à ma maison d'Auteuil, rue La Fontaine, n° 28, plusieurs personnes, et entre autres M. Danglars, votre banquier; je vous présenterai à lui, il faut bien qu'il vous connaisse tous deux pour vous compter votre argent.
— Grande tenue? demanda à demi-voix le major.
— Grande tenue: uniforme, croix, culotte courte.
— Et moi? demanda Andrea.
— Oh! vous, très simplement: pantalon noir, bottes vernies, gilet blanc, habit noir ou bleu, cravate longue; prenez Blin ou Véronique pour vous habiller. Si vous ne connaissez pas leurs adresses, Baptistin vous les donnera. Moins vous affecterez de prétention dans votre mise, étant riche comme vous l'êtes, meilleur effet cela fera. Si vous achetez des chevaux, prenez-les chez Devedeux; si vous achetez un phaéton, allez chez Baptiste.
— A quelle heure pourrons-nous nous présenter? demanda le jeune homme.
— Mais, vers six heures et demie.
— C'est bien, on y sera, dit le major en portant la main à son chapeau.
Les deux Cavalcanti saluèrent le comte et sortirent.
Le comte s'approcha de la fenêtre, et les vit qui traversaient la cour bras dessus, bras dessous.
— En vérité, dit-il, voilà deux grands misérables! Quel malheur que ce ne soit pas véritablement le père et e fils.
Puis après un instant de sombre réflexion:
— Allons chez les Morrel! dit-il; je crois que le dégoût m'écœure encore plus que la haine.

CHAP. LVI. — L'ENCLOS A LA LUZERNE.

Il faut que nos lecteurs nous permettent de les ramener à cet enclos qui confine à la maison de M. de Villefort, et, derrière la grille envahie par les marronniers, nous retrouverons des personnages de notre connaissance.
Cette fois Maximilien est arrivé le premier. C'est lui qui a collé son œil contre la cloison, et qui guette dans le jardin profond une ombre entre les arbres et le craquement d'un brodequin de soie sur le sable des allées.
Enfin le craquement tant désiré se fit entendre, et au lieu d'une ombre ce furent deux ombres qui s'approchèrent. Le retard de Valentine avait été occasionné par une visite de madame Danglars et d'Eugénie, visite qui s'était prolongée au-delà de l'heure où Valentine était attendue. Alors, pour ne pas manquer à son rendez-vous, la jeune fille avait proposé à mademoiselle Danglars une promenade au jardin, voulant montrer à Maximilien qu'il n'y avait point de sa faute dans le retard dont sans doute il souffrait.
Le jeune homme comprit tout avec cette rapidité d'intuition particulière aux amans, et son cœur fut soulagé. D'ailleurs, sans arriver à la portée de la voix, Valentine dirigea sa promenade de manière à ce que Maximilien pût la voir passer et repasser; et chaque fois qu'elle passait et repassait, un regard inaperçu de sa compagne, mais jeté de l'autre côté de la grille et recueilli par le jeune homme, lui disait:
« Prenez patience, ami; vous voyez qu'il n'y a point de ma faute. »
Et Maximilien, en effet, prenait patience, tout en admirant ce contraste entre les deux jeunes filles: entre cette blonde aux yeux languissans et à la taille inclinée comme un beau saule, et cette brune aux yeux fiers et à la taille droite comme un peuplier; puis il va sans dire que, dans cette comparaison entre deux natures si opposées, tout l'avantage, dans le cœur du jeune homme du moins, était pour Valentine.
Au bout d'une demi-heure de promenade, les deux jeunes filles s'éloignèrent. Maximilien comprit que le terme de la visite de madame Danglars était arrivé.
En effet, un instant après, Valentine reparut seule. De crainte qu'un regard indiscret ne suivît son retour, elle venait lentement, et, au lieu de s'avancer directement vers la grille, elle alla s'asseoir sur un banc, après avoir sans affectation interrogé chaque touffe de feuillage et plongé son regard dans le fond de toutes les vallées.
Ces précautions prises, elle courut à la grille.
— Bonjour, Valentine, dit une voix.
— Bonjour, Maximilien. Je vous ai fait attendre, mais vous avez vu la cause?
— Oui, j'ai reconnu mademoiselle Danglars; je ne vous croyais pas si liée avec cette jeune personne.
— Qui vous a donc dit que nous étions liées, Maximilien?
— Personne; mais il m'a semblé que cela ressortait de la façon dont vous vous donniez le bras, de la façon dont vous causiez: on eût dit deux compagnes de pension se faisant leurs confidences.
— Nous nous faisions nos confidences, en effet, dit Valentine: elle m'avouait sa répugnance pour un mariage avec M. de Morcerf, et moi je lui avouais, de mon côté, que je regardais comme un malheur d'épouser M. d'Epinay.
— Chère Valentine!
— Voilà pourquoi, mon ami, continua la jeune fille, vous avez vu cette apparence d'abandon entre moi et Eugénie; c'est que, tout en parlant de l'homme que je ne puis aimer, je pensais à l'homme que j'aime.
— Que vous êtes bonne en toutes choses, Valentine, et que vous avez en vous une chose que mademoiselle Danglars n'aura jamais: c'est ce charme indéfini qui est à la femme ce que le parfum est à la fleur, ce que la saveur est au fruit! car ce n'est pas le tout pour une fleur que d'être belle, ce n'est pas le tout pour un fruit que d'être beau.
— C'est votre amour qui vous fait voir les choses ainsi, Maximilien.
— Non, Valentine, je vous jure! Tenez, je vous regardais toutes deux tout à l'heure, et, sur mon honneur, tout en rendant justice à la beauté de mademoiselle Danglars, je ne comprenais pas qu'un homme devînt amoureux d'elle.
— C'est que, comme vous le disiez, Maximilien, j'étais là, et que ma présence vous rendait injuste.
— Non... mais dites-moi... une question de simple curiosité, et qui émane de certaines idées que je me suis faites sur mademoiselle Danglars.
— Oh! bien injustes, sans que je le sache lesquelles, certainement. Quand vous nous jugez, nous autres pauvres femmes, nous ne devons pas nous attendre à l'indulgence.
— Avec cela qu'entre vous vous êtes bien justes les unes envers les autres!
— Parce que presque toujours il y a de la passion dans nos jugemens. Mais revenez à votre question.
— Est-ce parce que mademoiselle Danglars aime quelqu'un qu'elle redoute son mariage avec M. de Morcerf?

— Maximilien, je vous ai dit que je n'étais pas l'amie d'Eugénie.

— Eh mon Dieu ! dit Morrel, sans être amies, les jeunes filles se font des confidences; convenez que vous lui avez fait quelques questions là-dessus ? Ah ! je vous vois sourire.

— S'il en est ainsi, Maximilien, ce n'est pas la peine que nous ayons entre nous cette cloison de planches.

— Voyons, que vous a-t-elle dit ?

— Elle m'a dit qu'elle n'aimait personne, dit Valentine ; qu'elle avait le mariage en horreur; que sa plus grande joie eût été de mener une vie libre et indépendante, et qu'elle désirait presque que son père perdît sa fortune pour se faire artiste comme son amie, mademoiselle Louise d'Armilly.

— Ah ! vous voyez !

— Eh bien ! qu'est-ce que cela prouve ? demanda Valentine.

— Rien, répondit en souriant Maximilien.

— Alors, dit Valentine, pourquoi souriez-vous à votre tour ?

— Ah ! dit Maximilien, vous voyez bien que vous aussi vous regardez, Valentine.

— Voulez-vous que je m'éloigne ?

— Oh non ! non pas ! mais revenons à vous.

— Ah ! oui, c'est vrai, car à peine avons-nous dix minutes à passer ensemble.

— Mon Dieu ! s'écria Maximilien consterné.

— Oui, Maximilien, vous avez raison, dit avec mélancolie Valentine, et vous avez là une pauvre amie. Quelle existence je vous fais passer, pauvre Maximilien, vous si bien fait pour être heureux ! Je me le reproche amèrement, croyez-moi.

— Eh bien ! que vous importe, Valentine, si je me trouve heureux ainsi ; si cette attente éternelle me semble payée, à moi, par cinq minutes de votre vue, par deux mots de votre bouche, et par cette conviction profonde, éternelle, que Dieu n'a pas créé deux cœurs aussi en harmonie que les nôtres, et ne les a pas presque miraculeusement réunis, surtout, pour les séparer.

— Bon, merci, espérez pour nous deux, Maximilien ; cela me rend à moitié heureuse.

— Que vous arrive-t-il donc encore, Valentine, que vous me quittez si vite ?

— Je ne sais ; madame de Villefort m'a fait prier de passer chez elle pour une communication de laquelle dépend, m'a-t-elle fait dire, une portion de ma fortune. Eh ! mon Dieu, qu'ils la prennent ma fortune, je suis trop riche, et qu'après me l'avoir prise ils me laissent tranquille et libre; vous m'aimerez tout autant pauvre, n'est-ce pas, Morrel ?

— Oh ! je vous aimerai toujours, moi ; que m'importe richesse ou pauvreté, si ma Valentine était près de moi, et que je fusse sûr que personne ne me la pût ôter ! Mais cette communication, Valentine, ne craignez-vous point que ce ne soit quelque nouvelle relative à votre mariage.

— Je ne le crois pas.

— Cependant, écoutez-moi, Valentine, et ne vous effrayez pas, car tant que je vivrai je ne serai pas à une autre.

— Vous croyez me rassurer en me disant cela, Maximilien ?

— Pardon ! vous avez raison, je suis un brutal. Eh bien ! je voulais donc vous dire que l'autre jour j'ai rencontré M. de Morcerf.

— Eh bien !

— M. Franz est son ami, comme vous savez.

— Oui ; eh bien ?

— Eh bien ! il a reçu une lettre de Franz qui lui annonce son prochain retour.

Valentine pâlit et appuya sa main contre la grille.

— Ah ! mon Dieu ! dit-elle, si c'était cela ! Mais non, la communication ne viendrait point de madame de Villefort.

— Pourquoi cela ?

— Pourquoi... je n'en sais rien... mais il me semble que madame de Villefort, tout en ne s'y opposant point franchement, n'est pas sympathique à ce mariage.

— Eh bien ! mais, Valentine, il me semble que je vais l'adorer, madame de Villefort.

— Oh ! ne vous pressez pas, Maximilien, dit Valentine avec un triste sourire.

— Enfin, si elle est antipathique à ce mariage, ne fût-ce que pour le rompre, peut-être ouvrirait-elle l'oreille à quelque autre proposition.

— Ne croyez point cela, Maximilien ; ce ne sont pas les maris que madame de Villefort repousse, c'est le mariage.

— Comment ? le mariage ! si elle déteste si fort le mariage, pourquoi s'est-elle mariée elle-même ?

— Vous ne me comprenez pas, Maximilien ; ainsi, lorsqu'il y a un an j'ai parlé de me retirer dans un couvent, elle avait, malgré les observations qu'elle avait cru devoir faire, adopté ma proposition avec joie ; mon père même y avait consenti à son instigation, j'en suis sûre ; il n'y eut que mon pauvre grand-père qui m'a retenue. Vous ne pouvez vous figurer, Maximilien, quelle expression il y avait dans les yeux de ce pauvre vieillard, qui n'aime que moi au monde, et qui, Dieu me pardonne si c'est un blasphème, et qui n'est aimé au monde que de moi. Si vous saviez, quand il a appris ma résolution, comme il m'a regardée, ce qu'il y avait de reproche dans ce regard et de désespoir dans ces larmes qui roulaient sans plaintes, sans soupirs, le long de ses joues immobiles ! Ah ! Maximilien, j'ai éprouvé quelque chose comme un remords ; je me suis jetée à ses pieds en lui criant : Pardon ! pardon ! mon père ! on fera de moi ce qu'on voudra, mais je ne vous quitterai jamais. Alors il leva les yeux au ciel ! Maximilien, je puis souffrir beaucoup ; ce regard de mon vieux grand-père m'a payée d'avance pour ce que je souffrirai.

— Chère Valentine ! vous êtes un ange, et je ne sais vraiment pas comment j'ai mérité en sabrant à droite et à gauche des Bédouins, à moins que Dieu n'ait considéré que ce sont des infidèles, je ne sais comment j'ai mérité que vous vous révélez à moi. Mais enfin, voyons, Valentine, quel est donc l'intérêt de madame de Villefort à ce que vous ne vous mariiez pas ?

— N'avez-vous pas entendu tout à l'heure que je vous disais que j'étais riche, Maximilien, trop riche ? J'ai, du chef de ma mère, près de cinquante mille livres de rente ; mon grand-père et ma grand'mère, le marquis et la marquise de Saint-Méran, doivent m'en laisser autant ; M. Noirtier a bien visiblement l'intention de me faire sa seule héritière. Il en résulte donc que, comparativement à moi, mon frère Édouard, qui n'attend, du côté de madame de Villefort, aucune fortune, est pauvre. Or, madame de Villefort aime cet enfant avec adoration, et si je fusse entrée en religion, toute ma fortune, concentrée sur mon père qui hériterait du marquis, de la marquise et de moi, revenait à son fils.

— Oh ! que c'est étrange cette cupidité dans une jeune et belle femme !

— Remarquez que ce n'est point pour elle, Maximilien, mais pour son fils, et que ce que vous lui reprochez comme un défaut, au point de vue de l'amour maternel est presque une vertu.

— Mais, voyons, Valentine, dit Morrel, si vous abandonniez une portion de cette fortune à ce fils.

— Le moyen de faire une pareille proposition, dit Valentine, et surtout à une femme qui sans cesse a à la bouche le mot de désintéressement !

— Valentine, mon amour m'est toujours resté sacré, et, comme toute chose sacrée, je l'ai couvert du voile de mon respect et enfermé dans mon cœur ; personne au monde, pas même ma sœur, ne se doute donc de cet amour, que je n'ai confié à qui que ce soit au monde. Valentine, me permettez-vous de parler de cet amour à un ami?

Valentine tressaillit.

— A un ami? dit-elle. Oh! mon Dieu! Maximilien, je frissonne rien qu'à vous entendre parler ainsi! A un ami! et qui est donc cet ami?

— Ecoutez, Valentine: avez-vous jamais senti pour quelqu'un une de ces sympathies irrésistibles qui fon que, tout en voyant cette personne pour la première fois, vous croyez la connaître depuis long-temps, et vous vous demandez où et quand vous l'avez vue, si bien que, ne pouvant vous rappeler ni le lieu ni le temps, vous arrivez à croire que c'est dans un monde antérieur au nôtre, et que cette sympathie n'est qu'un souvenir qui se réveille?

— Oui.

— Eh bien! voilà ce que j'ai éprouvé la première fois que j'ai vu cet homme extraordinaire!

— Un homme extraordinaire?

— Oui.

— Que vous connaissez depuis long-temps, alors?

— Depuis huit ou dix jours à peine.

— Et vous appelez votre ami un homme que vous connaissez depuis huit jours? Oh! Maximilien, je vous croyais plus avare de ce beau nom d'ami.

— Vous avez raison en logique, Valentine; mais dites ce que vous voudrez, rien ne me fera revenir sur ce sentiment instinctif. Je crois que cet homme sera mêlé à tout ce qui m'arrivera de bien dans l'avenir, que parfois son regard profond semble connaître et sa main puissante diriger.

— C'est donc un devin? dit en souriant Valentine.

— Ma foi, dit Maximilien, je suis tenté de croire souvent qu'il devine... le bien surtout.

— Oh! dit Valentine tristement, faites-moi connaître cet homme, Maximilien, que je sache de lui si je serai assez aimée pour me dédommager de tout ce que j'ai souffert,

— Pauvre amie! mais vous le connaissez!

— Moi?

— Oui. C'est celui qui a sauvé la vie à votre belle-mère et à son fils.

— Le comte de Monte Cristo?

— Lui-même.

— Oh! s'écria Valentine, il ne peut jamais être mon ami, il est trop celui de ma belle-mère.

— Le comte, l'ami de votre belle-mère, Valentine? mon instinct ne faillirait pas à ce point; je suis sûr que vous vous trompez.

— Oh! si vous saviez, Maximilien! mais ce n'est plus Edouard qui règne à la maison, c'est le comte: recherché de madame de Villefort, qui voit en lui le résumé des connaissances humaines; admiré, entendez-vous? admiré de mon père, qui dit n'avoir jamais entendu formuler avec plus d'éloquence des idées plus élevées; idolâtré d'Édouard, qui, malgré sa peur des grands yeux noirs du comte, court à lui aussitôt qu'il le voit arriver, et lui ouvre la main, où il trouve toujours quelque jouet admirable, M. de Monte-Cristo n'est pas ici chez mon père; M de Monte-Cristo n'est pas ici chez madame de Villefort; M. de Monte-Cristo est chez lui.

— Eh bien! chère Valentine, si les choses sont ainsi que vous dites, vous devez déjà ressentir ou vous ressentirez bientôt les effets de sa présence. Il rencontre Albert de Morcerf en Italie, c'est pour le tirer des mains des brigands; il aperçoit madame Danglars, c'est pour lui faire un cadeau royal; votre belle-mère et votre frère passent devant sa porte, c'est pour que son Nubien leur sauve la vie. Cet homme a évidemment reçu le pouvoir d'influer sur les choses. Je n'ai jamais vu des goûts plus simples alliés à une plus haute magnificence. Son sourire est si doux, quand il m'adresse, que j'oublie combien les autres trouvent son sourire amer. Oh!

dites moi, Valentine, vous a-t-il souri ainsi? S'il l'a fait, vous serez heureuse.

— Moi! dit la jeune fille; oh! mon Dieu! Maximilien, il ne me regarde seulement pas; ou plutôt, si je passe par hasard, il détourne la vue de moi. Oh! il n'est pas généreux, allez! ou il n'a pas ce regard profond qui lit au fond des cœurs, et que vous lui supposez à tort; car s'i eût été généreux, me voyant seule et triste au milieu de toute cette maison, il m'eût protégée de cette influence qu'il exerce; et puisqu'il joue, à ce que vous prétendez, le rôle du soleil, il eût réchauffé mon cœur à l'un de ses rayons. Vous dites qu'il vous aime, Maximilien; eh! mon Dieu, qu'en savez-vous? les hommes font gracieux visage à un grand officier de cinq pieds huit pouces, comme vous, qui a une longue moustache et un grand sabre, mais ils croient pouvoir écraser sans crainte une pauvre fille qui pleure.

— Oh! Valentine! vous vous trompez; je vous jure!

— S'il en était autrement, voyons, Maximilien, s'il me traitait diplomatiquement, c'est-à-dire en homme qui, d'une façon ou de l'autre, veut s'impatroniser dans la maison, il m'eût, ne fût-ce qu'une seule fois, honorée de ce sourire que vous me vantez si fort; mais non, il m'a vue malheureuse, il comprend que je ne puis lui être bonne à rien, et il ne fait pas même attention à moi. Qui sait même si, pour faire sa cour à mon père, à madame de Villefort ou à mon frère, il ne me persécutera point aussi en tant qu'il sera en son pouvoir de le faire? Voyons, franchement, je ne suis pas une femme que l'on doive mépriser ainsi sans raison; vous me l'avez dit. Ah! pardonnez-moi, continua la jeune fille en voyant l'impression que ces paroles produisaient sur Maximilien, je suis mauvaise, et je vous dis là sur cet homme des choses que je ne savais pas même avoir dans le cœur. Tenez, je ne nie pas que cette influence dont vous me parlez existe, et qu'il ne l'exerce pas même sur moi; mais s'il l'exerce, c'est d'une manière nuisible et corruptrice, comme vous le voyez, de bonnes pensées.

— C'est bien, Valentine, dit Morrel avec un soupir, n'en parlons plus; je ne lui dirai rien.

— Hélas! mon ami, dit Valentine, je vous afflige, je le vois. Oh! que ne puis-je vous serrer la main pour vous demander pardon! Mais enfin je ne demande pas mieux que d'être convaincue; dites, qu'a donc fait pour vous ce comte de Monte-Cristo?

— Vous m'embarrassez fort, je l'avoue, Valentine, en me demandant ce que le comte a fait pour moi: rien d'ostensible, je le sais bien. Aussi, comme je vous l'ai déjà dit, mon affection pour lui est-elle tout instinctive et n'a-t-elle rien de raisonné. Est-ce que le soleil m'a fait quelque chose? Non; il me réchauffe, et à sa lumière je vous vois, voilà tout. Est-ce que tel ou tel parfum a fait quelque chose pour moi? Non; son odeur récrée agréablement un de mes sens; je n'ai pas autre chose à dire quand on me demande pourquoi je vante ce parfum; mon amitié pour lui est étrange comme la sienne pour moi. Une voix secrète m'avertit qu'il y a plus que du hasard dans cette amitié imprévue et réciproque. Je trouve de la corrélation jusque dans ses plus simples actions, jusque dans ses plus secrètes pensées, entre mes actions et mes pensées. Vous allez encore rire de moi, Valentine, mais depuis que je connais cet homme, l'idée absurde m'est venue que tout ce qui m'arrive de bien émane de lui. Cependant j'ai vécu trente ans sans avoir eu besoin de ce protecteur, n'est-ce pas? n'importe, tenez, un exemple: il m'a invité à dîner pour samedi; c'est naturel au point où nous en sommes, n'est-ce pas? Eh bien! qu'ai-je su depuis? Votre père est invité à ce dîner, votre mère y viendra. Je me rencontrerai avec eux, et qui sait ce qui résultera dans l'avenir de cette entrevue? Voilà des circonstances fort simples en apparence. Cependant, moi, je vois là-dedans quelque chose qui m'étonne; j'y puise une confiance étrange. Je me dis que le comte, cet homme singulier qui devine tout, a voulu me faire trouver avec M. et madame de

Villefort, et quelquefois je cherche, je vous le jure, à lire dans ses yeux s'il a deviné mon amour.

— Mon bon ami, dit Valentine, je vous prendrais pour un visionnaire, et j'aurais véritablement peur pour votre bon sens, si je n'écoutais de vous que de semblables raisonnemens. Quoi ! vous voyez autre chose que du hasard dans cette rencontre ? En vérité, réfléchissez donc. Mon père, qui ne sort jamais, a été sur le point dix fois de refuser cette invitation à madame de Villefort, qui, au contraire, brûle du désir de voir chez lui ce nabab extraordinaire, et c'est à grand'peine qu'elle a obtenu qu'il l'accompagnerait. Non, non, croyez-moi, je n'ai, à part vous, Maximilien, d'autre secours à demander dans ce monde qu'à mon grand-père, un cadavre ! d'autre appui à chercher que dans ma pauvre mère, une ombre !

— Je sens que vous avez raison, Valentine, et que la logique est pour vous, dit Maximilien ; mais votre douce voix, toujours si puissante sur moi, aujourd'hui ne me convainc pas.

— Ni la vôtre non plus, dit Valentine, et j'avoue que si vous n'avez pas d'autre exemple à me citer...

— J'en ai un, dit Maximilien en hésitant, mais en vérité, Valentine, je suis forcé de l'avouer moi-même, il est encore plus absurde que le premier.

— Tant pis, dit en souriant Valentine.

— Et cependant continua Morrel, il n'en est pas moins concluant pour moi, homme tout d'inspiration et de sentiment, et qui ai quelquefois, depuis dix ans que je sers, dû la vie à une de ces éclairs intérieurs qui vous disent un mouvement en avant et en arrière pour que la balle qui devait vous tuer passe à côté de vous.

— Cher Maximilien, pourquoi ne pas faire honneur à mes prières de cette déviation des balles ? Quand vous êtes là-bas, ce n'est plus pour moi que je prie Dieu et ma mère, c'est pour vous.

— Oui, depuis que je vous connais, dit en souriant Morrel ; mais avant que je vous connusse, Valentine ?

— Voyons, puisque vous ne voulez rien me devoir, méchant, revenez donc à cet exemple que vous-même avouez être absurde.

— Eh bien ! regardez par les planches, et voyez là-bas, à cet arbre, le cheval nouveau avec lequel je suis venu.

— Oh ! l'admirable bête ! s'écria Valentine, pourquoi ne l'avez-vous pas amené près de la grille ? je lui eusse parlé et il m'eût entendu.

— C'est en effet, comme vous le voyez, une bête d'un assez grand prix, dit Maximilien. Eh bien ! vous savez que ma fortune est bornée, Valentine, et que je suis ce qu'on appelle un homme raisonnable. Eh bien ! j'avais vu chez un marchand de chevaux ce magnifique *Médéah* ; je le nomme ainsi. Je demandai quel était son prix : on me répondit quatre mille cinq cents francs ; je dus m'abstenir, comme vous le comprenez bien, de le trouver beau plus long temps, et je partis, je l'avoue, le cœur assez gros, car le cheval m'avait tendrement regardé, m'avait caressé avec sa tête et avait caracolé sous moi de la façon la plus coquette et la plus charmante. Le même soir j'avais quelques amis à la maison. M. de Château-Renaud, M. Debray et cinq ou six autres mauvais sujets, que vous avez le bonheur de ne pas connaître, même de nom. On proposa une bouillotte ; je ne joue jamais, car je ne suis pas assez riche pour pouvoir perdre, ni assez pauvre pour désirer gagner. Mais j'étais chez moi, vous comprenez, je n'avais autre chose à faire que d'envoyer chercher des cartes, et c'est ce que je fis.

Comme on se mettait à table, M. de Monte-Cristo arriva. Il prit sa place, on joua, et moi je gagnai ; j'ose à peine vous avouer cela, Valentine, je gagnai cinq mille francs. Nous nous quittâmes à minuit. Je n'y pus tenir, je pris un cabriolet et me fis conduire chez mon marchand de chevaux. Tout palpitant, tout fiévreux, je sonnai ; celui qui vint m'ouvrir dut me prendre pour un fou. Je m'élançai de l'autre côté de la porte à peine ouverte. J'entrai dans l'écurie, je regardai au râtelier. O bonheur ! *Médéah* grignotait son foin. Je saute sur une selle ; je la lui applique moi-même sur le dos, je lui passe la bride ; *Médéah* se prête de la meilleure grace du monde à cette opération ! Puis, déposant les quatre mille cinq cents francs entre les mains du marchand stupéfait, je reviens, ou plutôt je passe la nuit à me promener dans les Champs-Élysées. Eh bien ! j'ai vu de la lumière à la fenêtre du comte, il m'a semblé apercevoir son ombre derrière les rideaux. Maintenant, Valentine, je jurerais que le comte a su que je désirais ce cheval, et qu'il a perdu exprès pour me le faire gagner.

— Mon cher Maximilien, dit Valentine, vous êtes trop fantastique, en vérité...... Vous ne m'aimerez pas long-temps...... Un homme qui fait ainsi de la poésie ne saurait s'étioler à plaisir dans une passion monotone comme la nôtre.... Mais, grand Dieu ! tenez, on m'appelle.... entendez-vous ?

— Oh ! Valentine, dit Maximilien, par le petit jour de la cloison... votre doigt le plus petit, que je le baise.

— Maximilien, nous avions dit que nous serions l'un pour l'autre deux voix, deux ombres !

— Comme il vous plaira, Valentine.

— Serez-vous heureux, si je fais ce que vous voulez ?

— Oh ! oui !

Valentine monta sur un banc et passa, non pas son petit doigt à travers l'ouverture, mais sa main tout entière par-dessus la cloison.

Maximilien poussa un cri, et s'élançant à son tour sur la borne, saisit cette main adorée et y appliqua ses lèvres ardentes ; mais aussitôt cette petite main glissa entre les siennes, et le jeune homme entendit fuir Valentine, effrayée peut-être de la sensation qu'elle venait d'éprouver !

CHAP. LVII. — M. NOIRTIER DE VILLEFORT.

Voici ce qui s'était passé dans la maison du procureur du roi après le départ de madame Danglars et de sa fille, et pendant la conversation que nous venons de rapporter.

M. de Villefort était entré chez son père, suivi de madame de Villefort ; quant à Valentine, nous savons où elle était.

Tous deux, après avoir salué le vieillard, après avoir congédié Barrois, vieux domestique depuis plus de vingt-cinq ans à son service, avaient pris place à ses côtés.

M. Noirtier, assis dans son grand fauteuil à roulettes, où on le plaçait le matin et d'où on le tirait le soir, assis devant une glace qui réfléchissait tout l'appartement et lui permettait de voir, sans même tenter un mouvement devenu impossible, qui entrait dans sa chambre, qui en sortait, et ce qu'on faisait tout autour de lui ; M. Noirtier, immobile comme un cadavre, regardait avec des yeux intelligens et vifs ses enfans, dont la cérémonieuse révérence lui annonçait quelque démarche officielle et inattendue.

La vue et l'ouïe étaient les deux seuls sens qui animassent encore, comme deux étincelles, cette matière humaine déjà aux trois quarts façonnée pour la tombe ; encore, de ces deux sens, un seul pouvait-il révéler au dehors la vie intérieure qui animait la statue, et le regard qui dénonçait cette vie intérieure était semblable à une de ces lumières lointaines qui, durant la nuit, apprennent au voyageur perdu dans un désert qu'il y a encore un être existant qui veille dans ce silence et cette obscurité.

Aussi, dans cet œil noir du vieux Noirtier, surmonté d'un sourcil noir, tandis que toute la chevelure, qu'il portait longue et pendante sur les épaules, était blanche, dans cet œil, comme cela arrive pour tout organe de l'homme exercé aux dépens des autres organes, s'étaient concentrées toute l'activité, toute l'adresse, toute la force, toute l'intelligence répandues autrefois dans ce corps et dans cet esprit. Certes, le geste du bras, le son de la voix, l'attitude du corps manquaient, mais cet œil puissant suppléait à tout : il commandait avec les yeux, il remerciait avec les yeux ; c'était un cadavre avec des yeux vivans, et rien n'était plus effrayant parfois que ce visage de marbre au haut duquel s'allumait une colère ou luisait une joie. Trois personnes seulement savaient comprendre ce langage du pauvre paralytique : c'étaient Villefort, Valentine et le vieux domestique dont nous avons déjà parlé. Mais comme Villefort ne voyait que rarement son père, et, pour ainsi dire, quand il ne pouvait faire autrement ; comme, lorsqu'il le voyait, il ne cherchait pas à lui plaire en le comprenant, tout le bonheur du vieillard reposait en sa petite-fille, et Valentine était parvenue, à force de dévoûment, d'amour et de patience, à comprendre du regard toutes les pensées de Noirtier. A ce langage muet ou inintelligible pour tout autre, elle répondait avec toute sa voix, toute sa physionomie, toute son ame, de sorte qu'il s'établissait des dialogues animés entre cette jeune fille et cette prétendue argile, à peu près redevenue poussière, et qui cependant était encore un homme d'un savoir immense, d'une pénétration inouïe et d'une volonté aussi puissante que peut l'être l'ame enfermée dans une matière par laquelle elle a perdu le pouvoir de se faire obéir.

Valentine avait donc résolu cet étrange problème de comprendre la pensée du vieillard pour lui faire comprendre sa pensée à elle ; et grace à cet étude, il était bien rare que, pour les choses ordinaires de la vie, elle ne tombât point avec précision sur le désir de cet ame vivante, ou sur le besoin de ce cadavre à moitié insensible.

Quant au domestique, comme depuis vingt-cinq ans, ainsi que nous l'avons dit, il servait son maître, il connaissait si bien toute ses habitudes, qu'il était rare que Noirtier eût besoin de lui demander quelque chose.

Villefort n'avait, en conséquence, besoin du secours ni de l'un ni de l'autre pour entamer avec son père l'étrange conversation qu'il venait provoquer. Lui-même, nous l'avons dit, connaissait parfaitement le vocabulaire du vieillard, et s'il ne s'en servait point plus souvent, c'était par ennui et par indifférence. Il laissa donc Valentine descendre au jardin, il éloigna donc Barrois, et après avoir pris sa place à la droite de son père, tandis que madame de Villefort s'asseyait à sa gauche,

— Monsieur, dit-il, ne vous étonnez pas que Valentine ne soit pas montée avec nous et que j'aie éloigné Barrois, car la conférence que nous allons avoir ensemble est de celles qui ne peuvent avoir lieu devant une jeune fille ou un domestique ; madame de Villefort et moi avons une communication à vous faire.

Le visage de Noirtier resta impassible pendant ce préambule, tandis qu'au contraire l'œil de Villefort semblait vouloir plonger jusqu'au plus profond du cœur du vieillard.

— Cette communication, continua le procureur du roi avec son ton glacé et qui semblait ne jamais admettre la contestation, nous sommes sûrs, madame de Villefort et moi, qu'elle vous agréera.

L'œil du vieillard continua de demeurer atone ; il écoutait, voilà tout.

— Monsieur, reprit Villefort, nous marions Valentine.

Une figure de cire ne fût pas restée plus froide à cette nouvelle que ne resta la figure du vieillard.

— Le mariage aura lieu avant trois mois, reprit Villefort.

L'œil du vieillard continua d'être inanimé.

Madame de Villefort prit la parole à son tour, et se hâta d'ajouter :

— Nous avons pensé que cette nouvelle aurait de l'intérêt pour vous, monsieur ; d'ailleurs Valentine a toujours semblé attirer votre affection ; il nous reste donc à vous dire seulement le nom du jeune homme qui lui est destiné. C'est un des plus honorables partis auxquels Valentine puisse prétendre ; il y a de la fortune, un beau nom et des garanties parfaites de bonheur dans la conduite et les goûts de celui que nous lui destinons, et dont le nom ne doit pas vous être inconnu. Il s'agit de M. Franz de Quesnel, baron d'Épinay.

Villefort, pendant le petit discours de sa femme, attachait sur le vieillard un regard plus attentif que jamais. Lorsque madame de Villefort prononça le nom de Franz, l'œil de Noirtier, que son fils connaissait si bien, frissonna, et les paupières se dilatant comme eussent pu faire des lèvres pour laisser passer des paroles, laissèrent, elles, passer un éclair.

Le procureur du roi, qui savait les anciens rapports d'inimitié publique qui avaient existé entre son père et le père de Franz, comprit ce feu et cette agitation ; mais cependant il les laissa passer comme inaperçus, et reprenant la parole où sa femme l'avait laissée :

— Monsieur, dit-il, il est important, vous le comprenez bien, près comme elle est d'atteindre sa dix-neuvième année, que Valentine soit enfin établie. Néanmoins, nous ne vous avons point oublié dans les conférences, et nous nous sommes assurés d'avance que le mari de Valentine accepterait, sinon de vivre près de nous, qui gênerions peut-être un jeune ménage, du moins que vous, que Valentine chérit particulièrement, et qui, de votre côté, paraissez lui rendre cette affection, vivriez près d'eux, de sorte que vous ne perdrez aucune de vos habitudes, et que vous aurez seulement deux enfans au lieu d'un pour veiller sur vous.

L'éclair du regard de Noirtier devint sanglant.

Assurément il se passait quelque chose d'affreux dans l'ame de ce vieillard ; assurément le cri de la douleur et de la colère montait à sa gorge, et, ne pouvant éclater, l'étouffait, car son visage s'empourpra et ses lèvres devinrent bleues.

Villefort ouvrit tranquillement une fenêtre en disant :

— Il fait bien chaud ici, et cette chaleur fait mal à M. Noirtier.

Puis il revint, mais sans se rasseoir.

— Ce mariage, ajouta madame de Villefort, plaît à M. d'Épinay et à sa famille ; d'ailleurs sa famille se compose seulement d'un oncle et d'une tante, sa mère étant morte au moment où elle le mettait au monde, et son père ayant été assassiné en 1815, c'est-à-dire quand l'enfant avait deux ans à peine ; il ne relève donc que de sa propre volonté.

— Assassinat mystérieux, dit Villefort, et dont les auteurs sont restés inconnus, quoique le soupçon ait plané sans s'abattre au dessus de la tête de beaucoup de gens.

Noirtier fit un tel effort que ses lèvres se contractèrent comme pour sourire.

— Or, continua Villefort, les véritables coupables, ceux-là qui savent qu'ils ont commis le crime, ceux-là sur lesquels peut descendre la justice des hommes pendant leur vie et la justice de Dieu après leur mort, seraient bien heureux d'être à notre place, et d'avoir une fille à offrir à M. Franz d'Épinay pour éteindre jusqu'à l'apparence du soupçon.

Noirtier s'était calmé avec une puissance que l'on n'aurait pas dû attendre de cette organisation brisée.

— Oui, je comprends, répondit-il du regard à Villefort ; et ce regard exprimait tout ensemble le dédain profond et la colère intelligente.

Villefort, de son côté, répondit à ce regard, dans lequel il avait lu ce qu'il contenait, par un léger mouvement d'épaules.

Puis il fit signe à sa femme de se lever.

— Maintenant, monsieur, dit madame de Villefort, agréez tous mes respects. Vous plaît-il qu'Édouard vienne vous présenter ses respects ?

Il était convenu que le vieillard exprimait son approbation en fermant les yeux, son refus en les clignant à plusieurs reprises, et avait quelques désirs à exprimer quand il les levait au ciel.

S'il demandait Valentine, il fermait l'œil droit seulement.

S'il demandait Barrois, il fermait l'œil gauche.

A la proposition de madame de Villefort, il cligna vivement les yeux.

Madame de Villefort, accueillie par un refus évident, se pinça les lèvres.

— Je vous enverrai donc Valentine, alors, dit-elle.

— Oui, fit le vieillard, en fermant les yeux avec vivacité.

M. et madame de Villefort saluèrent et sortirent en ordonnant qu'on appelât Valentine, déjà prévenue au reste qu'elle aurait quelque chose à faire dans la journée près de M. Noirtier.

Derrière eux, Valentine, toute rose encore d'émotion, entra chez le vieillard. Il ne lui fallut qu'un regard pour qu'elle comprît combien souffrait son aïeul et combien de choses il avait à lui dire.

— Oh! bon papa, s'écria-t-elle, qu'est-il donc arrivé ? On t'a fâché, n'est-ce pas, et tu es en colère?

— Oui, fit-il en fermant les yeux.

— Contre qui donc? contre mon père? non : contre madame de Villefort? non ; contre moi?

Le vieillard fit signe que oui.

— Contre moi? reprit Valentine étonnée.

Le vieillard renouvela le signe.

— Et que t'ai-je donc fait, cher bon papa? s'écria Valentine.

Pas de réponse; elle continua :

— Je ne t'ai pas vu de la journée, on t'a donc rapporté quelque chose de moi?

— Oui ! dit le regard du vieillard avec vivacité.

— Voyons donc que je cherche. Mon Dieu, je te jure bon père.... Ah !.... M. et madame de Villefort sortent d'ici, n'est-ce pas?

— Oui.

— Et ce sont eux qui t'ont dit ces choses qui te fâchent? Qu'est-ce donc? Veux-tu que j'aille le leur demander pour que je puisse m'excuser près de toi ?

— Non, non, fit le regard.

— Oh! mais tu m'effraies. Qu'ont-ils pu dire, mon Dieu? Et elle chercha.

— Oh! j'y suis, dit-elle, en baissant la voix et en se rapprochant du vieillard. Ils ont parlé de mon mariage peut-être?

— Oui, répliqua le regard courroucé.

— Je comprends; tu m'en veux de mon silence. Oh! vois-tu, c'est qu'ils m'avaient bien recommandé de ne t'en rien dire : c'est qu'ils ne m'en avaient rien dit à moi-même, et que j'avais surpris en quelque sorte ce secret par indiscrétion ; voilà pourquoi j'ai été si réservée avec toi. Pardonne-moi, bon papa Noirtier.

Redevenu fixe et atone, le regard sembla répondre : « Ce n'est pas seulement ton silence qui m'afflige. »

— Qu'est-ce donc? demanda la jeune fille; tu crois peut-être que je t'abandonnerais, bon père, et que mon mariage me rendrait oublieuse?

— Non, dit le vieillard.

— Ils t'ont dit alors que M. d'Epinay consentait à ce que nous demeurassions ensemble?

— Oui.

— Alors, pourquoi es-tu fâché?

Les yeux du vieillard prirent une expression de douceur infinie.

— Oui, je comprends, dit Valentine, parce que tu m'aimes?

Le vieillard fit signe que oui.

— Et tu as peur que je ne sois malheureuse?

— Oui.

— Tu n'aimes pas M. Franz.

Les yeux répétèrent trois ou quatre fois :

— Non, non, non !

— Alors tu as bien du chagrin, bon père.

— Oui.

— Eh bien! écoute, dit Valentine en se mettant à genoux devant Noirtier et en lui passant ses bras autour du cou, moi aussi j'ai bien du chagrin, car moi non plus je n'aime pas M. Franz d'Epinay.

Un éclair de joie passa dans les yeux de l'aïeul.

— Quand j'ai voulu me retirer au couvent, tu te rappelles bien, que tu as été si fort fâché contre moi ?

Une larme humecta la paupière aride du vieillard.

Eh bien! continua Valentine, c'était pour échapper à ce mariage qui fait mon désespoir.

La respiration de Noirtier devint haletante.

— Alors ce mariage te fait bien du chagrin, bon père? O mon Dieu! si tu pouvais m'aider, si nous pouvions à nous deux rompre leur projet! Mais tu es sans force contre eux, toi dont l'esprit cependant est si vif et la volonté si ferme ; mais quand il s'agit de lutter, tu es aussi faible et même plus faible que moi. Hélas ! tu eusses été pour moi un protecteur si puissant aux jours de ta force et de ta santé ; mais aujourd'hui tu ne peux plus que me comprendre et te réjouir ou t'affliger avec moi. C'est une dernier bonheur que Dieu a oublié de m'enlever avec les autres.

Il y eut à ces paroles dans les yeux de Noirtier une telle expression de malice et de profondeur, que la jeune fille crut y lire ces mots :

— Tu te trompes ; je puis encore beaucoup pour toi.

— Tu peux quelque chose pour moi, cher bon papa? traduisit Valentine.

— Oui.

Noirtier leva les yeux au ciel, c'était le signe convenu entre lui et Valentine lorsqu'il désirait quelque chose.

— Que veux-tu, cher père, voyons ?

Valentine chercha un instant dans son esprit, exprima tout haut ses pensées à mesure qu'elles se présentaient à elle, et voyant qu'à tout ce qu'elle pouvait dire, le vieillard répondait constamment non.

— Allons, fit-elle, les grands moyens, puisque je suis si sotte!

Alors elle récita l'un après l'autre toutes les lettres de l'alphabet depuis A jusqu'à N, tandis que son sourire interrogeait l'œil du paralytique ; à N, Noirtier fit signe que oui.

— Ah ! dit Valentine, la chose que vous désirez commence par la lettre N; c'est à l'N que nous avons affaire. Eh bien! voyons, que lui voulons-nous à l'N ? Na-ne-ni-no.

— Oui, oui, oui ! fit le vieillard.

— Ah ! c'est no.

— Oui.

Valentine alla chercher un dictionnaire qu'elle posa sur un pupitre devant Noirtier ; elle l'ouvrit, et quand elle eut vu l'œil du vieillard fixé sur les feuilles, son doigt courut vivement du haut en bas des colonnes.

L'exercice, depuis six ans que Noirtier était tombé dans le fâcheux état où il se trouvait, lui avait rendu les épreuves si faciles, qu'elle devinait aussi vite la pensée du vieillard que si lui-même eût pu chercher dans le dictionnaire.

Au mot *notaire*, Noirtier fit signe de s'arrêter.

— *Notaire*, dit-elle ; tu veux un notaire, bon papa ?

Le vieillard fit signe que c'était effectivement un notaire qu'il désirait.

— Il faut donc envoyer chercher un notaire? demanda Valentine.

— Oui, fit le paralytique.

— Mon père doit-il le savoir?

— Oui.

— Es-tu pressé d'avoir ton notaire ?

— Oui.

— Alors on va te l'envoyer chercher tout de suite, cher père. Est-ce tout ce que tu veux?

— Oui.

Valentine courut à la sonnette et appela un domestique pour le prier de faire venir M. ou madame de Villefort chez le grand-père.

— Es-tu content? dit Valentine; oui... je le crois bien, hein? ce n'était pas facile à trouver cela?

Et la jeune fille sourit à l'aïeul comme elle eût pu faire à un enfant.

M. de Villefort entra ramené par Barrois.

— Que voulez-vous, monsieur? demanda-t-il au paralytique.

— Monsieur, dit Valentine, mon grand-père désire un notaire.

A cette demande étrange et sûrement inattendue, M. de Villefort échangea un regard avec le paralytique.

— Oui, fit ce dernier avec une fermeté qui indiquait qu'avec l'aide de Valentine et de son vieux serviteur, qui savait maintenant ce qu'il désirait, il était prêt à soutenir la lutte.

— Vous demandez le notaire? répéta Villefort.

— Oui.

— Pour quoi faire?

Noirtier ne répondit pas.

— Mais qu'avez-vous besoin d'un notaire? demanda Villefort.

Le regard du paralytique demeura immobile et par conséquent muet, ce qui voulait dire : — Je persiste dans ma volonté.

— Pour nous faire quelque mauvais tour? dit Villefort; est-ce la peine?

— Mais enfin, dit Barrois, prêt à insister avec la persévérance habituelle aux vieux domestiques, si monsieur veut un notaire, c'est apparemment qu'il en a besoin. Ainsi je vais chercher un notaire.

Barrois ne reconnaissait d'autre maître que Noirtier, et n'admettait jamais que ses volontés fussent contestées en rien.

— Oui, je veux un notaire, fit le vieillard en fermant les yeux d'un air de défi, et comme s'il eût dit : — Voyons si l'on osera me refuser ce que je veux.

— On aura un notaire, puisque vous en voulez absolument un, monsieur ; mais je m'excuserai près de lui et vous excuserai vous-même, car la scène sera fort ridicule.

— N'importe, dit Barrois, je vais toujours l'aller chercher.

Et le vieux serviteur sortit triomphant.

CHAP. LVIII. — UN TESTAMENT.

Au moment où Barrois sortit, Noirtier regarda Valentine avec cet intérêt malicieux qui annonçait tant de choses. La jeune fille comprit ce regard et Villefort aussi, car son front se rembrunit et son sourcil se fronça.

Il prit un siége, s'installa dans la chambre du paralytique, et attendit.

Noirtier le regardait faire avec une parfaite indifférence, mais, du coin de l'œil, il avait ordonné à Valentine de ne point s'inquiéter et de rester aussi.

Trois quarts d'heure après, le domestique rentra avec le notaire.

— Monsieur, dit Villefort après les premières salutations, vous êtes mandé par M. Noirtier de Villefort que voici ; une paralysie générale lui a ôté l'usage des membres et de la voix, et nous seuls, à grand'peine, parvenons à saisir quelques lambeaux de ses pensées.

Noirtier fit de l'œil un appel à Valentine, appel si sérieux et si impératif, qu'elle répondit sur-le-champ :

— Moi, monsieur, je comprends tout ce que veut dire mon grand-père.

— C'est vrai, ajouta Barrois ; tout, absolument tout, comme je le disais à monsieur en venant.

— Permettez, monsieur, et vous aussi, mademoiselle, dit le notaire s'adressant à Villefort et à Valentine ; c'est un de ces cas où l'officier public ne peut inconsidérément procéder sans assumer une responsabilité dangereuse. La première nécessité, pour qu'un acte soit valable, est que le notaire soit bien convaincu qu'il a fidèlement interprété la volonté de celui qui le dicte. Or je ne puis pas moi-même être sûr de l'approbation ou de l'improbation d'un client qui ne parle pas ; et comme l'objet de ses désirs ou de ses répugnances, vu son mutisme, ne peut m'être prouvé clairement, mon ministère est plus qu'inutile et serait illégalement exercé.

Le notaire fit un pas pour se retirer. Un imperceptible sourire de triomphe se dessina sur les lèvres du procureur du roi.

De son côté, Noirtier regarda Valentine avec une telle expression de douleur, qu'elle se plaça sur le chemin du notaire.

— Monsieur, dit-elle, la langue que je parle avec mon grand-père est une langue qui se peut apprendre facilement, et de même que je le comprends, je puis en quelques minutes vous amener à le comprendre. Que vous faut-il, voyons, monsieur, pour arriver à la parfaite édification de votre conscience?

— Ce qui est nécessaire pour que nos actes soient valables, mademoiselle, répondit le notaire ; c'est-à-dire la certitude de l'approbation ou de l'improbation. On peut tester malade de corps, mais il faut tester sain d'esprit.

— Eh bien ! monsieur avec deux signes vous acquerrez cette certitude que mon grand-père n'a jamais mieux joui qu'à cette heure de la plénitude de son intelligence. M. Noirtier, privé de la voix, privé du mouvement, ferme les yeux quand il veut dire oui, et les cligne à plusieurs reprises quand il veut dire non. Vous en savez assez maintenant pour causer avec M. Noirtier ; essayez.

Le regard que lança le vieillard à Valentine était si humide de tendresse et de reconnaissance, qu'il fut compris du notaire lui-même.

— Vous avez entendu et compris ce que vient de dire votre petite-fille, monsieur ? demanda le notaire.

Noirtier ferma doucement les yeux, et les rouvrit après un instant.

— Et vous approuvez ce qu'elle a dit ? c'est-à-dire que les signes indiqués par elle sont bien ceux à l'aide desquels vous faites comprendre votre pensée ?

— Oui, fit encore le vieillard.

— C'est vous qui m'avez fait demander ?

— Oui.

— Pour faire votre testament ?

— Oui.

— Et vous ne voulez pas que je me retire sans avoir fait ce testament ?

Le paralytique cligna vivement et à plusieurs reprises des yeux.

— Eh bien ! monsieur, comprenez-vous maintenant, demanda la jeune fille, et votre conscience sera-t-elle en repos ?

Mais avant que le notaire eût pu répondre, Villefort le tira à part.

— Monsieur, dit-il, croyez-vous qu'un homme puisse supporter impunément un choc physique aussi terrible que celui qu'a éprouvé M. Noirtier de Villefort sans que le moral ait reçu lui-même une grave atteinte ?

— Ce n'est point cela précisément qui m'inquiète, monsieur, répondit le notaire, mais je me demande comment nous arriverons à deviner les pensées, avant de provoquer les réponses.

— Vous voyez donc que c'est impossible, dit de Villefort.

Valentine et le vieillard entendaient la conversation. Noirtier arrêta son regard si fixe et si ferme sur Valentine, que ce regard appelait évidemment une riposte.

— Monsieur, dit-elle, que cela ne vous inquiète point : si difficile qu'il soit, ou plutôt qu'il vous paraisse de découvrir la pensée de mon grand-père, je vous la révèlerai, moi, de façon à lever tous les doutes à cet égard. Voilà six ans que je suis près de M. Noirtier, et qu'il le dise lui-même si, depuis six ans, un seul de ses désirs est resté enseveli dans son cœur faute de pouvoir me le faire comprendre.

— Non, fit le vieillard.

— Essayons donc, dit le notaire. Vous acceptez mademoiselle pour votre interprète ?

Le paralytique fit signe que oui.

— Bien. Voyons, monsieur, que désirez-vous de moi, et quel est l'acte que vous désirez faire ?

Valentine nomma toutes les lettres de l'alphabet jusqu'à la lettre T.

A cette lettre, l'éloquent coup d'œil de Noirtier l'arrêta.

— C'est la lettre T que monsieur demande, dit le notaire ; la chose est visible.

— Attendez, dit Valentine. Puis, se retournant vers son grand père : — Ta... te...

Le vieillard l'arrêta à la seconde de ces syllabes.

Alors Valentine prit le dictionnaire, et aux yeux du notaire attentif, elle feuilleta les pages.

— Testament, dit son doigt, arrêté par le coup d'œil de Noirtier.

— Testament ! s'écria le notaire, la chose est visible ; monsieur veut tester.

— Oui, fit Noirtier à plusieurs reprises.

— Voilà qui est merveilleux, monsieur, convenez-en, dit le notaire à Villefort stupéfait.

— En effet, répliqua-t-il, et plus merveilleux encore serait ce testament ; car, enfin, je ne pense pas que les articles se viennent ranger sur le papier, mot par mot, sans l'intelligente aspiration de ma fille. Or, Valentine sera peut-être un peu trop intéressée à ce testament pour être un interprète convenable des obscures volontés de M. Noirtier de Villefort.

— Non, non, non ! fit le paralytique.

— Comment ! dit M. de Villefort, Valentine n'est point intéressée à votre testament ?

— Non, fit Noirtier.

— Monsieur, dit le notaire qui, enchanté de cette épreuve, se promettait de raconter dans le monde les détails de cet épisode pittoresque ; monsieur, rien ne me paraît plus facile maintenant que ce que tout-à-l'heure je regardais comme une chose impossible, et ce testament sera tout simplement un testament mystique, c'est-à-dire, prévu et autorisé par la loi, pourvu qu'il soit lu en face de sept témoins, approuvé par le testateur devant eux, et fermé par le notaire, toujours devant eux. Quant au temps, il durera à peine plus long-temps qu'un testament ordinaire ; il y a d'abord les formules consacrées et qui sont toujours les mêmes, et quant aux détails, la plupart seront fournis par l'état même des affaires du testateur et par vous qui, les ayant gérées, les connaissez. Mais, d'ailleurs, pour que cet acte demeure inattaquable, nous allons lui donner l'authenticité la plus complète ; l'un de mes confrères me servira d'aide et, contre les habitudes, assistera à la dictée. Êtes-vous satisfait, monsieur ? continua le notaire en s'adressant au vieillard.

— Oui, répondit Noirtier, radieux d'être compris.

— Que va-t-il faire ? se demanda Villefort à qui sa haute position commandait tant de réserve, et qui, d'ailleurs, ne pouvait deviner vers quel but tendait son père.

Il se retourna donc pour renvoyer chercher le deuxième notaire désigné par le premier ; mais Barrois, qui avait tout entendu et qui avait deviné le désir de son maître, était déjà parti.

Alors le procureur du roi fit dire à sa femme de monter.

Au bout d'un quart d'heure tout le monde était réuni dans la chambre du paralytique, et le second notaire était arrivé.

En peu de mots, les deux officiers ministériels furent d'accord. On lut à Noirtier une formule de testament vague, banale ; puis, pour commencer, pour ainsi dire, l'investigation de son intelligence, le premier notaire, se retournant de son côté, lui dit :

— Lorsqu'on fait son testament, monsieur, c'est en faveur de quelqu'un ou au préjudice de quelqu'un.

— Oui, fit Noirtier.

— Avez-vous quelque idée du chiffre auquel se monte votre fortune ?

— Oui.

— Je vais vous nommer plusieurs chiffres qui monteront successivement ; vous m'arrêterez quand j'aurai atteint celui que vous croyez être le vôtre.

— Oui.

Il y avait dans cet interrogatoire une espèce de solennité ? d'ailleurs jamais la lutte de l'intelligence contre la matière n'avait peut-être été plus visible ; et si ce n'était un sublime, comme nous allions le dire, c'était au moins un curieux spectacle.

On faisait cercle autour de Villefort ; le second notaire était assis à une table, tout prêt à écrire ; le premier notaire se tenait debout devant lui et interrogeait.

— Votre fortune dépasse trois cent mille francs ? n'est-ce pas ? demanda-t-il.

Noirtier fit signe que oui.

— Possédez-vous quatre cent mille francs ? demanda le notaire.

Noirtier resta immobile.

— Cinq cent mille ?

Même immobilité.

— Six cent mille ? sept cent mille ? huit cent mille ? neuf cent mille ?

Noirtier fit signe que oui.

— Vous possédez neuf cent mille francs ?

— Oui.

— En immeubles ? demanda le notaire.

Noirtier fit signe que non.

— En inscriptions de rentes ?

Noirtier fit signe que oui.

— Ces inscriptions sont entre vos mains ?

Un coup d'œil adressé à Barrois fit sortir le vieux serviteur, qui revint un instant après avec une petite cassette ?

— Permettez-vous qu'on ouvre cette cassette ? demanda le notaire.

Noirtier fit signe que oui.

On ouvrit la cassette, et l'on trouva pour neuf cent mille francs d'inscriptions sur le grand-livre.

Le premier notaire passa les unes après les autres chaque inscription à son collègue ; le compte y était, comme l'avait accusé Noirtier.

— C'est bien cela, dit-il ; il est évident que l'intelligence est dans toute sa force et dans toute son étendue.

Puis, se retournant vers le paralytique,

— Donc, lui dit-il, vous possédez neuf cent mille francs de capital ; qui, à la façon dont ils sont placés, doivent vous produire quarante mille livres de rente à peu près ?

— Oui, fit Noirtier.

— A qui désirez-vous laisser cette fortune ?

— Oh ! dit madame de Villefort, cela n'est point douteux ; M. Noirtier aime uniquement sa petite-fille, mademoiselle Valentine de Villefort ; c'est elle qui le soigne depuis six ans ; elle a su captiver par ses soins assidus l'affection de son grand-père, et je dirai presque sa reconnaissance ; il est donc juste qu'elle recueille le prix de son dévoûment.

L'œil de Noirtier lança un éclair, comme s'il n'était pas dupe de ce faux assentiment donné par madame de Villefort aux intentions qu'elle lui supposait.

— Est-ce donc à mademoiselle Valentine de Villefort que vous laissez ces neuf cent mille francs ? demanda le notaire, qui croyait n'avoir plus qu'à enregistrer cette clause, mais qui tenait à s'assurer cependant de l'assentiment de Noirtier, et voulait faire constater cet assentiment par tous les témoins de cette étrange scène.

Valentine avait fait un pas en arrière et pleurait les yeux baissés ; le vieillard la regarda un instant avec l'expression d'une profonde tendresse, puis se retournant vers le notaire, il cligna des yeux de la façon la plus significative.

— Non? dit le notaire ; comment, ce n'est pas mademoiselle Valentine de Villefort que vous instituez pour votre légataire universelle ?

Noirtier fit signe que non.

— Vous ne vous trompez pas ? s'écria le notaire étonné ; vous dites bien non ?

— Non ! répéta Noirtier, non !

Valentine releva la tête ; elle était stupéfaite, non pas de son exhérédation, mais d'avoir provoqué le sentiment qui dicte d'ordinaire de pareils actes.

Mais Noirtier la regarda avec une si profonde expression de tendresse, qu'elle s'écria :

— Oh ! mon bon père, je le vois bien, ce n'est que votre fortune que vous m'ôtez, mais vous me laissez toujours votre cœur !

— Oh ! oui, bien certainement, dirent les yeux du paralytique se fermant avec une expression à laquelle Valentine ne pouvait se tromper.

— Merci ! merci ! murmura la jeune fille.

Cependant ce refus avait fait naître dans le cœur de madame de Villefort une espérance inattendue ; elle se rapprocha du vieillard.

— Alors c'est donc à votre petit-fils Édouard de Villefort que vous laissez votre fortune, cher monsieur Noirtier ? demanda la mère.

Le clignement des yeux fut terrible : il exprimait presque la haine.

— Non, fit le notaire ; alors c'est à monsieur votre fils ici présent ?

— Non ! répliqua le vieillard.

Les deux notaires se regardèrent stupéfaits ; Villefort et sa femme se sentaient rougir, l'un de honte, l'autre de colère.

— Mais, que vous avons-nous donc fait, père ? dit Valentine ; vous ne nous aimez donc plus ?

Le regard du vieillard passa rapidement sur son fils, sur sa belle-fille, et s'arrêta sur Valentine avec une expression de profonde tendresse.

— Eh bien ! dit-elle, si tu m'aimes, voyons, bon père, tâche d'allier cet amour avec ce que tu fais en ce moment. Tu me connais, tu sais que je n'ai jamais songé à ta fortune ; d'ailleurs, on dit que je suis riche du côté de ma mère, trop riche même ; explique-toi donc.

Noirtier fixa son regard ardent sur la main de Valentine.

— Ma main ? dit-elle.

— Oui, fit Noirtier.

— Sa main ! répétèrent tous les assistans.

— Ah ! messieurs, vous voyez bien que tout est inutile, et que mon pauvre père est fou, dit Villefort.

— Oh ! s'écria tout à coup Valentine, je comprends. Mon mariage, n'est-ce pas, bon père ?

— Oui, oui, oui ! répéta trois fois le paralytique, lançant un éclair à chaque fois que se relevait sa paupière.

— Tu nous en veux pour le mariage, n'est-ce pas ?

— Oui.

— Mais c'est absurde ! dit Villefort.

— Pardon, monsieur, dit le notaire, tout cela au contraire est très logique et me fait l'effet de s'enchaîner parfaitement.

— Tu ne veux pas que j'épouse M. Franz d'Épinay ?

— Non, je ne veux pas, exprima l'œil du vieillard.

— Et vous déshéritez votre petite-fille, s'écria le notaire, parce qu'elle fait un mariage contre votre gré ?

— Oui, répondit Noirtier.

— De sorte que, sans ce mariage, elle serait votre héritière ?

— Oui.

Il se fit alors un silence profond autour du vieillard.

Les deux notaires se consultaient ; Valentine, les mains jointes, regardait son grand-père avec un sourire reconnaissant ; Villefort mordait ses lèvres minces ; madame de Villefort ne pouvait réprimer un sentiment joyeux qui, malgré elle, s'épanouissait sur son visage.

— Mais, dit enfin Villefort rompant le premier ce silence, il me semble que je suis seul juge des convenances qui plaident en faveur de cette union. Seul maître de la main de ma fille, je veux qu'elle épouse M. Franz d'Épinay, et elle l'épousera.

Valentine tomba pleurante sur un fauteuil.

— Monsieur, dit le notaire s'adressant au vieillard, que comptez-vous faire de votre fortune au cas où mademoiselle Valentine épouserait M. Franz ?

Le vieillard resta immobile.

— Vous comptez en disposer, cependant ?

— Oui, fit Noirtier.

— En faveur de quelqu'un de votre famille ?

— Non.

— En faveur des pauvres, alors ?

— Oui.

— Mais, dit le notaire, vous savez que la loi s'oppose à ce que vous dépouilliez entièrement votre fils ?

— Oui.

— Vous ne disposerez donc que de la partie que la loi vous autorise à distraire ?

Noirtier demeura immobile.

— Vous continuez à vouloir disposer de tout ?

Oui.

— Mais après votre mort on attaquera le testament.

— Non.

— Mon père me connaît, monsieur, dit M. de Villefort, il sait que sa volonté sera sacrée pour moi : d'ailleurs il comprend que dans ma position je ne puis plaider contre les pauvres.

L'œil de Noirtier exprima le triomphe.

— Que décidez-vous, monsieur ? demanda le notaire à Villefort.

— Rien, monsieur, c'est une résolution prise dans l'esprit de mon père, et je sais que mon père ne change pas de résolution. Je me résigne donc. Ces neuf cent mille francs sortiront de la famille pour aller enrichir les hôpitaux ; mais je ne céderai pas à un caprice de vieillard, et je ferai selon ma conscience.

Et Villefort se retira avec sa femme, laissant son père libre de tester comme il l'entendrait.

Le même jour le testament fut fait ; on alla chercher les témoins, il fut approuvé par le vieillard, fermé en leur présence et déposé chez M. Deschamp, le notaire de la famille.

CHAP. LIX. — LE TÉLÉGRAPHE.

Monsieur et madame de Villefort apprirent en rentrant chez eux que M. le comte de Monte-Cristo, qui était venu pour leur faire visite, avait été introduit dans le salon, où il les attendait ; madame de Villefort, trop émotionnée pour entrer ainsi tout à coup, passa par sa chambre à coucher, tandis que le procureur du roi, plus sûr de lui-même, s'avança directement vers le salon.

Mais si maître qu'il fût de ses sensations, si bien qu'il sût composer son visage, M. de Villefort ne put si bien écarter le nuage de son front que le comte, dont le sourire brillait radieux, ne remarquât cet air sombre et rêveur.

— Oh ! mon Dieu ! dit Monte-Cristo après les premiers complimens, qu'avez-vous donc, monsieur de Villefort ? et suis-je arrivé au moment où vous dressiez quelque accusation un peu trop capitale ?

Villefort essaya de sourire.

— Non, monsieur le comte, dit-il, il n'y a d'autre victime ici que moi. C'est moi qui perds mon procès ; et c'est le hasard, l'entêtement, la folie qui a lancé le réquisitoire.

— Que voulez-vous dire? demanda Monte-Cristo avec un intérêt parfaitement joué. Vous est-il, en réalité, arrivé quelque malheur grave?

— Oh! monsieur le comte, dit Villefort avec un calme plein d'amertume, cela ne vaut pas la peine d'en parler; presque rien, une simple perte d'argent.

— En effet, répondit Monte-Cristo, une perte d'argent est peu de chose avec une fortune comme celle que vous possédez et avec un esprit philosophique et élevé comme l'est le vôtre.

— Aussi, répondit Villefort, n'est-ce point la question d'argent qui me préoccupe, quoique, après tout, neuf cent mille francs vaillent bien un regret, ou tout au moins un mouvement de dépit. Mais je me blesse surtout de cette disposition du sort, du hasard, de la fatalité, je ne sais comment nommer la puissance qui dirige le coup qui me frappe et qui renverse mes espérances de fortune et détruit peut-être l'avenir de ma fille, par le caprice d'un vieillard tombé en enfance.

— Eh ! mon Dieu ! qu'est-ce donc ? s'écria le comte. Neuf cent mille francs, avez-vous dit ? Mais, en vérité, comme vous le dites, la somme mérite d'être regrettée, même par un philosophe. Et qui vous donne ce chagrin ?

— Mon père, dont je vous ai parlé.

— M. Noirtier, vraiment ! Mais vous m'aviez dit, ce me semble, qu'il était en paralysie complète, et que toutes ses facultés étaient anéanties ?

— Oui, ses facultés physiques, car il ne peut pas remuer, il ne peut point parler, et avec tout cela cependant il pense, il veut, il agit comme vous voyez. Je le quittai il y a cinq minutes, et dans ce moment il est occupé à dicter un testament à deux notaires.

— Mais alors il a parlé ?

— Il a fait mieux, il s'est fait comprendre.

— Comment cela ?

— A l'aide du regard; ses yeux ont continué de vivre, et vous voyez, ils tuent.

— Mon ami, dit madame de Villefort, qui venait d'entrer à son tour, peut-être vous exagérez-vous la situation.

— Madame... dit le comte en s'inclinant.

Madame de Villefort salua avec son plus gracieux sourire.

— Mais que me dit donc là M. de Villefort ? demanda Monte-Cristo ; et quelle disgrâce incompréhensible ?...

— Incompréhensible, c'est le mot! reprit le procureur du roi en haussant les épaules, un caprice de vieillard !

— Et il n'y a pas moyen de le faire revenir sur cette décision ?

— Si fait, dit madame de Villefort; et il dépend même de mon mari que ce testament, au lieu d'être fait au détriment de Valentine, soit fait au contraire en sa faveur.

Le comte, voyant que les deux époux commençaient à parler par paraboles, prit l'air distrait, et regarda avec l'attention la plus profonde et l'approbation la plus marquée Édouard, qui versait de l'encre dans l'abreuvoir des oiseaux.

— Ma chère, dit Villefort, répondant à sa femme, vous savez que j'aime peu me poser chez moi en patriarche, et que je n'ai jamais cru que le sort de l'univers dépendît d'un signe de ma tête. Cependant il importe que mes décisions soient respectées dans ma famille, et que la folie d'un vieillard et le caprice d'un enfant ne renversent pas un projet arrêté dans mon esprit depuis longues années. Le baron d'Épinay était mon ami, vous le savez, et une alliance avec son fils était des plus convenables.

— Vous croyez, dit madame de Villefort, que Valentine est d'accord avec lui ?... En effet... elle a toujours été opposée à ce mariage, et je ne serais pas étonnée que tout ce que nous venons de voir et d'entendre ne soit que l'exécution d'un plan concerté entre eux.

— Madame, dit Villefort, on ne renonce pas ainsi, croyez-moi, à une fortune de neuf cent mille francs.

— Elle renonçait au monde, monsieur, puisqu'il y a un an elle voulait entrer dans un couvent.

— N'importe, reprit de Villefort, je dis que ce mariage doit se faire, madame !

— Malgré la volonté de votre père ? dit madame de Villefort, attaquant une autre corde, c'est bien grave !

Monte-Cristo faisait semblant de ne point écouter, et ne perdait point un mot de ce qui se disait.

— Madame, reprit Villefort, je puis dire que j'ai toujours respecté mon père, parce qu'au sentiment naturel de la descendance se joignait chez moi la conscience de sa supériorité morale ; parce qu'enfin un père est sacré à deux titres, sacré comme notre créateur, sacré comme notre maître ; mais aujourd'hui je dois renoncer à reconnaître une intelligence dans le vieillard qui, sur un simple souvenir de haine pour le père, poursuit ainsi le fils ; il serait donc ridicule à moi de conformer ma conduite à ses caprices. Je continuerai d'avoir le plus grand respect pour M. Noirtier. Je subirai sans me plaindre la punition pécuniaire qu'il m'inflige ; mais je resterai immuable dans ma volonté, et le monde appréciera de quel côté était la saine raison. En conséquence, je marierai ma fille au baron Franz d'Épinay, parce que ce mariage est à mon sens bon et honorable, et qu'en définitive je veux marier ma fille à qui me plaît.

— Eh quoi ! dit le comte, dont le procureur du roi avait constamment sollicité l'approbation du regard ; eh quoi ! M. Noirtier déshérite, dites-vous, mademoiselle Valentine, parce qu'elle va épouser M. le baron Franz d'Épinay ?

— Eh ! mon Dieu ! oui, monsieur ; voilà la raison, dit Villefort en haussant les épaules.

— La raison visible du moins, ajouta madame de Villefort.

— La raison réelle, madame. Croyez-moi, je connais mon père.

— Conçoit-on cela ? répondit la jeune femme ; en quoi, je vous le demande, M. d'Épinay déplaît-il plus qu'un autre à M. Noirtier ?

— En effet, dit le comte, j'ai connu M. Franz d'Épinay, le fils du général de Quesnel, n'est-ce pas, qui a été fait baron d'Épinay par le roi Charles X ?

— Justement ! reprit Villefort.

— Eh bien ! mais c'est un jeune homme charmant, ce me semble !

— Aussi n'est-ce qu'un prétexte, j'en suis certaine, dit madame de Villefort ; les vieillards sont tyrans de leurs affections ; M. Noirtier ne veut pas que sa petite-fille se marie.

— Mais, dit Monte-Cristo, ne connaissez-vous pas une cause à cette haine ?

— Eh ! mon Dieu ! qui peut savoir ?

— Quelque antipathie politique peut-être ?

— En effet, mon père et le père de M. d'Épinay ont vécu dans les temps orageux dont je n'ai vu que les derniers jours, dit Villefort.

— Votre père n'était-il pas bonapartiste ? demanda Monte-Cristo. Je crois me rappeler que vous m'avez dit quelque chose comme cela.

— Mon père a été jacobin avant toutes choses, reprit Villefort emporté par son émotion hors des bornes de la prudence, et la robe de sénateur que Napoléon lui avait jetée sur les épaules ne faisait que déguiser le vieil homme, mais sans l'avoir changé. Quand mon père conspirait, ce n'était pas pour l'empereur, c'était contre les Bourbons ; car mon père avait cela de terrible en lui qu'il n'a jamais combattu pour les utopies irréalisables, mais pour les choses possibles, et qu'il a appliqué à la réussite de ces choses possibles ces terribles théories de la Montagne qui ne reculaient devant aucun moyen.

— Eh bien ! dit Monte-Cristo, voyez-vous, c'est cela. M. Noirtier et M. d'Épinay se seront rencontrés sur le sol de la politique. M. le général d'Épinay, quoique ayant servi sous Napoléon, n'avait-il pas au fond du cœur gardé des sentiments royalistes, et n'est-ce pas le même qui fut assassiné un soir sortant d'un club napoléonien, où on l'avait attiré dans l'espérance de trouver en lui un frère ?

Villefort regarda le comte presque avec terreur.

— Est-ce que je me trompe? dit Monte-Cristo.

— Non pas, monsieur, dit madame de Villefort, et c'est bien cela au contraire; c'est justement à cause de ce que vous venez de dire que, pour voir s'éteindre de vieilles haines, M. de Villefort avait eu l'idée de faire aimer deux enfans dont les pères s'étaient haïs.

— Idée sublime ! dit Monte-Cristo, idée pleine de charité et à laquelle le monde devait applaudir. En effet, c'était beau de voir mademoiselle Noirtier de Villefort s'appeler madame Franz d'Épinay !

Villefort tressaillit et regarda Monte-Cristo comme s'il eût voulu lire au fond de son cœur l'intention qui avait dicté les paroles qu'il venait de prononcer.

Mais le comte garda le bienveillant sourire stéréotypé sur ses lèvres, et cette fois encore, malgré la profondeur de son regard, le procureur du roi ne vit pas au-delà de l'épiderme.

— Aussi, reprit Villefort, quoique ce soit un grand malheur pour Valentine que de perdre la fortune de son grand-père, je ne crois pas cependant que M. d'Épinay recule devant cet échec pécuniaire; il verra que je vaux peut-être mieux que la somme, moi qui le sacrifie au désir de lui tenir ma parole; il calculera que Valentine, d'ailleurs, est riche du bien de sa mère, administré par M. et madame de Saint-Méran, ses aïeuls maternels, qui la chérissent tous deux tendrement.

— Et qui valent bien qu'on les aime et qu'on les soigne comme Valentine a fait pour M. Noirtier, dit madame de Villefort ; d'ailleurs ils vont venir à Paris dans un mois au plus, et Valentine, après un tel affront, sera dispensée de s'enterrer comme elle l'a fait jusqu'ici auprès de M. Noirtier.

Le comte écoutait avec complaisance la voix discordante de ces amours-propres blessés et de ces intérêts meurtris.

— Mais il me semble, dit Monte-Cristo après un instant de silence, et je vous demande pardon d'avance de ce que je vais dire, il me semble que si M. Noirtier déshérite mademoiselle de Villefort, coupable de se vouloir marier avec un jeune homme dont il a détesté le père, il n'a pas le même tort à reprocher à ce cher Édouard.

— N'est-ce pas, monsieur? s'écria madame de Villefort avec une intonation impossible à décrire ; n'est-ce pas que c'est injuste, odieusement injuste? Ce pauvre Édouard, il est aussi bien le petit-fils de M. Noirtier que Valentine, et cependant si Valentine n'avait pas dû épouser M. Franz, M. Noirtier lui laissait tout son bien ; et de plus, enfin, Édouard porte le nom de la famille, ce qui n'empêche pas que, même en supposant que Valentine soit effectivement déshéritée par son grand-père, elle sera encore trois fois plus riche que lui.

Ce coup porté, le comte écouta et ne parla plus.

— Tenez, reprit Villefort, tenez, monsieur le comte, cessons, je vous prie, de nous entretenir de ces misères de famille ; oui, c'est vrai, ma fortune va grossir le revenu des pauvres, qui sont aujourd'hui les véritables riches. Oui, mon père m'aura frustré d'un espoir légitime, et cela sans raison ; mais moi j'aurai agi comme un homme de sens, comme un homme de cœur. M. d'Épinay, à qui j'avais promis le revenu de cette somme, le recevra, dussé-je m'imposer les plus cruelles privations.

— Cependant, reprit madame de Villefort, revenant à la seule idée qui murmurât sans cesse au fond de son cœur, peut-être vaudrait-il mieux que l'on confiât cette mésaventure à M. d'Épinay, et qu'il rendît lui-même sa parole.

— Oh ! ce serait un grand malheur ! s'écria Villefort.

— Un grand malheur? répéta Monte-Cristo.

— Sans doute, reprit Villefort en se radoucissant ; un mariage manqué, même pour des raisons d'argent, jette de la défaveur sur une jeune fille ; puis d'anciens bruits que je voulais éteindre reprendraient de la consistance. Mais non, il n'en sera rien. M. d'Épinay, s'il est honnête homme, se verra encore plus engagé par l'exhérédation de Valentine qu'auparavant, autrement il agirait donc dans un simple but d'avarice : non, c'est impossible.

— Je pense comme M. de Villefort, dit Monte-Cristo en fixant son regard sur madame de Villefort ; et si j'étais assez de ses amis pour me permettre de lui donner un conseil, je l'inviterais, puisque M. d'Épinay va revenir, à ce que l'on m'a dit du moins, à nouer cette affaire si fortement, qu'elle ne se pût dénouer ; j'engagerais enfin une partie dont l'issue doit être si honorable pour M. de Villefort.

Ce dernier se leva, transporté d'une joie visible, tandis que sa femme pâlissait légèrement.

— Bien, dit-il, voilà tout ce que je demandais, et je me prévaudrai de l'opinion d'un conseiller tel que vous, dit-il en tendant la main à Monte-Cristo. Ainsi donc, que tout le monde ici considère ce qui est arrivé aujourd'hui comme non avenu ; il n'y a rien de changé à nos projets.

— Monsieur, dit le comte, le monde, tout injuste qu'il est, vous saura, je vous en réponds, gré de votre résolution; vos amis en seront fiers, et M. d'Épinay, dût-il prendre mademoiselle de Villefort sans dot, ce qui ne saurait être, sera charmé d'entrer dans une famille où l'on sait s'élever à la hauteur de tels sacrifices pour tenir sa parole et remplir son devoir.

En disant ces mots, le comte s'était levé et s'apprêtait à partir.

— Vous nous quittez, monsieur le comte? dit madame de Villefort.

— J'y suis forcé, madame, je venais seulement vous rappeler votre promesse pour samedi.

— Craigniez-vous que nous l'oubliassions?

— Vous êtes trop bonne, madame ; mais M. de Villefort a de si graves et parfois de si urgentes occupations...

— Mon mari a donné sa parole, monsieur, dit madame de Villefort ; vous venez de voir qu'il la tient quand il a tout à perdre, à plus forte raison quand il a tout à gagner.

— Et, demanda Villefort, est-ce à votre maison des Champs-Élysées que la réunion a lieu.

— Non pas, dit Monte-Cristo, et c'est ce qui rend encore votre dévoûment plus méritoire : c'est à la campagne.

— A la campagne?

— Oui.

— Et où cela? près de Paris, n'est-ce pas?

— Aux portes, à une demi-lieue de la barrière, à Auteuil.

— A Auteuil ! s'écria Villefort. Ah ! c'est vrai, madame m'a dit que vous demeuriez à Auteuil, puisque c'est chez vous qu'elle a été transportée. Et à quel endroit d'Auteuil ?

— Rue de la Fontaine !

— Rue de la Fontaine ! reprit Villefort d'une voix étranglée ; et à quel numéro ?

— Au numéro 28.

— Mais, s'écria Villefort, c'est donc à vous que l'on a vendu la maison de M. de Saint-Méran ?

— De M. de Saint-Méran ? demanda Monte-Cristo. Cette maison appartient-elle donc à M. de Saint-Méran ?

— Oui, reprit madame de Villefort, et croyez-vous une chose, monsieur le comte ?

— Laquelle ?

— Vous trouvez cette maison jolie, n'est-ce pas ?

— Charmante.

— Eh bien! mon mari n'a jamais voulu l'habiter.

— Oh! reprit Monte-Cristo, en vérité, monsieur, c'est une prévention dont je ne me rends pas compte.

— Je n'aime pas Auteuil, monsieur, répondit le procureur du roi, en faisant un effort sur lui-même.

— Mais je ne serai pas assez malheureux, je l'espère, dit avec inquiétude Monte-Cristo, pour que cette antipathie me prive du bonheur de vous recevoir?

— Non, monsieur le comte... j'espère bien... croyez que je ferai tout ce que je pourrai, balbutia Villefort.

— Oh! répondit Monte-Cristo, je n'admets pas d'excuse. Samedi, à six heures, je vous attends, et si vous ne veniez pas, je croirais, que sais-je, moi? qu'il y a sur cette maison inhabitée depuis vingt ans quelque lugubre tradition, quelque sanglante légende.

— J'irai, monsieur le comte, j'irai, dit vivement Villefort.

— Merci, dit Monte-Cristo. Maintenant il faut que vous me permettiez de prendre congé de vous.

— En effet, vous avez dit que vous étiez forcé de nous quitter, monsieur le comte, dit Mme de Villefort, et vous alliez même, je crois, nous dire pour quoi faire, quand vous vous êtes interrompu pour passer à une autre idée.

— En vérité, madame, dit Monte-Cristo, je ne sais si j'oserais vous dire où je vais.

— Bah! dites toujours.

— Je vais, en véritable badaud que je suis, visiter une chose qui m'a bien souvent fait rêver des heures entières.

— Laquelle?

— Un télégraphe. Ma foi! tant pis, voilà le mot lâché.

— Un télégraphe! répéta Mme de Villefort.

— Eh! mon Dieu, oui, un télégraphe. J'ai vu parfois au bout d'un chemin, sur un tertre, par un beau soleil, se lever ces bras noirs et pliants pareils aux pattes d'un immense coléoptère, et jamais ce ne fut sans émotion, je vous jure, car je pensais que ces signes bizarres fendant l'air avec précision, et portant à trois cents lieues la volonté inconnue d'un homme assis devant une table, à un autre homme assis à l'extrémité de la ligne devant une autre table, se dessinaient sur le gris du nuage ou sur l'azur du ciel, par la seule force du vouloir de ce chef tout-puissant : je croyais alors aux génies, aux sylphes, aux gnomes, aux pouvoirs occultes enfin, et je riais. Or, jamais l'envie ne m'était venue de voir de près ces gros insectes au ventre blanc, aux pattes noires et maigres, car je craignais de trouver sous leurs ailes de pierre le petit génie humain, bien gourmé, bien pédant, bien bourré de science, de cabale ou de sorcellerie. Mais voilà qu'un beau matin j'ai appris que le moteur de chaque télégraphe était un pauvre diable d'employé à douze cents francs par an, occupé tout le jour à regarder non pas le ciel comme l'astronome, non pas l'eau comme le pêcheur, non pas le paysage comme un cerveau vide, mais bien l'insecte au ventre blanc, aux pattes noires, son correspondant, placé à quelque quatre ou cinq lieues de lui. Alors je me suis senti pris d'un désir curieux de voir de près cette chrysalide vivante et d'assister à la comédie que du fond de sa coque elle donne à cette autre chrysalide, en tirant les uns après les autres quelques bouts de ficelle.

— Et vous allez là?

— J'y vais.

— A quel télégraphe? A celui du ministère de l'intérieur ou de l'Observatoire?

— Oh! non pas, je trouverais là des gens qui voudraient me forcer de comprendre des choses que je veux ignorer et qui m'expliqueraient, malgré moi, un mystère qu'ils ne connaissent pas. Peste! je veux garder les illusions que j'ai encore sur les insectes; c'est bien assez d'avoir déjà perdu celles que j'avais sur les hommes. Je n'irai donc ni au télégraphe du ministère de l'intérieur, ni au télégraphe de l'Observatoire. Ce qu'il me faut, c'est le télégraphe en plein champ, pour y trouver le pur bonhomme pétrifié dans sa tour.

— Vous êtes un singulier grand seigneur, dit Villefort.

— Quelle ligne me conseillez-vous d'étudier?

— Mais la plus occupée à cette heure.

— Bon! celle d'Espagne, alors?

— Justement. Voulez-vous une lettre du ministre pour qu'on vous explique...

— Mais non, dit Monte-Cristo; puisque je vous dis, au contraire, que je n'y veux rien comprendre. Du moment où j'y comprendrai quelque chose, il n'y aura plus de télégraphe, il n'y aura plus qu'un signe de M. Duchâtel ou de M. de Montalivet transmis au préfet de Bayonne et travesti en deux mots grecs : — τηλε γραφειν.

— C'est la bête aux pattes noires et le mot effrayant que je veux conserver dans toute sa pureté et dans toute ma vénération.

— Allez donc, car dans deux heures il fera nuit, et vous ne verrez plus rien.

— Diable! vous m'effrayez! Quel est le plus proche?

— Sur la route de Bayonne?

— Oui, va pour la route de Bayonne.

— C'est celui de Châtillon.

— Et après celui de Châtillon?

— Celui de la tour de Montlhéry, je crois.

— Merci, au revoir! Samedi je vous raconterai mes impressions.

A la porte, le comte se trouva avec les deux notaires qui venaient de déshériter Valentine, et qui se retiraient enchantés d'avoir fait un acte qui ne pouvait manquer de leur faire grand honneur.

CHAP. LX. — LE MOYEN DE DÉLIVRER UN JARDINIER DES LOIRS QUI MANGENT SES PÊCHES.

Non pas le même soir, comme il l'avait dit, mais le lendemain matin, le comte de Monte-Cristo sortit par la barrière d'Enfer, prit la route d'Orléans, dépassa le village de Linas sans s'arrêter au télégraphe, qui, justement au moment où le comte passait, faisait mouvoir ses longs bras décharnés, et gagna la tour de Montlhéry, située, comme chacun sait, sur le point le plus élevé de la plaine de ce nom.

Au pied de la colline, le comte mit pied à terre, et par un petit sentier circulaire, large de dix-huit pouces, commença de gravir la montagne; arrivé au sommet, il se trouva arrêté par une haie sur laquelle les fruits verts avaient succédé aux fleurs roses et blanches.

Monte-Cristo chercha la porte du petit enclos, et ne tarda point à la trouver. C'était une petite porte en bois, roulant sur des gonds d'osier et se fermant avec un clou et une ficelle. En un instant le comte fut au courant du mécanisme et la porte s'ouvrit.

Le comte se trouva alors dans un petit jardin de vingt pieds de long sur douze de large, borné d'un côté par la partie de la haie dans laquelle était encadrée l'ingénieuse machine que nous avons décrite sous le nom de porte; et de l'autre par la vieille tour ceinte de lierre, toute parsemée de ravenelles et de giroflées.

On n'eût pas dit, à la voir ainsi ridée et fleurie comme une aïeule à qui ses petits-enfans viennent de souhaiter la fête, qu'elle pourrait raconter bien des drames terribles, si elle joignait une voix aux oreilles menaçantes qu'un vieux proverbe donne aux murailles.

On parcourait ce jardin en suivant une allée sablée de sable rouge, sur lequel mordait, avec des tons qui eussent réjoui l'œil de Delacroix, notre Rubens moderne, une bordure de gros buis, vieille de plusieurs années. Cette allée avait la forme d'un 8, et tournait en s'élançant, de manière à faire dans un jardin de vingt pieds une promenade de soixante. Jamais Flore, la riante et fraîche déesse des bons jardiniers latins, n'avait été honorée d'un culte aussi minutieux et aussi pur que l'était celui qu'on lui rendait dans ce petit enclos.

En effet, de vingt rosiers qui composaient le parterre, pas une feuille ne portait la trace de la mouche, pas un filet la petite grappe de pucerons verts qui désolent et rongent les plantes grandissant sur un terrain humide. Ce n'était cependant point l'humidité qui manquait à ce jardin : la terre noire comme de la suie, l'opaque feuillage des arbres, le disaient assez; d'ailleurs l'humidité factice eût promptement suppléé à l'humidité naturelle, grace au tonneau plein d'eau croupissante qui creusait un des angles du jardin, et dans lequel stationnaient, sur une nappe verte, une grenouille et un crapaud qui, par incompatibilité d'humeur, se tenaient toujours en se tournant le dos, aux deux points opposés du cercle.

D'ailleurs, pas une herbe dans les allées, pas un rejeton parasite dans les plates-bandes; une petite maîtresse polit et émonde avec moins de soin les géraniums, les cactus et le rhododendrons de sa jardinière de porcelaine que ne le faisait le maître jusqu'alors invisible du petit enclos.

Monte-Cristo s'arrêta après avoir refermé la porte en agrafant la ficelle à son clou, et embrassa d'un regard toute la propriété.

— Il paraît, dit-il, que l'homme du télégraphe a des jardiniers à l'année, ou se livre passionnément à l'agriculture.

Tout à coup il se heurta à quelque chose, tapi derrière une brouette chargée de feuillage; ce quelque chose se redressa en laissant échapper une exclamation qui peignait son étonnement, et Monte-Cristo se trouva en face d'un bonhomme d'une cinquantaine d'années qui ramassait des fraises qu'il plaçait sur des feuilles de vigne.

Il y avait douze feuilles de vigne et presque autant de fraises.

Le bonhomme, en se relevant, faillit laisser choir fraises, feuilles et assiette.

— Vous faites votre récolte, monsieur? dit Monte-Cristo en souriant.

— Pardon, monsieur, répondit le bonhomme en portant la main à sa casquette, je ne suis pas là-haut, c'est vrai, mais je viens d'en descendre à l'instant même.

— Que je ne vous gêne en rien, mon ami, dit le comte, cueillez vos fraises, si toutefois il vous en reste encore.

— J'en ai encore dix, dit l'homme, car en voici onze, et j'en avais vingt-et-une, cinq de plus que l'année dernière. Mais ce n'est pas étonnant, le printemps a été chaud cette année, et ce qu'il faut aux fraises, voyez-vous, monsieur, c'est la chaleur. Voilà pourquoi, au lieu de seize que j'ai eues l'année passée, j'en ai cette année, voyez-vous, onze déjà cueillies, douze, treize, quatorze, quinze, seize, dix-sept, dix-huit. Oh! mon Dieu! il m'en manque deux, elles y étaient encore hier, monsieur, elles y étaient, j'en suis sûr, je les ai comptées. Il faut que ce soit le fils de la mère Simon qui me les ait soufflées; je l'ai vu rôder par ici ce matin. Ah! le petit drôle, voler dans un enclos! il ne sait donc pas où cela peut le mener.

— En effet, dit Monte-Cristo, c'est grave, mais vous ferez la part de la jeunesse du délinquant et de sa gourmandise.

— Certainement, dit le jardinier; cependant ce n'en est pas moins fort désagréable. Mais, encore une fois, pardon, monsieur : c'est peut-être un chef que je fais attendre ainsi?

Et il interrogeait d'un regard craintif le comte et son habit bleu.

— Rassurez-vous, mon ami, dit le comte avec ce sourire qu'il faisait à sa volonté si terrible et si bienveillant, et qui cette fois n'exprimait que la bienveillance, je ne suis point un chef qui vient pour vous inspecter, mais un simple voyageur conduit par la curiosité et qui commence même à se reprocher sa visite en voyant qu'il vous fait perdre votre temps.

— Oh! mon temps n'est pas cher, répliqua le bonhomme avec un sourire mélancolique. Cependant c'est le temps du gouvernement et je ne devrais pas le perdre; mais j'avais reçu le signal qui m'annonçait que je pouvais me reposer une heure (il jeta les yeux sur un cadran solaire, car il y avait de tout dans l'enclos de la tour de Monlhéry, même un cadran solaire), et, vous le voyez, j'avais encore dix minutes devant moi, puis mes fraises étaient mûres, et un jour de plus... D'ailleurs, croiriez-vous, monsieur, que les loirs me les mangent?

— Ma foi, non, je ne l'aurais pas cru, répondit gravement Monte-Cristo; c'est un mauvais voisinage, monsieur, que celui des loirs, pour nous qui ne les mangeons pas confits dans du miel comme faisaient les Romains.

— Ah! les Romains les mangeaient? fit le jardinier; ils mangeaient les loirs;

— J'ai lu cela dans Pétronne, dit le comte.

— Vraiment? Ça ne doit pas être bon, quoi qu'on dise : Gras comme un loir. Et ce n'est pas étonnant, monsieur, que les loirs soient gras, attendu qu'ils dorment toute la sainte journée, et qu'ils ne se réveillent que pour ronger toute la nuit. Tenez, l'an dernier, j'avais quatre abricots; ils m'en ont entamé un. J'avais un brugnon, un seul, il est vrai que c'est un fruit rare; eh bien! monsieur, ils me l'ont à moitié dévoré du côté de la muraille; un brugnon superbe et qui était excellent. Je n'en ai jamais mangé de meilleur.

— Vous l'avez mangé? demanda Monte-Cristo.

— C'est-à-dire la moitié qui restait, vous comprenez bien. C'était exquis, monsieur. Ah! dame, ces messieurs-là ne choisissent pas les pires morceaux. C'est comme le fils de la mère Simon, il n'a pas choisi les plus mauvaises fraises, allez! Mais cette année, continua l'horticulteur; soyez tranquille, cela ne m'arrivera pas, dussé-je, quand les fruits seront près de mûrir, passer la nuit pour les garder.

Monte-Cristo en avait assez vu. Chaque homme a sa passion qui le mord au fond du cœur, comme chaque fruit son ver; celle de l'homme au télégraphe, c'était l'horticulture.

Il se mit à cueillir les feuilles de vigne qui cachaient les grappes au soleil, et se conquit par là le cœur du jardinier.

— Monsieur était venu pour voir le télégraphe? dit-il.

— Oui, monsieur, si toutefois cela n'est pas défendu par les réglemens.

— Oh! pas défendu le moins du monde, dit le jardinier, attendu qu'il n'y a rien de dangereux, vu que personne ne sait ni ne peut savoir ce que nous disons.

— On m'a dit, en effet, reprit le comte, que vous répétiez des signaux que vous ne compreniez pas vous-même.

— Certainement, monsieur, et j'aime bien mieux cela, dit en riant l'homme du télégraphe.

— Pourquoi aimez-vous mieux cela?

— Parce que, de cette façon, je n'ai pas de responsabilité. Je suis une machine, moi, et pas autre chose, et pourvu que je fonctionne, on ne m'en demande pas davantage.

— Diable! fit Monte-Cristo en lui-même, est-ce que par hasard je serais tombé sur un homme qui n'aurait pas d'ambition? Morbleu! ce serait jouer de malheur.

— Monsieur, dit le jardinier en jetant un coup d'œil sur son cadran solaire, les dix minutes vont expirer, je retourne à mon poste. Vous plaît-il de monter avec moi?

— Je vous suis.

Monte-Cristo entra, en effet, dans la tour divisée en trois étages; celui du bas contenait quelques instrumens aratoires, tels que bêches, râteaux, arrosoirs, dressés contre la muraille; c'était tout l'ameublement.

Le second était l'habitation ordinaire ou plutôt nocturne de l'employé; il contenait quelques pauvres ustensiles de ménage, un lit, une table, deux chaises, une fontaine de grès, plus quelques herbes sèches pendues au plafond, et que le comte reconnut pour des pois de senteur et des haricots d'Espagne dont le bonhomme conservait la graine dans sa coque; il avait étiqueté tout cela avec le soin d'un maître botaniste du Jardin des Plantes.

— Faut-il passer beaucoup de temps à étudier la télégraphie, monsieur? demanda Monte-Cristo.

— Ce n'est pas l'étude qui est longue, c'est le surnumérariat.

— Et combien reçoit-on d'appointemens?

— Mille francs, monsieur.

— Ce n'est guère.

— Non; mais on est logé, comme vous voyez.

Monte-Cristo regarda la chambre.

— Pourvu qu'il n'aille pas tenir à son logement! murmura-t-il.

On passa au troisième étage: c'était la chambre du télégraphe. Monte-Cristo regarda tour à tour les deux poignées de fer à l'aide desquelles l'employé faisait jouer la machine.

— C'est fort intéressant, dit-il, mais à la longue c'est une vie qui doit vous paraître un peu insipide?

— Oui, dans le commencement cela donne le torticolis à force de regarder, mais au bout d'un an ou deux on s'y fait; puis nous avons nos heures de récréation et nos jours de congé.

— Vos jours de congé?

— Oui.

— Lesquels?

— Ceux où il fait du brouillard.

— Ah! c'est juste.

— Ce sont mes jours de fête à moi; je descends dans le jardin ces jours-là, et je plante, je taille, je rogne, j'échenille, en somme le temps passe.

— Depuis combien de temps êtes-vous ici?

— Depuis dix ans, et cinq ans de surnumérariat, quinze.

— Vous avez...

— Cinquante-cinq ans.

— Combien de temps de service vous faut-il pour avoir la pension?

— Oh! monsieur, vingt-cinq ans.

— Et de combien est cette pension?

— De cent écus.

— Pauvre humanité! murmura Monte-Cristo.

— Vous dites, monsieur... demanda l'employé.

— Je dis que c'est fort intéressant.

— Quoi?

— Tout ce que vous me montrez... Et vous ne comprenez rien absolument à vos signes?

— Rien absolument.

— Vous n'avez jamais essayé de comprendre?

— Jamais; pour quoi faire?

— Cependant, il y a des signaux qui s'adressent à vous directement.

— Sans doute.

— Et ceux-là vous les comprenez?

— Ce sont toujours les mêmes.

— Et ils disent?...

— *Rien de nouveau... vous avez une heure... ou à demain.*

— Voilà qui est parfaitement innocent, dit le comte, mais regardez donc, ne voilà-t-il pas votre correspondant qui se met en mouvement?

— Ah! c'est vrai; merci, monsieur.

— Et que vous dit-il? est-ce quelque chose que vous comprenez?

— Oui; il me demande si je suis prêt.

— Et vous lui répondez?

— Par un signe qui apprend en même temps à mon correspondant de droite que je suis prêt, tandis qu'il invite mon correspondant de gauche à se préparer à son tour.

— C'est très ingénieux, dit le comte.

— Vous allez voir, reprit avec orgueil le bonhomme, dans cinq minutes il va parler.

— J'ai cinq minutes alors, dit Monte-Cristo, c'est plus de temps qu'il ne m'en faut. Mon cher monsieur, dit-il, permettez-moi de vous faire une question.

— Faites.

— Vous aimez le jardinage?

— Avec passion.

— Et vous seriez heureux, au lieu d'avoir une terrasse de vingt pieds, d'avoir un enclos de deux arpens?

— Monsieur, j'en ferais un paradis terrestre.

— Avec vos mille francs vous vivez mal?

— Assez mal; mais enfin je vis.

— Oui; mais vous n'avez qu'un jardin misérable.

— Ah! c'est vrai, le jardin n'est pas grand.

— Et encore, tel qu'il est, il est peuplé de loirs qui dévorent tout.

— Ça, c'est mon fléau.

— Dites-moi, si vous aviez le malheur de tourner la tête quand le correspondant de droite va marcher?

— Je ne le verrais pas.

— Alors, qu'arriverait-il?

— Que je ne pourrais pas répéter ses signaux.

— Et après?

— Il arriverait que ne les ayant pas répétés par négligence, je serais mis à l'amende.

— De combien?

— De cent francs.

— Le dixième de votre revenu; c'est joli!

— Ah! fit l'employé.

— Cela vous est arrivé? dit Monte-Cristo.

— Une fois, monsieur, une fois que je greffais un rosier noisette.

— Bien. Maintenant, si vous vous avisiez de changer quelque chose au signal ou d'en transmettre un autre.

— Alors, c'est différent, je serais renvoyé et je perdrais ma pension.

— Trois cents francs?

— Cent écus, oui, monsieur; aussi, vous comprenez que jamais je ne ferai rien de tout cela.

— Pas même pour quinze ans de vos appointemens? Voyons, ceci mérite réflexion, hein?

— Pour quinze mille francs?

— Oui.

— Monsieur, vous m'effrayez.

— Bah!

— Monsieur, vous voulez me tenter?

— Justement! Quinze mille francs, comprenez-vous?

— Monsieur, laissez-moi regarder mon correspondant de droite!

— Au contraire, ne le regardez pas et regardez ceci.

— Qu'est-ce que c'est?

— Comment! vous ne connaissez pas ces petits papiers-là?

— Des billets de banque!

— Carrés; il y en a quinze.

— Et à qui sont-ils?

— A vous, si vous voulez.

— A moi! s'écria l'employé suffoqué.

— Oh! mon Dieu, oui! à vous, en toute propriété.

— Monsieur, voilà mon correspondant de droite qui marche.

— Laissez-le marcher.

— Monsieur, vous m'avez distrait, et je vais être à l'amende.

— Cela vous coûtera cent francs; vous voyez bien que vous avez tout intérêt à prendre mes quinze billets de banque.

— Monsieur, le correspondant de droite s'impatiente il redouble ses signaux.

— Laissez-le faire, et prenez.

Le comte mit le paquet dans la main de l'employé.

— Maintenant, dit-il, ce n'est pas tout : avec vos quinze mille francs vous ne vivrez pas.

— J'aurai toujours ma place.

— Non, vous la perdrez ; car vous allez faire un autre signe que celui de votre correspondant.

— Oh! monsieur, que me proposez-vous là!

— Un enfantillage.

— Monsieur, à moins que d'y être forcé...

— Je compte bien vous forcer effectivement.

Et Monte-Cristo tira de sa poche un autre paquet.

— Voici dix autres mille francs, dit-il ; avec les quinze qui sont dans votre poche, cela fera vingt-cinq mille. Avec cinq mille francs vous achèterez une jolie petite maison et deux arpens de terre ; avec les vingt mille autres vous vous ferez mille francs de rente.

— Un jardin de deux arpens ?

— Et mille francs de rente.

— Mon Dieu! mon Dieu!

— Mais prenez donc!

Et Monte-Cristo mit de force les dix mille francs dans la main de l'employé.

— Que dois-je faire ?

— Rien de bien difficile.

— Mais enfin ?

— Répéter les signes que voici.

Monte-Cristo tira de sa poche un papier sur lequel il y avait trois signes tout tracés, des numéros indiquant l'ordre dans lequel ils devaient être faits.

— Ce ne sera pas long, comme vous voyez.

— Oui, mais...

— C'est pour le coup que vous aurez des brugnons, et de reste.

Le coup porta ; rouge de fièvre et suant à grosses gouttes, le bonhomme exécuta les uns après les autres les trois signes donnés par le comte, malgré les effrayantes dislocations du correspondant de droite, qui, ne comprenant rien à ce changement, commençait à croire que l'homme aux brugnons était devenu fou.

Quant au correspondant de gauche, il répéta consciencieusement les mêmes signaux, qui furent recueillis définitivement au ministère de l'intérieur.

— Maintenant, vous voilà riche, dit Monte-Cristo.

— Oui, répondit l'employé, mais à quel prix !

— Écoutez, mon ami, dit Monte-Cristo, je ne veux pas que vous ayez des remords ; croyez-moi donc, car, je vous jure, vous n'avez fait de tort à personne, et vous avez servi les projets de Dieu.

L'employé regardait les billets de banque, les palpait, les comptait ; il était pâle, il était rouge ; enfin, il se précipita vers sa chambre pour boire un verre d'eau ; mais il n'eut pas le temps d'arriver jusqu'à la fontaine, et il s'évanouit au milieu de ses haricots secs.

Cinq minutes après que la nouvelle télégraphique fut arrivée au ministère, Debray fit mettre les chevaux à son coupé, et courut chez Danglars.

— Votre mari a des coupons de l'emprunt espagnol ? dit-il à la baronne.

— Je crois bien ! il en a pour six millions.

— Qu'il les vende à quelque prix que ce soit.

— Pourquoi cela ?

— Parce que don Carlos s'est sauvé de Bourges et est rentré en Espagne.

— Comment savez-vous cela ?

— Parbleu, dit Debray en haussant les épaules, comme je sais les nouvelles.

La baronne ne se le fit pas répéter deux fois : elle courut chez son mari, lequel courut à son tour chez son agent de change, et lui ordonna de vendre à tout prix.

Quand on vit que M. Danglars vendait, les fonds espagnols baissèrent aussitôt. Danglars y perdit cinq cent mille francs, mais il se débarrassa de tous ses coupons.

Le soir on lut dans *le Messager* :

Dépêche télégraphique.

« Le roi don Carlos a échappé à la surveillance qu'on exerçait sur lui à Bourges, et est rentré en Espagne par la frontière de Catalogne. Barcelonne s'est soulevée en sa faveur. »

Pendant toute la soirée il ne fut bruit que de la prévoyance de Danglars qui avait vendu ses coupons, et du bonheur de l'agioteur qui ne perdait que cinq cent mille francs sur un pareil coup.

Ceux qui avaient conservé leurs coupons ou acheté ceux de Danglars se regardèrent comme ruinés et passèrent une fort mauvaise nuit.

Le lendemain, on lut dans *le Moniteur* :

« C'est sans aucun fondement que *le Messager* a annoncé hier la fuite de don Carlos et la révolte de Barcelonne.

» Le roi don Carlos n'a pas quitté Bourges, et la Péninsule jouit de la plus profonde tranquillité.

« Un signe télégraphique mal interprété à cause du brouillard a donné lieu à cette erreur. »

Les fonds remontèrent d'un chiffre double de celui où ils étaient descendus.

Cela fit, en perte et en manque à gagner, un million de différence pour Danglars.

— Bon! dit Monte-Cristo à Morrel, qui se trouvait chez lui au moment où on annonçait l'étrange revirement de bourse dont Danglars avait été victime ; je viens de faire pour vingt-cinq mille francs une découverte que j'eusse payée cent mille.

— Que venez-vous donc de découvrir ? demanda Maximilien.

— Je viens de découvrir le moyen de délivrer un jardinier des loirs qui lui mangeaient ses pêches.

CHAP. LXI. — LES FANTOMES.

A la première vue, et examinée du dehors, la maison d'Auteuil n'avait rien de splendide, rien de ce qu'on pouvait attendre d'une habitation destinée au magnifique comte de Monte-Cristo ; mais cette simplicité tenait à la volonté du maître, qui avait positivement ordonné que rien ne fût changé à l'extérieur, il n'était besoin pour s'en convaincre que de considérer l'intérieur. En effet, à peine la porte était-elle ouverte que le spectacle changeait.

M. Bertuccio s'était surpassé lui-même pour le goût des ameublemens et la rapidité de l'exécution : comme autrefois le duc d'Antin avait fait abattre en une nuit une allée d'arbres qui gênait le regard de Louis XIV, de même en trois jours M. Bertuccio avait fait planter une cour entièrement nue, et de beaux peupliers, des sycomores venus avec leurs blocs énormes de racines, ombrageaient la façade principale de la maison, devant laquelle, au lieu de pavés à moitié cachés par l'herbe, s'étendait une pelouse de gazon, dont les plaques avaient été posées le matin même, et qui formait un vaste tapis où perlait encore l'eau dont on l'avait arrosé.

Au reste, les ordres venaient du comte ; lui-même avait remis à Bertuccio un plan où étaient indiqués le nombre et la place des arbres qui devaient être plantés, la forme et l'espace de la pelouse qui devait succéder aux pavés.

Vue ainsi, la maison était devenue méconnaissable ; et Bertuccio lui-même protestait qu'il ne la reconnaissait plus, emboîtée qu'elle était dans son cadre de verdure.

L'intendant n'eût pas été fâché, tandis qu'il y était, de faire subir quelques transformations au jardin, mais le comte avait positivement défendu qu'on y touchât en rien. Bertuccio s'en dédommagea en encombrant de fleurs les antichambres, les escaliers et les cheminées.

Ce qui annonçait l'extrême habileté de l'intendant et la profonde science du maître, l'un pour servir, l'autre pour se faire servir, c'est que cette maison, déserte depuis vingt années, si sombre et si triste encore la veille, tout imprégnée qu'elle était de cette fade odeur qu'on pourrait appeler l'odeur du temps, avait pris en un jour, avec l'aspect de la vie, les parfums que préférait le maître, et jusqu'au degré de son jour favori ; c'est que le comte, en arrivant, avait là sous sa main ses livres et ses armes ; sous ses yeux ses tableaux préférés ; dans les antichambres les chiens dont il aimait les caresses, les oiseaux dont il aimait le chant ; c'est que toute cette maison, réveillée de son long sommeil comme le palais de la Belle au bois dormant, vivait, chantait, s'épanouissait, pareille à ces maisons que nous avons depuis longtemps chéries, et dans lesquelles, lorsque par malheur nous les quittons, nous laissons involontairement une partie de notre âme.

Des domestiques allaient et venaient joyeux dans cette belle cour : les uns possesseurs des cuisines, et glissant, comme s'ils eussent toujours habité cette maison dans des escaliers restaurés de la veille, les autres peuplant les remises, où les équipages, numérotés et casés, semblaient installés depuis cinquante ans ; et les écuries, où les chevaux au ratelier répondaient en hennissant aux palefreniers qui leur parlaient avec infiniment plus de respect que beaucoup de domestiques ne parlent à leurs maîtres.

La bibliothèque était disposée sur deux corps, aux deux côtés de la muraille, et contenait deux mille volumes à peu près : tout un compartiment était destiné aux romans modernes, et celui qui avait paru la veille était déjà rangé à sa place, se pavanant dans sa reliure rouge et or.

De l'autre côté de la maison, faisant pendant à la bibliothèque, il y avait la serre, garnie de plantes rares et s'épanouissant dans de larges potiches japonaises, et au milieu de la serre, merveille à la fois des yeux et de l'odorat, un billard que l'on eût dit abandonné depuis une heure au plus par les joueurs, qui avaient laissé mourir les billes sur le tapis.

Une seule chambre avait été respectée par le magnifique Bertuccio. Devant cette chambre, située à l'angle gauche du premier étage, à laquelle on pouvait monter par le grand escalier, et dont on pouvait sortir par l'escalier dérobé, les domestiques passaient avec curiosité et Bertuccio avec terreur.

A cinq heures précises, le comte arriva, suivi d'Ali, devant la maison d'Auteuil. Bertuccio attendait cette arrivée avec une impatience mêlée d'inquiétude ; il espérait quelques compliments, tout en redoutant un froncement de sourcils.

Monte-Cristo descendit dans la cour, parcourut toute la maison et fit le tour du jardin, silencieux et sans donner le moindre signe d'approbation ni de mécontentement.

Seulement, en entrant dans sa chambre à coucher, située du côté opposé à la chambre fermée, il étendit la main vers le tiroir d'un petit meuble en bois de rose, qu'il avait déjà distingué à son premier voyage.

— Cela ne peut servir qu'à mettre des gants, dit-il.

— En effet, Excellence, répondit Bertuccio ravi, ouvrez, et vous y trouverez des gants.

Dans les autres meubles, le comte trouva encore ce qu'il comptait y trouver, flacons, cigares, bijoux.

— Bien ! dit-il encore.

Et M. Bertuccio se retira l'âme ravie, tant était grande, puissante et réelle l'influence de cet homme sur tout ce qui l'entourait.

A six heures précises, on entendit piétiner un cheval devant la porte d'entrée. C'était notre capitaine des spahis qui arrivait sur *Médéah*.

Monte-Cristo l'attendait sur le perron, le sourire aux lèvres.

— Me voilà le premier, j'en suis bien sûr, lui cria Morrel ; je l'ai fait exprès pour vous avoir un instant à moi seul avant tout le monde. Julie et Emmanuel vous disent des millions de choses. Ah ! mais, savez-vous que c'est magnifique ici ? Dites-moi, comte, est-ce que vos gens auront bien soin de mon cheval ?

— Soyez tranquille, mon cher Maximilien, ils s'y connaissent.

— C'est qu'il a besoin d'être bouchonné. Si vous saviez de quel train il a été ! Une véritable trombe.

— Peste, je le crois bien, un cheval de cinq mille francs ! dit Monte-Cristo du ton qu'un père mettrait à parler à son fils.

— Vous les regrettez ? dit Morrel avec son franc sourire.

— Moi ! Dieu m'en préserve ! répondit le comte. Non. Je regretterais seulement que le cheval ne fût pas bon.

— Il est si bon, mon cher comte, que M. de Château-Renaud, l'homme le plus connaisseur de France, et M. Debray qui monte les arabes du ministère, courent après moi en ce moment, et sont un peu distancés comme vous voyez, et encore sont-ils talonnés par les chevaux de la baronne Danglars qui vont au trot à faire tout bonnement leurs six lieues à l'heure.

— Alors, ils vous suivent ? demanda Monte-Cristo.

— Tenez, les voilà.

En effet, au moment même, un coupé à l'attelage tout fumant et deux chevaux de selle hors d'haleine arrivèrent devant la grille de la maison qui s'ouvrit devant eux. Aussitôt le coupé décrivit son cercle et vint s'arrêter au perron, suivi de deux cavaliers.

En un instant Debray eut mis pied à terre, et se trouva à la portière. Il offrit sa main à la baronne, qui lui fit en descendant un geste imperceptible pour tout autre que pour Monte-Cristo.

Mais le comte ne perdait rien, et dans ce geste il vit reluire un petit billet blanc aussi imperceptible que le geste, et qui passa avec une aisance qui indiquait l'habitude de cette manœuvre de la main de madame Danglars dans celle du secrétaire du ministre.

Derrière sa femme descendit le banquier, pâle comme s'il fût sorti du sépulcre au lieu de sortir de son coupé.

Madame Danglars jeta autour d'elle un regard rapide et investigateur que Monte-Cristo seul put comprendre, et dans lequel elle embrassa la cour, le péristyle, la façade de la maison ; puis, réprimant une légère émotion qui se fût certes traduite sur son visage, s'il eût été permis à son visage de pâlir, elle monta le perron tout en disant à Morrel :

— Monsieur, si vous étiez de mes amis, je vous demanderais si votre cheval est à vendre.

Morrel fit un sourire qui ressemblait fort à une grimace, et se retourna vers Monte-Cristo, comme pour le prier de le tirer de l'embarras où il se trouvait.

Le comte le comprit.

— Ah ! madame, répondit-il, pourquoi n'est-ce point à moi que cette demande s'adresse ?

— Avec vous, monsieur, dit la baronne, on n'a le droit de ne rien désirer, car on est trop sûr d'obtenir. Aussi était-ce à M. Morrel.

— Malheureusement, reprit le comte, je suis témoin que M. Morrel ne peut céder son cheval, son honneur étant engagé à ce qu'il le garde.

— Comment cela ?

— Il a parié dompter *Médéah* dans l'espace de six mois. Vous comprenez maintenant, baronne, que s'il s'en défaisait avant le terme fixé par le pari, non seulement il le perdrait, mais encore on dirait qu'il a eu peur ; et un capitaine de spahis, même pour passer un caprice à une jolie femme, ce qui est, à mon avis, une des choses les plus sacrées de ce monde, ne peut laisser courir un pareil bruit.

— Vous voyez, madame... dit Morrel tout en adressant à Monte-Cristo un sourire reconnaissant.

— Il me semble d'ailleurs, dit Danglars avec un ton

bourru mal déguisé par son sourire épais, que vous en avez assez comme cela de chevaux.

Ce n'était point l'habitude de madame Danglars de laisser passer de pareilles attaques sans y riposter, et cependant, au grand étonnement des jeunes gens, elle fit semblant de ne pas entendre et ne répondit rien.

Monte-Cristo souriait à ce silence, qui dénonçait une humilité inaccoutumée, tout en montrant à la baronne deux immenses pots de porcelaine de Chine, sur lesquels serpentaient des végétations marines d'une grosseur et d'un travail tels, que la nature seule peut avoir cette richesse, cette sève et cet esprit.

La baronne était émerveillée.

— Eh! mais, on planterait là-dedans un marronnier des Tuileries! dit-elle; comment donc a-t-on jamais pu faire cuire de pareilles énormités?

— Ah! madame, dit Monte-Cristo, il ne faut pas nous demander cela à nous autres faiseurs de statuettes et de verre-mousseline; c'est un travail d'un autre âge, une espèce d'œuvre des génies de la terre et de la mer.

— Comment cela? et de quelle époque cela peut-il être?

— Je ne sais pas; seulement j'ai ouï dire qu'un empereur de la Chine avait fait construire un four exprès; que dans ce four, les uns après les autres, on avait fait cuire douze pots pareils à ceux-ci. Deux se brisèrent sous l'ardeur du feu : on descendit les dix autres à trois cents brasses au fond de la mer. La mer, qui savait ce que l'on demandait d'elle, jeta sur eux ses lianes, tordit ses coraux, incrusta ses coquilles; le tout fut cimenté par deux cents années sous ses profondeurs inouïes, car une révolution emporta l'empereur qui avait voulu faire cet essai, et ne laissa que le procès-verbal qui constatait la cuisson des vases et leur descente au fond de la mer. Au bout de deux cents ans on retrouva le procès-verbal, et l'on songea à retirer les vases. Des plongeurs allèrent, sous des machines faites exprès, à la découverte dans la baie où on les avait jetés; mais sur les dix on n'en retrouva plus que trois, les autres avaient été dispersés et brisés par les flots. J'aime ces vases, au fond desquels je me figure parfois que des monstres informes, effrayans, mystérieux et pareils à ceux que voient les seuls plongeurs, ont fixé avec étonnement leur regard terne et froid, et dans lesquels ont dormi des myriades de poissons qui s'y réfugiaient pour fuir la poursuite de leurs ennemis.

Pendant ce temps, Danglars, peu amateur de curiosités, arrachait machinalement, et l'une après l'autre, les fleurs d'un magnifique oranger; quand il eut fini avec l'oranger, il s'adressa à un cactus, mais alors le cactus, d'un caractère moins facile que l'oranger, le piqua outrageusement.

Alors il tressaillit et se frotta les yeux comme s'il sortait d'un songe.

— Monsieur, lui dit Monte-Cristo en souriant, vous qui êtes amateur de tableaux et qui avez de si magnifiques choses, je ne vous recommande pas les miens. Cependant voici deux Hobbema, un Paul Potter, un Mieris, deux Gérard Dow, un Raphaël, un Van-Dick, un Zurbaran et deux ou trois Murillo, qui sont dignes de vous être présentés.

— Tiens! dit Debray, voici un Hobbema que je reconnais.

— Ah! vraiment!

— Oui, on est venu le proposer au musée.

— Qui n'en a pas, je crois? hasarda Monte-Cristo.

— Non, et qui cependant a refusé de l'acheter.

— Pourquoi cela? demanda Château-Renaud.

— Vous êtes charmant, vous; parce que le gouvernement n'est point assez riche.

— Ah! pardon! dit Château-Renaud. J'entends dire cependant de ces choses-là tous les jours depuis huit ans, et je ne puis pas encore m'y habituer.

— Cela viendra, dit Debray.

— Je ne crois pas, dit Château-Renaud.

— M. le major Bartolomeo Cavalcanti, M. le vicomte Andrea Cavalcanti, annonça Baptistin.

Un col de satin noir sortant des mains du fabricant une barbe fraîche, des moustaches grises, l'œil assuré un habit de major orné de trois plaques et de cinq croix, en somme une tenue irréprochable de vieux soldat, tel apparut le major Bartolomeo Cavalcanti, ce tendre père que nous connaissons.

Près de lui, couvert d'habits tout flambans neufs, s'avançait, le sourire sur les lèvres, le vicomte Andrea Cavalcanti, ce respectueux fils que nous connaissons encore.

Les trois jeunes gens causaient ensemble; leurs regards se portaient du père au fils, et s'arrêtèrent tout naturellement plus long-temps sur ce dernier, qu'ils détaillèrent.

— Cavalcanti! dit Debray.

— Un beau nom, fit Morrel, peste!

— Oui, dit Château-Renaud, c'est vrai, ces Italiens se nomment bien, mais ils s'habillent mal.

— Vous êtes difficile, Château-Renaud, reprit Debray, ces habits sont d'un excellent faiseurs, et tout neufs.

— Voilà justement ce que je leur reproche. Ce monsieur a l'air de s'habiller aujourd'hui pour la première fois.

— Qu'est-ce que ces messieurs? demanda Danglars au comte de Monte-Cristo.

— Vous avez entendu, des Cavalcanti.

— Cela m'apprend leur nom, voilà tout.

— Ah! c'est vrai, vous n'êtes pas au courant de nos noblesses d'Italie; qui dit Cavalcanti, dit race de princes.

— Belle fortune? demanda le banquier.

— Fabuleuse.

— Que font-ils?

— Ils essaient de la manger sans pouvoir en venir à bout. Ils ont d'ailleurs des crédits sur vous, à ce qu'ils m'ont dit en me venant voir avant-hier. Je les ai même invités à votre intention. Je vous les présenterai.

— Mais il me semble qu'ils parlent très purement le français, dit Danglars.

— Le fils a été élevé dans un collège du midi, à Marseille, ou dans les environs, je crois. Vous le trouverez dans l'enthousiasme.

— De quoi? demanda la baronne.

— Des Françaises, madame. Il veut absolument prendre une femme à Paris.

— Une belle idée qu'il a là! dit Danglars en haussant les épaules.

Madame Danglars regarda son mari avec une expression qui, dans tout autre moment, eût présagé un orage; mais pour la seconde fois elle se tut.

— Le baron paraît bien sombre aujourd'hui, dit Monte-Cristo à madame Danglars; est-ce qu'on voudrait le faire ministre, par hasard?

— Non pas encore, que je sache. Je crois plutôt qu'il aura joué à la Bourse, qu'il aura perdu, et qu'il ne sait à qui s'en prendre.

— M. et madame de Villefort! cria Baptistin.

Les deux personnes annoncées entrèrent. M. de Villefort, malgré sa puissance sur lui-même, était visiblement ému. En touchant sa main, Monte-Cristo sentit qu'elle tremblait.

— Décidément il n'y a que les femmes pour savoir dissimuler, se dit Monte-Cristo à lui-même et en regardant madame Danglars qui souriait au procureur du roi et qui embrassait sa femme.

Après les premiers complimens, le comte vit Bertuccio qui, occupé jusque-là du côté de l'office, se glissait dans un petit salon attenant à celui dans lequel on se trouvait. Il alla à lui.

— Que voulez-vous, M. Bertuccio? lui dit-il.

— Son Excellence ne m'a pas dit le nombre de ses convives.

— Ah! c'est vrai.

— Combien de couver[ts?]

— Comptez vous-même.
— Tout le monde est-il arrivé, Excellence?
— Oui.

Bertuccio glissa son regard à travers la porte entre-bâillée.

Monte-Cristo le couvait des yeux.
— Ah! mon Dieu! s'écria-t-il.
— Quoi donc? demanda le comte.
— Cette femme!... Cette femme!...
— Laquelle?
— Celle qui a une robe blanche et tant de diamans!... la blonde!
— Madame Danglars?
— Je ne sais pas comment on la nomme. Mais c'est elle, monsieur, c'est elle.
— Qui elle?
— La femme du jardin! celle qui était enceinte! celle qui se promenait en attendant!... en attendant!...

Bertuccio demeura la bouche ouverte, pâle et les cheveux hérissés.

— En attendant qui?

Bertuccio, sans répondre, montra Villefort du doigt, à peu près du même geste dont Macbeth montra Banco.

— Oh!... oh!... murmura-t-il enfin, voyez-vous?
— Quoi? qui?
— Lui!
— Lui!... M. le procureur du roi de Villefort? Sans doute que je le vois.
— Mais je ne l'ai donc pas tué!
— Ah ça, mais je crois que vous devenez fou, mon brave monsieur Bertuccio, dit le comte.
— Mais il n'est donc pas mort!
— Eh non! il n'est pas mort, vous le voyez bien; au lieu de le frapper entre la sixième et la septième côte gauche, comme c'est la coutume de vos compatriotes, vous aurez frappé plus haut ou plus bas; et ces gens de justice, ça vous a l'ame chevillée dans le corps; ou bien plutôt rien de ce que vous m'avez raconté n'est vrai, c'est un rêve de votre imagination, une hallucination de votre esprit; vous vous serez endormi ayant mal digéré votre vengeance; elle vous aura pesé sur l'estomac; vous aurez eu le cauchemar, voilà tout. Voyons, rappelez votre calme, et comptez: M. et madame de Villefort, deux; M. et madame Danglars, quatre; M. de Château-Renaud, M. Debray, M. Morrel, sept; M. le major Bartolomeo Cavalcanti, huit.

— Huit! répéta Bertuccio.
— Attendez donc! attendez donc! vous êtes bien pressé de vous en aller, que diable! vous oubliez un de mes convives. Appuyez un peu à gauche... tenez.... M. Andrea Cavalcanti, ce jeune homme en habit noir qui regarde la Vierge de Murillo, qui se retourne.

Cette fois Bertuccio commença un cri que le regard de Monte-Cristo éteignit sur ses lèvres.

— Benedetto! murmura-t-il tout bas, fatalité!
— Voilà six heures et demie qui sonnent, monsieur Bertuccio, dit sévèrement le comte; c'est l'heure où j'ai donné l'ordre qu'on se mit à table; vous savez que je n'aime point à attendre.

Et Monte-Cristo rentra dans le salon où l'attendaient ses convives, tandis que Bertuccio regagnait la salle à manger en s'appuyant contre les murailles.

Cinq minutes après, les deux portes du salon s'ouvrirent. Bertuccio parut, et faisant comme Vatel à Chantilly un dernier et héroïque effort :

— Monsieur le comte est servi, dit-il.

Monte-Cristo offrit le bras à madame de Villefort.
— Monsieur de Villefort, dit-il, faites-vous le cavalier de madame la baronne Danglars, je vous prie.

Villefort obéit, et l'on passa dans la salle à manger.

CHAP. LXII. — LE DINER.

Il était évident qu'en passant dans la salle à manger un même sentiment animait tous les convives. Ils se demandaient quelle bizarre influence les avait amenés tous dans cette maison, et cependant tout étonnés et même tout inquiets que quelques uns étaient de s'y trouver, ils n'eussent point voulu ne pas y être.

Et cependant des relations d'une date récente, la position excentrique et isolée, la fortune inconnue et presque fabuleuse du comte, faisaient un devoir aux hommes d'être circonspects, et aux femmes une loi de ne point entrer dans cette maison où il n'y avait point de femmes pour les recevoir; et cependant hommes et femmes avaient passé les uns sur la circonspection, les autres sur la convenance; et la curiosité, les pressant de son irrésistible aiguillon, l'avait emporté sur le tout.

Il n'y avait point jusqu'à Cavalcanti père et fils qui, l'un malgré sa raideur, l'autre malgré sa désinvolture, ne parussent préoccupés de se trouver réunis chez cet homme dont ils ne pouvaient comprendre le but, et d'autres hommes qu'ils voyaient pour la première fois.

Madame Danglars avait fait un mouvement en voyant, sur l'invitation de Monte-Cristo, M. de Villefort s'approcher d'elle pour lui offrir le bras, et M. de Villefort avait senti son regard se troubler sous ses lunettes d'or en sentant le bras de la baronne se poser sur le sien.

Aucun de ces deux mouvemens n'avait échappé au comte, et déjà, dans cette simple mise en contact des individus, il y avait pour l'observateur de cette scène un fort grand intérêt.

M. de Villefort avait à sa droite madame Danglars, et à sa gauche Morrel.

Le comte était assis entre madame de Villefort et Danglars.

Les autres intervalles étaient remplis par Debray, assis entre Cavalcanti père et Cavalcanti fils, et par Château-Renaud, assis entre madame de Villefort et Morrel.

Le repas fut magnifique; Monte-Cristo avait pris à tâche de renverser complètement la symétrie parisienne et de donner plus encore à la curiosité qu'à l'appétit de ses convives l'aliment qu'elle désirait. Ce fut un festin oriental qui leur fut offert, mais oriental à la manière dont pouvaient l'être les festins des fées arabes.

Tous les fruits que les quatre parties du monde peuvent verser intacts et savoureux dans la corne d'abondance de l'Europe, étaient amoncelés en pyramides dans les vases de Chine et dans les coupes du Japon. Les oiseaux rares avec la partie brillante et leur plumage, les poissons monstrueux étendus sur des lames d'argent, tous les vins de l'Archipel, de l'Asie-Mineure et du Cap, enfermés dans des fioles aux formes bizarres et dont la vue semblait encore ajouter à la saveur de ces vins défilèrent, comme une de ces revues qu'Apicius passait avec ses convives, devant ces Parisiens qui comprenaient bien que l'on pût dépenser mille louis à un dîner de dix personnes, mais à la condition que, comme Cléopâtre, on mangerait des perles, ou que, comme Laurent de Médicis, on boirait de l'or fondu.

Monte-Cristo vit l'étonnement général, et se mit à rire et à railler tout haut.

— Messieurs, dit-il, vous admettez bien ceci, n'est-ce pas, c'est-qu'à arrivé à un certain degré de fortune, il n'y a plus de nécessaire que le superflu, comme ces dames admettront qu'arrivé à un certain degré d'exaltation, il n'y a plus de positif que l'idéal? Or, en poursuivant le raisonnement, qu'est-ce que le merveilleux? Ce que nous ne comprenons pas. Qu'est-ce qu'un bien véritablement désirable? Un bien que nous ne pouvons pas avoir. Or, voir des choses que je ne puis comprendre, me procurer des choses impossibles à avoir, telle est l'étude de toute ma vie. J'y arrive avec deux moyens : l'argent et la volonté. Je mets à poursuivre une fantaisie, par exemple, la même persévérance que vous mettez, vous, monsieur Danglars, à créer une ligne de chemin de fer; vous, monsieur de Villefort, à faire condamner un homme à mort; vous, monsieur Debray, à pacifier un royaume; vous, monsieur de Château-Renaud, à plaire à une femme; et vous, Morrel, à dompter un cheval que personne ne peut monter. Ainsi, par exemple, voyez ces deux poissons, nés, l'un à cinquante lieues de Saint-Pétersbourg, l'autre à cinq lieues de Naples. N'est-ce pas amusant de les réunir sur la même table?

— Quels sont donc ces deux poissons? demanda Danglars.

— Voici M. de Château-Renaud, qui a habité la Russie, qui vous dira le nom de l'un, répondit Monte-Cristo, et voici M. le major Cavalcanti, qui est Italien, qui vous dira le nom de l'autre.

— Celui-ci, dit Château-Renaud, est, je crois, un sterlet.

— A merveille.

— Et celui-là, dit Cavalcanti, est, si je ne me trompe, une lamproie.

— C'est cela même. Maintenant, monsieur Danglars, demandez à ces deux messieurs où se pêchent ces deux poissons.

— Mais, dit Château-Renaud, les sterlets se pêchent dans le Volga seulement.

— Mais, dit Cavalcanti, je ne connais que le lac de Fusaro qui fournisse des lamproies de cette taille.

— Et bien, justement, l'un vient du Volga et l'autre du lac de Fusaro.

— Impossible, s'écrièrent ensuite tous les convives.

— Eh bien! voilà justement ce qui m'amuse, dit Monte-Cristo. Je suis comme Néron; *cupitor impossibilium*; et voilà, vous aussi, ce qui vous amuse en ce moment, voilà enfin ce qui fait que cette chair, qui peut-être en réalité ne vaut pas celle de la perche ou du saumon, va vous sembler exquise tout à l'heure, c'est que dans votre esprit, il était impossible de se la procurer, et que cependant la voilà.

— Mais comment a-t-on fait pour transporter ces deux poissons à Paris?

— Oh! mon Dieu! rien de plus simple: on a apporté ces deux poissons chacun dans un grand tonneau matelassé, l'un de roseaux et d'herbes du fleuve, l'autre de joncs et de plantes du lac, ils ont été mis dans un fourgon fait exprès; ils ont vécu ainsi, le sterlet douze jours, et la lamproie huit; et tous deux vivaient parfaitement lorsque mon cuisinier s'en est emparé pour faire mourir l'un dans du lait, l'autre dans du vin. Vous ne le croyez pas, monsieur Danglars?

— J'en doute au moins, répondit Danglars, en souriant de son sourire épais.

— Baptistin, dit Monte-Cristo, faites apporter l'autre sterlet et l'autre lamproie; vous savez, ceux qui sont venus dans d'autres tonneaux et qui vivent encore.

Danglars ouvrit des yeux effarés; l'assemblée battit des mains.

Quatre domestiques apportèrent deux tonneaux garnis de plantes marines, dans chacun desquels palpitait un poisson pareil à ceux qui étaient servis sur la table.

— Mais pourquoi deux de chaque espèce? demanda Danglars.

— Parce que l'un pouvait mourir, répondit simplement Monte-Cristo.

— Vous êtes vraiment un homme prodigieux, dit Danglars, et les philosophes ont beau dire, c'est superbe d'être riche.

— Et surtout d'avoir des idées, dit madame Danglars.

— Oh! ne me faites pas honneur de celle-ci, madame; elle était fort en honneur chez les Romains; et Pline raconte qu'on envoyait d'Ostie à Rome, avec des relais d'esclaves qui les portaient sur leur tête, des poissons de l'espèce de celui qu'il appelle le *mulus*, et qui d'après le portrait qu'il en fait, est probablement la dorade. C'était aussi un luxe de l'avoir vivant, et un spectacle fort amusant que de le voir mourir, car en mourant il changeait trois ou quatre fois de couleur, et, comme un arc-en-ciel qui s'évapore, passait par toutes les nuances du prisme, après quoi on l'envoyait aux cuisines. Son agonie faisait partie de son mérite. Si on ne le voyait pas vivant, on le méprisait mort.

— Oui, dit Debray; mais il n'y a que sept ou huit lieues d'Ostie à Rome.

— Ah! ça c'est vrai! dit Monte-Cristo; mais où serait le mérite de venir dix-huit cents ans après Lucullus, si l'on ne faisait pas mieux que lui?

Les deux Cavalcanti ouvraient des yeux énormes, mais ils avaient le bon esprit de ne pas dire un mot.

— Tout cela est fort aimable, dit Château-Renaud; cependant ce que j'admire le plus, je l'avoue, c'est l'admirable promptitude avec laquelle vous êtes servi. N'est-il pas vrai, monsieur le comte, que vous n'avez acheté cette maison qu'il y a cinq ou six jours?

— Ma foi, tout au plus, dit Monte-Cristo.

— Eh bien! je suis sûr qu'en huit jours elle a subi une transformation complète; car, si je ne me trompe, elle avait une autre entrée que celle-ci, et la cour était pavée et vide, tandis qu'aujourd'hui la cour est un magnifique gazon bordé d'arbres qui paraissent avoir cent ans.

— Que voulez-vous? j'aime la verdure et l'ombre, dit Monte-Cristo.

— En effet, dit madame de Villefort, autrefois on entrait par une porte donnant sur la route, et le jour de ma miraculeuse délivrance, c'est par la route, je me rappelle, que vous m'avez fait entrer dans la maison.

— Oui, madame, dit Monte-Cristo; mais depuis j'ai préféré une entrée qui me permettrait de voir le bois de Boulogne à travers ma grille.

— En quatre jours, dit Morrel, c'est un prodige!

— En effet, dit Château-Renaud, d'une vieille maison en faire une neuve, c'est chose miraculeuse; car elle était fort vieille la maison, et même fort triste. Je me rappelle avoir été chargé par ma mère de la visiter, quand M. de Saint-Méran l'a mise en vente, il y a deux ou trois ans.

— M. de Saint-Méran! dit madame de Villefort; mais cette maison appartenait donc à M. de Saint-Méran avant que vous ne l'achetiez, monsieur le comte?

— Il paraît que oui, répondit Monte-Cristo.

— Comment, il paraît! Vous ne savez pas à qui vous avez acheté cette maison?

— Ma foi non, c'est mon intendant qui s'occupe de tous ces détails.

— Il est vrai qu'il y a au moins dix ans qu'elle n'avait été habitée, dit Château-Renaud, et c'était une grande tristesse que de la voir avec ses persiennes fermées, ses portes closes et ses herbes dans la cour. En vérité, si elle n'eût point appartenu au beau-père d'un procureur du roi, on eût pu la prendre pour une de ces maisons maudites où quelque grand crime a été commis.

Villefort, qui jusque-là n'avait point touché aux trois ou quatre verres de vins extraordinaires placés devant lui, en prit un au hasard et le vida d'un seul trait.

Monte-Cristo laissa s'écouler un instant; puis, au milieu du silence qui avait suivi les paroles de Château-Renaud:

— C'est bizarre, dit-il, monsieur le baron, mais même pensée m'est venue la première fois que j'y entrai; et cette maison me parut si lugubre, que jamais je ne l'eusse achetée si mon intendant n'eût fait la chose pour moi. Probablement que le drôle avait reçu quelque pourboire du tabellion.

— C'est probable, balbutia Villefort en essayant de sourire; mais croyez que je ne suis pour rien dans cette corruption. M. de Saint-Méran a voulu que cette maison, qui fait partie de la dot de sa petite fille, fût vendue, parce qu'en restant trois ou quatre ans inhabitée encore, elle fût tombée en ruines.

Ce fut Morrel qui pâlit à son tour.

— Il y avait surtout, continua Monte-Cristo, une

chambre, ah mon Dieu! bien simple en apparence, une chambre comme toutes les chambres, tendue de damas rouge, qui m'a paru, je ne sais pourquoi, dramatique au possible.

— Pourquoi cela? demanda Debray, pourquoi dramatique?

— Est-ce que l'on se rend compte des choses instinctives? dit Monte-Cristo; est-ce qu'il n'y a pas des endroits où il semble qu'on respire naturellement la tristesse? pourquoi? on n'en sait rien; par un enchaînement de souvenirs, par un caprice de la pensée qui nous reporte à d'autres temps, à d'autres lieux, qui n'ont peut-être aucun rapport avec les temps et les lieux où nous nous trouvons; tant il y a que cette chambre me rappelait admirablement la chambre de la marquise de Gange ou celle de Desdemona. Eh! ma foi, tenez, puisque nous avons fini de dîner, il faut que je vous la montre, puis nous redescendrons prendre le café au jardin; après le dîner, le spectacle.

Monte-Cristo fit un signe pour interroger ses convives. Madame de Villefort se leva, Monte-Cristo en fit autant, tout le monde imita leur exemple.

Villefort et madame Danglars demeurèrent un instant comme cloués à leur place; ils s'interrogeaient des yeux, froids, muets et glacés.

— Avez-vous entendu? dit madame Danglars.

— Il faut y aller, répondit Villefort en se levant et en lui offrant le bras.

Tout le monde était déjà épars dans la maison, poussé par la curiosité, car on pensait bien que la visite ne se bornerait pas à cette chambre, et qu'en même temps on parcourrait le reste de cette masure dont Monte-Cristo avait fait un palais. Chacun s'élança donc par les portes ouvertes. Monte-Cristo attendit les deux retardataires; puis, quand ils furent passés à leur tour, il ferma la marche avec un sourire qui, s'ils eussent pu le comprendre, eût épouvanté les convives bien autrement que cette chambre dans laquelle on allait entrer.

On commença en effet par parcourir les appartements, les chambres meublées à l'orientale avec des divans et des coussins pour tout lit, des pipes et des armes pour tous meubles; les salons tapissés des plus beaux tableaux des vieux maîtres; les boudoirs en étoffes de Chine aux couleurs capricieuses, aux dessins fantastiques, aux tissus merveilleux; puis enfin on arriva dans la fameuse chambre.

Elle n'avait rien de particulier, si ce n'est que, quoique le jour tombât, elle n'était point éclairée, et qu'elle était dans la vétusté, quand toutes les autres chambres avaient revêtu une parure neuve.

Ces deux causes suffisaient en effet pour lui donner une teinte lugubre.

— Hou! s'écria madame de Villefort, c'est effrayant, en effet.

Madame Danglars essaya de balbutier quelques mots qu'on n'entendit pas.

Plusieurs observations se croisèrent, dont le résultat fut qu'en effet la chambre de damas rouge avait un aspect sinistre.

— N'est-ce pas? dit Monte-Cristo. Voyez donc comme ce lit est bizarrement placé, quelle sombre et sanglante tenture; et ces deux portraits au pastel que l'humidité a fait pâlir, ne semblent-ils pas dire avec leurs lèvres blêmes et leurs yeux effarés : J'ai vu!

Villefort devint livide, madame Danglars tomba sur une chaise-longue placée près de la cheminée.

— Oh! dit madame de Villefort en souriant, avez-vous bien le courage de vous asseoir sur cette chaise où peut-être le crime a été commis?

Madame Danglars se leva vivement.

— Et puis, dit Monte-Cristo, ce n'est pas tout.

— Qu'y a-t-il donc encore? demanda Debray, à qui l'émotion de madame Danglars n'échappait point.

— Ah! oui, qu'y a-t-il encore? demanda Danglars, car jusqu'à présent j'avoue que je n'y vois pas grand'chose, et vous, monsieur Cavalcanti?

— Ah! dit celui-ci, nous avons à Pise la tour d'Ugolin, à Ferrare la prison du Tasse, et à Rimini la chambre de Francesca et de Paolo.

— Oui, mais vous n'avez pas ce petit escalier, dit Monte-Cristo en ouvrant une porte perdue dans la tenture regardez-le-moi, et dites ce que vous en pensez.

— Quelle sinistre cambrure d'escalier! dit Château-Renaud en riant.

— Le fait est, dit Debray, que je ne sais si c'est le vin de Chio qui porte à la mélancolie, mais certainement je vois cette maison tout en noir.

Quant à Morrel, depuis qu'il avait été question de la dot de Valentine, il était demeuré triste et n'avait pas prononcé un mot.

— Vous figurez-vous, dit Monte-Cristo, un Othello ou un abbé de Gange quelconque, descendant pas à pas, par une nuit sombre et orageuse, cet escalier avec quelque lugubre fardeau qu'il a hâte de dérober à la vue des hommes, sinon au regard de Dieu?

Madame Danglars s'évanouit à moitié au bras de Villefort, qui fut lui-même obligé de s'adosser à la muraille.

— Ah! mon Dieu! madame, s'écria Debray, qu'avez-vous donc? comme vous pâlissez!

— Ce qu'elle a, dit madame de Villefort, c'est bien simple; elle a que M. de Monte-Cristo nous raconte des histoires épouvantables, dans l'intention sans doute de nous faire mourir de peur.

— Mais oui, dit Villefort. En effet, comte, vous épouvantez ces dames.

— Qu'avez-vous donc? répéta tout bas Debray à madame Danglars.

— Rien, rien, dit celle-ci en faisant un effort; j'ai besoin d'air, voilà tout.

— Voulez-vous descendre au jardin? demanda Debray, en offrant son bras à madame Danglars et en s'avançant vers l'escalier dérobé.

— Non, dit-elle, non; j'aime encore mieux rester ici.

— En vérité, madame, dit Monte-Cristo, est-ce que cette terreur est sérieuse?

— Non, monsieur, dit madame Danglars; mais vous avez une façon de supposer les choses qui donne à l'illusion l'aspect de la réalité.

— Oh! mon Dieu, oui, dit Monte-Cristo en souriant, et tout cela est une affaire d'imagination; car aussi bien pourquoi ne pas plutôt se représenter cette chambre comme une bonne et honnête chambre de mère de famille? ce lit avec ses tentures de pourpre, comme un lit visité par la déesse Lucine, et cet escalier mystérieux, comme le passage par où, doucement et pour ne pas troubler le sommeil réparateur de l'accouchée, passe le médecin ou la nourrice, ou le père lui-même emportant l'enfant qui dort...

Cette fois, madame Danglars, au lieu de se rassurer à cette douce peinture, poussa un gémissement et s'évanouit tout à fait.

— Madame Danglars se trouve mal, balbutia Villefort; peut-être faudrait-il la transporter à sa voiture.

— Oh! mon Dieu! dit Monte-Cristo, et moi qui ai oublié mon flacon.

— J'ai le mien, dit madame de Villefort.

Et elle passa à Monte-Cristo un flacon plein d'une liqueur rouge pareille à celle dont le comte avait essayé sur Edouard la bienfaisante influence.

— Ah! dit Monte-Cristo en le prenant des mains de madame de Villefort.

— Oui, murmura celle-ci, sur vos indications j'ai essayé.

— Et vous avez réussi?

— Je le crois.

On avait transporté madame Danglars dans la chambre à côté. Monte-Cristo laissa tomber sur ses lèvres une goutte de la liqueur rouge, elle revint à elle.

— Oh! dit-elle, quel rêve affreux!

Villefort lui serra fortement le poignet pour lui faire comprendre qu'elle n'avait point rêvé.

On chercha M. Danglars; mais, peu disposé aux impressions poétiques, il était descendu au jardin, et causait avec M. Cavalcanti père d'un projet de chemin de fer de Livourne à Florence.

Monte-Cristo semblait désespéré; il prit le bras de madame Danglars et la conduisit au jardin, où l'on retrouva M. Danglars prenant le café entre MM. Cavalcanti père et fils

— En vérité, madame, lui dit-il, est-ce que je vous ai fort effrayée?

— Non, monsieur, mais vous savez, les choses nous impressionnent selon la disposition d'esprit où nous nous trouvons.

Villefort s'efforça de sourire.

— Et alors vous comprenez, dit-il, il suffit d'une supposition, d'une chimère...

— Eh bien! dit Monte-Cristo, vous me croirez si vous voulez, j'ai la conviction qu'un crime a été commis dans cette maison.

— Prenez garde, dit madame de Villefort, nous avons ici le procureur du roi.

— Ma foi, répondit Monte-Cristo, puisque cela se rencontre ainsi, j'en profiterai pour faire ma déclaration.

— Votre déclaration? dit Villefort.

— Oui, et en face de témoins.

— Tout cela est fort intéressant, dit Debray, et s'il y a réellement crime, nous allons faire admirablement la digestion.

— Il y a crime, dit Monte-Cristo. Venez par ici, messieurs; venez, monsieur de Villefort; pour que la déclaration soit valable, elle doit être faite aux autorités compétentes.

Monte-Cristo prit le bras de Villefort, et en même temps qu'il serrait sous le sien celui de madame Danglars, il traîna le procureur du roi jusque sous le platane où l'ombre était le plus épaisse.

Tous les autres convives suivaient.

— Tenez, dit Monte-Cristo, ici, à cette place même (et il frappait la terre du pied), ici, pour rajeunir ces arbres déjà vieux, j'ai fait creuser et mettre du terreau; eh bien! mes travailleurs, en creusant, ont déterré un coffre, ou plutôt des ferrures de coffre, au milieu desquelles était le squelette d'un enfant nouveau-né. Ce n'est pas de la fantasmagorie cela, j'espère.

Monte-Cristo sentit se raidir le bras de madame Danglars et frissonner le poignet de Villefort.

— Un enfant nouveau-né, répéta Debray; diable! ceci devient sérieux, ce me semble

— Eh bien! dit Château-Renaud, je ne me trompais donc pas quand je prétendais tout à l'heure que les maisons avaient une ame et un visage comme les hommes, et qu'elles portaient sur leur physionomie un reflet de leurs entrailles. La maison était triste parce qu'elle avait des remords, elle avait des remords parce qu'elle cachait un crime.

— Oh! qui dit que c'est un crime? reprit Villefort, tentant un dernier effort.

— Comment! un enfant enterré vivant dans un jardin, ce n'est pas un crime? s'écria Monte-Cristo. Comment appelez-vous donc cette action-là, monsieur le procureur du roi?

— Mais qui dit qu'il a été enterré vivant?

— Pourquoi l'enterrer là, s'il était mort? ce jardin n'a jamais été un cimetière.

— Que fait-on aux infanticides dans ce pays-ci? demanda naïvement le major Cavalcanti.

— Oh! mon Dieu! on leur coupe tout bonnement le cou, répondit Danglars.

— Ah! on leur coupe le cou, fit Cavalcanti.

— Je le crois... N'est-ce pas, monsieur de Villefort? demanda Monte-Cristo.

— Oui, monsieur le comte, répondit celui-ci avec un accent qui n'avait plus rien d'humain.

Monte-Cristo vit que c'était tout ce que pouvaient supporter les deux personnes pour lesquelles il avait préparé cette scène; et ne voulant pas la pousser trop loin:

— Mais le café, messieurs, dit-il; il me semble que nous l'oublions.

Et il ramena ses convives vers la table placée au milieu de la pelouse.

— En vérité, monsieur le comte, dit madame Danglars, j'ai honte d'avouer ma faiblesse, mais toutes ces affreuses histoires m'ont bouleversée; laissez-moi m'asseoir, je vous prie.

Et elle tomba sur une chaise.

Monte-Cristo la salua et s'approcha de madame de Villefort.

— Je crois que madame Danglars a encore besoin de votre flacon, dit-il.

Mais avant que madame de Villefort se fût approchée de son amie, le procureur du roi avait déjà dit à l'oreille de madame Danglars:

— Il faut que je vous parle.

— Quand cela?

— Demain.

— Où?

— A mon bureau, — au parquet si vous voulez, c'est encore là l'endroit le plus sûr.

— J'irai.

En ce moment madame de Villefort s'approcha.

— Merci, chère amie, dit madame Danglars en essayant de sourire, ce n'est plus rien, et je me sens tout-à-fait mieux.

LXIII. — LE MENDIANT.

La soirée s'avançait; madame de Villefort avait manifesté le désir de regagner Paris, ce que n'avait point osé faire madame Danglars, malgré le malaise évident qu'elle éprouvait.

Sur la demande de sa femme, M. de Villefort donna donc le premier le signal du départ. Il offrit une place dans son landau à madame Danglars, afin qu'elle eût les soins de sa femme. Quant à M. Danglars, absorbé dans une conversation industrielle des plus intéressantes avec M. Cavalcanti, il ne faisait aucune attention à tout ce qui se passait.

Monte-Cristo, tout en demandant son flacon à madame de Villefort, avait remarqué que M. de Villefort s'était approché de madame Danglars; et, guidé par sa situation, il avait deviné ce qu'il lui avait dit, quoiqu'il eût parlé si bas qu'à peine si madame Danglars elle-même l'avait entendu.

Il laissa, sans s'opposer à aucun arrangement, partir Morrel, Debray et Château-Renaud à cheval, et monter les deux dames dans le landau de M. de Villefort; de son côté, Danglars, de plus en plus enchanté de Cavalcanti père, l'invita à monter avec lui dans son coupé.

Quant à Andrea Cavalcanti, il gagna son tilbury qui l'attendait devant la porte, et dont un groom, qui exagérait les agrémens de la fashion anglaise, lui tenait, en se hissant sur la pointe de ses bottes, l'énorme cheval gris de fer.

Andrea n'avait pas beaucoup parlé durant le dîner, par cela même que c'était un garçon fort intelligent et qu'il avait tout naturellement éprouvé la crainte de dire quelque sottise au milieu de ses convives riches et puissans parmi lesquels son œil dilaté n'apercevait peut-être pas sans crainte un procureur du roi.

Ensuite, il avait été accaparé par M. Danglars, qui, après un rapide coup d'œil sur le vieux major au col raide et sur son fils encore un peu timide, en rapprochant tous ces symptômes de l'hospitalité de Monte-Cristo, avait pensé qu'il avait affaire à quelque nabab venu à Paris pour perfectionner son fils unique dans la vie mondaine.

Il avait donc contemplé avec une complaisance indicible l'énorme diamant qui brillait au petit doigt du major, car le major, en homme prudent et expérimenté, de peur qu'il n'arrivât quelque accident à ses billets de banque, les avait convertis à l'instant même en un objet de valeur. Puis, après le dîner, toujours sous prétexte d'industrie et de voyages, il avait questionné le père et le fils sur leur manière de vivre, et le père et le fils, prévenus que c'était chez Danglars que devait leur être ouvert, à l'un son crédit de quarante-huit mille francs une fois donnés, à l'autre son crédit annuel de cinquante mille livres, avaient été charmans et pleins d'affabilité pour le banquier, aux domestiques duquel, s'ils ne se fussent retenus, ils eussent serré la main, tant leur reconnaissance éprouvait le besoin de l'expansion.

Une chose surtout augmenta la considération, nous dirons presque la vénération de Danglars pour Cavalcanti. Celui-ci, fidèle au principe d'Horace : *nil admirari*, s'était contenté, comme on l'a vu, de faire preuve de science en disant de quel lac on tirait les meilleures lamproies. Puis il avait mangé sa part de celle-là sans dire un seul mot. Danglars en avait conclu que ces sortes de somptuosités étaient familières à l'illustre descendant des Cavalcanti, lequel se nourrissait probablement à Lucques de truites qu'il faisait venir de Suisse, et de langoustes qu'on lui envoyait de Bretagne par des procédés pareils à ceux dont le comte s'était servi pour faire venir des lamproies du lac Fusaro et des sterlets du fleuve Volga.

Aussi, avait-il accueilli avec une bienveillance très prononcée ces paroles de Cavalcanti :

— Demain, monsieur, j'aurai l'honneur de vous rendre visite pour affaires.

— Et moi, monsieur, avait répondu Danglars, je serai heureux de vous recevoir.

Sur quoi il avait proposé à Cavalcanti, si cependant cela ne le privait pas trop de se séparer de son fils, de le reconduire à l'hôtel des Princes.

Cavalcanti avait répondu que depuis long-temps son fils avait l'habitude de mener la vie de jeune homme ; qu'en conséquence, il avait ses chevaux et ses équipages à lui, et que, n'étant pas venus ensemble, il ne voyait pas de difficulté à ce qu'ils s'en allassent séparément.

Le major était donc monté dans la voiture de Danglars, et le banquier s'était assis à ses côtés, de plus en plus charmé des idées d'ordre et d'économie de cet homme qui, cependant, donnait à son fils cinquante mille francs par an, ce qui supposait une fortune de cinq ou six cent mille livres de rente.

Quant à Andrea, il commença, pour se donner bon air, à gronder son groom de ce qu'au lieu de le venir prendre au perron, il l'attendait à la porte de sortie, ce qui lui avait donné la peine de faire trente pas pour aller chercher son tilbury.

Le groom reçut la semonce avec humilité, prit, pour retenir le cheval impatient, et qui frappait du pied, le mors de la main gauche, tendit de la droite les rênes à Andrea, qui les prit et posa légèrement sa botte vernie sur le marche-pied.

En ce moment une main s'appuya sur son épaule. Le jeune homme se retourna pensant que Danglars ou Monte-Cristo avait oublié quelque chose à lui dire et revenait à la charge au moment du départ.

Mais au lieu de l'un et de l'autre, il n'aperçut qu'une figure étrange, hâlée par le soleil, encadrée dans une barbe de modèle, des yeux brillans comme des escarboucles et un sourire railleur s'épanouissant sur une bouche où brillaient, rangées à leur place et sans qu'il en manquât une seule, trente-deux dents blanches, aiguës et affamées comme celles d'un loup ou d'un chacal.

Un mouchoir à carreaux rouges coiffait cette tête aux cheveux grisâtres et terreux, un bourgeron des plus crasseux et des plus déchirés couvrait ce grand corps maigre et osseux, dont il semblait que les os, comme ceux d'un squelette, dussent cliqueter en marchant. Enfin, la main qui s'appuya sur l'épaule d'Andrea, et qui fut la première chose que vit le jeune homme, lui parut d'une dimension gigantesque.

Le jeune homme reconnut-il cette figure à la lueur de la lanterne de son tilbury, ou fut-il seulement frappé de l'horrible aspect de cet interlocuteur ? nous ne saurions le dire ; mais le fait est qu'il tressaillit et se recula vivement.

— Que me voulez-vous ? dit-il.

— Pardon ! notre bourgeois, répondit l'homme, en portant la main à son mouchoir rouge, je vous dérange peut-être, mais c'est que j'ai à vous parler.

— On ne mendie pas le soir, dit le groom en faisant un mouvement pour débarrasser son maître de son importun.

— Je ne mendie pas, mon joli garçon, dit l'homme inconnu au domestique, avec un sourire ironique et un sourire si effrayant que celui-ci s'écarta : je désire seulement dire deux mots à votre bourgeois qui m'a chargé d'une commission il y a quinze jours à peu près.

— Voyons, dit à son tour Andrea avec assez de force pour que le domestique ne s'aperçût point de son trouble, que voulez-vous ? dites vite, mon ami.

— Je voudrais... je voudrais... dit tout bas l'homme au mouchoir rouge, que vous voulussiez bien m'épargner la peine de retourner à Paris à pied. Je suis très fatigué, et comme je n'ai pas si bien dîné que toi, à peine si je puis me tenir.

Le jeune homme tressaillit à cette étrange familiarité.

— Mais enfin, lui dit-il, voyons, que voulez-vous ?

— Eh bien ! je veux que tu me laisses monter dans ta belle voiture et que tu me reconduises.

Andrea pâlit, mais ne répondit point.

— Oh ! mon Dieu oui, dit l'homme au mouchoir rouge en enfonçant ses mains dans ses poches et en regardant le jeune homme avec des yeux provocateurs, c'est une idée que j'ai comme cela, entends-tu, mon petit Benedetto.

A ce nom, le jeune homme réfléchit sans doute, car il s'approcha de son groom et lui dit :

— Cet homme a effectivement été chargé par moi d'une commission dont il a à me rendre compte. Allez à pied jusqu'à la barrière ; là, vous prendrez un cabriolet, afin de n'être point trop en retard.

Le valet surpris s'éloigna.

— Laissez-moi au moins gagner l'ombre, dit Andrea.

— Oh ! quant à cela, je vais moi-même te conduire en belle place, attends, dit l'homme au mouchoir rouge.

Et il prit le cheval par le mors, et conduisit le tilbury dans un endroit où il était effectivement impossible à qui que ce fût au monde de voir l'honneur que lui accordait Andrea.

— Oh ! moi, lui dit-il, ce n'est pas pour la gloire de monter dans une belle voiture ; non, c'est seulement parce que je suis fatigué, et puis un petit peu parce que j'ai à causer d'affaires avec toi.

— Voyons, montez, dit le jeune homme.

Il était fâcheux qu'il ne fît pas jour, car c'eût été un spectacle curieux que celui de ce gueux, assis carrément sur les coussins brochés près du jeune et élégant conducteur du tilbury.

Andrea poussa son cheval jusqu'à la dernière maison du village sans dire un seul mot à son compagnon, qui, de son côté, souriait et gardait le silence, comme s'il eût été ravi de se promener dans une si bonne locomotive.

Une fois hors d'Auteuil, Andrea regarda autour de lui pour s'assurer sans doute que nul ne pouvait ni les voir ni les entendre, et alors, arrêtant son cheval et se croisant les bras devant l'homme au mouchoir rouge :

— Ah ça, lui dit-il, pourquoi venez-vous me troubler dans ma tranquillité?

— Mais toi-même, mon garçon, pourquoi te défies-tu de moi?

— Et en quoi me suis-je défié de vous?

— En quoi? tu le demandes? nous nous quittons au pont du Var, tu me dis que tu vas voyager en Piémont et en Toscane, et pas du tout, tu viens à Paris.

— En quoi cela vous gêne-t-il?

— En rien; au contraire, j'espère même que cela va m'aider.

— Ah! ah! dit Andrea c'est-à-dire que vous spéculez sur moi.

— Allons! voilà les gros mots qui arrivent.

— C'est que vous auriez tort, maître Caderousse, je vous en préviens.

— Eh! mon Dieu, ne te fâche pas, le petit; tu dois pourtant savoir ce que c'est que le malheur; eh bien! le malheur, ça rend jaloux. Je te crois courant le Piémont et la Toscane, obligé de te faire *faccino* ou *cicerone*, je te plains du fond de mon cœur, comme je plaindrais mon enfant. Tu sais que je t'ai toujours appelé mon enfant.

— Après? après?

— Patience donc, salpêtre!

— J'en ai de la patience; voyons, achevez...

— Et je te vois tout d'un coup passer à la barrière des Bons-Hommes avec un groom, avec un tilbury, avec des habits tout flambans neufs. Ah ça, mais tu as donc découvert une mine, ou acheté une charge d'agent de change?

— De sorte que, comme vous l'avouez, vous êtes jaloux?

— Non, je suis content, si content, que j'ai voulu te faire mes complimens, le petit; mais comme je n'étais pas vêtu régulièrement, j'ai pris mes précautions pour ne pas te compromettre.

— Belles précautions! dit Andrea, vous m'abordez devant mon domestique.

— Eh! que veux-tu, mon enfant? je t'aborde quand je puis te saisir. Tu as un cheval très vif, un tilbury très léger; tu es naturellement glissant comme une anguille; si je t'avais manqué ce soir, je courais risque de ne pas te rejoindre.

— Vous voyez bien que je ne me cache pas.

— Tu es bien heureux, et j'en voudrais bien dire autant; moi, je me cache; sans compter que j'avais peur que tu ne me reconnusses pas; mais tu m'as reconnu, ajouta Caderousse avec son mauvais sourire; allons, tu es bien gentil.

— Voyons, dit Andrea, que vous faut-il?

— Tu ne me tutoies plus, c'est mal, Benedetto, un ancien camarade; prends garde, tu vas me rendre exigeant.

Cette menace fit tomber la colère du jeune homme : le vent de la contrainte venait de souffler dessus.

Il remit son cheval au trot.

— C'est mal à toi-même, Caderousse, dit-il, de t'y prendre ainsi envers un ancien camarade, comme tu disais tout à l'heure, tu es Marseillais, je suis...

— Tu le sais donc, ce que tu es maintenant?

— Non, mais j'ai été élevé en Corse; tu es vieux et entêté, je suis jeune et têtu. Entre gens comme nous, la menace est mauvaise, et tout doit se faire à l'amiable. Est-ce ma faute si la chance, qui continue d'être mauvaise pour toi, est bonne pour moi au contraire?

— Elle est donc bonne la chance? ce n'est donc pas un groom d'emprunt, ce n'est donc pas un tilbury d'emprunt, ce ne sont donc pas des habits d'emprunt que nous avons-là? Bon, tant mieux! dit Caderousse avec des yeux brillans de convoitise.

— Oh! tu le vois bien et tu le sais bien, puisque tu m'abordes, dit Andrea s'animant de plus en plus. Si j'avais un mouchoir comme le tien sur ma tête, un bourgeron crasseux sur les épaules et des souliers percés aux pieds, tu ne me reconnaîtrais pas.

— Tu vois bien que tu me méprises, le petit, et tu as tort; maintenant que je t'ai retrouvé, rien ne m'empêche d'être vêtu d'elbeuf comme un autre, attendu que je te connais bon cœur : si tu as deux habits, tu m'en donneras bien un; je te donnais ma portion de soupe et de haricots, moi, quand tu avais trop faim.

— C'est vrai, dit Andrea.

— Quel appétit tu avais! est-ce que tu as toujours bon appétit?

— Mais oui, dit Andrea en riant.

— Comme tu as dû dîner chez ce prince d'où tu sors!

— Ce n'est pas un prince, mais tout bonnement un comte.

— Un comte, et un riche, hein?

— Oui, mais ne t'y fie pas; c'est un monsieur qui n'a pas l'air commode.

— Oh! mon Dieu, sois donc tranquille! On n'a pas de projets sur ton comte, et on te le laissera pour toi tout seul. Mais, ajouta Caderousse en reprenant ce mauvais sourire qui avait déjà effleuré ses lèvres, il faut donner quelque chose pour cela, tu comprends.

— Voyons, que te faut-il?

— Je crois qu'avec cent francs par mois...

— Eh bien!

— Je vivrais...

— Avec cent francs?

— Mais mal, tu comprends bien; mais avec...

— Avec?

— Cent cinquante francs je serais fort heureux.

— En voilà deux cents, dit Andrea.

Et il mit dans la main de Caderousse dix louis d'or.

— Bon, fit Caderousse.

— Présente-toi chez le concierge tous les premiers du mois et tu en trouveras autant.

— Allons, voilà encore que tu m'humilies.

— Comment cela?

— Tu me mets en rapport avec de la valetaille; non, vois-tu, je ne veux avoir affaire qu'à toi.

— Eh bien! soit, demande-moi, et tous les premiers du mois, au moins tant que je toucherai ma rente, toi, tu toucheras la tienne.

— Allons, allons, je vois que je ne m'étais pas trompé, tu es un brave garçon, et c'est une bénédiction quand le bonheur arrive à des gens comme toi. Voyons, conte-moi ta bonne chance.

— Qu'as-tu besoin de savoir cela? demanda Cavalcanti.

— Bon! encore de la défiance!

— Non. Eh bien! j'ai retrouvé mon père.

— Un vrai père?

— Dame! tant qu'il paiera...

— Tu croiras et tu honoreras; c'est juste, comment l'appelles-tu, ton père?

— Le major Cavalcanti.

— Et il se contente de toi!

— Jusqu'à présent il paraît que je lui suffis.

— Et qui t'a fait retrouver ce père-là?

— Le comte de Monte-Cristo.

— Celui de chez qui tu sors?

— Oui.

— Dis donc, tâche donc de me placer chez lui comme grand parent, puisqu'il tient bureau.

— Soit, je lui parlerai de toi; mais en attendant que vas-tu faire?

— Moi!

— Oui, toi.

— Tu es bien bon de t'occuper de cela, dit Caderousse.

— Il me semble, puisque tu prends intérêt à moi, reprit Andrea, que je puis bien à mon tour prendre quelques informations.

— C'est juste... je vais louer une chambre dans une maison honnête, me couvrir d'un habit décent, me faire raser tous les jours et aller lire les journaux au café. Le soir, j'entrerai dans quelque spectacle avec un chef de claque, j'aurai l'air d'un boulanger retiré, c'est mon rêve.

— Allons, c'est bon! Si tu veux mettre ce projet à exécution et être sage, tout ira à merveille.

— Voyez-vous M. Bossuet!.. Et toi, que vas-tu devenir?... pair de France?

— Eh! eh! dit Andrea, qui sait?

— M. le major Cavalcanti l'est peut-être... mais malheureusement l'hérédité est abolie.

— Pas de politique, Caderousse!... Et maintenant que tu as ce que tu veux et que nous sommes arrivés, saute en bas de ma voiture et disparais.

— Non pas, cher ami!

— Comment, non pas?

— Mais songes-y donc, le petit, un mouchoir rouge sur la tête, presque pas de souliers, pas de papiers du tout et dix napoléons en or dans ma poche, sans compter ce qu'il y avait déjà, ce qui fait juste deux cents francs; mais on m'arrêterait immanquablement à la barrière! Alors, je serais forcé, pour me justifier, de dire que c'est toi qui m'as donné ces dix napoléons; de là, information, enquête; on apprend que j'ai quitté Toulon sans donner congé, et l'on me reconduit de brigade en brigade jusqu'au bord de la Méditerranée. Je redeviens purement et simplement le n° 106, et adieu mon rêve de ressembler à un boulanger retiré! Non pas, mon fils; je préfère rester honorablement dans la capitale.

Andrea fronça le sourcil; c'était, comme il s'en était vanté lui-même, une assez mauvaise tête que le fils putatif de M. le major Cavalcanti. Il s'arrêta un instant, jeta un coup d'œil rapide autour de lui, et comme son regard achevait de décrire le cercle investigateur, sa main descendit innocemment dans son gousset, où elle commença de caresser la sous-garde d'un pistolet de poche.

Mais pendant ce temps, Caderousse, qui ne perdait pas de vue son compagnon, passait ses mains derrière son dos et ouvrait tout doucement un long couteau espagnol qu'il portait sur lui à tout événement.

Les deux amis, comme on le voit, étaient dignes de se comprendre, et se comprirent: la main d'Andrea sortit inoffensive de sa poche et remonta jusqu'à sa moustache rousse, qu'elle caressa quelque temps.

— Bon Caderousse, dit-il, tu vas donc être heureux!

— Je ferai tout mon possible, répondit l'aubergiste du pont du Gard en renfonçant son couteau dans sa manche.

— Allons, voyons, rentrons donc dans Paris. Mais comment vas-tu faire pour passer la barrière sans éveiller les soupçons? Il me semble qu'avec ton costume tu risques encore plus en voiture qu'à pied.

— Attends, dit Caderousse, tu vas voir.

Il prit le chapeau d'Andrea, la houppelande à grand collet que le groom exilé du tilbury avait laissée à sa place et la mit sur son dos, après quoi il prit la pose renfrognée d'un domestique de bonne maison dont le maître conduit lui-même.

— Et moi, dit Andrea, je vais donc rester nu-tête?

— Peuh! dit Caderousse, il fait tant de vent que la bise peut bien t'avoir enlevé ton chapeau.

— Allons donc, dit Andrea, et finissons-en.

— Qui est-ce qui t'arrête? dit Caderousse; ce n'est pas moi, je l'espère?

— Chut! fit Cavalcanti.

On traversa la barrière sans accident.

A la première rue transversale, Andrea arrêta son cheval, et Caderousse sauta à terre.

— Eh bien! dit Andrea, et le manteau de mon domestique, et mon chapeau?

— Ah! répondit Caderousse, tu ne voudrais pas que je risquasse de m'enrhumer.

— Mais moi?

— Toi, tu es jeune, tandis que moi, je commence à me faire vieux. Au revoir, Benedetto.

Et il s'enfonça dans la ruelle, où il disparut.

— Hélas! dit Andrea en poussant un soupir, on ne peut donc pas être complétement heureux dans ce monde!

LXIV. — SCÈNE CONJUGALE.

A la place Louis XV, les trois jeunes gens s'étaient séparés, c'est-à-dire que Morrel avait pris les boulevarts, que Château-Renaud avait pris le pont de la Révolution, et que Debray avait suivi le quai.

Morrel et Château-Renaud, selon toute probabilité, gagnèrent leurs foyers domestiques, comme on dit encore à la tribune de la chambre, dans les discours bien faits, et au théâtre de la rue Richelieu, dans les pièces bien écrites; mais il n'en fut pas de même de Debray. Arrivé au guichet du Louvre, il fit un à gauche, traversa le Carrousel au grand trot, enfila la rue Saint-Roch, déboucha par la rue de la Michodière et arriva à la porte de M. Danglars au moment où le landau de M. de Villefort, après l'avoir déposé, lui et sa femme, au faubourg Saint-Honoré, s'arrêtait pour mettre la baronne chez elle.

Debray, en homme familier de la maison, entra le premier dans la cour, jeta la bride aux mains d'un valet de pied, puis revint à la portière recevoir madame Danglars, à laquelle il offrit le bras pour regagner ses appartemens.

Une fois la porte fermée et la baronne et Debray dans la cour:

— Qu'avez-vous donc, Hermine, dit Debray, et pourquoi donc vous êtes-vous trouvée mal à cette histoire, ou plutôt à cette fable qu'a racontée le comte?

— Parce que j'étais horriblement disposée ce soir, mon ami, répondit la baronne.

— Mais non, Hermine, reprit Debray, vous ne me ferez pas croire cela. Vous étiez au contraire dans d'excellentes dispositions quand vous êtes arrivée chez le comte. M. Danglars était bien quelque peu maussade, c'est vrai, mais je sais de cas que vous faites de sa mauvaise humeur. Quelqu'un vous a fait quelque chose. Racontez-moi cela; vous savez bien que je ne souffrirai jamais qu'une impertinence vous soit faite.

— Vous vous trompez, Lucien, je vous assure, reprit madame Danglars, et les choses sont comme je vous les ai dites, plus la mauvaise humeur dont vous êtes aperçu, et dont je ne jugeais pas qu'il valût la peine de vous parler.

Il était évident que madame Danglars était sous l'influence d'une de ces irritations nerveuses dont les femmes souvent ne peuvent se rendre compte à elles-mêmes, ou que, comme l'avait deviné Debray, elle avait éprouvé quelque commotion cachée qu'elle ne voulait avouer à personne. En homme habitué à reconnaître les vapeurs comme un des élémens de la vie féminine, il n'insista donc point davantage, attendant le moment opportun, soit d'une interrogation nouvelle, soit d'un aveu *proprio motu*.

A la porte de sa chambre, la baronne rencontra mademoiselle Cornélie.

Mademoiselle Cornélie était la caméristre de confiance de la baronne.

— Que fait ma fille? demanda madame Danglars.

— Elle a étudié toute la soirée, répondit mademoiselle Cornélie, et ensuite elle s'est couchée.

— Il me semble cependant que j'entends son piano.

— C'est mademoiselle Louise d'Armilly qui fait de la musique pendant que mademoiselle est au lit.

— Bien, dit madame Danglars; venez me déshabiller.

On entra dans la chambre à coucher. Debray s'étendit sur un grand canapé, et madame Danglars passa dans son cabinet de toilette avec mademoiselle Cornélie.

— Mon cher monsieur Lucien, dit madame Danglars à travers la portière du cabinet, vous vous plaignez toujours qu'Eugénie ne vous fait pas l'honneur de vous adresser la parole?

— Madame, dit Lucien, jouant avec le petit chien de la baronne, qui, reconnaissant sa qualité d'ami de la maison, avait l'habitude de lui faire mille caresses, je ne suis pas le seul à vous faire de pareilles récriminations, et je crois avoir entendu Morcerf se plaindre l'autre jour à vous-même de ne pouvoir tirer une seule parole de sa fiancée.

— C'est vrai, dit madame Danglars; mais je crois qu'un de ces matins tout cela changera, et que vous verrez entrer Eugénie dans votre cabinet.

— Dans mon cabinet, à moi?

— C'est-à-dire dans celui du ministre.

— Et pourquoi cela?

— Pour vous demander un engagement à l'Opéra. En vérité, je n'ai jamais vu un tel engouement pour la musique! c'est ridicule pour une personne du monde.

Debray sourit.

— Eh bien! dit-il, qu'elle vienne avec le consentement du baron et le vôtre, nous lui ferons cet engagement, et nous tâcherons qu'il soit selon son mérite, quoique nous soyons bien pauvres pour payer un aussi beau talent que le sien.

— Allez, Cornélie, dit madame Danglars, je n'ai plus besoin de vous.

Cornélie disparut, et un instant après madame Danglars sortit de son cabinet dans un charmant négligé et vint s'asseoir près de Lucien.

Puis, rêveuse, elle se mit à caresser un petit épagneul.

Lucien la regarda un instant en silence.

— Voyons, Hermine, dit-il au bout d'un instant, répondez franchement: quelque chose vous blesse, n'est-ce pas?

— Rien, reprit la baronne.

Et cependant, comme elle étouffait, elle se leva, essaya de respirer, et alla se regarder dans une glace.

— Je suis à faire peur ce soir, dit-elle.

Debray se levait en souriant pour aller rassurer la baronne sur ce dernier point, quand tout à coup la porte s'ouvrit.

M. Danglars parut; Debray se rassit.

Au bruit de la porte, madame Danglars se retourna et regarda son mari avec un étonnement qu'elle ne se donna même pas la peine de dissimuler.

— Bonsoir, madame, dit le banquier; bonsoir, monsieur Debray.

La baronne crut sans doute que cette visite imprévue signifiait quelque chose comme un désir de réparer les mots amers qui étaient échappés au baron dans la journée.

Elle s'arma d'un air digne, et se retournant vers Lucien sans répondre à son mari :

— Lisez-moi donc quelque chose, monsieur Debray, lui dit-elle.

Debray, que cette visite avait légèrement inquiété d'abord, se remit au calme de la baronne et allongea la main vers un livre marqué au milieu par un couteau à lame de nacre incrustée d'or.

— Pardon, dit le banquier, mais vous allez bien vous fatiguer, baronne, en veillant si tard; il est onze heures, et M. Debray demeure bien loin.

Debray demeura saisi de stupeur, non point que le ton de Danglars ne fût parfaitement calme et poli, mais enfin, au travers de ce calme et de cette politesse, il perçait une certaine velléité inaccoutumée de faire autre chose ce soir-là que la volonté de sa femme.

La baronne aussi fut surprise et témoigna son étonnement par un regard qui sans doute eût donné à réfléchir à son mari si son mari n'avait pas eu les yeux fixés sur un journal, où il cherchait la fermeture de la rente.

Il en résulta que ce regard si fier fut lancé en pure perte et manqua complétement son effet.

— Monsieur Lucien, dit la baronne, je vous déclare que je n'ai pas la moindre envie de dormir, que j'ai mille choses à vous conter ce soir, et que vous allez passer la nuit à m'écouter, dussiez-vous dormir debout.

— A vos ordres, madame, répondit flegmatiquement Lucien.

— Mon cher monsieur Debray, dit à son tour le banquier, ne vous tuez pas, je vous prie, à écouter cette nuit les folies de madame Danglars, car vous les écouterez aussi bien demain; mais ce soir est à moi, je me le réserve, et je le consacrerai, si vous voulez bien le permettre, à causer de graves intérêts avec ma femme.

Cette fois, le coup était tellement direct et tombait si d'aplomb, qu'il étourdit Lucien et la baronne; tous deux s'interrogèrent des yeux comme pour puiser dans l'autre un secours contre cette agression; mais l'irrésistible pouvoir du maître de la maison triompha, et force resta au mari.

— N'allez pas croire au moins que je vous chasse, mon cher Debray, continua Danglars; non, pas le moins du monde: une circonstance imprévue me force à désirer d'avoir ce soir même une conversation avec la baronne. Cela m'arrive assez rarement pour qu'on ne me garde pas rancune.

Debray balbutia quelques mots, salua et sortit en se heurtant aux angles, comme Mathan dans *Athalie*.

— C'est incroyable, dit-il quand la porte fut refermée derrière lui, combien ces maris, que nous trouvons cependant si ridicules, prennent facilement l'avantage sur nous!

Lucien parti, Danglars s'installa à sa place sur le canapé, ferma le livre resté ouvert, et, prenant une pose horriblement prétentieuse, continua de jouer avec le chien. Mais comme le chien, qui n'avait pas pour lui la même sympathie que pour Debray, le voulait mordre, il le prit par la peau du cou et l'envoya de l'autre côté de la chambre sur une chaise-longue.

L'animal jeta un cri en traversant l'espace; mais, arrivé à sa destination, il se tapit derrière un coussin, et, stupéfait de ce traitement auquel il n'était point accoutumé, il se tint muet et sans mouvement.

— Savez-vous, monsieur, dit la baronne sans sourciller, que vous faites des progrès. Ordinairement vous n'étiez que grossier, ce soir vous êtes brutal.

— C'est que je suis de soir de plus mauvaise humeur qu'ordinairement, répondit Danglars.

Hermine regarda le banquier avec un suprême dédain. Ordinairement ces manières de coup d'œil exaspéraient l'orgueilleux Danglars; mais ce soir-là il parut à peine y faire attention.

— Et que me fait à moi votre mauvaise humeur? répondit la baronne irritée de l'impassibilité de son mari; est-ce que ces choses-là me regardent? Enfermez vos mauvaises humeurs chez vous ou consignez-les dans vos bureaux, et puisque vous avez des commis que vous payez, passez sur eux vos mauvaises humeurs.

— Non pas, répondit Danglars; vous vous fourvoyez dans vos conseils, madame, aussi je ne les suivrai pas. Mes bureaux sont mon Pactole, comme dit, je crois, M. Desmoutiers, et je ne veux pas en tourmenter le cours et en troubler le calme. Mes commis sont gens honnêtes, qui me gagnent ma fortune, et que je paie un taux infiniment au-dessous de celui qu'ils méritent, si je les estime selon ce qu'ils rapportent; je ne me mettrai donc pas en colère contre eux. Ceux contre lesquels je me mettrai en colère, c'est contre les gens qui mangent mes dîners, qui éreintent mes chevaux et qui ruinent ma caisse.

— Et quels sont donc ces gens qui ruinent votre caisse? Expliquez-vous plus clairement, monsieur, je vous prie.

— Oh! soyez tranquille, si je parle par énigme, je ne compte pas vous en faire chercher long-temps le mot, reprit Danglars. Les gens qui ruinent ma caisse sont ceux qui en tirent sept cent mille francs en une heure de temps.

— Je ne vous comprends pas, monsieur, dit la baronne en essayant de dissimuler à la fois l'émotion de sa voix et la rougeur de son visage.

— Vous comprenez, au contraire, fort bien, dit Danglars ; mais si votre mauvaise volonté continue, je vous dirai que je viens de perdre sept cent mille francs sur l'emprunt espagnol.

— Ah! par exemple! dit la baronne en ricanant, et c'est moi que vous rendez responsable de cette perte?

— Pourquoi pas?

— C'est ma faute si vous avez perdu sept cent mille francs?

— En tous cas, ce n'est pas la mienne.

— Une fois pour toutes, monsieur, repartit aigrement la baronne, je vous ai dit de ne jamais me parler caisse ; c'est une langue que je n'ai apprise ni chez mes parens ni dans la maison de mon premier mari.

— Je le crois parbleu bien, dit Danglars, ils n'avaient le sou ni les uns ni les autres.

— Raison de plus pour que je n'aie pas appris chez eux l'argot de la banque, qui me déchire ici les oreilles du matin au soir; ce bruit d'écus qu'on compte et qu'on recompte m'est odieux, et je ne sais que le son de votre voix qui me soit encore plus désagréable.

— En vérité, dit Danglars, comme c'est étrange! et moi qui avais cru que vous preniez le plus vif intérêt à mes opérations!

— Moi! et qui a pu vous faire croire une pareille sottise?

— Vous-même.

— Ah! par exemple!

— Sans doute.

— Je voudrais bien que vous me fissiez connaître en quelle occasion.

— Oh! mon Dieu! c'est chose facile. Au mois de février dernier, vous m'avez parlé la première des fonds d'Haïti ; vous aviez rêvé qu'un bâtiment entrait dans le port du Hâvre, et que ce bâtiment apportait la nouvelle qu'un paiement que l'on croyait remis aux calendes grecques allait s'effectuer. Je connais la lucidité de votre sommeil ; j'ai donc fait acheter en dessous mains tous les coupons que j'ai pu trouver de la dette d'Haïti, et j'ai gagné quatre cent mille francs dont cent mille vous ont été religieusement remis. Vous en avez fait ce que vous avez voulu, cela ne me regarde pas.

En mars, il s'agissait d'une concession de chemin de fer. Trois sociétés se présentaient, offrant des garanties égales. Vous m'avez dit que votre instinct, et quoique vous vous prétendiez étrangère aux spéculations, je crois au contraire votre instinct très développé sur certaines matières ; vous m'avez dit que votre instinct vous faisait croire que le privilége serait donné à la société dite du Midi.

Je me suis fait inscrire à l'instant même pour les deux tiers des actions de cette société. Le privilége lui a été, en effet, accordé; comme vous l'aviez prévu, les actions ont triplé de valeur, et j'ai encaissé un million sur lequel deux cent cinquante mille francs vous ont été remis à titre d'épingles. Comment avez-vous employé ces deux cent cinquante mille francs? cela n'est point mon affaire.

— Mais où donc voulez-vous en venir, monsieur? s'écria la baronne toute frissonnante de dépit et d'impatience.

— Patience, madame, j'y arrive.

— C'est heureux.

— En avril, vous avez été dîner chez le ministre ; on causa de l'Espagne, et vous entendîtes une conversation secrète : il s'agissait de l'expulsion de don Carlos ; j'achetai des fonds espagnols. L'expulsion eut lieu, et je gagnai six cent mille francs le jour où Charles V repassa la Bidassoa. Sur ces six cent mille francs vous avez touché cinquante mille écus ; ils étaient à vous, vous en avez

disposé à votre fantaisie, et je ne vous en demande pas compte ; mais il n'en est pas moins vrai que vous avez reçu cinq cent mille livres cette année.

— Eh bien! après? monsieur.

— Ah! oui, après! Eh bien! c'est justement après cela que la chose se gâte.

— Vous avez des façons de dire... en vérité...

— Elles rendent mon idée, c'est tout ce qu'il me faut... Après, c'était il y a trois jours cet après-là. Il y a trois jours donc, vous avez causé politique avec M. Debray, et vous croyez voir dans ses paroles que don Carlos est rentré en Espagne ; alors, je vends ma rente, la nouvelle se répand, il y a panique, je ne vends plus, je donne ; le lendemain il se trouve que la nouvelle était fausse, et qu'à cette fausse nouvelle j'ai perdu sept cent mille francs.

— Eh bien?

— Eh bien! puisque je vous donne un quart quand je gagne, c'est donc un quart que vous me devez quand je perds ; le quart de sept cent mille francs, c'est cent soixante-quinze mille francs.

— Mais ce que vous me dites là est extravagant, et je ne vois pas, en vérité, comment vous mêlez le nom de M. Debray à toute cette histoire.

— Parce que si vous n'avez point par hasard les cent soixante-quinze mille francs que je réclame, vous les emprunterez à vos amis, et que M. Debray est de vos amis.

— Fi donc! s'écria la baronne.

— Oh! pas de gestes, pas de cris, pas de drame moderne, madame, sinon vous me forceriez à vous dire que je vois d'ici M. Debray ricanant près des cinq cent mille livres que vous lui avez comptées cette année, et se disant qu'il a enfin trouvé ce que les plus habiles joueurs n'ont pu jamais découvrir, c'est-à-dire une roulette où l'on gagne sans mettre au jeu, et où l'on ne perd pas quand on perd.

La baronne voulut éclater.

— Misérable! dit elle, oseriez-vous dire que vous ne saviez pas ce que vous osez me reprocher aujourd'hui ?

— Je ne vous dis pas que je savais, je ne vous dis pas que je ne savais point, je vous dis : observez ma conduite depuis quatre ans que vous n'êtes plus ma femme et que je ne suis plus votre mari, vous verrez si elle a toujours été conséquente avec elle-même. Quelque temps avant notre rupture, vous avez désiré étudier la musique avec ce fameux baryton qui a débuté avec tant de succès au Théâtre-Italien : moi, j'ai voulu étudier la danse avec cette danseuse qui s'était faite une si grande réputation à Londres. Cela m'a coûté, tant pour vous que pour moi, cent mille francs à peu près. Je n'ai rien dit, parce qu'il faut de l'harmonie dans les ménages. Cent mille francs pour que l'homme et la femme sachent bien à fond la danse et la musique, ce n'est pas trop cher. Bientôt, voilà que vous vous dégoûtez du chant, et que l'idée vous vient d'étudier la diplomatie avec un secrétaire du ministre. Je vous laisse étudier. Vous comprenez ; que m'importe à moi, puisque vous payez les leçons que vous prenez sur votre cassette? Mais, aujourd'hui, je m'aperçois que vous tirez sur la mienne, et que votre apprentissage me peut coûter sept cent mille francs par mois. Halte-là, madame, car cela ne peut durer ainsi. Ou le diplomate donnera des leçons... gratuites, et je le tolèrerai, ou il ne remettra plus le pied dans la maison ; entendez-vous, madame?

— Oh! c'est trop fort, monsieur, s'écria Hermine suffoquée, et vous dépassez les limites de l'ignoble.

— Mais, dit Danglars, je vois avec plaisir que vous n'êtes pas restée en deçà, et que vous avez volontairement obéi à cet axiome du code : « la femme doit suivre son mari. »

— Des injures!

— Vous avez raison : arrêtons nos faits, et raisonnons froidement. Je ne me suis jamais, moi, mêlé de vos affaires que pour votre bien ; faites de même. Ma caisse ne vous regarde pas, dites-vous? Soit ; opérez sur la vôtre, mais n'emplissez ni ne videz la mienne. D'ailleurs, qui sait si tout cela n'est pas un coup de Jarnac politique; si le ministre, furieux de me voir de l'opposition, et jaloux des sympathies populaires que je soulève, ne s'entend pas avec M. Debray pour me ruiner?

— Comme c'est probable!

— Mais sans doute; qui a jamais vu cela... une fausse nouvelle télégraphique, c'est-à-dire l'impossible, ou à peu près, des signes tout-à-fait différens donnés par les deux derniers télégraphes!..... C'est fait exprès pour moi, en vérité.

— Monsieur, dit plus humblement la baronne, vous n'ignorez pas, ce me semble, que cet employé a été chassé, qu'on a parlé même de lui faire son procès, que l'ordre avait été donné de l'arrêter, et que cet ordre eût été mis à exécution s'il ne se fût soustrait aux premières recherches par une fuite qui prouve sa folie ou sa culpabilité... C'est une erreur.

— Oui, qui fait rire les niais, qui fait passer une mauvaise nuit au ministre, qui fait noircir du papier à messieurs les secrétaires d'État, mais qui à moi me coûte sept cent mille francs.

— Mais, monsieur, dit tout à coup Hermine, puisque tout cela, selon vous, vient de M. Debray, pourquoi, au lieu de dire tout cela directement à M. Debray, venez-vous me le dire à moi? pourquoi accusez-vous l'homme et vous en prenez-vous à la femme?

— Est-ce que je connais M. Debray, moi, dit Danglars; est-ce que je veux le connaître? est-ce que je veux savoir qu'il donne des conseils? est-ce que je veux les suivre? est-ce que je joue? Non, c'est vous qui faites tout cela, et non pas moi!

— Mais il me semble que puisque vous en profitez...

Danglars haussa les épaules.

— Folles créatures, en vérité, que ces femmes qui se croient des génies parce qu'elles ont conduit une ou deux intrigues de façon à n'être pas affichées dans tout Paris! Mais songez donc qu'eussiez-vous caché vos déréglemens à votre mari même, ce qui est l'A B C de l'art, parce que la plupart du temps les maris ne veulent pas voir, vous ne seriez qu'une pâle copie de ce que font la moitié de vos amies les femmes du monde. Mais il n'en est pas ainsi pour moi; j'ai vu et toujours vu. Depuis seize ans, vous m'avez toujours caché une pensée peut-être, mais pas une démarche, pas une action, pas une faute. Tandis que vous, de votre côté, vous vous applaudissez de votre adresse et croyez fermement me tromper, qu'en est-il résulté? C'est que, grace à ma prétendue ignorance, depuis M. de Villefort jusqu'à M. Debray, il n'est pas un de vos amis qui n'ait tremblé devant moi; il n'en est pas un qui ne m'ait traité en maître de la maison, ma seule prétention près de vous; il n'en est pas un enfin qui ait osé vous dire de moi ce que je vous en dis moi-même aujourd'hui. Je vous permets de me rendre odieux; mais je vous empêcherai de me rendre ridicule, et surtout je vous défends positivement et par-dessus tout de me ruiner.

Jusqu'au moment où le nom de Villefort avait été prononcé, la baronne avait fait assez bonne contenance; mais à ce nom elle avait pâli, et se levant comme mue par un ressort, elle avait étendu les bras comme pour conjurer une apparition et fait trois pas vers son mari comme pour lui arracher la fin du secret qu'il ne connaissait pas ou que peut-être, par quelque calcul odieux comme étaient à peu près tous les calculs de Danglars, il ne voulait pas laisser échapper entièrement.

— M. de Villefort! que signifie? que voulez-vous dire?

— Cela veut dire, madame, que M. de Nargonne, votre premier mari, n'étant ni un philosophe ni un banquier, ou peut-être étant l'un ou l'autre, et voyant qu'il n'y avait aucun parti à tirer d'un procureur du roi, est mort de chagrin ou de colère de vous avoir trouvée enceinte de six mois après une absence de neuf. Je suis brutal, non-seulement je le sais, mais je m'en vante : c'est une de mes moyens de succès dans mes opérations commerciales. Pourquoi, au lieu de tuer, s'est-il fait tuer lui-même? parce qu'il n'avait pas de caisse à sauver. Mais, moi, je me dois à ma caisse. M. Debray, mon associé, me fait perdre sept cent mille francs. Qu'il supporte sa part de la perte, et nous continuerons nos affaires; sinon qu'il me fasse banqueroute de ses cent soixante-quinze mille livres, et qu'il fasse ce que font les banqueroutiers, qu'il disparaisse. Eh! mon Dieu! c'est un charmant garçon, je le sais, quand ses nouvelles sont exactes; mais quand elles ne le sont pas, il y en a cinquante dans le monde qui valent mieux que lui.

Madame Danglars était atterrée; cependant elle fit un effort suprême pour répondre à cette dernière attaque. Elle tomba sur un fauteuil, pensant à Villefort, à la scène du dîner, à cette étrange série de malheurs qui depuis quelques jours s'abattaient un à un sur sa maison et changeaient en scandaleux débats le calme ouaté de son ménage.

Danglars ne la regarda même pas, quoiqu'elle fit tout ce qu'elle pût pour s'évanouir. Il tira la porte de la chambre à coucher sans ajouter un seul mot et rentra chez lui; de sorte que madame Danglars, en revenant de son demi-évanouissement, put croire qu'elle avait fait un mauvais rêve.

LXV. — PROJETS DE MARIAGE.

Le lendemain de cette scène, à l'heure que Debray avait coutume de choisir pour venir faire, en allant à son bureau, une petite visite à madame Danglars, son coupé ne parut pas dans la cour.

A cette heure-là, c'est-à-dire vers midi et demi, madame Danglars demanda sa voiture et sortit.

Danglars placé derrière un rideau, avait guetté cette sortie qu'il attendait. Il donna l'ordre qu'on le prévint aussitôt que madame reparaîtrait; mais à deux heures elle n'était pas rentrée.

A deux heures il demanda ses chevaux, se rendit à la chambre et se fit inscrire pour parler contre le budget.

De midi à deux heures, Danglars était resté à son cabinet, décachetant ses dépêches, s'assombrissant de plus en plus, entassant chiffres sur chiffres et recevant entre autres visites celle du major Cavalcanti, qui, toujours aussi bleu, aussi raide et aussi exact, se présenta à l'heure annoncée la veille pour terminer son affaire avec le banquier.

En sortant de la chambre, Danglars qui avait donné de violentes marques d'agitation pendant la séance et qui surtout avait été plus acerbe que jamais contre le ministère, remonta dans sa voiture et ordonna au cocher de le conduire avenue des Champs-Élysées, n° 30.

Monte-Cristo était chez lui; seulement il était avec quelqu'un, et il priait Danglars d'attendre un instant au salon.

Pendant que le banquier attendait, la porte s'ouvrit, et il vit entrer un homme habillé en abbé qui, au lieu d'attendre comme lui, plus familier de la maison sans doute dans la maison, le salua, entra dans l'intérieur des appartemens et disparut.

Un instant après, la porte par laquelle le prêtre était entré se rouvrit, et Monte-Cristo parut.

— Pardon, dit-il, cher baron, mais un de mes bons amis, l'abbé Busoni, que vous avez pu voir passer, vient d'arriver à Paris; il y avait fort long-temps que nous étions séparés, et je n'ai pas eu le courage de le quitter tout aussitôt. J'espère qu'en faveur du motif, vous m'excuserez de vous avoir fait attendre.

— Comment donc, dit Danglars, c'est tout simple; c'est moi qui ai mal pris mon moment, et je vais me retirer.

— Point du tout; asseyez-vous donc au contraire. Mais, bon Dieu! qu'avez-vous donc? Vous avez l'air tout soucieux ; en vérité vous m'effrayez. Un capitaliste chagrin est comme les comètes, il présage toujours quelque grand malheur au monde.

— J'ai, mon cher monsieur, dit Danglars, que la mauvaise chance est sur moi depuis plusieurs jours et que je n'apprends que des sinistres.

— Ah ! mon Dieu ! dit Monte-Cristo, est-ce que vous avez eu une rechute à la Bourse ?

— Non, j'en suis guéri, pour quelques jours du moins ; il s'agit tout bonnement pour moi d'une banqueroute à Trieste.

— Vraiment ? Est-ce que votre banqueroutier serait par hasard Jacopo Manfredi ?

— Justement ! Figurez-vous un homme qui faisait depuis je ne sais combien de temps pour huit ou neuf cent mille francs par an d'affaires avec moi. Jamais un mécompte, jamais un retard ; un gaillard qui payait comme un prince... qui paie. Je me mets en avance d'un million avec lui, et ne voilà-t-il pas mon diable de Jacopo Manfredi qui suspend ses paiemens !

— En vérité ?

— C'est une fatalité inouïe. Je tire sur lui six cent mille livres, qui me reviennent impayées, et de plus je suis encore porteur de quatre cent mille francs de lettres de change signées par lui et payables fin courant chez son correspondant de Paris. Nous sommes le 30, j'envoie toucher ; ah ! bien oui, le correspondant a disparu. Avec mon affaire d'Espagne, cela me fait une gentille fin de mois.

— Mais est-ce vraiment une perte, votre affaire d'Espagne ?

— Certainement, sept cent mille francs hors de ma caisse, rien que cela.

— Comment diable avez-vous fait une pareille école, vous un vieux loup-cervier ?

— Eh ! c'est la faute de ma femme. Elle a rêvé que don Carlos était entré en Espagne ; elle croit aux rêves. C'est du magnétisme, dit-elle, et quand elle rêve une chose, cette chose, à ce qu'elle assure, doit infailliblement arriver. Sur sa conviction, je lui permets de jouer ; elle a sa cassette et son agent de change, elle joue et elle perd. Il est vrai que ce n'est pas mon argent, mais le sien qu'elle joue. Cependant, n'importe, vous comprendrez que lorsque sept cent mille francs sortent de la poche de la femme, le mari s'en aperçoit toujours bien un peu. Comment ! vous ne saviez pas cela ? Mais la chose a fait un bruit énorme.

— Si fait, j'en avais entendu parler, mais j'ignorais les détails ; puis je suis on ne peut plus ignorant de toutes ces affaires de bourse.

— Vous ne jouez donc pas ?

— Moi ! et comment voulez-vous que je joue ? moi qui ai déjà tant de peine à régler mes revenus. Je serais forcé, outre mon intendant, de prendre encore un commis et un garçon de caisse. Mais à propos d'Espagne, il me semble que la baronne n'avait pas tout à fait rêvé l'histoire de la rentrée de don Carlos. Les journaux n'ont-ils pas dit quelque chose de cela ?

— Vous croyez donc aux journaux, vous ?

— Moi pas le moins du monde ; mais il me semble que cet honnête *Messager* faisait exception à la règle, et qu'il n'annonçait que les nouvelles certaines, les nouvelles télégraphiques.

— Eh bien ! voilà ce qui est inexplicable, reprit Danglars ; c'est que cette rentrée de don Carlos était effectivement une nouvelle télégraphique.

— En sorte dit Monte-Cristo, que c'est dix-sept cent mille francs à peu près que vous perdez ce mois-ci ?

— Il n'y a pas d'à peu près, c'est juste mon chiffre.

— Diable ! pour une fortune de troisième ordre, dit Monte-Christo avec compassion, c'est une rude coup.

— De troisième ordre ! dit Danglars un peu humilié ; qu'entendez-vous par-là ?

Sans doute, continua Monte-Cristo, je fais trois ca-

OEUV. COMPL. D'ALEX. DUMAS.

tégories dans les fortunes ; fortune de premier ordre, fortune de deuxième ordre, fortune de troisième ordre. J'appelle fortune de premier ordre celle qui se compose de trésors que l'on a sous la main, les terres, les mines, les revenus sur des États comme la France, l'Autriche et l'Angleterre, pourvu que ces trésors, ces mines, ces revenus forment un total d'une centaine de millions ; j'appelle fortune de second ordre les exploitations manufacturières, les entreprises par association, les viceroyautés et les principautés ne dépassant pas quinze cent mille francs de revenu, le tout formant un capital d'une cinquantaine de millions ; j'appelle enfin fortune de troisième ordre les capitaux fructifiant par intérêts composés, les gains dépendant de la volonté d'autrui ou des chances du hasard , qu'une banqueroute entame, qu'une nouvelle télégraphique ébranle ; les spéculations éventuelles, les opérations soumises enfin aux chances de cette fatalité qu'on pourrait appeler force mineure, en la comparant à la force majeure, qui est la force naturelle ; le tout formant un capital fictif ou réel d'une quinzaine de millions. N'est-ce point là votre position à peu près, dites ?

— Mais dame oui ! répondit Danglars.

— Il en résulte qu'avec six fins de mois comme celle-ci, continua imperturbablement Monte-Cristo, une maison de troisième ordre serait à l'agonie.

— Oh ! dit Danglars avec un sourire fort pâle, comme vous y allez !

— Mettons sept mois, répliqua Monte-Cristo, du même ton. Dites-moi, avez-vous pensé à cela quelquefois, que sept fois dix-sept cent mille francs font douze millions à peu près ?... Non ? Eh bien ! vous avez raison, car avec des réflexions pareilles on n'engagerait jamais ses capitaux, qui sont au financier ce que la peau est à l'homme civilisé. Nous avons nos habits plus ou moins somptueux, c'est notre crédit ; mais quand l'homme meurt il n'a que sa peau ; de même qu'en sortant des affaires, vous n'avez que votre bien réel, cinq ou six millions tout au plus ; car les fortunes de troisième ordre ne représentent guère que le tiers ou le quart de leur apparence, comme la locomotive d'un chemin de fer n'est toujours, au milieu de la fumée qui l'enveloppe et qui la grossit, qu'une machine plus ou moins forte. Eh bien ! sur ces cinq millions qui forment votre actif réel, vous venez d'en perdre à peu près deux, qui diminuent d'autant votre fortune fictive ou votre crédit ; c'est-à-dire, mon cher monsieur Danglars, que votre peau vient d'être ouverte par une saignée, qui réitérée quatre fois entraînerait la mort. Eh ! eh ! faites attention, mon cher monsieur Danglars. Avez-vous besoin d'argent ? Voulez-vous que je vous en prête ?

— Que vous êtes un mauvais calculateur ! s'écria Danglars en appelant à son aide toute la philosophie et toute la dissimulation de l'apparence ; à l'heure qu'il est l'argent est rentré dans mes coffres par d'autres spéculations qui ont réussi. Le sang sorti par la saignée est rentré par la nutrition. J'ai perdu une bataille en Espagne, j'ai été battu à Trieste ; mais mon armée navale de l'Inde aura pris quelques galions ; mes pionniers du Mexique auront découvert quelque mine.

— Fort bien ! fort bien, mais la cicatrice reste, et à la première perte elle se rouvrira.

— Non, car je marche sur des certitudes, poursuivit Danglars avec la faconde banale du charlatan dont l'état est de prôner son crédit ; il faudrait, pour me renverser, que trois gouvernemens croulassent.

— Dame ! cela s'est vu.

— Que la terre manquât de récoltes.

— Rappelez-vous les sept vaches grasses et les sept vaches maigres.

— Ou que la mer se retirât, comme du temps de Pharaon ; encore il y a plusieurs mers, et les vaisseaux en seraient quittes pour se faire caravanes.

— Tant mieux, mille fois tant mieux, cher monsieur Danglars, dit Monte-Cristo, et je vois que je m'étais

30

trompé et que vous rentrez dans les fortunes de second ordre.

— Je crois pouvoir aspirer à cet honneur, dit Danglars avec un de ces sourires stéréotypés qui faisaient à Monte-Cristo l'effet d'une de ces lunes pâteuses dont les mauvais peintres badigeonnent leurs ruines ; mais, puisque nous en sommes à parler d'affaires, ajouta-t-il, enchanté de trouver ce motif de changer la conversation, dites-moi donc un peu ce que je puis faire pour M. Cavalcanti.

— Mais lui donner de l'argent, s'il a un crédit sur vous et que ce crédit vous paraisse bon.

— Excellent ! il s'est présenté ce matin avec un bon de quarante mille francs, payable à vue sur vous, signé Busoni, et renvoyé par vous à moi avec votre endos. Vous comprenez que je lui ai compté à l'instant même ses quarante billets carrés.

Monte-Cristo fit un signe de tête qui indiquait toute son adhésion.

— Mais ce n'est pas tout, continua Danglars ; il a ouvert à son fils un crédit chez moi.

— Combien, sans indiscrétion, donne-t-il au jeune homme ?

— Cinq mille francs par mois.

— Soixante mille francs par an. Je m'en doutais bien, dit Monte-Cristo en haussant les épaules ; ce sont des piètres que les Cavalcanti. Que veut-il qu'un jeune homme fasse avec cinq mille francs par mois ?

— Mais vous comprenez que si le jeune homme a besoin de quelques mille francs de plus....

— N'en faites rien, le père vous les laisserait pour votre compte ; vous ne connaissez pas tous les millionnaires ultramontains : ce sont de véritables harpagons. Et par qui lui est ouvert ce crédit ?

— Oh ! par la maison Fenzi, une des meilleures de Florence.

— Je ne veux pas dire que vous perdrez, tant s'en faut ; mais tenez-vous cependant dans les termes de la lettre.

— Vous n'auriez donc pas confiance dans ce Cavalcanti ?

— Moi, je lui donnerais dix millions sur sa signature. Cela rentre dans les fortunes de second ordre, dont je vous parlais tout à l'heure, mon cher monsieur Danglars.

— Et avec cela, comme il est simple ! Je l'aurais pris pour un major, rien de plus.

— Et vous lui eussiez fait honneur ; car vous avez raison, il ne paie pas de mine. Quand je l'ai vu pour la première fois, il m'a fait l'effet d'un vieux lieutenant moisi sous la contre-épaulette. Mais tous les Italiens sont comme cela ; ils ressemblent à de vieux juifs, quand ils n'éblouissent pas comme des mages d'Orient.

— Le jeune homme est mieux, dit Danglars.

— Oui, un peu timide, peut-être ; mais, en somme, il m'a paru convenable. J'en étais inquiet.

— Pourquoi cela ?

— Parce que vous l'avez vu chez moi à peu près à son entrée dans le monde, à ce que l'on m'a dit du moins. Il a voyagé avec un précepteur très sévère, et n'était jamais venu à Paris.

— Tous ces Italiens de qualité ont l'habitude de se marier entre eux, n'est-ce pas ? demanda négligemment Danglars ; ils aiment à associer leurs fortunes.

— D'habitude ils font ainsi, c'est vrai ; mais Cavalcanti est un original qui ne fait rien comme les autres. On ne m'ôtera pas de l'idée qu'il envoie son fils en France pour qu'il y trouve une femme.

— Vous croyez ?

— J'en suis sûr.

— Et vous avez entendu parler de sa fortune ?

— Il n'est question que de cela ; seulement les uns lui accordent des millions, les autres prétendent qu'il ne possède pas un paul.

— Et votre opinion à vous ?

— Il ne faudra pas vous fonder dessus ; elle est toute personnelle.

— Mais enfin....

— Mon opinion, à moi, est que tous ces vieux podestats, tous ces anciens condottieri, car ces Cavalcanti ont commandé des armées, ont gouverné des provinces ; mon opinion, dis-je, est qu'ils ont enterré des millions dans des coins que leurs aînés seuls connaissent et font connaître à leurs aînés de génération en génération ; et la preuve, c'est qu'ils sont tous jaunes et secs comme leurs florins du temps de la République, dont ils conservent un reflet à force de les regarder.

— Parfait, dit Danglars, et c'est d'autant plus vrai, qu'on ne leur connaît pas un pouce de terre, à tous ces gens-là.

— Fort peu, du moins ; moi, je sais bien que je ne connais à Cavalcanti que son palais de Lucques.

— Ah ! il a un palais ! dit en riant Danglars ; c'est déjà quelque chose.

— Oui, et encore le loue-t-il au ministre des finances, tandis qu'il habite, lui, dans une maisonnette. Oh ! je vous l'ai déjà dit, je crois le bonhomme serré.

— Allons, allons, vous ne le flattez pas.

— Écoutez, je le connais à peine ; je crois l'avoir vu trois fois dans ma vie. Ce que j'en sais, c'est par l'abbé Busoni et par lui-même ; il me parlait ce matin de ses projets sur son fils, et me laissait entrevoir que, las de voir dormir des fonds considérables en Italie, qui est un pays mort, il voudrait trouver un moyen, soit en France, soit en Angleterre, de faire fructifier ses millions. Mais remarquez bien toujours que, quoique j'aie la plus grande confiance dans l'abbé Busoni personnellement, moi, je ne réponds de rien.

— N'importe, merci du client que vous m'avez envoyé ; c'est un fort beau nom à inscrire sur mes registres, et mon caissier, à qui j'ai expliqué ce que c'était que les Cavalcanti, en est tout fier. A propos, et ceci est un simple détail de touriste, quand ces gens-là marient leurs fils, leur donnent-ils des dots ?

— Eh ! mon Dieu ! c'est selon. J'ai connu un prince italien, riche comme une mine d'or, un des premiers noms de Toscane, qui, lorsque ses fils se mariaient à sa guise, leur donnait des millions, et, quand ils se mariaient malgré lui, se contentait de leur faire une rente de trente écus par mois. Admettons qu'Andrea se marie selon les vues de son père, il lui donnera peut-être un, deux, trois millions. Si c'était avec la fille d'un banquier, par exemple, peut-être prendrait-il un intérêt dans la maison du beau-père de son fils ; puis, supposez à côté de cela que sa bru lui déplaise : bonsoir, le père Cavalcanti met la main sur la clé de son coffre-fort, donne un double tour à la serrure, et voilà maître Andrea obligé de vivre comme un fils de famille parisien, en bizeautant des cartes ou en pipant des dés.

— Ce garçon-là trouvera une princesse bavaroise ou péruvienne ; il voudra une couronne fermée, un Eldorado traversé par le Potose.

— Non, tous ces grands seigneurs de l'autre côté des monts épousent fréquemment de simples mortelles ; ils sont comme Jupiter, ils aiment à croiser les races. Ah çà ! mais est-ce que vous voulez marier Andrea, mon cher monsieur Danglars, que vous me faites toutes ces questions-là ?

— Ma foi, dit Danglars, cela ne me paraîtrait pas une mauvaise spéculation ; et je suis un spéculateur, moi.

— Ce n'est pas avec mademoiselle Danglars, je présume ; vous ne voudriez pas faire égorger ce pauvre Andrea par Albert ?

— Albert ! dit Danglars en haussant les épaules ; ah ! bien oui, il se soucie pas mal de cela.

— Mais il est fiancé avec votre fille, je crois ?

— C'est-à-dire, que M. de Morcerf et moi nous avons quelquefois causé de ce mariage ; mais madame de Morcerf et Albert...

— N'allez-vous pas me dire que celui-ci n'est pas un bon parti?
— Eh! eh! mademoiselle Danglars vaut bien M. de Morcerf, ce me semble!
— La dot de mademoiselle Danglars sera belle, en effet, et je n'en doute pas, surtout si le télégraphe ne fait plus de nouvelles folies.
— Oh! ce n'est pas seulement la dot. Mais dites-moi donc, à propos?
— Eh bien!
— Pourquoi donc n'avez-vous pas invité Morcerf et sa famille à votre dîner?
— Je l'avais fait aussi, mais il a objecté un voyage à Dieppe avec madame de Morcerf, à qui l'on a recommandé l'air de la mer.
— Oui, oui, dit Danglars en riant, il doit lui être bon.
— Pourquoi cela?
— Parce que c'est l'air qu'elle a respiré dans sa jeunesse.
Monte-Cristo laissa passer l'épigramme sans paraître y faire attention.
— Mais enfin, dit le comte, si Albert n'est point aussi riche que mademoiselle Danglars, vous ne pouvez nier qu'il porte un beau nom.
— Soit, mais j'aime autant le mien, dit Danglars.
— Certainement, votre nom est populaire, et il a orné le titre dont on a cru l'orner, mais vous êtes un homme trop intelligent pour n'avoir point compris que, selon certains préjugés trop puissamment enracinés pour qu'on les extirpe, noblesse de cinq siècles vaut mieux que noblesse de vingt ans.
— Et voilà justement pourquoi, dit Danglars avec un sourire qu'il essayait de rendre sardonique, voilà pourquoi je préférerais M. Andrea Cavalcanti à M. Albert de Morcerf.
— Mais cependant, dit Monte-Cristo, je suppose que les Morcerf ne le cèdent pas aux Cavalcanti?
— Les Morcerf!... Tenez, mon cher comte, reprit Danglars, vous êtes un galant homme, n'est-ce pas?
— Je le crois.
— Et de plus connaisseur en blason?
— Un peu.
— Eh bien regardez la couleur du mien; elle est plus solide que celle du blason de Morcerf.
— Pourquoi cela?
— Parce que, moi, si je ne suis pas baron de naissance, je m'apppelle Danglars, au moins.
— Après?
— Tandis que lui ne s'appelle pas Morcerf.
— Comment, il ne s'appelle par Morcerf.
— Pas le moins du monde.
— Allons donc!
— Moi, quelqu'un m'a fait baron, de sorte que je le suis; lui s'est fait comte tout seul, de sorte qu'il ne l'est pas.
— Impossible.
— Écoutez, mon cher comte, continua Danglars, M. de Morcerf est mon ami, ou plutôt ma connaissance depuis trente ans; moi, vous savez que je fais bon marché de mes armoiries, attendu que je n'ai jamais oublié d'où je suis parti.
— C'est la preuve d'une grande humilité ou d'un grand orgueil, dit Monte-Cristo.
— Eh bien! quand j'étais petit commis moi, Morcerf était simple pêcheur.
— Et alors on l'appelait?
— Fernand.
— Tout court?
— Fernand Mondego.
— Vous en êtes sûr?
— Pardieu! il m'a vendu assez de poisson pour que je le connaisse.
— Alors, pourquoi lui donniez-vous votre fille?
— Parce que Fernand et Danglars étant deux parvenus, tous deux anoblis, tous deux enrichis, se valent au fond, sauf certaines choses cependant, qu'on a dites de lui et qu'on n'a jamais dites de moi.
— Quoi donc?
— Rien.
— Ah! oui, je comprends; ce que vous me dites là me rafraîchit la mémoire à propos du nom de Fernand Mondego. J'ai entendu prononcer ce nom-là en Grèce.
— A propos de l'affaire d'Ali-Pacha?
— Justement.
— Voilà le mystère, reprit Danglars, et j'avoue que j'eusse donné bien des choses pour le découvrir.
— Ce n'était pas difficile, si vous en aviez eu grande envie.
— Comment cela?
— Sans doute, vous avez bien quelque correspondant en Grèce?
— Pardieu!
— A Janina?
— J'en ai partout...
— Eh bien! écrivez à votre correspondant de Janina, et demandez-lui quel rôle a joué dans la catastrophe d'Ali-Tebelin un Français nommé Fernand.
— Vous avez raison! s'écria Danglars en se levant vivement, j'écrirai aujourd'hui-même.
— Faites.
— Je vais le faire.
— Et si vous avez quelque nouvelle bien scandaleuse.
— Je vous la communiquerai.
— Vous me ferez plaisir.
Danglars s'élança hors de l'appartement, et ne fit qu'un bond jusqu'à sa voiture.

CHAP. LXVI. — LE CABINET DU PROCUREUR DU ROI

Laissons le banquier revenir au grand train de ses chevaux, et suivons madame Danglars dans son excursion matinale.
Nous avons dit qu'à midi et demi madame Danglars avait demandé ses chevaux, et était sortie en voiture.
Elle se dirigea du côté du faubourg Saint-Germain, prit la rue Mazarine, et fit arrêter au passage du Pont-Neuf.
Elle descendit et traversa le passage. Elle était vêtue fort simplement, comme il convient à une femme de goût qui sort le matin.
Rue Guénégaud, elle monta en fiacre en désignant comme le but de sa course la rue de Harlay.
A peine fut-elle dans la voiture, qu'elle tira de sa poche un voile noir très épais, qu'elle attacha sur son chapeau de paille; puis elle remit son chapeau sur sa tête, et vit avec plaisir, en regardant dans un petit miroir de poche, qu'on ne pouvait voir d'elle que sa peau blanche et la prunelle étincelante de son œil.
Le fiacre prit le Pont-Neuf, et entra par la place Dauphine dans la cour de Harlay; il fut payé en ouvrant la portière, et madame Danglars, s'élançant vers l'escalier qu'elle franchit légèrement, arriva bientôt à la salle des Pas-Perdus.
Le matin, il y a beaucoup d'affaires et encore plus de gens affairés au Palais; les gens affairés ne regardent pas beaucoup les femmes: madame Danglars traversa donc la salle des Pas-Perdus sans être plus remarquée que dix autres femmes qui guettaient leur avocat.
Il y avait encombrement dans l'antichambre de M. de Villefort; mais madame Danglars n'eut pas même besoin de prononcer son nom; dès qu'elle parut, un huissier se leva, vint à elle, lui demanda si elle n'était point la personne à laquelle M. le procureur du roi avait donné rendez-vous, et sur sa réponse affirmative, il la conduisit par un corridor réservé au cabinet de M. de Villefort.
Le magistrat écrivait assis sur son fauteuil, le dos tourné à la porte: il entendit la porte s'ouvrir, l'huissier

prononcer ces paroles : « Entrez, madame ! » et la porte se refermer, sans faire un seul mouvement ; mais à peine eut-il senti se perdre les pas de l'huissier qui s'éloignait, qu'il se retourna vivement, alla pousser les verrous, tirer les rideaux et visiter chaque coin du cabinet.

Puis, lorsqu'il eut acquis la certitude qu'il ne pouvait être ni vu ni entendu, et que par conséquent il fut tranquillisé :

— Merci, madame, dit-il, merci de votre exactitude.

Et il lui offrit un siége que madame Danglars accepta, car le cœur lui battait si fortement, qu'elle se sentait près de suffoquer.

— Voilà, dit le procureur du roi en s'asseyant à son tour, et en faisant décrire un demi-cercle à son fauteuil, afin de se trouver en face de madame Danglars, voilà bien long-temps, madame, qu'il ne m'est arrivé d'avoir ce bonheur de causer seul avec vous, et, à mon grand regret, nous nous retrouvons pour entamer une conversation bien pénible.

— Cependant, monsieur, vous voyez que je suis venue à votre premier appel, quoique bien certainement cette conversation soit encore plus pénible pour moi que pour vous.

Villefort sourit amèrement.

— Il est donc vrai, dit-il, répondant à sa propre pensée bien plutôt qu'aux paroles de madame Danglars ; il est donc vrai que toutes nos actions laissent leurs traces, les unes sombres, les autres lumineuses, dans notre passé ! Il est donc vrai que tous nos pas dans cette vie ressemblent à la marche du reptile sur le sable et font un sillon ! Hélas ! pour beaucoup, ce sillon est celui de leurs larmes.

— Monsieur, dit madame Danglars, vous comprenez mon émotion, n'est-ce pas ? ménagez-moi donc, je vous prie. Cette chambre où tant de coupables ont passé tremblans et honteux, ce fauteuil où je m'assieds à mon tour honteuse et tremblante !... Oh ! tenez, j'ai besoin de toute ma raison pour ne pas voir en moi une femme bien coupable et en vous un juge menaçant.

Villefort secoua la tête et poussa un soupir.

— Et moi, reprit-il, et moi, je me dis que ma place n'est pas dans le fauteuil du juge, mais bien sur la sellette de l'accusé.

— Vous ? dit madame Danglars étonnée.

— Oui, moi.

— Je crois que de votre part, monsieur, votre puritanisme s'exagère la situation, dit madame Danglars dont l'œil si beau s'illumina d'une fugitive lueur. Ces sillons, dont vous parliez à l'instant même, ont été tracés par toutes les jeunesses ardentes. Au fond des passions, au-delà du plaisir, il y a toujours un peu de remord ; c'est pour cela que l'Évangile, cette ressource éternelle des malheureux, nous a donné pour soutien, à nous autres pauvres femmes, l'admirable parabole de la fille pécheresse et de la femme adultère. Aussi, je vous l'avoue, en me reportant à ces délires de ma jeunesse, je pense quelquefois que Dieu me les pardonnera, car sinon l'excuse, du moins la compensation s'en est bien trouvée dans mes souffrances ; mais vous, qu'avez-vous à craindre de tout cela, vous autres hommes, que tout le monde excuse et que le scandale ennoblit ?

— Madame, répliqua Villefort, vous me connaissez ; je ne suis pas un hypocrite, ou du moins je ne fais pas de l'hypocrisie sans raison. Si mon front est sévère, c'est que bien des malheurs l'ont assombri ; si mon cœur s'est pétrifié, c'est afin de pouvoir supporter les chocs qu'il a reçus. Je n'étais pas ainsi dans ma jeunesse, je n'étais pas ainsi ce soir des fiançailles où nous étions tous assis autour d'une table de la rue du Cours à Marseille. Mais, depuis, tout a bien changé, en moi et autour de moi ; ma vie s'est usée à poursuivre des choses difficiles et à briser dans les difficultés ceux qui, volontairement ou involontairement, par leur libre arbitre ou par le hasard, se trouvaient placés sur mon chemin pour me susciter ces choses. Il est rare que ce qu'on désire ardemment ne soit pas défendu ardemment par ceux de qui on veut l'obtenir ou auxquels on tente de l'arracher. Ainsi, la plupart des mauvaises actions des hommes sont venues au-devant d'eux, déguisées sous la forme spécieuse de la nécessité ; puis la mauvaise action commise dans un moment d'exaltation, de crainte et de délire, on voit qu'on aurait pu passer auprès d'elle en l'évitant. Le moyen qu'il eût été bon d'employer, qu'on n'a pas vu, aveugle qu'on était, se présente à vos yeux facile et simple ; vous vous dites : comment n'ai-je pas fait ceci au lieu de faire cela ? Vous, mesdames, au contraire, bien rarement vous êtes tourmentées par des remords, car bien rarement la décision vient de vous ; vos malheurs vous sont presque toujours imposés, vos fautes sont presque toujours le crime des autres.

— En tous cas, monsieur, convenez-en, répondit madame Danglars, si j'ai commis une faute, cette faute fût-elle personnelle, j'en ai reçu hier soir la sévère punition.

— Pauvre femme ! dit Villefort en lui serrant la main ; trop sévère pour votre force, car deux fois vous avez failli y succomber, et cependant....

— Eh bien ?

— Eh bien ! je dois vous dire... rassemblez tout votre courage, madame, car vous n'êtes pas encore au bout.

— Mon Dieu ! s'écria madame Danglars effrayée, qu'y a-t-il donc encore ?

— Vous ne voyez que le passé, madame, et certes il est sombre. Eh bien figurez-vous un avenir plus sombre encore, un avenir... affreux certainement... sanglant peut-être !...

La baronne connaissait le calme de Villefort ; elle fut si épouvantée de son exaltation, qu'elle ouvrit la bouche pour crier, mais que le cri mourut dans sa gorge.

— Comment est-il ressuscité, ce passé terrible ? s'écria Villefort ; comment, du fond de la tombe et du fond de nos cœurs où il dormait, est-il sorti comme un fantôme, pour faire pâlir nos joues et rougir nos fronts ?

— Hélas ! dit Hermine, sans doute le hasard !

— Le hasard ! reprit Villefort ; non, non, madame, il n'y a point de hasard !

— Mais si ; n'est-ce point un hasard, fatal il est vrai, mais un hasard qui a fait tout cela ? n'est-ce point par hasard que le comte de Monte-Cristo a acheté cette maison ? n'est-ce point par hasard qu'il a fait creuser la terre ? n'est-ce point par hasard, enfin, que ce malheureux enfant a été déterré sous les arbres ? Pauvre innocente créature sortie de moi, à qui je n'ai jamais pu donner un baiser, mais à qui j'ai donné bien des larmes. Ah ! tout mon cœur a volé au-devant du comte lorsqu'il a parlé de cette chère dépouille trouvée sous des fleurs.

— Eh bien ! non, madame ; et voilà ce que j'avais de terrible à vous dire, répondit Villefort d'une voix sourde : non, il n'y a pas eu de dépouille trouvée sous les fleurs ; non, il n'y a pas eu d'enfant déterré ; non, il ne faut pas pleurer ; non, il ne faut pas gémir, il faut trembler.

— Que voulez-vous dire ? s'écria madame Danglars toute frémissante.

— Je veux dire que M. de Monte-Cristo, en creusant au pied de ces arbres, n'a pu trouver ni squelette d'enfant ni ferrures de coffre, parce que sous ces arbres il n'y avait ni l'un ni l'autre.

— Il n'y avait ni l'un ni l'autre ! reprit madame Danglars, en fixant sur le procureur du roi des yeux dont la prunelle, effroyablement dilatée, indiquait la terreur ; il n'y avait ni l'un ni l'autre ! répéta-t-elle encore comme une personne qui essaie de fixer par le son des paroles et par le bruit de la voix ses idées prêtes à lui échapper.

— Non ! dit Villefort, en laissant tomber son front dans ses mains ; non, cent fois non !...

— Mais ce n'est donc point là que vous aviez déposé le pauvre enfant, monsieur ? Pourquoi me tromper ? dans quel but, voyons, dites ?

— C'est là ; mais écoutez-moi, écoutez-moi, madame,

et vous allez me plaindre, moi qui ai porté vingt ans, sans en rejeter la moindre part sur vous, le fardeau de douleurs que je vais vous dire.

— Mon Dieu ! vous m'effrayez ! mais n'importe, parlez, je vous écoute.

— Vous savez comment s'accomplit cette nuit douloureuse où vous étiez expirante sur votre lit, dans cette chambre de damas rouge, tandis que moi, presque aussi haletant que vous, j'attendais votre délivrance. L'enfant vint, me fut remis sans mouvement, sans souffle, sans voix : nous le crûmes mort.

Madame Danglars fit un mouvement rapide, comme si elle eût voulu s'élancer de sa chaise.

Mais Villefort l'arrêta en joignant les mains, comme pour implorer son attention.

— Nous le crûmes mort, répéta-t-il ; je le mis dans un coffre qui devait remplacer le cercueil, je descendis au jardin, je creusai une fosse et l'enfouis à la hâte. J'achevais à peine de le couvrir de terre, que le bras du Corse s'étendit vers moi. Je vis comme une ombre se dresser, comme un éclair reluire. Je sentis une douleur, je voulus crier, un frisson glacé me parcourut tout le corps et m'étreignit à la gorge... Je tombai mourant, et me crus tué. Je n'oublierai jamais votre sublime courage, quand, revenu à moi, je me traînai expirant jusqu'au bas de l'escalier, où, expirante vous-même, vous vîntes au devant de moi. Il fallait garder le silence sur la terrible catastrophe ; vous eûtes le courage de regagner votre maison, soutenue par votre nourrice ; un duel fut le prétexte de ma blessure. Contre toute attente, le secret nous fut gardé à tous deux ; on me transporta à Versailles ; pendant trois mois, je luttai contre la mort ; enfin, comme je parus me rattacher à la vie, m'ordonna le soleil et l'air du Midi. Quatre hommes me portèrent de Paris à Châlons, en faisant six lieues par jour. Madame de Villefort suivait le brancard dans sa voiture. A Châlons, on me mit sur la Saône, puis je passai sur le Rhône, et, par la seule vitesse du courant, je descendis jusqu'à Arles ; puis d'Arles je repris ma litière et continuai mon chemin pour Marseille. Ma convalescence dura dix mois ; je n'entendais plus parler de vous, je n'osai m'informer de ce que vous étiez devenue. Quand je revins à Paris, j'appris que, veuve de M. de Nargonne, vous aviez épousé M. Danglars.

A quoi avais-je pensé depuis que la connaissance m'était revenue ? Toujours à la même chose, toujours à ce cadavre d'enfant qui, chaque nuit, dans mes rêves, s'envolait du sein de la terre, et planait au-dessus de la fosse en me menaçant du regard et du geste. Aussi, à peine de retour à Paris, je m'informai ; la maison n'avait pas été habitée depuis que nous en étions sortis, mais elle venait d'être louée pour neuf ans. J'allai trouver le locataire, je feignis d'avoir un grand désir de ne pas voir passer entre des mains étrangères cette maison qui appartenait au père et à la mère de ma femme, j'offris un dédommagement pour qu'on rompît le bail ; on me demanda six mille francs, j'en eusse donné dix mille, j'en eusse donné vingt mille. Je les avais sur moi, je fis, séance tenante, signer la résiliation ; puis, lorsque je tins cette cession tant désirée, je partis au galop pour Auteuil. Personne, depuis que j'en étais sorti, n'était entré dans la maison.

Il était cinq heures de l'après-midi, je montai dans la chambre rouge et j'attendis la nuit.

Là, tout ce que je me disais depuis un an dans mon agonie continuelle, se représenta bien plus menaçant que jamais à ma pensée.

Ce Corse qui m'avait déclaré la vendetta, qui m'avait suivi de Nîmes à Paris ; ce Corse, qui était caché dans le jardin, qui m'avait frappé, m'avait vu creuser la fosse, il m'avait vu enterrer l'enfant ; il pouvait en arriver à vous connaître ; peut-être vous connaissait-il... Ne vous ferait-il pas payer un jour le secret de cette terrible affaire ?... Ne serait-ce pas pour lui une bien douce vengeance, quand il apprendrait que je n'étais pas mort de son coup de poignard ? Il était donc urgent qu'avant toute chose, et à tout hasard, je fisse disparaître les traces de ce passé, que j'en détruisisse tout vestige matériel ; il n'y aurait toujours que trop de réalité dans mon souvenir.

C'était pour cela que j'avais annulé le bail, c'était pour cela que j'étais venu, c'était pour cela que j'attendais.

La nuit arriva, je la laissai bien s'épaissir : j'étais sans lumière dans cette chambre, où des souffles de vent faisaient trembler les portières derrière lesquelles je croyais toujours voir quelque espion embusqué ; de temps en temps je tressaillais, il me semblait derrière moi, dans ce lit, entendre vos plaintes, et je n'osais me retourner. Mon cœur battait dans le silence, et je le sentais battre si violemment que je croyais que ma blessure allait se rouvrir ; enfin, j'entendis s'éteindre, l'un après l'autre, tous ces bruits divers de la campagne. Je compris que je n'avais plus rien à craindre, que je ne pouvais être ni vu ni entendu, et je me décidai à descendre.

Écoutez, Hermine, je me crois aussi brave qu'un autre homme, mais lorsque je retirai de ma poitrine cette petite clé de l'escalier, que nous chérissions tous deux, et que vous aviez voulu faire attacher à un anneau d'or, lorsque j'ouvris la porte, lorque, à travers les fenêtres, je vis une lueur pâle jeter, sur les degrés en spirale, une longue bande de lumière blanche pareille à un spectre, je me retins au mur et je fus près de crier ; il me semblait que j'allais devenir fou.

Enfin, je parvins à me rendre maître de moi-même. Je descendis l'escalier marche à marche ; la seule chose que je n'avais pu vaincre, c'était un étrange tremblement dans les genoux. Je me cramponnai à la rampe ; si j'eusse lâchée un instant, je me fusse précipité.

J'arrivai à la porte d'en bas ; en dehors de cette porte, une bêche était posée contre le mur. Je m'étais muni d'une lanterne sourde ; au milieu de la pelouse, je m'arrêtai pour l'allumer, puis je continuai mon chemin.

Novembre finissait, toute la verdure du jardin avait disparu, les arbres n'étaient plus que des squelettes aux longs bras décharnés, et les feuilles mortes criaient avec le sable sous mes pas.

L'effroi m'étreignait si fortement le cœur, qu'en approchant du massif je tirai un pistolet de ma poche et l'armai. Je croyais toujours voir apparaître à travers les branches la figure du Corse.

J'éclairai le massif avec ma lanterne sourde ; il était vide. Je jetai les yeux tout autour de moi, j'étais bien seul ; aucun bruit ne troublait le silence de la nuit, si ce n'est le chant d'une chouette qui jetait son cri aigu et lugubre comme un appel aux fantômes de la nuit.

J'attachai ma lanterne à une branche fourchue que j'avais déjà remarquée un an auparavant, à l'endroit même où je m'arrêtai pour creuser la fosse.

L'herbe avait, pendant l'été, poussé bien épaisse à cet endroit, et, l'automne venu, personne ne s'était trouvé là pour la faucher. Cependant, une place moins garnie attira mon attention ; il était évident que c'était là que j'avais retourné la terre. Je me mis à l'œuvre.

J'en étais donc arrivé à cette heure que j'attendais depuis plus d'un an !

Aussi, comme j'espérais, comme je travaillais, comme je sondais chaque touffe de gazon, croyant sentir de la résistance au bout de ma bêche ; rien ! et cependant je fis un trou deux fois plus grand que n'était le premier. Je crus m'être abusé, m'être trompé de place ; je m'orientai, je regardai les arbres, je cherchai à reconnaître les détails qui m'avaient frappé. Une bise froide et aiguë sifflait à travers les branches dépouillées, et cependant la sueur ruisselait sur mon front. Je me rappelai que j'avais reçu le coup de poignard au moment où je piétinais la terre pour recouvrir la fosse ; en piétinant cette terre, je m'appuyais à un faux ébénier ; derrière moi était un rocher artificiel destiné à servir de banc aux promeneurs ; car en tombant, ma main, qui venait de quitter l'ébénier, avait senti la fraîcheur de cette pierre. A ma droite était le faux ébénier, derrière moi était le rocher; je tombai en me plaçant de même, je me relevai et me mis à creuser et à élargir le trou : rien! toujours rien! le coffret n'y était pas.

— Le coffret n'y était pas? murmura madame Danglars, suffoquée par l'épouvante.

— Ne croyez pas que je me bornai à cette tentative, continua Villefort; non. Je fouillai tout le massif; je pensais que l'assassin, ayant déterré le coffre et croyant que c'était un trésor, avait voulu s'en emparer, l'avait emporté, puis, s'apercevant de son erreur, avait fait à son tour un trou et l'y avait déposé; rien. Puis il me vint cette idée qu'il n'avait point pris tant de précaution et, l'avait purement et simplement jeté dans quelque coin. Dans cette dernière hypothèse, il me fallait, pour faire mes recherches, attendre le jour. Je remontai dans la chambre et j'attendis.

— Oh! mon Dieu!

— Le jour venu, je descendis de nouveau. Ma première visite fut pour le massif; j'espérais y retrouver des traces qui m'auraient échappé pendant l'obscurité. J'avais retourné la terre sur une superficie de plus de vingt pieds carrés et sur une profondeur de plus de deux pieds. Une journée eût à peine suffi à un homme salarié pour faire ce que j'avais fait, moi, en une heure. Rien, je ne vis absolument rien.

Alors, je me mis à la recherche du coffre, selon la supposition que l'avais faite qu'il avait été jeté dans quelque coin. Ce devait être sur le chemin qui conduisait à la petite porte de sortie; mais cette nouvelle investigation fut aussi inutile que la première, et le cœur serré, je revins au massif, qui lui-même ne me laissait plus aucun espoir.

— Oh! s'écria madame Danglars, il y avait de quoi devenir fou!

— Je l'espérai un instant, dit Villefort, mais je n'eus pas ce bonheur; cependant, rappelant ma force et par conséquent mes idées :

Pourquoi cet homme aurait-il emporté ce cadavre? me demandai-je.

— Mais vous l'avez dit, reprit madame Danglars, pour avoir une preuve.

— Eh! non, madame, ce ne pouvait plus être cela; on ne garde pas un cadavre pendant un an, on le montre à un magistrat, et l'on fait sa déposition. Or, rien de tout cela n'était arrivé.

— Eh bien! alors?... demanda Hermine toute palpitante.

— Alors, il y a quelque chose de plus terrible, de plus fatal, de plus effrayant pour nous, c'est que l'enfant était vivant peut-être, et que l'assassin l'a sauvé.

Madame Danglars poussa un cri terrible, et saisissant les mains de Villefort :

— Mon enfant était vivant! dit-elle, vous avez enterré mon enfant vivant, monsieur! Vous n'étiez pas sûr que mon enfant était mort, et vous l'avez enterré! ah!...

Madame Danglars s'était redressée et elle se tenait devant le procureur du roi, dont elle serrait les poignets entre ses mains délicates, debout et presque menaçante.

— Que sais-je? Je vous dis cela comme je vous dirais autre chose, répondit Villefort avec une fixité de regard qui indiquait que cet homme si puissant était près d'atteindre les limites du désespoir et de la folie.

— Ah! mon enfant, mon pauvre enfant! s'écria la baronne, retombant sur sa chaise et étouffant ses sanglots dans son mouchoir.

Villefort revint à lui, et comprit que pour détourner l'orage maternel qui s'amassait sur sa tête, il fallait faire passer chez madame Danglars la terreur qu'il éprouvait lui-même.

— Vous comprenez alors que si cela est ainsi, dit-il, en se levant à son tour, et en s'approchant de la baronne pour lui parler d'une voix plus basse, nous sommes perdus; cet enfant vit, et quelqu'un sait qu'il vit, quelqu'un a notre secret; et puisque Monte-Cristo parle devant nous d'un enfant, déterré où cet enfant n'était plus, ce secret c'est lui qui l'a.

— Dieu! Dieu juste! Dieu vengeur! murmura madame Danglars.

Villefort ne répondit que par une espèce de rugissement.

— Mais cet enfant, cet enfant, monsieur? reprit la mère obstinée.

— Oh! que je l'ai cherché, reprit Villefort en se tordant les bras; que de fois je l'ai appelé dans mes longues nuits sans sommeil! que de fois j'ai désiré une richesse royale pour acheter un million de secrets à un million d'hommes, et pour trouver mon secret dans les leurs. Enfin, un jour que pour la centième fois je reprenais la bêche, je me demandai pour la centième fois aussi ce que le Corse avait pu faire de l'enfant; un enfant embarrasse un fugitif; peut-être, en s'apercevant qu'il était vivant encore, l'avait-il jeté dans la rivière.

— Oh! impossible, s'écria madame Danglars; on assassine un homme par vengeance, on ne noie pas de sang-froid un enfant!

— Peut-être, continua Villefort, l'avait-il mis aux Enfans-Trouvés.

— Oh! oui! oui! s'écria la baronne, mon enfant est là, monsieur!

— Je courus à l'hospice, et j'appris que cette nuit même, la nuit du 20 septembre, un enfant avait été déposé dans le tour; il était enveloppé d'une moitié de serviette en toile fine, déchirée avec intention. Cette moitié de serviette portait une moitié de couronne de baron et la lettre H.

— C'est cela, c'est cela, s'écria madame Danglars, tout mon linge était marqué ainsi; M. de Nargonne était baron, et je m'appelle Hermine. Merci, mon Dieu, mon enfant n'était pas mort.

— Non, il n'était pas mort.

— Et vous me le dites! vous me dites cela sans craindre de me faire mourir de joie, monsieur? Où est-il? où est mon enfant?

Villefort haussa les épaules.

— Le sais-je? dit-il; et croyez-vous que si je le savais, je vous ferais passer par toutes ces gradations, comme le ferait un dramaturge ou un romancier? Non, hélas! non! je ne le sais pas. Une femme, il y avait six mois environ, était venue réclamer l'enfant avec l'autre moitié de la serviette. Cette femme avait fourni toutes les garanties que la loi exige, et on le lui avait remis.

— Mais il fallait vous informer de cette femme, il fallait la découvrir.

— Et de quoi pensez-vous donc que je me sois occupé, madame? J'ai feint une instruction criminelle, et tout ce que la police a de fins limiers, d'adroits agens, je les ai mis à sa recherche. On a retrouvé ses traces jusqu'à Châlons; à Châlons, on les a perdues.

— Perdues?

— Oui perdues; perdues à jamais.

Madame Danglars avait écouté ce récit avec un soupir, une larme, un cri pour chaque circonstance.

— Et c'est tout? dit-elle, et vous vous êtes borné là?

— Oh! non, dit Villefort, je n'ai jamais cessé de chercher, de m'enquérir, de m'informer. Cependant, depuis deux ou trois ans, je m'étais donné quelque relâche. Mais, aujourd'hui je vais recommencer avec plus de persévérance et d'acharnement que jamais; et je réussirai, voyez-vous; car ce n'est plus la conscience qui me pousse, c'est la peur.

— Mais, reprit madame Danglars, le comte de Monte-Cristo ne sait rien; sans quoi, il me semble, il ne nous rechercherait point comme il le fait.

— Oh! la méchanceté des hommes est bien profonde, dit Villefort, puisqu'elle est plus profonde que la bonté

de Dieu. Avez-vous remarqué les yeux de cet homme tandis qu'il nous parlait?
— Non.
— Mais l'avez-vous examiné profondément parfois?
— Sans doute. Il est bizarre, mais voilà tout. Une chose qui m'a frappée seulement, c'est que de tout ce repas exquis qu'il nous a donné, il n'a rien touché, c'est que d'aucun plat il n'a voulu prendre sa part.
— Oui! oui! dit Villefort, j'ai remarqué cela aussi. Si j'avais su ce que je sais maintenant, moi non plus je n'eusse touché à rien; j'aurais cru qu'il voulait nous empoisonner.
— Et vous vous seriez trompé, vous le voyez bien.
— Oui, sans doute; mais croyez-moi, cet homme a d'autres projets. Voilà pourquoi j'ai voulu vous voir, voilà pourquoi j'ai demandé à vous parler, voilà pourquoi j'ai voulu vous prémunir contre tout le monde, mais contre lui surtout. Dites-moi, continua Villefort en fixant plus profondément encore qu'il ne l'avait fait jusque-là ses yeux sur la baronne, vous n'avez parlé de notre liaison à personne?
— Jamais, à personne.
— Vous me comprenez, reprit affectueusement Villefort, quand je dis à personne, pardonnez-moi cette insistance, à personne au monde, n'est-ce pas?
— Oh! oui, oui, je comprends très bien, dit la baronne en rougissant; jamais, je vous le jure.
— Vous n'avez point l'habitude d'écrire le soir ce qui s'est passé dans la matinée? vous ne faites pas de journal?
— Non! Hélas! ma vie passe emportée par la frivolité; moi-même je l'oublie.
— Vous ne rêvez pas haut, que vous sachiez?
— J'ai un sommeil d'enfant: ne vous le rappelez-vous pas?
Le pourpre monta au visage de la baronne, et la pâleur envahit celui de Villefort.
— C'est vrai, dit-il si bas qu'on l'entendit à peine.
— Eh bien? demanda la baronne.
— Eh bien! je comprends ce qu'il me reste à faire, reprit Villefort. Avant huit jours d'ici, je saurai ce que c'est que M. de Monte-Christo, d'où il vient, où il va et pourquoi il parle devant nous des enfans qu'on déterre dans son jardin.
Villefort prononça ces mots avec un accent qui eût fait frissonner le comte s'il eût pu les entendre.
Puis il serra la main que la baronne répugnait à lui donner et la conduisit avec respect jusqu'à la porte.
Madame Danglars reprit un autre fiacre, qui la ramena au passage, de l'autre côté duquel elle retrouva sa voiture et son cocher, qui, en l'attendant, dormait paisiblement sur son siège.

CHAP. LXVII. — UN BAL D'ÉTÉ

Le même jour, vers l'heure où madame Danglars faisait la séance que nous avons dite dans le cabinet de M. le procureur du roi, une calèche de voyage, entrant dans la rue du Helder, franchissait la porte du n° 27 et s'arrêtait dans la cour.
Au bout d'un instant, la portière s'ouvrait, et madame de Morcerf en descendait appuyée au bras de son fils.
A peine Albert eut-il reconduit sa mère chez elle, que, commandant un bain et ses chevaux, après s'être mis aux mains de son valet de chambre, il se fit conduire aux Champs-Elysées, chez le comte de Monte-Christo.
Le comte le reçut avec son sourire habituel. C'était une étrange chose: jamais en ne paraissait faire un pas en avant dans le cœur ou dans l'esprit de cet homme. Ceux qui voulaient, si l'on peut dire cela, forcer le passage de son intimité, trouvaient un mur.
Morcerf, qui accourait à lui les bras ouverts, laissa,

en le voyant et malgré son sourire amical, tomber ses bras et osa tout au plus lui tendre la main.
De son côté, Monte-Cristo la lui toucha, comme il faisait toujours, mais sans la lui serrer.
— Eh bien! me voilà, dit-il, cher comte.
— Soyez le bien venu.
— Je suis arrivé depuis une heure.
— De Dieppe?
— Du Tréport.
— Ah! c'est vrai.
— Et ma première visite est pour vous.
— C'est charmant de votre part, dit Monte-Cristo, comme il eût dit toute autre chose.
— Eh bien! voyons, quelles nouvelles?
— Des nouvelles! vous demandez cela à moi, à un étranger!
— Je m'entends: quand je demande quelles nouvelles, je demande si vous avez fait quelque chose pour moi?
— M'aviez-vous donc chargé de quelque commission? dit Monte-Cristo en jouant l'inquiétude.
— Allons! allons! dit Albert, ne simulez pas l'indifférence. On dit qu'il y a des avertissemens sympathiques qui traversent la distance: eh bien! au Tréport, j'ai reçu mon coup électrique; vous avez, sinon travaillé pour moi, du moins pensé à moi.
— Cela est possible, dit Monte-Cristo. J'ai en effet pensé à vous; mais le courant magnétique dont j'étais le conducteur agissait, je l'avoue, indépendamment de ma volonté.
— Vraiment! Contez-moi cela, je vous prie.
— C'est facile. M. Danglars a dîné chez moi.
— Je le sais bien, puisque c'est pour fuir sa présence que nous sommes partis, ma mère et moi.
— Mais il y a dîné avec M. Andrea Cavalcanti.
— Votre prince italien?
— N'exagérons pas. M. Andrea se donne seulement le titre de vicomte.
— Se donne, dites-vous?
— Je dis: se donne.
— Il ne l'est donc pas?
— Eh! le sais-je, moi? Il se le donne, je le lui donne, on le lui donne; n'est-ce pas comme s'il l'avait?
— Homme étrange que vous faites, allez! Eh bien?
— Eh bien! quoi?
— M. Danglars a donc dîné ici?
— Oui.
— Avec votre vicomte Andrea Cavalcanti?
— Avec le vicomte Andrea Cavalcanti, le marquis son père, madame Danglars, M. et madame de Villefort, des gens charmans, M. Debray, Maximilien Morrel, et puis encore..... attendez donc...... ah! M. de Château-Renaud.
— On a parlé de moi?
— On n'en a pas dit un mot.
— Tant pis.
— Pourquoi cela? Il me semble que si l'on vous a oublié, on n'a fait en agissant ainsi que ce que vous désiriez?
— Mon cher comte, si l'on n'a point parlé de moi, c'est qu'on y pensait beaucoup, et alors je suis désespéré.
— Que vous importe, puisque mademoiselle Danglars n'était point au nombre de ceux qui y pensaient ici? Ah! il est vrai qu'elle pouvait y penser chez elle.
— Oh! quant à cela non, j'en suis sûr; ou si elle y pensait, c'est certainement de la même façon que je pense à elle.
— Touchante sympathie! dit le comte. Alors vous vous détestez?
— Écoutez, dit Morcerf: si mademoiselle Danglars était femme à prendre en pitié le martyre que je ne souffre pas pour elle et à m'en récompenser en dehors des conventions matrimoniales arrêtées entre nos deux familles, cela m'irait à merveille. Bref, je crois que mademoiselle

Danglars serait une maîtresse charmante ; mais comme femme, diable...

— Ainsi, dit Monte-Cristo en riant, voilà votre façon de penser sur votre future ?

— Oh! mon Dieu, oui, un peu brutale, c'est vrai, mais exacte du moins. Or, puisqu'on ne peut faire de ce rêve une réalité, comme pour arriver à un certain but, il faut que mademoiselle Danglars devienne ma femme, c'est-à-dire qu'elle vive avec moi, qu'elle pense près de moi, qu'elle chante près de moi, qu'elle fasse des vers et de la musique à dix pas de moi, et cela pendant tout le temps de ma vie ; alors je m'épouvante. Une maîtresse, mon cher comte, cela se quitte ; mais une femme, peste ! c'est autre chose, cela se garde éternellement, de près ou de loin c'est-à-dire. Or, c'est effrayant de garder toujours mademoiselle Danglars, fût-ce même de loin.

— Vous êtes difficile, vicomte.

— Oui, car souvent je pense à une chose impossible.

— A laquelle ?

— A trouver pour moi une femme comme mon père en a trouvé une pour lui.

Monte-Cristo pâlit et regarda Albert en jouant avec des pistolets magnifiques dont il faisait rapidement crier les ressorts.

— Ainsi, votre père a été bien heureux ? dit-il.

— Vous savez mon opinion sur ma mère, monsieur le comte : un ange du ciel ; voyez-la encore belle , spirituelle toujours, meilleure que jamais. J'arrive du Tréport ; pour tout autre fils, eh ! mon Dieu ! accompagner sa mère serait une complaisance ou une corvée ; mais moi, j'ai passé quatre jours en tête-à-tête avec elle, plus satisfait, plus reposé, plus poétique, vous le dirai-je ? que si j'eusse emmené au Tréport la reine Mab ou Titania.

— C'est une perfection désespérante, et vous donnez à tous ceux qui vous entendent de graves envies de rester célibataires.

— Voilà justement, reprit Morcerf, pourquoi, sachant qu'il existe au monde une femme accomplie, je ne me soucie pas d'épouser mademoiselle Danglars. Avez-vous quelquefois remarqué comme notre égoïsme revêt de couleurs brillantes tout ce qui nous appartient ? Le diamant qui chatoyait à la vitre de Marlé ou de Fossin devient bien plus beau depuis qu'il est notre diamant ; mais si l'évidence vous force à reconnaître qu'il en est d'une eau plus pure, et que vous soyez condamné à porter éternellement ce diamant inférieur à un autre, comprenez-vous la souffrance ?

— Mondain ! murmura le comte.

— Voilà pourquoi je sauterai de joie le jour où mademoiselle Eugénie s'apercevra que je ne suis qu'un chétif atôme, et que j'ai à peine autant de cent mille francs qu'elle a de millions.

Monte-Cristo sourit.

— J'avais bien pensé à autre chose, continua Albert ; Franz aime les choses excentriques, j'ai voulu le rendre malgré lui amoureux de mademoiselle Danglars ; mais à quatre lettres que je lui ai écrites dans le plus affriandant des styles, Franz m'a imperturbablement répondu :

«Je suis excentrique, c'est vrai, mais mon excentricité ne va pas jusqu'à reprendre ma parole quand je l'ai donnée.»

— Voilà ce que j'appelle le dévoûment de l'amitié : donner à un autre la femme dont on ne voudrait soi-même qu'à titre de maîtresse.

Albert sourit.

— A propos, continua-t-il, il arrive, ce cher Franz ; mais peu vous importe, vous ne l'aimez pas, je crois ?

— Moi ! dit Monte-Cristo ; mon cher vicomte, où donc avez-vous vu que je n'aimais pas M. Franz ? j'aime tout le monde.

— Et je suis compris dans tout le monde... merci.

— Oh ! ne confondons pas, dit Monte-Cristo : j'aime tout le monde à la manière dont Dieu nous ordonne d'aimer notre prochain, chrétiennement ; mais je ne hais bien que de certaines personnes. Revenons à M. Franz d'Épinay. Vous dites donc qu'il arrive ?

— Oui, mandé par M. de Villefort, aussi enragé, à ce qu'il paraît, de marier mademoiselle Valentine que M. Danglars est enragé de marier mademoiselle Eugénie. Décidément, il paraît que c'est un état des plus fatigants que celui de père de grandes filles ; il me semble que cela leur donne la fièvre, et que leur pouls bat quatre-vingt-dix fois à la minute jusqu'à ce qu'ils en soient débarrassés.

— Mais M. d'Épinay ne vous ressemble pas, lui ; il prend son mal en patience.

— Mieux que cela, il le prend au sérieux ; il met des cravates blanches et parle déjà de sa famille. Il a au reste pour les Villefort une grande considération.

— Méritée n'est-ce pas ?

— Je le crois. M. de Villefort a toujours passé pour un homme sévère, mais juste.

— A la bonne heure, dit Monte-Cristo, en voilà un au moins que vous ne traitez pas comme ce pauvre M. Danglars.

— Cela tient peut-être à ce que je ne suis pas forcé d'épouser sa fille, répondit Albert en riant.

— En vérité, mon cher monsieur, dit Monte-Cristo, vous êtes d'une fatuité révoltante.

— Moi !

— Oui, vous. Prenez donc un cigare.

— Bien volontiers. Et pourquoi suis-je fat ?

— Mais parce que vous êtes là à vous défendre, à vous débattre d'épouser mademoiselle Danglars. Eh ! mon Dieu ! laissez aller les choses, et ce n'est peut-être pas vous qui retirerez votre parole le premier.

— Bah ! fit Albert avec de grands yeux.

— Eh ! sans doute, monsieur le vicomte, on ne vous mettra pas de force le cou dans les portes, que diable ! Voyons, sérieusement, reprit Monte-Cristo en changeant d'intonation, avez-vous envie de rompre ?

— Je donnerais cent mille francs pour cela.

— Eh bien ! soyez heureux : M. Danglars est prêt à en donner le double pour atteindre au même but.

— Est-ce bien vrai, ce bonheur-là ? dit Albert, qui cependant en disant cela ne put empêcher un imperceptible nuage passât sur son front. Mais, mon cher comte, M. Danglars a donc des raisons ?

— Ah ! te voilà bien, nature orgueilleuse et égoïste ! à la bonne heure, je retrouve l'homme qui veut trouer l'amour-propre d'autrui à coup de hache, et qui crie quand on troue le sien avec une aiguille.

— Non ! mais c'est qu'il me semble que M. Danglars...

— Devait être enchanté de vous, n'est-ce pas ? Eh bien ! M. Danglars est un homme de mauvais goût, c'est convenu, et il est encore plus enchanté d'un autre...

— De qui donc ?

— Je ne sais pas, moi ; étudiez, regardez, saisissez les allusions à leur passage, et faites-en votre profit.

— Bon, je comprends ; écoutez, ma mère... non ! pas ma mère, je me trompe, mon père a eu l'idée de donner un bal.

— Un bal dans ce moment-ci de l'année ?

— Les bals d'été sont à la mode.

— Ils n'y seraient pas, que la comtesse n'aurait qu'à vouloir, elle les y mettrait.

— Pas mal ; vous comprenez, ce sont des bals pur sang ; ceux qui restent à Paris dans le mois de juillet sont de vrais Parisiens. Voulez-vous vous charger d'une invitation pour MM. Cavalcanti ?

— Dans combien de jours a lieu votre bal ?

— Samedi.

— M. Cavalcanti père sera parti.

— Mais M. Cavalcanti fils demeure. Voulez-vous vous charger d'amener M. Cavalcanti fils ?

— Écoutez, vicomte, je ne le connais pas.

— Vous ne le connaissez pas ?

— Non, je l'ai vu pour la première fois il y a trois ou quatre jours, et je n'en réponds en rien.

— Mais vous le recevez bien, vous?

— Moi, c'est autre chose; il m'a été recommandé par un brave abbé qui peut lui-même avoir été trompé. Invitez-le directement, à merveille, mais ne me dites pas de vous le présenter; s'il allait plus tard épouser mademoiselle Danglars, vous m'accuseriez de manège, et vous voudriez vous couper la gorge avec moi; d'ailleurs, je ne sais pas si j'irai moi-même.

— Où?

— A votre bal.

— Pourquoi n'y viendriez-vous point?

— D'abord parce que vous ne m'avez pas encore invité.

— Je viens exprès pour vous apporter votre invitation moi-même.

— Oh! c'est trop charmant; mais je puis en être empêché.

— Quand je vous aurais dit une chose, vous serez assez aimable pour nous sacrifier tous les empêchemens.

— Dites.

— Ma mère vous en prie.

— Madame la comtesse de Morcerf? reprit Monte-Cristo en tressaillant.

— Ah! comte, dit Albert, je vous préviens que madame de Morcerf cause librement avec moi, et si vous n'avez pas senti craquer en vous ces fibres sympathiques dont je vous parlais tout à l'heure, c'est que ces fibres-là vous manquent complétement, car pendant quatre jours nous n'avons parlé que de vous.

— De moi? en vérité vous me comblez!

— Écoutez, c'est le privilége de votre emploi, quand on est un problème vivant.

— Ah! je suis donc aussi un problème pour votre mère? En vérité je l'aurais crue trop raisonnable pour se livrer à de pareils écarts d'imagination!

— Problème, mon cher comte, problème pour tous, pour ma mère comme pour les autres, problème accepté, mais non deviné; vous demeurez toujours à l'état d'énigme, rassurez-vous. Ma mère seulement demande toujours comment il se fait que vous soyez si jeune. Je crois qu'au fond, tandis que la comtesse G... vous prend pour lord Ruthwen, ma mère vous prend pour Cagliostro ou le comte de Saint-Germain. La première fois que vous viendrez voir madame de Morcerf, confirmez-la dans cette opinion. Cela ne vous sera pas difficile, vous avez la pierre philosophale de l'un et l'esprit de l'autre.

— Je vous remercie de m'avoir prévenu, dit le comte en souriant, je tâcherai de me mettre en mesure de faire face à toutes les suppositions.

— Ainsi vous viendrez samedi?

— Puisque madame de Morcerf m'en prie.

— Vous êtes charmant.

— Et M. Danglars?

— Oh! il a déjà reçu la triple invitation; mon père s'en est chargé. Nous tâcherons aussi d'avoir le grand d'Aguesseau, M. de Villefort; mais on en désespère.

— Il ne faut jamais désespérer de rien, dit le proverbe.

— Dansez-vous, cher comte?

— Moi?

— Oui, vous. Qu'y aurait-il d'étonnant à ce que vous dansassiez?

— Ah! en effet, tant qu'on n'a pas franchi la quarantaine... Non, je ne danse pas; mais j'aime à voir danser. Et madame de Morcerf, danse-t-elle?

— Jamais, non plus vous causerez, elle a tant envie de causer avec vous!

— Vraiment?

— Parole d'honneur! Et je vous déclare que vous êtes le premier homme pour lequel ma mère ait manifesté cette curiosité.

Albert prit son chapeau et se leva; le comte le reconduisit jusqu'à la porte.

— Je me fais un reproche, dit-il, en l'arrêtant au haut du perron.

— Lequel?

— J'ai été indiscret, je ne devais pas vous parler de M. Danglars.

— Au contraire, parlez m'en encore, parlez m'en souvent, parlez m'en toujours; mais de la même façon.

— Bien! vous me rassurez. A propos, quand arrive M. d'Épinay?

— Mais dans cinq ou six jours au plus tard.

— Et quand se marie-t-il?

— Aussitôt l'arrivée de M. et de madame de Saint-Méran.

— Amenez-le-moi donc quand il sera à Paris. Quoique vous prétendiez que je ne l'aime pas, je vous déclare que je serai heureux de le voir.

— Bien, vos ordres seront exécutés, Seigneur.

— Au revoir.

— A samedi, en tous cas, bien sûr, n'est-ce pas?

— Comment donc, c'est parole donnée.

Le comte suivit des yeux Albert en le saluant de la main. Puis, quand il fut remonté dans son phaéton, il se retourna, et trouvant Bertuccio derrière lui:

— Eh bien? demanda-t-il.

— Elle est allée au Palais, répondit l'intendant.

— Elle y est restée long-temps?

— Une heure et demie.

— Et elle est rentrée chez elle?

— Directement.

— Eh bien! mon cher monsieur Bertuccio, dit le comte, si j'ai maintenant un conseil à vous donner, c'est d'aller voir en Normandie si vous ne trouverez pas cette petite terre dont je vous ai parlé.

Bertuccio salua, et comme ses désirs étaient en parfaite harmonie avec l'ordre qu'il avait reçu, il partit le soir même.

CHAP. LXVIII. — LES INFORMATIONS.

M. de Villefort tint parole à madame Danglars, et surtout à lui-même, en cherchant à savoir de quelle façon M. le comte de Monte-Cristo avait pu apprendre l'histoire de la maison d'Auteuil.

Il écrivit le même jour à un certain M. de Boville, qui, après avoir été autrefois inspecteur des prisons avait été attaché dans un grade supérieur à la police de sûreté, pour avoir des renseignemens qu'il désirait, et celui-ci demanda deux jours pour savoir au juste près de qui l'on pourrait se renseigner.

Les deux jours expirés, M. de Villefort reçut la note suivante:

« La personne que l'on appelle M. le comte de Monte-Cristo est connu particulièrement de lord Wilmore, riche étranger, que l'on voit quelquefois à Paris et qui s'y trouve en ce moment, il est connu également de l'abbé Busoni prêtre sicilien d'une grande réputation en Orient, où il a fait beaucoup de bonnes œuvres. »

M. de Villefort répondit par un ordre de prendre sur ces deux étrangers les informations les plus promptes et les plus précises; le lendemain soir, ses ordres étaient exécutés, et voici les renseignemens qu'il recevait:

L'abbé n'était que pour un mois à Paris, habitait derrière Saint-Sulpice, une petite maison composée d'un seul étage au-dessus d'un rez-de-chaussée; quatre pièces, deux pièces en haut et deux pièces en bas, formaient tout le logement, dont il était l'unique locataire.

Les deux pièces d'en bas se composaient d'une salle à manger avec table, chaises et buffet en noyer, et d'un salon boisé peint en blanc, sans ornement, sans tapis et sans pendule. On voyait que pour lui même l'abbé se bornait aux objets de stricte nécessité.

Il est vrai que l'abbé habitait de préférence le salon du premier. Ce salon, tout meublé de livres de théologie et de parchemins, au milieu desquels on le voyait s'en sevelir, disait son valet de chambre, pendant des mois entiers, était en réalité moins un salon qu'une bibliothèque.

Ce valet regardait les serviteurs au travers d'une sorte de guichet, et lorsque leur figure lui était inconnue ou ne plaisait pas, il répondait que M. l'abbé n'était point à Paris, ce dont beaucoup se contentaient, sachant que l'abbé voyageait souvent et restait quelquefois fort longtemps en voyage.

Au reste, qu'il fût au logis ou qu'il n'y fût pas, qu'il se trouvât à Paris ou au Caire, l'abbé donnait toujours, et le guichet servait de tour aux aumônes que le valet distribuait incessamment au nom de son maître.

L'autre chambre, située près de la bibliothèque, était une chambre à coucher. Un lit sans rideaux, quatre fauteuils et un canapé de velours d'Utrecht jaune, formaient avec un prie-Dieu tout son ameublement.

Quant à lord Wilmore, il demeurait rue Fontaine-Saint-Georges. C'était un de ces Anglais touristes qui mangent toute leur fortune en voyage. Il louait en garni l'appartement qu'il habitait, dans lequel il venait passer seulement deux ou trois heures par jour, et où il ne couchait que rarement. Une de ses manies était de ne vouloir pas absolument parler la langue française, qu'il écrivait cependant, assurait-on, avec une assez grande pureté.

Le lendemain du jour où ces précieux renseignemens était parvenus à M. le procureur du roi, un homme qui descendait de voiture au coin de la rue Férou, vint frapper à une porte peinte en vert olive, et demanda l'abbé Busoni.

— M. l'abbé est sorti dès le matin, répondit le valet.

— Je pourrais ne pas me contenter de cette réponse, dit le visiteur, car je viens de la part d'une personne pour laquelle on est toujours chez soi. Mais veuillez remettre à l'abbé Busoni...

— Je vous ai déjà dit qu'il n'y était pas, répéta le valet.

— Alors quand il sera rentré, remettez-lui cette carte et ce papier cacheté. Ce soir, à huit heures, M. l'abbé sera-t-il chez lui?

— Oh? sans faute, monsieur, à moins que M. l'abbé ne travaille, et alors c'est comme s'il était sorti.

— Je reviendrai donc ce soir à l'heure convenue, reprit le visiteur.

Et il se retira.

En effet, à l'heure indiquée, le même homme revint dans la même voiture, qui cette fois, au lieu de s'arrêter au coin de la rue Férou, s'arrêta devant la porte verte. Il frappa, on lui ouvrit, et il entra.

Aux signes de respect dont le valet fut prodigue envers lui, il comprit que sa lettre avait fait l'effet désiré.

— M. l'abbé est chez lui? demanda-t-il.

— Oui, il travaille dans sa bibliothèque; mais il attend monsieur, répondit le serviteur.

L'étranger monta un escalier assez rude, et, devant une table dont la superficie était inondée de la lumière que concentrait un vaste abat-jour, tandis que le reste de l'appartement était dans l'ombre, il aperçut l'abbé, en habit ecclésiastique, la tête couverte de ces coqueluchons sous lesquels s'ensevelissait le crâne des savans en *us* du moyen âge.

— C'est à M. Busoni que j'ai l'honneur de parler? demanda le visiteur.

— Oui, monsieur, répondit l'abbé, et vous êtes la personne que M. de Boville, ancien intendant des prisons, m'envoie de la part de M. le préfet de police?

— Justement, monsieur.

— Un des agens préposés à la sûreté de Paris?

— Oui, monsieur, répondit l'étranger avec une espèce d'hésitation, et surtout un peu de rougeur.

L'abbé rajusta les grandes lunettes qui lui couvraient non-seulement les yeux, mais encore les tempes, et se rasseyant, fit signe au visiteur de s'asseoir à son tour.

— Je vous écoute, monsieur, dit l'abbé avec un accent italien des plus prononcés.

— La mission dont je me suis chargé, monsieur, répondit le visiteur en pesant sur chacune de ses paroles comme si elles avaient peine à sortir, est une mission de confiance pour celui qui la remplit et pour celui près duquel on la remplit.

L'abbé s'inclina.

— Oui, reprit l'étranger, votre probité, monsieur l'abbé, est si connue de M. le préfet de police, qu'il veut savoir de vous, comme magistrat, une chose qui intéresse cette sûreté publique au nom de laquelle je vous suis député. Nous espérons donc, monsieur l'abbé, qu'il n'y aura ni liens d'amitié ni considération humaine qui puisse vous engager à déguiser la vérité à la justice.

— Pourvu, monsieur, que les choses qu'il vous importe de savoir ne touchent en rien aux scrupules de ma conscience. Je suis prêtre, monsieur, et les secrets de la confession, par exemple, doivent rester entre moi et la justice de Dieu, et non entre moi et la justice humaine.

— Oh! soyez tranquille, monsieur l'abbé, dit l'étranger, dans tous les cas nous mettrons votre conscience à couvert.

A ces mots, l'abbé, en pesant de son côté sur l'abat-jour, leva ce même abat-jour du côté opposé, de sorte que, tout en éclairant en plein le visage de l'étranger, le sien restait toujours dans l'ombre.

— Pardon, monsieur l'abbé, dit l'envoyé de M. le préfet de police, mais cette lumière me fatigue horriblement la vue.

L'abbé baissa le carton vert.

— Maintenant, monsieur, je vous écoute, parlez.

— J'arrive au fait. Vous connaissez M. le comte de Monte-Cristo?

— Vous voulez parler de M. Zaccone, je présume?

— Zaccone!... Ne s'appelle-t-il donc pas Monte-Cristo?

— Monte-Cristo est un nom de terre, ou plutôt un nom de rocher, et non pas un nom de famille.

— Eh bien! soit; ne discutons pas sur les mots, et puisque M. de Monte-Cristo et M. Zaccone c'est le même homme...

— Absolument le même.

— Parlons de M. Zaccone.

— Soit.

— Je vous demandais si vous le connaissiez.

— Beaucoup.

— Qu'est-il?

— C'est le fils d'un riche armateur de Malte.

— Oui, je le sais bien, c'est ce qu'on dit; mais comme vous le comprenez, la police ne peut pas se contenter d'un *on dit*.

— Cependant, reprit l'abbé avec un sourire tout affable, quand cet *on dit* est la vérité, il faut bien que tout le monde s'en contente, et que la police fasse comme tout le monde.

— Mais vous êtes sûr de ce que vous dites?

— Comment! si j'en suis sûr?

— Remarquez, monsieur, que je ne suspecte en aucune façon votre bonne foi. Je vous dis : Êtes-vous sûr?

— Ecoutez, j'ai connu M. Zaccone le père.

— Ah! ah!

— Oui, et tout enfant j'ai joué dix fois avec son fils dans les chantiers de construction.

— Mais cependant ce titre de comte?

— Vous savez, cela s'achète.

— En Italie?

— Partout.

— Mais ses richesses qui sont immenses, à ce qu'on dit toujours...

— Oh! quant à cela répondit l'abbé, immenses, c'est le mot.

— Combien croyez-vous qu'il possède, vous qui le connaissez?

— Oh! il a bien cent cinquante à deux cent mille livres de rente.

— Ah! voilà qui est raisonnable, dit le visiteur, mais on parle de trois, de quatre millions!

— Deux cent mille livres de rente, monsieur, font juste quatre millions de capital.

— Mais on parlait de trois ou quatre millions de rente!

— Oh! cela n'est pas croyable.

— Et vous connaissez son île de Monte-Cristo?

— Certainement; tout homme qui est venu de Palerme, de Naples ou de Rome en France, par mer, la connaît, puisqu'il est passé à côté d'elle et l'a vue en passant.

— C'est un séjour enchanteur, à ce que l'on assure.

— C'est un rocher.

— Et pourquoi donc le comte a-t-il acheté un rocher?

— Justement pour être comte. En Italie, pour être comte on a encore besoin d'un comté.

— Vous avez sans doute entendu parler des aventures de jeunesse de M. Zaccome.

— Le père?

— Non, le fils.

— Ah! voici où commencent mes incertitudes, car voici où j'ai perdu mon jeune camarade de vue.

— Il a fait la guerre?

Je crois qu'il a servi.

— Dans quelle arme?

— Dans la marine.

— Voyons, vous n'êtes pas son confesseur?

— Non, monsieur; je le crois luthérien.

— Comment, luthérien?

— Je dis que je crois; je n'affirme pas. D'ailleurs, je croyais la liberté des cultes établie en France.

— Sans doute; aussi n'est-ce point de ses croyances que nous nous occupons en ce moment, c'est de ses actions; au nom de M. le préfet de police, je vous somme de dire ce que vous savez.

— Il passe pour un homme fort charitable. Notre Saint-Père le Pape l'a fait chevalier du Christ, faveur qu'il n'accorde guère qu'aux princes, pour les services éminens qu'il a rendus aux chrétiens d'Orient; il a cinq ou six grands cordons conquis par des services rendus ainsi aux princes ou aux États.

— Et il les porte?

— Non, mais il en est fier; il dit qu'il aime mieux les récompenses accordées aux bienfaiteurs de l'humanité que celles accordées aux destructeurs des hommes.

— C'est donc un quaker que cet homme là?

— Justement, c'est un quaker, moins le grand chapeau et l'habit marron, bien entendu.

— Lui connaît-on des amis?

— Oui, car il a pour amis tous ceux qui le connaissent.

— Mais enfin, il a bien quelque ennemi?

— Un seul.

— Comment le nommez-vous?

— Lord Wilmore.

— Où est-il?

— A Paris dans ce moment même.

— Et il peut me donner des renseignemens?

— Précieux. Il était dans l'Inde en même temps que Zaccone.

— Savez-vous où il demeure?

— Quelque part dans la Chaussée-d'Antin; mais j'ignore la rue et le numéro.

— Vous êtes mal avec cet Anglais.

— J'aime Zaccone et lui le déteste; nous sommes en froid à cause de cela.

— Monsieur l'abbé, pensez-vous que le comte de Monte-Cristo soit jamais venu en France avant le voyage qu'il vient de faire à Paris?

— Ah! pour cela je puis vous répondre pertinemment. Non, monsieur, il n'y est jamais venu, puisqu'il s'est adressé à moi, il y a six mois, pour avoir les renseignemens qu'il désirait. De mon côté, comme j'ignorais à quelle époque je serais moi-même de retour à Paris, je lui ai adressé M. Cavalcanti.

— Andrea?

— Non, Bartholoméo, le père.

— Très bien, monsieur; je n'ai plus à vous demander qu'une chose, et je vous somme au nom de l'honneur, de l'humanité et de la religion de me répondre sans détour.

— Dites, monsieur.

— Savez-vous dans quel but monsieur le comte de Monte-Cristo a acheté une maison à Auteuil?

— Certainement, car il me l'a dit.

— Dans quel but, monsieur?

— Dans celui d'en faire un hospice d'aliénés dans le genre de celui fondé par le baron de Pisani, à Palerme. Connaissez-vous cet hospice?

— De réputation, oui, monsieur.

— C'est une institution magnifique.

Et là-dessus, l'abbé salua l'étranger en homme qui désire faire comprendre qu'il ne serait pas fâché de se remettre au travail interrompu.

Le visiteur, soit qu'il comprît le désir de l'abbé, soit qu'il fût au bout de ses questions, se leva à son tour. L'abbé le conduisit jusqu'à la porte.

— Vous faites de riches aumônes, dit le visiteur, et quoiqu'on vous dise riche, j'oserai vous offrir quelque chose pour vos pauvres; de votre côté, daignerez-vous accepter mon offrande?

— Merci, monsieur; il n'y a qu'une seule chose dont je sois jaloux au monde, c'est que le bien que je fais vienne de moi.

— Mais cependant......

— C'est une résolution invariable. Mais cherchez, monsieur, et vous trouverez : hélas! sur le chemin de chaque homme riche, il y a bien des misères à coudoyer!

L'abbé salua une dernière fois en ouvrant la porte; l'étranger salua à son tour et sortit.

La voiture le conduisit droit chez M. de Villefort.

Une heure après, la voiture sortit de nouveau, et cette fois se dirigea vers la rue Fontaine-Saint-Georges. Au n° 5, elle s'arrêta. C'était là que demeurait lord Wilmore.

L'étranger avait écrit à lord Wilmore pour lui demander un rendez-vous que celui-ci avait fixé à dix heures. Aussi, comme l'envoyé de M. le préfet de police arriva à dix heures moins dix minutes, lui fut-il répondu que lord Wilmore, qui était l'exactitude et la ponctualité en personne, n'était pas encore rentré, mais qu'il rentrerait pour sûr à dix heures sonnant.

Le visiteur attendit dans le salon. Ce salon n'avait rien de remarquable et était comme tous les salons d'hôtel garni. Une cheminée avec deux vases de Sèvres modernes, une pendule avec un amour tendant son arc, une glace en deux morceaux; de chaque côté de cette glace une gravure représentant, l'une Homère portant son guide, l'autre Bélisaire demandant l'aumône; un papier gris sur gris, un meuble en drap rouge imprimé de noir; tel était le salon de lord Wilmore.

Il était éclairé par des globes de verre dépoli qui ne répandaient qu'une faible lumière, laquelle semblait ménagée exprès pour les yeux fatigués de l'envoyé de M. le préfet de police.

Au bout de dix minutes d'attente, la pendule sonna dix heures; au cinquième coup, la porte s'ouvrit, et lord Wilmore parut.

Lord Wilmore était un homme plutôt grand que petit, avec des favoris rares et roux, le teint blanc et les cheveux blonds grisonnans. Il était vêtu avec toute l'excentricité anglaise, c'est-à-dire qu'il portait un habit bleu à boutons d'or et à haut collet piqué, comme on les portait en 1811; un gilet de casimir blanc et un pantalon de nankin de trois pouces trop court, mais que des sous-pieds de même étoffe empêchaient de remonter jusqu'aux genoux.

Son premier mot en entrant fut :

— Vous savez, monsieur, que je ne parle pas français.

— Je sais, du moins, que vous n'aimez pas à parler notre langue, répondit l'envoyé de M. le préfet de police.

— Mais vous pouvez la parler, vous, reprit lord Wilmore ; car, si je ne la parle pas, je la comprends.

— Et moi, reprit le visiteur en changeant d'idiôme, je parle assez facilement l'anglais pour soutenir la conversation dans cette langue. Ne vous gênez donc pas, monsieur.

— Hao ! fit lord Wilmore avec cette intonation qui n'appartient qu'aux naturels les plus purs de la Grande-Bretagne.

L'envoyé du préfet de police présenta à lord Wilmore sa lettre d'introduction. Celui-ci la lut avec un flegme tout anglican ; puis, lorsqu'il eut terminé sa lettre :

— Je comprends, dit-il en anglais ; je comprends très bien.

Alors commencèrent les interrogations.

Elles furent à peu près les mêmes que celles qui avaient été adressées à l'abbé Busoni. Mais comme lord Wilmore, en sa qualité d'ennemi du comte de Monte-Cristo, n'y mettait pas la même retenue que l'abbé, elles furent beaucoup plus étendues ; il raconta la jeunesse de Monte-Cristo, qui, selon lui, était, à l'âge de dix ans, entré au service d'un de ces petits souverains de l'Inde qui font la guerre aux Anglais ; c'est là qu'il l'avait, lui, Wilmore, rencontré pour la première fois, et qu'ils avaient combattu l'un contre l'autre. Dans cette guerre, Zaccone avait été fait prisonnier, avait été envoyé en Angleterre, mis sur les pontons, d'où il s'était enfui à la nage. Alors avaient commencé ses voyages, ses duels, ses passions ; alors était arrivé l'insurrection de Grèce, où il avait servi dans les rangs des Grecs. Tandis qu'il était à leur service, il avait découvert une mine d'argent dans les montagnes de la Thessalie, mais il s'était bien gardé de parler de cette découverte à personne. Après Navarin, et lorsque le gouvernement grec fut consolidé, il demanda au roi Othon un privilége d'exploitation pour cette mine ; ce privilége lui fut accordé. De là cette fortune immense qui pouvait, selon lord Wilmore, monter à un ou deux millions de revenu, fortune qui, néanmoins, pouvait tarir tout à coup, si la mine elle-même tarissait.

— Mais, demanda le visiteur, savez-vous pourquoi il est venu en France ?

— Il veut spéculer sur les chemins de fer, dit lord Wilmore ; et puis, comme il est chimiste habile et physicien non moins distingué, il a découvert un nouveau télégraphe dont il poursuit l'application.

— Combien dépense-t-il à peu près par an ? demanda l'envoyé de M. le préfet de police.

— Oh ! cinq ou six cent mille francs, tout au plus, dit lord Wilmore ; il est avare.

Il était évident que la haine faisait parler l'Anglais, et que, ne sachant quelle chose reprocher au comte, il lui reprochait son avarice.

— Savez-vous quelque chose de la maison d'Auteuil ?

— Oui, certainement.

— Eh bien ! qu'en savez-vous ?

— Vous demandez dans quel but il l'a achetée ?

— Oui.

— Eh bien ! le comte est un spéculateur qui se ruinera certainement en essais et en utopies : il prétend qu'il y a à Auteuil, dans les environs de la maison qu'il vient d'acquérir, un courant d'eau minérale qui peut rivaliser avec les eaux de Bagnères, de Luchon et de Cauterets. Il veut faire de son acquisition un *bad-haus*, comme disent les Allemands. Il a déjà deux ou trois fois retourné tout son jardin pour retrouver le fameux cours d'eau ; et comme il n'a pas pu le découvrir, vous allez le voir, d'ici à peu de temps, acheter les maisons qui environnent la sienne. Or, comme je lui en veux, j'espère que dans son chemin de fer, dans son télégraphe électrique ou dans son exploitation de biens, il va se ruiner ; je le suis pour jouir de sa déconfiture, qui ne peut manquer d'arriver un jour ou l'autre.

— Et pourquoi lui en voulez-vous ? demanda le visiteur.

— Je lui en veux, répondit lord Wilmore, parce qu'en passant en Angleterre il a séduit la femme d'un de mes amis.

— Mais si vous lui en voulez, pourquoi ne cherchez-vous pas à vous venger de lui ?

— Je me suis déjà battu trois fois avec le comte, dit l'Anglais ; la première fois au pistolet, la seconde à l'épée, la troisième à l'espadon.

— Et le résultat de ces duels a été...

— La première fois, il m'a cassé le bras ; la seconde fois, il m'a traversé le poumon ; et la troisième, il m'a fait cette blessure.

L'Anglais rabattit un col de chemise qui lui montait jusqu'aux oreilles, et montra une cicatrice dont la rougeur indiquait la date peu ancienne.

— De sorte que je lui en veux beaucoup, répéta l'Anglais, et qu'il ne mourra bien sûr que de ma main.

— Mais, dit l'envoyé de la préfecture, vous ne prenez pas le chemin de le tuer, ce me semble.

— Hao ! fit l'Anglais, tous les jours je vais au tir, et tous les jours Grisier vient chez moi.

C'était ce que voulait savoir le visiteur, ou plutôt c'était tout ce que paraissait savoir l'Anglais. L'agent se leva donc, et après avoir salué lord Wilmore, qui lui répondit avec la raideur et la politesse anglaises, il se retira.

De son côté, lord Wilmore, après avoir entendu se refermer sur lui la porte de la rue, rentra dans sa chambre à coucher, où, en un tour de main, il perdit ses cheveux blonds, ses favoris roux, sa fausse mâchoire et sa cicatrice, pour retrouver les cheveux noirs, le teint mat et les dents de perle du comte de Monte-Cristo.

Il est vrai que de son côté, ce fut M. de Villefort, et non l'envoyé de M. le préfet de police qui rentra chez M. de Villefort.

Le procureur du roi était un peu tranquillisé par cette double visite, qui, au reste, ne lui avait rien appris de rassurant, mais qui ne lui avait rien appris non plus d'inquiétant. Il en résulta que, pour la première fois depuis le dîner d'Auteuil, il dormit la nuit suivante avec quelque tranquillité.

CHAP. LXIX. — LE BAL.

On en était arrivé aux plus chaudes journées de juillet, lorsque vint se présenter à son tour, dans l'ordre des temps, ce samedi où devait avoir lieu le bal de M. de Morcerf.

Il était dix heures du soir : les grands arbres du jardin de l'hôtel du comte se détachaient en vigueur sur un ciel où glissaient, découvrant une tenture d'azur parsemée d'étoiles d'or, les dernières vapeurs d'un orage qui avait grondé menaçant toute la journée.

Dans les salles du rez-de-chaussée on entendait bruire la musique et tourbillonner la valse et le galop, tandis que des bandes éclatantes de lumières passaient tranchantes à travers les ouvertures des persiennes.

Le jardin était livré en ce moment à une dizaine de serviteurs à qui la maîtresse de la maison, rassurée par le temps qui se rassérénait de plus en plus, venait de donner l'ordre de dresser le souper.

Jusque-là on avait hésité si l'on souperait dans la salle à manger ou sous une longue tente de coutil dressée sur la pelouse. Ce beau ciel bleu, tout parsemé d'étoiles venait de décider le procès en faveur de la tente et de la pelouse.

On illuminait les allées du jardin avec des lanternes de couleur, comme c'est l'habitude en Italie, et l'on surchargeait de bougies et de fleurs la table du souper, comme c'est l'usage dans tous les pays où l'on comprend un peu ce luxe de la table, le plus rare de tous les luxes, quand on veut le rencontrer complet.

Au moment où la comtesse de Morcerf rentrait dans ses salons, après avoir donné ses derniers ordres, les salons commençaient à se remplir d'invités qu'attirait la charmante hospitalité de la comtesse, bien plus que la position distinguée du comte; car on était sûr d'avance que cette fête offrirait, grâce au bon goût de Mercédès, quelques détails dignes d'être racontés ou copiés au besoin.

Madame Danglars, à qui les événemens que nous avons racontés avaient inspiré une profonde inquiétude, hésitait à aller chez madame de Morcerf, lorsque dans la matinée sa voiture avait croisé celle de Villefort. Villefort lui avait fait un signe, les deux voitures s'étaient rapprochées, et à travers les portières :

— Vous allez chez madame de Morcerf, n'est-ce pas? avait demandé le procureur du roi.

— Non, avait répondu madame Danglars, je suis trop souffrante.

— Vous avez tort, reprit Villefort, avec un regard significatif; il serait important que l'on vous y vit.

— Ah! croyez-vous? demanda la baronne.

— Je le crois.

— En ce cas j'irai.

Et les deux voitures avaient repris leur course divergente. Madame Danglars était donc venue, non seulement belle de sa propre beauté, mais encore éblouissante de luxe; elle entrait par une porte au moment même où Mercédès entrait par l'autre.

La comtesse détacha Albert au-devant de madame Danglars, Albert s'avança, fit à la baronne sur sa toilette les compliments mérités, et lui prit le bras pour la conduire à la place qu'il lui plairait de choisir.

Albert regarda autour de lui.

— Vous cherchez ma fille? dit en souriant la baronne.

— Je l'avoue, dit Albert; auriez-vous eu la cruauté de ne pas nous l'amener?

— Rassurez-vous, elle a rencontré mademoiselle de Villefort et a pris son bras; tenez, les voici qui nous suivent toutes les deux en robes blanches, l'une avec un bouquet de camélias, l'autre avec un bouquet de myosotis; mais dites-moi donc?

— Que cherchez-vous à votre tour? demanda Albert en souriant.

— Est-ce que vous n'aurez pas ce soir le comte de Monte-Cristo?

— Dix-sept! répondit Albert.

— Que voulez-vous dire?

— Je veux dire que cela va bien, reprit le vicomte en riant, et que vous êtes la dix-septième personne qui me fait la même question; il va bien le comte!... je lui en fais mon compliment...

— Et répondez-vous à tout le monde comme à moi?

— Ah! c'est vrai, je ne vous ai pas répondu; rassurez-vous, madame, nous aurons l'homme à la mode, nous sommes des privilégiés.

— Étiez-vous hier à l'Opéra?

— Non.

— Il y était, lui.

— Ah! vraiment! Et l'excentric-man a-t-il fait quelque nouvelle originalité?

— Peut-il se montrer sans cela? Elssler dansait dans le *Diable boiteux;* la princesse grecque était dans le ravissement. Après la cachucha, il a passé une bague magnifique dans la queue du bouquet, et l'a jeté à la charmante danseuse, qui, au troisième acte, a reparu pour lui faire honneur avec sa bague au doigt. Et sa princesse grecque, l'aurez-vous?

— Non, il faut que vous vous en priviez; sa position dans la maison du comte n'est pas assez fixée.

— Tenez, laissez-moi ici, et allez saluer madame de Villefort, dit la baronne : je vois qu'elle meurt d'envie de vous parler.

Albert salua madame Danglars et s'avança vers madame de Villefort, qui ouvrit la bouche à mesure qu'il approchait.

— Je parie, dit Albert en l'interrompant, que je sais ce que vous allez me dire?

— Ah! par exemple! dit madame de Villefort.

— Si je devine juste, me l'avouerez-vous?

— Oui.

— D'honneur?

— D'honneur.

— Vous alliez me demander si le comte de Monte-Cristo était arrivé, ou allait venir?

— Pas du tout. Ce n'est pas de lui que je m'occupe en ce moment. J'allais vous demander si vous aviez reçu des nouvelles de M. Franz.

— Oui, hier.

— Que vous disait-il?

— Qu'il partait en même temps que sa lettre.

— Bien. Maintenant, le comte?

— Le comte viendra, soyez tranquille.

— Vous savez qu'il a un autre nom que Monte-Cristo?

— Non. Je ne savais pas.

— Monte-Cristo est un nom d'île, et il a un nom de famille.

— Je ne l'ai jamais entendu prononcer.

— Eh bien! je suis plus avancé que vous; il s'appelle Zaccone.

— C'est possible.

— Il est Maltais.

— C'est possible encore.

— Fils d'un armateur.

— Oh! mais, en vérité, vous devriez raconter ces choses-là tout haut, vous auriez le plus grand succès.

— Il a servi dans l'Inde, exploite une mine d'argent en Thessalie, et vient à Paris pour faire un établissement d'eaux minérales à Auteuil.

— Eh bien! à la bonne heure, dit Morcerf, voilà des nouvelles! Me permettez-vous de les répéter?

— Oui, mais petit à petit, une à une, sans dire qu'elles viennent de moi.

— Pourquoi cela?

— Parce que c'est presque un secret surpris.

— A qui?

— A la police.

— Alors ces nouvelles se débitaient...

— Hier soir, chez le préfet. Paris s'est ému, vous le comprenez bien, à la vue de ce luxe inusité, et la police a pris des informations.

— Bien! il ne manquait plus que d'arrêter le comte comme vagabond, sous prétexte qu'il est trop riche.

— Ma foi, c'est ce qui aurait bien pu lui arriver, si les renseignemens n'avaient pas été si favorables.

— Pauvre comte! Et se doute-t-il du péril qu'il a couru?

— Je ne crois pas.

— Alors, c'est charité que de l'en avertir. A son arrivée, je n'y manquerai pas.

— En ce moment, un beau jeune homme aux yeux vifs, aux cheveux noirs, à la moustache luisante, vint saluer respectueusement madame de Villefort. Albert lui tendit la main.

— Madame, dit Albert, j'ai l'honneur de vous présenter M. Maximilien Morrel, capitaine aux spahis, l'un de nos bons et surtout de nos braves officiers.

— J'ai déjà eu le plaisir de rencontrer monsieur à Auteuil, chez M. le comte de Monte-Cristo, répondit madame de Villefort en se détournant avec une froideur marquée.

Cette réponse, et surtout le ton dont elle était faite, serrèrent le cœur du pauvre Morrel; mais une compensation lui était ménagée : en se retournant, il vit à l'encoignure de la porte une belle et blanche figure dont les yeux bleus dilatés et sans expression apparente, s'attachaient sur lui, tandis que le bouquet de myosotis montait lentement à ses lèvres.

Ce salut fut si bien compris que Morrel, avec la même expression de regard, approcha à son tour son mouchoir de sa bouche; et les deux statues vivantes, dont le cœur battait si rapidement sous le marbre apparent de leur visage, séparées l'une de l'autre par toute la largeur de la salle, s'oublièrent un instant, ou plutôt un instant oublièrent le monde, dans cette muette contemplation.

Elles eussent pu rester plus long-temps ainsi perdues l'une dans l'autre, sans que personne remarquât leur oubli de toutes choses : le comte de Monte-Cristo venait d'entrer.

Nous l'avons déjà dit, le comte, soit prestige factice, soit prestige naturel, attirait l'attention partout où il se présentait; ce n'était pas son habit noir, irréprochable il est vrai dans sa coupe, mais simple et sans décorations; ce n'était pas son gilet blanc sans aucune broderie, ce n'était pas son pantalon emboîtant un pied de la forme la plus délicate, qui attiraient l'attention; c'étaient son teint mat, ses cheveux noirs ondés, c'était son visage calme et pur, c'était son œil profond et mélancolique, c'était enfin sa bouche dessinée avec une finesse merveilleuse, et qui prenait si facilement l'expression d'un haut dédain, qui faisaient que tous les yeux se fixaient sur lui.

Il pouvait y avoir des hommes plus beaux, mais il n'y en avait certes pas de plus *significatifs*, qu'on nous passe cette expression : tout dans le comte voulait dire quelque chose et avait sa valeur; car l'habitude de la pensée utile avait donné à ses traits, à l'expression de son visage et au plus insignifiant de ses gestes une souplesse et une fermeté incomparables.

Et puis notre monde parisien est si étrange, qu'il n'eût peut-être point fait attention à tout cela, s'il n'y eût eu sous tout cela une mystérieuse histoire dorée par une immense fortune.

Quoi qu'il en soit, il s'avança, sous le poids des regards et à travers l'échange des petits saluts, jusqu'à madame de Morcerf, qui, debout devant la cheminée garnie de fleurs, l'avait vu apparaître dans une glace placée en face de la porte, et s'était préparée pour le recevoir.

Elle se retourna donc vers lui avec un sourire composé, au moment même où il s'inclinait devant elle.

Sans doute elle crut que le comte allait lui parler; sans doute, de son côté, le comte crut qu'elle allait lui adresser la parole; mais des deux côtés ils restèrent muets, tant une banalité leur semblait sans doute indigne de tous deux; et, après un échange de saluts, Monte-Cristo se dirigea vers Albert, qui venait à lui la main ouverte.

— Vous avez vu ma mère? demanda Albert.

— Je viens d'avoir l'honneur de la saluer, dit le comte, mais je n'ai point aperçu monsieur votre père.

— Tenez ! il cause là-bas politique dans ce petit groupe de grandes célébrités.

— En vérité, dit Monte-Cristo, ces messieurs que je vois là-bas sont des célébrités? je ne m'en serais pas douté; et de quel genre? Il y a des célébrités de toute espèce, comme vous savez.

— Il y a d'abord un savant, ce grand monsieur sec; il a découvert dans la campagne de Rome une espèce de lézard qui a une vertèbre de plus que les autres, et il est revenu faire part à l'Institut de cette découverte. La chose a été long-temps contestée : mais enfin force est restée au grand monsieur sec. La vertèbre avait fait beaucoup de bruit dans le monde savant; le grand monsieur sec n'était que chevalier de la Légion-d'Honneur, on l'a nommé officier.

— A la bonne heure ! dit Monte-Cristo, voilà une croix qui me paraît sagement donnée; alors, s'il trouve une seconde vertèbre, on le fera commandeur?

— C'est probable, dit Morcerf.

— Et cet autre qui a eu la singulière idée de s'affubler d'un habit bleu brodé de vert, quel peut-il être?

— Ce n'est pas lui qui a eu l'idée de s'affubler de cet habit; c'est la république, laquelle, comme vous le savez, était assez peu artiste, et qui voulant donner un uniforme aux académiciens, a prié David de leur dessiner un habit.

— Ah ! vraiment, dit Monte-Cristo; ainsi ce monsieur est académicien?

— Depuis huit jours il fait partie de la docte assemblée.

— Et quel est son mérite, sa spécialité?

— Sa spécialité? je crois qu'il enfonce des épingles dans les têtes de lapin, qu'il fait manger de la garance aux poules, et qu'il repousse avec des baleines la moelle épinière des chiens.

— Et il est de l'Académie des sciences pour cela?

— Non pas, de l'Académie française.

— Mais qu'a donc à faire l'Académie française là-dedans?

— Je vais vous dire, il paraît...

— Que ses expériences ont fait faire un grand pas à la science, sans doute?

— Non, mais qu'il écrit en fort bon style.

— Cela doit, dit Monte-Cristo, flatter énormément l'amour-propre des lapins à qui il enfonce des épingles dans la tête, des poules dont il teint les os en rouge, et des chiens dont il repousse la moelle épinière.

Albert se mit à rire.

— Et cet autre? demanda le comte.

— Cet autre?

— Oui, le troisième.

— Ah ! l'habit bleu barbeau?

— Oui.

— C'est un collègue du comte, celui qui vient de s'opposer le plus chaudement à ce que la chambre des pairs ait un uniforme; il a eu un grand succès de tribune à ce propos-là; il était mal avec les gazettes libérales, mais sa noble opposition aux désirs de la cour vient de le raccommoder avec elles; on parle de le nommer ambassadeur.

— Et quels sont ses titres à la pairie?

— Il a fait deux ou trois opéras-comiques, pris quatre ou cinq actions au *Siècle*, et voté cinq ou six ans pour le ministère.

— Bravo ! vicomte, dit Monte-Cristo en riant, vous êtes un charmant cicerone; maintenant vous me rendrez un service, n'est-ce pas?

— Lequel?

— Vous ne me présenterez pas à ces messieurs, et s'ils demandent à m'être présentés, vous me préviendrez.

En ce moment le comte sentit qu'on lui posait la main sur le bras ; il se retourna, c'était Danglars.

— Ah ! c'est vous, baron ! dit-il.

— Pourquoi m'appelez-vous baron? dit Danglars; vous savez bien, que je ne tiens pas à mon titre. Ce n'est pas comme vous vicomte; vous y tenez, n'est-ce pas, vous?

— Certainement, répondit Albert, attendu que si je n'étais pas vicomte, je ne serais plus rien; tandis que vous, vous pouvez sacrifier votre titre de baron, vous resterez encore millionnaire.

— Ce qui me paraît le plus beau titre, sous la royauté de Juillet, reprit Danglars.

— Malheureusement, dit Monte-Cristo, on n'est pas millionnaire à vie comme on est baron, pair de France ou académicien; témoin les millionnaires Frank et Poulmann, de Francfort, qui viennent de faire banqueroute.

— Vraiment? dit Danglars en pâlissant.

— Ma foi, j'en ai reçu la nouvelle ce soir par un courrier; j'avais quelque chose comme un million chez eux ; mais, averti à temps, j'en ai exigé le remboursement, voici un mois à peu près.

— Ah! mon Dieu! reprit Danglars; ils ont tiré sur moi pour deux cent mille francs.

— Eh bien! vous voilà prévenu, leur signature vaut cinq pour cent.

— Oui, mais je suis prévenu trop tard, dit Danglars, j'ai fait honneur à leur signature.

— Bon! dit Monte-Christo, voilà deux cent mille francs qui sont allés rejoindre....

— Chut! dit Danglars; ne parlez donc pas de ces choses-là... puis, s'approchant de Monte-Christo, surtout devant M. Cavalcanti fils, ajouta le banquier qui, en prononçant ces mots, se tourna en souriant du côté du jeune homme.

Morcerf avait quitté le comte pour aller parler à sa mère. Danglars le quitta pour saluer M. Cavalcanti fils.

Monte-Christo se trouva un instant seul.

Cependant la chaleur commençait à devenir excessive. Les valets circulaient dans les salons avec des plateaux chargés de fruits et de glaces.

Monte-Christo essuya avec son mouchoir son visage mouillé de sueur; mais il se recula quand le plateau passa devant lui, et ne prit rien pour se rafraîchir.

Madame de Morcerf ne perdait pas du regard Monte-Christo. Elle vit passer le plateau sans qu'il y touchât; elle saisit même le mouvement par lequel il s'en éloigna.

— Albert, dit-elle, avez-vous remarqué une chose?

— Laquelle, ma mère?

— C'est que le comte n'a jamais voulu accepter de dîner chez M. de Morcerf.

— Oui, mais il a accepté de déjeuner chez moi, puisque c'est par ce déjeuner qu'il a fait son entrée dans le monde.

— Chez vous, n'est pas chez le comte, murmura Mercédès, et depuis qu'il est ici, je l'examine.

— Eh bien?

— Eh bien! il n'a encore rien pris.

— Le comte est très sobre.

Mercédès sourit tristement.

— Rapprochez-vous de lui, dit-elle, et au premier plateau qui passera, insistez.

— Pourquoi cela, ma mère?

— Faites-moi ce plaisir, Albert, dit Mercédès.

Albert baisa la main de sa mère, et alla se placer près du comte.

Un autre plateau passa chargé comme les précédens; elle vit Albert insister près de comte, prendre même une glace et la lui présenter, mais il refusa obstinément.

Albert revint près de sa mère; la comtesse était très pâle.

— Eh bien! dit-elle, vous voyez, il a refusé.

— Oui, mais en quoi cela peut-il vous préoccuper?

— Vous le savez, Albert, les femmes sont singulières J'aurais vu avec plaisir le comte prendre quelque chose chez moi, ne fût-ce qu'un grain de grenade. Peut-être, au reste ne s'accommode-t-il pas des coutumes françaises, peut-être a-t-il des préférences pour quelque chose.

— Mon Dieu, non! je l'ai vu en Italie prendre de tout; sans doute qu'il est mal disposé ce soir.

— Puis, dit la comtesse, ayant toujours habité des climats brûlans, peut-être est-il moins sensible qu'un autre à la chaleur.

— Je ne crois pas, car il se plaignait d'étouffer, et il demandait pourquoi, puisqu'on a déjà ouvert les fenêtres, on n'a pas aussi ouvert les jalousies.

— En effet, dit Mercédès, c'est un moyen de m'assurer si cette abstinence est un parti pris.

Et elle sortit du salon.

Un instant après, les persiennes s'ouvrirent, et l'on put, à travers les jasmins et les clématites qui garnissaient les fenêtres voir tout le jardin illuminé avec les lanternes et le souper servi sous la tente.

Danseurs et danseuses, joueurs et causeurs, poussèrent un cri de joie, tous ces poumons altérés aspiraient avec délices l'air qui entrait à flots.

Au même moment Mercédès reparut, plus pâle qu'elle n'était sortie, mais avec cette fermeté de visage qui était remarquable chez elle dans certaines circonstances. Elle alla droit au groupe dont son mari formait le centre :

— N'enchaînez pas ces messieurs ici, monsieur le comte, dit-elle, ils aimeront autant, s'ils ne jouent pas, respirer au jardin qu'étouffer ici.

— Ah! madame, dit un vieux général fort galant, qui avait chanté : *Partant pour la Syrie* en 1809, nous n'irons pas seuls au jardin.

— Soit, dit Mercédès, je vais donc donner l'exemple, Et se retournant vers Monte-Christo :

— Monsieur le comte, dit-elle, faites-moi l'honneur de m'offrir votre bras.

Le comte chancela presque à ces simples paroles; puis il regarda un moment Mercédès. Ce moment eut la rapidité de l'éclair, et cependant il parut à la comtesse qu'il durait un siècle, tant Monte-Cristo avait mis de pensées dans ce seul regard.

Il offrit son bras à la comtesse; elle s'y appuya, ou, pour mieux dire, elle l'effleura de sa petite main, et tous deux descendirent un des escaliers du perron bordé de rhododendrons et de camélias.

Derrière eux, et par l'autre escalier, s'élancèrent dans le jardin, avec de bruyantes exclamations de plaisir, une vingtaine de promeneurs.

CHAP. LXX. — LE PAIN ET LE SEL.

Madame de Morcerf entra sous la voûte de feuillage avec son compagnon : cette voûte était une allée de tilleuls qui conduisait à une serre.

— Il faisait trop chaud dans le salon, n'est-ce pas, monsieur le comte? dit-elle.

— Oui, madame, et votre idée de faire ouvrir les portes et les persiennes est une excellente idée.

En achevant ces mots, le comte s'aperçut que la main de Mercédès tremblait.

— Mais vous, avec cette robe légère et sans autres préservatifs autour du cou que cette écharpe de gaze, vous aurez peut-être froid? dit-il.

— Savez-vous où je vous mène? dit la comtesse, sans répondre à la question de Monte-Cristo.

— Non, madame, répondit celui-ci; mais, vous le voyez, je ne fais pas de résistance.

— A la serre, que vous voyez là, au bout de l'allée que nous suivons.

Le comte regarda Mercédès comme pour l'interroger; mais elle continua son chemin sans rien dire, et de son côté Monte-Christo resta muet.

On arriva dans le bâtiment, tout garni de fruits magnifiques qui, dès le commencement de juillet, atteignaient leur maturité sous cette température toujours calculée pour remplacer la chaleur du soleil, si souvent absente chez nous.

La comtesse quitta le bras de Monte-Christo, et alla cueillir à un cep une grappe de raisin muscat.

— Tenez, monsieur le comte, dit-elle avec un sourire si triste que l'on eût pu voir poindre les larmes au bord de ses yeux; tenez, nos raisins de France ne sont point comparables, je le sais, à vos raisins de Sicile et de Chypre, mais vous serez indulgent pour notre pauvre soleil du Nord.

Le comte s'inclina et fit un pas en arrière.

— Vous me refusez? dit Mercédès d'une voix tremblante.

— Madame, répondit Monte-Cristo, je vous prie bien humblement de m'excuser, mais je ne mange jamais de muscat.

Mercédès laissa tomber sa grappe en soupirant.

Une pêche magnifique pendait à un espalier voisin, chauffé, comme le cep de vigne, par cette chaleur artificielle de la serre. Mercédès s'approcha du fruit velouté, et le cueillit.

— Prenez cette pêche, alors, dit-elle.

Mais le comte fit le même geste de refus.

— Oh! encore! dit-elle avec un accent si douloureux, qu'on sentait que cet accent étouffait un sanglot; en vérité j'ai du malheur.

Un long silence suivit cette scène; la pêche comme la grappe de raisin avait roulé sur le sable.

— Monsieur le comte, reprit madame de Morcerf en regardant Monte-Cristo d'un œil suppliant, il y a une touchante coutume arabe qui fait amis éternellement ceux qui ont partagé le pain et le sel sous le même toit.

— Je la connais, madame, répondit le comte; mais nous sommes en France, et non en Arabie, et en France il n'y a plus d'amitiés éternelles que de partage du sel et du pain.

— Mais enfin, dit la comtesse palpitante et les yeux attachés sur les yeux de Monte-Cristo dont elle ressaisit presque convulsivement le bras avec ses mains, nous sommes amis, n'est-ce pas?

Le sang afflua au cœur du comte, qui devint pâle comme la mort, puis, remontant du cœur à la gorge, il envahit ses joues, et ses yeux nagèrent dans le vague pendant quelques secondes, comme ceux d'un homme frappé d'éblouissement.

— Certainement que nous sommes amis, madame, répliqua-t-il; d'ailleurs, pourquoi ne le serions-nous pas.

Ce ton était si loin de celui que désirait madame de Morcerf, qu'elle se retourna pour laisser échapper un soupir qui ressemblait à un gémissement.

— Merci, dit-elle.

Et elle se remit à marcher.

Ils firent ainsi le tour du jardin sans prononcer une seule parole.

— Monsieur, reprit tout à coup la comtesse après dix minutes de promenade silencieuse, est-il vrai que vous ayez tant vu, tant voyagé, tant souffert?

— J'ai beaucoup souffert, oui, madame, répondit Monte-Cristo.

— Mais vous êtes heureux, maintenant?

— Sans doute, répondit le comte, car personne ne m'entend me plaindre.

— Et votre bonheur présent vous fait l'âme plus douce?

— Mon bonheur présent égale ma misère passée, dit le comte.

— N'êtes-vous point marié? demanda la comtesse.

— Moi, marié, répondit Monte-Cristo en tressaillant, qui a pu vous dire cela?

— On ne me l'a pas dit, mais plusieurs fois on vous a vu conduire à l'Opéra une jeune et belle personne.

— C'est une esclave que j'ai achetée à Constantinople, madame, une fille de prince dont j'ai fait ma fille, n'ayant pas d'autre affection au monde.

— Vous vivez seul ainsi?

— Je vis seul.

— Vous n'avez pas de sœur... de fils... de père?...

— Je n'ai personne.

— Comment pouvez-vous vivre ainsi, sans rien qui vous attache à la vie?

— Ce n'est pas ma faute, madame. A Malte, j'ai aimé une jeune fille, et j'allais l'épouser, quand la guerre est venue et m'a enlevé loin d'elle comme un tourbillon. J'avais cru qu'elle m'aimait assez pour m'attendre, pour demeurer fidèle même à mon tombeau. Quand je suis revenu, elle était mariée. C'est l'histoire de tout homme qui a passé par l'âge de vingt ans. J'avais peut-être le cœur plus faible que les autres, et j'ai souffert plus qu'ils n'eussent fait à ma place, voilà tout.

La comtesse s'arrêta un moment, comme si elle eût eu besoin de cette halte pour respirer.

— Oui, dit-elle, et cet amour vous est resté au cœur...

On n'aime bien qu'une fois... Et avez-vous jamais revu cette femme?

— Jamais.

— Jamais!

— Je ne suis point retourné dans le pays où elle était.

— A Malte?

— Oui, à Malte.

— Elle est à Malte, alors?

— Je le pense.

— Et lui avez-vous pardonné ce qu'elle vous a fait souffrir?

— A elle, oui.

— Mais à elle seulement; vous haïssez toujours ceux qui vous ont séparé d'elle?

— Moi, pas du tout; pourquoi les haïrais-je?

La comtesse se plaça en face de Monte-Cristo; elle tenait encore à la main un fragment de la grappe parfumée.

— Prenez, dit-elle.

— Jamais je ne mange de muscat, madame, répondit Monte-Cristo comme s'il n'eût été question de rien entre eux à ce sujet.

La comtesse lança la grappe dans le massif le plus proche avec un geste de désespoir.

— Inflexible! murmura-t-elle.

Monte-Cristo demeura aussi impassible que si le reproche ne lui était pas adressé.

Albert accourait en ce moment.

— Oh! ma mère! dit-il, un grand malheur!

— Quoi? qu'est-il arrivé? demanda la comtesse en se redressant, comme si après le rêve elle eût été amenée à la réalité: un malheur, avez-vous dit? En effet, il doit arriver des malheurs!

— M. de Villefort est ici.

— Eh bien?

— Il vient chercher sa femme et sa fille.

— Et pourquoi cela?

— Parce que madame la marquise de Saint-Méran est arrivée à Paris, apportant la nouvelle que M. de Saint-Méran est mort en quittant Marseille, au premier relais. Madame de Villefort, qui était fort gaie, ne voulait ni comprendre ni croire ce malheur; mais mademoiselle Valentine, aux premiers mots, et quelques précautions qu'ait prises son père, a tout deviné: ce coup l'a terrassée comme la foudre, et elle est tombée évanouie.

— Et qu'est M. de Saint-Méran à mademoiselle de Villefort? demanda le comte.

— Son grand-père maternel. Il venait pour hâter le mariage de Franz et de sa petite-fille.

— Ah! vraiment!

— Voilà Franz retardé. Pourquoi M. de Saint-Méran n'est-il pas aussi bien un aïeul de mademoiselle Danglars!

— Albert! Albert! dit madame de Morcerf du ton d'un doux reproche; que dites-vous là? Ah! monsieur le comte, vous pour qui il a une si grande considération, dites-lui donc qu'il a mal parlé!

Elle fit quelques pas en avant.

Monte-Cristo la regarda si étrangement et avec une expression à la fois si rêveuse et si empreinte d'une affectueuse admiration, qu'elle revint sur ses pas.

Alors elle lui prit la main en même temps qu'elle pressait celle de son fils, et les joignant toutes deux:

— Nous sommes amis, n'est-ce pas? dit-elle.

— Oh! votre ami, madame, je n'ai point cette prétention, dit le comte, mais en tous cas je suis votre bien respectueux serviteur.

La comtesse partit avec un inexprimable serrement de cœur, et, avant qu'elle eût fait dix pas, le comte lui vit mettre son mouchoir à ses yeux.

— Est-ce que vous n'êtes pas d'accord, ma mère et vous? demanda Albert avec étonnement.

— Au contraire, répondit le comte, puisqu'elle vient de me dire devant vous que nous sommes amis.

Et ils regagnèrent le salon, que venaient de quitter Valentine et M. et madame de Villefort.

Il va sans dire que Morrel était sorti derrière eux.

CHAP. LXXI. — MADAME DE SAINT-MÉRAN.

Une scène lugubre venait en effet de se passer dans la maison de M. de Villefort.

Après le départ des deux dames pour le bal, où toutes les instances de madame de Villefort n'avaient pu déterminer son mari à l'accompagner, le procureur du roi s'était, selon sa coutume, enfermé dans son cabinet avec une pile de dossiers qui eussent effrayé tout autre, mais qui, dans les temps ordinaires de sa vie, suffisaient à peine à satisfaire son robuste appétit de travailleur.

Mais cette fois les dossiers étaient chose de forme, Villefort ne s'enfermait point pour travailler, mais pour réfléchir; et, sa porte fermée, l'ordre donné qu'on ne le dérangeât que pour choses d'importance, il s'assit dans son fauteuil et se mit à repasser encore une fois dans sa mémoire tout ce qui, depuis sept à huit jours, faisait déborder la coupe de ses sombres chagrins et de ses amers souvenirs.

Alors, au lieu d'attaquer les dossiers entassés devant lui, il ouvrit un tiroir de son bureau, fit jouer un secret, et tira la liasse de ses notes personnelles, manuscrits précieux, parmi lesquels il avait classé et étiqueté avec des chiffres connus de lui seul les noms de tous ceux qui, dans sa carrière politique, dans ses affaires d'argent, dans ses poursuites de barreau ou dans ses mystérieuses amours, étaient devenus ses ennemis.

Le nombre en était formidable, aujourd'hui qu'il avait commencé à trembler; et cependant tous ces noms, si puissans et si formidables qu'ils fussent, l'avaient fait bien des fois sourire, comme sourit le voyageur qui, du faîte culminant de la montagne, regarde à ses pieds les pics aigus, les chemins impraticables et les arêtes des précipices près desquels il a, pour arriver, si long-temps et si péniblement rampé.

Quand il eut bien repassé tous ces noms dans sa mémoire, quand il les eut bien relus, bien étudiés, bien commentés sur ses listes, il secoua la tête.

— Non, murmura-t-il, aucun de ces ennemis n'aurait attendu patiemment et laborieusement jusqu'au jour où nous sommes pour venir m'écraser maintenant avec ce secret. Quelquefois, comme dit Hamlet, le bruit des choses les plus profondément enfoncées sort de terre, et, comme les feux du phosphore, court follement dans l'air; mais ce sont des flammes qui éclairent un moment pour égarer. L'histoire aura été racontée par le Corse à quelque prêtre, qui l'aura racontée à son tour. M. de Monte-Cristo l'aura sue, et pour s'éclaircir...

Mais à quoi bon s'éclaircir, reprenait Villefort après un instant de réflexion; quel intérêt M. de Monte-Cristo, M. Zaccone, fils d'un armateur de Malte, exploitateur d'une mine d'argent en Thessalie, venant pour la première fois en France, a-t-il de s'éclaircir d'un fait sombre, mystérieux et inutile comme celui-là? Au milieu des renseignemens incohérens qui m'ont été donnés par cet abbé Busoni et par ce lord Wilmore, par cet ami et par cet ennemi, une seule chose ressort claire, précise, patente à mes yeux : c'est que dans aucun temps, dans aucun cas, dans aucune circonstance, il ne peut y avoir eu le moindre contact entre moi et lui.

Mais Villefort se disait ces paroles sans croire lui-même à ce qu'il disait. Le plus terrible pour lui n'était pas encore la révélation, car il pouvait nier ou même répondre; il s'inquiétait peu de ce *Mané, Thecel, Pharès*, qui apparaissait tout à coup en lettres de sang sur la muraille; mais ce qui l'inquiétait, c'était de connaître le corps auquel appartenait la main qui les avait tracées.

Au moment où il essayait de se rassurer lui-même, et où, au lieu de cet avenir politique que, dans ses rêves d'ambition, il avait entrevu quelquefois, il se composait, dans la crainte d'éveiller cet ennemi endormi depuis si long-temps, un avenir restreint aux joies du foyer, un bruit de voiture retentit dans la cour, puis il entendit dans son escalier la marche d'une personne âgée, puis des sanglots et des hélas! comme les domestiques en trouvent lorsqu'ils veulent devenir intéressans par la douleur de leurs maîtres.

Il se hâta de tirer le verrou de son cabinet et bientôt, sans être annoncée, une vieille dame entra, son châle sur le bras et son chapeau à la main. Ses cheveux blanchis découvraient un front mat comme l'ivoire jauni, et ses yeux, à l'angle desquels l'âge avait creusé des rides profondes, disparaissaient presque sous le gonflement des pleurs.

— Oh! monsieur, dit-elle; oh! monsieur, quel malheur; moi aussi j'en mourrai; oh! oui, bien certainement j'en mourrai!

Et, tombant sur le fauteuil le plus proche de la porte, elle éclata en sanglots.

Les domestiques, debout sur le seuil, et n'osant aller plus loin, regardaient le vieux serviteur de Noirtier, qui, ayant entendu ce bruit de la chambre de son maître, était accouru aussi, et se tenait derrière les autres.

Villefort se leva et courut à sa belle-mère, car c'était elle-même.

— Eh! mon Dieu, madame, demanda-t-il, que s'est-il passé? qui vous bouleverse ainsi? et M. de Saint-Méran ne vous accompagne-t-il pas?

— M. de Saint-Méran est mort, dit la vieille marquise, sans préambule, sans expression, et avec une sorte de stupeur.

Villefort recula d'un pas et frappa ses mains l'une contre l'autre.

— Mort!... balbutia-t-il, mort ainsi... subitement?

— Il y a huit jours, continua madame de Saint-Méran, nous montâmes ensemble en voiture après dîner. M. de Saint-Méran était souffrant depuis quelques jours; cependant l'idée de revoir notre chère Valentine le rendait courageux, et malgré ses douleurs il avait voulu partir, lorsque, à six lieues de Marseille, il fut pris, après avoir mangé ses pastilles habituelles, d'un sommeil si profond qu'il ne me semblait pas naturel; cependant j'hésitais à le réveiller, quand il me sembla que son visage rougissait et que les veines de ses tempes battaient plus violemment que d'habitude. Mais cependant, comme la nuit était venue et que je ne voyais plus rien, je le laissai dormir; bientôt il poussa un cri sourd et déchirant comme celui d'un homme qui souffre en rêve, et renversa d'un brusque mouvement sa tête en arrière. J'appelai le valet de chambre, je fis arrêter le postillon, j'appelai M. de Saint-Méran, lui fis respirer mon flacon de sels, tout était fini, il était mort, et ce fut côte à côte avec son cadavre que j'arrivai à Aix.

Villefort demeurait stupéfait et la bouche béante.

— Et vous appelâtes un médecin, sans doute?

— A l'instant même; mais, comme je vous l'ai dit, il était trop tard.

— Sans doute; mais au moins pouvait-il reconnaître de quelle maladie le pauvre marquis était mort?

— Mon Dieu! oui, monsieur; il me l'a dit; il paraît que c'est d'une apoplexie foudroyante.

— Et que fîtes-vous alors?

— M. de Saint-Méran avait toujours dit que s'il mourait loin de Paris, il désirait que son corps fût ramené dans le caveau de la famille. Je l'ai fait mettre dans un cercueil de plomb, et je le précède de quelques jours.

— Oh! mon Dieu, pauvre mère! dit Villefort; de pareils soins après un pareil coup, et à votre âge!

— Dieu m'a donné la force jusqu'au bout; d'ailleurs, ce cher marquis, il eût certes fait pour moi ce que j'ai fait pour lui. Il est vrai que depuis que je l'ai quitté là-bas, je crois que je suis folle. Je ne peux plus pleurer; il est vrai qu'on dit qu'à mon âge on n'a plus de larmes;

cependant il me semble que tant qu'on souffre on devrait pouvoir pleurer. Où est Valentine, monsieur? c'est pour elle que nous revenions, je veux voir Valentine.

Villefort pensa qu'il serait affreux de répondre que Valentine était au bal; il dit seulement à la marquise que sa petite-fille était sortie avec sa belle-mère, et qu'on allait la prévenir.

— A l'instant même, monsieur, à l'instant même, je vous en supplie, dit la vieille dame.

Villefort mit sous son bras le bras de madame de Saint-Méran, et la conduisit à son appartement.

— Prenez du repos, dit-il, ma mère.

La marquise leva la tête à ce mot, et voyant cet homme qui lui rappelait cette fille tant regrettée qui revivait pour elle dans Valentine, elle se sentit frappée par ce nom de mère, se mit à fondre en larmes, et tomba à genoux dans un fauteuil où elle ensevelit sa tête vénérable.

Villefort la recommanda aux soins des femmes, tandis que le vieux Barrois remontait tout effaré chez son maître; car rien n'effraie tant les vieillards que lorsque la mort quitte un instant leur côté pour aller frapper un autre vieillard.

Puis, tandis que madame de Saint-Méran, toujours agenouillée, priait du fond du cœur, il envoya chercher une voiture de place et vint lui-même prendre chez madame de Morcerf sa femme et sa fille pour les ramener à la maison.

Il était si pâle lorsqu'il parut à la porte du salon, que Valentine courut à lui en s'écriant :

— Oh! mon père! il est arrivé quelque malheur!

— Votre bonne-maman vient d'arriver, Valentine, dit M. de Villefort.

— Et mon grand-père? demanda la jeune fille toute tremblante.

M. de Villefort ne répondit qu'en offrant son bras à sa fille.

Il était temps : Valentine, saisie d'un vertige, chancela; madame de Villefort se hâta de la soutenir, et aida son mari à l'entraîner vers la voiture en disant :

— Voilà qui est étrange! qui aurait pu se douter de cela? Oh! oui, voilà qui est étrange!

Et toute cette famille désolée s'enfuit ainsi, jetant sa tristesse comme un crêpe noir sur le reste de la soirée.

Au bas de l'escalier, Valentine trouva Barrois qui l'attendait :

— M. Noirtier désire vous voir ce soir, dit-il tout bas.

— Dites-lui que j'irai en sortant de chez ma bonne grand'mère, dit Valentine.

Dans la délicatesse de son ame, la jeune fille avait compris que celle qui avait surtout besoin d'elle à cette heure, c'était madame de Saint-Méran.

Valentine trouva son aïeule au lit; muettes caresses, gonflemens si douloureux du cœur, soupirs entrecoupés, larmes brûlantes, voilà quels furent les seuls détails racontables de cette entrevue, à laquelle assistait, au bras de son mari, madame de Villefort, pleine de respect, apparent du moins, pour la pauvre veuve.

Au bout d'un instant, elle se pencha à l'oreille de son mari :

— Avec votre permission, dit-elle, mieux vaut que je me retire, car ma vue paraît affliger encore votre belle-mère.

Madame de Saint-Méran l'entendit.

— Oui, oui, dit-elle à l'oreille de Valentine, qu'elle s'en aille; mais reste, toi, reste.

Madame de Villefort sortit, et Valentine demeura seule près du lit de son aïeule, car le procureur du roi, consterné de cette mort imprévue, suivit sa femme.

Cependant Barrois était remonté la première fois près du vieux Noirtier; celui-ci avait entendu tout le bruit qui se faisait dans la maison, et il avait envoyé, comme nous l'avons dit, le vieux serviteur s'informer.

A son retour, cet œil si vivant et surtout si intelligent interrogea le messager.

— Hélas! monsieur, dit Barrois, un grand malheur est arrivé : madame de Saint-Méran est arrivée, et son mari est mort.

M. de Saint-Méran et Noirtier n'avaient jamais été liés d'une bien profonde amitié; cependant on sait l'effet que fait toujours sur un vieillard l'annonce de la mort d'un autre vieillard.

Noirtier laissa tomber sa tête sur sa poitrine comme un homme accablé ou comme un homme qui pense, puis il ferma un seul œil.

— Mademoiselle Valentine! dit Barrois.

Noirtier fit signe que oui.

— Elle est au bal, monsieur le sait bien, puisqu'elle est venue lui dire adieu en grande toilette.

Noirtier ferma de nouveau l'œil gauche.

— Oui, vous voulez la voir?

Le vieillard fit signe que c'était cela qu'il désirait.

— Eh bien! on va l'aller chercher sans doute chez madame de Morcerf; je l'attendrai à son retour, et je lui dirai de monter chez vous. Est-ce cela?

— Oui, répondit le paralytique.

Barrois guetta donc le retour de Valentine, et, comme nous l'avons vu, à son retour il lui exposa le désir de son grand-père.

En vertu de ce désir, Valentine monta chez Noirtier au sortir de chez madame de Saint-Méran, qui, tout agitée qu'elle était, avait fini par succomber à la fatigue et dormait d'un sommeil fiévreux.

On avait approché de la portée de sa main une petite table sur laquelle était une carafe d'orangeade, sa boisson habituelle, et un verre.

Puis, comme nous l'avons dit, la jeune fille avait quitté le lit de la marquise pour monter chez Noirtier.

Valentine vint embrasser le vieillard, qui la regarda si tendrement que la jeune fille sentit de nouveau jaillir de ses yeux des larmes dont elle croyait la surce tarie.

Le vieillard insistait avec son regard.

— Oui, oui, dit Valentine, tu veux dire que j'ai toujours un bon grand-père, n'est-ce pas?

Le vieillard fit signe qu'effectivement c'était cela que son regard voulait dire.

— Hélas! heureusement, reprit Valentine. Sans cela, que deviendrais-je, mon Dieu!

Il était une heure du matin. Barrois, qui avait envie de se coucher lui-même, fit observer qu'après une soirée aussi douloureuse, tout le monde avait besoin de repos. Le vieillard ne voulut pas dire que son repos, à lui, c'était de voir son enfant. Il congédia Valentine, à qui effectivement la douleur et la fatigue donnaient un air souffrant.

Le lendemain, en entrant chez sa grand'mère, elle trouva celle-ci au lit : la fièvre ne s'était point calmée; au contraire, un feu sombre brillait dans les yeux de la vieille marquise, et elle paraissait en proie à une violente irritation nerveuse.

— Oh! mon Dieu! bonne-maman, souffrez-vous davantage? s'écria Valentine en apercevant tous ces symptômes d'agitation.

— Non, ma fille, non, dit madame de Saint-Méran; mais j'attendais avec impatience que tu fusses arrivée pour envoyer chercher ton père.

— Mon père? demanda Valentine inquiète.

— Oui, je veux lui parler.

Valentine n'osa point s'opposer au désir de son aïeule, dont d'ailleurs elle ignorait la cause, et un instant après Villefort entra.

— Monsieur, dit madame de Saint-Méran, sans employer aucune circonlocution, et comme si elle eût paru craindre que le temps lui manquât, il est question, m'avez-vous écrit, d'un mariage pour cette enfant?

— Oui, madame, répondit Villefort; c'est même plus qu'un projet, c'est une convention.

— Votre gendre s'appelle M. Franz d'Epinay?
— Oui, madame.
— C'est le fils du général d'Épinay, qui était des nôtres, et qui fut assassiné quelques jours avant que l'usurpateur revînt de l'île d'Elbe?
— C'est cela même.
— Cette alliance avec la petite-fille d'un jacobin ne lui répugne pas?
— Nos dissensions civiles se sont heureusement éteintes, ma mère, dit Villefort; M. d'Épinay était presque un enfant à la mort de son père; il connaît fort peu M. Noirtier, et le verra, sinon avec plaisir, avec indifférence du moins.
— C'est un parti sortable?
— Sous tous les rapports.
— Le jeune homme?
— Jouit de la considération générale.
— Il est convenable?
— C'est un des hommes les plus distingués que je connaisse.

Pendant toute cette conversation, Valentine était restée muette.

— Eh bien, monsieur, dit après quelques secondes de réflexion madame de Saint-Méran, il faut vous hâter, car j'ai peu de temps à vivre.

— Vous, madame! vous bonne maman! s'écrièrent ensemble M. de Villefort et Valentine.

— Je sais ce que je dis, reprit la marquise; il faut donc vous hâter, afin que, n'ayant plus de mère, elle ait au moins sa grand-mère pour bénir son mariage. Je suis la seule qui lui reste du côté de ma pauvre Renée, que vous avez si vite oubliée, monsieur.

— Ah! madame, dit Villefort, vous oubliez qu'il fallait donner une mère à cette pauvre enfant qui n'en avait plus.

— Une belle-mère n'est jamais une mère, monsieur. Mais ce n'est pas de cela qu'il s'agit, il s'agit de Valentine; laissons les morts tranquilles.

Tout cela était dit avec une telle volubilité et un tel accent, qu'il y avait quelque chose dans cette conversation qui ressemblait à un commencement de délire.

— Il sera fait selon votre désir, madame, dit Villefort, et cela d'autant mieux que votre désir est d'accord avec le mien; et aussitôt l'arrivée de M. d'Epinay à Paris...

— Ma bonne mère, dit Valentine, les convenances, le deuil tout récent... voudriez-vous donc faire un mariage sous d'aussi tristes auspices?

— Ma fille, interrompit vivement l'aïeule, pas de ces raisons banales qui empêchent les esprits faibles de bâtir solidement leur avenir. Moi aussi j'ai été mariée au lit de mort de ma mère, et n'ai certes point été malheureuse pour cela.

— Encore cette idée de mort! madame, reprit Villefort.

— Encore! toujours!... Je vous dis que je vais mourir, entendez-vous? Eh bien! avant de mourir, je veux avoir vu mon gendre; je veux lui ordonner de rendre ma petite-fille heureuse; je veux lire dans ses yeux s'il compte m'obéir; je veux le connaître enfin, moi! continua l'aïeule avec une expression effrayante, pour le venir trouver du fond de mon tombeau s'il n'était pas ce qu'il doit être, s'il n'était pas ce qu'il faut qu'il soit.

— Madame, dit Villefort, il faut éloigner de vous ces idées exaltées, qui touchent presque à la folie. Les morts, une fois couchés dans leur tombeau, y dorment sans se relever jamais.

— Oh! oui, oui, bonne mère, calme-toi! dit Valentine.

— Et moi, monsieur, je vous dis qu'il n'en est point ainsi que vous croyez. Cette nuit j'ai dormi d'un sommeil terrible; car je me voyais en quelque sorte dormir comme si mon âme eût déjà plané au-dessus de mon corps; mes yeux, que je m'efforçais d'ouvrir, se refermaient malgré moi; et cependant je sais bien que cela va vous paraître impossible, à vous, monsieur, surtout; eh bien! avec mes yeux fermés, j'ai vu, à l'endroit même où vous êtes, venant de cet angle où il y a une porte qui donne dans le cabinet de toilette de madame de Villefort, j'ai vu entrer sans bruit une forme blanche.

Valentine jeta un cri.

— C'était la fièvre qui vous agitait, madame, dit Villefort.

— Doutez, si vous voulez, mais je suis sûre de ce que je dis : j'ai vu une forme blanche; et, comme si Dieu eût craint que je récusasse le témoignage d'un seul de mes sens, j'ai entendu remuer mon verre, tenez, tenez, celui-là même qui est ici, là, sur la table.

— Oh! bonne mère, c'était un rêve.

— C'était si peu un rêve, que j'ai étendu la main vers la sonnette, et qu'à ce geste l'ombre a disparu. La femme de chambre est entrée alors avec une lumière.

— Mais vous n'avez vu personne?

— Les fantômes ne se montrent qu'à ceux qui doivent les voir: c'était l'âme de mon mari. Eh bien! si l'âme de mon mari revient pour m'appeler, pourquoi mon âme à moi ne reviendrait-elle pas pour défendre ma fille? Le lien est encore plus direct, ce me semble.

— Oh! madame, dit Villefort remué malgré lui jusqu'au fond des entrailles, ne donnez pas l'essor à ces lugubres idées; vous vivrez avec nous, vous vivrez longtemps heureuse, aimée, honorée, et nous vous ferons oublier...

— Jamais, jamais, jamais! dit la marquise. Quand revient M. d'Epinay?

— Nous l'attendons d'un moment à l'autre.

— C'est bien; aussitôt qu'il sera arrivé, prévenez-moi. Hâtons-nous, hâtons-nous. Puis je voudrais aussi voir un notaire pour m'assurer que tout nous bien revient à Valentine.

— Oh! ma mère, murmura Valentine en appuyant ses lèvres sur le front brûlant de l'aïeule, vous voulez donc me faire mourir? Mon Dieu! vous avez la fièvre. Ce n'est pas un notaire qu'il faut appeler, c'est un médecin!

— Un médecin? dit-elle en haussant les épaules; je ne souffre pas; j'ai soif, voilà tout.

— Que buvez-vous, bonne-maman?

— Comme toujours, tu sais bien, mon orangeade. Mon verre est là sur cette table; passe-le-moi, Valentine.

Valentine versa l'orangeade de la carafe dans un verre et le prit avec un certain effroi pour le donner à sa grand-mère, car c'était le même verre qui, prétendait-elle, avait été touché par l'ombre.

La marquise vida le verre d'un seul trait.

Puis elle se retourna sur son oreiller en répétant :
— Le notaire! le notaire!

M. de Villefort sortit; Valentine s'assit près du lit de sa grand-mère. La pauvre enfant semblait avoir grand besoin elle-même de ce médecin qu'elle avait recommandé à son aïeule. Une rougeur pareille à une flamme brûlait la pommette de ses joues, sa respiration était courte et haletante, et son pouls battait comme si elle avait eu la fièvre.

C'est qu'elle songeait, la pauvre enfant, au désespoir de Maximilien quand il apprendrait que madame de Saint-Méran, au lieu de lui être une alliée, agissait, sans le connaître, comme si elle lui était ennemie.

Plus d'une fois Valentine avait songé à tout dire à sa grand-mère, et elle n'eût pas hésité un seul instant si Maximilien Morrel s'était appelé Albert de Morcerf ou Raoul de Château-Renard; mais Morrel était d'extraction plébéienne, et Valentine savait le mépris que l'orgueilleuse marquise de Saint-Méran avait pour tout ce qui n'était point de race. Son secret avait donc toujours, au moment où il allait se faire jour, été repoussé dans son cœur par cette triste certitude qu'elle le livrerait inutilement, et qu'une fois ce secret connu de son père et de sa belle-mère, tout serait perdu.

Deux heures à peu près s'écoulèrent ainsi. Madame de Saint-Méran dormait d'un sommeil ardent et agité. On annonça le notaire.

Quoique cette annonce eût été faite très bas, madame de Saint-Méran se souleva sur son oreiller.

— Le notaire? dit-elle; qu'il vienne! qu'il vienne!

Le notaire était à la porte, il entra.

— Va-t'en, Valentine, dit madame de Saint-Méran, et laisse-moi avec monsieur.

— Mais, ma mère...

— Va, va.

La jeune fille baisa son aïeule au front et sortit le mouchoir sur les yeux.

A la porte elle trouva le valet de chambre qui lui dit que le médecin attendait au salon.

Valentine descendit rapidement. Le médecin était un ami de la famille, et en même temps un des hommes les plus habiles de l'époque : il aimait beaucoup Valentine qu'il avait vue venir au monde. Il avait une fille de l'âge de mademoiselle de Villefort à peu près, mais née d'une mère poitrinaire; sa vie était une crainte continuelle à l'égard de son enfant.

— Oh! dit Valentine, cher monsieur d'Avrigny, nous vous attendions avec bien de l'impatience. Mais, avant toute chose, comment se portent Madeleine et Antoinette?

Madeleine était la fille de M. d'Avrigny, et Antoinette sa nièce.

M. d'Avrigny sourit tristement.

— Très bien Antoinette, dit-il; assez bien Madeleine. Mais vous m'avez envoyé chercher, chère enfant? dit-il. Ce n'est ni votre père ni madame de Villefort qui est malade? Quant à nous, quoiqu'il soit visible que nous ne pouvons pas nous débarrasser de nos nerfs, je ne présume pas que vous ayez besoin de moi autrement que pour que je vous recommande de ne pas trop laisser notre imagination battre la campagne?

Valentine rougit; M. d'Avrigny poussait la science de la divination presque jusqu'au miracle, car c'était un de ces médecins qui traitent toujours le physique par le moral.

— Non, dit-elle, c'est pour ma pauvre grand'mère. Vous savez le malheur qui nous est arrivé, n'est-ce pas?

— Je ne sais rien, dit M. d'Avrigny.

— Hélas! dit Valentine en comprimant ses sanglots, mon grand-père est mort.

— M. de Saint-Méran?

— Oui.

— Subitement?

— D'une attaque d'apoplexie foudroyante.

— D'une apoplexie? répéta le médecin.

— Oui. De sorte que ma pauvre grand'mère est frappée de l'idée que son mari, qu'elle n'avait jamais quitté l'appelle, et qu'elle va aller le rejoindre. Oh! monsieur d'Avrigny, je vous recommande bien ma pauvre grand'-mère!

— Où est-elle?

— Dans sa chambre, avec le notaire.

— Et M. Noirtier?

— Toujours le même, une lucidité d'esprit parfaite; mais la même immobilité, le même mutisme.

— Et le même amour pour vous, n'est-ce pas, ma chère enfant?

— Oui, dit Valentine en soupirant, il m'aime bien, lui.

— Qui ne vous aimerait pas?

Valentine sourit tristement.

— Et qu'éprouve votre grand'mère?

— Une excitation nerveuse singulière, un sommeil agité et étrange; elle prétendait ce matin que pendant son sommeil son âme planait au-dessus de son corps qu'elle regardait dormir, c'est du délire; elle prétend avoir vu un fantôme entrer dans sa chambre, et avoir entendu le bruit que faisait le prétendu fantôme en touchant à son verre.

— C'est singulier, dit le docteur, je ne savais pas madame de Saint-Méran sujette à ces hallucinations.

— C'est la première fois que je l'ai vue ainsi, dit Valentine, et ce matin elle m'a fait grand'peur, je l'ai crue folle; et mon père, certes, monsieur d'Avrigny, vous connaissez mon père pour un esprit sérieux, eh bien, mon père lui-même a paru fort impressionné.

— Nous allons voir, dit M. d'Avrigny : ce que vous me dites là me semble étrange.

Le notaire descendait, on vint prévenir Valentine que sa grand'mère était seule.

— Montez, dit-elle au docteur.

— Et vous?

— Oh! moi, je n'ose, elle m'avait défendu de vous envoyer chercher ; puis, comme vous le dites, moi-même je suis agitée, fiévreuse, mal disposée, je vais faire un tour au jardin pour me remettre.

Le docteur serra la main à Valentine, et tandis qu'il montait chez sa grand'mère, la jeune fille descendit le perron.

Nous n'avons pas besoin de dire quelle portion du jardin était la promenade favorite de Valentine. Après avoir fait deux ou trois tours dans le parterre qui entourait la maison, après avoir cueilli une rose pour mettre à sa ceinture ou dans ses cheveux, elle s'enfonçait sous l'allée sombre qui conduisait au banc, puis du banc elle allait à la grille.

Cette fois Valentine fit, selon son habitude, deux ou trois tours au milieu de ses fleurs, mais sans en cueillir : le deuil de son cœur, qui n'avait pas encore eu le temps de s'étendre sur sa personne, repoussait ce simple ornement; puis elle s'acheminait vers son allée. A mesure qu'elle avançait, il lui semblait entendre une voix qui prononçait son nom. Elle s'arrêta étonnée.

Alors cette voix arriva plus distincte à son oreille, et elle reconnut la voix de Maximilien.

CHAP. LXXII. — LA PROMESSE.

C'était en effet Morrel, qui depuis la veille ne vivait plus. Avec cet instinct particulier aux amans et aux mères, il avait deviné qu'il allait, à la suite de ce retour de madame de Saint-Méran et de la mort du marquis, se passer quelque chose chez Villefort qui intéresserait son amour pour Valentine.

Comme on va le voir, ses pressentimens s'étaient réalisés, et ce n'était plus une simple inquiétude qui le conduisait si effaré et si tremblant à la grille des marronniers.

Mais Valentine n'était pas prévenue de l'attente de Morrel, ce n'était pas l'heure où il venait ordinairement, et ce fut un pur hasard ou, si l'on aime mieux, une heureuse sympathie qui la conduisit au jardin.

Quand elle parut, Morrel l'appela; elle courut à la grille.

— Vous, à cette heure? dit-elle.

— Oui, pauvre amie, répondit Morrel. Je viens chercher et apporter de mauvaises nouvelles.

— C'est donc la maison du malheur! dit Valentine. Parlez, Maximilien. Mais, en vérité, la somme de douleurs est déjà bien suffisante.

— Chère Valentine, dit Morrel essayant de se remettre de sa propre émotion pour parler convenablement, écoutez-moi bien, je vous prie; car tout ce que je vais vous dire est solennel. A quelle époque compte-t-on vous marier?

— Écoutez, dit à son tour Valentine, je ne veux rien vous cacher, Maximilien. Ce matin on a parlé de mon mariage, et ma grand'mère, sur laquelle j'avais compté comme sur un appui qui ne me manquerait pas, non seulement s'est déclarée pour ce mariage, mais encore le désire à tel point que le retour seul de M. d'Épinay le retarde et que le lendemain de son arrivée le contrat sera signé.

Un pénible soupir ouvrit la poitrine du jeune homme, et il regarda longuement et tristement la jeune fille.

— Hélas, reprit-il à voix basse, il est affreux d'entendre dire tranquillement par la femme qu'on aime : « Le moment de votre supplice est fixé : c'est dans quelques heures qu'il aura lieu ; mais n'importe, il faut que cela soit ainsi, et de ma part je n'y apporterai aucune opposition. » Eh bien ! puisque, dites-vous, on n'attend plus que M. d'Epinay pour signer le contrat, puisque vous serez à lui le lendemain de son arrivée, c'est demain que vous serez engagée à M. d'Epinay, car il est arrivé à Paris ce matin.

Valentine poussa un cri.

— J'étais chez le comte de Monte-Cristo il y a une heure, dit Morrel ; nous causions, lui de la douleur de votre maison et moi de votre douleur, quand tout à coup une voiture roule dans la cour. Ecoutez. Jusque-là je ne croyais pas aux pressentimens, Valentine ; mais maintenant il faut bien que j'y croie. Au bruit de cette voiture, un frisson m'a pris ; bientôt j'ai entendu des pas sur l'escalier. Les pas retentissans du commandeur n'ont pas plus épouvanté don Juan que ces pas ne m'ont épouvanté. Enfin la porte s'ouvre ; Albert de Morcerf entre le premier, et j'allais douter de moi-même, j'allais croire que je m'étais trompé, quand derrière lui s'avance un autre jeune homme et que le comte s'est écrié : « Ah ! M. le baron Franz d'Epinay ! » Tout ce que j'ai de force et de courage dans le cœur, je l'ai appelé pour me contenir. Peut-être ai-je pâli, peut-être ai-je tremblé ; mais à coup sûr je suis resté le sourire sur les lèvres. Mais cinq minutes après je suis sorti sans avoir entendu un mot de ce qui s'est dit pendant ces cinq minutes ; j'étais anéanti.

— Pauvre Maximilien ! murmura Valentine.

— Me voilà, Valentine. Voyons, maintenant répondez-moi comme à un homme à qui votre réponse va donner la mort ou la vie. Que comptez-vous faire ?

— Valentine baissa la tête ; elle était accablée.

— Ecoutez, dit Morrel, ce n'est pas la première fois que vous pensez à la situation où nous sommes arrivés : elle est grave, elle est pesante, suprême. Je ne pense pas que ce soit le moment de s'abandonner à une douleur stérile : cela est bon pour ceux qui veulent souffrir à l'aise et boire leurs larmes à loisir. Il y a des gens comme cela ; et Dieu sans doute leur tiendra compte au ciel de leur résignation sur la terre ; mais quiconque se sent la volonté de lutter ne perd pas un temps précieux et rend immédiatement à la fortune le coup qu'il en a reçu. Est-ce votre volonté de lutter contre la mauvaise fortune, Valentine, dites, car c'est cela que je viens vous demander ?

Valentine tressaillit et regarda Morrel avec de grands yeux effarés. Cette idée de résister à son père, à sa grand'mère, à toute sa famille enfin ne lui était pas même venue.

— Que me dites-vous, Maximilien ? demanda Valentine, et qu'appelez-vous une lutte ? Oh ! dites un sacrilège. Quoi ! moi, je lutterais contre l'ordre de mon père, contre le vœu de mon aïeule mourante ? c'est impossible !

Morrel fit un mouvement.

— Vous êtes un trop noble cœur pour ne pas me comprendre, et vous me comprenez si bien, cher Maximilien, que je vous vois réduit au silence. Lutter, moi ! Dieu m'en préserve ! Non, non ; je garde toute ma force pour lutter contre moi même et pour boire mes larmes, comme vous dites. Quant à affliger mon père, quant à troubler les derniers momens de mon aïeule, jamais !

— Vous avez bien raison, dit flegmatiquement Morrel.

— Comme vous me dites cela, mon Dieu ! s'écria Valentine blessée.

— Je vous dis cela comme un homme qui vous admire, mademoiselle, reprit Maximilien.

— Mademoiselle ! s'écria Valentine, mademoiselle ! oh ! l'égoïste ! il me voit au désespoir et feint de ne pas me comprendre.

— Vous vous trompez, et je vous comprends parfaitement au contraire. Vous ne voulez pas contrarier M. de Villefort, vous ne voulez pas désobéir à la marquise, et demain vous signerez le contrat qui doit vous lier à votre mari.

— Mais, mon Dieu ! puis-je donc faire autrement ?

— Il ne faut pas en appeler à moi, mademoiselle, car je suis un mauvais juge dans cette cause, et mon égoïsme m'aveuglera, répondit Morrel, dont la voix sourde et les poings fermés annonçaient l'exaspération croissante.

— Que m'eussiez-vous donc proposé, Morrel, si vous m'aviez trouvée disposée à accepter votre proposition ? Voyons, répondez. Il ne s'agit pas de dire : vous faites mal, il faut donner un conseil.

— Est-ce sérieusement que vous me dites cela, Valentine, et dois-je le donner, ce conseil, dites ?

— Certainement, cher Maximilien, car s'il est bon je le suivrai, vous savez bien que je suis devouée à mes affections.

— Valentine, dit Morrel en achevant d'écarter une planche déjà disjointe, donnez-moi votre main en preuve que vous me pardonnez ma colère ; c'est que j'ai la tête bouleversée, voyez-vous, et que depuis une heure les idées les plus insensées ont tour à tour traversé mon esprit. Oh ! dans le cas où vous refuseriez mon conseil...

— Eh bien ! ce conseil ?

— Le voici, Valentine.

La jeune fille leva les mains au ciel et poussa un soupir.

— Je suis libre, reprit Maximilien, je suis assez riche pour nous deux : je vous jure que vous serez ma femme avant que mes lèvres se soient posées sur votre front.

— Vous me faites trembler ! dit la jeune fille.

— Suivez-moi, continua Morrel ; je vous conduis chez ma sœur, qui est digne d'être votre sœur ; nous nous embarquerons pour Alger, pour l'Angleterre ou pour l'Amérique, si vous n'aimez pas mieux nous retirer ensemble dans quelque province, où nous attendrons, pour revenir à Paris, que nos amis aient vaincu la résistance de votre famille.

Valentine secoua la tête.

— Je m'y attendais, Maximilien, dit-elle, c'est un conseil d'insensé, et je serais encore plus insensée que vous si je ne vous arrêtais pas à l'instant avec ce seul mot : impossible, Morrel, impossible.

— Vous suivrez donc votre fortune, telle que le sort vous la fera et sans même essayer de la combattre ? dit Morrel rembruni.

— Oui, dussé-je en mourir !

— Eh bien ! Valentine, reprit Maximilien, je vous répéterai encore que vous avez raison. En effet, c'est moi qui suis un fou, et vous me prouvez que la passion aveugle les esprits les plus justes. Merci donc, à vous qui raisonnez sans passion. Soit donc, c'est une chose entendue ; demain vous serez irrévocablement promise à M. Franz d'Epinay, non point par cette formalité de théâtre inventée pour dénouer les pièces de comédie, et qu'on appelle la signature du contrat, mais par votre propre volonté.

— Encore une fois, vous me désespérez, Maximilien, dit Valentine, encore une fois, vous retournez le poignard dans la plaie ! Que feriez-vous, dites, si votre sœur écoutait un conseil comme celui que vous me donnez ?

— Mademoiselle, reprit Morrel avec un sourire amer, je suis un égoïste, vous l'avez dit, et dans ma qualité d'égoïste, je ne pense pas à ce que feraient les autres dans ma position, mais à ce que je compte faire, moi. Je pense que je vous connais depuis un an ; que j'ai mis, du jour où je vous ai connue, toutes mes chances de bonheur sur votre amour ; qu'un jour est venu où vous m'avez dit que vous m'aimiez ; que ce jour j'ai mis toutes mes chances d'avenir sur votre possession, c'était ma vie. Je ne pense plus rien maintenant ; je me dis seulement que les chances ont tourné, que j'avais cru gagner le ciel et que je l'ai perdu. Cela arrive tous les jours qu'un joueur perd non seulement ce qu'il a, mais encore ce qu'il n'a pas.

Morrel prononça ces mots avec un calme parfait ; Valentine le regarda un instant de ses grands yeux scrutateurs, essayant de ne pas laisser pénétrer ceux de Morrel jusqu'au trouble qui tourbillonnait déjà au fond de son cœur.

— Mais enfin, qu'allez-vous faire ? demanda Valentine.

— Je vais avoir l'honneur de vous dire adieu, mademoiselle, en attestant Dieu, qui entend mes paroles et qui lit au fond de mon cœur, que je vous souhaite une vie assez calme, assez heureuse et assez remplie pour qu'il n'y ait pas place pour mon souvenir.

— Oh ! murmura Valentine.

— Adieu, Valentine, adieu ! dit Morrel en s'inclinant.

— Où allez-vous ? cria en allongeant sa main à travers la grille et en saisissant Maximilien par son habit la jeune fille, qui comprenait, à son agitation intérieure, que le calme de son amant ne pouvait être réel ; où allez-vous ?

— Je vais m'occuper de ne point apporter un trouble nouveau dans votre famille, et donner un exemple que pourront suivre tous les hommes honnêtes et dévoués qui se trouveront dans ma position.

— Avant de me quitter, dites-moi ce que vous allez faire, Maximilien ?

Le jeune homme sourit tristement.

— Oh ! parlez ! parlez ! dit Valentine, je vous en prie !

— Votre résolution a-t-elle changé, Valentine ?

— Elle ne peut changer, malheureux ! vous le savez bien ! s'écria la jeune fille.

— Alors, adieu, Valentine !

Valentine secoua la grille avec une force dont on l'aurait crue incapable, et comme Morrel s'éloignait, elle passa ses deux mains à travers la grille, et les joignant en se tordant les bras :

— Qu'allez vous faire ? je veux le savoir, s'écria-t-elle, où allez-vous ?

— Oh ! soyez tranquille, dit Maximilien en s'arrêtant à trois pas de la porte ; mon intention n'est pas de rendre un autre homme responsable des rigueurs que le sort garde pour moi. Un autre vous menacerait d'aller trouver M. Franz, de le provoquer, de se battre avec lui ; tout cela serait insensé. Qu'a à faire M. Franz dans tout cela ? Il m'a vu ce matin pour la première fois, il a déjà oublié qu'il m'a vu ; il ne savait même pas que j'existais lorsque des conventions faites par vos deux familles ont décidé que vous seriez l'un à l'autre. Je n'ai donc point affaire à M. Franz, et, je vous le jure, je ne m'en prendrai point à lui.

— Mais à qui vous en prendrez-vous ? à moi ?

— A vous, Valentine ! Oh ! Dieu m'en garde ! La femme est sacrée, la femme qu'on aime est sainte.

— A vous même alors, malheureux, à vous-même !

— C'est moi le coupable, n'est-ce pas ? dit Morrel.

— Maximilien, dit Valentine, Maximilien, venez ici, je le veux !

Maximilien se rapprocha avec son doux sourire, et, n'était sa pâleur, on eût pu le croire dans son état ordinaire.

— Ecoutez-moi, ma chère, mon adorée Valentine, dit-il de sa voix mélodieuse et grave, les gens comme nous, qui n'ont jamais formé une pensée dont ils aient eu à rougir devant le monde, devant leurs parens et devant Dieu, les gens comme nous peuvent lire dans le cœur l'un de l'autre à livre ouvert. Je n'ai jamais fait de roman, je ne suis pas un héros mélancolique, je ne me pose ni en Manfred ni en Antony : mais sans paroles, sans protestations, sans sermens, j'ai mis ma vie en

vous ; vous me manquez, et vous avez raison d'agir ainsi, je vous l'ai dit et je vous le répète ; mais enfin vous me manquez et ma vie est perdue. Du moment où vous vous éloignez de moi, Valentine, je reste seul au monde. Ma sœur est heureuse près de son mari ; son mari n'est que mon beau-frère, c'est-à-dire un homme que les conventions sociales attachent seules à moi : personne n'a donc besoin sur la terre de mon existence devenue inutile. Voilà ce que je ferai : j'attendrai jusqu'à la dernière seconde que vous soyez mariée, car je ne veux pas perdre l'ombre d'une de ces chances inattendues que nous garde quelquefois le hasard, car enfin d'ici là M. Franz d'Epinay peut mourir ; au moment où vous vous en approcherez, la foudre peut tomber sur l'autel : tout semble croyable au condamné à mort, et pour lui les miracles rentrent dans la classe du possible dès qu'il s'agit du salut de sa vie. J'attendrai donc, dis-je, jusqu'au dernier moment, et quand mon malheur sera certain, sans remède, sans espérance, j'écrirai une lettre confidentielle à mon beau-frère, une autre lettre au préfet de police pour leur donner avis de mon dessein, et au coin de quelque bois, sur le revers de quelque fossé, au bord de quelque rivière, je me ferai sauter la cervelle, aussi vrai que je suis le fils du plus honnête homme qui ait jamais vécu en France.

Un tremblement convulsif agita les membres de Valentine ; elle lâcha la grille qu'elle tenait des deux mains, ses bras retombèrent à ses côtés, et deux grosses larmes roulèrent sur ses joues.

Le jeune homme demeura devant elle, sombre et résolu.

— Oh ! par pitié, par pitié, dit-elle, vous vivrez, n'est-ce pas ?

— Non, sur mon honneur, dit Maximilien ; mais que vous importe à vous, vous aurez fait votre devoir, et votre conscience vous restera.

Valentine tomba à genoux en étreignant son cœur qui se brisait.

— Maximilien, dit-elle, Maximilien, mon ami, mon frère sur la terre, mon véritable époux au ciel, je t'en prie, fais comme moi, vis avec la souffrance ; un jour peut-être nous serons réunis.

— Adieu, Valentine, répéta Morrel.

— Mon Dieu, dit Valentine en levant ses deux mains au ciel avec une expression sublime, vous le voyez, j'ai fait tout ce que j'ai pu pour rester fille soumise ; j'ai prié, supplié, imploré ; il n'a écouté ni mes prières, ni mes supplications, ni mes pleurs. Eh bien ! continua-t-elle en essuyant ses larmes et en reprenant sa fermeté, eh bien ! je ne veux pas mourir de remords, j'aime mieux mourir de honte. Vous vivrez, Maximilien, et je ne serai à personne qu'à vous. A quelle heure ? à quel moment ? est-ce tout de suite ? parlez, ordonnez, je suis prête.

Morrel, qui avait de nouveau fait quelques pas pour s'éloigner, était revenu de nouveau, et pâle de joie, le cœur épanoui, tendant à travers la grille ses deux mains à Valentine :

— Valentine, dit-il, chère amie, ce n'est point ainsi qu'il faut me parler, ou sinon il faut me laisser mourir. Pourquoi donc vous devrais-je à la violence, si vous m'aimez comme je vous aime ? Me forcerez-vous à vivre par humanité, voilà tout ? en ce cas j'aime mieux mourir.

— Au fait, murmura Valentine, qui est-ce qui m'aime au monde ? Lui. Qui m'a consolée de toutes mes douleurs ? Lui. Sur qui reposent mes espérances ? sur qui s'arrête ma vue égarée ? sur qui repose mon cœur saignant ? Sur lui, lui, toujours lui. Eh bien ! tu as raison à ton tour, Maximilien, je te suivrai, je quitterai la maison paternelle, tout. Oh ! ingrate que je suis, s'écria Valentine en sanglotant, tout, même mon bon grand-père que j'oubliais !

— Non dit Maximilien, tu ne le quitteras pas. M. Noirtier a paru éprouver, dis-tu, de la sympathie pour moi : eh bien ! avant de fuir tu lui diras tout ; tu te feras une égide devant Dieu de son consentement; puis, aussitôt mariés, il viendra avec nous : au lieu d'un enfant, il en aura deux. Tu m'as dit comment il te parlait et comment tu lui répondais; j'apprendrai bien vite cette langue touchante des signes, va, Valentine. Oh! je te le jure, au lieu du désespoir qui nous attend, c'est le bonheur que je te promets.

— Oh! regarde, Maximilien, regarde quelle est ta puissance sur moi, tu me fais presque croire à ce que tu me dis, et cependant ce que tu me dis est insensé, car mon père me maudira, lui; car je le connais, lui, le cœur inflexible, jamais il ne pardonnera. Aussi, écoutez-moi, Maximilien, si par artifice, si par prière, par accident, que sais-je, moi? si enfin par un moyen quelconque je puis retarder le mariage, vous attendrez, n'est-ce pas?

— Oui, je le jure, comme vous me jurez, vous, que cet affreux mariage ne se fera jamais, et que, vous traînât-on devant le magistrat, devant le prêtre, vous direz non.

— Je le jure, Maximilien, par ce que j'ai de plus sacré au monde, par ma mère.

— Attendons alors, dit Morrel.

— Oui, attendons, reprit Valentine, qui respirait à ce mot; il y a tant de choses qui peuvent sauver des malheureux comme nous.

— Je me fie à vous, Valentine, dit Morrel; tout ce que vous ferez sera bien fait; seulement, si l'on passe outre à vos prières, si votre père, si madame de Saint-Méran exigent que M. d'Epinay soit appelé demain à signer le contrat...

— Alors vous avez ma parole, Morrel.

— Au lieu de signer...

— Je viens vous rejoindre et nous fuyons; mais d'ici là, ne tentons pas Dieu, Morrel; ne nous voyons pas : c'est un miracle, c'est une providence que nous n'ayons pas encore été surpris; si nous étions surpris, si l'on savait comment nous nous voyons, nous n'aurions plus aucune ressource.

— Vous avez raison, Valentine; mais comment savoir...

— Par le notaire, M. Deschamps.

— Je le connais.

— Et par moi-même. Je vous écrirai, croyez-le donc bien. Mon Dieu! ce mariage, Maximilien, m'est aussi odieux qu'à vous!

— Bien! bien! merci! ma Valentine adorée, reprit Morrel. Alors tout est dit, une fois que je sais l'heure, j'accours ici, vous franchissez ce mur dans mes bras, la chose vous sera facile; une voiture vous attendra à la porte de l'enclos, vous y monterez avec moi, je vous conduis chez ma sœur ; là, inconnus si cela vous convient, faisant éclat si vous le désirez, nous aurons la conscience de notre force et de notre volonté, et nous ne nous laisserons pas égorger comme l'agneau qui ne se défend qu'avec ses soupirs.

— Soit, dit Valentine, à votre tour je vous dirai : Maximilien, ce que vous ferez sera bien fait.

— Oh!

— Eh bien! êtes-vous content de votre femme? dit tristement la jeune fille.

— Ma Valentine adorée, c'est bien peu dire que dire oui.

— Dites toujours.

Valentine s'était approchée ou plutôt avait approché ses lèvres de la grille, et ses paroles glissaient avec son souffle parfumé jusqu'aux lèvres de Morrel, qui collait sa bouche de l'autre côté de la froide et inexorable clôture.

— Au revoir, dit Valentine s'arrachant à ce bonheur, au revoir.

— J'aurai une lettre de vous?

— Oui.

— Merci, chère femme, au revoir.

Le bruit d'un baiser innocent et perdu retentit, et Valentine s'enfuit sous les tilleuls.

Morrel écouta les derniers bruits de sa robe frôlant les charmilles, de ses pieds faisant crier le sable, leva les yeux au ciel avec un ineffable sourire, pour remercier le ciel de ce qu'il permettait qu'il fût aimé ainsi, et disparut à son tour.

Le jeune homme rentra chez lui et attendit pendant tout le reste de la soirée et pendant toute la journée du lendemain sans rien recevoir. Enfin, ce ne fut que le surlendemain vers dix heures du matin, comme il allait s'acheminer vers M. Deschamps, notaire, qu'il reçut par la poste un petit billet qu'il reconnut pour être de Valentine, quoiqu'il n'eût jamais vu son écriture.

Il était ainsi conçu :

« Larmes, supplications, prières, n'ont rien fait. Hier, pendant deux heures, j'ai été à l'église Saint-Philippe-du-Roule, et pendant deux heures j'ai prié Dieu du fond de l'âme; Dieu est insensible comme les hommes, et la signature du contrat est fixée à ce soir neuf heures.

» Je n'ai qu'une parole comme je n'ai qu'un cœur, Morrel, et cette parole vous est engagée, ce cœur est à vous.

» Ce soir donc, à neuf heures moins un quart, à la grille.

» Votre femme,

» VALENTINE DE VILLEFORT.

« P. S. — Ma pauvre grand'mère va de plus mal en plus mal; hier, son exaltation est devenue du délire, aujourd'hui son délire est presque de la folie.

» Vous m'aimerez bien, n'est-ce pas, Morrel, pour me faire oublier que je l'aurai quittée en cet état?

» Je crois que l'on cache à grand-papa Noirtier que la signature du contrat doit avoir lieu ce soir. »

Morrel ne se borna pas aux renseignemens que lui donnait Valentine; il alla chez le notaire, qui lui confirma la nouvelle que la signature du contrat était pour neuf heures du soir.

Puis il passa chez Monte-Cristo ; ce fut encore là qu'il en sut le plus : Franz était venu lui annoncer cette solennité; de son côté, madame de Villefort avait écrit au comte pour le prier de l'excuser si elle ne l'invitait point; mais la mort de M. de Saint-Méran et l'état où se trouvait sa veuve jetaient sur cette réunion un voile de tristesse dont elle ne voulait pas assombrir le front du comte, auquel elle souhaitait toutes sortes de bonheurs.

La veille, Franz avait été présenté à madame de Saint-Méran, qui avait quitté le lit pour cette présentation, et qui s'y était remise aussitôt.

Morrel, la chose est facile à comprendre, était dans un état d'agitation qui ne pouvait échapper à un œil aussi perçant que l'était l'œil du comte; aussi Monte-Cristo fut-il pour lui plus affectueux que jamais, si affectueux que deux ou trois fois Maximilien fut sur le point de lui tout dire. Mais il se rappela la promesse formelle donnée à Valentine, et son secret resta au fond de son cœur.

Le jeune homme relut vingt fois dans la journée la lettre de Valentine. C'était la première fois qu'elle lui écrivait, et à quelle occasion! A chaque fois qu'il relisait cette lettre, Maximilien se renouvelait à lui-même le serment de rendre Valentine heureuse. En effet, quelle autorité n'a pas la jeune fille qui prend une résolution si courageuse; quel dévoûment ne mérite-t-elle pas de la part de celui à qui elle a tout sacrifié! Comme elle doit être réellement pour son amant le premier et le plus digne objet de son culte! c'est à la fois la reine et la femme, et l'on n'a point assez d'une âme pour la remercier et l'aimer.

Morrel songeait avec une agitation inexprimable à ce moment où Valentine arriverait en disant :

— Me voici, Maximilien; prenez-moi.

Il avait organisé toute cette fuite; deux échelles avaient

été cachées dans la luzerne du clos; un cabriolet que devait conduire Maximilien lui-même attendait; pas de domestique, pas de lumière; au détour de la première rue on allumerait des lanternes, car il ne fallait point, par un surcroît de précautions, tomber entre les mains de la police.

De temps en temps des frissonnemens passaient par tout le corps de Morrel; il songeait au moment où, du faîte de ce mur, il protégerait la descente de Valentine, et où il sentirait tremblante et abandonnée dans ses bras celle dont il n'avait jamais pressé que la main et baisé que le bout du doigt.

Mais quand vint l'après-midi, quand Morrel sentit l'heure s'approcher, il éprouva le besoin d'être seul; son sang bouillait, les simples questions, la seule voix d'un ami l'eussent irrité; il se renferma chez lui, essayant de lire; mais son regard glissa sur les pages sans y rien comprendre, et il finit par jeter son livre pour en revenir à dessiner pour la deuxième fois son plan, ses échelles et son clos.

Enfin l'heure s'approcha.

Jamais homme bien amoureux n'a laissé les horloges faire paisiblement leur chemin. Morrel tourmenta si bien les siennes qu'elles finirent par marquer huit heures et demie à six heures. Il se dit alors qu'il était temps de partir, que neuf heures était bien effectivement l'heure de la signature du contrat, mais que, selon toute probabilité, Valentine n'attendrait pas cette signature inutile; en conséquence, Morrel, après être parti de la rue Meslay à huit heures et demie à sa pendule, entrait dans le clos comme huit heures sonnèrent à Saint-Philippe-du-Roule.

Le cheval et le cabriolet furent cachés derrière une petite masure en ruines dans laquelle Morrel avait l'habitude de se cacher.

Peu à peu le jour tomba, et les feuillages du jardin se massèrent en grosses touffes d'un noir opaque.

Alors Morrel sortit de la cachette et vint regarder, le cœur palpitant, au trou de la grille : il n'y avait encore personne.

Huit heures et demie sonnèrent.

Une demi-heure s'écoula à attendre; Morrel se promenait de long en large; puis, à des intervalles toujours plus rapprochés, venait appliquer son œil aux planches. Le jardin s'assombrissait de plus en plus, mais dans l'obscurité on cherchait vainement la robe blanche, dans le silence on écoutait inutilement le bruit des pas.

La maison qu'on apercevait à travers les feuillages restait sombre, et ne présentait aucun des caractères d'une maison qui s'ouvre pour un événement aussi important que l'est une signature de contrat de mariage.

Morrel consulta sa montre qui sonna neuf heures trois quarts, mais presque aussitôt cette même voix de l'horloge déjà entendue deux ou trois fois rectifia l'erreur de la montre en sonnant neuf heures et demie.

C'était déjà une demi-heure d'attente de plus que Valentine n'avait fixée elle-même : elle avait dit neuf heures, même un peu tôt avant qu'après.

Ce fut le moment le plus terrible pour le cœur du jeune homme, sur lequel chaque seconde tombait comme un marteau de plomb.

Le plus faible bruit du feuillage, le moindre cri du vent, appelaient son oreille et faisaient monter la sueur à son front; alors, tout frissonnant, il assujétissait son échelle, et pour ne pas perdre de temps, posait le pied sur le premier échelon.

Au milieu de ces alternatives de crainte et d'espoir, au milieu de ces dilatations et de ces serremens de cœur, dix heures sonnèrent à l'église.

— Oh! murmura Maximilien avec terreur, il est impossible que la signature d'un contrat dure aussi long-temps, à moins d'événemens imprévus; j'ai pesé toutes les chances, calculé le temps que durent toutes les formalités, il s'est passé quelque chose.

Et alors, tantôt il se promenait avec agitation devant la grille, tantôt il revenait appuyer son front brûlant sur le fer glacé. Valentine s'était-elle évanouie après le contrat, ou Valentine avait-elle été arrêtée dans sa fuite? C'étaient là les deux seules hypothèses où le jeune homme pouvait s'arrêter, toutes deux désespérantes.

L'idée à laquelle il s'arrêta fut qu'au milieu de sa fuite même la force avait manqué à Valentine, et qu'elle était tombée évanouie au milieu de quelque allée.

— Oh! s'il en est ainsi, s'écria-t-il en s'élançant au haut de l'échelle, je la perdrais, et par ma faute!

Le démon qui lui avait soufflé cette pensée ne le quitta plus, et bourdonna à son oreille avec cette persistance qui fait que certains doutes, au bout d'un instant et par la force du raisonnement, deviennent des convictions. Ses yeux, qui cherchaient à percer l'obscurité croissante, croyaient sous la sombre allée apercevoir un objet gisant; Morrel se hasarda jusqu'à appeler, et il lui sembla que le vent apportait jusqu'à lui une plainte inarticulée.

Enfin la demie avait sonné à son tour; il était impossible de se borner plus long-temps, tout était supposable; les tempes de Maximilien battaient avec force, des nuages pasaient devant ses yeux; il enjamba le mur et sauta de l'autre côté.

Il était chez Villefort, il venait d'y entrer par escalade; il songea aux suites que pouvait avoir une pareille action, mais il n'était pas venu jusque-là pour reculer.

Il rasa quelque temps le mur, et, traversant l'allée d'un seul bond, il s'élança dans un massif.

En un instant il fut à l'extrémité de ce massif. Du point où il était parvenu on découvrait la maison.

Alors Morrel s'assura d'une chose qu'il avait déjà soupçonnée en essayant de glisser son regard à travers les arbres : c'est qu'au lieu des lumières qu'il pensait voir briller à chaque fenêtre, ainsi qu'il est naturel aux jours de cérémonie, il ne vit rien que la masse grise et voilée encore par un grand rideau d'ombre que projetait un nuage immense épandu sur la lune.

Une lumière courait de temps en temps comme éperdue, et passait devant trois fenêtres du premier étage. Ces trois fenêtres étaient celles de l'appartement de madame de Saint-Méran.

Une autre lumière restait immobile derrière des rideaux rouges. Ces rideaux rouges étaient ceux de la chambre à coucher de madame de Villefort.

Morrel devina tout cela. Tant de fois, pour suivre Valentine en pensée à toute heure du jour, tant de fois, disons-nous, il s'était fait faire le plan de cette maison, que, sans l'avoir vue, il la connaissait.

Le jeune homme fut encore plus épouvanté de cette obscurité et de ce silence qu'il ne l'avait été de l'absence de Valentine.

Éperdu, fou de douleur, décidé à tout braver pour revoir Valentine et s'assurer du malheur qu'il pressentait, quel qu'il fût, Morrel gagna la lisière du massif, et s'apprêtait à traverser le plus rapidement possible le parterre, complétement découvert, quand un son de voix encore assez éloigné, mais que le vent lui apportait, parvint jusqu'à lui.

A ce bruit il fit un pas en arrière; déjà à moitié sorti du feuillage, il s'y enfonça complétement et demeura immobile et muet, enfoui dans son obscurité.

Sa résolution était prise : si c'était Valentine seule, il l'avertirait par un mot au passage; si Valentine était accompagnée, au moins il s'assurerait qu'il ne lui était arrivé aucun malheur; si c'étaient des étrangers, il saisirait quelques mots de leur conversation et arriverait à comprendre ce mystère incompréhensible jusque-là.

La lune alors sortit du nuage qui la cachait, et sur la porte du perron Morrel vit apparaître Villefort suivi d'un homme vêtu de noir. Ils descendirent les marches et s'avancèrent vers le massif. Ils n'avaient pas fait quatre pas, que, dans cet homme vêtu de noir, Morrel avait reconnu le docteur d'Avrigny.

Le jeune homme, en les voyant venir à lui, recula machinalement devant eux jusqu'à ce qu'il rencontrât le tronc d'un sycomore qui faisait le centre d'un massif; là il fut forcé de s'arrêter.

Bientôt le sable cessa de crier sous les pas des deux promeneurs.

— Ah! cher docteur, dit le procureur du roi, voici le ciel qui se déclare décidément contre notre maison. Quelle horrible mort! quel coup de foudre! N'essayez pas de me consoler; hélas! il n'y a pas de consolation pour un pareil malheur, la plaie est trop vive et trop profonde! Morte! morte!

Une sueur froide glaça le front du jeune homme et fit claquer ses dents. Qui donc était mort dans cette maison que Villefort lui-même disait maudite?

— Mon cher monsieur de Villefort, répondit le médecin avec un accent qui redoubla la terreur du jeune homme, je ne vous ai point amené ici pour vous consoler, tout au contraire.

— Que voulez-vous dire? demanda le procureur du roi effrayé.

— Je veux vous dire que derrière le malheur qui vient de vous arriver, il en est un autre plus grand encore peut-être.

— Oh! mon Dieu! murmura Villefort en joignant les mains, qu'allez-vous me dire encore?

— Sommes-nous bien seuls, mon ami?

— Oh! oui, bien seuls. Mais que signifient toutes ces précautions?

— Elles signifient que j'ai une confidence terrible à vous faire, dit le docteur; asseyons-nous.

Villefort tomba plutôt qu'il ne s'assit sur un banc. Le docteur resta debout devant lui, une main posée sur son épaule.

Morrel, glacé d'effroi, tenait d'une main son front et de l'autre comprimait son cœur dont il craignait qu'on entendît les battemens.

— Morte! morte! répétait-il dans sa pensée avec la voix de son cœur,

Et lui-même se sentait mourir.

— Parlez, docteur, j'écoute, dit Villefort; frappez, je suis préparé à tout.

— Madame de Saint-Méran était bien âgée sans doute; mais elle jouissait d'une santé excellente.

Morrel respira pour la première fois depuis dix minutes.

— Le chagrin l'a tuée, dit Villefort; oui, le chagrin, docteur! Cette habitude de vivre depuis quarante ans près du marquis!...

— Ce n'est pas le chagrin, mon cher Villefort, dit le docteur. Le chagrin peut tuer, quoique les cas soient rares; mais il ne tue pas en un jour, il ne tue pas en une heure, mais il ne tue pas en dix minutes.

Villefort ne répondit rien; seulement il leva la tête qu'il avait tenue baissée jusque-là, et regarda le docteur avec des yeux effarés.

— Vous êtes resté là pendant l'agonie? demanda M. d'Avrigny.

— Sans doute, répondit le procureur du roi; vous m'avez dit tout bas de ne pas m'éloigner.

— Avez-vous remarqué les symptômes du mal auquel madame de Saint-Méran a succombé?

— Certainement, madame de Saint-Méran a eu trois attaques successives à quelques minutes les unes des autres, et à chaque fois plus rapprochées et plus graves. Lorsque vous êtes arrivé, déjà depuis quelques minutes madame de Saint-Méran était haletante; elle eut alors une crise que je pris pour une simple attaque de nerfs; mais je ne commençai à m'effrayer réellement que lorsque je la vis se soulever sur son lit, les membres et le cou tendus. Alors, à votre visage, je compris que la chose était plus grave que je ne le croyais. La crise passée, je cherchai vos yeux, mais je ne les rencontrai pas. Vous teniez le pouls, vous en comptiez les battemens, et la seconde crise parut que vous ne vous étiez pas encore retourné

de mon côté. Cette seconde crise fut plus terrible que la première; les mêmes mouvemens nerveux se reproduisirent, et la bouche se contracta et devint violette.

A la troisième elle expira.

Déjà, depuis la fin de la première, j'avais reconnu le tétanos; vous me confirmâtes dans cette opinion.

— Oui, devant tout le monde, reprit le docteur; mais maintenant nous sommes seuls.

— Qu'allez-vous me dire, mon Dieu?

— Que les symptômes du tétanos et de l'empoisonnement par les matières végétales sont absolument les mêmes.

M. de Villefort se dressa sur ses pieds; puis, après un instant d'immobilité et de silence, il retomba sur son banc.

— Oh! mon Dieu! docteur, dit-il, songez-vous bien à ce que vous me dites là?

Morrel ne savait pas s'il faisait un rêve ou s'il veillait.

— Écoutez, dit le docteur, je connais l'importance de ma déclaration et le caractère de l'homme à qui je la fais.

— Est-ce au magistrat ou à l'ami que vous parlez; demanda Villefort.

— A l'ami, à l'ami seul en ce moment; les rapports entre les symptômes du tétanos et les symptômes de l'empoisonnement par les substances végétales sont tellement identiques, que s'il me fallait signer ce que je dis là, je vous déclare que j'hésiterais. Aussi, je vous le répète, ce n'est point au magistrat que je m'adresse, c'est à l'ami. Eh bien! à l'ami, je dis: pendant les trois quarts d'heure qu'elle a duré, j'ai étudié l'agonie, les convulsions, la mort de madame de Saint-Méran; eh bien! dans ma conviction, non seulement madame de Saint-Méran est morte empoisonnée, mais encore je dirais, oui, je dirais quel poison l'a tuée.

— Monsieur! monsieur!

— Tout y est, voyez-vous: somnolence interrompue par des crises nerveuses, surexcitation du cerveau, torpeur des centres. Madame de Saint-Méran a succombé à une dose violente de brucine ou de strychnine, que par hasard, sans doute, que par erreur peut-être, on lui a administrée.

Villefort saisit la main du docteur.

— Oh! c'est impossible! dit-il. Je rêve, mon Dieu! je rêve! C'est effroyable d'entendre dire des choses pareilles à un homme comme vous! Au nom du ciel! je vous en supplie, cher docteur, dites-moi que vous pouvez vous tromper.

— Sans doute, je le puis; mais...

— Mais?

— Mais, je ne le crois pas.

— Docteur, prenez pitié de moi; depuis quelque jours il m'arrive tant de choses inouïes, que je crois à la possibilité de devenir fou.

— Un autre que moi a-t-il vu madame de Saint-Méran?

— Personne.

— A-t-on envoyé chez le pharmacien quelque ordonnance qu'on ne m'ait pas soumise?

— Aucune.

— Madame de Saint-Méran avait-elle des ennemis?

— Je ne lui en connais pas.

— Quelqu'un avait-il intérêt à sa mort?

— Mais non, mon Dieu! mais non: ma fille est sa seule héritière, Valentine seule.... Oh! si une pareille pensée me pouvait venir, je me poignarderais pour punir mon cœur d'avoir pu un seul instant abriter une pareille pensée.

— Oh! s'écria à son tour M. d'Avrigny, cher ami, à Dieu ne plaise que j'accuse quelqu'un, je ne parle que d'un accident, comprenez-vous bien, d'une erreur. Mais accident ou erreur, le fait est là qui parle tout bas à ma conscience, et qui veut que ma conscience vous parle tout haut. Informez-vous.

OEUVRES COMPL. D'ALEX. DUMAS,
33

— A qui? comment? de quoi?

— Voyons, Barrois, le vieux domestique, ne se serait-il pas trompé, et n'aurait-il pas donné à madame de Saint-Méran quelque potion préparée pour son maître?

— Pour mon père?

— Oui.

— Mais comment une potion préparée pour M. Noirtier peut-elle empoisonner madame de Saint-Méran?

— Rien de plus simple : vous savez que dans certaines maladies les poisons deviennent un remède ; la paralysie est une de ces maladies-là. À peu près depuis trois mois, par exemple, après avoir tout employé pour rendre le mouvement et la parole à M. Noirtier, je me suis décidé à tenter un dernier moyen ; depuis trois mois, dis-je, je le traite par la brucine ; ainsi, dans la dernière potion que j'ai commandée pour lui, il en entrait six centigrammes ; six centigrammes sans action sur les organes paralysés de M. Noirtier, et auxquels d'ailleurs il s'est accoutumé par des doses successives, six centigrammes suffisent pour tuer toute autre personne que lui.

— Mon cher docteur, il n'y a aucune communication entre l'appartement de M. Noirtier et celui de madame de Saint-Méran, et jamais Barrois n'entrait chez ma belle-mère. Enfin, vous le dirai-je, docteur, quoique je vous sache l'homme le plus habile et surtout le plus consciencieux du monde, quoiqu'en toute circonstance votre parole soit pour moi un flambeau qui me guide à l'égal de la lumière du soleil, eh bien ! docteur, eh bien ! j'ai besoin, malgré cette conviction, de m'appuyer sur cet axiôme : *errare humanum est*.

— Écoutez, Villefort, dit le docteur, existe-t-il un de mes confrères en qui vous ayez autant de confiance qu'en moi?

— Pourquoi cela, dites? Où voulez-vous en venir?

— Appelez-le, je lui dirai ce que j'ai vu, ce que j'ai remarqué, nous ferons l'autopsie.

— Et vous trouverez des traces du poison?

— Non, pas du poison, je n'ai pas dit cela, mais nous constaterons l'exaspération du système nerveux, nous reconnaîtrons l'asphyxie patente, incontestable, et nous vous dirons : cher Villefort, si c'est par négligence que la chose est arrivée, veillez sur vos serviteurs ; si c'est par haine, veillez sur vos ennemis.

— Oh ! mon Dieu ! que me proposez-vous là, d'Avrigny ? répondit Villefort abattu ; du moment où il y aura un autre que vous dans le secret, une enquête deviendra nécessaire, et une enquête chez moi, impossible ! Pourtant, continua le procureur du roi en se reprenant et en regardant le médecin avec inquiétude, pourtant si vous le voulez, si vous l'exigez absolument, je le ferai. En effet, peut-être dois-je donner suite à cette affaire ; mon caractère me le commande. Mais, docteur, vous me voyez d'avance pénétré de tristesse ; introduire dans ma maison tant de scandale après tant de douleur ! Oh ! ma femme et ma fille en mourront ; et moi, moi, docteur, vous le savez, un homme n'en arrive pas où j'en suis, un homme n'a pas été procureur du roi vingt-cinq ans, sans s'être amassé bon nombre d'ennemis ; les miens sont nombreux. Cette affaire ébruitée sera pour eux un triomphe qui les fera tressaillir de joie, et moi me couvrira de honte. Docteur, pardonnez-moi ces idées mondaines. Si vous étiez un prêtre, je n'oserais vous dire cela ; mais vous êtes un homme, mais vous connaissez les autres hommes ; docteur, docteur, vous ne m'avez rien dit, n'est-ce pas?

— Mon cher monsieur de Villefort, répondit le docteur ébranlé, mon premier devoir est l'humanité. J'eusse sauvé madame de Saint Méran si la science eût eu le pouvoir de le faire ; mais elle est morte, je me dois aux vivans. Ensevelissons au plus profond de nos cœurs ce terrible secret. Je permettrai, si les yeux de quelques-uns s'ouvrent là-dessus, qu'on impute à mon ignorance le silence que j'aurai gardé. Cependant, monsieur, cherchez toujours, cherchez activement, car peut-être cela ne s'arrêtera-t-il point là... Et quand vous aurez trouvé le coupable, si vous le trouvez, c'est moi qui vous dirai : vous êtes magistrat, faites ce que vous voudrez !

— Oh ! merci, merci, docteur ! dit Villefort avec une joie indicible, je n'ai jamais eu de meilleur ami que vous.

Et comme s'il eût craint que le docteur d'Avrigny ne revînt sur cette concession, il se leva et entraîna le docteur du côté de la maison.

Ils s'éloignèrent.

Morrel, comme s'il eût eu besoin de respirer, sortit sa tête du taillis, et la lune éclaira ce visage si pâle qu'on eût pu le prendre pour un fantôme.

— Dieu me protége d'une manifeste mais terrible façon ! dit-il ; mais Valentine ! Valentine ! pauvre amie ! résistera-t-elle à tant de douleurs ?

En disant ces mots, il regardait alternativement la fenêtre au rideaux rouges et les trois fenêtres aux rideaux blancs.

La lumière avait presque complètement disparu de la fenêtre aux rideaux rouges. Sans doute madame de Villefort venait d'éteindre sa lampe, et la veilleuse seule envoyait son reflet aux vitres.

À l'extrémité du bâtiment, au contraire, il vit s'ouvrir une des trois fenêtres aux rideaux blancs. Une bougie placée sur la cheminée jeta au dehors quelques rayons de sa pâle lumière, et une ombre vint un instant s'accouder au balcon.

Morrel frissonna ; il lui semblait avoir entendu un sanglot.

Il n'était pas étonnant que cette ame ordinairement si courageuse et si forte, maintenant troublée et exaltée par les deux plus fortes des passions humaines, l'amour et la peur, se fût affaiblie au point de subir des hallucinations superstitieuses.

Quoiqu'il fût impossible, caché comme il l'était, que l'œil de Valentine le distinguât, il crut se voir appeler par l'ombre de la fenêtre ; son esprit troublé le lui disait, son cœur ardent le lui répétait. Cette double erreur devenait une réalité irrésistible, et, par un de ces incompréhensibles élans de jeunesse, il bondit hors de sa cachette, et en deux enjambées, au risque d'être vu, au risque d'effrayer Valentine, au risque de donner l'éveil par quelque cri involontaire échappé à la jeune fille, il franchit ce parterre que la lune faisait large et blanc comme un lac, et gagnant la rangée de caisses d'orangers qui s'étendaient devant la maison, il atteignit les marches du perron qu'il monta rapidement, et poussa la porte, qui s'ouvrit sans résistance devant lui.

Valentine ne l'avait pas vu ; ses yeux levés au ciel suivaient un nuage d'argent glissant sur l'azur, et dont la forme était celle d'une ombre qui montée au ciel ; son esprit poétique et exalté lui disait que c'était l'ame de sa grand'mère.

Cependant, Morrel avait traversé l'antichambre et trouvé la rampe de l'escalier ; des tapis étendus sur les marches assourdissaient son pas : d'ailleurs Morrel en était arrivé à ce point d'exaltation que la présence de M. de Villefort lui-même ne l'eût pas effrayé. Si M. de Villefort se fût présenté à sa vue, sa résolution était prise : il s'approchait de lui et lui avouait tout, en le priant d'excuser et d'approuver cet amour qui l'unissait à sa fille, et sa fille à lui ; Morrel était fou.

Par bonheur il ne vit personne.

Ce fut alors surtout que cette connaissance qu'il avait prise par Valentine du plan intérieur de la maison lui servit ; il arriva sans accident au haut de l'escalier, et comme, arrivé là, il s'orientait, un sanglot dont il reconnut l'expression lui indiqua le chemin qu'il avait à suivre, il se retourna : une porte entrebâillée laissait arriver à lui le reflet d'une lumière et le son de la voix gémissante. Il poussa cette porte et entra.

Au fond d'une alcôve, sous le drap blanc qui recouvrait sa tête et dessinait sa forme, gisait la morte, plus effrayante encore aux yeux de Morrel depuis la révélation du secret dont le hasard l'avait fait possesseur.

À côté du lit, à genoux, la tête ensevelie dans les coussins d'une large bergère, Valentine, frissonnante et soulevée par les sanglots, étendait au-dessus de sa tête, qu'on ne voyait pas, ses deux mains jointes et raidies.

Elle avait quitté la fenêtre restée ouverte, et priait tout haut avec des accens qui eussent touché le cœur du plus insensible; la parole s'échappait de ses lèvres, rapide, incohérente, inintelligible, tant la douleur serrait la gorge de ses brûlantes étreintes.

La lune, glissant à travers l'ouverture des persiennes, faisait pâlir la lueur de la bougie, et azurait de ses teintes funèbres ce tableau de désolation.

Morrel ne put résister à ce spectacle; il n'était pas d'une piété exemplaire, il n'était pas facile à impressionner, mais Valentine souffrant, pleurant, se tordant les bras à sa vue, c'était plus qu'il n'en pouvait supporter en silence. Il poussa un soupir, murmura un nom, et la tête noyée dans les pleurs et marbrée par le velours du fauteuil, une tête de Madeleine du Corrège, se releva et demeura tournée vers lui

Valentine le vit et ne témoigna point d'étonnement. Il n'y a plus d'émotions intermédiaires dans un cœur gonflé par un désespoir suprême.

Morrel tendit la main à son amie. Valentine, pour toute excuse de ce qu'elle n'avait point été le trouver, lui montra le cadavre gisant sous le drap funèbre, et recommença à sangloter.

Ni l'un ni l'autre n'osaient parler dans cette chambre. Chacun hésitait à rompre ce silence que semblait commander la mort debout dans quelque coin et le doigt sur les lèvres.

Enfin Valentine osa la première.

— Ami, dit-elle, comment êtes vous ici? Hélas! je vous dirais: soyez le bien venu, si ce n'était pas la mort qui vous eût ouvert la porte de cette maison.

— Valentine, dit Morrel d'une voix tremblante et les mains jointes, j'étais là depuis huit heures et demie; je ne vous voyais point venir; l'inquiétude m'a pris, j'ai sauté par-dessus le mur, j'ai pénétré dans le jardin, alors des voix qui s'entretenaient du fatal accident...

— Quelles voix? dit Valentine.

Morrel frémit, car toute la conversation du docteur et de M. de Villefort lui revint à l'esprit, et, à travers le drap, il croyait voir ces bras tordus, ce cou raidi, ces lèvres violettes.

— Les voix de vos domestiques, dit-il, m'ont tout appris.

— Mais venir jusqu'ici, c'est nous perdre mon ami, dit Valentine sans effroi et sans colère.

— Pardonnez-moi, répondit Morrel du même ton, je vais me retirer.

— Non, dit Valentine, on vous rencontrerait, restez.

— Mais si l'on venait?

La jeune fille secoua la tête.

— Personne ne viendra, dit-elle : soyez tranquille; voilà notre sauvegarde.

Et elle montra la forme du cadavre, moulée par le drap.

— Mais qu'est-il arrivé à M. d'Épinay, dites-moi, je vous en supplie? reprit Morrel.

— M. Franz est arrivé pour signer le contrat au moment où ma bonne grand'mère rendait le dernier soupir.

— Hélas! dit Morrel avec un sentiment de joie égoïste, car il songeait en lui-même que cette mort retardait indéfiniment le mariage de Valentine.

— Mais ce qui redouble ma douleur, continua la jeune fille, comme si ce sentiment eût dû recevoir à l'instant même sa punition; c'est que cette pauvre chère aïeule, en mourant, a ordonné qu'on terminât le mariage le plus tôt possible; elle aussi, mon Dieu! en croyant me protéger, elle aussi agissait contre moi.

— Écoutez! dit Morrel.

Les jeunes gens firent silence.

On entendit la porte qui s'ouvrit, et des pas firent craquer le parquet du corridor et les marches de l'escalier.

— C'est mon père qui sort de son cabinet, dit Valentine.

— Et qui reconduit le docteur, ajouta Morrel.

— Comment savez-vous que c'est le docteur? demanda Valentine étonnée.

Je le présume, dit Morrel.

Valentine regarda le jeune homme.

Cependant, on entendit la porte de la rue se fermer. M. de Villefort alla donner en outre un tour de clé à celle du jardin, puis il remonta l'escalier.

Arrivé dans l'antichambre, il s'arrêta un instant comme s'il hésitait s'il devait entrer chez lui ou dans la chambre de madame de Saint-Méran. Morrel se jeta derrière une portière. Valentine ne fit pas un mouvement; on eût dit qu'une suprême douleur la plaçait au-dessus des craintes ordinaires.

M. de Villefort rentra chez lui.

— Maintenant, dit Valentine, vous ne pouvez plus sortir ni par la porte du jardin ni par celle de la rue.

Morrel regarda la jeune fille avec étonnement.

— Maintenant, dit-elle, il n'y a plus qu'une issue permise et sûre, c'est celle de l'appartement de mon grand-père.

Elle se leva.

— Venez, dit-elle.

— Où cela? demanda Maximilien.

— Chez mon grand père.

— Moi, chez M. Noirtier!

— Oui.

— Y songez-vous, Valentine?

— J'y songe, et depuis long-temps. Je n'ai plus que cet ami au monde, et nous avons tous deux besoin de lui... Venez.

— Prenez garde, Valentine, dit Morrel, hésitant à faire ce que lui ordonnait la jeune fille, prenez garde, le bandeau est tombé de mes yeux, en venant ici, j'ai accompli un acte de démence. Avez-vous bien vous-même toute votre raison, chère amie?

— Oui, dit Valentine, et je n'ai qu'un scrupule au monde, c'est de laisser seuls les restes de ma pauvre grand'mère, que je me suis chargée de garder

— Valentine, dit Morrel la mort est sacrée par elle-même.

— Oui, répondit la jeune fille, d'ailleurs ce sera court, venez.

Valentine traversa le corridor et descendit un petit escalier qui conduisait chez Noirtier. Morrel la suivait sur la pointe du pied. Arrivés sur le palier de l'appartement, ils trouvèrent le vieux domestique.

— Barrois dit Valentine, fermez la porte et ne laissez entrer personne.

Elle passa la première.

Noirtier, encore dans son fauteuil, attentif au moindre bruit, instruit par son vieux serviteur de tout ce qui se passait, fixait des regards avides sur l'entrée de la chambre: il vit Valentine, et son œil brilla.

Il y avait dans la démarche et dans l'attitude de la jeune fille quelque chose de grave et de solennel qui frappa le vieillard. Aussi, de brillant qu'il était, son œil devint-il interrogateur.

— Chère père, dit-elle d'une voix brève, écoute-moi bien : tu sais que bonne-maman Saint-Méran est morte il y a une heure, et que maintenant, excepté toi, je n'ai plus personne qui m'aime au monde?

Une expression de tendresse infinie passa dans les yeux du vieillard.

— C'est donc à toi seul, n'est-ce pas, que je dois confier mes chagrins ou mes espérances?

Le paralytique fit signe que oui.

Valentine prit Maximilien par la main.

— Alors, lui dit-elle, regarde bien monsieur.

Le vieillard fixa son œil scrutateur et légèrement étonné sur Morrel.

— C'est M. Maximilien Morrel, dit-elle, le fils de cet honnête négociant de Marseille dont tu as sans doute entendu parler.

— Oui, fit le vieillard

— C'est un nom irréprochable, que Maximilien est en train de rendre glorieux, car, à trente ans, il est capitaine de spahis, officier de la Légion-d'Honneur

Le vieillard fit signe qu'il se le rappelait.

— Eh bien! bon papa, dit Valentine en se mettant à deux genoux devant le vieillard et en montrant Maximilien d'une main, je l'aime et ne serai qu'à lui! Si l'on me force d'en épouser un autre, je me laisserai mourir ou je me tuerai.

Les yeux du paralytique exprimaient tout un monde de pensées tumultueuses.

— Tu aimes M. Maximilien Morrel, n'est-ce point, bon papa? demanda la jeune fille.

— Oui, fit le vieillard immobile.

— Et tu peux bien nous protéger, nous qui sommes aussi tes enfans, contre la volonté de mon père?

Noirtier attacha son regard intelligent sur Morrel, comme pour lui dire:

— C'est selon.

Maximilien comprit.

— Mademoiselle, dit-il, vous avez un devoir sacré à remplir dans la chambre de votre aïeule; voulez-vous me permettre d'avoir l'honneur de causer un instant avec M. Noirtier?

— Oui, oui, c'est cela, fit l'œil du vieillard.

Puis il regarda Valentine avec inquiétude.

— Comment il fera pour te comprendre, veux-tu dire, bon père?

— Oui.

— Oh! sois tranquille; nous avons si souvent parlé de toi qu'il sait bien comment je te parle.

Puis se tournant vers Maximilien avec un adorable sourire, quoique ce sourire fût voilé par une profonde tristesse.

— Il sait tout ce que je sais, dit-elle.

Valentine se releva, approcha un siége pour Morrel, recommanda à Barrois de ne laisser entrer personne; et après avoir tendrement embrassé son grand-père et dit adieu tristement à Morrel, elle partit.

Alors Morrel, pour prouver à Noirtier qu'il avait la confiance de Valentine et connaissait tous leurs secrets, prit le dictionnaire, la plume et le papier, et plaça le tout sur une table où il y avait une lampe.

— Mais d'abord, dit Morrel, permettez-moi, monsieur, de vous raconter qui je suis, comment j'aime mademoiselle Valentine, et quels sont mes desseins à son égard.

— J'écoute, fit Noirtier.

C'était un spectacle assez imposant que ce vieillard, inutile fardeau en apparence, et qui était devenu le seul protecteur, le seul appui, le seul juge de deux amans jeunes, beaux, forts, et entrant dans la vie.

Sa figure, empreinte d'une noblesse et d'une austérité remarquables, imposait à Morrel, qui commença son récit en tremblant.

Il raconta alors comment il avait connu, comment il avait aimé Valentine, et comment Valentine, dans son isolement et son malheur, avait accueilli l'offre de son dévoûment. Il lui dit quelle était sa naissance, sa position, sa fortune; et plus d'une fois, lorsqu'il interrogea le regard du paralytique, ce regard lui répondit:

— C'est bien, continuez.

— Maintenant, dit Morrel quant il eut fini cette première partie de son récit, maintenant que je vous ai dit, monsieur, mon amour et mes espérances, dois-je vous dire nos projets?

— Oui, fit le veillard.

— Eh bien! voilà ce que nous avions résolu.

Et alors il raconta tout à Noirtier; comment un cabriolet attendait dans l'enclos, comment il comptait enlever Valentine, la conduire chez sa sœur, l'épouser, et dans une respectueuse attente espérer le pardon de M. de Villefort.

— Non, dit Noirtier.

— Non? reprit Morrel, ce n'est pas ainsi qu'il faut faire?

— Non.

— Ainsi ce projet n'a point votre assentiment?

— Non.

— Eh bien! il y a un autre moyen, dit Morrel.

Le regard interrogateur du vieillard demanda: lequel?

— J'irai, continua Maximilien, j'irai trouver M. Franz d'Épinay; je suis heureux de pouvoir vous dire cela en l'absence de mademoiselle de Villefort, et je me conduirai avec lui de façon à le forcer d'être un galant homme.

Le regard de Noirtier continua d'interroger.

— Ce que je ferai?

— Oui.

— Le voici. J'irai le trouver, comme je vous le disais; je lui raconterai les liens qui m'unissent à mademoiselle Valentine; si c'est un homme délicat, il prouvera sa délicatesse en renonçant de lui-même à la main de sa fiancée, et mon amitié et mon dévoûment lui sont de cette heure acquis jusqu'à la mort; s'il refuse, soit que l'intérêt le pousse, soit qu'un ridicule orgueil le fasse persister, après lui avoir prouvé qu'il ne contraindrait ma femme, que Valentine m'aime et ne peut aimer un autre que moi, je me battrai avec lui, en lui donnant tous les avantages, et je le tuerai ou il me tuera; si je le tue, il n'épousera pas Valentine; s'il me tue, je serai bien sûr que Valentine ne l'épousera pas.

Noirtier considérait avec un plaisir indicible cette noble et sincère physionomie sur laquelle se peignaient tous les sentiments que sa langue exprimait, en y ajoutant par l'expression d'un beau visage tout ce que la couleur ajoute à un dessin solide et vrai.

Cependant, lorsque Morrel eut fini de parler, Noirtier ferma les yeux à plusieurs reprises, ce qui était, on le sait, sa manière de dire non.

— Non? dit Morrel. Ainsi vous désapprouvez ce second projet, comme vous avez déjà désapprouvé le premier?

— Oui, je le désapprouve, fit le vieillard.

— Mais que faire alors, monsieur? demanda Morrel. Les dernières paroles de madame de Saint-Méran ont été pour que le mariage de sa petite-fille ne se fît point attendre: dois-je laisser les choses s'accomplir?

Noirtier resta immobile.

— Oui, je comprends, dit Morrel, je dois attendre.

— Oui.

— Mais tout délai nous perdra, monsieur, reprit le jeune homme. Seule, Valentine est sans force, et on la contraindra comme un enfant. Entré ici miraculeusement pour savoir ce qui s'y passe, admis miraculeusement devant vous, je ne puis raisonnablement espérer que ces bonnes chances se renouvellent. Croyez-moi, il n'y a que l'un ou l'autre des deux partis que je vous propose, pardonnez cette vanité à ma jeunesse, qui soit le bon; dites-moi celui des deux que vous préférez: autorisez-vous mademoiselle Valentine à se confier à mon honneur?

— Non.

— Préférez-vous que j'aille trouver M. d'Épinay?

— Non.

— Mais, mon Dieu! de qui nous viendra le secours que nous attendons du ciel!

Le vieillard sourit des yeux comme il avait l'habitude de sourire quand on lui parlait du ciel. Il était toujours resté un peu d'athéisme dans les idées du vieux jacobin.

— Du hasard? reprit Morrel.

— Non.

— De vous?

— Oui.

— De vous?

— Oui, répéta le vieillard.
— Vous comprenez bien ce que je vous demande, monsieur? Excusez mon insistance, car ma vie est dans votre réponse; notre salut nous viendra de vous?
— Oui.
— Vous en êtes sûr?
— Oui.
— Vous en répondez?
— Oui.

Et il y avait dans le regard qui donnait cette affirmation une telle fermeté, qu'il n'y avait pas moyen de douter de la volonté, sinon de la puissance.

— Oh! merci, monsieur, merci cent fois! Mais comment, à moins qu'un miracle du Seigneur ne vous rende la parole, le geste, le mouvement, comment pourrez-vous, vous, enchaîné dans ce fauteuil, vous, muet et immobile, comment pourrez-vous vous opposer à ce mariage?

Un sourire éclaira le visage du vieillard, sourire étrange que celui des yeux sur un visage immobile.

— Ainsi je dois attendre? demanda le jeune homme.
— Oui.
— Mais le contrat?

Le même sourire reparut.
— Voulez-vous donc me dire qu'il ne sera pas signé?
— Oui, dit Noirtier.
— Ainsi le contrat ne sera même pas signé! s'écria Morrel. Oh! pardonnez, monsieur! à l'annonce d'un grand bonheur, il est bien permis de douter. Le contrat ne sera pas signé?
— Non, dit le paralytique.

Malgré cette assurance, Morrel hésitait à croire. Cette promesse d'un vieillard impotent était si étrange, qu'au lieu de venir d'une force de volonté, elle pouvait émaner d'un affaiblissement des organes. N'est-il pas naturel que l'insensé qui ignore sa folie prétende réaliser des choses au-dessus de sa puissance? Le faible parle des fardeaux qu'il soulève, le timide des géans qu'il affronte, le pauvre des trésors qu'il manie; le plus humble paysan, au compte de son orgueil, s'appelle Jupiter.

Soit que Noirtier eût compris l'indécision du jeune homme, soit qu'il n'ajoutât pas complètement foi à la docilité qu'il avait montrée, il le regarda fixement.

— Que voulez-vous, monsieur? demanda Morrel; que je vous renouvelle ma promesse de ne rien faire?

Le regard de Noirtier demeura fixe et ferme, comme pour dire qu'une promesse ne lui suffisait pas; puis il passa du visage à la main.

— Voulez-vous que je jure, monsieur? demanda Maximilien.
— Oui, fit le paralytique avec la même solennité, je le veux.

Morrel comprit que le vieillard attachait une grande importance à ce serment.

Il étendit la main.
— Sur mon honneur, dit-il, je vous jure d'attendre ce que vous aurez décidé pour agir contre M. d'Épinay.
— Bien, fit des yeux le vieillard.
— Maintenant, monsieur, demanda Morrel, ordonnez-vous que je me retire?
— Oui.
— Sans revoir mademoiselle Valentine?
— Oui.

Morrel fit signe qu'il était prêt à obéir.

— Maintenant, continua Morrel, permettez-vous monsieur, que votre fils vous embrasse comme ". fait tout à l'heure votre fille?

Il n'y avait pas à se tromper à l'expression des yeux de Noirtier.

Le jeune homme posa sur le front du vieillard ses lèvres au même endroit où la jeune fille avait posé les siennes.

Puis il salua une seconde fois le vieillard et sortit.

Sur le carré il trouva le vieux serviteur prévenu par Valentine. Celui-ci attendait Morrel et le guida par les détours d'un corridor sombre qui conduisait à une petite porte donnant sur le jardin.

Arrivé là, Morrel gagna la grille. Par la charmille, il fut en un instant au haut du mur, et par son échelle, en une seconde il fut dans l'enclos à la luzerne, où son cabriolet l'attendait toujours.

Il y monta, et brisé par tant d'émotions, mais le cœur plus libre, il rentra vers minuit rue Meslay, se jeta sur son lit et dormit comme s'il eût été plongé dans une profonde ivresse.

CHAP. LXXIII. — LE CAVEAU DE LA FAMILLE VILLEFORT.

A deux jours de là, une foule considérable se trouvait rassemblée vers dix heures du matin à la porte de M. de Villefort, et l'on avait vu s'avancer une longue file de voitures de deuil et de voitures particulières tout le long du faubourg Saint-Honoré et de la rue de la Pépinière.

Parmi ces voitures, il y en avait une d'une forme singulière et qui paraissait avoir fait un long voyage. C'était une espèce de fourgon peint en noir et qui un des premiers s'était trouvé au funèbre rendez-vous.

Alors on s'était informé, et l'on avait appris que, par une coïncidence étrange, cette voiture renfermait le corps de M. le marquis de Saint-Méran, et que ceux qui étaient venus pour un seul convoi suivraient deux cadavres.

Le nombre de ceux-là était grand. M. le marquis de Saint-Méran, l'un des dignitaires les plus zélés et les plus fidèles du roi Louis XVIII et du roi Charles X, avait conservé grand nombre d'amis qui, joints aux personnes que les convenances sociales mettaient en relation avec Villefort, formalent une troupe considérable.

On fit prévenir aussitôt les autorités, et l'on obtint que les deux convois se feraient en même temps. Une seconde voiture, parée avec la même pompe mortuaire, fut amenée devant la porte de M. de Villefort, et le cercueil transporté du fourgon de poste sur le carrosse funèbre.

Les deux corps devaient être inhumés dans le cimetière du Père-Lachaise, où depuis longtemps M. de Villefort avait fait élever le caveau destiné à la sépulture de toute sa famille. Dans ce caveau avait déjà été déposé le corps de la pauvre Renée, que son père et sa mère venaient rejoindre après dix années de séparation.

Paris, toujours curieux, toujours ému des pompes funèbres, vit avec un religieux silence passer le cortège splendide qui accompagnait à leur dernière demeure deux des noms de cette vieille aristocratie les plus célèbres pour l'esprit traditionnel, pour la sûreté du commerce et le dévoûment obstiné aux principes.

Dans la même voiture de deuil, Beauchamp, Albert et Château-Renaud s'entretenaient de cette mort presque subite.

— J'ai vu madame de Saint-Méran l'an dernier encore à Marseille, disait Château-Renaud; je revenais d'Algérie. C'était une femme destinée à vivre cent ans, grâce à sa santé parfaite, à son esprit toujours présent et à son activité toujours prodigieuse. Quel âge avait-elle?

— Soixante-six ans, répondit Albert, du moins à ce que Franz m'a assuré. Mais ce n'est point l'âge qui l'a tuée, c'est le chagrin qu'elle a ressenti de la mort du marquis. Il paraît que depuis cette mort, qui l'avait violemment ébranlée, elle n'a pas repris complètement la raison.

— Mais enfin de quoi est-elle morte? demanda Beauchamp.

— D'une congestion cérébrale, à ce qu'il paraît; ou d'une apoplexie foudroyante. N'est-ce pas la même chose?

— Mais à peu près.

— D'apoplexie, dit Beauchamp; c'est difficile à croire. Madame de Saint-Méran, que j'ai vue aussi une fois ou deux dans ma vie, était petite, grêle de formes et d'une constitution bien plus nerveuse que sanguine. Elles sont rares les apoplexies produites par le chagrin sur un corps d'une constitution pareille à celui de madame de Saint-Méran.

— En tout cas, dit Albert, quelle que soit la maladie ou le médecin qui l'a tuée, voilà M. de Villefort, ou plutôt mademoiselle Valentine, ou plutôt encore notre ami Franz, en possession d'un magnifique héritage, quatre-vingt mille livres de rente, je crois.

— Héritage qui sera presque doublé à la mort de ce vieux jacobin de Noirtier.

— En voilà un grand-père tenace! dit Beauchamp. *Tenacem propositi virum.* Il a parié contre la mort, je crois, qu'il enterrerait tous ses héritiers. Il y réussira, ma foi. C'est bien le vieux conventionnel de 93 qui disait à Napoléon en 1814 :

« Vous baissez, parce que votre empire est une jeune tige fatiguée par sa croissance ; prenez la république pour tuteur, retournons avec une bonne constitution sur les champs de bataille, et je vous promets cinq cent mille soldats, un autre Marengo et un second Austerlitz. Les idées ne meurent pas, sire; elles sommeillent quelquefois, mais elles se réveillent plus fortes qu'avant de s'endormir. »

— Il paraît, dit Albert, que pour lui les hommes sont comme les idées ; seulement une chose m'inquiète, c'est de savoir comment Franz d'Épinay s'accommodera d'un grand beau-père qui ne peut se passer de sa femme ; mais où est-il, Franz ?

— Mais il est dans la première voiture, avec M. de Villefort, qui le considère déjà comme étant de la famille.

Dans chacune des voitures qui suivaient le deuil, la conversation était à peu près pareille ; on s'étonnait de ces deux morts si rapprochées et si rapides, mais dans aucune on ne soupçonnait le terrible secret qu'avait, dans sa promenade nocturne, révélé M. d'Avrigny à M. de Villefort.

— Au bout d'une heure de marche à peu près, on arriva à la porte du cimetière : il faisait un temps calme, mais sombre, et par conséquent assez en harmonie avec la funèbre cérémonie qu'on y venait accomplir. Parmi les groupes qui se dirigeaient vers le caveau de famille, Château-Renaud reconnut Morrel, qui était venu tout seul et en cabriolet ; il marchait seul, très pâle et silencieux sur le petit chemin bordé d'ifs.

— Vous ici ? dit Château-Renaud en passant son bras sous celui du jeune capitaine; vous connaissez donc M. de Villefort ? Comment se fait-il donc, en ce cas, que je ne vous aie jamais vu chez lui ?

— Ce n'est pas M. de Villefort que je connais, répondit Morrel, c'est madame de Saint-Méran que je connaissais.

En ce moment, Albert les rejoignit avec Franz.

— L'endroit est mal choisi pour une présentation, dit Albert ; mais n'importe, nous ne sommes pas superstitieux. Monsieur Morrel, permettez que je vous présente M. Franz d'Épinay, un excellent compagnon de voyage avec lequel j'ai fait le tour de l'Italie. Mon cher Franz, M. Maximilien Morrel, un excellent ami que je me suis acquis en ton absence, et dont tu entendras revenir le nom dans ma conversation, toutes les fois que j'aurai à parler de cœur, d'esprit et d'amabilité.

Morrel eut un moment d'indécision. Il se demanda si ce n'était pas une condamnable hypocrisie que ce salut presque amical adressé à l'homme qu'il combattait sourdement ; mais son serment et la gravité des circonstances lui revinrent en mémoire : il s'efforça de ne rien laisser paraître sur son visage, et salua Franz en se contenant.

— Mademoiselle de Villefort est bien triste, n'est-ce pas? dit Debray à Franz.

— Oh! monsieur, répondit Franz, d'une tristesse inexprimable; ce matin elle était si défaite que je l'ai à peine reconnue.

Ces mots si simples en apparence brisèrent le cœur de Morrel. Cet homme avait donc vu Valentine, il lui avait donc parlé ?

Ce fut alors que le jeune et bouillant officier eut besoin de toute sa force pour résister au désir de violer son serment.

Il prit le bras de Château-Renaud et l'entraîna rapidement vers le caveau, devant lequel les employés des pompes funèbres venaient de déposer les deux cercueils.

— Magnifique habitation, dit Beauchamp en jetant les yeux sur le mausolée, palais d'été, palais d'hiver. Vous y demeurerez à votre tour, mon cher d'Épinay, car vous voilà bientôt de la famille. Moi, en ma qualité de philosophe, je veux une petite maison de campagne, un cottage là-bas, sous les arbres, et pas tant de pierre de taille sur mon pauvre corps.

En mourant, je dirai à ceux qui m'entoureront ce que Voltaire écrivait à Piron : *Eo rus*, et tout sera fini... Allons, morbleu ! Franz, du courage, votre femme hérite.

— En vérité, Beauchamp, dit Franz, vous êtes insupportable. Les affaires politiques vous ont donné l'habitude de rire de tout, et les hommes qui mènent les affaires ont l'habitude de ne croire à rien. Mais enfin, Beauchamp, quand vous avez l'honneur de vous trouver avec des hommes ordinaires, et le bonheur de quitter un instant la politique, tâchez donc de reprendre votre cœur que vous laissez au bureau des cannes de la Chambre des Députés ou de la Chambre des Pairs.

— Eh! mon Dieu, dit Beauchamp, qu'est-ce que la vie? une halte dans l'antichambre de la mort.

— Je prends Beauchamp en grippe, dit Albert, et il se retira à quatre pas en arrière avec Franz, laissant Beauchamp continuer ses dissertations philosophiques avec Debray.

Le caveau de la famille de Villefort formait un carré de pierres blanches d'une hauteur de vingt pieds environ; une séparation intérieure divisait en deux compartimens la famille Saint-Méran et la famille Villefort, et chaque compartiment avait sa porte d'entrée.

On ne voyait pas, comme dans les autres tombeaux, ces ignobles tiroirs superposés dans lesquels une économe distribution enferme les morts avec inscription qui ressemble à une étiquette ; tout ce que l'on apercevait d'abord par la porte de bronze était une antichambre sévère et sombre, séparée par un mur du véritable tombeau.

C'était au milieu de ce mur que s'ouvraient les deux portes dont nous parlions tout à l'heure, et qui communiquaient aux sépultures Villefort et Saint-Méran.

Là, pouvaient s'exhaler en liberté les douleurs, sans que les promeneurs folâtres qui font, d'une visite au Père-Lachaise, partie de campagne ou rendez-vous d'amour, vinssent troubler par leur chant, par leurs cris ou par leurs courses, la muette contemplation ou la prière baignée de larmes de l'habitant du caveau.

Les deux cercueils entrèrent dans le caveau de droite : c'était celui de la famille de Saint-Méran ; ils furent placés sur des tréteaux préparés, et qui attendaient d'avance leur dépôt mortel ; Villefort, Franz et quelques proches parens pénétrèrent seuls dans le sanctuaire.

Comme les cérémonies religieuses avaient été accomplies à la porte, et qu'il n'y avait pas de discours à prononcer, les assistans se séparèrent aussitôt; Château-Renaud, Albert et Morrel se retirèrent de leur côté, et Debray et Beauchamp du leur.

Franz resta avec M. de Villefort ; à la porte du cimetière, Morrel s'arrêta sous le premier prétexte venu ; il vit sortir Franz et M. de Villefort dans une voiture de deuil, et il conçut un mauvais présage de ce tête-à-tête. Il revint donc à Paris, et quoique lui-même fût dans la même voiture que Château-Renaud et Albert, il n'entendit pas un mot de ce que dirent les deux jeunes gens.

En effet, au moment où Franz allait quitter M. de Villefort :

— Monsieur le baron, avait dit celui-ci, quand vous reverrai-je?

— Quand vous voudrez, monsieur, avait répondu Franz.

— Le plus tôt possible.
— Je suis à vos ordres, monsieur ; vous plaît-il que ous revenions ensemble ?
— Si cela ne vous cause aucun dérangement ?
— Aucun.

Ce fut ainsi que le futur beau-père et le futur gendre montèrent dans la même voiture, et que Morrel, en les voyant passer, conçut avec raison de graves inquiétudes.

Villefort et Franz revinrent au faubourg Saint-Honoré.

Le procureur du roi, sans entrer chez personne, sans parler ni à sa femme ni à sa fille, fit passer le jeune homme dans son cabinet, et lui montrant une chaise :

— Monsieur d'Épinay, lui dit-il, je dois vous rappeler, et le moment n'est peut-être pas si mal choisi qu'on pourrait le croire au premier abord, car l'obéissance aux morts est la première offrande qu'il faut déposer sur le cercueil ; je dois donc vous rappeler le vœu qu'exprimait avant-hier madame de Saint-Méran sur son lit d'agonie, c'est que le mariage de Valentine ne souffre pas de retard. Vous savez que les affaires de la défunte sont parfaitement en règle ; que son testament assure à Valentine toute la fortune des Saint-Méran ; le notaire m'a montré hier les actes qui permettent de rédiger d'une manière définitive le contrat de mariage.

Vous pouvez voir le notaire et vous faire de ma part communiquer ces actes. Le notaire, c'est M. Deschamps, place Beauveau, faubourg Saint-Honoré.

— Monsieur, répondit d'Épinay, ce n'est pas le moment peut-être pour mademoiselle Valentine, plongée comme elle est dans la douleur, de songer à un époux ; en vérité, je craindrais...

— Valentine, interrompit M. de Villefort, n'aura pas de vif désir que celui de remplir les dernières intentions de sa grand'mère ; ainsi les obstacles ne viendront pas de ce côté, je vous en réponds.

— En ce cas, monsieur, répondit Franz, comme ils ne viendront pas non plus du mien, vous pouvez faire à votre convenance ; ma parole est engagée, et je l'acquitterai, non seulement avec plaisir, mais encore avec bonheur.

— Alors, dit Villefort, rien ne nous arrête plus ; le contrat devait être signé il y a trois jours, nous le trouverons donc tout préparé : on peut le signer aujourd'hui même.

— Mais le deuil ! dit en hésitant Franz.

— Soyez tranquille, monsieur, reprit Villefort ; ce n'est point dans ma maison que les convenances sont négligées. Mademoiselle de Villefort pourra se retirer pendant les trois mois voulus dans sa terre de Saint-Méran ; je dis sa terre, car cette propriété est à elle. Là, dans huit jours, si vous le voulez bien, sans bruit, sans éclat, sans faste, le mariage civil sera conclu. C'était un désir de madame de Saint-Méran que sa petite-fille se mariât dans cette terre. Le mariage conclu, monsieur, vous pourrez revenir à Paris, tandis que votre femme passera le temps de son deuil avec sa belle-mère.

— Comme il vous plaira, monsieur, dit Franz.

— Alors, reprit M. de Villefort, prenez la peine d'attendre une demi-heure ; Valentine va descendre au salon. J'enverrai chercher M. Deschamps ; nous lirons et signerons le contrat séance tenante, et dès ce soir madame de Villefort conduira Valentine à sa terre, où dans huit jours nous irons les rejoindre.

— Monsieur, dit Franz, j'ai une seule demande à vous faire.

— Laquelle ?

— Je désire qu'Albert de Morcef et Raoul de Château-Renaud soient présents à cette signature ; vous savez qu'ils sont mes témoins.

— Une demi-heure suffit pour les prévenir ; voulez-vous les aller chercher vous-même ? voulez-vous les envoyer chercher ?

— Je préfère y aller, monsieur.

— Je vous attendrai donc dans une demi-heure, baron ; et dans une demi-heure Valentine sera prête.

Franz salua M. de Villefort et sortit.

A peine la porte de la rue se fut-elle refermée derrière le jeune homme, que Villefort envoya prévenir Valentine qu'elle eût à descendre au salon dans une demi-heure, parce qu'on attendait le notaire et les témoins de M. d'Épinay.

Cette nouvelle inattendue produisit une grande sensation dans la maison. Madame de Villefort n'y voulut pas croire, et Valentine en fut écrasée comme d'un coup de foudre.

Elle regarda tout autour d'elle comme pour chercher à qui elle pouvait demander secours.

Elle voulut descendre chez son grand-père ; mais elle rencontra sur l'escalier M. de Villefort, qui la prit par le bras et l'amena dans le salon.

Dans l'antichambre, Valentine rencontra Barrois, et jeta au vieux serviteur un regard désespéré.

Un instant après Valentine, madame de Villefort entra au salon avec le petit Édouard. Il était visible que la jeune femme avait eu sa part des chagrins de famille ; elle était pâle et semblait horriblement fatiguée.

Elle s'assit, prit Édouard sur ses genoux, et de temps en temps pressait avec des mouvements presque convulsifs, sur sa poitrine, cet enfant sur lequel semblait se concentrer sa vie tout entière.

Bientôt on entendit le bruit de deux voitures qui entraient dans la cour.

L'une était celle du notaire, l'autre celle de Franz et de ses amis.

En un instant tout le monde fut réuni au salon.

Valentine était si pâle, que l'on voyait les veines bleues de ses tempes se dessiner autour de ses yeux et courir le long de ses joues.

Franz ne pouvait se défendre d'une émotion assez vive.

Château-Renaud et Albert se regardaient avec étonnement ; la cérémonie qui venait de finir ne leur semblait pas plus triste que celle qui allait commencer.

Madame de Villefort s'était placée dans l'ombre, derrière un rideau de velours, et comme elle était constamment penchée sur son fils, il était difficile de lire sur son visage ce qui se passait dans son cœur.

M. de Villefort était comme toujours impassible.

Le notaire, après avoir, avec la méthode ordinaire aux gens de loi, rangé les papiers sur la table, avoir pris place dans son fauteuil et avoir relevé ses lunettes, se retourna vers Franz :

— C'est vous, dit-il, qui êtes M. Franz de Quesnel, baron d'Épinay ? demanda-t-il, quoiqu'il le sût parfaitement..

— Oui, monsieur, répondit Franz.

Le notaire s'inclina.

— Je dois donc vous prévenir, monsieur, dit-il, et cela de la part de M. de Villefort, que votre mariage projeté avec mademoiselle de Villefort a changé les dispositions de M. Noirtier envers sa petite-fille, et qu'il aliène entièrement la fortune qu'il devait lui transmettre. Hâtons-nous d'ajouter, continua le notaire, que le testateur n'ayant le droit d'aliéner qu'une partie de sa fortune, et ayant aliéné le tout, le testament ne résistera point à l'attaque, mais sera déclaré nul et non avenu.

— Oui, dit Villefort : seulement je préviens d'avance M. d'Épinay que, de mon vivant, jamais le testament de mon père ne sera attaqué, ma position me défendant jusqu'à l'ombre d'un scandale.

— Monsieur, dit Franz, je suis fâché qu'on ait devant mademoiselle Valentine soulevé une pareille question. Je ne me suis jamais informé du chiffre de sa fortune, qui, si réduite qu'elle soit, sera plus considérable encore que la mienne. Ce que ma famille a recherché dans l'alliance de M. de Villefort, c'est la considération ; ce que je recherche, c'est le bonheur.

Valentine fit un signe imperceptible de remerciment, tandis que deux larmes silencieuses roulaient le long de ses joues.

— D'ailleurs, monsieur, dit Villefort s'adressant à son futur gendre, à part cette perte d'une portion de vos espérances, ce testament inattendu n'a rien qui doive personnellement vous blesser : elle s'explique par la faiblesse d'esprit de M. Noirtier. Ce qui déplaît à mon père, ce n'est point que mademoiselle de Villefort vous épouse, c'est que Valentine se marie : une union avec tout autre lui eût inspiré le même chagrin. La vieillesse est égoïste, monsieur, et mademoiselle de Villefort faisait à M. Noirtier une fidèle compagnie que ne pourra plus lui faire madame la baronne d'Épinay. L'état malheureux dans lequel se trouve mon père fait qu'on lui parle rarement d'affaires sérieuses, que la faiblesse de son esprit ne lui permettrait pas de suivre, et je suis parfaitement convaincu qu'à cette heure, tout en conservant le souvenir que sa petit-fille se marie, M. Noirtier a oublié jusqu'au nom de celui qui va devenir son petit-fils.

A peine M. de Villefort achevait-il ces paroles, auxquelles Franz répondit par un salut, que la porte du salon s'ouvrit et que Barrois parut.

— Messieurs, dit-il d'une voix étrangement ferme pour un serviteur qui parle à ses maîtres dans une circonstance si solennelle, messieurs, M. Noirtier de Villefort désire parler sur-le-champ à M. Franz de Quesnel, baron d'Épinay.

Lui aussi, comme le notaire, et afin qu'il ne pût y avoir erreur de personnes, donnait tous ses titres au fiancé.

Villefort tressaillit, madame de Villefort laissa glisser son fils de dessus ses genoux, Valentine se leva pâle et muette comme une statue.

Albert et Château-Renaud échangèrent un second regard plus étonné encore que le premier.

Le notaire regarda Villefort.

— C'est impossible, dit le procureur du roi ; d'ailleurs M. d'Épinay ne peut quitter le salon en ce moment.

— C'est justement en ce moment, reprit Barrois avec la même fermeté, que M. Noirtier, mon maître, désire parler d'affaires importantes à M. Franz d'Épinay.

— Il parle donc à présent, bon papa Noirtier ? demanda Édouard avec son impertinence habituelle.

Mais cette saillie ne fit pas même sourire madame de Villefort, tant les esprits étaient préoccupés, tant la situation paraissait solennelle.

— Dites à M. Noirtier, reprit Villefort, que ce qu'il demande ne se peut pas.

— Alors M. Noirtier prévient ces messieurs, reprit Barrois, qu'il va se faire apporter lui-même au salon.

L'étonnement fut à son comble.

Une espèce de sourire se dessina sur le visage de madame de Villefort. Valentine, comme malgré elle, leva les yeux au plafond, pour remercier le ciel.

— Valentine, dit M. de Villefort, allez un peu savoir, je vous prie, ce que c'est que cette nouvelle fantaisie de votre grand-père.

Valentine fit vivement quelques pas pour sortir, mais M. de Villefort se ravisa.

— Attendez, dit-il, je vous accompagne.

— Pardon, monsieur, dit Franz à son tour, il me semble que, puisque c'est moi que M. Noirtier fait demander, c'est surtout à moi de me rendre à ses désirs ; d'ailleurs je serai heureux de lui présenter mes respects, n'ayant point encore eu l'occasion de solliciter cet honneur.

— Oh ! mon Dieu ! dit Villefort avec une inquiétude visible, ne vous dérangez donc pas.

— Excusez-moi, monsieur, dit Franz du ton d'un homme qui a pris sa résolution. Je désire ne point manquer cette occasion de prouver à M. Noirtier combien il aurait tort de concevoir contre moi des répugnances que je suis décidé à vaincre, quelles qu'elles soient, par mon dévoûment.

Et sans se laisser retenir plus long-temps par Villefort, Franz se leva à son tour et suivit Valentine, qui déjà descendait l'escalier avec la joie d'un naufragé qui met la main sur une roche.

M. de Villefort les suivit tous deux.

Château-Renaud et Morcerf échangèrent un troisième regard plus étonné encore que les deux premiers.

CHAP. LXXIV. — LE PROCÈS-VERBAL.

Noirtier attendait, vêtu de noir et installé dans son fauteuil.

Lorsque les trois personnes qu'il comptait voir venir furent entrées, il regarda la porte, que son valet de chambre ferma aussitôt.

— Faites attention, dit Villefort bas à Valentine qui ne pouvait céler sa joie, que si M. Noirtier veut vous communiquer des choses qui empêchent votre mariage, je vous défends de le comprendre.

Valentine rougit, mais ne répondit pas.

Villefort s'approcha de Noirtier.

— Voici M. Franz d'Épinay, lui dit-il ; vous l'avez mandé, monsieur, et il se rend à vos désirs. Sans doute nous souhaitons cette entrevue depuis long-temps, et je serai charmé qu'elle vous prouve combien votre opposition au mariage de Valentine était peu fondée.

Noirtier ne répondit que par un regard qui fit courir le frisson dans les veines de Villefort.

Il fit de l'œil signe à Valentine de s'approcher.

En un moment, grâce aux moyens dont elle avait l'habitude de se servir dans les conversations avec son père, elle eut trouvé le mot *clé*.

Alors elle consulta le regard du paralytique, qui se fixa sur le tiroir d'un petit meuble placé entre les deux fenêtres.

Elle ouvrit le tiroir et trouva effectivement une clé.

Quand elle eut cette clé et que le vieillard lui eut fait signe que c'était bien celle-là qu'il demandait, les yeux du paralytique se dirigèrent vers un vieux secrétaire oublié depuis bien des années, et qui ne renfermait, croyait-on, que des paperasses inutiles.

— Faut-il que j'ouvre le secrétaire ? demanda Valentine.

— Oui, fit le vieillard.

— Faut-il que j'ouvre les tiroirs ?

— Oui.

— Ceux des côtés ?

— Non.

— Celui du milieu ?

— Oui.

Valentine l'ouvrit et en tira une liasse.

— Est-ce là ce que vous désirez, bon père ? dit-elle.

— Non.

Elle tira successivement tous les autres papiers, jusqu'à ce qu'il ne restât plus rien absolument dans le tiroir.

— Mais le tiroir est vide maintenant, dit-elle.

Les yeux de Noirtier étaient fixés sur le dictionnaire.

— Oui, bon père, je vous comprends, dit la jeune fille.

Et elle répéta l'une après l'autre chaque lettre de l'alphabet ; à L S, Noirtier l'arrêta.

Elle ouvrit le dictionnaire, et chercha jusqu'au mot *secret*.

— Ah ! il y a un secret ? dit Valentine.

— Oui, fit Noirtier.

— Et qui connaît ce secret ?

Noirtier regarda la porte par laquelle était sorti le domestique.

— Barrois ? dit-elle.

— Oui, fit Noirtier.

— Faut-il que je l'appelle ?

— Oui.

Valentine alla à la porte et appela Barrois.

Pendant ce temps, la sueur de l'impatience ruisselait

sur le front de Villefort, et Franz demeurait stupéfait d'étonnement.

Le vieux serviteur parut.

— Barrois, dit Valentine, mon grand-père m'a commandé de prendre la clé dans cette console, d'ouvrir ce secrétaire et de tirer ce tiroir ; maintenant, il y a un secret à ce tiroir. Il paraît que vous le connaissez, ouvrez-le.

Barrois regarda le vieillard.

— Obéissez, dit l'œil intelligent de Noirtier.

Barrois obéit ; un double fond s'ouvrit et présenta une liasse de papiers nouée avec un ruban noir.

— Est-ce cela que vous désirez, monsieur ? demanda Barrois.

— Oui, fit Noirtier.

— A qui faut-il remettre ces papiers ? à M. de Villefort ?

— Non.

— A mademoiselle Valentine ?

— Non.

— A M. Franz d'Epinay ?

— Oui.

Franz, étonné, fit un pas en avant.

— A moi, monsieur ? dit-il.

— Oui.

Franz reçut les papiers des mains de Barrois, et jetant les yeux sur la couverture, il lut :

« Pour être déposé après ma mort chez mon ami le général Durand, qui lui-même en mourant léguera ce paquet à son fils, avec injonction de le conserver comme renfermant un papier de la plus grande importance.

— Eh bien ! monsieur, demanda Franz, que voulez-vous que je fasse de ce papier ?

— Que vous le conserviez cacheté comme il est, sans doute, dit le procureur du roi.

— Non, non, répondit vivement Noirtier.

— Vous désirez peut-être que monsieur le lise ? demanda Valentine.

— Oui, répondit le vieillard.

— Vous entendez, monsieur le baron, mon père vous prie de lire ce papier, dit Valentine.

— Alors, asseyons-nous, fit Villefort avec impatience, car cela durera quelque temps.

— Asseyez-vous, fit l'œil du vieillard.

Villefort s'assit, mais Valentine resta debout à côté de son père, appuyée à côté de son fauteuil, et Franz debout.

Il tenait le mystérieux papier à la main.

— Lisez, dirent les yeux du vieillard.

Franz défit l'enveloppe, et un grand silence se fit dans la chambre. Au milieu de ce silence, il lut :

« *Extrait des procès-verbaux d'une séance du club bonapartiste de la rue Saint-Jacques, tenue le 5 février 1815.* »

Franz s'arrêta.

— Le 5 février 1815, c'est le jour où mon père a été assassiné !

Valentine et Villefort restèrent muets ; l'œil seul du vieillard dit clairement : Continuez.

— Mais c'est en sortant de ce club, continua Franz, que mon père a disparu !

Le regard de Noirtier continua de dire : Lisez.

Il reprit ;

« Les soussignés Louis-Jacques Beaurepaire, lieutenant-colonel d'artillerie ; Etienne Duchampy, général de brigade, et Claude Lecharpal, directeur des eaux et forêts,

» Déclarent que, le 4 février 1815, une lettre arriva de l'île d'Elbe, qui recommandait à la bienveillance et à la confiance des membres du club bonapartiste le général Flavien de Quesnel, qui, ayant servi l'empereur depuis 1804 jusqu'en 1815, devait être tout dévoué à la dynastie napoléonienne, malgré le titre de baron que Louis XVIII venait d'attacher à sa terre d'Epinay.

» En conséquence, un billet fut adressé au général de Quesnel, qui le priait d'assister à la séance du lendemain 5. Le billet n'indiquait ni la rue ni le numéro de la maison où devait se tenir la réunion ; il ne portait aucune signature, mais il annonçait au général que, s'il voulait se tenir prêt, on le viendrait prendre à neuf heures du soir.

» Les séances avaient lieu de neuf heures du soir à minuit.

» A neuf heures, le président du club se présenta chez le général : le général était prêt ; le président lui dit qu'une des conditions de son introduction était qu'il ignorerait éternellement le lieu de la réunion, et qu'il se laisserait bander les yeux en jurant de ne point chercher à soulever le bandeau.

» Le général de Quesnel accepta la condition, et promit sur l'honneur de ne point chercher à voir où on le conduirait.

» Le général avait fait préparer sa voiture, mais le président lui dit qu'il lui était impossible que l'on s'en servît, attendu que ce n'était pas la peine qu'on bandât les yeux du maître, si le cocher demeurait les yeux ouverts et reconnaissait les rues par lesquelles on passerait.

» — Comment faire, alors ? demanda le général.

» — J'ai ma voiture, dit le président.

» — Êtes-vous donc si sûr de votre cocher, que vous lui confiez un secret que vous jugez imprudent de dire au mien ?

» — Notre cocher est un membre du club, dit le président ; nous serons conduits par un conseiller d'état.

» — Alors, dit en riant le général, nous courons un autre risque, celui de verser.

» Nous consignons cette plaisanterie comme preuve que le général n'a pas été le moins du monde forcé d'assister à la séance, et qu'il y est venu de son plein gré.

» Une fois monté dans la voiture, le président rappela au général la promesse faite par lui de se laisser bander les yeux. Le général ne mit aucune opposition à cette formalité : un foulard, préparé à cet effet dans la voiture, fit l'affaire.

» Pendant la route, le président crut s'apercevoir que le général cherchait à regarder sous son bandeau : il lui rappela son serment.

» — Ah ! c'est vrai, dit le général.

» La voiture s'arrêta devant une allée de la rue Saint-Jacques. Le général descendit en s'appuyant au bras du président, dont il ignorait la dignité, et qu'il prenait pour un simple membre du club ; on traversa l'allée, on monta un étage, et l'on entra dans la chambre des délibérations.

» La séance était commencée. Les membres du club, prévenus de l'espèce de présentation qui devait avoir lieu ce soir-là, se trouvaient au grand complet. Arrivé au milieu de la salle, le général fut invité à ôter son bandeau. Il se rendit aussitôt à l'invitation, et parut fort étonné de trouver un si grand nombre de figures de connaissance dans une société dont il n'avait pas même soupçonné l'existence jusqu'alors.

» On l'interrogea sur ses sentiments, mais il se contenta de répondre que les lettres de l'île d'Elbe avaient dû les faire connaître... »

Franz s'interrompit.

— Mon père était royaliste, dit-il ; on n'avait pas besoin de l'interroger sur ses sentiments, ils étaient connus.

— Et, de là, dit Villefort, venait ma liaison avec votre père, mon cher monsieur Franz ; on se lie facilement quand on partage les mêmes opinions.

— Lisez, continua de dire l'œil du vieillard.

Franz continua.

« Le président prit alors la parole pour engager le général à s'expliquer plus explicitement ; mais M. de Quesnel répondit qu'il désirait avant tout savoir ce que l'on désirait de lui.

» Il fut alors donné communication au général de cette même lettre de l'île d'Elbe qui le recommandait au club comme un homme sur le concours duquel on pouvait compter. Un paragraphe tout entier exposait le retour probable de l'île d'Elbe, et promettait une nouvelle lettre et de plus amples détails à l'arrivée du *Pharaon*, bâtiment appartenant à l'armateur Morrel, de Marseille, et dont le capitaine était à l'entière dévotion de l'empereur.

» Pendant toute cette lecture, le général, sur lequel on avait cru pouvoir compter comme sur un frère, donna au contraire des signes de mécontentement et de répugnance visibles.

» La lecture terminée, il demeura silencieux et le sourcil froncé.

» — Eh bien ! demanda le président, que dites-vous de cette lettre, monsieur le général ?

» — Je dis qu'il y a bien peu de temps, répondit-il, qu'on a prêté serment au roi Louis XVIII, pour le violer déjà au bénéfice de l'ex-empereur.

» Cette fois la réponse était trop claire pour que l'on pût se tromper à ses sentimens.

» — Général, dit le président, il n'y a pas plus pour nous de roi Louis XVIII qu'il n'y a d'ex-empereur. Il n'y a que Sa Majesté l'empereur et roi, éloigné depuis dix mois de la France, son État, par la violence et la trahison.

» — Pardon, messieurs, dit le général, il se peut qu'il n'y ait pas pour vous de roi Louis XVIII ; mais il y en a un pour moi, attendu qu'il m'a fait baron et maréchal-de-camp, et que je n'oublierai jamais que c'est à son heureux retour en France que je dois ces deux titres.

» — Monsieur, dit le président du ton le plus sérieux et en se levant, prenez garde à ce que vous dites ; vos paroles nous démontrent clairement que l'on s'est trompé sur votre compte à l'île d'Elbe, et qu'on nous a trompés ! La communication qui vous a été faite tient à la confiance qu'on avait en vous, et par conséquent à un sentiment qui vous honore. Maintenant nous étions dans l'erreur ; un titre et un grade vous ont rallié au nouveau gouvernement que nous voulons renverser. Nous ne vous contraindrons pas à nous prêter votre concours ; nous n'enrôlons personne contre sa conscience et sa volonté ; mais nous vous contraindrons à agir comme un galant homme, même au cas où vous n'y seriez point disposé.

» — Vous appelez être un galant homme connaître votre conspiration et ne pas la révéler ! J'appelle cela être votre complice, moi. Vous voyez que je suis encore plus franc que vous...

» — Ah ! mon père, dit Franz s'interrompant, je comprends maintenant pourquoi ils l'ont assassiné.

Valentine ne put s'empêcher de jeter un regard sur Franz ; le jeune homme était vraiment beau dans son enthousiasme filial.

Villefort se promenait de long en large derrière lui.

Noirtier suivait des yeux l'expression de chacun, et conservait son attitude digne et sévère.

Franz revint au manuscrit, et continua :

» Monsieur, dit le président, on vous a prié de vous rendre au sein de l'assemblée, on ne vous y a point traîné de force ; on vous a proposé de vous bander les yeux, vous avez accepté. Quand vous avez accédé à cette double demande, vous saviez parfaitement que nous ne nous occupions pas d'assurer le trône de Louis XVIII, sans quoi nous n'eussions pas pris tant de soin de nous cacher à la police. Maintenant, vous le comprenez, il serait trop commode de mettre un masque à l'aide duquel on surprend le secret des gens, et de n'avoir ensuite qu'à ôter ce masque pour perdre ceux qui se sont fiés à vous. Non, non, vous allez d'abord dire franchement si vous êtes pour le roi de hasard qui règne en ce moment, ou pour S. M. l'empereur.

» — Je suis royaliste, répondit le général ; j'ai fait serment à Louis XVIII, je tiendrai mon serment.

» Ces mots furent suivis d'un murmure général, et l'on put voir, par les regards d'un grand nombre des membres du club, qu'ils agitaient la question de faire repentir M. d'Épinay de ces imprudentes paroles.

» Le président se leva de nouveau et imposa silence.

» — Monsieur, lui dit-il, vous êtes un homme trop grave et trop sensé pour ne pas comprendre les conséquences de la situation où nous nous trouvons les uns en face des autres, et votre franchise même nous dicte les conditions qu'il nous reste à vous faire : vous allez donc jurer sur l'honneur de ne rien révéler de ce que vous avez entendu.

» Le général porta la main à son épée et s'écria :

» — Si vous parlez d'honneur, commencez par ne pas méconnaître ses lois, et n'imposez rien par la violence.

» — Et vous, monsieur, continua le président avec un calme plus terrible peut-être que la colère du général, ne touchez pas votre épée, c'est un conseil que je vous donne.

» Le général tourna autour de lui des regards qui décélaient un commencement d'inquiétude.

» Cependant il ne fléchit pas encore ; au contraire, rappelant toute sa force :

» — Je ne jurerai pas, dit-il.

» — Alors, monsieur, vous mourrez, répondit tranquillement le président.

» Monsieur d'Épinay devint fort pâle : il regarda une seconde fois tout autour de lui ; plusieurs membres du club chuchottaient et cherchaient des armes sous leur manteau.

» — Général, dit le président, soyez tranquille ; vous êtes parmi des gens d'honneur qui essaieront de tous les moyens de vous convaincre avant de se porter contre vous à la dernière extrémité ; mais aussi vous l'avez dit, vous êtes parmi des conspirateurs, vous tenez notre secret, il faut nous le rendre.

« Un silence plein de signification suivit ces paroles, e comme le général ne répondait rien :

» — Fermez les portes, dit le président aux huissiers.

» Le même silence de mort succéda à ces paroles.

» Alors le général s'avança en faisant un violent effort sur lui-même :

» — J'ai un fils, dit-il, et je dois songer à lui en me trouvant parmi des assassins.

» — Général, dit avec noblesse le chef de l'assemblée, un seul homme a toujours le droit d'en insulter cinquante ; c'est le privilège de la faiblesse. Seulement, il a tort d'user de ce droit. Croyez-moi, général, jurez et ne nous insultez pas.

» Le général, encore une fois dompté par cette supériorité du chef de l'assemblée, hésita un instant ; mais enfin, s'avançant jusqu'au bureau du président :

» — Quelle est la formule ? demanda-t-il.

» — La voici :

» Je jure sur l'honneur de ne jamais révéler à qui que » ce soit au monde ce que j'ai vu et entendu, le 5 février » 1815, entre neuf et dix heures du soir, et je déclare » mériter la mort si je viole mon serment. »

« Le général parut éprouver un frémissement nerveux qui l'empêcha de répondre pendant quelques secondes ; enfin, surmontant une répugnance manifeste, il prononça le serment exigé, mais d'une voix si basse, qu'à peine si on l'entendit : aussi plusieurs membres exigèrent-ils qu'il le répétât à voix plus haute et plus distincte, ce qui fut fait.

» — Maintenant, je désire me retirer, dit le général, suis-je enfin libre ?

» Le président se leva, désigna trois membres de l'assemblée pour l'accompagner, et monta en voiture avec le général, après lui avoir bandé les yeux.

» Au nombre de ces trois membres était le cocher qui les avait amenés.

» Les autres membres du club se séparèrent en silence.

» — Où voulez-vous que nous vous reconduisions ? demanda le président.

» — Partout où je pourrai être délivré de votre présence, répondit M. d'Épinay.

» — Monsieur, reprit alors le président, prenez garde, vous n'êtes plus ici dans l'assemblée, vous n'avez plus affaire qu'à des hommes isolés ; ne les insultez pas si vous ne voulez pas être rendu responsable de l'insulte.

» Mais, au lieu de comprendre ce langage, M. d'Epinay répondit :

» — Vous êtes toujours aussi brave dans votre voiture que dans votre club, par la raison, monsieur, que quatre hommes sont toujours plus forts qu'un seul.

» Le président fit arrêter la voiture.

» On était juste à l'endroit du quai des Ormes où se trouve l'escalier qui descend à la rivière.

» — Pourquoi faites-vous arrêter ici ? demanda M. d'Épinay.

» — Parce que, monsieur, dit le président, vous avez insulté un homme, et que cet homme ne veut pas faire un pas de plus sans vous demander loyalement réparation.

» — Encore une manière d'assassiner, dit le général en haussant les épaules.

» — Pas de bruit, monsieur, répondit le président, si vous ne voulez pas que je vous regarde vous-même comme un de ces hommes que vous désigniez tout à l'heure, c'est-à-dire comme un lâche qui prend sa faiblesse pour un bouclier. Vous êtes seul, un seul vous répondra ; vous avez une épée au côté, j'en ai une dans cette canne ; vous n'avez pas de témoin, un de ces messieurs sera le vôtre. Maintenant, si cela vous convient, vous pouvez ôter votre bandeau.

» Le général arracha à l'instant même le mouchoir qu'il avait sur les yeux.

» — Enfin, dit-il, je vais donc savoir à qui j'ai affaire.

» On ouvrit la voiture ; les quatre hommes descendirent... »

Franz s'interrompit encore une fois. Il essuya une sueur froide qui coulait sur son front ; il y avait quelque chose d'effrayant à voir ce fils tremblant et pâle, lisant tout haut les détails ignorés jusqu'alors de la mort de son père.

Valentine joignait les mains comme si elle eût été en prière.

Noirtier regardait Villefort avec une expression presque sublime de mépris et d'orgueil.

Franz continua :

« On était, comme nous l'avons dit, au 5 février. Depuis trois jours il gelait à cinq ou six degrés ; l'escalier était tout raide de glaçons ; le général était gros et grand, le président lui offrit le côté de la rampe pour descendre.

» Les deux témoins suivaient par derrière.

» Il faisait une nuit sombre, le terrain de l'escalier à la rivière était humide de neige et de givre, on voyait l'eau s'écouler, noire, profonde et charriant quelques glaçons.

» Un des témoins alla chercher une lanterne dans un bateau à charbon, et à la lueur de cette lanterne on examina les armes.

» L'épée du président, qui était simplement, comme il l'avait dit, une épée qu'il portait dans une canne, était plus courte de cinq pouces que celle de son adversaire, et n'avait pas de garde.

» Le général d'Épinay proposa de tirer au sort les deux épées : mais le président répondit que c'était lui qui avait provoqué, et qu'en provoquant il avait prétendu que chacun se servît de ses armes.

» Les témoins essayèrent d'insister ; le président leur imposa silence.

» On posa la lanterne à terre : les deux adversaires se mirent de chaque côté ; le combat commença.

» La lumière faisait des deux épées deux éclairs. Quant aux hommes, à peine si on les apercevait, tant l'ombre était épaisse.

» M. le général passait pour une des meilleures lames de l'armée. Mais il fut pressé si vivement dès les premières bottes, qu'il rompit ; en rompant, il tomba.

» Les témoins le crurent tué ; mais son adversaire, qui savait ne lui avoir point touché, lui offrit la main pour l'aider à se relever. Cette circonstance, au lieu de le calmer, irrita le général, qui fondit à son tour sur son adversaire.

» Mais son adversaire ne rompit pas d'une semelle. recevant sur son épée, trois fois le général recula, trouvant trop engagé, et revint à la charge.

» A la troisième fois, il tomba encore.

» On crut qu'il glissait comme la première fois ; cependant les témoins, voyant qu'il ne se relevait pas, s'approchèrent de lui et tentèrent de le remettre sur ses pieds ; mais celui qui l'avait pris à bras-le-corps sentit sous sa main une chaleur humide.

» C'était du sang.

» Le général, qui était à peu près évanoui, reprit ses sens.

» — » Ah ! dit-il, on m'a dépêché quelque spadassin, quelque maître d'armes de régiment.

» Le président, sans répondre, s'approcha de celui des deux témoins qui tenait la lanterne, et, relevant sa manche, il montra son bras percé de deux coups d'épée ; puis, ouvrant son habit et déboutonnant son gilet, il fit voir son flanc entamé par une troisième blessure.

» Cependant, il n'avait pas même poussé un soupir.

» Le général d'Épinay entra en agonie et expira cinq minutes après... »

Franz lut ces derniers mots d'une voix si étranglée, qu'à peine on put les entendre, et après les avoir lus il s'arrêta, passant sa main sur ses yeux comme pour en chasser un nuage.

Mais après un instant de silence il continua.

« Le président remonta l'escalier, après avoir repoussé son épée dans sa canne ; une trace de sang marquait son chemin sur la neige. Il n'était pas encore en haut de l'escalier, qu'il entendit un clapotement sourd dans l'eau : c'était le corps du général que les témoins venaient de précipiter dans la rivière, après avoir constaté la mort.

» Le général a donc succombé dans un duel loyal, et non dans un guet-apens, comme on pourrait le dire.

» En foi de quoi nous avons signé le présent, pour établir la vérité des faits, de peur qu'un moment n'arrive où quelqu'un des acteurs de cette scène terrible ne se trouve accusé de meurtre avec préméditation ou de forfaiture aux lois de l'honneur.

» Signé : BEAUREGARD, DUCHAMPY et LECHARPAL. »

Quand Franz eut terminé cette lecture si terrible pour un fils, quand Valentine, pâle d'émotion, eut essuyé une larme, quand Villefort, tremblant et blotti dans un coin, eut essayé de conjurer l'orage par des regards supplians adressés au vieillard implacable :

— Monsieur, dit d'Épinay à Noirtier, puisque vous connaissez cette terrible histoire dans tous ses détails, puisque vous l'avez fait attester par des signatures honorables, puisque enfin vous semblez vous intéresser à moi, quoique votre intérêt ne se soit encore révélé que par la douleur, ne me refusez pas une dernière satisfaction, dites-moi le nom du président du club, que je connaisse enfin celui qui a tué mon pauvre père.

Villefort chercha, comme égaré, le bouton de la porte. Valentine, qui avait compris avant tout le monde la réponse du vieillard, et qui souvent avait remarqué sur son avant-bras la trace de deux coups d'épée, recula d'un pas en arrière.

— Au nom du ciel ! mademoiselle, dit Franz, s'adressant à sa fiancée, joignez-vous à moi, que je sache le nom de cet homme qui m'a fait orphelin à deux ans !

Valentine resta immobile et muette.

— Tenez, monsieur, dit Villefort, croyez-moi, ne prolongez pas cette horrible scène; les noms d'ailleurs ont été cachés à dessein. Mon père lui-même ne connaît pas ce président, et, s'il le connaît, il ne saurait le dire : les noms propres ne se trouvent pas dans le dictionnaire.

— Oh! malheur! s'écria Franz; le seul espoir qui m'a soutenu pendant toute cette lecture et qui m'a donné la force d'aller jusqu'au bout, c'était de connaître au moins le nom de celui qui a tué mon père! Monsieur! monsieur! s'écria-t-il en se retournant vers Noirtier, au nom du ciel! faites ce que vous pourrez..... arrivez, je vous en supplie, à m'indiquer, à me faire comprendre...

— Oui, répondit Noirtier.

— Oh! mademoiselle, mademoiselle! s'écria Franz, votre père a fait signe qu'il pouvait m'indiquer.... cet homme.... Aidez-moi... vous le comprenez.... prêtez-moi votre concours.

Noirtier regarda le dictionnaire.

Franz le prit avec un tremblement nerveux et prononça successivement les lettres de l'alphabet jusqu'à l'M.

A cette lettre, le vieillard fit signe que oui.

— M? répéta Franz.

Le doigt du jeune homme glissa sur les mots; mais à tous les mots, Noirtier répondait par un signe négatif.

Valentine cachait sa tête entre ses mains.

Enfin Franz arriva au mot MOI.

— Oui! fit le vieillard.

— Vous! s'écria Franz, dont les cheveux se dressèrent sur sa tête; vous, monsieur Noirtier, c'est vous qui avez tué mon père?

— Oui, répondit Noirtier en fixant sur le jeune homme un majestueux regard.

Franz tomba sans force sur un fauteuil.

Villefort ouvrit la porte et s'enfuit, car l'idée lui venait d'étouffer ce peu d'existence qui restait encore dans le cœur du terrible vieillard.

CHAP. LXXV. — LES PROGRÈS DE CAVALCANTI FILS.

Cependant M. Cavalcanti père était parti pour aller reprendre son service, non pas dans l'armée de S. M. l'empereur d'Autriche, mais à la roulette des bains de Lucques, dont il était un des plus assidus courtisans.

Il va sans dire qu'il avait emporté avec la plus scrupuleuse exactitude jusqu'au dernier paul de la somme qui lui avait été allouée pour son voyage et pour la récompense de la façon majestueuse et solennelle avec laquelle il avait joué son rôle de père.

M. Andrea avait hérité à ce départ de tous les papiers qui constataient qu'il avait bien l'honneur d'être le fils du marquis Bartholomeo Cavalcanti et de la marquise Leonora Corsinari.

Il était donc à peu près ancré dans cette société parisienne si facile à recevoir les étrangers et à les traiter non pas d'après ce qu'ils sont, mais d'après ce qu'ils veulent être.

D'ailleurs que demande-t-on à un jeune homme à Paris? De parler à peu près sa langue, d'être habillé convenablement, d'être beau joueur et de payer en or.

Il va sans dire qu'on est moins difficile encore pour un étranger que pour un Parisien.

Andrea avait donc pris en une quinzaine de jours une assez belle position : on l'appelait M. le comte; on disait qu'il avait cinquante mille livres de rentes, et on parlait des trésors immenses de monsieur son père, enfouis, disait-on, dans les carrières de Saravezza.

Un savant devant qui on mentionnait cette dernière circonstance comme un fait déclara avoir vu les carrières dont il était question, ce qui donna un grand poids à des assertions jusqu'alors flottantes dans l'état de doute et qui dès lors prirent la consistance de la réalité.

On en était là dans ce cercle de la société parisienne où nous avons introduit nos lecteurs, lorsque Monte-Cristo vint un soir faire visite à M. Danglars. M. Danglars était sorti, mais on proposa au comte de l'introduire près de la baronne, qui était visible, ce qu'il accepta.

Ce n'était jamais sans une espèce de tressaillement nerveux que, depuis le dîner d'Auteuil et les événemens qui en avaient été la suite, madame Danglars entendait prononcer le nom de Monte-Cristo. Si la présence du comte ne suivait pas le bruit de son nom, la sensation douloureuse devenait plus intense; si au contraire le comte paraissait, sa figure ouverte, ses yeux brillans, son amabilité, sa galanterie même pour madame Danglars chassaient bientôt jusqu'à la dernière impression de crainte; il paraissait à la baronne impossible qu'un homme si charmant à la surface pût nourrir contre elle de mauvais desseins; d'ailleurs, les cœurs les plus corrompus ne peuvent croire au mal qu'en le faisant reposer sur un intérêt quelconque; le mal inutile et sans cause répugne comme une anomalie.

Lorsque Monte-Cristo entra dans le boudoir où nous avons déjà une fois introduit nos lecteurs, et où la baronne suivait d'un œil assez inquiet des dessins que lui passait sa fille après les avoir regardés avec M. Cavalcanti fils, sa présence produisit son effet ordinaire, et ce fut en souriant qu'après avoir été quelque peu bouleversée par son nom, la baronne reçut le comte.

Celui-ci, de son côté, embrassa toute la scène d'un coup d'œil.

Près de la baronne, à peu près couchée sur une causeuse, Eugénie se tenait assise, et Cavalcanti debout.

Cavalcanti, habillé de noir comme un héros de Gœthe, en souliers vernis et en bas de soie blancs à jour, passait une main blanche et assez soignée dans ses cheveux blonds, au milieu desquels scintillait un diamant que, malgré les conseils de Monte-Cristo, le vaniteux jeune homme n'avait pu résister au désir de se passer au petit doigt.

Ce mouvement était accompagné de regards assassins lancés sur mademoiselle Danglars, et de soupirs envoyés à la même adresse que les regards.

Mademoiselle Danglars était toujours la même, c'est-à-dire belle, froide et railleuse. Pas un de ces regards, pas un de ces soupirs d'Andrea ne lui échappaient; on eût dit qu'ils glissaient sur la cuirasse de Minerve, cuirasse que quelques philosophes prétendent recouvrir parfois la poitrine de Sapho.

Eugénie salua froidement le comte, et profita des premières préoccupations de la conversation pour se retirer dans son salon d'études, d'où bientôt deux voix s'exhalant rieuses et bruyantes, mêlées aux premiers accords d'un piano, firent savoir à Monte-Cristo que mademoiselle Danglars venait de préférer à la sienne et à celle de M. Cavalcanti la société de mademoiselle Louise d'Armilly, sa maîtresse de chant.

Ce fut alors surtout que, tout en causant avec madame Danglars et en paraissant absorbé par le charme de la conversation, le comte remarqua la sollicitude de M. Andrea Cavalcanti, sa manière d'aller écouter la musique à la porte qu'il n'osait franchir, et de manifester son admiration.

Bientôt le banquier rentra. Son premier regard fut pour Monte-Cristo, c'est vrai, mais le second fut pour Andrea.

Quant à sa femme, il la salua à la façon dont certains maris saluent leur femme, et dont les célibataires ne pourront se faire une idée que lorsqu'on aura publié un code très étendu de la conjugalité.

— Est-ce que ces demoiselles ne vous ont pas invité à faire de la musique avec elles? demanda Danglars à Andrea.

— Hélas! non, monsieur, répondit Andrea avec un soupir encore plus remarquable que les autres.

Danglars s'avança aussitôt vers la porte de communication et l'ouvrit.

On vit alors les deux jeunes filles assises sur le même siége devant le même piano. Elles accompagnaient chacune d'une main, exercice auquel elles s'étaient habituées par fantaisie et où elles étaient devenues d'une force remarquable.

Mademoiselle d'Armilly, qu'on apercevait alors, formant, avec Eugénie, grace au cadre de la porte, un de ces tableaux vivans comme on en fait si souvent en Allemagne, était d'une beauté assez remarquable, ou plutôt d'une gentillesse exquise. C'était une petite femme mince et blonde comme une fée, avec de grands cheveux bouclés tombant sur un cou un peu trop long, comme Pérugin en donne parfois à ses vierges, et des yeux voilés par la fatigue. On disait qu'elle avait la poitrine faible, et que, comme Antonia du *Violon de Crémone*, elle mourrait un jour en chantant.

Monte-Cristo plongea dans le gynécée un regard rapide et curieux ; c'était la première fois qu'il voyait mademoiselle d'Armilly, dont si souvent il avait entendu parler dans la maison.

— Eh bien ! demanda le banquier à sa fille, nous sommes donc exclus, nous autres ?

Alors il mena le jeune homme dans le petit salon, et, soit hasard, soit adresse, derrière Andrea la porte fut repoussée de manière à ce que, de l'endroit où ils étaient assis, Monte-Cristo et la baronne ne pussent plus rien voir. Mais comme le banquier avait suivi Andrea, madame Danglars ne parut pas même remarquer cette circonstance.

Bientôt après, le comte entendit la voix d'Andrea résonner aux accords du piano, accompagnant une chanson corse.

Pendant que le comte écoutait en souriant cette chanson, qui lui faisait oublier Andrea pour lui rappeler Benedetto, madame Danglars vantait à Monte-Cristo la force d'ame de son mari, qui le matin encore avait, dans une faillite milanaise, perdu trois ou quatre cent mille francs.

Et, en effet, l'éloge était mérité : car, si le comte ne l'eût su par la baronne ou peut-être par un des moyens qu'il avait de tout savoir, la figure du baron ne lui en eût pas dit un mot.

— Bon ! pensa Monte-Cristo, il en est déjà à cacher ce qu'il perd ; il y a un mois, il s'en vantait.

Puis tout haut :

— Oh ! madame, dit le comte, M. Danglars connaît si bien la Bourse qu'il rattrapera toujours là ce qu'il pourra perdre ailleurs.

— Je vois que vous partagez l'erreur commune, dit madame Danglars.

— Et quelle est cette erreur ? dit Monte-Cristo.

— C'est que M. Danglars joue, tandis qu'au contraire il ne joue jamais.

— Ah ! oui, c'est vrai, madame, je me rappelle que M. Debray m'a dit... A propos, mais que devient donc M. Debray ? Il y a trois ou quatre jours que je ne l'ai aperçu.

— Et moi aussi, dit madame Danglars avec un aplomb miraculeux. Mais vous avez commencé une phrase qui est restée inachevée.

— Laquelle ?

— M. Debray vous a dit, prétendiez-vous...

— Ah ! c'est vrai ; M. Debray m'a dit que c'était vous qui sacrifiez au démon du jeu.

— J'ai eu ce goût pendant quelque temps, je l'avoue, dit madame Danglars, mais je ne l'ai plus.

— Et vous avez tort, madame. Eh ! mon Dieu ! les chances de la fortune sont précaires, et si j'étais femme, et que le hasard eût fait de cette femme celle d'un banquier, quelque confiance que j'aie dans le bonheur de mon mari, car, en spéculation, vous le savez, tout est heur et malheur, eh bien ! dis-je, quelque confiance que j'aie dans le bonheur de mon mari, je commencerais toujours par m'assurer une fortune indépendante, dussé-je

acquérir cette fortune en mettant mes intérêts dans des mains qui lui seraient inconnues.

Madame Danglars rougit malgré elle.

— Tenez, dit Monte-Cristo, comme s'il n'avait rien vu, on parle d'un beau coup qui a été fait hier sur les bons de Naples.

— Je n'en ai pas, dit vivement la baronne, et je n'en ai même jamais eu ; mais, en vérité, c'est assez parler Bourse comme cela, monsieur le comte, nous avons l'air de deux agens de change ; parlons un peu de ces pauvres Villefort, si tourmentés en ce moment par la fatalité.

— Que leur arrive-t-il donc ? demanda Monte-Cristo avec une parfaite naïveté.

— Mais vous le savez ; après avoir perdu M. de Saint-Méran trois ou quatre jours après son départ, ils viennent de perdre la marquise trois ou quatre jours après son arrivée.

— Ah ! c'est vrai, dit Monte-Cristo, j'ai appris cela ; mais, comme dit Clodius à Hamlet, c'est une loi de la nature : leurs pères étaient morts avant eux, et ils les avaient pleurés ; ils mourront avant leurs fils, et leurs fils les pleureront.

— Mais ce n'est pas le tout.

— Comment ce n'est pas le tout !

— Non ; vous saviez qu'ils allaient marier leur fille...

— A M. Franz d'Epinay. Est-ce que le mariage est manqué ?

— Hier matin, à ce qu'il paraît, Franz leur a rendu sa parole.

— Ah ! vraiment... Et connaît-on les causes de cette rupture ?

— Non.

— Que m'annoncez-vous là, bon Dieu ! madame... Et monsieur de Villefort, comment accepte-t-il tous ces malheurs ?

— Comme toujours, en philosophe.

En ce moment, Danglars rentra seul.

— Eh bien ! dit la baronne, vous laissez M. Cavalcanti avec votre fille ?

— Et mademoiselle d'Armilly, dit le banquier, pour qui la prenez-vous donc ?

Puis, se retournant vers Monte-Cristo :

— Charmant jeune homme, n'est-ce pas, monsieur le comte, que le prince Cavalcanti ?... Seulement, est-il bien prince ?

— Je n'en réponds pas, dit Monte-Cristo. On m'a présenté son père comme marquis, il serait comte ; mais je crois que lui-même n'a pas grande prétention à ce titre.

— Pourquoi ? dit le banquier. S'il est prince il a tort de ne pas s'en vanter. Chacun son droit. Je n'aime pas qu'on renie son origine, moi.

— Oh ! vous êtes un démocrate pur, dit Monte-Cristo en souriant.

— Mais, voyez, dit la baronne, à quoi vous vous exposez ; si M. de Morcef venait par hasard, il trouverait M. Cavalcanti dans une chambre où lui, fiancé d'Eugénie, n'a jamais eu la permission d'entrer.

— Vous faites bien de dire par hasard, reprit le banquier, car, en vérité, on dirait, tant on le voit rarement, que c'est effectivement le hasard qui nous l'amène.

— Enfin s'il venait, et qu'il trouvât ce jeune homme, près de votre fille, il pourrait être mécontent.

— Lui ! oh ! mon Dieu ! vous vous trompez, M. Albert ne nous fait pas l'honneur d'être jaloux de sa fiancée, il ne l'aime point assez pour cela. D'ailleurs, que m'importe qu'il soit mécontent ou non ?

— Cependant, au point où nous en sommes...

— Oui, au point où nous en sommes : voulez-vous le savoir le point où nous en sommes ? c'est qu'au bal de sa mère, il a dansé une seule fois avec ma fille, que M. Cavalcanti a dansé trois fois avec elle, et qu'il ne l'a pas même remarqué.

— M. le vicomte Albert de Morcerf! annonça le valet de chambre.

La baronne se leva vivement. Elle allait passer au salon d'étude pour avertir sa fille, quand Danglars l'arrêta par le bras.

— Laissez, dit-il.

Elle le regarda étonnée.

Monte-Cristo feignit de ne pas avoir vu ce jeu de scène.

Albert entra; il était fort beau et fort gai. Il salua la baronne avec aisance, Danglars avec familiarité, Monte-Cristo avec affection; puis se retournant vers la baronne:

— Voulez-vous me permettre, madame, lui dit-il, de vous demander comment se porte mademoiselle Danglars?

— Fort bien, monsieur, répondit vivement Danglars; elle fait en ce moment de la musique dans son petit salon avec M. Cavalcanti.

Albert conserva son air calme et indifférent: peut-être éprouvait-il quelque dépit intérieur; mais il sentait le regard de Monte-Cristo fixé sur lui.

M. Cavalcanti a une très belle voix de ténor, dit-il, et mademoiselle Eugénie un magnifique soprano, sans compter qu'elle joue du piano comme Thalberg. Ce doit être un charmant concert.

— Le fait est, dit Danglars, qu'ils s'accordent à merveille.

Albert parut n'avoir pas compris cette équivoque, si grossière cependant que madame Danglars en rougit.

— Moi aussi, continua le jeune homme, je suis musicien, à ce que disaient mes maîtres, du moins; eh bien! chose étrange, je n'ai jamais pu encore accorder ma voix avec aucune voix, et avec les voix de soprano surtout encore moins qu'avec les autres.

Danglars fit un petit sourire qui signifiait:

— Mais fâche-toi donc! Aussi, dit-il, espérant sans doute arriver au but qu'il désirait, le prince et ma fille ont-ils fait hier l'admiration générale. N'étiez-vous pas là hier? monsieur de Morcerf.

— Quel prince? demanda Albert.

— Le prince Cavalcanti, reprit Danglars, qui s'obstinait toujours à donner ce titre au jeune homme.

— Ah! pardon, dit Albert, j'ignorais qu'il fût prince. Ah! le prince Calvacanti a chanté hier avec mademoiselle Eugénie? En vérité, cela devait être ravissant, et je regrette bien vivement de ne pas avoir entendu cela. Mais je n'ai pu me rendre à votre invitation, j'étais forcé d'accompagner madame de Morcerf chez la baronne de Château-Renaud la mère, où chantaient les Allemands.

Puis, après un silence, et comme s'il n'eût été question de rien:

— Me sera-t-il permis, répéta Morcerf, de présenter mes hommages à mademoiselle Danglars?

— Oh! attendez, attendez, je vous en supplie, dit le banquier, en arrêtant le jeune homme; entendez-vous la délicieuse cavatine, ta, ta, ta, ti, ta, ti, ta, ta; c'est ravissant, cela va être fini... une seule seconde, parfait! bravo! bravi! brava!

Et le banquier se mit à applaudir avec frénésie.

— En effet, dit Albert, c'est exquis, et il est impossible de mieux comprendre la musique de son pays que ne le fait le prince Cavalcanti. Vous avez dit prince, n'est-ce pas? D'ailleurs, s'il n'est pas prince, on le fera prince, c'est facile en Italie. Mais, pour en revenir à nos adorables chanteurs, vous devriez nous faire un plaisir, monsieur Danglars : sans la prévenir qu'il y a là un étranger, vous devriez prier mademoiselle Danglars et M. Cavalcanti de commencer un autre morceau. C'est une chose si délicieuse que de jouir de la musique d'un peu loin, dans une pénombre, sans être vu, sans voir, et, par conséquent, sans gêner le musicien, qui peut ainsi se livrer à tout l'instinct de son génie ou à tout l'élan de son cœur.

Cette fois, Danglars fut démonté par le flegme du jeune homme.

Il prit Monte-Cristo à part.

— Eh bien! lui dit-il, que dites-vous de notre amoureux?

— Dame! il me paraît froid, c'est incontestable; mais que voulez-vous? vous êtes engagé!

— Sans doute, je suis engagé, mais de donner ma fille à un homme qui l'aime, et non à un homme qui ne l'aime pas. Voyez celui-ci, froid comme un marbre, orgueilleux comme un paon; s'il était riche, encore, s'il avait la fortune des Cavalcanti, on passerait par là-dessus. Ma foi, je n'ai pas consulté ma fille, mais si elle avait bon goût...

— Oh! dit Monte-Cristo, je ne sais si c'est mon amitié pour lui qui m'aveugle, mais je vous assure, moi, que M. de Morcerf est un jeune homme charmant, là, qui rendra votre fille heureuse, et qui arrivera tôt ou tard à quelque chose; car enfin la position de son père est excellente.

— Hum! fit Danglars.

— Pourquoi ce doute?

— Il y a toujours le passé... ce passé obscur.

— Mais le passé du père ne regarde pas le fils.

— Si fait! si fait!

— Voyons, ne vous montez pas la tête. Il y a un mois, vous trouviez excellent de faire ce mariage... Vous comprenez, moi, je suis désespéré: c'est chez moi que vous avez vu ce jeune Cavalcanti, que je ne connais pas, je vous le répète.

— Je le connais, moi, dit Danglars; cela suffit.

— Vous le connaissez! Avez-vous donc pris des renseignemens sur lui? demanda Monte-Cristo.

— Est-il besoin de cela, et à la première vue ne sait-on pas à qui on a affaire? Il est riche, d'abord.

— Je ne l'assure pas.

— Vous répondez pour lui, cependant.

— De cinquante mille livres, d'une misère.

— Il a une éducation distinguée.

— Hum! fit à son tour Monte-Cristo.

— Il est musicien.

— Tous les Italiens le sont.

— Tenez, comte, vous n'êtes pas juste pour ce jeune homme.

— Eh bien! oui, je l'avoue, je vois avec peine que, connaissant vos engagemens avec les Morcerfs, il vienne ainsi se jeter en travers et abuser de sa fortune.

Danglars se mit à rire.

— Oh! que vous êtes puritain! dit-il; mais cela se fait tous les jours dans le monde.

— Vous ne pouvez cependant rompre ainsi, mon cher monsieur Danglars; les Morcerfs comptent sur ce mariage.

— Y comptent-ils?

— Positivement.

— Alors qu'ils s'expliquent. Vous devriez glisser deux mots de cela au père, mon cher comte, vous qui êtes si bien dans la maison.

— Moi! Et où diable avez-vous vu cela!

— Mais à leur bal, ce me semble. Comment! la comtesse, la fière Mercédès, la dédaigneuse Catalane, qui daigne à peine ouvrir la bouche à ses plus vieilles connaissances, vous a pris par le bras, est sortie avec vous dans le jardin, a pris les petites allées, et n'a reparu qu'une demi-heure après.

— Ah! baron, baron, dit Albert, vous nous empêchez d'entendre. Pour un mélomane comme vous, quelle barbarie!

— C'est bien, c'est bien, monsieur le railleur, dit Danglars.

Puis se retournant vers Monte-Cristo:

— Vous chargez-vous de lui dire cela, au père?

— Volontiers, si vous le désirez.

— Mais que pour cette fois cela se fasse d'une ma-

nière explicite et définitive; surtout qu'il me demande ma fille, qu'il fixe une époque, qu'il déclare ses conditions d'argent, enfin que l'on s'entende ou qu'on se brouille; mais, vous comprenez, plus de délais.
— Eh bien! la démarche sera faite.
— Je ne vous dirai pas que je l'attends avec plaisir, mais enfin je l'attends : un banquier, vous le savez, doit être esclave de sa parole.

Et Danglars poussa un de ces soupirs que poussait Cavalcanti fils une demi-heure auparavant.
— Bravi! bravo! bravo! cria Morcerf parodiant le banquier et applaudissant la fin du morceau.

Danglars commençait à regarder Albert de travers, lorsqu'on vint lui dire deux mots tout bas.
— Je reviens, dit le banquier à Monte-Cristo, attendez-moi, j'aurai peut-être quelque chose à vous dire tout à l'heure.

Et il sortit.

La baronne profita de l'absence de son mari pour repousser la porte du salon d'étude de sa fille, et l'on vit se dresser comme un ressort M. Andrea, qui était assis devant le piano avec mademoiselle Eugénie.

Albert salua en souriant mademoiselle Danglars, qui, sans paraître aucunement troublée, lui rendit un salut aussi froid que d'habitude.

Cavalcanti parut évidemment embarrassé; il salua Morcerf, qui lui rendit son salut de l'air le plus impertinent du monde.

Alors Albert commença de se confondre en éloges sur la voix de mademoiselle Danglars, et sur le regret qu'il éprouvait, d'après ce qu'il venait d'entendre, de n'avoir pas assisté à la soirée de la veille.

Cavalcanti, laissé à lui-même, prit à part Monte-Cristo.
— Voyons, dit madame Danglars, assez de musique et de compliments comme cela, venez prendre le thé.
— Viens, Louise, dit mademoiselle Danglars à son amie.

On passa dans le salon voisin, où effectivement le thé était préparé.

Au moment où l'on commençait à laisser, à la manière anglaise, les cuillers dans les tasses, la porte se rouvrit, et Danglars reparut visiblement fort agité.

Monte-Cristo surtout remarqua cette agitation et interrogea le banquier du regard.
— Eh bien! dit Danglars, je viens de recevoir mon courrier de Grèce.
— Ah! ah! dit le comte, c'est pour cela qu'on vous avait appelé?
— Oui.
— Comment se porte le roi Othon? demanda Albert du ton le plus enjoué.

Danglars le regarda de travers sans lui répondre, et Monte-Cristo se détourna pour cacher l'expression de pitié qui venait de paraître sur son visage et qui s'effaça presque aussitôt.
— Nous nous en irons ensemble, n'est-ce pas? dit Albert au comte.
— Oui, si vous voulez, répondit celui-ci.

Albert ne pouvait rien comprendre à ce regard du banquier; aussi, se retournant vers Monte-Cristo, qui avait parfaitement compris :
— Avez-vous vu, dit-il, comme il m'a regardé?
— Oui? répondit le comte; mais trouvez-vous quelque chose de particulier dans son regard?
— Je le crois bien; mais que veut-il dire avec ses nouvelles de Grèce?
— Comment voulez-vous que je sache cela?
— Parce qu'à ce que je présume, vous avez des intelligences dans le pays.

Monte-Cristo sourit comme on sourit toujours quand on veut se dispenser de répondre.
— Tenez, dit Albert, le voilà qui s'approche de vous; je vais faire compliment à mademoiselle Danglars sur son camée; pendant ce temps, le père aura le temps de vous parler.
— Si vous lui faites compliment, faites-lui compliment sur sa voix, au moins, dit Monte-Cristo.
— Non pas, c'est ce que ferait tout le monde.
— Mon cher vicomte, dit Monte-Cristo, vous avez la fatuité dans l'impertinence.

Albert s'avança vers Eugénie le sourire sur les lèvres.

Pendant ce temps, Danglars se pencha à l'oreille du comte.
— Vous m'avez donné un excellent conseil, dit-il, et il y a toute une histoire horrible sur ces deux mots : Fernand et Janina.
— Ah bah! fit Monte-Cristo.
— Oui, je vous conterai cela; mais emmenez le jeune homme; je serais trop embarrassé de rester maintenant avec lui.
— C'est ce que je fais, il m'accompagne; maintenant faut-il toujours que je vous envoie le père?
— Plus que jamais.
— Bien.
— Le comte fit un signe à Albert.

Tous deux saluèrent les dames et sortirent : Albert avec un air parfaitement indifférent pour les mépris de mademoiselle Danglars, Monte-Cristo en réitérant à madame Danglars ses conseils sur la prudence que doit avoir une femme de banquier d'assurer son avenir.

M. Cavalcanti demeura maître du champ de bataille.

CHAP. LXXVI. — HAYDÉE.

A peine les chevaux du comte avaient-ils tourné l'angle du boulevart, qu'Albert se retourna vers le comte en éclatant d'un rire trop bruyant pour ne pas être un peu forcé.
— Eh bien! lui dit-il, je vous demanderai, comme le roi Charles IX demandait à Catherine de Médicis après la Saint-Barthélemy : comment trouvez-vous que j'ai joué mon petit rôlet?
— A quel propos? demanda Monte-Cristo.
— Mais à propos de l'installation de mon rival chez M. Danglars...
— Quel rival?
— Pardieu! quel rival! votre protégé, M. Andrea Cavalcanti!
— Oh! pas de mauvaises plaisanteries, vicomte; je ne protège nullement M. Andrea, du moins près de M. Danglars.
— Et c'est le reproche que je vous ferais si le jeune homme avait besoin de protection. Mais, heureusement pour moi, il peut s'en passer.
— Comment! vous croyez qu'il fait sa cour?
— Je vous en réponds : il roule des yeux de soupirant et module des sons d'amoureux; il aspire à la main de la fière Eugénie. Tiens, je viens de faire un vers! parole d'honneur, je ne dis pas de ma faute. N'importe, je le répète : il aspire à la main de la fière Eugénie.
— Qu'importe, si l'on ne pense qu'à vous?
— Ne dites pas cela, mon cher comte, on me rudoie des deux côtés.
— Comment, des deux côtés?
— Sans doute : mademoiselle Eugénie m'a répondu à peine, et mademoiselle d'Armilly, sa confidente, ne m'a pas répondu du tout.
— Oui, mais le père vous adore, dit Monte-Cristo.
— Lui? mais, au contraire, il m'a enfoncé mille poignards dans le cœur; poignards rentrant dans le manche, il est vrai, poignards de tragédie, mais qu'il croyait bel et bien réels.
— La jalousie indique l'affection.
— Oui, mais moi je ne suis pas jaloux.
— Il l'est, lui.
— De qui? de Debray?

— Non, de vous.
— De moi ? je gage qu'avant huit jours il m'a fermé la porte au nez.
— Vous vous trompez, mon cher vicomte.
— Une preuve.
— La voulez-vous ?
— Oui.
— Je suis chargé de prier M. le comte de Morcerf de faire une démarche définitive près du baron.
— Par qui ?
— Par le baron lui-même.
— Oh ! dit Albert avec toute la câlinerie dont il était capable, vous ne ferez pas cela, n'est-ce pas, mon cher comte ?
— Vous vous trompez, Albert, je le ferai, puisque j'ai promis.
— Allons, dit Albert avec un soupir, il paraît que vous tenez absolument à me marier.
— Je tiens à être bien avec tout le monde ; mais, à propos de Debray, je ne le vois plus chez la baronne.
— Il y a de la brouille.
— Avec madame ?
— Non, avec monsieur.
— Il s'est donc aperçu de quelque chose ?
— Ah ! la bonne plaisanterie !
— Vous croyez qu'il s'en doutait ? fit Monte-Cristo avec une naïveté charmante.
— Ah ça ! mais d'où venez-vous donc, mon cher comte ?
— Du Congo, si vous voulez.
— Ce n'est pas d'assez loin encore.
— Est-ce que je connais vos Parisiens ?
— Eh ! mon cher comte, les maris sont les mêmes partout ; du moment où vous avez étudié l'individu dans un pays quelconque, vous connaissez la race.
— Mais alors quelle cause a pu brouiller Danglars et Debray ? Ils paraissaient si bien s'entendre, dit Monte-Cristo avec un renouvellement de naïveté.
— Ah ! voilà, nous rentrons dans les mystères d'Isis, et je ne suis pas initié. Quand M. Cavalcanti fils sera de la famille, vous lui demanderez cela.
La voiture s'arrêta.
— Nous voilà arrivés, dit Monte-Cristo ; il n'est que dix heures et demie, montez donc.
— Bien volontiers.
— Ma voiture vous conduira.
— Non, merci, mon coupé a dû nous suivre.
— En effet, le voilà, dit Monte-Cristo en sautant à terre.
Tous deux entrèrent dans la maison ; le salon était éclairé, ils y entrèrent.
— Vous allez nous faire du thé, Baptistin, dit Monte-Cristo.
Baptistin sortit sans souffler le mot. Deux secondes après, il reparut avec un plateau tout servi, et qui, comme les collations des pièces féeriques, semblait sortir de terre.
— En vérité, dit Morcerf, ce que j'admire en vous, mon cher comte, ce n'est pas votre richesse, peut-être y a-t-il des gens plus riches que vous ; ce n'est pas votre esprit, Beaumarchais n'en avait pas plus, mais il en avait autant ; c'est votre manière d'être servi, sans qu'on vous réponde un mot, à la minute, à la seconde, comme si l'on devinait à la manière dont vous sonnez ce que vous désirez avoir et comme si ce que vous désirez avoir était toujours prêt.
— Ce que vous dites est un peu vrai. On sait mes habitudes. Par exemple, vous allez voir. Ne désirez-vous pas faire quelque chose en buvant votre thé ?
— Pardieu ! je désire fumer.
Monte-Cristo s'approcha du timbre et frappa un coup.
Au bout d'une seconde, une porte particulière s'ouvrit, et Ali parut avec deux chibouques toutes bourrées d'excellent latakié.
— Merveilleux ! dit Morcerf.

— Mais, non, c'est tout simple, reprit Monte-Cristo ; Ali sait qu'en prenant le thé ou le café je fume ordinairement : il sait que j'ai demandé le thé, il sait que je suis rentré avec vous, il entend que je l'appelle, il se doute de la cause, et comme il est d'un pays où l'hospitalité s'exerce avec la pipe surtout, au lieu d'une chibouque il en apporte deux.
— Certainement, c'est une explication comme une autre ; mais il n'en est pas moins vrai qu'il n'y a que vous... Oh ! mais, qu'est-ce que j'entends ?
Et Morcerf s'inclina vers la porte par laquelle entraient effectivement des sons correspondant à ceux d'une guitare.
— Ma foi, mon cher vicomte, vous êtes voué à la musique ce soir ; vous n'échappez au piano de mademoiselle Danglars, que pour tomber dans la guzla d'Haydée.
— Haydée ! quel adorable nom ! Il y a donc des femmes qui s'appellent véritablement Haydée autre part que dans les poèmes de lord Byron ?
— Certainement ; Haydée est un nom fort rare en France, mais assez commun en Albanie et en Épire ; c'est comme si vous disiez, par exemple, chasteté, pudeur, innocence ; c'est une espèce de nom de baptême, comme disent vos Parisiens.
— Oh ! que c'est charmant ! dit Albert, comme je voudrais voir nos Françaises s'appeler mademoiselle Bonté, mademoiselle Silence, mademoiselle Charité chrétienne ! Dites donc, si mademoiselle Danglars, au lieu de s'appeler Claire-Marie-Eugénie, comme on la nomme, s'appelait mademoiselle Chasteté-Pudeur-Innocence Danglars, peste, quel effet cela ferait dans une publication de bans !
— Fou ! dit le comte, ne plaisantez pas si haut, Haydée pourrait vous entendre.
— Et elle se fâcherait ?
— Non pas, dit le comte avec son air hautain.
— Elle est bonne personne ? demanda Albert.
— Ce n'est pas bonté, c'est devoir : une esclave ne se fâche pas contre son maître.
— Allons donc ! ne plaisantez pas vous-même. Est-ce qu'il y a encore des esclaves ?
— Sans doute, puisque Haydée est la mienne.
— En effet, vous ne faites rien et vous n'avez rien comme un autre, vous. Esclave de M. le comte de Monte-Cristo ! c'est une position en France. A la façon dont vous remuez l'or, c'est une place qui doit valoir cent mille écus par an.
— Cent mille écus ! la pauvre enfant en possédait plus que cela : elle est venue au monde couchée sur des trésors près desquels ceux des *Mille et une Nuits* sont bien peu de chose.
— C'est donc vraiment une princesse ?
— Vous l'avez dit, et même une des plus grandes de son pays.
— Je m'en étais douté. Mais comment une grande princesse est-elle devenue esclave ?
— Comment Denys-le-Tyran est-il devenu maître d'école ? Le hasard de la guerre, mon cher vicomte, le caprice de la fortune.
— Et son nom est un secret ?
— Pour tout le monde, oui ; mais pas pour vous, cher vicomte, qui êtes de mes amis, et qui vous tairez, n'est-ce pas, si vous me promettez de vous taire ?
— Oh ! parole d'honneur !
— Vous connaissez l'histoire du pacha de Janina ?
— D'Ali-Tebelin ? sans doute, puisque c'est à son service que mon père a fait fortune.
— C'est vrai ! Je l'avais oubliée.
— Eh bien ! qu'est Haydée à Ali-Tebelin ?
— Sa fille, tout simplement.
— Comment, la fille d'Ali-Pacha ?
— Et de la belle Vasiliki.
— Et elle est votre esclave ?
— Oh ! mon Dieu oui.

— Comment cela ?
— Dame ! un jour que je passais sur le marché de Constantinople, je l'ai achetée.
— C'est splendide ! Avec vous, mon cher comte, on ne vit pas, on rêve. Maintenant, écoutez, c'est bien indiscret ce que je vais vous demander là.
— Dites toujours.
— Mais puisque vous sortez avec elle, puisque vous la conduisez à l'Opéra...
— Après ?
— Je puis bien me risquer à vous demander cela.
— Vous pouvez vous risquer à tout me demander.
— Eh bien ! mon cher comte ; présentez-moi à votre princesse.
— Volontiers : mais à deux conditions.
— Je les accepte d'avance.
— La première, c'est que vous ne confierez jamais à personne cette présentation.
— Très bien ! (Morcerf étendit la main.) Je le jure.
— La seconde, c'est que vous ne lui direz pas que votre père a servi le sien.
— Je le jure encore.
— A merveille, vicomte ; vous vous rappellerez ces deux sermens, n'est-ce pas ?
— Oh ! fit Albert.
— Très bien. Je vous sais homme d'honneur.

Le comte frappa de nouveau sur le timbre ; Ali reparut :
— Préviens Haydée, lui dit-il, que je vais aller prendre le café chez elle, et fais-lui comprendre que je demande la permission de lui présenter un de mes amis.

Ali s'inclina et sortit.
— Ainsi, c'est convenu, pas de questions directes, cher vicomte. Si vous désirez savoir quelque chose, demandez-le à moi, et je le demanderai à elle.
— C'est convenu.

Ali reparut pour la troisième fois et tint la portière soulevée, pour indiquer à son maître et à Albert qu'ils pouvaient passer.
— Entrons, dit Monte-Cristo.

Albert passa une main dans ses cheveux et frisa sa moustache ; le comte reprit son chapeau, mit ses gants, et précéda Albert dans l'appartement que gardait, comme une sentinelle avancée, Ali, et que défendaient, comme un poste, les trois femmes de chambre françaises commandées par Myrtho.

Haydée attendait dans la première pièce, qui était le salon, avec de grands yeux dilatés par la surprise ; car c'était la première fois qu'un autre homme que Monte-Cristo pénétrait jusqu'à elle ; elle était assise sur un sofa dans un angle, les jambes croisées sous elle, et s'était fait, pour ainsi dire, un nid dans les étoffes de soie rayées et brodées les plus riches de l'Orient. Près d'elle était l'instrument dont les sons l'avaient dénoncée ; elle était charmante ainsi.

En apercevant Monte-Cristo, elle se souleva avec ce double sourire de fille et d'amante qui n'appartenait qu'à elle ; Monte-Cristo alla à elle, et lui tendit la main, sur laquelle, comme d'habitude, elle appuya ses lèvres.

Albert était resté près de la porte, sous l'empire de cette beauté étrange qu'il voyait pour la première fois et dont on ne pouvait se faire aucune idée en France.
— Qui m'amènes-tu ? demanda en romaïque la jeune fille à Monte-Cristo ; un frère, un ami, une simple connaissance, ou un ennemi ?
— Un ami, dit Monte-Cristo dans la même langue.
— Son nom ?
— Le vicomte Albert ; c'est le même que j'ai tiré des mains des bandits à Rome.
— Dans quelle langue veux-tu que je lui parle ?

Monte-Cristo se retourna vers Albert :
— Savez-vous le grec moderne ? demanda-t-il au jeune homme.
— Hélas ! dit Albert ; pas même le grec ancien, mon cher comte ; jamais Homère et Platon n'ont eu de plus pauvre, et j'oserai même dire de plus dédaigneux écolier.
— Alors, dit Haydée, prouvant par la demande qu'elle faisait elle-même qu'elle venait d'entendre la question de Monte-Cristo et la réponse d'Albert, je parlerai en français ou en italien, si toutefois mon seigneur veut que je parle.

Monte-Cristo réfléchit un instant :
— Tu parleras en italien, dit-il.

Puis se tournant vers Albert :
— C'est fâcheux que vous n'entendiez pas le grec moderne ou le grec ancien, qu'Haydée parle tous deux admirablement, la pauvre enfant va être forcée de vous parler italien, ce qui vous donnera peut-être une fausse idée d'elle.

Il fit un signe à Haydée.
— Sois le bien-venu, ami, qui viens avec mon seigneur et maître, dit la jeune fille en excellent toscan, avec ce doux accent romain qui fait à la langue du Dante aussi sonore que la langue d'Homère ; Ali ! du café et des pipes.

Et Haydée fit de la main signe à Albert de s'approcher, tandis que Ali se retirait pour exécuter les ordres de sa jeune maîtresse.

Monte-Cristo montra à Albert deux pliants, et chacun alla chercher le sien pour l'approcher d'une espèce de guéridon, dont un narguilhé faisait le centre, et que chargeaient des fleurs naturelles, des dessins, des albums de musique.

Ali rentra, apportant le café et les chibouques ; quant à M. Baptistin, cette partie de l'appartement lui était interdite.

Albert repoussa la pipe que lui présentait le Nubien.
— Oh ! prenez, prenez, dit Monte-Cristo ; Haydée est presque aussi civilisée qu'une Parisienne : le havane lui est désagréable, parce qu'elle n'aime pas les mauvaises odeurs ; mais le tabac d'Orient est un parfum, vous le savez.

Ali sortit.

Les tasses de café étaient préparées ; seulement on avait, pour Albert, ajouté un sucrier. Monte-Cristo et Haydée prenaient la liqueur arabe à la manière des Arabes, c'est-à-dire sans sucre.

Haydée allongea la main et prit du bout de ses petits doigts roses et effilés la tasse de porcelaine du Japon, qu'elle porta à ses lèvres avec le naïf plaisir d'un enfant qui boit ou mange une chose qu'il aime.

En même temps deux femmes entrèrent, portant deux autres plateaux chargés de glaces et de sorbets, qu'elles déposèrent sur deux petites tables destinées à cet usage.
— Mon cher hôte, et vous, signora, dit Albert en italien, excusez ma stupéfaction. Je suis tout étourdi, et c'est assez naturel ; voici que je retrouve l'Orient, l'Orient véritable, non point malheureusement tel que je l'ai vu, mais tel que je l'ai rêvé, au sein de Paris ; tout à l'heure j'entendais rouler les omnibus et tinter les sonnettes des marchands de limonade. Oh ! signora, que ne sais-je parler le grec, votre conversation, jointe à cet entourage féerique, me composerait une soirée dont je me souviendrais toujours !
— Je parle assez bien l'italien pour parler avec vous, monsieur, dit tranquillement Haydée ; et je ferai de mon mieux, si vous aimez l'Orient, pour que vous le retrouviez ici.
— De quoi puis-je parler ? demanda tout bas Albert à Monte-Cristo.
— Mais de tout ce que vous voudrez : de son pays, de sa jeunesse, de ses souvenirs ; puis, si vous l'aimez mieux, de Rome, de Naples ou de Florence.
— Oh ! dit Albert, ce ne serait pas la peine d'avoir une Grecque devant soi pour lui parler de tout ce dont on parlerait à une Parisienne ; laissez-moi lui parler de l'O-

— Faites, mon cher Albert, c'est la conversation qui lui est la plus agréable.

Albert se retourna vers Haydée.

— A quel âge la signora a-t-elle quitté la Grèce? demanda-t-il.

— A cinq ans, répondit Haydée.

— Et vous vous rappelez votre patrie? demanda Albert.

— Quand je ferme les yeux, je revois tout ce que j'ai vu. Il y a deux regards : le regard du corps et le regard de l'âme. Le regard du corps peut oublier parfois, mais celui de l'âme se souvient toujours.

— Et quel est le temps le plus loin dont vous puissiez vous souvenir?

— Je marchais à peine ; ma mère, que l'on appelait Vasiliki (Vasiliki veut dire royale, ajouta la jeune fille en relevant la tête), ma mère me prenait par la main, et, toutes deux couvertes d'un voile, après avoir mis au fond de la bourse tout l'or que nous possédions, nous allions demander l'aumône pour les prisonniers, en disant : « Celui qui donne aux pauvres prête à l'Éternel (1). » Puis, quand notre bourse était pleine, nous rentrions au palais, et, sans rien dire à mon père, nous envoyions tout cet argent qu'on nous avait donné, nous prenant pour de pauvres femmes, à l'égoumenos du couvent, qui le répartissait entre les prisonniers.

— Et à cette époque, quel âge aviez-vous?

— Trois ans, dit Haydée.

— Alors, vous vous souvenez de tout ce qui s'est passé autour de vous depuis l'âge de trois ans?

— De tout.

— Comte, dit tout bas Morcerf à Monte-Cristo, vous devriez permettre à la signora de nous raconter quelque chose de son histoire. Vous m'avez défendu de lui parler de mon père, mais peut-être m'en parlera-t-elle, et vous n'avez pas idée combien je serais heureux d'entendre sortir son nom d'une si jolie bouche.

Monte-Cristo se tourna vers Haydée, et par un signe de sourcil qui lui indiquait d'accorder la plus grande attention à la recommandation qu'il allait lui faire, il lui dit en grec :

Πατρος μεν ατην, μη δε ονομα προδοτου και προδοσιαν, ειπε ημιν (2).

Haydée poussa un long soupir et un nuage sombre passa sur son front si pur.

— Que lui dites-vous? demanda tout bas Morcerf.

— Je lui répète que vous êtes un ami, et qu'elle n'a point à se cacher vis-à-vis de vous.

— Ainsi, dit Albert, ce pieux pèlerinage pour les prisonniers est votre premier souvenir ; quel est l'autre?

— L'autre? Je me vois sous l'ombre des sycomores, près d'un lac dont j'aperçois encore, à travers le feuillage, le miroir tremblant ; contre le plus vieux et le plus touffu mon père était assis sur des coussins, et moi, faible enfant, tandis que ma mère était couchée à ses pieds ; je jouais avec sa barbe blanche qui descendait sur sa poitrine, et avec le cangiar à la poignée de diamant passé à sa ceinture ; puis de temps en temps venait à lui un Albanais qui lui disait quelques mots auxquels je ne faisais pas attention, et auxquels il répondait du même son de voix : tuez! ou : faites grâce!

— C'est étrange, dit Albert, d'entendre sortir de pareilles choses de la bouche d'une jeune fille, autre part que sur un théâtre, et en se disant : ceci n'est point une fiction. Et, demanda Albert, comment, avec cet horizon si poétique, comment, avec ce lointain merveilleux, trouvez-vous la France?

— Je crois que c'est un beau pays, dit Haydée, mais je le vois la France telle qu'elle est, car je vois avec des yeux de femme, tandis qu'il me semble, au contraire, que mon pays, que je n'ai vu qu'avec mes yeux d'enfant, est toujours enveloppé d'un brouillard lumineux ou sombre, selon que mes yeux le font une douce patrie ou un lieu d'amères souffrances.

— Si jeune, signora, dit Albert cédant malgré lui à la puissance de la banalité, comment avez-vous pu souffrir?

Haydée tourna les yeux vers Monte-Cristo, qui, avec un signe imperceptible, murmura :

Ειπε (1).

— Rien ne compose le fond de l'âme comme les premiers souvenirs, et à part les deux que je viens de vous dire, tous les souvenirs de ma jeunesse sont tristes.

— Parlez, parlez, signora, dit Albert, je vous jure que je vous écoute avec un inexprimable bonheur.

Haydée sourit tristement.

— Vous voulez donc que je passe à mes autres souvenirs? dit-elle.

— Je vous en supplie, dit Albert.

— Eh bien! j'avais quatre ans, quand un soir je fus réveillée par ma mère. Nous étions au palais de Janina ; elle me prit sur les coussins où je reposais, et en ouvrant mes yeux, je vis les siens remplis de grosses larmes.

Elle m'emporta sans rien dire.

En la voyant pleurer, j'allais pleurer aussi.

— Silence! enfant, dit-elle.

Souvent, malgré les consolations ou les menaces maternelles, capricieuse comme tous les enfans, je continuais de pleurer ; mais cette fois, il y avait dans la voix de ma pauvre mère une telle intonation de terreur, que je me tus à l'instant même.

Elle m'emportait rapidement.

Je vis alors que nous descendions un large escalier ; devant nous, toutes les femmes de ma mère, portant des coffres, des sachets, des objets de parure, des bijoux, des bourses d'or, descendaient le même escalier ou plutôt se précipitaient.

Derrière les femmes venait une garde de vingt hommes, armés de longs fusils et de pistolets, et revêtus de costume que vous connaissez en France depuis que la Grèce est redevenue une nation.

Il y avait quelque chose de sinistre, croyez-moi, ajouta Haydée en secouant la tête et en pâlissant à cette seule mémoire, dans cette longue file d'esclaves et de femmes à demi alourdies par le sommeil, ou du moins je me le figurais ainsi, moi, qui peut-être croyais les autres endormis parce que j'étais mal réveillée.

Dans l'escalier couraient des ombres gigantesques que les torches de sapin faisaient trembler aux voûtes.

« Qu'on se hâte! dit une voix au fond de la galerie. »

Cette voix fit courber tout le monde, comme le vent en passant sur la plaine fait courber un champ d'épis.

Moi, elle me fit tressaillir.

Cette voix, c'était celle de mon père.

Il marchait le dernier, revêtu de ses splendides habits, tenant à la main sa carabine que votre empereur lui avait donnée; et, appuyé sur son favori Sélim, il nous poussait devant lui comme un pasteur fait d'un troupeau éperdu.

Mon père, dit Haydée en relevant la tête, était un homme illustre que l'Europe a connu sous le nom d'Ali-Tebelin, pacha de Janina, et devant lequel la Turquie a tremblé.

Albert, sans savoir pourquoi, frissonna en entendant ces paroles prononcées avec un indéfinissable accent de hauteur et de dignité; il lui sembla que quelque chose de sombre et d'effrayant rayonnait dans les yeux de la jeune fille, lorsque, pareille à une pythonisse qui évoque un spectre, elle réveilla le souvenir de cette sanglante figure que sa mort terrible fit apparaître gigantesque aux yeux de l'Europe contemporaine.

(1) Proverbe xix.
(2) Mot à mot : « De ton père le sort, mais pas le nom du traître, ni la trahison, raconte-nous. »

(1) Raconte.

— Bientôt, continua Haydée, la marche s'arrêta ; nous étions au bas de l'escalier et au bord d'un lac. Ma mère me pressait contre sa poitrine bondissante, et je vis à deux pas derrière nous mon père qui jetait de tous côtés des regards inquiets.

Devant nous s'étendaient quatre degrés de marbre, et au bas du dernier degré ondulait une barque.

D'où nous étions, on voyait se dresser au milieu d'un lac une masse noire ; c'était le kiosque où nous nous rendions. Ce kiosque me paraissait à une distance considérable, peut-être à cause de l'obscurité.

Nous descendîmes dans la barque. Je me souviens que les rames ne faisaient aucun bruit en touchant l'eau, je me penchai pour les regarder : elles étaient enveloppées avec les ceintures de nos Palicares.

Il n'y avait, outre les rameurs, dans la barque, que des femmes, mon père, ma mère, Sélim et moi.

Les Palicares étaient restés au bord du lac, agenouillés sur le dernier degré, et se faisant, dans le cas où ils eussent été poursuivis, un rempart des trois autres.

Notre barque allait comme le vent.

— Pourquoi la barque va-t-elle si vite ? demandai-je à ma mère.

— Chut! mon enfant, dit-elle, c'est que nous fuyons.

Je ne compris pas. Pourquoi mon père fuyait-il ? lui le tout puissant, lui devant qui d'ordinaire fuyaient les autres, lui qui avait pris pour devise :

Ils me haïssent, donc ils me craignent !

En effet, c'était une fuite que mon père opérait sur le lac. Il m'a dit depuis que la garnison du château de Janina, fatiguée d'un long service...

Ici Haydée arrêta son regard expressif sur Monte-Cristo dont l'œil ne quitta plus ses yeux. La jeune fille continua donc lentement, comme quelqu'un qui invente ou qui supprime.

— Vous disiez, signora, reprit Albert qui accordait la plus grande attention à ce récit, que la garnison de Janina, fatiguée d'un long service...

— Avait traité avec le séraskier Kourchid, envoyé par le sultan pour s'emparer de mon père ; c'était alors que mon père avait pris la résolution de se retirer, après avoir envoyé au sultan un officier franc auquel il avait toute confiance, dans l'asile que lui-même s'était préparé depuis long-temps, et qu'il appelait Kataphygion, c'est-à-dire son refuge.

— Et cet officier, demanda Albert, vous rappelez-vous son nom, signora ?

Monte-Cristo échangea avec la jeune fille un regard rapide comme un éclair, et qui resta inaperçu de Morcerf.

— Non, dit-elle, je ne me le rappelle pas ; mais peut-être plus tard me le rappellerai-je, et je le dirai.

Albert allait prononcer le nom de son père, lorsque Monte-Cristo leva doucement le doigt en signe de silence ; le jeune homme se rappela son serment et se tut.

— C'était vers ce kiosque que nous voguions.

Un rez-de-chaussée orné d'arabesques baignant ses terrasses dans l'eau, et un premier étage donnant sur le lac, voici tout ce que le palais offrait de visible aux yeux.

Mais au-dessous du rez-de-chaussée, se prolongeant dans l'île, était un souterrain, vaste caverne où l'on nous conduisit, ma mère, moi et nos femmes ; et où gisaient, formant un seul monceau, soixante mille bourses et deux cents tonneaux ; il y avait dans ces bourses vingt-cinq millions en or, et dans les barils trente mille livres de poudre.

Près de ces barils se tenait Sélim, ce favori de mon père dont je vous ai parlé, il veillait jour et nuit, une lance, au bout de laquelle brûlait une mèche allumée, à la main ; il avait l'ordre de faire tout sauter, kiosque, gardes, pacha, femmes et or, au premier signe de mon père.

Je me rappelle que nos esclaves, connaissant ce redoutable voisinage, passaient les jours et les nuits à prier, à pleurer, à gémir.

Quant à moi, je vois toujours le jeune soldat au teint pâle et à l'œil noir, et quand l'ange de la mort descendra vers moi, je suis sûre que je reconnaîtrai Sélim.

Je ne pourrais dire combien de temps nous restâmes ainsi : à cette époque, j'ignorais encore ce que c'était que le temps ; quelquefois, mais rarement, mon père nous faisait appeler, ma mère et moi, sur la terrasse du palais ; c'étaient mes heures de plaisir à moi qui ne voyais dans le souterrain que des ombres gémissantes et la lance enflammée de Sélim. Mon père, assis devant une grande ouverture, attachait un regard sombre sur les profondeurs de l'horizon, interrogeant chaque point noir qui apparaissait sur le lac, tandis que ma mère, à demi couchée près de lui, appuyait sa tête sur son épaule, et que moi je me jouais à ses pieds, admirant, avec ces étonnements de l'enfance qui grandissent encore les objets, les escarpements du Pinde qui se dressait à l'horizon, les châteaux de Janina, sortant blancs et anguleux des eaux bleues du lac, les touffes immenses de verdure noires, attachées comme des lichens aux rocs de la montagne, qui de loin semblaient des mousses, et qui de près sont des sapins gigantesques et des myrtes immenses.

Un matin mon père nous envoya chercher ; nous le trouvâmes assez calme, mais plus pâle que d'habitude.

— Prends patience, Vasiliki, aujourd'hui tout sera fini, aujourd'hui arrive le firman du maître, et mon sort sera décidé. Si la grace est entière, nous retournerons triomphans à Janina ; si la nouvelle est mauvaise, nous fuirons cette nuit.

— Mais s'ils ne nous laissent pas fuir ? dit ma mère.

— Oh! sois tranquille, répondit Ali en souriant ; Sélim et sa lance allumée me répondent d'eux. Ils voudraient que je fusse mort, mais pas à la condition de mourir avec moi.

Ma mère ne répondit que par des soupirs à ces consolations qui ne partaient pas du cœur de mon père.

Elle lui prépara l'eau glacée qu'il buvait à chaque instant, car depuis sa retraite dans le kiosque il était brûlé par une fièvre ardente ; elle parfuma sa barbe blanche et alluma la chibouque dont quelquefois, pendant des heures entières, il suivait distraitement des yeux la fumée se volatiliser dans l'air.

Tout à coup il fit un mouvement si brusque, que je fus saisie de peur.

Puis, sans détourner les yeux du point qui fixait son attention, il demanda sa longue vue.

Ma mère la lui passa, plus blanche que le stuc contre lequel elle s'appuyait.

Je vis la main de mon père trembler.

— Une barque !.... deux !.... trois !.... murmura mon père ; quatre !....

Et il se leva saisissant ses armes, et versant, je m'en souviens, de la poudre dans le bassinet de ses pistolets.

— Vasiliki, dit-il à ma mère avec un tressaillement visible, voici l'instant qui va décider de nous ; dans une demi-heure nous saurons la réponse du sublime empereur ; retire-toi dans le souterrain avec Haydée.

— Je ne veux pas vous quitter, dit Vasiliki ; si vous mourez, mon maître, je veux mourir avec vous.

— Allez près de Sélim, cria mon père.

— Adieu, seigneur ! murmura ma mère, obéissante et pliée en deux comme par l'approche de la mort.

— Emmenez Vasiliki ! dit mon père à ses Palicares.

Mais moi, qu'on oubliait, je courus à lui et j'étendis mes mains de son côté ; il me vit, et, se penchant vers moi, il pressa mon front de ses lèvres.

Oh! ce baiser, ce fut le dernier, et il est là encore sur mon front.

En descendant, nous distinguions à travers les treillis de la terrasse les barques qui grandissaient sur le lac, et qui, pareilles naguère à des points noirs, semblaient déjà des oiseaux rasant la surface des ondes.

Pendant ce temps, dans le kiosque, vingt Palicares, assis aux pieds de mon père et cachés par la boiserie, épiaient d'un œil sanglant l'arrivée de ces bateaux, et tenaient prêts leurs longs fusils incrustés de nacre et d'argent : des cartouches en grand nombre étaient semées sur le parquet, mon père regardait à sa montre et se promenait avec angoisse.

Voilà ce qui me frappa quand je quittai mon père après le dernier baiser que j'eus reçu de lui.

Nous traversâmes, ma mère et moi, le souterrain. Sélim était toujours à son poste; il nous sourit tristement. Nous allâmes chercher des coussins de l'autre côté de la caverne, et nous vînmes nous asseoir près de Sélim : dans les grands périls, les cœurs dévoués se cherchent, et, tout enfant que j'étais, je sentais instinctivement qu'un grand malheur planait sur nos têtes.

Albert avait souvent entendu raconter, non point par son père, qui n'en parlait jamais, mais par des étrangers, les derniers momens du visir de Janina; il avait lu différens récits de sa mort; mais cette histoire, devenue vivante dans la personne et par la voix de la jeune fille, cet accent vivant et cette lamentable élégie le pénétraient tout à la fois d'un charme et d'une horreur inexprimables.

Quant à Haydée, toute à ses terribles souvenirs, elle avait cessé un instant de parler, son front, comme une fleur qui se penche un jour d'orage, s'était incliné sur sa main, et ses yeux, perdus vaguement, semblaient voir encore à l'horizon le Pinde verdoyant et les eaux bleues du lac de Janina, miroir magique qui réfléchit le sombre tableau qu'elle esquissait.

Monte-Cristo la regardait avec une indéfinissable expression d'intérêt et de pitié.

— Continue, ma fille, dit le comte en langue romaïque.

Haydée releva le front, comme si les mots sonores que venait de prononcer Monte-Cristo l'eussent tirée d'un rêve, et elle reprit :

— Il était quatre heures du soir; mais bien que le jour fût pur et brillant au dehors, nous étions, nous, plongés dans l'ombre du souterrain.

Une seule lueur brillait dans la caverne, pareille à une étoile tremblante au fond d'un ciel noir : c'était la mèche de Sélim.

Ma mère était chrétienne, et elle priait.

Sélim répétait de temps en temps ces paroles consacrées :

— Dieu est grand!

Cependant, ma mère avait encore quelque espérance. En descendant, elle avait cru reconnaître le Franc qui avait été envoyé à Constantinople, et dans lequel mon père avait toute confiance, car il savait que les soldats du sultan français sont d'ordinaire nobles et généreux. Elle s'avança de quelques pas vers l'escalier et écouta.

— Ils approchent, dit-elle; pourvu qu'ils apportent la paix et la vie.

— Que crains-tu, Vasiliki? répondit Sélim avec sa voix si suave et si fière à la fois; s'ils n'apportent pas la paix, nous leur donnerons la mort.

Et il ravivait la flamme de sa lance avec un geste qui le faisait ressembler au Dyonysos de l'antique Crète.

Mais moi, qui étais si enfant et si naïve, j'avais peur de ce courage que je trouvais féroce et insensé, et je m'effrayais de cette mort épouvantable dans l'air et dans la flamme.

Ma mère éprouvait les mêmes impressions, car je la sentais frissonner.

— Mon Dieu! mon Dieu! maman, m'écriai-je, est-ce que nous allons mourir?

Et à ma voix les pleurs et les prières des esclavves redoublèrent.

— Enfant, me dit Vasiliki, Dieu te préserve d'en venir à désirer cette mort que tu crains aujourd'hui!

Puis tout bas :

— Sélim, dit-elle, quel est l'ordre du maître?

— S'il m'envoie son poignard, c'est que le sultan refuse de le recevoir en grâce, et je mets le feu; s'il m'envoie son anneau, c'est que le sultan lui pardonne, et je livre la poudrière.

— Ami, reprit ma mère, lorsque l'ordre du maître arrivera, si c'est le poignard qu'il envoie, au lieu de nous tuer toutes deux de cette mort qui nous épouvante, nous te tendrons la gorge et tu nous tueras avec ce poignard.

— Oui, Vasiliki, répondit tranquillement Sélim.

Soudain nous entendîmes comme de grands cris; nous écoutâmes : c'étaient des cris de joie; le nom du Franc qui avait été envoyé à Constantinople retentissait répété par nos Palicares; il était évident qu'il rapportait la réponse du sublime empereur, et que la réponse était favorable.

— Et vous ne vous rappelez pas ce nom? dit Morcerf tout prêt à aider la mémoire de la narratrice.

Monte-Cristo lui fit un signe.

— Je ne me le rappelle pas, répondit Haydée.

Le bruit redoublait; des pas plus rapprochés retentirent : on descendait les marches du souterrain.

Sélim apprêta sa lance.

Bientôt une ombre apparut dans le crépuscule bleuâtre que formaient les rayons du jour pénétrant jusqu'à l'entrée du souterrain.

— Qui es-tu? s'écria Sélim. Mais, qui que tu sois, ne fais pas un pas de plus.

— Gloire au sultan! dit l'ombre. Toute grâce est accordée au visir Ali; et non seulement il a la vie sauve, mais on lui rend sa fortune et ses biens.

Ma mère poussa un cri de joie et me serra contre son cœur.

— Arrête! lui dit Sélim, voyant qu'elle s'élançait déjà pour sortir; tu sais qu'il me faut l'anneau.

— C'est juste, dit ma mère; et elle tomba à genoux en me soulevant vers le ciel, comme si, en même temps qu'elle priait Dieu pour moi, elle voulait encore me soulever vers lui.

Et, pour la seconde fois, Haydée s'arrêta vaincue par une émotion telle, que la sueur coulait de son front pâli, et que sa voix étranglée semblait ne pouvoir franchir son gosier aride.

Monte-Cristo versa un peu d'eau glacée dans un verre et le lui présenta en disant avec une douceur où perçait une nuance de commandement :

— Du courage, ma fille.

Haydée essuya ses yeux et son front, et continua :

— Pendant ce temps, nos yeux, habitués à l'obscurité, avaient reconnu l'envoyé du pacha : c'était un ami.

Sélim l'avait reconnu; mais le brave jeune homme ne savait qu'une chose : obéir!

— En quel nom viens-tu? dit-il.

— Je viens au nom de notre maître, Ali Tebelin.

— Si tu viens au nom d'Ali, tu sais ce que tu dois me remettre?

— Oui, dit l'envoyé, et je t'apporte son anneau.

En même temps il éleva sa main au-dessus de sa tête; mais il était trop loin, et il ne faisait pas assez clair pour que Sélim pût, d'où nous étions, distinguer et reconnaître l'objet qu'il lui présentait.

— Je ne vois pas ce que tu tiens, dit Sélim.

— Approche, dit le messager, ou je m'approcherai, moi.

— Ni l'un ni l'autre, répondit le jeune soldat; dépose à la place où tu es, et sous ce rayon de lumière, l'objet que tu montres, et retire-toi jusqu'à ce que je l'aie vu.

— Soit, dit le messager.

Et il se retira après avoir déposé le signe de reconnaissance à l'endroit indiqué.

Et notre cœur palpitait; car l'objet nous paraissait être effectivement un anneau. Seulement, était-ce l'anneau de mon père?

Sélim, tenant toujours à la main sa mèche enflammée, vint à l'ouverture, s'inclina radieux sous le rayon de lumière et ramassa le signe.

— L'anneau du maître, dit-il en le baisant, c'est bien !

Et renversant la mèche contre terre, il marcha dessus et l'éteignit.

Le messager poussa un cri de joie et frappa dans ses mains. A ce signal, quatre soldats du séraskier Kourchid accoururent, et Sélim tomba percé de cinq coups de poignard. Chacun avait donné le sien.

Et cependant, ivres de leur crime, quoique encore pâles de peur, ils se ruèrent dans le souterrain, cherchant partout s'il y avait du feu, et se roulant sur les sacs d'or.

Pendant ce temps, ma mère me saisit entre ses bras, et, agile, bondissant par des sinuosités connues de nous seules, elle arriva jusqu'à un escalier dérobé du kiosque dans lequel régnait un tumulte effrayant.

Les salles basses étaient entièrement peuplées par les Tchodoars de Kourchid, c'est-à-dire par nos ennemis.

Au moment où ma mère allait pousser la petite porte, nous entendîmes retentir, terrible et menaçante, la voix du pacha.

Ma mère colla son œil aux fentes des planches; une ouverture se trouva par hasard devant le mien, et je regardai.

— Que voulez-vous? disait mon père à des gens qui tenaient un papier avec des caractères d'or à la main.

— Ce que nous voulons, répondit l'un d'eux, c'est te communiquer la volonté de Sa Hautesse. Vois-tu ce firman?

— Je le vois, dit mon père.

— Eh bien ! lis ; il demande ta tête.

Mon père poussa un éclat de rire plus effrayant que n'eût été une menace, et il n'avait pas encore cessé, que deux coups de pistolet étaient partis de ses mains et avaient tué deux hommes.

Les Palicares, qui étaient couchés tout autour de mon père la face contre le parquet, se levèrent alors et firent feu ; la chambre se remplit de bruit, de flamme et de fumée.

A l'instant même le feu commença de l'autre côté, et les balles vinrent trouer les planches tout autour de nous.

Oh! qu'il était beau, qu'il était grand, le visir Ali-Tebelin, mon père, au milieu des balles, le cimeterre au poing, le visage noir de poudre ! Comme ses ennemis fuyaient!

— Sélim ! Sélim ! criait-il, gardien du feu, fais ton devoir !

— Sélim est mort ! répondit une voix qui semblait sortir des profondeurs du kiosque, et toi, mon seigneur Ali, tu es perdu !

En même temps une détonation sourde se fit entendre, et le plancher vola en éclats tout autour de mon père.

Les Tchodoars tiraient à travers le parquet. Trois ou quatre Palicares tombèrent frappés de bas en haut par des blessures qui leur labouraient tout le corps.

Mon père rugit, enfonça ses doigts par les trous des balles et arracha une planche tout entière.

Mais en même temps, par cette ouverture, vingt coups de feu éclatèrent, et la flamme, sortant comme du cratère d'un volcan, gagna les tentures, qu'elle dévora.

Au milieu de tout cet affreux tumulte, au milieu de ces cris terribles, deux coups plus distincts entre tous, deux cris plus déchirans par-dessus tous les cris, me glacèrent de terreur. Ces deux explosions avaient frappé mortellement mon père, et c'était lui qui avait poussé ces deux cris.

Cependant, il était resté debout, cramponné à une fenêtre. Ma mère secouait la porte pour aller mourir avec lui ; mais la porte était fermée en dedans.

Tout autour de lui, les Palicares se tordaient dans les convulsions de l'agonie, deux ou trois, qui étaient sans blessures ou blessés légèrement, s'élancèrent par les fenêtres.

En même temps, le plancher tout entier craqua brisé en dessous. Mon père tomba sur un genou ; en même temps vingt bras s'allongèrent, armés de sabres, de pistolets, de poignard, vingt coups frappèrent à la fois un seul homme, et mon père disparut dans un tourbillon de feu attisé par ces démons rugissans, comme si l'enfer se fût ouvert sous ses pieds.

Je me sentis rouler à terre : c'était ma mère qui s'abîmait évanouie.

Haydée laissa tomber ses deux bras en poussant un gémissement et en regardant le comte comme pour lui demander s'il était satisfait de son obéissance.

Le comte se leva, vint à elle, lui prit la main et lui dit en romaïque :

— Repose-toi, chère enfant, et reprends courage en songeant qu'il y a un Dieu qui punit les traîtres.

— Voilà une épouvantable histoire, comte, dit Albert tout effrayé de la pâleur d'Haydée, et je me reproche maintenant d'avoir été si cruellement indiscret.

— Ce n'est rien, répondit Monte-Cristo. Puis posant sa main sur la tête de la jeune fille :

— Haydée, continua-t-il, est une femme courageuse ; elle a quelquefois trouvé du soulagement dans le récit de ses douleurs.

— Parce que, monseigneur, dit vivement la jeune fille, parce que mes douleurs me rappellent tes bienfaits.

Albert la regarda avec curiosité, car elle n'avait point encore raconté ce qu'il désirait le plus savoir, c'est-à-dire comment elle était devenue l'esclave du comte.

Haydée vit à la fois dans les regards du comte et dans ceux d'Albert le même désir exprimé.

Elle continua :

— Quand ma mère reprit ses sens, dit-elle, nous étions devant le séraskier.

— Tuez-moi, dit-elle, mais épargnez l'honneur de la veuve d'Ali.

— Ce n'est point à moi qu'il faut t'adresser, dit Kourchid.

— A qui donc?

— C'est à ton nouveau maître.

— Quel est-il ?

— Le voici.

Et Kourchid nous montra un de ceux qui avaient le plus contribué à la mort de mon père, continua la jeune fille avec une colère sombre.

— Alors, demanda Albert, vous devintes la propriété de cet homme?

— Non, répondit Haydée ; il n'osa nous garder, il nous vendit à des marchands d'esclaves qui allaient à Constantinople. Nous traversâmes la Grèce, et nous arrivâmes mourantes à la porte impériale, encombrée de curieux qui s'ouvraient pour nous laisser passer, quand tout à coup ma mère suit des yeux la direction de leurs regards, jette un cri et tombe en me montrant une tête au-dessus de cette porte.

Au-dessus de cette tête étaient écrits ces mots :

« Celle-ci est la tête d'Ali-Tebelin, pacha de Janina. »

J'essayai, en pleurant, de relever ma mère : elle était morte!

Je fus menée au bazar ; un riche Arménien m'acheta, me fit instruire, me donna des maîtres, et quand j'eus treize ans me vendit au sultan Mahmoud.

— Auquel, dit Monte-Cristo, je la rachetai, comme je vous l'ai dit, Albert, pour cette émeraude pareille à celle où je mets mes pastilles de hatchis.

— Oh ! tu es bon ! tu es grand ! mon seigneur, dit Haydée en baisant la main de Monte-Cristo, et je suis bien heureuse de t'appartenir.

Albert était resté tout étourdi de ce qu'il venait d'entendre.

— Achevez donc votre tasse de café, lui dit le comte; l'histoire est finie.

CHAP. LXXVII. — ON NOUS ÉCRIT DE JANINA.

Franz était sorti de la chambre de Noirtier si chancelant et si égaré, que Valentine elle-même avait eu pitié de lui.

Villefort, qui n'avait articulé que quelques mots sans suite, et qui s'était enfui de son cabinet, reçut deux heures après la lettre suivante :

« Après ce qui a été révélé ce matin, M. Noirtier de Villefort ne peut supposer qu'une alliance soit possible entre sa famille et celle de M. Franz d'Épinay. M. Franz d'Épinay a horreur de songer que M. de Villefort, qui paraissait connaître les événemens racontés ce matin, ne l'ait pas prévenu dans cette pensée. »

Quiconque eût vu en ce moment le magistrat ployé sous le coup, n'eût pas cru qu'il le prévoyait ; en effet, jamais il n'eût pensé que son père eût poussé la franchise, ou plutôt la rudesse, jusqu'à raconter une pareille histoire. Il est vrai que jamais M. Noirtier, assez dédaigneux qu'il était de l'opinion de son fils, ne s'était préoccupé d'éclaircir le fait aux yeux de Villefort, et que celui-ci avait toujours cru que le général de Quesnel, ou le baron d'Épinay, selon qu'on voudra l'appeler, ou du nom qu'il s'était fait ou du nom qu'on lui avait fait, était mort assassiné et non tué loyalement en duel.

Cette lettre si dure d'un jeune homme si respectueux jusqu'alors était mortelle pour l'orgueil d'un homme comme Villefort.

A peine était-il dans son cabinet que sa femme entra.

La sortie de Franz, appelé par M. Noirtier, avait tellement étonné tout le monde, que la position de madame de Villefort, restée seule avec le notaire et les témoins, devint de moment en moment plus embarrassante. Alors madame de Villefort avait pris son parti, et elle était sortie en annonçant qu'elle allait aux nouvelles.

M. de Villefort se contenta de lui dire qu'à la suite d'une explication entre lui, M. Noirtier et M. d'Épinay, le mariage de Valentine avec Franz était rompu.

C'était difficile à reporter à ceux qui attendaient; aussi madame de Villefort, en rentrant, se contenta-t-elle de dire que M. Noirtier, ayant eu au commencement de la conférence une espèce d'attaque d'apoplexie, le contrat était naturellement remis à quelques jours.

Cette nouvelle, toute fausse qu'elle était, arrivait si singulièrement à la suite de deux malheurs du même genre, que les auditeurs se regardèrent étonnés et se retirèrent sans dire une parole.

Pendant ce temps, Valentine heureuse et épouvantée à la fois, après avoir embrassé et remercié le faible vieillard qui venait de briser ainsi d'un seul coup une chaîne qu'elle regardait déjà comme indissoluble, avait demandé à se retirer chez elle pour se remettre, et Noirtier lui avait, de l'œil, accordé la permission qu'elle sollicitait.

Mais au lieu de remonter chez elle, Valentine, une fois sortie, prit le corridor, et sortant par la petite porte, s'élança dans le jardin. Au milieu de tous les événemens qui venaient de s'entasser les uns sur les autres, une terreur sourde avait constamment comprimé son cœur. Elle s'attendait d'un moment à l'autre à voir apparaître Morrel pâle et menaçant comme le laird de Ravenswood au contrat de Lucie de Lammermoor.

En effet il était temps qu'elle arrivât à la grille. Maximilien, qui s'était douté de ce qui allait se passer en voyant Franz quitter le cimetière avec M. de Villefort, l'avait suivi, puis, après l'avoir vu entrer, l'avait vu sortir encore et rentrer de nouveau avec Albert et Château-Renaud. Pour lui il n'y avait donc plus de doute. Il s'était alors jeté dans son enclos, prêt à tout événement, et bien certain qu'au premier moment de liberté qu'elle pourrait saisir, Valentine accourrait à lui.

Il ne s'était pas trompé ; son œil, collé aux planches, vit en effet apparaître la jeune fille, qui, sans prendre aucune des précautions d'usage, accourait à la grille.

Au premier coup d'œil qu'il jeta sur elle, Maximilien fut rassuré ; au premier mot qu'elle prononça, il bondit de joie.

— Sauvés ! dit Valentine.

— Sauvés ! répéta Morrel, ne pouvant croire à un pareil bonheur ; mais par qui sauvés ?

— Par mon grand-père. Oh ! aimez-le bien, Morrel.

Morrel jura d'aimer le vieillard de toute son ame ; et ce serment ne lui coûtait point à faire ; car dans ce moment il ne se contentait pas de l'aimer comme un ami ou comme un père, il l'adorait comme un dieu.

— Mais comment cela se fait-il ? demanda Morrel ; quel moyen étrange a-t-il employé ?

Valentine ouvrait la bouche pour tout raconter, mais elle songea qu'il y avait au fond de tout cela un secret terrible qui n'était point à son grand-père seulement.

— Plus tard, dit-elle, je vous raconterai tout cela.

— Mais quand ?

— Quand je serai votre femme.

C'était mettre la conversation sur un chapitre qui rendait Morrel facile à tout entendre : aussi il entendit même qu'il devait se contenter de ce qu'il savait, et que c'était assez pour un jour. Cependant il ne consentit à se retirer que sur la promesse qu'il verrait Valentine le lendemain soir.

Valentine promit ce que voulut Morrel. Tout était changé à ses yeux, et certes il lui était moins difficile de croire maintenant qu'elle épouserait Maximilien, que de croire une heure auparavant qu'elle n'épouserait pas Franz.

Pendant ce temps, madame de Villefort était montée chez Noirtier.

Noirtier la regarda de cet œil sombre et sévère avec lequel il avait coutume de la recevoir.

— Monsieur, dit-elle, je n'ai pas besoin de vous apprendre que le mariage de Valentine est rompu, puisque c'est ici que cette rupture a eu lieu.

Noirtier resta impassible.

— Mais, continua madame de Villefort, ce que vous ne savez pas, monsieur, c'est que j'ai toujours été opposée à ce mariage, qui se faisait malgré moi.

Noirtier regarda sa belle-fille en homme qui attend une explication.

— Or, maintenant que ce mariage, pour lequel je connaissais votre répugnance, est rompu, je viens faire près de vous une démarche que ni M. de Villefort ni Valentine ne peuvent faire.

Les yeux de Noirtier demandèrent quelle était cette démarche.

— Je viens vous prier, monsieur, continua madame de Villefort, comme la seule qui en ait le droit, car je suis la seule à qui il n'en reviendra rien ; je viens vous prier de rendre, je ne dirai pas vos bonnes grâces, elles les a toujours eues, mais votre fortune à votre petite-fille.

Les yeux de Noirtier demeurèrent un instant incertains ; il cherchait évidemment les motifs de cette démarche, et ne les pouvait trouver.

— Puis-je espérer, monsieur, dit madame de Villefort, que vos intentions étaient en harmonie avec la prière que je venais vous faire ?

— Oui, fit Noirtier.

— En ce cas, monsieur, dit madame de Villefort, je me retire à la fois reconnaissante et heureuse.

Et saluant M. Noirtier elle se retira.

En effet, dès le lendemain Noirtier fit venir le notaire : le premier testament fut déchiré, et un autre fut fait, dans lequel il laissa toute sa fortune à Valentine, à la condition qu'on ne la séparerait pas de lui.

Quelques personnes alors calculèrent de par le monde que mademoiselle de Villefort, héritière du marquis et la marquise de Saint-Méran, et rentrée en la grace de son grand-père, aurait un jour bien près de trois cent mille livres de rente.

Tandis que ce mariage se rompait chez les Villefort, M. le comte de Morcerf avait reçu la visite de Monte-Cristo, et pour montrer son empressement à Danglars, il endossait son grand uniforme de lieutenant-général, qu'il avait fait orner de toutes ses croix, et demandait ses meilleurs chevaux.

Ainsi paré, il se rendit rue de la Chaussée-d'Antin, et se fit annoncer à Danglars qui faisait son relevé de fin de mois.

Ce n'était pas le moment où, depuis quelque temps, il fallait prendre le banquier pour le trouver de bonne humeur.

Aussi, à l'aspect de son ancien ami, Danglars prit son air majestueux et s'étendit carrément dans son fauteuil.

Morcerf, si empesé d'habitude, avait emprunté au contraire un air riant et affable; en conséquence, à peu près sûr qu'il était que son ouverture allait recevoir un bon accueil, il ne fit point de diplomatie, et arrivant au but d'un seul coup :

— Baron, dit-il, me voici. Depuis long-temps nous tournons autour de nos paroles d'autrefois...

Morcerf s'attendait à ces mots à voir s'épanouir la figure du banquier, dont il attribuait le rembrunissement à son silence; mais au contraire cette figure devint, ce qui était presque incroyable, plus impassible et plus froide encore.

Voilà pourquoi Morcerf s'était arrêté au milieu de sa phrase.

— Quelles paroles, monsieur le comte? demanda le banquier, comme s'il cherchait vainement dans son esprit l'explication de ce que le général voulait dire.

— Oh! dit le comte, vous êtes formaliste, mon cher monsieur, et vous me rappelez que le cérémonial doit se faire selon tous les rites. Très bien! ma foi. Pardonnez-moi, comme je n'ai qu'un fils, et que c'est la première fois que je songe à le marier, j'en suis encore à mon apprentissage; allons, je m'exécute.

Et Morcerf, avec un sourire forcé, se leva, fit une profonde révérence à Danglars, et lui dit :

— Monsieur le baron, j'ai l'honneur de vous demander la main de mademoiselle Eugénie Danglars, votre fille, pour mon fils le vicomte Albert de Morcerf.

Mais Danglars, au lieu d'accueillir ces paroles avec une faveur que Morcerf pouvait espérer de lui, fronça le sourcil, et, sans inviter le comte, qui était resté debout, à s'asseoir :

— Monsieur le comte, dit-il, avant de vous répondre, j'aurais besoin de réfléchir.

— De réfléchir! reprit Morcerf de plus en plus étonné; n'avez-vous pas eu le temps de réfléchir depuis tantôt huit ans que nous causâmes de ce mariage pour la première fois ?

— Monsieur le comte, dit Danglars, tous les jours il arrive des choses qui font que les réflexions que l'on croyait faites sont à refaire.

— Comment cela? demanda Morcerf; je ne vous comprends plus, baron !

— Je veux dire, monsieur, que depuis quinze jours, de nouvelles circonstances...

— Permettez, dit Morcerf; est-ce ou n'est-ce pas une comédie que nous jouons ?

— Comment cela, une comédie ?

— Oui, expliquons-nous catégoriquement.

— Je ne demande pas mieux.

— Vous avez vu M. de Monte-Cristo ?

— Je le vois très souvent, dit Danglars, en secouant son jabot, c'est un de mes amis.

— Eh bien ! une des dernières fois que vous l'avez vu, vous lui avez dit que je semblais oublieux, irrésolu à l'endroit de ce mariage.

— C'est vrai.

— Eh bien! me voici. Je ne suis ni oublieux ni irrésolu. Vous le voyez, puisque je viens vous sommer de tenir votre promesse.

Danglars ne répondit pas.

— Avez-vous sitôt changé d'avis, ajouta Morcerf, ou n'avez-vous provoqué ma demande que pour vous donner le plaisir de m'humilier ?

Danglars comprit que s'il continuait la conversation sur le ton qu'il l'avait entreprise, la chose pourrait mal tourner pour lui

— Monsieur le comte, dit-il, vous devez être à bon droit surpris de ma réserve, je comprends cela; aussi, croyez bien que moi tout le premier je m'en afflige; croyez bien qu'elle m'est commandée par des circonstances impérieuses.

— Ce sont là des propos en l'air, mon cher monsieur, dit le comte, et dont pourrait peut-être se contenter le premier venu; mais le comte de Morcerf n'est pas le premier venu ; et quand un homme comme lui vient trouver un autre homme, lui rappelle la parole donnée, et que cet homme manque à sa parole, il a le droit d'exiger en place qu'on lui donne au moins une bonne raison.

Danglars était lâche, mais il ne le voulait point paraître; il fut piqué du ton que Morcerf venait de prendre.

— Aussi n'est-ce pas la bonne raison qui me manque, répliqua-t-il.

— Que prétendez-vous dire ?

— Que la bonne raison, je l'ai, mais qu'elle est difficile à donner.

— Vous sentez cependant, dit Morcerf, que je ne puis me payer de vos réticences ; et une chose, en tout cas, me paraît claire, c'est que vous refusez mon alliance.

— Non, monsieur, dit Danglars, je suspends ma résolution, voilà tout.

— Mais vous n'avez pas cependant la prétention, je le suppose, de croire que je souscrive à vos caprices, au point d'attendre tranquillement et humblement le retour de vos bonnes graces ?

— Alors, monsieur le comte, si vous ne pouvez attendre, regardons nos projets comme non avenus.

Le comte se mordit les lèvres jusqu'au sang pour ne pas faire l'éclat que son caractère superbe et irritable le portait à faire ; cependant, comprenant qu'en pareille circonstance le ridicule serait de son côté, il avait déjà commencé à gagner la porte du salon, lorsque, se ravisant, il revint sur ses pas.

Un nuage venait de passer sur son front, y laissant, au lieu de l'orgueil offensé, la trace d'une vague inquiétude.

— Voyons, dit-il, mon cher Danglars, nous nous connaissons depuis longues années, et, par conséquent, nous devons avoir quelques ménagemens l'un pour l'autre. Vous me devez une explication, et c'est bien le moins que je sache à quel malheureux événement mon fils doit la perte de vos bonnes intentions à son égard.

— Ce n'est point personnel au vicomte, voilà tout ce que je puis vous dire, monsieur, répondit Danglars, qui redevenait impertinent en voyant que Morcerf s'adoucissait.

— Et à qui donc est-ce personnel ? demanda d'une voix altérée Morcerf, dont le front se couvrit de pâleur.

Danglars, à qui aucun de ces symptômes n'échappait, fixa sur lui un regard plus assuré qu'il n'avait coutume de le faire.

— Remerciez-moi de ne pas m'expliquer davantage, dit-il.

Un tremblement nerveux, qui venait sans doute d'une colère contenue, agitait Morcerf.

— J'ai le droit, répondit-il en faisant un violent effort sur lui-même, j'ai le droit d'exiger que vous vous expliquiez; est-ce donc contre Mme de Morcerf que vous avez quelque chose ? Est-ce ma fortune qui n'est pas suffisante ? Sont-ce mes opinions qui, étant contraires aux vôtres...

— Rien de tout cela, monsieur, dit Danglars; je serais impardonnable, car je me suis engagé connaissant tout cela. Non, ne cherchez plus, je suis vraiment honteux de vous faire faire cet examen de conscience; restons-en là, croyez-moi. Prenons le terme moyen du délai, qui n'est ni une rupture ni un engagement. Rien ne presse, mon Dieu ! Ma fille a dix-sept ans et votre fils vingt-et-un. Pendant notre halte, le temps marchera, lui ; il mènera les événemens; les choses qui paraissent obscures la veille sont parfois trop claires le lendemain; parfois ainsi, en un jour tombent les plus cruelles calomnies.

— Des calomnies ! avez-vous dit, monsieur? s'écria Morcerf en devenant livide. On me calomnie, moi !

— Monsieur le comte, ne nous expliquons pas, vous dis-je.

— Ainsi, monsieur, il me faudra subir tranquillement ce refus?

— Pénible surtout pour moi, monsieur. Oui, plus pénible pour moi que pour vous, car je comptais sur l'honneur de votre alliance, et un mariage manqué fait toujours plus tort à la fiancée qu'au fiancé.

— C'est bien, monsieur, n'en parlons plus, dit Morcerf.

Et froissant ses gants avec rage, il sortit de l'appartement.

Danglars remarqua que pas une seule fois Morcerf n'avait osé demander si c'était à cause de lui, Morcerf, que Danglars retirait sa parole.

Le soir il eut une longue conférence avec plusieurs amis, et M. Cavalcanti, qui s'était constamment tenu dans le salon des dames, sortit le dernier de la maison du banquier.

Le lendemain, en se réveillant, Danglars demanda les journaux ; on les lui apporta aussitôt : il en écarta trois ou quatre et prit l'*Impartial*.

C'était celui dont Beauchamp était le rédacteur-gérant.

Il brisa rapidement l'enveloppe, l'ouvrit avec une précipitation nerveuse, passa dédaigneusement sur le *premier Paris*, et, arrivant aux faits divers, s'arrêta avec son méchant sourire sur un entre-filets commençant par ces mots : *On nous écrit de Janina*.

— Bon, dit-il après avoir lu, voici un petit bout d'article sur le colonel Fernand qui, selon toute probabilité, me dispensera de donner des explications à M. le comte de Morcerf.

Au même moment, c'est-à-dire comme neuf heures du matin sonnaient, Albert de Morcerf, vêtu de noir, boutonné méthodiquement, la démarche agitée et la parole brève, se présentait à la maison des Champs-Élysées.

— M. le comte vient de sortir, il y a une demi-heure à peu près, dit le concierge.

— A-t-il emmené Baptistin? demanda Morcerf.

— Non, monsieur le vicomte.

— Appelez Baptistin, je veux lui parler.

Le concierge alla chercher le valet de chambre lui-même, et un instant après revint avec lui.

— Mon ami, dit Albert, je vous demande pardon de mon indiscrétion ; mais j'ai voulu vous demander à vous-même si votre maître était bien réellement sorti.

— Oui, monsieur, répondit Baptistin.

— Même pour moi ?

— Je sais combien mon maître est heureux de recevoir monsieur, et je me garderais bien de confondre monsieur dans une mesure générale.

— Tu as raison, car j'ai à lui parler d'une affaire sérieuse. Crois-tu qu'il tarde à rentrer ?

— Non, car il a commandé son déjeuner pour dix heures.

— Bien, je vais faire un tour aux Champs-Élysées, à dix heures je serai ici ; si M. le comte rentre avant moi, dis-lui que je le prie d'attendre.

— Je n'y manquerai pas, monsieur peut en être sûr.

Albert laissa à la porte du comte le cabriolet de place qu'il avait pris et alla se promener à pied.

En passant devant l'allée des Veuves, il crut reconnaître les chevaux du comte qui stationnaient à la porte du tir de Gosset; il s'approcha, et, après avoir reconnu les chevaux, reconnut le cocher.

— Monsieur le comte est au tir? demanda Morcerf à celui-ci.

— Oui, monsieur, répondit le cocher.

En effet, plusieurs coups réguliers s'étaient fait entendre depuis que Morcerf était aux environs du tir.

Il entra.

Dans le petit jardin se tenait le garçon.

— Pardon, dit-il, mais monsieur le vicomte voudrait-il attendre un instant?

— Pourquoi cela, Philippe? demanda Albert, qui, étant un habitué, s'étonnait de cet obstacle qu'il ne comprenait pas.

— Parce que la personne qui s'exerce en ce moment prend le tir à elle seule, et ne tire jamais devant quelqu'un.

— Pas même devant vous, Philippe ?

— Vous voyez, monsieur, je suis à la porte de ma loge.

— Et qui charge ses pistolets ?

— Son domestique.

— Un Nubien ?

— Un nègre.

— C'est cela.

— Vous connaissez donc ce seigneur ?

— Je le viens chercher; c'est mon ami.

— Ah! alors, c'est autre chose. Je vais entrer pour le prévenir.

Et Philippe, poussé par sa propre curiosité, entra dans la cabane de planches. Une seconde après, Monte-Cristo parut sur le seuil.

— Pardon de vous poursuivre jusqu'ici, mon cher comte, dit Albert, mais je commence par vous dire que ce n'est point la faute de vos gens, et que moi seul suis indiscret. Je me suis présenté chez vous ; on m'a dit que vous étiez en promenade, mais que vous rentreriez à dix heures pour déjeuner. Je me suis promené à mon tour en attendant dix heures, et en me promenant j'ai aperçu vos chevaux et votre voiture.

— Ce que vous me dites là me donne l'espoir que vous venez me demander à déjeuner.

— Non pas, merci, il ne s'agit pas de déjeuner à cette heure ; peut-être déjeunerons-nous plus tard , mais en mauvaise compagnie, pardieu !

— Que diable me contez-vous là ?

— Mon cher, je me bats aujourd'hui.

— Vous? et pour quoi faire?

— Pour me battre, pardieu !

— Oui, j'entends bien; mais à cause de quoi ? On se bat pour toute espèce de choses, vous comprenez bien.

— A cause de l'honneur.

— Ah ! ceci, c'est sérieux.

— Si sérieux, que je viens vous prier de me rendre un service.

— Lequel?

— Celui d'être mon témoin

— Alors cela devient grave ; ne parlons de rien ici, et rentrons chez moi. Ali, donne-moi de l'eau.

Le comte retroussa ses manches et passa dans le petit vestibule qui précède les tirs et où les tireurs ont l'habitude de se laver les mains.

— Entrez donc, monsieur le vicomte, dit tout bas Philippe, vous verrez quelque chose de drôle.

Morcerf entra. Au lieu de mouches, des cartes à jouer étaient collées sur la plaque.

De loin Morcerf crut que c'était un jeu complet; il y avait depuis l'as jusqu'au dix.

— Ah! ah! dit Albert, vous étiez en train de jouer au piquet?

— Non, dit le comte, j'étais en train de faire un jeu de cartes.

— Comment cela?

— Oui, ce sont des as et des deux que vous voyez;

seulement mes balles en ont fait des trois, des cinq, des sept, des huit, des neuf et des dix.

Albert s'approcha.

En effet, les balles avaient, avec des lignes parfaitement exactes et des distances parfaitement égales, remplacé les signes absens et troué le carton aux endroits où il aurait dû être peint.

En allant à la plaque, Morcerf ramassa, en outre, deux ou trois hirondelles qui avaient eu l'imprudence de passer à portée de pistolet du comte, et que le comte avait abattues.

— Diable! fit Morcerf.

— Que voulez-vous, mon cher vicomte, dit Monte-Cristo en s'essuyant les mains avec du linge apporté par Ali, il faut bien que j'occupe mes instans d'oisiveté; mais venez, je vous attends.

Tous deux montèrent dans le coupé de Monte-Cristo qui, au bout de quelques instans, les eut déposés à la porte du n° 30.

Monte-Cristo conduisit Morcerf dans son cabinet, et lui montra un siège. Tous deux s'assirent.

— Maintenant, causons tranquillement, dit le comte.

— Vous voyez que je suis parfaitement tranquille.

— Avec qui voulez-vous vous battre?

— Avec Beauchamp.

— Un de vos amis?

— C'est toujours avec des amis qu'on se bat.

— Au moins faut-il une raison.

— J'en ai une.

— Que vous a-t-il fait?

— Il y a dans son journal d'hier soir... Mais tenez, lisez.

Albert tendit à Monte-Cristo un journal où il lut ces mots :

« On nous écrit de Janina :

» Un fait jusqu'alors ignoré, ou tout au moins inédit, est parvenu à notre connaissance; les châteaux qui défendaient la ville ont été livrés aux Turcs par un officier français dans lequel le visir Ali-Tebelin avait mis toute sa confiance, et qui s'appelait Fernand. »

— Eh bien! demanda Monte-Cristo, que voyez-vous là dedans qui vous choque?

— Comment ce que je vois!

— Oui, que vous importe à vous, que les châteaux de Janina aient été livrés par un officier nommé Fernand?

— Il m'importe que mon père, le comte de Morcerf, s'appelle Fernand de son nom de baptême.

— Et votre père servait Ali-Pacha?

— C'est-à-dire qu'il combattait pour l'indépendance des Grecs; voilà où est la calomnie.

— Ah ça! mon cher vicomte, parlons raison.

— Je ne demande pas mieux.

— Dites-moi un peu qui diable sait en France que l'officier Fernand est le même homme que le comte de Morcerf? et qui s'occupe à cette heure de Janina, qui a été prise en 1822 ou 1823, je crois?

— Voilà justement où est la perfidie; on a laissé le temps passer là-dessus, puis aujourd'hui on revient sur des événemens oubliés pour en faire sortir un scandale qui peut ternir une haute position. Eh bien! moi, héritier du nom de mon père, je ne veux pas même que sur ce nom flotte l'ombre d'un doute. Je vais envoyer à Beauchamp, dont le journal a publié cette note, deux témoins, et il la rétractera.

— Beauchamp ne rétractera rien.

— Alors, nous nous battrons.

— Non, vous ne vous battrez pas, car il vous répondra qu'il y avait peut-être dans l'armée grecque cinquante officiers qui s'appellent Fernand.

— Nous nous battrons malgré cette réponse. Oh! je veux que cela disparaisse... Mon père, un si noble soldat! une si illustre carrière!...

— Ou bien il mettra : Nous sommes fondés à croire que ce Fernand n'a rien de commun avec M. le comte de Morcerf, dont le nom de baptême est aussi Fernand.

— Il me faut une rétractation pleine et entière; je ne me contenterai point de celle-là.

— Et vous allez lui envoyer vos témoins?

— Oui.

— Vous avez tort.

— Cela veut dire que vous me refusez le service que je venais vous demander.

— Ah! vous savez ma théorie à l'égard du duel, je vous ai fait ma profession de foi à Rome, vous vous le rappelez?

— Cependant, mon cher comte, je vous ai trouvé ce matin, tout à l'heure, exerçant une occupation peu en harmonie avec cette théorie.

— Parce que, mon cher ami, vous comprenez, il ne faut jamais être exclusif. Quand on vit avec des fous, il faut faire aussi son apprentissage d'insensé; d'un moment à l'autre quelque cerveau brûlé, qui n'aura pas plus de motif de me chercher querelle que vous n'en avez d'aller chercher querelle à Beauchamp, me viendra trouver pour la première niaiserie venue, ou m'enverra ses témoins, ou m'insultera dans un endroit public, eh bien! ce cerveau brûlé, il faudra bien que je le tue.

— Vous admettez donc que vous-même vous vous battriez?

— Pardieu!

— Eh bien! alors pourquoi voulez-vous que moi je ne me batte pas?

— Je ne dis point que vous ne devez pas vous battre; je dis seulement qu'un duel est une chose grave et à laquelle il faut réfléchir.

— A-t-il réfléchi, lui, pour insulter mon père?

— S'il n'a pas réfléchi, et qu'il vous l'avoue, il ne faut pas lui en vouloir.

— Oh! mon cher comte, vous êtes beaucoup trop indulgent!

— Et vous, beaucoup trop rigoureux. Voyons, je suppose... écoutez bien ceci; je suppose... N'allez pas vous fâcher de ce que je vous dis!

— J'écoute.

— Je suppose que le fait rapporté soit vrai...

— Un fils ne doit pas admettre une pareille supposition sur l'honneur de son père.

— Eh! mon Dieu! nous sommes dans une époque où l'on admet tant de choses!

— C'est justement le vice de l'époque.

— Avez-vous la prétention de la réformer?

— Oui, à l'endroit de ce qui me regarde.

— Mon Dieu! quel rigoriste vous faites, mon cher ami!

— Je suis ainsi.

— Êtes-vous inaccessible aux bons conseils?

— Non, quand ils viennent d'un ami.

— Me croyez-vous le vôtre?

— Oui.

— Eh bien! avant d'envoyer vos témoins à Beauchamp, informez-vous.

— Auprès de qui?

— Eh pardieu! auprès d'Haydée, par exemple.

— Mêler une femme dans tout cela; que peut-elle y faire?

— Vous déclarer que votre père n'est pour rien dans la défaite ou la mort du sien, par exemple, ou vous éclairer à ce sujet, si par hasard votre père avait eu le malheur...

— Je vous ai déjà dit, mon cher comte, que je ne pouvais admettre une pareille supposition.

— Vous refusez donc ce moyen?

— Je le refuse.

— Absolument?

— Absolument!

— Alors, un dernier conseil.

— Soit, mais le dernier.

— Ne le voulez-vous point?

— Au contraire, je vous le demande.

OEUV. COMPL. D'ALEX. DUMAS.

36

— N'envoyez point de témoins à Beauchamp.
— Comment?
— Allez le trouver vous-même.
— C'est contre les habitudes.
— Votre affaire est en dehors des affaires ordinaires.
— Et pourquoi dois-je y aller moi-même, voyons?
— Parce qu'ainsi l'affaire reste entre vous et Beauchamp.
— Expliquez-vous.
— Sans doute; si Beauchamp est disposé à se rétracter, il faut lui laisser le mérite de la bonne volonté, la rétractation n'en sera pas moins faite. S'il refuse, au contraire, il sera temps de mettre deux étrangers dans votre secret.
— Ce ne seront pas deux étrangers, ce seront deux amis.
— Les amis d'aujourd'hui sont les ennemis de demain.
— Oh! par exemple!
— Témoin Beauchamp.
— Ainsi...
— Ainsi je vous recommande la prudence.
— Ainsi vous croyez que je dois aller trouver Beauchamp moi-même?
— Oui.
— Seul?
— Seul. Quand on veut obtenir quelque chose de l'amour-propre d'un homme, il faut sauver à l'amour-propre de cet homme jusqu'à l'apparence de la souffrance.
— Je crois que vous avez raison.
— Ah! c'est bien heureux!
— J'irai seul.
— Allez; mais vous feriez encore mieux de n'y point aller du tout.
— C'est impossible.
— Faites donc ainsi; ce sera toujours mieux que ce que vous vouliez faire.
— Mais en ce cas, voyons, si malgré toutes mes précautions, tous mes procédés, si j'ai un duel, me servirez-vous de témoin?
— Mon cher vicomte, dit Monte-Cristo avec une gravité suprême, vous avez dû voir qu'en temps et lieux j'étais tout à votre dévotion; mais le service que vous me demandez là sort du cercle de ceux que je puis vous rendre.
— Pourquoi cela?
— Peut-être le saurez-vous un jour.
— Mais en attendant?
— Je demande votre indulgence pour mon secret.
— C'est bien. Je prendrai Franz et Château-Renaud.
— Prenez Franz et Château-Renaud, ce sera à merveille.
— Mais enfin, si je me bats, vous me donnerez bien une petite leçon d'épée ou de pistolet?
— Non, c'est une chose impossible.
— Singulier homme que vous faites, allez! Alors vous ne voulez vous mêler de rien?
— De rien absolument.
— Alors n'en parlons plus. Adieu, comte.
— Adieu, vicomte.
Morcerf prit son chapeau et sortit.
A la porte, il retrouva son cabriolet, et contenant du mieux qu'il put sa colère, il se fit conduire chez Beauchamp; Beauchamp était à son journal.
Albert se fit conduire au journal.
Beauchamp était dans un cabinet sombre et poudreux, comme sont de fondation les bureaux de journaux.
On lui annonça Albert de Morcerf. Il fit répéter deux fois l'annonce; puis, mal convaincu encore, il cria: Entrez!
Albert parut.
Beauchamp poussa une exclamation de surprise en voyant son ami franchir les liasses de papier, et fouler d'un pied mal exercé les journaux de toutes grandeurs qui jonchaient non point le parquet, mais le carreau rougi de son bureau.

— Par ici, par ici, mon cher Albert, dit-il en tendant la main au jeune homme; qui diable vous amène? êtes-vous perdu comme le petit Poucet, ou venez-vous tout bonnement me demander à déjeuner? Tâchez de trouver une chaise; tenez, là-bas, près de ce géranium qui, seul ici, me rappelle qu'il y a au monde des feuilles qui ne sont pas des feuilles de papier.
— Beauchamp, dit Albert, c'est de votre journal que je viens vous parler.
— Vous, Morcerf? Que désirez-vous?
— Je désire une rectification.
— Vous, une rectification! A propos de quoi, Albert? mais asseyez-vous donc!
— Merci, répondit Albert pour la seconde fois, et avec un léger signe de tête.
— Expliquez-vous.
— Une rectification sur un fait qui porte atteinte à l'honneur d'un membre de ma famille.
— Allons donc? dit Beauchamp surpris. Quel fait? Cela ne se peut pas.
— Le fait qu'on vous a écrit de Janina.
— De Janina?
— Oui, de Janina. En vérité vous avez l'air d'ignorer ce qui m'amène.
— Sur mon honneur... Baptiste! un journal d'hier! cria Beauchamp.
— C'est inutile, je vous apporte le mien.
Beauchamp lut en bredouillant:
« On nous écrit de Janina, etc., etc. »
— Vous comprenez que le fait est grave, dit Morcerf quand Beauchamp eut fini.
— Cet officier est donc votre parent? demanda le journaliste.
— Oui, dit Albert en rougissant.
— Eh bien! que voulez-vous que je fasse pour vous être agréable? dit Beauchamp avec douceur.
— Je voudrais, mon cher Beauchamp, que vous rétractassiez ce fait.
Beauchamp regarda Albert avec une attention qui annonçait assurément beaucoup de bienveillance.
— Voyons, dit-il, cela va nous entraîner dans une longue causerie; car c'est toujours une chose grave qu'une rétractation. Asseyez-vous; je vais relire ces trois ou quatre lignes.
Albert s'assit, et Beauchamp relut les lignes incriminées par son ami avec plus d'attention que la première fois.
— Eh bien! vous le voyez, dit Albert avec fermeté, avec rudesse même, on a insulté dans votre journal quelqu'un de ma famille, et je veux une rétractation.
— Vous... voulez...
— Oui, je veux.
— Permettez-moi de vous dire que vous n'êtes point parlementaire, mon cher vicomte.
— Je ne veux point l'être, répliqua le jeune homme en se levant; je poursuis la rétractation d'un fait que vous avez énoncé hier, et je l'obtiendrai. Vous êtes assez mon ami, continua Albert les lèvres serrées, voyant que Beauchamp, de son côté, commençait à relever sa tête dédaigneuse; vous êtes assez mon ami, et comme tel, vous me connaissez assez, je l'espère, pour comprendre ma ténacité en pareille circonstance.
— Si je suis votre ami, Morcerf, vous finirez par me le faire oublier avec des mots pareils à ceux de tout à l'heure... Mais voyons, ne nous fâchons pas, ou du moins pas encore... Vous êtes inquiet, irrité, piqué... Voyons, quel est ce parent qu'on appelle Fernand?
— C'est mon père, tout simplement, dit Albert; M. Fernand Mondego, comte de Morcerf, un vieux militaire qui a vu vingt-cinq champs de bataille, et dont on voudrait couvrir les nobles cicatrices avec la fange impure ramassée dans le ruisseau.
— C'est votre père! dit Beauchamp; alors c'est autre

chose; je conçois votre indignation, mon cher Albert.... Relisons donc...

Et il relut la note en pesant cette fois sur chaque mot.

— Mais où voyez-vous, demanda Beauchamp, que le Fernand du journal soit votre père?

— Nulle part, je le sais bien ; mais d'autres le verront C'est pour cela que je veux que le fait soit démenti.

Aux mots *je veux*, Beauchamp leva les yeux sur Morcerf, *et*, les baissant presque aussitôt, il demeura un instant pensif.

— Vous démentirez ce fait, n'est-ce pas Beauchamp? répéta Morcerf avec une colère croissante, quoique toujours concentrée.

— Oui, dit Beauchamp.

— A la bonne heure! dit Albert.

— Mais quand je me serai assuré que le fait est faux.

— Comment!

— Oui, la chose vaut la peine d'être éclaircie, et je l'éclaircirai.

— Mais que voyez-vous donc à éclaircir dans tout cela, monsieur? dit Albert hors de toute mesure. Si vous ne croyez pas que ce soit mon père, dites-le tout de suite ; si vous croyez que ce soit lui, rendez-moi raison de cette opinion.

Beauchamp regarda Albert avec ce sourire qui lui était particulier et qui savait prendre la nuance de toutes les passions.

— Monsieur, reprit-il, puisque monsieur il y a, si c'est pour me demander raison que vous êtes venu, il fallait le faire d'abord et ne point venir me parler d'amitié et d'autres choses oiseuses comme celles que j'ai la patience d'entendre depuis une demi-heure. Est-ce bien sur ce terrain que nous allons marcher désormais, voyons?

— Oui, si vous ne rétractez pas l'infâme calomnie !

— Un moment! pas de menaces, s'il vous plaît, monsieur Fernand de Mondego, vicomte de Morcerf; je n'en souffre pas de mes ennemis, à plus forte raison de mes amis. Donc, vous voulez que je démente le fait sur le colonel Fernand, fait auquel je n'ai, sur mon honneur, pris aucune part?

— Oui, je le veux ! dit Albert, dont la tête commençait à s'égarer.

— Sans quoi, nous nous battrons? continua Beauchamp avec le même calme.

— Oui, reprit Albert en haussant la voix.

— Eh bien ! dit Beauchamp, voici ma réponse, mon cher monsieur, ce fait n'a pas été inséré par moi, je ne le connaissais pas ; mais vous avez, par votre démarche attiré mon attention sur ce fait, elle s'y cramponne; il subsistera donc jusqu'à ce qu'il soit démenti ou confirmé par qui de droit.

— Monsieur, dit Albert en se levant, je vais donc avoir l'honneur de vous envoyer mes témoins ; vous discuterez avec eux le lieu et les armes.

— Parfaitement, mon cher monsieur.

— Et ce soir, s'il vous plaît, ou demain au plus tard, nous nous rencontrerons.

— Non pas! non pas! Je serai sur le terrain quand il le faudra, et, à mon avis (j'ai le droit de le donner, puis que c'est moi qui reçois la provocation), et, à mon avis, dis-je, l'heure n'est pas encore venue. Je sais que vous tirez très bien l'épée, je la tire passablement; je sais que vous faites trois mouches sur six, c'est ma force à peu près ; je sais qu'un duel entre nous sera un duel sérieux parce que vous êtes brave et que... je le suis aussi. Je ne veux donc pas m'exposer à vous tuer ou à être tué moi-même par vous sans cause. C'est moi qui vais à mon tour poser la question, et ca-té-go-ri-que-ment.

Tenez-vous à cette rétractation au point de me tuer si je ne la fais pas, bien que je vous aie dit, bien que je vous répète, bien que je vous affirme sur l'honneur que je ne connaissais pas le fait, bien que je vous déclare enfin

qu'il est impossible à tout autre qu'à un don Japhet comme vous de deviner M. le comte de Morcerf sous ce nom de Fernand.

— J'y tiens absolument.

— Eh bien ! mon cher monsieur, je consens à me couper la gorge avec vous, mais je veux trois semaines; dans trois semaines vous me retrouverez pour vous dire : Oui, le fait est faux, et je l'efface; ou bien : Oui, le fait est vrai. Et je sors les épées du fourreau, ou les pistolets de la boîte, à votre choix.

— Trois semaines! s'écria Albert ; mais trois semaines, c'est trois siècles pendant lesquels je suis déshonoré !

— Si vous étiez resté mon ami, je vous eusse dit : Patience, ami ; vous vous êtes fait mon ennemi, et je vous dis : Que m'importe à moi, monsieur !

— Eh bien ! dans trois semaines, soit, dit Morcerf. Mais songez-y, dans trois semaines il n'y aura plus ni délai ni subterfuge qui puisse vous dispenser...

— Monsieur Albert de Morcerf, dit Beauchamp en se levant à son tour, je ne puis vous jeter par les fenêtres que dans trois semaines, c'est-à-dire dans vingt-quatre jours, et vous, vous n'avez le droit de me pourfendre qu'à cette époque. Nous sommes le 29 du mois d'août, au 21 donc du mois de septembre. Jusque-là, croyez-moi, épargnons-nous les aboiemens de deux dogues enchaînés à distance.

Et Beauchamp, saluant gravement le jeune homme, lui tourna le dos et passa dans son imprimerie.

Albert se vengea sur une pile de journaux qu'il dispersa en les cinglant à grands coups de badine, après quoi il partit, non sans s'être retourné deux ou trois fois vers la porte de l'imprimerie.

Tandis qu'Albert fouettait le devant de son cabriolet, après avoir fouetté les innocens papiers noircis, qui n'en pouvaient mais de sa déconvenue, il aperçut, en traversant le boulevard, Morrel, qui, le nez au vent, l'œil éveillé et les bras dégagés, passait devant les bains Chinois, venant du côté de la porte Saint-Martin et allant du côté de la Madeleine.

— Ah! dit-il en soupirant, voilà un homme heureux ! Par hasard, Albert ne se trompait point.

CHAP. LXXVIII. — LA LIMONADE.

En effet, Morrel était bien heureux.

M. Noirtier venait de l'envoyer chercher, et il avait si grande hâte de savoir pour quelle cause, qu'il n'avait pas pris de cabriolet, se fiant bien plus à ses deux jambes qu'aux quatre jambes d'un cheval de place. Il était donc parti tout courant de la rue Meslay et se rendait au faubourg Saint-Honoré.

Morrel marchait au pas gymnastique, et le pauvre Barrois le suivait de son mieux. Morrel avait trente et un ans, Barrois en avait soixante; Morrel était ivre d'amour, Barrois était altéré par la grande chaleur. Ces deux hommes, ainsi divisés d'intérêts et d'âge, ressemblaient aux deux lignes que forme un triangle : écartées par la base, elles se rejoignent au sommet.

Le sommet, c'était Noirtier, lequel avait envoyé chercher Morrel, en lui recommandant de faire diligence, recommandation que Morrel suivit à la lettre, au grand désespoir de Barrois.

En arrivant, Morrel n'était pas même essoufflé : l'amour donne des ailes ; mais Barrois, qui depuis longtemps n'était plus amoureux, Barrois était en nage.

Le vieux serviteur fit entrer Morrel par la porte particulière, ferma la porte du cabinet, et bientôt un froissement de robe sur le parquet annonça la visite de Valentine.

Valentine était belle à ravir sous ses vêtemens de deuil.

Le rêve devenait si doux, que Morrel se fût presque passé de converser avec Noirtier, mais le fauteuil du vieillard roula bientôt sur le parquet, et il entra.

Noirtier accueilli par un regard bienveillant les remercîmens que Morrel lui prodiguait pour cette merveilleuse intervention qui les avait sauvés, Valentine et lui, du désespoir. Puis le regard de Morrel alla provoquer sur la nouvelle faveur qui lui était accordée, la jeune fille, qui, timide et assise loin de Morrel, attendait d'être forcée à parler.

Noirtier la regarda à son tour.

— Il faut donc que je dise ce dont vous m'avez chargée ? demanda-t-elle.

— Oui, fit Noirtier.

— Monsieur Morrel, dit alors Valentine au jeune homme, qui la dévorait des yeux, mon bon papa Noirtier, avait mille choses à vous dire, que depuis trois jours il m'a dites. Aujourd'hui il vous envoie chercher pour que je vous les répète ; je vous les répéterai donc ; puisqu'il m'a choisie pour son interprète, sans changer un mot à ses intentions.

— Oh ! j'écoute bien impatiemment, répondit le jeune homme ; parlez, mademoiselle, parlez.

Valentine baissa les yeux, ce fut un présage qui parut doux à Morrel. Valentine n'était faible que dans le bonheur.

— Mon père veut quitter cette maison, dit-elle. Barrois s'occupe de lui chercher un appartement convenable.

— Mais vous, mademoiselle, dit Morrel, vous qui êtes si chère et si nécessaire à M. Noirtier ?

— Moi, reprit la jeune fille, je ne quitterai point mon grand-père, c'est chose convenue entre lui et moi. Mon appartement sera près du sien. Ou j'aurai le consentement de M. de Villefort pour aller habiter avec papa Noirtier, ou on me le refusera : dans le premier cas, je pars dès à présent ; dans le second, j'attends ma majorité qui arrive dans dix mois. Alors je serais libre, j'aurai une fortune indépendante, et....

— Et ?... demanda Morrel.

— Et, avec l'autorisation de bon papa, je tiendrai la promesse que je vous ai faite.

Valentine prononça ces derniers mots si bas, que Morrel n'eût pu les entendre sans l'intérêt qu'il avait à les dévorer.

— N'est-ce point votre pensée que j'ai exprimée là ? bon papa, ajouta Valentine en s'adressant à Noirtier.

— Oui, fit le vieillard.

— Une fois chez mon grand-père, ajouta Valentine, M. Morrel pourra me venir voir en présence de ce bon et digne protecteur. Si le lien que nos cœurs, peut-être ignorans ou capricieux, avaient commencé de former paraît convenable et offre des garanties de bonheur futur à notre expérience (hélas ! dit-on, les cœurs enflammés par les obstacles se refroidissent dans la sécurité !), alors M. Morrel pourra me demander à moi-même, je l'attendrai.

— Oh ! s'écria Morrel, tenté de s'agenouiller devant le vieillard comme devant Dieu, devant Valentine comme devant un ange ; oh ! qu'ai-je donc fait de bien dans ma vie pour mériter tant de bonheur !

Jusque là, continua la jeune fille de sa voix pure et sévère, nous respecterons les convenances, la volonté même de nos parens, pourvu que cette volonté ne tende pas à nous séparer toujours ; en un mot, et je répète ce mot parce qu'il dit tout, nous attendrons.

— Et les sacrifices que ce mot impose, monsieur, dit Morrel, je vous jure de les accomplir, non pas avec résignation, mais avec bonheur.

— Ainsi, continua Valentine avec un regard bien doux au cœur de Maximilien, plus d'imprudences, mon ami ; ne compromettez pas celle qui, à partir d'aujourd'hui, se regarde comme destinée à porter purement et dignement votre nom.

Morrel appuya sa main sur son cœur.

Cependant Noirtier les regardait tous deux avec tendresse. Barrois, qui était resté au fond comme un homme à qui l'on n'a rien à cacher, souriait en essuyant les grosses gouttes d'eau qui tombaient de son front chauve.

— Oh ! mon Dieu, comme il a chaud, ce bon Barrois, dit Valentine.

— Ah ! dit Barrois, c'est que j'ai bien couru, allez, mademoiselle ; mais monsieur Morrel, je dois lui rendre cette justice-là, courait encore plus vite que moi.

Noirtier indiqua de l'œil un plateau sur lequel étaient servis une carafe de limonade et un verre. Ce qui manquait dans la carafe avait été bu une demi-heure auparavant par Noirtier.

— Tiens, bon Barrois, dit la jeune fille, prends, car je vois que tu couves des yeux cette carafe entamée.

— Le fait est, dit Barrois, que je meurs de soif, et que, je boirai bien volontiers un verre de limonade à votre santé.

— Bois donc, dit Valentine, et reviens dans un instant.

Barrois emporta le plateau, et à peine était-il dans le corridor, qu'à travers la porte qu'il avait oublié de fermer, on le voyait pencher la tête en arrière pour vider le verre que Valentine avait rempli.

Valentine et Morrel échangeaient leur adieux en présence de Noirtier, quand on entendit la sonnette retentir dans l'escalier de Villefort.

C'était le signal d'une visite.

Valentine regarda la pendule.

— Il est midi, dit-elle, c'est aujourd'hui samedi, bon papa, c'est sans doute le docteur.

Noirtier fit signe qu'en effet ce devait être lui.

Il va venir ici, il faut donc que monsieur Morrel s'en aille, n'est-ce pas, bon papa ?

— Oui, répondit le vieillard.

— Barrois ? appela Valentine ; Barrois, venez !

On entendit la voix du vieux serviteur qui répondait :

— J'y vais, mademoiselle.

— Barrois va vous reconduire jusqu'à la porte, dit Valentine à Morrel : et maintenant rappelez-vous une chose, monsieur l'officier, c'est que mon bon papa vous recommande de ne risquer aucune démarche capable de compromettre notre bonheur.

— J'ai promis d'attendre, dit Morrel, et j'attendrai.

En ce moment Barrois entra.

— Qui a sonné ? demanda Valentine.

— Monsieur le docteur d'Avrigny, dit Barrois, en chancelant sur ses jambes.

— Eh bien ! qu'avez-vous donc, Barrois ? demanda Valentine.

Le vieillard ne répondit pas ; il regardait son maître avec des yeux effarés, tandis que de sa main crispée il cherchait un appui pour demeurer debout.

— Mais il va tomber ! s'écria Morrel.

En effet, le tremblement dont Barrois était saisi augmentait par degrés ; les traits du visage, altérés par les mouvemens convulsifs des muscles de la face, annonçaient une attaque nerveuse des plus intenses.

Noirtier, voyant Barrois ainsi troublé, multipliait ses regards dans lesquels se peignaient, intelligibles et palpitantes, toutes les émotions qui agitent le cœur de l'homme.

Barrois fit quelques pas vers son maître.

— Ah ! mon Dieu ! mon Dieu ! Seigneur ! dit-il, mais qu'ai-je donc ?... Je souffre... je n'y vois plus. Mille pointes de feu me traversent le crâne. Oh ! ne me touchez pas, ne me touchez pas !

En effet, les yeux devenaient saillans et hagards, et la tête se renversait en arrière, tandis que le reste du corps se raidissait.

Valentine épouvantée poussa un cri ; Morrel la prit dans ses bras comme pour la défendre contre quelque danger inconnu.

— Monsieur d'Avrigny ! monsieur d'Avrigny ! cria Valentine d'une voix étouffée, à nous ! au secours !

Barrois tourna sur lui-même, fit trois pas en arrière, trébucha et vint tomber aux pieds de Noirtier, sur le genou duquel il appuya sa main en criant :

— Mon maître! mon bon maître!

En ce moment, monsieur de Villefort, attiré par les cris, parut sur le seuil de la chambre.

Morrel lâcha Valentine à moitié évanouie, et se rejetant en arrière, s'enfonça dans l'angle de la chambre et disparut presque derrière un rideau.

Pâle comme s'il eût vu un serpent se dresser devant lui, il attachait un regard glacé sur le malheureux agonisant.

Noirtier bouillait d'impatience et de terreur ; son ame volait au secours du pauvre vieillard, son ami plutôt que son domestique. On voyait le combat terrible de la vie et de la mort se traduire sur son front par le gonflement des veines et la contraction de quelques muscles restés vivans autour de ses yeux.

Barrois, la face agitée, les yeux injectés de sang, le cou renversé en arrière, gisait battant le parquet de ses mains, tandis qu'au contraire ses jambes raidies semblaient devoir rompre plutôt que plier.

Une légère écume montait à ses lèvres, et il haletait douloureusement.

Villefort, stupéfait, demeura un instant les yeux fixés sur ce tableau qui, dès son entrée dans la chambre, attira ses regards.

Il n'avait pas vu Morrel.

Après un instant de contemplation muette, pendant lequel on put voir son visage pâlir et ses cheveux se dresser sur sa tête :

— Docteur! docteur! s'écria-t-il en s'élançant vers la porte; venez, venez !

— Madame! madame! cria Valentine appelant sa belle-mère et se heurtant aux parois de l'escalier, venez! venez vite! et apportez votre flacon de sels !

— Qu'y a-t-il? demanda la voix métallique et contenue de madame de Villefort.

— Oh! venez! venez !

— Mais où donc est le docteur? criait Villefort; où est-il ?

Madame de Villefort descendit lentement; on entendait craquer les planches sous ses pieds. D'une main elle tenait le mouchoir avec lequel elle s'essuyait le visage, de l'autre un flacon de sels anglais.

Son premier regard, en arrivant à la porte, fut pour Noirtier, dont le visage, sauf l'émotion bien naturelle dans une semblable circonstance, annonçait une santé égale; son second coup d'œil rencontra le moribond.

Elle pâlit, et son œil rebondit pour ainsi dire du serviteur sur le maître.

— Mais au nom du ciel, madame, où est le docteur ? il est entré chez vous. C'est une apoplexie, vous le voyez bien, avec une saignée on le sauvera.

— A-t-il mangé depuis peu ? demanda madame de Villefort éludant la question.

— Madame, dit Valentine, il n'a pas déjeuné, mais il a fort couru ce matin pour faire une commission dont l'avait chargé bon papa. Au retour seulement, il a pris un verre de limonade.

— Ah! fit madame de Villefort, pourquoi pas du vin ? C'est très mauvais, la limonade.

— La limonade était là sous sa main, dans la carafe de bon papa ; le pauvre Barrois avait soif, il a bu ce qu'il a trouvé.

Madame de Villefort tressaillit ; Noirtier l'enveloppa de son regard profond.

— Il a le cou si court ! dit-elle.

— Madame, dit Villefort, je vous demande où est M. d'Avrigny ; au nom du ciel, répondez !

— Il est dans la chambre d'Édouard, qui est un peu souffrant, dit madame de Villefort qui ne pouvait éluder plus longtemps.

Villefort s'élança dans l'escalier pour l'aller chercher lui-même.

— Tenez, dit la jeune femme en donnant son flacon à Valentine, on va le saigner sans doute. Je remonte chez moi, car je ne puis supporter la vue du sang.

Et elle suivit son mari.

Morrel sortit de l'angle sombre où il s'était retiré, et où personne ne l'avait vu, tant la précipitation était grande.

— Partez vite, Maximilien, lui dit Valentine, et attendez que je vous appelle. Allez.

Morrel consulta Noirtier par un geste. Noirtier, qui avait conservé tout son sang-froid, lui fit signe que oui.

Il serra la main de Valentine contre son cœur et sortit par le corridor dérobé.

En même temps, Villefort et le docteur rentraient par la porte opposée.

Barrois commençait à revenir à lui : la crise était passée, sa parole revenait gémissante, et il se soulevait sur un genou.

D'Avrigny et Villefort portèrent Barrois sur une chaise longue.

— Qu'ordonnez-vous, docteur ? demanda Villefort.

— Qu'on m'apporte de l'eau et de l'éther. Vous en avez dans la maison ?

— Oui.

— Qu'on coure me chercher de l'huile de térébenthine et de l'émétique.

— Allez, dit Villefort.

— Et maintenant que tout le monde se retire.

— Moi aussi? demanda timidement Valentine.

— Oui, mademoiselle, vous surtout, dit rudement le docteur.

Valentine regarda M. d'Avrigny avec étonnement, embrassa M. Noirtier au front et sortit.

Derrière elle, le docteur ferma la porte d'un air sombre.

— Tenez, tenez, docteur, le voilà qui revient ; ce n'était qu'une attaque sans importance.

M. d'Avrigny sourit d'un air sombre.

— Comment vous sentez-vous, Barrois? demanda le docteur.

— Un peu mieux, monsieur.

— Pouvez-vous boire ce verre d'eau éthérée ?

— Je vais essayer ; mais ne me touchez pas.

— Pourquoi ?

— Parce qu'il me semble que si vous me touchiez, ne fût-ce que du bout du doigt, l'accès me reprendrait.

— Buvez.

Barrois prit le verre, l'approcha de ses lèvres violettes et le vida à moitié à peu près.

— Où souffrez-vous? demanda le docteur.

— Partout ; j'éprouve comme d'effroyables crampes.

— Avez-vous des éblouissemens ?

— Oui.

— Des tintemens d'oreille ?

— Affreux.

— Quand cela vous a-t-il pris ?

— Tout à l'heure.

— Rapidement?

— Comme la foudre.

— Rien hier? rien avant-hier ?

— Rien.

— Pas de somnolence? pas de pesanteurs ?

— Non.

— Qu'avez-vous mangé aujourd'hui ?

— Je n'ai rien mangé; j'ai bu seulement un verre de la limonade de monsieur, voilà tout.

Et Barrois fit de la tête un signe pour désigner Noirtier qui, immobile sur son fauteuil, contemplait cette terrible scène sans en perdre un mouvement, sans laisser échapper une parole.

— Où est cette limonade? demanda vivement le docteur.

— Dans la carafe, en bas.

— Où cela, en bas?

— Dans la cuisine.

— Voulez-vous que j'aille la chercher, docteur? demanda Villefort.

— Non, restez ici, et tâchez de faire boire au malade le reste de ce verre d'eau.

— Mais cette limonade...

— J'y vais moi-même.

D'Avrigny fit un bond, ouvrit la porte, s'élança dans l'escalier de service, et faillit renverser madame de Villefort, qui, elle aussi, descendait à la cuisine.

Elle poussa un cri.

D'Avrigny n'y fit même pas attention; emporté par la puissance d'une seule idée, il sauta les trois ou quatre dernières marches, se précipita dans la cuisine, et aperçut le carafon aux trois quarts vide sur son plateau.

Il fondit dessus comme un aigle sur sa proie.

Haletant, il remonta au rez-de-chaussée et rentra dans la chambre.

Madame de Villefort remontait lentement l'escalier qui conduisait chez elle.

— Est-ce bien cette carafe qui était ici? demanda d'Avrigny.

— Oui, monsieur le docteur.

— Cette limonade est la même que vous avez bue?

— Je le crois.

— Quel goût lui avez-vous trouvé?

— Un goût amer.

Le docteur versa quelques gouttes de limonade dans le creux de sa main, les aspira avec ses lèvres, et après s'en être rincé la bouche comme on fait avec le vin que l'on veut goûter, il cracha la liqueur dans la cheminée.

— C'est bien la même, dit-il. Et vous en avez bu aussi, vous, monsieur Noirtier?

— Oui, fit le vieillard.

— Et vous lui avez trouvé ce même goût amer?

— Oui.

— Ah! monsieur le docteur! cria Barrois, voilà que cela me prend! Mon Dieu, Seigneur, ayez pitié de moi!

Le docteur courut au malade.

— Cet émétique, Villefort, voyez s'il vient.

Villefort s'élança en criant:

— L'émétique! l'émétique! l'a-t-on apporté?

Personne ne répondit. La terreur la plus profonde régnait dans la maison.

— Si j'avais un moyen de lui insuffler de l'air dans les poumons, dit d'Avrigny en regardant autour de lui, peut-être y aurait-il un moyen de prévenir l'asphyxie. Mais non, rien! rien!

— Oh! monsieur, criait Barrois, me laisserez-vous mourir ainsi sans secours! Oh! je me meurs! mon Dieu! je me meurs!

— Une plume! une plume! demanda le docteur.

Il en aperçut une sur la table.

Il essaya d'introduire la plume dans la bouche du malade, qui faisait, au milieu de ses convulsions, d'inutiles efforts pour vomir; mais les mâchoires étaient tellement serrées que la plume ne put passer.

Barrois était atteint d'une attaque nerveuse encore plus intense que la première. Il avait glissé de la chaise longue à terre, et se raidissait sur le parquet.

Le docteur le laissa en proie à cet accès, auquel il ne pouvait apporter aucun soulagement, et alla à Noirtier.

— Comment vous trouvez-vous? lui dit-il précipitamment et à voix basse; bien?

— Oui.

— Léger d'estomac ou lourd? léger?

— Oui.

— Comme lorsque vous avez pris la pilule que je vous ais donner chaque dimanche?

— Oui.

— Est-ce Barrois qui a fait votre limonade?

— Oui.

— Est-ce vous qui l'avez engagé à en boire?

— Non.

— Est-ce M. de Villefort?

— Non.

— Madame?

— Non.

— C'est donc Valentine, alors?

— Oui.

Un soupir de Barrois, un bâillement qui faisait craquer les os de sa mâchoire appelèrent l'attention de d'Avrigny: il quitta M. Noirtier et courut près du malade.

— Barrois, dit le docteur, pouvez-vous parler?

Barrois balbutia quelques paroles inintelligibles.

— Essayez un effort, mon ami.

Barrois rouvrit des yeux sanglans.

— Qui a fait la limonade?

— Moi.

— L'avez-vous apportée à votre maître aussitôt après l'avoir faite?

— Non.

— Vous l'avez laissée quelque part alors?

— A l'office; on m'appelait.

— Qui l'a apportée ici?

— Mademoiselle Valentine.

D'Avrigny se frappa le front.

— Oh! mon Dieu! mon Dieu! murmura-t-il.

— Docteur! docteur! cria Barrois, qui sentait un troisième accès arriver.

— Mais n'apportera-t-on pas cet émétique! s'écria le docteur.

— Voilà un verre tout préparé, dit Villefort en rentrant.

— Par qui?

— Par le garçon pharmacien qui est venu avec moi.

— Buvez.

— Impossible, docteur, il est trop tard; j'ai la gorge qui se serre; j'étouffe! Oh! mon cœur! Oh! ma tête!... Oh! quel enfer... Est-ce que je vais souffrir longtemps comme cela?

— Non, non, mon ami, dit le docteur; bientôt vous ne souffrirez plus.

— Ah! je vous comprends! s'écria le malheureux: mon Dieu! prenez pitié de moi!

Et jetant un cri, il tomba renversé en arrière, comme s'il eût été foudroyé.

D'Avrigny posa une main sur son cœur, approcha une glace de ses lèvres.

— Eh bien? demanda Villefort.

— Allez dire à la cuisine que l'on m'apporte bien vite du sirop de violettes.

Villefort descendit à l'instant même.

— Ne vous effrayez pas, monsieur Noirtier, dit d'Avrigny, j'emporte le malade dans une autre chambre pour le saigner; en vérité, ces sortes d'attaques sont un affreux spectacle à voir.

Et prenant Barrois par dessous le bras, il le traîna dans une chambre voisine; mais presque aussitôt il rentra chez Noirtier pour prendre le reste de la limonade.

Noirtier fermait l'œil droit.

— Valentine, n'est-ce pas? vous voulez Valentine? Je vais dire qu'on vous l'envoie.

Villefort remontait; d'Avrigny le rencontra dans le corridor.

— Eh bien? demanda-t-il.

— Venez, dit d'Avrigny.

Et il l'emmena dans la chambre.

— Toujours évanoui? demanda le procureur du roi.

— Il est mort.

Villefort recula de trois pas, joignit les mains au dessus de sa tête, et avec une commisération non équivoque:

— Mort si promptement, dit-il en regardant le cadavre.

— Oui, bien promptement, n'est-ce pas? dit d'Avrigny; mais cela ne doit pas vous étonner: M. et madame de Saint-Méran sont morts tout aussi promptement. Oh! l'on meurt vite dans votre maison, monsieur de Villefort.

— Quoi! s'écria le magistrat avec un accent d'horreur et de consternation, vous en revenez à cette terrible idée.

— Toujours, monsieur, toujours, dit d'Avrigny avec solennité, car elle ne m'a pas quitté un instant ; et pour que vous soyez bien convaincu que je ne me trompe pas cette fois, écoutez bien, monsieur de Villefort.

Villefort tremblait convulsivement.

— Il y a un poison qui tue sans presque laisser de trace. Ce poison, je le connais bien, je l'ai étudié dans tous les accidens qu'il amène, dans tous les phénomènes qu'il produit. Ce poison, je l'ai reconnu tout à l'heure chez le pauvre Barrois, comme je l'avais reconnu chez madame de Saint-Méran. Ce poison, il y a une manière de reconnaître sa présence : il rétablit la couleur bleue du papier de tournesol rougi par un acide, et il teint en vert le sirop de violettes. Nous n'avons pas de papier de tournesol ; mais tenez, voilà qu'on m'apporte le sirop de violettes que j'ai demandé.

En effet, on entendait des pas dans le corridor ; le docteur entrebâilla la porte, prit des mains de la femme de chambre un vase au fond duquel il y avait deux ou trois cuillerées de sirop, et referma la porte.

— Regardez, dit-il au procureur du roi dont le cœur battait si fort qu'on eût pu l'entendre, voici dans cette tasse du sirop de violettes, et dans cette carafe le reste de la limonade dont M. Noirtier et Barrois ont bu une partie. Si la limonade est pure et inoffensive, le sirop va garder sa couleur ; si la limonade est empoisonnée, le sirop va devenir vert. Regardez !

Le docteur versa lentement quelques gouttes de limonade de la carafe dans la tasse, et l'on vit à l'instant même un nuage se former au fond de la tasse : ce nuage prit d'abord une nuance bleue ; puis du saphir il passa à l'opale, et de l'opale à l'émeraude.

Arrivé à cette dernière couleur, il s'y fixa pour ainsi dire; l'expérience ne laissait aucun doute.

— Le malheureux Barrois a été empoisonné avec de la fausse angusture ou de la noix de Saint-Ignace, dit d'Avrigny ; maintenant j'en répondrais devant les hommes et devant Dieu.

Villefort ne dit rien, lui, mais il leva les bras au ciel, ouvrit des yeux hagards, et tomba foudroyé sur un fauteuil.

CHAP. LXXIX. — L'ACCUSATION.

M. d'Avrigny eut bientôt rappelé à lui le magistrat, qui semblait un second cadavre dans cette chambre funèbre.

— Oh ! la mort est dans ma maison ! s'écria Villefort.

— Dites le crime, répondit le docteur.

— Monsieur d'Avrigny ! s'écria Villefort, je ne puis vous exprimer tout ce qui se passe en moi en ce moment : c'est de l'effroi, c'est de la douleur, c'est de la folie.

— Oui, dit M. d'Avrigny avec un calme imposant : mais je crois qu'il est temps que nous agissions, je crois qu'il est temps que nous opposions une digue à ce torrent de mortalité. Quant à moi, je ne me sens point capable de porter plus longtemps de pareils secrets sans espoir d'en faire sortir bientôt la vengeance pour la société et ses victimes.

Villefort jeta autour de lui un sombre regard.

— Dans ma maison ! murmura-t-il ; dans ma maison !

— Voyons, magistrat, dit d'Avrigny, soyez homme ; interprète de la loi, honorez-vous par une immolation complète.

— Vous me faites frémir, docteur, une immolation !

— J'ai dit le mot.

— Vous soupçonnez donc quelqu'un !

— Je ne soupçonne personne ; la mort frappe à votre porte, elle entre, elle va, non pas aveugle, mais intelligente qu'elle est de chambre en chambre. Eh bien ! moi, je suis sa trace, je reconnais son passage ; j'adopte la sagesse des anciens, je tâtonne ; car mon amitié pour votre famille, car mon respect pour vous, sont deux bandeaux appliqués sur mes yeux ; eh bien !...

— Oh ! parlez, parlez, docteur, j'aurai du courage.

— Eh bien ! monsieur, vous avez chez vous, dans le sein de votre maison, de votre famille peut-être, un de ces affreux phénomènes, comme chaque siècle en produit quelqu'un. Locuste et Agrippine vivant en même temps sont une exception, qui prouve la fureur de la Providence à perdre l'empire romain, souillé par tant de crimes. Brunehaut et Frédégonde sont les résultats du travail pénible d'une civilisation à sa genèse, dans laquelle l'homme apprenait à dominer l'esprit, fût-ce par l'envoyé des ténèbres. Eh bien ! toutes ces femmes avaient été ou étaient encore jeunes et belles. On avait vu fleurir sur leur front ou sur leur front fleurissait encore cette même fleur d'innocence que l'on retrouve aussi sur le front de la coupable qui est dans votre maison.

Villefort poussa un cri, joignit les mains, et regarda le docteur avec un geste suppliant.

Mais celui-ci poursuivit sans pitié :

— « Cherche à qui le crime profite, » dit un axiome de jurisprudence.

— Docteur ! s'écria Villefort, hélas ! docteur, combien de fois la justice des hommes n'a-t-elle pas été trompée par ces funestes paroles ! Je ne sais, mais il me semble que ce crime...

— Ah ! vous avouez donc enfin que le crime existe ?

— Oui, je le reconnais. Que voulez-vous ? il le faut bien. Mais laissez-moi continuer. Il me semble, dis-je, que ce crime tombe sur moi seul et non sur les victimes. Je soupçonne quelque désastre pour moi sous tous ces désastres étranges.

— Oh ! homme, murmura d'Avrigny, le plus égoïste de tous les animaux, la plus personnelle de toutes les créatures, qui croit toujours que la terre tourne, que le soleil brille, que la mort fauche pour lui tout seul ; fourmi maudissant Dieu du haut d'un brin d'herbe ! Et ceux qui ont perdu la vie, n'ont-ils rien perdu, eux ? M. de Saint-Méran, madame de Saint-Méran, M. Noirtier...

— Comment, M. Noirtier ?

— Eh oui ! Croyez-vous, par exemple, que ce soit à ce malheureux domestique qu'on en voulait ? Non, non ; comme le Polonius de Shakespeare, il est mort pour un autre. C'était Noirtier qui devait boire la limonade ; c'est Noirtier qui l'a bue selon l'ordre logique des choses : l'autre ne l'a bue que par accident ; et quoique ce soit Barrois qui soit mort, c'est Noirtier qui devait mourir.

— Mais alors comment mon père n'a-t-il pas succombé ?

— Je vous l'ai déjà dit un soir, dans le jardin, après la mort de madame de Saint-Méran, parce que son corps est fait à l'usage de ce poison même ; parce que la dose, insignifiante pour lui, était mortelle pour tout autre ; parce qu'enfin personne ne sait, et pas même l'assassin, que, depuis un an je traite avec la brucine la paralysie de M. Noirtier, tandis que l'assassin n'ignore pas, et il s'en est assuré par expérience, que la brucine est un poison violent.

— Mon Dieu ! mon Dieu ! murmura Villefort en se tordant les bras.

— Suivez la marche du criminel ; il tue M. de Saint-Méran.

— Oh ! docteur !

— Je le jurerais ; ce qu'on m'a dit des symptômes s'accorde trop bien avec ce que j'ai vu de mes yeux.

Villefort cessa de combattre et poussa un gémissement.

— Il tue M. de Saint-Méran, répéta le docteur ; il tue madame de Saint-Méran ; double héritage à recueillir.

Villefort essuya la sueur qui coulait sur son front.

— Écoutez bien.

— Hélas ! balbutia Villefort, je ne perds pas un mot, pas un seul.

— M. Noirtier, reprit de sa voix impitoyable M. d'Avrigny, M. Noirtier avait testé naguère contre vous, contre votre famille, en faveur des pauvres, enfin; M. Noirtier est épargné, on n'attend rien de lui. Mais il n'a pas plus tôt détruit son premier testament, il n'a pas plus tôt fait le second, que, de peur qu'il n'en fasse sans doute un troisième, on le frappe : le testament est d'avant-hier, je crois; vous le voyez, il n'y a pas de temps de perdu.

— Oh! grâce! monsieur d'Avrigny.

— Pas de grâce, monsieur! le médecin a une mission sacrée sur la terre, c'est pour la remplir qu'il a remonté jusqu'aux sources de la vie et descendu dans les mystérieuses ténèbres de la mort. Quand le crime a été commis et que Dieu, épouvanté sans doute, détourne son regard du criminel, c'est au médecin de dire : Le voilà!

— Grâce pour ma fille, monsieur! murmura Villefort.

— Vous voyez bien que c'est vous qui l'avez nommée, vous, son père!

— Grâce pour Valentine! Écoutez, c'est impossible. J'aimerais autant m'accuser moi-même! Valentine, un cœur de diamans, un lis d'innocence!

— Pas de grâce, monsieur le procureur du roi; le crime est flagrant. Mademoiselle de Villefort a emballé elle-même les médicamens qu'on a envoyés à M. de Saint-Méran, et M. de Saint-Méran est mort.

Mademoiselle de Villefort a préparé les tisanes de madame de Saint-Méran, et madame de Saint-Méran est morte.

Mademoiselle de Villefort a pris des mains de Barrois, que l'on a envoyé dehors, le carafon de limonade que le vieillard vide ordinairement dans la matinée, et le vieillard n'a échappé que par miracle.

Mademoiselle de Villefort est la coupable! c'est l'empoisonneuse! Monsieur le procureur du roi, je vous dénonce mademoiselle de Villefort; faites votre devoir!

— Docteur, je ne résiste plus, je ne me défends plus, je vous crois; mais, par pitié, épargnez ma vie, mon honneur!

— Monsieur de Villefort, reprit le docteur avec une force croissante, il est des circonstances où je franchis toutes les limites de la sotte circonspection humaine. Si votre fille avait commis seulement un premier crime, et que je la visse en méditer un second, je vous dirais : Avertissez-la, punissez-la, qu'elle passe le reste de sa vie dans quelque cloître, dans quelque couvent, à pleurer, à prier. Si elle avait commis un second crime, je vous dirais : Tenez, monsieur de Villefort, voici un poison qui n'a pas d'antidote connu, prompt comme la pensée, rapide comme l'éclair, mortel comme la foudre; donnez-lui ce poison en recommandant son âme à Dieu, et sauvez ainsi votre honneur et vos jours, car c'est à vous qu'elle en veut; et je la vois s'approcher de votre chevet avec ses sourires hypocrites et ses douces exhortations! Malheur à vous! monsieur de Villefort, si vous ne vous hâtez pas de frapper le premier! Voilà ce que je vous dirais si elle n'avait tué que deux personnes; mais elle a vu trois agonies, elle a contemplé trois moribonds, s'est agenouillée près de trois cadavres; au bourreau, l'empoisonneuse! au bourreau! Vous parlez de votre honneur, faites ce que je vous dis, et c'est l'immortalité qui vous attend!

Villefort tomba à genoux.

— Écoutez, dit-il, je n'ai pas cette force que vous avez ou plutôt que vous n'auriez pas si, au lieu de ma fille Valentine, il s'agissait de votre fille Madeleine.

Le docteur pâlit.

— Docteur, tout homme, fils de la femme, est né pour souffrir et mourir; docteur, je souffrirai et j'attendrai la mort.

— Prenez garde, dit M. d'Avrigny, elle sera lente..... Cette mort, vous la verrez s'approcher après avoir frappé votre père, votre femme, votre fils peut-être.

Villefort, suffoquant, étreignit le bras du docteur.

— Écoutez-moi! s'écria-t-il, plaignez-moi, secourez-moi... Non, ma fille n'est pas coupable... Traînez-nous devant un tribunal; je dirai encore : Non, ma fille n'est pas coupable... Il n'y a pas de crime dans ma maison... Je ne veux pas, entendez-vous, qu'il y ait un crime dans ma maison; car lorsque le crime entre quelque part, c'est comme la mort : il n'entre pas seul. Écoutez : que vous importe à vous que je meure assassiné?... êtes-vous mon ami? êtes-vous un homme? avez-vous un cœur?... Non, vous êtes un médecin!... Eh bien! je vous dis : non ma fille ne sera pas par moi traînée aux mains du bourreau!... Ah! voilà une idée qui me dévore, qui me pousse comme un insensé à creuser ma poitrine avec mes ongles!... Et si vous vous trompiez, docteur! si c'était un autre que ma fille! Si, un jour, je venais pâle comme un spectre, vous dire : Assassin! tu as tué ma fille!... Tenez, si cela arrivait, je suis chrétien, monsieur d'Avrigny, et cependant je me tuerais!

— C'est bien, dit le docteur, après un instant de silence, j'attendrai.

Villefort le regarda comme s'il doutait encore de ses paroles.

— Seulement, continua M. d'Avrigny d'une voix lente et solennelle, si quelque personne de votre maison tombe malade, si vous-même vous vous sentez frappé, ne m'appelez pas, car je ne viendrai plus. Je veux bien partager avec vous ce secret terrible, mais je ne veux pas que la honte et le remords aillent chez moi en fructifiant et en grandissant dans ma conscience, comme le crime et le malheur vont grandir et fructifier dans votre maison.

— Ainsi, vous m'abandonnez, docteur?

— Oui, car je ne puis pas vous suivre plus loin, et je ne m'arrête qu'au pied de l'échafaud. Quelque autre révélation viendra qui amènera la fin de cette terrible tragédie. Adieu.

— Docteur, je vous en supplie!

— Toutes les horreurs qui souillent ma pensée font votre maison odieuse et fatale. Adieu, monsieur.

— Un mot, un mot seulement encore, docteur! Vous vous retirez me laissant toute l'horreur de la situation, horreur que vous avez augmentée par ce que vous m'avez révélé. Mais la mort instantanée, subite de ce pauvre vieux serviteur, que va-t-on dire?

— C'est juste, dit M. d'Avrigny, reconduisez-moi.

Le docteur sortit le premier, M. de Villefort le suivit : les domestiques inquiets étaient dans les corridors et sur les escaliers par où devait passer le médecin.

— Monsieur, dit d'Avrigny à Villefort, en parlant à haute voix de façon à ce que tout le monde l'entendît, le pauvre Barrois trop sédentaire depuis quelques années : lui habitué autrefois avec son maître à courir, à cheval ou en voiture les quatre coins de l'Europe, il s'est tué à ce service monotone autour d'un fauteuil. Le sang est devenu lourd. Il était replet, il avait le cou gros et court, il a été frappé d'une apoplexie foudroyante, et l'on m'est venu avertir trop tard.

A propos, ajouta-t-il tout bas, ayez bien soin de jeter cette tasse de violettes dans les cendres.

Et le docteur, sans toucher la main de Villefort, sans revenir un seul instant sur ce qu'il avait dit, sortit escorté par les larmes et les lamentations de tous les gens de la maison.

Le soir même tous les domestiques de Villefort, qui s'étaient réunis dans la cuisine et qui avaient longuement causé entre eux, vinrent demander à madame de Villefort la permission de se retirer. Aucune instance, aucune proposition d'augmentation de gages ne les put retenir; à toutes paroles ils répondaient :

— Nous voulons nous en aller parce que la mort est dans la maison.

Ils partirent donc, malgré les prières qu'on leur fit, témoignant que leurs regrets étaient vifs de quitter de si bons maîtres, et surtout mademoiselle Valentine, si bonne, si bienfaisante et si douce.

Villefort, à ces mots, regarda Valentine.

Elle pleurait.

Chose étrange! à travers l'émotion que lui firent éprouver ces larmes, il regarda aussi madame de Villefort, et il lui sembla qu'un sourire fugitif et sombre avait passé sur ses lèvres minces, comme ces météores qu'on voit glisser, sinistres, entre deux nuages au fond d'un ciel orageux.

CHAP. LXXX. — LA CHAMBRE DU BOULANGER RETIRÉ.

Le soir même du jour où le comte de Morcerf était sorti de chez Danglars avec une honte et une fureur que rend concevables la froideur du banquier, M. Andrea Cavalcanti, les cheveux frisés et luisants, les moustaches aiguisées, les gants blancs dessinant les ongles, était entré, presque debout sur son phaéton, dans la cour du banquier de la rue de la Chaussée-d'Antin.

Au bout de dix minutes de conversation au salon, il avait trouvé moyen de conduire Danglars dans une embrasure de fenêtre, et là, après un adroit préambule, il avait exposé les tourmens de sa vie depuis le départ de son noble père. Depuis ce départ, il avait, disait-il, dans la famille du banquier où l'on avait bien voulu le recevoir comme un fils, il avait trouvé toutes les garanties de bonheur qu'un homme doit toujours rechercher avant les caprices de la passion, et, quant à la passion elle-même, il avait eu le bonheur de la rencontrer dans les beaux yeux de mademoiselle Danglars.

Danglars écoutait avec l'attention la plus profonde; il y avait déjà deux ou trois jours qu'il attendait cette déclaration, et lorsqu'elle arriva enfin, son œil se dilata autant qu'il s'était couvert et assombri en écoutant Morcerf.

Cependant il ne voulut pas accueillir ainsi la proposition du jeune homme sans lui faire quelques observations de conscience.

— M. Andrea, lui dit-il, n'êtes-vous pas un peu jeune pour songer au mariage?

— Mais non, monsieur, reprit Cavalcanti, je trouve pas, du moins : en Italie, les grands seigneurs se marient jeunes en général; c'est une coutume logique. La vie est si chanceuse qu'on doit saisir le bonheur aussitôt qu'il passe à notre portée.

— Maintenant, monsieur, dit Danglars, en admettant que vos propositions, qui m'honorent, soient agréées de ma femme et de ma fille, avec qui débattrions-nous les intérêts? C'est, il me semble, une négociation importante que les pères seuls savent traiter convenablement pour le bonheur de leurs enfans.

— Monsieur, mon père est un homme sage, plein de convenance et de raison. Il a prévu la circonstance probable où j'éprouverais le désir de m'établir en France : il m'a donc laissé en partant, avec tous les papiers qui constatent mon identité, une lettre par laquelle il m'assure, dans le cas où je ferais un choix qui lui soit agréable, cent cinquante mille livres de rentes, à partir du jour de mon mariage. C'est, autant que je puis juger, le quart du revenu de mon père.

— Moi, dit Danglars, j'ai toujours eu l'intention de donner à ma fille cinq cent mille francs en la mariant; c'est d'ailleurs ma seule héritière.

— Eh bien! dit Andrea, vous voyez, la chose serait pour le mieux, en supposant que ma demande ne soit pas repoussée par madame la baronne Danglars et par mademoiselle Eugénie. Nous voilà à la tête de cent soixante-quinze mille livres de rentes. Supposons une chose, que j'obtienne du marquis qu'au lieu de me payer la rente, il me donne le capital (ce ne sera pas facile, je le sais bien, mais enfin cela se peut), vous nous feriez valoir ces deux ou trois millions, et deux ou trois millions entre des mains habiles peuvent toujours rapporter dix pour cent.

— Je ne prends jamais qu'à quatre, dit le banquier, et

même à trois et demi. Mais à mon gendre je prendrais à cinq et nous partagerions les bénéfices.

— Eh bien! à merveille, beau-père, dit Cavalcanti, se laissant entraîner à la nature quelque peu vulgaire qui, de temps en temps, malgré ses efforts, faisait éclater le vernis d'aristocratie dont il essayait de les couvrir.

Mais aussitôt se reprenant :

— Oh! pardon, monsieur, dit-il, vous voyez, l'espérance seule me rend presque fou; que serait-ce donc de la réalité?

— Mais, dit Danglars, qui, de son côté, ne s'apercevait pas combien cette conversation, désintéressée d'abord, tournait promptement à l'agence d'affaires, il y a sans doute une portion de votre fortune que votre père ne peut vous refuser?

— Laquelle? demanda le jeune homme.

— Celle qui vient de votre mère.

— Eh! certainement, celle qui vient de ma mère, Léonora Corsinari.

— Et à combien peut monter cette portion de fortune?

— Ma foi, dit Andrea, je vous assure, monsieur, que je n'ai jamais arrêté mon esprit sur ce sujet, mais je l'estime à deux millions pour le moins.

Danglars ressentit cette espèce d'étouffement joyeux que ressentent ou l'avare qui retrouve un trésor perdu, ou l'homme prêt à se noyer qui rencontre sous ses pieds la terre solide au lieu du vide dans lequel il allait s'engloutir.

— Eh bien! monsieur, dit Andrea en saluant le banquier avec un tendre respect, puis-je espérer?...

— Monsieur Andrea, dit Danglars, espérez, et croyez bien que si nul obstacle de votre part n'arrête la marche de cette affaire, elle est conclue.

— Ah! vous me pénétrez de joie! monsieur, dit Andrea.

— Mais, dit Danglars réfléchissant, comment se fait-il que M. le comte de Monte-Cristo, votre patron en ce monde parisien, ne soit pas venu avec vous nous faire cette demande?

Andrea rougit imperceptiblement.

— Je viens de chez le comte, monsieur, dit-il; c'est incontestablement un homme charmant, mais d'une originalité inconcevable ; il m'a fort approuvé; il m'a dit même qu'il ne croyait pas que mon père hésitât un instant à me donner le capital au lieu de la rente; il m'a promis son influence pour m'aider à obtenir cela de lui ; mais il m'a déclaré que, personnellement, il n'avait jamais pris et ne prendrait jamais sur lui cette responsabilité de faire une demande en mariage. Mais je dois lui rendre cette justice, il a daigné ajouter que, s'il avait jamais déploré cette répugnance, c'était à mon sujet, puisqu'il pensait que l'union projetée serait heureuse et assortie. Du reste, s'il ne veut rien faire officiellement, il se réserve de vous répondre, m'a-t-il dit, quand vous lui parlerez.

— Ah! fort bien.

— Maintenant, dit Andrea avec son plus charmant sourire, j'ai fini de parler au beau-père et je m'adresse au banquier.

— Que lui voulez-vous, voyons? dit en riant Danglars à son tour.

— C'est après-demain que j'ai quelque chose comme quatre mille francs à toucher chez vous ; mais le comte a compris que le mois dans lequel j'allais entrer amènerait peut-être un surcroît de dépenses auquel mon petit revenu de garçon ne saurait suffire, et voici un bon de vingt mille francs qu'il m'a, je ne dirai pas donné, mais offert. Il est signé de sa main, comme vous voyez ; cela vous convient-il?

— Apportez-m'en comme celui-là pour un million, et je vous les prends, dit Danglars en mettant le bon dans sa poche. Dites-moi votre heure pour demain, et mon garçon de caisse passera chez vous avec un reçu de vingt-quatre mille francs.

OEUV. COMPL. D'ALEX. DUMAS. 37

— Mais à dix heures du matin, si vous voulez bien; le plus tôt sera le mieux : je voudrais aller demain à la campagne.

— Soit, à dix heures, à l'hôtel des Princes, toujours?

— Oui.

Le lendemain, avec une exactitude qui faisait honneur à la ponctualité du banquier, les vingt-quatre mille francs étaient chez le jeune homme, qui sortait effectivement, laissant deux cents francs pour Caderousse.

Cette sortie avait, de la part d'Andrea, pour but principal d'éviter son dangereux ami; aussi rentra-t-il le soir le plus tard possible.

Mais à peine eut-il mis le pied sur le pavé de la cour, qu'il trouva devant lui le concierge de l'hôtel, qui l'attendait la casquette à la main.

— Monsieur, dit-il, cet homme est venu.

— Quel homme? demanda négligemment Andrea, comme s'il eût oublié celui dont au contraire il se souvenait trop bien.

— Celui à qui Votre Excellence fait cette petite rente.

— Ah! oui, dit Andrea, cet ancien serviteur de mon père. Eh bien! vous lui avez donné les deux cents francs que j'avais laissés pour lui?

— Oui, Excellence, précisément.

Andrea se faisait appeler Excellence.

— Mais, continua le concierge, il n'a pas voulu les prendre.

Andrea pâlit; seulement, comme il faisait nuit, personne ne le vit pâlir.

— Comment! il n'a pas voulu les prendre? dit-il d'une voix légèrement émue.

— Non! il voulait parler à Votre Excellence. J'ai répondu que vous étiez sorti; il a insisté. Mais enfin il a paru se laisser convaincre, et m'a donné cette lettre qu'il avait apportée toute cachetée.

— Voyons, dit Andrea.

Il lut, à la lanterne de son phaéton :

« Tu sais où je demeure; je t'attends demain à neuf heures du matin. »

Andrea interrogea le cachet pour voir s'il avait été forcé et si des regards indiscrets avaient pu pénétrer dans l'intérieur de la lettre; mais elle était pliée de telle sorte, avec un tel luxe de losanges et d'angles, que pour la lire il eût fallu rompre le cachet : or, le cachet était parfaitement intact.

— Très bien, dit-il. Pauvre homme! c'est une bien excellente créature.

Et il laissa le concierge édifié par ces paroles et ne sachant pas lequel il devait le plus admirer, du jeune maître ou du vieux serviteur.

— Dételez vite et montez chez moi, dit Andrea à son groom.

En deux bonds, le jeune homme fut dans sa chambre et eut brûlé la lettre de Caderousse, dont il fit disparaître jusqu'aux cendres.

Il achevait cette opération, lorsque le domestique entra.

— Tu es de la même taille que moi, Pierre, lui dit-il.

— J'ai cet honneur-là, Excellence, répondit le valet.

— Tu dois avoir une livrée neuve qu'on t'a apportée hier?

— Oui, monsieur.

— J'ai affaire à une petite grisette à qui je ne veux dire ni mon titre ni ma condition. Prête-moi ta livrée, et apporte-moi tes papiers, afin que je puisse, si besoin est, coucher dans une auberge.

Pierre obéit.

Cinq minutes après, Andrea, complétement déguisé, sortait de l'hôtel sans être reconnu, prenait un cabriolet, et se faisait conduire à l'auberge du Cheval-Rouge, à Picpus.

Le lendemain, il sortit de l'auberge du Cheval-Rouge comme il était sorti de l'hôtel des Princes, c'est-à-dire sans être remarqué, descendit le faubourg Saint-Antoine, prit le boulevart jusqu'à la rue Ménilmontant, et, s'arrêtant à la porte de la troisième maison à gauche, chercha à qui il pouvait, en l'absence du concierge, demander des renseignemens.

— Que cherchez-vous, mon joli garçon? demanda la fruitière en face.

— M. Pailletin, s'il vous plaît, ma grosse maman, répondit Andrea.

— Un boulanger retiré? demanda la fruitière.

— Justement, c'est cela.

— Au fond de la cour, à gauche, au troisième.

Andrea prit le chemin indiqué, et au troisième trouva une patte de lièvre qu'il agita avec un sentiment de mauvaise humeur dont le mouvement précipité de la sonnette se ressentit.

Une seconde après, la figure de Caderousse apparut au grillage pratiqué dans la porte.

— Ah! tu es exact, dit-il.

Et il tira les verrous.

— Parbleu ! dit Andrea en entrant.

Et il lança devant lui sa casquette de livrée qui, manquant la chaise, tomba à terre et fit le tour de la chambre en roulant sur sa circonférence.

— Allons, allons, dit Caderousse, ne te fâche pas, le petit. Voyons, tiens, j'ai pensé à toi; regarde un peu le bon déjeuner que nous aurons; rien que des choses que tu aimes, tron-de-l'air.

Andrea sentit en effet, en respirant, une odeur de cuisine dont les arômes grossiers ne manquaient pas d'un certain charme pour un estomac affamé; c'était ce mélange de graisse fraîche et d'ail qui signale la cuisine provençale d'un ordre inférieur; c'était en outre un goût de poisson gratiné, puis, par-dessus tout, l'âpre parfum de la muscade et de la girofle. Tout cela s'exhalait de deux plats creux et couverts, posés sur deux fourneaux, et d'une casserole qui bruissait dans le four d'un poêle de fonte.

Dans la chambre voisine, Andrea vit en outre une table assez propre ornée de deux couverts, de deux bouteilles de vin cachetées, l'une de vert, l'autre de jaune, d'une bonne mesure d'eau-de-vie dans un carafon et d'une macédoine de fruits dans une large feuille de chou posée avec art sur une assiette de faïence.

— Que t'en semble, le petit? dit Caderousse, hein! comme cela embaume! Ah dame! tu sais, j'étais bon cuisinier là-bas; te rappelles-tu comme on se léchait les doigts de ma cuisine? Et toi tout le premier, tu en as goûté de mes sauces, et tu ne les méprisais pas, que je crois.

Et Caderousse se mit à éplucher un supplément d'oignons.

— C'est bon, c'est bon, dit Andrea avec humeur; pardieu ! si c'est pour déjeuner avec toi que tu m'as dérangé, que le diable t'emporte!

— Mon fils, dit sentencieusement Caderousse, en mangeant, l'on cause; et puis, ingrat que tu es, tu n'as donc pas de plaisir à voir un peu ton ami? moi j'en pleure de joie.

Caderousse, en effet, pleurait réellement; seulement, il eût été difficile de dire si c'était la joie ou les oignons qui opéraient sur la glande lacrymale de l'ancien aubergiste du pont du Gard.

— Tais-toi donc, hypocrite! dit Andrea; tu m'aimes, toi?

— Oui, je t'aime, ou le diable m'emporte! c'est une faiblesse, dit Caderousse, je le sais bien, mais c'est plus fort que moi.

— Ce qui ne t'empêche pas de m'avoir fait venir pour quelque perfidie.

— Allons donc! dit Caderousse en essuyant son large couteau à son tablier, si je ne t'aimais pas, est-ce que je supporterais la vie misérable que tu me fais? Regarde un peu, tu as sur le dos l'habit de ton domestique; donc tu as un domestique; moi je n'en ai pas, et je suis forcé d'éplucher mes légumes moi-même; tu fais fi de ma cuisine, parce que tu dînes à la table d'hôte de l'hôtel des Princes ou au Café de Paris. Eh bien! moi aussi je pourrais avoir un domestique, moi aussi je pourrais avoir un tilbury; moi aussi je pourrais dîner où je voudrais : eh bien! pourquoi est-ce que je m'en prive? pour ne pas faire de peine à mon petit Benedetto. Voyons, avoue seulement que je le pourrais, hein?

Et un regard parfaitement clair de Caderousse termina le sens de la phrase.

— Allons, dit Andrea, mettons que tu m'aimes : alors pourquoi exiges-tu que je vienne déjeuner avec toi?

— Mais pour te voir, le petit.

— Pour me voir, à quoi bon? puisque nous avons fait d'avance toutes nos conditions.

— Eh! cher ami, dit Caderousse, est-ce qu'il y a des testamens sans codiciles? Mais tu es venu pour déjeuner d'abord, n'est-ce pas? Eh bien! voyons, assieds-toi, et commençons par ces sardines et ce beurre frais, que j'ai mis sur des feuilles de vigne à ton intention, méchant. Ah! oui, tu regardes ma chambre, mes quatre chaises de paille, mes images à trois francs le cadre. Dame! que veux-tu, ça n'est pas l'hôtel des Princes.

— Allons, te voilà dégoûté à présent, tu n'es plus heureux, toi qui ne demandais qu'à avoir l'air d'un boulanger retiré.

Caderousse poussa un soupir.

— Eh bien! qu'as-tu à dire? tu as vu ton rêve réalisé.

— J'ai à dire que c'est un rêve; un boulanger retiré, mon pauvre Benedetto, c'est riche, cela a des rentes.

— Pardieu, tu en as des rentes.

— Moi?

— Oui, toi, puisque je t'apporte tes deux cents francs.

Caderousse haussa les épaules.

— C'est humiliant, dit-il, de recevoir ainsi de l'argent donné à contre-cœur, de l'argent éphémère, qui peut me manquer du jour au lendemain. Tu vois bien que je suis obligé de faire des économies pour le cas où la prospérité ne durerait pas. Eh! mon ami! la fortune est inconstante, comme disait l'aumônier... du régiment. Je sais bien qu'elle est immense, ta prospérité, scélérat; tu vas épouser la fille de Danglars.

— Comment! de Danglars?

— Et certainement de Danglars! Ne faut-il pas que je dise du baron Danglars? C'est comme si je disais du comte Benedetto. C'est un ami, Danglars, et s'il n'avait pas la mémoire si mauvaise, il devrait m'inviter à ta noce... attendu qu'il est venu à la mienne... Oui, oui, oui, à la mienne! Dame! il n'était pas si fier dans ce temps-là; il était petit commis chez ce bon monsieur Morrel. J'ai dîné plus d'une fois avec lui et le comte de Morcerf.... va. Tu vois que j'ai de belles connaissances, et que si je voulais les cultiver un petit peu, nous nous rencontrerions dans les mêmes salons.

— Allons donc! ta jalousie te fait voir des arcs-en-ciel, Caderousse.

— C'est bon, Benedetto mio, on sait ce que l'on dit. Peut-être qu'un jour aussi l'on mettra son habit des dimanches, et qu'on ira dire à une porte cochère : « Le cordon s'il vous plaît! » En attendant, assieds-toi et mangeons.

Caderousse donna l'exemple et se mit à déjeuner de bon appétit, et en faisant l'éloge de tous les mets qu'il servait à son hôte. Celui-ci sembla prendre son parti, déboucha bravement les bouteilles et attaqua la bouillabaisse et la morue gratinée à l'ail et à l'huile.

— Ah! compère, dit Caderousse, il paraît que tu te raccommodes avec ton ancien maître d'hôtel?

— Ma foi, oui, répondit Andrea, chez lequel, jeune et vigoureux qu'il était, l'appétit l'emportait pour le moment sur toute autre chose.

— Et tu trouves cela bon, coquin?

— Si bon que je ne comprends pas comment un homme qui fricasse et qui mange de si bonnes choses, peut trouver que la vie est mauvaise.

— Vois-tu, dit Caderousse, c'est que tout mon bonheur est gâté par une seule pensée.

— Laquelle?

— C'est que je vis aux dépens d'un ami, moi qui ai toujours bravement gagné ma vie moi-même.

— Oh! oh! qu'à cela ne tienne, dit Andrea, j'ai assez pour deux, ne te gêne pas.

— Non, vraiment : tu me croiras si tu veux, à la fin de chaque mois j'ai des remords.

— Bon Caderousse!

— C'est au point qu'hier je n'ai pas voulu prendre les deux cents francs.

— Oui, tu voulais me parler; mais est-ce bien le remords, voyons?

— Le vrai remords; et puis il m'était venu une idée.

Andrea frémit; il frémissait toujours aux idées de Caderousse.

— C'est misérable, vois-tu, continua celui-ci, d'être toujours à attendre la fin d'un mois.

— Eh! dit philosophiquement Andrea, décidé à voir venir son compagnon, la vie ne se passe-t-elle pas à attendre? Moi, par exemple, est-ce que je fais autre chose? Eh bien, je prends patience, n'est-ce pas?

— Oui, parce qu'au lieu d'attendre deux cents misérables francs, tu en attends cinq ou six mille, peut-être dix, peut-être douze même; car tu es un cachotier : là-bas, tu avais toujours des boursicots, des tire-lires que tu essayais de soustraire à ce pauvre ami Caderousse. Heureusement qu'il avait le nez fin, l'ami Caderousse en question!

— Allons, voilà que tu vas te remettre à divaguer, dit Andrea, à parler et à reparler du passé toujours! Mais à quoi bon rabâcher comme cela, je te le demande?

— Ah! c'est que tu as vingt-un ans, toi, et que tu peux oublier le passé; j'en ai cinquante, et je suis bien forcé de m'en souvenir. Mais n'importe, revenons aux affaires.

— Oui.

— Je voulais dire que si j'étais à ta place..

— Eh bien?

— Je réaliserais...

— Comment! tu réaliserais...

— Oui, je demanderais un semestre d'avance, sous prétexte que je veux devenir éligible, et que je vais acheter une ferme; puis avec mon semestre je décamperais.

— Tiens, tiens, tiens, fit Andrea, ce n'est pas si mal pensé cela, peut-être!

— Mon cher ami, dit Caderousse, mange de ma cuisine et suis mes conseils, tu ne t'en trouveras pas plus mal, physiquement et moralement.

— Eh bien! mais, dit Andrea, pourquoi ne suis-tu pas toi-même le conseil que tu donnes? pourquoi ne réalises-tu pas un semestre, une année même, et ne te retires-tu pas à Bruxelles? Au lieu d'avoir l'air d'un boulanger retiré, tu aurais l'air d'un banqueroutier dans l'exercice de ses fonctions : cela est bien porté.

— Mais comment diable veux-tu que je me retire avec douze cents francs?

— Ah! Caderousse, dit Andréa, comme tu te fais exigeant! il y a deux mois, tu mourais de faim.

— L'appétit vient en mangeant, dit Caderousse en montrant ses dents comme un singe qui rit ou comme un tigre qui gronde. Aussi, ajouta-t-il en coupant avec ces mêmes dents, si blanches et si aiguës malgré l'âge, une énorme bouchée de pain, j'ai fait un plan.

Les plans de Caderousse épouvantaient Andrea encore plus que ses idées; les idées n'étaient que le germe; le plan, c'était la réalisation.

— Voyons ce plan, dit-il; ce doit être joli!

— Pourquoi pas? Le plan grâce auquel nous avons quitté l'établissement de M. Chose de qui venait-il, hein? de moi, je présuppose; il n'en était pas plus mauvais, ce me semble, puisque nous voilà ici!

— Je ne dis pas, répondit Andrea, tu as quelquefois du bon; mais enfin, voyons ton plan.

— Voyons, poursuivit Caderousse, peux-tu, toi, sans débourser un sou, me faire avoir une quinzaine de mille francs?... Non, ce n'est pas assez de quinze mille francs, je ne veux pas redevenir honnête homme à moins de trente mille francs.

— Non, répondit sèchement Andrea, non je ne le puis pas.

— Tu ne m'as pas compris, à ce qu'il paraît, répondit froidement Caderousse d'un air calme; je t'ai dit : sans débourser un sou.

— Ne veux-tu pas que je vole pour gâter toute mon affaire, et la tienne avec la mienne, et qu'on nous reconduise là-bas?

— Oh! moi, dit Caderousse, ça m'est bien égal qu'on me reprenne; je suis un drôle de corps, sais-tu : je m'ennuie parfois des camarades ; ce n'est pas comme toi, sans-cœur, qui voudrais ne jamais les revoir!

Andrea fit plus que frémir cette fois, il pâlit.

— Voyons, Caderousse, pas de bêtises, dit-il.

— Et non, sois donc tranquille, mon petit Benedetto; mais indique-moi donc un petit moyen de gagner ces trente mille francs sans te mêler de rien ; tu me laisseras faire, voilà tout !

— Eh bien ! je verrai, je chercherai, dit Andrea.

— Mais, en attendant, tu pousseras mon mois à cinq cents francs, n'est-ce pas? J'ai une manie, je voudrais prendre une bonne !

— Eh bien ! tu auras tes cinq cents francs, dit Andrea; mais c'est lourd pour moi, mon pauvre Caderousse... tu abuses...

— Bah ! dit Caderousse, puisque tu puises dans des coffres qui n'ont point de fond.

On eût dit qu'Andrea attendait là son compagnon, tant son œil brilla d'un rapide éclair qui, il est vrai, s'éteignit aussitôt.

— Ça, c'est la vérité, répondit Andrea, et mon protecteur est excellent pour moi.

— Ce cher protecteur, dit Caderousse ; ainsi donc il te fait par mois?...

— Cinq mille francs, dit Andrea.

— Autant de mille que tu me fais de cents, reprit Caderousse; en vérité, il n'y a que les bâtards pour avoir du bonheur. Cinq mille francs par mois !... Que diable peut-on faire de tout cela ?

— Eh, mon Dieu ! c'est bien vite dépensé; aussi, je suis comme toi, je voudrais bien avoir un capital.

— Un capital... oui... je comprends... Tout le monde voudrait bien avoir un capital.

— Eh bien ! moi j'en aurai un.

— Et qui est-ce qui te le fera ? ton prince ?

— Oui, mon prince ; malheureusement il faut que j'attende.

— Que tu attendes quoi ? demanda Caderousse.

— Sa mort.

— La mort de ton prince ?

— Oui.

— Comment cela ?

— Parce qu'il m'a porté sur son testament.

— Vrai?

— Parole d'honneur !

— Pour combien ?

— Pour cinq cent mille !

— Rien que cela, merci du peu.

— C'est comme je te le dis.

— Allons donc, pas possible !

— Caderousse, tu es mon ami ?

— Comment donc ! à la vie, à la mort.

— Eh bien, je vais te dire un secret.

— Dis.

— Mais, écoute...

— Oh ! pardieu ! muet comme une carpe.

— Eh bien ! je crois...

Andrea s'arrêta en regardant autour de lui.

— Tu crois?... N'aie pas peur, pardieu ! nous sommes seuls.

— Je crois que j'ai retrouvé mon père.

— Ton vrai père?

— Oui.

— Pas le père Cavalcanti ?

— Non, puisque celui-là est reparti; le vrai, comme tu dis.

— Et ce père, c'est...

— Eh bien ! Caderousse, c'est le comte de Monte-Cristo.

— Bah !

— Oui ; tu comprends ; alors tout s'explique. Il ne peut pas m'avouer tout haut, à ce qu'il paraît, mais il me fait reconnaître par M. Cavalcanti, à qui il donne cinquante mille francs pour ça.

— Cinquante mille francs pour être ton père ! Moi, j'aurais accepté pour moitié prix, pour vingt mille, pour quinze mille ; comment n'as-tu pas pensé à moi, ingrat ?

— Est-ce que je savais cela? puisque tout s'est fait tandis que nous étions là-bas.

— Ah ! c'est vrai. Et tu dis que, par son testament?...

— Il me laisse cinq cent mille livres.

— Tu en es sûr ?

— Il me l'a montré ; mais ce n'est pas le tout.

— Il y a un codicille, comme je le disais tout à l'heure ?

— Probablement.

— Et dans ce codicille?...

— Il me reconnaît.

— Oh ! le bon homme de père ! le brave homme de père ! l'honnêtissime homme de père ! dit Caderousse en faisant tourner en l'air une assiette qu'il retint entre ses deux mains.

— Voilà ! dis encore que j'ai des secrets pour toi !

— Non, et ta confiance t'honore à mes yeux. Et ton prince de père, il est donc riche, richissime ?

— Je crois bien. Il ne connaît pas sa fortune.

— Est-ce possible ?

— Dame ! je le vois bien, moi qui suis reçu chez lui à toute heure. L'autre jour, c'était un garçon de banque qui lui apportait cinquante mille francs dans un portefeuille gros comme ta serviette ; hier c'est un banquier qui lui apportait cent mille francs en or.

Caderousse était abasourdi ; il lui semblait que les paroles du jeune homme avaient le son du métal, et qu'il entendait rouler des cascades de louis.

— Et tu vas dans cette maison-là ? s'écria-t-il avec naïveté.

— Quand je veux.

Caderousse demeura pensif un instant. Il était facile de voir qu'il retournait dans son esprit quelque profonde pensée.

Puis soudain :

— Que j'aimerais à voir tout cela! s'écria-t-il, et comme tout cela doit être beau !

— Le fait est, dit Andrea, que c'est magnifique !

— Et ne demeure-t-il pas avenue des Champs-Elysées ?

— Numéro trente.

— Ah ! dit Caderousse, numéro trente.

— Oui, une belle maison isolée, entre cour et jardin. tu ne connais que cela.

— C'est possible ; mais ce n'est pas l'extérieur qui m'occupe, c'est l'intérieur : les beaux meubles ! hein, qu'il doit y avoir là-dedans !

— As-tu vu quelquefois les Tuileries ?

— Non.

— Eh bien ! c'est plus beau.

— Dis donc, Andrea, il doit faire bon à se baisser quand ce bon M. Monte-Cristo laisse tomber sa bourse ?

— Oh ! mon Dieu ! ce n'est pas la peine d'attendre ce moment-là, dit Andrea, l'argent traîne dans cette maison-là comme les fruits dans un verger.

— Dis donc, tu devrais m'y conduire un jour avec toi.

— Est-ce possible, et à quel titre ?

— Tu as raison ; mais tu m'as fait venir l'eau à la bouche ; faut absolument que je vole cela ; je trouverai un moyen.

— Pas de bêtise, Caderousse.
— Je me présenterai comme frotteur.
— Il y a des tapis partout.
— Ah! pécaire! Alors, il faut que je me contente de voir cela en imagination.
— C'est ce qu'il y a de mieux, crois-moi.
— Tâche au moins de me faire comprendre ce que cela peut être.
— Comment veux-tu?
— Rien de plus facile. Est-ce grand?
— Ni trop grand ni trop petit.
— Mais comment est-ce distribué?
— Dame! il me faudrait de l'encre et du papier pour faire un plan.
— En voilà! dit vivement Caderousse.

Et il alla chercher sur un vieux secrétaire une feuille de papier blanc, de l'encre et une plume.

— Tiens, dit Caderousse, trace-moi tout cela sur le papier, mon fils.

Andrea prit la plume avec un imperceptible sourire et commença.

— La maison, comme je te l'ai dit, est entre cour et jardin; vois-tu, comme cela.

Et Andrea fit le tracé du jardin, de la cour et de la maison.

— De grands murs?
— Non, huit ou dix pieds tout au plus.
— Ce n'est pas prudent, dit Caderousse.
— Dans la cour, des caisses d'orangers, des pelouses, des massifs de fleurs.
— Et pas de pièges à loups?
— Non.
— Les écuries?
— Aux deux côtés de la grille, où tu vois, là.

Et Andrea continua son plan.

— Voyons le rez-de-chaussée, dit Caderousse.
— Au rez-de-chaussée, salle à manger, deux salons, salle de billard, escalier dans le vestibule et petit escalier dérobé.
— Des fenêtres?
— Des fenêtres magnifiques, si belles, si larges, que, ma foi oui, je crois qu'un homme de ta taille passerait par chaque carreau.
— Pourquoi diable a-t-on des escaliers, quand on a des fenêtres pareilles?
— Que veux-tu? le luxe.
— Mais des volets?
— Oui, des volets, mais dont on ne se sert jamais. Un original, ce comte de Monte-Cristo, qui aime à voir le ciel même pendant la nuit.
— Et les domestiques, où couchent-ils?
— Oh! ils ont leur maison à eux. Figure-toi un joli hangar à droite en entrant, où l'on serre les échelles. Eh bien! il y a sur ce hangar une collection de chambres pour les domestiques, avec des sonnettes correspondant aux chambres.
— Ah diable! des sonnettes!
— Tu dis?...
— Moi, rien. Je dis que cela coûte très cher à poser, les sonnettes; et à quoi cela sert-il, je te le demande?
— Autrefois, il y avait un chien qui se promenait la nuit dans la cour, mais on l'a fait conduire à la maison d'Auteuil, tu sais, à celle où tu es venu.
— Oui.
— Moi, je le lui disais encore hier : C'est imprudent de votre part, monsieur le comte, car lorsque vous allez à Auteuil et que vous emmenez vos domestiques, la maison reste seule.
— Eh bien! a-t-il demandé, après?
— Eh bien! après; quelque beau jour on vous volera.
— Qu'a-t-il répondu?
— Ce qu'il a répondu?
— Oui.

— Il a répondu : Eh bien! qu'est-ce que cela me fait qu'on me vole?
— Andrea, il y a quelque secrétaire à mécanique.
— Comment cela?
— Oui, qui prend le voleur dans une grille et qui joue un air. On m'a dit qu'il y en avait comme cela à la dernière exposition.
— Il a tout bonnement un secrétaire en acajou, auquel j'ai toujours vu la clé.
— Et on ne le vole pas?
— Non, les gens qui le servent lui sont tout dévoués.
— Il doit y en avoir dans ce secrétaire-là, hein, de la monnaie?
— Il y a peut-être... on ne peut pas savoir ce qu'il y a.
— Et où est-il?
— Au premier.
— Fais-moi donc un peu le plan du premier, le petit, comme tu m'as fais le plan du rez-de-chaussée?
— C'est facile.

Et Andrea reprit la plume.

— Au premier, vois-tu, il y a antichambre, salon; à droite du salon, bibliothèque et cabinet de travail; à gauche du salon, une chambre à coucher et un cabinet de toilette. C'est dans le cabinet de toilette qu'est le fameux secrétaire.
— Et une fenêtre au cabinet de toilette?
— Deux, là et là.

Et Andrea dessina deux fenêtres à la pièce qui, sur le plan, faisait l'angle et figurait comme un carré moins grand ajouté au carré long de 'a chambre à coucher.

Caderousse devint rêveur.

— Et va-t-il souvent à Auteuil? demanda-t-il.
— Deux ou trois fois par semaine; demain, par exemple, il doit y aller passer la journée et la nuit.
— Tu en es sûr?
— Il m'a invité à y aller dîner.
— A la bonne heure, voilà une existence! dit Caderousse; maison à la ville, maison à la campagne.
— Voilà ce que c'est que d'être riche.
— Et iras-tu dîner?
— Probablement.
— Quand tu y dînes, y couches-tu?
— Quand cela me fait plaisir. Je suis chez le comte comme chez moi.

Caderousse regarda le jeune homme comme pour arracher la vérité du fond de son cœur. Mais Andrea tira une boîte à cigares de sa poche, y prit un havane, l'alluma tranquillement et commença à fumer sans affectation.

— Quand veux-tu les cinq cents francs? demanda-t-il à Caderousse.
— Mais tout de suite, si tu les as.

Andrea tira vingt-cinq louis de sa poche.

— Des jaunets, dit Caderousse, non, merci!
— Eh bien! tu les méprises?
— Je les estime, au contraire; mais je n'en veux pas.
— Tu gagneras le change, imbécile : l'or vaut cinq sous.
— C'est ça! et puis le changeur fera suivre l'ami Caderousse, et puis on lui mettra la main dessus, et puis il faudra dire quels sont les fermiers qui lui paient ses redevances en or. Pas de bêtises, le petit : de l'argent tout simplement, des pièces rondes à l'effigie d'un monarque quelconque. Tout le monde peut atteindre à une pièce de cinq francs.
— Tu comprends bien que je n'ai pas cinq cents francs avec moi; il m'aurait fallu prendre un commissionnaire.
— Eh bien! laisse-les chez toi, à ton concierge, c'est un brave homme; j'irai les prendre.
— Aujourd'hui?
— Non, demain; aujourd'hui je n'ai pas le temps.
— Eh bien! soit; demain, en partant pour Auteuil, je les laisserai.
— Je peux compter dessus?

— Parfaitement.
— C'est que je vais arrêter d'avance ma bonne, vois-tu.
— Arrête. Mais ce sera fini, hein? tu ne me tourmenteras plus?
— Jamais.
Caderousse était devenu si sombre, qu'Andrea craignit d'être forcé de s'apercevoir de ce changement. Il redoubla donc de gaîté et d'insouciance.
— Comme tu es guilleret, dit Caderousse; on dirait que tu tiens déjà ton héritage!
— Non pas, malheureusement!... Mais le jour où je le tiendrai.....
— Eh bien!
— Eh bien! on se souviendra des amis; je ne te dis que ça.
— Oui, comme tu as bonne mémoire, justement!
— Que veux-tu? je croyais que tu voulais me rançonner.
— Moi! oh! quelle idée! Moi, qui au contraire vais encore te donner un conseil d'ami.
— Lequel?
— C'est de laisser ici le diamant que tu as à ton doigt. Ah ça! mais tu veux donc nous faire prendre? tu veux donc nous perdre tous les deux, que tu fais de pareilles bêtises?
— Pourquoi cela? dit Andrea.
— Comment! tu prends une livrée, tu te déguises en domestique, et tu gardes à ton doigt un diamant de quatre à cinq mille francs!
— Peste! tu estimes juste! Pourquoi ne te fais-tu pas commissaire priseur?
— C'est que je m'y connais en diamant; j'en ai eu.
— Je te conseille de t'en vanter! dit Andrea, qui, sans se courroucer, comme le craignait Caderousse, de cette nouvelle extorsion, livra complaisamment la bague.
Caderousse le regarda de si près, qu'il fut clair pour Andrea qu'il examinait si les arêtes de la coupe étaient bien vives.
— C'est un faux diamant, dit Caderousse.
— Allons donc, fit Andrea, plaisantes-tu?
— Oh! ne te fâche pas; on peut voir.
Et Caderousse alla à la fenêtre, fit glisser le diamant sur le carreau; on entendit crier la vitre.
— Confiteor! dit Caderousse en passant le diamant à son petit doigt, je me trompais; mais ces voleurs de joailliers imitent si bien les pierres, qu'on n'ose plus aller voler dans les boutiques de bijouterie. C'est encore une branche d'industrie paralysée.
— Eh bien! dit Andrea, est-ce fini? as-tu encore quelque chose à me demander? Te faut-il ma veste? veux-tu ma casquette? Ne te gêne pas pendant que tu y es.
— Non; tu es un bon compagnon au fond. Je ne te retiens plus et je tâcherai de me guérir de mon ambition.
— Mais prends garde qu'en vendant ce diamant il ne t'arrive ce que tu craignais qu'il arrivât pour l'or.
— Je ne le vendrai pas, sois tranquille.
— Non, pas d'ici à après-demain, du moins, pensa le jeune homme.
— Heureux coquin! dit Caderousse, tu t'en vas retrouver tes laquais, tes chevaux, ta voiture et ta fiancée.
— Mais oui, dit Andrea.
— Dis donc, j'espère que tu me feras un joli cadeau de noces le jour que tu épouseras la fille de mon ami Danglars?
— Je t'ai déjà dit que c'était une imagination que tu t'étais mise en tête.
— Combien de dot?
— Mais je te dis...
— Un million?
Andrea haussa les épaules.
— Va pour un million, dit Caderousse; tu n'en auras jamais autant que je t'en désire.
— Merci, dit le jeune homme.
— Oh! c'est de bon cœur, ajouta Caderousse en riant de son gros rire. Attends que je te reconduis.

— Ce n'est pas la peine.
— Si fait.
— Pourquoi cela?
— Oh! parce qu'il y a un petit secret à la porte; c'est une mesure de précaution que j'ai cru devoir adopter; serrure Huret et Fichet, revue et corrigée par Gaspard Caderousse. Je t'en confectionnerai une pareille quand tu seras capitaliste.
— Merci, dit Andrea; je te ferai prévenir huit jours d'avance.
Ils se séparèrent. Caderousse resta sur le palier jusqu'à ce qu'il eût vu Andrea non seulement descendre les trois étages, mais encore traverser la cour. Alors il rentra précipitamment, ferma la porte avec soin et se mit à étudier en profond architecte le plan que lui avait laissé Andrea.
— Ce cher Benedetto, dit-il, je crois qu'il ne serait pas fâché d'hériter, et que celui qui avancera le jour où il doit palper ses cinq cent mille francs ne sera pas son plus méchant ami.

CHAP. LXXXI. — L'EFFRACTION.

Le lendemain du jour où avait eu lieu la conversation que nous venons de rapporter, le comte de Monte-Cristo était en effet parti pour Auteuil avec Ali, plusieurs domestiques et des chevaux qu'il voulait essayer. Ce qui avait surtout déterminé ce départ, auquel il ne songeait même pas la veille et auquel Andrea ne songeait pas plus que lui, c'était l'arrivée de Bertuccio, qui, revenu de Normandie, rapportait des nouvelles de la maison et de la corvette. La maison était prête, et la corvette, arrivée depuis huit jours et à l'ancre dans une petite anse où elle se tenait avec son équipage de six hommes, après avoir rempli toutes les formalités exigées, était déjà en état de reprendre la mer.
Le comte loua le zèle de Bertuccio et l'invita à se préparer à un prompt départ, son séjour en France ne devant plus se prolonger au-delà d'un mois.
— Maintenant, lui dit-il, je puis avoir besoin d'aller en une nuit de Paris au Tréport; je veux huit relais échelonnés sur la route, qui me permettront de faire cinquante lieues en dix heures.
— Votre Excellence avait déjà manifesté ce désir, répondit Bertuccio, et les chevaux sont tout prêts. Je les ai achetés et cantonnés moi-même aux endroits les plus commodes, c'est-à-dire dans les villages où personne ne s'arrête ordinairement.
— C'est bien, dit Monte-Cristo; je reste ici un jour ou deux; arrangez-vous en conséquence.
Comme Bertuccio allait sortir pour ordonner tout ce qui avait rapport à ce séjour, Baptistin ouvrit la porte: il tenait une lettre sur un plateau de vermeil.
— Que venez-vous faire ici? demanda le comte en le voyant tout couvert de poussière; je ne vous ai pas demandé, ce me semble.
Baptistin, sans répondre, s'approcha du comte et lui présenta la lettre.
— Importante et pressée, dit-il.
Le comte ouvrit la lettre et lut:
« M. de Monte-Cristo est prévenu que cette nuit même un homme s'introduira dans sa maison des Champs-Elysées pour soustraire des papiers qu'il croit enfermés dans le secrétaire du cabinet de toilette: on sait M. le comte de Monte-Cristo assez brave pour ne pas recourir à l'intervention de la police, intervention qui pourrait compromettre fortement celui qui lui donne cet avis. M. le comte, soit par une ouverture qui donnera de la chambre à coucher dans le cabinet, soit en s'embusquant dans le cabinet, pourra se faire justice lui-même. Beaucoup de gens et de précautions apparentes éloigneraient certainement le malfaiteur et feraient perdre à M. de Monte-Cristo cette occasion de connaître un ennemi que

e hasard a fait découvrir à la personne qui donne cet avis au comte, avis qu'elle n'aurait peut-être pas l'occasion de renouveler, si, cette première entreprise échouant, le malfaiteur en renouvelait une autre. »

Le premier mouvement du comte fut de croire à une ruse de voleurs, piège grossier qui lui signalait un danger médiocre pour l'exposer à un danger plus grave. Il allait donc faire porter la lettre à un commissaire de police, malgré la recommandation, et peut-être même à cause de la recommandation de l'ami anonyme, quand tout à coup l'idée lui vint que ce pouvait être, en effet, quelque ennemi particulier à lui, que lui seul pouvait reconnaître, et dont, le cas échéant, lui seul pouvait tirer parti, comme avait fait Fiesque du Maure qui avait voulu l'assassiner.

On connaît le comte ; nous n'avons donc pas besoin de dire que c'était un esprit plein d'audace et de vigueur, qui se raidissait contre l'impossibilité avec cette énergie qui fait seul les hommes supérieurs. Par la vie qu'il avait menée, par la décision qu'il avait prise et qu'il avait tenue de ne reculer devant rien, le comte en était venu à savourer des jouisssances inconnues dans les luttes qu'il entreprenait parfois contre la nature qui est Dieu, et contre le monde qui peut bien passer pour le diable.

— Ils ne veulent pas me voler mes papiers, dit Monte-Cristo, ils veulent me tuer ; ce ne sont pas des voleurs, ce sont des assassins. Je ne veux pas que M. le préfet de police se mêle de mes affaires particulières. Je suis assez riche, ma foi, pour dégrever, en ceci, le budget de son administration.

Le comte rappela Baptistin, qui était sorti de la chambre après avoir apporté la lettre.

— Vous allez retourner à Paris, dit-il, vous ramènerez ici tous les domestiques qui restent. J'ai besoin de tout mon monde à Auteuil.

— Mais ne restera-t-il donc personne à la maison, monsieur le comte ? demanda Baptistin.

— Si fait, le concierge.

— Monsieur le comte réfléchira qu'il y a loin de la loge à la maison.

— Eh bien !

— Eh bien ! on pourrait dévaliser tout le logis sans qu'il entendît le moindre bruit.

— Qui cela ?

— Mais des voleurs.

— Vous êtes un niais, monsieur Baptistin ; les voleurs, dévalisassent-ils tout le logement, ne m'occasionneront jamais le désagrément que m'occasionnerait un service mal fait.

Baptistin s'inclina.

— Vous m'entendez, dit le comte, ramenez vos camarades depuis le premier jusqu'au dernier ; mais que tout reste dans l'état habituel ; vous fermerez les volets du rez-de-chaussée, voilà tout.

— Et ceux du premier ?

— Vous savez qu'on ne les ferme jamais. Allez.

Le comte fit dire qu'il dînerait chez lui, et ne voulait être servi que par Ali.

Il dîna avec sa tranquillité et sa sobriété habituelles, et après le dîner, faisant signe à Ali de le suivre, il sortit par la petite porte, gagna le bois de Boulogne comme s'il se promenait, prit sans affectation le chemin de Paris, et à la nuit tombante se trouva en face de sa maison des Champs-Élysées.

Tout était sombre : seule une faible lumière brûlait dans la loge du concierge, distante d'une quarantaine de pas de la maison, comme l'avait dit Baptistin.

Monte-Cristo s'adossa à un arbre, et de cet œil qui se trompait si rarement, sonda la double allée, examina les passans, et plongea son regard dans les rues voisines, afin de voir si quelqu'un n'était point embusqué. Au bout de dix minutes, il fut convaincu que personne ne le guettait.

Il courut aussitôt à la petite porte avec Ali, entra précipitamment, et par l'escalier de service, dont il avait la clé, rentra dans sa chambre à coucher, sans ouvrir ou déranger un seul rideau, sans que le concierge lui-même pût se douter que la maison qu'il croyait vide avait retrouvé son principal habitant.

Arrivé dans la chambre à coucher, le comte fit signe à Ali de s'arrêter, puis il passa dans le cabinet, qu'il examina ; tout était dans l'état habituel : le précieux secrétaire à sa place, et la clé au secrétaire ; il le ferma à double tour, prit la clé, revint à la porte de la chambre à coucher, enleva la double gâche du verrou, et rentra.

Pendant ce temps, Ali apportait sur une table les armes que le comte lui avait demandées, c'est-à-dire une carabine courte et une paire de pistolets doubles, dont les canons superposés permettaient de viser aussi sûrement qu'avec des pistolets de tir. Armé ainsi, le comte tenait la vie de cinq hommes entre ses mains.

Il était neuf heures et demie à peu près ; le comte et Ali mangèrent à la hâte un morceau de pain et burent un verre de vin d'Espagne ; puis Monte-Cristo fit glisser un de ces panneaux mobiles qui lui permettaient de voir d'une pièce dans l'autre. Il avait à sa portée ses pistolets et sa carabine, et Ali, debout près de lui, tenait à la main une de ces petites haches arabes qui n'ont pas changé de forme depuis les croisades.

Par une des fenêtres de la chambre à coucher parallèle à celle du cabinet, le comte pouvait voir dans la rue.

Deux heures se passèrent ainsi ; il faisait l'obscurité la plus profonde, et cependant Ali, grâce à sa nature sauvage, et cependant le comte, grâce sans doute à une qualité acquise, distinguaient dans cette nuit jusqu'aux plus faibles oscillations des arbres de la cour.

Depuis longtemps la petite lumière de la loge du concierge s'était éteinte.

Il était à présumer que l'attaque, si réellement il y avait une attaque projetée, aurait lieu par l'escalier du rez-de-chaussée et non par une fenêtre. Dans les idées de Monte-Cristo, les malfaiteurs en voulaient à sa vie et non à son argent. C'était donc à sa chambre à coucher qu'ils s'attaqueraient, et ils parviendraient à sa chambre à coucher soit par l'escalier dérobé, soit par la fenêtre du cabinet.

Il plaça Ali devant la porte de l'escalier, et continua de surveiller le cabinet.

Onze heures trois quarts sonnèrent à l'horloge des Invalides ; le vent d'ouest apportait sur ses humides bouffées la lugubre vibration des trois coups.

Comme le dernier coup s'éteignait, le comte crut entendre un léger bruit du côté du cabinet ; ce premier bruit, ou plutôt ce premier grincement, fut suivi d'un second, puis d'un troisième ; au quatrième, le comte savait à quoi s'en tenir. Une main ferme et exercée était occupée à couper les quatre côtés d'une vitre avec un diamant.

Le comte sentit battre plus rapidement son cœur. Si endurcis au danger que soient les hommes, si bien prévenus qu'ils soient du péril, ils comprennent toujours au frémissement de leur cœur et au frissonnement de leur chair, la différence énorme qui existe entre le rêve et la réalité, entre le projet et l'exécution.

Cependant Monte-Cristo ne fit qu'un signe pour prévenir Ali ; celui-ci, comprenant que le danger était du côté du cabinet, fit un pas pour se rapprocher de son maître.

Monte-Cristo était avide de savoir à quels ennemis et à combien d'ennemis il avait affaire.

La fenêtre où l'on travaillait était en face de l'ouverture par laquelle le comte plongeait son regard dans le cabinet. Ses yeux se fixèrent donc vers cette fenêtre : il vit une ombre se dessiner plus épaisse sur l'obscurité ; puis un des carreaux devint tout-à-fait opaque, comme si l'on y collait du dehors une feuille de papier, puis le carreau craqua sans tomber. Par l'ouverture pratiquée, un bras passa qui chercha l'espagnolette ; une seconde après, la fenêtre tourna sur ses gonds, et un homme entra.

L'homme était seul.

— Voilà un hardi coquin ! murmura le comte.

En ce moment il sentit qu'Ali lui touchait doucement l'épaule; il se retourna: Ali lui montrait la fenêtre de la chambre où ils étaient, et qui donnait sur la rue.

Monte-Cristo fit trois pas vers cette fenêtre; il connaissait l'exquise délicatesse des sens du fidèle serviteur. En effet, il vit un autre homme qui se détachait d'une porte, et, montant sur une borne, semblait chercher à voir ce qui se passait chez le comte.

— Bon! dit-il, ils sont deux; l'un agit, l'autre guette. Il fit signe à Ali de ne pas perdre des yeux l'homme de la rue, et revint à celui du cabinet.

Le coupeur de vitres était entré et s'orientait, les bras tendus en avant.

Enfin il parut s'être rendu compte de toutes choses; il y avait deux portes dans le cabinet, il alla pousser les verrous de toutes deux.

Lorsqu'il s'approcha de celle de la chambre à coucher, Monte-Cristo crut qu'il venait pour entrer, et prépara un de ses pistolets; mais il entendit simplement le bruit des verrous glissant dans leurs anneaux de cuivre. C'était une précaution, voilà tout: le nocturne visiteur, ignorant le soin qu'avait pris le comte d'enlever les gâches, pouvait désormais se croire chez lui et agir en toute tranquillité.

Seul et libre de tous ses mouvemens, l'homme alors tira de sa large poche quelque chose que le comte put distinguer, posa ce quelque chose sur un guéridon, puis il alla droit au secrétaire, le palpa à l'endroit de la serrure, et s'aperçut que, contre son attente, la clé manquait.

Mais le casseur de vitres était un homme de précaution et qui avait tout prévu; le comte entendit bientôt ce froissement du fer contre le fer que produit, quand on le remue, ce trousseau de clés informes qu'apportent les serruriers quand on les envoie chercher pour ouvrir une porte, et auxquels les voleurs ont donné le nom de rossignols, sans doute à cause du plaisir qu'ils éprouvent à entendre leur chant nocturne, lorsqu'ils grincent contre le pêne de la serrure.

— Ah! ah! murmura Monte-Cristo avec un sourire de désappointement, ce n'est qu'un voleur.

Mais l'homme, dans l'obscurité, ne pouvait choisir l'instrument convenable. Il eut alors recours à l'objet qu'il avait posé sur le guéridon; il fit jouer un ressort, et aussitôt une lumière pâle, mais assez vive cependant pour qu'on pût voir, envoya son reflet doré sur les mains et sur le visage de cet homme.

— Tiens! fit tout à coup Monte-Cristo en se reculant avec un mouvement de surprise, c'est...

Ali leva sa hache.

— Ne bouge pas, lui dit Monte-Cristo tout bas, et laisse là ta hache, nous n'avons plus besoin d'armes ici.

Puis il ajouta quelques mots en baissant encore la voix, car l'exclamation, si faible qu'elle fût, que la surprise avait arrachée au comte, avait suffi pour faire tressaillir l'homme, qui était resté dans la pose du rémouleur antique.

C'était un ordre que venait de donner le comte, car aussitôt Ali s'éloigna sur la pointe du pied, détacha de la muraille de l'alcôve un vêtement noir et un chapeau triangulaire. Pendant ce temps, Monte-Cristo ôtait rapidement sa redingote, son gilet et sa chemise, et l'on pouvait, grâce au rayon de lumière filtrant par la fente du panneau, reconnaître sur la poitrine du comte une de ces souples et fines tuniques de mailles d'acier, dont la dernière, dans cette France où l'on ne craint plus les poignards, fut peut-être portée par le roi Louis XVI, qui craignait le couteau pour sa poitrine, et qui fut frappé d'une hache à la tête.

Cette tunique disparut bientôt sous une longue soutane, comme les cheveux du comte sous une perruque à tonsure; le chapeau triangulaire, placé sur la perruque, acheva de changer le comte en abbé.

Cependant l'homme, n'entendant plus rien, s'était relevé, et pendant le temps que Monte-Cristo opérait sa métamorphose, était allé droit au secrétaire, dont la serrure commençait à craquer sous son *rossignol*.

— Bon! murmura le comte, lequel se reposait sans doute sur quelque secret de serrurerie qui devait être inconnu au crocheteur de portes, si habile qu'il fût: bon! tu en as pour quelques minutes. Et il alla à la fenêtre.

L'homme qu'il avait vu monté sur une borne en était descendu, et se promenait toujours dans la rue; mais, chose singulière, au lieu de s'inquiéter de ceux qui pouvaient venir, soit par l'avenue des Champs-Elysées, soit par le faubourg Saint-Honoré, il ne paraissait préoccupé que de ce qui se passait chez le comte, et tous ses mouvemens avaient pour but de voir ce qui se passait dans le cabinet.

Monte-Cristo, tout à coup, se frappa le front et laissa errer sur ses lèvres entr'ouvertes un rire silencieux.

Puis, se rapprochant d'Ali:

— Demeure ici, lui dit-il tout bas, caché dans l'obscurité, et quel que soit le bruit que tu entendes, quelque chose qui se passe, n'entre et ne te montre que si je t'appelle par ton nom.

Ali fit signe de la tête qu'il avait compris et qu'il obéirait.

Alors Monte-Cristo tira d'une armoire une bougie tout allumée, et au moment où le voleur était le plus occupé à sa serrure, il ouvrit doucement la porte, ayant soin que la lumière qu'il tenait à la main donnât tout entière sur son visage.

La porte tourna si doucement que le voleur n'entendit pas le bruit. Mais, à son grand étonnement, il vit tout à coup la chambre s'éclairer.

Il se retourna.

— Eh! bonsoir, cher monsieur Caderousse! dit Monte-Cristo; que diable venez-vous donc faire ici à une pareille heure?

— L'abbé Busoni! s'écria Caderousse.

Et ne sachant comment cette étrange apparition était venue jusqu'à lui, puisqu'il avait fermé les portes, il laissa tomber son trousseau de fausses clés, et resta immobile et comme frappé de stupeur.

Le comte alla se placer entre Caderousse et la fenêtre, coupant ainsi au voleur terrifié son seul moyen de retraite.

— L'abbé Busoni! répéta Caderousse en fixant sur le comte des yeux hagards.

— Eh bien! sans doute, l'abbé Busoni! reprit Monte-Cristo, lui-même, en personne, et je suis bien aise que vous me reconnaissiez, mon cher monsieur Caderousse; cela prouve que nous avons bonne mémoire, car si je ne me trompe, voilà tantôt dix ans que nous ne nous sommes vus.

Ce calme, cette ironie, cette puissance, frappèrent l'esprit de Caderousse d'une terreur vertigineuse.

— L'abbé! l'abbé! murmura-t-il en crispant ses poings et en faisant claquer ses dents.

— Nous voulons donc voler le comte de Monte-Cristo? continua le prétendu abbé.

— Monsieur l'abbé... murmura Caderousse cherchant à gagner la fenêtre que lui interceptait impitoyablement le comte, monsieur l'abbé, je ne sais... je vous prie de croire... je vous jure...

— Un carreau coupé, continua le comte, une lanterne sourde, un trousseau de rossignols, un secrétaire à demi forcé, c'est clair comme le jour.

Caderousse s'étranglait avec sa cravate, il cherchait un angle où se cacher, un trou par où disparaître.

— Allons, dit le comte, je vois que vous êtes toujours le même, monsieur l'assassin.

— Monsieur l'abbé, puisque vous savez tout, vous savez que ce n'est pas moi, que c'est la Carconte; ça été reconnu au procès, puisqu'ils ne m'ont condamné qu'aux galères.

— Vous avez donc fini votre temps, que je vous retrouve en train de vous y faire ramener?

— Non, monsieur l'abbé, j'ai été délivré par quelqu'un.
— Ce quelqu'un-là a rendu un charmant service à la société.
— Ah! dit Caderousse, j'avais cependant bien promis...
— Ainsi, vous êtes en rupture de ban? interrompit Monte-Cristo.
— Hélas! oui, fit Caderousse très inquiet.
— Mauvaise récidive... Cela vous conduira, si je ne me trompe, à la place de Grève. Tant pis, tant pis, diavolo! comme disent les mondains de mon pays.
— Monsieur l'abbé, je cède à un entraînement...
— Tous les criminels disent cela.
— Le besoin...
— Laissez donc, dit dédaigneusement Busoni, le besoin peut conduire à demander l'aumône, à voler un pain à la porte d'un boulanger, mais non à venir forcer un secrétaire dans une maison que l'on croit inhabitée. Et lorsque le bijoutier Joannès venait de vous compter quarante cinq mille francs en échange du diamant que je vous avais donné, et que vous l'avez tué pour avoir le diamant et l'argent, était-ce aussi le besoin?
— Pardon, monsieur l'abbé, dit Caderousse; vous m'avez déjà sauvé une fois, sauvez-moi encore une seconde.
— Cela ne m'encourage pas.
— Êtes-vous seul, monsieur l'abbé? demanda Caderousse en joignant les mains, ou bien avez-vous là des gendarmes tout prêts à me prendre?
— Je suis tout seul, dit l'abbé, et j'aurai encore pitié de vous, et je vous laisserai aller au risque des nouveaux malheurs que peut amener ma faiblesse, si vous me dites toute la vérité.
— Ah! monsieur l'abbé, s'écria Caderousse en joignant les mains et en se rapprochant d'un pas de Monte-Cristo, je puis bien dire que vous êtes mon sauveur, vous.
— Vous prétendez qu'on vous a délivré du bagne?
— Oh! ça, foi de Caderousse, monsieur l'abbé!
— Qui cela?
— Un Anglais.
— Comment s'appelait-il?
— Lord Wilmore.
— Je le connais; je saurai donc si vous mentez.
— Monsieur l'abbé, je vous dis la vérité pure.
— Cet Anglais vous protégeait donc?
— Non pas moi, mais un jeune Corse qui était mon compagnon de chaîne.
— Comment se nommait ce jeune Corse?
— Benedetto.
— C'est un nom de baptême?
— Il n'en avait pas d'autre; c'était un enfant trouvé.
— Alors ce jeune homme s'est évadé avec vous?
— Oui.
— Comment cela?
— Nous travaillions à Saint-Mandrier, près de Toulon. Connaissez-vous Saint-Mandrier?
— Je le connais.
— Eh bien! pendant qu'on dormait, de midi à une heure...
— Des forçats qui font la sieste! plaignez donc ces gaillards-là! dit l'abbé.
— Dame! fit Caderousse, on ne peut pas toujours travailler, on n'est pas des chiens.
— Heureusement pour les chiens, dit Monte-Cristo.
— Pendant que les autres faisaient donc la sieste, nous nous sommes éloignés un petit peu, nous avons scié nos fers avec une lime que nous avait fait parvenir l'Anglais, et nous nous sommes sauvés à la nage.
— Et qu'est devenu ce Benedetto?
— Je n'en sais rien.
— Vous devez le savoir cependant.
— Non, en vérité. Nous nous sommes séparés à Hyères.

Et pour donner plus de poids à sa protestation, Caderousse fit encore un pas vers l'abbé, qui demeura immobile à sa place, toujours calme et interrogateur.

— Vous mentez! dit l'abbé Busoni, avec un accent d'irrésistible autorité.
— Monsieur l'abbé!...
— Vous mentez! cet homme est encore votre ami, et vous vous servez de lui comme d'un complice peut-être?
— Oh! monsieur l'abbé!
— Depuis que vous avez quitté Toulon, comment avez-vous vécu? Répondez..
— Comme j'ai pu.
— Vous mentez! reprit une troisième fois l'abbé avec un accent plus impératif encore.
Caderousse terrifié regarda le comte.
— Vous avez vécu, reprit celui-ci, de l'argent qu'il vous a donné.
— Eh bien! c'est vrai, dit Caderousse, Benedetto est devenu un fils de grand seigneur.
— Comment peut-il être fils d'un grand seigneur?
— Fils naturel.
— Et comment nommez-vous ce grand seigneur?
— Le comte de Monte-Cristo, celui-là même chez qui nous sommes.
— Benedetto le fils du comte? reprit Monte-Cristo étonné à son tour.
— Dame! il faut bien croire, puisque le comte lui a trouvé un faux père, puisque le comte lui fait quatre mille francs par mois, puisque le comte lui laisse cinq cent mille francs par son testament.
— Ah! ah! fit le faux abbé qui commençait à comprendre, et quel nom porte en attendant ce jeune homme?
— Il s'appelle Andrea Cavalcanti.
— Alors c'est ce jeune homme que mon ami le comte de Monte-Cristo reçoit chez lui, et qui va épouser mademoiselle Danglars?
— Justement.
— Et vous souffrez cela, misérable! vous qui connaissez sa vie et sa flétrissure?
— Pourquoi voulez-vous que j'empêche un camarade de réussir? dit Caderousse.
— C'est juste, ce n'est pas à vous de prévenir M. Danglars, c'est à moi.
— Ne faites pas cela, monsieur l'abbé!...
— Et pourquoi?
— Parce que c'est notre pain que vous nous feriez perdre!
— Et vous croyez que, pour conserver le pain à des misérables comme vous, je me ferai le fauteur de leur ruse, le complice de leurs crimes?
— Monsieur l'abbé! dit Caderousse en se rapprochant encore.
— Je dirai tout.
— A qui?
— A M. Danglars.
— Tron-de-l'air, s'écria Caderousse en tirant un couteau tout ouvert de son gilet, et en frappant le comte au milieu de la poitrine, tu ne diras rien, l'abbé!
Au grand étonnement de Caderousse, le poignard, au lieu de pénétrer dans la poitrine du comte, rebroussa émoussé.
En même temps, le comte saisit de la main gauche le poignet de l'assassin, et le tordit avec une telle force que le couteau tomba de ses doigts raidis et que Caderousse poussa un cri de douleur.
Mais le comte, sans s'arrêter à ce cri, continua de tordre le poignet du bandit jusqu'à ce que, le bras disloqué, il tombât d'abord à genoux, puis ensuite la face contre terre.
Le comte appuya le pied contre sa tête et dit:
— Je ne sais ce qui me retient de te briser le crâne, scélérat!
— Ah! grace! grace! cria Caderousse.
Le comte retira son pied.
— Relève-toi! dit-il.
Caderousse se releva.
— Tudieu! quel poignet vous avez, monsieur l'abbé!

OEUV. COMPL. D'ALEX. DUMAS.

dit Caderousse caressant son bras tout meurtri par les tenailles de chair qui l'avaient étreint ; tudieu ! quel poignet !

— Silence! Dieu me donne la force de dompter une bête féroce comme toi ; c'est au nom de ce Dieu que j'agis ; souviens-toi de cela, misérable, et t'épargner en ce moment, c'est encore servir les desseins de Dieu.

— Ouf! fit Caderousse tout endolori.

— Prends cette plume et ce papier, et écris ce que je vais te dicter.

— Je ne sais pas écrire, monsieur l'abbé.

— Tu mens ; prends cette plume et écris!

Caderousse, subjugué par cette puissance supérieure, s'assit et écrivit.

« Monsieur, l'homme que vous recevez chez vous et à qui vous destinez votre fille est un ancien forçat, échappé avec moi du bagne de Toulon ; il portait le n° 59 et moi le n° 58.

« Il se nommait Benedetto ; mais il ignore lui-même son véritable nom, n'ayant jamais connu ses parens. »

— Signe! continua le comte.

— Mais vous voulez donc me perdre?

— Si je voulais te perdre, imbécile, je te traînerais jusqu'au premier corps-de-garde; d'ailleurs, à l'heure où le billet sera rendu à son adresse, il est probable que tu n'auras plus rien à craindre; signe donc.

Caderousse signa.

— L'adresse : *A monsieur le baron Danglars, banquier, rue de la Chaussée-d'Antin.*

Caderousse écrivit l'adresse.

L'abbé prit le billet.

— Maintenant, dit-il, c'est bien, va-t'en.

— Par où?

— Par où tu es venu.

— Vous voulez que je sorte par cette fenêtre?

— Tu y es bien entré.

— Vous méditez quelque chose contre moi, monsieur l'abbé!

— Imbécile, que veux-tu que je médite?

— Pourquoi ne pas m'ouvrir la porte?

— A quoi bon réveiller le concierge?

— Monsieur l'abbé, dites-moi que vous ne voulez pas ma mort.

— Je veux ce que Dieu veut.

— Mais jurez-moi que vous ne me frapperez pas tandis que je descendrai.

— Sot et lâche que tu es !

— Que voulez-vous faire de moi?

— Je te le demande. J'ai essayé d'en faire un homme heureux, et je n'en ai fait qu'un assassin!

— Monsieur l'abbé, dit Caderousse, tentez une dernière épreuve.

— Soit! dit le comte. Écoute, tu sais que je suis homme de parole?

— Oui, dit Caderousse.

— Si tu rentres chez toi sain et sauf...

— A moins que ce ne soit de vous, qu'ai-je à craindre?

— Si tu rentres chez toi sain et sauf, quitte Paris, quitte la France, et partout où tu seras, tant que tu te conduiras honnêtement, je te ferai passer une petite pension ; car si tu rentres chez toi sain et sauf, eh bien...

— Eh bien? demande Caderousse en frémissant.

— Eh bien! je croirai que Dieu t'a pardonné, et je te pardonnerai aussi.

— Vrai comme je suis chrétien, balbutia Caderousse en reculant, vous me faites mourir de peur!

— Allons, va-t'en! dit le comte en montrant du doigt la fenêtre à Caderousse.

Caderousse, encore mal rassuré par cette promesse, enjamba la fenêtre et mit le pied sur l'échelle.

Là, il s'arrêta tremblant.

— Maintenant descends, dit l'abbé en se croisant les bras.

Caderousse commença de comprendre qu'il n'avait rien à craindre de ce côté, et descendit.

Alors le comte s'approcha avec la bougie, de sorte qu'on put distinguer des Champs-Elysées cet homme qui descendait d'une fenêtre éclairé par un autre homme.

— Que faites-vous donc, monsieur l'abbé ? dit Caderousse ; s'il passait une patrouille...

Et il souffla la bougie.

Puis il continua de descendre : mais ce ne fut que lorsqu'il sentit le sol du jardin sous son pied qu'il fut suffisamment rassuré.

Monte-Cristo rentra dans sa chambre à coucher, et jetant un coup d'œil rapide du jardin à la rue, il vit d'abord Caderousse qui, après être descendu, faisait un détour dans le jardin et allait planter son échelle à l'extrémité de la muraille, afin de sortir à une autre place que celle par laquelle il était entré.

Puis, passant du jardin à la rue, il vit l'homme qui semblait attendre, courir parallèlement dans la rue et se placer derrière l'angle même près duquel Caderousse allait descendre.

Caderousse monta lentement sur l'échelle, et, arrivé aux derniers échelons, passa sa tête par-dessus le chaperon pour s'assurer que la rue était bien solitaire.

On ne voyait personne, on n'entendait aucun bruit.

Une heure sonna aux Invalides.

Alors Caderousse se mit à cheval sur le chaperon, et tirant à lui son échelle, la passa par-dessus le mur, puis il se mit en devoir de descendre, ou plutôt de se laisser glisser le long des deux montans, manœuvre qu'il opéra avec une adresse qui prouva l'habitude qu'il avait de cet exercice.

Mais, une fois lancé sur la pente, il ne put s'arrêter. Vainement il vit un homme s'élancer dans l'ombre au moment où il était à moitié chemin ; vainement il vit un bras se lever au moment où il touchait la terre ; avant qu'il n'eût pu se mettre en défense, ce bras le frappa si furieusement dans le dos, qu'il lâcha l'échelle en criant :

— Au secours !

Un second coup lui arriva presque aussitôt dans le flanc, et il tomba en criant :

— Au meurtre!

Enfin, comme il se roulait sur la terre, son adversaire le saisit aux cheveux et lui porta un troisième coup dans la poitrine.

Cette fois Caderousse voulut crier encore, mais il ne put pousser qu'un gémissement et laissa couler en gémissant les trois ruisseaux de sang qui sortaient de ses trois blessures.

L'assassin, voyant qu'il ne criait plus, lui souleva la tête par les cheveux ; Caderousse avait les yeux fermés et la bouche tordue. L'assassin le crut mort, laissa retomber la tête et disparut.

Alors Caderousse, le sentant s'éloigner, se redressa sur son coude, et d'une voix mourante cria dans un suprême effort :

— A l'assassin ! je meurs ! à moi, monsieur l'abbé ! à moi !

Ce lugubre appel perça l'ombre de la nuit. La porte de l'escalier dérobé s'ouvrit, puis la petite porte du jardin, et Ali et son maître accoururent avec des lumières.

CHAP. LXXXII. — LA MAIN DE DIEU.

Caderousse continuait de crier d'une voix lamentable :

— Monsieur l'abbé, au secours ! au secours !

— Qu'y a-t-il? demanda Monte-Cristo.

— A mon secours ! répéta Caderousse ; on m'a assassiné !

— Nous voici ! du courage.

— Ah ! c'est fini. Vous arrivez trop tard ; vous arrivez pour me voir mourir. Quels coups! que de sang!

Et il s'évanouit.

Ali et son maître prirent le blessé et le transportèrent dans une chambre. Là Monte-Cristo fit signe à Ali de le déshabiller, et il reconnut les trois terribles blessures dor' .i était atteint.

— Mon Dieu! dit-il, votre vengeance se fait parfois attendre ; mais je crois qu'alors elle ne descend du ciel que plus complète.

Ali regarda son maître comme pour lui demander ce qu'il y avait à faire.

— Va chercher M. le procureur du roi Villefort, qui demeure faubourg Saint-Honoré, et amène-le ici. En passant, tu réveilleras le concierge, et tu lui diras d'aller chercher un médecin.

Ali obéit et laissa le faux abbé seul avec Caderousse toujours évanoui.

Lorsque le malheureux rouvrit les yeux, le comte, assis à quelques pas de lui, le regardait avec une sombre expression de pitié, et ses lèvres qui s'agitaient semblaient murmurer une prière.

— Un chirurgien! monsieur l'abbé, un chirurgien! dit Caderousse.

— On en est allé chercher un, répondit l'abbé.

— Je sais bien que c'est inutile, quant à la vie, mais il pourra me donner des forces peut-être, et je veux avoir le temps de faire ma déclaration.

— Sur quoi?

— Sur mon assassin.

— Vous le connaissez donc?

— Si je le connais! oui, je le connais, c'est Benedetto.

— Ce jeune Corse?

— Lui-même.

— Votre compagnon?

— Oui. Après m'avoir donné le plan de la maison du comte, espérant sans doute que je le tuerais, et qu'il deviendrait ainsi son héritier, ou qu'il me tuerait, et qu'il serait ainsi débarrassé de moi, il m'a attendu dans la rue et m'a assassiné.

— En même temps que j'ai envoyé chercher le médecin j'ai envoyé chercher le procureur du roi.

— Il arrivera trop tard, il arrivera trop tard! dit Caderousse, je sens tout mon sang qui s'en va.

— Attendez, dit Monte-Cristo.

Il sortit et rentra cinq minutes après avec un flacon.

Les yeux du moribond, effrayans de fixité, n'avaient point en son absence quitté cette porte par laquelle il devinait instinctivement qu'un secours allait lui venir.

— Dépêchez-vous, monsieur l'abbé, dépêchez-vous! dit-il, je sens que je m'évanouis encore.

Monte-Cristo s'approcha et versa sur les lèvres violettes du blessé trois ou quatre gouttes de la liqueur que contenait le flacon.

Caderousse poussa un soupir.

— Oh! dit-il, c'est la vie que vous me versez là ; encore... encore...

— Deux gouttes de plus vous tueraient, répondit l'abbé.

— Oh! qu'il vienne donc quelqu'un à qui je puisse dénoncer le misérable.

— Voulez-vous que j'écrive votre déposition ? vous la signerez.

— Oui... oui... dit Caderousse, dont les yeux brillaient à l'idée de cette vengeance posthume.

Monte-Cristo écrivit :

« Je meurs assassiné par le Corse Benedetto, mon compagnon de chaîne à Toulon, sous le n° 59. »

— Dépêchez-vous! dépêchez-vous! dit Caderousse, je ne pourrais plus signer.

Monte-Cristo présenta la plume à Caderousse, qui rassembla ses forces, signa et retomba sur son lit en disant :

— Vous raconterez le reste, monsieur l'abbé, vous direz qu'il se fait appeler Andrea Cavalcanti, qu'il loge à l'hôtel des Princes, que... Ah! ah! mon Dieu ! mon Dieu ! voilà que je meurs!

Et Caderousse s'évanouit pour la seconde fois.

L'abbé lui fit respirer l'odeur du flacon ; le blessé rouvrit les yeux.

Son désir de vengeance ne l'avait pas abandonné pendant son évanouissement.

— Ah! vous direz tout cela, n'est-ce pas, monsieur l'abbé?

— Tout cela, oui, et bien d'autres choses encore.

— Que direz-vous?

— Je dirai qu'il vous avait sans doute donné le plan de cette maison dans l'espérance que le comte vous tuerait. Je dirai qu'il avait prévenu le comte par un billet ; je dirai que le comte étant absent, c'est moi qui ai reçu ce billet et qui ai veillé pour vous attendre.

— Et il sera guillotiné, n'est-ce pas? dit Caderousse; il sera guillotiné, vous me le promettez? Je meure avec cet espoir-là, cela va m'aider à mourir.

— Je dirai, continua le comte, qu'il est arrivé derrière vous, qu'il vous a guetté tout le temps, que lorsqu'il vous a vu sortir, il a couru à l'angle du mur, et s'est caché.

— Vous avez donc vu tout cela, vous?

— Rappelez-vous mes paroles : « Si tu rentres chez toi sain et sauf, je croirai que Dieu t'a pardonné, et je te pardonnerai aussi. »

— Et vous ne m'avez pas averti? s'écria Caderousse en essayant de se soulever sur son coude ; vous saviez que j'allais être tué en sortant d'ici, et vous ne m'avez pas averti ?

— Non, car dans la main de Benedetto je voyais la justice de Dieu, et j'aurais cru commettre un sacrilège en m'opposant aux intentions de la Providence.

— La justice de Dieu! ne m'en parlez pas. monsieur l'abbé, s'il y avait une justice de Dieu, vous savez mieux que personne qu'il y a des gens qui seraient punis et qui ne le sont pas.

— Patience ! dit l'abbé d'un ton qui fit frémir le moribond ! patience !

Caderousse le regarda avec étonnement.

— Et puis, dit l'abbé, Dieu est plein de miséricorde pour tous, comme il a été pour toi : il est père avant d'être juge.

— Ah! vous croyez donc à Dieu, vous ! dit Caderousse.

— Si j'avais le malheur de n'y avoir pas cru jusqu'à présent, dit Monte-Cristo, j'y croirais en te voyant.

Caderousse leva ses poings crispés au ciel.

— Écoute, dit l'abbé en étendant ses mains sur le blessé comme pour lui commander la foi, voilà ce qu'il a fait pour toi, ce Dieu que tu refuses de reconnaître à ton dernier moment : il t'avait donné la santé, la force, un travail assuré, des amis même, la vie enfin telle qu'elle doit se présenter à l'homme pour être douce avec le calme de la conscience et la satisfaction des désirs naturels ; au lieu d'exploiter ces dons du seigneur, si rarement accordés par lui dans leur plénitude, voilà ce que tu as fait, toi : tu t'es donné à la fantaisie, à l'ivresse, et dans l'ivresse tu as trahi un de tes meilleurs amis.

— Au secours ! s'écria Caderousse, je n'ai pas besoin d'un prêtre, mais d'un médecin ; peut-être que je ne suis pas blessé à mort, peut-être que je ne vais pas encore mourir, peut-être qu'on peut me sauver !

— Tu es si bien blessé à mort que sans les trois gouttes de liqueur que je t'ai données tout à l'heure, tu serais déjà expiré. Écoute donc.

— Ah! murmura Caderousse, que étrange prêtre vous faites, qui désespérez les mourans au lieu de les consoler !

— Écoute, continua l'abbé : quand tu as eu trahi ton ami, Dieu a commencé, non pas de te frapper, mais de t'avertir, tu es tombé dans la misère et tu as eu faim ; tu avais passé à envier la moitié d'une vie que tu pouvais passer à acquérir, et déjà tu songeais au crime en te donnant à toi-même l'excuse de la nécessité, quand Dieu fit pour toi un miracle ; quand Dieu, par mes mains, t'envoya au sein de ta misère une fortune, brillante pour toi, malheureux, qui n'avais jamais rien possédé. Mais cette

fortune inattendue, inespérée, inouïe, ne te suffit plus du moment où tu la possèdes; tu veux la doubler · par quel moyen? par un meurtre. Tu la doubles; et alors Dieu te l'arrache, en te conduisant devant la justice humaine.
— Ce n'est pas moi, dit Caderousse, qui ai voulu tuer le juif, c'est la Carconte.
— Oui, dit Monte-Cristo. Aussi Dieu toujours, je ne dirai pas juste cette fois, car sa justice t'eût donné la mort, mais Dieu, toujours miséricordieux, permit que tes juges fussent touchés à tes paroles et te laissassent la vie.
— Pardieu! pour m'envoyer au bagne à perpétuité; la belle grâce!
— Cette grâce, misérable! tu la regardas cependant comme une grâce quand elle te fut faite; ton lâche cœur, qui tremblait devant la mort, bondit de joie à l'annonce d'une honte perpétuelle, car tu t'es dit comme tous les forçats : Il y a une porte au bagne, il n'y en a pas à la tombe. Et tu avais raison, car cette porte du bagne s'est ouverte pour toi d'une manière inespérée : un Anglais visite Toulon, il avait fait vœu de tirer deux hommes de l'infamie, son choix tombe sur toi et sur ton compagnon, une seconde fortune descend pour toi du ciel, tu retrouves à la fois l'argent et la tranquillité, tu peux recommencer à vivre de la vie de tous les hommes, toi qui avais été condamné à vivre de celle des forçats; alors, misérable, alors tu te mets à tenter Dieu une troisième fois. Je n'ai pas assez, dis-tu, quand tu avais plus que tu n'avais possédé jamais, et tu commets un troisième crime, sans raison, sans excuse. Dieu s'est fatigué. Dieu t'a puni.
Caderousse s'affaiblissait à vue d'œil.
— A boire, dit-il; j'ai soif.. je brûle!
Monte-Cristo lui donna un verre d'eau.
— Scélérat de Benedetto, dit Caderousse en rendant le verre : il s'échappera cependant, lui!
— Personne n'échappera, c'est moi qui te le dis, Caderousse... Benedetto sera puni!
— Alors vous serez puni, vous aussi, dit Caderousse; car vous n'avez pas fait votre devoir de prêtre... vous deviez empêcher Benedetto de me tuer.
— Moi, dit le comte avec un sourire qui glaça d'effroi le mourant, moi empêcher Benedetto de te tuer, au moment où tu venais de briser ton couteau contre la cotte de maille qui me couvrait la poitrine!... Oui, peut-être si je t'eusse trouvé humble et repentant, j'eusse empêché Benedetto de te tuer, mais je t'ai trouvé orgueilleux et sanguinaire, et j'ai laissé s'accomplir la volonté de Dieu!
— Je ne crois pas à Dieu! hurla Caderousse, tu n'y crois pas non plus... tu mens... tu mens!...
— Tais-toi, dit l'abbé, car tu fais jaillir hors de ton corps les dernières gouttes de ton sang... Ah! tu ne crois pas à Dieu, et tu meurs frappé par Dieu!... Ah! tu ne crois pas à Dieu, et Dieu qui cependant ne demande qu'une prière, qu'un mot, qu'une larme pour pardonner... Dieu qui pouvait diriger le poignard de l'assassin de manière à ce que tu expirasses sur le coup... Dieu t'a donné un quart d'heure pour te repentir... Rentre donc en toi-même, malheureux, et repens-toi!
— Non, dit Caderousse, non, je ne me repens pas; il n'y a pas de Dieu, il n'y a pas de Providence, il n'y a que du hasard.
— Il y a une Providence, il y a un Dieu, dit Monte-Cristo, et la preuve, c'est que tu es là gisant, désespéré, reniant Dieu, et que moi, je suis debout devant toi, riche, heureux, sain et sauf, et joignant les mains devant ce Dieu auquel tu essaies de ne pas croire, et auquel cependant tu crois au fond du cœur.
— Mais qui donc êtes-vous, alors? demanda Caderousse en fixant ses yeux mourans sur le comte.
— Regarde-moi bien! dit Monte-Cristo en prenant la bougie et en l'approchant de son visage.
— Eh bien! l'abbé... l'abbé Busoni..
Monte-Cristo enleva la perruque qui le défigurait, et laissa retomber les beaux cheveux noirs qui encadraient si harmonieusement son pâle visage.
— Oh! dit Caderousse épouvanté, si ce n'étaient ces cheveux noirs, je dirais que vous êtes l'Anglais, je dirais que vous êtes lord Wilmore.
— Je ne suis ni l'abbé Busoni ni lord Wilmore, dit Monte-Cristo; regarde mieux, regarde plus loin, regarde dans tes premiers souvenirs.
Il y avait dans ces paroles du comte une vibration magnétique dont les sens épuisés du misérable furent ravivés une dernière fois.
— Oh! en effet, dit-il, il me semble que je vous ai vu, que je vous ai connu autrefois.
— Oui, Caderousse, oui, tu m'as vu, oui, tu m'as connu.
— Mais qui donc êtes-vous alors? et pourquoi, si vous m'avez vu, si vous m'avez connu, pourquoi me laissez-vous mourir?
— Parce que rien ne peut te sauver, Caderousse, parce que tes blessures sont mortelles. Si tu avais pu être sauvé, j'aurais vu là une dernière miséricorde du Seigneur, et j'eusse encore, je te le jure par la tombe de mon père, essayé de te rendre à la vie et au repentir.
— Par la tombe de ton père! dit Caderousse, ranimé par une suprême étincelle et se soulevant pour voir de plus près l'homme qui venait de lui faire ce serment sacré à tous les hommes : Eh! qui es-tu donc?
Le comte n'avait cessé de suivre les progrès de l'agonie. Il comprit que cet élan de vie était le dernier; il s'approcha du moribond, et le couvrant d'un regard calme et triste à la fois :
— Je suis.... lui dit-il à l'oreille, je suis...
Et ses lèvres, à peine ouvertes, donnèrent passage à un nom prononcé si bas, que le comte semblait craindre de l'entendre lui-même.
Caderousse, qui s'était soulevé sur ses genoux, étendit les bras, fit un effort pour se reculer, puis joignant les mains et les levant avec un suprême effort :
— Oh! mon Dieu! mon Dieu! dit-il, pardon de vous avoir renié; vous existez bien, vous êtes bien le père des hommes au ciel et le juge des hommes sur la terre. Mon Dieu, Seigneur, je vous ai long-temps méconnu! mon Dieu, Seigneur, pardonnez-moi! mon Dieu! Seigneur, recevez-moi!
Et Caderousse, fermant les yeux, tomba renversé en arrière, avec un dernier cri et avec un dernier soupir.
Le sang s'arrêta aussitôt aux lèvres de ses larges blessures.
Il était mort.
— Un! dit mystérieusement le comte, les yeux fixés sur le cadavre déjà défiguré par cette terrible mort.
Dix minutes après, le médecin et le procureur du roi arrivèrent, amenés, l'un par le concierge, l'autre par Ali, et furent reçus par l'abbé Busoni, qui priait près du mort.

CHAP. LXXXIII. — BEAUCHAMP.

Pendant quinze jours il ne fut bruit dans Paris que de cette tentative de vol faite si audacieusement chez le comte. Le mourant avait signé une déclaration qui indiquait Benedetto comme son assassin. La police fut invitée à lancer tous ses agents sur les traces du meurtrier.
Le couteau de Caderousse, la lanterne sourde, le trousseau de clés et les habits, moins le gilet qui ne put se retrouver, furent déposés au greffe; le corps fut emporté à la Morgue.
A tout le monde le comte répondit que cette aventure s'était passée tandis qu'il était à sa maison d'Auteuil, et qu'il n'en savait par conséquent que ce que lui en avait dit l'abbé Busoni, qui, ce soir-là, par le plus grand hasard, lui avait demandé à passer la nuit chez lui pour faire des

recherches dans quelques livres précieux que contenait sa bibliothèque.

Bertuccio seul pâlissait toutes les fois que ce nom de Benedetto était prononcé en sa présence; mais il n'y avait aucun motif pour que quelqu'un s'aperçût de la pâleur de Bertuccio.

Villefort, appelé à constater le crime, avait réclamé l'affaire et conduisait l'instruction avec cette ardeur passionnée qu'il mettait à toutes les causes criminelles où il était appelé à porter la parole.

Mais trois semaines s'étaient déjà passées sans que les recherches les plus actives eussent amené aucun résultat, et l'on commençait à oublier dans le monde la tentative de vol faite chez le comte et l'assassinat du voleur par son complice, pour s'occuper du prochain mariage de mademoiselle Danglars avec le comte Andrea Cavalcanti.

Ce mariage était à peu près déclaré, et le jeune homme était reçu chez le banquier à titre de fiancé.

On avait écrit à M. Cavalcanti père, qui avait approuvé le mariage, et qui, en exprimant tous les regrets de ce que son service l'empêchait absolument de quitter Parme où il était, déclarait consentir à donner le capital de cent cinquante mille livres de rente.

Il était convenu que les trois millions seraient placés chez Danglars, qui les ferait valoir; quelques personnes avaient bien essayé de donner au jeune homme des doutes sur la solidité de la position de son futur beau-père qui, depuis quelque temps, éprouvait à la Bourse des pertes réitérées; mais le jeune homme, avec un désintéressement et une confiance sublime, repoussa tous ces vains propos, dont il eut la délicatesse de ne pas dire une seule parole au baron.

Aussi le baron adorait-il le comte Andrea Cavalcanti.

Il n'en était pas de même de mademoiselle Eugénie Danglars. Dans sa haine instinctive contre le mariage, elle avait accueilli Andrea comme un moyen d'éloigner Morcerf : mais maintenant que Andrea se rapprochait trop, elle commençait à éprouver pour Andrea une visible répulsion.

Peut-être le baron s'en était aperçu; mais comme il ne pouvait attribuer cette répulsion qu'à un caprice, il avait fait semblant de ne pas s'en apercevoir.

Cependant le délai demandé par Beauchamp était presque écoulé. Au reste Morcerf avait pu apprécier la valeur du conseil de Monte-Cristo, quand celui-ci lui avait dit de laisser tomber les choses d'elles-mêmes; personne n'avait relevé la note sur le général, et nul ne s'était avisé de reconnaître dans l'officier qui avait livré le château de Janina le noble comte siégeant à la Chambre des Pairs.

Albert ne s'en trouvait pas moins insulté, car l'intention de l'offense était bien certainement dans les quelques lignes qui l'avaient blessé. En outre, la façon dont Beauchamp avait terminé la conférence avait laissé un amer souvenir dans son cœur. Il caressait donc dans son esprit l'idée de ce duel, dont il espérait, si Beauchamp voulait bien s'y prêter, dérober la cause réelle, même à ses témoins.

Quant à Beauchamp, on ne l'avait pas revu depuis le jour de la visite qu'Albert lui avait faite, et à tous ceux qui le demandaient, on répondait qu'il était absent pour un voyage de quelques jours.

Où était-il ? personne n'en savait rien.

Un matin, Albert fut réveillé par son valet de chambre, qui lui annonça Beauchamp.

Albert se frotta les yeux, ordonna que l'on fît attendre Beauchamp dans le petit salon fumoir du rez-de-chaussée, s'habilla vivement, et descendit.

Il trouva Beauchamp se promenant de long en large; en l'apercevant, Beauchamp s'arrêta.

— La démarche que vous tentez en vous présentant chez moi de vous-même, et sans attendre la visite que je comptais vous faire aujourd'hui, me semble d'un bon augure, monsieur, dit Albert; voyons, dites vite, faut-il que je vous tende la main en disant : Beauchamp, avouez un tort et conservez-moi un ami ? ou faut-il que tout simplement je vous demande : Quelles sont vos armes ?

— Albert, dit Beauchamp avec une tristesse qui frappa le jeune homme de stupeur, asseyons-nous d'abord, et causons.

— Mais il me semble, au contraire, monsieur, qu'avant de nous asseoir, vous avez à me répondre.

— Albert, dit le journaliste, il y a des circonstances où la difficulté est justement dans la réponse.

— Je vais vous la rendre facile, monsieur, en vous répétant la demande : Voulez-vous vous rétracter, oui ou non ?

— Morcerf, on ne se contente pas de répondre oui ou non aux questions qui intéressent l'honneur, la position sociale, la vie d'un homme comme M. le lieutenant-général comte de Morcerf, pair de France.

— Que fait-on alors ?

— On fait ce que j'ai fait, Albert, on dit : L'argent, le temps et la fatigue ne sont rien lorsqu'il s'agit de la réputation et des intérêts de toute une famille; on dit : Il faut plus que des probabilités, il faut des certitudes pour accepter un duel à mort avec un ami; on dit : Si je croise l'épée, ou si je lâche la détente d'un pistolet sur un homme dont j'ai, pendant trois ans, serré la main, il faut que je sache au moins pourquoi je fais une pareille chose, afin que j'arrive sur le terrain avec le cœur en repos et cette conscience tranquille dont un homme a besoin quand il faut que son bras sauve sa vie.

— Eh bien ! eh bien ! demanda Morcerf avec impatience, que veut dire cela ?

— Cela veut dire que j'arrive de Janina.

— De Janina ? vous !

— Oui, moi.

— Impossible !

— Mon cher Albert, voici mon passeport; voyez les visa : Genève, Milan, Venise, Trieste, Delvino, Janina. En croirez-vous la police d'une république, d'un royaume et d'un empire ?

Albert jeta les yeux sur le passeport, et les releva étonnés sur Beauchamp.

— Vous avez été à Janina ? dit-il.

— Albert, si vous aviez été un étranger, un inconnu, un simple lord comme cet Anglais qui est venu me demander raison il y a trois ou quatre mois, et que j'ai tué pour m'en débarrasser, vous comprenez que je ne me serais pas donné une pareille peine; mais j'ai cru que je vous devais cette marque de considération. J'ai mis huit jours à aller, huit jours à revenir, plus, quatre jours de quarantaine, et quarante-huit heures de séjour; cela fait bien mes trois semaines. Je suis arrivé cette nuit, et me voilà.

— Mon Dieu ! mon Dieu ! que de circonvolutions, Beauchamp, et que vous tardez à me dire ce que j'attends de vous !

— C'est qu'en vérité, Albert...

— On dirait que vous hésitez.

— Oui, j'ai peur.

— Vous avez peur d'avouer que votre correspondant vous avait trompé! Oh ! pas d'amour-propre, Beauchamp, avouez; Beauchamp, votre courage ne peut être mis en doute.

— Oh ! ce n'est point cela, murmura le journaliste ; au contraire...

Albert pâlit affreusement; il essaya de parler, mais la parole expira sur ses lèvres.

— Mon ami, dit Beauchamp du ton le plus affectueux, croyez que je serais heureux de vous faire mes excuses, et que ces excuses, je vous les ferais de tout mon cœur; mais hélas !...

— Mais quoi ?

— La note avait raison, mon ami.

— Comment ! cet officier français...

— Oui.

— Ce Fernand?
— Oui.
— Ce traître qui a livré les châteaux de l'homme au service duquel il était...
— Pardonnez-moi de vous dire ce que je vous dis, mon ami : cet homme, c'est votre père!

Albert fit un mouvement furieux pour s'élancer sur Beauchamp; mais celui-ci le retint bien plus encore avec un doux regard qu'avec sa main étendue.

— Tenez, mon ami, dit-il en tirant un papier de sa poche, voici la preuve.

Albert ouvrit le papier; c'était une attestation de quatre habitans notables de Janina, constatant que le colonel Fernand Mondego, colonel instructeur au service du vizir Ali-Tebelin, avait livré le château de Janina moyennant deux mille bourses.

Les signatures étaient légalisées par le consul.

Albert chancela et tomba écrasé sur un fauteuil.

Il n'y avait point à en douter cette fois, le nom de famille y était en toutes lettres.

Aussi, après un moment de silence muet et douloureux, son cœur se gonfla, les veines de son cou s'enflèrent, un torrent de larmes jaillit de ses yeux.

Beauchamp, qui avait regardé avec une profonde pitié le jeune homme, cédant au paroxysme de la douleur, s'approcha de lui.

— Albert, lui dit-il, vous me comprenez maintenant, n'est-ce pas? J'ai voulu tout voir, tout juger par moi-même, espérant que l'explication serait favorable à votre père, et que je pourrais lui rendre toute justice. Mais au contraire les renseignemens pris constatent que cet officier instructeur, que ce Fernand Mondego, élevé par Ali-Pacha au titre de gouverneur-général, n'est autre que le comte Fernand de Morcerf: alors, je suis revenu, me rappelant l'honneur que vous m'aviez fait de m'admettre à votre amitié, et je suis accouru à vous.

Albert, toujours étendu sur son fauteuil, tenait ses deux mains sur ses yeux, comme s'il eût voulu empêcher le jour d'arriver jusqu'à lui.

— Je suis accouru à vous, continua Beauchamp, pour vous dire : Albert, les fautes de nos pères dans ces temps d'action et de réaction, ne peuvent atteindre les enfans. Albert, bien peu ont traversé ces révolutions, au milieu desquelles nous sommes nés, sans que quelque tache de boue ou de sang ait souillé leur uniforme de soldat ou leur robe de juge. Albert, personne au monde, maintenant que j'ai toutes les preuves, maintenant que je suis maître de votre secret, ne peut me forcer à un combat que votre conscience, j'en suis certain, vous reprocherait comme un crime; mais ce que vous ne pouvez plus exiger de moi, je viens vous l'offrir. Ces preuves, ces révélations, ces attestations que je possède seul, voulez-vous qu'elles disparaissent? ce secret affreux, voulez-vous qu'il reste entre vous et moi? Confié à ma parole d'honneur, il ne sortira jamais de ma bouche; dites, le voulez-vous, Albert; dites, le voulez-vous, mon ami?

Albert s'élança au cou de Beauchamp.

— Ah! noble cœur! s'écria-t-il.

— Tenez, dit Beauchamp en présentant les papiers à Albert.

Albert les saisit d'une main convulsive, les étreignit, les froissa, songea à les déchirer; mais, tremblant que la moindre parcelle enlevée par le vent ne le revînt un jour frapper au front, il alla à la bougie toujours allumée pour les cigares, et en consuma jusqu'au dernier fragment.

— Cher ami! excellent ami! murmurait Albert tout en brûlant les papiers.

— Que tout cela s'oublie comme un mauvais rêve, dit Beauchamp, s'efface comme ces dernières étincelles qui courent sur le papier noirci, que tout cela s'évanouisse comme cette dernière fumée qui s'échappe de ces cendres muettes.

— Oui, oui dit Albert, et qu'il n'en reste que l'éternelle amitié que je voue à mon sauveur, amitié que mes enfans transmettront aux vôtres, amitié qui me rappellera toujours que le sang de mes veines, la vie de mon corps, l'honneur de mon nom, je vous les dois; car si une pareille chose eût été connue, oh! Beauchamp, je vous le déclare, je me brûlais la cervelle; ou, non, pauvre mère! car je n'eusse pas voulu la tuer du même coup, ou je m'expatriais.

— Cher Albert! dit Beauchamp.

Mais le jeune homme sortit bientôt de cette joie inopinée et pour ainsi dire factice, et retomba plus profondément dans sa tristesse.

— Eh bien! demanda Beauchamp, voyons, qu'y a-t-il encore mon ami?

— Il y a, dit Albert, que j'ai quelque chose de brisé dans le cœur. Écoutez, Beauchamp, on ne se sépare pas ainsi en une seconde de ce respect, de cette confiance et de cet orgueil qu'inspire à un fils le nom sans tache de son père. Oh! Beauchamp, Beauchamp! comment à présent vais-je aborder le mien?...Reculerai-je donc mon front dont il approchera ses lèvres, ma main dont il approchera sa main? Tenez, Beauchamp, je suis le plus malheureux des hommes. Ah! ma mère, ma pauvre mère! dit Albert en regardant à travers ses yeux noyés de larmes le portrait de sa mère; si vous avez su cela, combien vous avez dû souffrir!

— Voyons, dit Beauchamp, en lui prenant les deux mains, du courage, ami!

— Mais d'où venait cette première note insérée dans votre journal? s'écria Albert; il y a derrière tout cela une haine inconnue, un ennemi invisible.

— Eh bien! dit Beauchamp, raison de plus. Du courage, Albert! pas de traces d'émotion sur votre visage; portez cette douleur en vous comme le nuage porte en soi la ruine et la mort, secret fatal que l'on ne comprend qu'au moment où la tempête éclate. Allez, ami, réservez vos forces pour le moment où l'éclat se ferait.

— Oh! mais vous croyez donc que nous ne sommes pas au bout? dit Albert épouvanté.

— Moi, je ne crois rien, mon ami, mais enfin tout est possible. A propos.

— Quoi? demanda Albert en voyant que Beauchamp hésitait.

— Épousez-vous toujours mademoiselle Danglars?

— A quel propos me demandez-vous cela dans un pareil moment, Beauchamp?

— Parce que, dans mon esprit, la rupture ou l'accomplissement de ce mariage se rattache à l'objet qui nous occupe en ce moment.

— Comment! dit Albert dont le front s'enflamma, vous croyez que M. Danglars...

— Je vous demande seulement où en est votre mariage. Que diable! ne voyez pas dans mes paroles autre chose que je ne veux y mettre, et ne leur donnez pas plus de portée qu'elles n'en ont.

— Non, dit Albert; le mariage est rompu.

— Bien, dit Beauchamp.

Puis voyant que le jeune homme allait retomber dans sa mélancolie :

— Tenez, Albert, lui dit-il, si vous m'en croyez, nous allons sortir; un tour au bois en phaéton ou à cheval vous distraira; puis, nous reviendrons déjeuner quelque part, et vous irez à vos affaires et moi aux miennes.

— Volontiers, dit Albert, mais sortons à pied, il me semble qu'un peu de fatigue me ferait du bien.

— Soit, dit Beauchamp.

Et les deux amis, sortant à pied, suivirent le boulevard. Arrivés à la Madeleine :

— Tenez, dit Beauchamp, puisque nous voilà sur la route, allons un peu voir M. de Monte-Cristo, il vous distraira; c'est un homme admirable pour remettre les esprits, en ce qu'il ne questionne jamais; or, à mon avis, les gens qui ne questionnent pas sont les plus habiles consolateurs.

— Soit, dit Albert, allons chez lui, je l'aime.

CHAP. LXXXIV. — LE VOYAGE.

Monte-Cristo poussa un cri de joie en voyant les deux jeunes gens ensemble.

— Ah! ah! dit-il. Eh bien, j'espère que tout est fini, éclairci, arrangé?

— Oui, dit Beauchamp. Des bruits absurdes, qui sont tombés d'eux-mêmes, et qui maintenant, s'ils se renouvelaient, m'auraient pour premier antagoniste. Ainsi donc ne parlons plus de cela.

— Albert vous dira, reprit le comte, que c'est le conseil que je lui avais donné. Tenez, ajouta-t-il, vous me voyez au reste achevant la plus exécrable matinée que j'aie jamais passée, je crois.

— Que faites-vous? dit Albert; vous mettez de l'ordre dans vos papiers, ce me semble?

— Dans mes papiers, Dieu merci non! Il y a toujours dans mes papiers un ordre merveilleux, attendu que je n'ai pas de papiers, mais dans les papiers de M. Cavalcanti.

— De M. Cavalcanti? demanda Beauchamp.

— Eh oui! ne savez-vous pas que c'est un jeune homme que lance le comte? dit Morcerf.

— Non pas, entendons-nous bien, répondit Monte-Cristo; je ne lance personne, et M. Cavalcanti moins que tout autre.

— Et qui va épouser mademoiselle Danglars en mon lieu et place; ce qui, continua Albert en essayant de sourire, comme vous pouvez bien vous en douter, mon cher Beauchamp, m'affecte cruellement.

— Comment? Cavalcanti épouse mademoiselle Danglars? demanda Beauchamp.

— Ah çà! mais vous venez donc du bout du monde? dit Monte-Cristo; vous, un journaliste, le mari de la Renommée! Tout Paris ne parle que de cela.

— Et c'est vous, comte, qui avez fait ce mariage? demanda Beauchamp.

— Moi? Oh! silence, monsieur le nouvelliste, n'allez pas dire de pareilles choses; moi! bon Dieu! faire un mariage? Non, vous ne me connaissez pas; je m'y suis au contraire opposé de tout mon pouvoir, j'ai refusé de faire la demande.

— Ah! je comprends, dit Beauchamp, à cause de notre ami Albert?

— A cause de moi? dit le jeune homme; oh non, par ma foi! Le comte me rendra la justice d'attester que je l'ai toujours prié, au contraire, de rompre ce projet, qui heureusement est rompu. Le comte prétend que ce n'est pas lui que je dois remercier; soit, j'élèverai, comme les anciens, un autel *Deo ignoto*.

— Écoutez, dit Monte-Cristo, c'est si peu moi, que je suis en froid avec le beau-père et avec le jeune homme; il n'y a que mademoiselle Eugénie, laquelle ne me paraît pas avoir une profonde vocation pour le mariage, qui, en voyant à quel point j'étais peu disposé à la faire renoncer à sa chère liberté, m'ait conservé son affection.

Oh! mon Dieu! oui, malgré tout ce que j'ai pu dire. Moi, je ne connais pas ce jeune homme, on le prétend riche et de bonne famille; mais pour moi ces choses sont de simples *on dit*. J'ai répété tout cela à satiété à M. Danglars, mais il est entiché de son Lucquois. J'ai été jusqu'à lui faire part d'une circonstance qui, pour moi, était plus grave : le jeune homme a été changé en nourrice, enlevé par des Bohémiens ou égaré par son précepteur, je ne sais pas trop. Mais ce que je sais, c'est que son père l'a perdu de vue pendant plus de dix années; ce qu'il a fait pendant ces dix années de vie errante, Dieu seul le sait. Eh bien! rien de tout cela n'y a fait. On m'a chargé d'écrire au major, de lui demander des papiers; ces papiers, les voilà. Je les leur envoie, mais comme Pilate, en me lavant les mains.

— Et Mlle d'Armilly, demanda Beauchamp, quelle mine vous fait-elle à vous, qui lui enlevez son élève?

— Dame! je ne sais pas trop; mais il paraît qu'elle part pour l'Italie. Mme Danglars m'a parlé d'elle et m'a demandé des lettres de recommandation pour les impresari; je lui ai donné un mot pour le directeur du théâtre Valle, qui m'a quelques obligations. Mais qu'avez-vous donc, Albert, vous avez l'air tout attristé; est-ce que, sans vous en douter, vous êtes amoureux de Mlle Danglars, par exemple?

— Pas que je sache, dit Albert en souriant tristement. Beauchamp se mit à regarder les tableaux.

— Mais enfin, continua Monte-Cristo, vous n'êtes pas dans votre état ordinaire. Voyons, qu'avez-vous? dites.

— J'ai la migraine, dit Albert.

— Eh bien! mon cher vicomte, dit Monte-Cristo, j'ai en ce cas un remède infaillible à vous proposer; remède qui m'a réussi à moi chaque fois que j'ai éprouvé quelque contrariété?

— Lequel? demanda le jeune homme.

— Le déplacement.

— En vérité? dit Albert.

— Oui; et tenez, comme en ce moment-ci je suis excessivement contrarié, je me déplace. Voulez-vous que nous nous déplacions ensemble?

— Vous, contrarié, comte! dit Beauchamp; et de quoi donc?

— Pardieu! vous en parlez fort à votre aise, vous; je voudrais bien vous voir avec une instruction se poursuivant dans votre maison!

— Une instruction! quelle instruction?

— Eh! celle que M. de Villefort dresse contre mon aimable assassin donc, une espèce de brigand échappé du bagne, à ce qu'il paraît.

— Ah! c'est vrai, dit Beauchamp, j'ai lu le fait dans les journaux. Qu'est-ce que c'est que ce Caderousse?

— Eh bien... mais il paraît que c'est un Provençal. M. de Villefort en a entendu parler quand il était à Marseille, et M. Danglars se rappelle l'avoir vu. Il en résulte que M. le procureur du roi prend l'affaire fort à cœur, qu'elle a, à ce qu'il paraît, intéressé au plus haut degré le préfet de police, et que, grâce à cet intérêt dont je suis on ne peut plus reconnaissant, on m'envoie ici depuis quinze jours tous les bandits qu'on peut se procurer dans Paris et dans la banlieue, sous prétexte que ce sont les assassins de M. Caderousse; d'où il résulte que, dans trois mois, si cela continue, il n'y aura pas un voleur ni un assassin dans ce beau royaume de France qui ne connaisse le plan de ma maison sur le bout de son doigt; aussi je prends le parti de la leur abandonner tout entière, et de m'en aller aussi loin que la terre pourra me porter. Venez avec moi, vicomte, je vous emmène.

— Volontiers.

— Alors, c'est convenu?

— Oui, mais où cela?

— Je vous l'ai dit, où l'air est pur, où le bruit endort, où, si orgueilleux que l'on soit, on se sent humble et l'on se trouve petit. J'aime cet abaissement, moi que l'on dit maître de l'univers comme Auguste.

— Où allez-vous enfin?

— A la mer, vicomte, à la mer. Je suis un marin, voyez-vous; tout enfant, j'ai été bercé dans les bras du vieil Océan et sur le sein de la belle Amphitrite; j'ai joué avec le manteau vert de l'un et la robe azurée de l'autre; j'aime la mer comme on aime une maîtresse, et quand il y a long-temps que je ne l'ai vue, je m'ennuie d'elle.

— Allons, comte, allons!

— A la mer?

— Oui.

— Vous acceptez?

— J'accepte.

— Eh bien! vicomte, il y aura ce soir dans ma cour un

briska de voyage, dans lequel on peut s'étendre comme dans son lit; ce briska sera attelé de quatre chevaux de poste. M. Beauchamp, on y tient quatre très facilement. Voulez-vous venir avec nous, je vous emmène?

— Merci, je viens de la mer.

— Comment! vous venez de la mer?

— Oui, ou à peu près. Je viens de faire un petit voyage aux îles Borromées.

— Qu'importe, venez toujours! dit Albert.

— Non, cher Morcerf, vous devez comprendre que du moment où je refuse, c'est que la chose est impossible. D'ailleurs, il est important, ajouta-t-il en baissant la voix, que je reste à Paris, ne fût-ce que pour surveiller la boîte du journal.

— Ah! vous êtes un bon et excellent ami, dit Albert; oui, vous avez raison, veillez, surveillez, Beauchamp, et tâchez de découvrir l'ennemi à qui cette révélation a dû le jour.

Albert et Beauchamp se séparèrent: leur dernière poignée de main renfermait tout le sens que leurs lèvres ne pouvaient exprimer devant un étranger.

— Excellent garçon que ce Beauchamp! dit Monte-Cristo après le départ du journaliste; n'est-ce pas, Albert?

— Oh! oui, un homme de cœur, je vous en réponds; aussi je l'aime de toute mon âme. Mais, maintenant que nous voilà seuls, quoique la chose me soit à peu près égale, où allons-nous?

— En Normandie, si vous voulez bien.

— A merveille. Nous sommes tout-à-fait à la campagne, n'est-ce pas? point de société, point de voisins?

— Nous sommes tête-à-tête avec des chevaux pour courir, des chiens pour chasser, et une barque pour pêcher, voilà tout.

— C'est ce qu'il me faut; je préviens ma mère, et je suis à vos ordres.

— Mais, dit Monte-Cristo, vous permettra-t-on?

— Quoi?

— De venir en Normandie.

— A moi! est-ce que je ne suis pas libre?

— D'aller où vous voulez, seul, je le sais bien, puisque je vous ai rencontré échappé par l'Italie.

— Eh bien!

— Mais de venir avec l'homme qu'on appelle le comte de Monte-Cristo?

— Vous avez peu de mémoire, comte.

— Comment cela?

— Ne vous ai-je pas dit toute la sympathie que ma mère avait pour vous?

— Souvent femme varie, a dit François Ier; la femme c'est l'onde, a dit Shakspeare: l'un était un grand roi et l'autre un grand poète, et chacun d'eux devait connaître la femme.

— Oui, la femme; mais ma mère n'est point la femme, c'est une femme.

— Permettrez-vous à un pauvre étranger de ne point comprendre parfaitement toutes les subtilités de votre langue.

— Je veux dire que ma mère est avare de ses sentimens, mais qu'une fois qu'elle les a accordés, c'est pour toujours.

— Ah! vraiment! dit en soupirant Monte-Cristo; et vous croyez qu'elle me fait l'honneur de m'accorder un sentiment autre que la plus parfaite indifférence?

— Écoutez! je vous l'ai déjà dit et je vous le répète, reprit Morcerf, il faut que vous soyez réellement un homme bien étrange et bien supérieur.

— Oh!

— Oui! car ma mère s'est laissé prendre, je ne dirai pas à la curiosité, mais à l'intérêt que vous inspirez. Quand nous sommes seuls, nous ne causons que de vous.

— Et elle vous dit de vous méfier de ce Manfred?

— Au contraire, elle me dit: Morcerf, je crois le comte une noble nature; tâche de te faire aimer de lui.

Monte-Cristo détourna les yeux et poussa un soupir.

— Ah! vraiment? dit-il?

— De sorte, vous comprenez, continua Albert, qu'au lieu de s'opposer à mon voyage, elle l'approuvera de tout son cœur, puisqu'il rentre dans les recommandations qu'elle me fait chaque jour.

— Allez donc, dit Monte-Cristo; à ce soir. Soyez ici à cinq heures; nous arriverons là-bas à minuit ou une heure.

— Comment! au Tréport?...

— Au Tréport ou dans les environs.

— Il ne vous faut que huit heures pour faire quarante-huit lieues?

— C'est encore beaucoup, dit Monte-Cristo.

— Décidément vous êtes l'homme des prodiges, et vous arriverez non seulement à dépasser les chemins de fer, ce qui n'est pas bien difficile, en France surtout, mais encore à aller plus vite que le télégraphe.

— En attendant, vicomte, comme il nous faut toujours sept ou huit heures pour arriver là-bas, soyez exact.

— Soyez tranquille, je n'ai rien autre chose à faire d'ici là que de m'apprêter.

— A cinq heures, alors.

— A cinq heures.

Albert sortit. Monte-Cristo, après lui avoir, en souriant, fait un signe de la tête, demeura un instant pensif et comme absorbé dans une profonde méditation. Enfin, passant la main sur son front, comme pour écarter sa rêverie, il alla au timbre, et frappa deux coups.

Au bruit des deux coups frappés par Monte-Cristo sur le timbre, Bertuccio entra.

— Maître Bertuccio, dit-il, ce n'est pas demain, ce n'est pas après-demain, comme je l'avais pensé d'abord, c'est ce soir que je pars pour la Normandie; d'ici à cinq heures, c'est plus de temps qu'il ne vous en faut; vous ferez prévenir les palefreniers du premier relais; monsieur de Morcerf m'accompagne. Allez.

Bertuccio obéit, et un piqueur courut à Pontoise annoncer que la chaise de poste passerait à six heures précises. Le palefrenier de Pontoise envoya au relais suivant un exprès, qui en envoya un autre; et, six heures après, tous les relais disposés sur la route étaient prévenus.

Avant de partir, le comte monta chez Haydée, lui annonça son départ, lui dit le lieu où il allait, et mit toute sa maison à ses ordres.

Albert fut exact. Le voyage, sombre à son commencement, s'éclaircit bientôt par l'effet physique de la rapidité. Morcerf n'avait pas idée d'une pareille vitesse.

— En effet, dit Monte-Cristo, avec votre poste faisant ses deux lieues à l'heure, avec cette loi stupide qui défend à un voyageur de dépasser l'autre sans lui demander la permission, et qui fait qu'un voyageur malade ou quinteux a le droit d'enchaîner à sa suite les voyageurs allègres et bien portant, il n'y a pas de locomotion possible; moi j'évite cet inconvénient en voyageant avec mon propre postillon et mes propres chevaux; n'est-ce pas, Ali?

Et le comte, passant la tête par la portière, poussait un petit cri d'excitation qui donnait des ailes aux chevaux; ils ne couraient plus, ils volaient. La voiture roulait comme un tonnerre sur ce pavé royal, et chacun se détournait pour voir passer ce météore flamboyant. Ali répétant ce cri, souriait montrant ses dents blanches, serrant dans ses mains robustes les rênes écumantes, aiguillonnant les chevaux, dont les belles crinières s'éparpillaient au vent; Ali, l'enfant du désert, se retrouvait dans son élément, et avec son visage noir, ses yeux ardens, son burnous de neige, il semblait, au milieu de la poussière qu'il soulevait, le génie du simoun et le dieu de l'ouragan.

— Voilà, dit Morcerf, une volupté que je ne connaissais pas, c'est la volupté de la vitesse.

Et les derniers nuages de son front se dissipaient, comme si l'air qu'il fendait emportait ces nuages avec lui.

— Mais où diable trouvez-vous de pareils chevaux? demanda Albert. Vous les faites donc faire exprès?

— Justement, dit le comte. Il y a six ans, je trouvai en Hongrie un fameux étalon renommé pour sa vitesse; je l'achetai je ne sais plus combien: ce fut Bertuccio qui paya. Dans la même année, il eut trente-deux enfans. C'est toute cette progéniture du même père que nous allons passer en revue; ils sont tous pareils, noirs, sans une seule tache, excepté une étoile au front, car à ce privilégié du haras on a choisi des jumens, comme aux pachas on choisit des favorites.

— C'est admirable!... Mais dites-moi, comte, que faites-vous de tous ces chevaux?

— Vous le voyez, je voyage avec eux.

— Mais vous ne voyagerez pas toujours?

— Quand je n'en aurai plus besoin, Bertuccio les vendra, et il prétend qu'il gagnera trente ou quarante mille francs sur eux.

— Mais il n'y aura pas de roi d'Europe assez riche pour vous les acheter.

— Alors il les vendra à quelque simple vizir d'Orient qui videra son trésor pour les payer et qui remplira son trésor en administrant des coups de bâton sous la plante des pieds de ses sujets.

— Comte, voulez-vous que je vous communique une pensée qui m'est venue?

— Faites.

— C'est qu'après vous, M. Bertuccio doit être le plus riche particulier de l'Europe.

— Eh bien, vous vous trompez, vicomte. Je suis sûr que si vous retourniez les poches de Bertuccio, vous n'y trouveriez pas dix sous vaillant.

— Pourquoi cela? demanda le jeune homme. C'est donc un phénomène que M. Bertuccio? Ah! mon cher comte, ne me poussez pas trop loin dans le merveilleux, ou je ne vous croirai plus, je vous préviens.

— Jamais de merveilleux avec moi, Albert; des chiffres et de la raison, voilà tout. Or, écoutez ce dilemme. Un intendant vole, mais pourquoi vole-t-il?

— Dame! parce que c'est dans sa nature, ce me semble, dit Albert; il vole pour voler.

— Eh bien! non, vous vous trompez: il vole parce qu'il a une femme, des enfans, des désirs ambitieux pour lui et pour sa famille; il vole surtout parce qu'il n'est pas sûr de ne quitter jamais son maître et qu'il veut se faire un avenir. Eh bien! M. Bertuccio est seul au monde; il puise dans ma bourse sans me rendre compte; il est sûr de ne jamais me quitter.

— Pourquoi cela?

— Parce que je n'en trouverais pas un meilleur.

— Vous tournez dans un cercle vicieux, celui des probabilités.

— Oh! non pas; je suis dans les certitudes: le bon serviteur, pour moi, c'est celui sur lequel j'ai droit de vie ou de mort.

— Et vous avez droit de vie et de mort sur Bertuccio? demanda Albert.

— Oui, répondit froidement le comte.

Il y a des mots qui ferment la conversation comme une porte de fer, tel est le *oui* du comte dit en un de ces mots-là.

Le reste du voyage s'accomplit avec la même rapidité; les trente-deux chevaux, divisés en huit relais, firent leurs quarante-sept lieues en huit heures.

On arriva au milieu de la nuit à la porte d'un beau parc. Le concierge était debout et tenait la grille ouverte. Il avait été prévenu par le palefrenier du dernier relais.

Il était deux heures et demie du matin. On conduisit Morcerf à son appartement. Il trouva un bain et un souper prêts. Le domestique qui avait fait la route sur le siège de derrière de la voiture était à ses ordres; Baptistin, qui avait fait la route sur le siège de devant, était à ceux du comte.

Albert prit son bain, soupa et se coucha. Toute la nuit il fut bercé par le bruit mélancolique de la houle. En se levant, il alla droit à sa fenêtre, l'ouvrit et se trouva sur une petite terrasse, où l'on avait devant soi la mer, c'est-à-dire l'immensité, et derrière soi un joli parc donnant sur une petite forêt.

Dans une anse d'une certaine grandeur se balançait une petite corvette à la carène étroite, à la mâture élancée, et portant à la corne un pavillon aux armes de Monte-Cristo, armes représentant une montagne d'or, posant sur une mer d'azur, avec une croix de gueules au chef, ce qui pouvait aussi bien être une allusion à son nom rappelant le Calvaire, que la passion de Notre-Seigneur a fait une montagne plus précieuse que l'or, et à la croix infâme que son sang divin a fait sainte, qu'à quelque souvenir personnel de souffrance et de régénération enseveli dans la nuit du passé de cet homme mystérieux.

Autour de la goëlette étaient plusieurs petits chasse-marées appartenant aux pêcheurs des villages voisins, et qui semblaient d'humbles sujets attendant les ordres de leur reine.

Là, comme dans tous les endroits où s'arrêtait Monte-Cristo, ne fût-ce que pour y passer deux jours, la vie y était organisée au thermomètre du plus haut confortable; aussi la vie, à l'instant même, devenait-elle facile.

Albert trouva dans son antichambre deux fusils et tous les ustensiles nécessaires à un chasseur; une pièce plus haute, et placée au rez-de-chaussée, était consacrée à toutes les ingénieuses machines que les Anglais, grands pêcheurs, parce qu'ils sont patiens et oisifs, n'ont pas encore pu faire adopter aux routiniers pêcheurs de France.

Toute la journée se passa à ces exercices divers, auxquels, d'ailleurs, Monte-Cristo excellait; on tua une douzaine de faisans dans le parc, on pêcha autant de truites dans les ruisseaux, on dîna dans un kiosque donnant sur la mer, et l'on servit le thé dans la bibliothèque.

Vers le soir du troisième jour, Albert, brisé de fatigue à l'user de cette vie qui semblait être un jeu pour Monte-Cristo, dormait sur un fauteuil près la fenêtre, tandis que le comte faisait avec son architecte le plan d'une serre qu'il voulait établir dans sa maison, lorsque le bruit d'un cheval écrasant les cailloux de la route fit lever la tête au jeune homme; il regarda par la fenêtre, et, avec une surprise des plus désagréables, aperçut dans la cour son valet de chambre, dont il n'avait pas voulu se faire suivre pour moins embarrasser Monte-Cristo.

— Florentin ici! s'écria-t-il en bondissant sur son fauteuil; est-ce que ma mère est malade?

Et il se précipita vers la porte de la chambre.

Monte-Cristo le suivit des yeux, et le vit aborder le valet qui, tout essoufflé encore, tira de sa poche un petit paquet cacheté. Le petit paquet contenait un journal et une lettre.

— De qui cette lettre? demanda vivement Albert.

— De M. Beauchamp, répondit Florentin.

— C'est Beauchamp qui vous envoie alors?

— Oui, monsieur. Il m'a fait venir chez lui, m'a donné l'argent nécessaire à mon voyage, m'a fait venir un cheval de poste, et m'a fait promettre de ne point m'arrêter que je n'aie rejoint Monsieur; j'ai fait la route en quinze heures.

Albert ouvrit la lettre en frisonnant. Aux premières lignes, il poussa un cri, et saisit le journal avec un tremblement visible.

Tout à coup ses yeux s'obscurcirent, ses jambes semblèrent se dérober sous lui, et, prêt à tomber, il s'appuya sur Florentin, qui étendit le bras pour le soutenir.

— Pauvre jeune homme! murmura Monte-Cristo, si bas que lui-même n'eût pu entendre le bruit des paroles de compassion qu'il prononçait; il est donc dit que la faute des pères retombera sur les enfans jusqu'à la troisième et quatrième génération!

Pendant ce temps Albert avait repris sa force, et, continuant de lire, il secoua ses cheveux sur sa tête mouillée de sueur, et, froissant lettre et journal.

— Florentin, dit-il, votre cheval est-il en état de reprendre le chemin de Paris?

— C'est un mauvais bidet de poste éclopé.

39

OEUVRES COMPL. D'ALEX. DUMAS.

— Oh! mon Dieu! et comment était la maison quand vous l'avez quittée?

— Assez calme: mais en revenant de chez M. Beauchamp, j'ai trouvé madame dans les larmes, elle m'avait fait demander pour savoir quand vous reviendriez. Alors je lui ai dit que j'allais vous chercher de la part de M. Beauchamp. Son premier mouvement a été d'étendre le bras comme pour m'arrêter, mais après un instant de réflexion :

— Oui, allez Florentin, a-t-elle dit, et qu'il revienne.

— Oui, ma mère, oui, dit Albert, je reviens, sois tranquille, et malheur à l'infâme!... Mais, avant tout, il faut que je parte.

Et il reprit le chemin de la chambre où il avait laissé Monte-Cristo.

Ce n'était plus le même homme, et cinq minutes avaient suffi pour opérer chez Albert une triste métamorphose; il était sorti dans son état ordinaire, il rentrait avec la voix altérée, le visage sillonné de rougeurs fébriles, l'œil étincelant sous des paupières veinées de bleu, et la démarche chancelante comme celle d'un homme ivre.

— Comte, dit-il, merci de votre bonne hospitalité, dont j'aurais voulu jouir plus long-temps, mais il faut que je retourne à Paris.

— Qu'est-il donc arrivé?

— Un grand malheur; mais permettez-moi de partir, il s'agit d'une chose bien autrement précieuse que ma vie. Pas de question, comte, je vous en supplie, mais un cheval!

— Mes écuries sont à votre service, vicomte, dit Monte-Cristo; mais vous allez vous tuer de fatigue en courant la poste à cheval; prenez une calèche, un coupé, quelque voiture.

— Non, ce serait trop long, et puis j'ai besoin de cette fatigue que vous craignez pour moi, elle me fera du bien.

Albert fit quelques pas en tournoyant comme un homme frappé d'une balle, et alla tomber sur une chaise près de la porte.

Monte-Cristo ne vit pas cette seconde faiblesse; il était à la fenêtre et criait :

— Ali, un cheval pour M. de Morcerf! qu'on se hâte, il est pressé!

Ces paroles rendirent la vie à Albert; il s'élança hors de la chambre, le comte le suivit.

— Merci! murmura le jeune homme en s'élançant en selle. Vous reviendrez aussi vite que vous pourrez, Florentin. Y a-t-il un mot d'ordre pour qu'on me donne des chevaux?

— Pas d'autre que de rendre celui que vous montez; on vous en sellera à l'instant un autre.

Albert allait s'élancer, il s'arrêta.

— Vous trouverez peut-être mon départ étrange, insensé, dit le jeune homme; vous ne comprenez pas comment quelques lignes écrites sur un journal peuvent mettre un homme au désespoir; eh bien! ajouta-t-il en lui jetant le journal, lisez ceci, mais quand je serai parti seulement, afin que vous ne voyiez pas ma rougeur.

Et tandis que le comte ramassait le journal, il enfonça les éperons qu'on venait d'attacher à ses bottes dans le ventre du cheval, qui, étonné qu'il existât un cavalier qui crût avoir besoin vis-à-vis de lui d'un pareil stimulant, partit comme un trait d'arbalète.

Le comte suivit des yeux avec un sentiment de compassion infinie le jeune homme, et ce ne fut que lorsqu'il eut complètement disparu que, reportant ses regards sur le journal, il lut ce qui suit :

« Cet officier français au service d'Ali, pacha de Janina, dont parlait il y a trois semaines le journal l'*Impartial*, et qui non seulement livra les châteaux de Janina, mais encore vendit son bienfaiteur aux Turcs, s'appelait en effet à cette époque Fernand, comme l'a dit notre honorable confrère; mais, depuis, il a ajouté à son nom de baptême un titre de noblesse et un nom de terre.

« Il s'appelle aujourd'hui M. le comte de Morcerf, et fait partie de la chambre des pairs. »

Ainsi donc, ce secret terrible que Beauchamp avait enseveli avec tant de générosité, reparaissait comme un fantôme armé, et un autre journal, cruellement renseigné, avait publié, le surlendemain du départ d'Albert pour la Normandie, les quelques lignes qui avaient failli rendre fou le malheureux jeune homme.

CHAP. LXXXIV. — LE JUGEMENT.

A huit heures du matin, Albert tomba chez Beauchamp comme la foudre. Le valet de chambre était prévenu; il introduisit Morcerf dans la chambre de son maître, qui venait de se mettre au bain.

— Eh bien! lui dit Albert.

— Eh bien! mon pauvre ami, répondit Beauchamp, je vous attendais.

— Me voilà. Je ne vous dirai pas, Beauchamp, que je vous crois trop loyal et trop bon pour avoir parlé de cela à qui que ce soit; non, mon ami. D'ailleurs le message que vous m'avez envoyé m'est un garant de votre affection. Ainsi, ne perdons pas de temps en préambules : vous avez quelque idée de quelle part vient le coup?

— Je vous en dirai deux mots tout à l'heure.

— Oui, mais auparavant, mon ami, vous me devez, dans tous ses détails, l'histoire de cette abominable trahison.

Et Beauchamp raconta au jeune homme, écrasé de honte et de douleur, les faits que nous allons redire dans toute leur simplicité.

Le matin de l'avant-veille, l'article avait paru dans un journal autre que l'*Impartial*, et ce qui donnait plus de gravité encore à l'affaire, dans un journal bien connu pour appartenir au gouvernement. Beauchamp déjeunait lorsque la note lui sauta aux yeux; il envoya aussitôt chercher un cabriolet, et sans achever son repas il courut au journal.

Quoique professant des sentiments politiques complètement opposés à ceux du gérant du journal accusateur, Beauchamp, ce qui arrive quelquefois, et nous dirons même souvent, était son intime ami.

Lorsqu'il arriva chez lui, le gérant tenait son propre journal et paraissait se complaire dans un *premier Paris* sur le sucre de betterave, qui, probablement, était de sa façon.

— Ah! parbleu! dit Beauchamp, puisque vous tenez votre journal, mon cher, je n'ai pas besoin de vous dire ce qui m'amène.

— Seriez-vous, par hasard, partisan de la canne à sucre? demanda le gérant du journal ministériel.

— Non, répondit Beauchamp, je suis même parfaitement étranger à la question; aussi viens-je pour autre chose.

— Et pourquoi venez-vous?

— Pour l'article Morcerf.

— Ah! oui, vraiment: n'est-ce pas que c'est curieux?

— Si curieux que vous risquez diffamation, ce me semble, et que vous risquez un procès fort chanceux.

— Pas du tout; nous avons reçu avec la note toutes les pièces à l'appui, et nous sommes parfaitement convaincus que M. de Morcerf se tiendra tranquille; d'ailleurs, c'est un service à rendre au pays que de lui dénoncer les misérables indignes de l'honneur qu'on leur fait.

Beauchamp demeura interdit.

— Mais qui donc vous a si bien renseigné? demanda-t-il; car mon journal, qui avait donné l'éveil, a été forcé de s'abstenir faute de preuves, et cependant nous sommes plus intéressés que vous à dévoiler M. de Morcerf, puisqu'il est pair de France, et que nous faisons de l'opposition.

— Oh! mon Dieu, c'est bien simple : nous n'avons pas couru après le scandale, il est venu nous trouver. Un homme nous est arrivé hier de Janina, apportant le formidable dossier, et comme nous hésitions à nous jeter dans la voie de l'accusation, il nous a annoncé qu'à notre refus l'article paraîtrait dans un autre journal. Ma foi, vous savez, Beauchamp, ce que c'est qu'une nouvelle importante; nous n'avons pas voulu laisser perdre celle-là. Maintenant le coup est porté; il est terrible et retentira jusqu'au bout de l'Europe.

Beauchamp comprit qu'il n'y avait plus qu'à baisser la tête, et sortit au désespoir pour envoyer un courrier à Morcerf.

Mais ce qu'il n'avait pas pu écrire à Albert, car les choses que nous allons raconter étaient postérieures au départ de son courrier, c'est que le même jour, à la chambre des pairs, une grande agitation s'était manifestée et régnait dans les groupes ordinairement si calmes de la haute assemblée. Chacun était arrivé presque avant l'heure, et s'entretenait du sinistre événement qui allait occuper l'attention publique et la fixer sur un des membres les plus connus de l'illustre corps.

C'étaient des lectures à voix basse de l'article, des commentaires et des échanges de souvenirs qui précisaient encore mieux les faits. Le comte de Morcerf n'était pas aimé parmi ses collègues. Comme tous les parvenus, il avait été forcé, pour se maintenir à son rang, d'observer un excès de hauteur. Les grandes aristocraties riaient de lui; les talens le répudiaient; les gloires pures le méprisaient instinctivement. Le comte en était à cette extrémité fâcheuse de la victime expiatoire. Une fois désignée par le doigt du Seigneur pour le sacrifice, chacun s'apprêtait à crier haro.

Seul le comte de Morcerf ne savait rien. Il ne recevait pas le journal où se trouvait la nouvelle diffamatoire, et avait passé la matinée à écrire des lettres et à essayer un cheval.

Il arriva donc à son heure accoutumée, la tête haute, l'œil fier, la démarche insolente, descendit de voiture, dépassa les corridors et entra dans la salle, sans remarquer les hésitations des huissiers et les demi-saluts de ses collègues.

Lorsque Morcerf entra, la séance était déjà ouverte depuis plus d'une demi-heure.

Quoique le comte, ignorant, comme nous l'avons dit, de tout ce qui s'était passé, n'eût rien changé à son air ni à sa démarche, son air et sa démarche parurent à tous plus orgueilleux que d'habitude, et sa présence dans cette occasion parut tellement agressive à cette assemblée jalouse de son honneur, que tous y virent une inconvenance, plusieurs une bravade, quelques uns une insulte.

Il était évident que la chambre tout entière brûlait d'entamer le débat.

On voyait le journal accusateur aux mains de tout le monde; mais comme toujours, chacun hésitait à prendre sur lui la responsabilité de l'attaque. Enfin, un des honorables pairs, ennemi déclaré du comte de Morcerf, monta à la tribune avec une solennité qui annonçait que le moment attendu était arrivé.

Il se fit un effrayant silence; Morcerf seul ignorait la cause de l'attention profonde que l'on prêtait cette fois à un orateur qu'on n'avait pas toujours l'habitude d'écouter si complaisamment.

Le comte laissa passer tranquillement le préambule par lequel l'orateur établissait qu'il allait parler d'une chose tellement grave, tellement sacrée, tellement vitale pour la chambre qu'il réclamait toute l'attention de ses collègues.

Aux premiers mots de Janina et du colonel Fernand, le comte de Morcerf pâlit si horriblement, qu'il n'y eut qu'un frémissement dans cette assemblée, dont tous les regards convergeaient vers le comte.

Les blessures morales ont cela de particulier qu'elles se cachent, mais ne se referment pas; toujours douloureuses, toujours prêtes à saigner quand on les touche, elles restent vives et béantes dans le cœur.

La lecture de l'article achevée au milieu de ce même silence, troublé alors par un frémissement qui cessa aussitôt que l'orateur parut disposé à reprendre de nouveau la parole, l'accusateur exposa son scrupule, et se mit à établir combien sa tâche était difficile; c'était l'honneur de M. de Morcerf, c'était celui de toute la chambre qu'il prétendait défendre en provoquant un débat qui devait s'attaquer à ces questions personnelles toujours si brûlantes. Enfin, il conclut en demandant qu'une enquête fût ordonnée, assez rapide pour confondre, avant qu'elle eût eu le temps de grandir, la calomnie, et pour rétablir M. de Morcerf, en le vengeant, dans la position que l'opinion publique lui avait faite depuis long-temps.

Morcerf était si accablé, si tremblant devant cette immense et inattendue calamité, qu'il put à peine balbutier quelques mots en regardant ses confrères d'un œil égaré. Cette timidité, qui d'ailleurs pouvait aussi bien tenir à l'étonnement de l'innocent qu'à la honte du coupable, lui concilia quelques sympathies. Les hommes vraiment généreux sont toujours prêts à devenir compatissans, lorsque le malheur de leur ennemi dépasse les limites de leur haine.

Le président mit l'enquête aux voix; on vota par assis et levé, et il fut décidé que l'enquête aurait lieu.

On demanda au comte combien il lui fallait de temps pour préparer sa justification.

Le courage était revenu à Morcerf dès qu'il s'était senti vivant encore après cet horrible coup.

— Messieurs les pairs, répondit-il, ce n'est point avec du temps qu'on repousse une attaque comme celle que dirigent en ce moment contre moi des ennemis inconnus et restés dans l'ombre de leur obscurité sans doute; c'est sur-le-champ, c'est par un coup de foudre qu'il faut que je réponde à l'éclair qui un instant m'a ébloui; que ne m'est-il donné, au lieu d'une pareille justification, d'avoir à répandre mon sang pour prouver à mes collègues que je suis digne de marcher leur égal!

Ces paroles firent une impression favorable pour l'accusé.

— Je demande donc, dit-il, que l'enquête ait lieu le plus tôt possible, et je fournirai à la chambre toutes les pièces nécessaires à l'efficacité de cette enquête.

— Quel jour fixez-vous? demanda le président.

— Je me mets dès aujourd'hui à la disposition de la chambre, répondit le comte.

Le président agita la sonnette.

— La chambre est-elle d'avis, demanda-t-il, que cette enquête ait lieu aujourd'hui même?

— Oui! fut la réponse unanime de l'assemblée.

On nomma une commission de douze membres pour examiner les pièces à fournir par Morcerf. L'heure de la première séance de cette commission fut fixée à huit heures du soir, dans les bureaux de la chambre. Si plusieurs séances étaient nécessaires, elles auraient lieu à la même heure et dans le même endroit.

Cette décision prise, Morcerf demanda la permission de se retirer; il avait à recueillir les pièces amassées depuis long-temps par lui pour faire tête à cet orage, prévu par son cauteleux et indomptable caractère.

Beauchamp raconta au jeune homme toutes les choses que nous venons de dire à notre tour: seulement son récit eut sur le nôtre l'avantage de l'animation des choses vivantes sur la froideur des choses mortes.

Albert l'écouta en frémissant tantôt d'espoir, tantôt de colère, parfois de honte; car, par la confidence de Beauchamp, il savait que son père était coupable, et il se demandait comment, puisqu'il était coupable, il pourrait en arriver à prouver son innocence.

Arrivé au point où nous en sommes, Beauchamp s'arrêta.

— Ensuite? demanda Albert.

— Ensuite? répéta Beauchamp.

— Oui.

— Mon ami, ce mot m'entraîne dans une horrible nécessité. Voulez-vous donc savoir la suite?

— Il faut absolument que je la sache, mon ami, et j'aime mieux la connaître de votre bouche que d'aucune autre.

— Eh bien! reprit Beauchamp, apprêtez donc votre courage, Albert; jamais vous n'en aurez eu plus besoin.

Albert passa une main sur son front pour s'assurer de sa propre force, comme un homme qui s'apprête à défendre sa vie essaie sa cuirasse et fait ployer la lame de son épée.

Il se sentait fort, car il prenait sa fièvre pour de l'énergie.

— Allez! dit-il.

— Le soir arriva, continua Beauchamp. Tout Paris était dans l'attente de l'événement. Beaucoup prétendaient que votre père n'avait qu'à se montrer pour faire crouler l'accusation; beaucoup aussi disaient que le comte ne se présenterait pas; il y en avait qui assuraient l'avoir vu partir pour Bruxelles, et quelques-uns allèrent à la police demander s'il était vrai, comme on le disait, que le comte eût pris ses passeports.

— Je vous avouerai que je fis tout au monde, continua Beauchamp, pour obtenir d'un des membres de la commission, jeune pair de mes amis, d'être introduit dans une sorte de tribune. A sept heures, il vint me prendre, et avant que personne ne fût arrivé, me recommanda à un huissier qui m'enferma dans une espèce de loge. J'étais masqué par une colonne et perdu dans une obscurité complète; je pus espérer que je verrais et que j'entendrais d'un bout à l'autre la terrible scène qui allait se dérouler.

A huit heures précises, tout le monde était arrivé.

M. de Morcerf entra sur le dernier coup de huit heures. Il tenait à la main quelques papiers, et sa contenance semblait calme : contre son habitude, sa démarche était simple, sa mise recherchée et sévère, et, selon l'habitude des anciens militaires, il portait son habit boutonné depuis le bas jusqu'en haut.

Sa présence produisit le meilleur effet : la commission était loin d'être malveillante, et plusieurs de ses membres vinrent au comte et lui donnèrent la main.

Albert sentit que son cœur se brisait à tous ces détails, et cependant au milieu de sa douleur se glissait un sentiment de reconnaissance; il eût voulu pouvoir embrasser ces hommes qui avaient donné à son père cette marque d'estime dans un si grand embarras de son honneur.

En ce moment, un huissier entra et remit une lettre au président.

— Vous avez la parole, monsieur de Morcerf, dit le président tout en décachetant la lettre.

Le comte commença son apologie, et je vous affirme, Albert, continua Beauchamp, qu'il fut d'une éloquence et d'une habileté extraordinaires. Il produisit des pièces qui prouvaient que le visir de Janina l'avait, jusqu'à sa dernière heure, honoré de toute sa confiance, puisqu'il l'avait chargé d'une négociation de vie et de mort avec l'empereur lui-même. Il montra l'anneau, signe de commandement, et avec lequel Ali-Pacha cachetait d'ordinaire ses lettres, et que celui-ci lui avait donné pour qu'il pût à son retour, à quelque heure du jour ou de la nuit que ce fût, et fût-il dans son harem, pénétrer jusqu'à lui. Malheureusement, dit-il, sa négociation avait échoué, et quand il était revenu pour défendre son bienfaiteur, il était déjà mort. Mais, dit le comte, en mourant, Ali-Pacha, tant était grande sa confiance, lui avait confié sa maîtresse favorite et sa fille.

Albert tressaillit à ces mots, car, à mesure que Beauchamp parlait, tout le récit d'Haydée revenait à l'esprit du jeune homme, et il se rappelait ce que la belle Grecque avait dit de ce message, de cet anneau et de la façon dont elle avait été vendue et conduite en esclavage.

— Et quel fut l'effet du discours du comte? demanda avec anxiété Albert.

— J'avoue qu'il m'émut, et qu'en même temps que moi, il émut toute la commission, dit Beauchamp.

Cependant le président jeta négligemment les yeux sur la lettre qu'on venait de lui apporter; mais aux premières lignes, son attention s'éveilla; il la lut, la relut encore, et fixant les yeux sur M. de Morcerf:

— Monsieur le comte, dit-il, vous venez de nous dire que le visir de Janina vous avait confié sa femme et sa fille?

— Oui, monsieur, répondit Morcerf; mais en cela, comme dans tout le reste, le malheur me poursuivait. A mon retour, Vasiliki et sa fille Haydée avaient disparu.

— Vous les connaissiez?

— Mon intimité avec le pacha et la suprême confiance qu'il avait dans ma fidélité, m'avaient permis de les voir plus de vingt fois.

— Avez-vous quelque idée de ce qu'elles sont devenues?

— Oui, monsieur. J'ai entendu dire qu'elles avaient succombé à leur chagrin et peut-être à leur misère. Je n'étais pas riche, ma vie courait de grands dangers, je ne pus me mettre à leur recherche, à mon grand regret.

Le président fronça imperceptiblement le sourcil.

— Messieurs, dit-il, vous avez entendu et suivi M. le comte de Morcerf en ses explications.—Monsieur le comte, pouvez-vous, à l'appui du récit que vous venez de faire, fournir quelque témoin?

— Hélas! non, monsieur, répondit le comte; tous ceux qui entouraient le vizir et qui m'ont connu à sa cour, sont ou morts ou dispersés; seul, je crois, du moins, seul de mes compatriotes, j'ai survécu à cette affreuse guerre; je n'ai que les lettres d'Ali-Tebelin, et je les ai mises sous vos yeux; je n'ai que l'anneau, gage de sa volonté, et le voici; j'ai enfin la preuve la plus convaincante que je puisse fournir, c'est-à-dire après une attaque anonyme, l'absence de tout témoignage contre ma parole d'honnête homme, et la pureté de toute ma vie militaire.

Un murmure d'approbation courut dans l'assemblée; en ce moment, Albert, s'il ne fût survenu aucun incident, la cause de votre père était gagnée.

Il ne restait plus qu'à aller aux voix, lorsque le président prit la parole:

— Messieurs, dit-il, et vous monsieur le comte, vous ne seriez point fâchés, je présume, d'entendre un témoin très important, à ce qu'il assure, et qui vient de se produire de lui-même; ce témoin, nous n'en doutons pas, d'après tout ce que nous a dit le comte, est appelé à prouver la parfaite innocence de notre collègue. Voici la lettre que je viens de recevoir à cet égard; désirez-vous qu'elle vous soit lue, ou décidez-vous qu'il vous sera passé outre, et qu'on ne s'arrêtera point à cet incident?

M. de Morcerf pâlit et crispa ses mains sur les papiers qu'il tenait, et qui crièrent entre ses doigts.

La réponse de la commission fut pour la lecture: quant au comte, il était pensif et n'avait point d'opinion à émettre.

Le président lut en conséquence la lettre suivante:

« Monsieur le Président,

» Je puis fournir à la commission d'enquête chargée d'examiner la conduite en Épire et en Macédoine de M. le lieutenant-général comte de Morcerf, les renseignemens les plus positifs. »

Le président fit une courte pause.

Le comte de Morcerf pâlit; le président interrogea les auditeurs du regard.

— Continuez! s'écria-t-on de tous côtés.

Le président reprit:

« J'étais sur les lieux à la mort d'Ali-Pacha; j'assistai à ses derniers momens; je sais ce que devinrent Vasiliki et Haydée: je me tiens à la disposition de la commission, et réclame même l'honneur de me faire entendre. Je serai dans le vestibule de la Chambre au moment où l'on vous remettra ce billet. »

— Et quel est ce témoin, ou plutôt cet ennemi? demanda le comte d'une voix dans laquelle il était facile de remarquer une profonde altération.

— Nous allons le savoir, monsieur, répondit le président. La commission est-elle d'avis d'entendre ce témoin?

— Oui, oui, dirent en même temps toutes les voix.

On rappela l'huissier.

— Huissier, demanda le président, y a-t-il quelqu'un qui attende dans le vestibule?

— Oui, monsieur le président.

— Qui est-ce que ce quelqu'un?

— Une femme accompagnée d'un serviteur.

Chacun se regarda.

— Faites entrer cette femme, dit le président.

Cinq minutes après l'huissier reparut; tous les yeux étaient fixés sur la porte, et moi-même, dit Beauchamp, je partageais l'attente et l'anxiété générales.

Derrière l'huissier marchait une femme enveloppée d'un grand voile qui la cachait tout entière. On devinait bien aux formes que trahissait ce voile et aux parfums qui s'en exhalaient la présence d'une femme jeune et élégante, mais voilà tout.

Le président pria l'inconnue d'écarter son voile, et l'on put voir alors que cette femme était vêtue à la grecque; en outre, elle était d'une suprême beauté.

— Ah! dit Morcerf, c'était elle.

— Comment, elle?

— Oui, Haydée.

— Qui vous l'a dit?

— Hélas! je le devine. Mais, continuez, Beauchamp, je vous prie. Vous voyez que je suis calme et fort. Et cependant nous devons approcher du dénoûment.

— M. de Morcerf, continua Beauchamp, regardait cette femme avec une surprise mêlée d'effroi. Pour lui, c'était la vie ou la mort qui allait sortir de cette bouche charmante; pour tous les autres, c'était une aventure si étrange et si pleine de curiosité que le salut ou la perte de M. de Morcerf n'entrait déjà plus dans cet événement que comme un élément secondaire.

Le président offrit de la main un siége à la jeune femme, mais elle fit signe de la tête qu'elle resterait debout. Quant au comte, il était retombé sur son fauteuil, et il était évident que ses jambes refusaient de le porter.

— Madame, dit le président, vous avez écrit à la commission pour lui donner des renseignemens sur l'affaire de Janina, et vous avez avancé que vous aviez été témoin oculaire des événemens.

— Et je le fus, en effet, répondit l'inconnue avec une voix pleine d'une tristesse charmante, et empreinte de cette sonorité particulière aux voix orientales.

— Cependant, reprit le président, permettez-moi de vous dire que vous étiez bien jeune alors.

— J'avais quatre ans; mais comme les événemens avaient pour moi une suprême importance, pas un détail n'est sorti de mon esprit, pas une particularité n'a échappé à ma mémoire.

— Mais quelle importance avaient donc pour vous ces événemens, et qui êtes-vous pour que cette grande catastrophe ait produit sur vous une si profonde impression?

— Il s'agissait de la vie ou de la mort de mon père, répondit la jeune fille, et je m'appelle Haydée, fille d'Ali-Tebelin, pacha de Janina, et de Vasiliki, sa femme bien-aimée.

La rougeur modeste et fière tout à la fois qui empourpra les joues de la jeune femme, le feu de son regard et la majesté de sa révélation, produisirent sur l'assemblée un effet inexprimable.

Quant au comte, il n'eût pas été plus anéanti si la foudre, en tombant, eût ouvert un abîme à ses pieds.

— Madame, reprit le président après s'être incliné avec respect, permettez-moi une simple question qui n'est pas un doute, et cette question sera la dernière: pouvez-vous justifier de l'authenticité de ce que vous dites?

— Je le puis, monsieur, dit Haydée en tirant de dessous son voile un sachet de satin parfumé, car voici l'acte de ma naissance, rédigé par mon père et signé par ses principaux officiers; car voici, avec l'acte de ma naissance, l'acte de mon baptême, mon père ayant consenti à ce que je fusse élevée dans la religion de ma mère, acte que le grand primat de Macédoine et d'Épire a revêtu de son sceau; voici enfin (et ceci est le plus important sans doute) l'acte de la vente qui fut faite de ma personne et de celle de ma mère au marchand arménien El-Kobbir, par l'officier franc qui, dans son infâme marché avec la Porte, s'était réservé, pour sa part de butin, la fille et la femme de son bienfaiteur, qu'il vendit pour la somme de mille bourses, c'est-à-dire pour quatre cent mille francs à peu près.

Une pâleur verdâtre envahit les joues du comte de Morcerf, et ses yeux s'injectèrent de sang à l'énoncé de ces imputations terribles qui furent accueillies de l'assemblée avec un lugubre silence.

Haydée, toujours calme, mais bien plus menaçante dans son calme qu'une autre ne l'eût été dans sa colère, tendit au président l'acte de vente rédigé en langue arabe.

Comme on avait pensé que quelques-unes des pièces produites seraient rédigées en arabe, en romaïque ou en turc, l'interprète de la Chambre avait été prévenu; on l'appela.

Un des nobles pairs, à qui la langue arabe, qu'il avait apprise pendant la sublime campagne d'Égypte, était familière, suivit sur le vélin la lecture que le traducteur en fit à voix haute.

« Moi, El-Kobbir, marchand d'esclaves et fournisseur du harem de S. H., reconnais avoir reçu, pour la remettre au sublime empereur, du seigneur franc comte de Monte-Cristo, une émeraude évaluée deux mille bourses, pour prix d'une jeune esclave chrétienne âgée de onze ans, du nom de Haydée, et fille reconnue de défunt seigneur Ali-Tebelin, pacha de Janina, et de Vasiliki, sa favorite, laquelle m'avait été vendue, il y a sept ans, avec sa mère morte en arrivant à Constantinople, par un colonel franc, au service du vizir Ali-Tebelin, nommé Fernand Mondego.

» La susdite vente m'avait été faite pour le compte de S. H., dont j'avais mandat, moyennant la somme de mille bourses.

» Fait à Constantinople, avec autorisation de S. H., l'année 1247 de l'Hégire.

» Signé EL-KOBBIR. »

« Le présent acte, pour lui donner toute foi, toute croyance et toute authenticité, sera revêtu du sceau impérial, que le vendeur s'oblige à y faire apposer. »

Près de la signature du marchand on voyait en effet le sceau du sublime empereur.

A cette lecture et à cette vue succéda un silence terrible; le comte n'avait plus que le regard, et ce regard, attaché comme malgré lui sur Haydée, semblait de flamme et de sang.

— Madame, dit le président, ne peut-on interroger le comte de Monte-Cristo, lequel est à Paris près de vous, à ce que je crois?

— Monsieur, répondit Haydée, le comte de Monte-Cristo, mon autre père, est en Normandie depuis trois jours.

— Mais alors, madame, dit le président, qui vous a conseillé cette démarche, démarche dont la cour vous remercie, et qui d'ailleurs est toute naturelle, d'après votre naissance et vos malheurs?

— Monsieur, répondit Haydée, cette démarche m'a été conseillée par mon respect et par ma douleur. Quoique chrétienne, Dieu me pardonne! j'ai toujours songé à venger mon illustre père. Or, quand j'ai mis le pied en France, quand j'ai su que le traître habitait Paris, mes yeux et mes oreilles sont restés constamment ouverts. Je vis retirée dans la maison de mon noble protecteur, mais je vis ainsi parce que j'aime l'ombre et le silence, qui me permettent de vivre dans ma pensée et dans mon recueil-

lement. Mais M. le comte de Monte-Cristo m'entoure de soins paternels, et rien de ce qui constitue la vie du monde ne m'est étranger; seulement je n'en accepte que le bruit lointain. Ainsi je lis tous les journaux, comme on m'envoie tous les albums, comme je reçois toutes les mélodies, et c'est en suivant, sans m'y prêter, la vie des autres que j'ai su ce qui s'était passé ce matin à la chambre des pairs et ce qui devait s'y passer ce soir... Alors j'ai écrit.

— Ainsi, demanda le président, M. le comte de Monte-Cristo n'est pour rien dans votre démarche?

— Il l'ignore complètement, monsieur, et même je n'ai qu'une crainte, c'est qu'il la désapprouve quand il l'apprendra; cependant c'est un beau jour pour moi, continua la jeune fille en levant au ciel un regard tout ardent de flammes, que celui où je trouve enfin l'occasion de venger mon père!

Le comte, pendant tout ce temps, n'avait point prononcé une seule parole; ses collègues le regardaient, et sans doute plaignaient cette fortune brisée sous le souffle parfumé d'une femme; son malheur s'écrivait peu à peu en traits sinistres sur son visage.

— Monsieur de Morcerf, dit le président, reconnaissez-vous madame pour la fille d'Ali-Tebelin, pacha de Janina?

— Non, dit Morcerf en faisant un effort pour se lever, et c'est une trame ourdie par mes ennemis.

Haydée, qui tenait ses yeux fixés vers la porte comme si elle attendait quelqu'un, se retourna brusquement et, retrouvant le comte debout, elle poussa un cri terrible:

— Tu ne me reconnais pas, dit-elle; eh bien! moi heureusement je te reconnais! tu es Fernand Mondego, l'officier franc qui instruisait les troupes de mon noble père. C'est toi qui as livré les châteaux de Janina! c'est toi qui, envoyé par lui pour traiter directement avec l'empereur de la vie ou de la mort de ton bienfaiteur, as rapporté un faux firman qui accordait grâce entière! c'est toi qui, avec ce firman, as obtenu la bague du pacha qui devait te faire obéir par Sélim, le gardien du feu; c'est toi qui as poignardé Sélim! c'est toi qui nous a vendues, ma mère et moi, au marchand El-Kobbir! Assassin! assassin! assassin! tu as encore au front le sang de ton maître! regardez tous.

Ces paroles avaient été prononcées avec un tel enthousiasme de vérité, que tous les yeux se tournèrent vers le front du comte, et que lui-même y porta la main comme s'il eût senti, tiède encore, le sang d'Ali.

— Vous reconnaissez positivement M. de Morcerf pour être le même que l'officier Fernand Mondego?

— Si je le reconnais! Oh! ma mère! tu m'as dit: Tu étais libre, tu avais un père que tu aimais, tu étais destinée à être presque une reine! Regarde bien cet homme, c'est lui qui t'a faite esclave, c'est lui qui a levé au bout d'une pique la tête de mon père, c'est lui qui nous a vendues, c'est lui qui nous a livrées! Regarde bien sa main droite, celle qui a une large cicatrice; si tu oubliais son visage, tu le reconnaîtrais à cette main, dans laquelle sont tombées une à une les pièces d'or du marchand El-Kobbir! Si je le reconnais! Oh! qu'il dise maintenant lui-même s'il ne me reconnaît pas!

Chaque mot tombait comme un coutelas sur Morcerf et retranchait une parcelle de son énergie; aux derniers mots, il cacha vivement et malgré lui sa main, mutilée en effet par une blessure, dans sa poitrine, et retomba sur son fauteuil, abîmé dans un morne désespoir.

Cette scène avait fait tourbillonner les esprits de l'assemblée, comme on voit courir les feuilles détachées du tronc sous le vent puissant du nord.

— Monsieur le comte de Morcerf, dit le président, ne vous laissez pas abattre, répondez: la justice de la cour est suprême et égale pour tous comme celle de Dieu; elle ne vous laissera pas écraser par vos ennemis sans vous donner les moyens de les combattre. Voulez-vous des enquêtes nouvelles? voulez-vous que j'ordonne un voyage de deux membres de la chambre à Janina? Parlez.

Morcerf ne répondit rien.

Alors tous les membres de la commission se regardèrent avec une sorte de terreur. On connaissait le caractère énergique et violent du comte. Il fallait une bien terrible prostration pour annihiler la défense de cet homme; il fallait enfin penser qu'à ce silence, qui ressemblait au sommeil, succéderait un réveil qui ressemblerait à la foudre.

— Eh bien! lui demanda le président, que décidez-vous?

— Rien! dit en se levant le comte avec une voix sourde.

— La fille d'Ali-Tebelin, dit le président, a donc déclaré bien réellement la vérité? elle est donc bien réellement le témoin terrible auquel il arrive toujours que le coupable n'ose répondre: NON. Vous avez donc fait bien réellement toutes les choses dont on vous accuse?

Le comte jeta autour de lui un regard dont l'expression désespérée eût touché des tigres, mais ne pouvait désarmer des juges; puis il leva les yeux vers la voûte, mais il les détourna aussitôt, comme s'il eût craint que cette voûte, en s'ouvrant, ne fît resplendir ce second tribunal qui se nomme le ciel, cet autre juge qui s'appelle Dieu.

Alors, avec un brusque mouvement, il arracha les boutons de cet habit fermé qui l'étouffait, et sortit de la salle comme un sombre insensé; un instant son pas retentit lugubrement sous la voûte sonore, puis bientôt le roulement de la voiture qui l'emportait au galop ébranla le portique de l'édifice florentin.

— Messieurs, dit le président, quand le silence fut rétabli, M. le comte de Morcerf est-il convaincu de félonie, de trahison et d'indignité?

— Oui! répondirent d'une voix unanime tous les membres de la commission d'enquête.

Haydée avait assisté jusqu'à la fin de la séance; elle entendit prononcer la sentence du comte sans qu'un seul des traits de son visage exprimât ou la joie ou la pitié.

Alors, ramenant son voile sur son visage, elle salua majestueusement les conseillers, et sortit de ce pas dont Virgile voyait marcher les déesses.

CHAP. LXXXV. — LA PROVOCATION.

Alors, continua Beauchamp, je profitai du silence et de l'obscurité de la salle pour sortir sans être vu. L'huissier qui m'avait introduit m'attendait à la porte. Il me conduisit à travers les corridors jusqu'à une petite porte donnant sur la rue de Vaugirard. Je sortis l'âme brisée et ravie tout à la fois, pardonnez-moi cette expression, Albert, brisée par rapport à vous, ravie de la noblesse de cette jeune fille poursuivant la vengeance paternelle. Oui, je vous le jure, Albert, de quelque part que vienne cette révélation, je dis, moi, qu'elle peut venir d'un ennemi, mais que cet ennemi n'est que l'agent de la Providence.

Albert tenait sa tête entre ses deux mains; il releva son visage, rouge de honte et baigné de larmes, et saisissant le bras de Beauchamp,

— Ami, lui dit-il, ma vie est finie: il me reste, non pas à dire comme vous que la Providence m'a porté le coup, mais à chercher quel homme me poursuit de son inimitié; puis, quand je le connaîtrai, je tuerai cet homme, ou cet homme me tuera; or, je compte sur votre amitié pour m'aider, Beauchamp, si toutefois le mépris ne l'a pas tuée dans votre cœur.

— Le mépris, mon ami? et en quoi ce malheur vous touche-t-il? Non! Dieu merci! nous n'en sommes plus au temps où un injuste préjugé rendait les fils responsables des actions des pères. Repassez toute votre vie, Albert; elle date d'hier, il est vrai, mais jamais aurore d'un beau jour fut-elle plus pure que votre orient! Non, Albert, croyez-moi, vous êtes jeune, vous êtes riche; quittez la France; tout s'oublie vite dans cette grande Babylone à l'existence agitée et aux goûts changeans; vous reviendrez dans trois ou quatre ans, vous aurez épousé quelque princesse russe, et personne ne songera plus à ce qui s'est passé hier, à plus forte raison à ce qui s'est passé il y a seize ans.

— Merci, mon cher Beauchamp, merci de l'excellente intention qui vous dicte vos paroles, mais cela ne peut être ainsi : je vous ai dit mon désir, et maintenant, s'il le faut, je changerai le mot de désir en celui de volonté. Vous comprenez qu'intéressé comme je le suis dans cette affaire, je ne puis voir la chose du même point de vue que vous. Ce qui vous semble venir à vous d'une source céleste, me semble venir à moi d'une source moins pure. La Providence me paraît, je vous l'avoue, fort étrangère à tout ceci, et cela heureusement, car au lieu de l'invisible et de l'impalpable messagère des récompenses et des punitions célestes, je trouverai un être palpable et visible sur lequel je me vengerai, oh! oui, je vous le jure, de tout ce que je souffre depuis un mois. Maintenant, je vous le répète, Beaucamp, je tiens à y rentrer dans la vie humaine et matérielle, et si vous êtes encore mon ami comme vous le dites, aidez-moi à retrouver la main qui a porté le coup.

— Alors, soit, dit Beauchamp ; et si vous tenez absolument à ce que je descende sur la terre, je le ferai; si vous tenez à vous mettre à la recherche d'un ennemi, je m'y mettrai avec vous. Et je le trouverai, car mon honneur est presque aussi intéressé que le vôtre à ce que nous le retrouvions.

— Eh bien ! alors, Beauchamp, vous comprenez, à l'instant même, sans aucun retard, commençons nos investigations. Chaque minute de retard est une éternité pour moi ; le dénonciateur n'est pas encore puni, il peut donc espérer qu'il ne le sera pas ; et, sur mon honneur, s'il l'espère, il se trompe.

— Eh bien ! écoutez-moi, Morcerf.

— Ah! Beauchamp, je vois que vous savez quelque chose ; tenez, vous me rendez la vie!

— Je ne dis pas que ce soit la réalité, Albert, mais c'est au moins quelque lumière dans la nuit : en suivant cette lumière, peut-être nous conduira-t-elle au but.

— Dites, vous voyez bien que je bous d'impatience.

— Eh bien ! je vais vous raconter ce que je n'ai pas voulu vous dire en revenant de Janina.

— Parlez.

— Voilà ce qui s'est passé, Albert ; j'ai été tout naturellement chez le premier banquier de la ville pour prendre des informations : au premier mot que j'ai dit de l'affaire, avant même que le nom de votre père eût été prononcé :

— Ah ! dit-il, très-bien, je devine ce qui vous amène.

— Comment cela, et pourquoi ?

— Parce qu'il y a quinze jours à peine j'ai été interrogé sur le même sujet.

— Par qui?

— Par un banquier de Paris, mon correspondant.

— Que vous nommez ?

— M. Danglars.

— Lui ! s'écria Albert; en effet, c'est bien lui qui depuis si long-temps poursuit mon pauvre père de sa haine jalouse; lui, l'homme prétendu populaire, qui ne peut pardonner au comte de Morcerf d'être pair de France. Et, tenez, cette rupture de mariage sans raison donnée, oui, c'est bien cela.

— Informez-vous, Albert (mais ne vous emportez pas d'avance), informez-vous, vous dis-je, et si la chose est vraie...

— Oh ! oui ! si la chose est vraie, s'écria le jeune homme, il me paiera tout ce que j'ai souffert.

— Prenez garde, Morcerf, c'est un homme déjà vieux.

— J'aurai égard à son âge comme il a eu égard à l'honneur de ma famille ; s'il en voulait à mon père, que ne frappait-il mon père? Oh! non, il a eu peur de se trouver en face d'un homme!

— Albert, je ne vous condamne pas, je ne fais que vous retenir ; Albert, agissez prudemment.

— Oh ! n'ayez pas peur ; d'ailleurs, vous m'accompagnerez, Beauchamp : les choses solennelles doivent être traitées devant témoin. Avant la fin de cette journée, si M. Danglars est le coupable, M. Danglars aura cessé de vivre ou je serai mort. Pardieu, Beauchamp, je veux faire de belles funérailles à mon honneur.

— Eh bien ! alors, quand de pareilles résolutions sont prises, Albert, il faut les mettre à exécution à l'instant même. Vous voulez aller chez M. Danglars? partons.

On envoya chercher un cabriolet de place. En entrant dans l'hôtel du banquier, on aperçut le phaéton et le domestique de M. Andrea Cavalcanti à la porte.

— Ah ! parbleu! voilà qui va bien ! dit Albert avec une voix sombre. Si M. Danglars ne veut pas se battre avec moi, je lui tuerai son gendre. Cela doit se battre, un Cavalcanti !

On annonça le jeune homme au banquier, qui, au nom d'Albert, sachant ce qui s'était passé la veille, fit défendre sa porte. Mais il était trop tard, il avait suivi le laquais; il entendit l'ordre donné, força la porte et pénétra, suivi de Beauchamp, jusque dans le cabinet du banquier.

— Mais, monsieur, s'écria celui-ci, n'est-on plus maître de recevoir chez soi qui l'on veut, ou qui l'on ne veut pas? Il me semble que vous vous oubliez étrangement.

— Non, monsieur, dit froidement Albert; il y a des circonstances , et vous êtes dans une de celles-là, où il faut, sauf lâcheté, je vous offre ce refuge, être chez soi, pour certaines personnes du moins.

— Alors, que me voulez-vous donc, monsieur ?

— Je veux, dit Morcerf, s'approchant sans paraître faire attention à Cavalcanti qui était adossé à la cheminée; je veux vous proposer un rendez-vous dans un coin écarté, où personne ne vous dérangera pendant dix minutes, je ne vous en demande pas davantage; où de deux hommes qui se seront rencontrés, il en restera un dans les feuilles.

Danglars pâlit. Cavalcanti fit un mouvement. Albert se retourna vers le jeune homme.

— Oh ! mon Dieu! dit-il, venez si vous voulez, monsieur le comte, vous avez le droit d'y être, vous êtes presque de la famille, et je donne de ces sortes de rendez-vous à autant de gens qu'il s'en trouvera pour les accepter.

Cavalcanti regarda d'un air stupéfait Danglars, lequel, faisant un effort, se leva et s'avança entre les deux jeunes gens. L'attaque d'Albert à Andrea venait de le placer sur un autre terrain ; et il espérait que la visite d'Albert avait une autre cause que celle qu'il lui avait supposé d'abord.

— Ah çà ! monsieur, dit-il à Albert, si vous venez ici chercher querelle à monsieur, parce que je l'ai préféré à vous, je vous préviens que je ferai de cela une affaire de procureur du roi.

— Vous vous trompez, monsieur, dit Morcerf avec un sombre sourire, je ne parle pas de mariage le moins du monde, et je ne m'adresse à M. Cavalcanti que parce qu'il m'a semblé avoir eu un instant l'intention d'intervenir dans notre discussion. Et puis, tenez, au reste, vous avez raison, dit-il, je cherche aujourd'hui querelle à tout le monde; mais soyez tranquille, monsieur Danglars, priorité vous appartient.

— Monsieur, répondit Danglars, pâle de colère et de peur, je vous avertis que lorsque j'ai le malheur de rencontrer sur mon chemin un dogue enragé, je le tue, et que, loin de me croire coupable, je pense avoir rendu un service à la société. Or, si vous êtes enragé, et que vous tentiez de me mordre, je vous en préviens, je vous tuerai sans pitié. Tiens! est-ce ma faute, à moi, si votre père est déshonoré ?

— Oui, misérable ! s'écria Morcerf, c'est ta faute !

Danglars fit un pas en arrière.

— Ma faute ! à moi ! dit-il ; mais vous êtes fou ! Est-ce que je sais l'histoire grecque, moi ? Est-ce que j'ai voyagé dans tous ces pays-là ? Est-ce que c'est moi qui ai conseillé à votre père de vendre les châteaux de Janina ? de trahir...

— Silence! dit Albert d'une voix sourde. Non, ce n'est

pas vous qui directement avez fait cet éclat et causé ce malheur, mais c'est vous qui l'avez hypocritement provoqué.

— Moi !

— Oui, vous ! D'où vient la révélation ?

— Mais il me semble que le journal vous l'a dit, de Janina, parbleu !

— Qui a écrit à Janina ?

— A Janina ?

— Oui. Qui a écrit pour demander des renseignemens sur mon père ?

— Il me semble que tout le monde peut écrire à Janina.

— Une seule personne a écrit cependant.

— Une seule ?

— Oui ! et cette personne, c'est vous !

— J'ai écrit, sans doute ; il me semble que lorsqu'on marie sa fille à un jeune homme, on peut prendre des renseignemens sur la famille de ce jeune homme ; c'est non seulement un droit, mais un devoir.

— Vous avez écrit, monsieur, dit Albert, sachant parfaitement la réponse qui vous viendrait.

— Moi ? Ah ! je vous jure bien, s'écria Danglars avec une confiance et une sécurité qui venaient encore moins de sa peur peut-être que de l'intérêt qu'il ressentait au fond pour le malheureux jeune homme ; je vous jure que jamais je n'eusse pensé à écrire à Janina. Est-ce que je connaissais la catastrophe d'Ali-Pacha, moi ?

— Alors quelqu'un vous a poussé à écrire ?

— Certainement.

— On vous a poussé ?

— Oui.

— Qui cela ?... achevez... dites...

— Pardieu ! rien de plus simple ; je parlais du passé de votre père ; je disais que la source de sa fortune était toujours restée obscure. La personne m'a demandé où votre père avait fait cette fortune. J'ai répondu : En Grèce. Alors elle m'a dit : Eh bien, écrivez à Janina.

— Et qui vous a donné ce conseil ?

— Parbleu ! le comte de Monte-Cristo, votre ami.

— Le comte de Monte-Cristo vous a dit d'écrire à Janina ?

— Oui, et j'ai écrit. Voulez-vous voir ma correspondance ? je vous la montrerai.

Albert et Beauchamp se regardèrent.

— Monsieur, dit alors Beauchamp, qui n'avait point encore pris la parole, il me semble que vous accusez le comte, qui est absent de Paris, et qui ne peut se justifier en ce moment ?

— Je n'accuse personne, monsieur, dit Danglars, je raconte et je répéterai devant M. le comte de Monte-Cristo ce que je viens de dire devant vous.

— Et le comte sait quelle réponse vous avez reçue ?

— Je la lui ai montrée.

— Savait-il que le nom de baptême de mon père était Fernand, et que son nom de famille était Mondego ?

— Oui, je le lui avais dit depuis longtemps; au surplus, je n'ai fait là-dedans que ce que tout autre eût fait à ma place, et même peut-être beaucoup moins. Quand, le lendemain de cette réponse, poussé par M. de Monte-Cristo, votre père est venu me demander ma fille officiellement, comme cela se fait quand on veut en finir, j'ai refusé, j'ai refusé net, c'est vrai ; mais sans explication, sans éclat. En effet, pourquoi aurais-je fait un éclat, moi ! En quoi l'honneur ou le déshonneur de M. de Morcerf m'importe-t-il ? Cela ne faisait ni hausser ni baisser la rente.

Albert sentit la rougeur lui monter au front ; il n'y avait plus de doute, Danglars se défendait avec la bassesse, mais avec l'assurance d'un homme qui dit, sinon toute la vérité, du moins une partie de la vérité, non point par conscience il est vrai, mais par terreur. D'ailleurs, que cherchait Morcerf ? ce n'était pas le plus ou moins de culpabilité de Danglars ou de Monte-Cristo, c'était un homme qui répondît de l'offense légère ou grave, c'était un homme qui se battît, et il était évident que Danglars ne se battrait pas.

Et puis chacune des choses oubliées ou inaperçues redevenait visible à ses yeux ou présente à son souvenir. Monte-Cristo savait tout, puisqu'il avait acheté la fille d'Ali-Pacha ; or, sachant tout, il avait conseillé à Danglars d'écrire à Janina. Cette réponse connue, il avait accédé au désir manifesté par Albert d'être présenté à Haydée ; une fois devant elle, il avait laissé l'entretien tomber sur la mort d'Ali, ne s'opposant pas au récit d'Haydée (mais ayant sans doute donné à la jeune fille, dans les quelques mots romaïques qu'il avait prononcés, des instructions qui n'avaient point permis à Morcerf de reconnaître son père); d'ailleurs n'avait-il pas prié Morcerf de ne pas prononcer le nom de son père devant Haydée ? Enfin il avait mené Albert en Normandie au moment où il savait que le grand éclat devait se faire. Il n'y avait pas à en douter, tout cela était un calcul, et, sans aucun doute, Monte-Cristo s'entendait avec les ennemis de son père.

Albert prit Beauchamp dans un coin et lui communiqua toutes ces idées.

— Vous avez raison, dit celui-ci ; M. Danglars n'est dans ce qui est arrivé que pour la partie brutale et matérielle : c'est à M. de Monte-Cristo que vous devez demander une explication.

Albert se retourna.

— Monsieur, dit-il à Danglars, vous comprenez que je ne prends pas encore de vous un congé définitif ; il me reste à savoir si vos inculpations sont justes, et je vais de ce pas m'en assurer chez M. le comte de Monte-Cristo.

Et saluant le banquier, il sortit avec Beauchamp sans paraître autrement s'occuper de Cavalcanti.

Danglars les reconduisit jusqu'à la porte, et à la porte renouvela à Albert l'assurance qu'aucun motif de haine personnelle ne l'animait contre M. le comte de Morcerf.

CHAP. LXXXVI. — L'INSULTE.

A la porte du banquier, Beauchamps arrêta Morcerf.

— Écoutez, lui dit-il, tout à l'heure je vous ai dit, chez M. Danglars, que c'était à M. de Monte-Cristo que vous deviez demander une explication ?

— Oui, et nous allons chez lui.

— Un instant, Morcerf ; avant d'aller chez le comte, réfléchissez.

— A quoi voulez-vous que je réfléchisse ?

— A la gravité de la démarche.

— Est-elle plus grave que d'aller chez M. Danglars ?

— Oui ; M. Danglars était un homme d'argent, et, vous le savez, les hommes d'argent savent trop le capital qu'ils risquent pour se battre facilement. L'autre, au contraire, est un gentilhomme, en apparence du moins ; mais ne craignez-vous pas, sous le gentilhomme, de rencontrer le bravo ?

— Je ne crains qu'une chose, c'est de trouver un homme qui ne se batte pas.

— Oh ! soyez tranquille, dit Beauchamp, celui-là se battra. J'ai même peur d'une chose, c'est qu'il ne se batte trop bien ; prenez garde !

— Ami, dit Morcerf avec un beau sourire, c'est ce que je demande ; et ce qui peut m'arriver de plus heureux, c'est d'être tué pour mon père ; cela nous sauvera tous.

— Votre mère en mourra !

— Pauvre mère ! dit Albert en passant la main sur ses yeux, je le sais bien, mais mieux vaut qu'elle meure de cela que de mourir de honte.

— Vous êtes bien décidé, Albert ?

— Oui.

— Allez donc ! Mais croyez-vous que nous le trouvions !

— Il devait revenir quelques heures après moi, et certainement il sera revenu.

Ils montèrent et se firent conduire avenue des Champs-Élysées, n° 30.

Beauchamp voulait descendre seul, mais Albert lui fit observer que cette affaire, sortant des règles ordinaires, lui permettait de s'écarter de l'étiquette du duel.

Le jeune homme agissait dans tout ceci pour une cause si sainte, que Beauchamp n'avait autre chose à faire qu'à se prêter à toutes ses volontés : il céda donc à Morcerf et se contenta de le suivre.

Albert ne fit qu'un bond de la loge du concierge au perron. Ce fut Baptistin qui le reçut.

Le comte venait d'arriver effectivement, mais il était au bain, et avait défendu de recevoir qui que ce fût au monde.

— Mais, après le bain? demanda Morcerf.
— Monsieur dînera.
— Et après le dîner?
— Monsieur dormira une heure.
— Ensuite?
— Ensuite il ira à l'Opéra.
— Vous en êtes sûr? demanda Albert.
— Parfaitement sûr ; monsieur a commandé ses chevaux pour huit heures précises.
— Fort bien, répliqua Albert ; voilà tout ce que je voulais savoir.

Puis, se retournant vers Beauchamp :
— Si vous avez quelque chose à faire, Beauchamp, faites tout de suite; si vous aviez rendez-vous ce soir, remettez-le à demain. Vous comprenez que je compte sur vous pour aller à l'Opéra. Si vous le pouvez, amenez-moi Château-Renaud.

Beauchamp profita de la permission et quitta Albert après lui avoir promis de venir le prendre à huit heures moins un quart.

Rentré chez lui, Albert prévint Franz, Debray et Morrel du désir qu'il avait de les voir le soir même à l'Opéra.

Puis, il alla visiter sa mère, qui, depuis les événemens de la veille, avait fait défendre sa porte et gardait la chambre. Il la trouva au lit, écrasée par la douleur de cette humiliation publique.

La vue d'Albert produisit sur Mercédès l'effet qu'on en pouvait attendre; elle serra de son fils et éclata en sanglots. Cependant ces larmes la soulagèrent.

Albert demeura un instant debout et muet près du visage de sa mère. On voyait, à son visage pâle et à ses sourcils froncés, que sa résolution de vengeance s'émoussait de plus en plus dans son cœur.

— Ma mère, répondit Albert, est-ce que vous connaissez quelque ennemi à M. de Morcerf?

Mercédès tressaillit ; elle avait remarqué que le jeune homme n'avait pas dit : à mon père.

— Mon ami, dit-elle, les gens dans la position du comte ont beaucoup d'ennemis qu'ils ne connaissent point. D'ailleurs, les ennemis qu'on connaît ne sont point, vous le savez, les plus dangereux.

— Oui, je sais cela; aussi j'en appelle à toute votre perspicacité. Ma mère, vous êtes une femme si supérieure, que rien ne vous échappe, à vous !

— Pourquoi me dites-vous cela?

— Parce que vous aviez remarqué, par exemple, que le soir du bal que nous avons donné, M. de Monte-Cristo n'avait rien voulu prendre chez nous.

Mercédès se soulevant toute tremblante sur son bras brûlé par la fièvre :

— M. de Monte-Cristo ! s'écria-t-elle, et quel rapport cela aurait-il avec la question que vous me faites?

— Vous le savez, ma mère, M. de Monte-Cristo est presque un homme d'Orient, et les Orientaux, pour conserver toute liberté de vengeance, ne mangent ni ne boivent jamais chez leurs ennemis.

— M. de Monte-Cristo, notre ennemi, dites-vous, Albert? reprit Mercédès en devenant plus pâle que le drap qui la couvrait. Qui vous a dit cela? Pourquoi? Vous êtes fou, Albert. M. de Monte-Cristo n'a eu pour nous que des politesses. M. de Monte-Cristo vous a sauvé la vie ; c'est vous-même qui nous l'avez présenté. Oh ! je vous en prie, mon fils, si vous aviez une pareille idée, écartez-la, et si j'ai une recommandation à vous faire, je dirai plus, si j'ai une prière à vous adresser, tenez-vous bien avec lui.

— Ma mère, répliqua le jeune homme avec un sombre regard, vous avez vos raisons pour me dire de ménager cet homme.

— Moi ! s'écria Mercédès, rougissant avec la même rapidité qu'elle avait pâli, et redevenant presque aussitôt plus pâle encore qu'auparavant.

— Oui ! sans doute, et cette raison, n'est-ce pas, reprit Albert, est que cet homme ne peut nous faire du mal?

Mercédès frissonna, et attachant sur son fils un regard scrutateur :

— Vous me parlez étrangement, dit-elle à Albert, et vous avez de singulières préventions, ce me semble. Que vous a donc fait le comte? Il y a trois jours vous étiez avec lui en Normandie ; il y a trois jours je le regardais et vous le regardiez vous-même comme votre meilleur ami.

Un sourire ironique effleura les lèvres d'Albert. Mercédès vit ce sourire, et avec son double instinct de femme et de mère, elle devina tout ; mais prudente et forte, elle cacha son trouble et ses frémissemens.

Albert laissa tomber la conversation ; au bout d'un instant la comtesse la renoua.

— Vous veniez me demander comment j'allais, dit-elle, je vous répondrai franchement, mon ami, que je ne me sens pas bien. Vous devriez vous installer ici, Albert, vous me tiendriez compagnie ; j'ai bien besoin de n'être pas seule.

— Ma mère, dit le jeune homme, je serais à vos ordres, et vous savez avec quel bonheur, si une affaire pressée et importante ne me forçait à vous quitter toute la soirée.

— Ah ! fort bien, répondit Mercédès avec un soupir ; allez, Albert, je ne veux point vous rendre esclave de votre piété filiale.

Albert fit semblant de ne point entendre, salua sa mère et sortit.

A peine le jeune homme eut-il refermé la porte, que Mercédès fit appeler un domestique de confiance et lui ordonna de suivre Albert partout où il irait dans la soirée, et de lui en venir rendre compte à l'instant même.

Puis elle sonna sa femme de chambre, et si faible qu'elle fût, se fit habiller pour être prête à tout événement.

La mission donnée au laquais n'était pas difficile à exécuter. Albert rentra chez lui et s'habilla avec une sorte de recherche sévère. A huit heures moins dix minutes Beauchamp arriva : il avait vu Château-Renaud, lequel avait promis de se trouver à l'orchestre avant le lever du rideau.

Tous deux montèrent dans le coupé d'Albert qui, n'ayant aucune raison de cacher où il allait, dit tout haut :

— A l'Opéra.

Dans son impatience, il avait devancé le lever du rideau.

Château-Renaud était à sa stalle : prévenu de tout par Beauchamp, Albert n'avait aucune explication à lui donner. La conduite de ce fils cherchant à venger son père était si simple, que Château-Renaud ne tenta en rien de le dissuader, et se contenta de lui renouveler l'assurance qu'il était à sa disposition.

Debray n'était pas encore arrivé, mais Albert savait qu'il manquait rarement une représentation de l'Opéra. Albert erra dans le théâtre jusqu'au lever du rideau. Il espérait rencontrer Monte-Cristo, soit dans le couloir, soit dans l'escalier. La sonnette l'appela à sa place, et il vint s'asseoir à l'orchestre, entre Château-Renaud et Beauchamp.

Mais ses yeux ne quittaient pas cette loge d'entre-colonnes qui, pendant tout le premier acte, semblait s'obstiner à rester fermée.

Enfin, comme Albert, pour la centième fois, interrogeait sa montre, au commencement du deuxième acte, la porte de la loge s'ouvrit, et Monte-Cristo, vêtu de noir, entra et s'appuya à la rampe pour regarder dans la salle; Morrel le suivait, cherchant des yeux sa sœur et son beau-frère. Il les aperçut dans une loge du second rang, et leur fit signe.

Le comte, en jetant son coup d'œil circulaire dans la salle, aperçut une tête pâle et des yeux étincelans qui semblaient attirer avidement ses regards; il reconnut bien Albert, mais l'expression qu'il remarqua sur ce visage bouleversé, lui conseilla sans doute de ne point l'avoir remarqué. Sans faire donc aucun mouvement qui décelât sa pensée, il s'assit, tira son binocle de son étui, et lorgna d'un autre côté.

Mais sans paraître voir Albert, le comte ne le perdait pas de vue, et, lorsque la toile tomba sur la fin du second acte, son coup d'œil infaillible et sûr suivit le jeune homme sortant de l'orchestre et accompagné de ses deux amis.

Puis, la même tête reparut aux carreaux d'une première loge, en face de la sienne. Le comte sentait venir à lui la tempête, et lorsqu'il entendit la clé tourner dans la serrure de sa loge, quoiqu'il parlât en ce moment même à Morrel avec son visage le plus riant, le comte savait à quoi s'en tenir, et il s'était préparé à tout.

La porte s'ouvrit.

Seulement alors, Monte-Cristo se retourna et aperçut Albert livide et tremblant; derrière lui étaient Beauchamp et Château-Renaud.

— Tiens! s'écria-t-il, avec cette bienveillante politesse qui distinguait d'habitude son salut des banales civilités du monde; voilà mon cavalier arrivé au but. Bonsoir, monsieur de Morcerf.

Et le visage de cet homme, si singulièrement maître de lui-même, exprimait la plus parfaite cordialité.

Morrel alors se rappela seulement la lettre qu'il avait reçue du vicomte, et dans laquelle, sans autre explication, celui-ci le priait de se trouver à l'Opéra, et il comprit qu'il allait se passer quelque chose de terrible.

— Nous ne venons point ici pour échanger d'hypocrites politesses ou de faux semblans d'amitié, dit le jeune homme; nous venons vous demander une explication, monsieur le comte.

La voix tremblante du jeune homme avait peine à passer entre ses dents serrées.

— Une explication à l'Opéra? dit le comte avec un ton si calme et avec ce coup d'œil si pénétrant, qu'on reconnaît à ce double caractère l'homme éternellement sûr de lui-même. Si peu familier que je sois avec les habitudes parisiennes, je n'aurais pas cru, monsieur, que ce fût là que les explications se demandaient.

— Cependant, lorsque les gens se font céler, dit Albert, lorsqu'on ne peut pénétrer jusqu'à eux, sous prétexte qu'ils sont au bain, à la table ou au lit, il faut bien s'adresser là où on les rencontre.

— Je ne suis pas difficile à rencontrer, dit Monte-Cristo, car hier encore, monsieur, si j'ai bonne mémoire, vous étiez chez moi.

— Hier, monsieur, dit le jeune homme, dont la tête s'embarrassait, j'étais chez vous parce que j'ignorais qui vous étiez.

Et en prononçant ces paroles, Albert avait élevé la voix de manière à ce que les personnes placées dans les loges voisines l'entendissent, ainsi que celles qui passaient dans le couloir.

Aussi les personnes des loges se retournèrent-elles, et celles du couloir s'arrêtèrent-elles derrière Beauchamp et Château-Renaud au bruit de cette altercation.

— D'où sortez-vous donc, monsieur? dit Monte-Cristo sans la moindre émotion apparente. Vous ne semblez pas jouir de votre bon sens.

— Pourvu que je comprenne vos perfidies, monsieur, et que je parvienne à vous faire comprendre que je veux m'en venger, je serai toujours assez raisonnable, dit Albert furieux.

— Monsieur, je ne vous comprends point, répliqua Monte-Cristo, et quand même je vous comprendrais, vous n'en parleriez encore que trop haut. Je suis ici chez moi, monsieur, et moi seul ai le droit d'y élever la voix au-dessus des autres. Sortez, monsieur!

Et Monte-Cristo montra la porte à Albert avec un geste admirable de commandement.

— Ah! je vous en ferai bien sortir de chez vous! reprit Albert en froissant dans ses mains convulsives son gant, que le comte ne perdait pas de vue.

— Bien, bien! dit flegmatiquement Monte-Cristo, vous me cherchez querelle, monsieur, je vois cela; mais un conseil, vicomte, et retenez-le bien: c'est une coutume mauvaise que de faire du bruit en provoquant. Le bruit ne va pas à tout le monde, monsieur de Morcerf.

A ce nom, un murmure d'étonnement passa comme un frisson parmi les auditeurs de cette scène. Depuis la veille le nom de Morcerf était dans toutes les bouches.

Albert, mieux que tous, et le premier de tous, comprit l'allusion, et fit un geste pour lancer son gant au visage du comte; mais Morrel lui saisit le poignet, tandis que Beauchamp et Château-Renaud, craignant que la scène ne dépassât la limite d'une provocation, le retenaient par derrière.

Mais Monte-Cristo, sans se lever, en inclinant sa chaise, étendit la main seulement, et saisissant entre les doigts crispé du jeune homme le gant humide et écrasé:

— Monsieur! dit-il avec un accent terrible, je tiens votre gant pour jeté, et je vous l'enverrai roulé autour d'une balle. Maintenant sortez de chez moi, ou j'appelle mes domestiques, et je vous fais jeter à la porte.

Ivre, effaré, les yeux sanglans, Albert fit deux pas en arrière.

Morrel en profita pour refermer la porte.

Monte-Cristo reprit sa jumelle et se remit à lorgner, comme si rien d'extraordinaire ne venait de se passer.

Cet homme avait un cœur de bronze et un visage de marbre.

Morrel se pencha à son oreille:

— Que lui avez-vous fait? dit-il.

— Moi? rien; personnellement du moins, dit Monte-Cristo.

— Cependant cette scène étrange doit avoir une cause?

— L'aventure du comte de Morcerf exaspère le malheureux jeune homme.

— Y êtes-vous donc pour quelque chose?

— C'est par Haydée que la chambre a été instruite de la trahison de son père.

— En effet, dit Morrel, on m'a dit, mais je n'avais pas voulu le croire, que cette esclave grecque que j'ai vue avec vous ici, dans cette loge même, était la fille d'Ali-Pacha; mais je n'ai point voulu le croire.

— C'est la vérité cependant.

— Oh! mon Dieu! dit Morrel, je comprends tout alors; et cette scène était préméditée.

— Comment cela?

— Oui, Albert m'a écrit de me trouver ce soir à l'Opéra; c'était pour me rendre témoin de l'insulte qu'il voulait vous faire.

— Probablement, dit Monte-Cristo avec son imperturbable tranquillité.

— Mais que ferez-vous de lui?

— De qui?

— D'Albert?

— D'Albert? reprit Monte-Cristo du même ton, ce que j'en ferai, Maximilien? Aussi vrai que vous êtes ici et que je vous serre la main, je le tuerai demain avant dix heures du matin. Voilà ce que j'en ferai.

Morrel, à son tour, prit la main de Monte-Cristo dans les deux siennes, et il frémit en sentant cette main froide et calme.

— Ah! comte, dit-il, son père l'aime tant!

— Ne me dites pas ces choses-là! s'écria Monte-Cristo

avec le premier mouvement de colère qu'il eût paru éprouver; je le ferais souffrir!

Morrel, stupéfait, laissa retomber la main de Monte-Cristo.

— Comte! comte! dit-il.

— Cher Maximilien, interrompit le comte, écoutez de quelle adorable façon Duprez chante cette phrase :

O Mathilde! idole de mon ame.

Tenez, j'ai deviné le premier Duprez à Naples, et j'ai applaudi le premier. Bravo! bravo!

Morrel comprit qu'il n'y avait plus rien à dire, et il attendit.

La toile, qui s'était levée à la fin de la scène d'Albert, retomba presque aussitôt. On frappa à la porte.

— Entrez, dit Monte-Cristo sans que sa voix décelât la moindre émotion.

Beauchamp parut.

— Bonsoir, monsieur Beauchamp, dit Monte-Cristo, comme s'il voyait le journaliste pour la première fois de la soirée; asseyez-vous donc.

Beauchamp salua, entra et s'assit.

— Monsieur, dit-il à Monte-Cristo, j'accompagnais tout à l'heure, comme vous avez pu le voir, M. de Morcerf.

— Ce qui veut dire, reprit Monte-Cristo en riant, que vous venez probablement de dîner ensemble. Je suis heureux de voir, monsieur Beauchamp, que vous êtes plus sobre que lui.

— Monsieur, dit Beauchamp, Albert a eu, j'en conviens, le tort de s'emporter, et je viens pour mon propre compte vous faire des excuses. Maintenant que mes excuses sont faites, les miennes, entendez-vous, monsieur le comte, je viens vous dire que je vous crois trop galant homme pour refuser de me donner quelque explication au sujet de vos relations avec les gens de Janina ; puis j'ajouterai deux mots sur cette jeune grecque.

Monte-Cristo fit de la lèvre et des yeux un petit geste qui commandait le silence.

— Allons! ajouta-t-il en riant, voilà toutes mes espérances détruites.

— Comment cela? demanda Beauchamp.

— Sans doute, vous vous empressez de me faire une réputation d'excentricité : je suis, selon vous, un Lara, un Manfred, un lord Ruthwen; puis, le moment de me voir excentrique passé, vous gâtez votre type, vous essayez de faire de moi un homme banal. Vous me voulez commun, vulgaire; vous me demandez des explications enfin. Allons donc! monsieur Beauchamp, vous voulez rire.

— Cependant, reprit Beauchamp avec hauteur, il est des occasions où la probité commande...

— Monsieur Beauchamp, interrompit l'homme étrange, ce qui commande à M. le comte de Monte-Cristo c'est M. le comte de Monte-Cristo. Ainsi donc, pas un mot de tout cela, s'il vous plaît. Je fais ce que je veux, monsieur Beauchamp, et, croyez-moi, c'est toujours fort bien fait.

— Monsieur, répondit le jeune homme, on ne paie pas d'honnêtes gens avec cette monnaie; il faut des garanties à l'honneur.

— Monsieur, je suis la garantie vivante, reprit Monte-Cristo, impassible, mais dont les yeux s'enflammaient d'éclairs menaçans. Nous avons tous deux dans les veines du sang que nous avons envie de verser, voilà notre garantie mutuelle. Reportez cette réponse au vicomte, et dites-lui que demain avant dix heures j'aurai vu la couleur du sien.

— Il ne me reste donc, dit Beauchamp, qu'à fixer les arrangemens du combat.

— Cela m'est parfaitement indifférent, monsieur, dit le comte de Monte-Cristo; il était donc inutile de venir me déranger au spectacle pour si peu de chose. En France, on se bat à l'épée ou au pistolet; aux colonies, on prend la carabine; en Arabie, on a le poignard. Dites à votre client que quoique insulté, pour être excentrique jusqu'au bout, je lui laisse le choix des armes, et que j'accepterai tout sans discussion, sans conteste; tout, entendez-vous bien; tout, même le combat par voie du sort, ce qui est toujours stupide. Mais moi, c'est autre chose : je suis sûr de gagner.

— Sûr de gagner! répéta Beauchamp en regardant le comte d'un œil effaré.

— Eh! certainement, dit Monte-Cristo en haussant légèrement les épaules. Sans cela je ne me battrais pas avec M. de Morcerf. Je le tuerai, il le faut, cela sera. Seulement, par un mot ce soir chez moi, indiquez-moi l'arme et l'heure ; je n'aime pas à me faire attendre.

— Au pistolet, à huit heures du matin, au bois de Vincennes, dit Beauchamp, déconcenancé, ne sachant pas s'il avait affaire à un fanfaron outrecuidant ou à un être surnaturel.

— C'est bien, monsieur, dit Monte-Cristo. Maintenant que tout est réglé, laissez-moi entendre le spectacle, je vous prie, et dites à votre ami Albert de ne pas revenir ce soir : il se ferait tort avec toutes ses brutalités de mauvais goût. Qu'il rentre et qu'il dorme.

Beauchamp sortit tout étonné.

— Maintenant, dit Monte-Cristo en se retournant vers Morrel, je compte sur vous, n'est-ce pas?

— Certainement, dit Morrel, et vous pouvez disposer de moi, comte ; cependant....

— Quoi?

— Il serait important, comte, que je connusse la véritable cause...

— C'est-à-dire, que vous me refusez?

— Non pas.

— La véritable cause? Morrel, dit le comte ; ce jeune homme lui-même marche en aveugle et ne la connaît pas. La véritable cause, elle n'est connue que de moi et de Dieu ; mais je vous donne ma parole d'honneur, Morrel, que Dieu, qui la connaît, sera pour nous.

— Cela suffit, comte, dit Morrel. Quel est votre second témoin?

— Je ne connais personne à Paris à qui je veuille faire cet honneur, que vous, Morrel, et votre frère Emmanuel. Croyez-vous qu'Emmanuel veuille me rendre ce service?

— Je vous réponds de lui comme de moi, comte.

— Bien! c'est tout ce qu'il me faut. Demain, à sept heures du matin chez moi, n'est-ce pas?

— Nous y serons.

— Chut! voici la toile qui se lève, écoutons. J'ai l'habitude de ne pas perdre une note de cet opéra ; c'est une si adorable musique que celle de *Guillaume Tell*!

CHAP. LXXXVII. — LA NUIT.

M. de Monte-Cristo attendit, selon son habitude, que Duprez eût chanté son fameux *Suivez-moi*! et alors seulement il se leva et sortit.

A la porte, Morrel le quitta en renouvelant la promesse d'être chez lui avec Emmanuel le lendemain matin à sept heures précises.

Puis il monta dans son coupé, toujours calme et souriant.

Cinq minutes après il était chez lui.

Seulement il eût fallu ne pas connaître le comte pour se laisser tromper à l'expression avec laquelle il dit en entrant à Ali :

— Ali, mes pistolets à crosse d'ivoire!

Ali apporta la boîte à son maître, et celui-ci se mit à examiner ces armes avec une sollicitude bien naturelle à un homme qui va confier sa vie à un peu de fer et de plomb.

C'étaient des pistolets particuliers que Monte-Cristo avait fait faire pour tirer à la cible dans ses appartemens. Une capsule suffisait pour chasser la balle, et de la chambre à côté on n'aurait pas pu se douter que le comte comme on dit en termes de tir, était occupé à s'entretenir la main.

Il en était à emboîter l'arme dans sa main, et à chercher le point de mire sur une petite plaque de tôle qui lui servait de cible, lorsque la porte de son cabinet s'ouvrit et que Baptistin entra.

Mais avant même qu'il eût ouvert la bouche, le comte aperçut dans la porte demeurée ouverte une femme voilée, debout, dans la pénombre de la pièce voisine, et qui avait suivi Baptistin.

Elle avait aperçu le comte le pistolet à la main, elle voyait deux épées sur une table, elle s'élança.

Baptistin consultait son maître du regard.

Le comte fit un signe, Baptistin sortit, et referma la porte derrière lui.

— Qui êtes-vous, madame? dit le comte à la femme voilée.

L'inconnue jeta un regard autour d'elle pour s'assurer qu'elle était bien seule, puis s'inclinant comme si elle eût voulu s'agenouiller, et joignant les mains avec l'accent du désespoir:

— Edmond, dit-elle, vous ne tuerez pas mon fils !

Le comte fit un pas en arrière, jeta un faible cri et laissa tomber l'arme qu'il tenait.

— Quel nom avez-vous prononcé là, madame de Morcerf ? dit-il.

— Le vôtre! s'écria-t-elle en rejetant son voile, le vôtre que seule peut-être je n'ai pas oublié. Edmond, ce n'est point madame de Morcerf qui vient à vous, c'est Mercédès.

— Mercédès est morte, madame, dit Monte-Cristo, et je ne connais plus personne de ce nom.

— Mercédès vit, monsieur, et Mercédès se souvient, car seule elle vous a reconnu lorsqu'elle vous a vu, et même sans vous voir, à votre voix, Edmond, au seul accent de votre voix, et depuis ce temps elle vous suit pas à pas, elle vous surveille, elle vous redoute, et elle n'a pas eu besoin, elle, de chercher la main d'où partait le coup qui frappait M. de Morcerf.

— Fernand, voulez-vous dire, madame, reprit Monte-Cristo avec une ironie amère; puisque nous sommes en train de nous rappeler nos noms, rappelons-nous les tous.

Et Monte-Cristo avait prononcé le nom de Fernand avec une telle expression de haine, que Mercédès sentit le frisson de l'effroi courir par tout son corps.

— Vous voyez bien, Edmond, que je ne me suis pas trompée, s'écria Mercédès, et que j'ai raison de vous dire: Épargnez mon fils!

— Et qui vous a dit, madame, que j'en voulais à votre fils ?

— Personne, mon Dieu ! mais une mère est douée de la double vue. J'ai tout deviné, je l'ai suivi ce soir à l'Opéra, et, cachée dans une baignoire, j'ai tout vu.

— Alors, si vous avez tout vu, madame, vous avez vu que le fils de Fernand m'a insulté publiquement ! dit Monte-Cristo avec un calme terrible.

— Oh! par pitié !

— Vous avez vu, continua le comte, qu'il m'eût jeté son gant à la figure, si un de mes amis, M. Morrel, ne lui eût arrêté le bras.

— Écoutez-moi. Mon fils vous a deviné aussi, lui; il vous attribue les malheurs qui frappent son père.

— Madame, dit Monte-Cristo vous confondez: ce ne sont point des malheurs, c'est un châtiment. Ce n'est pas moi qui frappe M. de Morcerf, c'est la Providence qui le punit.

— Et pourquoi vous substituez-vous à la Providence ? s'écria Mercédès. Pourquoi vous souvenez-vous quand elle oublie ? Que vous importent, à vous, Edmond, Janina et son visir ? Quel tort vous a fait Fernand Mondego en trahissant Ali-Tebelin ?

— Aussi, madame, répondit Monte-Cristo, tout ceci est-il une affaire entre le capitaine franc et la fille de Vasiliki. Cela ne me regarde point, vous avez raison, et si j'ai juré de me venger, ce n'est ni du capitaine franc ni du comte de Morcerf : c'est du pêcheur Fernand, mari de la Catalane Mercédès.

— Ah! monsieur ! s'écria la comtesse, quelle terrible vengeance pour une faute que la fatalité m'a fait commettre! Car la coupable, c'est moi, Edmond, et si vous avez à vous venger de quelqu'un, c'est de moi, qui ai manqué de force contre votre absence et mon isolement.

— Mais, s'écria Monte-Cristo, pourquoi étais-je absent? pourquoi étiez-vous isolée ?

— Parce qu'on vous a arrêté, Edmond, parce que vous étiez prisonnier.

— Et pourquoi étais-je arrêté ? pourquoi étais-je prisonnier ?

— Je l'ignore, dit Mercédès.

— Oui, vous l'ignorez, madame, je l'espère du moins.

Eh bien ! je vais vous le dire, moi. J'étais arrêté, j'étais prisonnier, parce que sous la tonnelle de la Réserve, la veille même du jour où je devais vous épouser, un homme, nommé Danglars, avait écrit cette lettre que le pêcheur Fernand se chargea lui-même de mettre à la poste.

Et Monte-Cristo, allant à un secrétaire, fit jaillir un tiroir où il prit un papier qui avait perdu sa couleur première, et dont l'encre était devenue couleur de rouille; qu'il mit sous les yeux de Mercédès.

C'était la lettre de Danglars au procureur du roi, que, le jour où il avait payé les deux cent mille francs à M. de Boville, le comte de Monte-Cristo, déguisé en mandataire de la maison Thomson et French, avait soustraite au dossier d'Edmond Dantès.

Mercédès lut avec effroi les lignes suivantes :

« Monsieur le procureur du roi est prévenu par un ami du trône et de la religion que le nommé Edmond Dantès, second du navire le *Pharaon*, arrivé ce matin de Smyrne, après avoir touché à Naples et à Porto-Ferrajo, a été chargé par Murat d'une lettre pour l'usurpateur, et par l'usurpateur d'une lettre pour le comité bonapartiste de Paris.

» On aura la preuve de ce crime en l'arrêtant, car on trouvera cette lettre ou sur lui, ou chez son père, ou dans sa cabine à bord du *Pharaon*. »

— Oh! mon Dieu ! fit Mercédès en passant sa main sur son front mouillé de sueur ; et cette lettre...

— Je l'ai achetée deux cent mille francs, madame, dit Monte-Cristo ; mais c'est bon marché encore, puisqu'elle me permet aujourd'hui de me disculper à vos yeux.

— Et le résultat de cette lettre ?

— Vous le savez, madame, a été mon arrestation ; mais ce que vous ne savez pas, madame, c'est le temps qu'elle a duré, cette arrestation. Ce que vous ne savez pas, c'est que je suis resté quatorze ans à un quart de lieue de vous, dans un cachot du château d'If. Ce que vous ne savez pas, c'est que chaque jour de ces quatorze ans j'ai renouvelé le vœu de vengeance que j'avais fait le premier jour; et cependant j'ignorais que vous aviez épousé Fernand, mon dénonciateur, et que mon père était mort, et mort de faim !

— Juste Dieu ! s'écria Mercédès chancelante.

— Mais voilà ce que j'ai su en sortant de prison, quatorze ans après y être entré, et voilà ce qui fait que sur Mercédès vivante et sur mon père mort j'ai juré de me venger de Fernand, et... et je me venge.

— Et vous êtes sûr que le malheureux Fernand a fait cela ?

— Sur mon âme, madame, et il l'a fait comme je vous le dis ; d'ailleurs ce n'est pas beaucoup plus odieux que d'avoir, Français d'adoption, passé aux Anglais ; Espagnol de naissance, avoir combattu contre les Espagnols; stipendiaire d'Ali, trahi et assassiné Ali. En face de pareilles choses, qu'était-ce la lettre que vous venez de lire ? une mystification galante que doit pardonner, je l'avoue et le comprends, la femme qui a épousé cet homme, mais que ne pardonne pas l'amant qui devait l'épouser. Eh bien! les Français ne se sont pas vengés du traître, les Espagnols n'ont pas fusillé le traître. Ali, couché dans sa tombe, a laissé impuni le traître; mais moi, trahi, assassiné, jeté aussi dans une tombe, je suis sorti de cette tombe par la grâce de Dieu, je dois à Dieu de me venger; il m'envoie pour cela, et me voici.

La pauvre femme laissa retomber sa tête et ses mains, ses jambes plièrent sous elle, et elle tomba à genoux.

— Pardonnez, Edmond, dit-elle, pardonnez pour moi qui vous aime encore!

La dignité de l'épouse arrêta l'élan de l'amante et de la mère.

Son front s'inclina presque à toucher le tapis.

Le comte s'élança au-devant d'elle et la releva.

Alors, assise sur un fauteuil, elle put, à travers ses larmes, regarder le mâle visage de Monte-Cristo, sur lequel la douleur et la haine imprimaient encore un caractère menaçant.

— Que je n'écrase pas cette race maudite! murmura-t-il; que je désobéisse à Dieu, qui m'a suscité pour sa punition! impossible, madame, impossible!...

— Edmond, dit la pauvre mère, essayant de tous les moyens; mon Dieu! quand je vous appelle Edmond, pourquoi ne m'appelez-vous pas Mercédès?

— Mercédès! répéta Monte-Cristo, Mercédès! Eh bien! oui, vous avez raison, ce nom m'est doux encore à prononcer, et voilà la première fois, depuis bien longtemps, qu'il retentit si clairement au sortir de mes lèvres. Oh! Mercédès, votre nom, je l'ai prononcé avec les soupirs de la mélancolie, avec les gémissemens de la douleur, avec le râle du désespoir; je l'ai prononcé, glacé par le froid, accroupi sur la paille de mon cachot; je l'ai prononcé, dévoré par la chaleur, en me roulant sur les dalles de ma prison. Mercédès, il faut que je me venge, car quatorze ans j'ai souffert, quatorze ans j'ai pleuré, j'ai maudit; maintenant, je vous le dis, Mercédès, il faut que je me venge!

Et le comte, tremblant de céder aux prières de celle qu'il avait tant aimée, appelait ses souvenirs au secours de sa haine.

— Vengez-vous! Edmond, s'écria la pauvre mère, mais vengez-vous sur les coupables; vengez-vous sur lui, vengez-vous sur moi, mais ne vous vengez pas sur mon fils!

— Il est écrit dans le Livre saint, répondit Monte-Cristo : « Les fautes des pères retomberont sur les enfans jusqu'à la troisième et quatrième génération. » Puisque Dieu a dicté ces propres paroles à son prophète, pourquoi serais-je meilleur que Dieu?

— Parce que Dieu a le temps et l'éternité, ces deux choses qui échappent aux hommes.

Monte-Cristo poussa un soupir qui ressemblait à un rugissement, et saisit ses beaux cheveux à pleines mains.

— Edmond, continua Mercédès, les bras tendus vers le comte, Edmond, depuis que je vous connais j'ai adoré votre nom, j'ai respecté votre mémoire. Edmond, mon ami, ne me forcez pas de ternir cette image noble et pure reflétée sans cesse dans le miroir de mon cœur. Edmond, si vous saviez toutes les prières que j'ai adressées pour vous à Dieu, tant que je vous ai espéré vivant et depuis que je vous ai cru mort! Oui, mort, hélas! Je croyais votre cadavre enseveli au fond de quelque sombre tour; je croyais votre corps précipité au fond de quelqu'un de ces abîmes où les geôliers laissent rouler les prisonniers morts, et je pleurais! Moi, que pouvais-je pour vous, Edmond, sinon prier ou pleurer? Écoutez-moi; pendant dix ans j'ai fait chaque nuit le même rêve. On a dit que vous aviez voulu fuir, que vous aviez pris la place d'un prisonnier, que vous étiez glissé dans le suaire d'un mort, et qu'alors on avait lancé le cadavre vivant du haut en bas du château d'If; et que le cri que vous aviez poussé en vous brisant sur les rochers, avait seul révélé la substitution à vos ensevelisseurs devenus vos bourreaux. Eh bien! Edmond, je vous le jure sur la tête de ce fils pour lequel je vous implore, Edmond, pendant dix ans j'ai vu chaque nuit des hommes qui balançaient quelque chose d'informe et d'inconnu au haut d'un rocher; pendant dix ans j'ai, chaque nuit, entendu un cri terrible qui m'a réveillée frissonnante et glacée. Et moi aussi, Edmond, oh! croyez-moi, toute criminelle que je fus, oh! oui . moi aussi, j'ai bien souffert!

— Avez-vous senti mourir votre père en votre absence? s'écria Monte-Cristo en enfonçant ses mains dans ses cheveux; avez-vous vu la femme que vous aimiez tendre sa main à votre rival tandis que vous râliez au fond du gouffre?

— Non, interrompit Mercédès; mais j'ai vu celui que j'aimais prêt à devenir le meurtrier de mon fils!

Mercédès prononça ces paroles avec une douleur si puissante, avec un accent si désespéré, qu'à ces paroles et à cet accent un sanglot déchira la gorge du comte.

Le lion était dompté; le vengeur était vaincu.

— Que demandez-vous? dit-il; que votre fils vive? eh bien! il vivra!

Mercédès jeta un cri qui fit jaillir deux larmes des paupières de Monte-Cristo, mais ces deux larmes disparurent presque aussitôt, car sans doute Dieu avait envoyé quelque ange pour les recueillir, bien autrement précieuses qu'elles étaient aux yeux du Seigneur que les plus riches perles de Guzarate et d'Ophir.

— Oh! s'écria-t-elle en saisissant la main du comte et en la portant à ses lèvres, oh! merci, merci, Edmond! te voilà bien tel que je t'ai toujours rêvé, tel que je t'ai toujours aimé. Oh! maintenant je puis le dire.

— D'autant mieux, répondit Monte-Cristo, que le pauvre Edmond n'aura pas long-temps à être aimé par vous. La mort va rentrer dans la tombe. le fantôme va rentrer dans la nuit.

— Que dites-vous, Edmond?

— Je dis que puisque vous l'ordonnez, Mercédès, il faut mourir.

— Mourir! Et qui est-ce qui dit cela? Qui parle de mourir? d'où vous reviennent ces idées de mort?

— Vous ne supposez pas qu'outragé publiquement, en face de toute une salle, en présence de vos amis et de ceux de votre fils, provoqué par un enfant qui se glorifiera de mon pardon comme d'une victoire; vous ne supposez pas, dis-je, que j'aie un instant le désir de vivre. Ce que j'ai le plus aimé après vous, Mercédès, c'est moi-même, c'est-à-dire ma dignité, c'est-à-dire cette force qui me rendait supérieur aux autres hommes; cette force, c'était ma vie. D'un mot vous la brisez. Je meurs.

— Mais ce duel n'aura pas lieu, Edmond, puisque vous pardonnez.

— Il aura lieu, madame, dit solennellement Monte-Cristo; seulement au lieu du sang de votre fils que devait boire la terre, ce sera le mien qui coulera.

Mercédès poussa un grand cri et s'élança vers Monte-Cristo, mais tout à coup elle s'arrêta.

— Edmond, dit-elle, il y a un Dieu au-dessus de nous, puisque vous vivez, puisque je vous ai revu, et je me fie à lui du plus profond de mon cœur. En attendant son appui, je me repose sur votre parole. Vous avez dit que mon fils vivrait; il vivra, n'est-ce pas?

— Il vivra, oui, madame, dit Monte-Cristo étonné que sans autre exclamation, sans autre surprise, Mercédès eût accepté l'héroïque sacrifice qu'il lui faisait.

Mercédès tendit la main au comte.

— Edmond, dit-elle, tandis que ses yeux se mouillaient de larmes en regardant celui auquel elle adressait la parole, comme c'est beau de votre part, comme c'est grand ce que vous venez de faire là! comme c'est sublime d'avoir eu pitié d'une pauvre femme qui s'offrait à vous avec toutes les chances contraires à ses espérances! Hélas! je suis vieillie par les chagrins encore plus que par l'âge, et je ne puis même plus rappeler à mon Edmond par un sourire, par un regard, cette Mercédès qu'autrefois il a passé tant d'heures à contempler. Ah! croyez-moi, Edmond, je vous ai dit que moi aussi j'avais bien souffert ; je vous le répète, cela est bien lugubre de voir passer sa vie sans se rappeler une seule joie, sans conserver une seule espérance ; mais cela prouve que tout n'est point fini sur la terre. Non ! tout n'est pas fini, je le sens à ce qui me reste encore dans le cœur. Oh ! je vous le répète, Edmond, c'est beau, c'est grand, c'est sublime de pardonner comme vous venez de le faire !

— Vous dites cela, Mercédès, et que diriez-vous donc si vous saviez l'étendue du sacrifice que je vous fais ? Supposez que le Maître suprême, après avoir créé le monde, après avoir fertilisé le chaos, se fût arrêté au tiers de la création pour épargner à un ange les larmes que nos crimes devaient faire couler un jour de ses yeux immortels, supposez qu'après avoir tout préparé, tout pétri, tout fécondé, au moment d'admirer son œuvre, Dieu ait éteint le soleil et repoussé du pied le monde dans la nuit éternelle, alors vous aurez une idée, ou plutôt non, non ! vous ne pourrez pas encore vous faire une idée de ce que je perds en perdant la vie en ce moment.

Mercédès regarda le comte d'un air qui peignait à la fois son étonnement, son admiration et sa reconnaissance.

Monte-Cristo appuya son front sur ses mains brûlantes, comme si son front ne pouvait plus porter seul le poids de ses pensées.

— Edmond, dit Mercédès, je n'ai plus qu'un mot à vous dire.

Le comte sourit amèrement.

— Edmond, continua-t-elle, vous verrez que si mon front est pâli, que si mes yeux sont éteints, que si ma beauté est perdue, que si Mercédès enfin ne ressemble plus à elle-même pour les traits du visage, vous verrez que c'est toujours le même cœur !... Adieu donc, Edmond ; je n'ai plus rien à demander au ciel... Je vous ai revu aussi noble et aussi grand qu'autrefois. Adieu, Edmond... adieu et merci !

Mais le comte ne répondit pas.

Mercédès ouvrit la porte du cabinet, et elle avait disparu avant qu'il ne fût revenu de la rêverie douloureuse et profonde où sa vengeance perdue l'avait plongé.

Une heure sonnait à l'horloge des Invalides quand la voiture qui emportait madame de Morcerf, en roulant sur le pavé des Champs-Élysées, fit relever la tête au comte de Monte-Cristo.

— Insensé, dit-il, le jour où j'avais résolu de me venger, de ne m'être pas arraché le cœur !

CHAP. LXXXVIII. — LA RENCONTRE.

Après le départ de Mercédès, tout retomba dans l'ombre chez Monte-Cristo. Autour de lui et au dedans de lui sa pensée s'arrêta ; son esprit énergique s'endormit comme fait le corps après une suprême fatigue.

— Quoi ! se disait-il, tandis que la lampe et les bougies se consumaient tristement et que les serviteurs attendaient avec impatience dans l'antichambre ; quoi ! voilà l'édifice si lentement préparé, élevé avec tant de peines et de soucis, écroulé d'un seul coup, avec un seul mot, sous un souffle ! Eh quoi ! ce moi que je croyais quelque chose, ce moi dont j'étais si fier, ce moi que j'avais vu si petit dans les cachots du château d'If, et que j'avais su rendre si grand, sera demain un peu de poussière ! Hélas ! ce n'est point la mort du corps que je regrette : cette destruction du principe vital n'est-elle pas le repos où tout tend, où tout malheureux aspire, ce calme de la matière après lequel j'ai soupiré si long-temps, au-devant duquel je m'acheminais par la route douloureuse de la faim, quand Faria est apparu dans mon cachot ? Qu'est-ce que la mort pour moi ? Un degré de plus dans le calme et deux peut-être dans le silence. Non, ce n'est donc pas l'existence que je regrette, c'est la ruine de mes projets si lentement élaborés, si laborieusement bâtis. La Providence, que j'avais cru pour eux, était donc contre eux ! Dieu ne voulait donc pas qu'ils s'accomplissent !

Ce fardeau que j'ai soulevé, presque aussi pesant qu'un monde, et que j'avais cru pouvoir porter jusqu'au bout, était selon mon désir, et non selon ma force ; selon ma volonté, et non selon mon pouvoir, et il me le faudra déposer à peine à moitié de ma course. Oh ! je redeviendrai donc fataliste, moi que quatorze ans de désespoir et dix ans d'espérance avait rendu providentiel.

Et tout cela, mon Dieu ! parce que mon cœur, que je croyais mort, n'était qu'engourdi ; parce qu'il s'est réveillé, parce qu'il a battu, parce que j'ai cédé à la douleur de ce battement soulevé du fond de ma poitrine par la voix d'une femme !

Et cependant, continua le comte, s'abîmant de plus en plus dans les prévisions de ce lendemain terrible qu'avait accepté Mercédès ; cependant il est impossible que cette femme, qui est un si noble cœur, ait ainsi par égoïsme consenti à me laisser tuer, moi plein de force et d'existence ! Il est impossible qu'elle pousse à ce point l'amour, ou plutôt le délire maternel ! Il y a des vertus dont l'exagération serait un crime. Non, elle aura imaginé quelque scène pathétique, elle viendra se jeter entre les épées, et ce sera ridicule sur le terrain, de sublime que c'était ici.

Et la rougeur de l'orgueil montait au front du comte.

— Ridicule ! répéta-t-il, et le ridicule rejaillira sur moi..... Moi, ridicule ! Allons ! j'aime encore mieux mourir.

Et à force de s'exagérer ainsi d'avance les mauvaises chances du lendemain, auxquelles il s'était condamné en promettant à Mercédès de laisser vivre son fils, le comte s'en vint à se dire :

— Sottise ! sottise ! sottise ! que faire ainsi de la générosité en se plaçant comme un but inerte au bout du pistolet de ce jeune homme ! Jamais il ne croira que ma mort est un suicide, et cependant il importe pour l'honneur de ma mémoire (ce n'est point de la vanité, n'est-ce pas, mon Dieu ! mais bien un juste orgueil, voilà tout) ; il importe pour l'honneur de ma mémoire que le monde sache que j'ai consenti moi-même, par ma volonté, de mon libre arbitre, à arrêter mon bras déjà levé pour frapper ; et que de ce bras, si puissamment armé contre les autres, je me suis frappé moi-même ! il le faut, je le ferai.

Et saisissant une plume, il tira un papier de l'armoire secrète de son bureau, et traça au bas de ce papier, qui n'était autre chose que son testament fait depuis son arrivée à Paris, une espèce de codicille dans lequel il faisait comprendre sa mort aux gens les moins clairvoyans.

— Je fais cela, mon Dieu ! dit-il, les yeux levés au ciel, autant pour votre honneur que pour le mien. Je me suis considéré, depuis dix ans, ô mon Dieu ! comme l'envoyé de votre vengeance, et il ne faut pas que d'autres misérables que ce Morcerf, il ne faut pas qu'un Danglars, un Villefort, il ne faut pas enfin que ce Morcerf lui-même se figurent que le hasard les a débarrassés de leur ennemi. Qu'ils sachent, au contraire, que la Providence, qui avait déjà décrété leur punition, a été corrigée par la seule puissance de ma volonté ; que le châtiment évité dans ce monde les attend dans l'autre, et qu'ils n'ont échangé le temps que contre l'éternité.

Tandis qu'il flottait entre ces sombres incertitudes, mauvais rêve de l'homme éveillé par la douleur, le jour vint blanchir les vitres et éclairer sous ses mains le pâle papier azur sur lequel il venait de tracer cette suprême justification de la Providence.

Il était cinq heures du matin.

Tout-à-coup un léger bruit parvint à son oreille. Monte-Cristo crut avoir entendu quelque chose comme un soupir étouffé ; il tourna la tête, regarda autour de lui et ne vit personne. Seulement le bruit se répéta assez distinct pour qu'au doute succédât la certitude.

Alors le comte se leva, ouvrit doucement la porte du salon, et sur un fauteuil, les bras pendans, sa belle tête pâle et inclinée en arrière, il vit Haydée qui s'était placée en travers de la porte, afin qu'il ne pût sortir sans la voir, mais que le sommeil, si puissant contre la jeunesse, avait surprise après la fatigue d'une si longue veille.

Le bruit que la porte fit en s'ouvrant ne put tirer Haydée de son sommeil.

Monte-Cristo arrêta sur elle un regard plein de douceur et de regret.

— Elle s'est souvenue qu'elle avait un fils, dit-il, et moi j'ai oublié que j'avais une fille!

Puis, secouant tristement la tête:

— Pauvre Haydée! dit-il, elle a voulu me voir, elle a voulu me parler, elle a craint ou deviné quelque chose... Oh! je ne puis partir sans lui dire adieu, je ne puis mourir sans la confier à quelqu'un.

Et il regagna doucement sa place et écrivit au bas des premières lignes:

«Je lègue à Maximilien Morrel, capitaine de spahis et fils de mon ancien patron, Pierre Morrel, armateur à Marseille, la somme de vingt millions, dont une partie sera offerte par lui à sa sœur Julie et à son beau-frère Emmanuel, s'il ne croit pas toutefois que ce surplus de fortune doive nuire à leur bonheur. Ces vingt millions sont enfouis dans ma grotte de Monte-Cristo, dont Bertuccio sait le secret.

» Si son cœur est libre et qu'il veuille épouser Haydée, fille d'Ali, pacha de Janina, que j'ai élevée avec l'amour d'un père et qui a eu pour moi la tendresse d'une fille, il accomplira, je ne dirai point ma dernière volonté, mais mon dernier désir.

» Le présent testament a déjà fait Haydée héritière du reste de ma fortune, consistant en terres, rentes sur l'Angleterre, l'Autriche et la Hollande, mobilier dans mes différens palais et maisons, et qui, ces vingt millions prélevés, ainsi que les différens legs faits à mes serviteurs, pourront monter encore à soixante millions. »

Il achevait d'écrire cette dernière ligne, lorsqu'un cri, poussé derrière lui, lui fit tomber la plume des mains.

— Haydée, dit-il, vous avez lu?

En effet, la jeune femme, réveillée par le jour qui avait frappé ses paupières, s'étaient levée et s'était approchée du comte sans que ses pas légers, assourdis d'ailleurs par le tapis, eussent été entendus.

— Oh! mon seigneur, dit-elle en joignant les mains, pourquoi écrivez-vous ainsi à une pareille heure? Pourquoi me léguez-vous toute votre fortune, mon seigneur? Vous me quittez donc?

— Je vais faire un voyage, chère ange, dit Monte-Cristo avec une expression de mélancolie et de tendresse infinies, et s'il m'arrivait malheur...

Le comte s'arrêta.

— Eh bien?... demanda la jeune fille avec un accent d'autorité que le comte ne lui connaissait point et qui le fit tressaillir.

— Eh bien! s'il m'arrive malheur, reprit Monte-Cristo, je veux que ma fille soit heureuse.

Haydée sourit tristement en secouant la tête.

— Vous pensez à mourir, mon seigneur, dit-elle.

— C'est une pensée salutaire, mon enfant, a dit le Sage.

— Eh bien! si vous mourez, dit-elle, léguez votre fortune à d'autres, car, si vous mourez... je n'aurai plus besoin de rien.

Et prenant le papier, elle le déchira en quatre morceaux qu'elle jeta au milieu du salon. Puis, cette énergie si peu habituelle à une esclave ayant épuisé ses forces, elle tomba non plus endormie cette fois, mais évanouie sur le parquet.

Monte-Cristo se pencha vers elle, la souleva entre ses bras; et, voyant ce beau teint pâli, ces beaux yeux fermés, ce beau corps inanimé et comme abandonné, l'idée lui vint pour la première fois qu'elle l'aimait peut-être autrement que comme une fille aime son père.

— Hélas! murmura-t-il avec un profond découragement, j'aurais donc encore pu être heureux!

Puis il porta Haydée jusqu'à son appartement, la remit, toujours évanouie, aux mains de ses femmes; et rentrant dans son cabinet, qu'il ferma cette fois vivement, sur lui, il recopia le testament détruit.

Comme il achevait, le bruit d'un cabriolet entrant dans la cour se fit entendre. Monte-Cristo s'approcha de la fenêtre et vit descendre Maximilien et Emmanuel.

— Bon, dit-il, il était temps! Et il cacheta son testament d'un triple cachet.

Un instant après, il entendit un bruit de pas dans le salon, et alla ouvrir lui-même.

Morrel parut sur le seuil.

Il avait devancé l'heure de près de vingt minutes.

— Je viens trop tôt peut-être, monsieur le comte, dit-il; mais je vous avoue franchement que je n'ai pu dormir une minute, et qu'il en a été de même de toute la maison. J'avais besoin de vous voir fort de votre courageuse assurance pour redevenir moi-même.

Monte-Cristo ne put tenir à cette preuve d'affection, et ce ne fut point la main qu'il tendit au jeune homme, mais ses deux bras qu'il lui ouvrit.

— Morrel, lui dit-il d'une voix émue, c'est un beau jour pour moi que celui où je me sens aimé d'un homme comme vous. Bonjour, monsieur Emmanuel. Vous venez donc avec moi, Maximilien?

— Pardieu! dit le jeune capitaine, en aviez-vous douté?

— Mais cependant si j'avais tort....

— Écoutez, je vous ai regardé hier pendant toute cette scène de provocation, j'ai pensé à votre assurance toute cette nuit, et je me suis dit que la justice devait être pour vous, ou qu'il n'y avait plus aucun fond à faire sur le visage des hommes.

— Cependant, Morrel, Albert est votre ami.

— Une simple connaissance, comte.

— Vous l'avez vu pour la première fois le jour même que vous m'avez vu?

— Oui, c'est vrai, mais que voulez-vous? il faut que vous me le rappeliez pour que je m'en souvienne.

— Merci, Morrel.

Puis frappant un coup sur le timbre:

— Tiens, dit-il à Ali qui apparut aussitôt, fais porter cela chez mon notaire. C'est mon testament, Morrel. Moi mort, vous irez en prendre connaissance.

— Comment! s'écria Morrel, vous mort?

— Eh! ne faut-il tout prévoir, cher ami? Mais qu'avez vous fait hier après m'avoir quitté?

— J'ai été chez Tortoni, où, comme je m'y attendais, j'ai trouvé Beauchamp et Château-Renaud. Je vous avoue que je les cherchais.

— Pourquoi faire, puisque tout cela était convenu?

— Écoutez, comte, l'affaire est grave, inévitable.

— En doutiez-vous?

— Non, l'offense a été publique, et chacun en parlait déjà.

— Eh bien?

— Eh bien! j'espérais faire changer les armes, substituer l'épée au pistolet. Le pistolet est aveugle.

— Avez-vous réussi? demanda vivement Monte-Cristo avec une imperceptible lueur d'espoir.

— Non, car on connaît votre force à l'épée.

— Bah! qui m'a donc trahi?

— Les maîtres d'armes que vous avez battus.

— Et vous avez échoué?

— Ils ont refusé positivement.

— Morrel, dit le comte, m'avez-vous jamais vu tirer le pistolet?

— Jamais.

— Eh bien! nous avons le temps, regardez.

Monte-Cristo prit les pistolets qu'il tenait quand Mercédès était entrée, et collant un as de trèfle contre la plaque, en quatre coups il enleva successivement les quatre branches du trèfle.

A chaque coup Morrel pâlissait.

Il examina les balles avec lesquelles Monte-Cristo exécutait ce tour de force, et il vit qu'elles n'étaient pas plus grosses que des chevrotines.

— C'est effrayant, dit-il; voyez donc, Emmanuel !

Puis, se tournant vers Monte-Cristo :

— Comte, dit-il, au nom du ciel, ne tuez pas Albert ! le malheureux a une mère !

— C'est juste, dit Monte-Crsito, et moi je n'en ai pas.

Ces mots furent prononcés avec un ton qui fit frissonner Morrel.

— Vous êtes l'offensé, comte.

— Sans doute ; qu'est-ce que cela veut dire?

— Cela veut dire que vous tirez le premier.

— Je tire le premier ?

— Oh ! cela je l'ai obtenu ou plutôt exigé ; nous leur faisons assez de concessions pour qu'ils nous fissent celle-là.

— Et à combien de pas?

— A vingt.

Un effrayant sourire passa sur les lèvres du comte.

— Morrel, dit-il, n'oubliez pas ce que vous venez de voir.

— Aussi, dit le jeune homme, je ne compte que sur votre émotion pour sauver Albert.

— Moi, ému ? dit Monte-Cristo.

— Ou sur votre générosité, mon ami; sûr de votre coup comme vous l'êtes, je puis vous dire une chose qui serait ridicule si je la disais à un autre.

— Laquelle?

— Cassez-lui un bras, blessez-le, mais ne le tuez pas.

— Morrel, écoutez encore ceci, dit le comte; je n'ai pas besoin d'être encouragé à ménager M. de Morcerf; M. de Morcerf, je vous l'annonce d'avance, sera si bien ménagé, qu'il reviendra tranquillement avec ses deux amis, tandis que moi...

— Eh bien ! vous?

— Oh ! c'est autre chose, on me rapportera, moi.

— Allons donc ! s'écria Maximilien hors de lui.

— C'est comme je vous l'annonce, mon cher Morrel; M. de Morcerf me tuera.

Morrel regarda le comte en homme qui ne comprend plus.

— Que vous est-il donc arrivé depuis hier soir, comte ?

— Ce qui est arrivé à Brutus la veille de la bataille de Philippes : j'ai vu un fantôme.

— Et ce fantôme?

— Ce fantôme, Morrel, m'a dit que j'avais assez vécu.

Maximilien et Emmanuel se regardèrent ; Monte-Cristo tira sa montre.

— Partons, dit-il, il est sept heures cinq minutes, et le rendez-vous est pour huit heures juste.

Une voiture attendait tout attelée ; Monte-Cristo y monta avec ses deux témoins.

En traversant le corridor, Monte-Cristo s'était arrêté pour écouter devant une porte, et Maximilien et Emmanuel, qui, par discrétion, avaient fait quelques pas en avant, crurent l'entendre répondre à un sanglot, par un soupir.

A huit heures sonnant on était au rendez-vous.

— Nous voici arrivés, dit Morrel en passant la tête par la portière, et nous sommes les premiers.

— Monsieur m'excusera, dit Baptistin, qui avait suivi son maître avec une terreur indicible, mais je crois apercevoir là-bas une voiture sous les arbres.

Monte-Cristo sauta légèrement en bas de sa calèche et donna la main à Emmanuel et à Maximilien pour les aider à descendre.

Maximilien retint la main du comte entre les siennes.

— A la bonne heure, dit-il, voici une main comme j'aime la voir à un homme dont la vie repose dans la bonté de sa cause.

— En effet, dit Emmanuel, j'aperçois deux jeunes gens qui se promènent et qui semblent attendre.

Monte-Cristo tira Morrel, non pas à part, mais d'un pas ou deux en arrière de son beau-frère.

— Maximilien, lui demanda-t-il, avez-vous le cœur libre?

Morrel regarda Monte-Cristo avec étonnement.

— Je ne vous demande pas une confidence, cher ami, je vous adresse une simple question ; répondez oui ou non, c'est tout ce que je vous demande.

— J'aime une jeune fille, comte.

— Vous l'aimez beaucoup ?

— Plus que ma vie.

— Allons, dit Monte-Cristo, voilà encore une espérance qui m'échappe.

Puis, avec un soupir :

— Pauvre Haydée ! murmura-t-il.

— En vérité, comte, s'écria Morrel, si je vous connaissais moins, je vous croirais moins brave que vous n'êtes.

— Parce que je pense à quelqu'un que je vais quitter, et que je soupire ! Allons donc, Morrel, est-ce à un soldat de se connaître si mal en courage? Est-ce que c'est la vie que je regrette ? Qu'est-ce que cela me fait, à moi, qui ai passé vingt ans entre la vie et la mort, de vivre ou de mourir ? D'ailleurs, soyez tranquille, Morrel, cette faiblesse, si c'en est une, est pour vous seul. Je sais que le monde est un salon dont il faut sortir poliment et honnêtement, c'est-à-dire en saluant et en payant ses dettes de jeu.

— A la bonne heure, dit Morrel voilà qui est parler. A propos, avez-vous apporté vos armes ?

— Moi, pourquoi faire ? J'espère bien que ces messieurs auront les leurs.

— Je vais m'en informer, dit Morrel.

— Oui, mais pas de négociations, vous m'entendez ?

— Oh ! soyez tranquille.

Morrel s'avança vers Beauchamp et Château-Renaud. Ceux-ci, voyant le mouvement de Maximilien, firent quelques pas au-devant de lui.

Les trois jeunes gens se saluèrent, sinon avec affabilité, du moins avec courtoisie.

— Pardon, messieurs, dit Morrel, mais je n'aperçois pas M. de Morcerf?

— Ce matin, répondit Château-Renaud, il nous a fait prévenir qu'il nous rejoindrait sur le terrain seulement.

— Ah ! fit Morrel.

Beauchamp tira sa montre.

— Huit heures cinq minutes ; il n'y a pas de temps de perdu, monsieur Morrel, dit-il.

— Oh ! répondit Maximilien, ce n'est point dans cette intention que je le disais.

— D'ailleurs, interrompit Château-Renaud, voici une voiture.

En effet, une voiture s'avançait au grand trot par une des avenues aboutissant au carrefour où l'on se trouvait.

— Messieurs, dit Morrel, sans doute que vous vous êtes munis de pistolets. M. de Monte-Cristo déclare renoncer au droit qu'il avait de se servir des siens.

— Nous avons prévu cette délicatesse de la part du comte, monsieur Morrel, répondit Beauchamp, et j'ai apporté des armes, que j'ai achetées il y a huit ou dix jours, croyant que j'en aurais besoin pour une affaire pareille. Elles sont parfaitement neuves et n'ont encore servi à personne. Voulez-vous les visiter?

— Oh ! Monsieur Beauchamp, dit Morrel en s'inclinant, lorsque vous m'assurez que M. de Morcerf ne connaît point ces armes, vous pensez bien, n'est-ce pas, que votre parole me suffit ?

— Messieurs, dit Château-Renaud, ce n'était point Morcerf qui nous arrivait dans cette voiture, c'étaient, ma foi ! c'étaient Franz et Debray.

En effet, les deux jeunes gens annoncés s'avancèrent.

— Vous ici, Messieurs ! dit Château-Renaud en échan-

geant avec chacun une poignée de main; et par quel hasard?
— Parce que, dit Debray, Albert nous a fait prier, ce matin, de nous trouver sur le terrain.

Beauchamp et Château-Renaud se regardèrent d'un air étonné.

— Messieurs, dit Morrel, je crois comprendre.
— Voyons !
— Hier, dans l'après-midi, j'ai reçu une lettre de M. de Morcerf qui me priait de me trouver à l'Opéra.
— Et moi aussi, dit Debray.
— Et moi aussi, dit Franz.
— Et nous aussi, dirent Château-Renaud et Beauchamp.
— Il voulait que vous fussiez présens à la provocation, dit Morrel, il veut que vous soyez présens au combat.
— Oui, dirent les jeunes gens, c'est cela, monsieur Maximilien, et, selon toute probabilité, vous avez deviné juste.
— Mais, avec tout cela, murmura Château-Renaud, Albert ne vient pas. Il est en retard de dix minutes.
— Le voilà, dit Beauchamp, il est à cheval; tenez, il vient ventre à terre suivi de son domestique.
— Quelle imprudence, dit Château-Renaud, de venir à cheval pour se battre au pistolet! moi qui lui avais si bien fait la leçon !
— Et puis, voyez, dit Beauchamp, avec un col à sa cravate, avec un habit ouvert, avec un gilet blanc; que ne s'est-il fait tout de suite dessiner une mouche sur l'estomac, c'eût été plus simple et plus tôt fini!

Pendant ce temps, Albert était arrivé à dix pas du groupe que formaient les cinq jeunes gens; il arrêta son cheval, sauta à terre, et jeta la bride au bras de son domestique.

Albert s'approcha.

Il était pâle, ses yeux étaient rougis et gonflés. On voyait qu'il n'avait pas dormi une seconde de toute la nuit.

Il y avait, épandue sur toute sa physionomie, une nuance de gravité triste qui ne lui était pas habituelle.

— Merci, messieurs, dit-il, d'avoir bien voulu vous rendre à mon invitation; croyez que je vous suis on ne peut plus reconnaissant de cette marque d'amitié.

Morrel, à l'approche de Morcerf, avait fait une dizaine de pas en arrière et se trouvait à l'écart.

— Et vous aussi, monsieur Morrel, dit Albert, mes remercîmens vous appartiennent. Approchez donc, vous n'êtes pas de trop.

— Monsieur, dit Maximilien, vous ignorez peut-être que je suis le témoin de M. de Monte-Cristo.

— Je n'en étais pas sûr, mais je m'en doutais. Tant mieux! plus il y aura d'hommes d'honneur ici, plus je serai satisfait.

— Monsieur Morrel, dit Château-Renaud, vous pouvez annoncer à M. le comte de Monte-Cristo que M. de Morcerf est arrivé, et que nous nous tenons à sa disposition.

Morrel fit un mouvement pour s'acquitter de sa commission.

Beauchamp, en même temps, tirait la boîte de pistolets de la voiture.

— Attendez, messieurs, dit Albert, j'ai deux mots à dire à M. le comte de Monte-Cristo.

— En particulier? demanda Morrel.
— Non, monsieur, devant tout le monde.

Les témoins d'Albert se regardèrent tout surpris; Franz et Debray échangèrent quelques paroles à voix basse, et Morrel, joyeux de cet incident inattendu, alla chercher le comte qui se promenait dans une contre-allée avec Emmanuel.

— Que me veut-il? demanda Monte-Cristo.
— Je l'ignore, mais il demande à vous parler.
— Oh! dit Monte-Cristo, qu'il ne tente pas Dieu par quelque nouvel outrage!
— Je ne crois pas que ce soit son intention, dit Morrel.

Le comte s'avanç, accompagné de Maximilien et d'Emmanuel; son visage calme et plein de sérénité faisait un étrange opposition avec le visage bouleversé d'Albert, qui s'approchait de son côté, suivi des quatre jeunes gens.

A trois pas l'un de l'autre, Albert et le comte s'arrêtèrent.

— Messieurs, dit Albert, approchez-vous; je désire que pas un mot de ce que je vais avoir l'honneur de dire à M. le comte de Monte-Cristo ne soit perdu; car ce que je vais avoir l'honneur de lui dire doit être répété par vous à qui voudra l'entendre, si étrange que mon discours vous paraisse.

— J'attends, monsieur, dit le comte.

— Monsieur, dit Albert d'une voix tremblante d'abord, mais qui s'assura de plus en plus; monsieur, je vous reprochais d'avoir divulgué la conduite de M. de Morcerf en Épire; car, si coupable que fût M. le comte de Morcerf, je ne croyais pas que ce fût vous qui eussiez le droit de le punir. Mais aujourd'hui, monsieur, je sais que ce droit vous est acquis. Ce n'est point la trahison de Fernand Mondego envers Ali-Pacha qui me rend si prompt à vous excuser, c'est la trahison du pêcheur Fernand envers vous, ce sont les malheurs inouïs qui ont été la suite de cette trahison. Aussi je le dis, aussi je le proclame tout haut: oui, monsieur, vous avez eu raison de vous venger de mon père, et moi, son fils, je vous remercie de n'avoir pas fait plus.

La foudre tombée au milieu des spectateurs de cette scène inattendue ne les eût pas plus étonnés que cette déclaration d'Albert.

Quant à Monte-Cristo, ses yeux s'étaient lentement levés au ciel avec une expression de reconnaissance infinie, et il ne pouvait assez admirer comment cette nature fougueuse d'Albert, dont il avait assez connu le courage au milieu des bandits romains, s'était tout-à-coup pliée à cette subite humiliation. Aussi reconnut-il l'influence de Mercédès et comprit-il comment ce noble cœur ne s'était pas opposé au sacrifice qu'elle savait d'avance devoir être inutile.

— Maintenant, monsieur, dit Albert, si vous trouvez que les excuses que je viens de vous faire sont suffisantes, votre main, je vous prie. Après le mérite si rare de l'infaillibilité qui semble être le vôtre, le premier de tous les mérites, à mon avis, est de savoir avouer ses torts. Mais cet aveu me regarde seul. J'agissais bien selon les hommes, mais vous, vous agissiez bien selon Dieu. Un ange seul pouvait sauver l'un de nous de la mort, et l'ange est descendu du ciel, sinon pour faire de nous deux amis, hélas! la fatalité rend la chose impossible, mais tout au moins deux hommes qui s'estiment.

Monte-Cristo, l'œil humide, la poitrine haletante, la bouche entr'ouverte, tendit à Albert une main que celui-ci saisit et pressa avec un sentiment qui ressemblait à un respectueux effroi.

— Messieurs, dit-il, M. de Monte-Cristo veut bien agréer mes excuses. J'avais agi précipitamment envers lui. La précipitation est mauvaise conseillère : j'avais mal agi. Maintenant ma faute est réparée. J'espère bien que le monde ne me tiendra point pour lâche parce que j'ai fait ce que ma conscience m'a ordonné de faire. Mais, en tout cas, si l'on se trompait sur mon compte, ajouta le jeune homme en relevant la tête avec fierté et comme s'il adressait un défi et à ses amis et à ses ennemis, je tâcherais de redresser les opinions.

— Que s'est-il donc passé cette nuit? demanda Beauchamp à Château-Renaud; il me semble que nous jouons ici un triste rôle.

— En effet, ce qu'Albert vient de faire est bien misérable ou bien beau, répondit le baron.

— Ah! voyons, demanda Debray à Franz, qu'est-ce que cela veut dire? Comment! le comte de Monte-Cristo déshonore M. de Morcerf, et il a eu raison aux yeux de son fils! Mais, eussé-je dix Janina dans ma famille, je ne me croirais obligé qu'à une chose, ce serait de me battre dix fois.

Quant à Monte-Cristo, le front penché, les bras inertes, écrasé sous le poids de vingt-quatre ans de souvenirs, il ne songeait ni à Albert, ni à Beauchamp, ni à Château-Renaud, ni à personne de ceux qui se trouvaient là : il songeait à cette courageuse femme qui était venue lui demander la vie de son fils, à qui il avait offert la sienne, et qui venait de la sauver par l'aveu terrible d'un secret de famille, capable de tuer à jamais chez ce jeune homme le sentiment de la piété filiale.

— Toujours la Providence! murmura-t-il; ah! c'est d'aujourd'hui seulement que je suis bien certain d'être l'envoyé de Dieu!

CHAP. LXXXIX. — LA MÈRE ET LE FILS.

Le comte de Monte-Cristo salua les cinq jeunes gens avec un sourire plein de mélancolie et de dignité, et remonta dans sa voiture avec Maximilien et Emmanuel.

Albert, Beauchamp et Château-Renaud restèrent seuls sur le champ de bataille.

Le jeune homme attacha sur ses deux témoins un regard qui, sans être timide, semblait pourtant leur demander leur avis sur ce qui venait de se passer.

— Ma foi! mon cher ami, dit Beauchamp le premier, soit qu'il eût plus de sensibilité, soit qu'il eût moins de dissimulation, permettez-moi de vous féliciter : voilà un dénoûment bien inespéré à une bien désagréable affaire.

Albert resta muet et concentré dans sa rêverie. Château-Renaud se contenta de battre sa botte avec sa canne flexible.

— Ne partons-nous pas? dit-il après ce silence embarrassant.

— Quand il vous plaira, répondit Beauchamp; laissez-moi seulement le temps de complimenter M. de Morcerf; il a fait preuve aujourd'hui d'une générosité si chevaleresque... si rare!

— Oh! oui, dit Château-Renaud.

— C'est magnifique, continua Beauchamp, de pouvoir conserver sur soi-même un empire aussi grand!

— Assurément; quant à moi j'en eusse été incapable, dit Château-Renaud avec une froideur des plus significatives.

— Messieurs, interrompit Albert, je crois que vous n'avez pas compris qu'entre M. de Monte-Cristo et moi il s'est passé quelque chose de bien grave...

— Si fait, si fait, dit aussitôt Beauchamp, mais tous nos badauds ne seraient pas à portée de comprendre votre héroïsme, et, tôt ou tard, vous vous verriez forcé de le leur expliquer plus énergiquement qu'il ne convient à la santé de votre corps et à la durée de votre vie. Voulez-vous que je vous donne un conseil d'ami? Partez pour Naples, La Haye ou Saint-Pétersbourg, pays calmes, où l'on est plus intelligent du point d'honneur que chez nos cerveaux brûlés de Parisiens. Une fois là, faites pas mal de mouches au pistolet, et infiniment de contre de quarte et de contre de tierce; rendez-vous assez oublié pour revenir paisiblement en France dans quelques années, ou assez respectable, quant aux exercices académiques, pour conquérir votre tranquillité. N'est-ce pas, monsieur de Château-Renaud, que j'ai raison?

— C'est parfaitement mon avis, dit le gentilhomme. Rien n'appelle les duels sérieux comme un duel sans résultat.

— Merci, messieurs, répondit Albert avec un froid sourire; je suivrai votre conseil, non parce que vous me le donnez, mais parce que mon intention était de quitter la France. Je vous remercie également du service que vous m'avez rendu en me servant de témoins. Il est bien profondément gravé dans mon cœur, puisque, après les paroles que je viens d'entendre, je ne me souviens plus que de lui.

Château-Renaud et Beauchamp se regardèrent. L'impression était la même sur tous deux, et l'accent avec lequel Morcerf venait de prononcer son remercîment était empreint d'une telle résolution, que la position fût devenue embarrassante pour tous si la conversation eût continué.

— Adieu, Albert, fit tout à coup Beauchamp en tendant négligemment la main au jeune homme, sans que celui-ci parût sortir de sa léthargie.

En effet, il ne répondit rien à l'offre de cette main.

— Adieu, dit à son tour Château-Renaud, gardant à la main gauche sa petite canne, et saluant de la main droite.

Les lèvres d'Albert murmurèrent à peine : Adieu! Son regard était plus explicite : il renfermait tout un poème de colères contenues, de fiers dédains, de généreuse indignation.

Lorsque ses deux témoins furent remontés en voiture, il garda quelque temps sa pose immobile et mélancolique; puis soudain, détachant son cheval du petit arbre autour duquel son domestique avait noué le bridon, il sauta légèrement en selle, et reprit au galop le chemin de Paris. Un quart d'heure après il rentrait à l'hôtel de la rue du Helder.

En descendant de cheval, il lui sembla, derrière le rideau de la chambre à coucher du comte, apercevoir le visage pâle de son père. Albert détourna la tête avec un soupir, et rentra dans son pavillon.

Arrivé là, il jeta un dernier regard sur toutes ces richesses qui lui avaient fait la vie si douce et si heureuse depuis son enfance; il regarda encore une fois ces tableaux, dont les figures semblaient lui sourire, et dont les paysages parurent s'animer de vivantes couleurs.

Puis il enleva de son châssis de chêne le portrait de sa mère, qu'il roula, laissant vide et noir le cadre d'or qui l'entourait.

Puis il mit en ordre ses belles armes turques, ses beaux fusils anglais, ses porcelaines japonaises, ses coupes montées, ses bronzes artistiques, signés Feuchères ou Barye; visita les armoires et plaça les clés à chacune d'elles; jeta dans un tiroir de son secrétaire, qu'il laissa ouvert, tout l'argent de poche qu'il avait sur lui, y joignit ses écrins, ses étagères; fit un inventaire exact et précis de tout, et plaça cet inventaire à l'endroit le plus apparent d'une table, après avoir débarrassé cette table des livres et des papiers qui l'encombraient.

Au commencement de ce travail, son domestique, malgré l'ordre que lui avait donné Albert de le laisser seul, était entré dans sa chambre.

— Que voulez-vous? lui demanda Morcerf d'un accent plus triste que courroucé.

— Pardon, monsieur, dit le valet de chambre; monsieur m'avait bien défendu de le déranger, c'est vrai, mais M. le comte de Morcerf m'a fait appeler.

— Eh bien? demanda Albert.

— Je n'ai pas voulu me rendre chez M. le comte sans prendre les ordres de monsieur.

— Pourquoi cela?

— Parce que M. le comte sait sans doute que j'ai accompagné monsieur sur le terrain.

— C'est probable, dit Albert.

— Et s'il me fait demander, c'est sans doute pour m'interroger sur ce qui s'est passé là-bas. Que dois-je répondre?

— La vérité.

— Alors je dirai que la rencontre n'a pas eu lieu?

— Vous direz que j'ai fait des excuses à M. le comte de Monte-Cristo; allez.

Le valet s'inclina et sortit.

Albert s'était alors remis à son inventaire.

Comme il terminait ce travail, le bruit des chevaux piétinant dans la cour et des roues d'une voiture ébranlant les vitres attira son attention; il s'approcha de la fenêtre, et vit son père monter dans sa calèche et partir.

A peine la porte de l'hôtel fut-elle refermée derrière le comte, qu'Albert se dirigea vers l'appartement de sa mère, et comme personne n'était là pour l'annoncer, il pénétra jusqu'à la chambre à coucher de Mercédès, et le cœur gonflé de ce qu'il voyait et de ce qu'il devinait, il s'arrêta sur le seuil.

Comme si la même âme eût animé ces deux corps, Mercédès faisait chez elle ce qu'Albert venait de faire chez lui.

Tout était mis en ordre : les dentelles, les parures, les bijoux, le linge, l'argent, allaient se ranger au fond des tiroirs, dont la comtesse assemblait soigneusement les clés.

Albert vit tous ces préparatifs ; il les comprit, et s'écriant : Ma mère ! il alla jeter ses bras au cou de Mercédès.

Le peintre qui eût pu rendre l'expression de ces deux figures eût fait certes un beau tableau.

En effet, tout cet appareil d'une résolution énergique qui n'avait point fait peur à Albert pour lui-même, l'effrayait pour sa mère.

— Que faites-vous donc ? demanda-t-il.
— Que faisiez-vous ? répondit-elle.
— Oh ! ma mère, s'écria Albert, ému au point de ne pouvoir parler, il n'est point de vous comme de moi ; non, vous ne pouvez pas avoir résolu ce que j'ai décidé, car je viens vous prévenir que je dis adieu à votre maison, et... et à vous.

— Moi aussi, Albert, répondit Mercédès ; moi aussi je pars. J'avais compté, je l'avoue, que mon fils m'accompagnerait ; me suis-je trompée ?

— Ma mère, dit Albert avec fermeté, je ne puis vous faire partager le sort que je me destine ; il faut que je vive désormais sans nom et sans fortune, il faut, pour commencer l'apprentissage de cette rude existence, que j'emprunte à un ami le pain que je mangerai d'ici au moment où j'en gagnerai d'autre. Ainsi, ma bonne mère, je vais de ce pas chez Franz le prier de me prêter la petite somme que j'ai calculé m'être nécessaire.

— Toi, mon pauvre enfant, s'écria Mercédès ; toi souffrir de la misère, souffrir de la faim ! Oh ! ne dis pas cela, tu briserais toutes mes résolutions.

— Mais non pas les miennes, ma mère, répondit Albert. Je suis jeune, je suis fort, je crois que je suis brave ; et depuis hier j'ai appris ce que peut la volonté. Hélas ! ma mère, il y a des gens qui ont tant souffert, et qui, non seulement ne sont pas morts, mais qui encore ont édifié une nouvelle fortune sur la ruine de toutes les promesses de bonheur que le ciel leur avait faites, de tous les débris de toutes les espérances que Dieu leur avait données ! J'ai appris cela ma mère, j'ai vu ces hommes ; je sais que du fond de l'abîme où les avait plongés leur ennemi, ils se sont relevés avec tant de vigueur et de gloire, qu'ils ont dominé leur ancien vainqueur et l'ont précipité à son tour. Non, ma mère, non ; j'ai rompu, à partir d'aujourd'hui, avec le passé, et je n'en accepte plus rien, pas même mon nom, parce que, vous le comprenez, vous, n'est-ce pas, ma mère, votre fils ne peut porter le nom d'un homme qui doit rougir devant un autre homme.

— Albert, mon enfant, dit Mercédès, si j'avais eu un cœur plus fort, c'est là le conseil que je t'eusse donné ; ta conscience a parlé quand ma voix éteinte se taisait ; écoute ta conscience, mon fils. Tu avais des amis, Albert, romps momentanément avec eux, mais ne désespère pas, au nom de ta mère ! La vie est belle encore à ton âge, mon cher Albert, car à peine as-tu vingt-deux ans ; et comme à un cœur aussi pur que le tien il faut un nom sans tache, prends celui de mon père, il s'appelait Herrera. Je te connais, mon Albert ; quelque carrière que tu suives, tu rendras en peu de temps ce nom illustre. Alors, mon ami, reparais dans le monde plus brillant encore de tes malheurs passés ; et si cela ne doit pas être ainsi, malgré toutes mes prévisions, laisse-moi du moins cet espoir, à moi qui n'aurai plus que cette seule pensée, à moi qui n'ai plus d'avenir ; et pour qui la tombe commence au seuil de cette maison.

— Je ferai selon vos désirs, ma mère, dit le jeune homme ; oui, je partage votre espoir : la colère du ciel ne nous poursuivra pas, vous si pure, moi si innocent. Mais puisque nous sommes résolus, agissons promptement. M. de Morcerf a quitté l'hôtel voilà une demi-heure à peu près ; l'occasion, comme vous le voyez, est favorable pour éviter le bruit et l'explication.

— Je vous attends, mon fils, dit Mercédès.

Albert courut aussitôt jusqu'au boulevard, d'où il ramena un fiacre qui devait les conduire hors de l'hôtel ; il se rappelait certaine petite maison garnie dans la rue des Saints-Pères, où sa mère trouverait un logement modeste, mais décent. Il revint donc chercher la comtesse.

Au moment où le fiacre s'arrêtait devant la porte, et comme Albert en descendait, un homme s'approcha de lui et lui remit une lettre.

Albert reconnut l'intendant.

— Du comte, dit Bertuccio.

Albert prit la lettre, l'ouvrit, la lut.

Après l'avoir lue, il chercha des yeux Bertuccio, mais, pendant que le jeune homme lisait, Bertuccio avait disparu.

Alors Albert, les larmes aux yeux, la poitrine toute gonflée d'émotion, rentra chez Mercédès, et, sans prononcer une seule parole, lui présenta la lettre.

Mercédès lut :

« Albert,

» En vous montrant que j'ai pénétré le projet auquel vous êtes sur le point de vous abandonner, je crois vous montrer aussi que je comprends la délicatesse. Vous voilà libre, vous quittez l'hôtel du comte, et vous allez retirer chez vous votre mère, libre comme vous ; mais réfléchissez-y, Albert, vous lui devez plus que vous ne pouvez lui payer, pauvre noble cœur que vous êtes. Gardez pour vous la lutte, réclamez pour vous la souffrance, mais épargnez-lui cette première misère qui accompagnera inévitablement vos premiers efforts, car elle ne mérite pas même le reflet du malheur qui la frappe aujourd'hui, et la Providence ne veut pas que l'innocent paie pour le coupable.

» Je sais que vous allez quitter tous deux la maison de la rue du Helder sans rien emporter. Comment je l'ai appris, ne cherchez point à le découvrir. Je le sais ; voilà tout.

» Écoutez, Albert.

» Il y a vingt-quatre ans, je revenais bien joyeux et bien fier dans ma patrie. J'avais une fiancée, Albert, une sainte jeune fille que j'adorais, et je rapportais à ma fiancée cent cinquante louis amassés péniblement par un travail sans relâche. Cet argent était pour elle, je le lui destinais, et sachant combien la mer est perfide, j'avais enterré notre trésor dans le petit jardin de la maison que mon père habitait à Marseille, sur les Allées de Meilhan.

» Votre mère, Albert, connaît bien cette pauvre chère maison.

» Dernièrement, en venant à Paris, j'ai passé par Marseille. Je suis allé voir cette maison aux douloureux souvenirs, et le soir, une bêche à la main, j'ai sondé le coin où j'avais enfoui mon trésor. La cassette de fer était encore à la même place, personne n'y avait touché ; elle est dans l'angle d'un beau figuier, planté par mon père le jour de ma naissance, couvre de son ombre.

» Eh bien ! Albert, cet argent, qui autrefois devait aider à la vie et à la tranquillité de cette femme que j'adorais, voilà qu'aujourd'hui, par un hasard étrange et douloureux, il a retrouvé le même emploi. Oh ! comprenez bien ma pensée, à moi qui pourrais offrir des millions à cette pauvre femme, et qui lui rends seulement le morceau de pain noir oublié sous mon pauvre toit depuis le jour où j'ai été séparé de celle que j'aimais.

» Vous êtes un homme généreux, Albert, mais peut-être êtes-vous néanmoins aveuglé par la fierté ou par le ressentiment; si vous me refusez, si vous demandez à un autre ce que j'ai le droit de vous offrir, je dirai qu'il est peu généreux à vous de refuser la vie de votre mère offerte par un homme dont votre père a fait mourir le père dans les horreurs de la faim et du désespoir. »

Cette lecture finie, Albert demeura pâle et immobile en attendant ce que déciderait sa mère.

Mercédès leva au ciel un regard d'une ineffable expression.

— J'accepte, dit-elle; il a le droit de payer la dot que j'apporterai dans un couvent!

Et mettant la main sur son cœur, elle prit le bras de son fils, et, d'un pas plus ferme qu'elle ne s'y attendait peut-être elle-même, elle prit le chemin de l'escalier.

CHAP. XC. — LE SUICIDE.

Cependant Monte-Cristo, lui aussi, était rentré en ville avec Emmanuel et Maximilien.

Le retour fut gai. Emmanuel ne dissimulait pas sa joie d'avoir vu succéder la paix à la guerre, et avouait hautement ses goûts philanthropiques. Morrel, dans un coin de la voiture, laissait la gaîté de son beau-frère s'évaporer en paroles et gardait pour lui une joie tout aussi sincère, mais qui brillait seulement dans ses regards.

A la barrière du Trône, on rencontra Bertuccio : il attendait là, immobile comme une sentinelle à son poste.

Monte-Cristo passa la tête par la portière, échangea avec lui quelques paroles à voix basse, et l'intendant disparut.

— Monsieur le comte, dit Emmanuel en arrivant à la hauteur de la place Royale, faites-moi jeter, je vous prie, à ma porte, afin que ma femme ne puisse avoir un seul moment d'inquiétude ni pour vous ni pour moi.

— S'il n'était ridicule d'aller faire montre de son triomphe, dit Morrel, j'inviterais M. le comte à entrer chez nous; mais M. le comte aussi a sans doute des cœurs tremblans à rassurer. Nous voici arrivés, Emmanuel, saluons notre ami, et laissons-le continuer son chemin.

— Un moment, dit Monte-Cristo, ne me privez pas ainsi d'un seul coup de mes deux compagnons; rentrez auprès de votre charmante femme, à laquelle je vous charge de présenter tous mes complimens, et accompagnez-moi jusqu'aux Champs-Élysées, Morrel.

— A merveille, dit Maximilien, d'autant plus que j'ai affaire dans votre quartier, comte.

— T'attendra-t-on pour déjeuner? demanda Emmanuel.

— Non, dit le jeune homme.

La portière se referma, la voiture continua sa route.

— Voyez comme je vous ai porté bonheur, dit Morrel lorsqu'il fut seul avec le comte. N'y avez-vous pas pensé?

— Si fait, dit Monte-Cristo; voilà pourquoi je voudrais toujours vous tenir près de moi.

— C'est miraculeux! continua Morrel répondant à sa propre pensée.

— Quoi donc? dit Monte-Cristo.

— Ce qui vient de se passer.

— Oui, répondit le comte avec un sourire, vous avez dit le mot, Morrel, c'est miraculeux.

— Car enfin, reprit Morrel, Albert est brave.

— Très brave, dit Monte-Cristo. Je l'ai vu dormir le poignard suspendu sur sa tête.

— Et moi je sais qu'il s'est battu deux fois, et très bien battu, dit Morrel. Conciliez donc cela avec la conduite de ce matin.

— Votre influence toujours, reprit en souriant Monte-Cristo.

— C'est heureux pour Albert qu'il ne soit point soldat, dit Morrel.

— Pourquoi cela?

— Des excuses sur le terrain! fit le jeune capitaine en secouant la tête.

— Allons, dit le comte avec douceur, n'allez-vous point tomber dans les préjugés des hommes ordinaires, Morrel? ne conviendrez-vous pas que puisque Albert est brave, il ne peut être lâche; qu'il faut qu'il ait eu quelque raison d'agir comme il l'a fait ce matin, et que, partant, sa conduite est plutôt héroïque qu'autre chose?

— Sans doute, sans doute, répondit Morrel; mais je dirai, comme l'Espagnol : Il a été moins brave aujourd'hui qu'hier.

— Vous déjeunez avec moi, n'est-ce pas, Morrel? dit le comte pour couper court à la conversation.

— Non pas, je vous quitte à dix heures.

— Votre rendez-vous était donc pour déjeuner?

Morrel sourit et secoua la tête.

— Mais enfin, faut-il toujours que vous déjeuniez quelque part.

— Cependant si je n'ai pas faim? dit le jeune homme.

— Oh! fit le comte, je ne connais que deux sentimens qui coupent ainsi l'appétit : la douleur (et comme heureusement je vous vois très gai, ce n'est point cela) et l'amour. Or, d'après ce que vous m'avez dit à propos de votre cœur, il m'est permis de croire...

— Ma foi, comte, reprit gaiment Morrel, je ne dis pas non.

— Et vous ne me contez pas cela, Maximilien? reprit le comte d'un ton si vif que l'on voyait tout l'intérêt qu'il eût pris à connaître ce secret.

— Je vous ai montré ce matin que j'avais un cœur, n'est-ce pas, comte?

Pour toute réponse Monte-Cristo tendit la main au jeune homme.

— Eh bien! continua celui-ci, depuis que ce cœur n'est plus avec vous au bois de Vincennes, il est autre part où je vais le retrouver.

— Allez, dit lentement le comte, allez, cher ami; mais par grâce, si vous éprouviez quelque obstacle, rappelez-vous que j'ai quelque pouvoir en ce monde, que je suis heureux d'employer ce pouvoir au profit des gens que j'aime, et que je vous aime, vous, Morrel.

— Bien, dit le jeune homme, je m'en souviendrai comme les enfans égoïstes se souviennent de leurs parens quand ils ont besoin d'eux. Quand j'aurai besoin de vous, et peut-être ce moment viendra-t-il, je m'adresserai à vous, comte.

— Bien, je retiens votre parole. Adieu donc.

— Au revoir.

On était arrivé à la porte de la maison des Champs-Élysées. Monte-Cristo ouvrit la portière. Morrel sauta sur le pavé; Bertuccio attendait sur le perron.

Morrel disparut par l'avenue de Marigny, et Monte-Cristo marcha vivement au-devant de Bertuccio.

— Eh bien? demanda-t-il.

— Eh bien! répondit l'intendant, elle va quitter sa maison.

— Et son fils?

— Florentin, son valet de chambre, pense qu'il en va faire autant.

— Venez.

Monte-Cristo emmena Bertuccio dans son cabinet, écrivit la lettre que nous avons vue, et la remit à l'intendant.

— Allez, dit-il, et faites diligence; à propos, faites prévenir Haydée que je suis rentré.

— Me voilà, dit la jeune fille, qui, au bruit de la voiture, était déjà descendue, et dont le visage rayonnait de joie en revoyant le comte sain et sauf.

Bertuccio sortit.

Tous les transports d'une fille revoyant un père chéri, tous les délires d'une maîtresse revoyant un amant adoré, Haydée les éprouva pendant les premiers instans de ce retour attendu par elle avec tant d'impatience.

Certes, pour être moins expansive, la joie de Monte-Cristo n'était pas moins grande; la joie pour les cœurs qui ont long-temps souffert est pareille à la rosée pour les terres desséchées par le soleil : cœur et terre absorbent cette pluie bienfaisante qui tombe sur eux, et rien n'en apparaît au dehors.

Depuis quelques jours Monte-Cristo comprenait une chose que depuis long-temps il n'osait plus croire, c'est qu'il y avait deux Mercédès au monde, c'est qu'il pouvait encore être heureux.

Son œil ardent de bonheur se plongeait avidement dans les regards humides d'Haydée, quand tout à coup la porte s'ouvrit.

Le comte fronça le sourcil.

— M. de Morcerf! dit Baptistin, comme si ce mot seul renfermait son excuse.

En effet, le visage du comte s'éclaira.

— Lequel, demanda-t-il, le vicomte ou le comte?

— Le comte.

— Mon Dieu! s'écria Haydée, n'est-ce point fini encore?

— Je ne sais si c'est fini, mon enfant bien aimée, dit Monte-Cristo en prenant les mains de la jeune fille, mais ce que je sais, c'est que tu n'as rien à craindre.

— Oh! c'est cependant le misérable...

— Cet homme ne peut rien sur moi, Haydée, dit Monte-Cristo ; c'est quand j'avais affaire à son fils qu'il fallait craindre.

— Aussi ce que j'ai souffert, dit la jeune fille, tu ne le sauras jamais, mon seigneur.

Monte-Cristo sourit.

— Par la tombe de mon père, dit Monte-Cristo en étendant la main sur la tête de la jeune fille, je te jure que s'il arrive malheur, ce ne sera point à moi.

— Je te crois, mon seigneur, comme si Dieu me parlait, dit la jeune fille en présentant son front au comte.

Monte-Cristo déposa sur ce front si pur et si beau un baiser qui fit battre à la fois deux cœurs, l'un avec violence, l'autre sourdement.

— Oh! mon Dieu! murmura le comte, permettriez-vous donc que je puisse aimer encore! Faites entrer M. le comte de Morcerf au salon, dit-il à Baptistin, tout en conduisant la belle Grecque vers un escalier dérobé.

Un mot d'explication sur cette visite, attendue peut-être de Monte-Cristo, mais inattendue sans doute pour nos lecteurs.

Tandis que Mercédès, comme nous l'avons dit, faisait chez elle l'espèce d'inventaire qu'Albert avait fait chez lui; tandis qu'elle classait ses bijoux, fermait ses tiroirs, réunissait ses clés, afin de laisser toutes choses dans un ordre parfait, elle ne s'était pas aperçue qu'une tête pâle et sinistre était venue apparaître au vitrage d'une porte qui laissait entrer le jour dans le corridor ; de là non seulement on pouvait voir, mais on pouvait entendre. Celui qui regardait ainsi, selon toute probabilité, sans être vu ni entendu, vit donc et entendit donc tout ce qui passait chez madame de Morcerf.

De cette porte vitrée, l'homme au visage pâle se transporta dans la chambre à coucher du comte de Morcerf, et arrivé là, souleva d'une main contractée le rideau d'une fenêtre donnant sur la cour.

Il resta là dix minutes ainsi immobile, muet, écoutant les battements de son propre cœur. Pour lui c'était bien long dix minutes.

Ce fut alors qu'Albert revenant de son rendez-vous, aperçut son père qui guettait son retour derrière un rideau, et détourna la tête.

L'œil du comte se dilata : il savait que l'insulte d'Albert à Monte-Cristo avait été terrible, qu'une pareille insulte, dans tous les pays du monde, entraînait un duel à mort. Or, Albert rentrait sain et sauf, donc le comte était vengé.

Un éclair de joie indicible illumina ce visage lugubre, comme fait un dernier rayon du soleil avant de se perdre dans les nuages qui semblent moins sa couche que son tombeau.

Mais, nous l'avons dit, il attendit en vain que le jeune homme montât dans son appartement pour lui rendre compte de son triomphe. Que son fils, avant de combattre, n'ait pas voulu voir le père dont il allait venger l'honneur, cela se comprend ; mais, l'honneur du père vengé, pourquoi ce fils ne venait-il point se jeter dans ses bras?

Ce fut alors que le comte, ne pouvant voir Albert, envoya chercher son domestique. On sait qu'Albert l'avait autorisé à ne rien cacher au comte.

Dix minutes après on vit apparaître sur le perron le général de Morcerf, vêtu d'une redingote noire, ayant un col militaire, un pantalon noir, des gants noirs.

Il avait donné, à ce qu'il paraît, des ordres antérieurs; car à peine eut-il touché le dernier degré du perron, que sa voiture tout attelée sortit de la remise et vint s'arrêter devant lui.

Son valet de chambre vint alors jeter dans la voiture un caban militaire, raidi par les deux épées qu'il enveloppait; puis, fermant la portière, il s'assit près du cocher.

Le cocher se pencha devant la calèche pour demander l'ordre.

— Aux Champs-Élysées, dit le général, chez le comte de Monte-Cristo. Vite!

Les chevaux bondirent sous le coup de fouet qui les enveloppa ; cinq minutes après, ils s'arrêtèrent devant la maison du comte.

M. de Morcerf ouvrit lui-même la portière, et, la voiture roulant encore, il sauta comme un jeune homme dans la contre-allée, sonna et disparut dans la porte béante avec son domestique.

Une seconde après, Baptistin annonçait à M. de Monte-Cristo le comte de Morcerf, et Monte-Cristo, reconduisant Haydée, donna l'ordre qu'on fit entrer le comte de Morcerf dans le salon.

Le général arpentait pour la troisième fois le salon dans toute sa longueur, lorsqu'en se retournant il aperçut Monte-Cristo debout sur le seuil.

— Eh! c'est M. de Morcerf, dit tranquillement Monte-Cristo ; je croyais avoir mal entendu.

— Oui, c'est moi-même, dit le comte avec une effroyable contraction des lèvres qui l'empêchait d'articuler nettement.

— Il ne me reste donc qu'à savoir maintenant, dit Monte-Cristo, la cause qui me procure le plaisir de voir M. le comte de Morcerf de si bonne heure.

— Vous avez eu ce matin une rencontre avec mon fils, monsieur? dit le général.

— Vous savez cela? répondit le comte.

— Et je sais aussi que mon fils avait de bonnes raisons pour désirer se battre contre vous et faire tout ce qu'il pouvait pour vous tuer.

— En effet, monsieur, il en avait de fort bonnes ; mais vous voyez que, malgré ces raisons-là, il ne m'a pas tué, et même qu'il ne s'est pas battu.

— Et cependant il vous regardait comme la cause du déshonneur de son père, comme la cause de la ruine effroyable qui, en ce moment-ci, accable ma maison.

— C'est vrai, monsieur, dit Monte-Cristo avec son calme terrible; cause secondaire, par exemple, et non principale.

— Sans doute vous lui avez fait quelque excuse ou donné quelque explication?

— Je ne lui ai donné aucune explication, et c'est lui qui m'a fait des excuses.

— Mais à quoi attribuez-vous cette conduite?

— A la conviction probablement qu'il y avait dans tout ceci un homme plus coupable que moi.

— Et quel était cet homme?

— Son père.

— Soit, dit le comte en pâlissant ; mais vous savez que le coupable n'aime pas à s'entendre convaincre de culpabilité.

— Je sais... Aussi je m'attendais à ce qui arrive en ce moment.

— Vous vous attendiez à ce que mon fils fût un lâche! s'écria le comte.

— M. Albert de Morcerf n'est point un lâche, dit Monte-Cristo.

— Un homme qui tient à la main une épée, un homme qui, à la portée de cette épée, tient un ennemi mortel, cet homme, s'il ne se bat pas, est un lâche! Que n'est-il ici pour que je le lui dise!

— Monsieur, répondit froidement Monte-Cristo, je ne présume pas que vous soyez venu me trouver pour me conter vos petites affaires de famille. Allez dire cela à M. Albert, peut-être saura-t-il que vous répondre.

— Oh! non! non! répliqua le général avec un sourire aussitôt disparu qu'éclos, non! vous avez raison, je ne suis pas venu pour cela! Je suis venu pour vous dire que moi aussi, je vous regarde comme mon ennemi! Je suis venu pour vous dire que je vous hais d'instinct! qu'il me semble que je vous ai toujours connu, toujours haï! Et qu'enfin, puisque les jeunes gens de ce siècle ne se battent plus, c'est à nous de nous battre... Est-ce votre avis, monsieur?

— Parfaitement. Aussi quand je vous ai dit que j'avais prévu ce qui m'arrivait, c'est de l'honneur de votre visite que je voulais parler.

— Tant mieux... Vos préparatifs sont faits alors?

— Ils le sont toujours, monsieur.

— Vous savez que nous nous battrons jusqu'à la mort de l'un de nous deux? dit le général, les dents serrées par la rage.

— Jusqu'à la mort de l'un de nous deux, répéta le comte de Monte-Cristo en faisant un léger mouvement de tête de haut en bas.

— Partons alors; nous n'avons pas besoin de témoins.

— En effet, dit Monte-Cristo, c'est inutile, nous nous connaissons si bien!

— Au contraire, dit le comte, c'est que nous ne nous connaissons pas.

— Bah! dit Monte-Cristo avec le même flegme désespérant, voyons un peu. N'êtes-vous pas le soldat Fernand qui a déserté la veille de la bataille de Waterloo? N'êtes-vous pas le lieutenant Fernand qui a servi de guide et d'espion à l'armée française en Espagne? N'êtes-vous pas le colonel Fernand qui a trahi, vendu, assassiné son bienfaiteur Ali? Et tous ces Fernand-là réunis n'ont-ils pas fait le lieutenant-général comte de Morcerf, pair de France?

— Oh! s'écria le général, frappé par ces paroles comme par un fer rouge; oh! misérable, qui me reproches ma honte au moment peut-être où tu vas me tuer, non, je n'ai point dit que je t'étais inconnu; je sais bien, démon, que tu as pénétré dans la nuit du passé, et que tu y a lu, à la lueur de quel flambeau? je l'ignore! chaque page de ma vie; mais peut-être y a-t-il encore plus d'honneur en moi, dans mon opprobre, qu'en toi sous tes dehors pompeux. Non, non, je te suis connu, je le sais, mais c'est toi que je ne connais pas, aventurier cousu d'or et de pierreries! Tu t'es fait appeler à Paris le comte de Monte-Cristo; en Italie, Simbad le Marin; à Malte, que sais-je? moi, je l'ai oublié. Mais c'est ton nom réel que je te demande, c'est ton vrai nom que je veux savoir, au milieu de tes cent noms, afin que je le prononce sur le terrain du combat, au moment où je t'enfoncerai mon épée dans le cœur.

Le comte de Monte-Cristo pâlit d'une façon terrible, son œil fauve s'embrasa d'un feu dévorant, il fit un bond vers le cabinet attenant à sa chambre, et en moins d'une seconde, arrachant sa cravate, sa redingote et son gilet, il endossa une petite veste de marin et se coiffa d'un chapeau de matelot, sous lequel se déroulèrent ses longs cheveux noirs.

Il revint ainsi, effrayant, implacable, marchant les bras croisés au-devant du général, qui n'avait rien compris à sa disparition, qui l'attendait, et qui, sentant ses dents claquer et ses jambes se dérober sous lui, recula d'un pas et ne s'arrêta qu'en trouvant sur une table un point d'appui pour sa main crispée.

— Fernand! lui cria-t-il, de mes cent noms, je n'aurais besoin de t'en dire qu'un seul pour te foudroyer; mais ce nom, tu le devines, n'est-ce pas? ou plutôt tu te le rappelles? car, malgré tous mes chagrins, toutes mes tortures, je te montre aujourd'hui un visage que le bonheur de la vengeance rajeunit, un visage que tu dois avoir vu bien souvent dans tes rêves depuis ton mariage... avec Mercédès, ma fiancée!

Le général, la tête renversée en arrière, les mains étendues, le regard fixe, dévora en silence ce terrible spectacle; puis, allant chercher la muraille comme point d'appui, il s'y glissa lentement jusqu'à la porte par laquelle il sortit à reculons, en laissant échapper ce seul cri lugubre, lamentable, déchirant:

— Edmond Dantès!

Puis, avec des soupirs qui n'avaient rien d'humain, il se traîna jusqu'au péristyle de la maison, traversa la cour en homme ivre, et tomba dans les bras de son valet de chambre, en murmurant seulement d'une voix intelligible:

— A l'hôtel! à l'hôtel!

En chemin, l'air frais et la honte que lui causait l'attention de ses gens, le remirent en état d'assembler ses idées; mais le trajet fut court, et à mesure qu'il se rapprochait de chez lui, le comte sentait se renouveler toutes ses douleurs.

A quelques pas de la maison, le comte fit arrêter et descendit.

La porte de l'hôtel était toute grande ouverte; un fiacre, tout surpris d'être appelé dans cette magnifique demeure, stationnait au milieu de la cour; le comte regarda ce fiacre avec effroi, mais sans oser interroger personne, et s'élança dans son appartement.

Deux personnes descendaient l'escalier; il n'eut que le temps de se jeter dans un cabinet pour les éviter.

C'était Mercédès appuyée au bras de son fils, qui tous deux quittaient l'hôtel.

Ils passèrent à deux lignes du malheureux, qui, caché derrière la portière de damas, fut effleuré en quelque sorte par la robe de soie de Mercédès, et qui sentit à son visage la tiède haleine de ces paroles prononcées par son fils:

— Du courage, ma mère! Venez, venez, nous ne sommes plus ici chez nous.

Les paroles s'éteignirent, les pas s'éloignèrent.

Le général se redressa, suspendu par ses mains crispées au rideau de damas; il comprimait le plus horrible sanglot qui fût jamais sorti de la poitrine d'un père, abandonné à la fois par sa femme et par son fils.

Bientôt il entendit claquer la portière en fer du fiacre, puis la voix du cocher, puis le roulement de la lourde machine ébranla les vitres; alors il s'élança dans sa chambre à coucher pour voir encore une fois tout ce qu'il avait aimé dans le monde; mais le fiacre partit sans que la tête de Mercédès ou celle d'Albert eût paru à la portière, pour donner à la maison solitaire, pour donner au père et à l'époux abandonné le dernier regard, l'adieu et le regret, c'est-à-dire le pardon.

Aussi, au moment même où les roues du fiacre ébranlaient le pavé de la voûte, un coup de feu retentit, et une fumée sombre sortit par une des vitres de cette fenêtre de la chambre à coucher, brisée par la force de l'explosion.

CHAP. XCI. — VALENTINE.

On devine où Morrel avait affaire et chez qui était son rendez-vous.

Aussi Morrel, en quittant Monte-Cristo, s'achemina-t-il lentement vers la maison de Villefort.

Nous disons lentement: c'est que Morrel avait plus d'une demi-heure à lui pour faire cinq cents pas; mais, malgré ce temps plus que suffisant, il s'était empressé de quitter Monte-Cristo, ayant hâte d'être seul avec ses pensées.

Il savait bien son heure, l'heure à laquelle Valentine, assistant au déjeuner de Noirtier, était sûre de ne pas être troublée dans ce pieux devoir. Noirtier et Valentine lui avaient accordé deux visites par semaine, et il venait profiter de son droit.

Il arriva; Valentine l'attendait. Inquiète, presque égarée, elle lui saisit la main et l'amena devant son grand-père.

Cette inquiétude, poussée, comme nous le dirons, presque jusqu'à l'égarement, venait du bruit que l'aventure de Morcerf avait fait dans le monde; on savait (le monde sait toujours) l'aventure de l'Opéra. Chez Villefort, personne ne doutait qu'un duel ne fût la conséquence forcée de cette aventure; Valentine, avec son instinct de femme, avait deviné que Morrel serait le témoin de Monte-Cristo, et avec le courage bien connu du jeune homme, avec cette amitié profonde qu'elle lui connaissait pour le comte, elle craignait qu'il n'eût point la force de se borner au rôle passif qui lui était assigné.

On comprend donc avec quelle avidité les détails furent demandés, donnés et reçus, et Morrel put lire une indicible joie dans les yeux de sa bien-aimée quand elle sut que cette terrible affaire avait eu une issue non moins heureuse qu'inattendue.

— Maintenant, dit Valentine en faisant signe à Morrel de s'asseoir à côté du vieillard et en s'asseyant elle-même sur le tabouret où reposaient ses pieds; maintenant parlons un peu de nos affaires. Vous savez, Maximilien, que bon papa avait eu un instant l'idée de quitter la maison, et de prendre un appartement hors de l'hôtel de M. de Villefort.

— Oui, certes, dit Maximilien, je me rappelle ce projet, et j'y avais même fort applaudi.

— Eh bien! dit Valentine, applaudissez encore, Maximilien, car bon papa y revient.

— Bravo! dit Maximilien.

— Et savez-vous, dit Valentine, quelle raison donne bon papa pour quitter la maison?

Noirtier regardait sa fille pour lui imposer silence de l'œil; mais Valentine ne regardait pas Noirtier; ses yeux, son regard, son sourire, tout était pour Morrel.

— Oh! quelle que soit la raison que donne M. Noirtier, s'écria Morrel, je déclare qu'elle est bonne.

— Excellente, dit Valentine: il prétend que l'air du faubourg Saint-Honoré ne vaut rien pour moi.

— En effet, dit Morrel; écoutez, Valentine, M. Noirtier pourrait bien avoir raison; depuis quinze jours, je trouve que votre santé s'altère.

— Oui, un peu, c'est vrai, répondit Valentine; aussi bon papa s'est constitué mon médecin, et comme bon papa sait tout, j'ai la plus grande confiance en lui.

— Mais enfin il est donc vrai que vous souffrez, Valentine? demanda vivement Morrel.

— Oh! mon Dieu, cela ne s'appelle pas souffrir: je ressens un malaise général, voilà tout; j'ai perdu l'appétit, et il me semble que mon estomac soutient une lutte pour s'habituer à quelque chose.

Noirtier ne perdait pas une des paroles de Valentine.

— Et quel est le traitement que vous suivez pour cette maladie inconnue?

— Oh! bien simple, dit Valentine; j'avale tous les matins une cuillerée de la potion qu'on apporte pour mon grand-père; quand je dis une cuillerée, j'ai commencé par une, et maintenant j'en suis à quatre. Mon grand-père prétend que c'est une panacée.

Valentine souriait; mais il y avait quelque chose de triste et de souffrant dans son sourire.

Maximilien, ivre d'amour, la regardait en silence; elle était bien belle, mais sa pâleur avait pris un ton plus mat, ses yeux brillaient d'un feu plus ardent que d'habitude, et ses mains, ordinairement d'un blanc de nacre, semblaient des mains de cire qu'une nuance jaunâtre envahit avec le temps.

De Valentine, le jeune homme porta ses yeux sur Noirtier; celui-ci considérait avec cette étrange et profonde intelligence la jeune fille, absorbée dans son amour; mais lui aussi, comme Morrel, suivait ces traces d'une sourde souffrance, si peu visible d'ailleurs qu'elle avait échappé à l'œil de tous, excepté à celui du père et de l'amant.

— Mais, dit Morrel, cette potion dont vous êtes arrivée jusqu'à quatre cuillerées, je la croyais médicamentée pour M. Noirtier.

— Je sais que c'est fort amer, dit Valentine, si amer que tout ce que je bois après cela me semble avoir le même goût.

Noirtier regarda sa fille d'un ton interrogateur.

— Oui, bon papa, dit Valentine, c'est comme cela. Tout à l'heure, avant de descendre chez vous, j'ai bu un verre d'eau sucrée; eh bien! j'en ai laissé la moitié, tant cette eau m'a paru amère.

Noirtier pâlit, et fit signe qu'il voulait parler.

Valentine se leva pour aller chercher le dictionnaire.

Noirtier la suivit des yeux avec une angoisse visible.

En effet, le sang montait à la tête de la jeune fille, ses joues se colorèrent.

— Tiens! s'écria-t-elle sans rien perdre de sa gaité, c'est singulier! un éblouissement! Est-ce donc le soleil qui m'a frappé dans les yeux?...

Et elle s'appuya à l'espagnolette de la fenêtre.

— Il n'y a pas de soleil, dit Morrel encore plus inquiet de l'expression du visage de Noirtier que de l'indisposition de Valentine.

Et il courut à Valentine.

La jeune fille sourit.

— Rassure-toi, bon père, dit-elle à Noirtier; rassurez-vous, Maximilien, ce n'est rien, et la chose est déjà passée: mais, écoutez donc! n'est-ce pas le bruit d'une voiture que j'entends dans la cour?

Elle ouvrit la porte de Noirtier, courut à une fenêtre du corridor, et revint précipitamment.

— Oui, dit-elle, c'est madame Danglars et sa fille qui viennent nous faire une visite. Adieu, je me sauve, car on me viendrait chercher; ou plutôt, au revoir; restez près de bon papa, monsieur Maximilien, je vous promets de ne pas les retenir.

Morrel la suivit des yeux, la vit refermer la porte, et l'entendit monter le petit escalier qui conduisait à la fois chez madame de Villefort et chez elle.

Dès qu'elle eut disparu, Noirtier fit signe à Morrel de prendre le dictionnaire.

Morrel obéit; il s'était, guidé par Valentine, promptement habitué à comprendre le vieillard.

Cependant, quelque habitude qu'il eût, et comme il fallait passer en revue une partie des vingt-quatre lettres de l'alphabet et trouver chaque mot dans le dictionnaire, ce ne fut qu'au bout de dix minutes que la pensée du vieillard fut traduite par ces paroles:

« Cherchez le verre d'eau et la carafe qui sont dans la chambre de Valentine. »

Morrel sonna aussitôt le domestique qui avait remplacé Barrois, et au nom de Noirtier lui donna cet ordre.

Le domestique revint un instant après.

La carafe et le verre étaient entièrement vides.

Noirtier fit signe qu'il voulait parler.

— Pourquoi le verre et la carafe sont-ils vidés? demanda-t-il. Valentine a dit qu'elle n'avait bu que la moitié du verre.

La traduction de cette nouvelle demande prit encore cinq minutes.

— Je ne sais, dit le domestique; mais la femme de chambre est dans l'appartement de mademoiselle Valentine; c'est peut-être elle qui l'a vidé.

— Demandez-le lui, dit Morrel, traduisant cette fois la pensée de Noirtier par le regard.

Le domestique sortit, et presque aussitôt rentra.

— Mademoiselle Valentine a passé par sa chambre pour se rendre dans celle de madame de Villefort, dit-il; et, en passant, comme elle avait soif, elle a bu ce qui restait dans le verre; quant à la carafe, M. Édouard l'a vidée pour faire un étang à ses canards.

Noirtier leva les yeux au ciel, comme fait un joueur qui joue sur un coup tout ce qu'il possède.

Dès lors, les yeux du vieillard se fixèrent sur la porte, et ne quittèrent plus cette direction.

C'étaient, en effet, madame Danglars et sa fille que Valentine avait vues; on les avait conduites à la chambre de madame de Villefort, qui avait dit qu'elle recevrait chez elle; voilà pourquoi Valentine avait passé par son appartement : sa chambre étant de plain-pied avec celle de sa belle-mère, et les deux chambres n'étant séparées que par celle d'Édouard.

Les deux femmes entrèrent au salon avec cette espèce de raideur officielle qui fait présager une communication. Entre gens du même monde, une nuance est bientôt saisie. Madame de Villefort répondit à cette solennité par de la solennité.

En ce moment Valentine entra, et les révérences recommencèrent.

— Chère amie, dit la baronne, tandis que les deux jeunes filles se prenaient les mains, je venais avec Eugénie vous annoncer la première le très prochain mariage de ma fille avec le prince Cavalcanti.

Danglars avait maintenu le titre de prince. Le banquier populaire avait trouvé que cela faisait mieux que comte.

— Alors, permettez que je vous fasse mes sincères complimens, répondit madame de Villefort. M. le prince Cavalcanti paraît un jeune homme plein de rares qualités.

— Écoutez, dit la baronne en souriant; si nous parlons comme deux amies, je dois vous dire que le prince ne nous paraît pas encore être ce qu'il sera. Il a en lui un peu de cette étrangeté qui nous fait, à nous autres Français, reconnaître du premier coup d'œil un gentilhomme italien ou allemand. Cependant il annonce un fort bon cœur, beaucoup de finesse d'esprit, et, quant aux convenances, M. Danglars prétend que la fortune est majestueuse : c'est son mot.

— Et puis, dit Eugénie en feuilletant l'album de madame de Villefort, ajoutez, madame, que vous avez une inclination toute particulière pour ce jeune homme.

— Et, dit madame de Villefort, je n'ai pas besoin de vous demander si vous partagez cette inclination ?

— Moi ! répondit Eugénie avec son aplomb ordinaire, oh ! pas le moins du monde, madame ; ma vocation, à moi, n'était pas de m'enchaîner aux soins d'un ménage ou aux caprices d'un homme, quel qu'il fût. Ma vocation était d'être artiste, et libre par conséquent de mon cœur, de ma personne et de ma pensée.

Eugénie prononça ces paroles avec un accent si vibrant et si ferme, que le rouge en monta au visage de Valentine. La craintive jeune fille ne pouvait comprendre cette nature vigoureuse qui semblait n'avoir aucune des timidités de la femme.

— Au reste, continua-t-elle, puisque je suis destinée à être mariée, bon gré, mal gré, je dois remercier la Providence qui m'a du moins procuré les dédains de M. Albert de Morcerf; sans cette Providence, je serais aujourd'hui la femme d'un homme perdu d'honneur.

— C'est pourtant vrai, dit la baronne avec cette étrange naïveté que l'on trouve quelquefois chez les grandes dames, et que les fréquentations roturières ne peuvent leur faire perdre tout à fait; c'est pourtant vrai, sans cette hésitation des Morcerf, ma fille épousait ce M. Albert : le général y tenait beaucoup, il était même venu pour forcer la main à M. Danglars ; nous l'avons échappée belle.

— Mais, dit timidement Valentine, est-ce que toute cette honte du père rejaillit sur le fils ? M. Albert me semble bien innocent de toutes ces trahisons du général.

— Pardon, chère amie, dit l'implacable jeune fille ; M. Albert en réclame et en mérite sa part : il paraît qu'après avoir provoqué hier M. de Monte-Cristo à l'Opéra, il lui a fait aujourd'hui des excuses sur le terrain.

— Impossible ! dit madame de Villefort.

— Ah ! chère amie, dit madame Danglars avec cette même naïveté que nous avons déjà signalée, la chose est certaine, je le sais de M. Debray, qui était présent à l'explication.

Valentine aussi savait la vérité, mais elle ne répondait pas. Repoussée par un mot dans ses souvenirs, elle se retrouvait en pensée dans la chambre de Noirtier, où l'attendait Morrel.

Plongée dans cette espèce de contemplation intérieure, Valentine avait cessé depuis un instant de prendre part à la conversation. Il lui eût même été impossible de répéter ce qui avait été dit depuis quelques minutes, quand tout à coup la main de madame Danglars, en s'appuyant sur son bras, la tira de sa rêverie.

— Qu'y a-t-il, madame? dit Valentine en tressaillant au contact des doigts de madame Danglars, comme elle eût tressailli à un contact électrique.

— Il y a, ma chère Valentine, dit la baronne, que vous souffrez sans doute ?

— Moi ? fit la jeune fille en passant la main sur son front brûlant.

— Oui ; regardez-vous dans cette glace ; vous avez rougi et pâli successivement trois ou quatre fois dans l'espace d'une minute.

— En effet, s'écria Eugénie, tu es bien pâle !

— Oh ! ne t'inquiète pas, Eugénie ; je suis comme cela depuis quelques jours.

Et si peu rusée qu'elle fût, la jeune fille comprit que c'était une occasion de sortir. D'ailleurs, madame de Villefort vint à son aide.

— Retirez-vous, Valentine, dit-elle ; vous souffrez réellement, et ces dames voudront bien vous pardonner ; buvez un verre d'eau pure, et cela vous remettra.

Valentine embrassa Eugénie, salua madame Danglars déjà levée pour se retirer, et sortit.

— Cette pauvre enfant, dit madame de Villefort quand Valentine eut disparu, elle m'inquiète sérieusement, et je ne serais pas étonnée quand il lui arriverait quelque accident grave.

Cependant Valentine, dans une espèce d'exaltation dont elle ne se rendait pas compte, avait traversé la chambre d'Édouard sans répondre à je ne sais quelle méchanceté de l'enfant, et par chez elle avait atteint le petit escalier. Elle en avait franchi tous les degrés, moins les trois derniers ; elle entendait déjà la voix de Morrel, lorsque tout à coup un nuage passa devant ses yeux, son pied raidi manqua la marche, ses mains n'eurent plus de force pour la retenir à la rampe, et, froissant la cloison, elle roula du haut des trois derniers degrés plutôt qu'elle ne les descendit.

Morrel ne fit qu'un bond ; il ouvrit la porte, et trouva Valentine étendue sur le palier.

Rapide comme l'éclair, il l'enleva entre ses bras et l'assit dans un fauteuil.

Valentine rouvrit les yeux.

— Oh ! maladroite que je suis ! dit-elle avec une fiévreuse volubilité ; je ne sais donc plus me tenir ! j'oublie qu'il y a trois marches avant le palier !

— Vous vous êtes blessée peut-être, Valentine? s'écria Morrel. Oh ! mon Dieu ! mon Dieu !

Valentine regarda autour d'elle ; elle vit le plus profond effroi peint dans les yeux de Noirtier.

— Rassure-toi, bon père, dit-elle en essayant de sourire ; ce n'est rien, ce n'est rien... la tête m'a tourné, voilà tout.

— Encore un étourdissement ! dit Morrel joignant les mains. Oh ! faites-y attention, Valentine, je vous supplie.

— Mais non, dit Valentine, mais non, je vous dis que tout est passé que je n'était rien. Maintenant, laissez-moi vous apprendre une nouvelle : dans huit jours, Eugénie se marie, et dans trois jours il y a une espèce de grand festin, un repas de fiançailles. Nous sommes tous invités, mon père, madame de Villefort et moi... à ce que j'ai cru comprendre, du moins.

— Quand sera-ce donc notre tour de nous occuper de ces détails? Oh! Valentine, vous qui pouvez tant de choses sur notre bon papa, tâchez qu'il vous réponde : *bientôt!*

— Ainsi, demanda Valentine, vous comptez sur moi pour stimuler la lenteur et réveiller la mémoire de bon papa?

— Oui, s'écria Morrel. Mon Dieu! mon Dieu! faites vite! Tant que vous ne serez pas à moi, Valentine, il me semblera toujours que vous allez m'échapper.

— Oh! répondit Valentine avec un mouvement convulsif, oh! en vérité, Maximilien, vous êtes trop craintif pour un officier, pour un soldat qui, dit-on, n'a jamais connu la peur. Ah! ah! ah!

Et elle éclata d'un rire strident et douloureux, ses bras se raidirent et se tournèrent, sa tête se renversa sur son fauteuil, et elle demeura sans mouvement.

Le cri de terreur que Dieu enchaînait aux lèvres de Noirtier jaillit de son regard.

Morrel comprit : il s'agissait d'appeler du secours.

Le jeune homme se pendit à la sonnette ; la femme de chambre qui était dans l'appartement de Valentine et le domestique qui avait remplacé Barrois accoururent simultanément.

Valentine était si pâle, si froide, si inanimée, que, sans écouter ce qu'on leur disait, la peur qui veillait sans cesse dans cette maison maudite les prit, et qu'ils s'élancèrent par les corridors en criant au secours.

Madame Danglars et Eugénie sortaient en ce moment même ; elles purent encore apprendre la cause de toute cette rumeur.

— Je vous l'avais bien dit! s'écria madame de Villefort, pauvre petite!

CHAP. XCII. — L'AVEU.

Au même instant on entendit la voix de M. de Villefort qui de son cabinet criait :

— Qu'y a-t-il?

Morrel consulta du regard Noirtier, qui venait de reprendre tout son sang-froid, et qui d'un coup d'œil lui indiqua le cabinet où déjà une fois, dans une circonstance à peu près pareille, il s'était réfugié.

Il n'eut que le temps de prendre son chapeau et de s'y jeter tout haletant. On entendait les pas du procureur du roi dans le corridor.

Villefort se précipita dans la chambre, courut à Valentine et la prit entre ses bras.

— Un médecin! un médecin! Monsieur d'Avrigny! cria Villefort, ou plutôt j'y vais moi-même!

Et il s'élança hors de l'appartement.

Par l'autre porte s'élança Morrel.

Il venait d'être frappé au cœur par un épouvantable souvenir : cette conversation entre Villefort et le docteur, qu'il avait entendue la nuit où mourut madame de Saint-Méran, lui revenait à la mémoire ; les symptômes, portés à un degré moins effrayant, étaient les mêmes qui avaient précédé la mort de Barrois.

En même temps il lui avait semblé entendre bruire à son oreille cette voix de Monte-Cristo, qui lui avait dit, il y avait deux heures à peine :

— De quelque chose que vous ayez besoin, Morrel, venez à moi, je peux beaucoup.

Plus rapide que la pensée, il s'élança donc du faubourg Saint-Honoré dans la rue Matignon, et de la rue Matignon dans l'avenue des Champs-Élysées.

Pendant ce temps, M. de Villefort arrivait dans un cabriolet de place à la porte de M. d'Avrigny, et il sonna avec tant de violence que le concierge vint lui ouvrir d'un air effrayé. Villefort s'élança dans l'escalier sans avoir la force de rien dire. Le concierge le connaissait et le laissa passer en criant seulement :

— Dans son cabinet! M. le procureur du roi, dans son cabinet!

Villefort en poussait déjà ou plutôt en enfonçait la porte.

— Ah! dit le docteur, c'est vous.

— Oui, dit Villefort en refermant la porte derrière lui; oui, docteur, c'est moi qui viens vous demander à mon tour si nous sommes bien seuls. Docteur, ma maison est une maison maudite.

— Quoi! dit celui-ci froidement en apparence mais avec une profonde émotion intérieure, avez-vous encore quelque malade?

— Oui, docteur, s'écria Villefort en saisissant d'une main convulsive une poignée de cheveux, oui!

Le regard de d'Avrigny signifia :

— Je vous l'avais prédit.

Puis ses lèvres accentuèrent lentement ces mots :

— Qui va donc mourir chez vous, et quelle nouvelle victime va nous accuser de faiblesse devant Dieu?

Un sanglot douloureux jaillit du cœur de Villefort, il s'approcha du médecin, et lui saisissant le bras :

— Valentine, dit-il, c'est le tour de Valentine!

— Votre fille! s'écria d'Avrigny, saisi de douleur et de surprise.

— Vous voyez que vous vous trompiez, murmura le magistrat ; venez la voir, et sur son lit de douleur demandez-lui pardon de l'avoir soupçonnée.

— Chaque fois que vous m'avez prévenu, dit M. d'Avrigny, il était trop tard ; n'importe, j'y vais ; mais hâtons-nous, monsieur, avec les ennemis qui frappent chez vous, il n'y a pas de temps à perdre.

— Oh! cette fois, docteur, vous ne me reprocherez plus ma faiblesse. Cette fois, je connaîtrai l'assassin et je frapperai.

— Essayons de sauver la victime avant de penser à la venger, dit d'Avrigny. Venez.

Et le cabriolet qui avait amené Villefort le ramena au grand trot, accompagné de d'Avrigny, au moment même où, de son côté, Morrel frappait à la porte de Monte-Cristo.

Le comte était dans son cabinet, et, fort soucieux, lisait un mot que Bertuccio venait de lui envoyer à la hâte.

En entendant annoncer Morrel, qui le quittait il y avait deux heures à peine, le comte releva la tête.

Pour lui, comme pour le comte, il s'était sans doute passé bien des choses pendant ces deux heures, car le jeune homme, qui l'avait quitté le sourire sur les lèvres, revenait le visage bouleversé.

Il se leva et s'élança au devant de Morrel.

— Qu'y a-t-il donc, Maximilien? lui demanda-t-il ; vous êtes pâle, et votre front ruisselle de sueur.

Morrel tomba sur un fauteuil plutôt qu'il ne s'assit.

— Oui, dit-il, je suis venu vite, j'avais besoin de vous parler.

— Tout le monde se porte bien dans votre famille? demanda le comte avec un ton de bienveillance affectueuse à la sincérité de laquelle personne ne se fût trompé.

— Merci, comte, merci, dit le jeune homme visiblement embarrassé pour commencer l'entretien ; oui, dans ma famille tout le monde se porte bien.

— Tant mieux ; cependant vous avez quelque chose à me dire? reprit le comte de plus en plus inquiet.

— Oui, dit Morrel, c'est vrai, je viens de sortir d'une maison où la mort venait d'entrer, pour accourir à vous.

— Sortez-vous donc de chez M. de Morcerf? demanda Monte-Cristo.

— Non, dit Morrel ; quelqu'un est-il mort chez M. de Morcerf?

— Le général vient de se brûler la cervelle, répondit Monte-Cristo.

— Oh! l'affreux malheur! s'écria Maximilien.

— Pas pour la comtesse, pas pour Albert, dit Monte-Cristo; mieux vaut un père et un époux mort qu'un père et un époux déshonoré: le sang lavera la honte.

— Pauvre comtesse! dit Maximilien, c'est elle que je plains surtout, une si noble femme!

— Plaignez aussi Albert, Maximilien, car, croyez-le, c'est le digne fils de la comtesse. Mais revenons à vous: vous accouriez vers moi, m'avez-vous dit; aurais-je le bonheur que vous eussiez besoin de moi?

— Oui, j'ai besoin de vous, c'est-à-dire que j'ai cru comme un insensé que vous pouviez me porter secours dans une circonstance où Dieu seul peut me secourir.

— Dites toujours, répondit Monte-Cristo.

— Oh! dit Morrel, je ne sais en vérité s'il m'est permis de révéler un pareil secret à des oreilles humaines; mais la fatalité m'y pousse, la nécessité m'y contraint, comte.

Morrel s'arrêta hésitant.

— Croyez-vous que je vous aime? dit Mont-Cristo prenant affectueusement la main du jeune homme entre les siennes.

— Oh! tenez, vous m'encouragez, et puis quelque chose me dit là (Morrel posa la main sur son cœur) que je ne dois pas avoir de secret pour vous.

— Vous avez raison, Morrel, c'est Dieu qui parle à votre cœur, et c'est votre cœur qui vous parle. Redites-moi ce que vous dit votre cœur.

— Comte, voulez-vous me permettre d'envoyer Baptistin demander de votre part des nouvelles de quelqu'un que vous connaissez?

— Je me suis mis à votre disposition, à plus forte raison j'y mets mes domestiques.

— Oh! c'est que je ne vivrai pas tant que je n'aurai pas la certitude qu'elle va mieux.

— Voulez-vous que je sonne Baptistin?

— Non; je vais lui parler moi-même.

Morrel sortit, appela Baptistin et lui dit quelques mots tout bas. Le valet de chambre partit tout courant.

— Eh bien! est-ce fait? demanda Monte-Cristo en voyant reparaître Morrel.

— Oui, et je vais être un peu plus tranquille.

— Vous savez que j'attends, dit Monte-Cristo souriant.

— Oui, et moi je parle. Écoutez: un soir je me trouvais dans un jardin; j'étais caché par un massif d'arbres, nul ne se doutait que je pouvais être là. Deux personnes passèrent près de moi; permettez que je taise provisoirement leurs noms; elles causaient à voix basse, et cependant j'avais un tel intérêt à entendre leurs paroles que je ne perdais pas un mot de ce qu'elles disaient.

— Cela s'annonce lugubrement, si j'en crois votre pâleur et votre frisson, Morrel.

— Oh! oui, bien lugubrement, mon ami! Il venait de mourir quelqu'un chez le maître du jardin où je me trouvais; l'une des deux personnes dont j'entendais la conversation était la maître de ce jardin, et l'autre était le médecin. Or, le premier confiait au second ses craintes et ses douleurs; car c'était la seconde fois depuis un mois que la mort s'abattait, rapide et imprévue, sur cette maison, qu'on croirait désignée par quelque ange exterminateur à la colère de Dieu.

— Ah! ah! dit Monte-Cristo en regardant fixement le jeune homme et en tournant son fauteuil par un mouvement imperceptible de manière à se placer dans l'ombre, tandis que le jour frappait le visage de Maximilien.

— Oui, continua celui-ci, la mort était entrée deux fois dans cette maison en un mois.

— Et que répondait le docteur? demanda Monte-Cristo.

— Il répondait... il répondait que cette mort n'était point naturelle, et qu'il fallait l'attribuer...

— À quoi?

— Au poison!

— Vraiment, dit Monte-Cristo avec cette toux légère qui, dans les momens de suprême émotion, lui servait à déguiser soit sa rougeur, soit sa pâleur, soit l'attention même avec laquelle il écoutait; vraiment, Maximilien, vous avez entendu de ces choses-là?

— Oui, cher comte, je les ai entendues, et le docteur a ajouté que si pareil événement se renouvelait, il se croirait obligé d'en appeler à la justice.

Monte-Cristo écoutait ou paraissait écouter avec le plus grand calme.

— Eh bien! dit Maximilien, la mort a frappé une troisième fois, et ni le maître de la maison ni le docteur n'ont rien dit; la mort va frapper une quatrième fois peut-être: comte, à quoi croyez-vous que la connaissance de ce secret m'engage?

— Mon cher ami, dit Monte-Cristo, vous me paraissez conter là une aventure que tout le monde sait par cœur. La maison où vous avez entendu cela, je la connais, ou tout au moins j'en connais une pareille: une maison où il y a un jardin, un père de famille, un docteur; une maison où il y a eu trois morts étranges et inattendues. Eh bien! regardez-moi, moi qui n'ai point intercepté de confidence, et qui cependant sais tout cela aussi bien que vous, est-ce que j'ai des scrupules de conscience? Non, cela ne me regarde pas, moi. Vous dites qu'un ange exterminateur semble désigner cette maison à la colère du Seigneur, eh bien! qui vous dit que votre supposition n'est pas une réalité? Ne voyez pas les choses que ne veulent pas voir ceux qui ont intérêt à les voir. Si c'est la justice et non la colère de Dieu qui se promène dans cette maison, Maximilien, détournez la tête et laissez passer la justice de Dieu.

Morrel frissonna. Il y avait quelque chose à la fois de lugubre, de solennel et de terrible dans l'accent du comte.

— D'ailleurs, continua-t-il avec un changement de voix si marqué qu'on eût dit que ces dernières paroles ne sortaient pas de la bouche du même homme; d'ailleurs, qui vous dit que cela recommencera?

— Cela recommence, comte! s'écria Morrel, et voilà pourquoi j'accours chez vous.

— Eh bien! que voulez-vous que j'y fasse, Morrel? Voudriez-vous, par hasard, que je prévinsse M. le procureur du roi?

Monte-Cristo articula ces dernières paroles avec tant de clarté et avec une accentuation si vibrante, que Morrel, se levant tout à coup, s'écria:

— Comte! comte! vous savez de qui je veux parler, n'est-ce pas?

— Eh! parfaitement, mon bon ami, et je vais vous le prouver en mettant les points sur les i, ou plutôt les noms sur les hommes. Vous vous êtes promené un soir dans le jardin de M. de Villefort; d'après ce que vous m'avez dit, je présume que c'est le soir de la mort de madame de Saint-Méran. Vous avez entendu M. de Villefort causer avec M. d'Avrigny de la mort de M. de Saint-Méran et de celle non moins étonnante de la marquise. M. d'Avrigny disait qu'il croyait à un empoisonnement et même à deux empoisonnemens; et vous voilà, vous honnête homme par excellence, vous voilà depuis ce moment occupé à palper votre cœur, à jeter la sonde dans votre conscience pour savoir s'il faut révéler ce secret ou le taire. Nous ne sommes plus au moyen-âge, cher ami, et il n'y a plus de Sainte-Vehme, il n'y a plus de francs-juges; que diable allez-vous demander à ces gens-là? Conscience, que me veux-tu? comme dit Sterne. Eh! mon cher, laissez-les dormir s'ils dorment, laissez-les pâlir dans leurs insomnies, s'ils ont des insomnies, et pour l'amour de Dieu, dormez, vous qui n'avez pas de remords qui vous empêchent de dormir.

Une effroyable douleur se peignit sur les traits de Morrel; il saisit la main de Monte-Cristo.

— Mais cela recommence! vous dis-je.

— Eh bien! dit le comte étonné de cette insistance à laquelle il ne comprenait rien, et regardant Maximilien plus attentivement, laissez recommencer: c'est une famille d'Atrides; Dieu les a condamnés, et ils subiront la sentence; ils vont tous disparaître comme ces moines que les enfans fabriquent avec des cartes pliées, et qui tombent les uns après les autres sous le souffle de leur créateur, y en eût-il deux cents. C'était M. de Saint-Méran, il y a trois mois; c'était madame de Saint-Méran, il y a deux mois; c'était Barrois l'autre jour; aujourd'hui c'est le vieux Noirtier ou la jeune Valentine.

— Vous le saviez? s'écria Morrel dans un tel paroxysme de terreur, que Monte-Cristo tressaillit, lui que la chute du ciel eût trouvé impassible; vous le saviez et tous ne disiez rien?

— Eh! que m'importe! reprit Monte-Cristo en haussant les épaules, est-ce que je connais ces gens-là, moi, et faut-il que je perde l'un pour sauver l'autre? Ma foi non, car entre le coupable et la victime, je n'ai pas de préférence.

— Mais moi, moi, s'écria Morrel en hurlant de douleur, moi, je l'aime!

— Vous aimez, qui? s'écria Monte-Cristo en bondissant sur ses pieds et en saisissant les deux mains que Morrel élevait, en les tordant, vers le ciel.

— J'aime éperdument, j'aime en insensé, j'aime en homme qui donnerait tout son sang pour lui épargner une larme, j'aime Valentine de Villefort, qu'on assassine en ce moment, entendez-vous bien! je l'aime et je demande à Dieu et à vous comment je puis la sauver!

Monte-Cristo poussa un cri sauvage dont peuvent seuls se faire une idée ceux qui ont entendu le rugissement du lion blessé.

— Malheureux! s'écria-t-il en se tordant les mains à son tour, malheureux! tu aimes Valentine! tu aimes cette fille d'une race maudite!

Jamais Morrel n'avait vu semblable expression; jamais œil si terrible n'avait flamboyé devant son visage; jamais le génie de la terreur, qu'il avait vu tant de fois apparaître, soit sur les champs de bataille, soit dans les nuits homicides de l'Algérie, n'avait secoué autour de lui de feux plus sinistres.

Il recula épouvanté.

Quant à Monte-Cristo, après cet éclat et ce bruit, il ferma un moment les yeux, comme ébloui par des éclairs intérieurs; pendant ce moment, il se recueillit avec tant de puissance, que l'on voyait peu à peu s'apaiser le mouvement onduleux de sa poitrine gonflée de tempêtes, comme on voit après la nuée se fondre sous le soleil les vagues turbulentes et écumeuses.

Ce silence, ce recueillement, cette lutte durèrent vingt secondes à peu près.

Puis le comte releva son front pâli.

— Voyez, dit-il d'une voix à peine altérée, voyez, cher ami, comme Dieu sait punir de leur indifférence les hommes les plus fanfarons et les plus froids devant les terribles spectacles qu'il leur donne. Moi qui regardais, assistant impassible et curieux; moi qui regardais le développement de cette lugubre tragédie; moi qui, pareil au mauvais ange, riais du mal que font les hommes, à l'abri derrière le secret (et le secret est facile à garder pour les riches et les puissans), voilà qu'à mon tour je me sens mordu par ce serpent dont je regardais la marche tortueuse, et mordu au cœur!

Morrel poussa un sourd gémissement.

— Allons, allons, continua le comte, assez de plaintes comme cela, soyez homme, soyez fort, soyez plein d'espoir, car je suis là, car je veille sur vous.

Morrel secoua tristement la tête.

— Je vous dis d'espérer, me comprenez-vous? s'écria Monte-Cristo. Sachez bien que jamais je ne mens, que jamais je ne me trompe. Il est midi, Maximilien, rendez grace au ciel de ce que vous êtes venu à midi au lieu de venir ce soir, au lieu de venir demain matin. Ecoutez donc ce que je vais vous dire, Morrel : il est midi ; si Valentine n'est pas morte à cette heure, elle ne mourra pas.

— Oh! mon Dieu! mon Dieu! s'écria Morrel, moi qui l'ai laissée mourante!

Monte-Cristo appuya une main sur son front.

Que se passa-t-il dans cette tête si lourde d'effrayans secrets? Que dit à cet esprit, implacable et humain à la fois, l'ange lumineux ou l'ange des ténèbres?

Dieu seul le sait!

Monte-Cristo releva le front encore une fois, et cette fois il était calme comme l'enfant qui se réveille.

— Maximilien, dit-il, retournez tranquillement chez vous ; je vous commande de ne pas faire un pas, de ne pas tenter une démarche, de ne pas laisser flotter sur votre visage l'ombre d'une préoccupation, je vous donnerai des nouvelles ; allez.

— Mon Dieu! mon Dieu! dit Morrel, vous m'épouvantez, comte, avec ce sang-froid. Pouvez-vous donc quelque chose contre la mort? Êtes-vous plus qu'un homme? Êtes-vous un ange? Êtes-vous un dieu?

Et le jeune homme, qu'aucun danger n'avait jamais fait reculer d'un pas, reculait devant Monte-Cristo, saisi d'une indicible terreur.

Mais Monte-Cristo le regarda avec un sourire à la fois si mélancolique et si doux que Maximilien sentit les larmes poindre dans ses yeux.

— Je peux beaucoup, mon ami, répondit le comte. Allez, j'ai besoin d'être seul.

Morrel, subjugué par ce prodigieux ascendant qu'exerçait Monte-Cristo sur tout ce qui l'entourait, n'essaya pas même de s'y soustraire. Il serra la main du comte et sortit.

Seulement, à la porte, il s'arrêta pour attendre Baptistin, qu'il venait de voir apparaître au coin de la rue Matignon, et qui revenait tout courant.

Cependant, Villefort et d'Avrigny avaient fait diligence. A leur retour, Valentine était encore évanouie, et le médecin avait examiné la malade avec le soin que commandait la circonstance et avec une profondeur que doublait la connaissance du secret.

Villefort, suspendu à son regard et à ses lèvres, attendait le résultat de l'examen. Noirtier, plus pâle que la jeune fille, plus avide d'une solution que Villefort lui-même, attendait aussi, et tout en lui se faisait intelligence et sensibilité.

Enfin, d'Avrigny laissa échapper lentement :

— Elle vit encore.

— Encore! s'écria Villefort ; oh! docteur, quel terrible mot vous avez prononcé là.

— Oui, dit le médecin, je répète ma phrase : elle vit encore, et j'en suis bien surpris.

— Mais elle est sauvée? demanda le père.

— Oui, puisqu'elle vit.

En ce moment le regard de d'Avrigny rencontra l'œil de Noirtier. Il étincelait d'une joie si extraordinaire, d'une pensée tellement riche et féconde, que le médecin en fut frappé.

Il laissa retomber sur le fauteuil la jeune fille dont les lèvres se dessinaient à peine, tant pâles et blanches elles étaient, à l'unisson du reste du visage, et demeura immobile ; et regardant Noirtier par qui tout mouvement du docteur était attendu et commenté.

— Monsieur, dit alors d'Avrigny à Villefort, appelez la femme de chambre de mademoiselle Valentine, s'il vous plaît.

Villefort quitta la tête de sa fille qu'il soutenait, et courut lui-même appeler la femme de chambre.

Aussitôt que Villefort eut refermé la porte, d'Avrigny s'approcha de Noirtier.

— Vous avez quelque chose à me dire? demanda-t-il.

Le vieillard cligna expressivement les yeux ; c'était, on se le rappelle, le seul signe affirmatif qui fût à sa disposition.

— A moi seul?

— Oui, fit Noirtier.

— Bien, je demeurerai avec vous.

En ce moment Villefort rentra suivi de la femme de chambre, derrière la femme de chambre marchait madame de Villefort.

— Mais qu'a donc fait cette chère enfant? s'écria-t-elle, elle sort de chez moi, et elle s'est bien plainte d'être indisposée, mais je n'avais pas cru que c'était sérieux.

Et la jeune femme, les larmes aux yeux, et avec toutes les marques d'affection d'une véritable mère, s'approcha de Valentine dont elle prit la main.

D'Avrigny continua de regarder Noirtier, il vit les yeux du vieillard se dilater et s'arrondir, ses joues blêmir et trembler; la sueur perla son front.

— Ah! fit-il involontairement en suivant la direction du regard de Noirtier, c'est-à-dire en fixant ses yeux sur madame de Villefort qui répétait :

— Cette pauvre enfant sera mieux dans son lit. Venez, Fanny, nous la coucherons.

M. d'Avrigny qui voyait dans cette proposition un moyen de rester seul avec Noirtier, fit signe de la tête que c'était effectivement ce qu'il y avait de mieux à faire, mais il défendit qu'elle prît rien au monde que ce qu'il ordonnerait.

On emporta Valentine, qui était revenue à la connaissance, mais qui était incapable d'agir et presque de parler, tant ses membres étaient brisés par la secousse qu'elle venait d'éprouver.

Cependant elle eut la force de saluer d'un coup d'œil son grand-père, dont il semblait qu'on arrachât l'âme en l'emportant.

D'Avrigny suivit la malade, termina ses prescriptions, ordonna à Villefort de prendre un cabriolet, d'aller en personne chez le pharmacien faire préparer devant lui les potions ordonnées, de les rapporter lui-même et de l'attendre dans la chambre de sa fille.

Puis après avoir renouvelé l'injonction de ne rien laisser prendre à Valentine, il redescendit chez Noirtier, ferma soigneusement les portes, et après s'être assuré que personne n'écoutait :

— Voyons, dit-il, vous savez quelque chose sur cette maladie de votre fille?

— Oui, fit le vieillard.

— Écoutez, nous n'avons pas de temps à perdre, je vais vous interroger et vous me répondrez.

Noirtier fit signe qu'il était prêt à répondre.

— Avez-vous prévu l'accident qui est arrivé aujourd'hui à Valentine?

— Oui.

D'Avrigny réfléchit un instant; puis se rapprochant de Noirtier :

— Pardonnez-moi ce que je vais vous dire, ajouta-t-il, mais nul indice ne doit être négligé dans la situation terrible où nous sommes. Vous avez vu mourir le pauvre Barrois?

Noirtier leva les yeux au ciel.

— Savez-vous de quoi il est mort? demanda d'Avrigny en posant sa main sur l'épaule de Noirtier.

— Oui, répondit le vieillard.

— Pensez-vous que sa mort ait été naturelle?

Quelque chose comme un sourire s'esquissa sur les lèvres inertes de Noirtier.

— Alors l'idée que Barrois avait été empoisonné vous est venue?

— Oui.

— Croyez-vous que ce poison dont il a été victime lui ait été destiné?

— Non.

— Maintenant pensez-vous que ce soit la même main qui a frappé Barrois, en voulant frapper un autre, qui frappe aujourd'hui Valentine?

— Oui.

— Elle va donc succomber aussi? demanda d'Avrigny en fixant son regard profond sur Noirtier.

Et il attendit l'effet de cette phrase sur le vieillard.

— Non! répondit-il avec un air de triomphe qui eût pu dérouter toutes les conjectures du plus habile devin.

— Alors vous espérez? dit d'Avrigny avec surprise.

— Oui.

— Qu'espérez-vous?

Le vieillard fit comprendre des yeux qu'il ne pouvait répondre.

— Ah! oui, c'est vrai, murmura d'Avrigny.

Puis revenant à Noirtier :

— Vous espérez, dit-il, que l'assassin se lassera?

— Non.

— Alors vous espérez que le poison sera sans effet sur Valentine?

— Oui.

— Car je ne vous apprends rien, n'est-ce pas, ajouta d'Avrigny, en vous disant qu'on vient d'essayer de l'empoisonner?

Le vieillard fit signe des yeux qu'il ne conservait aucun doute à ce sujet.

— Alors, comment espérez-vous que Valentine échappera?

Noirtier tint avec obstination ses yeux fixés du même côté, d'Avrigny suivit la direction de ses yeux, et vit qu'ils étaient attachés sur une bouteille contenant la potion qu'on lui apportait tous les matins.

— Ah! ah! dit d'Avrigny, frappé d'une idée subite, auriez-vous eu l'idée...

Noirtier ne le laissa point achever.

— Oui, fit-il.

— De la prémunir contre le poison...

— Oui.

— En l'habituant peu à peu...

— Oui, oui, oui, fit Noirtier enchanté d'être compris.

— En effet, vous m'avez entendu dire qu'il entrait de la brucine dans les potions que je vous donne!

— Oui.

— Et en l'accoutumant à ce poison, vous avez voulu neutraliser les effets d'un poison?

Même joie triomphante de Noirtier.

— Et vous y êtes parvenu en effet, s'écria d'Avrigny. Sans cette précaution, Valentine était tuée aujourd'hui, tuée sans secours possible, tuée sans miséricorde, la secousse a été si violente! mais elle n'a été qu'ébranlée, et cette fois du moins Valentine ne mourra pas.

Une joie surhumaine épanouissait les yeux du vieillard, levés au ciel avec une expression de reconnaissance infinie.

En ce moment Villefort rentra.

— Tenez, docteur, dit-il, voici ce que vous avez demandé.

— Cette potion a été préparée devant vous?

— Oui, répondit le procureur du roi.

— Elle n'est pas sortie de vos mains?

— Non.

D'Avrigny prit la bouteille, versa quelques gouttes du breuvage qu'elle contenait dans le creux de sa main et les avala.

— Bien, dit-il, montons chez Valentine, j'y donnerai mes instructions à tout le monde, et vous veillerez vous-même, monsieur de Villefort, à ce que personne ne s'en écarte.

Au moment où d'Avrigny rentrait dans la chambre de Valentine accompagné de Villefort, un prêtre italien, à la démarche sévère, aux paroles calmes et décidées, louait pour son usage la maison attenante à l'hôtel habité par M. de Villefort.

On ne put savoir en vertu de quelle transaction les trois locataires de cette maison déménagèrent deux heures après; mais le bruit qui courut généralement dans le quartier fut que la maison n'était pas solidement assise sur ses fondations et menaçait ruine, ce qui n'empêchait point le nouveau locataire de s'y établir avec son modeste mobilier le jour même, vers les cinq heures.

Ce bail fut fait pour trois, six ou neuf ans par le nouveau locataire, qui, selon l'habitude établie par les propriétaires, paya six mois d'avance; ce nouveau locataire, qui, ainsi que nous l'avons dit, était italien, s'appelait il signor Giacomo Busoni.

Des ouvriers furent immédiatement appelés, et la nuit même les rares passans attardés au haut du faubourg voyaient avec surprise les charpentiers et les maçons occupés à reprendre en sous-œuvre la maison chancelante.

XCIII.—LE PÈRE ET LA FILLE.

Nous avons vu, dans le chapitre précédent, madame Danglars venir annoncer officiellement à madame de Villefort le prochain mariage de mademoiselle Eugénie Danglars avec M. Andrea Cavalcanti.

Cette annonce officielle, qui indiquait ou semblait indiquer une résolution prise par tous les intéressés à cette grande affaire, avait cependant été précédée d'une scène dont nous devons compte à nos lecteurs.

Nous les prions donc de faire un pas en arrière et de se transporter, le matin même de cette journée aux grandes catastrophes, dans ce beau salon si bien doré que nous leur avons fait connaître et qui faisait l'orgueil de son propriétaire, M. le baron Danglars.

Dans ce salon, en effet, vers les dix heures du matin, se promenait depuis quelques minutes, tout pensif et visiblement inquiet, le baron lui-même, regardant à chaque porte et s'arrêtant à chaque bruit.

Lorsque sa somme de patience fut épuisée, il appela le valet de chambre.

— Etienne, lui dit-il, voyez donc pourquoi mademoiselle Eugénie m'a prié de l'attendre au salon, et informez-vous pourquoi elle m'y fait attendre si long-temps.

Cette bouffée de mauvaise humeur exhalée, le baron reprit un peu de calme.

En effet, mademoiselle Danglars, après son réveil, avait fait demander une audience à son père, et avait désigné le salon doré comme le lieu de cette audience. La singularité de cette démarche, son caractère officiel surtout, n'avaient pas médiocrement surpris le banquier, qui avait immédiatement obtempéré au désir de sa fille en se rendant le premier au salon.

Etienne revint bientôt de son ambassade.

— La femme de chambre de mademoiselle, dit-il, m'a annoncé que mademoiselle achevait sa toilette et ne tarderait pas à venir.

Danglars fit un signe de tête indiquant qu'il était satisfait. Danglars, vis-à-vis du monde et même vis-à-vis de ses gens, affectait le bonhomme et le père facile : c'était une face du rôle qu'il s'était imposé dans la comédie populaire qu'il jouait ; c'était une physionomie qu'il avait adoptée et qui lui semblait convenir, comme il convenait aux profils droits des masques des pères du théâtre antique d'avoir à la lèvre retroussée et riante, tandis que le côté gauche avait la lèvre abaissée et pleurnicheuse.

Hâtons-nous de dire que, dans l'intimité, la lèvre retroussée et riante descendait au niveau de la lèvre abaissée et pleurnicheuse ; de sorte que, pour la plupart du temps, le bonhomme disparaissait pour faire place au mari brutal et au père absolu.

— Pourquoi diable cette folle, qui veut me parler, à ce qu'elle prétend, murmurait Danglars, ne vient-elle pas simplement dans mon cabinet, pensait-il ; et pourquoi surtout veut-elle me parler?

Il roulait pour la vingtième fois cette pensée inquiétante dans son cerveau, lorsque la porte s'ouvrit et qu'Eugénie parut, vêtue d'une robe de satin noir brochée de fleurs mates de la même couleur, coiffée en cheveux et gantée, comme s'il se fût agi d'aller s'asseoir dans son fauteuil au théâtre Italien.

— Eh bien, Eugénie, qu'y a-t-il donc? s'écria le père, et pourquoi le salon solennel, tandis qu'on est si bien dans mon cabinet particulier?

— Vous avez parfaitement raison, monsieur, répondit Eugénie en faisant signe à son père qu'il pouvait s'asseoir, et vous venez de poser là deux questions qui résument d'avance toute la conversation que nous allons avoir. Je vais donc répondre à toutes deux, et contre les lois de l'habitude à la seconde d'abord, comme étant la moins complexe. J'ai choisi le salon, monsieur, pour lieu de rendez-vous, afin d'éviter les impressions désagréables et les influences du cabinet d'un banquier. Ces livres de caisse, si bien dorés qu'ils soient, ces tiroirs fermés comme des portes de forteresses, ces masses de billets de banque qui viennent on ne sait d'où, et ces quantités de lettres qui viennent d'Angleterre, de Hollande, d'Espagne, des Indes, de la Chine et du Pérou, agissent en général étrangement sur l'esprit d'un père et lui font oublier qu'il est dans le monde un intérêt plus grand et plus sacré que celui de la position sociale et de l'opinion de ses commettans. J'ai donc choisi ce salon où vous voyez souriant et heureux dans leurs cadres magnifiques votre portrait, le mien, celui de ma mère et toutes sortes de paysages pastoraux et de bergeries attendrissantes. Je me fie beaucoup à la puissance des impressions extérieures. Peut-être, vis-à-vis de vous surtout, est-ce une erreur; mais que voulez-vous, je ne serais pas artiste s'il ne me restait pas quelques illusions.

— Très bien, répondit M. Danglars, qui avait écouté la tirade avec un imperturbable sang-froid mais sans en comprendre une parole, absorbé qu'il était, comme tout homme plein d'arrière-pensées, à chercher le fil de sa propre idée dans les idées de l'interlocuteur.

— Voilà donc le second point éclairci ou à peu près, dit Eugénie sans le moindre trouble et avec cet aplomb tout masculin qui caractérisait son geste et sa parole, et vous me paraissez satisfait de l'explication. Maintenant revenons au premier. Vous me demandiez pourquoi j'avais sollicité cette audience ; je vais vous le dire en deux mots, monsieur, le voici. Je ne veux pas épouser M. le comte Andrea Cavalcanti.

Danglars fit un bond sur son fauteuil, et de la secousse leva à la fois les yeux et les bras au ciel.

— Mon Dieu, oui, monsieur, continua Eugénie, toujours aussi calme. Vous êtes étonné, je le vois bien, car depuis que toute cette petite affaire est en train, je n'ai point manifesté la plus petite opposition, certaine que je suis toujours, le moment venu, d'opposer franchement aux gens qui ne m'ont point consultée et aux choses qui me déplaisent une volonté franche et absolue. Cependant cette fois, cette tranquillité, cette passivité, comme disent les philosophes, venait d'une autre source ; elle venait de ce que, fille soumise et dévouée.... (un léger sourire se dessina sur les lèvres empourprées de la jeune fille), je m'essayais à l'obéissance.

— Eh bien ! demanda Danglars...

— Eh bien ! monsieur, reprit Eugénie, j'ai essayé jusqu'au bout de mes forces, et maintenant que le moment est arrivé, malgré tous les efforts que j'ai tentés sur moi-même, je me sens incapable d'obéir.

— Mais enfin, dit Danglars, qui, esprit secondaire, semblait d'abord tout abasourdi du poids de cette impitoyable logique, dont le flegme accusait tant de préméditation et de force de volonté, — la raison de ce refus, Eugénie? la raison?

— La raison, répliqua la jeune fille, oh ! mon Dieu, ce n'est point que l'homme soit plus laid, soit plus sot ou soit plus désagréable qu'un autre, non, M. Andrea Cavalcanti peut même passer, près de ceux qui regardent les hommes au visage et à la taille, pour être d'un assez beau modèle; ce n'est pas non plus parce que mon cœur est moins touché de celui-là que de tout autre : ceci serait une raison de pensionnaire, que je regarde comme tout-à-fait au-dessous de moi; je n'aime absolument personne, monsieur, vous le savez bien, n'est-ce pas? Je ne vois donc pas pourquoi, sans nécessité absolue, j'irais embarrasser ma vie d'un éternel compagnon. Est-ce que le sage n'a point dit quelque part : « Rien de trop ; » et ailleurs : « Portez tout avec vous-même ? » On m'a même appris ces deux aphorismes en latin et en grec; l'un est je crois de Phèdre, et l'autre de Bias. Eh bien! mon cher père, dans le naufrage de la vie, car la vie est un naufrage éternel de nos espérances, je jette à la mer mon bagage inutile, voilà tout, et je reste avec ma volonté, disposée à vivre parfaitement seule et par conséquent parfaitement libre.

—Malheureuse! malheureuse! murmura Danglars pâlissant, car il connaissait par une longue expérience la solidité de l'obstacle qu'il rencontrait si soudainement.

— Malheureuse! reprit Eugénie; malheureuse! dites-vous, monsieur? Mais non pas, en vérité, et l'exclamation me paraît tout-à-fait théâtrale et affectée. Heureuse! au contraire, car, je vous le demande, que me manque-t-il? Le monde me trouve belle, c'est quelque chose pour être accueillie favorablement. J'aime les bons accueils, moi : ils épanouissent les visages, et ceux qui m'entourent me paraissent alors moins laids. Je suis douée de quelque esprit et d'une certaine sensibilité relative qui me permet de tirer de l'existence générale, pour la faire entrer dans la mienne, ce que j'y trouve de bon, comme fait le singe lorsqu'il casse la noix verte pour en tirer ce qu'elle contient. Je suis riche, car vous avez une des belles fortunes de France, car je suis votre fille unique, et vous n'êtes point tenace au degré où le sont les pères de la Porte-Saint-Martin et de la Gaîté, qui déshéritent leurs filles parce qu'elles ne veulent pas leur donner de petits-enfans. D'ailleurs la loi prévoyante vous a ôté le droit de me déshériter, du moins tout-à-fait, comme elle vous a ôté le pouvoir de me contraindre à épouser M. tel ou tel. Ainsi, belle, spirituelle, ornée de quelque talent, comme on dit dans les opéras-comiques, et riche! Mais c'est le bonheur, cela, monsieur. Pourquoi donc m'appelez-vous malheureuse?

Danglars, voyant sa fille souriante et fière jusqu'à l'insolence, ne put réprimer un mouvement de brutalité qui se trahit par un éclat de voix, mais ce fut le seul. Sous le regard interrogateur de sa fille, en face de ce beau sourcil noir, froncé par l'interrogation, il se retourna avec prudence et se calma aussitôt, dompté par la main de fer de la circonspection.

—En effet, ma fille, répondit-il avec un sourire, vous êtes tout ce que vous vous vantez d'être, hormis une seule chose, ma fille ; je ne veux pas trop brusquement vous dire laquelle : j'aime mieux vous la laisser deviner.

Eugénie regarda Danglars, fort surprise qu'on lui contestât l'un des fleurons de la couronne d'orgueil qu'elle venait de poser si superbement sur sa tête.

— Ma fille, continua le banquier, vous m'avez parfaitement expliqué quels étaient les sentiments qui présidaient aux résolutions d'une fille comme vous quand elle a décidé qu'elle ne se mariera point. Maintenant, c'est à moi de vous dire quels sont les motifs d'un père comme moi quand il a décidé que sa fille se mariera.

Eugénie s'inclina, non pas en fille soumise qui écoute, mais en adversaire prêt à discuter qui attend.

— Ma fille, continua Danglars, quand un père demande à sa fille de prendre un époux, il a toujours une raison quelconque pour désirer son mariage. Les uns sont atteints de la manie que vous disiez tout à l'heure, c'est-à-dire de se voir revivre dans leurs petits-fils. Je n'ai pas cette faiblesse, je commence par vous le dire : les joies de la famille me sont à peu près indifférentes, à moi. Je puis avouer cela à une fille que je sais assez philosophe pour comprendre cette indifférence et pour ne pas m'en faire un crime.

—A la bonne heure, dit Eugénie; parlons franc, monsieur, j'aime cela.

— Oh! dit Danglars, vous voyez que sans partager, en thèse générale, votre sympathie pour la franchise, je m'y soumets, quand je crois la circonstance m'y inviter. Je continuerai donc. Je vous ai proposé un mari, non pas pour vous, car, en vérité, je ne pensais pas le moins du monde à vous en ce moment. Vous aimez la franchise, en voilà, j'espère ; mais parce que j'avais besoin que vous prissiez cet époux le plus tôt possible, pour certaines combinaisons commerciales que je suis en train d'établir en ce moment.

Eugénie fit un mouvement.

—C'est comme j'ai l'honneur de vous le dire, ma fille, et il ne faut pas m'en vouloir, car c'est vous qui m'y forcez ; c'est malgré moi, vous le comprenez bien, que j'entre dans ces explications arithmétiques, avec une artiste comme vous, qui craint d'entrer dans le cabinet d'un banquier pour y percevoir, les philosophes disent aussi cela, je crois, pour y percevoir des impressions ou des sensations désagréables et anti-poétiques.

Mais dans ce cabinet de banquier, dans lequel cependant vous avez bien voulu entrer avant-hier pour me demander les mille francs que je vous accorde chaque mois pour vos fantaisies, sachez, ma chère demoiselle, qu'on apprend beaucoup de choses à l'usage même des jeunes personnes qui ne veulent pas se marier. On y apprend, par exemple, et par égard pour votre susceptibilité nerveuse je vous l'apprendrai dans ce salon, on y apprend que le crédit d'un banquier est sa vie physique et morale, que le crédit soutient l'homme comme le souffle anime le corps, et M. de Monte-Cristo m'a fait un jour là-dessus un discours que je n'ai jamais oublié. On y apprend qu'à mesure que le crédit se retire, le corps devient cadavre, et que cela doit arriver dans fort peu de temps au banquier qui s'honore d'être le père d'une fille si bonne logicienne.

Mais Eugénie, au lieu de se courber, se redressa sous le coup.

—Ruiné! dit-elle.

—Vous avez trouvé l'expression juste, ma fille, la bonne expression, dit Danglars en fouillant sa poitrine avec ses ongles, tout en conservant sur sa rude figure le sourire de l'homme sans cœur, mais non sans esprit, ruiné! c'est cela.

— Ah! fit Eugénie.

— Oui, ruiné! Eh bien! le voilà donc connu ce secret plein d'horreur, comme dit le poëte tragique.

Maintenant, ma fille, apprenez de ma bouche comment ce malheur peut, par vous, devenir moindre, je ne dirai pas pour moi, mais pour vous.

— Oh! s'écria Eugénie, vous êtes mauvais physionomiste, monsieur, si vous vous figurez que c'est pour moi que je déplore la catastrophe que vous m'exposez.

Moi ruinée! Et que m'importe? Ne me reste-t-il pas mon talent ? Ne puis-je pas, comme la Pasta, comme la Malibran, comme la Grisi, me faire ce que vous ne m'eussiez jamais donné, quelle que fût votre fortune : cent ou cent cinquante mille livres de rente que je ne devrai qu'à moi seule, et qui, au lieu de m'arriver comme m'arrivaient ces pauvres douze mille francs que vous me donniez avec des regards rechignés et des paroles de reproche sur ma prodigalité, me viendront accompagnées d'acclamations de bravos et de fleurs. Et quand je n'aurais pas ce talent dont votre sourire me prouve que vous doutez, ne me resterait-il pas encore ce furieux amour de l'indépendance, qui me tiendra toujours lieu de tous les trésors, et qui domine en moi jusqu'à l'instinct de la conservation ?

Non, ce n'est pas pour moi que je m'attriste, je saurai toujours bien me tirer d'affaire, moi ; mes livres, mes crayons, mon piano, toutes choses qui ne coûtent pas cher et que je pourrai toujours me procurer, me resteront toujours. Vous pensez peut-être que je m'afflige pour madame Danglars, détrompez-vous encore ; ou je me trompe grossièrement, ou ma mère a pris toutes ses précautions contre la catastrophe qui vous menace et qui passera sans l'atteindre ; elle s'est mise à l'abri, je l'espère, et ce n'est pas en veillant sur moi qu'elle a pu se distraire de ses préoccupations de fortune, car, Dieu merci, elle m'a laissé toute mon indépendance sous le prétexte que j'aimais ma liberté.

Oh! non, monsieur, depuis mon enfance j'ai vu se passer trop de choses autour de moi; je les ai toutes trop bien comprises pour que le malheur fasse sur moi plus d'impression qu'il ne mérite de le faire; depuis que je me connais, je n'ai été aimée de personne, tant pis! cela m'a conduite tout naturellement à n'aimer personne, tant mieux! Maintenant vous avez ma profession de foi.

— Alors, dit Danglars, pâle d'un courroux qui ne prenait point sa source dans l'amour paternel offensé; alors, mademoiselle, vous persistez à vouloir consommer ma ruine?

— Votre ruine? Moi, dit Eugénie, consommer votre ruine? Que voulez-vous dire? je ne comprends pas.

— Tant mieux, cela me laisse un rayon d'espoir; écoutez.

— J'écoute, dit Eugénie en regardant si fixement son père qu'il fallut à celui-ci un effort pour qu'il ne baissât point les yeux sous le regard puissant de la jeune fille.

— M. Cavalcanti, continua Danglars, vous épouse, et en vous épousant vous apporte trois millions de dot qu'il place chez moi.

— Ah! fort bien, fit avec un souverain mépris Eugénie, tout en lissant ses gants l'un sur l'autre.

— Vous pensez que je vous ferai tort de ces trois millions? dit Danglars; pas du tout, ces trois millions sont destinés à en produire au moins dix. J'ai obtenu avec un banquier, mon confrère, la concession d'un chemin de fer, seule industrie qui, de nos jours, présente ces chances fabuleuses de succès immédiat qu'autrefois Law appliqua pour les bons Parisiens, ces éternels badauds de la spéculation, à un Mississipi fantastique. Par mon calcul on doit posséder un millionnième de rail comme on possédait autrefois un arpent de terre en friche sur les bords de l'Ohio. C'est un placement hypothécaire, ce qui est un progrès, comme vous voyez, puisqu'on aura au moins dix, quinze, vingt, cent livres de fer en échange de son argent! Eh bien! je dois d'ici à huit jours déposer pour mon compte quatre millions; ces quatre millions, je vous le dis, en produiront dix ou douze.

— Mais pendant cette visite que je vous ai faite avant-hier, monsieur, et dont vous voulez bien vous souvenir, reprit Eugénie, je vous ai vu encaisser, c'est le terme, n'est-ce pas? cinq millions et demi; vous m'avez même montré la chose en deux bons sur le trésor, et vous vous étonniez qu'un papier ayant une si grande valeur n'éblouît pas mes yeux comme ferait un éclair.

— Oui, mais ces cinq millions et demi ne sont point à moi et sont seulement une preuve de la confiance que l'on a en moi; mon titre de banquier populaire m'a valu la confiance des hôpitaux, et les cinq millions et demi sont aux hôpitaux; dans tout autre temps je n'hésiterais pas à m'en servir, mais aujourd'hui l'on sait les grandes pertes que j'ai faites, et, comme je vous l'ai dit, le crédit commence à se retirer de moi. D'un moment à l'autre, l'administration peut réclamer le dépôt, et si je l'ai employé à autre chose, je suis forcé de faire une banqueroute honteuse. Je ne méprise pas les banqueroutes, croyez-le bien, mais les banqueroutes qui enrichissent et non celles qui ruinent. Ou que vous épousiez M. Cavalcanti, que je touche les trois millions de la dot, ou même que l'on croie que je les touche, mon crédit se raffermit, et ma fortune, qui, depuis un mois ou deux, s'est engouffrée dans des abîmes creusés sous mes pas par une fatalité inconcevable, se rétablit. Me comprenez-vous?

— Parfaitement; vous me mettez en gage pour trois millions, n'est-ce pas?

— Plus la somme est forte, plus elle est flatteuse; elle vous donne une idée de votre valeur.

— Merci. Un dernier mot, monsieur: me promettez-vous de vous servir tant que vous le voudrez du chiffre de cette dot que doit apporter M. Cavalcanti, mais de ne pas toucher à la somme? Ceci n'est point une affaire d'égoïsme, c'est une affaire de délicatesse. Je veux bien servir à rééditer votre fortune, mais je ne ne veux pas être votre complice dans la ruine des autres.

— Mais puisque je vous dis, s'écria Danglars, qu'avec ces trois millions...

— Croyez-vous vous tirer d'affaire, monsieur, sans avoir besoin de toucher à ces trois millions?

— Je l'espère, mais à condition toujours que le mariage, en se faisant, consolidera mon crédit.

— Pourrez-vous payer à M. Cavalcanti les cinq cent mille francs que vous me donnez pour mon contrat?

— En revenant de la mairie, il les touchera.

— Bien!

— Comment, bien, que voulez-vous dire?

— Je veux dire qu'en me demandant ma signature, n'est-ce pas, vous me laissez absolument libre de ma personne?

— Absolument.

— Alors, bien. Comme je vous disais, monsieur, je suis prête à épouser M. Cavalcanti.

— Mais quels sont vos projets?

— Ah! c'est mon secret. Où serait ma supériorité sur vous, si, ayant le vôtre, je vous livrais le mien?

Danglars se mordit les lèvres.

— Ainsi, dit-il, vous êtes prête à faire les quelques visites officielles qui sont absolument indispensables?

— Oui, répondit Eugénie.

— Et à signer le contrat dans trois jours?

— Oui.

— Alors, à mon tour, c'est moi qui vous dis: Bien.

Et Danglars prit la main de sa fille et la serra entre les siennes.

Mais, chose extraordinaire, pendant ce serrement de main, le père n'osa pas dire: Merci, mon enfant; la fille n'eut pas un sourire pour son père.

— La conférence est finie? demanda Eugénie en se levant.

Danglars fit signe de la tête qu'il n'avait plus rien à dire.

Cinq minutes après, le piano retentissait sous les doigts de mademoiselle d'Armilly, et mademoiselle Danglars chantait la malédiction de Brabantio sur Desdemona.

A la fin du morceau, Étienne entra et annonça à Eugénie que les chevaux étaient à la voiture et que la baronne l'attendait pour faire ses visites.

Nous avons vu les deux femmes passer chez Villefort, d'où elles sortirent pour continuer leurs courses.

CHAP. XCIV. — LE CONTRAT.

Trois jours après la scène que nous venons de raconter, c'est-à-dire vers les cinq heures de l'après-midi du jour fixé pour la signature du contrat de mademoiselle Eugénie Danglars et d'Andrea Cavalcanti, que le banquier s'était obstiné à maintenir prince, comme une brise fraîche faisait frissonner toutes les feuilles du petit jardin situé en avant de la maison du comte de Monte-Cristo, au moment où celui-ci se préparait à sortir, et tandis que ses chevaux l'attendaient en frappant du pied, maintenus par la main du cocher assis déjà depuis un quart d'heure sur le siège, l'élégant phaéton avec lequel nous avons déjà plusieurs fois fait connaissance, et notamment pendant la soirée d'Auteuil, vint tourner rapidement l'angle de la porte d'entrée, et lança plutôt qu'il ne déposa sur les degrés du perron M. Andrea Cavalcanti, aussi doré, aussi rayonnant que si, de son côté, eût été sur le point d'épouser une princesse.

Il s'informa de la santé du comte avec cette familiarité qui lui était habituelle, et escaladant légèrement le premier étage, le rencontra lui-même au haut de l'escalier.

A la vue du jeune homme, le comte s'arrêta. Quant à

Andrea Cavalcanti, il était lancé, et quand il était lancé, rien ne l'arrêtait,

— Eh! bonjour, cher monsieur de Monte-Cristo, dit-il au comte.

— Ah! monsieur Andrea! fit celui-ci avec sa voix demi-raillleuse, comment vous portez-vous?

— A merveille! comme vous voyez. Je viens causer avec vous de mille choses; mais d'abord sortiez-vous ou rentriez-vous?

— Je sortais, monsieur.

— Alors, pour ne point vous retarder, je monterai, si vous le voulez bien, dans votre calèche, et Tom nous suivra conduisant mon phaéton à la remorque.

— Non, dit avec un imperceptible sourire de mépris le comte, qui ne se souciait pas d'être en compagnie du jeune homme; non, je préfère vous donner audience ici, cher monsieur Andrea; on cause mieux dans une chambre, et l'on n'a pas de cocher qui surprenne vos paroles au vol.

Le comte rentra donc dans un petit salon faisant partie du premier étage, s'assit, et fit, en croisant ses jambes l'une sur l'autre, signe au jeune homme de s'asseoir à son tour.

Andrea prit son air le plus riant.

— Vous savez, cher comte, dit-il, que la cérémonie a lieu ce soir; à neuf heures on signe le contrat chez le beau-père.

— Ah! vraiment? dit Monte-Cristo.

— Comment! est-ce une nouvelle que je vous apprends, et n'étiez-vous pas prévenu de cette solennité par M. Danglars?

— Si fait, dit le comte, j'ai reçu une lettre de lui hier; mais je ne crois pas que l'heure y fût indiquée.

— C'est possible; le beau-père aura compté sur la notoriété publique.

— Eh bien! dit Monte-Cristo, vous voilà heureux, monsieur Cavalcanti: c'est une alliance des plus sortables que vous contractez là; et puis, mademoiselle Danglars est jolie.

— Mais, oui, répondit Cavalcanti avec un accent plein de modestie.

— Elle est surtout fort riche, à ce que je crois, du moins, dit Monte-Cristo.

— Fort riche, vous croyez? répéta le jeune homme.

— Sans doute; on dit que M. Danglars cache pour le moins la moitié de sa fortune.

— Et il avoue quinze ou vingt millions, dit Andrea avec un regard étincelant de joie.

— Sans compter, ajouta Monte-Cristo, qu'il est à la veille d'entrer dans un genre de spéculation déjà un peu usé aux États-Unis et en Angleterre, mais tout-à-fait neuf en France.

— Oui, oui, je sais ce dont vous voulez parler; le chemin de fer dont il vient d'obtenir l'adjudication, n'est-ce pas?

— Justement! Il gagnera au moins, c'est l'avis général, au moins dix millions dans cette affaire.

— Dix millions! vous croyez? c'est magnifique! dit Cavalcanti, qui se grisait à ce bruit métallique de paroles dorées.

— Sans compter, reprit Monte-Cristo, que toute cette fortune vous reviendra, et que c'est justice, puisque mademoiselle Danglars est fille unique. D'ailleurs, votre fortune à vous, votre père me l'a dit du moins, est presque égale à celle de votre fiancée. Mais laissons là un peu les affaires d'argent. Savez-vous, monsieur Andrea, que vous avez un peu lestement et habilement mené toute cette affaire?

— Mais pas mal, pas mal, dit le jeune homme; j'étais né pour être diplomate.

— Eh bien! on vous fera entrer dans la diplomatie; la diplomatie, vous le savez, ne s'apprend pas: c'est une chose d'instinct... Le cœur est donc pris?

— En vérité, j'en ai peur, répondit Andrea du ton dont il avait vu au Théâtre-Français Dorante ou Valère répondre à Alceste.

— Vous aime-t-on un peu?

— Il le faut bien, dit Andrea avec un sourire vainqueur, puisqu'on m'épouse. Mais cependant n'oublions pas un grand point.

— Lequel?

— C'est que j'ai été singulièrement aidé dans tout ceci.

— Bah!

— Certainement.

— Par les circonstances?

— Non, par vous.

— Par moi? laissez donc, prince, dit Monte-Cristo en appuyant avec affectation sur le titre. Qu'ai-je pu faire pour vous? Est-ce que votre nom, votre position sociale et votre mérite ne suffisaient point?

— Non, dit Andrea, non; et vous avez beau dire, monsieur le comte, je maintiens, moi, que la position d'un homme tel que vous a plus fait que mon nom, ma position sociale et mon mérite.

— Vous vous abusez complètement, monsieur, dit Monte-Cristo, qui sentit l'adresse perfide du jeune homme, et qui comprit la portée de ses paroles; ma protection ne vous a été acquise qu'après connaissance prise de l'influence et de la fortune de M. votre père; car enfin qui m'a procuré, à moi qui ne vous avais jamais vu, ni vous ni l'illustre auteur de vos jours, le bonheur de votre connaissance? Ce sont deux de mes bons amis, lord Wilmore et l'abbé Busoni. Qui m'a encouragé, non pas à vous servir de garantie, mais à vous patroner? C'est le nom de votre père, si connu et si honoré en Italie; personnellement, moi je ne vous connais pas.

Ce calme, cette parfaite aisance firent comprendre à Andrea qu'il était pour le moment étreint par une main plus musculeuse que la sienne, et que l'étreinte n'en pouvait être facilement brisée.

— Ah ça! mais, dit-il, mon père a donc vraiment une bien grande fortune, monsieur le comte?

— Il paraît que oui, monsieur, répondit Monte-Cristo.

— Savez-vous si la dot qu'il m'a promise est arrivée?

— J'en ai reçu la lettre d'avis.

— Mais les trois millions?

— Les trois millions sont en route, selon toute probabilité.

— Je les toucherai donc réellement?

— Mais dame! reprit le comte, il me semble que jusqu'à présent, monsieur, l'argent ne vous a pas fait faute.

Andrea fut tellement surpris qu'il ne put s'empêcher de rêver un moment.

— Alors, dit-il en sortant de sa rêverie, il me reste, monsieur, à vous adresser une demande, et celle-là vous la comprendrez, même quand elle devrait vous être désagréable.

— Parlez, dit Monte-Cristo.

— Je me suis mis en relations, grace à ma fortune, avec beaucoup de gens distingués, et j'ai même, pour le moment du moins, une foule d'amis. Mais en me mariant comme je le fais, en face de toute la société parisienne, je dois être soutenu par un nom illustre, et à défaut de la main paternelle, c'est une main puissante qui doit me conduire à l'autel; or, mon père ne vient point à Paris, n'est-ce pas?

— Il est vieux, couvert de blessures, et il souffre, dit-il, à en mourir, chaque fois qu'il voyage.

— Je comprends. Eh bien! je viens vous faire une demande.

— A moi?

— Oui, à vous.

— Et laquelle? mon Dieu!

— Eh bien! c'est de le remplacer.

— Ah! mon cher monsieur! quoi! après les nombreuses relations que j'ai eu le bonheur d'avoir avec vous, vous me connaissez si mal que de me faire une pareille demande?

Demandez-moi un demi-million à emprunter, et quoiqu'un pareil prêt soit assez rare, parole d'honneur! vous me serez moins gênant. Sachez donc, je croyais vous l'avoir déjà dit, que dans sa participation, morale surtout, aux choses de ce monde, jamais le comte de Monte-Cristo n'a cessé d'apporter les scrupules, je dirai plus, les superstitions d'un homme de l'Orient.

Moi qui ai un sérail au Caire, un à Smyrne et un à Constantinople, présider à un mariage! jamais.

— Ainsi, vous me refusez?

— Net; et fussiez-vous mon fils, fussiez-vous mon frère, je vous refuserais de même.

— Ah, par exemple! s'écria Andrea désappointé, mais comment faire alors?

— Vous avez cent amis, vous l'avez dit vous-même.

— D'accord, mais c'est vous qui m'avez présenté chez M. Danglars.

— Point! Rétablissons les faits dans toute la vérité : c'est moi qui vous ai fait dîner avec lui à Auteuil, et c'est vous qui vous êtes présenté vous-même; diable! c'est tout différent.

— Oui, mais mon mariage, vous avez aidé...

— Moi! en aucune chose, je vous prie de le croire; mais rappelez-vous donc ce que je vous ai répondu quand vous êtes venu me prier de faire la demande : Oh! je ne fais jamais de mariage, moi, mon cher prince, c'est un principe arrêté chez moi.

Andrea se mordit les lèvres.

— Mais enfin, dit-il, vous serez là au moins?

— Tout Paris y sera?

— Oh! certainement!

— Eh bien! j'y serai comme tout Paris, dit le comte.

— Vous signerez au contrat?

— Oh! je n'y vois aucun inconvénient, et mes scrupules ne vont point jusque-là.

— Enfin, puisque vous ne voulez pas m'accorder davantage, je dois me contenter de ce que vous me donnez. Mais un dernier mot, comte.

— Comment donc?

— Un conseil.

— Prenez garde; un conseil, c'est pis qu'un service.

— Oh! celui-ci vous pouvez me le donner sans vous compromettre.

— Dites.

— La dot de ma femme est de cinq cent mille livres.

— C'est le chiffre que M. Danglars m'a annoncé à moi-même.

— Faut-il que je la reçoive ou que je la laisse aux mains du notaire?

— Voici, en général, comment les choses se passent quand on veut qu'elles se passent galamment : vos deux notaires prennent rendez-vous au contrat pour le lendemain ou le surlendemain; le lendemain ou le surlendemain, ils échangent les deux dots, dont ils se donnent mutuellement reçu; puis, le mariage célébré, ils mettent les millions à votre disposition, comme chef de la communauté.

— C'est que, dit Andrea avec une certaine inquiétude mal dissimulée, je croyais avoir entendu dire à mon beau-père qu'il avait l'intention de placer nos fonds dans cette fameuse affaire de chemin de fer dont vous me parliez tout à l'heure.

— Eh bien! mais, reprit Monte-Cristo, c'est, à ce que tout le monde assure, un moyen que vos capitaux soient triplés dans l'année. M. le baron Danglars est bon père et sait compter.

— Allons donc, dit Andrea, tout va bien, sauf votre refus, toutefois, qui me perce le cœur.

— Ne l'attribuez qu'à des scrupules fort naturels en pareille circonstance.

— Allons, dit Andrea, qu'il soit donc fait comme vous le voulez; à ce soir, neuf heures.

— A ce soir.

Et malgré une légère résistance de Monte-Cristo, dont les lèvres pâlirent, mais qui cependant conserva son sourire de cérémonie, Andrea saisit la main du comte, la serra, sauta dans son phaéton et disparut.

Les quatre ou cinq heures qui lui restaient jusqu'à neuf heures, Andrea les employa en courses, en visites, destinées à intéresser ces amis dont il avait parlé à paraître chez le banquier avec tout le luxe de leurs équipages, les éblouissant par ces promesses d'action qui, depuis ont fait tourner toutes les têtes, et dont Danglars, en ce moment-là, avait l'initiative.

En effet, à huit heures et demie du soir, le grand salon de Danglars, la galerie attenante à ce salon et les trois autres salons de l'étage, étaient pleins d'une foule parfumée qu'attirait fort peu la sympathie, mais beaucoup cet irrésistible besoin d'être là où l'on sait qu'il y a du nouveau.

Un académicien dirait que les soirées du monde sont des collections de fleurs qui attirent papillons inconstans, abeilles affamées et frelons bourdonnans.

Il va sans dire que les salons étaient resplendissans de bougies, la lumière roulait à flots des moulures d'or sur les tentures de soie, et tout le mauvais goût de cet ameublement, qui n'avait pour lui que la richesse, resplendissait de tout son éclat.

Mademoiselle Eugénie était vêtue avec la simplicité la plus élégante; une robe de soie blanche brochée de blanc, une rose blanche à moitié perdue dans ses cheveux d'un noir de jais, composaient toute sa parure, que ne venait pas enrichir le plus petit bijou.

Seulement, on pouvait lire dans ses yeux cette assurance parfaite destinée à démentir ce que cette candide toilette avait de vulgairement virginal à ses propres yeux.

Madame Danglars, à trente pas d'elle, causait avec Debray, Beauchamp et Château-Renaud. Debray avait fait sa rentrée dans cette maison pour cette grande solennité, mais comme tout le monde et sans aucun privilége particulier.

M. Danglars, entouré de députés, d'hommes de finance, expliquait une théorie de contributions nouvelles qu'il comptait mettre en exercice quand la force des choses aurait contraint le gouvernement à l'appeler au ministère.

Andrea, tenant sous son bras un des plus fringans dandys de l'Opéra, lui expliquait assez impertinemment, attendu qu'il avait besoin d'être hardi pour paraître à l'aise, ses projets de vie à venir, et les progrès de luxe qu'il comptait faire faire, avec ses cent soixante-quinze mille livres de rente, au fashion parisien.

La foule générale roulait dans ces salons comme un flux et un reflux de turquoises, de rubis, d'émeraudes, d'opales et de diamans.

Comme partout, on remarquait que c'étaient les plus vieilles femmes qui étaient les plus parées, et les plus laides qui se montraient avec le plus d'obstination.

S'il y avait quelque beau lis blanc, quelque rose suave et parfumée, il fallait la chercher et la découvrir, cachée dans quelque coin par une mère à turban ou par une tante à oiseau de paradis.

A chaque instant, au milieu de cette cohue, de ce bourdonnement, de ces rires, la voix des huissiers lançait un nom connu dans les finances, respecté dans l'armée ou illustre dans les lettres; alors un faible mouvement des groupes accueillait ce nom.

Mais pour un qui avait le privilége de faire frémir cet océan de vagues humaines, combien passaient accueillis par l'indifférence ou le ricanement du dédain!

Au moment où l'aiguille de la pendule massive, de la pendule représentant Endymion endormi, marquait neuf heures sur un cadran d'or, et où le timbre, fidèle reproducteur de la pensée machinale, retentissait neuf fois, le nom du comte de Monte-Cristo retentit à son tour, et, comme poussée par la flamme électrique, toute l'assemblée se tourna vers la porte.

Le comte était vêtu de noir et avec sa simplicité habituelle; son gilet blanc dessinait sa vaste et noble poitrine, son col noir paraissait d'une fraîcheur singulière, tant il ressortait sur la mate pâleur de son teint; pour tout bijou il portait une chaîne de gilet si fine qu'à peine le mince filet d'or tranchait sur le piqué blanc.

Il se fit à l'instant même un cercle autour de la porte.

Le comte d'un seul coup d'œil aperçut madame Danglars à un bout du salon, M. Danglars à l'autre, et mademoiselle Eugénie devant lui.

Il s'approcha d'abord de la baronne, qui causait avec madame de Villefort, qui était venue seule, Valentine étant toujours souffrante; et, sans dévier, tant le chemin se frayait devant lui, il passa de la baronne à Eugénie, qu'il complimenta en termes si rapides et si réservés que la fière artiste en fut frappée.

Près d'elle était mademoiselle Louise d'Armilly, qui remercia le comte des lettres de recommandation qu'il lui avait si gracieusement données pour l'Italie, et dont elle comptait, lui dit-elle, faire incessamment usage.

En quittant ces dames, il se retourna et se trouva près de Danglars, qui s'était approché pour lui donner la main.

Ces trois devoirs sociaux accomplis, Monte-Cristo s'arrêta, promenant autour de lui ce regard assuré, empreint de cette expression particulière aux gens d'un certain monde et surtout d'une certaine portée, regard qui semble dire :

« J'ai fait ce que j'ai dû ; maintenant que les autres fassent ce qu'ils doivent. »

Andrea, qui était dans un salon contigu, sentit cette espèce de frémissement que Monte-Cristo avait imprimé à la foule, et il accourut saluer le comte.

Il le trouva complètement entouré; on se disputait ses paroles, comme il arrive toujours pour les gens qui parlent peu et qui ne disent jamais un mot sans valeur.

Les notaires firent leur entrée en ce moment, et vinrent installer leurs pancartes griffonnées sur le velours brodé d'or qui couvrait la table préparée pour la signature, table en bois doré.

Un des notaires s'assit, l'autre resta debout.

On allait procéder à la lecture du contrat que la moitié de Paris, présente à cette solennité, devait signer.

Chacun prit place, ou plutôt les femmes firent cercle, tandis que les hommes, plus indifférens à l'endroit du *style énergique*, comme dit Boileau, firent leurs commentaires sur l'agitation fébrile d'Andrea, sur l'attention de M. Danglars, sur l'impassibilité d'Eugénie, et sur la façon leste et enjouée dont la baronne traitait cette importante affaire.

Le contrat fut lu au milieu d'un profond silence. Mais aussitôt la lecture achevée, la rumeur recommença dans les salons, double de ce qu'elle était auparavant; ces sommes brillantes, ces millions roulant dans l'avenir des deux jeunes gens et qui venaient compléter l'exposition qu'on avait faite, dans une chambre exclusivement consacrée à cet objet, du trousseau de la mariée et des diamans de la jeune femme, avaient retenti avec tout leur prestige dans la jalouse assemblée.

Les charmes de mademoiselle Danglars en étaient doubles aux yeux des jeunes gens, et pour le moment ils effaçaient l'éclat du soleil.

Quant aux femmes, il va sans dire que, tout en jalousant ces millions, elles ne croyaient pas en avoir besoin pour être belles.

Andrea, serré par ses amis, complimenté, adulé, commençant à croire à la réalité du rêve qu'il faisait, Andrea était sur le point de perdre la tête.

Le notaire prit solennellement la plume, l'éleva au-dessus de sa tête, et dit:

— Messieurs, on va signer le contrat.

Le baron devait signer le premier, puis le fondé de pouvoirs de M. Cavalcanti père, puis la baronne, puis les futurs conjoints, comme on dit dans cet abominable style qui a cours sur papier timbré.

Le baron prit la plume et signa, puis le chargé de pouvoirs.

La baronne s'approcha au bras de madame de Villefort.

— Mon ami, dit-elle en prenant la plume, n'est-ce pas une chose désespérante? Un incident inattendu, arrivé dans cette affaire d'assassinat et de vol dont M. le comte de Monte-Cristo a failli être victime, nous prive d'avoir M. de Villefort.

— Oh! mon Dieu! fit Danglars du même ton dont il aurait dit : Ma foi! la chose m'est bien indifférente!

— Mon Dieu! dit Monte-Cristo en s'approchant, j'ai bien peur d'être la cause involontaire de cette absence.

— Comment! vous, comte? dit madame Danglars en signant. S'il en est ainsi, prenez garde, je ne vous le pardonnerai jamais.

Andrea dressait les oreilles.

— Il n'y aurait cependant point de ma faute, dit le comte; aussi je tiens à le constater.

On écouta avidement : Monte-Cristo, qui desserrait si rarement les lèvres, allait parler.

— Vous vous rappelez, dit le comte au milieu du plus profond silence, que c'est chez moi qu'est mort ce malheureux qui était venu pour me voler, et qui, en sortant de chez moi, a été tué, à ce que l'on croit, par son complice?

— Oui, dit Danglars.

— Eh bien! pour lui porter secours, on l'avait déshabillé et l'on avait jeté ses habits dans un coin où la justice les a ramassés; mais la justice, en prenant l'habit et le pantalon pour les déposer au greffe, avait oublié le gilet.

Andrea pâlit visiblement et tira tout doucement du côté de la porte; il voyait paraître un nuage à l'horizon, et ce nuage lui semblait renfermer la tempête dans ses flancs.

— Eh bien! ce malheureux gilet, on l'a retrouvé aujourd'hui, tout couvert de sang et troué à l'endroit du cœur.

Les dames poussèrent un cri, et deux ou trois se préparèrent à s'évanouir.

— On me l'a apporté. Personne ne pouvait deviner d'où venait cette guenille; moi seul songeai que c'était probablement le gilet de la victime. Tout à coup mon valet de chambre, en fouillant avec dégoût et précaution cette funèbre relique, a senti un papier dans sa poche et l'en a tiré : c'était une lettre adressée à qui? à vous, baron.

— A moi? s'écria Danglars.

— Oh! mon Dieu! oui, à vous; je suis parvenu à lire votre nom sous le sang dont le billet était maculé, répondit Monte-Cristo au milieu des éclats de la surprise générale.

— Mais, demanda madame Danglars regardant son mari avec inquiétude, comment cela empêche-t-il M. de Villefort?...

— C'est tout simple, madame, répondit Monte-Cristo; ce gilet et cette lettre étaient ce qu'on appelle des pièces de conviction; lettre et gilet, j'ai tout envoyé à M. le procureur du roi. Vous comprenez, mon cher baron, la voie légale est la plus sûre en matière criminelle ; c'était peut-être quelque machination contre vous.

Andrea regarda fixement Monte-Cristo et disparut dans le deuxième salon.

— C'est possible, dit Danglars; cet homme assassiné n'était-il point un ancien forçat?

— Oui, répondit le comte; un ancien forçat nommé Caderousse.

Danglars pâlit légèrement; Andrea quitta le second salon et gagna l'antichambre.

— Mais signez donc, signez donc, dit Monte-Cristo,

je m'aperçois que mon récit a mis tout le monde en émoi et j'en demande bien humblement pardon à vous, madame la baronne, et à mademoiselle Danglars.

La baronne, qui venait de signer, remit la plume au notaire.

— Monsieur le prince Cavalcanti, dit le tabellion, monsieur le prince Cavalcanti, où êtes-vous?

— Andrea? Andrea? répétèrent plusieurs voix de jeunes gens qui en étaient déjà arrivés avec le noble Italien à ce degré d'intimité de l'appeler par son nom de baptême.

— Appelez donc le prince, prévenez-le donc que c'est à lui de signer! cria Danglars à un huissier.

Mais en même instant la foule des assistans refluait, terrifiée, dans le salon principal, comme si quelque monstre effroyable fût entré dans les appartemens, *quœrens quem devoret*.

Il y avait en effet de quoi reculer, s'effrayer, crier.

Un officier de gendarmerie plaçait deux gendarmes à la porte de chaque salon et s'avançait vers Danglars, précédé d'un commissaire de police, ceint de son écharpe.

Madame Danglars poussa un cri et s'évanouit.

Danglars, qui se croyait menacé (certaines consciences ne sont jamais calmes), Danglars offrit aux yeux de ses conviés un visage décomposé par la terreur.

— Qu'y a-t-il donc, monsieur? demanda Monte-Cristo s'avançant au devant du commissaire.

— Lequel de vous, messieurs, demanda le magistrat sans répondre au comte, s'appelle Andrea Cavalcanti?

Un cri de stupeur partit de tous les coins du salon.

On chercha; on interrogea.

— Mais quel est donc cet Andrea Cavalcanti? demanda Danglars presque égaré.

— Un ancien forçat échappé du bagne de Toulon.

— Et quel crime a-t-il commis?

— Il est prévenu, dit le commissaire de sa voix impassible, d'avoir assassiné le nommé Caderousse, son ancien compagnon de chaîne, au moment où il sortait de chez le comte de Monte-Cristo.

Monte-Cristo jeta un regard rapide autour de lui.

Andrea avait disparu.

CHAP. XCV. — LA ROUTE DE BELGIQUE.

Quelques instans après la scène de confusion produite dans les salons de M. Danglars par l'apparition inattendue du brigadier de gendarmerie, et par la révélation qui en avait été la suite, le vaste hôtel s'était vidé avec une rapidité pareille à celle qu'eût amenée l'annonce d'un cas de peste ou de choléra-morbus arrivé parmi les conviés : en quelques minutes, par toutes les portes, par tous les escaliers, par toutes les sorties, chacun s'était empressé de se retirer, ou plutôt de fuir; car c'était là une de ces circonstances dans lesquelles il ne faut pas même essayer de donner ces banales consolations qui rendent, dans les grandes catastrophes, les meilleurs amis si importuns.

Il n'était resté dans l'hôtel du banquier que Danglars enfermé dans son cabinet, et faisant sa déposition entre les mains de l'officier de gendarmerie; madame Danglars, terrifiée, dans le boudoir que nous connaissons, et Eugénie qui, l'œil hautain et la lèvre dédaigneuse, s'était retirée dans sa chambre avec son inséparable compagne mademoiselle Louise d'Armilly.

Quant aux nombreux domestiques, plus nombreux encore ce soir-là que de coutume, car on leur avait adjoint, à propos de la fête, les glaciers, les cuisiniers et les maîtres d'hôtel du café de Paris, tournant contre leurs maîtres la colère de ce qu'ils appelaient leur affront, ils stationnaient par groupes à l'office, aux cuisines, dans leurs chambres, s'inquiétant fort peu du service, qui, d'ailleurs, se trouvait tout naturellement interrompu.

Au milieu de ces différens personnages, frémissant d'intérêts divers, deux seulement méritent que nous nous occupions d'eux: c'est mademoiselle Eugénie Danglars et mademoiselle Louise d'Armilly.

La jeune fiancée, nous l'avons dit, s'était retirée, l'air hautain, la lèvre dédaigneuse, et avec la démarche d'une reine outragée, suivie de sa compagne plus pâle et plus émue qu'elle.

En arrivant dans sa chambre, Eugénie ferma sa porte en dedans, pendant que Louise tombait sur une chaise.

— Oh! mon Dieu! mon Dieu! l'horrible chose! dit la jeune musicienne; et qui pouvait se douter de cela? M. Andrea Cavalcanti... un assassin!.. un échappé du bagne!.. un forçat!...

Un sourire ironique crispa les lèvres d'Eugénie.

— En vérité, j'étais prédestinée, dit-elle. Je n'échappe au Morcerf que pour tomber dans le Cavalcanti!

— Oh! ne confonds pas l'un avec l'autre, Eugénie.

— Tais-toi, tous les hommes sont des infâmes, et je suis heureuse de pouvoir faire plus que de les détester : maintenant, je les méprise.

— Qu'allons-nous faire? demanda Louise.

— Ce que nous allons faire?

— Oui.

— Mais ce que nous devions faire dans trois jours.... partir.

— Ainsi, quoique tu ne te maries plus, tu veux toujours?...

— Écoute, Louise, j'ai en horreur cette vie du monde, ordonnée, compassée, réglée comme notre papier de musique. Ce que j'ai toujours désiré, ambitionné, voulu, c'est la vie d'artiste, la vie libre, indépendante, où l'on ne relève que de soi, où l'on ne doit de compte qu'à soi. Rester, pourquoi faire? pour qu'on essaie, d'ici à un mois, de me marier encore; à qui? à M. Debray, peut-être, comme il en avait été un instant question. Non, Louise; non, l'aventure de ce soir me sera une excuse : je n'en cherchais pas, je n'en demandais pas; Dieu m'envoie celle-ci, elle est la bienvenue.

— Comme tu es forte et courageuse! dit la blonde et frêle jeune fille à sa brune compagne.

— Ne me connaissais-tu point encore? Allons, voyons, Louise, causons de toutes nos affaires. La voiture de poste...

— Est achetée heureusement depuis trois jours.

— L'as-tu fait conduire où nous devions la prendre?

— Oui.

— Notre passeport?

— Le voilà.

Et Eugénie, avec son aplomb habituel, déplia un papier et lut :

« M. Léon d'Armilly, âgé de vingt ans, profession d'artiste, cheveux noirs, yeux noirs, voyageant avec sa sœur. »

— A merveille! Par qui t'es-tu procuré ce passeport?

— En allant demander à M. de Monte-Cristo des lettres pour les directeurs des théâtres de Rome et de Naples, je lui ai exprimé mes craintes de voyager en femme; il les a parfaitement comprises, s'est mis à ma disposition pour me procurer un passeport d'homme, et, deux jours après, j'ai reçu celui-ci, auquel j'ai ajouté de ma main : *voyageant avec sa sœur*.

— Eh bien! dit gaîment Eugénie, il ne s'agit plus que de faire nos malles : nous partirons le soir de la signature du contrat, au lieu de partir le soir des noces; voilà tout.

— Réfléchis bien, Eugénie.

— Oh! toutes mes réflexions sont faites; je suis lasse de n'entendre parler que de reports, de fins de mois, de hausse, de baisse, de fonds espagnols, de papier haïtien. Au lieu de cela, Louise, comprends-tu? l'air de la liberté, le chant des oiseaux, les plaines de la Lombardie, les canaux de Venise, les palais de Rome, la plage de Naples. Combien possédons-nous, Louise?

La jeune fille qu'on interrogeait tira d'un secrétai incrusté un petit portefeuille à serrure qu'elle ouvrit, dans lequel elle compta vingt-trois billets de banque.

— Vingt-trois mille francs, dit-elle.

— Et pour autant au moins de perles, de diamans et de

bijoux, dit Eugénie. Nous sommes riches. Avec quarante-cinq mille francs, nous avons de quoi vivre en princesses pendant deux ans, ou convenablement pendant quatre.

Mais avant six mois, toi avec ta musique, moi avec ma voix, nous aurons doublé notre capital. Allons, charge-toi de l'argent, moi je me charge du coffret aux pierreries : de sorte que si l'une de nous avait le malheur de perdre son trésor, l'autre aurait toujours le sien. Maintenant, la valise ; hâtons-nous, la valise !

— Attends, dit Louise allant écouter à la porte de madame Danglars.

— Que crains-tu ?
— Qu'on ne nous surprenne.
— La porte est fermée.
— Qu'on ne nous dise d'ouvrir.
— Qu'on le dise si l'on veut, nous n'ouvrirons pas.
— Tu es une véritable amazone, Eugénie !

Et les deux jeunes filles se mirent, avec une prodigieuse activité, à entasser dans une malle tous les objets de voyage dont elles croyaient avoir besoin.

— Là, maintenant, dit Eugénie, tandis que je vais changer de costume, ferme la valise, toi.

Louise appuya de toute la force de ses petites mains blanches sur le couvercle de la malle.

— Mais je ne puis pas, dit-elle, je ne suis pas assez forte ; ferme-la, toi.

— Ah ! c'est juste, dit en riant Eugénie, j'oubliais que je suis Hercule, moi, et que tu n'es, toi, que la pâle Omphale.

Et la jeune fille, appuyant le genou sur la malle, raidit ses bras blancs et musculeux jusqu'à ce que les deux compartimens de la valise fussent joints, et que mademoiselle d'Armilly eût passé le crochet du cadenas entre les deux pitons.

Cette opération terminée, Eugénie ouvrit une commode, dont elle avait la clé sur elle, et elle en tira une mante de voyage en soie violette ouatée.

— Tiens, dit-elle, tu vois que j'ai pensé à tout ; avec cette mante tu n'auras point froid.

— Mais toi ?

— Oh ! moi, je n'ai jamais froid, tu le sais bien ; d'ailleurs, avec ces habits d'homme...

— Tu vas t'habiller ici ?

— Sans doute.

— Mais auras-tu le temps ?

— N'aie donc pas la moindre inquiétude, poltronne ; tous nos gens sont occupés de la grande affaire. D'ailleurs qu'y a-t-il d'étonnant, quand on songe au désespoir dans lequel je dois être, que je me sois enfermée, dis ?

— Non, c'est vrai, tu me rassures.

— Viens, aide-moi.

Et du même tiroir dont elle avait fait sortir la mante qu'elle venait de donner à mademoiselle d'Armilly et dont celle-ci avait déjà couvert ses épaules, elle tira un costume d'homme complet, depuis les bottines jusqu'à la redingote, avec une provision de linge où il n'y avait rien de superflu, mais où se trouvait le nécessaire.

Alors, avec une promptitude qui indiquait que ce n'était pas sans doute la première fois qu'en se jouant elle avait revêtu les habits d'un autre sexe, Eugénie chaussa ses bottines, passa un pantalon, chiffonna sa cravate, boutonna jusqu'à son cou un gilet montant, et endossa une redingote qui dessinait sa taille fine et cambrée.

— Oh ! c'est très bien ! en vérité c'est très bien ! dit Louise en la regardant avec admiration, mais ces beaux cheveux noirs, ces nattes magnifiques qui faisaient soupirer d'envie toutes les femmes, tiendront-ils sous un chapeau d'homme comme celui que j'aperçois là.

— Tu vas voir, dit Eugénie.

Et saisissant avec sa main gauche la tresse épaisse sur laquelle ses longs doigts ne se refermaient qu'à peine, elle saisit de sa main droite une paire de longs ciseaux, et bientôt l'acier cria au milieu de la riche et splendide chevelure, qui tomba tout entière aux pieds de la jeune fille, renversée en arrière pour l'isoler de sa redingote.

Puis, la natte supérieure abattue, Eugénie passa à celles de ses tempes, qu'elle abattit successivement, sans laisser échapper le moindre regret : au contraire, ses yeux brillèrent plus pétillans et plus joyeux encore que de coutume sous ses sourcils noirs comme l'ébène.

— Oh ! les magnifiques cheveux, dit Louise avec regret.

— Eh ! ne suis-je pas cent fois mieux ainsi ? s'écria Eugénie en lissant les boucles épaisses de sa coiffure devenue toute masculine, et ne me trouves-tu donc pas plus belle ainsi ?

— Oh ! tu es belle, belle toujours ! s'écria Louise. Maintenant, où allons-nous ?

— Mais, à Bruxelles, si tu veux ; c'est la frontière la plus proche. Nous gagnerons Bruxelles, Liége, Aix-la-Chapelle, nous remonterons le Rhin jusqu'à Strasbourg, nous traverserons la Suisse et nous descendrons en Italie par le Saint-Gothard. Cela te va-t-il ?

— Mais, oui.

— Que regardes-tu ?

— Je te regarde. En vérité, tu es adorable ainsi, on dirait que tu m'enlèves.

— Eh pardieu ! on aurait raison.

— Oh ! je crois que tu as juré, Eugénie !

Et les deux jeunes filles, que chacun eût pu croire plongées dans les larmes, l'une pour son propre compte, l'autre par dévoûment à son amie, éclatèrent de rire, tout en faisant disparaître les traces les plus visibles du désordre qui naturellement avait accompagné les apprêts de leur évasion.

Puis, ayant soufflé leurs lumières, l'œil interrogateur, l'oreille au guet, le cou tendu, les deux fugitives ouvrirent la porte d'un cabinet de toilette qui donnait sur un escalier de service descendant jusqu'à la cour, Eugénie, marchant la première, et soutenant d'un bras la valise que, par l'anse opposée, mademoiselle d'Armilly soulevait à peine de ses deux mains.

La cour était vide. Minuit sonnait.

Le concierge veillait encore.

Eugénie s'approcha tout doucement et vit le digne suisse qui dormait au fond de la loge, étendu dans son fauteuil.

Elle retourna vers Louise, reprit la malle qu'elle avait un instant posée à terre, et toutes deux, suivant l'ombre projetée par la muraille, gagnèrent la voûte.

Eugénie fit cacher Louise dans l'angle de la porte, de manière à ce que le concierge, s'il lui plaisait par hasard de se réveiller, ne vît qu'une personne.

Puis, s'offrant elle-même au plein rayonnement de la lampe qui éclairait la cour :

— La porte ! cria-t-elle de sa plus belle voix de contralto, en frappant à la vitre.

Le concierge se leva comme l'avait prévu Eugénie, et fit même quelques pas pour reconnaître la personne qui sortait ; mais voyant un jeune homme qui fouettait impatiemment son pantalon de sa badine, il ouvrit sur-le-champ.

Aussitôt Louise se glissa comme une couleuvre par la porte entrebâillée, et bondit légèrement dehors. Eugénie, calme en apparence, quoique, selon toute probabilité, son cœur comptât plus de pulsations que dans l'état habituel, sortit à son tour.

Un commissionnaire passait, on le chargea de la malle ; puis les deux jeunes filles lui ayant indiqué comme le but de leur course la rue de la Victoire et le numéro 36 de cette rue, elles marchèrent derrière cet homme, dont la présence rassurait Louise ; quant à Eugénie, elle était forte comme une Judith ou une Dalila.

On arriva au numéro indiqué. Eugénie ordonna au commissionnaire de déposer la malle, lui donna quelques pièces de monnaie, et, après avoir frappé au volet, le renvoya

Ce volet auquel avait frappé Eugénie était celui d'une petite lingère prévenue à l'avance. Elle n'était point encore couchée : elle ouvrit.

— Mademoiselle, dit Eugénie, faites tirer par le concierge la calèche de la remise et envoyez-le chercher des chevaux à l'hôtel des postes. Voici cinq francs pour la peine que nous lui donnons.

— En vérité, dit Louise, je t'admire, et je dirai presque que je te respecte.

La lingère regardait avec étonnement ; mais comme il était convenu qu'il y aurait vingt louis pour elle, elle ne fit pas la moindre observation.

Un quart d'heure après, le concierge revenait, ramenant le postillon et les chevaux, qui en un tour de main furent attelés à la voiture, sur laquelle le concierge assura la malle à l'aide d'une corde et d'un tourniquet.

— Voici le passeport, dit le postillon ; quelle route prenons-nous, notre jeune bourgeois ?

— La route de Fontainebleau, répondit Eugénie avec une voix presque masculine.

— Eh bien ! que dis-tu donc ? demanda Louise.

— Je donne le change, dit Eugénie. Cette femme à qui nous donnons vingt louis peut nous trahir pour quarante. Sur le boulevard nous prendrons une autre direction.

Et la jeune fille s'élança dans le briska, établi en excellente dormeuse, sans presque toucher le marchepied.

— Tu as toujours raison, Eugénie, dit la maîtresse de chant en prenant place près de son amie.

Un quart d'heure après, le postillon, remis dans le droit chemin, franchissait, en faisant claquer son fouet, la grille de la barrière Saint-Martin.

— Ah ! dit Louise en respirant, nous voilà donc sorties de Paris !

— Oui, ma chère, et le rapt est bel et bien consommé, répondit Eugénie.

— Oui, mais sans violence, dit Louise.

— Je ferai valoir cela comme circonstance atténuante, répondit Eugénie.

Ces paroles se perdirent dans le bruit que faisait la voiture en roulant sur le pavé de la Villette.

M. Danglars n'avait plus de fille.

CHAP. XCVI.
L'AUBERGE DE LA CLOCHE ET DE LA BOUTEILLE.

Et maintenant, laissons mademoiselle Danglars et son amie rouler sur la route de Bruxelles, et revenons au pauvre Andrea Cavalcanti, si malencontreusement arrêté dans l'essor de sa fortune.

C'était, malgré son âge encore peu avancé, un garçon fort adroit et fort intelligent que M. Andrea Cavalcanti.

Aussi, aux premières rumeurs qui pénétrèrent dans le salon, l'avons-nous vu par degré se rapprocher de la porte, traverser une ou deux chambres, et enfin disparaître.

Une circonstance que nous avons oublié de mentionner, et qui cependant ne doit pas être omise, c'est que dans l'une de ces deux chambres que traversa Cavalcanti, était exposé le trousseau de la mariée, écrins de diamans, châles de cachemire, dentelles de Valenciennes, voiles d'Angleterre, tout ce qui compose enfin ce monde d'objets tentateurs dont le nom seul fait bondir de joie le cœur des jeunes filles, et que l'on appelle la corbeille.

Or, en passant par cette chambre, ce qui prouve que non-seulement Andrea était un garçon fort intelligent et fort adroit, mais encore prévoyant, c'est qu'il se saisit de la plus riche de toutes les parures exposées.

Muni de ce viatique, Andrea s'était senti de moitié plus léger pour sauter par la fenêtre et glisser entre les mains des gendarmes.

Grand et découplé comme le lutteur antique, musculeux comme un Spartiate, Andrea avait fourni une course d'un quart d'heure, sans savoir où il allait, et dans le but seul de s'éloigner du lieu où il avait failli être pris.

Parti de la rue du Mont-Blanc, il s'était retrouvé, avec cet instinct des barrières que les voleurs possèdent comme le lièvre celui du gîte, au bout de la rue Lafayette.

Là, suffoqué, haletant, il s'arrêta.

Il était parfaitement seul et avait à gauche le clos Saint-Lazare, vaste désert, et à sa droite Paris dans toute sa profondeur.

— Suis-je perdu ? se demanda-t-il. Non, si je puis fournir une somme d'activité supérieure à celle de mes ennemis. Mon salut est donc devenu tout simplement une question de myriamètres.

En ce moment il aperçut, montant du haut du faubourg Poissonnière, un cabriolet de régie, dont le cocher, morne et fumant sa pipe, semblait vouloir regagner les extrémités du faubourg Saint-Denis, où, sans doute, il faisait son séjour ordinaire.

— Eh ! l'ami ! dit Benedetto.

— Qu'y a-t-il, notre bourgeois ? demanda le cocher.

— Votre cheval est-il fatigué ?

— Fatigué ! ah ! bien oui ! il n'a rien fait de toute la sainte journée : quatre méchantes courses et vingt sous de pour-boire, sept francs en tout ; je dois en rendre dix au patron !

— Voulez-vous à ces sept francs en ajouter vingt que voici, hein ?

— Avec plaisir, bourgeois ; ce n'est pas à mépriser, vingt francs. Que faut-il faire pour cela ? voyons.

— Une chose bien facile, si votre cheval n'est pas fatigué toutefois.

— Je vous dis qu'il ira comme un zéphyr ; le tout est de dire de quel côté il faut qu'il aille.

— Du côté de Louvres.

— Ah ! ah ! connu : pays du ratafia !

— Justement. Il s'agit tout simplement de rattraper un de mes amis avec lequel je dois chasser demain à la Chapelle-en-Serval. Il devait m'attendre ici avec son cabriolet jusqu'à onze heures et demie. Il est minuit, il se sera fatigué de m'attendre, et sera parti tout seul.

— C'est probable.

— Eh bien ! voulez-vous essayer de le rattraper ?

— Je ne demande pas mieux.

— Mais, si nous ne le rattrapons pas d'ici au Bourget, vous aurez vingt francs ; si nous ne le rattrapons pas d'ici à Louvres, trente.

— Et si nous le rattrapons ?

— Quarante ! dit Andrea qui avait eu un moment d'hésitation, mais qui avait réfléchi qu'il ne risquait rien de promettre.

— Ça va ! dit le cocher. Montez, et en route ! Prrrouun !...

Andrea monta dans le cabriolet qui, d'une course rapide, traversa le faubourg Saint-Denis, longea le faubourg Saint-Martin, traversa la barrière, et enfila l'interminable Villette.

On n'avait garde de rejoindre cet ami chimérique ; cependant, de temps en temps, on demandait aux passans attardés des nouvelles d'un cabriolet vert attelé d'un cheval bai-brun ; et, comme sur la route des Pays-Bas il circule bon nombre de cabriolets, que les neuf dixièmes des cabriolets sont verts, les renseignemens pleuvaient à chaque pas.

On venait toujours de le voir passer, il n'avait pas plus de cinq cents pas, de deux cents, de cent pas d'avance ; enfin, on le dépassait, ce n'était pas lui.

Une fois le cabriolet fut dépassé à son tour ; c'était par une calèche rapidement emportée au galop de deux chevaux de poste.

— Ah ! se dit Cavalcanti, si j'avais cette calèche, ces deux bons chevaux, et surtout le passeport qu'il a fallu pour les prendre !

Et il soupira profondément.

Cette calèche était celle qui emportait mademoiselle Danglars et mademoiselle d'Armilly.

— En route! en route! dit Andrea, nous ne pouvons tarder à le rejoindre.

Et le pauvre cheval reprit le trot enragé qu'il avait suivi depuis la barrière, et arriva à Louvres tout fumant.

— Décidément, dit Andrea, je vois bien que je ne rejoindrai pas mon ami, et que je tuerai votre cheval. Ainsi donc, mieux vaut que je m'arrête. Voilà vos trente francs ; je m'en vais coucher au Cheval-Rouge, et la première voiture dans laquelle je trouverai une place, je la prendrai. Bonsoir, mon ami.

Et Andrea, après avoir mis six pièces de cinq francs dans la main du cocher, sauta lestement sur le pavé de la route.

Le cocher emporta joyeusement la somme et reprit au pas le chemin de Paris. Andrea feignit de gagner l'hôtel du Cheval-Rouge ; mais après s'être arrêté un instant contre la porte, entendant le bruit du cabriolet qui allait se perdant à l'horizon, il reprit sa route, et d'un pas gymnastique fort relevé, il fournit une course de deux lieues.

Là, il se reposa. Il devait être tout près de la Chapelle-en-Serval, où il avait dit qu'il allait.

Ce n'était pas la fatigue qui arrêtait Andrea Cavalcanti, c'était le besoin de prendre une résolution, c'était la nécessité d'adopter un plan.

Monter en diligence, c'était impossible ; prendre la poste, c'était également impossible. Pour voyager de l'une ou de l'autre façon, un passeport est de toute nécessité.

Demeurer dans le département de l'Oise, c'est-à-dire dans un des départemens les plus découverts et les plus surveillés de la France, c'était chose impossible encore, impossible surtout à un homme expert comme Andrea en matière criminelle.

Andrea s'assit sur le revers du fossé, laissa tomber sa tête entre ses deux mains et réfléchit.

Dix minutes après, il releva la tête ; sa résolution était arrêtée.

Il couvrit de poussière tout un côté du paletot qu'il avait eu le temps de décrocher dans l'antichambre et de boutonner par dessus sa toilette de bal, et, gagnant la Chapelle-en-Serval, il alla frapper hardiment à la porte de la seule auberge du pays.

L'hôte vint ouvrir.

— Mon ami, dit Andrea, j'allais de Mortefontaine à Senlis quand mon cheval, qui est un animal difficile, a fait un écart et m'a envoyé à dix pas. Il faut que j'arrive cette nuit à Compiègne sous peine de causer les plus graves inquiétudes à ma famille ; avez-vous un cheval à me louer ?

Bon ou mauvais, un aubergiste a toujours un cheval.

L'aubergiste de la Chapelle-en-Serval appela le garçon d'écurie, lui ordonna de seller le Blanc, et réveilla son fils, enfant de sept ans, lequel devait monter en croupe du monsieur et ramener le quadrupède.

Andrea donna vingt francs à l'aubergiste, et en les tirant de sa poche laissa tomber une carte de visite.

Cette carte de visite était celle d'un de ses amis du café de Paris, de sorte que l'aubergiste, lorsque Andrea fut parti et qu'il eut ramassé la carte tombée de sa poche, fut convaincu qu'il avait loué son cheval à M. le comte de Mauléon, rue Saint-Dominique, 25 : c'étaient le nom et l'adresse qui se trouvaient sur la carte.

Le Blanc n'allait pas vite, mais allait d'un pas égal et assidu ; en trois heures et demie Andrea fit les neuf lieues qui le séparaient de Compiègne ; quatre heures sonnaient à l'horloge de l'Hôtel-de-Ville lorsqu'il arriva sur la place où s'arrêtent les diligences.

Il y a à Compiègne un excellent hôtel, dont se souviennent ceux-là même qui n'y ont logé qu'une fois.

Andrea, qui y avait fait une halte dans une de ses courses aux environs de Paris, se souvint de l'hôtel de la Cloche et de la Bouteille : il s'orienta, vit à la lueur d'un réverbère l'enseigne indicatrice, et, ayant congédié l'enfant, auquel il donna tout ce qu'il avait sur lui de petite monnaie, il alla frapper à la porte, réfléchissant avec beaucoup de justesse qu'il avait trois ou quatre heures devant lui, et que le mieux était de se prémunir par un bon somme et un bon souper contre les fatigues à venir.

Ce fut un garçon qui vint ouvrir.

— Mon ami, dit Andrea, je viens de Saint-Jean-au-Bois, où j'ai dîné ; je comptais prendre la voiture qui passe à minuit ; mais je me suis perdu comme un sot, et voilà quatre heures que je me promène dans la forêt. Donnez-moi donc une de ces jolies petites chambres qui donnent sur la cour, et faites-moi monter un poulet froid et une bouteille de vin de Bordeaux.

Le garçon n'eut aucun soupçon. Andrea parlait avec la plus parfaite tranquillité ; il avait le cigare à la bouche et les mains dans les poches de son paletot ; ses habits étaient élégans, sa barbe fraîche, ses bottes irréprochables ; il avait l'air d'un voisin attardé, voilà tout.

Pendant que le garçon préparait sa chambre, l'hôtesse se leva. Andrea l'accueillit avec son plus charmant sourire et lui demanda s'il ne pourrait pas avoir le numéro 3, qu'il avait déjà eu à son dernier passage à Compiègne. Malheureusement, le numéro 3 était pris par un jeune homme qui voyageait avec sa sœur.

Andrea parut désespéré ; il ne se consola que lorsque l'hôtesse lui eut assuré que le numéro 7, qu'on lui préparait, avait absolument la même disposition que le numéro 3 ; et tout en se chauffant les pieds et en causant des dernières courses de Chantilly, il attendit qu'on vînt lui annoncer que sa chambre était prête.

Ce n'était pas sans raison qu'Andrea avait parlé de ces jolis appartemens donnant sur la cour : la cour de l'hôtel de la Cloche, avec son triple rang de galeries qui lui donnent l'air d'une salle de spectacle, avec ses jasmins et ses clématites qui montent le long de ses colonnades légères comme une décoration naturelle, est une des plus charmantes entrées d'auberge qui existent au monde.

Le poulet était frais, le vin était vieux, le feu clair et pétillant ; Andrea se surprit soupant d'aussi bon appétit que s'il ne lui était rien arrivé.

Puis il se coucha, et presque aussitôt s'endormit de ce sommeil implacable que l'homme trouve toujours à vingt ans, même lorsqu'il a des remords.

Or, nous sommes forcés d'avouer qu'Andrea aurait pu avoir des remords, mais qu'il n'en avait pas.

Voici quel était le plan d'Andrea, plan qui lui avait donné la meilleure partie de sa sécurité.

Avec le jour il se levait, sortait de l'hôtel après avoir rigoureusement payé ses comptes, gagnait la forêt, achetait, sous prétexte de faire des études de peinture, l'hospitalité d'un paysan, se procurait un costume de bûcheron et une cognée, dépouillait l'enveloppe du lion pour prendre celle de l'ouvrier ; puis, les mains terreuses, les cheveux brunis par un peigne de plomb, le teint hâlé par une préparation dont ses anciens camarades lui avaient donné la recette, il gagnait, de forêt en forêt, la frontière la plus prochaine, marchant la nuit, dormant le jour dans les forêts ou dans les carrières, et ne s'approchant des endroits habités que pour acheter de temps en temps un pain.

Une fois la frontière dépassée, Andrea faisait argent de ses diamans, réunissait le prix qu'il en tirait à une dizaine de billets de banque qu'il portait toujours sur lui en cas d'accident, et il se trouvait encore à la tête d'une cinquantaine de mille livres, ce qui ne semblait pas à sa philosophie un pis-aller par trop rigoureux.

D'ailleurs, il comptait beaucoup sur l'intérêt que les Danglars avaient à éteindre le bruit de leur mésaventure.

Voilà pourquoi, outre la fatigue, Andrea dormit si vite et si bien.

D'ailleurs, pour être réveillé plus matin, Andrea n'avait point fermé les volets et s'était seulement contenté de pousser les verrous de sa porte, et de tenir tout ouvert sur sa table de nuit certain couteau fort pointu dont il connaissait la trempe excellente, et qui ne le quittait jamais.

A sept heures du matin environ, Andrea fut éveillé par un rayon de soleil qui venait, tiède et brillant, se jouer sur son visage.

Dans tout cerveau bien organisé, l'idée dominante, et il y en a toujours une, l'idée dominante, disons-nous, est celle qui, après s'être endormie la dernière, illumine la première encore le réveil de la pensée.

Andrea n'avait pas entièrement ouvert les yeux, que sa pensée dominante le tenait déjà et lui soufflait à l'oreille qu'il avait dormi trop longtemps.

Il sauta en bas de son lit et courut à sa fenêtre.

Un gendarme traversait la cour.

Le gendarme est un des objets les plus frappans qui existent au monde, même pour l'œil de l'homme sans inquiétude ; mais pour toute conscience timorée et qui a quelque motif de l'être, le jaune, le bleu et le blanc dont se compose son uniforme prennent des teintes effrayantes.

— Pourquoi un gendarme ? se demanda Andrea.

Puis, tout à coup, il se répondit à lui-même avec cette logique que le lecteur a déjà dû remarquer en lui :

— Un gendarme n'a rien qui doive étonner dans une hôtellerie : mais habillons-nous.

Et le jeune homme s'habilla avec une rapidité que n'avait pu lui faire perdre son valet de chambre, pendant les quelques mois de vie fashionable qu'il avait menée à Paris.

— Bon, dit Andrea tout en s'habillant, j'attendrai qu'il soit parti, et quand il sera parti je m'esquiverai.

Et tout en disant ces mots, Andrea, rebotté et recravaté, gagna doucement sa fenêtre et souleva une seconde fois le rideau de mousseline.

Non seulement le premier gendarme n'était point parti, mais encore le jeune homme aperçut un second uniforme bleu, jaune et blanc, au bas de l'escalier, le seul par lequel il pût descendre, tandis qu'un troisième, à cheval et le mousqueton au poing, se tenait en sentinelle à la grande porte de la rue, la seule par laquelle il pût sortir.

Ce troisième gendarme était significatif au dernier point ; car au-devant de lui s'étendait un demi-cercle de curieux qui bloquaient hermétiquement la porte de l'hôtel.

— On me cherche ! fut la première pensée d'Andrea. Diable !

La pâleur envahit le front du jeune homme ; il regarda autour de lui avec anxiété.

Sa chambre, comme toutes celles de cet étage, n'avait d'issue que sur la galerie extérieure, ouverte à tous les regards.

— Je suis perdu ! fut sa seconde pensée.

En effet, pour un homme dans la situation d'Andrea, l'arrestation signifiait : les assises, le jugement, la mort, la mort sans miséricorde et sans délai.

Un instant il comprima convulsivement sa tête entre ses deux mains.

Pendant cet instant il faillit devenir fou de peur.

Mais bientôt, de ce monde de pensées s'entre-choquant dans sa tête, une pensée d'espérance jaillit ; un pâle sourire se dessina sur ses lèvres blêmies et sur ses joues contractées.

Il regarda autour de lui ; les objets qu'il cherchait se trouvaient réunis sur le marbre d'un secrétaire : c'était une plume, de l'encre et du papier.

Il trempa la plume dans l'encre et écrivit d'une main à laquelle il commanda d'être ferme les lignes suivantes sur la première feuille du cahier :

« Je n'ai point d'argent pour payer, mais je ne suis pas un malhonnête homme, je laisse en nantissement cette épingle qui vaut dix fois la dépense que j'ai faite. On me pardonnera de m'être échappé au point du jour, j'étais honteux ! »

Il tira son épingle de sa cravate et la posa sur le papier.

Cela fait, au lieu de laisser ses verrous poussés, il les tira, entrebâilla même sa porte, comme s'il fût sorti de sa chambre en oubliant de la refermer, et se glissant dans la cheminée en homme accoutumé à ces sortes de gymnastiques, il attira à lui la devanture de papier représentant Achille chez Déidamie, effaça avec ses pieds même la trace de ses pas dans les cendres, et commença d'escalader le tuyau cambré qui lui offrait la seule voie de salut dans laquelle il espérât encore.

En ce moment même, le premier gendarme qui avait frappé la vue d'Andrea montait l'escalier, précédé du commissaire de police, et soutenu par le second gendarme qui gardait le bas de l'escalier, lequel pouvait attendre lui-même du renfort de celui qui stationnait à la porte.

Voici à quelle circonstance Andrea devait la visite, qu'avec tant de peine il se dispensait de recevoir.

Au point du jour, les télégraphes avaient joué dans toutes les directions, et chaque localité, prévenue presque immédiatement, avait réveillé les autorités et lancé la force publique à la recherche du meurtrier de Caderousse.

Compiègne, résidence royale ; Compiègne, ville de chasse ; Compiègne, ville de garnison, est abondamment pourvue d'autorités, de gendarmes et de commissaires de police ; les visites avaient donc commencé aussitôt l'arrivée de l'ordre télégraphique, et l'hôtel de la Cloche et de la Bouteille étant le premier hôtel de la ville, on avait tout naturellement commencé par lui.

D'ailleurs, d'après le rapport des sentinelles qui avaient, pendant cette nuit été de garde à l'Hôtel-de-Ville (l'Hôtel-de-Ville est attenante à l'auberge de la Cloche), d'après le rapport des sentinelles, disons-nous, il avait été constaté que plusieurs voyageurs étaient descendus pendant la nuit à l'hôtel.

La sentinelle qu'on avait relevée à six heures du matin se rappelait même, au moment où elle venait d'être placée, c'est-à-dire à quatre heures et quelques minutes, avoir vu un jeune homme monté sur un cheval blanc ayant un petit paysan en croupe, lequel jeune homme était descendu sur la place, avait congédié paysan et cheval et était allé frapper à l'hôtel de la Cloche, qui s'était ouvert devant lui et s'était refermé sur lui.

C'était sur ce jeune homme si singulièrement attardé que s'étaient arrêtés les soupçons.

Or, ce jeune homme n'était autre qu'Andrea.

C'était, forts de ces données, que le commissaire de police et le gendarme, qui était un brigadier, s'acheminaient vers la porte d'Andrea.

Cette porte était entrebâillée.

— Oh ! oh ! dit le brigadier, vieux renard nourri dans les ruses de l'état, mauvais indice qu'une porte ouverte ! je l'aimerais mieux verrouillée à triples verrous !

En effet, la petite lettre et l'épingle laissées par Andrea sur la table confirmèrent ou plutôt appuyèrent la triste vérité.

Andrea s'était enfui.

Nous disons appuyèrent, parce que le brigadier n'était pas homme à se rendre sur une seule preuve.

Il regarda autour de lui, plongea son œil sous le lit, dédoubla les rideaux, ouvrit les armoires, et enfin s'arrêta à la cheminée.

Grâce aux précautions d'Andrea, aucune trace de son passage n'était demeurée dans les cendres.

Cependant c'était une issue, et dans les circonstances où l'on se trouvait, toute issue devait être l'objet d'une sérieuse investigation.

Le brigadier se fit donc apporter un fagot et de la paille, il bourra la cheminée comme il eût fait d'un mortier, et y mit le feu.

Le feu fit craquer les parois de brique ; une colonne opaque de fumée s'élança par les conduits et monta vers le ciel comme le sombre jet d'un volcan, mais il ne vit point tomber le prisonnier, comme il s'y attendait.

C'est qu'Andrea, dès sa jeunesse en lutte avec la société, valait bien un gendarme, ce gendarme fût-il élevé au grade respectable de brigadier ; prévoyant donc l'incendie, il avait gagné le toit et se tenait blotti contre le tuyau.

Un instant il eut quelque espoir d'être sauvé, car il entendit le brigadier appelant les deux gendarmes et leur criant tout haut :

« Il n'y est plus. »

Mais en allongeant doucement le cou, il vit que les deux gendarmes, au lieu de se retirer, comme la chose était naturelle, sur une pareille annonce, il vit, disons-nous, qu'au contraire les deux gendarmes redoublaient d'attention.

A son tour, il regarda autour de lui : l'Hôtel-de-Ville, colossale bâtisse du seizième siècle, s'élevait comme un rempart sombre ; à sa droite, et par les ouvertures du monument, on pouvait plonger dans tous les coins et recoins du toit, comme du haut d'une montagne on plonge dans la vallée.

Andrea comprit qu'il allait incessamment voir paraître la tête du brigadier de gendarmerie à quelqu'une de ces ouvertures.

Découvert, il était perdu ; une chasse sur les toits ne lui présentait aucune chance de succès.

Il résolut donc de redescendre, non point par le même chemin qu'il était venu, mais par un chemin analogue.

Il chercha des yeux celle des cheminées de laquelle il ne voyait sortir aucune fumée, l'atteignit en rampant sur le toit, et disparut par son orifice sans avoir été vu de personne.

Au même instant une petite fenêtre de l'Hôtel-de-Ville s'ouvrait, et donnait passage à la tête du brigadier de gendarmerie.

Un instant cette tête demeura immobile comme un de ces reliefs de pierre qui décorent le bâtiment, puis avec un long soupir de désappointement la tête disparut.

Le brigadier, calme et digne comme la loi dont il était le représentant, passa sans répondre à ces mille questions de la foule amassée sur la place, et rentra dans l'hôtel.

— Eh bien ? demandèrent à leur tour les deux gendarmes.

— Eh bien ! mes fils, répondit le brigadier, il faut que le brigand se soit véritablement distancé de nous ce matin à la bonne heure ; mais nous allons envoyer sur la route de Villers-Coterets et de Noyon, et fouiller la forêt, où nous le rattraperons indubitablement.

L'honorable fonctionnaire venait à peine, avec l'intonation qui est particulière aux brigadiers de gendarmerie, de donner le jour à cet adverbe sonore, lorsqu'un long cri d'effroi, accompagné du tintement redoublé d'une sonnette, retentirent dans la cour de l'hôtel.

— Oh ! oh ! qu'est-ce que cela ? s'écria le brigadier.

— Voilà un voyageur qui semble bien pressé, dit l'hôte. A quel numéro sonne-t-on ?

— Au numéro 3.

— Courez-y garçon !

En ce moment, les cris et le bruit de la sonnette redoublèrent.

Le garçon prit sa course.

— Non pas ! dit le brigadier en arrêtant le domestique, celui qui sonne m'a l'air de demander autre chose que le garçon, et nous allons lui servir de gendarme. Qui loge au numéro 3 ?

— Le petit jeune homme arrivé avec sa sœur cette nuit en chaise de poste, et qui a demandé une chambre à deux lits.

La sonnette retentit une troisième fois avec une intonation pleine d'angoisse.

— A moi ! monsieur le commissaire ! cria le brigadier, suivez-moi et emboîtez le pas.

— Un instant, dit l'hôte, à la chambre numéro 3 il y a deux escaliers : un extérieur, un intérieur.

— Bon ! dit le brigadier, je prendrai l'intérieur, c'est mon département. Les carabines sont-elles chargées ?

— Oui, brigadier.

— Eh bien, veillez à l'extérieur, vous autres, et s'il veut fuir, feu dessus ; c'est un grand criminel, à ce que dit le télégraphe.

Le brigadier, suivi du commissaire, disparut aussitôt dans l'escalier intérieur, accompagné de la rumeur que ses révélations sur Andrea venaient de faire naître dans la foule.

Voilà ce qui était arrivé :

Andrea était fort adroitement descendu jusqu'aux deux tiers de la cheminée, mais arrivé là, le pied lui avait manqué, et, malgré l'appui de ses mains, il était descendu avec plus de vitesse et surtout plus de bruit qu'il n'aurait voulu.

Ce n'eût été rien si la chambre eût été solitaire ; mais par malheur elle était habitée.

Deux femmes dormaient dans un lit ; ce bruit les avait réveillées.

Leurs regards s'étaient fixés vers le point d'où venait le bruit, et par l'ouverture de la cheminée elles avaient vu paraître un homme.

C'était l'une de ces deux femmes, la femme blonde, qui avait poussé ce cri terrible dont toute la maison avait retenti, tandis que l'autre, qui était brune, s'élançant au cordon de la sonnette, avait donné l'alarme, en l'agitant de toutes ses forces.

Andrea jouait, comme on le voit, de malheur.

— Par pitié ! cria-t-il, pâle, égaré, sans voir les personnes auxquelles il s'adressait, par pitié ! n'appelez pas, sauvez-moi ! je ne veux pas vous faire de mal.

— Andrea l'assassin ! cria l'une des deux jeunes femmes.

— Eugénie ! mademoiselle Danglars ! murmura Cavalcanti, passant de l'effroi à la stupeur.

— Au secours ! au secours ! cria mademoiselle d'Armilly, reprenant la sonnette aux mains inertes d'Eugénie, et sonnant avec plus de force encore que sa compagne.

— Sauvez-moi, on me poursuit ! dit Andrea en joignant les mains ; par pitié, par grâce, ne me livrez pas !

— Il est trop tard, on monte, répondit Eugénie.

— Eh bien ! cachez-moi quelque part, vous direz que vous avez eu peur sans motif d'avoir peur, vous détournerez les soupçons et vous m'aurez sauvé la vie.

Les deux femmes, serrées l'une contre l'autre, s'enveloppant dans leurs couvertures, restèrent muettes à cette voix suppliante ; toutes les appréhensions, toutes les répugnances se heurtaient dans leur esprit.

— Eh bien ! soit, dit Eugénie, reprenez le chemin par lequel vous êtes venu, malheureux ; partez, et nous ne dirons rien.

— Le voici ! le voici ! cria une voix sur le palier, le voici ! je le vois !

En effet, le brigadier avait collé son œil à la serrure, et avait aperçu Andrea debout et suppliant.

Un violent coup de crosse fit sauter la serrure, deux autres firent sauter les verrous ; la porte brisée tomba en dedans.

Andrea courut à l'autre porte, donnant sur la galerie de la cour, et l'ouvrit prêt à se précipiter.

Les deux gendarmes étaient là avec leurs carabines et le couchèrent en joue.

Andrea s'était arrêté court ; debout, pâle, le corps un peu renversé en arrière ; il tenait son couteau inutile dans sa main crispée.

— Fuyez donc ! cria mademoiselle d'Armilly, dans le cœur de laquelle rentrait la pitié à mesure que l'effroi en sortait ; fuyez donc !

— Ou tuez-vous ! dit Eugénie du ton et avec la pose d'une de ces vestales qui, dans le cirque, ordonnaient avec le pouce, au gladiateur victorieux d'achever son adversaire terrassé.

Andrea frémit et regarda la jeune fille avec un sourire

de mépris qui prouva que sa corruption ne comprenait point cette sublime férocité de l'honneur.

— Me tuer! dit-il en jetant son couteau, pourquoi faire?

— Mais, vous l'avez dit, s'écria mademoiselle Danglars, on vous condamnera à mort, on vous exécutera comme le dernier des criminels!

— Bah! répliqua Cavalcanti en se croisant les bras, on a des amis.

Le brigadier s'avança vers lui le sabre au poing.

— Allons, allons, dit Cavalcanti, rengainez, mon brave homme, ce n'est point la peine de faire tant d'esbrouffe, puisque je me rends.

Et il tendit ses mains aux menottes.

Les deux jeunes filles regardaient avec terreur cette hideuse métamorphose qui s'opérait sous leurs yeux; l'homme du monde dépouillant son enveloppe et redevenant l'homme du bagne.

Andrea se retourna vers elles, et avec le sourire de l'impudence:

— Avez-vous quelque commission pour monsieur votre père, mademoiselle Eugénie? dit-il, car, selon toute probabilité, je retourne à Paris.

Eugénie cacha sa tête dans ses deux mains.

— Oh! oh! dit Andrea, il n'y a pas de quoi être honteuse, et je ne vous en veux pas d'avoir pris la poste pour courir après moi... N'étais-je pas presque votre mari?

Et sur cette raillerie Andrea sortit, laissant les deux fugitives en proie aux souffrances de la honte et aux commentaires de l'assemblée.

Une heure après, vêtues toutes deux de leurs habits de femmes, elles montaient dans leur calèche de voyage. On avait fermé la porte de l'hôtel pour les soustraire aux premiers regards; mais il n'en fallut pas moins, quand cette porte fut rouverte, passer au milieu d'une double haie de curieux, aux yeux flamboyans, aux lèvres murmurantes.

Eugénie baissa les stores, mais si elle ne voyait plus, elle entendait encore, et le bruit des ricanemens arrivait jusqu'à elle.

— Oh! pourquoi le monde n'est-il pas un désert? s'écria-t-elle en se jetant dans les bras de mademoiselle d'Armilly, les yeux étincelans de cette rage qui faisait désirer à Néron que le monde romain n'eût qu'une seule tête, afin de la trancher d'un seul coup.

Le lendemain, elles descendaient à l'hôtel de Flandres, à Bruxelles.

Depuis la veille, Andrea était écroué à la Conciergerie.

CHAP. XCVII. — LA LOI.

On a vu avec quelle tranquillité mademoiselle Danglars et mademoiselle d'Armilly avaient pu accomplir leur transformation et opérer leur fuite: c'est que chacun était trop occupé de ses propres affaires pour s'occuper des leurs.

Nous laisserons le banquier, la sueur au front, aligner en face du fantôme de la banqueroute les énormes colonnes de son passif, et nous suivrons la baronne qui, après être restée un instant écrasée sous la violence du coup qui venait de la frapper, était allée trouver son conseiller ordinaire Lucien Debray.

C'est qu'en effet la baronne comptait sur ce mariage pour abandonner enfin une tutelle qui, avec une fille du caractère d'Eugénie, ne laissait pas que d'être fort gênante; c'est que dans ces espèces de contrats tacites qui maintiennent le lien hiérarchique de la famille, la mère n'est réellement maîtresse de sa fille qu'à la condition d'être continuellement pour elle un exemple de sagesse et un type de perfection.

Or, madame Danglars redoutait la perspicacité d'Eugénie et les conseils de mademoiselle d'Armilly; elle avait surpris certains regards dédaigneux lancés par sa fille à Debray, regards qui semblaient signifier que sa fille connaissait tout le mystère de ses relations amoureuses et pécuniaires avec le secrétaire intime, tandis qu'une interprétation plus sagace et plus approfondie eût, au contraire, démontré à la baronne qu'Eugénie détestait Debray, non point parce qu'il était dans la maison paternelle une pierre d'achoppement et de scandale, mais parce qu'elle le rangeait tout bonnement dans la catégorie de ces bipèdes que Diogène essayait de ne plus appeler des hommes, et que Platon désignait par la périphrase d'animaux à deux pieds et sans plumes.

Madame Danglars, à son point de vue, et malheureusement dans ce monde chacun a son point de vue à soi qui l'empêche de voir le point de vue des autres; madame Danglars, à son point de vue, disons-nous, regrettait donc infiniment que le mariage d'Eugénie fût manqué, non point parce que ce mariage était convenable, bien assorti et devait faire le bonheur de sa fille, mais parce que ce mariage lui rendait sa liberté.

Elle courut donc, comme nous l'avons dit, chez Debray, qui après avoir, comme tout Paris, assisté à la soirée du contrat et au scandale qui en avait été la suite, s'était empressé de se retirer à son club, où, avec quelques amis, il causait de l'événement qui faisait à cette heure la conversation des trois quarts de cette ville éminemment cancanière qu'on appelle la capitale du monde.

Au moment où madame Danglars, vêtue d'une robe noire et cachée sous un long voile, montait l'escalier qui conduisait à l'appartement de Debray, malgré la certitude que lui avait donnée le concierge que le jeune homme n'était point chez lui, Debray s'occupait à repousser les insinuations d'un ami qui essayait de lui prouver qu'après l'éclat terrible qui venait d'avoir lieu, il était de son devoir d'ami de la maison d'épouser mademoiselle Eugénie Danglars et ses deux millions.

Debray se défendait en homme qui ne demande pas mieux que d'être vaincu; car souvent cette idée s'était présentée d'elle-même à son esprit; puis, comme il connaissait Eugénie, son caractère indépendant et altier, il reprenait de temps en temps une attitude complètement défensive, disant que cette union était impossible, de toute impossibilité, en se laissant toutefois sourdement chatouiller par l'idée mauvaise qui, au dire de tous les moralistes, préoccupe incessamment l'homme le plus probe et le plus pur, veillant au fond de son ame comme Satan veille derrière la croix.

Le thé, le jeu, la conversation, intéressante, comme on le voit, puisqu'on y discutait de si graves intérêts, durèrent jusqu'à une heure du matin.

Pendant ce temps, madame Danglars, introduite par le valet de chambre de Lucien, attendait, voilée et palpitante, dans le petit salon vert entre deux corbeilles de fleurs qu'elle-même avait envoyées le matin, et que Debray, il faut le dire, avait lui-même rangées, étagées, émondées avec un soin qui fit pardonner son absence à la pauvre femme.

A onze heures quarante minutes, madame Danglars, lassée d'attendre inutilement, remonta en fiacre et se fit reconduire chez elle.

Les femmes d'un certain monde ont cela de commun avec les grisettes en bonne fortune, qu'elles ne rentrent pas d'ordinaire passé minuit.

La baronne rentra dans l'hôtel avec autant de précaution qu'Eugénie venait d'en prendre pour sortir; elle monta légèrement, et le cœur serré, l'escalier de son appartement, contigu, comme on sait, à celui d'Eugénie.

Elle redoutait si fort de provoquer quelque commentaire; elle croyait si fermement, pauvre femme respectable en ce point du moins, à l'innocence de sa fille et à sa fidélité pour le foyer paternel!

Rentrée chez elle, elle écouta à la porte d'Eugénie, puis, n'entendant aucun bruit, elle essaya d'entrer; mais les verroux étaient mis.

Madame Danglars crut qu'Eugénie, fatiguée des terribles émotions de la soirée, s'était mise au lit et qu'elle dormait.

Elle appela la femme de chambre et l'interrogea.

— Mademoiselle Eugénie, répondit la femme de chambre, est rentrée dans son appartement avec mademoiselle d'Armilly; puis elles ont pris le thé ensemble; après quoi elles m'ont congédiée, en me disant qu'elles n'avaient plus besoin de moi.

Depuis ce moment, la femme de chambre était à l'office, et, comme tout le monde, elle croyait les deux jeunes personnes dans l'appartement.

Madame Danglars se coucha donc sans l'ombre d'un soupçon; mais, tranquille sur les individus, son esprit se reporta sur l'événement.

A mesure que ses idées s'éclaircissaient en sa tête, les proportions de la scène du contrat grandissaient : ce n'était plus un scandale, c'était un vacarme; ce n'était plus une honte, c'était une ignominie.

Malgré elle alors, la baronne se rappela qu'elle avait été sans pitié pour la pauvre Mercédès, frappée naguère dans son époux et dans son fils d'un malheur aussi grand.

— Eugénie, se dit-elle, est perdue, et nous aussi. L'affaire, telle qu'elle va être présentée, nous couvre d'opprobre; car dans une société comme la nôtre, certains ridicules sont des plaies vives, saignantes, incurables.

Quel bonheur, murmura-t-elle, que Dieu ait fait à Eugénie ce caractère si étrange qui m'a si souvent fait trembler!

Et son regard reconnaissant se leva vers le ciel, dont la mystérieuse Providence dispose tout à l'avance selon les événements qui doivent arriver, et d'un défaut, d'un vice même fait quelquefois un bonheur.

Puis, sa pensée franchit l'espace, comme fait, en étendant ses ailes, l'oiseau d'un abime, et s'arrêta sur Cavalcanti.

Cet Andrea était un misérable, un voleur, un assassin ; et cependant cet Andrea possédait des façons qui indiquaient une demi-éducation, sinon une éducation complète; cet Andrea s'était présenté dans le monde avec l'apparence d'une grande fortune, avec l'appui de noms honorables.

Comment voir clair dans ce dédale? A qui s'adresser pour sortir de cette position cruelle?

Debray, à qui elle avait couru avec le premier élan de la femme qui cherche un secours dans l'homme qu'elle aime et qui parfois la perd, Debray ne pouvait que lui donner un conseil; c'était à quelque autre plus puissant que lui qu'elle devait s'adresser.

La baronne pensa alors à M. de Villefort.

C'était M. de Villefort qui avait voulu faire arrêter Cavalcanti; c'était M. de Villefort qui, sans pitié, avait porté le trouble au milieu de sa famille comme si c'eût été une famille étrangère.

Mais non; en y réfléchissant, ce n'était pas un homme sans pitié que le procureur du roi; c'était un magistrat esclave de ses devoirs, un ami loyal et ferme, qui, brutalement, mais d'une main sûre, avait porté le coup de scalpel dans la corruption ; ce n'était pas un bourreau, c'était un chirurgien, un chirurgien qui avait voulu isoler aux yeux du monde l'honneur des Danglars de l'ignominie de ce jeune homme perdu qu'ils avaient présenté au monde comme leur gendre.

Du moment où M. de Villefort, ami de la famille Danglars, agissait ainsi, il n'y avait plus à supposer que le procureur du roi eût rien su d'avance et se fût prêté à aucune des menées d'Andrea.

La conduite de Villefort, en y réfléchissant, apparaissait donc encore à la baronne sous un jour qui s'expliquait à leur avantage commun.

Mais là devait s'arrêter l'inflexibilité du procureur du roi ; elle irait le trouver le lendemain et obtiendrait de lui, sinon qu'il manquât à ses devoirs de magistrat, tout au moins qu'il leur laissât toute la latitude de l'indulgence.

La baronne invoquerait le passé; elle rajeunirait ses souvenirs; elle supplierait au nom d'un temps coupable, mais heureux; M. de Villefort assoupirait l'affaire, ou du moins il laisserait (et, pour arriver à cela, il n'avait qu'à tourner les yeux d'un autre côté), ou du moins il laisserait fuir Cavalcanti, et ne poursuivrait le crime que sur cette ombre de criminel qu'on appelle la contumace.

Alors seulement elle s'endormit plus tranquille.

Le lendemain, à neuf heures, elle se leva, et, sans sonner sa femme de chambre, sans donner signe d'existence à qui que ce fût au monde, elle s'habilla, et, vêtue avec la même simplicité que la veille, elle descendit l'escalier, sortit de l'hôtel, marcha jusqu'à la rue de Provence, monta dans un fiacre et se fit conduire à la maison de M. de Villefort.

Depuis un mois cette maison maudite présentait l'aspect lugubre d'un lazaret où la peste se serait déclarée : une partie des appartemens étaient clos à l'intérieur et à l'extérieur; les volets, fermés, ne s'ouvraient qu'un instant pour donner de l'air; on voyait alors apparaître à cette fenêtre la tête effarée d'un laquais; puis la fenêtre se refermait comme la dalle d'un tombeau retombe sur un sépulcre, et les voisins se disaient tout bas :

— Est-ce que nous allons encore voir aujourd'hui sortir une bière de la maison de M. le procureur du roi?

Madame Danglars fut saisie d'un frisson à l'aspect de cette maison désolée; elle descendit de son fiacre, et, les genoux fléchissans, s'approcha de la porte fermée et sonna.

Ce ne fut qu'à la troisième fois qu'eut retenti le timbre dont le tintement lugubre semblait participer lui-même à la tristesse générale, qu'un concierge apparut, entre-bâillant la porte dans une largeur juste assez grande pour laisser passer ses paroles.

Il vit une femme, une femme du monde, une femme élégamment vêtue, et cependant la porte continua de demeurer à peu près close.

— Mais ouvrez donc! dit la baronne.

— D'abord, madame, qui êtes-vous? demanda le concierge.

— Qui je suis? mais vous me connaissez bien.

— Nous ne connaissons plus personne, madame.

— Mais êtes-vous fou, mon ami ! s'écria la baronne.

— De quelle part venez-vous?

— Oh! c'est trop fort!

— Madame, c'est l'ordre, excusez-moi ; votre nom?

— Madame la baronne Danglars. Vous m'avez vue vingt fois.

— C'est possible, madame; maintenant que voulez-vous?

— Oh! que vous êtes étrange! et je me plaindrai à M. de Villefort de l'impertinence de ses gens.

— Madame, ce n'est pas de l'impertinence, c'est de la précaution: personne n'entre ici sans un mot de M. d'Avrigny, ou sans avoir parlé à M. le procureur du roi.

— Eh bien! c'est justement à M. le procureur du roi que j'ai affaire.

— Affaire pressante?

— Vous devez bien le voir, puisque je ne suis pas encore remontée dans ma voiture. Mais finissons: voici ma carte, portez-la à votre maître.

— Madame attendra mon retour?

— Oui, allez.

Le concierge referma la porte, laissant madame Danglars dans la rue.

La baronne, il est vrai, n'attendit pas long-temps; un instant après, la porte se rouvrit dans une largeur suffisante pour donner passage à la baronne : elle passa, et la porte se referma derrière elle.

Arrivé dans la cour, le concierge, sans perdre la porte de vue un instant, tira un sifflet de sa poche et siffla.

Le valet de chambre de M. de Villefort parut sur le perron.

— Madame excusera ce brave homme, dit-il en venant au devant de la baronne : mais ses ordres sont précis, et M. de Villefort m'a chargé de dire à madame qu'il ne pouvait faire autrement qu'il avait fait.

Dans la cour était un fournisseur introduit avec les mêmes précautions, et dont on examinait les marchandises.

La baronne monta le perron ; elle se sentait profondément impressionnée par cette tristesse qui élargissait pour ainsi dire le cercle de la sienne, et, toujours guidée par le valet de chambre, elle fut introduite, sans que son guide l'eût perdue de vue, dans le cabinet du magistrat.

Si préoccupée que fût madame Danglars du motif qui l'amenait, la réception qui lui était faite par toute cette valetaille lui avait paru si indigne, qu'elle commença par se plaindre.

Mais Villefort souleva sa tête appesantie par la douleur et la regarda avec un si triste sourire que les plaintes expirèrent sur ses lèvres.

— Excusez mes serviteurs d'une terreur dont je ne puis leur faire un crime ; soupçonnés, ils sont devenus soupçonneux.

Madame Danglars avait souvent entendu dans le monde parler de cette terreur qu'accusait le magistrat, mais elle n'aurait jamais pu croire, si elle n'avait eu l'expérience de ses propres yeux, que ce sentiment pût être porté à ce point.

— Vous aussi, dit-elle, vous êtes donc malheureux ?
— Oui, madame, répondit le magistrat.
— Vous me plaignez alors.
— Sincèrement, madame.
— Et vous comprenez ce qui m'amène ?
— Vous venez me parler de ce qui vous arrive, n'est-ce pas ?
— Oui, monsieur, un affreux malheur.
— C'est-à-dire une mésaventure.
— Une mésaventure ! s'écria la baronne.
— Hélas ! madame, répondit le procureur du roi avec son calme imperturbable, j'en suis arrivé à n'appeler malheur que les choses irréparables.
— Eh ! monsieur, croyez-vous qu'on oubliera ?
— Tout s'oublie, madame, dit Villefort ; le mariage de votre fille se fera demain, s'il ne se fait pas aujourd'hui, dans huit jours s'il ne se fait pas demain.

Et quant à regretter le futur de mademoiselle Eugénie, je ne crois pas que telle soit votre idée.

Madame Danglars regarda Villefort, stupéfaite de lui voir cette tranquillité presque railleuse.

— Suis-je venue chez un ami ? demanda-t-elle d'un ton plein de douloureuse dignité.
— Vous savez que oui, madame, répondit Villefort, dont les joues se couvrirent, à cette assurance qu'il donnait, d'une légère rougeur.

En effet, cette assurance faisait allusion à d'autres événemens qu'à ceux qui les occupaient à cette heure la baronne et lui.

— Eh bien ! alors, dit la baronne, soyez plus affectueux, mon cher Villefort ; parlez-moi en ami et non en magistrat, et quand je me trouve profondément malheureuse, ne me dites point que je doive être gaie.

Villefort s'inclina.

— Quand j'entends parler de malheurs, madame, dit-il, j'ai pris depuis trois mois la fâcheuse habitude de penser aux miens, et alors cette égoïste opération du parallèle se fait malgré moi dans mon esprit. Voilà pourquoi, à côté de mes malheurs, les vôtres me semblaient une mésaventure ; voilà pourquoi, à côté de ma position funeste, la vôtre me semblait une position à envier ; mais cela vous contrarie, laissons cela. Vous disiez, madame ?...

— Je viens savoir de vous, mon ami, reprit la baronne, où en est l'affaire de cet imposteur.

— Imposteur ! répéta Villefort, décidément, madame, c'est un parti pris chez vous d'atténuer certaines choses et d'en exagérer d'autres ; imposteur, M. Andrea Cavalcanti, ou plutôt M. Benedetto ! Vous vous trompez, madame, M. Benedetto est bel et bien un assassin.

— Monsieur, je ne nie pas la justesse de votre rectification, mais plus vous vous armerez sévèrement contre ce malheureux, plus vous frapperez notre famille. Voyons, oubliez-le pour un moment ; au lieu de le poursuivre, laissez-le fuir.

— Vous venez trop tard, madame, les ordres sont déjà donnés.

— Eh bien ! si on l'arrête... Croyez-vous qu'on l'arrêtera ?
— Je l'espère.
— Si on l'arrête (écoutez, j'entends toujours dire que les prisons regorgent), eh bien ! laissez-le en prison.

Le procureur du roi fit un mouvement négatif.

— Au moins jusqu'à ce que ma fille soit mariée ! ajouta la baronne.

— Impossible, madame, la justice a des formalités.
— Même pour moi ? dit la baronne, moitié souriante, moitié sérieuse.
— Pour tous, répondit Villefort ; et pour moi-même comme pour les autres.

— Ah ! fit la baronne, sans ajouter en paroles ce que sa pensée venait de trahir par cette exclamation.

Villefort la regarda avec ce regard dont il sondait les pensées.

— Oui, je sais ce que vous voulez dire, reprit-il ; vous faites allusion à ces bruits terribles répandus dans le monde, que toutes ces morts qui depuis trois mois m'habillent de deuil, que cette mort à laquelle vient, comme par miracle, d'échapper Valentine, ne sont point naturelles.

— Je ne songeais point à cela, dit vivement madame Danglars.

— Si, vous y songiez, madame, et c'était justice, car vous ne pouviez faire autrement que d'y songer, et vous vous disiez tout bas : Toi qui poursuis le crime, réponds : pourquoi donc y a-t-il autour de toi des crimes qui restent impunis ?

La baronne pâlit.

— Vous vous disiez cela, n'est-ce pas, madame ?
— Eh bien ! je l'avoue.
— Je vais vous répondre.

Villefort rapprocha son fauteuil de la chaise de madame Danglars ; puis, appuyant ses deux mains sur son bureau, et prenant une intonation plus sourde que de coutume :

— Il y a des crimes qui restent impunis, dit-il, parce qu'on ne connaît pas les criminels, et qu'on craint de frapper une tête innocente pour une tête coupable, mais quand ces criminels seront connus (Villefort étendit la main vers un grand crucifix placé en face de son bureau), quand ces criminels seront connus, répéta-t-il, par le Dieu vivant, madame, quels qu'ils soient, ils mourront. Maintenant, après le serment que je viens de faire et que je tiendrai, madame, osez me demander grace pour ce misérable !

— Eh ! monsieur, reprit madame Danglars, êtes-vous sûr qu'il soit aussi coupable qu'on le dit ?

— Écoutez, voici son dossier : Benedetto, condamné d'abord à cinq ans de galères pour faux, à seize ans ; le jeune homme promettait, comme vous voyez ; puis évadé, puis assassin.

— Et qui est ce malheureux ?
— Eh ! sait-on cela ! Un vagabond, un Corse.
— Il n'a donc été réclamé par personne ?
— Par personne, on ne connaît pas ses parens.
— Mais cet homme qui était venu de Lucques ?
— Un autre escroc comme lui, son complice peut-être.

La baronne joignit les mains.

— Villefort ! dit-elle, avec sa plus douce et sa plus caressante intonation.

— Pour Dieu ! madame, répondit le procureur du roi

avec une fermeté qui n'était pas exempte de sécheresse, pour Dieu! ne me demandez donc jamais grace pour un coupable.

Que suis-je, moi? la loi. Est-ce que la loi a des yeux pour voir votre tristesse? Est-ce que la loi a des oreilles pour entendre votre douce voix! Est-ce que la loi a une mémoire pour se faire l'application de vos délicates pensées! Non, madame, la loi ordonne, et quand la loi a ordonné, elle frappe.

Vous me direz que je suis un être vivant et non pas un code; un homme, et non pas un volume; regardez-moi, madame, regardez autour de moi, les hommes m'ont-ils traité en frère? m'ont-ils aimé, moi? m'ont-ils ménagé, moi? m'ont-ils épargné, moi? quelqu'un a-t-il demandé grace pour M. de Villefort, et a-t-on accordé à ce quelqu'un la grace de M. de Villefort! Non! non! non! frappé, toujours frappé!

Vous persistez, femme, c'est-à-dire sirène que vous êtes, à me parler avec cet œil charmant et expressif qui me rappelle que je dois rougir. Eh bien! soit, oui, rougir de ce que vous savez, et peut-être, et peut-être d'autre chose encore.

Mais enfin, depuis que j'ai failli moi-même, et plus profondément que les autres peut-être, eh bien! depuis ce temps j'ai secoué les vêtemens d'autrui pour trouver l'ulcère, et je l'ai toujours trouvé, et je dirai plus, je l'ai trouvé avec bonheur, avec joie, ce cachet de la faiblesse ou de la perversité humaine.

Car chaque homme que je reconnaissais coupable, et chaque coupable que je frappais, me semblait une preuve vivante, une preuve nouvelle que je n'étais pas une hideuse exception! Hélas! hélas! hélas! tout le monde est méchant, madame, prouvons-le et frappons le méchant.

Villefort prononça ces dernières paroles avec une rage fiévreuse qui donnait à son langage une féroce éloquence.

— Mais, reprit madame Danglars essayant de tenter un dernier effort, vous dites que ce jeune homme est vagabond, orphelin, abandonné de tous?

— Tant pis, tant pis, ou plutôt tant mieux; la Providence l'a fait ainsi pour que personne n'eût à pleurer sur lui.

— C'est s'acharner sur le faible, monsieur.

— Le faible qui assassine!

— Son déshonneur rejaillit sur ma maison.

— N'ai-je pas, moi, la mort dans la mienne?

— Oh! monsieur, s'écria la baronne, vous êtes sans pitié pour les autres. Eh bien! c'est moi qui vous le dis, on sera sans pitié pour vous.

— Soit! dit Villefort, en levant avec un geste de menace son bras au ciel.

— Remettez au moins la cause de ce malheureux, s'il est arrêté, aux assises prochaines; cela nous donnera six mois pour qu'on oublie.

— Non pas, dit Villefort; j'ai cinq jours encore, l'instruction est faite; cinq jours, c'est plus de temps qu'il ne m'en faut; d'ailleurs, ne comprenez-vous point, madame, que moi aussi il faut que j'oublie? Eh bien! quand je travaille, et je travaille nuit et jour, quand je travaille, il y a des momens où je ne me souviens plus, et quand je ne me souviens plus, je suis heureux à la manière des morts! mais cela vaut encore mieux que de souffrir.

— Monsieur, il s'est enfui! laissez-le fuir, l'inertie est une clémence facile.

— Mais je vous ai dit qu'il était trop tard; au point du jour le télégraphe a joué, et à cette heure...

— Monsieur, dit le valet de chambre en entrant, un dragon apporte cette dépêche du ministre de l'intérieur.

Villefort saisit la lettre et la décacheta vivement.

Madame Danglars frémit de terreur, Villefort tressaillit de joie.

— Arrêté! s'écria Villefort; on l'a arrêté à Compiègne; c'est fini.

Madame Danglars se leva froide et pâle.

— Adieu, monsieur, dit-elle.

— Adieu, madame, répondit le procureur du roi, presque joyeux en la reconduisant jusqu'à la porte.

Puis, revenant à son bureau:

— Allons, dit-il en frappant sur la lettre avec le dos de la main droite, j'avais un faux, j'avais trois vols, j'avais deux incendies, il ne me manquait qu'un assassinat, le voici; la session sera belle.

CHAP. XCVIII. — L'APPARITION.

Comme l'avait dit le procureur du roi à madame Danglars, Valentine n'était point encore remise.

Brisée par la fatigue, elle gardait en effet le lit, et ce fut dans sa chambre et de la bouche de madame de Villefort, qu'elle apprit les événemens que nous venons de raconter, c'est-à-dire la fuite d'Eugénie et l'arrestation d'Andrea Cavalcanti, ou plutôt de Benedetto, ainsi que l'accusation d'assassinat portée contre lui.

Mais Valentine était si faible, que ce récit ne lui fit peut-être point tout l'effet qu'il eût produit sur elle dans son état de santé habituel.

En effet, ce ne fut que quelques idées vagues, quelques formes indécises de plus mêlées aux idées étranges et aux fantômes fugitifs qui naissaient dans son cerveau malade ou qui passaient devant ses yeux, et bientôt même tout s'effaça pour laisser reprendre toutes leurs forces aux sensations personnelles.

Pendant la journée, Valentine était encore maintenue dans la réalité par la présence de Noirtier, qui se faisait porter chez sa petite-fille et demeurait là, couvant Valentine de son regard paternel; puis, lorsqu'il était revenu du Palais, c'était Villefort à son tour qui passait une heure ou deux entre son père et son enfant.

A six heures, Villefort se retirait dans son cabinet; à huit heures arrivait M. d'Avrigny, qui lui-même apportait la potion nocturne préparée pour la jeune fille; puis on emmenait Noirtier.

Une garde du choix du docteur remplaçait tout le monde et ne se retirait elle-même que lorsque, vers dix ou onze heures, Valentine était endormie.

En descendant, elle remettait les clés de la chambre de Valentine à M. de Villefort lui-même, de sorte qu'on ne pouvait plus entrer chez la malade qu'en traversant l'appartement de madame de Villefort et la chambre du petit Édouard.

Chaque matin Morrel venait chez Noirtier prendre des nouvelles de Valentine; mais Morrel, chose extraordinaire, semblait de jour en jour moins inquiet.

D'abord de jour en jour Valentine, quoique en proie à une violente exaltation nerveuse, allait mieux; puis Monte-Cristo ne lui avait-il pas dit, lorsqu'il était accouru tout éperdu chez lui, que si dans deux heures Valentine n'était pas morte, Valentine était sauvée?

Or, Valentine vivait encore, et quatre jours s'étaient écoulés.

Cette exaltation nerveuse dont nous avons parlé poursuivait Valentine jusque dans son sommeil, ou plutôt dans l'état de somnolence qui succédait à sa veille: c'était alors que dans le silence de la nuit et de la demi-obscurité que laissait régner la veilleuse posée sur la cheminée et brûlant dans son enveloppe d'albâtre, elle voyait passer ces ombres qui viennent peupler la chambre des malades, et que secoue la fièvre de ses ailes frissonnantes.

Alors il lui semblait voir apparaître tantôt sa belle-mère qui la menaçait, tantôt Morrel qui lui tendait les bras, tantôt des êtres presque étrangers à sa vie habituelle, comme le comte de Monte-Cristo, il n'y avait pas jusqu'aux meubles qui, dans ces momens de délire, ne parussent mobiles et errans; et cela durait ainsi jusqu'à deux ou trois heures du matin, moment où un sommeil de plomb venait s'emparer de la jeune fille et la conduisait jusqu'au jour.

Le soir qui suivit cette matinée où Valentine avait appris la fuite d'Eugénie et l'arrestation de Benedetto, et où, après s'être mêlés un instant aux sensations de sa propre existence, ces événemens commençaient à sortir peu à peu de sa pensée, après la retraite successive de Villefort, de d'Avrigny et de Noirtier, tandis que onze heures sonnaient à Saint-Philippe du Roule, et que la garde ayant placé sous la main de la malade le breuvage préparé par le docteur, et fermé la porte de sa chambre, écoutait en frémissant, à l'office où elle s'était retirée, les commentaires des domestiques, et meublait sa mémoire des lugubres histoires qui, depuis trois mois, défrayaient les soirées de l'antichambre du procureur du roi, une scène inattendue se passait dans cette chambre si soigneusement fermée.

Il y avait déjà dix minutes à peu près que la garde s'était retirée.

Valentine, en proie depuis une heure à cette fièvre qui revenait chaque nuit, laissait sa tête, insoumise à sa volonté, continuer ce travail actif, monotone et implacable du cerveau, qui s'épuise à reproduire incessamment les mêmes pensées ou à enfanter les mêmes images.

De la mèche de la veilleuse s'élançaient mille et mille rayonnemens tous empreints de significations étranges, quand tout à coup, à son reflet tremblant, Valentine crut voir sa bibliothèque, placée à côté de la cheminée dans un renfoncement du mur, s'ouvrir lentement, sans que les gonds sur lesquels elle semblait rouler produisissent le moindre bruit.

Dans un autre moment, Valentine eût saisi sa sonnette, et eût tiré le cordonnet de soie en appelant au secours ; mais rien ne l'étonnait plus dans la situation où elle se trouvait.

Elle avait la conscience que toutes ces visions qui l'entouraient étaient les filles de son délire, et cette conviction lui était venue de ce que le matin aucune trace n'était restée jamais de tous ces fantômes de la nuit qui disparaissaient avec le jour.

Derrière la porte parut une figure humaine.

Valentine était, grace à sa fièvre, trop familiarisée avec ces sortes d'apparitions pour s'épouvanter ; elle ouvrit seulement de grands yeux, espérant reconnaître Morrel.

La figure continua de s'avancer vers son lit, puis elle s'arrêta, et parut écouter avec une attention profonde.

En ce moment, un reflet de la veilleuse se joua sur le visage du nocturne visiteur.

— Ce n'est pas lui ! murmura-t-elle.

Et elle attendit, convaincue qu'elle rêvait, que cet homme, comme cela arrive dans les songes, disparût ou se changeât en quelque autre personne.

Seulement elle toucha son pouls, et, se sentant battre violemment, elle se souvint que le meilleur moyen de faire disparaître ces visions importunes était de boire : la fraîcheur de la boisson, composée d'ailleurs dans le but de calmer les agitations dont Valentine s'était plainte au docteur, apportait, en faisant tomber la fièvre, un renouvellement des sensations du cerveau ; quand elle avait bu, pour un moment elle souffrait moins.

Valentine étendit donc la main afin de prendre son verre sur la coupe de cristal où il reposait ; mais tandis qu'elle allongeait hors du lit son bras frissonnant, l'apparition fit encore, et plus vivement que jamais, deux pas vers le lit, et arriva si près de la jeune fille qu'elle entendit son souffle et qu'elle crut sentir la pression de sa main.

Cette fois l'illusion ou plutôt la réalité dépassait tout ce que Valentine avait éprouvé jusque-là ; elle commença à se croire bien éveillée et bien vivante, elle eut la conscience qu'elle jouissait de toute sa raison, et elle frémit.

La pression que Valentine avait ressentie avait pour but de lui arrêter le bras.

Valentine le retira lentement à elle.

Alors cette figure, dont le regard ne pouvait se détacher, et qui d'ailleurs paraissait plutôt protectrice que menaçante, cette figure prit le verre, s'approcha de la veilleuse et regarda le breuvage, comme si elle eût voulu en juger la transparence et la limpidité.

Mais cette première épreuve ne suffit pas.

Cet homme, ou plutôt ce fantôme, car il marchait si doucement que le tapis étouffait le bruit de ses pas, cet homme puisa dans le verre une cuillerée du breuvage et l'avala.

Valentine regardait ce qui se passait devant ses yeux avec un profond sentiment de stupeur.

Elle croyait bien que tout cela était près de disparaître pour faire place à un autre tableau ; mais l'homme, au lieu de s'évanouir comme une ombre, se rapprocha d'elle, et tendant le verre à Valentine, et d'une voix pleine d'émotion :

— Maintenant, dit-il, buvez !...

Valentine tressaillit.

C'était là la première fois qu'une de ses visions lui parlait avec ce timbre vivant.

Elle ouvrit la bouche pour pousser un cri.

L'homme posa un doigt sur ses lèvres.

— M. le comte de Monte-Cristo ! murmura-t-elle.

A l'effroi qui se peignit dans les yeux de la jeune fille, au tremblement de ses mains, au geste rapide qu'elle fit pour se blottir sous ses draps, on pouvait reconnaître la dernière lutte du doute contre la conviction ; cependant, la présence de M. de Monte-Cristo chez elle à une pareille heure, son entrée mystérieuse, fantastique, inexplicable, par un mur, semblaient des impossibilités à la raison ébranlée de Valentine.

— N'appelez pas, ne vous effrayez pas, dit le comte ; n'ayez pas même au fond du cœur l'éclair d'un soupçon ou l'ombre d'une inquiétude ; l'homme que vous voyez devant vous (car cette fois, vous avez raison, Valentine, et ce n'est point une illusion), l'homme que vous voyez devant vous est le plus tendre père et le plus respectueux ami que vous puissiez rêver.

Valentine ne trouva rien à répondre : elle avait une si grande peur de cette voix qui lui révélait la présence réelle de celui qui parlait, qu'elle redoutait d'y associer la sienne ; mais son regard effrayé voulait dire : Si vos intentions sont pures, pourquoi êtes-vous ici ?

Avec sa merveilleuse sagacité, le comte comprit tout ce qui se passait dans le cœur de la jeune fille.

— Écoutez-moi, dit-il, ou plutôt regardez-moi : voyez mes yeux rougis et mon visage, plus pâle encore que d'habitude ; c'est que depuis quatre nuits je n'ai pas fermé l'œil un seul instant ; depuis quatre nuits je veille sur vous, je vous protège, je vous conserve à notre ami Maximilien.

Un flot de sang joyeux monta rapidement aux joues de la malade ; car le nom que venait de prononcer le comte lui enlevait le reste de défiance qu'il lui avait inspirée.

— Maximilien !... répéta Valentine, tant ce nom lui paraissait doux à prononcer ; Maximilien ! il vous a donc tout avoué ?

— Tout. Il m'a dit que votre vie était la sienne, et je lui ai promis que vous vivriez.

— Vous lui avez promis que je vivrais ?

— Oui.

— En effet, monsieur, vous venez de parler de vigilance et de protection. Êtes-vous donc médecin ?

— Oui, et le meilleur que le ciel puisse vous envoyer en ce moment, croyez-moi.

— Vous dites que vous avez veillé ? demanda Valentine inquiète ; où cela ? je ne vous ai pas vu.

Le comte étendit la main dans la direction de la bibliothèque.

— J'étais caché derrière cette porte, dit-il, cette porte donne dans la maison voisine que j'ai louée.

Valentine, par un mouvement de fierté pudique, détourna les yeux, et avec une souveraine terreur :

— Monsieur, dit-elle, ce que vous avez fait est d'une démence sans exemple, et cette protection que vous m'avez accordée ressemble fort à une insulte.

— Valentine, dit-il, pendant cette longue veille, voici les seules choses que j'ai vues, quels gens venaient chez vous, quels alimens on vous préparait, quelles boissons on vous a servies ; puis, quand ces boissons me paraissaient dangereuses, j'entrais comme je viens d'entrer, je vidais votre verre, et je substituais au poison un breuvage bienfaisant, qui, au lieu de la mort qui vous était préparée, faisait circuler la vie dans vos veines.

— Le poison ! la mort ! s'écria Valentine, se croyant de nouveau sous l'empire de quelque fiévreuse hallucination ; que dites-vous donc là, monsieur.

— Chut ! mon enfant, dit Monte-Cristo en portant de nouveau le doigt à ses lèvres, j'ai dit le poison : oui, j'ai dit la mort, et je répète la mort, mais buvez d'abord ceci. (Le comte tira de sa poche un flacon contenant une liqueur rouge dont il versa quelques gouttes dans le verre.)

Et quand vous aurez bu, ne prenez plus rien de la nuit.

Valentine avança la main ; mais à peine eut-elle touché le verre, qu'elle la retira avec effroi.

Monte-Cristo prit le verre, en but la moitié, et le présenta à Valentine, qui avala en souriant le reste de la liqueur qu'il contenait.

— Oh ! oui, dit-elle, je reconnais le goût de mes breuvages nocturnes, de cette eau qui rendait un peu de fraîcheur à ma poitrine, un peu de calme à mon cerveau. Merci, monsieur, merci.

— Voilà comment vous avez vécu quatre nuits, Valentine, dit le comte. Mais moi, comment vivais-je? Oh ! les cruelles heures que vous m'avez fait passer ! Oh ! les effroyables tortures que vous m'avez fait subir, quand je voyais verser dans votre verre le poison mortel, quand je tremblais que vous n'eussiez le temps de le boire avant que j'eusse celui de le répandre dans la cheminée !

— Vous dites, monsieur, reprit Valentine, au comble de la terreur, que vous avez subi mille tortures en voyant verser dans mon verre le poison mortel ? Mais si vous avez vu verser le poison dans mon verre, vous avez dû voir la personne qui le versait ?

— Oui.

Valentine se souleva sur son séant ; et ramenant sur sa poitrine plus pâle que la neige la batiste brodée, encore moite de la sueur froide du délire, à laquelle commençait à se mêler la sueur plus glacée encore de la terreur.

— Vous l'avez vu ? répéta la jeune fille.

— Oui, dit une seconde fois le comte.

— Ce que vous me dites est horrible, monsieur, ce que vous voulez me faire croire a quelque chose d'infernal. Quoi ! dans la maison de mon père, quoi ! dans ma chambre, quoi ! sur mon lit de souffrance on continue de m'assassiner ? Oh ! retirez-vous, monsieur, vous tentez ma conscience, vous blasphémez la bonté divine ; c'est impossible, cela ne se peut pas.

— Êtes-vous donc la première que cette main frappe, Valentine? n'avez-vous pas vu tomber autour de vous M. de Saint-Méran, madame de Saint-Méran, Barrois ? n'auriez-vous pas vu tomber M. Noirtier, si le traitement qu'il suit depuis près de trois ans ne l'avait protégé en combattant le poison par l'habitude du poison ?

— Oh ! mon Dieu ! dit Valentine, c'est pour cela que, depuis près d'un mois, bon papa exige que je partage toutes ses boissons ?

— Et ces boissons, s'écria Monte-Cristo, ont un goût amer comme celui d'une écorce d'orange à moitié séchée, n'est-ce pas?

— Oui, mon Dieu, oui !

— Oh ! cela m'explique tout, dit Monte-Cristo ; lui aussi sait qu'on empoisonne ici, et peut-être qui empoisonne.

Il vous a prémunie, vous son enfant bien-aimée, contre la substance mortelle, et la substance mortelle est venue s'émousser contre ce commencement d'habitude ; voilà comment vous vivez encore, ce que je ne m'expliquais pas, après avoir été empoisonnée il y a quatre jours avec un poison qui d'ordinaire ne pardonne pas.

— Mais quel est donc l'assassin, le meurtrier ?

— A votre tour je vous demanderai : N'avez-vous donc jamais vu entrer quelqu'un la nuit dans votre chambre ?

— Si fait.

Souvent j'ai cru voir passer comme des ombres, ces ombres s'approcher, s'éloigner, disparaître, mais je les prenais pour des visions de ma fièvre, et tout à l'heure, quand vous êtes entré vous-même, eh bien ! j'ai cru longtemps ou que j'avais le délire, ou que je rêvais.

— Ainsi, vous ne connaissez pas la personne qui en veut à votre vie ?

— Non, dit Valentine, pourquoi quelqu'un désirerait-il ma mort ?

— Vous allez la connaître alors, dit Monte-Cristo en prêtant l'oreille.

— Comment cela ? demanda Valentine en regardant avec terreur autour d'elle.

— Parce que ce soir vous n'avez plus ni fièvre ni délire, parce que ce soir vous êtes bien éveillée, parce que voilà minuit qui sonne et que c'est l'heure des assassins.

— Mon Dieu ! mon Dieu ! dit Valentine en essuyant avec sa main la sueur qui perlait à son front.

En effet, minuit sonnait lentement et tristement, on eût dit que chaque coup du marteau de bronze frappait sur le cœur de la jeune fille.

— Valentine, continua le comte, appelez toutes vos forces à votre secours, comprimez votre cœur dans votre poitrine, arrêtez votre voix dans votre gorge, feignez le sommeil, et vous verrez, vous verrez.

Valentine saisit la main du comte.

— Il me semble que j'entends du bruit, dit-elle, retirez-vous !

— Adieu, ou plutôt au revoir, répondit le comte.

Puis, avec un sourire si triste et si paternel que le cœur de la jeune fille en fut pénétré de reconnaissance, il regagna sur la pointe du pied la porte de la bibliothèque.

Mais, se retournant avant que de la refermer sur lui :

— Pas un geste, dit-il, pas un mot ; qu'on vous croie endormie ; sans quoi peut-être vous tuerait-on avant que j'eusse le temps d'accourir.

Et, sur cette effrayante injonction, le comte disparut derrière la porte, qui se referma silencieusement sur lui.

CHAP. XCIX. — LOCUSTE.

Valentine resta seule ; deux autres pendules, en retard sur celle de Saint-Philippe-du-Roule, sonnèrent encore minuit à des distances différentes.

Puis, à part le bruissement de quelques voitures lointaines, tout retomba dans le silence.

Alors toute l'attention de Valentine se concentra sur la pendule de sa chambre, dont le balancier marquait les secondes.

Elle se mit à compter ces secondes, et remarqua qu'elles étaient du double plus lentes que les battemens de son cœur.

Et cependant elle doutait encore ; l'inoffensive Valentine ne pouvait se figurer que quelqu'un désirât sa mort ; pourquoi ? dans quel but ? quel mal avait-elle fait qui pût lui susciter un ennemi ?

Il n'y avait pas de crainte qu'elle s'endormît.

Une seule idée, une idée terrible tenait son esprit tendu : c'est qu'il existait une personne au monde qui avait tenté de l'assassiner, et qui allait le tenter encore.

Si cette fois cette personne, lassée de voir l'inefficacité du poison, allait, comme l'avait dit Monte-Cristo, avoir recours au fer ! si le comte n'allait pas avoir le temps d'accourir! si elle touchait à son dernier moment! si elle ne devait plus revoir Morrel!

A cette pensée qui la couvrait à la fois d'une pâleur livide et d'une sueur glacée, Valentine était prête à saisir le cordon de sa sonnette et à appeler au secours.

Mais il lui semblait, à travers la porte de la bibliothèque, voir étinceler l'œil du comte, cet œil qui pesait sur son souvenir, et qui, lorsqu'elle y songeait, l'écrasait d'une telle honte, qu'elle se demandait si jamais la reconnaissance parviendrait à effacer ce pénible effet de l'indiscrète amitié du comte.

Vingt minutes, vingt éternités s'écoulèrent ainsi, puis dix autres minutes encore; enfin la pendule, criant une seconde à l'avance, finit par frapper un coup sur le timbre sonore.

En ce moment même, un grattement imperceptible de l'ongle contre le bois de la bibliothèque, apprit à Valentine que le comte veillait et lui recommandait de veiller.

En effet, du côté opposé, c'est-à-dire vers la chambre d'Édouard, il sembla à Valentine qu'elle entendit crier le parquet; elle prêta l'oreille, retenant sa respiration presque étouffée, le bouton de la serrure grinça, et la porte tourna sur ses gonds.

Valentine s'était soulevée sur son coude, elle n'eut que le temps de se laisser retomber sur son lit et de cacher ses yeux sous son bras.

Puis, tremblante, agitée, le cœur serré d'un indicible effroi, elle attendit.

Quelqu'un s'approcha du lit et effleura les rideaux.

Valentine rassembla toutes ses forces et laissa entendre ce murmure régulier de la respiration qui annonce un sommeil tranquille.

— Valentine! dit tout bas une voix.

La jeune fille frissonna jusqu'au fond du cœur, mais ne répondit point.

— Valentine! répéta la même voix.

Même silence: Valentine avait promis de ne point se réveiller.

Puis tout demeura immobile.

Seulement Valentine entendit le bruit presque insensible d'une liqueur tombant dans le verre qu'elle venait de vider.

Alors elle osa, sous le rempart de son bras étendu, entr'ouvrir sa paupière.

Elle vit alors une femme en peignoir blanc qui vidait dans son verre une liqueur préparée d'avance dans une fiole.

Pendant ce court instant, Valentine retint peut-être sa respiration, ou fit sans doute quelque mouvement, car la femme, inquiète, s'arrêta et se pencha sur son lit pour mieux voir si elle dormait réellement : c'était madame de Villefort.

Valentine, en reconnaissant sa belle-mère, fut saisie d'un frisson aigu qui imprima un mouvement à son lit.

Madame de Villefort s'effaça aussitôt le long du mur, et là, abritée derrière le rideau du lit, muette, attentive, elle épia jusqu'au moindre mouvement de Valentine.

Celle-ci se rappela les terribles paroles de Monte-Cristo; il lui avait semblé, dans la main qui ne tenait pas la fiole, voir briller une espèce de couteau long et affilé.

Alors Valentine, appelant toute la puissance de sa volonté à son secours, s'efforça de fermer les yeux; mais cette fonction du plus craintif de nos sens, cette fonction si simple d'ordinaire, devenait en ce moment presque impossible à accomplir, tant l'avide curiosité faisait d'efforts pour repousser cette paupière et attirer la vérité.

Cependant, assurée par le silence dans lequel avait recommencé à se faire entendre le bruit égal de la respiration de Valentine, que celle-ci dormait, madame de Villefort étendit de nouveau le bras, et en demeurant à demi-dissimulée par les rideaux rassemblés au chevet du lit, elle acheva de vider dans le verre de Valentine le contenu de sa fiole.

Puis elle se retira, sans que le moindre bruit avertit Valentine qu'elle était partie.

Elle avait vu disparaître le bras, voilà tout; ce bras frais et arrondi d'une femme de vingt-cinq ans, jeune et belle, et qui versait la mort.

Il est impossible d'exprimer ce que Valentine avait éprouvé pendant cette minute et demie que madame de Villefort était restée dans sa chambre.

Le grattement de l'ongle sur la bibliothèque tira la jeune fille de cet état de torpeur dans lequel elle était ensevelie, et qui ressemblait à de l'engourdissement.

Elle souleva la tête avec effort.

La porte, toujours silencieuse, roula une seconde fois sur ses gonds, et le comte de Monte-Cristo reparut.

— Eh bien! demanda le comte, doutez-vous encore?

— Oh! mon Dieu! murmura la jeune fille.

— Vous avez vu?

— Hélas!

— Vous avez reconnu?

Valentine poussa un gémissement.

— Oui, dit-elle, mais je n'y puis croire.

— Vous aimez mieux mourir alors, et faire mourir Maximilien!...

— Mon Dieu! mon Dieu! répéta la jeune fille presque égarée; mais ne puis-je donc pas quitter la maison, me sauver?...

— Valentine, la main qui vous poursuit vous atteindra partout : à force d'or, on séduira vos domestiques, et la mort s'offrira à vous déguisée sous tous les aspects, dans l'eau que vous boirez à la source, dans le fruit que vous cueillerez à l'arbre.

— Mais n'avez-vous donc pas dit que la précaution de bon papa m'avait prémunie contre le poison?

— Contre un poison, et encore non pas employé à forte dose; on changera de poison ou l'on augmentera la dose.

Il prit le verre et y trempa ses lèvres.

— Et, tenez, dit-il, c'est déjà fait. Ce n'est plus avec de la brucine qu'on vous empoisonne, c'est avec un simple narcotique. Je reconnais le goût de l'alcool dans lequel on l'a fait dissoudre. Si vous aviez bu ce que madame de Villefort vient de verser dans ce verre, Valentine, Valentine, vous étiez perdue.

— Mais, mon Dieu! s'écria la jeune fille, pourquoi donc me poursuit-elle ainsi?

— Comment? vous êtes si douce, si bonne, si peu croyante au mal, que vous n'avez pas compris, Valentine!

— Non, dit la jeune fille; je ne lui ai jamais fait de mal.

— Mais vous êtes riche, Valentine, mais vous avez deux cent mille livres de rente, et ces deux cent mille francs de rente, vous les enlevez à son fils.

— Comment cela? Ma fortune n'est point la sienne et me vient de mes parens.

— Sans doute, et voilà pourquoi M. et madame de Saint-Méran sont morts : c'était pour que vous héritassiez de vos parens; voilà pourquoi, du jour où il vous a fait son héritière, M. Noirtier avait été condamné; voilà pourquoi, à votre tour, vous devez mourir, Valentine; c'est afin que votre père hérite de vous, et que votre frère, devenu fils unique, hérite de votre père.

— Édouard! pauvre enfant, et c'est pour lui qu'on commet tous ces crimes!

— Ah! vous comprenez, enfin.

— Ah! mon Dieu! pourvu que tout cela ne retombe pas sur lui!

— Vous êtes un ange, Valentine.

— Mais mon grand-père, on a donc renoncé à le tuer, lui?

— On a réfléchi que vous morte, à moins d'exhérédation, la fortune revenait naturellement à votre frère, et l'on a pensé que le crime, au bout du compte, étant inutile, il était doublement dangereux de le commettre.

— Et c'est dans l'esprit d'une femme qu'une pareille combinaison a pris naissance! Oh! mon Dieu! mon Dieu!

— Rappelez-vous Pérouse, la treille de l'auberge de la poste, l'homme au manteau brun, que votre belle-mère interrogeait sur l'aquatophana; eh bien! dès cette époque, tout cet infernal projet mûrissait dans son cerveau.

— Oh! monsieur, s'écria la douce jeune fille en fondant en larmes, je vois bien, s'il en est ainsi, que je suis condamnée à mourir.

— Non, Valentine, non, car j'ai prévu tous les complots; non, car notre ennemie est vaincue, puisqu'elle est devinée; non, vous vivrez, Valentine, vous vivrez pour aimer et être aimée, vous vivrez pour être heureuse et rendre un noble cœur heureux; mais pour vivre, Valentine, il faut avoir toute confiance en moi.

— Ordonnez, monsieur, que faut-il faire?

— Il faut prendre aveuglément ce que je vous donnerai.

— Oh! Dieu m'est témoin, s'écria Valentine, que si j'étais seule, j'aimerais mieux me laisser mourir.

— Vous ne vous confierez à personne, pas même à votre père.

— Mon père n'est pas de cet affreux complot, n'est-ce pas, monsieur? dit Valentine en joignant les mains.

— Non, et cependant votre père, l'homme habitué aux accusations juridiques, votre père doit se douter que toutes ces morts qui s'abattent sur sa maison ne sont point naturelles. Votre père, c'est lui qui aurait dû veiller sur vous, c'est lui qui devrait être à cette heure à la place que j'occupe; c'est lui qui devrait déjà avoir vidé ce verre; c'est lui qui devrait déjà s'être dressé contre l'assassin. Spectre contre spectre, murmura-t-il, en achevant tout bas sa phrase.

— Monsieur, dit Valentine, je ferai tout pour vivre, car il existe deux êtres au monde qui m'aiment à en mourir si je mourais : mon grand-père et Maximilien.

— Je veillerai sur eux comme j'ai veillé sur vous.

— Eh bien! monsieur, disposez de moi, dit Valentine. Puis, à voix basse : — Oh! mon Dieu! mon Dieu! dit-elle, que va-t-il m'arriver?

— Quelque chose qui vous arrive, Valentine, ne vous épouvantez point; si vous souffrez, si vous perdez la vue, l'ouïe, le tact, ne craignez rien; si vous vous réveillez sans savoir où vous êtes, n'ayez pas peur, dussiez-vous, en vous réveillant, vous trouver dans quelque caveau sépulcral ou clouée dans quelque bière; rappelez soudain votre esprit; et dites-vous : — en ce moment, un ami, un père, un homme qui veut mon bonheur et celui de Maximilien, cet homme veille sur moi.

— Hélas! hélas! quelle terrible extrémité!

— Valentine, aimez-vous mieux dénoncer votre belle-mère?

— J'aimerais mieux mourir cent fois! oh! oui, mourir!

— Non, vous ne mourrez pas, et quelque chose qui vous arrive, vous me le promettez, vous ne vous plaindrez pas, vous espérerez?

— Je penserai à Maximilien.

— Vous êtes ma fille bien-aimée, Valentine; seul, je puis vous sauver, et je vous sauverai.

Valentine, au comble de la terreur, joignit les mains (car elle sentait que le moment était venu de demander à Dieu du courage) et se dressa pour prier, murmurant des mots sans suite, et oubliant que ses blanches épaules n'avaient d'autre voile que sa longue chevelure, et que l'on voyait battre son cœur sous la fine dentelle de son peignoir de nuit.

Le comte appuya doucement la main sur le bras de la jeune fille, ramena jusque sur son cou la courte-pointe de velours, et avec un sourire paternel:

— Ma fille, dit-il, croyez en mon dévoûment, comme vous croyez en la bonté de Dieu et dans l'amour de Maximilien.

Valentine attacha sur lui un regard plein de reconnaissance, et demeura docile comme un enfant sous ses voiles.

Alors le comte tira de la poche de son gilet le drageoir en émeraude, souleva son couvercle d'or, et versa dans la main droite de Valentine une petite pastille ronde de la grosseur d'un pois.

Valentine la prit avec l'autre main, et regarda le comte attentivement : il y avait sur les traits de cet intrépide protecteur un reflet de la majesté et de la puissance divines. Il était évident que Valentine l'interrogeait du regard.

— Oui, répondit celui-ci.

Valentine porta la pastille à sa bouche et l'avala.

— Et maintenant, au revoir, mon enfant, dit-il, je vais essayer de dormir, car vous êtes sauvée.

— Allez, dit Valentine, quelque chose qui m'arrive, je vous promets de n'avoir pas peur.

Monte-Cristo tint long-temps ses yeux fixés sur la jeune fille qui s'endormait peu à peu, vaincue par la puissance du narcotique que le comte venait de lui donner.

Alors il prit le verre, le vida aux trois quarts dans la cheminée, pour que l'on pût croire que Valentine avait bu ce qu'il en manquait, le reposa sur la table de nuit; puis, regagnant la porte de la bibliothèque, il disparut, après avoir jeté un dernier regard vers Valentine, qui s'endormait avec la confiance et la candeur d'un ange couché aux pieds du Seigneur.

CHAP. C. — VALENTINE.

La veilleuse continuait de brûler sur la cheminée de Valentine, épuisant les dernières gouttes d'huile qui surnageait encore sur l'eau; déjà un cercle plus rougeâtre colorait l'albâtre du globe, déjà la flamme plus vive laissait échapper ces derniers pétillemens qui semblent chez les êtres inanimés ces dernières convulsions de l'agonie qu'on a si souvent comparées à celle des pauvres créatures humaines; un jour bas et sinistre venait teindre d'un reflet d'opale les rideaux blancs et les draps de la jeune fille.

Tous les bruits de la rue étaient éteints pour cette fois, et le silence de l'intérieur était effrayant.

La porte de la chambre d'Édouard s'ouvrit alors, et une tête, que nous avons déjà vue, parut dans la glace opposée à la porte : c'était madame de Villefort qui rentrait pour voir l'effet du breuvage.

Elle s'arrêta sur le seuil, écouta le pétillement de la lampe, seul bruit perceptible dans cette chambre qu'on eût crue déserte, puis elle s'avança doucement vers la table de nuit pour voir si le verre de Valentine était vide.

Il était encore plein au quart, comme nous l'avons dit.

Madame de Villefort le prit et alla le vider dans les cendres, qu'elle remua pour faciliter l'absorption de la liqueur, puis elle rinça soigneusement le cristal, l'essuya avec son propre mouchoir, et le replaça sur la table de nuit.

Quelqu'un dont le regard eût pu plonger dans l'intérieur de la chambre, eût pu voir alors l'hésitation de madame de Villefort à fixer ses yeux sur Valentine et à s'approcher du lit.

Cette lueur lugubre, ce silence, cette terrible poésie de la nuit venaient sans doute se combiner avec l'épouvantable poésie de sa conscience : l'empoisonneuse avait peur de son œuvre.

Enfin elle s'enhardit, écarta le rideau, s'appuya au chevet du lit, et regarda Valentine.

La jeune fille ne respirait plus, ses dents à demi-desserrées ne laissaient échapper aucun atome de ce souffle qui décèle la vie; ses lèvres blanchissantes avaient cessé de frémir; ses yeux, noyés dans une vapeur violette qui semblait avoir filtré sous la peau, formaient une saillie plus blanche à l'endroit où le globe enflait la paupière, et ses longs cils noirs rayaient une peau déjà mate comme la cire.

Madame de Villefort contempla ce visage d'une expression si éloquente dans son immobilité; elle s'enhardit alors, et, soulevant la couverture, elle appuya sa main sur le cœur de la jeune fille.

Il était muet et glacé.

Ce qui battait sous sa main, c'était l'artère de ses doigts : elle retira sa main avec un frisson.

Le bras de Valentine pendait hors du lit; ce bras, dans toute la partie qui se rattachait à l'épaule et s'étendait jusqu'à la saignée, semblait moulé sur celui d'une des Grâces de Germain Pillon; mais l'avant-bras était légèrement déformé par une crispation, et le poignet, d'une forme si pure, s'appuyait, un peu raidi et les doigts écartés, sur l'acajou.

La naissance des ongles était bleuâtre.

Pour madame de Villefort, il n'y avait plus de doute : tout était fini, l'œuvre terrible, la dernière qu'elle eût à accomplir, était enfin consommée.

L'empoisonneuse n'avait plus rien à faire dans cette chambre; elle recula avec tant de précaution, qu'il était visible qu'elle redoutait le craquement de ses pieds sur le tapis; mais, tout en reculant, elle tenait encore le rideau soulevé, absorbant ce spectacle de la mort qui porte en soi son irrésistible attraction, tant que la mort n'est pas la décomposition, mais seulement l'immobilité, tant qu'elle demeure le mystère, et n'est pas encore le dégoût.

Les minutes s'écoulaient, madame de Villefort ne pouvait lâcher ce rideau qu'elle tenait suspendu comme un linceul au-dessus de la tête de Valentine. Elle paya son tribut à la rêverie : la rêverie du crime, ce doit être le remords.

En ce moment, les pétillemens de la veilleuse redoublèrent.

Madame de Villefort, à ce bruit, tressaillit et laissa retomber le rideau.

Au même instant la veilleuse s'éteignit, et la chambre fut plongée dans une effrayante obscurité.

Au milieu de cette obscurité, la pendule s'éveilla et sonna quatre heures et demie.

L'empoisonneuse, épouvantée de ces commotions successives, regagna en tâtonnant la porte, et rentra chez elle la sueur et l'angoisse au front.

L'obscurité continua encore deux heures.

Puis, peu à peu, un jour blafard envahit l'appartement, filtrant aux lames des persiennes; puis, peu à peu encore, il se fit grand, et vint rendre une couleur et une forme aux objets et aux corps.

C'est à ce moment que la toux de la garde-malade retentit sur l'escalier, et que cette femme entra chez Valentine une tasse à la main.

Pour un père, pour un amant, le premier regard eût été décisif, Valentine était morte; pour cette mercenaire Valentine n'était qu'endormie.

— Bon, dit-elle en s'approchant de la table de nuit, elle a bu une partie de sa potion, le verre est aux deux tiers vide.

Puis elle alla à la cheminée, ralluma le feu, s'installa dans son fauteuil, et quoiqu'elle sortît de son lit, elle profita du sommeil de Valentine pour dormir encore quelques instans.

La pendule l'éveilla en sonnant huit heures.

Alors, étonnée de ce sommeil obstiné dans lequel demeurait la jeune fille, effrayée de ce bras pendant hors du lit, et que la dormeuse n'avait point ramené à elle, elle s'avança vers le lit, et ce fut alors seulement qu'elle remarqua ces lèvres froides et cette poitrine glacée.

Elle voulut ramener le bras près du corps, mais le bras n'obéit qu'avec cette raideur effrayante à laquelle ne pouvait pas se tromper une garde-malade.

Elle poussa un horrible cri.

Puis, courant à la porte :

— Au secours! cria-t-elle, au secours!

OEUVRES COMPL. D'ALEX. DUMAS.

— Comment, au secours! répondit du bas de l'escalier la voix de M. d'Avrigny.

C'était l'heure où le docteur avait l'habitude de venir.

— Comment, au secours, s'écria la voix de Villefort, sortant alors précipitamment de son cabinet; docteur, n'avez-vous pas entendu crier au secours?

— Oui, oui, montons, répondit d'Avrigny; montons vite! c'est chez Valentine.

Mais avant que le médecin et le père ne fussent entrés, les domestiques qui se trouvaient au même étage, dans les chambres ou dans les corridors, étaient entrés, et, voyant Valentine pâle et immobile sur son lit, levaient les mains au ciel et chancelaient comme frappés de vertige.

— Appelez madame de Villefort! réveillez madame de Villefort! cria le procureur du roi de la porte de la chambre, dans laquelle il semblait n'oser entrer.

Mais les domestiques, au lieu de répondre, regardaient M. d'Avrigny, qui était entré, lui, qui avait couru à Valentine et qui la soulevait dans ses bras.

— Encore celle-ci!... murmura-t-il en la laissant tomber. O mon Dieu! mon Dieu! quand vous lasserez-vous!

Villefort s'élança dans l'appartement.

— Que dites-vous, mon Dieu! s'écria-t-il en levant les deux mains au ciel. Docteur!... docteur!...

— Je dis que Valentine est morte! répondit d'Avrigny d'une voix solennelle et terrible dans sa solennité.

M. de Villefort s'abattit, comme si ses jambes étaient brisées, et tomba sur le lit de Valentine.

Aux paroles du docteur, aux cris du père, les domestiques terrifiés s'enfuirent avec de sourdes imprécations; on entendit par les escaliers et les corridors leurs pas précipités, puis un grand mouvement dans les cours; puis ce fut tout; le bruit s'éteignit : depuis le premier jusqu'au dernier, ils avaient déserté la maison maudite.

En ce moment, madame de Villefort, le bras à moitié passé dans son peignoir du matin, souleva la tapisserie; un instant elle demeura sur le seuil, ayant l'air d'interroger les assistans et appelant à son aide quelques larmes rebelles.

Tout à coup elle fit un pas, ou plutôt un bond, en avant, les mains étendues vers la table.

Elle venait de voir d'Avrigny se pencher curieusement sur cette table et y prendre le verre qu'elle était certaine d'avoir vidé pendant la nuit.

Le verre se trouvait au tiers plein, juste comme il était quand elle avait jeté le contenu dans les cendres.

Le spectre de Valentine dressé devant l'empoisonneuse eût produit moins d'effet sur elle.

En effet, c'est bien la couleur du breuvage qu'elle a versé dans le verre de Valentine et que Valentine a bu; c'est bien ce poison qui ne peut tromper l'œil de M. d'Avrigny et que M. d'Avrigny regarde attentivement; c'est bien un miracle que Dieu a fait sans doute pour qu'il restât, malgré les précautions de l'assassin, une trace, une preuve, une dénonciation du crime.

Cependant, tandis que madame de Villefort était restée immobile comme la statue de la Terreur, tandis que Villefort, la tête cachée dans les draps du lit mortuaire, ne voyait rien de ce qui se passait autour de lui, d'Avrigny s'approchait de la fenêtre pour mieux examiner de l'œil le contenu du verre et en déguster une goutte prise au bout du doigt.

— Ah! murmura-t-il, ce n'est plus de la brucine, maintenant; voyons ce que c'est.

Alors il courut à une des armoires de la chambre de Valentine, armoire transformée en pharmacie, et tirant de sa petite case d'argent un flacon d'acide nitrique, il en laissa tomber quelques gouttes dans l'opale de la liqueur, qui se changea aussitôt en un demi-verre de sang vermeil.

— Ah! fit d'Avrigny avec l'horreur du juge à qui se

45

révèle la vérité, mêlée à la joie du savant à qui se dévoile un problème.

Madame de Villefort tourna un instant sur elle-même; ses yeux lancèrent des flammes, puis s'éteignirent; elle chercha, chancelante, la porte de la main, et disparut.

Un instant après, on entendit le bruit éloigné d'un corps qui tombait sur le parquet.

Mais personne n'y fit attention. La garde était occupée à regarder l'analyse chimique; Villefort était toujours anéanti.

M. d'Avrigny seul avait suivi des yeux madame de Villefort et avait remarqué sa sortie précipitée.

Il souleva la tapisserie de la chambre de Valentine, et son regard, à travers celle d'Édouard, put plonger dans l'appartement de madame de Villefort, qu'il vit étendue sans mouvement sur le parquet.

— Allez secourir madame de Villefort, dit-il à la garde; madame de Villefort se trouve mal.

— Mais mademoiselle Valentine? balbutia celle-ci.

— Mademoiselle Valentine n'a plus besoin de secours, dit d'Avrigny, puisque mademoiselle Valentine est morte.

— Morte! morte! soupira Villefort dans le paroxysme d'une douleur d'autant plus déchirante qu'elle était nouvelle, inconnue, inouïe, pour ce cœur de bronze.

— Morte! dites-vous? s'écria une troisième voix; qui a dit que Valentine était morte?

Les deux hommes se retournèrent, et sur la porte aperçurent Morrel debout, pâle, bouleversé, terrible.

Voici ce qui était arrivé :

A son heure habituelle, et par la petite porte qui conduisait chez Noirtier, Morrel s'était présenté.

Contre la coutume, il trouva la porte ouverte. Il n'eut donc pas besoin de sonner, il entra.

Dans le vestibule, il attendit un instant, appelant un domestique quelconque qui l'introduisît près du vieux Noirtier.

Mais personne n'avait répondu; les domestiques, on le sait, avaient déserté la maison.

Morrel n'avait ce jour-là aucun motif particulier d'inquiétude : il avait la promesse de Monte-Cristo que Valentine vivrait, et jusque-là la promesse avait été fidèlement tenue. Chaque soir, le comte lui avait donné de bonnes nouvelles, que confirmait le lendemain Noirtier lui-même.

Cependant cette solitude lui parut singulière. Il appela une seconde fois, une troisième fois... Même silence.

Alors il se décida à monter.

La porte de Noirtier était ouverte comme les autres portes.

La première chose qu'il vit fut le vieillard dans son fauteuil, à sa place habituelle; ses yeux dilatés semblaient exprimer un effroi intérieur que confirmait encore la pâleur étrange répandue sur ses traits.

— Comment allez-vous, monsieur? demanda le jeune homme, non sans un certain serrement de cœur.

— Bien, fit le vieillard avec son clignement d'yeux; bien.

Mais sa physionomie sembla croître en inquiétude.

— Vous êtes préoccupé, continua Morrel; vous avez besoin de quelque chose. Voulez-vous que j'appelle quelqu'un de vos gens?

— Oui, fit Noirtier.

Morrel se suspendit au cordon de la sonnette; mais il eut beau le tirer à le rompre, personne ne vint.

Il se retourna vers Noirtier : la pâleur et l'angoisse allaient croissant sur le visage du vieillard.

— Mon Dieu! mon Dieu! fit Morrel, mais pourquoi ne vient-on pas? Est-ce qu'il y a quelqu'un de malade dans la maison?

Les yeux de Noirtier parurent prêts à jaillir de leur orbite.

— Mais qu'avez-vous donc? continua Morrel, vous m'effrayez!... Valentine! Valentine!...

— Oui! oui! fit Noirtier.

Maximilien ouvrit la bouche pour parler, mais sa langue ne put articuler aucun son : il chancela et se retint à la boiserie.

Puis il étendit la main vers la porte.

— Oui! oui! oui! continua le vieillard.

Maximilien s'élança dans le petit escalier, qu'il franchit en deux bonds, tandis que Noirtier semblait lui crier des yeux :

— Plus vite! plus vite!

Une minute suffit au jeune homme pour traverser plusieurs chambres, solitaires comme le reste de la maison, et pour arriver jusqu'à celle de Valentine.

Il n'eut pas besoin de pousser la porte, elle était toute grande ouverte.

Un sanglot fut le premier bruit qu'il perçut. Il vit, comme à travers un nuage, une figure noire agenouillée et perdue dans un amas confus de draperies blanches. La crainte, l'effroyable crainte, le clouait sur le seuil.

Ce fut alors qu'il entendit une voix qui disait : Valentine est morte, et une seconde voix qui, comme un écho, répondait :

— Morte! morte!

CHAP. CI. — MAXIMILIEN.

Villefort se releva presque honteux d'avoir été surpris dans l'accès de cette douleur.

Le terrible état qu'il exerçait depuis vingt-cinq ans était arrivé à en faire plus ou moins qu'un homme.

Son regard, un instant égaré, se fixa sur Morrel.

— Qui êtes-vous, monsieur, dit-il, vous qui oubliez qu'on n'entre pas ainsi dans une maison qu'habite la mort?

Sortez! monsieur! sortez!

Mais Morrel demeurait immobile; il ne pouvait détacher ses yeux du spectacle effrayant de ce lit en désordre et de la pâle figure qui était couchée dessus.

— Sortez! entendez-vous! cria Villefort, tandis que d'Avrigny s'avançait de son côté pour faire sortir Morrel.

Celui-ci regarda d'un air égaré ce cadavre, ces deux hommes, toute la chambre, sembla hésiter un instant, ouvrit la bouche; puis enfin, ne trouvant pas un mot à répondre, malgré l'innombrable essaim d'idées fatales qui envahissaient son cerveau, il rebroussa chemin en enfonçant ses mains dans ses cheveux, de telle sorte que Villefort et d'Avrigny, un instant distraits de leurs préoccupations, échangèrent, après l'avoir suivi des yeux, un regard qui voulait dire :

— Il est fou!

Mais avant que cinq minutes se fussent écoulées on entendit gémir l'escalier sous un poids considérable, et l'on vit Morrel qui, avec une force surhumaine, soulevant le fauteuil de Noirtier entre ses bras, apportait le vieillard au premier étage de la maison.

Arrivé au haut de l'escalier, Morrel posa le fauteuil à terre et le roula rapidement jusque dans la chambre de Valentine.

Toute cette manœuvre s'exécuta avec une force décuplée par l'exaltation frénétique du jeune homme.

Mais une chose était effrayante surtout, c'était la figure de Noirtier, s'avançant vers le lit de Valentine, poussé par Morrel, la figure de Noirtier en qui l'intelligence déployait toutes ses ressources, dont les yeux réunissaient toute leur puissance pour suppléer aux autres facultés.

Aussi ce visage pâle, au regard enflammé, fut-il pour Villefort une effrayante apparition.

Chaque fois qu'il s'était trouvé en contact avec son père, il s'était toujours passé quelque chose de terrible.

— Voyez ce qu'ils en ont fait! cria Morrel une main encore appuyée au dossier du fauteuil qu'il venait de pousser jusqu'au lit, et l'autre étendue vers Valentine; voyez, mon père, voyez!

Villefort recula d'un pas et regarda avec étonnement ce jeune homme qui lui était presque inconnu, et qui appelait Noirtier son père.

En ce moment toute l'âme du vieillard sembla passer dans ses yeux, qui s'injectèrent de sang; puis les veines de son cou se gonflèrent, une teinte bleuâtre, comme celle qui envahit la peau de l'épileptique, couvrit son cou, ses joues et ses tempes; il ne manquait à cette explosion intérieure de tout l'être qu'un cri.

Ce cri sortit pour ainsi dire de tous les pores, effrayant dans son mutisme, déchirant dans son silence.

D'Avrigny se précipita vers le vieillard et lui fit respirer un violent révulsif.

— Monsieur! s'écria alors Morrel, en saisissant la main inerte du paralytique, on demande ce que je suis et quel droit j'ai d'être ici. Oh! vous qui le savez, dites-le, vous! dites-le!

Et la voix du jeune homme s'éteignit dans les sanglots.

Quant au vieillard, sa respiration haletante secouait sa poitrine. On eût dit qu'il était en proie à ces agitations qui précèdent l'agonie.

Enfin, les larmes vinrent jaillir des yeux de Noirtier, plus heureux que le jeune homme qui sanglotait sans pleurer. Sa tête ne pouvant se pencher, ses yeux se fermèrent.

— Dites, continua Morrel d'une voix étranglée, dites que j'étais son fiancé!

— Dites qu'elle était ma noble amie, mon seul amour sur la terre!

— Dites, dites, dites que ce cadavre m'appartient!

Et le jeune homme, donnant le terrible spectacle d'une grande force qui se brise, tomba lourdement à genoux devant ce lit que ses doigts crispés étreignirent avec violence.

Cette douleur était si poignante que d'Avrigny se détourna pour cacher son émotion, et que Villefort, sans demander d'autre explication, attiré par ce magnétisme qui nous pousse vers ceux qui ont aimé ceux que nous pleurons, tendit sa main au jeune homme.

Mais Morrel ne voyait rien; il avait saisi la main glacée de Valentine, et, ne pouvant parvenir à pleurer, il mordait les draps en rugissant.

Pendant quelque temps on n'entendit dans cette chambre que le conflit des sanglots, des imprécations et de la prière.

Et cependant un bruit dominait tous ceux-là : c'était l'aspiration rauque et déchirante qui semblait, à chaque reprise d'air, rompre un des ressorts de la vie dans la poitrine de Noirtier.

Enfin Villefort, le plus maître de tous, après avoir pour ainsi dire cédé pendant quelque temps sa place à Maximilien, Villefort prit la parole.

— Monsieur, dit-il à Maximilien, vous aimiez Valentine, dites-vous; vous étiez son fiancé; j'ignorais cet amour, j'ignorais cet engagement; et cependant, moi, son père, je vous le pardonne; car, je le vois, votre douleur est grande, réelle et vraie.

D'ailleurs, chez moi aussi la douleur est trop grande pour qu'il reste en mon cœur place pour la colère.

Mais, vous le voyez, l'ange que vous espériez a quitté la terre; elle n'a plus que faire des adorations des hommes, elle qui, à cette heure, adore le Seigneur; faites donc vos adieux, monsieur, à la triste dépouille qu'elle a oubliée parmi nous; prenez une dernière fois sa main que vous attendiez, et séparez-vous d'elle à jamais; Valentine n'a plus besoin maintenant que du prêtre qui doit la bénir.

— Vous vous trompez, monsieur, s'écria Morrel en se relevant sur un genou, le cœur traversé par une douleur plus aiguë qu'aucune de celles qu'il eût encore ressenties; vous vous trompez : Valentine, morte comme elle est morte, a non-seulement besoin d'un prêtre, mais encore d'un vengeur!

— Monsieur de Villefort, envoyez chercher le prêtre, moi je serai le vengeur.

— Que voulez-vous dire, monsieur? murmura Villefort, tremblant à cette nouvelle inspiration du délire de Morrel.

— Je veux dire, continua Morrel, qu'il y a deux hommes en vous, monsieur. Le père a assez pleuré; que le procureur du roi commence son office.

Les yeux de Noirtier étincelèrent, d'Avrigny se rapprocha.

— Monsieur, continua le jeune homme, en recueillant des yeux tous les sentiments qui se révélaient sur les visages des assistans, je sais ce que je dis, et vous savez tout aussi bien que moi ce que je vais dire :

Valentine est morte assassinée!

Villefort baissa la tête; d'Avrigny avança d'un pas encore; Noirtier fit oui des yeux.

— Or, monsieur, continua Morrel, au temps où nous vivons, une créature, ne fût-elle pas jeune, ne fût-elle pas belle, ne fût-elle pas adorable comme était Valentine, une créature ne disparaît pas violemment du monde sans que l'on demande compte de sa disparition.

Allons! monsieur le procureur du roi, ajouta Morrel avec une véhémence croissante, pas de pitié! je vous dénonce le crime, cherchez l'assassin!

Et son œil implacable interrogeait Villefort, qui de son côté sollicitait du regard tantôt Noirtier, tantôt d'Avrigny.

Mais, au lieu de trouver secours dans son père et dans le docteur, Villefort ne rencontra en eux qu'un regard aussi inflexible que celui de Morrel.

— Oui! fit le vieillard.

— Certes! dit d'Avrigny.

— Monsieur, répliqua Villefort, essayant de lutter contre cette triple volonté et contre sa propre émotion; monsieur, vous vous trompez, il ne se commet pas de crimes chez moi; la fatalité me frappe, Dieu m'éprouve : c'est horrible à penser; mais on n'assassine personne!

Les yeux de Noirtier flamboyèrent, d'Avrigny ouvrit la bouche pour parler.

Morrel étendit le bras en commandant le silence.

— Et moi je vous dis que l'on tue ici! s'écria Morrel dont la voix baissa sans rien perdre de sa vibration terrible.

Je vous dis que voilà la quatrième victime frappée depuis quatre mois!

Je vous dis qu'on avait déjà une fois, il y a quatre jours de cela, essayé d'empoisonner Valentine, et que l'on avait échoué, grâce aux précautions qu'avait prises M. Noirtier!

Je vous dis que l'on a doublé la dose ou changé la nature du poison, et que cette fois on a réussi!

Je vous dis que vous savez tout cela aussi bien que moi, enfin, puisque monsieur que voilà vous en a prévenu et comme médecin et comme ami.

— Oh! vous êtes en délire! monsieur, dit Villefort, essayant vainement de se débattre dans le cercle où il se sentait pris.

— Je suis en délire! s'écria Morrel; eh bien! j'en appelle à M. d'Avrigny lui-même.

Demandez-lui, monsieur, s'il se souvient encore des paroles qu'il a prononcées dans votre jardin, dans le jardin de cet hôtel, le soir même de la mort de madame de Saint-Méran, alors que tous deux, vous et lui, vous croyant seuls, vous vous entreteniez de cette mort tragique, dans laquelle cette fatalité dont vous parlez, et Dieu que vous accusez injustement, ne peuvent être comptés que pour une chose, c'est-à-dire pour avoir créé l'assassin de Valentine!

Villefort et d'Avrigny se regardèrent.

— Oui, oui, rappelez-vous, dit Morrel; car ces paroles, que vous croyiez livrées au silence et à la solitude, sont tombées dans mon oreille.

Certes, de ce soir-là, en voyant la coupable complaisance de M. Villefort pour les siens, j'eusse dû tout découvrir à l'autorité; je ne serais pas complice comme je le suis en ce moment de ta mort, Valentine! ma Valentine bien-aimée! mais le complice deviendra le vengeur; ce quatrième meurtre est flagrant et visible aux yeux de tous, et si ton père t'abandonne, Valentine, c'est moi, c'est moi, je te le jure, qui poursuivrai l'assassin.

Et cette fois, comme si la nature avait enfin pitié de cette vigoureuse organisation prête à se briser par sa propre force, les dernières paroles de Morrel s'éteignirent dans sa gorge; sa poitrine éclata en sanglots, ses larmes, si longtemps rebelles, jaillirent de ses yeux, il s'affaissa sur lui-même, et retomba à genoux pleurant près du lit de Valentine.

Alors ce fut le tour de d'Avrigny.

— Et moi aussi, dit-il d'une voix forte, moi aussi je me joins à M. Morrel pour demander justice du crime; car mon cœur se soulève à l'idée que ma lâche complaisance a encouragé l'assassin!

— Oh! mon Dieu! mon Dieu! murmura Villefort anéanti.

Morrel releva la tête, et, lisant dans les yeux du vieillard, qui lançaient une flamme surnaturelle:

— Tenez, dit-il, tenez, M. Noirtier veut parler.

— Oui, fit Noirtier avec une expression d'autant plus terrible que toutes les facultés de ce pauvre vieillard impuissant étaient concentrées dans son regard.

— Vous connaissez l'assassin? dit Morrel.

— Oui, répliqua Noirtier.

— Et vous allez nous guider? s'écria le jeune homme. Ecoutons! monsieur d'Avrigny, écoutons!

Noirtier adressa au malheureux Morrel un sourire mélancolique, un de ces doux sourires des yeux qui tant de fois avaient rendu Valentine heureuse, et fixa son attention.

Puis, ayant rivé pour ainsi dire les yeux de son interlocuteur aux siens, il les détourna vers la porte.

— Vous voulez que je sorte, monsieur? s'écria douloureusement Morrel.

— Oui, fit Noirtier.

— Hélas! hélas! monsieur; mais ayez donc pitié de moi!

Les yeux du vieillard demeurèrent impitoyablement fixés vers la porte.

— Pourrai-je revenir, au moins? demanda Morrel.

— Oui.

— Dois-je sortir seul?

— Non.

— Qui dois-je emmener avec moi? M. le procureur du roi?

— Non.

— Le docteur?

— Oui.

— Vous voulez rester seul avec M. de Villefort?

— Oui.

— Mais pourra-t-il vous comprendre, lui?

— Oui.

— Oh! dit Villefort presque joyeux de ce que l'enquête quête allait se faire en tête-à-tête, oh! soyez tranquille, je comprends très bien mon père.

Et tout en disant cela avec cette expression de joie que nous avons signalée, les dents du procureur du roi s'entrechoquaient avec violence.

D'Avrigny prit le bras de Morrel et entraîna le jeune homme dans la chambre voisine.

Il se fit alors dans toute cette maison un silence plus profond que celui de la mort.

Enfin, au bout d'un quart-d'heure, un pas chancelant se fit entendre, et Villefort parut sur le seuil du salon où se tenaient d'Avrigny et Morrel, l'un absorbé, l'autre suffoquant.

— Venez, dit-il.

Et il les ramena près du fauteuil de Noirtier.

Morrel, alors, regarda attentivement Villefort.

La figure du procureur du roi était livide; de larges taches couleur de rouille sillonnaient son front; entre ses doigts, une plume tordue de mille façons criait en se déchiquetant en lambeaux.

— Messieurs, dit-il d'une voix étranglée à d'Avrigny et à Morrel, messieurs, votre parole d'honneur que l'horrible secret demeurera enseveli entre nous!

Les deux hommes firent un mouvement.

— Je vous en conjure!... continua Villefort.

— Mais... dit Morrel, le coupable!.... le meurtrier!.. l'assassin!...

— Soyez tranquille, monsieur, justice sera faite, dit Villefort.

Mon père m'a révélé le nom du coupable; mon père a soif de vengeance comme vous, et cependant mon père vous conjure, comme moi, de garder le secret du crime.

N'est-ce pas, mon père?

— Oui, fit résolument Noirtier.

Morrel laissa échapper un mouvement d'horreur et d'incrédulité.

— Oh! s'écria Villefort, en arrêtant Maximilien par le bras, oh! monsieur, si mon père, l'homme inflexible que vous connaissez, vous fait cette demande, c'est qu'il sait que Valentine sera terriblement vengée.

N'est-ce pas, mon père?

Le vieillard fit signe que oui.

Villefort continua.

— Il me connaît, lui, et c'est à lui que j'ai engagé ma parole.

Rassurez-vous donc, messieurs; trois jours, je vous demande trois jours, c'est moins que ne vous demanderait la justice; et dans trois jours la vengeance que j'aurai tirée du meurtre de mon enfant fera frissonner jusqu'au fond de leur cœur les plus indifférens des hommes.

— N'est-ce pas, mon père?

Et en disant ces paroles, il grinçait des dents et secouait la main engourdie du vieillard.

— Tout ce qui est promis sera-t-il tenu, monsieur Noirtier? demanda Morrel, tandis que d'Avrigny interrogeait du regard.

— Oui! fit Noirtier avec un regard de sinistre joie.

— Jurez donc, messieurs, dit Villefort en joignant les mains de d'Avrigny et de Morrel, jurez que vous aurez pitié de l'honneur de ma maison, et que vous me laisserez le soin de le venger?

D'Avrigny se détourna et murmura un oui bien faible; mais Morrel arracha sa main de celles du magistrat, se précipita vers le lit, imprima ses lèvres sur les lèvres glacées de Valentine, et s'enfuit avec le long gémissement d'une âme qui s'engloutit dans le désespoir.

Nous avons dit que tous les domestiques avaient disparu.

M. de Villefort fut donc forcé de prier d'Avrigny de se charger des démarches, si nombreuses et si délicates, qu'entraîne la mort dans nos grandes villes, et surtout la mort accompagnée de circonstances aussi suspectes.

Quant à Noirtier, c'était quelque chose de terrible à voir que cette douleur sans mouvement, que ce désespoir sans gestes, que ces larmes sans voix.

Villefort rentra dans son cabinet; d'Avrigny alla chercher le médecin de la mairie, qui remplit les fonctions d'inspecteur-après décès, et que l'on nomme assez énergiquement le médecin des morts.

Noirtier ne voulut point quitter sa fille.

Au bout d'une demi-heure, M. d'Avrigny revint avec son confrère; on avait fermé les portes de la rue, et comme le concierge avait disparu avec les autres serviteurs, ce fut Villefort lui-même qui alla ouvrir.

Mais il s'arrêta sur le palier, il n'avait plus le courage d'entrer dans la chambre mortuaire.

Les deux docteurs pénétrèrent donc seuls jusqu'à Valentine.

Noirtier était près du lit, pâle comme la morte, immobile et muet comme elle.

Le médecin des morts s'approcha avec l'indifférence de l'homme qui passe la moitié de sa vie avec les cadavres, souleva le drap qui recouvrait la jeune fille, et entr'ouvrit seulement les lèvres.

— Oh! dit d'Avrigny en soupirant, pauvre jeune fille! elle est bien morte, allez.

— Oui, répondit laconiquement le médecin en laissant retomber le drap qui couvrait le visage de Valentine.

Noirtier fit entendre un sourd râlement.

D'Avrigny se retourna, les yeux du vieillard étincelaient. Le bon docteur comprit que Noirtier réclamait la vue de son enfant; il se rapprocha du lit, et tandis que le médecin des morts trempait dans de l'eau chlorurée les doigts qui avaient touché les lèvres de la trépassée, il découvrit ce calme et pâle visage qui semblait celui d'une ange endormi.

Une larme qui reparut au coin de l'œil de Noirtier fut le remerciment que reçut le bon docteur.

Le médecin des morts dressa son procès-verbal sur le coin d'une table, dans la chambre même de Valentine, et, cette formalité suprême accomplie, sortit reconduit par le docteur.

Villefort les entendit descendre et reparut à la porte de son cabinet.

En quelques mots il remercia le médecin, et se retournant vers d'Avrigny :

— Et maintenant, dit-il, le prêtre ?

— Avez-vous un ecclésiastique que vous désirez plus particulièrement charger de prier près de Valentine ? demanda d'Avrigny.

— Non, dit Villefort, allez chez le plus proche.

— Le plus proche, dit le médecin, est un bon abbé italien qui est venu demeurer dans la maison voisine de la vôtre.

Voulez-vous que je le prévienne en passant ?

— D'Avrigny, dit Villefort, veuillez, je vous prie, accompagner monsieur.

Voici la clef, pour que vous puissiez entrer et sortir à volonté.

Vous ramènerez le prêtre, et vous vous chargerez de l'installer dans la chambre de ma pauvre enfant.

— Désirez-vous lui parler, mon ami ?

— Je désire être seul. Vous m'excuserez, n'est-ce pas ? Un prêtre doit comprendre toutes les douleurs, même la douleur paternelle.

Et M. de Villefort, donnant un passe-partout à d'Avrigny, salua une dernière fois le docteur étranger et rentra dans son cabinet, où il se mit à travailler.

Pour certaines organisations, le travail est le remède à toutes les douleurs.

Au moment où ils descendaient dans la rue, ils aperçurent un homme vêtu d'une soutane qui se tenait sur le seuil de la porte voisine.

— Voici celui dont je vous parlais, dit le médecin des morts à d'Avrigny.

D'Avrigny aborda l'ecclésiastique.

— Monsieur, lui dit-il, seriez-vous disposé à rendre un grand service à un malheureux père qui vient de perdre sa fille, à M. le procureur du roi Villefort ?

— Ah! monsieur, répondit le prêtre avec un accent italien des plus prononcés, oui, je sais, la mort est dans sa maison.

— Alors, je n'ai point à vous apprendre quel genre de service il ose attendre de vous.

— J'allais aller m'offrir, monsieur, dit le prêtre ; c'est notre mission d'aller au-devant de nos devoirs.

— C'est une jeune fille.

— Oui, je sais cela, je l'ai appris des domestiques, que j'ai vus fuyant la maison.

J'ai su qu'elle s'appelait Valentine, et j'ai déjà prié pour elle.

— Merci, merci, monsieur, dit d'Avrigny, et puisque vous avez déjà commencé d'exercer votre saint ministère, daignez le continuer.

Venez vous asseoir près de la morte, et toute une famille plongée dans le deuil vous sera bien reconnaissante.

— J'y vais, monsieur, répondit l'abbé, et j'ose dire que jamais prières ne seront plus ardentes que les miennes.

D'Avrigny prit l'abbé par la main, et sans rencontrer Villefort, enfermé dans son cabinet, il le conduisit jusqu'à la chambre de Valentine, dont les ensevelisseurs devaient s'emparer seulement la nuit suivante.

En entrant dans la chambre, le regard de Noirtier avait rencontré celui de l'abbé, et sans doute il crut y lire quelque chose de particulier, car il ne le quitta plus.

D'Avrigny recommanda au prêtre non seulement la morte, mais le vivant, et le prêtre promit à d'Avrigny de donner ses prières à Valentine et ses soins à Noirtier.

L'abbé s'y engagea solennellement, et, sans doute, pour n'être pas dérangé dans ses prières, et pour que Noirtier ne fût pas dérangé dans sa douleur, il alla, dès que M. d'Avrigny eut quitté la chambre, fermer non seulement les verrous de la porte par laquelle le docteur venait de sortir, mais encore les verrous de celle qui conduisait chez madame de Villefort.

CHAP. CII. — LA SIGNATURE DANGLARS

Le jour du lendemain se leva triste et nuageux.

Les ensevelisseurs avaient pendant la nuit accompli leur funèbre office, et cousu le corps déposé sur le lit dans le suaire qui drape lugubrement les trépassés en leur prêtant, quelque chose qu'on dise de l'égalité devant la mort, un dernier témoignage du luxe qu'ils aimaient pendant leur vie.

Ce suaire n'était autre chose qu'une pièce de magnifique batiste que la jeune fille avait achetée quinze jours auparavant.

Dans la soirée, des hommes appelés à cet effet avaient transporté Noirtier de la chambre de Valentine dans la sienne, et, contre toute attente, le vieillard n'avait fait aucune difficulté de s'éloigner du corps de son enfant.

L'abbé Busoni avait veillé jusqu'au jour, et au jour il s'était retiré chez lui sans appeler personne.

Vers huit heures du matin, d'Avrigny était revenu ; il avait rencontré Villefort qui passait chez Noirtier, et il l'avait accompagné pour savoir comment le vieillard avait passé la nuit.

Ils le trouvèrent dans le grand fauteuil qui lui servait de lit, reposant d'un sommeil doux et presque souriant.

Tous deux s'arrêtèrent étonnés sur le seuil.

— Voyez, dit d'Avrigny à Villefort qui regardait son père endormi, voyez, la nature sait calmer les plus vives douleurs. Certes, on ne dira pas que M. Noirtier n'aimait pas sa petite-fille, il dort cependant.

— Oui, et vous avez raison, répondit Villefort avec surprise ; il dort, et c'est bien étrange, car la moindre contrariété le tient éveillé des nuits entières.

— La douleur l'a terrassé, répliqua d'Avrigny.

Et tous deux regagnèrent pensifs le cabinet du procureur du roi.

— Tenez, moi je n'ai pas dormi, dit Villefort en montrant à d'Avrigny son lit intact ; la douleur ne me terrasse pas, moi, il y a deux nuits que je ne me suis couché. Mais, en échange, voyez mon bureau : ai-je écrit, mon Dieu! pendant ces deux jours et ces deux nuits!,.. ai-je fouillé ce dossier, ai-je annoté cet acte d'accusation de l'assassin Benedetto !... O travail, travail, ma passion, ma joie, ma rage, c'est à toi de terrasser toutes mes douleurs.

Et il serra convulsivement la main de d'Avrigny.

— Avez-vous besoin de moi ? demanda le docteur.

— Non, dit Villefort; seulement revenez à onze heures, je vous prie; c'est à midi qu'a lieu... le départ... Mon Dieu! ma pauvre enfant! ma pauvre enfant!

Et le procureur du roi, redevenant homme, leva les yeux au ciel et poussa un soupir.

— Vous tiendrez-vous donc au salon de réception?

— Non, j'ai un cousin qui se charge de ce triste bonneur. Moi, je travaillerai, docteur ; quand je travaille, tout disparait.

En effet, le docteur n'était point à la porte que déjà le procureur du roi s'était remis au travail.

Sur le perron, d'Avrigny rencontra ce parent dont lui avait parlé Villefort, personnage insignifiant dans cette histoire comme dans la famille, un de ces êtres voués en naissant à jouer le rôle d'utilité dans le monde.

Il était ponctuel, vêtu de noir, avait un crêpe au bras et s'était rendu chez son cousin avec une figure qu'il s'était faite, qu'il comptait garder tant que besoin serait, et quitter ensuite.

A onze heures, les voitures funèbres roulèrent sur le pavé de la cour, et la rue du Faubourg-Saint-Honoré s'emplit des murmures de la foule également avide des joies ou du deuil des riches, et qui court à un enterrement pompeux avec la même hâte qu'à un mariage de duchesse.

Peu à peu le salon mortuaire s'emplit, et l'on vit arriver d'abord une partie de nos anciennes connaissances, c'est-à-dire Debray, Château-Renaud, Beauchamps, puis toutes les illustrations du parquet, de la littérature et de l'armée, car M. de Villefort occupait, moins encore par sa position sociale que par son mérite personnel, un des premiers rangs dans le monde parisien.

Le cousin se tenait à la porte et faisait entrer tout le monde, et c'était pour les indifférens un grand soulagement, il faut le dire, que de voir là une figure indifférente qui n'exigeait point des conviés une physionomie menteuse ou de fausses larmes, comme eussent fait un père, un frère ou un fiancé.

Ceux qui se connaissaient s'appelaient du regard et se réunissaient en groupes. Un de ces groupes était composé de Debray, de Château-Renaud et de Beauchamp.

— Pauvre jeune fille! dit Debray, payant, comme chacun au reste le faisait malgré soi, un tribut à ce douloureux événement; pauvre jeune fille! si riche! si belle! Eussiez-vous pensé cela, Château-Renaud, quand nous vînmes, il y a combien?... trois semaines ou un mois tout au plus, pour signer ce contrat qui ne fut pas signé?

— Ma foi! non, dit Château-Renaud.

— La connaissiez-vous?

— J'avais causé une fois ou deux avec elle au bal de madame de Morcerf; elle m'avait paru charmante, quoique d'un esprit un peu mélancolique. Où est la belle-mère? savez-vous?

— Elle est allée passer la journée avec la femme de ce digne monsieur qui nous reçoit.

— Qu'est-ce que c'est ça?

— Qui, ça?

— Le monsieur qui nous reçoit. Un député?

— Non, dit Beauchamp ; je suis condamné à voir nos honorables tous les jours, et sa tête m'est inconnue.

— Avez-vous parlé de cette mort dans votre journal?

— L'article n'est pas de moi, mais on en a parlé; je doute même qu'il soit agréable à M. de Villefort. Il est dit, je crois, que si quatre morts successives avaient eu lieu autre part que dans la maison de M. le procureur du roi, M. le procureur du roi s'en fût certes plus ému.

— Au reste, dit Château-Renaud, le docteur d'Avrigny, qui est le médecin de ma mère, le prétend fort désespéré.

— Mais qui cherchez-vous donc, Debray?

— Je cherche M. de Monte-Cristo, répondit le jeune homme.

— Je l'ai rencontré sur le boulevard en venant ici. Je le crois sur son départ, il allait chez son banquier, dit Beauchamp.

— Chez son banquier? Son banquier n'est ce pas Danglars? demanda Château-Renaud à Debray.

— Je crois que oui, répondit le secrétaire intime avec un léger trouble ; mais M. de Monte-Cristo n'est pas le seul qui manque ici. Je ne vois pas Morrel.

— Morrel! est-ce qu'il les connaissait? demanda Château-Renaud.

— Je crois qu'il avait été présenté à madame de Villefort seulement.

— N'importe, il aurait dû venir, dit Debray; de quoi causera-t-il ce soir? cet enterrement, c'est la nouvelle de la journée ; mais chut! taisons-nous, voici M. le ministre de la justice et des cultes, il va se croire obligé de faire son petit *speech* au cousin larmoyant.

Et les trois jeunes gens se rapprochèrent de la porte pour entendre le petit *speech* de M. le ministre de la justice et des cultes.

Beauchamp avait dit vrai; en se rendant à l'invitation mortuaire, il avait rencontré Monte-Cristo, qui, de son côté, se dirigeait vers l'hôtel de Danglars, rue de la Chaussée-d'Antin.

Le banquier avait, de sa fenêtre, aperçu la voiture du comte entrant dans la cour, et il était venu au-devant de lui avec un visage attristé, mais affable.

— Eh bien, comte, dit-il en tendant la main à Monte-Cristo, vous venez me faire vos complimens de condoléances. En vérité, le malheur est dans ma maison; c'est au point que lorsque je vous ai aperçu je m'interrogeais moi-même pour savoir si je n'avais pas souhaité malheur à ces pauvres Morcerf, ce qui eût justifié le proverbe : Qui mal veut, mal lui arrive. Eh bien! sur ma parole, non, je ne souhaitais pas de mal à Morcerf; il était peut-être un peu orgueilleux pour un homme parti de rien, comme moi, se devant tout à lui-même, comme moi ; mais chacun a ses défauts. Ah ! tenez-vous bien, comte, les gens de notre génération... Mais pardon, vous n'êtes pas de notre génération, vous, vous êtes un jeune homme... Les gens de notre génération ne sont point heureux cette année : témoin notre puritain de procureur du roi, témoin Villefort, qui vient encore de perdre sa fille. Ainsi, récapitulez : Villefort, comme nous disions, perdant toute sa famille d'une façon étrange; Morcerf déshonoré et tué; moi, couvert de ridicule par la scélératesse de ce Benedetto, puis...

— Puis quoi? demanda le comte.

— Hélas ! vous l'ignorez donc?

— Quelque nouveau malheur?

— Ma fille...

— Mademoiselle Danglars?

— Eugénie nous quitte.

— Oh! mon Dieu! que me dites-vous là !

— La vérité, mon cher comte. Mon Dieu! que vous êtes heureux de n'avoir ni femme ni enfans, vous!

— Vous trouvez?

— Ah! mon Dieu !

— Et vous dites que mademoiselle Eugénie...

— Elle n'a pu supporter l'affront que nous a fait ce misérable, et m'a demandé la permission de voyager.

— Et elle est partie ?

— L'autre nuit.

— Avec madame Danglars?

— Non, avec une parente.... Mais nous ne la perdons pas moins, cette chère Eugénie, car je doute qu'avec le caractère que je lui connais, elle consente jamais à revenir en France !

— Que voulez-vous, mon cher baron? dit Monte-Cristo, chagrins de famille, chagrins qui seraient écrasans pour un pauvre diable dont l'enfant serait toute la fortune, mais supportables pour un millionnaire. Les philosophes ont beau dire, les hommes pratiques leur donneront toujours un démenti là-dessus : l'argent console de bien des choses; et vous, vous devez être plus vite consolé que qui que ce soit, si vous admettez la vertu de ce baume souverain; vous, le roi de la finance, le point d'intersection de tous les pouvoirs.

Danglars lança un coup d'œil oblique au comte, pour voir s'il raillait ou s'il parlait sérieusement.

— Oui, dit-il, le fait est que, si la fortune console, je dois être consolé : je suis riche.

— Si riche, mon cher baron, que votre fortune ressemble aux Pyramides; voulût-on les démolir, on n'oserait; osât-on, l'on ne pourrait.

Danglars sourit de cette confiante bonhomie du comte.

— Cela me rappelle, dit il, que lorsque vous êtes entré, j'étais en train de faire cinq petits bons; j'en avais déjà signé deux; voulez-vous me permettre de faire les trois autres ?

— Faites, mon cher baron, faites.

Il y eut un instant de silence, pendant lequel on entendit crier la plume du banquier, tandis que Monte-Cristo regardait les moulures dorées du plafond.

— Des bons d'Espagne, dit Monte-Cristo, des bons d'Haïti, des bons de Naples ?

— Non, dit Danglars en riant de son rire suffisant, des bons au porteur, des bons sur la Banque de France. Tenez, ajouta-t-il, monsieur le comte, vous qui êtes l'empereur de la finance, comme j'en suis le roi, avez-vous vu beaucoup de chiffons de papier de cette grandeur-là valoir chacun un million ?

Monte-Cristo prit dans sa main, comme pour les peser, les cinq chiffons de papier que lui présentait orgueilleusement Danglars, et lut :

« Plaise à M. le régent de la Banque de faire payer à mon ordre, et sur les fonds déposés par moi, la somme d'un million, valeur en compte,

« Baron DANGLARS. »

— Un, deux, trois, quatre, cinq, fit Monte-Cristo; cinq millions! peste! comme vous y allez, seigneur Crésus !

— Voilà comme je fais les affaires, moi ! dit Danglars.

— C'est merveilleux, si surtout, comme je n'en doute pas, cette somme est payée comptant.

— Elle le sera, dit Danglars.

— C'est beau d'avoir un pareil crédit; en vérité, il n'y a qu'en France qu'on voie de ces choses-là : cinq chiffons de papier valant cinq millions; et il faut le voir pour le croire.

— Vous en doutez ?

— Non.

— Vous dites cela avec un accent... Tenez, donnez-vous-en le plaisir : conduisez mon commis à la Banque, et vous l'en verrez sortir avec des bons du trésor pour la même somme.

— Non, dit Monte-Cristo pliant les cinq billets, ma foi non, la chose est trop curieuse, et j'en ferai l'expérience moi-même. Mon crédit chez vous était de six millions, j'ai pris neuf cent mille francs, c'est cinq millions cent mille francs que vous restez me devoir. Je prends vos cinq chiffons de papier que je tiens pour bons à la seule vue de votre signature, et voici un reçu général de six millions qui régularise notre compte. Je l'avais préparé d'avance, car il faut vous dire que j'ai fort besoin d'argent aujourd'hui.

Et d'une main Monte-Cristo mit les cinq billets dans sa poche, tandis que de l'autre il tendait son reçu au banquier.

La foudre tombant aux pieds de Danglars ne l'eût pas écrasé d'une terreur plus grande.

— Quoi ! balbutia-t-il, quoi, monsieur le comte, vous prenez cet argent ? Mais, pardon, pardon, c'est de l'argent que je dois aux hospices, un dépôt, et j'avais promis de payer ce matin.

— Ah ! dit Monte-Cristo, c'est différent. Je ne tiens pas précisément à ces cinq billets, payez-moi en autres valeurs; c'était par curiosité que j'avais pris celles-ci afin de pouvoir dire de par le monde que, sans avis aucun, sans me demander cinq minutes de délai, la maison Danglars m'avait payé cinq millions comptant! ç'eût été remarquable ! Mais voici vos valeurs; je vous le répète, donnez-m'en d'autres.

Et il tendait les cinq effets à Danglars qui, livide, allongea d'abord la main, ainsi qu'un vautour allonge la griffe par les barreaux de sa cage pour retenir la chair qu'on lui enlève.

Tout à coup il se ravisa, fit un effort violent et se contint.

Puis, on le vit sourire, arrondir peu à peu les traits de son visage bouleversé.

— Au fait, dit-il, votre reçu c'est de l'argent.

— Oh ! mon Dieu, oui ! et si vous étiez à Rome, sur mon reçu, la maison Thomson et French ne ferait pas plus de difficulté de vous payer que vous n'en avez fait vous-même.

— Pardon, monsieur le comte, pardon !

— Je puis donc garder cet argent ?

— Oui, dit Danglars en essuyant la sueur qui perlait à la racine de ses cheveux, gardez, gardez.

Monte-Cristo remit les cinq billets dans sa poche avec cet intraduisible mouvement de physionomie qui veut dire :

— Dame ! réfléchissez; si vous vous repentez, il est encore temps.

— Non, dit Danglars, non, décidément, gardez mes signatures. Mais, vous le savez, rien n'est formaliste comme un homme d'argent; je destinais cet argent aux hospices, et j'eusse cru les voler en ne leur donnant pas précisément celui-là, comme si un écu n'en valait pas un autre. Excusez !

Et il se mit à rire bruyamment, mais des nerfs.

— J'excuse, répondit gracieusement Monte-Cristo, et j'empoche.

Et il plaça les bons dans son portefeuille.

— Mais, dit Danglars, nous avons une somme de cent mille francs ?

— Oh ! bagatelle, dit Monte-Cristo. L'agio doit monter à peu près à cette somme; gardez-la, et nous serons quittes.

— Comte, dit Danglars, parlez-vous sérieusement ?

— Je ne ris jamais avec les banquiers, répliqua Monte-Cristo avec un sérieux qui frisait l'impertinence.

Et il s'achemina vers la porte, juste au moment où le valet de chambre annonçait :

— M. de Boville, receveur général des hospices.

— Ma foi, dit Monte-Cristo, il paraît que je suis arrivé à temps pour jouir de vos signatures, on se les dispute.

Danglars pâlit une seconde fois, et se hâta de prendre congé du comte.

Le comte de Monte-Cristo échangea un cérémonieux salut avec M. de Boville, qui se tenait debout dans le salon d'attente, et qui, M. de Monte-Cristo passé, fut immédiatement introduit dans le cabinet de M. Danglars.

On eût pu voir le visage si sérieux du comte s'illuminer d'un éphémère sourire à l'aspect du portefeuille que tenait à la main M. le receveur des hospices.

A la porte, il retrouva sa voiture, et se fit conduire sur-le-champ à la Banque.

Pendant ce temps, Danglars, comprimant toute émotion, venait à la rencontre du receveur général.

Il va sans dire que le sourire et la gracieuseté étaient stéréotypés sur ses lèvres.

— Bonjour, dit-il, mon cher créancier, car je gagerais que c'est le créancier qui m'arrive.

— Vous avez deviné juste, monsieur le baron, dit M. de Boville, les hospices se présentent à vous dans ma personne; les veuves et les orphelins viennent par mes mains vous demander une aumône de cinq millions.

— Et l'on dit que les orphelins sont à plaindre ! dit

Danglars en prolongeant la plaisanterie ; pauvres enfans !

— Me voici donc venu en leur nom, dit M. de Boville. Vous avez dû recevoir ma lettre hier ?

— Oui.

— Me voici avec mon reçu.

— Mon cher monsieur de Boville, dit Danglars, vos veuves et vos orphelins auront, si vous le voulez bien, la bonté d'attendre vingt-quatre heures, attendu que M. de Monte-Cristo, que vous venez de voir sortir d'ici... ; vous l'avez vu, n'est-ce pas ?

— Oui ; eh bien ?

— Eh bien ! M. de Monte-Cristo emportait leurs cinq millions !

— Comment cela ?

— Le comte avait un crédit illimité sur moi, crédit ouvert par la maison Thomson et French, de Rome. Il est venu me demander une somme de cinq millions d'un seul coup, je lui ai donné un bon sur la Banque : c'est là que sont déposés mes fonds ; et vous comprenez, je craindrais, en retirant des mains de M. le régent dix millions le même jour, que cela ne lui parût bien étrange.

En deux jours, ajouta Danglars en souriant, je ne dis pas.

— Allons donc ! s'écria M. de Boville avec le ton de la plus complète incrédulité ; cinq millions à ce monsieur qui sortait tout à l'heure, et qui m'a salué en sortant comme si je le connaissais ?

— Peut-être vous connaît-il sans que vous le connaissiez, vous. M. de Monte-Cristo connaît tout le monde.

— Cinq millions !

— Voilà son reçu. Faites comme saint Thomas : voyez et touchez.

M. de Boville prit le papier que lui présentait Danglars, et lut :

« Reçu de M. le baron Danglars la somme de cinq millions cent mille francs, dont il se remboursera à volonté sur la maison Thomson et French, de Rome. »

— C'est ma foi vrai ! dit celui-ci.

— Connaissez-vous la maison Thomson et French ?

— Oui, dit M. de Boville, j'ai fait autrefois une affaire de deux cent mille francs avec elle ; mais je n'en ai pas entendu parler depuis.

— C'est une des meilleures maisons d'Europe, dit Danglars en rejetant négligemment sur son bureau le reçu qu'il venait de prendre des mains de M. de Boville.

— Et il avait comme cela cinq millions, rien que sur vous ; ah ! ça, mais c'est donc un nabab que ce comte de Monte-Cristo ?

— Ma foi ! je ne sais pas ce que c'est ; mais il avait trois crédits illimités : un sur moi, un sur Rothschild, un sur Laffitte, et, ajouta négligemment Danglars, comme vous voyez, il m'a donné la préférence en me laissant cent mille francs pour l'agio.

M. de Boville donna tous les signes de la plus grande admiration.

— Il faudra que je l'aille visiter, dit-il, et que j'obtienne quelque fondation pieuse pour nous.

— Oh ! c'est comme si vous la teniez ; ses aumônes seules montent à plus de vingt mille francs par mois.

— C'est magnifique ; d'ailleurs, je lui citerai l'exemple de madame de Morcerf et de son fils.

— Quel exemple ?

— Ils ont donné toute leur fortune aux hospices.

— Quelle fortune ?

— Leur fortune, celle du général de Morcerf, du défunt.

— Et à quel propos ?

— A propos qu'ils ne voulaient pas d'un bien si misérablement acquis.

— De quoi vont-ils vivre !

— La mère se retire en province et le fils s'engage.

— Tiens ! tiens ! dit Danglars, en voilà des scrupules !

— J'ai fait enregistrer l'acte de donation hier.

— Et combien possédaient-ils !

— Oh ! pas grand'chose, douze à treize cent mille francs. Mais revenons à nos millions.

— Volontiers, dit Danglars le plus naturellement du monde ; vous êtes donc bien pressé de cet argent ?

— Mais oui ; la vérification de nos caisses se fait demain.

— Demain ! Que ne disiez-vous cela tout de suite ; mais c'est un siècle, demain ! A quelle heure cette vérification ?

— A deux heures.

— Envoyez à midi, dit Danglars avec son sourire.

M. de Boville ne répondait pas grand'chose ; il faisait oui de la tête, et remuait son portefeuille.

— Eh ! mais j'y songe, dit Danglars, faites mieux.

— Que voulez-vous que je fasse ?

— Le reçu de M. de Monte-Cristo vaut de l'argent ; passez ce reçu chez Rothschild ou chez Laffitte ; ils vous le prendront à l'instant même.

— Quoique remboursable sur Rome ?

— Certainement ; il vous en coûtera seulement un escompte de cinq à six mille francs.

Le receveur fit un bond en arrière.

— Ma foi ! non, j'aime mieux attendre à demain. Comme vous y allez !

— J'ai cru un instant, pardonnez-moi, dit Danglars avec une suprême impudence, j'ai cru que vous aviez un petit déficit à combler.

— Ah ! fit le receveur.

— Écoutez, cela s'est vu, et dans ce cas on fait un sacrifice.

— Dieu merci ! non, dit M. de Boville.

— Alors, à demain ; n'est-ce pas, mon cher receveur ?

— Oui, à demain ; mais sans faute ?

— Ah ça, mais vous riez ! A midi envoyez, et la Banque sera prévenue.

— Je viendrai moi-même.

— Mieux encore, puisque cela me procurera le plaisir de vous voir.

Ils se serrèrent la main.

— A propos, dit M. de Boville, n'allez-vous point à l'enterrement de cette pauvre mademoiselle de Villefort que j'ai rencontré sur le boulevard ?

— Non, dit le banquier, je suis encore un peu ridicule depuis l'affaire de Benedetto, et je fais un plongeon.

— Bah ! vous avez tort : est-ce qu'il y a de votre faute dans tout cela ?

— Écoutez, mon cher receveur, quand on porte un nom sans tache comme le mien, on est susceptible.

— Tout le monde vous plaint, soyez-en persuadé, et, surtout, tout le monde plaint mademoiselle votre fille.

— Pauvre Eugénie ! fit Danglars avec un profond soupir. Vous savez qu'elle entre en religion, monsieur ?

— Non.

— Hélas ! ce n'est malheureusement que trop vrai. Le lendemain de l'événement, elle s'est décidée à partir avec une religieuse de ses amies : elle va chercher un couvent bien sévère en Italie ou en Espagne.

— Oh ! c'est terrible !

Et M. de Boville se retira sur cette exclamation en faisant au père mille complimens de condoléance.

Mais il ne fut pas plus tôt dehors que Danglars, avec une énergie de geste que comprendront ceux-là seulement qui ont vu représenter Robert Macaire par Frédérick, s'écria :

— Imbécile ! ! !

Et serrant la quittance de Monte-Cristo dans un petit portefeuille :

— Viens à midi, ajouta-t-il ; à midi, je serai loin.

Puis il s'enferma à double tour, vida tous les tiroirs de sa caisse, réunit une cinquantaine de mille francs en billets de banque, brûla différens papiers, en mit d'aures en évidence, et commença d'écrire une lettre qu'il cacheta, et sur laquelle il mit pour suscription :

« A madame la baronne Danglars. »

— Ce soir, murmura-t-il, je la placerai moi-même sur sa toilette.

Puis, tirant un passeport de son tiroir :

— Bon, dit-il, il est encore valable pour deux mois.

CHAP. CIII. LE CIMETIÈRE DU PÈRE-LACHAISE.

M. de Boville avait, en effet, rencontré le convoi funèbre qui conduisait Valentine à sa dernière demeure.

Le temps était sombre et nuageux ; un vent tiède encore, mais déjà mortel pour les feuilles jaunies, les arrachait aux branches peu à peu dépouillées et les faisait tourbillonner sur la foule immense qui encombrait les boulevards.

M. de Villefort, Parisien pur, regardait le cimetière du Père-Lachaise comme le seul digne de recevoir la dépouille mortelle d'une famille parisienne ; les autres lui paraissaient des cimetières de campagne, des hôtels garnis de la mort. Au Père-Lachaise seulement, un trépassé de bonne compagnie pouvait être logé chez lui.

Il avait acheté là, comme nous l'avons vu, la concession à perpétuité sur laquelle s'élevait le monument peuplé si promptement par tous les membres de sa première famille.

On lisait sur le fronton du mausolée : FAMILLE SAINT-MÉRAN ET VILLEFORT ; car tel avait été le dernier vœu de la pauvre Renée, mère de Valentine.

C'était donc vers le Père-Lachaise que s'acheminait le pompeux cortège parti du faubourg Saint-Honoré. On traversa tout Paris, on prit le faubourg du Temple, puis les boulevards extérieurs jusqu'au cimetière. Plus de cinquante voitures de maîtres suivaient vingt voitures de deuil, et derrière ces cinquante voitures, plus de cinq cents personnes encore marchaient à pied.

C'étaient presque tous des jeunes gens que la mort de Valentine avait frappés d'un coup de foudre, et qui, malgré la vapeur glaciale du siècle et le prosaïsme de l'époque, subissaient l'influence poétique de cette belle, de cette chaste, de cette adorable jeune fille enlevée en sa fleur.

A la sortie de Paris, on vit arriver un rapide attelage de quatre chevaux qui s'arrêtèrent soudain en raidissant leurs jarrets nerveux comme des ressorts d'acier : c'était M. de Monte-Cristo.

Le comte descendit de sa calèche, et vint se mêler à la foule qui suivait à pied le char funéraire.

Château-Renaud l'aperçut ; il descendit aussitôt de son coupé et vint se joindre à lui. Beauchamp quitta de même le cabriolet de remise dans lequel il se trouvait.

Le comte regardait attentivement par tous les interstices que laissait la foule ; il cherchait visiblement quelqu'un. Enfin, il n'y tint pas.

— Où est Morrel ? demanda-t-il. Quelqu'un de vous, messieurs, sait-il où il est ?

— Nous nous sommes déjà fait cette question à la maison mortuaire, dit Château-Renaud ; car personne de nous ne l'a aperçu.

Le comte se tut, mais continua à regarder autour de lui.

Enfin, on arriva au cimetière.

L'œil perçant de Monte-Cristo sonda tout d'un coup les bosquets d'ifs et de pins, et bientôt il perdit toute inquiétude : une ombre avait glissé sous les noires charmilles, et Monte-Cristo venait sans doute de reconnaître ce qu'il cherchait.

On sait ce que c'est qu'un enterrement dans cette magnifique nécropole : des groupes noirs disséminés dans les blanches allées, le silence du ciel et de la terre, troublé par l'éclat de quelques branches rompues, de quelque haie enfoncée autour d'une tombe ; puis le chant mélancolique des prêtres auquel se mêle çà et là un sanglot échappé d'une touffe de fleurs, sous laquelle on voit quelque femme, abîmée et les mains jointes.

L'ombre qu'avait remarquée Monte-Cristo traversa rapidement le quinconce jeté derrière la tombe d'Héloïse et d'Abeilard, vint se placer, avec les valets de la mort, à la tête des chevaux qui traînaient le corps, et du même pas parvint à l'endroit choisi pour la sépulture.

Chacun regardait quelque chose.

Monte-Cristo ne regardait que cette ombre à peine remarquée de ceux qui l'avoisinaient.

Deux fois le comte sortit des rangs pour voir si les mains de cet homme ne cherchaient pas quelque arme cachée sous ses habits.

Cette ombre, quand le cortège s'arrêta, fut reconnue pour être Morrel, qui, avec sa redingote noire boutonnée jusqu'en haut, son front livide, ses joues creusées, son chapeau froissé par ses mains convulsives, s'était adossé à un arbre situé sur un tertre dominant le mausolée, de manière à ne perdre aucun des détails de la funèbre cérémonie qui allait s'accomplir.

Tout se passa selon l'usage. Quelques hommes, et, comme toujours, c'étaient les moins impressionnés, quelques hommes prononcèrent des discours. Les uns plaignaient cette mort prématurée ; les autres s'étendaient sur la douleur de son père ; il y en eut d'assez ingénieux pour trouver que cette jeune fille avait plus d'une fois sollicité M. de Villefort pour les coupables sur la tête desquels il tenait suspendu le glaive de la justice ; enfin, on épuisa les métaphores fleuries et les périodes douloureuses, en commentant de toute façon les stances de Malherbe à Dupérier.

Monte-Cristo n'écoutait rien, ne voyait rien, ou plutôt il ne voyait que Morrel, dont le calme et l'immobilité formaient un spectacle effrayant pour celui qui seul pouvait lire ce qui se passait au fond du cœur du jeune officier.

— Tiens, dit tout-à-coup Beauchamp à Debray, voilà Morrel ! Où diable s'est-il fourré là !

Et ils le firent remarquer à Château-Renaud.

— Comme il est pâle ! dit celui-ci en tressaillant.

— Il a froid, répliqua Debray.

— Non pas, dit lentement Château-Renaud ; je crois, moi, qu'il est ému. C'est un homme très impressionnable que Maximilien.

— Bah ! dit Debray, à peine s'ils connaissait mademoiselle de Villefort.. Vous l'avez dit vous-même.

— C'est vrai. Cependant je me rappelle qu'à ce bal chez madame de Morcerf, il a dansé trois fois avec elle ; vous savez, comte, à ce bal où vous produisîtes tant d'effet.

— Non, je ne sais pas, répondit Monte-Cristo, sans savoir même à quoi ni à qui il répondait, occupé qu'il était de surveiller Morrel dont les joues s'animaient, comme il arrive à ceux qui compriment ou retiennent leur respiration.

— Les discours sont finis : adieu, messieurs, dit brusquement le comte.

Et il donna le signal du départ en disparaissant, sans que l'on sût par où il était passé.

La fête mortuaire était terminée, les assistants reprirent le chemin de Paris.

Château-Renaud seul chercha un instant Morrel des yeux ; mais tandis qu'il avait suivi du regard le comte qui s'éloignait, Morrel avait quitté sa place, et Château-Renaud, après l'avoir cherché vainement, avait suivi Debray et Beauchamp.

Monte-Cristo s'était jeté dans un taillis, et, caché derrière une large tombe, il guettait jusqu'au moindre mouvement de Morrel, qui peu à peu s'était approché du mausolée abandonné des curieux, puis des ouvriers.

Morrel regarda autour de lui lentement et vaguement ; mais au moment où son regard embrassait la portion du cercle opposée à la sienne, Monte-Cristo se rapprocha encore d'une dizaine de pas sans avoir été vu.

Le jeune homme s'agenouilla.

Le comte, le cou tendu, l'œil fixe et dilaté, les jarrets pliés comme pour s'élancer au premier signal, continuait à se rapprocher de Morrel.

Morrel courba son front jusque sur la pierre, embrassa la grille de ses deux mains, et murmura :

— Oh ! Valentine !

Le cœur du comte fut brisé par l'explosion de ces deux mots ; il fit un pas encore, et frappant sur l'épaule de Morrel :

— C'est vous ! cher ami, dit-il, je vous cherchais.

Monte-Cristo s'attendait à un éclat, à des reproches, à des récriminations : il se trompait.

Morrel se tourna de son côté, et avec l'apparence du calme :

— Vous voyez, dit-il, je priais !

Et son regard scrutateur parcourut le jeune homme des pieds à la tête.

Après cet examen, il parut plus tranquille.

— Voulez-vous que je vous remène à Paris ? dit-il.

— Non, merci.

— Enfin, désirez-vous quelque chose ?

— Laissez-moi prier.

Le comte s'éloigna sans faire une seule objection, mais ce fut pour prendre un nouveau poste, d'où il ne perdait pas un seul geste de Morrel qui, enfin, se releva, essuya ses genoux blanchis par la pierre, et reprit le chemin de Paris sans tourner une seule fois la tête.

Il descendit lentement la rue de la Roquette.

Le comte renvoyant sa voiture qui stationnait au Père-Lachaise, le suivit à cent pas.

Maximilien traversa le canal et rentra rue Meslay par les boulevards.

Cinq minutes après que la porte se fut refermée pour Morrel, elle se rouvrit pour Monte-Cristo.

Julie était à l'entrée du jardin où elle regardait, avec la plus profonde attention, maître Penelon qui, prenant sa profession de jardinier au sérieux, faisait des boutures de rosiers du Bengale.

— Ah ! monsieur le comte de Monte-Cristo ! s'écria-t-elle avec cette joie que manifestait d'ordinaire chaque membre de la famille, quand Monte-Cristo faisait sa visite dans la rue Meslay.

— Maximilien vient de rentrer, n'est-ce pas, madame ? demanda le comte.

— Je crois l'avoir vu passer, oui, reprit la jeune femme ; mais, je vous prie, appelez Emmanuel.

— Pardon, madame ; mais il faut que je monte à l'instant même chez Maximilien, répliqua Monte-Cristo, j'ai quelque chose à lui dire de la plus haute importance.

— Allez donc, dit-elle en l'accompagnant de son charmant sourire jusqu'à ce qu'il eût disparu dans l'escalier.

Monte-Cristo eut bientôt franchi les deux étages qui séparaient le rez-de-chaussée de l'appartement de Maximilien ; parvenu sur le palier, il écouta : nul bruit ne se faisait entendre.

Comme dans la plupart des anciennes maisons habitées par un seul maître, le palier n'était fermé que par une porte vitrée.

Seulement, à cette porte vitrée, il n'y avait pas de clé.

Maximilien s'était enfermé en dedans ; mais il était impossible de voir au-delà de la porte, un rideau de soie rouge doublant les vitres.

L'anxiété du comte se traduisit par une vive rougeur, symptôme d'émotion peu ordinaire chez cet homme impassible.

— Que faire ? murmura-t-il.

Et il réfléchit un instant.

— Sonner ? reprit-il, oh ! non ! souvent le bruit d'une sonnette, c'est-à-dire d'une visite, accélère la résolution de ceux qui se trouvent dans la situation où Maximilien doit être en ce moment, et alors au bruit de la sonnette répond un autre bruit.

Monte-Cristo frissonna des pieds à la tête, et comme chez lui la décision avait la rapidité de l'éclair, il frappa un coup de coude dans un des carreaux de la porte vitrée qui vola en éclats ; puis il souleva le rideau et vit Morrel qui, devant son bureau, une plume à la main, venait de bondir sur sa chaise, au fracas de la vitre brisée.

— Ce n'est rien, dit le comte, mille pardons ! mon cher ami, j'ai glissé, et en glissant j'ai donné du coude dans votre carreau ; puisqu'il est cassé, je vais en profiter pour entrer chez vous ; ne vous dérangez pas, ne vous dérangez pas.

Et passant le bras par la vitre brisée, le comte ouvrit la porte.

Morrel se leva évidemment contrarié et vint au-devant de Monte-Cristo, moins pour le recevoir que pour lui barrer le passage.

— Ma foi, c'est la faute de vos domestiques, dit Monte-Cristo en se frottant le coude, vos parquets sont reluisans comme des miroirs.

— Vous êtes-vous blessé, monsieur ? demanda froidement Morrel.

— Je ne sais. Mais que faisiez-vous donc là ? Vous écriviez ?

— Moi ?

— Vous avez les doigts tachés d'encre.

— C'est vrai, répondit Morrel, j'écrivais ; cela m'arrive quelquefois, tout militaire que je suis.

Monte-Cristo fit quelques pas dans l'appartement. Force fut à Maximilien de le laisser passer ; mais il le suivit.

— Vous écriviez ? reprit Monte-Cristo avec un regard fatigant de fixité.

— J'ai déjà eu l'honneur de vous dire que oui, fit Morrel.

Le comte jeta un regard autour de lui.

— Vos pistolets à côté de l'écritoire ! dit-il en montrant du doigt à Morrel les armes posées sur son bureau.

— Je pars pour un voyage, répondit Morrel.

— Mon ami ! dit Monte-Cristo avec une voix d'une douceur infinie.

— Monsieur !

— Mon ami, mon cher Maximilien, pas de résolutions extrêmes, je vous en supplie !

— Moi, des résolutions extrêmes ! dit Morrel en haussant les épaules ; et en quoi, je vous prie, un voyage est-il une résolution extrême ?

— Maximilien, dit Monte-Cristo, posons chacun de notre côté le masque que nous portons.

Maximilien, vous ne m'abusez pas avec ce calme de commande plus que je ne vous abuse, moi, avec ma frivole sollicitude.

Vous comprenez bien, n'est-ce pas ? que pour avoir fait ce que j'ai fait, pour avoir enfoncé des vitres, violé le secret de la chambre d'un ami ; vous comprenez, dis-je, que, pour avoir fait tout cela, il fallait que j'eusse une inquiétude réelle, ou plutôt une conviction terrible.

Morrel, vous voulez vous tuer.

— Bon ! fit Morrel tressaillant, où prenez-vous de ces idées-là, monsieur le comte ?

— Je vous dis que vous voulez vous tuer, continua le comte du même son de voix, et en voici la preuve.

Et s'approchant du bureau, il souleva la feuille blanche que le jeune homme avait jetée sur une lettre commencée, et prit la lettre.

Morrel s'élança pour la lui arracher des mains.

Mais Monte-Cristo prévoyait ce mouvement, et le prévint en saisissant Maximilien par le poignet et en l'arrêtant comme la chaîne d'acier arrête le ressort au milieu de son évolution.

— Vous voyez bien que vous vouliez vous tuer, Morrel, dit le comte, c'est écrit !

— Eh bien ! s'écria Morrel, passant sans transition

de l'apparence du calme à l'expression de la violence; eh bien! quand cela serait, quand j'aurais décidé de tourner sur moi le canon de ce pistolet, qui m'en empêcherait?
Qui aurait le courage de m'en empêcher?
Quand je dirai :
Toutes mes espérances sont ruinées, mon cœur est brisé, ma vie est éteinte, il n'y a plus que deuil et dégoût autour de moi; la terre est devenue de la cendre, toute voix humaine me déchire;
Quand je dirai :
C'est pitié que de me laisser mourir, car si vous ne me laissez mourir, je perdrai la raison, je deviendrai fou;
Voyons, dites, monsieur; quand je dirai cela, quand on verra que je le dis avec les angoisses et les larmes de mon cœur, me répondra-t-on :
Vous avez tort?
M'empêchera-t-on de n'être pas le plus malheureux?
Dites, monsieur, dites; est-ce vous qui aurez ce courage?
— Oui, Morrel, fit Monte-Cristo d'une voix dont le calme contrastait étrangement avec l'exaltation du jeune homme; oui, ce sera moi.
— Vous! s'écria Morrel avec une expression croissante de colère et de reproches; vous qui m'avez leurré d'un espoir absurde; vous qui m'avez retenu, bercé, endormi par de vaines promesses, lorsque j'eusse pu, par quelque coup d'éclat, par quelque résolution extrême, la sauver, ou du moins la voir mourir dans mes bras; vous qui affectez toutes les ressources de l'intelligence, toutes les puissances de la matière; vous qui jouez ou plutôt qui faites semblant de jouer le rôle de la Providence, et qui n'avez pas même eu le pouvoir de donner du contre-poison à une jeune fille empoisonnée! Ah! en vérité, monsieur, vous me feriez pitié si vous ne me faisiez horreur!
— Morrel!...
— Oui, vous m'avez dit de poser le masque; eh bien! soyez satisfait, je le pose.
Oui, quand vous m'avez suivi au cimetière, je vous ai encore répondu, car mon cœur est bon; quand vous êtes entré ici, je vous ai laissé venir jusqu'ici... Mais puisque vous abusez, puisque vous venez me braver jusque dans cette chambre où je m'étais retiré comme dans ma tombe; puisque vous m'apportez une nouvelle torture à moi qui croyais les avoir épuisées toutes, comte de Monte-Cristo, mon prétendu bienfaiteur; comte de Monte-Cristo, le sauveur universel, soyez satisfait, vous allez voir mourir votre ami !...
Et Morrel, le rire de la folie sur les lèvres, s'élança une seconde fois vers les pistolets.
Monte-Cristo pâle comme un spectre, mais l'œil éblouissant d'éclairs, étendit la main sur les armes, et dit à l'insensé :
— Et moi je vous répète que vous ne vous tuerez pas !
— Empêchez-m'en donc! répliqua Morrel avec un dernier élan, qui, comme le premier, vint se briser contre le bras d'acier du comte.
— Je vous en empêcherai !
— Mais qui êtes-vous donc, à la fin, pour vous arroger ce droit tyrannique sur des créatures libres et pensantes? s'écria Maximilien.
— Qui je suis? répéta Monte-Cristo.
Ecoutez :
Je suis, poursuivit Monte-Cristo, le seul homme au monde qui ait le droit de vous dire : Morrel, je ne veux pas que le fils de ton père meure aujourd'hui!
Et Monte-Cristo, majestueux, transfiguré, sublime, s'avança les deux bras croisés vers le jeune homme palpitant, qui, vaincu malgré lui par la presque divinité de cet homme, recula d'un pas.
— Pourquoi parlez-vous de mon père? balbutia-t-il; pourquoi mêler le souvenir de mon père à ce qui m'arrive aujourd'hui?
— Parce que je suis celui qui a déjà sauvé la vie à ton père un jour qu'il voulait se tuer comme tu veux te tuer aujourd'hui, parce que je suis l'homme qui a envoyé la bourse à ta jeune sœur et le *Pharaon* au vieux Morrel; parce que je suis Edmond Dantès qui te fit jouer, enfant, sur ses genoux.

Morrel fit encore un pas en arrière, chancelant, suffoqué, haletant, écrasé; puis tout à coup ses forces l'abandonnèrent, et avec un grand cri il tomba prosterné aux pieds de Monte-Cristo.

Puis, tout à coup, dans cette admirable nature, il se fit un mouvement de régénération soudaine et complète : il se releva, bondit hors de la chambre, et se précipita dans l'escalier en criant de toute la puissance de sa voix :
— Julie! Julie! Emmanuel! Emmanuel!

Monte-Cristo voulut s'élancer à son tour, mais Maximilien se fût fait tuer plutôt que de quitter les gonds de la porte qu'il repoussait sur le comte.

Aux cris de Maximilien, Julie, Emmanuel, Peneton et quelques domestiques accoururent épouvantés.

Morrel les prit par les mains et rouvrant la porte :
— A genoux! s'écria-t-il d'une voix étranglée par les sanglots; à genoux! c'est le bienfaiteur, c'est le sauveur de notre père! c'est...
Il allait dire :
C'est Edmond Dantès!
Le comte l'arrêta en lui saisissant le bras.
Julie s'élança sur la main du comte, Emmanuel l'embrassa comme un Dieu tutélaire; Morrel tomba pour la seconde fois à genoux, et frappa le parquet de son front.

Alors l'homme de bronze sentit son cœur se dilater dans sa poitrine, un jet de flamme dévorante jaillit de sa gorge à ses yeux, il inclina la tête et pleura !

Ce fut dans cette chambre pendant quelques instans un concert de larmes et de gémissemens sublimes qui dut paraître harmonieux aux anges même les plus chéris du Seigneur !

Julie fut à peine revenue de l'émotion si profonde qu'elle venait d'éprouver qu'elle s'élança hors de la chambre, descendit un étage, courut au salon avec une joie enfantine, et souleva le globe de cristal qui protégeait la bourse donnée par l'inconnu des allées de Meilhan.

Pendant ce temps, Emmanuel d'une voix entrecoupée, disait au comte :
— Oh! monsieur le comte, comment, nous voyant si souvent parler de notre bienfaiteur inconnu, comment, nous voyant entourer un souvenir de tant de reconnaissance et d'adoration, comment avez-vous attendu jusqu'au jourd'hui pour vous faire connaître? Oh! c'est de la cruauté envers nous, et j'oserai presque dire, monsieur le comte, envers vous-même.

— Ecoutez, mon ami, dit le comte, et je puis vous appeler ainsi, car, sans vous en douter, vous êtes mon ami depuis onze ans; la découverte de ce secret a été amenée par un grand événement que vous devez ignorer.

Dieu m'est témoin que je désirais l'enfouir pendant toute ma vie au fond de mon âme; votre frère Maximilien me l'a arraché par des violences dont il se repent, j'en suis sûr.

Puis, voyant que Maximilien s'était rejeté de côté sur un fauteuil, tout en demeurant néanmoins à genoux : Veillez sur lui, ajouta tout bas Monte-Cristo en pressant d'une façon significative la main d'Emmanuel.
— Pourquoi cela? demanda le jeune homme étonné.
— Je ne puis vous le dire; mais veillez sur lui.

Emmanuel embrassa la chambre d'un regard circulaire et aperçut les pistolets de Morrel.

Ses yeux se fixèrent effrayés sur ces armes, qu'il désigna à Monte-Cristo en levant lentement le doigt à leur hauteur.

Monte-Cristo inclina la tête.
Emmanuel fit un mouvement vers les pistolets.
— Laissez, dit le comte.
Puis allant à Morrel, il lui prit la main; les mouvemens

tumultueux qui avaient un instant secoué le cœur du jeune homme avaient fait place à une stupeur profonde.

Julie remonta, elle tenait à la main la bourse de soie, et deux larmes brillantes et joyeuses roulaient sur ses joues comme deux gouttes de matinale rosée.

— Voici la relique, dit-elle ; ne croyez pas qu'elle me soit moins chère depuis que le sauveur nous a été révélé.

— Mon enfant, répondit Monte-Cristo en rougissant, permettez-moi de reprendre cette bourse ; depuis que vous connaissez les traits de mon visage, je ne veux être rappelé à votre souvenir que par l'affection que je vous prie de m'accorder.

— Oh ! dit Julie en pressant la bourse sur son cœur, non, non, je vous en supplie, car un jour vous pourriez nous quitter, car un jour malheureusement vous nous quitterez, n'est-ce pas ?

— Vous avez deviné juste, madame répondit Monte-Cristo en souriant ; dans huit jours, j'aurai quitté ce pays où tant de gens qui avaient mérité la vengeance du ciel vivaient heureux, tandis que mon père expirait de faim et de douleur.

En annonçant son prochain départ, Monte-Cristo tenait ses yeux fixés sur Morrel, et il remarqua que ces mots *j'aurai quitté ce pays* avaient passé sans tirer Morrel de sa léthargie ; il comprit alors que c'était une dernière lutte qu'il lui fallait soutenir avec la douleur de son ami ; et prenant les mains de Julie et d'Emmanuel qu'il réunit en les pressant dans les siennes, il leur dit, avec la douce autorité d'un père :

— Mes bons amis, laissez-moi seul, je vous prie, avec Maximilien.

C'était un moyen pour Julie d'emporter cette relique précieuse dont oubliait de reparler Monte-Cristo.

Elle entraîna vivement son mari.

— Laissons-les, dit-elle.

Le comte resta avec Morrel, qui demeurait immobile comme une statue.

— Voyons, dit le comte en lui touchant l'épaule avec son doigt de flamme ; redeviens-tu enfin un homme, Maximilien ?

— Oui, car je recommence à souffrir.

Le front du comte se plissa, livré qu'il paraissait être à une sombre hésitation.

— Maximilien ! Maximilien ! dit-il, ces idées où tu te plonges sont indignes d'un chrétien !

— Oh ! tranquillisez-vous, ami, dit Morrel en relevant la tête et en montrant au comte un sourire empreint d'une ineffable tristesse, ce n'est plus moi qui chercherai la mort.

— Ainsi, dit Monte-Cristo, plus d'armes, plus de désespoir ?

— Non, car j'ai mieux, pour me guérir de ma douleur, que le canon d'un pistolet ou la pointe d'un couteau.

— Pauvre fou !... qu'avez-vous donc ?

— J'ai ma douleur elle-même qui me tuera.

— Ami, dit Monte-Cristo avec une mélancolie égale à la sienne, écoutez-moi :

Un jour, dans un moment de désespoir égal au tien, puisqu'il amenait une résolution semblable, j'ai comme toi voulu me tuer ; un jour ton père, également désespéré, a voulu se tuer aussi.

Si l'on avait dit à ton père, au moment où il dirigeait le canon du pistolet vers son front ; si l'on m'avait dit à moi, au moment où j'écartais de mon lit le pain du prisonnier auquel je n'avais pas touché depuis trois jours ; si l'on nous avait dit enfin à tous deux, en ce moment suprême :

Vivez ! un jour viendra où vous serez heureux et où vous bénirez la vie ; de quelque part que vînt la voix, nous l'eussions accueillie avec le sourire du doute ou avec l'angoisse de l'incrédulité, et cependant combien de fois, en t'embrassant, ton père a-t-il béni la vie, combien de fois moi-même...

— Ah ! s'écria Morrel, interrompant le comte, vous n'aviez perdu que votre liberté, vous : mon père n'avait perdu que sa fortune, lui ; et moi, j'ai perdu Valentine.

— Regarde-moi, Morrel, dit Monte-Cristo avec cette solennité qui, dans certaines occasions, le faisait si grand et si persuasif ; regarde-moi, je n'ai ni larmes dans les yeux, ni fièvre dans les veines, ni battemens funèbres dans le cœur ; cependant je te vois souffrir, toi, Maximilien, toi que j'aime comme j'aimerais mon fils ; eh bien ! cela ne te dit-il pas, Morrel, que la douleur est comme la vie, et qu'il y a toujours quelque chose d'inconnu au-delà ? Or, si je te prie, si je t'ordonne de vivre, Morrel, c'est dans la conviction qu'un jour tu me remercieras de t'avoir conservé la vie.

— Mon Dieu ! s'écria le jeune homme, mon Dieu ! que me dites-vous là, comte ? Prenez-y garde ! peut-être n'avez-vous jamais aimé, vous ?

— Enfant ! répondit le comte.

— D'amour, reprit Morrel, je m'entends.

Moi, voyez-vous, je suis un soldat depuis que je suis un homme ; je suis arrivé jusqu'à vingt-neuf ans sans aimer, car aucun des sentimens que j'ai éprouvés jusque-là ne mérite le nom d'amour : eh bien ! à vingt-neuf ans j'ai vu Valentine : donc depuis près de deux ans je l'aime, depuis près de deux ans j'ai pu lire les vertus de la fille et de la femme écrites par la main même du Seigneur dans ce cœur ouvert pour moi comme un livre.

Comte, il y avait pour moi, avec Valentine, un bonheur infini, immense, inconnu, un bonheur trop grand, trop complet, trop divin pour ce monde ; puisque ce monde ne me l'a pas donné, comte, c'est vous dire que sans Valentine il n'y a pour moi sur la terre que désespoir et désolation.

— Je vous ai dit d'espérer, Morrel, répéta le comte.

— Prenez garde alors, répéterai-je aussi, dit Morrel, car vous cherchez à me persuader, et si vous me persuadez, vous me ferez perdre la raison, car vous me ferez croire que je puis revoir Valentine.

Le comte sourit.

— Mon ami, mon père ! s'écria Morrel exalté, prenez garde, vous redirai-je pour la troisième fois, car l'ascendant que vous prenez sur moi m'épouvante ; prenez garde au sens de vos paroles, car voilà mes yeux qui se raniment, voilà mon cœur qui se rallume et qui renaît ; prenez garde, car vous me feriez croire à des choses surnaturelles.

J'obéirais si vous me commandiez de lever la pierre du sépulcre qui recouvre la fille de Jaïre, je marcherais sur les flots comme l'apôtre, si vous me faisiez de la main signe de marcher sur les flots ; prenez garde, j'obéirais.

— Espère, mon ami, répéta le comte.

— Ah ! dit Morrel en retombant de toute la hauteur de son exaltation dans l'abîme de sa tristesse, ah ! vous vous jouez de moi : vous faites comme ces bonnes mères, ou plutôt comme ces mères égoïstes qui calment avec des paroles mielleuses la douleur de l'enfant, parce que ses cris les fatiguent.

Non, mon ami, j'avais tort de vous dire de prendre garde ; non, ne craignez rien, j'enterrerai ma douleur avec tant de soin dans le plus profond de ma poitrine, je la rendrai si obscure, si secrète, que vous n'aurez plus même le souci d'y compatir.

Adieu ! mon ami ; adieu.

— Au contraire, dit le comte ; à partir de cette heure, Maximilien, tu vivras près de moi et avec moi, tu ne me quitteras plus, et dans huit jours nous aurons laissé derrière nous la France.

— Et vous me dites toujours d'espérer ?

— Je te dis d'espérer, parce que je sais un moyen de te guérir.

— Comte, vous m'attristez davantage encore, s'il est possible.

Vous ne voyez comme résultat du coup qui me frappe, qu'une douleur banale, et vous croyez me consoler par un moyen banal, le voyage.

Et Morrel secoua la tête avec une dédaigneuse incrédulité.

— Que veux-tu que je te dise? reprit Monte-Cristo. J'ai foi dans mes promesses, laisse-moi faire l'expérience.

— Comte, vous prolongez mon agonie, voilà tout.

—Ainsi, dit le comte, faible cœur que tu es, tu n'as pas la force de donner à ton ami quelques jours pour l'épreuve qu'il tente!

Voyons! sais-tu de quoi le comte de Monte-Cristo est capable?

Sais-tu qu'il commande à bien des puissances terrestres?

Sais-tu qu'il a assez de foi en Dieu pour obtenir des miracles de celui qui a dit qu'avec la foi l'homme pouvait soulever une montagne?

Eh bien! ce miracle que j'espère, attends-le, ou bien...

— Ou bien... répéta Morrel.

— Ou bien, prends-y garde, Morrel, je t'appellerai ingrat.

— Ayez pitié de moi, comte.

— J'ai tellement pitié de toi, Maximilien, écoute-moi, tellement pitié, que si je ne te guéris pas dans un mois, jour pour jour, heure pour heure, retiens bien mes paroles, Morrel, je te placerai moi-même en face de ces pistolets tout chargés et d'une coupe du plus sûr poison d'Italie, d'un poison plus sûr et plus prompt, crois-moi, que celui qui a tué Valentine.

— Vous me le promettez?

— Oui, car je suis homme, car, moi aussi, comme je te l'ai dit, j'ai voulu mourir, et souvent, même depuis que le malheur s'est éloigné de moi, j'ai rêvé les délices de l'éternel sommeil.

— Oh! bien sûr, vous me promettez cela, comte? s'écria Maximilien enivré.

— Je ne te le promets pas, je te le jure, dit Monte-Cristo en étendant la main.

— Dans un mois, sur votre honneur, si je ne suis pas consolé, vous me laissez libre de ma vie, et quelque chose que j'en fasse, vous ne m'appellerez pas ingrat?

— Dans un mois, jour pour jour, Maximilien; dans un mois, heure pour heure, et la date est sacrée, Maximilien, je ne sais pas si tu y as songé, nous sommes aujourd'hui le 5 septembre.

Il y a aujourd'hui dix ans que j'ai sauvé ton père, qui voulait mourir.

Morrel saisit les mains du comte et les baisa; le comte le laissa faire, comme s'il comprenait que cette adoration lui était due.

— Dans un mois, continua Monte-Cristo, tu auras, sur la table où nous serons assis l'un et l'autre, de bonnes armes et une douce mort; mais, en revanche, tu me promets d'attendre jusque-là et de vivre?

— Oh! à mon tour, s'écria Morrel, je vous le jure!

Monte-Cristo attira le jeune homme sur son cœur, et l'y retint long-temps.

— Et maintenant, lui dit-il, à partir d'aujourd'hui, tu vas venir demeurer chez moi; tu prendras l'appartement d'Haydée, et ma fille au moins sera remplacée par mon fils.

— Haydée! dit Morrel; qu'est devenue Haydée?

— Elle est partie cette nuit.

— Pour te quitter?

— Pour m'attendre...

Tiens-toi donc prêt à venir me rejoindre rue des Champs-Élysées, et fais-moi sortir d'ici sans qu'on me voie.

Maximilien baissa la tête, et obéit comme un enfant ou comme un apôtre.

CHAP. CIV. — LE PARTAGE.

Dans cet hôtel de la rue Saint-Germain-des-Prés, qu'avait choisi pour sa mère et pour lui Albert de Morcerf, le premier étage, composé d'un petit appartement complet, était loué à un personnage fort mystérieux.

Ce personnage était un homme dont jamais le concierge lui-même n'avait pu voir la figure, soit qu'il entrât ou qu'il sortît; car l'hiver il s'enfonçait le menton dans une de ces cravates rouges comme en ont les cochers de bonne maison qui attendent leurs maîtres à la sortie des spectacles, et l'été il se mouchait toujours précisément au moment où il eût pu être aperçu en passant devant la loge.

Il faut dire que, contrairement à tous les usages reçus, cet habitant de l'hôtel n'était épié par personne, et que le bruit qui courait que son incognito cachait un individu très haut placé, et *ayant le bras long*, avait fait respecter ses mystérieuses apparitions.

Ses visites étaient ordinairement fixes, quoique parfois elles fussent avancées ou retardées; mais presque toujours, hiver ou été, c'était vers quatre heures qu'il prenait possession de son appartement, dans lequel il ne passait jamais la nuit.

A trois heures et demie, l'hiver, le feu était allumé par la servante discrète qui avait l'intendance du petit appartement; à trois heures et demie, l'été, des glaces étaient montées par la même servante.

A quatre heures, comme nous l'avons dit, le personnage mystérieux arrivait.

Vingt minutes après lui, une voiture s'arrêtait devant l'hôtel; une femme vêtue de noir ou de bleu foncé, mais toujours enveloppée d'un grand voile, en descendait, passait comme une ombre devant la loge, montait l'escalier, sans que l'on entendît craquer une seule marche sous son pied léger.

Jamais il n'était arrivé qu'on lui demandât où elle allait.

Son visage, comme celui de l'inconnu, était donc parfaitement étranger aux deux gardiens de la porte, ces concierges modèles, les seuls peut-être, dans l'immense confrérie des portiers de la capitale, capables d'une pareille discrétion.

Il va sans dire qu'elle ne montait pas plus haut que le premier. Elle grattait à une porte d'une façon particulière; la porte s'ouvrait, puis se refermait hermétiquement, et tout était dit.

Pour quitter l'hôtel, même manœuvre que pour y entrer.

L'inconnue sortait la première, toujours voilée, et remontait dans sa voiture, qui tantôt disparaissait par un bout de la rue, tantôt par l'autre, puis vingt minutes après, l'inconnu sortait à son tour, enfoncé dans sa cravate ou caché par son mouchoir, et disparaissait à son tour.

Le lendemain du jour où le comte de Monte-Cristo avait été rendre visite à Danglars, jour de l'enterrement de Valentine, l'habitant mystérieux entra vers dix heures du matin, au lieu d'entrer, comme d'habitude, vers quatre heures de l'après-midi.

Presque aussitôt, et sans garder l'intervalle ordinaire, une voiture de place arriva, et la dame voilée monta rapidement l'escalier.

La porte s'ouvrit et se referma.

Mais, avant même que la porte ne fût refermée, la dame s'était écriée:

— Oh! Lucien, oh! mon ami!

De sorte que le concierge, qui, sans le vouloir, avait entendu cette exclamation, sut alors pour la première fois que son locataire s'appelait Lucien; mais comme c'était un portier modèle, il se promit de ne pas même le dire à sa femme.

— Eh bien! qu'y a-t-il, chère amie? demanda celui

dont le trouble ou l'empressement de la dame voilée avait révélé le nom; parlez, dites.

— Mon ami, puis-je compter sur vous ?

— Certainement, et vous le savez bien.

Mais qu'y a-t-il ?

Votre billet de ce matin m'a jeté dans une perplexité terrible.

Cette précipitation, ce désordre dans votre écriture : voyons, rassurez-moi ou effrayez-moi tout-à-fait.

— Lucien, un grand événement! dit la dame en attachant sur Lucien un regard interrogateur ; M. Danglars est parti cette nuit.

— Parti! M. Danglars parti !

Et où est-il allé ?

— Je l'ignore.

— Comment! vous l'ignorez ? il est donc parti pour ne plus revenir ?

— Sans doute!

A dix heures du soir, ses chevaux l'ont conduit à la barrière de Charenton ; là il a trouvé une berline de poste tout attelée; il est monté dedans avec son valet de chambre, en disant à son cocher qu'il allait à Fontainebleau.

— En bien! que disiez-vous donc ?

— Attendez, mon ami. Il m'avait laissé une lettre.

— Une lettre ?

— Oui ; lisez.

Et la baronne tira de sa poche une lettre décachetée qu'elle présenta à Debray.

Debray, avant de la lire, hésita un instant, comme s'il eût cherché à deviner ce qu'elle contenait, ou plutôt comme si, quelque chose qu'elle contînt, il était décidé à prendre d'avance un parti.

Au bout de quelques secondes, ses idées étaient sans doute arrêtées, car il lut.

Voici ce que contenait ce billet qui avait jeté un si grand trouble dans le cœur de madame Danglars :

« Madame et très fidèle épouse. »

Sans y songer, Debray s'arrêta et regarda la baronne qui rougit jusqu'aux yeux.

— Lisez! dit-elle.

Debray continua :

« Quand vous recevrez cette lettre, vous n'aurez plus de mari ! Oh ! ne prenez pas trop chaudement l'alarme ; vous n'aurez plus de mari comme vous n'aurez plus de fille, c'est-à-dire que je serai sur une des trente ou quarante routes qui conduisent hors de France.

» Je vous dois des explications, et comme vous êtes femme à les comprendre parfaitement, je vous les donnerai.

» Écoutez donc :

» Un remboursement de cinq millions m'est survenu ce matin, je l'ai opéré ; un autre de même somme l'a suivi presque immédiatement, je l'ajourne à demain ; aujourd'hui je pars pour éviter ce demain, qui me serait trop désagréable à supporter.

» Vous comprenez cela, n'est-ce pas, madame et très précieuse épouse ?

» Je dis :

» Vous comprenez, parce que vous savez aussi bien que moi mes affaires ; vous savez même mieux que moi, attendu que s'il s'agissait de dire où a passé une bonne moitié de ma fortune, naguère encore assez belle, j'en serais incapable, tandis que vous, au contraire, j'en suis certain, vous vous en acquitteriez parfaitement.

» Car les femmes ont des instincts d'une sûreté infaillible, elles expliquent par une algèbre qu'elles ont inventée le merveilleux lui-même. Moi qui ne connaissais que mes chiffres, je n'ai plus rien su du jour où mes chiffres m'ont trompé.

» Avez-vous quelquefois admiré la rapidité de ma chute, madame ?

» Avez-vous été un peu éblouie de cette incandescente fusion de mes lingots ?

» Moi, je l'avoue, je n'y ai vu que du feu ; espérons que vous avez retrouvé un peu d'or dans les cendres.

» C'est avec ce consolant espoir que je m'éloigne, madame et très prudente épouse, sans que ma conscience me reproche le moins du monde de vous abandonner : il vous reste des amis, les cendres en question, et, pour comble de bonheur, la liberté que je m'empresse de vous rendre.

» Cependant, madame, le moment est arrivé de placer dans ce paragraphe un mot d'explication intime.

» Tant que j'ai espéré que vous travailliez au bien-être de notre maison, à la fortune de notre fille, j'ai philosophiquement fermé les yeux ; mais comme vous avez fait de la maison une vaste ruine, je ne veux pas servir de fondation à la fortune d'autrui.

» Je vous ai prise riche, mais peu honorée.

» Pardonnez-moi de vous parler avec cette franchise ; mais comme je ne parle que pour nous deux probablement, je ne vois pas pourquoi je farderais mes paroles.

» J'ai augmenté notre fortune, qui pendant plus de quinze ans a été croissant, jusqu'au moment où des catastrophes inconnues et inintelligibles encore pour moi sont venues la prendre corps à corps et la renverser, sans que, je puis le dire, il y ait eu aucunement de ma faute.

» Vous, madame, vous avez travaillé seulement à accroître la vôtre, chose à laquelle vous avez réussi, j'en suis moralement convaincu.

» Je vous laisse donc comme je vous ai prise, riche, mais peu honorable.

» Adieu.

» Moi aussi je vais, à partir d'aujourd'hui, travailler pour mon compte.

» Croyez à toute ma reconnaissance pour l'exemple que vous m'avez donné, et que je vais suivre.

» Votre mari bien dévoué,
» Baron DANGLARS. »

La baronne avait suivi des yeux Debray pendant cette longue et pénible lecture; elle avait vu, malgré sa puissance bien connue sur lui-même, le jeune homme changer de couleur une ou deux fois.

Lorsqu'il eut fini, il ferma lentement le papier dans ses plis et reprit son attitude pensive.

— Eh bien? demanda madame Danglars avec une anxiété facile à comprendre.

— Eh bien? madame, répéta machinalement Debray.

— Quelle idée vous inspire cette lettre?

— C'est bien simple, madame ; elle m'inspire l'idée que M. Danglars est parti avec des soupçons.

— Sans doute; mais est-ce tout ce que vous avez à me dire?

— Je ne comprends pas, dit Debray avec un froid glacial.

— Il est parti! parti tout-à-fait! parti pour ne plus revenir !

— Oh! fit Debray, ne croyez pas cela, baronne.

— Non, vous dis-je, il ne reviendra pas; je le connais, c'est un homme inébranlable dans toutes les résolutions qui émanent de son intérêt.

S'il m'eût jugée utile à quelque chose, il m'eût emmenée. Il me laisse à Paris, c'est que notre séparation peut servir ses projets : elle est donc irrévocable, et je suis libre à jamais, ajouta madame Danglars avec la même expression de prière.

Mais Debray, au lieu de répondre, la laissa dans cette anxieuse interrogation du regard et de la pensée.

— Quoi ! dit-elle enfin, vous ne me répondez pas, monsieur?

— Mais je n'ai qu'une question à vous faire : que comptez-vous devenir?

— J'allais vous le demander, répondit la baronne le cœur palpitant.

— Ah! fit Debray, c'est donc un conseil que vous me demandez?

— Oui, c'est un conseil que je vous demande, dit la baronne le cœur serré.

— Alors si c'est un conseil que vous me demandez, répondit froidement le jeune homme, je vous conseille de voyager.

— De voyager! murmura madame Danglars.

— Certainement. Comme l'a dit M. Danglars, vous êtes riche et parfaitement libre. Une absence de Paris sera nécessaire absolument, à ce que je crois du moins, après le double éclat du mariage rompu de mademoiselle Eugénie et de la disparition de M. Danglars.

Il importe seulement que tout le monde vous sache abandonnée et vous croie pauvre ; car on ne pardonnerait pas à la femme du banqueroutier son opulence et son grand état de maison.

Pour le premier cas, il suffit que vous restiez seulement quinze jours à Paris, répétant à tout le monde que vous êtes abandonnée et racontant à vos meilleures amies, qui iront le répéter dans le monde, comment cet abandon a eu lieu. Puis vous quitterez votre hôtel, vous y laisserez vos bijoux, vous abandonnerez votre douaire, et chacun vantera votre désintéressement et chantera vos louanges.

Alors on vous saura abandonnée, et l'on vous croira pauvre ; car moi seul connais votre situation financière, et suis prêt à vous rendre mes comptes en loyal associé.

La baronne, pâle, atterrée, avait écouté ce discours avec autant d'épouvante et de désespoir que Debray avait mis de calme et d'indifférence à le prononcer.

— Abandonnée! répéta-t-elle, oh! bien abandonnée... Oui, vous avez raison, monsieur, et personne ne doutera de mon abandon.

Ce furent les seules paroles que cette femme, si fière et si violemment éprise, put répondre à Debray.

— Mais riche, très riche même, poursuivit Debray en tirant de son portefeuille et en étalant sur la table quelques papiers qu'il renfermait.

Madame Danglars le laissa faire, tout occupée d'étouffer les battements de son cœur et de retenir les larmes qu'elle sentait poindre au bord de ses paupières.

Mais enfin le sentiment de la dignité l'emporta chez la baronne ; et si elle ne réussit point à comprimer son cœur, elle parvint du moins à ne pas verser une larme.

— Madame, dit Debray, il y a six mois à peu près que nous nous sommes associés.

— Vous avez fourni une mise de fonds de cent mille francs.

C'est au mois d'avril de cette année qu'a eu lieu notre association.

En mai, nos opérations ont commencé.

En mai, nous avons gagné quatre cent cinquante mille francs.

En juin, le bénéfice a monté à neuf cent mille.

En juillet, nous y avons ajouté dix-sept cent mille francs ; c'est, vous le savez, le mois des bons d'Espagne.

En août, nous perdîmes, au commencement du mois, trois cent mille francs ; mais le 15 du mois nous nous étions rattrapés, et à la fin nous avions pris notre revanche ; car nos comptes, mis au net depuis le jour de notre association jusqu'à hier, où je les ai arrêtés, nous donnent un actif de deux millions quatre cent mille francs, c'est-à-dire de douze cent mille francs pour chacun de nous.

Maintenant, continua Debray, compulsant son carnet avec la méthode et la tranquillité d'un agent de change, nous trouvons quatre vingt mille francs pour les intérêts composés de cette somme restée entre mes mains.

— Mais, interrompit la baronne, que veulent dire ces intérêts, puisque jamais vous n'avez fait valoir cet argent?

— Je vous demande pardon, madame, dit froidement Debray : j'avais vos pouvoirs pour le faire valoir, et j'ai usé de vos pouvoirs.

C'est donc quarante mille francs d'intérêts pour votre moitié ; plus les cent mille francs de mise de fonds première, c'est-à-dire treize cent quarante mille francs pour votre part.

Or, madame, continua Debray, j'ai eu la précaution de mobiliser votre argent avant-hier ; il n'y a pas longtemps, comme vous voyez, et l'on eût dit que je me doutais d'être incessamment appelé à vous rendre mes comptes.

Votre argent est là, moitié en billets de banque, moitié en bons au porteur.

Je dis là, et c'est vrai, car comme je ne jugeais pas ma maison assez sûre, comme je ne trouvais pas les notaires assez discrets, et que les propriétés parlent encore plus haut que les notaires ; comme enfin vous n'avez le droit de rien acheter ni de rien posséder en dehors de la communauté conjugale, j'ai gardé toute cette somme, aujourd'hui votre seule fortune, dans un coffre scellé au fond de cette armoire, et pour plus grande sécurité j'ai fait le maçon moi-même.

Maintenant, continua Debray en ouvrant l'armoire d'abord et la caisse ensuite, maintenant, madame, voilà huit cents billets de mille francs chacun, qui ressemblent, comme vous voyez, à un gros album relié en fer ; j'y joins un coupon de rente de vingt-cinq mille francs ; puis, pour l'appoint, qui fait quelque chose, je crois, comme cent dix mille francs, voici un bon à vue sur mon banquier, et, comme mon banquier n'est pas M. Danglars, le bon sera payé, vous pouvez être tranquille.

Madame Danglars prit machinalement le bon à vue, le coupon de rentes et la liasse de billets de banque.

Cette énorme fortune paraissait bien peu de chose étalée là sur une table.

Madame Danglars, les yeux secs mais la poitrine gonflée de sanglots, la ramassa et enferma l'étui d'acier dans son sac, mit le coupon de rentes et le bon à vue dans son portefeuille, et debout, pâle, muette, elle attendit une douce parole qui la consolât d'être si riche.

Mais elle attendit vainement.

— Maintenant, madame, dit Debray, vous avez une existence magnifique, quelque chose comme soixante mille livres de rentes, ce qui est énorme pour une femme qui ne pourra pas tenir maison d'ici à un an au moins.

C'est un privilège pour toutes les fantaisies qui vous passeront par l'esprit : sans compter que si vous trouvez votre part insuffisante, eu égard au passé qui vous échappe, vous pouvez puiser dans la mienne, madame ; et je suis disposé à vous offrir, oh! à titre de prêt, bien entendu, tout ce que je possède, c'est-à-dire un million soixante mille francs.

— Merci, monsieur, répondit la baronne, merci ; vous comprenez que vous me remettez là beaucoup plus qu'il ne faut à une pauvre femme qui ne compte pas, d'ici à long-temps du moins, reparaître dans le monde.

Debray fut étonné un moment, mais il se remit et fit un geste qui pouvait se traduire par la formule la plus polie d'exprimer cette idée :

— Comme il vous plaira!

Madame Danglars avait peut-être jusque-là espéré encore quelque chose, mais quand elle vit le geste insouciant qui venait d'échapper à Debray, et le regard oblique dont ce geste était accompagné, ainsi que la révérence profonde et le silence significatif qui les suivit, elle releva la tête, ouvrit la porte, et sans fureur, sans secousse, mais aussi sans hésitation, elle s'élança dans l'escalier, dédaignant même d'adresser un dernier salut à celui qui la laissait partir de cette façon.

— Bah! dit Debray lorsqu'elle fut partie ; beaux projets que tout cela, elle restera dans son hôtel, lira des romans, et jouera au lansquenet, ne pouvant plus jouer à la Bourse.

Et il reprit son carnet, biffant avec le plus grand soin les sommes qu'il venait de payer.

— Il me reste un million soixante mille francs, dit-il. Quel malheur que mademoiselle de Villefort soit morte!

cette femme-là me convenait sous tous les rapports, et je l'eusse épousée.

Et flegmatiquement, selon son habitude, il attendit que madame Danglars fût partie depuis vingt minutes pour se décider à partir à son tour.

Pendant ces vingt minutes, Debray fit des chiffres, sa montre posée à côté de lui.

Ce personnage diabolique que toute imagination aventureuse eût créé avec plus ou moins de bonheur si Lesage n'en avait acquis la priorité dans un chef-d'œuvre, Asmodée, qui enlevait la croûte des maisons pour en voir l'intérieur, eût joui d'un singulier spectacle s'il eût enlevé, au moment où Debray faisait ses chiffres, la croûte du petit hôtel de la rue Saint-Germain-des-Prés.

Au-dessus de cette chambre où Debray venait de partager avec madame Danglars deux millions et demi, il y avait une autre chambre peuplée aussi d'habitans de notre connaissance, lesquels ont joué un rôle assez important dans les événemens que nous venons de raconter pour que nous les retrouvions avec quelque intérêt.

Il y avait dans cette chambre Mercédès et Albert.

Mercédès était bien changée depuis quelques jours, non pas que, même au temps de sa plus grande fortune, elle eût jamais étalé le faste orgueilleux qui tranche visiblement avec toutes les conditions, et fait qu'on ne reconnaît plus la femme aussitôt qu'elle vous apparait sous des habits plus simples; non pas davantage qu'elle fût tombée à cet état de dépression où l'on est contraint de revêtir la livrée de la misère; non: Mercédès était changée, parce que son œil ne brillait plus, parce que sa bouche ne souriait plus, parce qu'enfin un perpétuel embarras arrêtait sur ses lèvres le mot rapide que lançait autrefois un esprit toujours préparé.

Ce n'était pas la pauvreté qui avait flétri l'esprit de Mercédès, ce n'était pas le manque de courage qui lui rendait pesante sa pauvreté.

Mercédès, descendue du milieu dans lequel elle vivait, perdue dans la nouvelle sphère qu'elle s'était choisie, comme ces personnes qui sortent d'un salon splendidement éclairé pour passer subitement dans les ténèbres; Mercédès semblait une reine descendue de son palais dans une chaumière, et qui, réduite au strict nécessaire, ne se reconnaît ni à la vaisselle d'argile qu'elle est obligée d'apporter elle-même sur sa table, ni au grabat qui a succédé à son lit.

En effet, la belle Catalane ou la noble comtesse n'avait plus ni son regard fier, ni son charmant sourire, parce qu'en arrêtant ses yeux sur ce qui l'entourait elle ne voyait que d'affligeans objets : c'était une chambre tapissée d'un de ces papiers gris sur gris, que les propriétaires économes choisissent de préférence comme étant les moins salissans; c'était un carreau sans tapis ; c'étaient des meubles qui appellaient l'attention et forçaient la vue de s'arrêter sur la pauvreté d'un faux luxe, toutes choses enfin qui rompaient par leurs tons criards l'harmonie si nécessaire à des yeux habitués à un ensemble élégant.

Madame de Morcerf vivait là depuis qu'elle avait quitté son hôtel ; la tête lui tournait devant ce silence éternel comme elle tourne au voyageur arrivé sur le bord d'un abime : s'apercevant qu'à toute minute Albert la regardait à la dérobée pour juger de l'état de son cœur, elle s'était astreinte à un monotone sourire des lèvres qui, en l'absence de ce feu si doux du sourire des yeux, fait l'effet d'une simple réverbération de lumière, c'est-à-dire d'une clarté sans chaleur.

De son côté Albert était préoccupé, mal à l'aise, gêné par un reste de luxe qui l'empêchait d'être de sa condition actuelle; il voulait sortir sans gants, et trouvait ses mains trop blanches; il voulait courir la ville à pied, et trouvait ses bottes trop bien vernies.

Cependant ces deux créatures si nobles et si intelligentes, réunies indissolublement par le lien de l'amour maternel et filial avaient réussi à se comprendre sans parler de rien et à économiser toutes les préparations que l'on se doit entre amis pour établir cette vérité matérielle d'où dépend la vie.

Albert enfin avait pu dire à sa mère sans la faire pâlir.

— Ma mère, nous n'avons plus d'argent.

Jamais Mercédès n'avait véritablement connu la misère ; elle avait souvent, dans sa jeunesse, parlé elle-même de pauvreté; mais ce n'est point la même chose : besoin et nécessité sont deux synonymes entre lesquels il y a tout un monde d'intervalle.

Aux Catalans, Mercédès avait besoin de mille choses, mais elle ne manquait jamais de certaines autres. Tant que les filets étaient bons, on prenait du poisson ; tant qu'on vendait le poisson, ou avait du fil pour entretenir les filets.

Et puis, isolée d'amitié, n'ayant qu'un amour qui n'était pour rien dans les détails matériels de la situation, on pensait à soi, chacun à soi, rien qu'à soi.

Mercédès, du peu qu'elle avait, faisait sa part aussi généreusement que possible : aujourd'hui elle avait deux parts à faire, et cela avec rien.

L'hiver approchait : Mercédès, dans cette chambre nue et déjà froide, n'avait pas de feu, elle dont un calorifère aux mille branches chauffait autrefois la maison depuis les antichambres jusqu'au boudoir ; elle n'avait pas une pauvre petite fleur, elle dont l'appartement était une serre chaude peuplée à prix d'or !

Mais elle avait son fils...

L'exaltation d'un devoir peut-être exagéré les avait soutenus jusque-là dans les sphères supérieures.

L'exaltation est presque l'enthousiasme, et l'enthousiasme rend insensible aux choses de la terre.

Mais l'enthousiasme s'était calmé, et il avait fallu redescendre peu à peu du pays des rêves au monde de sréalités.

Il fallait enfin causer du positif, après avoir épuisé tout l'idéal.

— Ma mère, disait Albert au moment même où madame Danglars descendait l'escalier, comptons un peu toutes nos richesses, s'il vous plaît ; j'ai besoin d'un total pour échafauder mes plans.

— Total : rien, dit Mercédès avec un douloureux sourire.

— Si fait, ma mère, total trois mille francs, d'abord; et j'ai la prétention, avec ces trois mille francs, de mener à nous deux une adorable vie.

— Enfant ! soupira Mercédès.

— Hélas ! ma bonne mère, dit le jeune homme, je vous ai malheureusement dépensé assez d'argent pour en connaître le prix.

C'est énorme, voyez-vous trois mille francs, et j'ai bâti sur cette somme un avenir miraculeux d'éternelle sécurité.

— Vous dites cela, mon ami, continua la pauvre mère, mais d'abord acceptons-nous ces trois mille francs ? dit Mercédès en rougissant.

— Mais c'est convenu, ce me semble, dit Albert d'un ton ferme; nous les acceptons d'autant plus que nous ne les avons pas, car ils sont, comme vous le savez, enterrés dans le jardin de cette petite maison des allées de Meilhan à Marseille.

Avec deux cents francs, dit Albert, nous irons tous deux à Marseille.

— Avec deux cents francs ! dit Mercédès, y songez-vous, Albert ?

— Oh ! quant à ce point, je me suis renseigné aux diligences et aux bateaux à vapeur, et mes calculs sont faits. Vous retenez vos places pour Châlons, dans le coupé : vous voyez, ma mère, que je vous traite en reine, trente-cinq francs.

Albert prit une plume, et écrivit :

Coupé, trente-cinq francs, ci . . . .   35 fr.

De Châlons à Lyon, vous allez par le bateau à vapeur, six francs, ci.	6
De Lyon à Avignon, le bateau à vapeur encore, seize francs, ci.	16
D'Avignon à Marseille, sept francs, ci.	7
Dépenses de route, cinquante francs, ci.	50
Total..................	114 fr.

— Mettons cent vingt, ajouta Albert en souriant, vous voyez que je suis généreux, n'est-ce pas, ma mère ?
— Mais toi, mon pauvre enfant ?
— Moi ! n'avez-vous pas vu que je me réserve quatre-vingts francs ?
Un jeune homme, ma mère, n'a pas besoin de toutes ses aises ; d'ailleurs je sais ce que c'est que de voyager.
— Avec ta chaise et ton valet de chambre.
— De toute façon, ma mère.
— Eh bien ! soit, dit Mercédès, mais ces deux cents francs ?
— Ces deux cents francs, les voici, et puis deux cents autres encore.
Tenez, j'ai vendu ma montre cent francs, et les breloques trois cents.
Comme c'est heureux !
Des breloques qui valaient trois fois la montre.
Toujours cette fameuse histoire du superflu !
Nous voilà donc riches, puisque au lieu de cent quatorze francs qu'il vous fallait pour faire votre route, vous en avez deux cent cinquante.
— Mais nous devons quelque chose dans cet hôtel ?
— Trente francs, mais je les paie sur mes cent cinquante francs.
Cela est convenu ; et puisqu'il ne me faut à la rigueur que quatre-vingts francs pour faire ma route, vous voyez que je nage dans le luxe.
Mais ce n'est pas tout :
Que dites-vous de ceci, ma mère ?
Et Albert tira d'un petit carnet à fermoir d'or, reste de ses anciennes fantaisies ou peut-être même tendre souvenir de quelques unes de ces femmes mystérieuses et voilées qui frappaient à la petite porte ; Albert tira d'un petit carnet un billet de mille francs.
— Qu'est-ce que ceci ? demanda Mercédès.
— Mille francs, ma mère.
Oh ! il est parfaitement carré.
— Mais d'où te viennent ces mille francs ?
— Écoutez ceci, ma mère, et ne vous émotionnez pas trop.
Et Albert se levant alla embrasser sa mère sur les deux joues, puis il s'arrêta à la regarder.
— Vous n'avez pas idée, ma mère, comme je vous trouve belle ! dit le jeune homme avec un profond sentiment d'amour filial ; vous êtes en vérité la plus belle comme vous êtes la plus noble des femmes que j'aie jamais vues !
— Cher enfant ! dit Mercédès essayant en vain de retenir une larme qui pointait au coin de sa paupière.
— En vérité, il ne vous manquait plus que d'être malheureuse pour changer mon amour en adoration.
— Je ne suis pas malheureuse tant que j'ai mon fils, dit Mercédès ; je ne serai point malheureuse tant que je l'aurai.
— Ah ! justement, dit Albert ; mais voilà où commence l'épreuve, ma mère ! vous savez ce qui est convenu ?
— Sommes-nous donc convenus de quelque chose ? demanda Mercédès.
— Oui, il est convenu que vous habiterez Marseille et que moi je partirai pour l'Afrique, où, en place du nom que j'ai quitté, je me ferai le nom que j'ai pris.
Mercédès poussa un soupir.
— Eh bien ! ma mère, depuis hier je suis engagé dans les spahis, ajouta le jeune homme en baissant les yeux avec une certaine honte, car il ne savait pas lui-même

tout ce que son abaissement avait de sublime ; ou plutôt j'ai cru que mon corps était bien à moi et que je pouvais le vendre : depuis hier je remplace quelqu'un.
Je me suis vendu, comme on dit, et, ajouta-t-il en essayant de sourire, plus cher que je ne croyais valoir, c'est-à-dire deux mille francs.
— Ainsi ces mille francs ?... dit en tressaillant Mercédès.
— C'est la moitié de la somme, ma mère ; l'autre viendra dans un an.
Mercédès leva les yeux au ciel avec une expression que rien ne saurait rendre, et des larmes arrêtées au coin de sa paupière, débordant sous l'émotion intérieure, coulèrent silencieusement le long de ses joues.
— Le prix de son sang ! murmura-t-elle.
— Oui, si je suis tué, dit en riant Morcerf.
Mais je t'assure, bonne mère, que je suis au contraire dans l'intention de défendre cruellement ma peau ; je ne me suis jamais senti si bonne envie de vivre que maintenant.
— Mon Dieu ! mon Dieu ! fit Mercédès.
— D'ailleurs, pourquoi donc voulez-vous que je sois tué, ma mère ?
Est-ce que Lamoricière, cet autre Ney du Midi, a été tué ?
Est-ce que Changarnier a été tué ?
Est-ce que Bedeau a été tué ?
Est-ce que Morrel, que nous connaissons, a été tué ?
Songez donc à votre joie, ma mère, lorsque vous me verrez revenir avec mon uniforme brodé !
Je vous déclare que je compte être superbe là-dessous, et que j'ai choisi ce régiment-là par coquetterie.
Mercédès soupira, tout en essayant de sourire ; elle comprenait, cette sainte mère, qu'il était mal à elle de laisser porter à son enfant tout le poids du sacrifice.
— Eh bien, donc ! reprit Albert, vous comprenez, ma mère, voilà déjà plus de quatre mille francs assurés pour vous ; avec ces quatre mille francs vous vivrez deux bonnes années.
— Crois-tu ? dit Mercédès.
Ces mots étaient échappés à la comtesse, et avec une douleur si vraie que leur véritable sens n'échappa point à Albert ; il sentit son cœur se serrer, et prenant la main de sa mère qu'il pressa tendrement dans les siennes.
— Oui, vous vivrez ! dit-il.
— Je vivrai, s'écria Mercédès, mais tu ne partiras point, n'est-ce pas, mon fils ?
— Ma mère, je partirai, dit Albert d'une voix calme et ferme ; vous m'aimez trop pour me laisser près de vous oisif et inutile ; d'ailleurs j'ai signé.
— Tu feras selon ta volonté, mon fils, moi je ferai selon celle de Dieu.
— Non pas selon ma volonté, ma mère, mais selon la raison, selon la nécessité. Nous sommes deux créatures désespérées, n'est-ce pas ? Qu'est-ce que la vie pour vous aujourd'hui ? rien. Qu'est-ce que la vie pour moi ? oh ! bien peu de chose sans vous, ma mère, croyez-le ; car sans vous cette vie, je vous le jure, eût cessé du jour où j'ai douté de mon père et renié son nom ! Enfin, je vis, si vous me promettez d'espérer encore ; si vous me laissez le soin de votre bonheur à venir, vous doublez ma force. Alors je vais trouver là-bas le gouverneur de l'Algérie, c'est un cœur loyal et surtout essentiellement soldat ; je lui conte ma lugubre histoire ; je le prie de tourner de temps en temps les yeux du côté où je serai, et s'il me tient parole, s'il me regarde faire, avant six mois je suis officier ou mort. Si je suis officier, votre sort est assuré, ma mère, car j'aurai de l'argent pour vous et pour moi, et de plus un nouveau nom dont nous serons fiers tous deux, puisque ce sera votre vrai nom. Si je suis tué... eh bien ! si je suis tué, alors, chère mère, vous mourrez, s'il vous plaît, et alors nos malheurs auront leur terme dans leur excès même.

47

— C'est bien, répondit Mercédès avec son noble et éloquent regard ; tu as raison, mon fils : prouvons à certaines gens qui nous regardent et qui attendent nos actes pour nous juger, prouvons-leur que nous sommes au moins dignes d'être plaints.

— Mais pas de funèbres idées, chère mère ! s'écria le jeune homme ; je vous jure que nous sommes ou du moins que nous pouvons être très heureux. Vous êtes à la fois une femme pleine d'esprit et de résignation ; moi, je suis devenu simple de goûts et sans passions, je l'espère. Une fois au service, me voilà riche ; une fois dans la maison de M. Dantès, vous voilà tranquille. Essayons ! je vous en prie, ma mère, essayons !

— Oui, essayons, mon fils, car tu dois vivre, car tu dois être heureux, répondit Mercédès.

— Ainsi, ma mère, voilà notre partage fait, ajouta le jeune homme en affectant une grande aisance. Nous pouvons aujourd'hui même partir. Allons, je retiens, comme il est dit, votre place.

— Mais la tienne, mon fils ?

— Moi, je dois rester deux ou trois jours encore, ma mère ; c'est un commencement de séparation, et nous avons besoin de nous y habituer. J'ai besoin de quelques recommandations, de quelques renseignemens sur l'Afrique ; je vous rejoindrai à Marseille.

— Eh bien ! soit, partons ! dit Mercédès en s'enveloppant dans le seul châle qu'elle eût emporté, et qui se trouvait par hasard un cachemire noir d'un grand prix ; partons !

Albert recueillit à la hâte ses papiers, sonna pour payer les trente francs qu'il devait au maître de l'hôtel, et, offrant son bras à sa mère, il descendit l'escalier.

Quelqu'un descendait devant eux ; ce quelqu'un, entendant le frôlement d'une robe de soie sur la rampe, se retourna.

— Debray ! murmura Albert.

— Vous, Morcerf ! répondit le secrétaire du ministre en s'arrêtant sur la marche où il se trouvait.

La curiosité l'emporta chez Debray sur le désir de garder l'incognito ; d'ailleurs il était reconnu.

Il semblait piquant, en effet, de retrouver dans cet hôtel ignoré le jeune homme dont la malheureuse aventure venait de faire un si grand éclat dans Paris.

— Morcerf ! répéta Debray.

Puis, apercevant dans la demi-obscurité la tournure jeune encore et le voile noir de madame de Morcerf :

— Oh ! pardon ! ajouta-t-il avec un sourire, je vous laisse, Albert.

Albert comprit la pensée de Debray.

— Ma mère, dit-il en se retournant vers Mercédès, c'est M. Debray, secrétaire du ministre de l'intérieur, un ancien ami à moi.

— Comment ! ancien ! balbutia Debray ; que voulez-vous dire ?

— Je dis cela, monsieur Debray, reprit Albert, parce qu'aujourd'hui je n'ai plus d'amis, et que je ne dois plus en avoir. Je vous remercie beaucoup d'avoir bien voulu me reconnaître, monsieur.

Debray remonta deux marches et vint donner une énergique poignée de main à son interlocuteur.

— Croyez, mon cher Albert, dit-il avec l'émotion qu'il était susceptible d'avoir, croyez que j'ai pris une part profonde au malheur qui vous frappe, et que, pour toutes choses, je me mets à votre disposition.

— Merci, monsieur, dit en souriant Albert ; mais au milieu de ce malheur, nous sommes demeurés assez riches pour n'avoir besoin de recourir à personne ; nous quittons Paris, et, notre voyage payé, il nous reste cinq mille francs.

Le rouge monta au front de Debray, qui tenait un million dans son portefeuille ; et si peu poétique que fût cet esprit exact, il ne put s'empêcher de réfléchir que la même maison contenait naguère encore deux femmes, dont l'une, justement déshonorée, s'en allait pauvre avec quinze cent mille francs sous le pli de son manteau, et dont l'autre, injustement frappée, mais sublime en son malheur, se trouvait riche avec quelques deniers.

Ce parallèle dérouta ses combinaisons de politesse, la philosophie de l'exemple l'écrasa ; il balbutia quelques mots de civilité générale et descendit rapidement.

Ce jour-là les commis du ministère, ses subordonnés, eurent fort à souffrir de son humeur chagrine.

Mais le soir il se rendit acquéreur d'une fort belle maison sise boulevard de la Madeleine et rapportant cinquante mille livres de rente.

Le lendemain, à l'heure où Debray signait l'acte, c'est-à-dire sur les cinq heures du soir, madame de Morcerf, après avoir tendrement embrassée son fils et après avoir été tendrement embrassée par lui, montait dans le coupé de la diligence, qui se refermait sur elle.

Un homme était caché dans la cour des messageries Laffitte, derrière une de ces fenêtres cintrées d'entre-sol qui surmontent chaque bureau ; il vit Mercédès monter en voiture ; il vit partir la diligence ; il vit s'éloigner Albert.

Alors il passa la main sur son front chargé de doute, en disant :

— Hélas ! par quel moyen rendrai-je à ces deux innocens le bonheur que je leur ai ôté ?

Dieu m'aidera !

CHAP. CV. — LA FOSSE-AUX-LIONS.

L'un des quartiers de la Force, celui qui renferme les détenus les plus compromis et les plus dangereux, s'appelle la cour Saint-Bernard.

Les prisonniers, dans leur langage énergique, l'ont surnommé la Fosse-aux-Lions, probablement parce que les captifs ont des dents qui mordent souvent les barreaux et parfois les gardiens.

C'est dans la prison une prison ; les murs ont une épaisseur double des autres. Chaque jour un guichetier sonde avec soin les grilles massives, et l'on reconnaît à la stature herculéenne, aux regards froids et incisifs de ces gardiens, qu'ils ont été choisis pour régner sur leur peuple par la terreur et l'activité de l'intelligence

Le préau de ce quartier est encadré dans des murs énormes sur lesquels glisse obliquement le soleil lorsqu'il se décide à pénétrer dans ce gouffre de laideurs morales et physiques. C'est là, sur le pavé, que depuis l'heure du lever errent soucieux, hagards, pâlissans comme des ombres, les hommes que la justice tient courbés sous le couperet qu'elle aiguise.

On les voit se coller, s'accroupir le long du mur qui absorbe et retient le plus de chaleur. Ils demeurent là, causant deux à deux, plus souvent isolés, l'œil sans cesse attiré vers la porte qui s'ouvre pour appeler quelqu'un des habitans de ce lugubre séjour, ou pour vomir dans le gouffre une nouvelle scorie rejetée du creuset de la société.

La cour Saint-Bernard a son parloir particulier ; c'est un carré long, divisé en deux parties par deux grilles parallèlement plantées à trois pieds l'une de l'autre, de façon à ce que le visiteur ne puisse serrer la main du prisonnier ou lui passer quelque chose. Ce parloir est sombre, humide, et de tout point horrible, surtout lorsqu'on songe aux épouvantables confidences qui ont glissé sur ces grilles et rouillé le fer des barreaux.

Cependant ce lieu, tout affreux qu'il soit, est le paradis où viennent se retremper dans une société espérée, savourée, ces hommes dont les jours sont comptés : il est si rare qu'on sorte de la Fosse-aux-Lions pour aller autre part qu'à la barrière Saint-Jacques, au bagne ou au cabanon cellulaire !

Dans cette cour que nous venons de décrire, et qui suait d'une froide humidité, se promenait, les mains dans les poches de son habit, un jeune homme considéré avec beaucoup de curiosité par les habitans de la Fosse.

Il eût passé pour un homme élégant grace à la coupe de ses habits, si ces habits n'eussent été en lambeaux ; cependant ils n'avaient pas été usés : le drap, fin et soyeux aux endroits intacts, reprenait facilement son lustre sous la main caressante du prisonnier, qui essayait d'en faire un habit neuf.

Il appliquait le même soin à fermer une chemise de batiste considérablement changée de couleur depuis son entrée en prison, et sur ses bottes vernies passait le coin d'un mouchoir brodé d'initiales surmontées d'une couronne héraldique.

Quelques pensionnaires de la Fosse-aux-Lions considéraient avec un intérêt marqué les recherches de toilette du prisonnier.

— Tiens, voilà le prince qui se fait beau, dit un des voleurs.

— Il est très beau naturellement, dit un autre, et s'il avait seulement un peigne et de la pommade, il éclipserait tous les messieurs à gants blancs.

— Son habit a dû être bien neuf et ses bottes reluisent joliment. C'est flatteur pour nous qu'il y ait des confrères si comme il faut ; et ces brigands de gendarmes sont bien vils.

— Les envieux ! avoir déchiré une toilette comme cela !

— Il paraît que c'est un fameux, dit un autre, il a tout fait... et dans le grand genre... Il vient de là-bas si jeune ! oh ! c'est superbe !

Et l'objet de cette admiration hideuse semblait savourer les éloges ou la vapeur des éloges, car il n'entendait pas les paroles.

Sa toilette terminée, il s'approcha du guichet de la cantine auquel s'adossait un gardien :

— Voyons, monsieur, lui dit-il, prêtez-moi vingt francs, vous les aurez bientôt ; avec moi, pas de risques à courir. Songez donc que je tiens à des parens qui ont plus de millions que vous n'avez de deniers... Voyons, vingt francs, je vous en prie, afin que je prenne une pistole et que j'achète une robe de chambre. Je souffre horriblement d'être toujours en habit et en bottes. Quel habit ! monsieur, pour un prince Cavalcanti !

Le gardien lui tourna le dos et haussa les épaules. Il ne rit pas même de ces paroles qui eussent déridé tous les fronts ; car cet homme en avait entendu bien d'autres, ou plutôt il avait toujours entendu la même chose.

— Allez, dit Andrea, vous êtes un homme sans entrailles, et je vous ferai perdre votre place.

Ce mot fit retourner le gardien, qui, cette fois, laissa échapper un bruyant éclat de rire.

Alors les prisonniers s'approchèrent et firent cercle.

— Je vous dis, continua Andrea, qu'avec cette misérable somme je pourrai me procurer un habit et une chambre, afin de recevoir d'une façon décente la visite illustre que j'attends d'un jour à l'autre.

— Il a raison ! il a raison ! dirent les prisonniers... Pardieu ! on voit bien que c'est un homme comme il faut.

— Eh bien ! prêtez-lui les vingt francs, dit le gardien en s'appuyant sur son autre colossale épaule ; est-ce que vous ne devez pas cela à un camarade ?

— Je ne suis pas le camarade de ces gens, dit fièrement le jeune homme ; ne m'insultez pas, vous n'avez pas ce droit-là.

Les voleurs se regardèrent avec de sourds murmures, et une tempête soulevée par la provocation du gardien, plus encore que par les paroles d'Andrea, commença de gronder sur le prisonnier aristocrate.

Le gardien, sûr de faire le *quos ego*, quand les flots seraient trop tumultueux, les laissait monter peu à peu pour jouer un tour au sollicitateur importun, et se donner une récréation pendant la longue garde de sa journée.

Déjà les voleurs se rapprochaient d'Andrea : les uns se disaient :

— La savate ! la savate !

Cruelle opération qui consiste à rouer de coups non pas de savate, mais de soulier ferré, un confrère tombé dans la disgrâce de ces messieurs.

D'autres proposaient l'aiguille ; autre genre de récréation consistant à emplir de sable, de cailloux, de gros sous, quand ils en ont, un mouchoir tordu, que les bourreaux déchargent comme un fléau sur les épaules et la tête du patient.

— Fouettons le beau monsieur, dirent quelques uns, monsieur l'honnête homme !

Mais Andrea, se retournant vers eux, cligna de l'œil, enfla sa joue avec sa langue, et fit entendre ce claquement des lèvres qui équivalait à mille signes d'intelligence parmi les bandits réduits à se taire.

C'était un signe maçonnique que lui avait indiqué Caderousse.

Ils reconnurent un des leurs.

Aussitôt les mouchoirs retombèrent ; la savate ferrée rentra au pied du principal bourreau. On entendit quelques voix proclamer que monsieur avait raison, que monsieur pouvait être honnête à sa guise, et que les prisonniers voulaient donner l'exemple de la liberté de conscience.

L'émeute recula. Le gardien en fut tellement stupéfait qu'il prit aussitôt Andrea par les mains et se mit à le fouiller, attribuant à quelque manifestation plus significative que la fascination, ce changement subit des habitans de la Fosse-aux-Lions.

Andrea se laissa faire, non sans protester.

Tout à coup une voix retentit au guichet.

— Benedetto ! criait un inspecteur.

Le gardien lâcha sa proie.

— On m'appelle ! dit Andrea.

— Au parloir ! dit la voix.

— Voyez-vous, on me rend visite. Ah ! mon cher monsieur, vous allez voir si l'on peut traiter un Cavalcanti comme un homme ordinaire !

Et Andrea, glissant dans la cour comme une ombre noire, se précipita par le guichet entrebâillé, laissant dans l'admiration ses confrères et le gardien lui-même.

On l'appelait en effet au parloir, et il ne faudrait pas s'en émerveiller moins qu'Andrea lui-même ; car le rusé jeune homme, depuis son entrée à la Force, au lieu d'user, comme les gens du commun, de ce bénéfice d'écrire pour se faire réclamer, avait gardé le plus stoïque silence.

— Je suis, disait-il, évidemment protégé par quelqu'un de puissant ; tout me le prouve ; cette fortune soudaine, cette facilité avec laquelle j'ai aplani tous les obstacles, une famille improvisée, un nom illustre devenu ma propriété, l'or pleuvant chez moi, les alliances les plus magnifiques promises à mon ambition. Un malheureux oubli de ma fortune, une absence de mon protecteur m'a perdu, oui, mais pas absolument, pas à jamais ! La main s'est retirée pour un moment, elle doit se tendre vers moi et me ressaisir de nouveau au moment où je me croirai prêt à tomber dans l'abîme.

Pourquoi risquerais-je une démarche imprudente ? Je m'aliénerais peut-être le protecteur ! Il y a deux moyens pour lui de me tirer d'affaire : l'évasion mystérieuse, achetée à prix d'or, et la main forcée aux juges pour obtenir une absolution. Attendons pour parler, pour agir, qu'il me soit prouvé qu'on m'a totalement abandonné, et alors...

Andrea avait bâti un plan qu'on peut croire habile ; le misérable était intrépide à l'attaque et rude à la défense.

La misère de la prison commune, les privations de tout genre, il les avait supportées. Cependant peu à peu le naturel, ou plutôt l'habitude, avait repris le dessus. Andrea souffrait d'être nu, d'être sale, d'être affamé ; le temps lui durait.

C'est à ce moment d'ennui que la voix de l'inspecteur l'appela au parloir.

Andrea sentit son cœur bondir de joie. Il était trop tôt pour que ce fût la visite du juge d'instruction, et trop tard pour que ce fût un appel du directeur de la prison ou du médecin ; c'était donc la visite attendue.

Derrière la grille du parloir où Andrea fut introduit, il aperçut, avec ses yeux dilatés par une curiosité avide, la figure sombre et intelligente de M. Bertuccio qui regardait aussi, lui, avec un étonnement douloureux, les grilles, les portes verrouillées et l'ombre qui s'agitait derrière les barreaux entrecroisés.

— Ah ! fit Andrea touché au cœur.

— Bonjour, Benedetto, dit Bertuccio de sa voix creuse et sonore.

— Vous ! vous ! dit le jeune homme en regardant avec effroi autour de lui.

— Tu ne me reconnais pas, dit Bertuccio, malheureux enfant.

— Silence ! mais silence donc ! fit Andrea qui connaissait la finesse d'ouïe de ces murailles ; mon Dieu, mon Dieu, ne parlez pas si haut !

— Tu voudrais causer avec moi, n'est-ce pas, dit Bertuccio, seul à seul ?

— Oh ! oui ! dit Andrea.

— C'est bien.

Et Bertuccio, fouillant dans sa poche, fit signe à un gardien qu'on apercevait derrière la vitre du guichet.

— Lisez ! dit-il.

— Qu'est cela ? dit Andrea.

— L'ordre de te conduire dans une chambre, de t'y installer et de me laisser communiquer avec toi.

— Oh ! fit Andrea bondissant de joie.

Et tout de suite, se repliant en lui-même, il se dit :

— Encore le protecteur inconnu ! on ne m'oublie pas ! On cherche le secret, puisqu'on veut causer dans une chambre isolée. Je les tiens... Bertuccio a été envoyé par le protecteur.

Le gardien conféra un moment avec un supérieur, puis ouvrit les deux portes grillées et conduisit à une chambre du premier étage ayant vue sur la cour, Andrea qui ne se sentait plus de joie.

La chambre était blanchie à la chaux, comme c'est l'usage dans les prisons. Elle avait un aspect de gaîté qui parut rayonnant au prisonnier : un poêle, un lit, une chaise, une table en formaient le somptueux ameublement.

Bertuccio s'assit sur la chaise, Andrea se jeta sur le lit. Le gardien se retira.

— Voyons, dit l'intendant, qu'as-tu à me dire ?

— Et vous ? dit Andrea.

— Mais parle d'abord...

— Oh ! non ; c'est vous qui avez beaucoup à m'apprendre, puisque vous êtes venu me trouver.

— Eh bien ! soit. Tu as continué le cours de tes scélératesses : tu as volé, tu as assassiné.

— Bon. Si c'est pour me dire ces choses-là que vous me faites passer dans une chambre particulière, autant valait ne pas vous déranger. Je sais toutes ces choses. Il en est d'autres que je ne sais pas, au contraire. Parlons de celles-là, s'il vous plaît. Qui vous a envoyé ?

— Oh ! oh ! vous allez vite, monsieur Benedetto.

— N'est-ce pas ? et au but. Surtout ménageons les mots inutiles. Qui vous envoie ?

— Personne.

— Comment savez-vous que je suis en prison ?

— Il y a long-temps que je t'ai reconnu dans le fashionable insolent qui poussait si gracieusement un cheval aux Champs-Elysées.

— Les Champs-Elysées !... Ah ! ah ! nous brûlons, comme on dit au jeu de la pincette... Les Champs-Elysées !... Ça, parlons un peu de mon père, voulez-vous ?

— Que suis-je donc ?

— Vous, mon brave monsieur, vous êtes mon père adoptif... Mais ce n'est pas vous, j'imagine, qui avez disposé en ma faveur d'une centaine e mille francs que j'ai dévorés en quatre à cinq mois ; ce n'est pas vous qui m'avez forgé un père italien et gentilhomme ; ce n'est pas vous qui m'avez fait entrer dans le monde et invité à un certain diner que je crois manger encore, à Auteuil, avec la meilleure compagnie de tout Paris, avec certain procureur du roi dont j'ai eu bien tort de ne pas cultiver la connaissance, qui me serait si utile en ce moment ; ce n'est pas vous, enfin, qui me cautionniez pour un ou deux millions quand m'est arrivé l'accident fatal de la découverte du pot aux roses... Allons, parlez, estimable Corse, parlez...

— Que veux-tu que je te dise ?

— Je t'aiderai. Tu parlais des Champs-Élysées tout à l'heure, mon digne père nourricier.

— Eh bien ?

— Eh bien ! aux Champs-Elysées demeure un monsieur bien riche, bien riche.

— Chez qui tu as volé et assassiné, n'est-ce pas ?

— Je crois que oui.

— Monsieur le comte de Monte-Cristo ?

— C'est vous qui l'avez nommé, comme dit M. Racine... eh bien ! dois-je me jeter entre ses bras, l'étrangler sur mon cœur en criant : « Mon père ! mon père ! » comme dit M. Pixérécourt.

— Ne plaisantons pas, répondit gravement Bertuccio, et qu'un pareil nom ne soit pas prononcé ici comme vous osez le prononcer.

— Bah ! fit Andrea un peu étourdi de la solennité du maintien de Bertuccio, pourquoi pas ?

— Parce que celui qui porte ce nom est trop favorisé du ciel pour être le père d'un misérable tel que vous.

— Oh ! de grands mots...

— Et de grands effets si vous n'y prenez garde !

— Des menaces ! je ne les crains pas... je dirai...

— Croyez-vous avoir affaire à des pygmées de votre espèce ? dit Bertuccio d'un ton si calme et avec un regard si assuré qu'Andrea en fut remué jusqu'au fond des entrailles ; croyez-vous avoir affaire à vos scélérats routiniers du bagne, ou à vos naïves dupes du monde ?... Benedetto, vous êtes dans une main terrible ; cette main veut bien s'ouvrir pour vous : profitez-en. Ne jouez pas avec la foudre qu'elle dépose pour un instant, mais qu'elle peut reprendre si vous essayez de la déranger dans son libre mouvement.

— Mon père... je veux savoir qui est mon père !... dit l'entêté ; j'y périrai s'il le faut, mais je le saurai. Que me fait le scandale, à moi ? Du bien... de la réputation... des réclames... comme dit Beauchamp le journaliste. Mais vous autres, gens du grand monde, vous avez toujours quelque chose à perdre au scandale, malgré vos millions et vos armoiries... Ça, qui est mon père ?

— Je suis venu pour te le dire...

— Ah ! s'écria Benedetto les yeux étincelans de joie.

A ce moment la porte s'ouvrit et le guichetier s'adressant à Bertuccio :

— Pardon, monsieur, dit-il, mais le juge d'instruction attend le prisonnier.

— C'est la clôture de mon interrogatoire, dit Andrea au digne intendant... Au diable l'importun.

— Je reviendrai demain, dit Bertuccio.

— Bon ! fit Andrea. Messieurs les gendarmes, je suis tout à vous... Ah ! cher monsieur, laissez donc une dizaine d'écus au greffe pour qu'on me donne ici ce dont j'ai besoin.

— Ce sera fait, répliqua Bertuccio.

Andrea lui tendit la main, Bertuccio garda la sienne dans sa poche, et y fit seulement sonner quelques pièces d'argent.

— C'est ce que je voulais dire, fit Andrea, grimaçant un sourire, mais tout à fait subjugué par l'étrange tranquillité de Bertuccio.

— Me serai-je trompé ? se dit-il en montant dans la voiture oblongue et grillée qu'on appelle le *panier à salade*,

Nous verrons ! ainsi, à demain ! ajouta-t-il en se tournant vers Bertuccio.
— A demain ! répondit l'intendant.

CHAP. CVI. — LE JUGE.

On se rappelle que l'abbé Busoni était resté seul avec Noirtier dans la chambre mortuaire, et que c'est le vieillard et le prêtre qui s'étaient constitués les gardiens du corps de la jeune fille.

Peut-être les exhortations chrétiennes de l'abbé, peut-être sa douce charité, peut-être sa parole persuasive avaient-elles rendu le courage au vieillard : car, depuis le moment où il avait pu conférer avec le prêtre, au lieu du désespoir qui s'était d'abord emparé de lui, tout dans Noirtier annonçait une grande résignation, un calme bien surprenant pour tous ceux qui se rappelaient l'affection profonde portée par lui à Valentine.

M. de Villefort n'avait point revu le vieillard depuis le matin de cette mort. Toute la maison avait été renouvelée : un autre valet de chambre avait été engagé pour lui, un autre serviteur pour Noirtier ; deux femmes étaient entrées au service de madame de Villefort ; tous, jusqu'au concierge et au cocher, offraient de nouveaux visages qui s'étaient dressés pour ainsi dire entre les différens maîtres de cette maison maudite et avaient intercepté les relations déjà assez froides qui existaient entre eux. D'ailleurs les assises s'ouvraient dans deux ou trois jours, et Villefort, enfermé dans son cabinet, poursuivait avec une fiévreuse activité la procédure entamée contre l'assassin de Caderousse. Cette affaire, comme toutes celles auxquelles le comte de Monte-Cristo se trouvait mêlé, avait fait grand bruit dans le monde parisien. Les preuves n'étaient pas convaincantes, puisqu'elles reposaient sur quelques mots écrits par un forçat mourant, ancien compagnon de bagne de celui qu'il accusait, et qui pouvait accuser son compagnon par haine ou par vengeance : la conscience seule du magistrat s'était formée ; le procureur du roi avait fini par se donner à lui-même cette terrible conviction que Benedetto était coupable, et il devait tirer de cette victoire difficile une de ces jouissances d'amour-propre qui seules réveillaient un peu les fibres de son cœur glacé.

Le procès s'instruisait donc, grace au travail incessant de Villefort qui voulait en faire le début des prochaines assises ; aussi avait-il été forcé de se celer plus que jamais pour éviter de répondre à la quantité prodigieuse de demandes qu'on lui adressait à l'effet d'obtenir des billets d'audience.

Et puis si peu de temps s'était écoulé depuis que la pauvre Valentine avait été déposée dans la tombe, la douleur de la maison était encore si récente, que personne ne s'étonnait de voir le père aussi sévèrement absorbé dans son devoir, c'est-à-dire dans l'unique distraction qu'il pouvait trouver à son chagrin.

Une seule fois, c'était le lendemain du jour où Benedetto avait reçu cette seconde visite de Bertuccio, dans laquelle celui-ci lui avait dû nommer son père ; le lendemain de ce jour, qui était le dimanche, une seule fois, disons-nous, Villefort avait aperçu son père : c'était dans un moment où le magistrat, harassé de fatigue, était descendu dans le jardin de son hôtel, et sombre, courbé sous une implacable pensée, pareil à Tarquin abattant avec sa badine les têtes des pavots les plus élevés, M. de Villefort abattait avec sa canne les longues et mourantes tiges des roses trémières qui se dressaient le long des allées comme les spectres de ces fleurs si brillantes dans la saison qui venait de s'écouler.

Déjà plus d'une fois il avait touché le fond du jardin, c'est-à-dire cette fameuse grille donnant sur le clos abandonné, revenant toujours par la même allée, reprenant sa promenade du même pas et avec le même geste, quand ses yeux se portèrent machinalement vers la maison, dans laquelle il entendait jouer bruyamment son fils, revenu de sa pension pour passer le dimanche et le lundi près de sa mère.

Dans ce mouvement, il vit à l'une des fenêtres ouvertes M. Noirtier, qui s'était fait rouler dans son fauteuil jusqu'à cette fenêtre pour jouir des derniers rayons d'un soleil encore chaud qui venaient saluer les fleurs mourantes des volubilis et les feuilles rougies des vignes vierges qui tapissaient le balcon.

L'œil du vieillard était rivé pour ainsi dire sur un point que Villefort n'apercevait qu'imparfaitement. Ce regard de Noirtier était si haineux, si sauvage, si ardent d'impatience, que le procureur du roi, habile à saisir toutes les impressions de ce visage qu'il connaissait si bien, s'écarta de la ligne qu'il parcourait pour voir sur quelle personne tombait ce pesant regard.

Alors il vit, sous un massif de tilleuls aux branches déjà presque dégarnies, madame de Villefort qui, assise, un livre à la main, interrompait de temps à autre sa lecture pour sourire à son fils ou lui renvoyer sa balle élastique qu'il lançait obstinément du salon dans le jardin.

Villefort pâlit, car il comprenait ce que voulait le vieillard.

Noirtier regardait toujours le même objet ; mais soudain son regard se porta de la femme au mari, et ce fut Villefort lui-même qui eut à subir l'attaque de ces yeux foudroyans qui, en changeant d'objet, avaient aussi changé de langage, sans toutefois rien perdre de leur menaçante expression.

Madame de Villefort, étrangère à toutes ces passions dont les feux croisés passaient au-dessus de sa tête, retenait en ce moment la balle de son fils lui faisant signe de la venir chercher avec un baiser ; mais Édouard se fit prier long-temps, la caresse maternelle ne lui paraissait probablement pas une récompense suffisante au dérangement qu'il allait prendre ; enfin il se décida, sauta de la fenêtre au milieu d'un massif d'héliotropes et de reines-marguerites, et accourut à madame de Villefort le front couvert de sueur. Madame de Villefort essuya son front, posa ses lèvres sur ce moite ivoire, et renvoya l'enfant avec sa balle dans une main et une poignée de bonbons dans l'autre.

Villefort, attiré par une invincible attraction, comme l'oiseau est attiré par le serpent, Villefort s'approcha de la maison ; à mesure qu'il s'approchait, le regard de Noirtier s'abaissait en le suivant, et le feu de ses prunelles semblait prendre un tel degré d'incandescence, que Villefort se sentait dévoré par lui jusqu'au fond du cœur. En effet, on lisait dans ce regard un sanglant reproche en même temps qu'une terrible menace. Alors les paupières et les yeux de Noirtier se levèrent au ciel comme s'il rappelait à son fils un serment oublié.

— C'est bon ! monsieur, répliqua Villefort du bas de la cour, c'est bon ! prenez patience un jour encore ; ce que j'ai dit est dit.

Noirtier parut calmé par ces paroles, et ses yeux se tournèrent avec indifférence d'un autre côté.

Villefort déboutonna violemment sa redingote qui l'étouffait, passa une main livide sur son front et rentra dans son cabinet.

La nuit se passa froide et tranquille ; tout le monde se coucha et dormit comme à l'ordinaire dans cette maison. Seul, comme à l'ordinaire aussi, Villefort ne se coucha point en même temps que les autres et travailla jusqu'à cinq heures du matin à revoir les derniers interrogatoires faits la veille par les magistrats instructeurs, à compulser les dépositions des témoins et à jeter de la netteté dans son acte d'accusation, l'un des plus énergiques et des plus habilement conçus qu'il eût encore dressés.

C'était le lendemain lundi que devait avoir lieu la première séance des assises. Ce jour-là, Villefort le vit poindre blafard et sinistre, et sa lueur bleuâtre vint faire reluire sur le papier les lignes tracées à l'encre rouge. Le magistrat s'était endormi un instant tandis que sa lampe rendait les derniers soupirs : il se réveilla à ses pétillemens, les doigts humides et empourprés comme s'il les eût trempés dans le sang.

Il ouvrit sa fenêtre : une grande bande orangée traversait au loin le ciel et coupait en deux les minces peupliers qui se profilaient en noir sur l'horizon. Dans le champ de luzerne, au-delà de la grille des marronniers, une alouette montait au ciel, en faisant entendre son chant clair et matinal.

L'air humide de l'aube inonda la tête de Villefort et rafraîchit sa mémoire.

— Ce sera pour aujourd'hui, dit-il avec effort ; aujourd'hui l'homme qui va tenir le glaive de la justice doit frapper partout où sont les coupables.

Ses regards allèrent alors malgré lui chercher la fenêtre de Noirtier qui s'avançait en retour, la fenêtre où il avait vu le vieillard la veille.

Le rideau en était tiré.

Et cependant l'image de son père lui était tellement présente qu'il s'adressa à cette fenêtre fermée comme si elle était ouverte, et que par cette ouverture il vit encore le vieillard menaçant.

— Oui, murmura-t-il, oui, sois tranquille !

Sa tête retomba sur sa poitrine, et la tête ainsi inclinée, il fit quelques tours dans son cabinet, puis enfin il se jeta tout habillé sur un canapé, moins pour dormir que pour assouplir ses membres raidis par la fatigue et le froid du travail qui pénètre jusque dans la moelle des os.

Peu à peu tout le monde se réveilla : Villefort, de son cabinet, entendit les bruits successifs qui constituent pour ainsi dire la vie de la maison, les portes mises en mouvement, le tintement de la sonnette de madame de Villefort qui appelait sa femme de chambre, les premiers cris de l'enfant qui se levait joyeux comme on se lève d'habitude à cet âge.

Villefort sonna à son tour. Son nouveau valet de chambre entra chez lui et lui apporta les journaux.

En même temps que les journaux, il apporta une tasse de chocolat.

— Que m'apportez-vous là ? demanda Villefort.
— Une tasse de chocolat.
— Je ne l'ai point demandée. Qui prend donc ce soin de moi ?
— Madame : elle m'a dit que monsieur parlerait sans doute beaucoup aujourd'hui dans cette affaire d'assassinat et qu'il avait besoin de prendre des forces.

Et le valet déposa sur la table dressée près du canapé, table, comme toutes les autres, chargée de papiers, la tasse de vermeil.

Le valet sortit.

Villefort regarda un instant la tasse d'un air sombre, puis tout à coup il la prit avec un mouvement nerveux, et avala d'un seul trait le breuvage qu'elle contenait. On eût dit qu'il espérait que ce breuvage était mortel et qu'il appelait la mort pour le délivrer d'un devoir qui lui commandait une chose bien plus difficile que de mourir. Puis il se leva et se promena dans son cabinet avec une espèce de sourire qui eût été terrible à voir si quelqu'un l'eût regardé.

Le chocolat était inoffensif, et M. de Villefort n'éprouva rien.

L'heure du déjeuner arrivée, M. de Villefort ne parut point à table.

Le valet de chambre rentra dans le cabinet.

— Madame fait prévenir monsieur, dit-il, qu'onze heures viennent de sonner et que l'audience est pour midi.
— Eh bien ! fit Villefort, après ?
— Madame a fait sa toilette : elle est toute prête, et demande si elle accompagnera monsieur ?
— Où cela ?
— Au Palais.
— Pour quoi faire ?
— Madame dit qu'elle désire beaucoup assister à cette séance.

— Ah ! fit Villefort avec un accent presque effrayant elle désire cela !

Le domestique recula d'un pas et dit :
— Si monsieur désire sortir seul, je vais le dire à madame.

Villefort resta un instant muet, il creusait avec ses ongles sa joue pâle sur laquelle tranchait sa barbe d'un noir d'ébène.

— Dites à madame, répondit-il enfin, que je désire lui parler, et que je la prie de m'attendre chez elle.
— Oui, monsieur.
— Puis revenez me raser et m'habiller.
— A l'instant.

Le valet de chambre disparut en effet pour reparaître rasa Villefort et l'habilla solennellement de noir.

Puis lorsqu'il eut fini :
— Madame a dit qu'elle attendait monsieur aussitôt sa toilette achevée, dit-il.
— J'y vais.

Et Villefort, les dossiers sous le bras, son chapeau à la main, se dirigea vers l'appartement de sa femme.

A la porte, il s'arrêta un instant, et essuya avec son mouchoir la sueur qui coulait sur son front livide.

Puis il poussa la porte.

Madame de Villefort était assise sur une ottomane, feuilletant avec impatience des journaux et des brochures que le jeune Edouard s'amusait à mettre en pièces avant même que sa mère eût eu le temps d'en achever la lecture.

Elle était complètement habillée pour sortir : son chapeau l'attendait posé sur un fauteuil ; elle avait mis ses gants.

— Ah ! vous voici, monsieur, dit-elle de sa voix naturelle et calme ; mon Dieu ! êtes-vous assez pâle, monsieur ! Vous avez donc encore travaillé toute la nuit ? Pourquoi donc n'êtes-vous pas venu déjeuner avec nous ? Eh bien ! m'emmenez-vous, ou irai-je seule avec Edouard ?

Madame de Villefort avait, comme on le voit, multiplié les demandes pour obtenir une réponse ; mais à toutes ces demandes M. de Villefort était resté froid et muet comme une statue.

— Edouard, dit Villefort en fixant sur l'enfant un regard impérieux, allez jouer au salon, mon ami, il faut que je parle à votre mère.

Madame de Villefort voyant cette froide contenance, ce ton résolu, ces apprêts préliminaires étranges, tressaillit.

Edouard avait levé la tête, avait regardé sa mère ; voyant qu'elle ne confirmait point l'ordre de M. de Villefort, il s'était remis à couper la tête à ses soldats de plomb.

— Edouard ! cria M. de Villefort si durement que l'enfant bondit sur le tapis, m'entendez-vous ? allez !

L'enfant, à qui ce traitement était peu habituel, se releva debout et pâlit ; il eût été difficile de dire si c'était de colère ou de peur.

Son père alla à lui, le prit par le bras, et le baisa au front.

— Va, dit-il, mon enfant, va !

Edouard sortit.

M. de Villefort alla à la porte et la ferma derrière lui au verrou.

— Oh ! mon Dieu ! fit la jeune femme en regardant son mari jusqu'au fond de l'âme, et en ébauchant un sourire que glaça l'impassibilité de Villefort, qu'y a-t-il donc ?

— Madame, où mettez-vous le poison dont vous vous servez d'habitude ? articula nettement et sans préambule le magistrat placé entre sa femme et la porte.

Madame de Villefort éprouva ce que doit éprouver l'alouette lorsqu'elle voit le milan resserrer au-dessus de sa tête ses cercles meurtriers.

Un son rauque, brisé, qui n'était ni un cri ni un soupir, s'échappa de la poitrine de madame de Villefort, qui pâlit jusqu'à la lividité.

— Monsieur, dit-elle, je... je ne comprends pas.

Et comme elle s'était soulevée dans un paroxysme de terreur, dans un second paroxysme plus fort sans doute que le premier, elle se laissa retomber sur les coussins du sofa.

— Je vous demandais, continua Villefort d'une voix parfaitement calme, en quel endroit vous cachiez le poison à l'aide duquel vous avez tué mon beau-père M. de Saint-Méran, ma belle-mère, Barrois et ma fille Valentine.

— Ah! monsieur, s'écria madame de Villefort en joignant les mains, que dites-vous?

— Ce n'est point à vous de m'interroger, mais de répondre.

— Est-ce au mari ou au juge? balbutia madame de Villefort.

— Au juge, madame! au juge!

C'était un spectacle effrayant que la pâleur de cette femme, l'angoisse de son regard, le tremblement de tout son corps.

— Ah! monsieur! murmura-t-elle, ah! monsieur!... et ce fut tout.

— Vous ne répondez pas, madame! s'écria le terrible interrogateur. Puis il ajouta, avec un sourire plus effrayant encore que sa colère :

— Il est vrai que vous ne niez pas!

Elle fit un mouvement.

— Et vous ne pourriez nier, ajouta Villefort en étendant la main vers elle comme pour la saisir au nom de la justice; vous avez accompli ces différens crimes avec une impudente adresse, mais qui cependant ne pouvait tromper que les gens disposés par leur affection à s'aveugler sur votre compte. Dès la mort de madame de Saint-Méran, j'ai su qu'il existait un empoisonneur dans ma maison, M. d'Avrigny m'en avait prévenu; après la mort de Barrois, Dieu me pardonne! mes soupçons se sont portés sur quelqu'un, sur un ange! mes soupçons qui, même là où il n'y a pas de crime, veillent sans cesse allumés au fond de mon cœur; mais après la mort de Valentine il n'y a plus eu de doute pour moi, madame, et non seulement pour moi, mais encore pour d'autres; ainsi votre crime, connu de deux personnes maintenant, soupçonné par plusieurs, va devenir public; et, comme je vous le disais tout à l'heure, madame, ce n'est plus un mari qui vous parle, c'est un juge!

La jeune femme cacha son visage dans ses deux mains.

— Oh! monsieur, balbutia-t-elle, je vous en supplie, ne croyez pas les apparences!

— Seriez-vous lâche? s'écria Villefort d'une voix méprisante. En effet, j'ai toujours remarqué que les empoisonneurs étaient lâches. Seriez-vous lâche, vous qui avez eu l'affreux courage de voir expirer devant vous deux vieillards et une jeune fille assassinés par vous!

— Monsieur! monsieur!

— Seriez-vous lâche, continua Villefort avec une exaltation croissante, vous qui avez compté une à une les minutes de quatre agonies? vous qui avez combiné vos plans infernaux et remué vos breuvages infâmes avec une habileté et une précision si miraculeuses? Vous qui avez si bien combiné tout, auriez-vous donc oublié de calculer une seule chose, c'est-à-dire où pouvait vous mener la révélation de vos crimes? Oh! c'est impossible, cela, et vous avez gardé quelque poison plus doux, plus subtil et plus meurtrier que les autres pour échapper au châtiment qui vous était dû... Vous avez fait cela, je l'espère du moins.

Madame de Villefort tordit ses mains et tomba à genoux.

— Je sais bien... je sais bien, dit-il, vous avouez; mais l'aveu fait à des juges, l'aveu fait au dernier moment, l'aveu fait quand on ne peut plus nier, cet aveu ne diminue en rien le châtiment qu'ils infligent au coupable!

— Le châtiment! s'écria madame de Villefort, le châtiment! monsieur? voilà deux fois que vous prononcez ce mot!

— Sans doute. Est-ce parce que vous étiez quatre fois coupable que vous avez cru y échapper? est-ce parce que vous êtes la femme de celui qui requiert ce châtiment, que vous avez cru que ce châtiment s'écarterait? Non, madame, non! Quelle qu'elle soit, l'échafaud attend l'empoisonneuse, si surtout, comme je vous le disais tout à l'heure, l'empoisonneuse n'a pas eu le soin de conserver pour elle quelques gouttes de son plus sûr poison.

Madame de Villefort poussa un cri sauvage, et la terreur hideuse et indomptable envahit ses traits décomposés.

— Oh! ne craignez pas l'échafaud, madame, dit le magistrat, je ne veux pas vous déshonorer, car ce serait me déshonorer moi-même; non, au contraire, si vous m'avez bien entendu, vous devez comprendre que vous ne pouvez mourir sur l'échafaud.

— Non, je n'ai pas compris; que voulez-vous dire? balbutia la malheureuse femme complètement atterrée.

— Je veux dire que la femme du premier magistrat de la capitale ne chargera pas de son infamie un nom demeuré sans tache, et ne déshonorera pas du même coup son mari et son enfan

— Non! oh! non!

— Eh bien! madame, ce sera une bonne action de votre part, et de cette bonne action je vous remercie.

— Vous me remerciez, eh! de quoi?

— De ce que vous venez de dire.

— Qu'ai-je dit? j'ai la tête perdue; je ne comprends plus rien, mon Dieu! mon Dieu!

Et elle se leva les cheveux épars, les lèvres écumantes.

— Vous avez répondu, madame, à cette question que je vous fis en entrant ici : Où est le poison dont vous vous servez d'habitude, madame?

Madame de Villefort leva les bras au ciel et serra convulsivement ses mains l'une contre l'autre.

— Non, non, vociféra-t-elle; non, vous ne voulez point cela.

— Ce que je ne veux pas, madame, c'est que vous périssiez sur un échafaud, entendez-vous? répondit Villefort.

— Oh! monsieur, grace!

— Ce que je veux, c'est que justice soit faite. Je suis sur terre pour punir, madame, ajouta-t-il avec un regard flamboyant; à toute autre femme, fût-ce à une reine, j'enverrais le bourreau; mais à vous je serai miséricordieux. A vous je dis : N'est-ce pas, madame, que vous avez conservé quelques gouttes de votre poison le plus doux, le plus prompt et le plus sûr?

— Oh! pardonnez-moi, monsieur; laissez-moi vivre!

— Elle était lâche! dit Villefort.

— Songez que je suis votre femme!

— Vous êtes une empoisonneuse!

— Au nom du ciel!...

— Non!

— Au nom de l'amour que vous avez eu pour moi!...

— Non! non!

— Au nom de notre enfant! Ah! pour notre enfant, laissez-moi vivre!

— Non! non! non! vous dis-je; un jour, si je vous laissais vivre, vous le tueriez peut-être aussi comme les autres.

— Moi! tuer mon fils! s'écria cette mère sauvage en s'élançant vers Villefort; moi tuer mon Édouard!... ah! ah!

Et un rire affreux, un rire de démon, un rire de folle acheva la phrase et se perdit dans un râle sanglant.

Madame de Villefort était tombée aux pieds de son mari. Villefort s'approcha d'elle.

— Songez-y, madame, dit-il, si à mon retour justice n'est pas faite, je vous dénonce de ma propre bouche et je vous arrête de mes propres mains.

Elle écoutait pantelante, abattue, écrasée; son œil seul vivait en elle et couvait un feu terrible.

— Vous m'entendez? dit Villefort; je vais là-bas requérir la peine de mort contre un assassin... Si je vous retrouve vivante, vous coucherez ce soir à la Conciergerie.

Madame de Villefort poussa un soupir, ses nerfs se détendirent, elle s'affaisa brisée sur le tapis.

Le procureur du roi parut éprouver un mouvement de pitié, il la regarda moins sévèrement, et s'inclinant légèrement devant elle :

— Adieu, madame, dit-il lentement; adieu.

Cet adieu tomba comme le couteau mortel sur madame de Villefort.

Elle s'évanouit.

Le procureur du roi sortit, et, en sortant, ferma la porte à double tour.

CHAP. CVII. — LES ASSISES.

L'affaire Benedetto, comme on disait alors au Palais et dans le monde, avait produit une énorme sensation. Habitué du Café de Paris, du boulevard de Gand et du bois de Boulogne, le faux Cavalcanti, pendant qu'il était resté à Paris, et pendant les deux ou trois mois qu'avait duré sa splendeur, avait fait une foule de connaissances. Les journaux avaient raconté les diverses stations du prévenu dans sa vie élégante et dans sa vie du bagne; il en résultait la plus vive curiosité chez ceux-là surtout qui avaient personnellement connu le prince Andrea Cavalcanti; aussi ceux-là surtout étaient-ils décidés à tout risquer pour aller voir sur le banc des accusés M. Benedetto, l'assassin de son camarade de chaîne.

Pour beaucoup de gens, Benedetto était, sinon une victime, du moins une erreur de la justice : on avait vu M. Cavalcanti père à Paris, et l'on s'attendait à le voir de nouveau apparaître pour réclamer son illustre rejeton. Bon nombre de personnes, qui n'avaient jamais entendu parler de la fameuse polonaise avec laquelle il avait débarqué chez le comte de Monte-Cristo, s'étaient senties frappées de l'air digne, de la gentilhommerie et de la science du monde qu'avait montrés le vieux patricien, lequel, il faut le dire, semblait un seigneur parfait toutes les fois qu'il ne parlait point et ne faisait point d'arithmétique.

Quant à l'accusé lui-même, beaucoup de gens se rappelaient l'avoir vu si aimable, si beau, si prodigue, qu'ils aimaient mieux croire à quelque machination de la part d'un ennemi comme on en trouve en ce monde, où les grandes fortunes élèvent les moyens de faire le mal et le bien à la hauteur du merveilleux et la puissance à la hauteur de l'inouï.

Chacun accourut donc à la séance de la cour d'assises, les uns pour savourer le spectacle, les autres pour le commenter. Dès sept heures du matin, on faisait queue à la grille, et une heure avant l'ouverture de la séance, la salle était déjà pleine de privilégiés.

Avant l'entrée de la cour, et même souvent après, une salle d'audience, les jours de grands procès, ressemble fort à un salon où beaucoup de gens se reconnaissent, s'abordent quand ils sont assez près les uns des autres pour ne pas perdre leurs places, se font des signes quand ils sont séparés par un trop grand nombre de populaire, d'avocats et de gendarmes.

Il faisait une de ces magnifiques journées d'automne qui nous dédommagent parfois d'un été absent ou écourté; les nuages que M. de Villefort avait vus le matin rayer le soleil levant s'étaient dissipés comme par magie, et laissaient luire dans toute sa pureté un des derniers, un des plus doux jours de septembre.

Beauchamp, un des rois de la presse, et par conséquent ayant son trône partout, lorgnait à droite et à gauche. Il aperçut Château-Renaud et Debray qui venaient de gagner les bonnes grâces d'un sergent de ville, et qui l'avaient décidé à se mettre derrière eux au lieu de les masquer, comme c'était son droit. Le digne agent avait flairé le secrétaire du ministre et le millionnaire; il se montra plein d'égards pour ses nobles voisins et leur permit même d'aller rendre visite à Beauchamp, en leur promettant de leur garder leurs places.

— Eh bien! dit Beauchamp, nous venons donc voir notre ami !

— Eh! mon Dieu! oui! répondit Debray, ce digne prince. Que le diable soit des princes italiens, va !

— Un homme qui avait eu Dante pour généalogiste, et qui remontait à la *Divine Comédie* !

— Noblesse de corde, dit flegmatiquement Château-Renaud.

— Il sera condamné, n'est-ce pas? demanda Debray à Beauchamp.

— Eh! mon cher! répondit le journaliste, c'est à vous, ce me semble, qu'il faut demander cela : vous connaissez mieux que nous autres l'air du bureau; avez-vous vu le président à la dernière soirée de votre ministre?

— Oui.

— Que vous a-t-il dit?

— Une chose qui va vous étonner.

— Ah ! parlez donc vite, alors, cher ami, il y a si longtemps qu'on ne me dit plus rien de ce genre-là.

— Eh bien ! il m'a dit que Benedetto, qu'on regarde comme un phénix de subtilité, comme un géant d'astuce, n'est qu'un filou très subalterne, très niais, et tout-à-fait indigne des expériences qu'on fera, après sa mort, sur ses organes phrénologiques.

— Bah! fit Beauchamp; il jouait cependant très passablement le prince.

— Pour vous, Beauchamp, qui les détestez, ces malheureux princes, et qui êtes enchanté de leur trouver de mauvaises façons; mais pas pour moi, qui flaire d'instinct le gentilhomme, et qui lève une famille aristocratique, quelle qu'elle soit, en vrai limier du blason.

— Ainsi, vous n'avez jamais cru à sa principauté?

— A sa principauté, si... à son principat, non.

— Pas mal, dit Debray; je vous assure cependant que pour tout autre que vous, il pouvait passer... Je l'ai vu chez les ministres.

— Ah! oui, dit Château-Renaud, avec cela que vos ministres se connaissent en princes !

— Il y a du bon dans ce que vous venez de dire, Château-Renaud, répondit Beauchamp en éclatant de rire; la phrase est courte, mais agréable. Je vous demande la permission d'en user dans mon compte-rendu.

— Prenez, mon cher monsieur Beauchamp, dit Château-Renaud, prenez; je vous donne ma phrase pour ce qu'elle vaut.

— Mais, dit Debray à Beauchamp, si j'ai parlé au président, vous avez dû parler au procureur du roi, vous?

— Impossible; depuis huit jours M. de Villefort se cèle; c'est tout naturel : cette suite étrange de chagrins domestiques, couronnée par la mort étrange de sa fille...

— La mort étrange! que dites-vous donc là, Beauchamp?

— Oh! oui, faites donc l'ignorant, sous prétexte que tout cela se passe chez de la noblesse de robe, dit Beauchamp en appliquant son lorgnon à son œil et en le forçant de tenir tout seul.

— Mon cher monsieur, dit Château-Renaud, permettez-moi de vous dire que pour le lorgnon vous n'êtes pas de la force de Debray. Debray, donnez donc une leçon à M. de Beauchamp.

— Tiens, dit Beauchamp, je ne me trompe pas.

— Quoi donc?

— C'est elle.

— Qui, elle?

— On la disait partie.

— Mademoiselle Eugénie? demanda Château-Renaud, serait-elle déjà revenue?

— Non, mais sa mère.

— Madame Danglars ?

— Allons donc, fit Château-Renaud, impossible; dix jours après la fuite de sa fille, trois jours après la banqueroute de son mari !

Debray rougit légèrement et suivit la direction du regard de Beauchamp.

— Allons donc! dit-il, c'est une femme voilée, une dame inconnue, quelque princesse étrangère, la mère du prince Cavalcanti peut-être; mais vous disiez ou plutôt vous alliez dire des choses fort intéressantes, Beauchamp, ce me semble.

— Moi?

— Oui. Vous parliez de la mort étrange de Valentine.

— Ah! oui, c'est vrai; mais pourquoi donc Mme de Villefort n'est-elle pas ici?

— Pauvre chère femme! dit Debray, elle est sans doute occupée à distiller de l'eau de mélisse pour les hôpitaux, et à composer des cosmétiques pour elle et pour ses amies. Vous savez qu'elle dépense à cet amusement deux ou trois mille écus par an, à ce que l'on assure. Au fait, vous avez raison, pourquoi n'est-elle pas ici, Mme de Villefort? Je l'aurais vue avec un grand plaisir, j'aime beaucoup cette femme.

— Et moi, dit Château-Renaud, je la déteste.

— Pourquoi?

— Je n'en sais rien. Pourquoi aime-t-on? pourquoi déteste-t-on? Je la déteste par antipathie.

— Ou par instinct toujours.

— Peut-être... Mais revenons à ce que vous disiez, Beauchamp.

— Eh bien! reprit Beauchamp, n'êtes-vous pas curieux de savoir, messieurs, pourquoi l'on meurt si dru dans la maison Villefort?

— Dru est joli, dit Château-Renaud.

— Mon cher, le mot se trouve dans Saint-Simon.

— Mais la chose se trouve chez M. de Villefort, revenons-y donc.

— Ma foi! dit Debray, j'avoue que je ne perds pas de vue cette maison tendue de deuil depuis trois mois, et avant-hier encore, à propos de Valentine, madame m'en parlait.

— Qu'est-ce que, madame? demanda Château-Renaud.

— La femme du ministre, pardieu!

— Ah! pardon, fit Château-Renaud, je ne vais pas chez les ministres, moi, je laisse cela aux princes.

— Vous n'étiez que beau, vous devenez flamboyant, baron; prenez pitié de nous, ou vous allez nous brûler comme un autre Jupiter.

— Je ne dirai plus rien, dit Château-Renaud; mais que diable, ayez pitié de moi, ne me donnez pas la réplique.

— Voyons, tâchons d'arriver au bout de notre dialogue, Beauchamp; je vous disais donc que madame me demandait avant-hier des renseignemens là-dessus; instruisez-moi, je l'instruirai.

— Eh bien! messieurs, si l'on meurt si dru, je maintiens le mot, dans la maison Villefort, c'est qu'il y a un assassin dans la maison.

Les deux jeunes gens tressaillirent, car déjà plus d'une fois la même idée leur était venue.

— Et quel est cet assassin? demandèrent-ils ensemble.

— Le jeune Édouard.

Un éclat de rire des deux auditeurs ne déconcerta aucunement l'orateur qui continua:

— Oui, messieurs, le jeune Édouard, enfant phénoménal, qui tue déjà comme père et mère.

— C'est une plaisanterie?

— Pas du tout; j'ai pris hier un domestique qui sort de chez M. de Villefort: écoutez bien ceci.

— Nous écoutons.

— Et que je vais renvoyer demain, parce qu'il mange énormément pour se remettre du jeûne de terreur qu'il s'imposait là-bas. Eh bien! il paraît que ce cher enfant a mis la main sur quelque flacon de drogue dont il use de temps en temps contre ceux qui lui déplaisent. D'abord ce fut bon papa et bonne maman de Saint-Méran qui lui déplurent, et il leur a versé trois gouttes de son élixir: trois gouttes suffisent; puis ce fut le brave Barrois, vieux serviteur de bon papa Noirtier, lequel rudoyait de temps en temps l'aimable espiègle que vous connaissez: l'aimable espiègle lui a versé trois gouttes de son élixir; ainsi fut fait de la pauvre Valentine, qui ne le rudoyait pas, elle, mais dont il était jaloux: il lui a versé trois gouttes de son élixir, et pour elle comme pour les autres tout a été fini.

— Mais quel diable de conte nous faites-vous là? dit Château-Renaud.

— Oui, dit Beauchamp, un conte de l'autre monde, n'est-ce pas?

— C'est absurde, dit Debray.

— Ah! reprit Beauchamp, voilà déjà que vous cherchez des moyens dilatoires! Que diable! demandez à mon domestique, ou plutôt à celui qui demain ne sera plus mon domestique: c'était le bruit de la maison.

— Mais cet élixir, où est-il? quel est-il?

— Dame! l'enfant le cache.

— Où l'a-t il pris?

— Dans le laboratoire de madame sa mère.

— Sa mère a donc des poisons dans son laboratoire?

— Est-ce que je sais, moi? Vous venez me faire là des questions de procureur du roi. Je répète ce qu'on m'a dit, voilà tout; je vous cite mon auteur: je ne puis faire davantage. Le pauvre diable ne mangeait plus d'épouvante.

— C'est incroyable!

— Mais non, mon cher, ce n'est pas incroyable du tout; vous avez vu l'an passé cet enfant de la rue Richelieu qui s'amusait à tuer ses frères et ses sœurs en leur enfonçant une épingle dans l'oreille tandis qu'ils dormaient. La génération qui nous suit est très précoce, mon cher.

— Mon cher, dit Château-Renaud, je parie que vous ne croyez pas un seul mot de ce que vous nous contez là?... Mais je ne vois pas le comte de Monte-Cristo; comment donc n'est-il pas ici?

— Il est blasé, lui, fit Debray; et puis il ne voudra point paraître devant tout le monde, lui qui a été la dupe de tous les Cavalcanti, lesquels sont venus à lui, à ce qu'il paraît, avec de fausses lettres de créance, de sorte qu'il en est pour une centaine de mille francs hypothéqués sur la principauté.

— A propos, monsieur de Château-Renaud, demanda Beauchamp, comment se porte Morrel?

— Ma foi, dit le gentilhomme, voici trois fois que je vais chez lui, et pas plus de Morrel que sur la main. Cependant sa sœur ne m'a point paru inquiète, et elle m'a dit avec un fort bon visage qu'elle ne l'avait pas vu non plus depuis deux ou trois jours, mais qu'elle était certaine qu'il se portait bien.

— Ah! j'y pense! le comte de Monte-Cristo ne peut venir dans la salle! dit Beauchamp.

— Pourquoi cela?

— Parce qu'il est acteur dans le drame.

— Est-ce qu'il a aussi assassiné quelqu'un? demanda Debray.

— Mais non, c'est lui, au contraire, qu'on a voulu assassiner. Vous savez bien que c'est en sortant de chez lui que ce bon M. de Caderousse a été assassiné par son petit ami Benedetto. Vous savez bien que c'est chez lui qu'on a retrouvé ce fameux gilet dans lequel était la lettre qui est venue déranger la signature du contrat. Voyez-vous le fameux gilet? il est là tout sanglant sur le bureau, comme pièce de conviction.

— Ah! fort bien!

— Chut! messieurs, voici la cour; à nos places!

En effet, un grand bruit se fit entendre dans le prétoire; le sergent de ville appela ses deux protégés par un *hem* ! énergique, et l'huissier, paraissant au seuil de la salle des délibérations, cria de cette voix glapissante que les huissiers avaient déjà du temps de Beaumarchais:

— La cour, messieurs!

OEUV. COMPL. D'ALEX. DUMAS.

CHAP. CVIII. — L'ACTE D'ACCUSATION.

Les juges prirent séance au milieu du plus profond silence ; les jurés s'assirent à leur place ; M. de Villefort, objet de l'attention, et nous dirons presque de l'admiration générale, se plaça couvert dans son fauteuil, promenant un regard tranquille autour de lui.

Chacun regardait avec étonnement cette figure grave et sévère, sur l'impassibilité de laquelle les douleurs paternelles semblaient n'avoir aucune prise, et l'on regardait avec une espèce de terreur cet homme étranger aux émotions de l'humanité.

— Gendarmes ! dit le président, amenez l'accusé.

A ces mots, l'attention du public devint plus active, et tous les yeux se fixèrent sur la porte par laquelle Benedetto devait entrer.

Bientôt cette porte s'ouvrit et l'accusé parut.

L'impression fut la même sur tout le monde, et nul ne se trompa à l'expression de sa physionomie.

Ses traits ne portaient pas l'empreinte de cette émotion profonde qui refoule le sang au cœur et décolore le front et les joues. Ses mains, gracieusement posées, l'une sur son chapeau, l'autre dans l'ouverture de son gilet de piqué blanc, n'étaient agitées d'aucun frisson ; son œil était calme et même brillant. A peine dans la salle, le regard du jeune homme se mit à parcourir tous les rangs des juges et des assistans, et s'arrêta plus longuement sur le président et surtout sur le procureur du roi.

Auprès d'Andrea se plaça son avocat, avocat nommé d'office (car Andrea n'avait point voulu s'occuper de ces détails, auxquels il n'avait paru attacher aucune importance), jeune homme aux cheveux d'un blond fade, au visage rougi par une émotion cent fois plus sensible que celle du prévenu.

Le président demanda la lecture de l'acte d'accusation, rédigé, comme on sait, par la plume si habile et si implacable de Villefort.

Pendant cette lecture, qui fut longue, et qui pour tout autre eût été accablante, l'attention publique ne cessa de se porter sur Andrea, qui en soutint le poids avec la gaité d'âme d'un Spartiate.

Jamais Villefort peut-être n'avait été si concis ni si éloquent ; le crime était présenté sous les couleurs les plus vives ; les antécédens du prévenu, sa transfiguration, la filiation de ses actes depuis un âge assez tendre, étaient déduits avec le talent que la pratique de la vie et la connaissance du cœur humain pouvaient fournir à un esprit aussi élevé que celui du procureur du roi.

Avec ce seul préambule, Benedetto était à jamais perdu dans l'opinion publique, en attendant qu'il fût puni plus matériellement par la loi.

Andrea ne prêta pas la moindre attention aux charges successives qui s'élevaient et retombaient sur lui : M. de Villefort, qui l'examinait souvent et qui sans doute continuait sur lui les études psychologiques qu'il avait eu si souvent l'occasion de faire sur les accusés, M. de Villefort ne put une seule fois lui faire baisser les yeux, quelle que fût la fixité et la profondeur de son regard.

Enfin la lecture fut terminée.

— Accusé, dit le président, vos noms et prénoms ?

Andrea se leva.

— Pardonnez-moi, monsieur le président, dit-il d'une voix dont le timbre vibrait parfaitement pur, mais je vois que vous allez prendre un ordre de questions dans lequel je ne puis vous suivre. J'ai la prétention, que c'est à moi de justifier plus tard, d'être une exception aux accusés ordinaires. Veuillez donc, je vous prie, me permettre de répondre en suivant un ordre différent ; je n'en répondrai pas moins à tout.

Le président surpris regarda les jurés qui regardèrent le procureur du roi.

Une grande surprise se manifesta dans toute l'assemblée.

Mais Andrea ne parut aucunement s'en émouvoir.

— Votre âge ? dit le président ; répondrez-vous à cette question ?

— A cette question comme aux autres je répondrai, monsieur le président, mais à son tour.

— Votre âge ? répéta le magistrat.

— J'ai vingt-et-un ans, ou plutôt je les aurai seulement dans quelques jours, étant né dans la nuit du 27 au 28 septembre 1817.

M. de Villefort, qui était à prendre une note, leva la tête à cette date.

— Où êtes-vous né ? continua le président.

— A Auteuil, près Paris, répondit Benedetto.

M. de Villefort leva une seconde fois la tête, regarda Benedetto comme il eût regardé la tête de Méduse, et devint livide.

Quant à Benedetto, il passa gracieusement sur ses lèvres le coin brodé d'un mouchoir de fine batiste.

— Votre profession ? demanda le président.

— D'abord j'étais faussaire, dit Andrea le plus tranquillement du monde ; ensuite je suis passé voleur, et tout récemment je me suis fait assassin.

Un murmure ou plutôt une tempête d'indignation et de surprise éclata de toutes les parties de la salle ; les juges eux-mêmes le regardèrent stupéfaits, les jurés manifestèrent le plus grand dégoût pour ce cynisme qu'on n'attendait si peu d'un homme élégant.

M. de Villefort appuya une main sur son front qui, d'abord pâle, était devenu rouge et bouillant ; tout à coup il se leva, regardant autour de lui comme un homme égaré : l'air lui manquait.

— Cherchez-vous quelque chose, monsieur le procureur du roi ? demanda Benedetto avec son plus obligeant sourire.

M. de Villefort ne répondit rien, et se rassit ou plutôt retomba sur son fauteuil.

— Est-ce maintenant, prévenu, que vous consentez à dire votre nom ? demanda le président. L'affectation brutale que vous avez mise à énumérer vos différens crimes, que vous qualifiez de profession, l'espèce de point d'honneur que vous y attachez, ce dont, au nom de la morale et du respect dû à l'humanité, la cour doit vous blâmer sévèrement, voilà peut-être la raison qui vous a fait tarder de vous nommer : vous voulez faire ressortir ce nom par les titres qui le précèdent.

— C'est incroyable, monsieur le président, dit Benedetto du ton de voix le plus gracieux et avec les manières les plus polies, comme vous avez lu au fond de ma pensée ; c'est en effet dans ce but que je vous ai prié d'intervertir l'ordre des questions.

La stupeur était à son comble ; il n'y avait plus dans les paroles de l'accusé ni forfanterie ni cynisme : l'auditoire ému pressentait quelque foudre éclatante au fond de ce nuage sombre.

— Eh bien ! dit le président, votre nom ?

— Je ne puis vous dire mon nom, car je ne le sais pas ; mais je sais celui de mon père, et je peux vous le dire.

Un éblouissement douloureux aveugla Villefort : on vit tomber de ses joues des gouttes de sueur âcres et pressées sur les papiers qu'il remuait d'une main convulsive et éperdue.

— Dites alors le nom de votre père, reprit le président.

Pas un souffle, pas une haleine ne troublait le silence de cette immense assemblée ; tout le monde attendait.

— Mon père est procureur du roi, répondit tranquillement Andrea.

— Procureur du roi ! fit avec stupéfaction le président sans remarquer le bouleversement qui se faisait sur la figure de Villefort ; procureur du roi !

— Oui, et puisque vous voulez savoir son nom, je vais vous le dire : il se nomme de Villefort !

L'explosion, si long-temps contenue par le respect qu'en séance on porte à la justice, se fit jour, comme un tonnerre, du fond de toutes les poitrines ; la cour elle-même ne songea point à réprimer ce mouvement de la multitude. Les interjections, les injures adressées à Benedetto qui demeurait impassible, les gestes énergiques, les mouvemens des gendarmes, le ricanement de cette partie fangeuse qui, dans toute assemblée, monte à la surface aux momens de trouble et de scandale, tout cela dura cinq minutes avant que les magistrats et les huissiers eussent réussi à rétablir le silence.

Au milieu de tout ce bruit, on entendait la voix du président qui s'écriait :

— Vous jouez-vous de la justice, accusé, et oseriez-vous donner à vos concitoyens le spectacle d'une corruption qui, dans une époque qui cependant ne laisse rien à désirer sous ce rapport, n'aurait pas encore eu son égale?

Dix personnes s'empressaient auprès de M. le procureur du roi à demi écrasé sur son siège, et lui offraient des consolations, des encouragemens, des protestations de zèle et de sympathie.

Le calme s'était rétabli dans la salle, à l'exception cependant d'un point où un groupe assez nombreux s'agitait et chuchotait.

Une femme, disait-on, venait de s'évanouir ; on lui avait fait respirer des sels, et elle s'était remise.

Andrea, pendant tout ce tumulte, avait tourné sa figure souriante vers l'assemblée ; puis, s'appuyant enfin d'une main sur la rampe de chêne de son banc, et cela dans l'attitude la plus gracieuse :

— Messieurs, dit-il, à Dieu ne plaise que je cherche à insulter la cour et à faire, en présence de cette honorable assemblée, un scandale inutile. On me demande quel âge j'ai, je le dis ; on me demande où je suis né, je réponds ; on me demande mon nom, je ne puis le dire, puisque mes parens m'ont abandonné. Mais je puis bien, sans dire mon nom, puisque je n'en ai pas, dire celui de mon père : or, je le répète, mon père se nomme M. de Villefort, et je suis tout prêt à le prouver.

Il y avait dans l'accent du jeune homme une certitude, une conviction, une énergie qui réduisirent le tumulte au silence. Les regards se portèrent un moment sur le procureur du roi, qui gardait sur son siège l'immobilité d'un homme que la foudre vient de changer en cadavre.

— Messieurs, continua Andrea, en commandant le silence du geste et de la voix, je vous dois la preuve et l'explication de mes paroles.

— Mais, s'écria le président irrité, vous avez déclaré dans l'instruction vous nommer Benedetto, vous avez dit être orphelin, et vous vous êtes donné la Corse pour patrie.

— J'ai dit à l'instruction ce qu'il m'a convenu de dire à l'instruction, car je ne voulais pas que l'on affaiblît ou que l'on arrêtât, ce qui n'eût point manqué d'arriver, le retentissement solennel que je voulais donner à mes paroles.

Maintenant je vous répète que je suis né à Auteuil, dans la nuit du 27 au 28 septembre 1817, et que je suis fils de M. le procureur du roi de Villefort. Maintenant, voulez-vous des détails ? je vais vous en donner.

Je naquis au premier de la maison numéro 28, rue de la Fontaine, dans une chambre tendue de damas rouge. Mon père me prit dans ses bras en disant à ma mère que j'étais mort, m'enveloppa dans une serviette marquée d'un H et d'un N et m'emporta dans le jardin, où il m'enterra vivant.

Un frisson parcourut tous les assistans quand ils virent que grandissait l'assurance du prévenu avec l'épouvante de M. de Villefort.

— Mais comment savez-vous tous ces détails ? demanda le président.

— Je vais vous le dire, monsieur le président. Dans le jardin où mon père venait de m'ensevelir, s'était, cette nuit-là même, introduit un homme qui lui en voulait mortellement et qui le guettait depuis long-temps pour accomplir sur lui une vengeance corse. L'homme était caché dans un massif ; il vit mon père enfermer un dépôt dans la terre, et le frappa d'un coup de couteau au milieu même de cette opération ; puis croyant que ce dépôt était quelque trésor, il ouvrit la fosse et me trouva vivant encore. Cet homme me porta à l'hospice des Enfans-Trouvés, où je fus inscrit sous le numéro 57. Trois mois après, sa sœur fit le voyage de Rogliano à Paris pour me venir chercher, me réclama comme son fils et m'emmena.

Voilà comment, quoique né à Auteuil, je fus élevé en Corse.

Il y eut un instant de silence, mais d'un silence si profond, que, sans l'anxiété que semblaient respirer mille poitrines, on eût cru la salle vide.

— Continuez, dit la voix du président.

— Certes, continua Benedetto, je pouvais être heureux chez ces braves gens qui m'adoraient ; mais mon naturel pervers l'emporta sur toutes les vertus qu'essayait de verser dans mon cœur ma mère adoptive. Je grandis dans le mal et je suis arrivé au crime. Enfin, un jour que je maudissais Dieu de m'avoir fait si méchant et de me donner une si hideuse destinée, mon père adoptif est venu me dire :

« Ne blasphème pas, malheureux ! car Dieu t'a donné le jour sans colère ! le crime vient de ton père et non de toi, de ton père qui t'a voué à l'enfer si tu mourais ; à la misère si un miracle te rendait au jour ! »

Dès-lors, j'ai cessé de blasphémer Dieu, mais j'ai maudit mon père ; et voilà pourquoi j'ai fait entendre ici les paroles que vous m'avez reprochées, monsieur le président ; voilà pourquoi j'ai causé le scandale dont frémit encore cette assemblée. Si c'est un crime de plus, punissez-moi ; mais si je vous ai convaincu que dès le jour de ma naissance ma destinée était fatale, douloureuse, amère, lamentable, plaignez-moi !

— Mais votre mère ? demanda le président.

— Ma mère me croyait mort ; ma mère n'est point coupable. Je n'ai pas voulu savoir le nom de ma mère ; je ne la connais pas.

En ce moment, un cri aigu, qui se termina par un sanglot, retentit au milieu du groupe qui entourait, comme nous l'avons dit, une femme.

Cette femme tomba dans une violente attaque de nerfs et fut enlevée du prétoire ; tandis qu'on l'emportait, le voile épais qui cachait son visage s'écarta, et l'on reconnut madame Danglars.

Malgré l'accablement de ses sens énervés ; malgré le bourdonnement qui frémissait à son oreille, malgré l'espèce de folie qui bouleversait son cerveau ; Villefort la reconnut et se leva.

— Les preuves ? les preuves ? dit le président ; prévenu, souvenez-vous que ce tissu d'horreurs a besoin d'être soutenu par les preuves les plus éclatantes.

— Les preuves ? dit Benedetto en riant, les preuves, vous les voulez ?

— Oui.

— Eh bien ! regardez M. de Villefort, et demandez-moi encore les preuves.

Chacun se retourna vers le procureur du roi, qui, sous le poids de ces mille regards rivés sur lui, s'avança dans l'enceinte du tribunal, chancelant, les cheveux en désordre et le visage couperosé par la pression de ses ongles.

L'assemblée tout entière poussa un long murmure d'étonnement.

— On me demande les preuves, mon père, dit Benedetto, voulez-vous que je les donne ?

— Non, non, balbutia M. de Villefort d'une voix étranglée, non, c'est inutile.

— Comment ! inutile ? s'écria le président ; mais que voulez-vous dire ?

— Je veux dire, s'écria le procureur du roi, que je me débattrais en vain sous l'étreinte mortelle qui m'écrase, messieurs, je suis, je le reconnais, dans la main du Dieu vengeur. Pas de preuves! il n'en est pas besoin : tout ce qui vient de dire ce jeune homme est vrai.

Un silence sombre et pesant comme celui qui précède les catastrophes de la nature enveloppa dans son manteau de plomb tous les assistants, dont les cheveux se dressaient sur la tête.

— Eh quoi! monsieur de Villefort! s'écria le président, vous ne cédez pas à une hallucination! Quoi! vous jouissez de la plénitude de vos facultés! On concevrait qu'une accusation si étrange, si imprévue, si terrible, ait troublé vos esprits; voyons, remettez-vous.

Le procureur du roi secoua la tête. Ses dents s'entrechoquaient avec violence comme celles d'un homme dévoré par la fièvre, et cependant il était d'une pâleur mortelle.

— Je jouis de toutes mes facultés, monsieur, dit-il; le corps seulement souffre, et cela se conçoit. Je me reconnais coupable de tout ce que ce jeune homme vient d'articuler contre moi, et je me tiens dès à présent chez moi à la disposition de M. le procureur du roi mon successeur.

Et en prononçant ces mots d'une voix sourde et presque étouffée, M. de Villefort se dirigea en vacillant vers la porte, que lui ouvrit d'un mouvement machinal l'huissier de service.

L'assemblée tout entière demeura muette et consternée par cette révélation et par cet aveu qui faisaient un dénoûment si terrible aux différentes péripéties qui depuis quinze jours avaient agité la haute société parisienne.

— Eh bien! dit Beauchamp, qu'on vienne dire maintenant que le drame n'est pas dans la nature!

— Ma foi, dit Château-Renaud, j'aimerais encore mieux finir comme M. de Morcerf : un coup de pistolet paraît doux près d'une pareille catastrophe.

— Et puis il tue, dit Beauchamp.

— Et moi qui avais eu un instant l'idée d'épouser sa fille! dit Debray. A-t-elle bien fait de mourir, mon Dieu! la pauvre enfant!

— La séance est levée, messieurs, dit le président, et la cause remise à la prochaine session. L'affaire doit être instruite de nouveau et confiée à un autre magistrat.

Quant à Andrea, toujours aussi tranquille et beaucoup plus intéressant, il quitta la salle escorté par les gendarmes, qui involontairement lui témoignaient des égards.

— Eh bien! que pensez-vous de cela, mon brave homme? demanda Debray au sergent de ville, en lui glissant un louis dans la main.

— Il y aura des circonstances atténuantes! répondit celui-ci.

CHAP. CIX. — EXPIATION.

M. de Villefort avait vu s'ouvrir devant lui les rangs de la foule, si compacte qu'elle fût. Les grandes douleurs sont tellement vénérables, qu'il n'est pas d'exemple, même dans les temps les plus malheureux, que le premier mouvement de la foule réunie n'ait pas été un mouvement de sympathie pour une grande catastrophe. Beaucoup de gens haïs ont été assassinés dans une émeute; rarement un malheureux, fût-il criminel, a été insulté par les hommes qui assistaient à son jugement à mort.

Villefort traversa donc la haie des spectateurs, des gardes, des gens du palais, et s'éloigna, reconnu coupable de son propre aveu, mais protégé par sa douleur.

Il est des situations que les hommes saisissent avec leur instinct, mais qu'ils ne peuvent commenter avec leur esprit; le plus grand poète, dans ce cas, est celui qui pousse le cri le plus véhément et le plus naturel. La foule prend ce cri pour un récit tout entier, et elle a raison de s'en contenter, et plus raison encore de le trouver sublime quand il est vrai.

Du reste, il serait difficile de dire l'état de stupeur dans lequel était Villefort en sortant du palais, de peindre cette fièvre qui faisait battre chaque artère, raidissait chaque fibre, gonflait à la briser chaque veine, et disséquait chaque point de ce corps mortel en des millions de souffrances.

Villefort se traîna le long des corridors, guidé seulement par l'habitude; il jeta de ses épaules la toge magistrale, non qu'il pensât à la quitter pour la convenance, mais parce qu'elle était à ses épaules un fardeau accablant, une tunique de Nessus féconde en tortures.

Il arriva chancelant jusqu'à la cour Dauphine, aperçut sa voiture, réveilla le cocher en l'ouvrant lui-même, et se laissa tomber sur les coussins en montrant du doigt la direction du faubourg Saint-Honoré.

Le cocher partit.

Tout le poids de sa fortune écroulée venait de retomber sur sa tête : ce poids l'écrasait, il n'en savait pas les conséquences; il ne les avait pas mesurées : il les sentait; il ne raisonnait pas son code comme le froid meurtrier qui commente un article connu.

Il avait Dieu au fond du cœur.

Dieu! murmurait-il sans savoir même ce qu'il disait, Dieu! Dieu!

Il ne voyait que Dieu derrière l'éboulement qui venait de se faire.

La voiture roulait avec vitesse; Villefort, en s'agitant sur ses coussins, sentit quelque chose qui le gênait.

Il porta la main à cet objet; c'était un éventail oublié par madame de Villefort entre les coussins et le dossier de la voiture : cet éventail éveilla un souvenir, et ce souvenir fut un éclair au milieu de la nuit.

Villefort songea à sa femme....

— Oh! s'écriait-il, comme si un fer rouge lui traversait le cœur.

En effet, depuis une heure, il n'avait plus sous les yeux qu'une face de sa misère, et voilà que tout à coup il s'en offrait une autre à son esprit et un autre non moins terrible. Cette femme, il venait de faire avec elle le juge inexorable, il venait de la condamner à mort; et elle, elle, frappée de terreur, écrasée par le remords, abîmée sous la honte qu'il venait de lui faire avec l'éloquence de son irréprochable vertu, elle, pauvre femme faible et sans défense contre un pouvoir absolu et suprême, elle se préparait peut-être en ce moment même à mourir!

Une heure s'était déjà écoulée depuis sa condamnation; sans doute en ce moment elle repassait tous ses crimes dans sa mémoire, elle demandait grâce à Dieu, elle écrivait une lettre pour implorer à genoux le pardon de son vertueux époux, pardon qu'elle achetait de sa mort.

Villefort poussa un second rugissement de douleur et de rage.

— Ah! s'écria-t-il en se roulant sur le satin de son carrosse, cette femme n'est devenue criminelle que parce qu'elle m'a touché. Je sue le crime, moi! et elle a gagné le crime comme on gagne le typhus, comme on gagne le choléra, comme on gagne la peste; et je la punis!... J'ai osé lui dire : Repentez-vous et mourez.... moi! Oh! non! non! elle vivra... elle me suivra... Nous allons fuir, quitter la France, aller devant nous tant que la terre pourra nous porter. Je lui parlais d'échafaud!... Grand Dieu! comment ai-je osé prononcer ce mot! Mais moi aussi, l'échafaud m'attend!... Nous fuirons... Oui, je me confesserai à elle; oui, tous les jours je lui dirai, en m'humiliant, que moi aussi j'ai commis un crime... Oh! alliance du tigre et du serpent! oh! digne femme d'un mari tel que moi!.. Il faut qu'elle vive, il faut que mon infamie fasse pâlir la sienne!

Et Villefort enfonça plutôt qu'il ne baissa la glace du devant de son coupé.

— Vite! plus vite! s'écria-t-il d'une voix qui fit bondir le cocher sur son siège.

Les chevaux emportés par la peur, volèrent jusqu'à la maison.

— Oui! oui! se répétait Villefort à mesure qu'il se rapprochait de chez lui, oui, il faut que cette femme vive, il faut qu'elle se repente et qu'elle élève mon fils, mon pauvre enfant, le seul, avec l'indestructible vieillard, qui ait survécu à la destruction de la famille. Elle l'aimait ; c'est pour lui qu'elle a tout fait. Il ne faut jamais désespérer du cœur d'une mère qui aime son enfant ; elle se repentira : nul ne saura qu'elle fut coupable ; ces crimes commis chez moi, et dont le monde s'inquiète déjà, ils seront oubliés avec le temps ; ou si quelques ennemis s'en souviennent, eh bien ! je les prendrai sur ma liste de crimes. Un, deux, trois de plus, qu'importe ! ma femme se sauvera emportant de l'or, et surtout emportant son fils, loin du gouffre où il me semble que le monde va tomber avec moi. Elle vivra, elle sera heureuse encore, puisque tout son amour est dans son fils, et que son fils ne la quittera point. J'aurai fait une bonne action ; cela allège le cœur.

Et le procureur du roi respira plus librement qu'il n'avait fait depuis long-temps.

La voiture s'arrêta dans la cour de l'hôtel.

Villefort s'élança du marchepied sur le perron ; il vit les domestiques surpris de le voir revenir si vite. Il ne lut pas autre chose sur leur physionomie ; nul ne lui adressa la parole ; on s'arrêta devant lui, comme d'habitude, pour le laisser passer : voilà tout.

Il passa devant la chambre de Noirtier, et, par la porte entr'ouverte, il aperçut comme deux ombres, mais il ne s'inquiéta point de la personne qui était avec son père, c'était ailleurs que son inquiétude le tirait.

— Allons, dit-il en montant le petit escalier qui conduisait au palier où étaient l'appartement de sa femme et la chambre vide de Valentine ; allons, rien n'est changé ici.

Avant tout il ferma la porte du palier.

— Il faut que personne ne nous dérange, dit-il ; il faut que je puisse lui parler librement, m'accuser devant elle, lui tout dire...

Il s'approcha de la porte, mit la main sur le bouton de cristal, la porte céda.

— Pas fermée ! oh ! bien, très bien ! murmura-t-il.

Et il entra dans le petit salon où tous les soirs on dressait un lit pour Édouard ; car, quoiqu'en pension, Édouard rentrait tous les soirs ; sa mère n'avait jamais voulu se séparer de lui.

Il embrassa d'un coup d'œil tout le petit salon.

— Personne, dit-il ; elle est dans sa chambre à coucher sans doute.

Il s'élança vers la porte.

Là, le verrou était mis.

Il s'arrêta frissonnant.

— Héloïse ! cria-t-il.

Il lui sembla entendre remuer un meuble.

— Héloïse ! répéta-t-il.

— Qui est là ? demanda la voix de celle qu'il appelait.

Il lui sembla que cette voix était plus faible que de coutume.

— Ouvrez, ouvrez, s'écria Villefort, c'est moi !

Mais malgré cet ordre, malgré le ton d'angoisse avec lequel il était donné, on n'ouvrit pas.

Villefort enfonça la porte d'un coup de pied.

A l'entrée de la chambre qui donnait dans son boudoir, madame de Villefort était debout, pâle, les traits contractés, et le regardant avec des yeux d'une fixité effrayante.

— Héloïse ! Héloïse ! dit-il ; qu'avez-vous ? parlez !

La jeune femme étendit vers lui sa main raide et livide.

— C'est fait, monsieur, dit-elle avec un râlement qui sembla déchirer son gosier ; que voulez-vous donc encore de plus ?

Et elle tomba de sa hauteur sur le tapis.

Villefort courut à elle, lui saisit la main. Cette main serrait convulsivement un flacon de cristal à bouchon d'or.

Madame de Villefort était morte.

Villefort, ivre d'horreur, recula jusqu'au seuil de la chambre et regarda le cadavre.

— Mon fils ! s'écria-t-il tout à coup ; où est mon fils ? Édouard ! Édouard !

Et il se précipita hors de l'appartement en criant : — Édouard ! Édouard !

Ce nom était prononcé avec un tel accent d'angoisse, que les domestiques accoururent.

— Mon fils ! où est mon fils ? demanda Villefort. Qu'on l'éloigne de la maison, qu'il ne voie pas...

— M. Édouard n'est point en bas, monsieur, répondit le valet de chambre.

— Il joue sans doute au jardin ; voyez ! voyez !

— Non, monsieur. Madame a appelé son fils il y a une demi-heure à peu près ; M. Édouard est entré chez madame et n'est point descendu depuis.

Une sueur glacée inonda le front de Villefort, ses pieds trébuchèrent sur la dalle, ses idées commencèrent à tourner dans sa tête comme les rouages désordonnés d'une montre qui se brise.

— Chez madame ! murmura-t-il, chez madame ! Et il revint lentement sur ses pas, s'essuyant le front d'une main, s'appuyant de l'autre aux parois de la muraille.

En rentrant dans la chambre il fallait revoir le corps de la malheureuse femme.

Pour appeler Édouard, il fallait réveiller l'écho de cet appartement changé en cercueil : parler, c'était violer le silence de la tombe.

Villefort sentit sa langue paralysée dans sa gorge.

— Édouard ! Édouard ! balbutia-t-il.

L'enfant ne répondit pas : où donc était l'enfant qui, au dire des domestiques, était entré chez sa mère et n'en était pas sorti ?

Villefort fit un pas en avant.

Le cadavre de madame de Villefort était couché en travers de la porte du boudoir dans lequel se trouvait nécessairement Édouard ; ce cadavre semblait veiller sur le seuil avec des yeux fixes et ouverts, avec une épouvantable et mystérieuse ironie sur les lèvres.

Derrière le cadavre, la portière relevée laissait voir une portion du boudoir, un piano droit et le bout d'un divan de satin bleu.

Villefort fit trois ou quatre pas en avant, et sur le canapé il aperçut son enfant couché.

L'enfant dormait sans doute.

Le malheureux eut un élan de joie indicible, un rayon de pure lumière descendit dans cet enfer où il se débattait.

Il ne s'agissait donc que de passer par-dessus le cadavre, d'entrer dans le boudoir, de prendre l'enfant dans ses bras et de fuir avec lui, loin, bien loin.

Villefort n'était plus cet homme dont son exquise corruption faisait le type de l'homme civilisé : c'était un tigre blessé à mort qui laisse ses dents brisées dans sa dernière blessure.

Il n'avait plus peur des préjugés, mais des fantômes. Il prit son élan et bondit par-dessus le cadavre comme s'il se fût agi de franchir un brasier dévorant.

Il enleva l'enfant dans ses bras, le serrant, le secouant, l'appelant ; l'enfant ne répondit point. Il colla ses lèvres avides à ses joues, ses joues étaient livides et glacées ; il palpa ses membres raidis ; il appuya sa main sur son cœur, son cœur ne battait plus.

L'enfant était mort.

Un papier plié en quatre tomba de la poitrine d'Édouard.

Villefort foudroyé se laissa aller sur ses genoux ; l'enfant s'échappa de ses bras inertes et roula du côté de sa mère.

Villefort ramassa le papier, reconnut l'écriture de sa femme et le parcourut avidement.

Voici ce qu'il contenait :

« Vous savez si j'étais bonne mère, puisque c'est pour mon fils que je me suis faite criminelle!

« Une bonne mère ne part pas sans son fils ! »

Villefort ne pouvait en croire ses yeux ; Villefort ne pouvait en croire sa raison. Il se traîna vers le corps d'Édouard, qu'il examina encore une fois avec cette attention d'une minute que met la lionne à regarder son lionceau mort.

Puis un cri déchirant s'échappa de sa poitrine : —Dieu! murmura-t-il, toujours Dieu!

Ces deux victimes l'épouvantaient, il sentait monter en lui l'horreur de cette solitude peuplée de deux cadavres.

Tout à l'heure il était soutenu par la rage, cette immense faculté des hommes forts; par le désespoir, cette vertu suprême de l'agonie, qui poussait les Titans à escalader le ciel, Ajax à montrer le poing aux dieux.

Villefort courba sa tête sous le poids des douleurs, il se releva sur ses genoux, secoua ses cheveux humides de sueur, hérissés d'effroi, et celui-là qui n'avait jamais eu pitié de personne s'en alla trouver le vieillard, son père, pour avoir dans sa faiblesse quelqu'un à qui raconter son malheur, quelqu'un près de qui pleurer.

Il descendit l'escalier que nous connaissons et entra chez Noirtier.

Quand Villefort entra, Noirtier paraissait attentif à écouter, aussi affectueusement que le permettait son immobilité, l'abbé Busoni, toujours aussi calme et aussi froid que de coutume.

Villefort, en apercevant l'abbé, porta la main à son front. Le passé lui revint comme une de ces vagues dont la colère soulève plus d'écume que les autres vagues.

Il se souvint de la visite qu'il avait faite à l'abbé le surlendemain du dîner d'Auteuil et de la visite que lui avait faite l'abbé à lui-même le jour de la mort de Valentine.

— Vous ici, monsieur! dit-il ; mais vous n'apparaissez donc jamais que pour escorter la mort?

Busoni se redressa; en voyant l'altération du visage du magistrat, l'éclat farouche de ses yeux, il comprit ou crut comprendre que la scène des assises était accomplie ; il ignorait le reste.

— J'y suis venu pour prier sur le corps de votre fille, répondit Busoni.

— Et aujourd'hui, qu'y venez-vous faire ?

— Je viens vous dire que vous m'avez assez payé votre dette; à partir de ce moment, je vais prier Dieu qu'il se contente comme moi.

— Mon Dieu ! dit Villefort en reculant, l'épouvante sur le front, cette voix, ce n'est pas celle de l'abbé Busoni !

— Non!

L'abbé arracha sa fausse tonsure, secoua la tête, et ses longs cheveux noirs, cessant d'être comprimés, retombèrent sur ses épaules et encadrèrent son mâle visage.

— C'est le visage de M. de Monte-Cristo ! s'écria Villefort, les yeux hagards.

— Ce n'est pas encore cela, monsieur le procureur du roi, cherchez mieux et plus loin.

— Cette voix! cette voix ! où l'ai-je entendue pour la première fois ?

— Vous l'avez entendue pour la première fois à Marseille, il y a vingt-trois ans, le jour de votre mariage avec mademoiselle de Saint-Méran. Cherchez dans vos dossiers.

— Vous n'êtes pas Busoni ? vous n'êtes pas Monte-Cristo ? Mon Dieu, vous êtes cet ennemi caché, implacable, mortel ! J'ai fait quelque chose contre vous à Marseille, oh! malheur à moi !

— Oui, tu as raison, c'est bien cela, dit le comte en croisant les bras sur sa large poitrine ; cherche! cherche !

— Mais que t'ai-je donc fait? s'écria Villefort, dont l'esprit flottait déjà sur la limite où se confondent la raison et la démence, dans ce brouillard qui n'est plus le rêve et qui n'est pas encore le réveil ; que t'ai-je fait? dis! parle !

— Vous m'avez condamné à une mort lente et hideuse, vous avez tué mon père, vous m'avez ôté l'amour avec la liberté, et la fortune avec l'amour !

— Qui êtes-vous? qui êtes-vous donc ? mon Dieu !

— Je suis le spectre d'un malheureux que vous avez enseveli dans les cachots du château d'If. A ce spectre, sorti enfin de sa tombe Dieu a mis le masque du comte de Monte-Cristo, et il l'a couvert de diamans et d'or pour que vous ne le reconnussiez qu'aujourd'hui.

— Ah ! je te reconnais, je te reconnais ! dit le procureur du roi ; tu es...

— Je suis Edmond Dantès !

— Tu es Edmond Dantès ! s'écria le procureur du roi en saisissant le comte par le poignet ; alors viens !

Et il l'entraîna par l'escalier, dans lequel Monte-Cristo étonné le suivit ; ignorant lui-même où le procureur du roi le conduisait, et pressentant quelque nouvelle catastrophe.

— Tiens ! Edmond Dantès, dit-il en montrant au comte le cadavre de sa femme et le corps de son fils ; tiens ! regarde, es-tu bien vengé ?...

Monte-Cristo pâlit à cet effroyable spectacle ; il comprit qu'il venait d'outrepasser les droits de la vengeance ; il comprit qu'il ne pouvait plus dire :

— Dieu est pour moi et avec moi.

Il se jeta avec un sentiment d'angoisse inexprimable sur le corps de l'enfant, rouvrit ses yeux, tâta son pouls, et s'élança avec lui dans la chambre de Valentine qu'il referma à double tour.

— Mon enfant ! s'écria Villefort, il emporte le cadavre de mon enfant ! Oh ! malédiction ! malheur ! mort sur toi !

Et il voulut s'élancer après Monte-Cristo : mais, comme dans un rêve, il sentit ses pieds prendre racine, ses yeux se dilatèrent à briser leurs orbites, ses doigts recourbés sur la chair de sa poitrine s'y enfoncèrent graduellement jusqu'à ce que le sang rougit ses ongles, les veines de ses tempes se gonflèrent d'esprits bouillans qui allèrent soulever la voûte trop étroite de son crâne et noyèrent son cerveau dans un déluge de feu.

Cette fixité dura plusieurs minutes, jusqu'à ce que l'effroyable bouleversement de la raison fût accompli.

Alors il jeta un grand cri suivi d'un long éclat de rire, et se précipita par les escaliers.

Un quart d'heure après, la chambre de Valentine se rouvrit, et le comte de Monte-Cristo reparut.

Pâle, l'œil morne, la poitrine oppressée, tous les traits de cette figure, ordinairement si calme et si noble, étaient bouleversés par la douleur.

Il tenait dans ses bras l'enfant auquel aucun secours n'avait pu rendre la vie.

Il mit un genou en terre et le déposa religieusement près de sa mère, la tête posée sur sa poitrine.

Puis, se relevant, il sortit, et rencontrant un domestique sur l'escalier :

— Où est M. de Villefort? demanda-t-il.

Le domestique, sans lui répondre, étendit la main du côté du jardin.

Monte-Cristo descendit le perron, s'avança vers l'endroit désigné, et vit, au milieu de ses serviteurs, faisant cercle autour de lui, Villefort, une bêche à la main, et fouillant la terre avec une espèce de rage.

— Ce n'est pas encore ici, dit-il, ce n'est pas encore ici!

Et il fouillait plus loin.

Monte-Cristo s'approcha de lui, et tout bas :

— Monsieur, lui dit-il d'un ton presque humble, vous avez perdu un fils ; mais.....

Villefort l'interrompit ; il n'avait écouté ni entendu.

— Oh! je le retrouverai, dit-il; vous avez beau prétendre qu'il n'y est pas, je le retrouverai, dussé-je le chercher jusqu'au jour du dernier jugement.

Monte-Cristo recula avec terreur.

— Oh! dit-il, il est fou!

Et, comme s'il eût craint que les murs de la maison maudite ne s'écroulassent sur lui, il s'élança dans la rue, doutant pour la première fois qu'il eût le droit de faire ce qu'il avait fait.

— Oh! assez, assez comme cela, dit-il, sauvons le dernier.

En rentrant chez lui, Monte-Cristo rencontra Morrel, qui errait dans l'hôtel des Champs-Élysées, silencieux comme une ombre qui attend le moment fixé par Dieu pour rentrer dans son tombeau.

— Apprêtez-vous, Maximilien, lui dit-il avec un sourire, nous quittons Paris demain.

— N'avez-vous plus rien à y faire? demanda Morrel.

— Non, répondit Monte-Cristo, et Dieu veuille que je n'y aie pas trop fait.

CHAP. CX. — LE DÉPART.

Les événemens qui venaient de se passer préoccupaient tout Paris. Emmanuel et sa femme se les racontaient avec une surprise bien naturelle, dans leur petit salon de la rue Meslay; ils rapprochaient ces trois catastrophes aussi soudaines qu'inattendues de Morcerf, de Danglars, et de Villefort.

Maximilien, qui était venu leur faire une visite, les écoutait, ou plutôt assistait à leur conversation, plongé dans son insensibilité habituelle.

— En vérité, disait Julie, ne dirait-on pas, Emmanuel, que tous ces gens si riches, si heureux hier, avaient oublié, dans le calcul sur lequel ils avaient établi leur fortune, leur bonheur et leur considération, la part du mauvais génie, et que celui-ci, comme les méchantes fées des contes de Perrault qu'on a négligé d'inviter à quelque noce ou à quelque baptême, est apparu tout-à-coup pour se venger de ce fatal oubli?

— Que de désastres! disait Emmanuel, pensant à Morcerf et à Danglars.

— Que de souffrances! disait Julie, en se rappelant Valentine, que par instinct de femme elle ne voulait pas nommer devant son frère.

— Si c'est Dieu qui les a frappés, disait Emmanuel, c'est que Dieu, qui est la suprême bonté, n'a rien trouvé dans le passé de ces gens-là qui méritât l'atténuation de la peine, c'est que ces gens-là étaient maudits.

— N'es-tu pas bien téméraire dans ton jugement, Emmanuel? dit Julie. Quand mon père, le pistolet à la main, était prêt à se brûler la cervelle, si quelqu'un eût dit comme tu le dis à cette heure: Cet homme a mérité sa peine, ce quelqu'un-là ne se serait-il point trompé?

— Oui, mais Dieu n'a pas permis que notre père succombât, comme il n'a pas permis qu'Abraham sacrifiât son fils; au patriarche comme à nous il a envoyé un ange qui a coupé à moitié chemin les ailes de la mort.

Il achevait à peine de prononcer ces paroles que le bruit de la cloche retentit.

C'était le signal donné par le concierge qu'une visite arrivait.

Presqu'au même instant la porte du salon s'ouvrit, et le comte de Monte-Cristo parut sur le seuil.

Ce fut un double cri de joie de la part des deux jeunes gens.

— Maximilien, dit le comte sans paraître remarquer les différentes impressions que sa présence produisait sur ses hôtes, je viens vous chercher.

— Me chercher? dit Morrel comme sortant d'un rêve.

— Oui, dit Monte-Cristo, n'est-il pas convenu que je vous emmène, et ne vous ai-je pas prévenu hier de vous tenir prêt?

— Me voici, dit Maximilien, j'étais venu leur dire adieu.

— Et où allez-vous, monsieur le comte? demanda Julie.

— A Marseille d'abord, madame.

— A Marseille! répétèrent ensemble les deux jeunes gens.

— Oui, et je vous prends votre frère.

— Hélas! monsieur le comte, dit Julie, rendez-nous-le guéri.

Morrel se détourna pour cacher une vive rougeur.

— Vous vous êtes donc aperçue qu'il était souffrant? dit le comte.

— Oui, répondit la jeune femme, et j'ai peur qu'il ne s'ennuie avec nous.

— Je le distrairai, reprit le comte.

— Je suis prêt, monsieur, dit Maximilien. Adieu, mes bons amis; adieu, Emmanuel, adieu, Julie!

— Comment! adieu! s'écria Julie; vous partez ainsi tout de suite, sans préparations, sans passeports?

— Ce sont les délais qui doublent le chagrin des séparations, dit Monte-Cristo, et Maximilien, j'en suis sûr, a dû se précautionner de toutes choses; je le lui avais recommandé.

— J'ai mon passeport, et mes malles sont faites, dit Morrel avec sa tranquillité monotone.

— Fort bien, dit Monte-Cristo en souriant, on reconnaît là l'exactitude d'un bon soldat.

— Et vous nous quittez comme cela? dit Julie, à l'instant; vous ne nous donnez pas un jour, pas une heure?

— Ma voiture est à la porte, madame; il faut que je sois à Rome dans cinq jours.

— Mais Maximilien ne va pas à Rome! dit Emmanuel.

— Je vais où il plaira au comte de me mener, dit Morrel avec un triste sourire; je lui appartiens pour un mois encore.

— Oh! mon Dieu, comme il le dit cela, monsieur le comte!

— Maximilien m'accompagne, dit le comte avec sa persuasive affabilité, tranquillisez-vous donc sur votre frère.

— Adieu, ma sœur! répéta Morrel; adieu, Emmanuel!

— Il me navre le cœur avec sa nonchalance, dit Julie. Oh! Maximilien, Maximilien, tu nous caches quelque chose.

— Bah! dit Monte-Cristo, vous le verrez revenir gai, riant et joyeux.

Maximilien lança à Monte-Cristo un regard presque dédaigneux, presque irrité.

— Partons! dit le comte.

— Avant que vous ne partiez, monsieur le comte, dit Julie, me permettez-vous de vous dire tout ce que, l'autre jour...

— Madame, répliqua le comte en lui prenant les deux mains, tout ce que vous me diriez ne vaudra jamais ce que je lis dans vos yeux, ce que votre cœur a pensé, ce que le mien a ressenti. Comme les bienfaiteurs de romans, j'eusse dû partir sans vous revoir; mais cette vertu était au-dessus de mes forces, parce que je suis un homme faible et vaniteux, parce que le regard humide, joyeux et tendre de mes semblables me fait du bien. Maintenant je pars, et je pousse l'égoïsme jusqu'à vous dire: Ne m'oubliez pas, mes amis, car probablement vous ne me reverrez jamais.

— Ne plus vous revoir! s'écria Emmanuel, tandis que deux grosses larmes roulaient sur les joues de Julie; ne plus vous revoir! mais ce n'est donc pas un homme, c'est donc un dieu qui nous quitte, et ce dieu va donc remonter au ciel après être apparu sur la terre pour y faire le bien!

— Ne dites pas cela, reprit vivement Monte-Cristo, ne dites jamais cela, mes amis; les dieux ne font jamais le mal, les dieux s'arrêtent où ils veulent s'arrêter, le hasard n'est pas plus fort qu'eux, et ce sont eux, au contraire, qui maîtrisent le hasard. Non, je suis un homme, Emmanuel, et votre admiration est aussi injuste que vos paroles sont sacrilèges.

Et serrant sur ses lèvres la main de Julie qui se précipita dans ses bras, il tendit l'autre main à Emmanuel ; puis, s'arrachant de cette maison, doux nid dont le bonheur était l'hôte, il attira derrière lui d'un signe Maximilien, passif, insensible et consterné comme il l'était depuis la mort de Valentine.

— Rendez la joie à mon frère ! dit Julie à l'oreille de Monte-Cristo.

Monte-Cristo lui serra la main comme il la lui avait serrée onze ans auparavant sur l'escalier qui conduisait au cabinet de Morrel.

— Vous fiez-vous toujours à Simbad-le-Marin ? lui demanda-t-il en souriant.

— Oh ! oui !

— Eh bien donc endormez-vous dans la paix et dans la confiance du Seigneur.

Comme nous l'avons dit, la chaise de poste attendait, quatre chevaux vigoureux hérissaient leurs crins et frappaient le pavé avec impatience.

Au bas du perron, Ali attendait, le visage luisant de sueur ; il paraissait arriver d'une longue course.

— Eh bien ! lui demanda le comte en arabe, as-tu été chez le vieillard ?

Ali fit signe que oui.

— Et tu lui as déployé la lettre sous les yeux, ainsi que je te l'avais ordonné ?

— Oui, fit encore respectueusement l'esclave.

— Et qu'a-t-il dit, ou plutôt qu'a-t-il fait ?

Ali se plaça sous la lumière, de façon à ce que son maître pût le voir, et imitant avec son intelligence si dévouée la physionomie du vieillard, il ferma les yeux comme faisait Noirtier lorsqu'il voulait dire : oui.

— Bien, il accepte, dit Monte-Cristo ; partons !

Il avait à peine laissé échapper ce mot, que déjà la voiture roulait, et que les chevaux faisaient jaillir du pavé une poussière d'étincelles.

Maximilien s'accommoda dans un coin sans dire un seul mot.

Une demi-heure s'écoula : la calèche s'arrêta tout à coup ; le comte venait de tirer le cordonnet de soie qui correspondait au doigt d'Ali.

Le Nubien descendit et ouvrit la portière.

La nuit étincelait d'étoiles. On était au haut de la montée de Villejuif, sur le plateau d'où Paris, comme une sombre mer, agite ses millions de lumières qui paraissent des flots phosphorescens, flots en effet, flots plus bruyans, plus passionnés, plus mobiles, plus furieux, plus avides que ceux de l'Océan irrité, flots qui ne connaissent pas le calme comme ceux de la vaste mer, flots qui se heurtent toujours, écument toujours, engloutissent toujours !...

Le comte demeura seul, et sur un signe de sa main la voiture fit quelques pas en avant.

Alors il considéra long-temps, les bras croisés, cette fournaise où viennent se fondre, se tordre et se modeler toutes ces idées qui s'élancent du gouffre bouillonnant pour aller agiter le monde. Puis, lorsqu'il eut bien arrêté son regard puissant sur cette Babylone qui fait rêver les poètes religieux comme les railleurs matérialistes :

— Grande ville ! murmura-t-il en inclinant la tête et en joignant les mains comme s'il eût prié ; voilà moins de six mois que j'ai franchi tes portes. Je crois que l'esprit de Dieu m'y avait conduit, il m'en ramène triomphant ; le secret de ma présence dans tes murs, je l'ai confié à Dieu qui seul a pu lire dans mon cœur ; seul il connaît que je me retire sans haine et sans orgueil, mais non sans regrets ; seul il sait que je n'ai fait usage ni pour moi ni pour de vaines causes, de la puissance qu'il m'avait confiée. O grande ville ! c'est dans ton sein palpitant que j'ai trouvé ce que je cherchais ; mineur patient, j'ai remué tes entrailles pour en faire sortir le mal ; maintenant mon œuvre est accomplie, ma mission est terminée ; maintenant tu ne peux plus m'offrir ni joies ni douleurs, adieu ! Paris ! adieu !

Son regard se promena encore sur la vaste plaine comme celle d'un génie nocturne ; puis, passant la main sur son front, il remonta dans sa voiture qui se referma sur lui, et qui disparut bientôt de l'autre côté de la montée dans un tourbillon de poussière et de bruit.

Ils firent deux lieues sans prononcer une seule parole. Morrel rêvait, Monte-Cristo le regardait rêver.

— Morrel, lui dit le comte, vous repentiriez-vous de m'avoir suivi ?

— Non, monsieur le comte ; mais quitter Paris...

— Si j'avais cru que le bonheur vous attendait à Paris, Morrel, je vous y eusse laissé.

— C'est à Paris que Valentine repose, et quitter Paris c'est la perdre une seconde fois.

— Maximilien, dit le comte, les amis que nous avons perdus ne reposent pas dans la terre, ils sont ensevelis dans notre cœur, et c'est Dieu qui l'a voulu ainsi, pour que nous en fussions toujours accompagnés. Moi, j'ai deux amis qui m'accompagnent toujours ainsi ; l'un est celui qui m'a donné la vie, l'autre est celui qui m'a donné l'intelligence. Leur esprit à tous deux vit en moi. Je les consulte dans le doute, et si j'ai fait quelque bien, c'est à leurs conseils que je le dois. Consultez la voix de votre cœur, Morrel, et demandez-lui si vous devez continuer de me faire ce méchant visage.

— Mon ami, dit Maximilien, la voix de mon cœur est bien triste et ne me promet que des malheurs.

— C'est le propre des esprits affaiblis de voir toutes choses à travers un crêpe ; c'est l'ame qui se fait à elle-même ses horizons : votre ame est sombre, c'est elle qui vous fait un ciel orageux.

— Cela est peut-être vrai, dit Maximilien.

Et il retomba dans sa rêverie.

Le voyage se fit avec cette merveilleuse rapidité qui était une des puissances du comte ; les villes passaient comme des ombres sur leur route ; les arbres secoués par les premiers vents de l'automne semblaient venir au-devant d'eux comme des géants échevelés, et s'enfuyaient rapidement dès qu'ils les avaient rejoints. Le lendemain dans la matinée, ils arrivèrent à Châlons, où les attendait le bateau à vapeur du comte ; sans perdre un instant, la voiture fut transportée à bord ; les deux voyageurs étaient déjà embarqués.

Le bateau était taillé pour la course, on eût dit une pirogue indienne ; ses deux roues semblaient deux ailes avec lesquelles il rasait l'eau comme un oiseau voyageur ; Morrel lui-même éprouvait cette espèce d'enivrement de la vitesse, et parfois le vent qui faisait flotter ses cheveux semblait prêt pour un moment à écarter les nuages de son front.

Quant au comte, à mesure qu'il s'éloignait de Paris, une sérénité presque surhumaine semblait l'envelopper comme une auréole. On eût dit d'un exilé qui regagne sa patrie.

Bientôt Marseille, blanche, tiède, vivante ; Marseille, la sœur cadette de Tyr et de Carthage, et qui leur a succédé à l'empire de la Méditerranée ; Marseille, toujours plus jeune à mesure qu'elle vieillit, apparut à leurs yeux. C'était pour tous deux des aspects féconds en souvenirs que cette tour ronde, ce fort Saint-Nicolas, cet hôtel de ville du Puget, ce port aux quais de briques où tous deux avaient joué enfans.

Aussi d'un commun accord s'arrêtèrent-ils tous deux sur la Cannebière.

Un navire partait pour Alger ; les colis, les passagers entassés sur le pont, la foule des parens, des amis qui disaient adieu, qui criaient et pleuraient, spectacle toujours émouvant, même pour ceux qui assistaient tous les jours à ce spectacle, ce mouvement ne put distraire Maximilien d'une idée qui l'avait saisi, du moment où il avait posé le pied sur les larges dalles du quai.

— Tenez, dit-il, prenant le bras de Monte-Cristo, voici l'endroit où s'arrêta mon père quand le *Pharaon* entra dans le port ; ici le brave homme que vous sauviez de la mort et du déshonneur se jeta dans mes bras; je sens encore l'impression de ses larmes sur mon visage, et il ne pleurait pas seul, bien des gens aussi pleuraient en nous voyant.

Monte-Cristo sourit.

— J'étais là, dit-il en montrant à Morrel l'angle d'une rue.

Comme il disait cela, et dans la direction qu'indiquait le comte, on entendit un gémissement douloureux et l'on vit une femme qui faisait signe à un passager du navire en partance. Cette femme était voilée; Monte-Cristo la suivit des yeux avec une émotion que Morrel eût facilement remarquée, si, tout au contraire du comte, ses yeux à lui n'eussent été fixés sur le bâtiment.

— Oh! mon Dieu! s'écria Morrel, je ne me trompe pas! ce jeune homme qui salue avec son chapeau, ce jeune homme en uniforme, c'est Albert de Morcerf!

— Oui, dit Monte-Cristo, je l'avais reconnu.

— Comment cela? vous regardiez du côté opposé?

Le comte sourit, comme il faisait quand il ne voulait pas répondre.

Et ses yeux se reportèrent sur la femme voilée qui disparut au coin de la rue.

Alors il se retourna.

— Cher ami, dit-il à Maximilien, n'avez-vous point quelque chose à faire dans ce pays?

— J'ai à pleurer sur la tombe de mon père, répondit sourdement Morrel.

— C'est bien, allez et attendez-moi là-bas; je vous y rejoindrai.

— Vous me quittez?

— Oui... moi aussi j'ai une pieuse visite à faire.

Morrel laissa tomber sa main dans la main que lui tendait le comte, puis, avec un mouvement de tête dont il serait impossible d'exprimer la mélancolie, il quitta le comte et se dirigea vers l'est de la ville.

Monte-Cristo laissa s'éloigner Maximilien, demeurant au même endroit jusqu'à ce qu'il eût disparu, puis alors il s'achemina vers les Allées de Meilhan, afin de retrouver la petite maison que les commencements de cette histoire ont dû rendre familière à nos lecteurs.

Cette maison s'élevait encore à l'ombre de la grande allée de tilleuls qui sert de promenade aux Marseillais oisifs, tapissée de vastes rideaux de vigne qui croisaient sur la pierre jaunie par l'ardent soleil du Midi leurs bras noircis et déchiquetés par l'âge. Deux marches de pierre usées par le frottement des pieds, conduisaient à la porte d'entrée, porte faite de trois planches qui jamais, malgré leurs séparations annuelles, n'avaient connu le mastic et la peinture, attendant patiemment que l'humidité revint pour les rapprocher.

Cette maison toute charmante malgré sa vétusté, toute joyeuse malgré son apparente misère, était bien la même qu'habitait autrefois le père Dantès. Seulement le vieillard habitait la mansarde, et le comte avait mis la maison tout entière à la disposition de Mercédès.

Ce fut là qu'entra cette femme au long voile que Monte-Cristo avait vue s'éloigner du navire en partance; elle en fermait la porte au moment même où il apparaissait à l'angle d'une rue, de sorte qu'il la vit disparaître presque aussitôt qu'il la retrouva.

Pour lui, les marches usées étaient d'anciennes connaissances; il savait mieux que personne ouvrir cette vieille porte, dont un clou à large tête soulevait le loquet intérieur.

Aussi entra-t-il, sans frapper, sans prévenir, comme un ami, comme un hôte.

Au bout d'une allée pavée de briques s'ouvrait, riche de chaleur, de soleil et de lumière, un petit jardin, le même où, à la place indiquée, Mercédès avait trouvé la somme dont la délicatesse du comte avait fait remonter le dépôt à vingt-quatre ans; du seuil de la porte de la rue on apercevait les premiers arbres de ce jardin.

OEUV. COMPL. D'ALEX. DUMAS.

Arrivé sur le seuil, Monte-Cristo entendit un soupir qui ressemblait à un sanglot; ce soupir guida son regard, et sous un berceau de jasmin de Virginie, au feuillage épais et aux longues fleurs de pourpre, il aperçut Mercédès assise, inclinée et pleurant.

Elle avait relevé son voile, et seule à la face du ciel, le visage caché par ses deux mains, elle donnait librement l'essor à ses soupirs et à ses sanglots si long-temps contenus par la présence de son fils.

Monte-Cristo fit quelques pas en avant; le sable cria sous ses pieds.

Mercédès releva la tête et poussa un cri d'effroi en voyant un homme devant elle.

— Madame, dit le comte, il n'est plus en mon pouvoir de vous apporter le bonheur, mais je vous offre la consolation: daignerez-vous l'accepter comme vous venant d'un ami?

— Je suis, en effet, bien malheureuse, répondit Mercédès; seule au monde... Je n'avais que mon fils, et il m'a quittée.

— Il a bien fait, madame, répliqua le comte, et c'est un noble cœur. Il a compris que tout homme doit un tribut à la patrie: les uns, leurs talens; les autres, leur industrie; ceux-ci, leurs veilles; ceux-là, leur sang. En restant avec vous, il eût usé près de vous sa vie devenue inutile, il n'aurait pu s'accoutumer à vos douleurs. Il serait devenu haineux par impuissance: il deviendra grand et fort en luttant contre son adversité qu'il changera en fortune. Laissez-le reconstituer votre avenir à vous deux, madame; j'ose vous promettre qu'il est en de sûres mains.

— Oh! dit la pauvre femme en secouant tristement la tête, cette fortune dont vous parlez, et que du fond de mon âme je prie Dieu de lui accorder, je n'en jouirai pas, moi. Tant de choses se sont brisées en moi et autour de moi, que je me sens bien près de ma tombe. Vous avez bien fait, monsieur le comte, de me rapprocher de l'endroit où j'ai été si heureuse. C'est là où l'on a été heureux que l'on doit mourir.

— Hélas! dit Monte-Cristo, toutes vos paroles, madame, tombent amères et brûlantes sur mon cœur, d'autant plus amères et plus brûlantes que vous avez raison de me haïr; c'est moi qui ai causé tous vos maux; que ne me plaignez-vous au lieu de m'accuser? vous me rendriez bien plus malheureux encore...

— Vous haïr, vous accuser, vous, Edmond!... Haïr, accuser l'homme qui a sauvé la vie de mon fils, car c'était votre intention fatale et sanglante, n'est-ce pas, de tuer à M. de Morcerf ce fils dont il était fier? Oh! regardez-moi, et vous verrez s'il y a en moi l'apparence d'un reproche.

Le comte souleva son regard et l'arrêta sur Mercédès, qui, à moitié debout, étendit ses deux mains vers lui.

— Oh! regardez-moi, continua-t-elle avec un sentiment de profonde mélancolie; on peut supporter l'éclat de mes yeux aujourd'hui; ce n'est plus le temps où je venais sourire à Edmond Dantès, qui m'attendait là-haut, à la fenêtre de cette mansarde, qu'habitait son vieux père... Depuis ce temps, bien des jours douloureux se sont écoulés, qui ont creusé comme un abîme entre moi et ce temps. Vous accuser, Edmond, vous haïr, mon ami! non, c'est moi que j'accuse et que je hais! Oh! misérable que je suis, s'écria-t-elle en joignant les mains et en levant les yeux au ciel. Ai-je été punie!... J'avais la religion, l'innocence, l'amour, ces trois bonheurs qui font les anges, et, misérable que je suis, j'ai douté de Dieu.

Monte-Cristo fit un pas vers elle, et silencieusement lui tendit la main.

— Non, dit-elle en retirant doucement la sienne, non, mon ami, ne me touchez pas. Vous m'avez épargnée, et cependant de tous ceux que vous avez frappés, j'étais la plus coupable. Tous les autres ont agi par haine, par cupidité, par égoïsme; moi, j'ai agi par lâcheté. Eux dé-

49

siraient, moi, j'ai eu peur. Non, ne pressez pas ma main, Edmond, vous méditez quelque parole affectueuse, je le sens, ne la dites pas, gardez-la pour une autre, je n'en suis plus digne, moi. Voyez... (elle découvrit tout-à-fait son visage), voyez, le malheur a fait mes cheveux gris; mes yeux ont tant versé de larmes, qu'ils sont cerclés de veines violettes; mon front se ride. Vous, au contraire, Edmond, vous êtes toujours jeune, toujours beau, toujours fier. C'est que vous avez eu la foi, vous ; c'est que vous avez eu la force ; c'est que vous vous êtes reposé en Dieu, et que Dieu vous a soutenu. Moi, j'ai été lâche, moi, j'ai renié, Dieu m'a abandonnée, et me voilà.

Mercédès fondit en larmes; le cœur de la femme se brisait au choc des souvenirs.

Monte-Cristo prit sa main et la baisa respectueusement; mais elle sentit elle-même que ce baiser était sans ardeur, comme celui que le comte eût déposé sur la main de marbre de la statue d'une sainte.

— Il y a, continua-t-elle, des existences prédestinées dont une première faute brise tout l'avenir. Je vous croyais mort, j'eusse dû mourir; car à quoi a-t-il servi que j'aie porté éternellement votre deuil dans mon cœur? à faire d'une femme de trente-neuf ans une femme de cinquante, voilà tout. A quoi a-t-il servi que, seule entre tous, vous ayant reconnu, j'aie seulement sauvé mon fils? Ne devais-je pas aussi sauver l'homme, si coupable qu'il fût, que j'avais adopté pour époux ? Cependant je l'ai laissé mourir; que dis-je, mon Dieu ! j'ai contribué à sa mort par ma lâche insensibilité, par mon mépris; ne me rappelant pas, ne voulant pas me rappeler que c'était pour moi qu'il s'était fait parjure et traître ! A quoi sert enfin que j'aie accompagné mon fils jusqu'ici, puisqu'ici je l'abandonne, puisque je le laisse partir seul, puisque je le livre à cette terre dévorante d'Afrique? Oh ! j'ai été lâche ! vous dis-je; j'ai renié mon amour, et, comme les renégats, je porte malheur à tout ce qui m'environne !

— Non, Mercédès, dit Monte-Cristo, non ; reprenez meilleure opinion de vous-même. Non, vous êtes une noble et sainte femme, et vous m'aviez désarmé par votre douleur; mais, derrière moi, invisible, inconnu, irrité, il y avait Dieu, dont je n'étais que le mandataire et qui n'a pas voulu retenir la foudre que j'avais lancée. Oh ! j'adjure ce Dieu, aux pieds duquel depuis dix ans je me prosterne chaque jour, j'atteste ce Dieu que je vous avais fait le sacrifice de ma vie, et avec ma vie celui des projets qui y étaient enchaînés. Mais, je le dis avec orgueil, Mercédès, Dieu avait besoin de moi, et j'ai vécu. Examinez le passé, examinez le présent, et tâchez de deviner l'avenir, et voyez si je ne suis pas l'instrument du Seigneur; les plus affreux malheurs, les plus cruelles souffrances, l'abandon de tous ceux qui m'aimaient, la persécution de ceux qui ne me connaissaient pas, voilà la première partie de ma vie ; puis, tout à coup, après la captivité, la solitude, la misère, l'air, la liberté, une fortune si éclatante, si prestigieuse, si démesurée, qu'à moins d'être aveugle, j'ai dû penser que Dieu me l'envoyait dans de grands desseins. Dès-lors, cette fortune m'a semblé être un sacerdoce; dès-lors, plus une pensée en moi pour cette vie dont vous, pauvre femme, vous avez parfois savouré la douceur; pas une heure de calme, pas une; je me sentais poussé comme le nuage de feu passant dans le ciel pour aller brûler les villes maudites. Comme ces aventureux capitaines qui s'embarquent pour un dangereux voyage, qui méditent une périlleuse expédition, je préparais les vivres, je chargeais les armes, j'amassais les moyens d'attaque et de défense, habituant mon corps aux exercices les plus violens, mon ame aux chocs les plus rudes, instruisant mon bras à tuer, mes yeux à voir souffrir, ma bouche à sourire aux aspects les plus terribles; de bon, de confiant, d'oublieux que j'étais, je me suis fait vindicatif, dissimulé, méchant, ou plutôt impassible comme la sourde et aveugle fatalité. Alors, je me suis lancé dans la voie qui m'était ouverte, j'ai franchi

l'espace, j'ai touché au but : malheur à ceux que j'ai rencontrés sur mon chemin !

— Assez ! dit Mercédès, assez, Edmond ! croyez que celle qui a pu seule vous reconnaître, a pu seule aussi vous comprendre. Or, Edmond, celle qui a su vous reconnaître, celle qui a pu vous comprendre, celle-là, l'eussiez-vous rencontrée sur votre route et l'eussiez-vous brisée comme verre, celle-là a dû vous admirer, Edmond ! Comme il y a un abîme entre moi et le passé, il y a un abîme entre vous et les autres hommes ; et ma plus douloureuse torture, je vous le dis, c'est de comparer ; car il n'y a rien au monde qui vous vaille, rien qui vous ressemble. Maintenant, dites-moi adieu, Edmond, et séparons-nous.

— Avant que je vous quitte, que désirez-vous, Mercédès ? demanda Monte-Cristo.

— Je ne désire qu'une chose, Edmond, que mon fils soit heureux.

— Priez le Seigneur, qui seul tient l'existence des hommes entre ses mains, d'écarter la mort de lui, moi je me charge du reste.

— Merci, Edmond.

— Mais vous, Mercédès ?

— Moi, je n'ai besoin de rien, je vis entre deux tombes; l'une est celle d'Edmond Dantès, mort il y a bien longtemps ; je l'aimais! Ce mot ne sied plus à ma lèvre flétrie, mais mon cœur se souvient encore, et pour rien au monde je ne voudrais perdre cette mémoire du cœur. L'autre est celle d'un homme qu'Edmond Dantès a tué; j'approuve le meurtre, mais je dois prier pour le mort.

— Votre fils sera heureux, madame, répéta le comte.

— Alors je serai aussi heureuse que je puis l'être.

— Mais... enfin... que ferez-vous ?

Mercédès sourit tristement.

— Vous dire que je vivrai dans ce pays comme la Mercédès d'autrefois, c'est-à-dire en travaillant, vous ne le croiriez pas ; je ne sais plus que prier, mais je n'ai point besoin de travailler, le petit trésor enfoui par vous s'est retrouvé à la place que vous avez indiquée ; on cherchera qui je suis, on demandera ce que je fais, on ignorera comment je vis, qu'importe? c'est une affaire entre Dieu, vous et moi.

— Mercédès, dit le comte, je ne vous en fais pas un reproche, mais vous avez exagéré le sacrifice en abandonnant toute cette fortune amassée par M. de Morcerf, et dont la moitié revenait de droit à votre économie et à votre vigilance.

— Je vois ce que vous m'allez proposer ; mais je ne puis accepter, Edmond, mon fils me le défendrait.

— Aussi me garderai-je de rien faire pour vous qui n'ait l'approbation de M. Albert de Morcerf. Je saurai ses intentions et m'y soumettrai. Mais, s'il accepte ce que je veux faire, l'imiterez-vous sans répugnance ?

— Vous savez, Edmond, que je ne suis plus une créature pensante ; de détermination, je n'en ai pas, sinon celle de ne me déterminer jamais. Dieu m'a tellement secouée dans ses orages que j'en ai perdu la volonté. Je suis entre ses mains comme un passereau aux serres de l'aigle. Il ne veut pas que je meure, puisque je vis. S'il m'envoie des secours, c'est qu'il le voudra, et je les prendrai.

— Prenez garde, madame, dit Monte-Cristo, ce n'est pas ainsi qu'on adore Dieu! Dieu veut qu'on le comprenne et qu'on discute sa puissance : c'est pour cela qu'il nous a donné le libre arbitre.

— Malheureux ! s'écria Mercédès, ne me parlez pas ainsi ; si je croyais que Dieu m'eût donné le libre arbitre, que me resterait-il donc pour me sauver du désespoir !

Monte-Cristo pâlit légèrement et baissa la tête, écrasé par cette véhémence de la douleur.

— Ne voulez-vous pas me dire au revoir ? fit-il en lui tendant la main.

— Au contraire, je vous dis au revoir, répliqua Mercédès, en lui montrant le ciel avec solennité ; c'est vous prouver que j'espère encore.

Et après avoir touché la main du comte de sa main frissonnante, Mercédès s'élança dans l'escalier et disparut aux yeux du comte.

Monte-Cristo sortit alors lentement de la maison et reprit le chemin du port.

Mais Mercédès ne le vit point s'éloigner, quoiqu'elle fût à la fenêtre de la petite chambre du père de Dantès. Ses yeux cherchaient au loin le bâtiment qui emportait son fils vers la vaste mer.

Il est vrai que sa voix, comme malgré elle, murmurait tout bas :

— Edmond ! Edmond ! Edmond !

CHAP. CXI. — LE PASSÉ.

Le comte sortit l'ame navrée de cette maison où il laissait Mercédès pour ne plus la revoir jamais, selon toute probabilité.

Depuis la mort du petit Edouard, un grand changement s'était fait dans Monte-Cristo. Arrivé au sommet de sa vengeance par la pente lente et tortueuse qu'il avait suivie, il avait vu de l'autre côté de la montagne l'abîme du doute.

Il y avait plus : cette conversation qu'il venait d'avoir avec Mercédès avait éveillé tant de souvenirs dans son cœur, que ces souvenirs eux-mêmes avaient besoin d'être combattus.

Un homme de la trempe du comte ne pouvait flotter long-temps dans cette mélancolie qui peut faire vivre les esprits vulgaires en leur donnant une originalité apparente, mais qui tue les ames supérieures. Le comte se dit que pour en être presque arrivé à se blâmer lui-même, il fallait qu'une erreur se fût glissée dans ses calculs.

— Je regarde mal le passé, dit-il, et ne puis m'être trompé ainsi.

Quoi ! continua-t-il, le but que je m'étais proposé serait un but insensé ! quoi ! j'aurais fait fausse route depuis dix ans ! quoi ! une heure aurait suffi pour prouver à l'architecte que l'œuvre de toutes ses espérances était une œuvre, sinon impossible, du moins sacrilège !

Je ne veux pas m'habituer à cette idée, elle me rendrait fou. Ce qui manque à mes raisonnemens d'aujourd'hui, c'est l'appréciation exacte du passé, parce que je revois ce passé de l'autre bout de l'horizon. En effet, à mesure qu'on s'avance, le passé, pareil au paysage à travers lequel on marche, s'efface à mesure qu'on s'éloigne. Il m'arrive ce qui arrive aux gens qui se sont blessés en rêve, ils regardent et sentent leur blessure, et ne se souviennent pas de l'avoir reçue.

Allons donc, homme régénéré ; allons, riche extravagant ; allons, dormeur éveillé ; allons, visionnaire tout-puissant ; allons, millionnaire invincible, reprends pour un instant cette funeste perspective de la vie misérable et affamée, repasse par les chemins où la fatalité t'a poussé, où le malheur t'a conduit, où le désespoir t'a reçu ; trop de diamans, d'or et de bonheur rayonnent aujourd'hui sur les verres de ce miroir où Monte-Cristo regarde Dantès ; cache ces diamans, souille cet or, efface ces rayons ; riche, retrouve le pauvre ; libre, retrouve le prisonnier ; ressuscité, retrouve le cadavre.

Et tout en disant cela à lui-même, Monte-Cristo suivait la rue de la Caisserie. C'était la même par laquelle, vingt-quatre ans auparavant, il avait été conduit par une garde silencieuse et nocturne ; ces maisons à l'aspect riant et animé, elles étaient cette nuit-là sombres, muettes et fermées.

— Ce sont cependant les mêmes, murmura Monte-Cristo ; seulement alors il faisait nuit, aujourd'hui il fait grand jour ; c'est le soleil qui éclaire tout cela et qui rend tout cela joyeux.

Il descendit sur le quai par la rue Saint-Laurent, et s'avança vers la Consigne : c'était le point du port où il avait été embarqué. Un bateau de promenade passait avec son dais de coutil ; Monte-Cristo appela le patron, qui nagea aussitôt vers lui avec l'empressement que mettent à cet exercice les bateliers qui flairent une bonne aubaine.

Le temps était magnifique, le voyage fut une fête. A l'horizon le soleil descendait, rouge et flamboyant, dans les flots qui s'embrasaient à son approche ; la mer, unie comme un miroir, se ridait parfois sous les bonds des poissons qui, poursuivis par quelque ennemi caché, s'élançaient hors de l'eau pour demander leur salut à un autre élément ; enfin, à l'horizon l'on voyait passer, blanches et gracieuses comme des mouettes voyageuses, les barques de pêcheurs qui se rendent aux Martigues, ou les bâtimens marchands chargés pour la Corse ou pour l'Espagne.

Malgré ce beau ciel, malgré ces barques aux gracieux contours, malgré cette lumière dorée qui inondait le paysage, le comte, enveloppé dans son manteau, se rappelait, un à un, tous les détails du terrible voyage : cette lumière unique et isolée, brûlant aux Catalans, cette vue du château d'If qui lui apprit où on le menait, cette lutte avec les gendarmes lorsqu'il voulut se précipiter dans la mer, son désespoir quand il se sentit vaincu, et cette sensation froide du bout du canon de la carabine appuyée sur sa tempe comme un anneau de glace.

Et peu à peu, comme ces sources desséchées par l'été qui, lorsque s'amassent les nuages d'automne, s'humectent peu à peu et commencent à sourdre goutte à goutte, le comte de Monte-Cristo sentit goutte à goutte sourdre dans sa poitrine ce vieux fiel extravasé qui avait autrefois inondé le cœur d'Edmond Dantès.

Pour lui dès-lors plus de beau ciel, plus de barques gracieuses, plus d'ardente lumière ; le ciel se voila de crêpes funèbres, et l'apparition du noir géant qu'on appelle le château d'If le fit tressaillir, comme si lui fût apparu tout à coup le fantôme d'un ennemi mortel.

On arriva.

Instinctivement le comte se recula jusqu'à l'extrémité de la barque.

Le patron avait beau lui dire de sa voix la plus caressante :

— Nous abordons, monsieur.

Monte-Cristo se rappela qu'à ce même endroit, sur ce même rocher, il avait été violemment traîné par ses gardes, et qu'on l'avait forcé de monter cette rampe en lui piquant les reins avec la pointe d'une baïonnette.

La route avait autrefois semblé bien longue à Dantès, Monte-Cristo l'avait trouvée bien courte ; chaque coup de rame avait fait jaillir avec la poussière humide de la mer un million de pensées et de souvenirs.

Depuis la révolution de Juillet, il n'y avait plus de prisonniers au château d'If, un poste destiné à empêcher de faire la contrebande habitait seul ses corps-de-garde ; un concierge attendait les curieux à la porte pour leur montrer ce monument de terreur, devenu un monument de curiosité.

Et cependant, quoiqu'il fût instruit de tous ces détails, lorsqu'il entra sous la voûte, lorsqu'il descendit l'escalier noir, lorsqu'il fut conduit aux cachots qu'il avait demandé à voir, une froide pâleur envahit son front, dont la sueur glacée fut refoulée jusqu'à son cœur.

Le comte s'informa s'il restait quelque ancien guichetier du temps de la Restauration ; tous avaient été mis à la retraite ou étaient passés à d'autres emplois.

Le concierge qui le conduisait était là depuis 1830 seulement.

On le conduisit dans son propre cachot.

Il revit le jour blafard filtrant par l'étroit soupirail ; il revit la place où était le lit, enlevé depuis, et, derrière le lit, quoique bouchée, mais, visible encore par ses pierres plus neuves, l'ouverture percée par l'abbé Faria.

Monte-Cristo sentit ses jambes faiblir; il prit un escabeau de bois et s'assit dessus.

— Conte-t-on quelques histoires sur ce château autres que celle de l'emprisonnement de Mirabeau? demanda le comte; y a-t-il quelque tradition sur ces lugubres demeures, où l'on hésite à croire que des hommes aient jamais enfermé un homme vivant?

— Oui, monsieur, dit le concierge, et sur ce cachot même le guichetier Antoine m'en a transmis une.

Monte-Cristo tressaillit. Ce guichetier Antoine était son guichetier. Il avait à peu près oublié son nom et son visage; mais à son nom prononcé, il le revit tel qu'il était, avec sa figure cerclée de barbe, sa veste brune et son trousseau de clés dont il lui semblait encore entendre le tintement.

Le comte se retourna et crut le voir dans l'ombre du corridor, rendue plus épaisse par la lumière de la torche qui brûlait aux mains du concierge.

— Monsieur veut-il que je la lui raconte? demanda le concierge.

— Oui, fit Monte-Cristo, dites.

Et il mit la main sur sa poitrine pour comprimer un violent battement de cœur, effrayé d'entendre raconter sa propre histoire.

— Dites, répéta-t-il.

— Ce cachot, reprit le concierge, était habité par un prisonnier, il y a long-temps de cela, un homme fort dangereux, à ce qu'il paraît, et d'autant plus dangereux, qu'il était plein d'industrie. Un autre homme habitait ce château en même temps que lui; celui-là n'était pas méchant; c'était un pauvre prêtre qui était fou.

— Ah! oui, fou, répéta Monte-Cristo, et quelle était sa folie?

— Il offrait des millions si on voulait lui rendre la liberté.

Monte-Cristo leva les yeux au ciel, mais il ne vit pas le ciel; il y avait un voile de pierre entre lui et le firmament. Il songea qu'il y avait eu un voile non moins épais entre les yeux de ceux à qui l'abbé Faria offrait des trésors et ces trésors qu'il leur offrait.

— Les prisonniers pouvaient-ils se voir? demanda Monte-Cristo.

— Oh! non, monsieur, c'était expressément défendu; mais ils éludèrent la défense en perçant une galerie qui allait d'un cachot à l'autre.

— Et lequel des deux perça cette galerie?

— Oh! ce fut le jeune homme, bien certainement, dit le concierge; le jeune homme était industrieux et fort, tandis que le pauvre abbé était vieux et faible; d'ailleurs il avait l'esprit trop vacillant pour suivre une idée.

— Aveugles!.., murmura Monte-Cristo.

— Tant il y a, continua le concierge, que le jeune perça donc une galerie; avec quoi? l'on n'en sait rien; mais il la perça, et la preuve c'est qu'on en voit encore la trace; tenez, la voyez-vous?

Et il approcha sa torche de la muraille.

— Ah! oui! vraiment, fit le comte d'une voix assourdie par l'émotion.

— Il en résulta que les deux prisonniers communiquèrent ensemble. Combien de temps dura cette communication? on n'en sait rien. Or, un jour, le vieux prisonnier tomba malade et mourut. Devinez ce que fit le jeune? fit le concierge en s'interrompant.

— Dites.

— Il emporta le défunt, qu'il coucha dans son propre lit, le nez tourné à la muraille, puis il revint dans le cachot vide, boucha le trou, et se glissa dans le sac du mort. Avez-vous jamais vu une idée pareille?

Monte-Cristo ferma les yeux et se sentit repasser par toutes les impressions qu'il avait éprouvées lorsque cette toile grossière, encore empreinte de ce froid que le cadavre lui avait communiqué, lui avait frotté le visage.

Le guichetier continua :

— Voyez-vous, voilà quel était son projet : il croyait qu'on enterrait les morts au château d'If, et comme il se doutait bien qu'on ne faisait pas de frais de cercueil pour les prisonniers, il comptait lever la terre avec ses épaules; mais il y avait malheureusement au château une coutume qui dérangeait son projet : on n'enterrait pas les morts; on se contentait de leur attacher un boulet aux pieds et de les lancer à la mer : c'est ce qui fut fait. Notre homme fut jeté à l'eau du haut de la galerie; le lendemain on retrouva le vrai mort dans son lit, et l'on devina tout, car les ensevelisseurs dirent alors ce qu'ils n'avaient pas osé dire jusque-là, c'est qu'au moment où le corps avait été lancé dans le vide, ils avaient entendu un cri terrible, étouffé à l'instant même par l'eau dans laquelle il avait disparu.

Le comte respira péniblement, la sueur coulait sur son front, l'angoisse serrait son cœur.

— Non, murmura-t-il, non! ce doute que j'ai éprouvé c'était un commencement d'oubli; mais ici le cœur se creuse de nouveau et redevient affamé de vengeance.

— Et le prisonnier, demanda-t-il, on n'en a jamais entendu parler?

— Jamais, au grand jamais; vous comprenez, de deux choses l'une : ou il est tombé à plat, et comme il tombait d'une cinquantaine de pieds, il se sera tué sur le coup.

— Vous avez dit qu'on lui avait attaché un boulet aux pieds; il sera tombé debout.

— Ou il est tombé debout, reprit le concierge, et alors le poids du boulet l'aura entraîné au fond, où il est resté, pauvre cher homme!

— Vous le plaignez?

— Ma foi, oui, quoiqu'il fût dans son élément.

— Que voulez-vous dire?

— Qu'il y avait un bruit qui courait que ce malheureux était dans son temps un officier de marine détenu pour bonapartisme.

— Vérité! murmura le comte, Dieu t'a faite pour surnager au-dessus des flots et des flammes. Ainsi le pauvre marin vit dans le souvenir de quelques conteurs; on récite sa terrible histoire au coin du foyer, et l'on frissonne au moment où il fendit l'espace pour s'engloutir dans la profonde mer.

— On n'a jamais su son nom? demanda tout haut le comte.

— Ah! bien oui, dit le gardien, comment? il n'était connu que sous le nom du numéro 34.

— Villefort! Villefort! murmura Monte-Cristo, voilà ce que bien des fois tu as dû te dire quand mon spectre importunait tes insomnies.

— Monsieur veut-il continuer la visite? demanda le concierge.

— Oui, surtout si vous voulez me montrer la chambre du pauvre abbé.

— Ah! du numéro 27.

— Oui, du numéro 27, répéta Monte-Cristo.

Et il lui sembla encore entendre la voix de l'abbé Faria lorsqu'il lui avait demandé son nom, et que celui-ci lui avait crié son numéro à travers la muraille.

— Venez.

— Attendez, dit Monte-Cristo, que je jette un dernier regard sur toutes les faces de ce cachot.

— Cela tombe bien, dit le guide, j'ai oublié la clé de l'autre.

— Allez la chercher.

— Je vous laisse la torche.

— Non, emportez-la.

— Mais vous allez rester sans lumière.

— J'y vois la nuit.

— Tiens, c'est comme lui!

— Qui, lui?

— Le numéro 34. On dit qu'il s'était tellement habitué à l'obscurité, qu'il eût vu une épingle dans le coin le plus obscur de son cachot.

Il lui a fallu dix ans pour en arriver là, murmura le comte.

Le guide s'éloigna emportant la torche.

Le comte avait dit vrai : à peine fut-il depuis quelques secondes dans l'obscurité, qu'il distingua tout comme en plein jour.

Alors il regarda tout autour de lui, alors il reconnut bien réellement son cachot.

— Oui, dit-il, voilà la pierre sur laquelle je m'asseyais ! voilà la trace de mes épaules qui ont creusé leur empreinte dans la muraille ! voilà la trace du sang qui a coulé de mon front, un jour que j'ai voulu me briser le front contre la muraille !... Oh ! ces chiffres... je me les rappelle... je les fis un jour que je calculais l'âge de mon père pour savoir si je le retrouverais vivant, et l'âge de Mercédès pour savoir si je la trouverais libre... J'eus un instant d'espoir après avoir achevé ce calcul... Je comptais sans la faim et sans l'infidélité !

Et un rire amer s'échappa de la bouche du comte. Il venait de voir comme dans un rêve son père conduit à la tombe... Mercédès marchant à l'autel !

Sur l'autre paroi de la muraille, une inscription frappa sa vue. Elle se détachait, blanche encore, sur le mur verdâtre :

— MON DIEU, lut Monte-Cristo, CONSERVEZ-MOI LA MÉMOIRE.

— Oh ! oui, s'écria-t-il, voilà la seule prière de mes derniers temps. Je ne demandais plus la liberté, je demandais la mémoire, je craignais de devenir fou et d'oublier ; mon Dieu ! vous m'avez conservé la mémoire, et je me suis souvenu. Merci, merci, mon Dieu !

En ce moment, la lumière de la torche miroita sur les murailles ; c'était le guide qui descendait.

Monte-Cristo alla au devant de lui.

— Suivez-moi, dit-il ; et, sans avoir besoin de remonter vers le jour, il lui fit suivre un corridor souterrain qui le conduisit à une autre entrée.

Là encore Monte-Cristo fut assailli par un monde de pensées.

La première chose qui frappa ses yeux fut le méridien tracé sur la muraille, à l'aide duquel l'abbé Faria comptait les heures, puis les restes du lit sur lequel le pauvre prisonnier était mort.

A cette vue, au lieu des angoisses que le comte avait éprouvées dans son cachot, un sentiment doux et tendre, un sentiment de reconnaissance gonfla son cœur, deux larmes roulèrent de ses yeux.

— C'est ici, dit le guide, qu'était l'abbé fou ; c'est par là que le jeune homme le venait trouver, et il montra à Monte-Cristo l'ouverture de la galerie qui, de ce côté, était restée béante. A la couleur de la pierre, continuat-il, un savant a reconnu qu'il devait y avoir dix ans à peu près que les deux prisonniers communiquaient ensemble. Pauvres gens, ils ont dû bien s'ennuyer pendant ces dix ans !

Dantès prit quelques louis dans sa poche, et tendit la main vers cet homme qui, pour la seconde fois, le plaignait sans le connaître.

Le concierge le reçut, croyant recevoir quelques menues pièces de monnaie, mais à la lueur de la torche, il reconnut la valeur de la somme que lui donnait le visiteur.

— Monsieur, lui dit-il, vous vous êtes trompé.

— Comment cela ?

— C'est de l'or que vous m'avez donné.

— Je le sais bien.

— Comment ! vous le savez ?

— Oui.

— Votre intention est de me donner cet or ?

— Oui.

— Et je puis le garder en toute conscience ?

— Oui.

Le concierge regarda Monte-Cristo avec étonnement.

— Et *honnêteté* ! dit le comte comme Hamlet.

— Monsieur, reprit le concierge qui n'osait croire à son bonheur, monsieur, je ne comprends pas votre générosité.

— Elle est facile à comprendre, cependant, mon ami, dit le comte : j'ai été marin, et votre histoire a dû me toucher plus qu'un autre.

— Alors, monsieur, dit le guide, puisque vous êtes si généreux, vous méritez que je vous offre quelque chose.

— Qu'as-tu à m'offrir, mon ami ? des coquilles, des ouvrages de paille ? merci.

— Non pas, monsieur, non pas ; quelque chose qui se rapporte à l'histoire de tout à l'heure.

— En vérité ! s'écria vivement le comte, qu'est-ce donc ?

— Écoutez, dit le concierge, voilà ce qui est arrivé. Je me suis dit : On trouve toujours quelque chose dans une chambre où un prisonnier est resté quinze ans, et je me suis mis à sonder les murailles.

— Ah ! s'écria Monte-Cristo, en se rappelant la double cachette de l'abbé, en effet.

— A force de recherches, continua le concierge, j'ai découvert que cela sonnait le creux au chevet du lit et sous l'âtre de la cheminée.

— Oui, dit Monte-Cristo, oui.

— J'ai levé les pierres, et j'ai trouvé...

— Une échelle de corde, des outils ? s'écria le comte.

— Comment savez-vous cela ? demanda le concierge avec étonnement.

— Je ne le sais pas, je le devine, dit le comte ; c'est ordinairement ces sortes de choses que l'on trouve dans les cachettes des prisonniers.

— Oui, monsieur, dit le guide, une échelle de corde, des outils.

— Et tu les as encore ? s'écria Monte-Cristo.

— Non, monsieur ; j'ai vendu ces différens objets, qui étaient fort curieux, à des visiteurs ; mais il me reste autre chose.

— Quoi donc ? demanda le comte avec impatience.

— Il me reste une espèce de livre écrit sur des bandes de toile.

— Oh ! s'écria Monte-Cristo, il te reste ce livre ?

— Je ne sais pas si c'est un livre, dit le concierge ; mais il me reste ce que je vous dis.

— Va me le chercher, mon ami, va, dit le comte ; et si c'est ce que je présume, sois tranquille.

— J'y cours, monsieur.

Et le guide sortit.

Alors il alla s'agenouiller pieusement devant les débris de ce lit dont la mort avait fait pour lui un autel.

— Oh ! mon second père, dit-il, toi qui m'as donné la liberté, la science, la richesse ! toi qui, pareil aux créatures d'une essence supérieure à la nôtre, avais la science du bien et du mal, si au fond de la tombe il reste quelque chose de nous qui tressaille à la voix de ceux qui sont demeurés sur la terre, si dans la transfiguration que subit le cadavre quelque chose d'animé flotte aux lieux où nous avons beaucoup aimé ou beaucoup souffert, noble cœur, esprit suprême, ame profonde, par un mot, par un signe, par une révélation quelconque, je t'en conjure, au nom de cet amour paternel que tu m'accordais, et de ce respect filial que je t'avais voué, enlève-moi ce reste de doute qui, s'il ne se change en conviction, deviendra un remords.

Le comte baissa la tête et joignit les mains.

— Tenez, monsieur ! dit une voix derrière lui.

Monte-Cristo tressaillit et se retourna.

Le concierge lui tendait ces bandes de toiles sur lesquelles l'abbé Faria avait épanché tous les trésors de sa science. Ce manuscrit, c'était le grand ouvrage de l'abbé Faria sur la royauté en Italie.

Le comte s'en empara avec empressement, et ses yeux tout d'abord tombant sur l'épigraphe, il lut :

«Tu arracheras les dents du dragon, et tu fouleras aux pieds les lions, a dit le Seigneur.»

—Ah! s'écria-t-il, voilà la réponse! Merci, mon père, merci!

Et tirant de sa poche un petit portefeuille qui contenait dix billets de banque de mille francs chacun :

— Tiens, dit-il, prends ce portefeuille.

— Vous me le donnez?

— Oui, mais à la condition que tu ne regarderas dedans que lorsque je serai parti.

Et plaçant sur sa poitrine la relique qu'il venait de retrouver, et qui pour lui avait le prix du plus riche trésor, il s'élança hors du souterrain, et remontant dans la barque :

— A Marseille! dit-il.

Puis en s'éloignant, les yeux fixés sur la sombre prison :

— Malheur, dit-il, à ceux qui m'ont fait enfermer dans cette sombre prison, et à ceux qui ont oublié que j'y étais enfermé!

En repassant devant les Catalans, le comte se détourna, et, s'enveloppant la tête dans son manteau, il murmura le nom d'une femme.

La victoire était complète, le comte avait deux fois terrassé le doute.

Ce nom, qu'il prononçait avec une expression de tendresse qui était presque de l'amour, c'était le nom d'Haydée.

En mettant pied à terre, Monte-Cristo s'achemina vers le cimetière, où il savait retrouver Morrel.

Lui aussi, dix ans auparavant, avait pieusement cherché une tombe dans ce cimetière, et l'avait cherchée inutilement. Lui, qui revenait en France avec des millions, n'avait pas pu retrouver la tombe de son père mort de faim.

Morrel y avait bien fait mettre une croix, mais cette croix était tombée, et le fossoyeur en avait fait du feu, comme font les fossoyeurs de tous ces vieux bois gisant dans les cimetières.

Le digne négociant avait été plus heureux ; mort dans les bras de ses enfans, il avait été, conduit par eux, se coucher près de sa femme qui l'avait précédé de deux ans dans l'éternité.

Deux larges dalles de marbre sur lesquelles étaient écrits leurs noms étaient étendues l'une à côté de l'autre dans un petit encles fermé d'une balustrade de fer et ombragé par quatre cyprès.

Maximilien était appuyé à l'un de ces arbres, et fixait sur les deux tombes des yeux sans regard.

Sa douleur était profonde, presque égarée.

— Maximilien, lui dit le comte, ce n'est point là qu'il faut regarder, c'est là!

Et il lui montra le ciel.

— Les morts sont partout, dit Morrel; n'est-ce pas ce que vous m'avez dit vous-même quand vous m'avez fait quitter Paris?

— Maximilien, dit le comte, vous m'avez demandé pendant le voyage à vous arrêter quelques jours à Marseille : est-ce toujours votre désir?

— Je n'ai plus de désir, comte; seulement il me semble que j'attendrai moins péniblement à Marseille qu'ailleurs.

— Tant mieux, Maximilien, car je vous quitte, et j'emporte votre parole, n'est-ce pas?

— Ah! je l'oublierai, comte, dit Morrel, je l'oublierai !

— Non! vous ne l'oublierez pas, parce que vous êtes homme d'honneur avant tout, Morrel, parce que vous avez juré, parce que vous allez jurer encore.

— Oh! comte, ayez pitié de moi! Comte, je suis si malheureux !

— J'ai connu un homme plus malheureux que vous, Morrel.

— Impossible.

— Hélas! dit Monte-Cristo, c'est un des orgueils de notre pauvre humanité que chaque homme se croie plus malheureux qu'un autre malheureux qui pleure et qui gémit à côté de lui.

— Qu'y a-t-il de plus malheureux que l'homme qui a perdu le seul bien qu'il aimât et désirât au monde?

— Écoutez, Morrel, dit Monte-Cristo, et fixez un instant votre esprit sur ce que je vais vous dire. J'ai connu un homme qui, ainsi que vous, avait fait reposer toutes ses espérances de bonheur sur une femme. Cet homme était jeune, il avait un vieux père qu'il aimait, une fiancée qu'il adorait, il allait l'épouser quand tout à coup un de ces caprices du sort qui feraient douter de la bonté de Dieu, si Dieu ne se révélait plus tard en montrant que tout est pour lui un moyen de conduire à son unité infinie, quand tout à coup un caprice du sort lui enleva sa liberté, sa maîtresse, l'avenir qu'il rêvait et qu'il croyait le sien (car aveugle qu'il était, il ne pouvait lire que dans le présent), pour le plonger au fond d'un cachot.

— Ah! fit Morrel, on sort d'un cachot au bout de huit jours, au bout d'un mois, au bout d'un an.

— Il y resta quatorze ans, Morrel, dit le comte en posant sa main sur l'épaule du jeune homme.

Maximilien tressaillit.

— Quatorze ans! murmura-t-il.

— Quatorze ans, répéta le comte; lui aussi pendant ces quatorze années, il eut bien des momens de désespoir ; lui aussi, comme vous, Morrel, se croyant le plus malheureux des hommes, il voulut se tuer.

— Eh bien? demanda Morrel.

— Eh bien ! au moment suprême, Dieu se révéla à lui par un moyen humain ; car Dieu ne fait plus de miracles; peut-être, au premier abord (il faut du temps aux yeux voilés de larmes pour se dessiller tout-à-fait), ne comprit-il pas cette miséricorde infinie du Seigneur ; mais enfin il prit patience et attendit. Un jour il sortit miraculeusement de la tombe, transfiguré, riche, puissant, presque Dieu, son premier cri fut pour son père, son père était mort!

— Et à moi aussi mon père est mort, dit Morrel.

— Oui, mais votre père est mort dans vos bras, aimé, heureux, honoré, riche, plein de jours : son père à lui était mort pauvre, désespéré, doutant de Dieu ; et lorsque dix ans après sa mort son fils chercha sa tombe, sa tombe même avait disparu, et nul n'a pu lui dire : C'est là que repose dans le Seigneur le cœur qui t'a tant aimé.

— Oh! dit Morrel.

— Celui-là était donc plus malheureux fils que vous, Morrel, car celui-là ne savait pas même où retrouver la tombe de son père.

— Mais, dit Morrel, il lui restait la femme qu'il avait aimée, au moins.

— Vous vous trompez, Morrel ; cette femme ..

— Elle était morte? s'écria Maximilien.

— Pis que cela : elle avait été infidèle ; elle avait épousé un des persécuteurs de son fiancé. Vous voyez donc, Morrel, que cet homme était plus malheureux amant que vous.

— Et à cet homme, demanda Morrel, Dieu a envoyé la consolation ?

— Il lui a envoyé le calme du moins.

— Et cet homme pourra encore être heureux un jour ?

— Il l'espère, Maximilien.

Le jeune homme laissa tomber sa tête sur sa poitrine.

— Vous avez ma promesse, dit-il après un instant de silence, et en tendant la main à Monte-Christo: seulement rappelez-vous...

— Le 5 octobre, Morrel, je vous attends à l'île de Monte-Cristo. Le 4, un yacht vous attendra dans le port de Bastia ; ce yacht s'appellera l'*Eurus*; vous vous nommerez au patron, qui vous conduira près de moi. C'est dit, n'est-ce pas, Maximilien ?

— C'est dit, comte, et je ferai ce qui est dit ; mais rappelez-vous que le 5 octobre...

— Enfant, qui ne sait pas encore ce que c'est que la promesse d'un homme... Je vous ai dit vingt fois que

ce jour-là, si vous vouliez encore mourir, je vous y aiderais, Morrel. Adieu.
— Vous me quittez?
— Oui, j'ai affaire en Italie; je vous laisse seul, seul aux prises avec le malheur, seul avec cet aigle aux puissantes ailes que le Seigneur envoie à ses élus pour les transporter à ses pieds; l'histoire de Ganymède n'est pas une fable, Maximilien, c'est une allégorie.
— Quand partez-vous?
— A l'instant même; le bateau à vapeur m'attend, dans une heure je serai déjà loin de vous; m'accompagnerez-vous jusqu'au port, Morrel?
— Je suis tout à vous, comte.
— Embrassez-moi.

Morrel escorta le comte jusqu'au port; déjà la fumée sortait comme un panache immense du tube noir qui la lançait aux cieux. Bientôt le navire partit, et une heure après, comme l'avait dit Monte-Cristo, cette même aigrette de fumée blanchâtre rayait, à peine visible, l'horizon oriental, assombri par les premiers brouillards de la nuit.

CHAP. CXII. PEPPINO.

Au moment même où le bateau à vapeur du comte disparaissait derrière le cap Morgiou, un homme, courant la poste sur la route de Florence à Rome, venait de dépasser la petite ville d'Aquapendente. Il marchait assez vite pour faire beaucoup de chemin, sans toutefois devenir suspect.

Vêtu d'une redingote ou plutôt d'un surtout que le voyage avait infiniment fatigué, mais qui laissait voir brillant et frais encore un ruban de la Légion-d'Honneur répété à son habit, cet homme, non seulement à ce double signe, mais encore à l'accent avec lequel il parlait au postillon, devait être reconnu pour Français. Une preuve encore qu'il était né dans le pays de la langue universelle, c'est qu'il ne savait d'autres mots italiens que ces mots de musique qui peuvent, comme le *goddam* de Figaro, remplacer toutes les finesses d'une langue particulière.

— *Allegro*! disait-il aux postillons à chaque montée.
— *Moderato*! faisait-il à chaque descente.

Et Dieu sait s'il y a des montées et des descentes en allant de Florence à Rome par la route d'Aquapendente!

Ces deux mots, au reste, faisaient beaucoup rire les braves gens auxquels ils étaient adressés.

En présence de la ville éternelle, c'est-à-dire en arrivant à la Storta, point d'où l'on aperçoit Rome, le voyageur n'éprouva point ce sentiment de curiosité enthousiaste qui pousse chaque étranger à s'élever du fond de sa chaise pour tâcher d'apercevoir le fameux dôme de Saint-Pierre, qu'on aperçoit déjà bien avant de distinguer autre chose.

Non, il tira seulement un portefeuille de sa poche, et de son portefeuille un papier plié en quatre, qu'il déplia et replia avec une attention qui ressemblait à un respect, et il se contenta de dire:
— Bon! je l'ai toujours.

La voiture franchit la porte del Popolo, prit à gauche, et s'arrêta à l'hôtel d'Espagne.

Maître Pastrini, notre ancienne connaissance, reçut le voyageur sur le seuil de la porte et le chapeau à la main.

Le voyageur descendit, commanda un bon dîner, et s'informa de l'adresse de la maison Thomson and French, qui lui fut indiquée à l'instant même, cette maison étant une des plus connues de Rome.

Elle était située via dei Banchi, près de Saint-Pierre.

A Rome, comme partout, l'arrivée d'une chaise de poste est un événement. Dix jeunes descendans de Marius et des Gracques, pieds nus, les coudes percés, mais le poing sur la hanche et le bras pittoresquement recourbé au-dessus de la tête, regardaient le voyageur, la chaise de poste et les chevaux; à ces gamins de la ville par excellence s'étaient joints une cinquantaine de badauds des États de Sa Sainteté, de ceux-là qui font des ronds en crachant dans le Tibre du haut du pont Saint-Ange, quand le Tibre a de l'eau.

Or, comme les gamins et les badauds de Rome, plus heureux que ceux de Paris, comprennent toutes les langues, et surtout la langue française, ils entendirent le voyageur demander un appartement, demander à dîner, et demander enfin l'adresse de la maison Thomson et French.

Il en résulta que lorsque le nouvel arrivant sortit de l'hôtel avec le cicerone de rigueur, un homme se détacha du groupe des curieux, et sans être remarqué du voyageur, sans paraître être remarqué de son guide, marcha à peu de distance de l'étranger, le suivant avec autant d'adresse qu'aurait pu le faire un agent de la police parisienne.

Le Français était si pressé de faire sa visite à la maison Thomson and French qu'il n'avait pas pris le temps d'attendre que les chevaux fussent attelés; la voiture devait le rejoindre en route ou l'attendre à la porte du banquier.

On arriva sans que la voiture eût rejoint.

Le Français entra, laissant dans l'antichambre son guide, qui aussitôt entra en conversation avec deux ou trois de ces industriels sans industrie, ou plutôt aux mille industries, qui se tiennent à Rome à la porte des banquiers, des églises, des ruines, des musées ou des théâtres.

En même temps que le Français, l'homme qui s'était détaché du groupe des curieux entra aussi; le Français sonna au guichet des bureaux et pénétra dans la première pièce; son ombre en fit autant.

— MM. Thomson et French? demanda l'étranger.

Une espèce de laquais se leva, sur le signe d'un commis de confiance, gardien solennel du premier bureau.

— Qui annoncerai-je? demanda le laquais se préparant à marcher devant l'étranger.

— M. le baron Danglars, répondit le voyageur.

— Venez, dit le laquais.

Une porte s'ouvrit; le laquais et le baron disparurent par cette porte.

L'homme qui était entré derrière Danglars s'assit sur un banc d'attente.

Le commis continua d'écrire pendant cinq minutes à peu près; pendant ces cinq minutes, l'homme assis garda le plus profond silence et la plus stricte immobilité.

Puis la plume du commis cessa de crier sur le papier; il leva la tête, regarda attentivement autour de lui, et après s'être assuré du tête-à-tête:

— Ah! ah! dit-il, te voilà, Peppino?

— Oui! répondit laconiquement celui-ci.

— Tu as flairé quelque chose de bon chez ce gros homme?

— Il n'y a pas grand mérite pour celui-ci, nous sommes prévenus.

— Tu sais donc ce qu'il vient faire ici, curieux?

— Pardieu, il vient toucher; seulement, reste à savoir quelle somme.

— On va te dire cela tout à l'heure, l'ami.

— Fort bien; mais ne vas pas, comme l'autre jour, me donner un faux renseignement.

— Qu'est-ce à dire, et de qui veux-tu parler? Serait-ce de cet Anglais qui a emporté d'ici trois mille écus l'autre jour?

— Non, celui-là avait en effet les trois mille écus, et nous les avons trouvés. Je veux parler de ce prince russe.

— Eh bien?

— Eh bien! tu nous avais accusé trente mille livres, et nous n'en avons trouvé que vingt-deux.

— Vous aurez mal cherché.

— C'est Luigi Vampa qui a fait la perquisition en personne.

— En ce cas, il avait ou payé ses dettes...
— Un Russe?
— Ou dépensé son argent.
— C'est possible, après tout.
— C'est sûr ; mais laisse-moi aller à mon observatoire, le Français ferait son affaire sans que je pusse savoir le chiffre positif.

Peppino fit un signe affirmatif, et tirant un chapelet de sa poche, se mit à marmotter quelques prières, tandis que le commis disparaissait par la même porte qui avait donné passage au laquais et au baron.

Au bout de dix minutes environ, le commis reparut radieux.

— Eh bien? demanda Peppino à son ami.
— Alerte! alerte! dit le commis, la somme est ronde.
— Cinq à six millions, n'est-ce pas?
— Oui ; tu sais le chiffre?
— Sur un reçu de son Excellence le comte de Monte-Cristo.
— Tu connais le comte?
— Et dont on l'a crédité sur Rome, Venise et Vienne.
— C'est cela, s'écria le commis ; comment es-tu si bien informé?
— Je t'ai dit que nous avions été prévenus à l'avance.
— Alors pourquoi t'adresses-tu à moi?
— Pour être sûr que c'est bien l'homme à qui nous avons affaire.
— C'est bien lui... cinq millions. Une jolie somme, hein! Peppino?
— Oui.
— Nous n'en aurons jamais autant.
— Au moins, répondit philosophiquement Peppino, en aurons-nous quelques bribes.
— Chut! voici notre homme.

Le commis reprit sa plume, et Peppino son chapelet : l'un écrivait, l'autre priait quand la porte se rouvrit.

Danglars apparut radieux, accompagné par le banquier qui le reconduisit jusqu'à la porte.

Derrière Danglars descendit Peppino.

Selon les conventions, la voiture qui devait rejoindre Danglars attendait devant la maison Thomson et French. Le cicerone en tenait la portière ouverte : le cicerone est un être très complaisant et qu'on peut employer à toute chose.

Danglars sauta dans la voiture, léger comme un jeune homme de vingt ans.

Le cicerone referma la portière et monta près du cocher.

Peppino monta sur le siège de derrière.

— Son excellence veut-elle voir Saint-Pierre? demanda le cicerone.
— Pour quoi faire? répond le baron.
— Dame! pour voir!
— Je ne suis pas venu à Rome pour voir, dit tout haut Danglars ; puis il ajouta tout bas avec son sourire cupide : Je suis venu pour toucher.

Et il toucha en effet son portefeuille, dans lequel il venait d'enfermer une lettre.

— Alors, Son Excellence va...?
— A l'hôtel.
— Casa Pastrini, dit le cicerone au cocher.

Et la voiture partit rapide comme une voiture de maître.

Dix minutes après, le baron était rentré dans son appartement, et Peppino s'installait sur le banc accolé à la devanture de l'hôtel, après avoir dit quelques mots à l'oreille d'un de ces descendants de Marius et des Gracques que nous avons signalés au commencement de ce chapitre, lequel descendant prit le chemin du Capitole de toute la vitesse de ses jambes.

Danglars était las, satisfait et avait sommeil. Il se coucha, mit son portefeuille sous son traversin et s'endormit.

Peppino avait du temps de reste ; il joua à la *morra* avec des facchini, perdit trois écus, et, pour se consoler, but un flacon de vin d'Orvietto.

Le lendemain, Danglars s'éveilla tard, quoiqu'il se fût couché de bonne heure ; il y avait cinq ou six nuits qu'il dormait fort mal, quand toutefois il dormait.

Il déjeuna copieusement, et peu soucieux, comme il l'avait dit, de voir les beautés de la ville éternelle, il demanda ses chevaux de poste pour midi.

Mais Danglars avait compté sans les formalités de la police et sans la paresse du maître de poste.

Les chevaux arrivèrent à deux heures seulement, et le cicerone ne rapporta le passeport visé qu'à trois.

Tous ces préparatifs avaient amené devant la porte de maître Pastrini bon nombre de badauds.

Les descendants des Gracques et de Marius ne manquaient pas non plus.

Le baron traversa triomphalement ces groupes, qui l'appelaient Excellence pour avoir un bajocco.

Comme Danglars, homme très populaire, comme on sait, s'était contenté de se faire appeler baron jusque-là, et n'avait pas encore été traité d'Excellence, ce titre le flatta, et il distribua une douzaine de pauls à toute cette canaille, toute prête, pour douze autres pauls, à le traiter d'Altesse.

— Quelle route? demanda le postillon en italien.
— Route d'Ancône, répondit le baron. Maître Pastrini traduisit la demande et la réponse, et la voiture partit au galop.

Danglars voulait effectivement passer à Venise et y prendre une partie de sa fortune, puis de Venise aller à Vienne, où il réaliserait le reste.

Son intention était de se fixer dans cette dernière ville, qu'on lui avait assuré être une ville de plaisirs.

A peine eut-il fait trois lieues dans la campagne de Rome, que la nuit commença de tomber ; Danglars n'avait pas cru partir si tard, sinon il serait resté ; il demanda au postillon combien il y avait avant d'arriver à la prochaine ville.

— *Non capisco!* répondit le postillon.

Danglars fit un mouvement de la tête qui voulait dire :
— Très bien!

La voiture continua sa route.

— A la première poste, se dit Danglars, j'arrêterai.

Danglars éprouvait encore un reste du bien-être qu'il avait ressenti la veille, et qui lui avait procuré une si bonne nuit. Il était mollement étendu dans une bonne calèche anglaise à doubles ressorts ; il se sentait entraîné par le galop de deux bons chevaux ; le relai était de sept lieues, il le savait. Que faire quand on est banquier et qu'on a heureusement fait banqueroute?

Danglars songea dix minutes à sa femme restée à Paris, dix autres minutes à sa fille courant le monde avec mademoiselle d'Armilly, il donna dix autres minutes à ses créanciers et à la manière dont il emploierait leur argent ; puis, n'ayant plus rien à quoi penser, il ferma les yeux et s'endormit.

Parfois cependant, secoué par un cahot plus fort que les autres, Danglars rouvrait un moment les yeux ; alors il se sentait toujours emporté avec la même vitesse à travers cette même campagne de Rome toute parsemée d'aqueducs brisés, qui semblent des géants de granit pétrifiés au milieu de leur course. Mais la nuit était froide, sombre, pluvieuse, et il faisait bien meilleur pour un homme à moitié assoupi de demeurer au fond de sa chaise les yeux fermés, que de mettre la tête à la portière pour demander où il était à un postillon qui ne savait répondre autre chose que : *Non capisco!*

Danglars continua donc de dormir, en se disant qu'il serait toujours temps de se réveiller au relais.

La voiture s'arrêta ; Danglars pensa qu'il touchait enfin au but tant désiré. Il rouvrit les yeux, regarda à travers la vitre, s'attendant à se trouver au milieu de quelque ville, ou tout au moins de quelque village; mais il ne vit rien qu'une espèce de masure isolée et trois ou quatre hommes qui allaient et venaient comme des ombres.

Danglars attendit un instant que le postillon qui avait achevé son relais, vînt lui réclamer l'argent de la poste; il comptait profiter de l'occasion pour demander quelques renseignemens à son nouveau conducteur; mais les chevaux furent dételés et remplacés sans que personne ne vint demander d'argent au voyageur. Danglars, étonné, ouvrit la portière; mais une main vigoureuse la repoussa aussitôt, et la chaise roula.

Le baron stupéfait se réveilla entièrement.

— Eh! dit-il au postillon, eh! *mio caro!*

C'était encore de l'italien de romance que Danglars avait retenu lorsque sa fille chantait des duos avec le prince Cavalcanti.

Mais *mio caro* ne répondit point.

Danglars se contenta alors d'ouvrir la vitre.

— Hé, l'ami! où allons-nous donc? dit-il en passant sa tête par l'ouverture.

— *Dentro la testa!* cria une voix grave et impérieuse, accompagnée d'un geste de menace.

Danglars comprit que *dentro la testa* voulait dire : Rentrez la tête. Il faisait, comme on voit, de rapides progrès dans l'italien.

Il obéit, non sans inquiétude, et comme cette inquiétude augmentait de minute en minute, au bout de quelques instans son esprit, au lieu du vide que nous avons signalé au moment où il se mettait en route, et qui avait amené le sommeil; son esprit, disons-nous, se trouva rempli de quantité de pensées plus propres les unes que les autres à tenir éveillé l'intérêt d'un voyageur, et surtout d'un voyageur dans la situation de Danglars.

Ses yeux prirent dans les ténèbres ce degré de finesse que communiquent dans le premier moment les émotions fortes et qui s'émousse plus tard pour avoir été trop exercé. Avant d'avoir peur, on voit juste; pendant qu'on a peur, on voit double, et après qu'on a eu peur, on voit trouble.

Danglars vit un homme enveloppé d'un manteau qui galopait à la portière de droite.

— Quelque gendarme, dit-il. Aurais-je été signalé par les télégraphes français aux autorités pontificales!

Il résolut de sortir de cette anxiété.

— Où me menez-vous? demanda-t-il.

— *Dentro la testa!* répéta la même voix, avec le même accent de menace.

Danglars se retourna vers la portière de gauche.

Un autre homme à cheval galopait à la portière de gauche.

— Décidément, se dit Danglars la sueur au front, décidément je suis pris.

Et il se rejeta au fond de la calèche, cette fois non pas pour dormir, mais pour songer.

Un instant après, la lune se leva.

Du fond de la calèche il plongea son regard dans la campagne, il revit alors ces grands aqueducs, fantômes de pierre, qu'il avait remarqués en passant; seulement, au lieu de les avoir à droite, il les avait maintenant à gauche.

Il comprit qu'on avait fait faire demi-tour à la voiture et qu'on le ramenait à Rome.

— Oh! malheureux, murmura-t-il, on aura obtenu l'extradition!

La voiture continuait de courir avec une effrayante vélocité. Une heure passa terrible, car à chaque nouvel indice jeté sur son passage, le fugitif reconnaissait à n'en point douter qu'on le ramenait sur ses pas. Enfin, il revit une masse sombre contre laquelle il lui sembla que la voiture allait se heurter. Mais la voiture se détourna, longeant cette masse sombre qui n'était autre que la ceinture de remparts qui enveloppe Rome.

— Oh! oh! murmura Danglars, nous ne rentrons pas dans la ville, donc ce n'est pas la justice qui m'arrête. Bon Dieu! autre idée! serait-ce?...

Ses cheveux se hérissèrent.

Il se rappela ces intéressantes histoires de bandits romains, si peu crues à Paris, et qu'Albert de Morcerf avait racontées à madame Danglars et à Eugénie, lorsqu'il était question pour le jeune vicomte de devenir le fils de l'une et le mari de l'autre.

— Des voleurs, peut-être! murmura-t-il.

Tout à coup la voiture roula sur quelque chose de plus dur que le sol d'un chemin sablé. Danglars hasarda un regard aux deux côtés de la route; il aperçut des monumens de forme étrange, et sa pensée préoccupée du récit de Morcerf, qui maintenant se représentait à lui dans tous ses détails, sa pensée lui dit qu'il devait être sur la voie Appienne.

A gauche de la voiture, dans une espèce de vallée, on voyait une excavation circulaire.

C'était le cirque de Caracalla.

Sur un mot de l'homme qui galopait à droite de la voiture, la voiture s'arrêta.

En même temps la portière de gauche s'ouvrit.

— *Scindi!* commanda une voix.

Danglars descendit à l'instant même; il ne parlait pas encore l'italien, mais il l'entendait déjà.

Plus mort que vif, le baron regarda autour de lui.

Quatre hommes l'entouraient, sans compter le postillon.

— *Di quà,* dit un des quatre hommes en descendant un petit sentier qui conduisait de la voie Appienne au milieu de ces inégales hachures de la campagne de Rome.

Danglars suivit son guide sans discussion, et n'eut pas besoin de se retourner pour savoir qu'il était suivi des trois autres hommes.

Cependant, il lui sembla que ces hommes s'arrêtaient comme des sentinelles à des distances à peu près égales.

Après dix minutes de marche à peu près, pendant lesquelles Danglars n'échangea point une seule parole avec son guide, il se trouva entre un tertre et un buisson de hautes herbes; trois hommes debout et muets formaient un triangle dont il était le centre.

Il voulut parler; sa langue s'embarrassa.

— *Avanti,* dit la même voix à l'accent bref et impératif.

Cette fois Danglars comprit doublement : il comprit par la parole et par le geste, car l'homme qui marchait derrière lui le poussa si rudement en avant qu'il alla heurter son guide.

Ce guide était notre ami Peppino, qui s'enfonça dans les hautes herbes par une sinuosité que les fouines et les lézards pouvaient seuls reconnaître pour un chemin frayé.

Peppino s'arrêta devant une roche surmontée d'un épais buisson; cette roche, entr'ouverte comme une paupière, livra passage au jeune homme, qui y disparut comme disparaissent dans leurs trappes les diables de nos féeries.

La voix et le geste de celui qui suivait Danglars engagèrent le banquier à en faire autant. Il n'y avait plus à en douter, le banqueroutier français avait affaire à des bandits romains.

Danglars s'exécuta comme un homme placé entre deux dangers terribles, et que la peur rend brave. Malgré son ventre assez mal disposé pour pénétrer dans les crevasses de la campagne de Rome, il s'infiltra derrière Peppino, et, se laissant glisser en fermant les yeux, il tomba sur ses pieds.

En touchant la terre, il rouvrit les yeux.

Le chemin était large, mais noir. Peppino, peu soucieux de se cacher, maintenant qu'il était chez lui, battit le briquet et alluma une torche.

Deux autres hommes descendirent derrière Danglars, formant l'arrière-garde; et, poussant Danglars lorsque par hasard il s'arrêtait, le firent arriver par une pente douce au centre d'un carrefour de sinistre apparence,

OEUVRES COMPL. D'ALEX. DUMAS. 50

En effet, les parois des murailles, creusées en cercueils superposés les uns aux autres, semblaient, au milieu des pierres blanches, ouvrir ces yeux noirs et profonds qu'on remarque dans les têtes de morts.

Une sentinelle fit battre contre sa main gauche les capucines de sa carabine.

— Qui vive? fit la sentinelle.

— Ami! ami! dit Peppino. Où est le capitaine?

— Là, dit la sentinelle, en montrant par-dessus son épaule une espèce de grande salle creusée dans le roc et dont la lumière se réfléchissait dans le corridor par de grandes ouvertures cintrées.

— Bonne proie, capitaine! bonne proie, dit Peppino en italien.

Et prenant Danglars par le collet de sa redingote, il le conduisit vers une ouverture ressemblant à une porte, et par laquelle on pénétrait dans la salle dont le capitaine paraissait avoir fait son logement.

— Est-ce l'homme? demanda celui-ci qui lisait fort attentivement la vie d'Alexandre dans Plutarque.

— Lui-même, capitaine, lui-même.

— Très bien; montrez-le-moi.

Sur cet ordre assez impertinent, Peppino approcha si brusquement sa torche du visage de Danglars, que celui-ci se recula vivement pour ne point avoir les sourcils brûlés.

Ce visage bouleversé offrait tous les symptômes d'une pâle et hideuse terreur.

— Cet homme est fatigué, dit le capitaine, qu'on le conduise à son lit.

— Oh! murmura Danglars, ce lit, c'est probablement un des cercueils qui creusent la muraille; ce sommeil, c'est la mort qu'un des poignards que je vois étinceler dans l'ombre va me procurer.

En effet, dans les profondeurs sombres de l'immense salle on voyait se soulever, sur leurs couches d'herbes sèches ou de peaux de loups, les compagnons de cet homme qu'Albert de Morcerf avait trouvé lisant les *Commentaires de César*, et que Danglars retrouvait lisant la vie d'Alexandre.

Le banquier poussa un sourd gémissement et suivit son guide; il n'essaya ni de prier ni de crier. Il n'avait plus ni force, ni volonté, ni puissance, ni sentiment: il allait parce qu'on l'entraînait.

Il heurta une marche, et comprenant qu'il avait un escalier devant lui, il se baissa instinctivement pour ne pas se briser le front, et se trouva dans une cellule taillée en plein roc.

Cette cellule était propre bien que nue, sèche quoique située sous la terre à une profondeur incommensurable.

Un lit fait d'herbes sèches, recouvert de peaux de chèvres, était, non pas dressé, mais étendu dans un coin de cette cellule.

Danglars, en l'apercevant, crut voir le symbole radieux de son salut.

— Oh! Dieu soit loué! murmura-t-il; c'est un vrai lit!

C'était la seconde fois, depuis une heure, qu'il invoquait le nom de Dieu; cela ne lui était pas arrivé depuis dix ans.

— *Ecco*, dit le guide.

Et poussant Danglars dans la cellule, il referma la porte sur lui.

Un verrou grinça; Danglars était prisonnier.

D'ailleurs, n'y eût-il pas eu de verrou, il eût fallu être saint Pierre et avoir pour guide un ange du ciel, pour passer au milieu de la garnison qui tenait les catacombes de Saint-Sébastien, et qui campait autour de son chef, dans lequel nos lecteurs ont certainement reconnu le fameux Luigi Vampa.

Danglars aussi avait reconnu ce bandit, à l'existence duquel il n'avait pas voulu croire quand Morcerf essayait de le naturaliser en France. Non seulement il l'avait reconnu, mais aussi la cellule dans laquelle Morcerf avait été enfermé, et qui, selon toute probabilité, était le logement des étrangers.

Ces souvenirs, sur lesquels au reste Danglars s'étendait avec une certaine joie, lui rendaient la tranquillité. Du moment où ils ne l'avaient pas tué tout de suite, les bandits n'avaient pas l'intention de le tuer du tout.

On l'avait arrêté pour le voler, et comme il n'avait sur lui que quelques louis on le rançonnerait.

Il se rappela que Morcerf avait été taxé à quelque chose comme quatre mille écus; comme il s'accordait une apparence beaucoup plus importante que Morcerf, il fixa lui-même dans son esprit sa rançon à huit mille écus.

Huit mille écus faisaient quarante-huit mille livres.

Il lui resterait encore quelque chose comme cinq millions cinquante mille francs.

Avec cela on se tire d'affaire partout.

Donc, à peu près certain de se tirer d'affaire, attendu qu'il n'y a pas d'exemple qu'on ait jamais taxé un homme à cinq millions cinquante mille livres, Danglars s'étendit sur son lit, où, après s'être retourné deux ou trois fois, il s'endormit avec la tranquillité du héros dont Luigi Vampa étudiait l'histoire.

CHAP. CXIII. LA CARTE DE LUIGI VAMPA.

A tout sommeil qui n'est pas celui que redoutait Danglars il y a un réveil.

Danglars se réveilla.

Pour un Parisien, habitué aux rideaux de soie, aux parois veloutées des murailles, au parfum qui monte du bois blanchissant dans la cheminée et qui descend des voûtes de satin, le réveil dans une grotte de pierre crayeuse doit être comme un rêve de mauvais aloi.

En touchant ses courtines de peau de bouc, Danglars devait croire qu'il rêvait Samoyèdes ou Lapons.

Mais en pareille circonstance une seconde suffit pour changer le doute le plus robuste en certitude.

— Oui, oui, murmura-t-il, je suis aux mains des bandits dont nous a parlé Albert de Morcerf.

Son premier mouvement fut de respirer, afin de s'assurer qu'il n'était pas blessé: c'était un moyen qu'il avait trouvé dans *Don Quichotte*, le seul livre non pas qu'il eût lu, mais dont il eût retenu quelque chose.

— Non, dit-il, ils ne m'ont ni tué ni blessé, mais ils m'ont volé peut-être?

Et il porta vivement ses mains à ses poches. Elles étaient intactes: les cent louis qu'il s'était réservés pour faire son voyage de Rome à Venise étaient bien dans la poche de son pantalon, et le portefeuille, dans lequel se trouvait la lettre de crédit de cinq millions cinquante mille francs, était bien dans la poche de sa redingote.

— Singuliers bandits! se dit-il, qui m'ont laissé ma bourse et mon portefeuille! Comme je disais hier en me couchant, ils vont me mettre à rançon Tiens! j'ai aussi ma montre! Voyons un peu quelle heure il est.

La montre de Danglars, chef-d'œuvre de Bréguet, qu'il avait remontée avec soin la veille avant de se mettre en route, sonna cinq heures et demie du matin. Sans elle, Danglars fût resté complètement incertain sur l'heure, le jour ne pénétrant pas dans sa cellule.

Fallait-il provoquer une explication des bandits? fallait-il attendre patiemment qu'ils la demandassent? La dernière alternative était la plus prudente: Danglars attendit.

Il attendit jusqu'à midi.

Pendant tout ce temps, une sentinelle avait veillé à sa porte. A huit heures du matin, la sentinelle avait été relevée.

Il avait alors pris à Danglars l'envie de voir par qui il était gardé.

Il avait remarqué que des rayons de lumière, non pas de jour, mais de lampe, filtraient à travers les ais de la porte mal jointe; il s'approcha d'une de ces ouvertures au moment juste où le bandit buvait quelques gorgées d'eau-de-vie, lesquelles, grâce à l'outre de peau qui les contenait, répandaient une odeur qui répugna fort à Danglars.

— Pouah ! fit-il en reculant jusqu'au fond de sa cellule.

A midi, l'homme à l'eau-de-vie fut remplacé par un autre factionnaire. Danglars eut la curiosité de voir son nouveau gardien ; il s'approcha de nouveau de la jointure.

Celui-là était un athlétique bandit, un Goliath aux gros yeux, aux lèvres épaisses, au nez écrasé ; sa chevelure rousse pendait sur ses épaules en mèches tordues comme des couleuvres.

— Oh ! oh ! dit Danglars, celui-ci ressemble plus à un ogre qu'à une créature humaine ; en tout cas, je suis vieux et assez coriace ; gros blanc pas bon à manger.

Comme on le voit, Danglars avait encore l'esprit assez présent pour plaisanter.

Au même instant, comme pour lui donner la preuve qu'il n'était pas un ogre, son gardien s'assit en face de la porte de sa cellule, tira de son bissac du pain noir, des oignons et du fromage, qu'il se mit incontinent à dévorer.

— Le diable m'emporte ! dit Danglars en jetant à travers les fentes de sa porte un coup d'œil sur le dîner du bandit ; le diable m'emporte, si je comprends comment on peut manger de pareilles ordures.

Et il alla s'asseoir sur ses peaux de bouc, qui lui rappelaient l'odeur de l'eau-de-vie de la première sentinelle.

Mais Danglars avait beau faire, et les secrets de la nature sont incompréhensibles, il y a bien de l'éloquence dans certaines invitations matérielles qu'adressent les plus grossières substances aux estomacs à jeun.

Danglars sentit soudain que le sien n'avait pas de fonds en ce moment ; il vit l'homme moins laid, le pain moins noir, le fromage plus frais.

Enfin, ces oignons crus, affreuse alimentation du sauvage, lui rappelèrent certaines sauces Robert et certains mirotons que son cuisinier exécutait d'une façon supérieure, lorsque Danglars lui disait : — Monsieur Deniseau, faites-moi, pour aujourd'hui, un bon petit plat canaille.

Il se leva et alla frapper à la porte.

Le bandit leva la tête.

Danglars vit qu'il était entendu, et redoubla.

— *Che cosa?* demanda le bandit.

— Dites donc ! dites donc, l'ami, fit Danglars en tambourinant avec ses doigts contre sa porte, il me semble qu'il serait temps que l'on songeât à me nourrir aussi, moi !

Mais soit qu'il ne comprît pas, soit qu'il n'eût pas d'ordres à l'endroit de la nourriture de Danglars, le géant se remit à son dîner.

Danglars sentit sa fierté humiliée, et ne voulant pas davantage se commettre avec cette brute, il se recoucha sur ses peaux de bouc et ne souffla plus le mot.

Quatre heures s'écoulèrent ; le géant fut remplacé par un autre bandit. Danglars, qui éprouvait d'affreux tiraillemens d'estomac, se leva doucement, appliqua de rechef son oreille aux fentes de la porte, et reconnut la figure intelligente de son guide.

C'est en effet Peppino qui se préparait à monter la garde la plus douce possible en s'asseyant en face de la porte, et en posant entre ses deux jambes une casserole de terre, laquelle contenait chauds et parfumés des pois chiches fricassés au lard.

Près de ces pois chiches Peppino posa encore un joli petit panier de raisins de Velletri et un fiasco de vin d'Orvietto.

Décidément Peppino était un gourmet.

En voyant ces préparatifs gastronomiques, l'eau vint à la bouche de Danglars.

— Ah ! ah ! dit le prisonnier, voyons un peu si celui-ci sera plus traitable que l'autre.

Et il frappa gentiment à sa porte.

— On y va, dit le bandit, qui, en fréquentant la maison de maître Pastrini, avait fini par apprendre le français jusque dans ses idiotismes.

Et en effet il vint ouvrir.

Danglars le reconnut pour celui qui lui avait crié d'une si furieuse manière : « Rentrez la tête. » Mais ce n'était pas l'heure des récriminations ; il prit au contraire sa figure la plus agréable, et, avec un sourire gracieux :

— Pardon, monsieur, dit-il, mais est-ce que l'on ne me donnera pas à dîner, à moi aussi ?

— Comment donc ! s'écria Peppino, Votre Excellence aurait-elle faim, par hasard ?

— Par hasard est charmant, murmura Danglars ; il y a juste vingt-quatre heures que je n'ai mangé.

Mais oui, monsieur, ajouta-t-il en haussant la voix, j'ai faim, et même assez faim.

— Et Votre Excellence veut manger ?...

— A l'instant même si c'est possible.

— Rien de plus aisé, dit Peppino. Ici l'on se procure tout ce que l'on désire, en payant, bien entendu, comme cela se fait chez tous les honnêtes chrétiens.

— Cela va sans dire ! s'écria Danglars, quoiqu'en vérité les gens qui vous arrêtent et qui vous emprisonnent devraient au moins nourrir leurs prisonniers.

— Ah ! Excellence, reprit Peppino, ce n'est pas l'usage.

— C'est une assez mauvaise raison, reprit Danglars, qui comptait amadouer son gardien par son amabilité, et cependant je m'en contente. Voyons, qu'on me serve à manger.

— A l'instant même, Excellence. Que désirez-vous ?

Et Peppino posa son écuelle à terre, de telle façon que la fumée en monta directement aux narines de Danglars.

— Commandez, dit-il.

— Vous avez donc des cuisines ici ? demanda le banquier.

— Comment ! si nous avons des cuisines ? des cuisines parfaites !

— Et des cuisiniers ?

— Excellens !

— Eh bien ! un poulet, un poisson, du gibier, n'importe quoi, pourvu que je mange.

— Comme il plaira à votre Excellence. Nous disons un poulet, n'est-ce pas ?

— Oui, un poulet.

Peppino, se redressant, cria de tous ses poumons :

— Un poulet pour son Excellence !

La voix de Peppino vibrait encore sous les voûtes, que déjà paraissait un jeune homme, beau, svelte et à moitié nu comme les porteurs de poissons antiques ; il apportait le poulet sur un plat d'argent, et le poulet tenait seul sur sa tête.

— On se croirait au *Café de Paris*, murmura Danglars.

— Voilà ! Excellence, dit Peppino en prenant le poulet des mains du jeune bandit et en le posant sur une table vermoulue, qui faisait avec un escabeau et le lit de peau de bouc la totalité de l'ameublement de la cellule.

Danglars demanda un couteau et une fourchette.

— Voilà ! Excellence, dit Peppino en offrant un petit couteau à la pointe émoussée et une fourchette de buis.

Danglars prit le couteau d'une main, la fourchette de l'autre, et se mit en devoir de découper la volaille.

— Pardon, Excellence, dit Peppino en posant une main sur l'épaule du banquier, ici on paie avant de manger ; on pourrait n'être pas content en sortant...

— Ah ! ah ! fit Danglars, ce n'est plus comme à Paris, sans compter qu'ils vont m'écorcher probablement ; mais faisons les choses grandement. Voyons, j'ai toujours entendu parler du bon marché de la vie en Italie ; un poulet doit valoir douze sous à Rome.

— Voilà, dit-il, et il jeta un louis à Peppino. Peppino ramassa le louis, Danglars approcha le couteau du poulet.

— Un moment, Excellence, dit Peppino en se relevant; un moment, votre Excellence me redoit encore quelque chose.

— Quand je disais qu'ils m'écorcheraient! murmura Danglars.

Puis, résolu de prendre son parti de cette extorsion :
— Voyons, combien vous redoit-on pour cette volaille étique? demanda-t-il.

— Votre Excellence a donné un louis d'à-compte.
— Un louis d'à-compte sur un poulet?
— Sans doute, d'à-compte.
— Bien... Allez! allez!
— Ce n'est plus que quatre mille neuf cent quatre-vingt-dix-neuf louis que votre Excellence me redoit.

Danglars ouvrit des yeux énormes à l'énoncé de cette gigantesque plaisanterie.

— Ah! très drôle, murmura-t-il, en vérité, très drôle!

Et il voulut se remettre à découper le poulet; mais Peppino lui arrêta la main droite avec la main gauche et tendit son autre main.

— Allons, dit-il.
— Quoi! vous ne riez point? dit Danglars.
— Nous ne rions jamais, Excellence, reprit Peppino, sérieux comme un quaker.
— Comment! cent mille francs un poulet!
— Excellence, c'est incroyable comme on a de la peine à élever la volaille dans ces maudites grottes.
— Allons! allons! dit Danglars, je trouve cela très bouffon, très divertissant, en vérité; mais comme j'ai faim, laissez-moi manger. Tenez, voilà un autre louis pour vous, mon ami.
— Alors cela ne fera plus que quatre mille neuf cent quatre-vingt-dix-huit louis, dit Peppino, conservant le même sang-froid ; avec de la patience, nous y viendrons.
— Oh! quant à cela, dit Danglars, révolté à cette persévérance à le railler, quant à cela, jamais. Allez au diable! vous ne savez pas à qui vous avez à faire.

Peppino fit un signe, le jeune garçon allongea les deux mains et enleva prestement le poulet. Danglars se jeta sur son lit de peau de bouc; Peppino referma la porte et se remit à manger ses pois au lard.

Danglars ne pouvait voir ce que faisait Peppino, mais le claquement de ses dents du bandit ne devait laisser au prisonnier aucun doute sur l'exercice auquel il se livrait.

Il était clair qu'il mangeait, et même qu'il mangeait bruyamment et comme un homme mal élevé.

— Butor! dit Danglars.

Peppino fit semblant de ne pas entendre, et sans même tourner la tête, continua de manger avec une sage lenteur.

L'estomac de Danglars lui semblait à lui-même percé comme le tonneau des Danaïdes; il ne pouvait croire qu'il parviendrait à le remplir jamais.

Cependant il prit patience une demi-heure encore; mais il est juste de dire que cette demi-heure lui parut un siècle.

Il se leva et alla de nouveau à la porte.

— Voyons, monsieur, dit-il, ne me faites pas languir plus long-temps, et dites-moi tout de suite ce que l'on veut de moi.

— Mais, Excellence, dites plutôt ce que vous voulez de nous... Donnez vos ordres, et nous les exécuterons.

— Alors, ouvrez-moi d'abord.

Peppino ouvrit.

— Je veux, dit Danglars, pardieu! je veux manger!
— Vous avez faim?
— Eh! vous le savez de reste.
— Que désire manger Votre Excellence?
— Un morceau de pain sec, puisque les poulets sont hors de prix dans ces maudites caves!
— Du pain! soit, dit Peppino.

Hola! du pain! cria-t-il.

Le jeune garçon apporta un petit pain.

— Voilà! dit Peppino.
— Combien? demanda Danglars.
— Quatre mille neuf cent quatre-vingt-dix-huit louis.

Il y a deux louis payés d'avance.

— Comment! un pain cent mille francs!
— Cent mille francs! dit Peppino.
— Mais vous ne demandiez que cent mille francs pour un poulet !
— Nous ne servons pas à la carte, mais à prix fixe. Qu'on mange peu, qu'on mange beaucoup, qu'on demande dix plats ou un seul, c'est toujours le même chiffre.
— Encore cette plaisanterie! Mon cher ami, je vous déclare que c'est absurde, que c'est stupide! Dites-moi tout de suite que vous voulez que je meure de faim, ce sera plus tôt fait.
— Mais non, Excellence, c'est vous qui voulez vous suicider. Payez et mangez.
— Avec quoi payer, triple animal? dit Danglars exaspéré. Est-ce que tu crois qu'on a cent mille francs dans sa poche?
— Vous avez cinq millions cinquante mille francs dans la vôtre, Excellence, dit Peppino ; cela fait cinquante poulets à cent mille francs et un demi-poulet à cinquante mille.

Danglars frissonna; le bandeau lui tomba des yeux, c'était bien toujours une plaisanterie, mais il la comprenait enfin.

Il est même juste de dire qu'il ne la trouvait plus aussi plate que l'instant d'avant.

— Voyons, dit-il, voyons: en donnant ces cent mille francs, me tiendrez-vous quitte au moins, et pourrai-je manger tout à mon aise?
— Sans doute, dit Peppino.
— Mais comment les donner? fit Danglars, en respirant plus librement.
— Rien de plus facile; vous avez un crédit ouvert chez MM. Thomson et French, via Dei Bianchi, à Rome ; donnez-moi un bon de quatre mille neuf cent quatre-vingt-dix-huit louis sur ces messieurs, notre banquier nous le prendra.

Danglars voulut au moins se donner le mérite de la bonne volonté; il prit la plume et le papier que lui présentait Peppino, écrivit la cédule, et signa.

— Tenez, dit-il, voilà votre bon au porteur.
— Et vous, voici votre poulet.

Danglars découpa la volaille en soupirant : elle lui paraissait bien maigre pour une si grosse somme.

Quant à Peppino il lut attentivement le papier, le mit dans sa poche, et continua de manger ses pois chiches.

CHAP. CXIV. — LE PARDON.

Le lendemain Danglars eut encore faim; l'air de cette caverne était on ne peut plus apéritif : le prisonnier crut que, pour ce jour-là, il n'aurait aucune dépense à faire ; en homme économe il avait caché la moitié de son poulet et un morceau de son pain dans le coin de sa cellule.

Mais il n'eut pas plus tôt mangé qu'il eut soif: il n'avait pas compté là-dessus.

Il lutta contre la soif jusqu'au moment où il sentit sa langue desséchée s'attacher à son palais.

Alors, ne pouvant plus résister au feu qui le dévorait, il appela.

La sentinelle ouvrit la porte; c'était un nouveau visage.

Il pensa que mieux valait pour lui avoir affaire à une ancienne connaissance. Il appela Peppino.

— Me voici, Excellence, dit le bandit en se présentant avec un empressement qui parut de bon augure à Danglars, que désirez-vous?

— A boire, dit le prisonnier.

— Excellence, dit Peppino, vous savez que le vin est hors de prix dans les environs de Rome.
— Donnez-moi de l'eau alors, dit Danglars cherchant à parer la botte.
— Oh ! Excellence, l'eau est plus rare que le vin ; il fait une si grande sécheresse !
— Allons, dit Danglars, nous allons recommencer, à ce qu'il paraît !
Et, tout en souriant pour avoir l'air de plaisanter, le malheureux sentait la sueur mouiller ses tempes.
— Voyons, mon ami, dit Danglars voyant que Peppino demeurait impassible, je vous demande un verre de vin ; me le refuserez-vous ?
— Je vous ai déjà dit, Excellence, répondit gravement Peppino, que nous ne vendons pas au détail.
— Eh bien ! voyons alors, donnez-moi une bouteille.
— Du quel ?
— Du moins cher.
— Ils sont tous du même prix.
— Et quel prix ?
— Vingt-cinq mille francs la bouteille.
— Dites, s'écria Danglars avec une amertume qu'Harpagon seul eût pu noter dans le diapason de la voix humaine, dites que vous voulez me dépouiller, ce sera plus tôt fait que de me dévorer ainsi lambeau par lambeau.
— Il est possible, dit Peppino, que ce soit là le projet du maître.
— Le maître, qui est-il donc ?
— Celui auquel on vous a conduit avant-hier.
— Et où est-il ?
— Ici.
— Faites que je le voie.
— C'est facile.
L'instant d'après Luigi Vampa était devant Danglars.
— Vous m'appelez ? demanda-t-il au prisonnier.
— C'est vous, monsieur, qui êtes le chef des personnes qui m'ont amené ici ?
— Oui, Excellence ; après ?
— Que désirez-vous de moi pour rançon ? parlez.
— Mais tout simplement les cinq millions que vous portez sur vous.
Danglars sentit un effroyable spasme lui broyer le cœur.
— Je n'ai que cela au monde, monsieur, et c'est le reste d'une immense fortune ; si vous me l'ôtez, ôtez-moi la vie.
— Il nous est défendu de verser votre sang, Excellence.
— Et par qui cela vous est-il défendu ?
— Par celui auquel nous obéissons.
— Vous obéissez donc à quelqu'un ?
— Oui, à un chef.
— Je croyais que vous-même étiez le chef ?
— Je suis le chef de ces hommes ; mais un autre homme est mon chef à moi.
— Et ce chef obéit-il à quelqu'un ?
— Oui.
— A qui ?
— A Dieu.
Danglars resta un instant pensif.
— Je ne vous comprends pas, dit-il.
— C'est possible.
— Et c'est ce chef qui vous a dit de me traiter ainsi ?
— Oui.
— Quel est son but ?
— Je n'en sais rien.
— Mais ma bourse s'épuisera.
— C'est probable.
— Voyons, dit Danglars, voulez-vous un million ?
— Non.
— Deux millions ?
Non.
— Trois millions ?... quatre ?... Voyons, quatre ? je vous les donne à la condition que vous me laisserez aller.

— Pourquoi nous offrez-vous quatre millions de ce qui en vaut cinq ? dit Vampa ; c'est de l'usure cela, seigneur banquier, ou je ne m'y connais pas.
— Prenez tout ! prenez tout ! vous dis-je, s'écria Danglars et tuez-moi !
— Allons, allons, calmez-vous, Excellence, vous allez vous fouetter le sang, ce qui vous donnera un appétit à manger un million par jour ; soyez donc plus économe, morbleu !
— Mais quand je n'aurai plus d'argent pour vous payer ! s'écria Danglars exaspéré.
— Alors vous aurez faim.
— J'aurai faim ? dit Danglars blêmissant.
— C'est probable, répondit flegmatiquement Vampa.
— Mais vous dites que vous ne voulez pas me tuer ?
— Non.
— Et vous voulez me laisser mourir de faim ?
— Ce n'est pas la même chose.
— Eh bien ! misérables ! s'écria Danglars, je déjouerai vos infâmes calculs ; mourir pour mourir, j'aime autant en finir tout de suite ; faites-moi souffrir, torturez-moi, tuez-moi, mais vous n'aurez plus ma signature.
— Comme il vous plaira, Excellence, dit Vampa.
Et il sortit de la cellule.
Danglars se jeta en rugissant sur ses peaux de bouc.
Quels étaient ces hommes ? quel était ce chef visible ? quel était ce chef invisible ? quels projets poursuivaient-ils donc sur lui ? et quand tout le monde pouvait se racheter, pourquoi lui seul ne le pouvait-il pas ?
Oh ! certes, la mort, une mort prompte et violente était un bon moyen de tromper ces ennemis acharnés qui semblaient poursuivre sur lui une incompréhensible vengeance.
Oui, mais mourir !
Pour la première fois peut-être de sa carrière si longue, Danglars songeait à la mort avec le désir et la crainte tout à la fois de mourir ; mais le moment était venu pour lui d'arrêter sa vue sur le spectre implacable qui vit au dedans de toute créature, qui, à chaque pulsation du cœur, dit à lui-même : Tu mourras !
Danglars ressemblait à ces bêtes fauves que la chasse anime, puis qu'elle désespère, et qui, à force de désespoir, réussissent parfois à se sauver.
Danglars songea à une évasion.
Mais les murs étaient le roc lui-même, mais à la seule issue qui conduisait hors de la cellule un homme lisait, et derrière cet homme on voyait passer et repasser des ombres armées de fusils.
Sa résolution de ne pas signer dura deux jours, après quoi il demanda des aliments et offrit un million.
On lui servit un magnifique souper, et on prit son million.
Dès lors la vie du malheureux prisonnier fut une divagation perpétuelle. Il avait tant souffert qu'il ne voulait plus s'exposer à souffrir, et subissait toutes les exigences ; au bout de douze jours, une après-midi qu'il avait dîné comme en ses beaux temps de fortune, il fit ses comptes et s'aperçut qu'il avait tant donné de traites au porteur, qu'il ne lui restait plus que cinquante mille francs.
Alors il se fit en lui une réaction étrange : lui qui venait d'abandonner cinq millions, il essaya de sauver les cinquante mille francs qui lui restaient ; plutôt que de donner ces cinquante mille francs, il se résolut de reprendre une vie de privations, il eut des lueurs d'espoir qui touchaient à la folie ; lui qui depuis si long-temps avait oublié Dieu, il y songea pour se dire que Dieu parfois avait fait des miracles ; que la caverne pouvait s'abîmer ; que les carabiniers pontificaux pouvaient découvrir cette retraite maudite et venir à son secours ; qu'alors il lui resterait cinquante mille francs ; que cinquante mille francs étaient une somme suffisante pour empêcher un homme de mourir de faim ; il pria Dieu de lui conser-

ver ces cinquante mille francs, et en priant il pleura.

Trois jours se passèrent ainsi, pendant lesquels le nom de Dieu fut constamment, sinon dans son cœur, du moins sur ses lèvres ; par intervalle, il avait des instans de délire pendant lesquels il croyait, à travers les fenêtres, voir dans une pauvre chambre un vieillard agonisant sur un grabat.

Ce vieillard, lui aussi, mourait de faim.

Le quatrième jour, ce n'était plus un homme, c'était un cadavre vivant ; il avait ramassé à terre jusqu'aux dernières miettes de ses anciens repas et commencé à dévorer la natte dont le sol était couvert.

Alors il supplia Peppino, comme on supplie son ange gardien, de lui donner quelque nourriture ; il lui offrit mille francs d'une bouchée de pain.

Peppino ne répondit pas.

Le cinquième jour, il se traîna à l'entrée de la cellule.

— Mais vous n'êtes donc pas un chrétien ! dit-il en se redressant sur ses genoux ; vous voulez assassiner un homme qui est votre frère devant Dieu ?

— Oh ! mes amis d'autrefois, mes amis d'autrefois ! murmura-t-il.

Et il tomba la face contre terre.

Puis, se relevant avec une espèce de désespoir :

— Le chef ! cria-t-il, le chef !

— Me voilà ! dit Vampa paraissant tout à coup ; que désirez-vous encore ?

— Prenez mon dernier or, balbutia Danglars en tendant son portefeuille, et laissez-moi vivre ici, dans cette caverne ; je ne demande plus la liberté, je ne demande qu'à vivre.

— Vous souffrez donc bien ? demanda Vampa.

— Oh ! oui, je souffre, et cruellement !

— Il y a cependant des hommes qui ont encore plus souffert que vous.

— Je ne le crois pas.

— Si fait ! ceux qui sont morts de faim.

Danglars songea à ce vieillard que, pendant ses heures d'hallucination, il voyait, à travers les fenêtres de sa pauvre chambre, gémir sur son lit.

Il frappa du front la terre en poussant un gémissement.

— Oui, c'est vrai, il y en a qui ont plus souffert encore que moi, mais au moins ceux-là c'étaient des martyrs.

— Vous repentez-vous, au moins ? dit une voix sombre et solennelle, qui fit dresser les cheveux sur la tête de Danglars.

Son regard affaibli essaya de distinguer les objets, et il vit derrière le bandit un homme enveloppé d'un manteau et perdu dans l'ombre d'un pilastre de pierre.

— De quoi faut-il que je me repente ? balbutia Danglars.

— Du mal que vous avez fait, dit la même voix.

— Oh ! oui, je me repens ! je me repens ! s'écria Danglars.

Et il frappa sa poitrine de son poing amaigri.

— Alors je vous pardonne, dit l'homme en jetant son manteau et en faisant un pas pour se placer dans la lumière.

— Le comte de Monte-Cristo ! dit Danglars, plus pâle de terreur qu'il ne l'était, un instant auparavant, de faim et de misère.

— Vous vous trompez ; je ne suis pas le comte de Monte-Cristo.

— Et qui êtes-vous donc ?

— Je suis celui que vous avez vendu, livré, déshonoré ; je suis celui dont vous avez prostitué la fiancée, je suis celui sur lequel vous avez marché pour vous hausser jusqu'à la fortune ; je suis celui dont vous avez fait mourir le père de faim, celui qui vous avait condamné à mourir de faim, et qui cependant vous pardonne, parce qu'il a besoin lui-même d'être pardonné : je suis Edmond Dantès !

Danglars ne poussa qu'un cri, et tomba prosterné.

— Relevez-vous, dit le comte, vous avez la vie sauve ; pareille fortune n'est pas arrivée à vos deux autres complices : l'un est fou, l'autre est mort ! Gardez les cinquante mille francs qui vous restent, je vous en fais don ; quant à vos cinq millions volés aux hospices, ils leur sont déjà restitués par une main inconnue.

Et maintenant, mangez et buvez ; ce soir je vous fais mon hôte.

Vampa, quand cet homme sera rassasié, il sera libre.

Danglars demeura prosterné tandis que le comte s'éloignait ; lorsqu'il releva la tête, il ne vit plus qu'une espèce d'ombre qui disparaissait dans le corridor, et devant laquelle s'inclinaient les bandits.

Comme l'avait ordonné le comte, Danglars fut servi par Vampa qui lui fit apporter le meilleur vin et les plus beaux fruits de l'Italie, et qui, l'ayant fait monter dans sa chaise de poste, l'abandonna sur la route, adossé à un arbre.

Il y resta jusqu'au jour, ignorant où il était.

Au jour il s'aperçut qu'il était près d'un ruisseau : il avait soif, il se traîna jusqu'à lui.

En se baissant pour y boire, il s'aperçut que ses cheveux étaient devenus blancs.

CHAP. CXV. LE CINQ OCTOBRE.

Il était six heures du soir à peu près ; un jour couleur d'opale, dans lequel un beau soleil d'automne infiltrait ses rayons d'or, tombait du ciel sur la mer bleuâtre.

La chaleur du jour s'était éteinte graduellement, et l'on commençait à sentir cette légère brise qui semble la respiration de la nature se réveillant après la sieste brûlante du midi, souffle délicieux qui rafraîchit les côtes de la Méditerranée et qui porte de rivage en rivage le parfum des arbres, mêlé à l'âcre senteur de la mer.

Sur cet immense lac qui s'étend de Gibraltar aux Dardanelles et de Tunis à Venise, un léger yacht, pur et élégant de forme, glissait dans les premières vapeurs du soir. Son mouvement était celui du cygne qui ouvre ses ailes au vent et qui semble glisser sur l'eau. Il s'avançait, rapide et gracieux à la fois, et laissant derrière lui un sillon phosphorescent.

Peu à peu le soleil dont nous avons salué les derniers rayons avait disparu à l'horizon occidental, mais, comme pour donner raison aux rêves brillans de la mythologie, ses feux indiscrets, reparaissant au sommet de chaque vague, semblaient révéler que le dieu de flamme venait de se cacher au sein d'Amphitrite, qui essayait en vain de cacher son amant dans les plis de son manteau azuré.

Le yacht avançait rapidement, quoiqu'en apparence il y eût à peine assez de vent pour faire flotter la chevelure bouclée d'une jeune fille.

Debout sur la proue, un homme de haute taille, au teint de bronze, à l'œil dilaté, voyait venir à lui la terre sous la forme d'une masse sombre disposée en cône, et sortant du milieu des flots comme un immense chapeau de Catalan.

— Est-ce là Monte-Cristo ? demanda d'une voix grave et empreinte d'une profonde tristesse le voyageur aux ordres duquel le petit yacht semblait être momentanément soumis.

— Oui, Excellence, répondit le patron, nous arrivons.

— Nous arrivons ! murmura le voyageur avec un indéfinissable accent de mélancolie.

Puis il ajouta à voix basse :

— Oui, ce sera là le port.

Et il se replongea dans sa pensée qui se traduisait par un sourire plus triste que ne l'eussent été des larmes.

Quelques minutes après, on aperçut à terre la lueur d'une flamme qui s'éteignit aussitôt, et le bruit d'une arme à feu arriva jusqu'au yacht.

— Excellence, dit le patron, voici le signal de terre, voulez-vous y répondre vous-même ?

— Quel signal ? demanda celui-ci.

Le patron étendit la main vers l'île aux flancs de laquelle montait, isolé et blanchâtre, un large flocon de fumée qui se déchirait en s'élargissant.

— Ah! oui, dit-il, comme sortant d'un rêve, donnez.

Le patron lui tendit une carabine toute chargée; le voyageur la prit, la leva lentement et fit feu en l'air.

Dix minutes après, on carguait les voiles, et l'on jetait l'ancre à cinq cents pas d'un petit port.

Le canot était déjà à la mer avec quatre rameurs et le pilote; le voyageur descendit, et au lieu de s'asseoir à la poupe, garnie pour lui d'un tapis bleu, se tint debout et les bras croisés.

Les rameurs attendaient, leurs avirons à demi levés comme des oiseaux qui font sécher leurs ailes.

— Allez! dit le voyageur.

Les huit rames retombèrent à la mer d'un seul coup et sans faire jaillir une goutte d'eau; puis la barque, cédant à l'impulsion, glissa rapidement.

En un instant on fut dans une petite anse formée par une échancrure naturelle; la barque toucha sur un fond de sable fin.

— Excellence, dit le pilote, montez sur les épaules de deux de nos hommes, ils vous porteront à terre.

Le jeune homme répondit à cette invitation par un geste de complète indifférence, dégagea ses jambes de la barque et se laissa glisser dans l'eau qui lui montait jusqu'à la ceinture.

— Ah! Excellence, murmura le pilote; c'est mal ce que vous faites là, et vous nous ferez gronder par le maître.

Le jeune homme continua d'avancer vers le rivage, suivant deux matelots qui choisissaient le meilleur fond.

Au bout d'une trentaine de pas, on avait abordé; le jeune homme secouait ses pieds sur un terrain sec, et cherchait des yeux autour de lui le chemin probable qu'on allait lui indiquer, car il faisait tout à fait nuit.

Au moment où il tournait la tête, une main reposait sur son épaule, et une voix le fit tressaillir.

— Bonjour, Maximilien, disait cette voix, vous êtes exact, merci!

— C'est vous, comte! s'écria le jeune homme avec un mouvement qui ressemblait à de la joie, et en serrant de ses deux mains les mains de Monte-Cristo.

— Oui, vous le voyez, aussi exact que vous; mais vous êtes ruisselant, mon cher ami: il faut vous changer, comme dirait Calypso à Télémaque. Venez donc, il y a par ici une habitation toute préparée pour vous, dans laquelle vous oublierez fatigues et froid.

Monte-Cristo s'aperçut que Morrel se retournait; il attendit.

Le jeune homme, en effet, voyait avec surprise que pas un mot n'avait été prononcé par ceux qui l'avaient amené, qu'il ne les avait pas payés et que cependant ils étaient partis. On entendait même déjà le battement des avirons de la barque qui retournait vers le petit yacht.

— Ah! oui, dit le comte, vous cherchez vos matelots?

— Sans doute, je ne leur ai rien donné, et cependant ils sont partis.

— Ne vous occupez point de cela, Maximilien, dit en riant Monte-Cristo, j'ai un marché avec la marine pour que l'accès de mon île soit franc de tout droit de charroi et de voyage. Je suis abonné, comme on dit dans les pays civilisés.

Morrel regarda le comte avec étonnement.

— Comte, lui dit-il, vous n'êtes plus le même qu'à Paris.

— Comment cela?

— Oui, ici vous riez.

Le front de Monte-Cristo s'assombrit tout à coup.

— Vous avez raison de me rappeler à moi-même, Maximilien, dit-il; vous revoir était un bonheur pour moi, et j'oubliais que tout bonheur est passager.

— Oh! non, non, comte, s'écria Morrel en saisissant de nouveau les deux mains de son ami; riez, au contraire, soyez heureux, vous, et prouvez-moi par votre indifférence que la vie n'est mauvaise qu'à ceux qui souffrent. Oh! vous êtes charitable, vous êtes bon, vous êtes grand, mon ami, et c'est pour me donner du courage que vous affectez cette gaîté.

— Vous vous trompez, Morrel, dit Monte-Cristo : c'est qu'en effet j'étais heureux.

— Alors vous m'oubliez moi-même; tant mieux!

— Comment cela?

— Oui, car vous le savez, ami, comme disait le gladiateur entrant dans le Cirque au sublime empereur, je vous dis à vous : « Celui qui va mourir te salue. »

— Vous n'êtes pas consolé? demanda Monte-Cristo avec un regard étrange.

— Oh! fit Morrel avec un regard plein d'amertume, avez-vous cru réellement que je pouvais l'être?

— Ecoutez, dit le comte; vous entendez bien mes paroles, n'est-ce pas, Maximilien? Vous ne me prenez pas pour un homme vulgaire, pour une crécelle qui émet des sons vagues et vides de sens. Quand je vous demande si vous êtes consolé, je vous parle en homme pour qui le cœur humain n'a plus de secrets. Eh bien! Morrel, descendons ensemble au fond de votre cœur et sondons-le. Est-ce encore cette impatience fougueuse de douleur qui fait bondir le corps comme bondit le lion piqué par le moustique? Est-ce toujours cette soif dévorante qui ne s'éteint que dans la tombe? Est-ce cette idéalité du regret qui lance le vivant hors de la vie à la poursuite du mort, ou bien est-ce seulement la prostration du courage épuisé, l'ennui qui étouffe le rayon d'espoir qui voudrait luire? Est-ce la perte de la mémoire amenant l'impuissance des larmes? Oh! mon cher ami, si c'est cela, si vous ne pouvez plus pleurer, si vous croyez mort votre cœur engourdi, si vous n'avez plus de force qu'en Dieu, de regards que pour le ciel, ami, laissons de côté les mots trop étroits pour le sens que leur donne notre ame. Maximilien, vous êtes consolé, ne vous plaignez plus.

— Comte, dit Morrel de sa voix douce et ferme en même temps, comte, écoutez-moi comme on écoute un homme qui parle le doigt étendu vers la terre, les yeux levés au ciel; je suis venu près de vous pour mourir dans les bras d'un ami. Certes, il est des gens que j'aime : j'aime ma sœur Julie, j'aime son mari Emmanuel; mais j'ai besoin qu'on m'ouvre des bras forts et qu'on me sourie à mes derniers instans; ma sœur fondrait en larmes et s'évanouirait; je la verrais souffrir, et j'ai assez souffert; Emmanuel m'arracherait l'arme des mains et remplirait la maison de ses cris. Vous, comte, dont j'ai la parole, vous êtes plus qu'un homme, vous que j'appellerais un dieu si vous n'étiez mortel; vous, vous me conduirez doucement et avec tendresse, n'est-ce pas, jusqu'aux portes de la mort?

— Ami, dit le comte, il me reste encore un doute, auriez-vous si peu de force, que vous mettiez de l'orgueil à étaler votre douleur?

— Non, voyez, je suis simple, dit Morrel en tendant la main au comte, et mon pouls ne bat ni plus fort ni plus lentement que d'habitude. Non, je me sens au bout de la route; non, je n'irai pas plus loin. Vous m'avez parlé d'attendre et d'espérer; savez-vous ce que vous avez fait, malheureux sage que vous êtes? J'ai attendu un mois, c'est-à-dire que j'ai souffert un mois! J'ai espéré (l'homme est une pauvre et misérable créature!), j'ai espéré, quoi? je n'en sais rien, quelque chose d'inconnu, d'absurde, d'insensé! un miracle... lequel? Dieu seul peut le dire, lui qui a mêlé à notre raison cette folie que l'on nomme espérance. Oui, j'ai attendu; oui, j'ai espéré, comte, et depuis un quart d'heure que nous parlons vous m'avez cent fois, sans le savoir, brisé, torturé le cœur, car chacune de vos paroles m'a prouvé qu'il n'y a plus d'espoir pour moi. O comte, que je reposerai doucement et voluptueusement dans la mort!

Morrel prononça ces derniers mots avec une explosion d'énergie qui fit tressaillir le comte.

— Mon ami, continua Morrel, voyant que le comte se taisait, vous m'avez désigné le 5 octobre comme le terme du sursis que vous me demandiez... mon ami, c'est aujourd'hui le 5 octobre.

Morrel tira sa montre.

— Il est neuf heures, j'ai encore trois heures à vivre.

— Soit, répondit Monte-Cristo.

Morrel suivit machinalement le comte, et ils étaient déjà dans la grotte que Maximilien ne s'en était pas encore aperçu.

Il trouva des tapis sous ses pieds, une porte s'ouvrit, des parfums l'enveloppèrent, une vive lumière frappa ses yeux.

Morrel s'arrêta, hésitant à avancer ; il se défiait des énervantes délices qui l'entouraient.

Monte-Cristo l'attira doucement.

— Ne convient-il pas, dit-il, que nous employions les trois heures qui nous restent comme ces anciens Romains qui, condamnés par Néron, leur empereur et leur héritier, se mettaient à table couronnés de fleurs et aspiraient la mort avec le parfum des héliotropes et des roses ?

Morrel sourit.

— Comme vous voudrez, dit-il ; la mort est toujours la mort, c'est-à-dire l'oubli, c'est-à-dire le repos, c'est-à-dire l'absence de la vie, et par conséquent de la douleur.

Il s'assit ; Monte-Cristo prit place en face de lui.

On était dans cette merveilleuse salle à manger que nous avons déjà décrite, et où les statues de marbre portaient sur leurs têtes des corbeilles toujours pleines de fleurs et de fruits.

Morrel avait tout regardé vaguement, et il était probable qu'il n'avait rien vu.

— Causons en hommes, dit-il en regardant fixement le comte.

— Parlez, répondit celui-ci.

— Comte, reprit Morrel, vous êtes le résumé de toutes les connaissances humaines, et vous me faites l'effet d'être descendu d'un monde plus avancé et plus savant que le nôtre.

— Il y a quelque chose de vrai là dedans, Morrel, dit le comte avec ce sourire mélancolique qui le rendait si beau : je suis descendu d'une planète qu'on appelle la douleur.

— Je crois tout ce que vous me dites sans chercher à en approfondir le sens, comte, et la preuve, c'est que vous m'avez dit de vivre, que j'ai vécu ; c'est que vous m'avez dit d'espérer, et que j'ai presque espéré. J'oserai donc vous dire, comte, comme si vous étiez déjà mort un fois : Comte, cela fait-il bien mal ?

Monte-Cristo regardait Morrel avec une indéfinissable expression de tendresse.

— Oui, dit-il ; oui, sans doute, cela fait bien mal, si vous brisez brutalement cette enveloppe mortelle qui demande obstinément à vivre. Si vous faites crier votre chair sous les dents imperceptibles d'un poignard ; si vous trouez d'une balle inintelligente et toujours prête à s'égarer dans sa route votre cerveau que le moindre choc endolorit, certes, vous souffrirez, et vous quitterez odieusement la vie, la trouvant, au milieu de votre agonie désespérée, meilleure qu'un repos acheté si cher.

— Oui, je comprends, dit Morrel, la mort comme la vie a ses secrets de douleur et de volupté : le tout est de les connaître.

— Justement, Maximilien, et vous venez de dire le grand mot. La mort est, selon le soin que nous prenons de nous mettre bien ou mal avec elle, ou une amie qui nous berce aussi doucement qu'une nourrice, ou une ennemie qui nous arrache violemment l'âme du corps. Un jour, quand notre monde aura vécu encore un millier d'années, quand on se sera rendu maître de toutes les forces destructives de la nature pour les faire servir au bien-être général de l'humanité ; quand l'homme saura, comme vous le disiez tout à l'heure, les secrets de la mort, la mort deviendra aussi douce et aussi voluptueuse que le sommeil goûté aux bras de notre bien-aimée.

— Et si vous vouliez mourir, comte, vous sauriez mourir ainsi, vous ?

— Oui.

Morrel lui tendit la main.

— Je comprends maintenant, dit-il, pourquoi vous m'avez donné rendez-vous ici, dans cette île isolée, au milieu d'un océan, dans ce palais souterrain, sépulcre à faire envie à un Pharaon : c'est que vous m'aimez, n'est-ce pas, comte ? c'est que vous m'aimez assez pour me donner une de ces morts dont vous me parliez tout à l'heure, une mort sans agonie, une mort qui me permette de m'éteindre en prononçant le nom de Valentine et en vous serrant la main ?

— Oui, vous avez deviné juste, Morrel, dit le comte avec simplicité, et c'est ainsi que je l'entends.

— Merci ! l'idée que demain je ne souffrirai plus est suave à mon pauvre cœur.

— Ne regrettez-vous rien ? demanda Monte-Cristo.

— Non ! répondit Morrel.

— Pas même moi ? demanda le comte avec une émotion profonde.

Morrel s'arrêta ; son œil si pur se ternit tout à coup, puis brilla d'un éclat inaccoutumé ; une grosse larme en jaillit et roula creusant un sillon d'argent sur sa joue.

— Quoi ! dit le comte, il vous reste un regret de la terre, et vous mourez !

— Oh ! je vous en supplie, s'écria Morrel d'une voix affaiblie, plus un mot, comte, ne prolongez pas mon supplice !

Le comte crut que Morrel faiblissait.

Cette croyance d'un instant ressuscita en lui l'horrible doute déjà terrassé une fois au château d'If.

— Je m'occupe, pensa-t-il, de rendre cet homme au bonheur, je regarde cette restitution comme un poids jeté dans la balance en regard du plateau où j'ai laissé tomber le mal. Maintenant, si je me trompais, si cet homme n'était pas assez malheureux pour mériter le bonheur ! hélas ! qu'arriverait-il de moi qui ne puis oublier le mal qu'en me retraçant le bien.

— Écoutez ! Morrel, dit-il, votre douleur est immense, je le vois ; mais cependant vous croyez en Dieu, et vous ne voulez pas risquer le salut de votre âme.

Morrel sourit tristement.

— Comte, dit-il, vous savez que je ne fais pas de la poésie à froid ; mais, je vous le jure, mon âme n'est plus à moi.

— Écoutez, Morrel, dit Monte-Cristo, je n'ai aucun parent au monde, vous le savez. Je me suis habitué à vous regarder comme mon fils ; eh bien ! pour sauver mon fils, je sacrifierais ma vie, à plus forte raison ma fortune.

— Que voulez-vous dire ?

— Je veux dire, Morrel, que vous voulez quitter la vie, parce que vous ne connaissez pas toutes les jouissances que la vie promet à une grande fortune. Morrel, je possède près de cent millions, je vous les donne ; avec une pareille fortune vous pouvez atteindre à tous les résultats que vous vous proposez. Êtes-vous ambitieux ? toutes les carrières vous seront ouvertes. Remuez le monde, changez-en la face, livrez-vous à des pratiques insensées, soyez criminel s'il le faut, mais vivez.

— Comte, j'ai votre parole, répondit froidement Morrel, et, ajouta-t-il en tirant sa montre, il est onze heures et demie.

— Morrel ! y songez-vous, sous mes yeux, dans ma maison ?

— Alors, laissez-moi partir, dit Maximilien devenu sombre, ou je croirai que vous ne m'aimez pas pour moi, mais pour vous !

Et il se leva.

— C'est bien, dit Monte-Cristo, dont le visage s'éclaircit à ces paroles ; vous le voulez, Morrel, et vous êtes inflexible ; oui, vous êtes profondément malheureux, et, vous l'avez dit, un miracle seul pourrait vous guérir ; asseyez-vous, Morrel, et attendez.

Morrel obéit ; Monte-Cristo se leva à son tour et alla

chercher dans une armoire soigneusement fermée, et dont il portait la clé suspendue à une chaîne d'or, un petit coffret d'argent merveilleusement sculpté et ciselé, dont les angles représentaient quatre figures cambrées, pareilles à ces cariatides aux élans désolés, figures de femmes, symboles d'anges qui aspirent au ciel.

Il posa le coffret sur la table.

Puis l'ouvrant, il en tira une petite boîte d'or dont le couvercle se levait par la pression d'un ressort secret.

Cette boîte contenait une substance onctueuse à demi solide, dont la couleur était indéfinissable, grace au reflet de l'or poli, des saphirs, des rubis et des émeraudes qui garnissaient la boîte.

C'était comme un chatoiement d'azur, de pourpre et d'or.

Le comte puisa une petite quantité de cette substance avec une cuiller de vermeil, et l'offrit à Morrel en attachant sur lui un long regard.

On put voir alors que cette substance était verdâtre.

— Voilà ce que vous m'avez demandé, dit-il. Voilà ce que je vous ai promis.

— Vivant encore, dit le jeune homme, prenant la cuiller des mains de Monte-Cristo, je vous remercie du fond de mon cœur.

Le comte prit une seconde cuiller, et puisa une seconde fois dans la boîte d'or.

— Qu'allez-vous faire, ami? demanda Morrel, en lui arrêtant la main.

— Ma foi, Morrel, lui dit-il en souriant, je crois, Dieu me pardonne, que je suis aussi las de la vie que vous, et puisque l'occasion s'en présente...

— Arrêtez! s'écria le jeune homme; oh! vous qui aimez, vous qu'on aime, vous qui avez la foi de l'espérance, oh! ne faites pas ce que je vais faire; de votre part ce serait un crime. Adieu, mon noble et généreux ami; je vais dire à Valentine tout ce que vous avez fait pour moi.

Et lentement, sans aucune hésitation qu'une pression de la main gauche qu'il tendait au comte, Morrel avala ou plutôt savoura la mystérieuse substance offerte par Monte-Cristo.

Alors tous deux se turent. Ali, silencieux et attentif, apporta le tabac et les narguilés, servit le café et disparut.

Peu à peu les lampes pâlirent dans les mains des statues de marbre qui les soutenaient, et le parfum des cassolettes sembla moins pénétrant à Morrel.

Assis vis-à-vis de lui, Monte Cristo le regardait du fond de l'ombre, et Morrel ne voyait briller que les yeux du comte.

Une immense douleur s'empara du jeune homme; il sentait le narguilé s'échapper de ses mains; les objets perdaient insensiblement leur forme et leur couleur; ses yeux troublés voyaient s'ouvrir comme des portes et des rideaux dans la muraille.

— Ami, dit-il, je sens que je meurs; merci.

Il fit un effort pour lui tendre une dernière fois la main, mais sa main sans force retomba près de lui.

Alors il lui sembla que Monte-Cristo souriait non plus de son rire étrange et effrayant qui plusieurs fois lui avait laissé entrevoir les mystères de cette ame profonde, mais avec la bienveillante compassion que les pères ont pour leurs petits enfans qui déraisonnent.

En même temps le comte grandissait à ses yeux; sa taille presque doublée se dessinait sur les tentures rouges, il avait rejeté en arrière ses cheveux noirs, et il apparaissait debout et fier comme un de ces anges dont on menace les méchans au jour du jugement dernier.

Morrel abattu, dompté, se renversa sur son fauteuil, une torpeur veloutée s'insinua dans chacune de ses veines. Un changement d'idées meubla pour ainsi dire son front, comme une nouvelle disposition de dessins meuble le kaléidoscope.

Couché, énervé, haletant, Morrel ne sentait plus rien de vivant en lui que ce rêve : il lui semblait entrer à pleines voiles dans le vague délire qui précède cet taure inconnu qu'on appelle mort.

Il essaya encore une fois de tendre la main au comte, mais cette fois sa main ne bougea même point; il voulut articuler un suprême adieu, sa langue roula lourdement dans son gosier comme une pierre qui boucherait un sépulcre.

Ses yeux chargés de langueur se fermèrent malgré lui; cependant derrière ses paupières s'agitait une image qu'il reconnut malgré cette obscurité dont il se croyait enveloppé.

C'était le comte qui venait d'ouvrir une porte.

Aussitôt, une immense clarté rayonnant dans une chambre voisine, ou plutôt dans un palais merveilleux, inonda la salle où Morrel se laissait aller à sa douce agonie.

Alors il vit venir au seuil de cette salle et sur la limite des deux chambres une femme d'une merveilleuse beauté.

Pâle et doucement souriante, elle semblait l'ange de miséricorde conjurant l'ange des vengeances.

— Est-ce déjà le ciel qui s'ouvre pour moi? pensa le mourant; cet ange ressemble à celui que j'ai perdu.

Monte-Cristo montra du doigt à la jeune femme le sofa où reposait Morrel.

Elle s'avança vers lui les mains jointes et le sourire sur les lèvres.

— Valentine! Valentine! s'écria Morrel du fond de l'ame.

Mais sa bouche ne proféra point un son; et, comme si toutes ses forces étaient unies dans cette émotion intérieure, il poussa un soupir et ferma les yeux.

Valentine se précipita vers lui.

Les lèvres de Morrel firent encore un mouvement.

— Il vous appelle, dit le comte; il vous appelle du fond de son sommeil, celui à qui vous aviez confié votre destinée, et la mort a voulu vous séparer! mais j'étais là par bonheur, et j'ai vaincu la mort! Valentine, désormais vous ne devez plus vous séparer sur la terre; car pour vous retrouver il se précipitait dans la tombe. Sans moi vous mouriez tous deux; je vous rends l'un à l'autre; puisse Dieu me tenir compte de ces deux existences que je sauve!

Valentine saisit la main de Monte-Cristo, et dans un élan de joie irrésistible elle la porta à ses lèvres.

— Oh! remerciez-moi bien, dit le comte, oh! redites-moi, sans vous lasser de me le redire, redites-moi que je vous ai rendue heureuse; vous ne savez pas combien j'ai besoin de cette certitude.

— Oh! oui, oui, je vous remercie de toute mon ame, dit Valentine, et si vous doutez que mes remercimens soient sincères, eh bien! demandez à Haydée, interrogez ma sœur chérie Haydée, qui depuis notre départ de France m'a fait attendre patiemment, en me parlant de vous, l'heureux jour qui luit aujourd'hui pour moi.

— Vous aimez donc Haydée? demanda Monte-Cristo avec une émotion qu'il s'efforçait vainement de dissimuler

— Oh! de toute mon ame !

— Eh bien! écoutez, Valentine, dit le comte, j'ai une grace à vous demander.

— A moi, grand Dieu! suis-je assez heureuse pour cela?...

— Oui ; vous avez appelé Haydée votre sœur, qu'elle soit votre sœur en effet, Valentine; rendez-lui à elle tout ce que vous croyez me devoir à moi; protégez-la, Morrel et vous, car (la voix du comte fut prête à s'éteindre dans sa gorge), car désormais elle sera seule au monde...

— Seule au monde! répéta une voix derrière le comte, et pourquoi?

Monte-Cristo se retourna.

Haydée était là debout, pâle et glacée, regardant le comte avec un geste de mortelle stupeur.

— Parce que demain, ma fille, tu seras libre, répondit le comte; parce que tu reprendras dans le monde la place qui t'est due, parce que je ne veux pas que ma des-

OEUVRES COMP. D'ALEX. DUMAS. 51

tinée obscurcisse la tienne. Fille de prince! je te rends les richesses et le nom de ton père.

Haydée pâlit, ouvrit ses mains diaphanes comme fait la vierge qui se recommande à Dieu, et d'une voix rauque de larmes :

— Ainsi, mon seigneur, tu me quittes? dit-elle.

— Haydée! Haydée! tu es jeune, tu es belle; oublie jusqu'à mon nom et sois heureuse.

— C'est bien, dit Haydée, tes ordres seront exécutés, mon seigneur; j'oublierai jusqu'à ton nom et je serai heureuse.

Et elle fit un pas en arrière pour se retirer.

— Oh! mon Dieu! s'écria Valentine, tout en soutenant la tête engourdie de Morrel sur son épaule, ne voyez-vous donc pas comme elle est pâle, ne comprenez-vous pas ce qu'elle souffre?

Haydée lui dit avec une expression déchirante :

— Pourquoi veux-tu donc qu'il me comprenne, ma sœur, il est mon maître et je suis son esclave; il a le droit de ne rien voir.

Le comte frissonna aux accens de cette voix qui alla éveiller jusqu'aux fibres les plus secrètes de son cœur; ses yeux rencontrèrent ceux de la jeune fille et ne purent en supporter l'éclat.

— Mon Dieu! mon Dieu! dit Monte-Cristo, ce que vous m'aviez laissé soupçonner serait donc vrai! Haydée, vous seriez donc heureuse de ne point me quitter?

— Je suis jeune, répondit-elle doucement, j'aime la vie que tu m'as toujours faite si douce, et je regretterais de mourir.

— Cela veut-il donc dire que si je te quittais, Haydée...

— Je mourrais, mon seigneur, oui!

— Mais tu m'aimes donc?

— Oh! Valentine, il demande si je l'aime! Valentine, dis-lui donc si tu aimes Maximilien!

Le comte sentit sa poitrine s'élargir et son cœur se dilater; il ouvrit ses bras, Haydée s'y élança en jetant un cri.

— Oh! oui, je t'aime! dit-elle, je t'aime comme on aime son père, son frère, son mari! je t'aime comme on aime sa vie, comme on aime son Dieu, car tu es pour moi le plus beau, le meilleur et le plus grand des êtres créés!

— Qu'il soit donc fait ainsi que tu le veux, mon ange chéri! dit le comte; Dieu qui m'a suscité contre mes ennemis et qui m'a fait vainqueur, Dieu, je le vois bien, ne veut pas mettre ce repentir au bout de ma victoire; je voulais me punir, Dieu veut me pardonner. Aime-moi donc, Haydée! Qui sait? ton amour me fera peut-être oublier ce qu'il faut que j'oublie.

— Mais que dis-tu donc là, mon seigneur? demanda la jeune fille.

— Je dis qu'un mot de toi, Haydée, m'a plus éclairé que vingt ans de ma lente sagesse; je n'ai plus que toi au monde, Haydée; par toi je me rattache à la vie, par toi je puis souffrir, par toi je puis être heureux.

— L'entends-tu, Valentine! s'écria Haydée; il dit que par moi il peut souffrir, par moi qui donnerais ma vie pour lui?

Le comte se recueillit un instant.

— Ai-je entrevu la vérité? dit-il. Oh! mon Dieu, n'importe, récompense ou châtiment, j'accepte cette destinée. Viens, Haydée, viens...

Et jetant son bras autour de la taille de la jeune fille, il serra la main de Valentine et disparut.

Une heure à peu près s'écoula pendant laquelle haletante, sans voix, les yeux fixes, Valentine demeura près de Morrel. Enfin elle sentit son cœur battre, un souffle imperceptible ouvrit ses lèvres, et ce léger frissonnement qui annonce le retour de la vie courut par tout le corps du jeune homme.

Enfin ses yeux se rouvrirent, mais fixes et comme insensés d'abord, puis la vue lui revint, precise, réelle; avec la vue le sentiment, avec le sentiment la douleur.

— Oh! s'écria-t-il avec l'accent du désespoir, je vis encore, le comte m'a trompé!

Et sa main s'étendit vers la table, et saisit un couteau.

— Ami, dit Valentine avec son adorable sourire, réveille-toi donc et regarde de mon côté.

Morrel poussa un grand cri, et, délirant, plein de doute, ébloui comme par une vision céleste, il tomba sur ses deux genoux...

Le lendemain, aux premiers rayons du jour, Morrel et Valentine se promenaient au bras l'un de l'autre sur le rivage, Valentine racontant à Morrel comment Monte-Cristo était apparu dans sa chambre, comment il lui avait tout dévoilé, comment il lui avait fait toucher le crime du doigt, et enfin comment il l'avait miraculeusement sauvée de la mort, tout en laissant croire qu'elle était morte.

Ils avaient trouvé ouverte la porte de la grotte, et ils étaient sortis; le ciel laissait luire dans son azur matinal les dernières étoiles de la nuit.

Alors Morrel aperçut dans la pénombre d'un groupe de rochers un homme qui attendait un signe pour avancer, il montra cet homme à Valentine.

— Ah! c'est Jacopo! dit-elle, le capitaine du yacht.

Et d'un geste elle l'appela vers elle et vers Maximilien.

— Vous avez quelque chose à nous dire? demanda Morrel.

— J'avais à vous remettre cette lettre de la part du comte.

— Du comte! murmurèrent ensemble les deux jeunes gens.

— Oui, lisez.

Morrel ouvrit la lettre et lut :

« Mon cher Maximilien,

» Il y a une felouque pour vous à l'ancre, Jacopo vous conduira à Livourne, où M. Noirtier attend sa petite-fille qu'il veut bénir avant qu'elle vous suive à l'autel. Tout ce qui est dans cette grotte, mon ami, ma maison des Champs-Elysées et mon petit château du Tréport sont le présent de noces que fait Edmond Dantès au fils de son patron Morrel. Mademoiselle de Villefort voudra bien en prendre la moitié, car je la supplie de donner aux pauvres de Paris toute la fortune qui lui revient du côté de son père devenu fou, et du côté de son frère, mort en septembre dernier avec sa belle-mère.

» Dites à l'ange qui va veiller sur votre vie, Morrel, de prier quelquefois pour un homme qui, pareil à Satan, s'est cru un instant l'égal de Dieu, et qui a reconnu, avec toute l'humilité d'un chrétien, qu'aux mains de Dieu seul est la suprême puissance et la sagesse infinie. Ces prières adouciront peut-être le remords qu'il emporte au fond de son cœur.

» Quant à vous, Morrel, voici tout le secret de ma conduite envers vous : Il n'y a ni bonheur ni malheur en ce monde, il y a la comparaison d'un état à un autre, voilà tout. Celui-là seul qui a éprouvé l'extrême infortune est apte à ressentir l'extrême félicité. Il faut avoir voulu mourir, Maximilien, pour savoir combien il est bon de vivre.

» Vivez donc et soyez heureux, enfans chéris de mon cœur, et n'oubliez jamais que jusqu'au jour où Dieu daignera dévoiler l'avenir à l'homme, toute la sagesse humaine sera dans ces deux mots :

» *Attendre et espérer*!

» Votre ami,

» EDMOND DANTÈS,

» *Comte de Monte-Cristo*. »

Pendant la lecture de cette lettre, qui lui apprenait la folie de son père et la mort de son frère, mort et folie qu'elle ignorait, Valentine pâlit, un douloureux soupir s'échappa de sa poitrine, et des larmes qui n'en étaient pas moins poignantes pour être silencieuses, roulèrent sur ses joues; son bonheur lui coûtait bien cher.

Morrel regarda autour de lui avec inquiétude.

— Mais, dit-il, en vérité le comte exagère sa générosité; Valentine se contentera de ma modeste fortune. Où est le comte, mon ami? conduisez-moi vers lui.

Jacopo étendit la main vers l'horizon.

— Quoi! que voulez-vous dire? demanda Valentine: où est le comte? où est Haydée?

— Regardez, dit Jacopo.

Les yeux des deux jeunes gens se fixèrent sur la ligne indiquée par le marin; et sur la ligne d'un bleu foncé qui séparait à l'horizon le ciel de la Méditerranée, ils aperçurent une voile blanche grande comme l'aile d'un goëland.

— Parti! s'écria Morrel; parti! Adieu, mon ami, mon père.

— Partie! murmura Valentine. Adieu, mon amie! adieu, ma sœur!

— Qui sait si nous les reverrons jamais! fit Morrel en essuyant une larme.

— Mon ami, dit Valentine, le comte ne vient-il pas de nous dire que l'humaine sagesse était tout entière dans ces deux mots :

— *Attendre et espérer!*

FIN DU COMTE DE MONTE-CHRISTO.

FRANÇOIS PICAUD

HISTOIRE CONTEMPORAINE

En 1807, vivait à Paris un ouvrier cordonnier en chambre du nom de François Picaud. Ce pauvre diable, jeune et assez joli garçon, était sur le point de se marier avec une fillette fraîche, accorte, agaçante, et qui lui plaisait fort, comme plaît d'ailleurs aux gens du peuple la fiancée qu'ils se choisissent, c'est-à-dire uniquement entre toutes les femmes; car, pour les gens du peuple, il n'existe qu'une manière d'avoir une femme, c'est de l'épouser. Or, ce beau projet en tête, et vêtu de ses habits de dimanche, François Picaud se rend chez un cafetier, son égal de rang et d'âge, mais plus riche que l'ouvrier, et connu par une jalousie extravagante de tout ce qui prospérait autour de lui.

Mathieu Loupian, né à Nîmes, comme Picaud, avait à Paris un café-estaminet très bien achalandé près de la place Sainte-Opportune. Il était déjà veuf et avait deux enfans de sa défunte femme; trois voisins habituels, tous du département du Gard, tous de la connaissance de Picaud, étaient avec lui.

— Qu'est-ce, dit le maître du lieu? Eh! Picaud, comme te voilà *brave*, on dirait que tu vas danser *las treilhas* (les treilles, ballet populaire fort à la mode dans le Bas-Languedoc).

— Je fais mieux, mon Loupian, je me marie.

— Et qui as-tu choisi pour te planter des cornes? demande un des auditeurs nommé Allut.

— Non pas la seconde fille de ta belle-mère, car dans cette famille on a si peu d'adresse à les mettre que les tiennes ont percé ton chapeau.

On se regarde; en effet, le feutre d'Allut a un accroc, et les rieurs passent du côté de *peyou* (savetier).

— Badinage à part, dit le cafetier, qui épouses-tu, Picaud?

— La de Vigouroux.

— Thérèse la riche?

— Elle-même.

— Mais elle a cent mille francs! s'écrie le cafetier consterné.

— Je la paierai en amour et en bonheur. Or ça, messieurs, je vous invite à la messe qui se dira à Saint-Leu, et à la danse après le repas de noces, qui aura lieu au *Bal champêtre*, dans les *Bosquets de Vénus*, rue aux Ours, chez M. Lasignac, maître de danse, au cinquième, sur le derrière.

Les quatre amis peuvent à peine répondre quelques paroles insignifiantes, tant le bonheur de leur camarade les étourdit.

— A quand la noce? demanda Loupian.

— A mardi prochain.

— A mardi.

— Je compte sur vous. A revoir. Je vais à la mairie et de là chez M. le maire. (Il sort. On se regarde.)

— Est-il heureux, ce drôle!

— Il est sorcier.

— Une fille si belle, si riche!

— A un *peyou*!

— Et c'est mardi la noce!

— Oui, dans trois jours.

— Je gage, dit Loupian, de retarder la fête.

— Comment feras-tu?

— Oh! un badinage.

— Quoi, encore?

— Une plaisanterie excellente... Le commissaire va venir... je dirai que je soupçonne Picaud d'être un agent des Anglais, vous comprenez? Là-dessus on le mandera, on l'interrogera; il aura peur, et, pendant huit jours au moins, la noce prendra patience.

— Loupian, dit Allut, c'est un mauvais jeu. Tu ne connais pas Picaud... Il est capable, s'il découvre le tour, de s'en venger durement.

— Bah! bah! dirent les autres, il faut s'amuser en carnaval.

— Tant qu'il vous plaira; mais je vous avertis que je ne suis pas du projet, chacun son goût.

— Oh! reprend le cafetier avec aigreur, je ne m'étonne pas que tu portes des cornes, tu es capon.

— Je suis honnête homme, tu es jaloux. Je vivrai tranquille, tu mourras malheureux. Bonne nuit!

Dès qu'il a tourné le talon, le trio s'encourage à ne pas abandonner une si plaisante idée, et Loupian, l'inventeur de la proposition, promet à ses deux amis de les faire rire *à ventre déboutonné*. Le même jour, deux heures après, le commissaire de police, devant lequel Loupian avait jasé, faisait son devoir de fonctionnaire vigilant. Des bavardages du cafetier il compose un superbe rapport en style de commissaire, et expédie son travail à l'autorité supérieure. La note fatale est portée chez le duc de Rovigo; elle coïncide avec des révélations qui se rattachent aux mouvemens de la Vendée. Plus de doute, Picaud sert d'intermédiaire entre le midi et l'ouest. Ce ne peut être qu'un personnage important; son métier actuel cache un gentilhomme languedocien. Bref, dans la nuit du dimanche au lundi, le malheureux Picaud est enlevé de sa chambre avec tant de mystère que nul ne l'a vu partir; mais depuis ce jour sa trace est perdue complétement: ses parens, ses amis ne peuvent obtenir sur son sort le moindre renseignement, et l'on cesse de s'occuper de lui.

Le temps s'écoule; 1814 arrive; le gouvernement impérial tombe, et du château de Fenestrelles descend, vers le 15 avril, un homme voûté par la souffrance, vieilli par le désespoir encore plus que par le temps. En sept ans, on dirait qu'il a vécu plus d'un demi-siècle. Nul ne le reconnaîtra, car lui-même ne s'est pas reconnu, lorsque, pour la première fois, dans la chétive auberge de Fenestrelles, il a pu consulter un miroir.

Cet homme qui, dans sa prison, répondait aux nom et prénom de Joseph Lucher, a servi moins de domestique que de fils à un riche ecclésiastique milanais. Celui-ci, indigné de l'abandon où ses proches le laissaient, afin de jouir des revenus de sa grande fortune, ne leur a livré ni les capitaux qu'il possédait sur la banque de Hambourg, ni ceux qu'il a placés dans la banque d'Angleterre. De plus, il a vendu la plus grande partie de ses domaines à un des grands dignitaires du royaume d'Italie. Cette vente a été faite à fonds perdu. La rente annuelle est payable chez un banquier d'Amsterdam, chargé de faire parvenir l'argent au vendeur.

Ce noble Italien, mort le 4 janvier 1814, avait fait unique héritier d'environ sept millions de biens libres le pauvre Joseph Lucher, et, en outre, avait découvert à ce dernier le secret d'un trésor où étaient cachés environ douze cent mille francs de diamans au prix du commerce, et au moins trois millions d'espèces monnayées, tant en ducats de Milan, florins de Venise, quadruples d'Espagne, que louis de France, guinées anglaises etc.

Joseph Lucher, libre enfin, marcha rapidement vers Turin, gagna Milan; il agit avec prudence, et, au bout de quelques jours, il était en possession du trésor qu'il venait chercher, augmenté d'un multitude de pierres antiques, de camées admirables, tous d'une première valeur. De Milan, Joseph Lucher se rendit à Amsterdam, à Hambourg, successivement à Londres, et dans ce voyage recueillit assez de richesses pour en combler les caisses d'un roi. Lucher, instruit à fond par son maître des ressorts secrets de la spéculation, sut si bien placer ses espèces qu'en se réservant ses diamans et un million en portefeuille, il se créa un revenu de six cent mille francs payable partiellement par les banques d'Angleterre, d'Allemagne, de France et d'Italie.

Cela fait, il se mit en route pour Paris, où il arriva le 15 février 1815, huit ans après, jour pour jour, que l'infortuné François Picaud avait disparu. Celui-ci aurait eu alors trente-quatre ans. Joseph Lucher tomba malade dès le lendemain de son entrée à Paris. Comme il était sans train, sans valet, il se fit transporter dans une maison de santé. Au retour de Napoléon, Lucher était encore malade, et n'avait point cessé de l'être depuis que l'empereur avait habité l'île d'Elbe. Tant que l'empereur demeura en France, le malade Lucher prolongea sa convalescence; mais lorsque la seconde restauration eut paru devoir consolider définitivement la monarchie de Louis XVIII, l'habitué de la maison de santé la quitta et se rendit dans le quartier Sainte-Opportune. Voici ce qu'il apprit :

En 1807, au mois de février, on s'occupa beaucoup de la disparition d'un jeune savetier, honnête homme, et près de faire un mariage fabuleux. Une plaisanterie de trois amis détruisit sa bonne fortune ; le pauvre diable s'enfuit ou fut enlevé. Enfin, nul ne sut quel avait été son sort. Sa prétendue le pleura pendant deux ans ; puis, fatiguée sans doute de ses larmes, épousa le cafetier Loupian, qui, par ce mariage, ayant augmenté ses affaires, possédait aujourd'hui sur les boulevarts le plus magnifique et le mieux achalandé de tous les cafés de Paris.

Joseph Lucher entendit cette histoire assez indifféremment, en apparence. Il s'informa cependant des noms de ceux dont les plaisanteries avaient causé le malheur présumé de Picaud. On avait oublié les noms de ces individus.

— Cependant, ajouta un de ceux que le nouveau venu interrogeait, il y a un certain Antoine Allut qui s'est vanté devant moi de connaître ceux dont vous parlez.

— J'ai connu un Allut en Italie : il était de Nîmes.

— Celui dont il est question est aussi de Nîmes.

— Cet Allut me prêta cent écus, et me dit de les rendre, autant qu'il m'en souvient, à son cousin Antoine.

— Vous pouvez lui envoyer la somme à Nîmes, car il s'y est retiré.

Le lendemain, une chaise de poste, précédée d'un courrier qui payait triples guides, volait plutôt qu'elle ne courait sur la route de Lyon. De Lyon, la voiture suivit le Rhône par la route de Marseille, quitta celle-ci au pont Saint-Esprit. Là, un abbé italien mit pied à terre, pour la première fois depuis le commencement du voyage.

Il prit un carrossin et descendit à Nîmes à l'hôtel si connu du Luxembourg. Sans affection, il s'informa aux gens de l'hôtel de ce qu'était devenu Antoine Allut. Ce nom, assez commun dans cette contrée, est porté par plusieurs familles toutes différentes de rang, de fortune et de religion. Il se passa un assez long temps avant que l'individu à la recherche duquel courait l'abbé Baldini fut définitivement rencontré, et quelques jours furent en outre nécessaires à l'abbé pour se mettre en rapport intime avec Antoine Allut. Mais ces préliminaires terminés, l'abbé conta à Antoine que, prisonnier au château de l'OEuf, à Naples, et pour crime d'état, il avait fait connaissance avec un bon compagnon, dont il regrettait fort la mort arrivée en 1811.

— A cette époque, dit-il, c'était un garçon d'environ trente ans ; il expira pleurant encore son pays perdu, mais pardonnant à ceux dont il avait à se plaindre. C'était un Nîmois, et il se nommait François Picaud.

Allut poussa un cri. L'abbé le regarda avec étonnement.

— Vous connaissez donc vous-même ce Picaud ? dit-il à Allut.

— C'était un de mes bons amis... Il est allé mourir loin, le malheureux... Mais avez-vous su la cause de son arrestation ?

— Il ne la savait pas lui-même, et il m'en a fait de tels sermens que je ne peux douter de son ignorance.

Allut soupira. L'abbé reprit :

— Tant qu'il a vécu, une seule idée l'occupa. Il aurait, disait-il, donné sa part de paradis à qui lui aurait nommé l'auteur ou les auteurs de son arrestation. Et cette idée fixe a même inspiré à Picaud l'idée de la singulière clause testamentaire qu'il a faite. Mais d'abord je dois vous dire que, dans la prison, Picaud avait rendu de notables services à un Anglais, prisonnier comme lui, lequel en mourant a laissé à Picaud un diamant de la valeur au moins de cinquante mille francs...

— Il fut bien heureux ! s'écria Allut ; cinquante mille francs, c'est une fortune.

— Lorsque François Picaud se vit au lit de mort, il me fit appeler, et me dit : Ma fin me sera douce, si vous me promettez d'accomplir mes intentions ; me le promettez-vous ? — Je le jure, bien persuadé que vous n'exigerez rien contre l'honneur et la religion. — Oh ! rien, sans doute. Écoutez-moi, vous en jugerez ; je n'ai pu savoir le nom de ceux qui m'ont plongé dans cet enfer ; mais j'ai eu une révélation. La voix de Dieu m'a averti qu'un de mes compatriotes de Nîmes, Antoine Allut, connaît mes dénonciateurs. Allez vers lui, quand votre liberté vous sera rendue, et de ma part donnez-lui le diamant que je tiens de la bonté de sir Herbert Newton ; mais je mets une condition, c'est qu'en recevant le diamant de vous, il vous confiera les noms de ceux que je regarde comme mes assassins. Lorsqu'il vous les aura appris, vous reviendrez à Naples, et vous les insinuerez écrits sur une plaque de plomb dans mon tombeau. Séance tenante, Antoine Allut avoua qu'il connaissait et livra les noms qu'on lui demandait ; il ne le fit pas cependant sans un secret mouvement de terreur ; mais sa femme était là qui l'encourageait, et l'abbé écrivit les noms de Gervais Chaubard, de Guilhem Solari, et enfin celui de Gilles Loupian.

La bague fut remise. Suivant la convention, elle devint la propriété d'un joaillier, au prix convenu de soixante-trois mille sept cent quarante-neuf francs onze centimes, qu'il solda de suite. Quatre mois après, au désespoir éternel des Allut, le diamant fut revendu à un négociant turc cent deux mille francs. Cette différence causa un meurtre, celui du joaillier, et la ruine totale des avides Allut, qui durent fuir et sont restés malheureux, en Grèce, où ils se réfugièrent.

Une dame se présente au café Loupian et demande le propriétaire ; elle lui confie que sa famille était redevable de services éminens à un pauvre homme ruiné par les événemens de 1814, mais si désintéressé qu'il ne voulait recevoir aucune récompense ; il souhaitait seulement entrer, comme garçon limonadier, dans un établissement où il serait traité avec égards. Il n'était plus jeune ; il paraissait avoir cinquante ans ; or, pour déterminer

M. Loupian à le prendre, on donnerait au maître cent francs par mois, à l'insu du garçon.

Loupian accepte. Un homme se présente, assez laid et mal vêtu. La dame du lieu, Mme Loupian, l'examine attentivement, croit retrouver dans ses traits une figure de connaissance ; mais, perdue au milieu de ses souvenirs, n'y saisit rien qui la satisfasse, et oublie cette circonstance. Deux Nîmois venaient exactement à ce café. Un jour, l'un d'eux ne paraît pas. On plaisante sur son absence. Le lendemain se passe sans qu'il paraisse davantage. Que fait-il ? Guilhem Solari promet de savoir le motif de son absence ; il retourne au café vers neuf heures du soir, et, tout consterné, raconte que, sur le pont des Arts, la veille, à cinq heures du matin, le corps de l'infortuné Chaubard a été trouvé percé d'un coup de poignard. L'arme est restée dans la blessure, et sur le manche on a lu ces mots formés au moyen de lettres imprimées : NUMÉRO UN.

Les conjectures ne manquèrent pas ; Dieu sait toutes celles que l'on fit ! La police remua ciel et terre, mais le coupable échappa à toutes les investigations. Quelque temps après, un superbe chien de chasse, appartenant au chef du café, fut empoisonné, et un jeune garçon déclara avoir vu un *client* jeter des biscuits à la pauvre bête. Ce jeune homme donna le signalement du *client*.

On reconnut un ennemi de Loupian qui, pour se moquer, venait dans le café où Loupian était en quelque sorte à ses ordres. Un procès fut intenté au malveillant *client* ; mais il prouva son innocence en faisant constater un *alibi*. Il était courrier-suppléant des malles-postes, et, le jour du délit, il arrivait à Strasbourg. Deux semaines après, le perroquet favori de Mme Loupian subit le sort du chien de chasse et fut empoisonné avec des amandes amères et du persil. On recommença les recherches ; elles furent sans résultat.

Loupian, d'un premier mariage, avait une fille âgée de seize ans. Elle était belle comme un ange. Un merveilleux la vit, en devint fou, dépensa des sommes extravagantes pour gagner à ses intérêts les garçons du café et la *bonne* de la demoiselle, et, s'étant ménagé ainsi de nombreuses entrevues avec l'intéressante personne, la séduisit en se donnant pour marquis et millionnaire. La demoiselle ne s'aperçut de son imprudence que lorsqu'il fallut élargir son corset. Alors elle avoua à ses parens sa faiblesse ; irréparable désespoir ! La famille en parle au *monsieur*. Il vante sa fortune, consent au mariage, montre des actes de famille, des titres de propriétés. La joie renaît chez les Loupian. Bref, le mariage se fait, et l'époux, qui veut des noces splendides, a commandé, pour le soir, un repas de cent cinquante couverts au *Cadran-Bleu*.

A l'heure indiquée, les convives arrivent ; mais le marquis ne se trouve point. Une lettre cependant arrive. Elle annonce que, mandé par le roi, le marquis s'est rendu au château ; il s'excuse de son retard, prie qu'on dîne sans l'attendre, et sera rendu auprès de sa femme à dix heures. On dîne donc, mais sans l'*aimable gendre*. Mauvaise humeur de la mariée, qu'on félicite sur la position glorieuse du mari. Deux services sont dépêchés. Au dessert, un garçon met une lettre sur l'assiette de chaque convive. On apprend que le mari est un galérien libéré, et qu'il a pris la fuite.

La consternation des Loupian est affreuse, et cependant ils ne voient pas clair dans ce malheur. Quatre jours après, un dimanche, pendant que toute la famille est à se distraire à la campagne, le feu est mis à neuf endroits différens dans l'appartement situé au-dessus du café. Des misérables accourent ; sous prétexte de secours, pillent, volent, brisent, dévastent ; la flamme gagne la maison et la consume. Le propriétaire exerce un recours contre Loupian ; celui-ci est complétement ruiné ; il ne reste plus à ces malheureux époux qu'un peu de bien, du côté de la femme. Toutes leurs valeurs d'argent comptant, d'effets publics et de mobilier, ont été détruites ou volées dans le désastre qui les a atteints.

Les Loupian, en conséquence, sont abandonnés de leurs amis : un seul leur demeure fidèle, le vieux garçon Prosper. Celui-là ne veut pas les quitter ; il les suivra sans gages, se contentant de partager le pain de ses maîtres. On l'admire, on le prône, et un nouveau mais très modeste café est établi rue Saint-Antoine. Là, vient encore Solari, qui, un soir, en rentrant chez lui, est pris de douleurs atroces. On appelle un médecin. Celui-ci déclara Solari empoisonné, et, malgré tous les secours, l'infortuné meurt dans les plus terribles convulsions. Douze heures après, lorsque, selon l'usage, la bière fut exposée à la porte d'entrée de la maison où logeait Solari, on trouva sur le drap noir qui recouvrait le coffre un papier où ces deux mots sinistres étaient inscrits, au moyen de caractères imprimés : NUMÉRO DEUX.

Outre la fille, dont la destinée avait été si malheureuse, Loupian avait un fils. Ce jeune garçon, poursuivi par des mauvais sujets, séduit par ces créatures publiques, lutta d'abord et finit par se livrer à la débauche. Une nuit ses camarades proposent une *farce* : il faut enfoncer un magasin de liqueurs, en enlever douze bouteilles, les boire et les payer le lendemain. Eugène Loupian, déjà à moitié ivre, bat des mains à ce beau projet. Mais au moment où la porte a été crochetée, quand les flacons ont été choisis, que chacun de la bande a mis deux dans ses poches, la police, avertie par un faux frère, survient ; les six coupables ou imprudens sont arrêtés, et un jugement pour vol de nuit avec effraction est rendu contre eux. La pitié royale sauva au jeune homme l'infamie, malgré des efforts incroyables d'argent et de séduction tentés pour détourner la clémence du souverain. Le fils Loupian eut à subir vingt ans de prison.

Cette catastrophe compléta la ruine et l'infortune des Loupian ; la *belle et riche* Thérèse mourut de chagrin sans laisser de postérité, il fallut rendre les débris de la dot. Le malheureux Loupian et sa fille restèrent sans ressource aucune ; alors *l'honnête* garçon qui avait des économies les offrit à la jeune femme ; mais il mit un prix à ce service, et fit de très odieuses propositions à Mlle Loupian. Dans l'espoir de sauver son père, et dans leur extrême misère, elle accepta la honte d'un concubinage qui fit descendre la malheureuse au dernier degré de l'avilissement.

Loupian existait à peine, ses malheurs avaient ébranlé sa raison. Un soir, pendant qu'il se promenait dans une allée sombre du jardin des Tuileries, un homme masqué se présenta devant lui.

— Loupian, lui crie-t-il, te rappelles-tu 1807 ?
— Pourquoi ?
— Sais-tu le crime que tu commis à cette époque ?
— Une crime !
— Une crime infâme ! Par jalousie, tu fis plonger dans un cachot ton ami Picaud ; t'en souviens-tu ?
— Ah ! Dieu m'en punit rigoureusement.
— Non, mais Picaud lui-même, lui qui, pour assouvir sa vengeance, a poignardé Chaubard sur le pont des Arts, a empoisonné Solari, a donné à ta fille un forçat pour mari, et conduit la trame où ton fils est tombé. Sa main tua ton chien et le perroquet de ta femme, elle incendia ta maison et y poussa les voleurs. C'est enfin lui qui a fait mourir ta femme de douleur ; lui dont ta fille est devenue la concubine. Oui, dans ton garçon Prosper reconnais Picaud, mais que ce soit au moment où il placera son NUMÉRO TROIS.

Le furieux dit, et d'un coup de poignard, atteint si bien au cœur sa victime, que Loupian tombe et meurt ayant pu à peine pousser un faible cri.... Ce dernier acte de sa vengeance accompli, Picaud songeait à sortir des Tuileries lorsqu'une main de fer le saisissant au col le jeta lui-même par terre auprès du cadavre, et un homme profitant de sa surprise, lui lia les mains et les pieds, le bâillonna fortement, puis, l'enveloppant dans son propre manteau, l'emporta précipitamment.

Rien ne peut égaler la fureur, l'étonnement de Picaud, ainsi garrotté, ainsi enlevé. Assurément il n'était pas tombé au pouvoir de la force publique. Un gendarme, eût-il été seul, n'aurait pas pris ces précautions extraordinaires, lors même qu'il eût suspecté le voisinage des complices. Un appel eût suffi à rallier les sentinelles placées près de là... Etait-ce donc un voleur qui l'emportait ainsi?.... Mais quel singulier voleur...... Ce ne pouvait être un plaisant. Dans tous les cas, Picaud était tombé dans un guet-apens. C'était la seule chose qui fût incontestablement réelle pour l'assassin Picaud.

Quand l'homme sur les épaules duquel il était ainsi attaché s'arrêta enfin, Picaud présuma qu'il y avait à peu près une demi-heure que cet homme marchait. Picaud, enveloppé dans le manteau, n'avait rien vu des lieux de ce parcours. Quand il en fut débarrassé, il se sentit déposé sur un pliant (lit de sangle) garni de son matelas, l'air du lieu où il se trouvait était épais et lourd. Il crut reconnaître une cavité souterraine dépendant, selon toute apparence, d'une carrière abandonnée.

L'obscurité presque complète du lieu, l'agitation bien naturelle où se trouvait Picaud, le changement que peuvent opérer sur les traits dix ans de misère et de désespoir, ne permirent point à l'assassin de Loupian de reconnaître l'individu qui lui apparaissait comme un fantôme. Il l'examinait dans un morne silence attendant un mot qui lui expliquât quel sort il devait attendre, et dix minutes se passèrent avant qu'aucun de ces deux hommes échangeât une parole.

— Eh bien! Picaud, lui dit-il, quel nom porteras-tu désormais? Sera-ce celui que tu reçus de ton père? celui que tu pris à ta sortie de Fenestrelles? seras-tu l'abbé Baldini ou le garçon limonadier Prosper?

Ton esprit ingénieux ne t'en fournit-il pas un cinquième? Pour toi, sans doute, la vengeance n'est qu'une plaisanterie, mais non, c'est une manie furieuse, et dont tu aurais eu horreur toi-même, si tu n'avais vendu ton esprit au démon. Tu as sacrifié les dix dernières années de ta vie à poursuivre trois misérables que tu aurais dû épargner. Tu as commis des crimes horribles; tu t'es perdu à jamais, enfin tu m'as entraîné dans l'abîme.

— Toi, toi, qui es-tu?

— Je suis ton complice, un scélérat qui pour de l'or t'ai vendu la vie de mes amis. Ton or m'a été funeste. La cupidité allumée par toi dans mon ame ne s'est jamais éteinte. La soif des richesses m'a rendu furieux et coupable. J'ai tué celui qui m'avait trompé. Il m'a fallu fuir avec ma femme; elle est morte dans cet exil, et moi, arrêté, jugé, condamné aux galères, j'ai subi l'exposition et la flétrissure; j'ai traîné le boulet. Enfin, parvenu à m'échapper à mon tour, j'ai voulu atteindre et punir cet abbé Baldini qui atteint et punit si bien les autres. J'ai couru à Naples, on ne l'y connaissait pas. J'ai cherché la tombe de Picaud, et j'ai appris que Picaud vivait. Comment l'ai-je su? Ni toi ni le pape ne m'arracherez ce secret. Dès-lors je me suis remis à la poursuite de ce prétendu mort; mais, quand je l'ai retrouvé, déjà deux assassinats avaient signalé sa vengeance; les enfans de Loupian étaient perdus, sa maison brûlée, sa fortune détruite. Ce soir, j'allais aborder ce malheureux, lui révéler tout; mais encore cette fois tu m'as prévenu, le diable te donnait de l'avance sur moi, et Loupian est tombé sous tes coups, avant que Dieu qui me conduisait, m'eût permis d'arracher à la mort ta dernière victime. Qu'importe, après tout, je te tiens; à mon tour, je puis te rendre le mal que tu m'as fait, je puis te prouver que les gens de notre pays ont le bras aussi bon que la mémoire : je suis Antoine Allut.

Picaud ne répondit pas; il se passait d'étranges choses dans son ame. Soutenu jusqu'à ce moment par l'ivresse vertigineuse de la vengeance, il avait en quelque sorte oublié sa fortune immense et toutes les voluptés qu'il en pouvait attendre. Mais à présent sa vengeance était accomplie, à présent il devait songer à vivre de la vie des riches, et à présent il allait tomber lui-même sous la main d'un homme aussi implacable, qu'il se souvenait l'avoir été lui-même. Ces réflexions lui traversèrent rapidement le cerveau, et un mouvement de rage lui fit mordre convulsivement le bâillon qu'Antoine Allut avait eu soin de lui mettre.

» Cependant, pensa-t-il, riche comme je le suis, ne puis-je, avec de belles promesses, et au besoin en faisant un sacrifice réel, me débarrasser de mon ennemi? J'ai donné cinquante mille francs pour apprendre les noms de mes victimes, ne puis-je en donner autant ou le double pour sortir du péril où je suis? »

Mais Dieu permit que l'épaisse fumée de l'avarice obscurcît la lucidité d'une telle pensée. Cet homme, possesseur d'au moins seize millions, s'épouvanta d'avoir à livrer la somme qui lui serait demandée. L'amour de l'or étouffa les cris de sa chair révoltée qui se voulait racheter et ne put plaider que faiblement. L'or devint sa chair elle-même, son sang, toute son existence. Oh! dit-il au plus caché de son ame, plus je me ferai pauvre, plus tôt je sortirai de cette prison. Nul ne sait ce que je possède, feignons d'être à la mendicité; il me lâchera pour quelques écus, et hors de ses mains il tardera peu à retomber dans les miennes.

Voilà ce que Picaud imagina : voilà la litière absurde qu'il fit à ses erreurs et à son espoir, pendant qu'Allut lui rendait la liberté de la bouche.

— Où suis-je? dit-il.

— Que t'importe, tu es en un lieu où tu ne dois attendre ni secours ni pitié; tu es à moi... à moi seul, entends-tu, et l'esclave de ma volonté et de mon caprice.

Picaud sourit avec dédain, et son ancien ami ne poursuivit pas; il le laissa toujours couché sur le grabat où il l'avait déposé, il ne le délia point (il s'était contenté, comme nous l'avons dit, de lui ôter son bâillon). Allut ajouta même à la rigueur des entraves qui retenaient son prisonnier : il lui passa autour des reins une large et épaisse ceinture de fer, fixée par une chaîne à trois immenses anneaux rivés dans le mur. Cela fait, Allut se mit à souper ; et comme Picaud vit qu'Allut ne lui offrait rien de ce qu'il mangeait :

— J'ai faim! dit-il.

— Combien veux-tu payer le pain et l'eau que je te donnerai?

— Je n'ai pas d'argent.

— Tu es seize millions et plus, répondit Allut, et il fournit à Picaud de tels renseignemens sur le placement de fonds en Angleterre, en Allemagne, en Italie, en France, que l'avare en fut horripilé par tout son corps.

— Tu rêves!

— Et toi, rêve que tu manges.

Allut sortit, et resta absent pendant toute la nuit; vers les sept heures du matin il rentra et déjeuna; la vue des alimens redoubla chez Picaud la torture de la faim.

— Donne-moi à manger, dit-il.

— Combien veux-tu payer pour le pain et l'eau que je te donnerai?

— Rien.

— Eh bien! voyons qui de nous deux se lassera le premier.

Et il s'en alla encore.

A trois heures de l'après-midi il était de retour; il y avait vingt-huit heures que Picaud n'avait pris aucune nourriture; il implora la pitié de son geôlier; il lui proposa vingt sous pour une livre de pain.

— Écoute, dit Allut, voici mes conditions : je te donnerai deux fois par jour à manger, et tu paieras chaque fois vingt-cinq mille francs.

Picaud hurla, se tordit sur son grabat, l'autre demeura impassible.

— C'est mon dernier mot : choisis, prends ton temps.

Tu n'as pas eu pitié *des amis*, je veux être pour toi sans miséricorde.

Le misérable prisonnier passa le reste du jour et la nuit suivante dans les rages de la faim et du désespoir; ses angoisses morales étaient au comble, l'enfer était dans son cœur. Ses souffrances furent telles qu'il fut pris du *tétanos*, comme si ses nerfs avaient été déchirés; la tête se détraqua; le rayon de l'intelligence céleste qui l'animait fut étouffé sous ce soulèvement de passions extrêmes et désordonnées. L'impitoyable Allut tarda peu à reconnaître que c'était trop tourmenter un corps humain; son ancien ami n'était plus capable de discernement; c'était une machine inerte, sensible encore à la douleur physique, mais incapable de la combattre ou de la détourner : il fallait renoncer à en tirer un mot. Allut se désespérait en pensant que si Picaud mourait, aucun moyen ne lui restait de s'approprier l'immense fortune de sa victime. De rage, il se frappa lui-même; mais, surprenant un sourire diabolique sur la face livide de Picaud, Allut se précipita sur lui comme une bête féroce, le mordit, lui perça les yeux d'un couteau, l'éventra, et s'enfuyant de ce lieu où il ne laissait plus qu'un cadavre, s'éloigna, quitta Paris, et passa en Angleterre.

Là, tombé malade en 1828, il se confessa à un prêtre catholique français. Ramené à la détestation de ses fautes, il dicta lui-même à l'ecclésiastique tous les détails de cette histoire affreuse qu'il signa à chaque page. Allut mourut réconcilié avec Dieu, et fut enseveli chrétiennement. Après sa mort, l'abbé P... expédia à la police de Paris ce document précieux, où se trouvaient consignés les faits étranges qu'on vient de lire. Il l'accompagna de la lettre suivante :

« Monsieur le préfet,

» J'ai eu le bonheur de rendre à des sentimens de
» repentir un homme éminemment coupable. Il a cru, et
» j'ai pensé comme lui, qu'il serait utile de vous faire con-
» naître une série de faits abominables dans lesquels ce
» malheureux a été agent et patient tout ensemble. En
» suivant les indications fournies par la note annexée à
» ce pli, on retrouvera la chambre souterraine où doivent
» être encore les restes du misérable et malheureux Pi-
» caud, triste victime de ses passions et de sa haine. Dieu
» a pardonné; les hommes, dans leur orgueil, veulent
» faire plus que Dieu, ils poursuivent la vengeance, et la
» vengeance les écrase.

» Antoine Allut a vainement cherché où sont et com-
» ment sont placés les fonds de sa victime. Il a pénétré
» nuitamment dans l'appartement secret de celle-ci; au-
» cun registre, titre ou document, aucune somme d'ar-
» gent ne sont tombés en son pouvoir. Voici les adresses
» et renseignemens pour parvenir aux deux logemens,
» que, sous ses deux noms supposés, Picaud occupait à
» Paris.

» Même au lit de la mort, Antoine Allut s'est refusé à
» me faire connaître par quelle voie il avait eu connais-
» sance des faits relatés dans son mémoire, et qui l'avait
» instruit des crimes et de la fortune de Picaud; seule-
» ment, et une heure avant d'expirer, il m'a dit : *Mon*
» *père, la foi de nul homme ne peut être plus vive que la*
» *mienne, car j'ai vu et entendu parler une ame séparée*
» *de son corps.*

» Rien alors n'annonçait le délire chez Allut; il venait
» de faire nettement sa profession de foi. Les hommes
» du siècle sont présomptueux dans leur ignorance,
» leur refus de croire leur semble de la sagesse. Les
» voies de Dieu sont infinies, Adorons et soumettons-
» nous.

» J'ai l'honneur d'être, etc., etc. »

(Archives de la Police.)

TABLE DES CHAPITRES.

CHAP.	Ier.	Marseille. — L'arrivée............	1*
—	II.	Le père et le fils................	4*
—	III.	Les Catalans...................	2
—	IV.	Complot......................	6
—	V.	Le repas des fiançailles.........	8
—	VI.	Le substitut du procureur du roi...	12
—	VII.	L'interrogatoire................	15
—	VIII.	Le château d'If................	19
—	IX.	Le soir des fiançailles...........	22
—	X.	Le petit cabinet des Tuileries.....	24
—	XI.	L'ogre de Corse.................	27
—	XII.	Le père et le fils................	29
—	XIII.	Les Cent-Jours.................	32
—	XIV.	Le prisonnier furieux et le prisonnier fou...................	34
—	XV.	Le numéro 34 et le numéro 27....	38
—	XVI.	Un savant Italien...............	43
—	XVII.	La chambre de l'abbé...........	47
—	XVIII.	Le trésor.....................	52
—	XIX.	Le troisième accès..............	56
—	XX.	Le cimetière du château d'If......	59
—	XXI.	L'île de Tiboulen...............	61
—	XXII.	Les contrebandiers..............	65
—	XXIII.	L'île de Monte-Cristo............	67
—	XXIV.	Éblouissement..................	70
—	XXV.	L'inconnu.....................	72
—	XXVI.	L'auberge du pont du Gard.......	74
—	XXVII.	Le récit.......................	78
—	XXVIII.	Les registres des prisons.........	82
—	XXIX.	La maison Morrel...............	84
—	XXX.	Le cinq septembre...............	89
—	XXXI.	Italie. Simbad le Marin..........	93
—	XXXII.	Réveil........................	101
—	XXXIII.	Bandits romains................	103
—	XXXIV.	Apparition....................	113
—	XXXV.	La mazzolata..................	120
—	XXXVI.	Le carnaval de Rome............	125
—	XXXVII.	Les catacombes de Saint-Sébastien.	131
—	XXXVIII.	Le rendez-vous.................	136
—	XXXIX.	Les convives...................	138
—	XL.	Le déjeuner....................	145
—	XLI.	La présentation.................	149
—	XLII.	Monsieur Bertuccio..............	153
—	XLIII.	La maison d'Auteuil.............	154
—	XLIV.	La vendetta....................	157
—	XLV.	La pluie de sang................	164
—	XLVI.	Le crédit illimité................	167
—	XLVII.	L'attelage gris-pommelé.........	171
—	XLVIII.	Idéologie......................	178
—	XLIX.	Haydée.......................	175
—	L.	La famille Morrel...............	180
—	LI.	Pyrame et Thisbé...............	183
—	LII.	Toxicologie....................	186
—	LIII.	Robert le Diable................	191
—	LIV.	La hausse et la baisse...........	196
—	LV.	Le major Cavalcanti.............	199
—	LVI.	Andréa Cavalcanti..............	202
—	LVII.	L'enclos à la luzerne............	206
—	LVIII.	M. Noirtier de Villefort..........	209
—	LIX.	Le testament...................	212
—	LX.	Le télégraphe..................	214
—	LXI.	Le moyen de délivrer un jardinier des loirs qui mangent ses pêches.....	217
—	LXII.	Les fantômes...................	220
—	LXIII.	Le dîner.......................	223
—	LXIV.	Le mendiant...................	226
—	LXV.	Scène conjugale.................	229
—	LXVI.	Projets de mariage..............	232
—	LXVII.	Le cabinet du procureur du roi...	235
—	LXVIII.	Un bal d'été...................	239
—	LXIX.	Les informations...............	241
—	LXX.	Le bal........................	244
—	LXXI.	Le pain et le sel................	247
—	LXXII.	Madame de Saint-Méran.........	249
—	LXXIII.	La promesse...................	252
—	LXXIV.	Le caveau de la famille Villefort...	261
—	LXXV.	Le procès-verbal................	264
—	LXXVI.	Les progrès de Cavalcanti fils.....	268
—	LXXVII.	Haydée.......................	271
—	LXXVIII.	On nous écrit de Janina..........	278
—	LXXIX.	La limonade...................	283
—	LXXX.	L'accusation...................	287
—	LXXXI.	La chambre du boulanger retiré...	289
—	LXXXII.	L'effraction....................	294
—	LXXXIII.	La main de Dieu................	298
—	LXXXIV.	Beauchamp....................	300
—	LXXXV.	Le voyage.....................	303
—	LXXXVI.	Le jugement...................	306
—	LXXXVII.	La provocation.................	310
—	LXXXVIII.	L'insulte......................	312
—	LXXXIX.	La nuit.......................	315
—	XC.	La rencontre...................	318
—	XCI.	La mère et le fils................	322
—	XCII.	Le suicide.....................	324
—	XCIII.	Valentine.....................	326
—	XCIV.	L'aveu........................	329
—	XCV.	Le père et la fille................	333
—	XCVI.	Le contrat.....................	335
—	XCVII.	La route de Belgique............	339
—	XCVIII.	L'auberge de la Cloche et de la Bouteille........................	341
—	XCIX.	La loi.........................	
—	C.	L'apparition...................	348
—	CI.	Locuste.......................	350
—	CII.	Valentine.....................	352
—	CIII.	Maximilien....................	354
—	CIV.	La signature Danglars..........	357
—	CV.	Le cimetière du Père-Lachaise....	361
—	CVI.	Le partage.....................	365
—	CVII.	La fosse aux lions...............	370
—	CVIII.	Le juge........................	373
—	CIX.	Les assises.....................	376
—	CX.	L'acte d'accusation.............	378
—	CXI.	Expiation.....................	380
—	CXII.	Le Départ.....................	383
—	CXIII.	Le passé......................	387
—	CXIV.	Peppino.......................	391
—	CXV.	La carte de Luigi Vampa........	394
—	CXVI.	Le pardon.....................	396
—	CXVII.	Le cinq octobre.................	398
FRANÇOIS PICAUD.		(histoire contemporaine).........	404

PUBLICATIONS LITTÉRAIRES DU SIÈCLE.

SEULE ÉDITION COMPLÈTE.
LE
VICOMTE DE BRAGELONNE
PAR
ALEXANDRE DUMAS.

Suite indispensable des TROIS MOUSQUETAIRES et de VINGT ANS APRÈS.
Un volume in-4°, de 500 pages, papier satiné.
PRIX : broché, 6 fr., et pour les abonnés du SIÈCLE, 3 fr.

LA TRILOGIE
DES MOUSQUETAIRES
comprenant
LES TROIS MOUSQUETAIRES — VINGT ANS APRÈS — BRAGELONNE
2 volumes in-4° d'ensemble 900 pages, papier satiné.
PRIX : brochés, **12 fr.**, et pour les abonnés du SIÈCLE, **6 fr.**
Reliés en un volume, **15 fr.**, et pour les abonnés, **7 fr. 50**.

Baisse de prix.
ALBUM DES MOUSQUETAIRES
EXCLUSIVEMENT DESTINÉ AUX ABONNÉS DU SIÈCLE.
100 GRAVURES DESSINÉES PAR PHILIPPOTEAUX, MARCKL, BEAUCÉ.
Représentant les scènes remarquables et les principaux personnages des
Trois Mousquetaires, de *Vingt Ans après* et du *Vicomte de Bragelonne*.
PRIX : **12 FR.** AU LIEU DE **15 FR.**
ET POUR LES ABONNÉS DU SIÈCLE, **6 FR.** AU LIEU DE **7 FR. 50**.

Cet Album imprimé par Claye sur beau papier vélin satiné,
se divise en 2 tomes de 50 gravures, correspondant
chacun à un des volumes du texte, et brochés
avec une jolie couverture imprimée.
Prix de chaque tome de 50 gravures, 6 fr.
Pour les abonnés du SIÈCLE 3 fr.

16, RUE DU CROISSANT,
BUREAUX DU SIÈCLE.

www.ingramcontent.com/pod-product-compliance
Lightning Source LLC
Chambersburg PA
CBHW051831230426
43671CB00008B/922